Código de Processo Civil

Código de Processo Civil

Miguel Mesquita (Organização)

2023 · 22ª Edição (com Índice Remissivo)

ALMEDINA

CÓDIGO DE PROCESSO CIVIL
1ª Edição: Outubro, 2007
EDITOR
EDIÇÕES ALMEDINA, S.A.
Avenida Emídio Navarro, 81, 3D
3000-151 Coimbra
Tel.: 239 851 904 · Fax: 239 851 901
www.almedina.net · editora@almedina.net
DESIGN DE CAPA
FBA.
CAPA: Edições Almedina
PRÉ-IMPRESSÃO
EDIÇÕES ALMEDINA, S.A.
IMPRESSÃO E ACABAMENTO

Fevereiro, 2023

ISBN
978-989-40-1099-9

DEPÓSITO LEGAL
????????/23

ALMEDINA | GRUPOALMEDINA

NOTA PRÉVIA

A última edição deste Código foi publicada há cerca de um ano, no início de fevereiro de 2022.

Publica-se hoje uma nova edição (22ª) com importantes alterações nos artigos 738º, 931º, 990º e 998º do Código de Processo Civil.

Coimbra, 3 de fevereiro de 2023

MIGUEL MESQUITA

NOTA PRÉVIA À 21ª EDIÇÃO

A última edição deste livro, uma edição bem sucedida (com várias reimpressões), é de Outubro de 2019, ou seja, há mais de dois anos que não se publicava uma nova edição. Isto explica-se pelos tempos muito difíceis e tormentosos que o país viveu, tal como todo o mundo, nos últimos meses, gerando um combate angustiado e sem tréguas contra um inimigo invisível e mortífero. A pandemia travou, para além do mais, entre nós, a produção legislativa no campo do Processo Civil.

E é neste intervalo esperançoso, em que já se vislumbra alguma luz, que surge esta renovada edição com as alterações que, apesar de tudo, foram surgindo, a ritmo lento e esparsamente, no passado recente.

Eis, em síntese, as principais novidades desta 21ª edição:

- *Com base na Lei nº 55/2021, de 13 de agosto, procedeu-se à alteração dos artigos 204º, 208º, 213º, 216º e 652º do Código de Processo Civil.*
- *Abriu-se um novo Anexo para o «Regime do Procedimento de Injunção em Matéria de Arrendamento» (constante do Decreto-Lei nº 34/2021, de 14 de maio), consistindo este num meio célere destinado a exigir ao senhorio o pagamento de obras que o requerente inquilino se viu obrigado a realizar no imóvel arrendado.*
- *Tomou-se em linha de conta a Lei nº 77/2021, de 23 de novembro, um diploma que veio alterar os artigos 116º e 120º da Lei da Organização do Sistema Judiciário, no estrito campo do Tribunal Central de Instrução Criminal.*
- *Foram consideradas, na presente edição, algumas Portarias (por exemplo, no domínio do atrás mencionado procedimento de injunção em matéria de arrendamento).*

Outros acertos e acrescentos foram realizados neste livro, sempre com a intenção de o aperfeiçoar e tornar mais útil.

Coimbra, 6 de fevereiro de 2022
MIGUEL MESQUITA

NOTA PRÉVIA À 20ª EDIÇÃO

Em Outubro de 2007, foi publicado, pela primeira vez, este livro, contendo o estritamente essencial para o estudo do Direito Processual Civil (Declarativo e Executivo) nos bancos das Faculdades de Direito.

Decorridos doze anos, o presente Código alcança, neste mês de Outubro de 2019, a 20ª edição, sinal evidente do seu grande sucesso editorial. Está, pois, de parabéns a «Almedina».

Esta 20ª edição foi uma das mais trabalhosas, por causa do número quase infindável de pequenas e de grandes alterações introduzidas no livro, quer no Código propriamente dito, quer na legislação anexa que o acompanha.

Em síntese, e ficando apenas pelo essencial, eis as principais fontes das alterações introduzidas nesta edição do Código de Processo Civil universitário:

- *O Decreto-Lei nº 38/2019, de 18 de março [Anexo 1-A], um diploma que veio alterar o pormenorizado* Regime da Organização e Funcionamento dos Tribunais Judiciais constante do Decreto-Lei nº 49/2014, de 27 de março. *O legislador, com grande esforço, tem tentado, na medida do possível, compor os estragos de uma Reforma Judiciária responsável, ora pelo encerramento de tribunais, ora pela sua transformação em coisa nenhuma, e que desvirtuou, de forma criticável, as regras de competência territorial. Visa-se, assim, nas palavras do Preâmbulo do presente diploma, fazer os «ajustamentos indispensáveis para assegurar a proximidade recíproca entre a justiça e os cidadãos».*

- *O Decreto-Lei nº 97/2019, de 26 de julho, que modificou, com profundidade e amplitude, o* regime da tramitação eletrónica dos processos judiciais, *mudando o paradigma em que muitas normas do Código de Processo Civil há muito assentavam (o modelo do processo em* suporte físico*). Este diploma, que entrou em vigor no passado dia 16 de setembro, não apenas revogou algumas normas, como alterou cerca de sessenta artigos do Código de Processo Civil. Cumpre assinalar o nascimento, no «Cosmos processual», de um novo e reluzente princípio: o «Princípio da utilização de linguagem simples e clara» (artigo 9º-A). Muito mal vai o universo jurídico para o legislador se ver obrigado a elevar a princípio,* *ao lado de princípios estruturantes do Processo Civil, algo que não deveria passar de uma mera regra de expressão escrita (e oral) dos agentes judiciários: a clareza da linguagem.*

- *A Lei nº 55/2019, de 5 de agosto, um diploma que, alterando a Lei da Organização do Sistema Judiciário (concretamente, os seus artigos 54º, 67º e 111º), veio atribuir novas competências ao Tribunal da Propriedade Intelectual.*

- *A Lei nº 117/2019, de 13 de setembro. Este importantíssimo e extenso diploma alterou o Código de Processo Civil nos domínios do* processo executivo, *do* recurso de revisão *e do* processo de inventário, *revogando o Regime do Processo de Inventário consagrado na Lei nº 23/2013, de 5 de março. Para além disto, foi também pontualmente modificado o Regime da Ação Especial para Cumprimento de Obrigações Pecuniárias e Procedimento de Injunção (Decreto-Lei nº 269/98, de 1 de setembro). Advirta-se que o novo Regime do Processo de Inventário somente se aplicará aos processos iniciados a partir da data da sua entrada em vigor (1/01/2020) (ver, no Anexo 9, o artigo 11º da Lei nº 117/2019, de 13 de setembro).*

- *Inserimos, ainda, no presente livro, duas pequenas, mas relevantes leis: a Lei nº 63/2019, de 16 de agosto, e a Lei nº 91/2019, de 4 de setembro. A 1ª, constante do Anexo 4-A, com enormíssima importância prática, sujeita os* conflitos de consumo de reduzido valor *(até € 5000), por estrita opção do consumidor, à* arbitragem necessária ou mediação *(um regime análogo, no respeitante à escolha do tribunal competente, àquele que vale para os Julgados de Paz); o 2º diploma, que colocámos no Anexo 1-B, fixa o regime da* resolução dos conflitos de jurisdição entre os tribunais judiciais e os tribunais administrativos e fiscais.

A 20ª edição do Código de Processo Civil universitário contém outras alterações, mas parece-nos que, nesta nota, importa realçar o essencial e o essencial, como vimos, é já muito.

Neste início de mais um Ano Letivo, e destinando-se o Código, principalmente, aos estudantes universitários, resta-nos desejar a todos os maiores sucessos nas Disciplinas de Processo Civil Declarativo e Executivo.

Coimbra, 10 de outubro de 2019

MIGUEL MESQUITA

EXPOSIÇÃO DE MOTIVOS[1]

O Programa do XIX Governo Constitucional prevê como medida essencial a reforma do Processo Civil, mediante a redução das formas de processo e a simplificação do regime, assegurando eficácia e celeridade, apostando, ao mesmo tempo, na desformalização de procedimentos, na oralidade processual e na limitação das questões processuais relevantes, tornando o processo mais eficaz e compreensível pelas partes.

Por um lado, como medidas essenciais prevê-se a criação de um novo paradigma para a ação declarativa e para a ação executiva, a consagração de novas regras de gestão e de tramitação processual, nomeadamente a obrigatoriedade da realização da audiência preliminar tendo em vista a identificação do objeto do litígio e a enunciação dos temas da prova. Por outro lado, prevê-se ainda como essencial conferir maior eficácia à segunda instância para o exame da matéria de facto e reformar a ação executiva no sentido da sua extinção sempre que o título seja uma sentença, devendo a decisão judicial ser executada como incidente da ação. Por fim, o Programa do Governo prevê que no caso de existir um título executivo diferente de sentença, deve ser criado um processo abreviado que permita a resolução célere dos processos.

No âmbito do Memorando de Entendimento sobre as Condicionalidades de Política Económica, celebrado entre a República Portuguesa e o Banco Central Europeu, a Comissão Europeia e o Fundo Monetário Internacional, no quadro do programa de auxílio financeiro a Portugal, o Governo assumiu o compromisso de rever o Código de Processo Civil.

O Código de Processo Civil é, por natureza, um dos mais sensíveis corpos normativos de qualquer ordenamento jurídico.

Desde logo, face à sua índole e à sua função paradigmática e inspiradora dos demais direitos adjectivos, sofre e beneficia de especial relevo na praxis judiciária. Além disso, é nele que se busca o equilíbrio entre as funções do Estado e os direitos dos cidadãos, o que lhe confere uma adequada sensibilidade social, quer para os intervenientes processuais, quer para os cidadãos e ainda para as próprias empresas.

[1] Proposta de Lei nº 113/XII.

Não é por acaso que o Código de Processo Civil de 1939, obra por demais dirigente de toda a cultura forense em Portugal, foi, apesar da sua perfeição e do rigor que o informava, objeto de diversas alterações, as mais das vezes por causas e com intuitos meramente conjunturais ou com a finalidade de atualizar o léxico adotado, mas sempre sem pôr em causa a natureza dos seus princípios, a sua ideologia, o desenho da função das partes, das suas prerrogativas, responsabilidades e disciplina processual.

Do mesmo passo, até 1995/1996, nenhuma das reformas interpelou o legislador sobre o papel, a função e a natureza da atividade juridicante do Estado.

Foi na reforma de 1995/1996, com início de vigência em 1 de janeiro de 1997, que se promoveu a primeira rotura com a ideologia de 1939, consagrando-se novos princípios, atribuindo-se ao juiz um papel dirigente e ativo, promovendo-se a igualdade substancial dos intervenientes processuais, com privilégio da verdade material, proibindo-se as decisões surpresa e revigorando-se o princípio do contraditório. Em suma, foi nesta reforma que se operou a viragem histórica e a atualização do direito adjetivo civil em Portugal.

Passados que são quinze anos, chegou o momento de apurar se essa radical transformação produziu os resultados adequados à obtenção de uma justiça cível eficaz e administrada em tempo útil.

De facto, as pendências processuais injustificadas aumentaram geometricamente, os meios colocados, quer humanos, quer financeiros e mesmo os físicos, não sofreram qualquer quebra e, apesar disso, os magistrados judiciais, os magistrados do Ministério Público e os advogados estão longe de se sentirem confortados com a justiça administrada depois da reforma de 1995/1996.

É por demais evidente que se torna absolutamente necessário proceder a uma nova reforma para debelar os vícios que impõem as pendências patológicas, os atrasos injustificáveis e as irresponsabilidades consequentes.

Pode, hoje, concluir-se que a reforma de 1995/1996 erigiu corretamente os princípios orientadores do moderno processo civil, mas não colocou nas mãos dos intervenientes processuais os instrumentos adequados para o tornar eficaz, viabilizando os fins a que se tinha proposto.

É o que ora se visa com a presente reforma, quando se preconizam e consagram os concretos deveres processuais, os infungíveis poderes de gestão, a inevitável responsabilização de todos os intervenientes, tudo de molde a viabilizar e conferir conteúdo útil aos princípios da verdade material, à cooperação funcional e ao primado da substância sobre a forma.

A presente reforma completa a de 1995/1996, pois não só não entra em rota de colisão com o que aquela hierarquizou, como preenche o vazio da sua concretização e, por essa via, como se disse, a completa.

Urge elencar as alterações e inovações consagradas, que visam alcançar tais objetivos e prosseguir as apontadas finalidades.

São implementadas medidas de simplificação processual e de reforço dos instrumentos de defesa contra o exercício de faculdades dilatórias.

A celeridade processual, indispensável à legitimação dos tribunais perante a comunidade e instrumento indispensável à realização de uma das fundamentais dimensões do direito fundamental de acesso à justiça, passa necessariamente por uma nova cultura judiciária, envolvendo todos os participantes no processo, para a qual deverá contribuir decisivamente um novo modelo de processo civil, simples e flexível, despojado de injustificados formalismos e floreados adjectivos, centrado decisivamente na análise e resolução das questões essenciais ligadas ao mérito da causa. A consagração de um modelo deste tipo contribuirá decisivamente para inviabilizar e desvalorizar comportamentos processuais arcaicos, assentes na velha praxis de que as formalidades devem prevalecer sobre a substância do litígio e dificultar, condicionar ou distorcer a decisão de mérito.

O novo figurino da audiência prévia, designação ora dada à audiência a realizar após a fase dos articulados, assente decisivamente num princípio de oralidade e concentração dos debates, pressupondo a intervenção ativa de todos os intervenientes na lide, com vista a obter uma delimitação daquilo que é verdadeiramente essencial para a sua plena compreensão e justa resolução, conjugado com a regra da inadiabilidade e com a programação da audiência final, é suscetível de potenciar esse resultado desejável. De resto, a instituição de um novo modelo de preparação da audiência final irá repercutir-se também nas fases processuais situadas a montante, influenciando, desde logo, o modo de elaboração dos articulados, devendo as partes concentrarem-se na factualidade essencial e com relevo substantivo, assim se desincentivando a inútil prolixidade que, até agora, face a um processo civil desmesuradamente rígido e preclusivo, derivava da necessidade de neles se incluírem todos os factos e circunstâncias essenciais ou instrumentais mais tarde levados ao questionário. Como é sabido, fruto de uma visão assaz formalista e fundamentalista do ónus de alegação, o entendimento prevalecente na prática forense vem sendo o de que qualquer omissão ou imprecisão na alegação implica o risco de privação do direito à prova sobre matéria que o fluir do pleito viesse a revelar. Agora, homenagear o mérito e a substância em detrimento da mera formalidade processual, confere-se às partes a prerrogativa de articularem os factos essenciais que sustentam as respetivas pretensões, ficando reservada a possibilidade de, ao longo de toda a tramitação, naturalmente amputada de momentos inúteis, vir a entrar nos autos todo um acervo factual merecedor de consideração pelo tribunal com vista à justa composição do litígio.

Para além das consequências deste novo modelo, importa desincentivar o uso de faculdades dilatórias pelas partes processando-se tal objetivo em três patamares sucessivos, face a comportamentos de diferentes gravidades. O primeiro deles, associado a actuações que visam produzir uma artificiosa complexização da matéria litigiosa – por exemplo, injustificável prolixidade das peças processuais produzidas, totalmente inadequada à real complexidade da matéria do pleito, ou manifestamente excessiva indicação de meios de prova – deve dar lugar à aplicação de taxa de justiça correspondente à dos processos de especial complexidade. O segundo traduz-se na aplicação à parte de uma taxa sancionatória excecional, sancionando comportamentos abusivos – ação, oposição, requerimento, recurso, reclamação ou incidente manifestamente improcedentes – censuráveis enquanto decorrentes de exclusiva falta de prudência ou diligência da parte que os utiliza – sem que, todavia, a gravidade do juízo de censura formulado os permita incluir no âmbito da litigância de má-fé. Finalmente, o terceiro patamar compreende o instituto da litigância de má fé, no qual se incluem os comportamentos gravemente violadores dos deveres de boa fé processual e de cooperação, prevendo-se no Regulamento das Custas Processuais um valor para a multa correspondente suficientemente gravoso e desmotivador, muito superior ao previsto para a taxa sancionatória agravada.

Independentemente do sancionamento dos comportamentos dilatórios da parte, são instituídos os mecanismos processuais aptos a preveni-los, permitindo pôr-lhes termo prontamente: para além das normas limitativas do direito ao recurso quanto a meras decisões interlocutórias, de reduzido relevo para os direitos fundamentais das partes, anteriormente referidas, é reduzida a possibilidade de suscitar incidentes pós-decisórios – aclarações ou pretensas nulidades da decisão final – a coberto dos quais se prolonga artificiosamente o curso da lide. Assim, elimina-se o incidente de aclaração ou esclarecimento de pretensas e, nas mais das vezes, ficcionadas e inexistentes obscuridades ou ambiguidades da decisão reclamada – apenas se consentindo ao interessado arguir, pelo meio próprio, a nulidade da sentença que seja efetivamente ininteligível. Além disso, cabendo recurso ordinário da decisão, todas as nulidades de que aquela eventualmente padeça hão-de ser suscitadas na alegação de recurso, devendo o juiz «a quo» pronunciar-se sobre elas – suprindo-as, se for caso disso – antes da subida dos autos ao tribunal «ad quem». Apenas nos casos em que não seja possível o recurso é que se permite a reclamação autónoma perante o próprio juiz que proferiu a decisão reclamada.

Na mesma linha, reforça-se o regime de defesa contra as demoras abusivas após o julgamento do recurso, até agora constante do artigo 670º, na redação que lhe foi dada pelo Decreto-Lei nº 303/2007, de 24 de agosto, que passa a ser imediatamente aplicável a todos os recursos (extração de traslado onde se processa o incidente anómalo, baixando os autos para prosseguirem no tribunal recorrido, apenas sendo proferida decisão naquele traslado depois de a parte pagar todas as custas e multas que originou com o seu comportamento abusivo). Em complemento ao regime processual referido, estabelece-se que o mesmo é aplicável, com as necessárias adaptações, a incidentes anómalos e dilatórios, suscitados perante quaisquer decisões irrecorríveis proferidas em 1ª instância.

Relativamente aos despachos interlocutórios em que se apreciem nulidades secundárias, até agora previstas no artigo 195º, apenas se admite recurso quando este tiver por fundamento específico a violação dos princípios básicos da igualdade e do contraditório ou a nulidade invocada tiver influência manifesta no julgamento do mérito, por contenderem com a aquisição processual e factos ou com a admissibilidade de meios probatórios.

À semelhança do que está previsto para a resolução dos conflitos de competência, estabelece-se que o meio impugnatório adequado para questionar a decisão que aprecie a competência relativa do tribunal é, não a via do recurso, mas a reclamação para o presidente do tribunal superior, propiciando a resolução célere de todas as questões suscitadas, nomeadamente, em sede de fixação da competência territorial.

Importa-se para o processo comum o regime de citação de ausentes em parte incerta instituído no regime processual experimental, prevendo-se que a citação edital determinada pela incerteza do lugar em que o citando se encontra é feita por afixação de edital seguida da publicação de anúncio em página informática de acesso público – substituindo esta publicação em suporte informático os tradicionais anúncios, publicados na imprensa escrita.

Mantém-se e reforça-se o poder de direcção do processo pelo juiz e o princípio do inquisitório (de particular relevo na eliminação das faculdades dilatórias, no ativo suprimento da generalidade da falta de pressupostos processuais, na instrução da causa e na efetiva e ativa direcção da audiência).

Mantém-se e amplia-se o princípio da adequação formal, por forma a permitir a prática dos actos que melhor se ajustem aos fins do processo, bem como as necessárias adaptações, quando a tramitação processual prevista na lei não se adeqúe às especificidades da causa ou não seja a mais eficiente.

Importa-se para o processo comum o princípio da gestão processual, consagrado e testado no âmbito do regime processual experimental, conferindo ao juiz um poder autónomo de direcção ativa do processo, podendo determinar a adopção dos mecanismos de simplificação e de agilização processual que, respeitando os princípios fundamentais da igualdade das partes e do contraditório, garantam a composição do litígio em prazo razoável. No entanto, não descurando uma visão participada do processo, impõe-se que tais decisões sejam antecedidas da audição das partes.

Ainda em consonância com o princípio da prevalência do mérito sobre meras questões de forma, em conjugação com o assinalado reforço dos poderes de direcção, agilização, adequação e gestão processual do juiz, toda a atividade processual deve ser orientada para propiciar a obtenção de decisões que privilegiem o mérito ou a substância sobre a forma, cabendo suprir-se o erro na qualificação pela parte do meio processual utilizado e evitar deficiências ou irregularidades puramente adjectivas que impeçam a composição do litígio ou acabem por distorcer o conteúdo da sentença de mérito, condicionado pelo funcionamento de desproporcionadas cominações ou preclusões processuais.

Confere-se um particular relevo à disciplina dos procedimentos cautelares e dos procedimentos autónomos urgentes, introduzindo-se na lei de processo relevantes inovações.

É previsto um procedimento urgente autónomo e auto-suficiente, destinado a possibilitar a obtenção de uma decisão particularmente célere que, em tempo útil, assegure a tutela efetiva do direito fundamental de personalidade dos entes singulares. Assim, opera-se um rejuvenescimento e alargamento dos mecanismos processuais de tutela da personalidade, no sentido de decretar, no mais curto espaço de tempo, as providências concretamente adequadas a evitar a consumação de qualquer ameaça ilícita e directa à personalidade física ou moral do ser humano ou a atenuar, ou a fazer cessar, os efeitos de ofensa já cometida, com a execução nos próprios autos.

Quanto à disciplina dos procedimentos cautelares, quebra-se o princípio segundo a qual estes são sempre dependência de uma causa principal, proposta pelo requerente para evitar a caducidade da providência cautelar decretada em seu benefício, evitando que tenha de se repetir inteiramente, no âmbito da ação principal, a mesma controvérsia que acabou de ser apreciada e decidida no âmbito do procedimento cautelar – obstando aos custos e demoras decorrentes desta duplicação de procedimentos, nos casos em que, apesar das menores garantias formais, a decisão cautelar haja, na prática, solucionado o litígio que efetivamente opunha as partes.

Para alcançar tal objetivo, consagra-se o regime de inversão do contencioso, conduzindo a que, em determinadas situações, a decisão cautelar se possa consolidar como definitiva na composição do litígio, se o requerido não demonstrar, em ação por ele proposta e impulsionada, que a decisão cautelar não devia ter, afinal, essa vocação de definitividade.

Assim, estabelece-se que o juiz, na decisão que decrete a providência e mediante requerimento, pode dispensar o requerente do ónus de propositura da ação principal se a matéria adquirida no procedimento lhe permitir formar convicção segura acerca da existência do direito acautelado e se a natureza da providência decretada for adequada a realizar a composição definitiva do litígio, sendo que a referida dispensa pode ser requerida até ao encerramento da audiência final. Tratando-se de procedimento sem contraditório prévio, pode o requerido opor-se à inversão do contencioso conjuntamente com a impugnação da providência decretada, decidindo o juiz – na decisão em que aprecie a oposição subsequente do requerido – acerca da manutenção ou revogação da inversão do contencioso inicialmente decretada, constituindo tal apreciação jurisdicional complemento e parte integrante da decisão inicialmente proferida.

Logo que transite em julgado a decisão que haja decretado a providência cautelar e invertido o contencioso, é o requerido notificado com a admonição de que, querendo, deverá intentar a ação destinada a impugnar a existência do direito acautelado nos 30 dias subsequentes à notificação, sob pena de a providência decretada se consolidar como solução definitiva do litígio.

Noutro plano da tutela cautelar, faculta-se ao credor a possibilidade de obter o decretamento de arresto, sem necessidade de demonstração do justo receio de perda da garantia patrimonial, do bem que foi transmitido mediante negócio jurídico quando estiver em dívida, no todo ou em parte, o preço da respetiva aquisição.

Ao nível dos incidentes de intervenção de terceiros, opera-se algumas restrições.

Desde logo, elimina-se a intervenção coligatória ativa, ou seja, a possibilidade de titulares de direitos paralelos e meramente conexos com o do autor deduzirem supervenientemente as suas pretensões, autónomas relativamente ao pedido do autor, na ação pendente, perturbando o andamento desta, ao obrigarem a reformular toda a fase dos articulados, já processada ou em curso, restando-lhes, neste caso, a possibilidade de, intentando a sua própria ação, requererem subsequentemente a apensação de ações, de modo a propiciar um julgamento conjunto.

Nos casos de intervenção acessória provocada em que o réu chama a intervir um terceiro, estranho à relação material controvertida, com base na invocação contra ele de um possível direito de regresso, que lhe permitirá ressarcir-se do prejuízo que lhe cause a perda da demanda, confere-se ao juiz um amplo poder para, em termos relativamente discricionários, mediante decisão irrecorrível, pôr liminarmente termo ao incidente, quando entenda que o mesmo, tendo finalidades dilatórias, por não corresponder a um interesse sério e efetivo do réu, perturba indevidamente o normal andamento do processo.

Além disso, nos casos de oposição provocada em que o réu aceita sem reserva o débito que lhe é exigido e invoca, apenas, dúvida fundada sobre a identidade da pessoa do credor a quem deve realizar o pagamento, chamando a intervir o terceiro que se arroga ou possa arrogar-se a qualidade de credor, estabelece-se que o réu deve proceder logo à consignação em depósito da quantia ou coisa devida, só assim se exonerando do processo, prosseguindo então o litígio entre os dois possíveis credores.

São reforçados os poderes do juiz para rejeitar intervenções injustificadas ou dilatórias e providenciar pela apensação de causas conexas. Deste modo, pendendo em juízo, ainda que em tribunais distintos, ações conexas – sem que as partes as tivessem agregado num único processo, através da dedução dos incidentes de intervenção de terceiros ou da formulação oportuna de pedido reconvencional –, estabelece-se que o juiz deve providenciar, em regra, e mesmo oficiosamente, pela sua agregação num mesmo processo, de modo a possibilitar a respetiva instrução e discussão conjuntas – com evidentes ganhos de economia processual e de prevenção do risco de serem proferidas decisões diferentes ou contraditórias sobre matéria parcialmente coincidente.

Procede-se à reformulação do regime da competência internacional dos tribunais portugueses, articulando-a com o disposto no artigo 22º do Regulamento CE nº 44/2001, do Conselho, de 22 de dezembro de 2000.

No que respeita aos fatores de atribuição da competência internacional, estabelece-se que os tribunais portugueses são internacionalmente competentes: quando a ação possa ser proposta em tribunal português segundo as regras de competência territorial estabelecidas na lei portuguesa; quando o direito invocado não possa tornar-se efetivo senão por meio de ação proposta em território português ou se verifique para o autor dificuldade apreciável na propositura da ação no estrangeiro, desde que entre o objeto do litígio e a ordem jurídica portuguesa haja um elemento ponderoso de conexão, pessoal ou real.

Relativamente aos casos situados no âmbito da competência exclusiva dos tribunais portugueses, determina-se que esta só ocorre: *(i)* em matéria de direitos reais sobre imóveis e de arrendamento de imóveis situados em território português; *(ii)* todavia, em matéria de contratos de arrendamento de imóveis celebrados para uso pessoal temporário por um período máximo de seis meses consecutivos, são igualmente competentes os tribunais do Estado-Membro da União Europeia onde o requerido tiver domicílio, desde que o arrendatário seja uma pessoa singular e o proprietário e o arrendatário tenham domicílio no mesmo Estado-Membro; *(iii)* em matéria de validade, de nulidade ou de dissolução das sociedades ou outras pessoas colectivas que tenham a sua sede em Portugal, bem como em matéria de validade ou nulidade das decisões dos seus órgãos, sendo que, para determinar essa sede, o tribunal português aplica as suas regras de direito internacional privado; *(iv)* em matéria de validade de inscrições em registos públicos conservados em Portugal; *(v)* em matéria de execuções sobre imóveis situados em território português; *(vi)* em matéria de insolvência relativa a pessoas domiciliadas em Portugal ou a pessoas colectivas ou sociedades cuja sede esteja situada em território português.

Procede-se ao reforço do princípio da concentração do processo ou do recurso num mesmo juiz.

Na ação declarativa, como decorrência da eliminação da intervenção do tribunal colectivo, é o juiz da causa o competente, quer para a fase intermédia do processo (conduzindo a audiência prévia e programando a audiência final), quer para a fase mais adiantada do processo (dirigindo a audiência final e proferindo sentença, valorando a prova produzida, definindo os factos provados em juízo e aplicando o direito a todos os factos provados).

Em reforço deste princípio de unidade e tendencial concentração do julgador, estabelece-se que, nos casos de transferência ou promoção, o juiz perante quem decorreu a audiência elabora também a sentença. O juiz transferido ou promovido no decurso de audiência final não se limitará a completar a audiência em curso (como actualmente sucede, para evitar a necessidade de repetição da prova perante um novo juiz), devendo também proferir a sentença.

No que respeita aos tribunais superiores, estabelece-se identicamente como regra a manutenção do relator, no caso de ter de ser reformulada a decisão recorrida e, na sequência de tal reformulação, de vir a ser interposto e apreciado um novo recurso. Se, em consequência de anulação ou revogação da decisão recorrida ou do exercício pelo Supremo Tribunal de Justiça em sede de revista, tiver de ser proferida nova decisão no tribunal recorrido e dela for interposta e admitida nova apelação ou revista, o recurso é, sempre que possível, distribuído ao mesmo relator.

A presente proposta de lei introduz também uma importante reformulação das regras relativas às formas do processo declarativo comum, que passa a ter forma única.

É eliminado o processo sumário, cuja tramitação era, apesar de tudo, estruturalmente similar à da ação ordinária. É também eliminado o processo sumaríssimo, cujo campo de aplicação estava, no essencial e há vários anos, absorvido pelo regime dos procedimento destinados a exigir o cumprimento de obrigações pecuniárias emergentes de contratos regulado pelo Decreto-Lei nº 269/98, de 1 de setembro, diploma que se manterá em vigor, assinalando-se expressamente que os procedimentos aí instituídos prevalecem face ao processo declarativo comum.

No que respeita à tramitação da ação declarativa, as alterações introduzidas visam assegurar a concentração processual, em termos de a lide, cumprida a fase dos articulados, se desenvolver em torno de duas audiências: a audiência prévia e a audiência final.

Há um manifesto investimento na audiência prévia, entendida como meio essencial para operar o princípio da cooperação, do contraditório e da oralidade. Tem-se presente que a audiência preliminar, instituída em 1995/1996, ficou aquém do que era esperado, mas há também a convicção de que, além da inusitada resistência de muitos profissionais forenses, certos aspectos da regulamentação processual acabaram, eles próprios, por dificultar a efetiva implantação desta audiência no quotidiano forense.

Concluída a fase dos articulados, o processo é feito concluso ao juiz, cabendo a este, antes de convocar a audiência prévia, verificar se há motivos para proferir despacho pré-saneador. O âmbito do despacho é clarificado e ampliado. Continuando a destinar-se a providenciar pelo suprimento de exceções dilatórias e pelo aperfeiçoamento dos articulados, fica estabelecido o carácter vinculado desse despacho quanto ao aperfeiçoamento fáctico dos articulados. Além disso, tal despacho será adequado a determinar a junção de documentos com vista a permitir a apreciação de exceções dilatórias ou o conhecimento, no todo ou em parte, do mérito da causa no despacho saneador.

A audiência prévia é, por princípio, obrigatória, porquanto só não se realizará nas ações não contestadas que tenham prosseguido em regime de revelia inoperante e nas ações que devam findar no despacho saneador pela procedência de uma exceção dilatória, desde que esta tenha sido debatida nos articulados.

No que respeita aos seus fins, a audiência prévia tem como objeto: *(i)* a tentativa de conciliação das partes; *(ii)* o exercício de contraditório, sob o primado da oralidade, relativamente às matérias a decidir no despacho saneador que as partes não tenham tido a oportunidade de discutir nos articulados; *(iii)* o debate oral, destinado a suprir eventuais insuficiências ou imprecisões na factualidade alegada e que hajam passado o crivo do despacho pré-saneador; *(iv)* a prolação de despacho saneador, apreciando exceções dilatórias e conhecendo imediatamente, no todo ou em parte, do mérito da causa; *(v)* a prolação, após debate, de despacho destinado a identificar o objeto do litígio e a enunciar os temas da prova.

Além disso, a audiência prévia destina-se, quando a ação haja de prosseguir, a programar os actos a realizar na audiência final, a estabelecer o número de sessões e a sua provável duração, e a designar as respetivas datas.

Numa perspetiva de flexibilidade, mas nunca descurando a assinalada visão participada do processo, prevê-se que o juiz, em certos casos, possa dispensar a realização da audiência prévia. Nessa hipótese, o juiz proferirá despacho saneador, proferirá despacho a identificar o objeto do litígio e a enunciar os temas da prova, programando e agendando ainda os actos a realizar na audiência final, estabelecendo o número de sessões e a sua provável duração. Notificadas as partes, se algumas delas pretender reclamar do que foi decretado pelo juiz (exceção feito ao despacho saneador, cuja impugnação haverá de ser feita por via de recurso, nos termos gerais), o meio próprio é requerer a realização da audiência prévia destinada a tratar dos pontos sob reclamação.

Cumpre acentuar que se encontra aqui um dos mais emblemáticos pilares desta reforma, que se revela num duplo plano. Por um lado, corta-se radicalmente com o passado, pondo termo a uma prática assente na estabilização, logo após os articulados, dos factos provados (especificação, até 1995/1996; matéria de facto assente, desde então) e dos factos a provar (questionário, durante décadas; base instrutória, nos últimos quinze anos). São conhecidas e reconhecidas as restrições decorrentes de uma concepção assente num rígido esquema de ónus e preclusões. É sabido que tal concepção tem por efeito condicionar a prova e limitar os poderes cognitivos do tribunal, assim se criando sérios obstáculos à desejada adequação da sentença à realidade extraprocessual. Por outro lado, fica claro que nesta fase intermédia do processo do que se trata é de, primeiro, identificar o objeto do litígio e, segundo, de enunciar os temas da prova. Quanto ao objeto do litígio, a sua identificação corresponde a antecipar para aqui aquilo que, até agora, só surgia na sentença, sendo salutar e proveitoso, quer para as partes, quer para o juiz, esta sinalização depois de finda a etapa dos articulados.

Relativamente aos temas da prova a enunciar, não se trata mais de uma quesitação atomística e sincopada de pontos de facto, outrossim de permitir que a instrução, dentro dos limites definidos pela causa de pedir e pelas exceções deduzidas, decorra sem barreiras artificiais, com isso se assegurando a livre investigação e consideração de toda a matéria com atinência para a decisão da causa. Quando, mais adiante, o juiz vier a decidir a vertente fáctica da lide, aquilo que importará é que tal decisão expresse o mais fielmente possível a realidade histórica tal como esta, pela prova produzida, se revelou nos autos. Estamos perante um novo paradigma que, por isso mesmo, tem necessárias implicações, seja na eliminação de preclusões quanto à alegação de factos, seja na eliminação de um nexo directo entre os depoimentos testemunhais e concretos pontos de facto pré-definidos, seja ainda na inexistência de uma decisão judicial que, tratando a vertente fáctica da lide, se limite a "responder" a questões eventualmente até não formuladas.

Também em sede de direito probatório são introduzidas relevantes modificações.

O limite ao número de testemunhas é fixado em 10 para cada parte, sendo admissíveis outras tantas em caso de reconvenção. De todo o modo, em conformidade com o princípio do inquisitório, é prevista a possibilidade de o juiz admitir um número superior de testemunhas, quando a natureza e a extensão dos temas da prova o justifiquem.

Prevê-se a possibilidade de prestarem declarações em audiência as próprias partes, quando face à natureza pessoal dos factos a averiguar tal diligência se justifique, as quais são livremente valoradas pelo juiz, na parte em que não representem confissão.

Em consonância com o princípio da inadiabilidade da audiência final, visando disciplinar a produção de prova documental, é estabelecido que os documentos podem ser apresentados até 20 dias antes da data em que se realize a audiência final, assim se assegurando o oportuno contraditório e obviando a intuitos exclusivamente dilatórios.

Cria-se um novo meio de prova, que se designa por verificações não judiciais qualificadas. Sempre que seja legalmente admissível a inspecção judicial, mas o juiz entenda que se não justifica, face à natureza da matéria ou à relevância do litígio, a percepção directa dos factos pelo tribunal, pode ser incumbido técnico ou pessoa qualificada de proceder aos actos de inspecção de coisas ou locais ou de reconstituição de factos e de apresentar o seu relatório. Sem prejuízo das atestações realizadas por autoridade ou oficial público, as verificações não judiciais qualificadas são livremente apreciadas pelo tribunal. Permite-se, deste modo, que sejam averiguados com acrescida eficácia e fiabilidade factos que, não implicando o juízo científico que subjaz à prova pericial, possam ser melhor fixados ou esclarecidos por entidade isenta e imparcial e tecnicamente apetrechada (evitando o habitual recurso à falível prova testemunhal para a sua determinação e dispensando inspecções judiciais que não sejam proporcionais ao relevo e natureza da matéria litigiosa).

Quanto à disciplina da audiência final, estabelecem-se alterações fundamentais no quadro legal vigente.

Consagra-se o princípio da inadiabilidade da audiência final, a qual deverá realizar-se na data designada, salvo se houver impedimento do tribunal, faltar algum dos advogados sem que o juiz tenha providenciado pela marcação mediante acordo prévio ou ocorrer motivo que constitua justo impedimento, nos estritos termos até agora previstos no artigo 146º. Para essa inadiabilidade muito contribuirá a audiência prévia, pois uma das suas finalidades é o agendamento da audiência final.

Deste modo, a menos que não haja sido assegurado o acordo de agendas, é praticamente seguro que a audiência final se realizará efetivamente, evitando a frustração das deslocações dos advogados, das partes, das testemunhas e demais intervenientes ao tribunal e permitindo uma gestão racional e segura da agenda por parte do juiz e dos advogados, que podem estar seguros de que as diligências agendadas com toda a probabilidade se irão realizar.

Por outro lado, prescreve-se que a suspensão da instância por acordo das partes – permitida por períodos que, na sua totalidade, não excedam três meses – está condicionada a que dela que não resulte o adiamento da audiência final já agendada, estabelecendo-se que, neste caso, a suspensão não prejudica os actos de instrução e as demais diligências preparatórios da audiência final.

Consagra-se a regra de que a audiência final é sempre gravada (pelo menos, em sistema sonoro), devendo apenas ser assinalados na acta o início e o termo de cada depoimento, informação, esclarecimento, requerimento e respetiva resposta, despacho, decisão e alegações orais. Esta solução, que tem a vantagem de permitir que a audiência decorra de modo contínuo, não exclui a possibilidade de o juiz determinar que a secretaria proceda, finda a audiência, à transcrição de requerimentos e respetivas respostas, despachos e decisões.

Elimina-se a intervenção do colectivo (desde 2000 praticamente inexistente nas ações cíveis), passando todo o julgamento da causa, nos seus aspectos factuais e jurídicos, a decorrer perante o juiz singular a que está distribuído o processo.

Desta unicidade do juiz singular na fase de julgamento decorrem potencialidades significativas de simplificação e de racionalização do processado, na medida em que passa a ser o mesmo julgador.

Na linha de concentração processual que marca esta reforma, é abolida a cisão entre alegações sobre a matéria de facto e alegações sobre o aspecto jurídico da causa. Deste modo, finda a produção de prova, terão lugar as alegações orais nas quais os advogados exporão as conclusões, de facto e de direito, que hajam extraído da prova produzida.

Na mesma linha de concentração processual, prevê-se que, finda a audiência final, o processo seja concluso ao juiz para prolação de sentença, no prazo de 30 dias.

Marcando mais uma profunda alteração com o regime precedente, e até como decorrência da inovação expressa na enunciação dos temas da prova, deixará de haver um momento processual exclusivamente reservado para uma pronúncia do juiz sobre a matéria de facto. Com efeito, será na própria sentença, em sede de fundamentação de facto, que o juiz deverá declarar quais os factos que julga provados e quais os que julga não provados, por referência à prova produzida, por um lado, e por referência aos demais elementos dos autos, por outro. No que toca à apreciação da prova, continuando a vigorar o princípio da livre valoração, prescreve-se que o juiz deverá compatibilizar toda a matéria de facto adquirida e extrair dos factos apurados as presunções impostas por lei ou por regras de experiência.

No domínio dos recursos, entendeu-se que a recente intervenção legislativa, operada pelo Decreto-Lei nº 303/2007, de 24 de agosto, desaconselhava uma remodelação do quadro legal instituído.

Ainda assim, cuidou-se de reforçar os poderes da 2ª instância em sede de reapreciação da matéria de facto impugnada. Para além de manter os poderes cassatórios – que lhe permitem anular a decisão recorrida, se esta não se encontrar devidamente fundamentada ou se mostrar que é insuficiente, obscura ou contraditória –, são substancialmente incrementados os poderes e deveres que lhe são conferidos quando procede à reapreciação da matéria de facto, com vista a permitir-lhe alcançar a verdade material.

Com efeito, se os elementos constantes do processo, incluindo a gravação da prova produzida na audiência final, não forem suficientes para a Relação formar a sua própria convicção sobre os pontos da matéria de facto impugnados, tem a possibilidade, mesmo oficiosamente, de ordenar a renovação da produção da prova quando houver dúvidas sérias sobre a credibilidade do depoente ou sobre o sentido do seu depoimento e de ordenar, em caso de dúvida fundada sobre a prova realizada, a produção de novos meios de prova.

Por outro lado, procedeu-se a um ajustamento das condições em que se dá como verificada a «dupla conforme» em termos de impedir o recurso de revista, já que, diferentemente do regime ora vigente, é exigido que o acórdão da Relação confirme a decisão proferida na 1ª instância, sem voto de vencido e sem fundamentação essencialmente diferente.

Relativamente à ação executiva, mantendo-se o figurino introduzido pela reforma de 2003, assente na figura do agente de execução, a intervenção legislativa é feita em diversos planos.

Desde logo, é revisto do elenco dos títulos executivos. É conhecida a tendência verificada nas últimas décadas, com especial destaque para a reforma de 1995/1996, no sentido de reduzir os requisitos de exequibilidade dos documentos particulares e, com isso, permitir ao respetivo portador o imediato acesso à ação executiva. Se é certo que tal solução teve por efeito reduzir significativamente a instauração de ações declarativas, a experiência mostra que também implicou o aumento do risco de execuções injustas, risco esse potenciado pela circunstância de as últimas alterações legislativas terem permitido cada vez mais hipóteses de a execução se iniciar pela penhora de bens do executado, postergando-se o contraditório. Associando-se a isto uma realidade que, embora estranha ao processo civil, não pode ser ignorada, como seja o funcionamento um tanto desregrado do crédito ao consumo, suportado em documentos vários cuja conjugação é invocada para suportar a instauração de ações executivas, é fácil perceber que a discussão não havida na ação declarativa (dispensada a pretexto da existência de título executivo) acabará por eclodir mais à frente, em sede de oposição à execução. Afigura-se incontroverso o nexo entre o progressivo aumento do elenco de títulos executivos e o aumento exponencial de execuções, a grande maioria das quais não antecedida de qualquer controlo sobre o crédito invocado, nem antecedida de contraditório.

Considerando que, neste momento, funciona adequadamente o procedimento de injunção, entende-se que os pretensos créditos suportados em meros documentos particulares devem passar pelo *crivo* da injunção, com a dupla vantagem de logo assegurar o contraditório e de, caso não haja oposição do requerido, tornar mais segura a subsequente execução, instaurada com base no título executivo assim formado. Como é evidente, se houver oposição do requerido, isso implicará a conversão do procedimento de injunção numa ação declarativa, que culminará numa sentença, nos termos gerais. Deste modo, relativamente ao regime que tem vigorado, opta-se por retirar exequibilidade aos documentos particulares, qualquer que seja a obrigação que titulem. Ressalvam-se os títulos de crédito, dotados de segurança e fiabilidade no comércio jurídico em termos de justificar a possibilidade de o respetivo credor poder aceder logo à via executiva. Ainda dentro dos títulos de crédito, consagra-se a sua exequibilidade como meros quirógrafos, desde que sejam alegados no requerimento executivo os factos constitutivos da relação subjacente.

A propósito do acesso à ação executiva, consagra-se a possibilidade de os cidadãos recorrerem ao sistema público de justiça, requerendo que o oficial de justiça desempenhe as funções de agente de execução, em dois casos: em execuções para a cobrança de créditos de valor não superior ao dobro da alçada do tribunal de 1ª instância, desde que não resultem de uma atividade comercial ou industrial, e em execuções destinadas à cobrança de créditos laborais de valor não superior à alçada da Relação.

Cuida-se da clara repartição de competências entre o juiz, a secretaria e o agente de execução, estabelecendo-se que a este cabe efetuar todas as diligências do processo executivo que não estejam atribuídas à secretaria ou sejam da competência do juiz. É de esperar que, em definitivo, os intervenientes processuais assumam e observem a repartição de competências fixada na lei, por forma a evitar intervenções ou actos desnecessários, gerando perdas de tempo numa tramitação que se quer célere e eficiente.

Como não podia deixar de ser, faz-se depender de decisão judicial os actos conexionados com o princípio da reserva de juiz ou suscetíveis de afetar direitos fundamentais das partes ou de terceiros. Assim, além de lhe competir proferir despacho liminar, quando este deva ter lugar, julgar a oposição à execução e à penhora, verificar e graduar créditos, decidir reclamações de atos e impugnações de decisões do agente de execução, é exclusiva atribuição do juiz: *(i)* adequar o valor da penhora de vencimentos à situação económica e familiar do executado; *(ii)* tutelar os interesses do executado quando estiver em causa a sua habitação; designar administrador para proceder à gestão ordinária do estabelecimento comercial penhorado; *(iii)* autorizar o fracionamento do prédio penhorado; *(iv)* aprovar as contas na execução para prestação de facto; *(v)* autorizar a venda antecipada de bens penhorados, em caso de deterioração ou depreciação ou quando haja vantagem na antecipação da venda; *(vi)* decidir o levantamento da penhora em sede de oposição incidental do exequente a esse levantamento, perante o agente de execução, na sequência de pedido de herdeiro do devedor.

A designação do agente de execução continua a poder ser feita pelo exequente no requerimento executivo, cabendo contudo à secretaria quando o exequente não tenha designado agente de execução ou tal designação fique sem efeito. A cessação de funções do agente de execução pode resultar de substituição promovida pelo exequente, devendo este expor o motivo da substituição, ou de destituição pelo órgão com competência disciplinar sobre os agentes de execução, com fundamento em atuação processual dolosa ou em violação reiterada dos deveres que lhe são impostos pelo respetivo estatuto.

No que toca à tramitação do processo executivo comum para pagamento de quantia certo, retoma-se a distinção (abandonada, sem proveito, em 2003), entre forma ordinária e forma sumária. A forma sumária – caracterizada por penhora imediata, com dispensa da intervenção liminar do juiz e da citação prévia do executado, sendo o requerimento executivo remetido, sem autuação e por via electrónica, para o agente de execução – empregar-se-á quando o título executivo for uma decisão arbitral ou judicial (quando esta não deva ser executada no próprio processo), um requerimento de injunção ao qual tinha sido aposta fórmula executória, um título extrajudicial de obrigação pecuniária vencida, garantida por hipoteca ou penhor, ou um título extrajudicial de obrigação pecuniária vencida cujo valor não exceda o dobro da alçada do tribunal de 1ª instância. Na forma ordinária, assegura-se a intervenção liminar do juiz e a citação do executado em momento anterior à penhora. Em face desta nova formulação, haverá um maior controlo judicial na fase introdutória da execução, pois execuções que até agora principiavam pela penhora passarão a ser submetidas a despacho liminar, o que reforçará as garantias do executado. Ainda assim, nas execuções que devam seguir a forma ordinária, é prevista a possibilidade de o exequente obter a dispensa de citação prévia do executado, com carácter de urgência, se demonstrar a verificação dos requisitos do justo receio da perda da garantia patrimonial, aplicando-se, de seguida, a tramitação do processo executivo sumário.

Inova-se no que respeita à execução de sentença, consagrando-se a regra de que a execução de decisão judicial condenatória corre nos próprios autos, iniciando-se mediante simples requerimento, independentemente da pluralidade de fins da execução, com a possibilidade de penhora de bens suficientes para cobrir a quantia resultante da eventual conversão das execuções, a indemnização pelo dano e a quantia devida a título de sanção pecuniária compulsória.

No âmbito da oposição à execução, é repristinada a terminologia tradicional do processo civil português (embargos de executado, embargante e embargado), a qual, sem motivo válido, foi abolida pela revisão de 2003.

É afastada a hipótese de suspensão automática da execução, por mero efeito do recebimento dos embargos de executado. Deste modo, em regra, o recebimento dos embargos só suspenderá a execução mediante a prestação de caução. Contudo, quando o bem penhorado for a casa de habitação efetiva do executado, o juiz pode determinar que a venda aguarde a decisão a proferir em 1ª instância sobre a oposição.

Quando a execução se funda em requerimento de injunção ao qual tenha sido aposta fórmula executória, apenas podem ser alegados nos embargos os fundamentos previstos para oposição à execução baseada em sentença, sem prejuízo de, verificando-se justo impedimento à dedução de oposição ao requerimento de injunção, tempestivamente declarado perante a secretaria de injunção, poderem ainda ser alegados quaisquer outros fundamentos. Independentemente de justo impedimento, o executado é ainda admitido a deduzir oposição à execução com fundamento na manifesta improcedência, total ou parcial, do requerimento de injunção e na ocorrência, de forma evidente, de exceções dilatórias que, caso tivessem sido suscitadas no procedimento de injunção, obstariam à aposição da fórmula executória.

No domínio das previsões sobre a penhora e os regimes de penhorabilidade, há também alterações a destacar.

Consagra-se, expressamente, que a impenhorabilidade de dois terços de vencimentos ou salários, prestações periódicas ou prestações de qualquer natureza que assegurem a subsistência do executado (*v. g.*, rendas e rendimentos de propriedade intelectual), respeita à parte líquida. Fixa-se a regra da impenhorabilidade do montante equivalente a um salário mínimo nacional, quando o executado não tenha outro rendimento e o crédito exequendo não seja de alimentos (se for, é impenhorável apenas o equivalente à pensão social de regime não contributivo).

Assegura-se a comunicabilidade da dívida exequenda ao cônjuge do executado, nos títulos extrajudiciais apenas subscritos por um dos cônjuges, criando-se, na própria execução, um incidente declarativo, a fim de estender a eficácia do título ao cônjuge do executado, com a suspensão da venda dos bens próprios do executado e dos bens comuns até à decisão do incidente.

É abandonada a determinação legal de uma ordem de prioridade quanto aos bens penhoráveis, por se tratar de matéria que só pode ser decidida de forma casuística.

Ao mesmo tempo, é estabelecido que o agente de execução deverá respeitar as indicações do exequente quanto aos bens que este pretende ver prioritariamente penhorados, salvo se elas violarem normas imperativas ou ofenderem o princípio da proporcionalidade da penhora.

Na penhora de depósitos bancários, é abolida a necessidade de despacho judicial, prevendo-se que a penhora é efetuada por comunicação electrónica dirigida pelo agente de execução às instituições legalmente autorizadas a receber depósitos nas quais o executado disponha de conta aberta. É encurtado para dois dias úteis o prazo para observância, também por comunicação electrónica, do dever de informação ao agente de execução quanto ao montante bloqueado, aos saldos existentes ou à não existência de conta ou saldo.

Na penhora de veículos automóveis, no sentido de evitar a ocultação e o uso do veículo a penhorar, prevê-se que a penhora seja precedida de imobilização do veículo, sendo estabelecida a regra da sua remoção.

No intuito de evitar que as execuções se prolonguem no tempo, muitas das vezes artificialmente (isto é, quando não há razões para esperar a satisfação do crédito exequendo), decorridos três meses sobre o momento do início das diligências para penhora, terá lugar a extinção da execução, se não forem encontrados bens penhoráveis, sem prejuízo da renovação da instância, desde que o exequente venha a indicar bens à penhora. Visando ultrapassar um fator suscetível de dificultar, atrasar e onerar essa extinção da execução, nos casos em que a citação do executado não anteceda a penhora, prevê-se que, frustrada a citação pessoal, não haja lugar à citação edital, ocorrendo outrossim a extinção da execução.

Quanto às diligências necessárias para a realização do pagamento, as mesmas devem ser efetuadas, obrigatoriamente, no prazo de três meses a contar da penhora, independentemente do prosseguimento do apenso da verificação e graduação de créditos.

Nos casos de penhora de rendimentos periódicos, não tendo havido oposição, ou depois de ter sido julgada improcedente, o agente de execução, após o desconto das quantias devidas a título de despesas da execução, deverá entregar directamente ao exequente das quantias já depositadas e adjudicar as quantias vincendas, notificando a entidade pagadora para o efeito.

No regime da venda por proposta em carta fechada, é consagrada a possibilidade de o exequente adquirir o bem, abrindo-se logo licitação entre o exequente e o proponente do maior preço.

Face à proliferação de situações de sobreendividamento, é admitida a celebração de um plano global de pagamentos entre exequente, executado e credores reclamantes, envolvendo, designadamente, moratórias ou perdões, substituição, total ou parcial de garantias, com a consequente suspensão da execução.

No âmbito da execução para entrega de coisa certa e para prestação de facto, o processo comum continua a seguir forma única. No entanto, na execução para entrega de coisa certa, se o título executivo for uma decisão judicial, só depois de feita a entrega terá lugar a notificação do executado para deduzir oposição, seguindo-se, com as necessárias adaptações os termos da execução pecuniária na forma sumária. Quando o exequente pretenda a prestação de um facto conjuntamente com o pagamento de quantia certa ou com a entrega de coisa certa, a interpelação do executado para tem lugar em conjunto com a sua notificação para deduzir oposição ao pagamento ou à entrega.

O acervo das alterações ora introduzidas permite classificar esta reforma como a mais profunda realizada no processo civil português desde 1939, o que, só por si, justifica que estejamos perante um novo código de processo civil, com nova sistematização, sendo de referir a transferência das disposições relativas aos princípios gerais para os preceitos iniciais e a deslocação das disposições relativas à instrução do processo, bem como a eliminação de alguns processos especiais que, actualmente, já não se justificam. Tal opção tem, além do mais, a vantagem de pôr fim à autêntica "manta de retalhos" em que está transformado o diploma, pejado de preceitos revogados e preceitos aditados (muitos deles também já revogados).

Afigura-se evidente que as alterações introduzidas envolvem a responsabilização de todos os intervenientes processuais em moldes e com consequências bem mais agudas e relevantes do que as que atualmente estão em vigor.

Muito do que hoje se verbera na justiça cível prende-se com a ausência de consequências e cominações para os entraves e protelamentos injustificados que, quase livremente, podem ser postos em prática por todos os atores judiciais.

Naturalmente, uma reforma como a que ora se preconiza exige de todos uma elevada autodisciplina, uma rigorosa consciência da sua responsabilidade profissional, o que se não esgota apenas na atuação de qualquer um dos intervenientes processuais.

A reforma contempla uma vasta e profunda responsabilização de todos, recaindo sobre a inadimplência comportamental consequências que não permitirão a irresponsabilidade.

Se é verdade, como se disse, que as audiências serão, por regra, inadiáveis e que a programação da audiência final imporá a todos (juízes, advogados, partes e testemunhas) uma rigorosa disciplina, também não poderia a reforma deixar de impor que no processo se assinale expressamente a inobservância de um prazo para a prática de acto pelo juiz ou pela secretaria, logo que decorram, respetivamente, três meses ou dez dias sobre o termo do prazo fixado para a prática desse ato, consignando-se a concreta razão da sua inobservância.

Há razões sérias para esperar que, por via da presente reforma, o processo civil português se abra à modernidade e se liberte de amarras perfeitamente desajustadas e desfasadas, pois que juízes e advogados, cidadãos e empresas, passarão a ter em sua mão o instrumento adequado para obter uma decisão em prazo razoável e mediante um processo equitativo, como nos impõe a nossa lei fundamental.

Código de Processo Civil

Lei nº 41/2013, de 26 de junho

Aprova o Código de Processo Civil

A Assembleia da República decreta, nos termos da alínea *c*) do artigo 161º da Constituição, o seguinte:

Artigo 1º - Objeto
É aprovado em anexo à presente lei, que dela faz parte integrante, o Código de Processo Civil.

Artigo 2º - Remissões
1. As referências, constantes de qualquer diploma, ao processo declarativo ordinário, sumário ou sumaríssimo consideram-se feitas para o processo declarativo comum.
2. Nos processos de natureza civil não previstos no Código de Processo Civil, as referências feitas ao tribunal coletivo, que deva intervir nos termos previstos neste Código, consideram-se feitas ao juiz singular, com as necessárias adaptações, sem prejuízo do disposto no nº 5 do artigo 5º

Artigo 3º - Intervenção oficiosa do juiz
No decurso do primeiro ano subsequente à entrada em vigor da presente lei:
a) O juiz corrige ou convida a parte a corrigir o erro sobre o regime legal aplicável por força da aplicação das normas transitórias previstas na presente lei;
b) Quando da leitura dos articulados, requerimentos ou demais peças processuais resulte que a parte age em erro sobre o conteúdo do regime processual aplicável, podendo vir a praticar ato não admissível ou omitir ato que seja devido, deve o juiz, quando aquela prática ou omissão ainda sejam evitáveis, promover a superação do equívoco.

Artigo 4º – Norma revogatória

São revogados:

a) O Decreto-Lei nº 44 129, de 28 de dezembro de 1961, que procedeu à aprovação do Código de Processo Civil;

b) O Decreto-Lei nº 211/91, de 14 de junho, que procedeu à aprovação do Regime do Processo Civil Simplificado;

c) O Decreto-Lei nº 184/2000, de 10 de agosto, que procedeu à aprovação do regime das marcações de audiências de julgamento;

d) O Decreto-Lei nº 108/2006, de 8 de junho, que procedeu à aprovação do Regime Processual Civil Experimental;

e) Os artigos 11º a 19º do Decreto-Lei nº 226/2008, de 20 de novembro;

f) O Decreto-Lei nº 4/2013, de 11 de janeiro, que procedeu à aprovação de um conjunto de medidas urgentes de combate às pendências em atraso no domínio da ação executiva.

Artigo 5º – Ação declarativa

1. Sem prejuízo do disposto nos números seguintes, o Código de Processo Civil, aprovado em anexo à presente lei, é imediatamente aplicável às ações declarativas pendentes.

2. As normas relativas à determinação da forma do processo declarativo só são aplicáveis às ações instauradas após a entrada em vigor do Código de Processo Civil, aprovado em anexo à presente lei.

3. As normas reguladoras dos atos processuais da fase dos articulados não são aplicáveis às ações pendentes na data de entrada em vigor do Código de Processo Civil, aprovado em anexo à presente lei.

4. Nas ações que, na data da entrada em vigor da presente lei, se encontrem na fase dos articulados, devem as partes, terminada esta fase, ser notificadas para, em 15 dias, apresentarem os requerimentos probatórios ou alterarem os que hajam apresentado, seguindo-se os demais termos previstos no Código de Processo Civil, aprovado em anexo à presente lei.

5. Nas ações pendentes em que, na data da entrada em vigor da presente lei, já tenha sida admitida a intervenção do tribunal coletivo, o julgamento é realizado por este tribunal, nos termos previstos na data dessa admissão.

6. Até à entrada em vigor da Lei de Organização do Sistema Judiciário, competem ao juiz de círculo a preparação e o julgamento das ações de valor superior à alçada do tribunal da Relação instauradas após a entrada em vigor do Código de Processo Civil, aprovado em anexo à presente lei, salvo nos casos em que o Código de Processo Civil, aprovado pelo Decreto-Lei nº 44129, de 28 de dezembro de 1961, excluía a intervenção do tribunal coletivo.

Artigo 6º – Ação executiva

1. O disposto no Código de Processo Civil, aprovado em anexo à presente lei, aplica-se, com as necessárias adaptações, a todas as execuções pendentes à data da sua entrada em vigor.

2. Nas execuções instauradas antes de 15 de setembro de 2003 os atos que, ao abrigo do Código de Processo Civil, aprovado em anexo à presente lei, são da competência do agente de execução competem a oficial de justiça.

3. O disposto no Código de Processo Civil, aprovado em anexo à presente lei, relativamente aos títulos executivos, às formas do processo executivo, ao requerimento executivo e à tramitação da fase introdutória só se aplica às execuções iniciadas após a sua entrada em vigor.

4. O disposto no Código de Processo Civil, aprovado em anexo à presente lei, relativamente aos procedimentos e incidentes de natureza declarativa apenas se aplica aos que sejam deduzidos a partir da data de entrada em vigor da presente lei.

Artigo 7º – Outras disposições

1. Aos recursos interpostos de decisões proferidas a partir da entrada em vigor da presente lei em ações instauradas antes de 1 de janeiro de 2008 aplica-se o regime de recursos decorrente do Decreto-Lei nº 303/2007, de 24 de agosto, com as alterações agora introduzidas, com exceção do disposto no nº 3 do artigo 671º do Código de Processo Civil, aprovado em anexo à presente lei.

2. O Código de Processo Civil, aprovado em anexo à presente lei, não é aplicável aos procedimentos cautelares instaurados antes da sua entrada em vigor.

Artigo 8º – Entrada em vigor

A presente lei entra em vigor no dia 1 de setembro de 2013.

Aprovada em 19 de abril de 2013.

A Presidente da Assembleia da República, *Maria da Assunção A. Esteves.*

Promulgada em 1 de junho de 2013.

Publique-se.

O Presidente da República, ANÍBAL CAVACO SILVA.

Referendada em 4 de junho de 2013.

O Primeiro-Ministro, *Pedro Passos Coelho.*

ANEXO

Código de Processo Civil

LIVRO I – DA AÇÃO, DAS PARTES E DO TRIBUNAL

TÍTULO I – Das disposições e dos princípios fundamentais

Artigo 1º – Proibição de autodefesa

A ninguém é lícito o recurso à força com o fim de realizar ou assegurar o próprio direito, salvo nos casos e dentro dos limites declarados na lei.

Artigo 2º – Garantia de acesso aos tribunais

1. A proteção jurídica através dos tribunais implica o direito de obter, em prazo razoável, uma decisão judicial que aprecie, com força de caso julgado, a pretensão regularmente deduzida em juízo, bem como a possibilidade de a fazer executar.

2. A todo o direito, exceto quando a lei determine o contrário, corresponde a ação adequada a fazê-lo reconhecer em juízo, a prevenir ou reparar a violação dele e a realizá-lo coercivamente, bem como os procedimentos necessários para acautelar o efeito útil da ação.

Artigo 3º – Necessidade do pedido e da contradição

1. O tribunal não pode resolver o conflito de interesses que a ação pressupõe sem que a resolução lhe seja pedida por uma das partes e a outra seja devidamente chamada para deduzir oposição.

2. Só nos casos excecionais previstos na lei se podem tomar providências contra determinada pessoa sem que esta seja previamente ouvida.

3. O juiz deve observar e fazer cumprir, ao longo de todo o processo, o princípio do contraditório, não lhe sendo lícito, salvo caso de manifesta desnecessidade, decidir questões de direito ou de facto, mesmo que de conhecimento oficioso, sem que as partes tenham tido a possibilidade de sobre elas se pronunciarem.

4. Às exceções deduzidas no último articulado admissível pode a parte contrária responder na audiência prévia ou, não havendo lugar a ela, no início da audiência final.

Artigo 4º – Igualdade das partes

O tribunal deve assegurar, ao longo de todo o processo, um estatuto de igualdade substancial das partes, designadamente no exercício de faculdades, no uso de meios de defesa e na aplicação de cominações ou de sanções processuais.

Artigo 5º – Ónus de alegação das partes e poderes de cognição do tribunal

1. Às partes cabe alegar os factos essenciais que constituem a causa de pedir e aqueles em que se baseiam as exceções invocadas.

2. Além dos factos articulados pelas partes, são ainda considerados pelo juiz:

a) Os factos instrumentais que resultem da instrução da causa;

b) Os factos que sejam complemento ou concretização dos que as partes hajam alegado e resultem da instrução da causa, desde que sobre eles tenham tido a possibilidade de se pronunciar;

c) Os factos notórios e aqueles de que o tribunal tem conhecimento por virtude do exercício das suas funções.

3. O juiz não está sujeito às alegações das partes no tocante à indagação, interpretação e aplicação das regras de direito.

Artigo 6º – Dever de gestão processual

1. Cumpre ao juiz, sem prejuízo do ónus de impulso especialmente imposto pela lei às partes, dirigir ativamente o processo e providenciar pelo seu andamento célere, promovendo oficiosamente as diligências necessárias ao normal prosseguimento da ação, recusando o que for impertinente ou meramente dilatório e, ouvidas as partes, adotando mecanismos de simplificação e agilização processual que garantam a justa composição do litígio em prazo razoável.

2. O juiz providencia oficiosamente pelo suprimento da falta de pressupostos processuais suscetíveis de sanação, determinando a realização dos atos necessários à regularização da instância ou, quando a sanação dependa de ato que deva ser praticado pelas partes, convidando estas a praticá-lo.

Artigo 7º – Princípio da cooperação

1. Na condução e intervenção no processo, devem os magistrados, os mandatários judiciais e as próprias partes cooperar entre si, concorrendo para se obter, com brevidade e eficácia, a justa composição do litígio.

2. O juiz pode, em qualquer altura do processo, ouvir as partes, seus representantes ou mandatários judiciais, convidando-os a fornecer os esclarecimentos sobre a matéria de facto ou de direito que se afigurem pertinentes e dando-se conhecimento à outra parte dos resultados da diligência.

3. As pessoas referidas no número anterior são obrigadas a comparecer sempre que para isso forem notificadas e a prestar os esclarecimentos que lhes forem pedidos, sem prejuízo do disposto no nº 3 do artigo 417º.

4. Sempre que alguma das partes alegue justificadamente dificuldade séria em obter documento ou informação que condicione o eficaz exercício de faculdade ou o cumprimento de ónus ou dever processual, deve o juiz, sempre que possível, providenciar pela remoção do obstáculo.

Artigo 8º – Dever de boa-fé processual

As partes devem agir de boa-fé e observar os deveres de cooperação resultantes do preceituado no artigo anterior.

Artigo 9º – Dever de recíproca correção

1. Todos os intervenientes no processo devem agir em conformidade com um dever de recíproca correção, pautando-se as relações entre advogados e magistrados por um especial dever de urbanidade.

2. Nenhuma das partes deve usar, nos seus escritos ou alegações orais, expressões desnecessária ou injustificadamente ofensivas da honra ou do bom nome da outra, ou do respeito devido às instituições.

Artigo 9º-A – Princípio da utilização de linguagem simples e clara[1]

O tribunal deve, em todos os seus atos, e em particular nas citações, notificações e outras comunicações dirigidas diretamente às partes e a outras pessoas singulares e coletivas, utilizar preferencialmente linguagem simples e clara.

TÍTULO II – Das espécies de ações

Artigo 10º – Espécies de ações, consoante o seu fim

1. As ações são declarativas ou executivas.

2. As ações declarativas podem ser de simples apreciação, de condenação ou constitutivas.

3. As ações referidas no número anterior têm por fim:

a) As de simples apreciação, obter unicamente a declaração da existência ou inexistência de um direito ou de um facto;

b) As de condenação, exigir a prestação de uma coisa ou de um facto, pressupondo ou prevendo a violação de um direito;

c) As constitutivas, autorizar uma mudança na ordem jurídica existente.

4. Dizem-se «ações executivas» aquelas em que o credor requer as providências adequadas à realização coativa de uma obrigação que lhe é devida.

[1] Aditado pelo DL 97/2019, de 26 de julho.

5. Toda a execução tem por base um título, pelo qual se determinam o fim e os limites da ação executiva.

6. O fim da execução, para o efeito do processo aplicável, pode consistir no pagamento de quantia certa, na entrega de coisa certa ou na prestação de um facto, quer positivo quer negativo.

TÍTULO III – Das partes

CAPÍTULO I – Personalidade e capacidade judiciária

Artigo 11º – Conceito e medida da personalidade judiciária

1. A personalidade judiciária consiste na suscetibilidade de ser parte.

2. Quem tiver personalidade jurídica tem igualmente personalidade judiciária.

Artigo 12º – Extensão da personalidade judiciária

Têm ainda personalidade judiciária:

a) A herança jacente e os patrimónios autónomos semelhantes cujo titular não estiver determinado;

b) As associações sem personalidade jurídica e as comissões especiais;

c) As sociedades civis;

d) As sociedades comerciais, até à data do registo definitivo do contrato pelo qual se constituem, nos termos do artigo 5º do Código das Sociedades Comerciais;

e) O condomínio resultante da propriedade horizontal, relativamente às ações que se inserem no âmbito dos poderes do administrador;

f) Os navios, nos casos previstos em legislação especial.

Artigo 13º – Personalidade judiciária das sucursais

1. As sucursais, agências, filiais, delegações ou representações podem demandar ou ser demandadas quando a ação proceda de facto por elas praticado.

2. Se a administração principal tiver a sede ou o domicílio em país estrangeiro, as sucursais, agências, filiais, delegações ou representações estabelecidas em Portugal podem demandar e ser demandadas, ainda que a ação derive de facto praticado por aquela, quando a obrigação tenha sido contraída com um português ou com um estrangeiro domiciliado em Portugal.

Artigo 14º – Sanação da falta de personalidade judiciária

A falta de personalidade judiciária das sucursais, agências, filiais, delegações ou representações pode ser sanada mediante a intervenção da administração principal e a ratificação ou repetição do processado.

Artigo 15º – Conceito e medida da capacidade judiciária

1. A capacidade judiciária consiste na suscetibilidade de estar, por si, em juízo.

2. A capacidade judiciária tem por base e por medida a capacidade do exercício de direitos.

Artigo 16º – Suprimento da incapacidade[1]

1. Os menores e os maiores acompanhados sujeitos a representação só podem estar em juízo por intermédio dos seus representantes, exceto quanto aos atos que possam exercer pessoal e livremente.

2. Os menores cujo exercício das responsabilidades parentais compete a ambos os pais são por estes representados em juízo, sendo necessário o acordo de ambos para a propositura de ações.

3. Quando seja réu um menor sujeito ao exercício das responsabilidades parentais dos pais, devem ambos ser citados para a ação.

Artigo 17º – Representação por curador especial ou provisório

1. Se o incapaz não tiver representante geral deve requerer-se a nomeação dele ao tribunal competente, sem prejuízo da imediata designação de um curador provisório pelo juiz da causa, em caso de urgência.

2. Tanto no decurso do processo como na execução da sentença, pode o curador provisório praticar os mesmos atos que competiriam ao representante geral, cessando as suas funções logo que o representante nomeado ocupe o lugar dele no processo.

3. Quando o incapaz deva ser representado por curador especial, a nomeação dele incumbe igualmente ao juiz da causa, aplicando-se o disposto na primeira parte do número anterior.

4. A nomeação incidental de curador deve ser promovida pelo Ministério Público, podendo ser requerida por qualquer parente sucessível, quando o incapaz haja de ser autor, devendo sê-lo pelo autor, quando o incapaz figure como réu.

5. O Ministério Público é ouvido, sempre que não seja o requerente da nomeação.

Artigo 18º – Desacordo entre os pais na representação do menor

1. Se, sendo o menor representado por ambos os pais, houver desacordo entre estes acerca da conveniência de intentar a ação, pode qualquer deles requerer ao tribunal competente para a causa a resolução do conflito.

2. Se o desacordo apenas surgir no decurso do processo, acerca da orientação deste, pode qualquer dos pais, no prazo de realização do primeiro ato processual afetado pelo desacordo, requerer ao juiz da causa que providencie sobre a forma de o incapaz ser nela representado, suspendendo-se entretanto a instância.

3. Ouvido o outro progenitor, quando só um deles tenha requerido, bem como o Ministério Público, o juiz decide de acordo com o interesse do menor, podendo atribuir a representação a só um dos pais, designar curador especial ou conferir a representação ao Ministério Público, cabendo recurso da decisão.

[1] O nº 1 tem a redação da L 49/2018, de 14 de agosto.

4. A contagem do prazo suspenso reinicia-se com a notificação da decisão ao representante designado.

5. Se houver necessidade de fazer intervir um menor em causa pendente, não havendo acordo entre os pais para o efeito, pode qualquer deles requerer a suspensão da instância até resolução do desacordo pelo tribunal da causa, que decide no prazo de 30 dias.

Artigo 19º – Capacidade judiciária dos maiores acompanhados[1]

1. Os maiores acompanhados que não estejam sujeitos a representação podem intervir em todas as ações em que sejam partes e devem ser citados quando tiverem a posição de réus, sob pena de se verificar a nulidade correspondente à falta de citação, ainda que tenha sido citado o acompanhante.

2. A intervenção do maior acompanhado quanto a atos sujeitos a autorização fica subordinada à orientação do acompanhante, que prevalece em caso de divergência.

Artigo 20º – Representação das pessoas impossibilitadas de receber a citação[1]

1. As pessoas que, por anomalia psíquica ou outro motivo grave, estejam impossibilitadas de receber a citação para a causa são representadas nela por um curador especial.

2. A representação do curador especial cessa quando for julgada desnecessária, ou quando se juntar documento que mostre ter sido concedido o benefício de acompanhamento e nomeado representante ao acompanhado.

3. (*Revogado.*)

4. O representante nomeado no processo de proteção através de acompanhamento é citado para o processo.

Artigo 21º – Defesa do ausente e do incapaz pelo Ministério Público[2]

1. Se o ausente ou o incapaz, ou os seus representantes, não deduzirem oposição, ou se o ausente não comparecer a tempo de a deduzir, incumbe ao Ministério Público a defesa deles, para o que é citado, através do sistema de informação de suporte à atividade dos tribunais, nos termos definidos na portaria prevista no nº 2 do artigo 132º, presumindo-se a citação efetuada no terceiro dia posterior ao do seu envio, correndo novamente o prazo para a contestação.

2. Quando o Ministério Público represente o autor, é nomeado defensor oficioso.

3. Cessa a representação do Ministério Público ou do defensor oficioso logo que o ausente ou o seu procurador compareça ou logo que seja constituído mandatário judicial do ausente ou do incapaz.

[1] Redação da L 49/2018, de 14 de agosto.

[2] O nº 1 tem a redação do DL 97/2019, de 26 de julho.

Artigo 22º – Representação dos incertos

1. Quando a ação seja proposta contra incertos, por não ter o autor possibilidade de identificar os interessados diretos em contradizer, são aqueles representados pelo Ministério Público.

2. Quando o Ministério Público represente o autor, é nomeado defensor oficioso aos incertos.

3. A representação do Ministério Público ou do defensor oficioso só cessa quando os citados como incertos se apresentem para intervir como réus e a sua legitimidade se encontre devidamente reconhecida.

Artigo 23º – Representação de incapazes e ausentes pelo Ministério Público

1. Incumbe ao Ministério Público, em representação de incapazes e ausentes, intentar em juízo quaisquer ações que se mostrem necessárias à tutela dos seus direitos e interesses.

2. A representação cessa logo que seja constituído mandatário judicial do incapaz ou ausente, ou quando, deduzindo o respetivo representante legal oposição à intervenção principal do Ministério Público, o juiz, ponderado o interesse do representado, a considere procedente.

Artigo 24º – Representação do Estado

1. O Estado é representado pelo Ministério Público, sem prejuízo dos casos em que a lei especialmente permita o patrocínio por mandatário judicial próprio, cessando a intervenção principal do Ministério Público logo que este esteja constituído.

2. Se a causa tiver por objeto bens ou direitos do Estado, mas que estejam na administração ou fruição de entidades autónomas, podem estas constituir advogado que intervenha no processo juntamente com o Ministério Público, para o que são citadas quando o Estado seja réu; havendo divergência entre o Ministério Público e o advogado, prevalece a orientação daquele.

Artigo 25º – Representação das outras pessoas coletivas e das sociedades

1. As demais pessoas coletivas e as sociedades são representadas por quem a lei, os estatutos ou o pacto social designarem.

2. Sendo demandada pessoa coletiva ou sociedade que não tenha quem a represente, ou ocorrendo conflito de interesses entre a ré e o seu representante, o juiz da causa designa representante especial, salvo se a lei estabelecer outra forma de assegurar a respetiva representação em juízo.

3. As funções do representante a que se refere o número anterior cessam logo que a representação seja assumida por quem deva, nos termos da lei, assegurá-la.

Artigo 26º – Representação das entidades que careçam de personalidade jurídica

Salvo disposição especial em contrário, os patrimónios autónomos são representados pelos seus administradores e as sociedades e associações que careçam de personalidade jurídica, bem como as sucursais, agências, filiais ou delegações, são representadas pelas pessoas que ajam como diretores, gerentes ou administradores.

Artigo 27º – Suprimento da incapacidade judiciária e da irregularidade de representação[1]

1. A incapacidade judiciária e a irregularidade de representação são sanadas mediante a intervenção ou a citação do representante legítimo do incapaz.

2. Se estes ratificarem os atos anteriormente praticados, o processo segue como se o vício não existisse; no caso contrário, fica sem efeito todo o processado posterior ao momento em que a falta se deu ou a irregularidade foi cometida, correndo novamente os prazos para a prática dos atos não ratificados, que podem ser renovados.

3. Se a irregularidade verificada consistir na preterição de algum dos pais, tem-se como ratificado o processado anterior, quando o preterido, devidamente notificado, nada disser dentro do prazo fixado; havendo desacordo dos pais acerca da repetição da ação ou da renovação dos atos, é aplicável o disposto no artigo 18º.

4. Sendo o incapaz autor e tendo o processo sido anulado desde o início, se o prazo de prescrição ou caducidade tiver entretanto terminado ou terminar nos dois meses imediatos à anulação, não se considera completada a prescrição ou caducidade antes de findarem estes dois meses.

Artigo 28º – Iniciativa do juiz no suprimento

1. Logo que se aperceba de algum dos vícios a que se refere o artigo anterior, deve o juiz, oficiosamente e a todo o tempo, providenciar pela regularização da instância.

2. Incumbe ao juiz ordenar a citação do réu em quem o deva representar, ou, se a falta ou irregularidade respeitar ao autor, determinar a notificação de quem o deva representar na causa para, no prazo fixado, ratificar, querendo, no todo ou em parte, o processado anterior, suspendendo-se entretanto a instância.

Artigo 29º – Falta de autorização ou de deliberação

1. Se a parte estiver devidamente representada, mas faltar alguma autorização ou deliberação exigida por lei, é designado o prazo dentro do qual o representante deve obter a respetiva autorização ou deliberação, suspendendo-se entretanto os termos da causa.

2. Não sendo a falta sanada dentro do prazo, o réu é absolvido da instância, quando a autorização ou deliberação devesse ser obtida pelo representante do autor; se era ao representante do réu que incumbia prover, o processo segue como se o réu não deduzisse oposição.

[1] O nº 1 tem a redação da L 49/2018, de 14 de agosto.

CAPÍTULO II - Legitimidade das partes

Artigo 30º - Conceito de legitimidade

1. O autor é parte legítima quando tem interesse direto em demandar; o réu é parte legítima quando tem interesse direto em contradizer.

2. O interesse em demandar exprime-se pela utilidade derivada da procedência da ação e o interesse em contradizer pelo prejuízo que dessa procedência advenha.

3. Na falta de indicação da lei em contrário, são considerados titulares do interesse relevante para o efeito da legitimidade os sujeitos da relação controvertida, tal como é configurada pelo autor.

Artigo 31º - Ações para a tutela de interesses difusos

Têm legitimidade para propor e intervir nas ações e procedimentos cautelares destinados, designadamente, à defesa da saúde pública, do ambiente, da qualidade de vida, do património cultural e do domínio público, bem como à proteção do consumo de bens e serviços, qualquer cidadão no gozo dos seus direitos civis e políticos, as associações e fundações defensoras dos interesses em causa, as autarquias locais e o Ministério Público, nos termos previstos na lei.

Artigo 32º - Litisconsórcio voluntário

1. Se a relação material controvertida respeitar a várias pessoas, a ação respetiva pode ser proposta por todos ou contra todos os interessados; mas, se a lei ou o negócio for omisso, a ação pode também ser proposta por um só ou contra um só dos interessados, devendo o tribunal, nesse caso, conhecer apenas da respetiva quota-parte do interesse ou da responsabilidade, ainda que o pedido abranja a totalidade.

2. Se a lei ou o negócio permitir que o direito seja exercido por um só ou que a obrigação comum seja exigida de um só dos interessados, basta que um deles intervenha para assegurar a legitimidade.

Artigo 33º - Litisconsórcio necessário

1. Se, porém, a lei ou o negócio exigir a intervenção dos vários interessados na relação controvertida, a falta de qualquer deles é motivo de ilegitimidade.

2. É igualmente necessária a intervenção de todos os interessados quando, pela própria natureza da relação jurídica, ela seja necessária para que a decisão a obter produza o seu efeito útil normal.

3. A decisão produz o seu efeito útil normal sempre que, não vinculando embora os restantes interessados, possa regular definitivamente a situação concreta das partes relativamente ao pedido formulado.

Artigo 34º - Ações que têm de ser propostas por ambos ou contra ambos os cônjuges

1. Devem ser propostas por ambos os cônjuges, ou por um deles com consentimento do outro, as ações de que possa resultar a perda ou a oneração de bens que só por ambos possam ser alienados ou a perda de direitos que só por ambos possam ser exercidos, incluindo as ações que tenham por objeto, direta ou indiretamente, a casa de morada de família.

2. Na falta de acordo, o tribunal decide sobre o suprimento do consentimento, tendo em consideração o interesse da família, aplicando-se, com as necessárias adaptações, o disposto no artigo 29º.

3. Devem ser propostas contra ambos os cônjuges as ações emergentes de facto praticado por ambos os cônjuges, as ações emergentes de facto praticado por um deles, mas em que pretenda obter-se decisão suscetível de ser executada sobre bens próprios do outro, e ainda as ações compreendidas no nº 1.

Artigo 35º – O litisconsórcio e a ação

No caso de litisconsórcio necessário, há uma única ação com pluralidade de sujeitos; no litisconsórcio voluntário, há uma simples acumulação de ações, conservando cada litigante uma posição de independência em relação aos seus compartes.

Artigo 36º – Coligação de autores e de réus

1. É permitida a coligação de autores contra um ou vários réus e é permitido a um autor demandar conjuntamente vários réus, por pedidos diferentes, quando a causa de pedir seja a mesma e única ou quando os pedidos estejam entre si numa relação de prejudicialidade ou de dependência.

2. É igualmente lícita a coligação quando, sendo embora diferente a causa de pedir, a procedência dos pedidos principais dependa essencialmente da apreciação dos mesmos factos ou da interpretação e aplicação das mesmas regras de direito ou de cláusulas de contratos perfeitamente análogas.

3. É admitida a coligação quando os pedidos deduzidos contra os vários réus se baseiam na invocação da obrigação cartular, quanto a uns, e da respetiva relação subjacente, quanto a outros.

Artigo 37º – Obstáculos à coligação

1. A coligação não é admissível quando aos pedidos correspondam formas de processo diferentes ou a cumulação possa ofender regras de competência internacional ou em razão da matéria ou da hierarquia.

2. Quando aos pedidos correspondam formas de processo que, embora diversas, não sigam uma tramitação manifestamente incompatível, pode o juiz autorizar a cumulação, sempre que nela haja interesse relevante ou quando a apreciação conjunta das pretensões seja indispensável para a justa composição do litígio.

3. Incumbe ao juiz, na situação prevista no número anterior, adaptar o processado à cumulação autorizada.

4. Se o tribunal, oficiosamente ou a requerimento de algum dos réus, entender que, não obstante a verificação dos requisitos da coligação, há inconveniente grave em que as causas sejam instruídas, discutidas e julgadas conjuntamente, determina, em despacho fundamentado, a notificação do autor para indicar, no prazo fixado, qual o pedido ou os pedidos que continuam a ser apreciados no processo, sob cominação de, não o fazendo, ser o réu absolvido da instância quanto a todos eles, aplicando-se o disposto nos nºs 2 e 3 do artigo seguinte.

5. No caso previsto no número anterior, se as novas ações forem propostas dentro de 30 dias a contar do trânsito em julgado do despacho que ordenou a separação, os efeitos civis da propositura da ação e da citação do réu retrotraem-se à data em que estes factos se produziram no primeiro processo.

Artigo 38º – Suprimento da coligação ilegal

1. Ocorrendo coligação sem que entre os pedidos exista a conexão exigida pelo artigo 36º, o juiz notifica o autor para, no prazo fixado, indicar qual o pedido que pretende ver apreciado no processo, sob cominação de, não o fazendo, o réu ser absolvido da instância quanto a todos eles.

2. Havendo pluralidade de autores, são todos notificados, nos termos do número anterior, para, por acordo, esclarecerem quais os pedidos que pretendem ver apreciados no processo.

3. Feita a indicação a que aludem os números anteriores, o juiz absolve o réu da instância relativamente aos outros pedidos.

Artigo 39º – Pluralidade subjetiva subsidiária

É admitida a dedução subsidiária do mesmo pedido, ou a dedução de pedido subsidiário, por autor ou contra réu diverso do que demanda ou é demandado a título principal, no caso de dúvida fundamentada sobre o sujeito da relação controvertida.

CAPÍTULO III – Patrocínio judiciário

Artigo 40º – Constituição obrigatória de advogado

1. É obrigatória a constituição de advogado:

a) Nas causas de competência de tribunais com alçada, em que seja admissível recurso ordinário;

b) Nas causas em que seja sempre admissível recurso, independentemente do valor;

c) Nos recursos e nas causas propostas nos tribunais superiores.

2. Ainda que seja obrigatória a constituição de advogado, os advogados estagiários, os solicitadores e as próprias partes podem fazer requerimentos em que se não levantem questões de direito.

3. Nas causas em que, não sendo obrigatória a constituição de advogado, as partes não tenham constituído mandatário judicial, a inquirição das testemunhas é efetuada pelo juiz, cabendo ainda a este adequar a tramitação processual às especificidades da situação.

Artigo 41º – Falta de constituição de advogado

Se a parte não constituir advogado, sendo obrigatória a constituição, o juiz, oficiosamente ou a requerimento da parte contrária, determina a sua notificação para o constituir dentro de prazo certo, sob pena de o réu ser absolvido da instância, de não ter seguimento o recurso ou de ficar sem efeito a defesa.

Artigo 42º – Representação nas causas em que não é obrigatória a constituição de advogado

Nas causas em que não seja obrigatória a constituição de advogado podem as próprias partes pleitear por si ou ser representadas por advogados estagiários ou por solicitadores.

Artigo 43º – Como se confere o mandato judicial

O mandato judicial pode ser conferido:

a) Por instrumento público ou por documento particular, nos termos do Código do Notariado e da legislação especial;

b) Por declaração verbal da parte no auto de qualquer diligência que se pratique no processo.

Artigo 44º – Conteúdo e alcance do mandato

1. O mandato atribui poderes ao mandatário para representar a parte em todos os atos e termos do processo principal e respetivos incidentes, mesmo perante os tribunais superiores, sem prejuízo das disposições que exijam a outorga de poderes especiais por parte do mandante.

2. Nos poderes que a lei presume conferidos ao mandatário está incluído o de substabelecer o mandato.

3. O substabelecimento sem reserva implica a exclusão do anterior mandatário.

4. A eficácia do mandato depende de aceitação, que pode ser manifestada no próprio instrumento público ou em documento particular, ou resultar de comportamento concludente do mandatário.

Artigo 45º – Poderes gerais e especiais dos mandatários judiciais

1. Quando a parte declare na procuração que concede poderes forenses ou para ser representada em qualquer ação, o mandato tem a extensão definida no artigo anterior.

2. Os mandatários judiciais só podem confessar a ação, transigir sobre o seu objeto e desistir do pedido ou da instância quando estejam munidos de procuração que os autorize expressamente a praticar qualquer desses atos.

Artigo 46º – Confissão de factos feita pelo mandatário

As afirmações e confissões expressas de factos, feitas pelo mandatário nos articulados, vinculam a parte, salvo se forem retificadas ou retiradas enquanto a parte contrária as não tiver aceitado especificadamente.

Artigo 47º – Revogação e renúncia do mandato

1. A revogação e a renúncia do mandato devem ter lugar no próprio processo e são notificadas tanto ao mandatário ou ao mandante, como à parte contrária.

2. Os efeitos da revogação e da renúncia produzem-se a partir da notificação, sem prejuízo do disposto nos números seguintes; a renúncia é pessoalmente notificada ao mandante, com a advertência dos efeitos previstos no número seguinte.

3. Nos casos em que seja obrigatória a constituição de advogado, se a parte, depois de notificada da renúncia, não constituir novo mandatário no prazo de 20 dias:

a) Suspende-se a instância, se a falta for do autor ou do exequente;

b) O processo segue os seus termos, se a falta for do réu, do executado ou do requerido, aproveitando-se os atos anteriormente praticados;

c) Extingue-se o procedimento ou o incidente inserido na tramitação de qualquer ação, se a falta for do requerente, opoente ou embargante.

4. Sendo o patrocínio obrigatório, se o réu, o reconvindo, o executado ou o requerido não puderem ser notificados, é nomeado oficiosamente mandatário, nos termos do nº 3 do artigo 51º.

5. O advogado nomeado nos termos do número anterior tem direito a exame do processo, pelo prazo de 10 dias.

6. Se o réu tiver deduzido reconvenção, esta fica sem efeito quando for dele a falta a que se refere o nº 3; sendo a falta do autor, segue só o pedido reconvencional, decorridos que sejam 10 dias sobre a suspensão da ação.

Artigo 48º – Falta, insuficiência e irregularidade do mandato

1. A falta de procuração e a sua insuficiência ou irregularidade podem, em qualquer altura, ser arguidas pela parte contrária e suscitadas oficiosamente pelo tribunal.

2. O juiz fixa o prazo dentro do qual deve ser suprida a falta ou corrigido o vício e ratificado o processado, findo o qual, sem que esteja regularizada a situação, fica sem efeito tudo o que tiver sido praticado pelo mandatário, devendo este ser condenado nas custas respetivas e, se tiver agido culposamente, na indemnização dos prejuízos a que tenha dado causa.

3. Sempre que o vício resulte de excesso de mandato, o tribunal participa a ocorrência ao respetivo conselho distrital da Ordem dos Advogados.

Artigo 49º – Patrocínio a título de gestão de negócios

1. Em casos de urgência, o patrocínio judiciário pode ser exercido como gestão de negócios.

2. Porém, se a parte não ratificar a gestão dentro do prazo fixado pelo juiz, o gestor é condenado nas custas que provocou e na indemnização do dano causado à parte contrária ou à parte cuja gestão assumiu.

3. O despacho que fixar o prazo para a ratificação é notificado pessoalmente à parte cujo patrocínio o gestor assumiu.

Artigo 50º - Assistência técnica aos advogados

1. Quando no processo se suscitem questões de natureza técnica para as quais não tenha a necessária preparação, pode o advogado fazer-se assistir, durante a produção da prova e a discussão da causa, de pessoa dotada de competência especial para se ocupar das questões suscitadas.

2. Até 10 dias antes da audiência final, o advogado indica no processo a pessoa que escolheu e as questões para que reputa conveniente a sua assistência, dando-se logo conhecimento do facto ao advogado da parte contrária, que pode usar de igual direito.

3. A intervenção pode ser recusada quando se julgue desnecessária.

4. Em relação às questões para que tenha sido designado, o técnico tem os mesmos direitos e deveres que o advogado, mas deve prestar o seu concurso sob a direção deste e não pode produzir alegações orais.

Artigo 51º - Nomeação oficiosa de advogado

1. Se a parte não encontrar na circunscrição judicial quem aceite voluntariamente o seu patrocínio, pode dirigir-se ao presidente do conselho distrital da Ordem dos Advogados ou à respetiva delegação para que lhe nomeiem advogado.

2. A nomeação será feita sem demora e notificada ao nomeado, que pode alegar escusa dentro de cinco dias; na falta de escusa ou quando esta não seja julgada legítima por quem fez a nomeação, deve o advogado exercer o patrocínio, sob pena de procedimento disciplinar.

3. À nomeação de advogado nos casos de urgência aplica-se, com as necessárias adaptações, o disposto para as nomeações urgentes em processo penal.

Artigo 52º - Nomeação oficiosa de solicitador

Sendo necessária a nomeação de solicitador, é aplicável, com as necessárias adaptações, o disposto no artigo anterior.

CAPÍTULO IV - Disposições especiais sobre execuções

Artigo 53º - Legitimidade do exequente e do executado

1. A execução tem de ser promovida pela pessoa que no título executivo figure como credor e deve ser instaurada contra a pessoa que no título tenha a posição de devedor.

2. Se o título for ao portador, será a execução promovida pelo portador do título.

Artigo 54º - Desvios à regra geral da determinação da legitimidade

1. Tendo havido sucessão no direito ou na obrigação, deve a execução correr entre os sucessores das pessoas que no título figuram como credor ou devedor da obrigação exequenda; no próprio requerimento para a execução o exequente deduz os factos constitutivos da sucessão.

2. A execução por dívida provida de garantia real sobre bens de terceiro segue diretamente contra este se o exequente pretender fazer valer a garantia, sem prejuízo de poder desde logo ser também demandado o devedor.

3. Quando a execução tenha sido movida apenas contra o terceiro e se reconheça a insuficiência dos bens onerados com a garantia real, pode o exequente requerer, no mesmo processo, o prosseguimento da ação executiva contra o devedor, que é demandado para completa satisfação do crédito exequendo.

4. Pertencendo os bens onerados ao devedor, mas estando eles na posse de terceiro, pode este ser desde logo demandado juntamente com o devedor.

Artigo 55º – Exequibilidade da sentença contra terceiros

A execução fundada em sentença condenatória pode ser promovida não só contra o devedor, mas ainda contra as pessoas em relação às quais a sentença tenha força de caso julgado.

Artigo 56º – Coligação

1. Quando não se verifiquem as circunstâncias impeditivas previstas no nº 1 do artigo 709º, é permitido:

a) A vários credores coligados demandar o mesmo devedor ou vários devedores litisconsortes;

b) A um ou vários credores litisconsortes, ou a vários credores coligados, demandar vários devedores coligados desde que obrigados no mesmo título;

c) A um ou vários credores litisconsortes, ou a vários credores coligados, demandar vários devedores coligados, titulares de quinhões no mesmo património autónomo ou de direitos relativos ao mesmo bem indiviso sobre os quais se faça incidir a penhora.

2. Não obsta à cumulação a circunstância de ser ilíquida alguma das quantias, desde que a liquidação dependa unicamente de operações aritméticas.

3. É aplicável à coligação o disposto nos nºs 2 a 5 do artigo 709º para a cumulação de execuções.

Artigo 57º – Legitimidade do Ministério Público como exequente

(Revogado pela Lei nº 27/2019, de 28-03)

Artigo 58º – Patrocínio judiciário obrigatório

1. As partes têm de se fazer representar por advogado nas execuções de valor superior à alçada da Relação e nas de valor igual ou inferior a esta quantia, mas superior à alçada do tribunal de 1ª instância, quando tenha lugar algum procedimento que siga os termos do processo declarativo.

2. No apenso de verificação de créditos, o patrocínio de advogado só é necessário quando seja reclamado algum crédito de valor superior à alçada do tribunal de 1ª instância e apenas para apreciação dele.

3. As partes têm de se fazer representar por advogado, advogado estagiário ou solicitador nas execuções de valor superior à alçada do tribunal de 1ª instância não abrangidas pelos números anteriores.

TÍTULO IV – Do tribunal

CAPÍTULO I – Das disposições gerais sobre competência

Artigo 59º – Competência internacional

Sem prejuízo do que se encontre estabelecido em regulamentos europeus e em outros instrumentos internacionais, os tribunais portugueses são internacionalmente competentes quando se verifique algum dos elementos de conexão referidos nos artigos 62º e 63º ou quando as partes lhes tenham atribuído competência nos termos do artigo 94º.

Artigo 60º – Fatores determinantes da competência na ordem interna

1. A competência dos tribunais judiciais, no âmbito da jurisdição civil, é regulada conjuntamente pelo estabelecido nas leis de organização judiciária e pelas disposições deste Código.

2. Na ordem interna, a jurisdição reparte-se pelos diferentes tribunais segundo a matéria, o valor da causa, a hierarquia judiciária e o território.

Artigo 61º – Alteração da competência

Quando ocorra alteração da lei reguladora da competência considerada relevante quanto aos processos pendentes, o juiz ordena oficiosamente a sua remessa para o tribunal que a nova lei considere competente.

CAPÍTULO II – Da competência internacional

Artigo 62º – Fatores de atribuição da competência internacional

Os tribunais portugueses são internacionalmente competentes:

a) Quando a ação possa ser proposta em tribunal português segundo as regras de competência territorial estabelecidas na lei portuguesa;

b) Ter sido praticado em território português o facto que serve de causa de pedir na ação, ou algum dos factos que a integram;

c) Quando o direito invocado não possa tornar-se efetivo senão por meio de ação proposta em território português ou se verifique para o autor dificuldade apreciável na propositura da ação no estrangeiro, desde que entre o objeto do litígio e a ordem jurídica portuguesa haja um elemento ponderoso de conexão, pessoal ou real.

Artigo 63º – Competência exclusiva dos tribunais portugueses

Os tribunais portugueses são exclusivamente competentes:

a) Em matéria de direitos reais sobre imóveis e de arrendamento de imóveis situados em território português; todavia, em matéria de contratos de arrendamento de imóveis celebrados para uso pessoal temporário por um período máximo de seis meses consecutivos, são igualmente competentes os tribunais do Estado membro da União Europeia onde o requerido tiver domicílio, desde que o arrendatário seja uma pessoa singular e o proprietário e o arrendatário tenham domicílio no mesmo Estado membro;

b) Em matéria de validade da constituição ou de dissolução de sociedades ou de outras pessoas coletivas que tenham a sua sede em Portugal, bem como em matéria de validade das decisões dos seus órgãos; para determinar essa sede, o tribunal português aplica as suas regras de direito internacional privado;

c) Em matéria de validade de inscrições em registos públicos conservados em Portugal;

d) Em matéria de execuções sobre imóveis situados em território português;

e) Em matéria de insolvência ou de revitalização de pessoas domiciliadas em Portugal ou de pessoas coletivas ou sociedades cuja sede esteja situada em território português.

CAPÍTULO III – Da competência interna

SECÇÃO I – Competência em razão da matéria

Artigo 64º – Competência dos tribunais judiciais

São da competência dos tribunais judiciais as causas que não sejam atribuídas a outra ordem jurisdicional.

Artigo 65º – Tribunais e secções de competência especializada

As leis de organização judiciária determinam quais as causas que, em razão da matéria, são da competência dos tribunais e das secções dotados de competência especializada.

SECÇÃO II – Competência em razão do valor

Artigo 66º – Instâncias central e local

As leis de organização judiciária determinam quais as causas que, pelo seu valor, se inserem na competência da instância central e da instância local.

SECÇÃO III – Competência em razão da hierarquia

Artigo 67º – Tribunais de 1ª instância

Compete aos tribunais de 1ª instância o conhecimento dos recursos das decisões dos notários, dos conservadores do registo e de outros que, nos termos da lei, para eles devam ser interpostos.

Artigo 68º – Relações

1. As Relações conhecem dos recursos e das causas que por lei sejam da sua competência.

2. Compete às Relações o conhecimento dos recursos interpostos de decisões proferidas pelos tribunais de 1ª instância.

Artigo 69º – Supremo Tribunal de Justiça

1. O Supremo Tribunal de Justiça conhece dos recursos e das causas que por lei sejam da sua competência.

2. Compete ao Supremo Tribunal de Justiça o conhecimento dos recursos interpostos de decisões proferidas pelas Relações e, nos casos especialmente previstos na lei, pelos tribunais de 1ª instância.

SECÇÃO IV – Competência em razão do território

Artigo 70º – Foro da situação dos bens

1. Devem ser propostas no tribunal da situação dos bens as ações referentes a direitos reais ou pessoais de gozo sobre imóveis, a ação de divisão de coisa comum, de despejo, de preferência e de execução específica sobre imóveis, e ainda as de reforço, substituição, redução ou expurgação de hipotecas.

2. As ações de reforço, substituição, redução e expurgação de hipotecas sobre navios e aeronaves são, porém, instauradas na circunscrição da respetiva matrícula, podendo o autor optar por qualquer delas se a hipoteca abranger móveis matriculados em circunscrições diversas.

3. Quando a ação tiver por objeto uma universalidade de facto, ou bens móveis e imóveis, ou imóveis situados em circunscrições diferentes, é proposta no tribunal correspondente à situação dos imóveis de maior valor, devendo atender-se para esse efeito aos valores da matriz predial; se o prédio que é objeto da ação estiver situado em mais de uma circunscrição territorial, pode ela ser proposta em qualquer das circunscrições.

Artigo 71º – Competência para o cumprimento da obrigação

1. A ação destinada a exigir o cumprimento de obrigações, a indemnização pelo não cumprimento ou pelo cumprimento defeituoso e a resolução do contrato por falta de cumprimento é proposta no tribunal do domicílio do réu, podendo o credor optar pelo tribunal do lugar em que a obrigação deveria ser cumprida, quando o réu seja pessoa coletiva ou quando, situando-se o domicílio do credor na área metropolitana de Lisboa ou do Porto, o réu tenha domicílio na mesma área metropolitana.

2. Se a ação se destinar a efetivar a responsabilidade civil baseada em facto ilícito ou fundada no risco, o tribunal competente é o correspondente ao lugar onde o facto ocorreu.

Artigo 72º – Divórcio e separação

Para as ações de divórcio e de separação de pessoas e bens é competente o tribunal do domicílio ou da residência do autor.

Artigo 72º-A – Matéria sucessória[1]

1. Em matéria sucessória é competente o tribunal do lugar da abertura da sucessão.

2. Se, no momento da sua morte, o autor da sucessão não tiver residência habitual em território português, é competente o tribunal em cuja circunscrição esse autor teve a sua última residência habitual em território nacional.

3. Se o tribunal competente não puder ser determinado com base no disposto nos números anteriores, mas o autor da sucessão tiver nacionalidade portuguesa ou houver bens situados em Portugal, o tribunal competente é:

a) Havendo imóveis, o tribunal da situação dos bens, ou, situando-se os imóveis em circunscrições diferentes, o tribunal da situação do maior número; ou

b) Não havendo imóveis, o tribunal de Lisboa.

Artigo 73º – Ação de honorários

1. Para a ação de honorários de mandatários judiciais ou técnicos e para a cobrança das quantias adiantadas ao cliente, é competente o tribunal da causa na qual foi prestado o serviço, devendo aquela correr por apenso a esta.

2. Se a causa tiver sido, porém, instaurada na Relação ou no Supremo Tribunal de Justiça, a ação de honorários correrá no tribunal da comarca do domicílio do devedor.

Artigo 74º – Regulação e repartição de avaria grossa

O tribunal do porto onde for ou devesse ser entregue a carga de um navio que sofreu avaria grossa é competente para regular e repartir esta avaria.

Artigo 75º – Perdas e danos por abalroação de navios

A ação de perdas e danos por abalroação de navios pode ser proposta no tribunal do lugar do acidente, no do domicílio do dono do navio abalroador, no do lugar a que pertencer ou em que for encontrado esse navio e no do lugar do primeiro porto em que entrar o navio abalroado.

[1] Preceito aditado pela L 117/2019, de 13 de setembro.

Artigo 76º – Salários por salvação ou assistência de navios

Os salários devidos por salvação ou assistência de navios podem ser exigidos no tribunal do lugar em que o facto ocorrer, no do domicílio do dono dos objetos salvos e no do lugar a que pertencer ou onde for encontrado o navio socorrido.

Artigo 77º – Extinção de privilégios sobre navios

A ação para ser julgado livre de privilégios um navio adquirido por título gratuito ou oneroso é proposta no tribunal do porto onde o navio se achasse surto no momento da aquisição.

Artigo 78º – Procedimentos cautelares e diligências antecipadas

1. Quanto a procedimentos cautelares e diligências anteriores à proposição da ação, observa-se o seguinte:

a) O arresto e o arrolamento tanto podem ser requeridos no tribunal onde deva ser proposta a ação respetiva, como no do lugar onde os bens se encontrem ou, se houver bens em várias comarcas, no de qualquer destas;

b) Para o embargo de obra nova é competente o tribunal do lugar da obra;

c) Para os outros procedimentos cautelares é competente o tribunal em que deva ser proposta a ação respetiva;

d) As diligências antecipadas de produção de prova são requeridas no tribunal do lugar em que hajam de efetuar-se.

2. O processo dos atos e diligências a que se refere o número anterior é apensado ao da ação respetiva, para o que deve ser remetido, quando se torne necessário, ao tribunal em que esta for proposta.

Artigo 79º – Notificações avulsas

As notificações avulsas são requeridas no tribunal em cuja área resida a pessoa a notificar.

Artigo 80º – Regra geral

1. Em todos os casos não previstos nos artigos anteriores ou em disposições especiais é competente para a ação o tribunal do domicílio do réu.

2. Se, porém, o réu não tiver residência habitual ou for incerto ou ausente, é demandado no tribunal do domicílio do autor; mas a curadoria, provisória ou definitiva, dos bens do ausente é requerida no tribunal do último domicílio que ele teve em Portugal.

3. Se o réu tiver o domicílio e a residência em país estrangeiro, é demandado no tribunal do lugar em que se encontrar; não se encontrando em território português, é demandado no do domicílio do autor, e, quando este domicílio for em país estrangeiro, é competente para a causa o tribunal de Lisboa.

Artigo 81º – Regra geral para as pessoas coletivas e sociedades

1. Se o réu for o Estado, ao tribunal do domicílio do réu substitui-se o do domicílio do autor.

2. Se o réu for outra pessoa coletiva ou uma sociedade, é demandado no tribunal da sede da administração principal ou no da sede da sucursal, agência, filial, delegação ou representação, conforme a ação seja dirigida contra aquela ou contra estas; mas a ação contra pessoas coletivas ou sociedades estrangeiras que tenham sucursal, agência, filial, delegação ou representação em Portugal pode ser proposta no tribunal da sede destas, ainda que seja pedida a citação da administração principal.

Artigo 82º – Pluralidade de réus e cumulação de pedidos

1. Havendo mais de um réu na mesma causa, devem ser todos demandados no tribunal do domicílio do maior número; se for igual o número nos diferentes domicílios, pode o autor escolher o de qualquer deles.

2. Se o autor cumular pedidos para cuja apreciação sejam territorialmente competentes diversos tribunais, pode escolher qualquer deles para a propositura da ação, salvo se a competência para apreciar algum dos pedidos depender de algum dos elementos de conexão que permitem o conhecimento oficioso da incompetência relativa; neste caso, a ação é proposta nesse tribunal.

3. Quando se cumulem, porém, pedidos entre os quais haja uma relação de dependência ou subsidiariedade, deve a ação ser proposta no tribunal competente para a apreciação do pedido principal.

Artigo 83º – Competência para o julgamento dos recursos

Os recursos devem ser interpostos para o tribunal a que está hierarquicamente subordinado aquele de que se recorre.

Artigo 84º – Ações em que seja parte o juiz, seu cônjuge ou certos parentes

1. Para as ações em que seja parte o juiz de direito, seu cônjuge, algum seu descendente ou ascendente ou quem com ele conviva em economia comum e que devessem ser propostas na circunscrição em que o juiz exerce jurisdição, é competente o tribunal da circunscrição judicial cuja sede esteja a menor distância da sede daquela.

2. Se a ação for proposta na circunscrição em que o juiz impedido exerce jurisdição ou se este for aí colocado estando já pendente a causa, é o processo remetido para a circunscrição mais próxima, observado o disposto no artigo 116º, podendo a remessa ser requerida em qualquer estado da causa, até à sentença.

3. O juiz da causa pode ordenar e praticar na circunscrição do juiz impedido todos os atos necessários ao andamento e instrução do processo como se fosse juiz dessa circunscrição.

4. O disposto nos números anteriores não se aplica nas circunscrições em que houver mais de um juiz.

SECÇÃO V – Disposições especiais sobre execuções

Artigo 85º – Competência para a execução fundada em sentença

1. Na execução de decisão proferida por tribunais portugueses, o requerimento executivo é apresentado no processo em que aquela foi proferida, correndo a execução nos próprios autos e sendo tramitada de forma autónoma, exceto quando o processo tenha entretanto subido em recurso, casos em que corre no traslado.

2. Quando, nos termos da lei de organização judiciária, seja competente para a execução secção especializada de execução, deve ser remetida a esta, com caráter de urgência, cópia da sentença, do requerimento que deu início à execução e dos documentos que o acompanham.

3. Se a decisão tiver sido proferida por árbitros em arbitragem que tenha tido lugar em território português, é competente para a execução o tribunal da comarca do lugar da arbitragem.

Artigo 86º – Execução de sentença proferida por tribunais superiores

Se a ação tiver sido proposta na Relação ou no Supremo Tribunal de Justiça, é competente para a execução o tribunal do domicílio do executado, salvo o caso especial do artigo 84º; em qualquer caso, baixa o traslado ou o processo declarativo ao tribunal competente para a execução.

Artigo 87º – Execução pelas indemnizações[1]

1. Para a execução pelas indemnizações referidas no artigo 542º e preceitos análogos é competente o tribunal em que haja corrido o processo no qual tenha sido proferida a condenação.

2. A execução pelas indemnizações corre por apenso ao respetivo processo.

Artigo 88º – Execução pelas indemnizações derivadas de condenação em tribunais superiores[1]

Quando a condenação em indemnização tiver sido proferida na Relação ou no Supremo Tribunal de Justiça, a execução corre no tribunal de 1ª instância competente da área em que o processo haja corrido.

Artigo 89º – Regra geral de competência em matéria de execuções

1. Salvos os casos especiais previstos noutras disposições, é competente para a execução o tribunal do domicílio do executado, podendo o exequente optar pelo tribunal do lugar em que a obrigação deva ser cumprida quando o executado seja pessoa coletiva ou quando, situando-se o domicílio do exequente na área metropolitana de Lisboa ou do Porto, o executado tenha domicílio na mesma área metropolitana.

2. Porém, se a execução for para entrega de coisa certa ou por dívida com garantia real, são, respetivamente, competentes o tribunal do lugar onde a coisa se encontre ou o da situação dos bens onerados.

3. Quando a execução haja de ser instaurada no tribunal do domicílio do executado e este não tenha domicílio em Portugal, mas aqui tenha bens, é competente para a execução o tribunal da situação desses bens.

4. É igualmente competente o tribunal da situação dos bens a executar quando a execução haja de ser instaurada em tribunal português, por via da alínea *b*) do artigo 63º, e não ocorra nenhuma das situações previstas nos artigos anteriores e nos números anteriores deste artigo.

[1] Redação da L 27/2019, de 28 de março.

5. Nos casos de cumulação de execuções para cuja apreciação sejam territorialmente competentes diversos tribunais, é competente o tribunal do domicílio do executado.

Artigo 90º – Execução fundada em sentença estrangeira

A competência para a execução fundada em sentença estrangeira determina-se nos termos do artigo 86º.

CAPÍTULO IV – Da extensão e modificações da competência

Artigo 91º – Competência do tribunal em relação às questões incidentais

1. O tribunal competente para a ação é também competente para conhecer dos incidentes que nela se levantem e das questões que o réu suscite como meio de defesa.

2. A decisão das questões e incidentes suscitados não constitui, porém, caso julgado fora do processo respetivo, exceto se alguma das partes requerer o julgamento com essa amplitude e o tribunal for competente do ponto de vista internacional e em razão da matéria e da hierarquia.

Artigo 92º – Questões prejudiciais

1. Se o conhecimento do objeto da ação depender da decisão de uma questão que seja da competência do tribunal criminal ou do tribunal administrativo, pode o juiz sobrestar na decisão até que o tribunal competente se pronuncie.

2. A suspensão fica sem efeito se a ação penal ou a ação administrativa não for exercida dentro de um mês ou se o respetivo processo estiver parado, por negligência das partes, durante o mesmo prazo; neste caso, o juiz da ação decidirá a questão prejudicial, mas a sua decisão não produz efeitos fora do processo em que for proferida.

Artigo 93º – Competência para as questões reconvencionais

1. O tribunal da ação é competente para as questões deduzidas por via de reconvenção, desde que tenha competência para elas em razão da nacionalidade, da matéria e da hierarquia; se a não tiver, é o reconvindo absolvido da instância.

2. Quando, por virtude da reconvenção, o tribunal deixe de ser competente em razão do valor, deve o juiz oficiosamente remeter o processo para o tribunal competente.

Artigo 94º – Pactos privativo e atributivo de jurisdição

1. As partes podem convencionar qual a jurisdição competente para dirimir um litígio determinado, ou os litígios eventualmente decorrentes de certa relação jurídica, contanto que a relação controvertida tenha conexão com mais de uma ordem jurídica.

2. A designação convencional pode envolver a atribuição de competência exclusiva ou meramente alternativa com a dos tribunais portugueses, quando esta exista, presumindo-se que seja exclusiva em caso de dúvida.

3. A eleição do foro só é válida quando se verifiquem cumulativamente os seguintes requisitos:

a) Dizer respeito a um litígio sobre direitos disponíveis;

b) Ser aceite pela lei do tribunal designado;

c) Ser justificada por um interesse sério de ambas as partes ou de uma delas, desde que não envolva inconveniente grave para a outra;

d) Não recair sobre matéria da exclusiva competência dos tribunais portugueses;

e) Resultar de acordo escrito ou confirmado por escrito, devendo nele fazer-se menção expressa da jurisdição competente.

4. Para efeitos do disposto no número anterior, considera-se reduzido a escrito o acordo constante de documento assinado pelas partes, ou o emergente de troca de cartas, telex, telegramas ou outros meios de comunicação de que fique prova escrita, quer tais instrumentos contenham diretamente o acordo quer deles conste cláusula de remissão para algum documento em que ele esteja contido.

Artigo 95º – Competência convencional

1. As regras de competência em razão da matéria, da hierarquia e do valor da causa não podem ser afastadas por vontade das partes; mas é permitido a estas afastar, por convenção expressa, a aplicação das regras de competência em razão do território, salvo nos casos a que se refere o artigo 104º.

2. O acordo deve satisfazer os requisitos de forma do contrato, fonte da obrigação, contanto que seja reduzido a escrito, nos termos do nº 4 do artigo anterior, e deve designar as questões a que se refere e o critério de determinação do tribunal que fica sendo competente.

3. A competência fundada na estipulação é tão obrigatória como a que deriva da lei.

4. A designação das questões abrangidas pelo acordo pode fazer-se pela especificação do facto jurídico suscetível de as originar.

CAPÍTULO V – Das garantias da competência

SECÇÃO I – Incompetência absoluta

Artigo 96º – Casos de incompetência absoluta

Determinam a incompetência absoluta do tribunal:

a) A infração das regras de competência em razão da matéria e da hierarquia e das regras de competência internacional;

b) A preterição de tribunal arbitral.

Artigo 97º – Regime de arguição – Legitimidade e oportunidade

1. A incompetência absoluta pode ser arguida pelas partes e, exceto se decorrer da violação de pacto privativo de jurisdição ou de preterição de tribunal arbitral voluntário, deve ser suscitada oficiosamente pelo tribunal enquanto não houver sentença com trânsito em julgado proferida sobre o fundo da causa.

2. A violação das regras de competência em razão da matéria que apenas respeitem aos tribunais judiciais só pode ser arguida, ou oficiosamente conhecida, até ser proferido despacho saneador, ou, não havendo lugar a este, até ao início da audiência final.

Artigo 98º – Em que momento deve conhecer-se da incompetência

Se a incompetência for arguida antes de ser proferido o despacho saneador, pode conhecer-se dela imediatamente ou reservar-se a apreciação para esse despacho; se for arguida posteriormente ao despacho, deve conhecer-se logo da arguição.

Artigo 99º – Efeito da incompetência absoluta

1. A verificação da incompetência absoluta implica a absolvição do réu da instância ou o indeferimento em despacho liminar, quando o processo o comportar.

2. Se a incompetência for decretada depois de findos os articulados, podem estes aproveitar-se desde que o autor requeira, no prazo de 10 dias a contar do trânsito em julgado da decisão, a remessa do processo ao tribunal em que a ação deveria ter sido proposta, não oferecendo o réu oposição justificada.

3. Não se aplica o disposto no número anterior nos casos de violação de pacto privativo de jurisdição e de preterição do tribunal arbitral.

Artigo 100º – Valor da decisão sobre incompetência absoluta

A decisão sobre incompetência absoluta do tribunal, embora transite em julgado, não tem valor algum fora do processo em que foi proferida, salvo o disposto no artigo seguinte.

Artigo 101º – Fixação definitiva do tribunal competente

1. Se o tribunal da Relação decidir, em via de recurso, que um tribunal é incompetente, em razão da matéria ou da hierarquia, para conhecer de certa causa, o Supremo Tribunal de Justiça decide, no recurso que vier a ser interposto, qual o tribunal competente; neste caso, é ouvido o Ministério Público e no tribunal que for declarado competente não pode voltar a suscitar-se a questão da competência.

2. Se a Relação tiver julgado incompetente o tribunal judicial por a causa pertencer ao âmbito da jurisdição administrativa e fiscal, o recurso destinado a fixar o tribunal competente é interposto para o Tribunal dos Conflitos.

3. Se a mesma ação já estiver pendente noutro tribunal, aplica-se, na fixação do tribunal competente, o regime dos conflitos.

SECÇÃO II – Incompetência relativa

Artigo 102º – Em que casos se verifica

A infração das regras de competência fundadas no valor da causa, na divisão judicial do território ou decorrentes do estipulado na convenção prevista no artigo 95º determina a incompetência relativa do tribunal.

Artigo 103º – Regime da arguição

1. A incompetência relativa pode ser arguida pelo réu, sendo o prazo de arguição o fixado para a contestação, oposição ou resposta ou, quando não haja lugar a estas, para outro meio de defesa que tenha a faculdade de deduzir.

2. Sendo a incompetência arguida pelo réu, pode o autor responder no articulado subsequente da ação ou, não havendo lugar a este, em articulado próprio, dentro de 10 dias após a notificação da entrega do articulado do réu.

3. O réu deve indicar as suas provas com o articulado da arguição, cabendo ao autor oferecer as suas no articulado da resposta.

Artigo 104º – Conhecimento oficioso da incompetência relativa

1. A incompetência em razão do território deve ser conhecida oficiosamente pelo tribunal, sempre que os autos fornecerem os elementos necessários, nos casos seguintes:

a) Nas causas a que se referem o artigo 70º, a primeira parte do nº 1 e o nº 2 do artigo 71º, os artigos 78º, 83º e 84º, o nº 1 do artigo 85º e a primeira parte do nº 1 e o nº 2 do artigo 89º;

b) Nos processos cuja decisão não seja precedida de citação do requerido;

c) Nas causas que, por lei, devam correr como dependência de outro processo.

2. A incompetência em razão do valor da causa é sempre do conhecimento oficioso do tribunal, seja qual for a ação em que se suscite.

3. O juiz deve suscitar e decidir a questão da incompetência até ao despacho saneador, podendo a decisão ser incluída neste sempre que o tribunal se julgue competente; não havendo lugar a saneador, pode a questão ser suscitada até à prolação do primeiro despacho subsequente ao termo dos articulados.

Artigo 105º – Instrução e julgamento da exceção

1. Produzidas as provas indispensáveis à apreciação da exceção deduzida, o juiz decide qual é o tribunal competente para a ação.

2. A decisão transitada em julgado resolve definitivamente a questão da competência, mesmo que esta tenha sido oficiosamente suscitada.

3. Se a exceção for julgada procedente, o processo é remetido para o tribunal competente.

4. Da decisão que aprecie a competência cabe reclamação, com efeito suspensivo, para o presidente da Relação respetiva, o qual decide definitivamente a questão.

Artigo 106º – Regime no caso de pluralidade de réus

Havendo mais de um réu, a sentença produz efeito em relação a todos; mas quando a exceção for deduzida só por um, podem os outros contestar, para o que são notificados nos mesmos termos que o autor.

Artigo 107º – Tentativa ilícita de desaforamento

A incompetência pode fundar-se no facto de se ter demandado um indivíduo estranho à causa para se desviar o verdadeiro réu do tribunal territorialmente competente; neste caso, a decisão que julgue incompetente o tribunal condena o autor em multa e indemnização como litigante de má-fé.

Artigo 108º – Regime da incompetência do tribunal de recurso

1. O prazo para a arguição da incompetência do tribunal de recurso é de 10 dias a contar da primeira notificação que for feita ao recorrido ou da primeira intervenção que ele tiver no processo.

2. Ao julgamento da exceção aplicam-se as disposições nos artigos anteriores, feitas as necessárias adaptações.

SECÇÃO III – Conflitos de jurisdição e competência

Artigo 109º – Conflito de jurisdição e conflito de competência

1. Há conflito de jurisdição quando duas ou mais autoridades, pertencentes a diversas atividades do Estado, ou dois ou mais tribunais, integrados em ordens jurisdicionais diferentes, se arrogam ou declinam o poder de conhecer da mesma questão: o conflito diz-se positivo no primeiro caso e negativo no segundo.

2. Há conflito, positivo ou negativo, de competência quando dois ou mais tribunais da mesma ordem jurisdicional se consideram competentes ou incompetentes para conhecer da mesma questão.

3. Não há conflito enquanto forem suscetíveis de recurso as decisões proferidas sobre a competência.

Artigo 110º – Regras para a resolução dos conflitos

1. Os conflitos de jurisdição são resolvidos, conforme os casos, pelo Supremo Tribunal de Justiça ou pelo Tribunal dos Conflitos.

2. Os conflitos de competência são solucionados pelo presidente do tribunal de menor categoria que exerça jurisdição sobre as autoridades em conflito.

3. O processo a seguir no julgamento dos conflitos de jurisdição cuja resolução caiba ao Tribunal dos Conflitos é o estabelecido na respetiva legislação.

4. No julgamento dos conflitos de jurisdição ou de competência cuja resolução caiba aos tribunais comuns segue-se o disposto nos artigos seguintes.

Artigo 111º – Pedido de resolução do conflito

1. Quando o tribunal se aperceba do conflito, deve suscitar oficiosamente a sua resolução junto do presidente do tribunal competente para decidir.

2. A resolução do conflito pode igualmente ser suscitada, por qualquer das partes ou pelo Ministério Público, mediante requerimento dirigido ao presidente do tribunal competente para decidir.

3. O processo de resolução de conflitos tem caráter urgente, correndo nos próprios autos quando seja negativo.

Artigo 112º – Tramitação subsequente

1. As partes ou a parte contrária à que suscite a resolução do conflito podem pronunciar-se no prazo de cinco dias.

2. De seguida, o processo vai com vista ao Ministério Público pelo prazo de cinco dias.

Artigo 113º – Decisão

1. Se o presidente do tribunal entender que não há conflito, indefere imediatamente o pedido.

2. Se o presidente do tribunal entender que há conflito, decide-o sumariamente.

3. A decisão é imediatamente comunicada aos tribunais em conflito e ao Ministério Público e notificada às partes.

Artigo 114º – Aplicação do processo a outros casos

O disposto nos artigos 111º a 113º é aplicável a quaisquer outros conflitos que devam ser resolvidos pelas Relações ou pelo Supremo Tribunal de Justiça e também:

a) Ao caso de a mesma ação estar pendente em tribunais diferentes e ter passado o prazo para serem opostas a exceção de incompetência e a exceção de litispendência;

b) Ao caso de a mesma ação estar pendente em tribunais diferentes e um deles se ter julgado competente, não podendo já ser arguida perante o outro ou outros nem a exceção de incompetência nem a exceção de litispendência;

c) Ao caso de um dos tribunais se ter julgado incompetente e ter mandado remeter o processo para tribunal diferente daquele em que pende a mesma causa, não podendo já ser arguidas perante este nem a exceção de incompetência nem a exceção de litispendência.

CAPÍTULO VI – Das garantias da imparcialidade

SECÇÃO I – Impedimentos

Artigo 115º – Casos de impedimento do juiz

1. Nenhum juiz pode exercer as suas funções, em jurisdição contenciosa ou voluntária:

a) Quando seja parte na causa, por si ou como representante de outra pessoa, ou quando nela tenha um interesse que lhe permitisse ser parte principal;

b) Quando seja parte da causa, por si ou como representante de outra pessoa, o seu cônjuge ou algum seu parente ou afim, ou em linha reta ou no 2º grau da linha colateral, ou quando alguma destas pessoas tenha na causa um interesse que lhe permita figurar nela como parte principal;

c) Quando tenha intervindo na causa como mandatário ou perito ou quando haja que decidir questão sobre que tenha dado parecer ou se tenha pronunciado, ainda que oralmente;

d) Quando tenha intervindo na causa como mandatário judicial o seu cônjuge ou algum seu parente ou afim na linha reta ou no 2º grau da linha colateral;

e) Quando se trate de recurso interposto em processo no qual tenha tido intervenção como juiz de outro tribunal, quer proferindo a decisão recorrida quer tomando de outro modo posição sobre questões suscitadas no recurso;

f) Quando se trate de recurso de decisão proferida por algum seu parente ou afim, em linha reta ou no 2º grau da linha colateral, ou de decisão que se tenha pronunciado sobre a proferida por algum seu parente ou afim nessas condições;

g) Quando seja parte na causa pessoa que contra ele propôs ação civil para indemnização de danos, ou que contra ele deduziu acusação penal, em consequência de factos praticados no exercício das suas funções ou por causa delas, ou quando seja parte o cônjuge dessa pessoa ou um parente dela ou afim, em linha reta ou no 2º grau da linha colateral, desde que a ação ou a acusação já tenha sido admitida;

h) Quando haja deposto ou tenha de depor como testemunha;

i) Quando esteja em situação prevista nas alíneas anteriores pessoa que com o juiz viva em economia comum.

2. O impedimento da alínea *d*) do número anterior só se verifica quando o mandatário já tenha começado a exercer o mandato na altura em que o juiz foi colocado no respetivo juízo; na hipótese inversa, é o mandatário que está inibido de exercer o patrocínio.

3. Nos juízos em que haja mais de um juiz ou perante os tribunais superiores não pode ser admitido como mandatário judicial o cônjuge, parente ou afim em linha reta ou no 2º grau da linha colateral do juiz, bem como a pessoa que com ele viva em economia comum, que, por virtude da distribuição, haja de intervir no julgamento da causa; mas, se essa pessoa já tiver requerido ou alegado no processo na altura da distribuição, é o juiz que fica impedido.

Artigo 116º – Dever do juiz impedido

1. Quando se verifique alguma das causas previstas no artigo anterior, o juiz deve declarar-se impedido, podendo as partes requerer a declaração do impedimento até à sentença.

2. Do despacho proferido sobre o impedimento de algum dos juízes da Relação ou do Supremo Tribunal de Justiça pode reclamar-se para a conferência, que decide com todos os juízes que devam intervir, exceto aquele a quem o impedimento respeitar.

3. Declarado o impedimento, a causa passa ao juiz substituto, com exceção do caso previsto no nº 2 do artigo 84º.

4. Nos tribunais superiores observa-se o disposto no nº 1 do artigo 217º, se o impedimento respeitar ao relator, ou a causa passa ao juiz imediato, se o impedimento respeitar a qualquer dos adjuntos.

5. É sempre admissível recurso da decisão de indeferimento para o tribunal imediatamente superior.

Artigo 117º – Causas de impedimento nos tribunais coletivos

1. Não podem intervir simultaneamente no julgamento de tribunal coletivo juízes que sejam cônjuges, parentes ou afins em linha reta ou no 2º grau da linha colateral.

2. Dos juízes ligados por casamento, parentesco ou afinidade a que se refere o número anterior, não intervém o juiz com menor antiguidade de serviço, salvo se lhe competir a elaboração do acórdão, caso em que não intervém aquele que o antecede em antiguidade.

3. É aplicável o disposto na alínea *i*) do nº 1 do artigo 115º.

Artigo 118º - Impedimentos do Ministério Público e dos funcionários da secretaria

1. Aos representantes do Ministério Público é aplicável o disposto nas alíneas *a*), *b*), *g*) e *i*) do nº 1 do artigo 115º; estão também impedidos de intervir quando tenham intervindo na causa como mandatários ou peritos, constituídos ou designados pela parte contrária àquela que teriam de representar ou a quem teriam de prestar assistência.

2. Aos funcionários da secretaria é aplicável o disposto nas alíneas *a*), *b*) e *i*) do nº 1 do artigo 115º; também não podem intervir quando tenham intervindo na causa como mandatários ou peritos de qualquer das partes.

3. O representante do Ministério Público ou o funcionário da secretaria que esteja abrangido por qualquer impedimento deve declará-lo imediatamente no processo; se o não fizer, o juiz, enquanto a pessoa impedida houver de intervir na causa, conhece do impedimento, oficiosamente ou a requerimento de qualquer das partes, observando-se o disposto no artigo 129º.

4. A procedência do impedimento do funcionário da secretaria, ainda que por este declarado, é sempre apreciada pelo juiz.

SECÇÃO II - Suspeições

Artigo 119º - Pedido de escusa por parte do juiz

1. O juiz não pode declarar-se voluntariamente suspeito, mas pode pedir que seja dispensado de intervir na causa quando se verifique algum dos casos previstos no artigo seguinte e, além disso, quando, por outras circunstâncias ponderosas, entenda que pode suspeitar-se da sua imparcialidade.

2. O pedido é apresentado antes de proferido o primeiro despacho ou antes da primeira intervenção no processo, se esta for anterior a qualquer despacho; quando forem supervenientes os factos que justificam o pedido ou o conhecimento deles pelo juiz, a escusa é solicitada antes do primeiro despacho ou intervenção no processo, posterior a esse conhecimento.

3. O pedido contém a indicação precisa dos factos que o justificam e é dirigido ao presidente da Relação respetiva ou ao Presidente do Supremo Tribunal de Justiça, se o juiz pertencer a este Tribunal.

4. O presidente pode colher quaisquer informações e, quando o pedido tiver por fundamento algum dos factos especificados no artigo seguinte, ouve, se o entender conveniente, a parte que poderia opor a suspeição, mandando-lhe entregar cópia da exposição do juiz.

5. Concluídas as diligências referidas no número anterior, ou não havendo lugar a elas, o presidente decide sem recurso.

6. É aplicável o disposto no artigo 125º.

Artigo 120º – Fundamento de suspeição

1. As partes podem opor suspeição ao juiz quando ocorrer motivo, sério e grave, adequado a gerar desconfiança sobre a sua imparcialidade, nomeadamente:

a) Se existir parentesco ou afinidade, não compreendidos no artigo 115º, em linha reta ou até ao 4º grau da linha colateral, entre o juiz ou o seu cônjuge e alguma das partes ou pessoa que tenha, em relação ao objeto da causa, interesse que lhe permitisse ser nela parte principal;

b) Se houver causa em que seja parte o juiz ou o seu cônjuge ou unido de facto ou algum parente ou afim de qualquer deles em linha reta e alguma das partes for juiz nessa causa;

c) Se houver, ou tiver havido nos três anos antecedentes, qualquer causa, não compreendida na alínea *g*) do nº 1 do artigo 115º, entre alguma das partes ou o seu cônjuge e o juiz ou seu cônjuge ou algum parente ou afim de qualquer deles em linha reta;

d) Se o juiz ou o seu cônjuge, ou algum parente ou afim de qualquer deles em linha reta, for credor ou devedor de alguma das partes, ou tiver interesse jurídico em que a decisão do pleito seja favorável a uma das partes;

e) Se o juiz for protutor, herdeiro presumido, donatário ou patrão de alguma das partes, ou membro da direção ou administração de qualquer pessoa coletiva parte na causa;

f) Se o juiz tiver recebido dádivas antes ou depois de instaurado o processo e por causa dele, ou se tiver fornecido meios para as despesas do processo;

g) Se houver inimizade grave ou grande intimidade entre o juiz e alguma das partes ou seus mandatários.

2. O disposto na alínea *c*) do número anterior abrange as causas criminais quando as pessoas aí designadas sejam ou tenham sido ofendidas, participantes ou arguidas.

3. Nos casos das alíneas *c*) e *d*) do nº 1 é julgada improcedente a suspeição quando as circunstâncias de facto convençam de que a ação foi proposta ou o crédito foi adquirido para se obter motivo de recusa do juiz.

Artigo 121º – Prazo para a dedução da suspeição

1. O prazo para a dedução da suspeição corre desde o dia em que, depois de o juiz ter despachado ou intervindo no processo, nos termos do nº 2 do artigo 119º, a parte for citada ou notificada para qualquer termo ou intervier em algum ato do processo; o réu citado para a causa pode deduzir a suspeição no mesmo prazo que lhe é concedido para a defesa.

2. A parte pode denunciar ao juiz o fundamento da suspeição, antes de ele intervir no processo; nesse caso o juiz, se não quiser fazer uso da faculdade concedida pelo artigo 119º, declara-o logo em despacho no processo e suspendem-se os termos deste até decorrer o prazo para a dedução da suspeição, contado a partir da notificação daquele despacho.

3. Se o fundamento da suspeição ou o seu conhecimento for superveniente, a parte denuncia o facto ao juiz logo que tenha conhecimento dele, sob pena de não poder mais tarde arguir a suspeição. Observa-se neste caso o disposto no número anterior.

4. Se o juiz tiver pedido dispensa de intervir na causa, mas o seu pedido não houver sido atendido, a suspeição só pode ser oposta por fundamento diferente do que ele tiver invocado e o prazo para a dedução corre desde a primeira notificação ou intervenção da parte no processo, posterior ao indeferimento do pedido de escusa do juiz.

Artigo 122º – Como se deduz e processa a suspeição

1. O recusante indica com precisão os fundamentos da suspeição e, autuado o requerimento por apenso, é este concluso ao juiz recusado para responder; a falta de resposta ou de impugnação dos factos alegados importa confissão destes.

2. Não havendo diligências instrutórias a efetuar, o juiz manda logo desapensar o processo do incidente e remetê-lo ao presidente da Relação; no caso contrário, o processo é concluso ao juiz substituto, que ordena a produção das provas oferecidas e, finda esta, a remessa do processo; não são admitidas diligências por carta.

3. É aplicável a este caso o disposto nos artigos 292º a 295º.

4. A parte contrária ao recusante pode intervir no incidente como assistente.

Artigo 123º – Julgamento da suspeição

1. Recebido o processo, o presidente da Relação pode requisitar das partes ou do juiz recusado os esclarecimentos que julgue necessários; a requisição é feita por ofício dirigido ao juiz recusado, ou ao substituto quando os esclarecimentos devam ser fornecidos pelas partes.

2. Se os documentos destinados a fazer prova dos fundamentos da suspeição ou da resposta não puderem ser logo oferecidos, o presidente admite-os posteriormente, quando julgue justificada a demora.

3. Concluídas as diligências que se mostrem necessárias, o presidente decide sem recurso; quando julgar improcedente a suspeição, apreciará se o recusante procedeu de má-fé.

Artigo 124º – Suspeição oposta a juiz da Relação ou do Supremo Tribunal de Justiça

A suspeição oposta a juiz da Relação ou do Supremo Tribunal de Justiça é julgada pelo presidente do respetivo tribunal, observando-se, na parte aplicável, o disposto nos artigos antecedentes; as testemunhas são inquiridas pelo próprio presidente.

Artigo 125º – Influência da arguição na marcha do processo

1. A causa principal segue os seus termos, intervindo nela o juiz substituto; mas nem o despacho saneador nem a decisão final são proferidos enquanto não estiver julgada a suspeição.

2. Nas Relações e no Supremo Tribunal de Justiça, quando a suspeição for oposta ao relator, serve de relator o primeiro adjunto e o processo vai com vista ao juiz imediato ao último adjunto; mas não se conhece do objeto do feito nem se profere decisão que possa prejudicar o conhecimento da causa enquanto não for julgada a suspeição.

Artigo 126º – Procedência da escusa ou da suspeição

1. Julgada procedente a escusa ou a suspeição, continua a intervir no processo o juiz que fora chamado em substituição, nos termos do artigo anterior.

2. Se a escusa ou a suspeição for desatendida, intervém na decisão da causa o juiz que se escusou ou que foi averbado de suspeito, ainda que o processo tenha já os vistos necessários para o julgamento.

Artigo 127º – Suspeição oposta aos funcionários da secretaria

Podem também as partes opor suspeição aos funcionários da secretaria com os fundamentos indicados nas várias alíneas do nº 1 do artigo 120º, excetuada a alínea *b*). Mas os factos designados nas alíneas *c*) e *d*) do mesmo artigo só podem ser invocados como fundamento de suspeição quando se verifiquem entre o funcionário ou seu cônjuge e qualquer das partes.

Artigo 128º – Contagem do prazo para a dedução

1. O prazo para o autor deduzir a suspeição conta-se do recebimento da petição inicial na secretaria ou da distribuição, se desta depender a intervenção do funcionário.

2. O réu pode deduzir a suspeição no mesmo prazo em que lhe é permitido apresentar a defesa.

3. Sendo superveniente a causa da suspeição, o prazo conta-se desde que o facto tenha chegado ao conhecimento do interessado.

Artigo 129º – Processamento do incidente[1]

O incidente é processado nos termos do artigo 122º, com as modificações seguintes:

a) Ao recusado é facultado o exame do processo para responder, não tendo a parte contrária ao recusante intervenção no incidente;

b) Enquanto não for julgada a suspeição, o funcionário não pode intervir no processo;

c) O juiz da causa provê a todos os termos e atos do incidente e decide, sem recurso, a suspeição.

[1] Tomou-se em linha de conta a Declaração de Retificação nº 36/2013 (DR, 1ª série, nº 154, de 12/8).

LIVRO II – DO PROCESSO EM GERAL

TÍTULO I – Dos atos processuais

CAPÍTULO I – Atos em geral

SECÇÃO I – Disposições comuns

Artigo 130º – Princípio da limitação dos atos

Não é lícito realizar no processo atos inúteis.

Artigo 131º – Forma dos atos[1]

1. Os atos processuais têm a forma que, nos termos mais simples, melhor corresponda ao fim que visam atingir.

2. Os atos processuais podem obedecer a modelos aprovados pela entidade competente, só podendo, no entanto, ser considerados obrigatórios, salvo disposição especial, os modelos relativos a atos da secretaria.

3. Os atos processuais que hajam de reduzir-se a escrito devem ser compostos de modo a não deixar dúvidas acerca da sua autenticidade formal e redigidos de maneira a tornar claro o seu conteúdo, possuindo as abreviaturas usadas significado inequívoco.

4. As datas e os números podem ser escritos por algarismos, exceto quando respeitem à definição de direitos ou obrigações das partes ou de terceiros; nas ressalvas, porém, os números que tenham sido rasurados ou emendados devem ser sempre escritos por extenso.

5. *(Revogado.)*

[1] O nº 5 foi revogado pelo DL 97/2019, de 26 de julho.

Artigo 132º – Processo eletrónico[1]

1. O processo tem natureza eletrónica, sendo constituído por informação estruturada constante do sistema de informação de suporte à atividade dos tribunais e por documentos eletrónicos.

2. A tramitação dos processos, incluindo a prática de atos escritos, é efetuada no sistema de informação de suporte à atividade dos tribunais, nos termos definidos por portaria do membro do Governo responsável pela área da justiça.[*]

3. Em caso de indisponibilidade do sistema referido no número anterior, os atos dos magistrados podem excecionalmente ser praticados em papel, procedendo a secretaria à sua digitalização e inserção naquele sistema.

4. A tramitação eletrónica dos processos deve garantir a respetiva integralidade, autenticidade e inviolabilidade, bem como o respeito pelo segredo de justiça e pelos regimes de proteção e tratamento de dados pessoais e, em especial, o relativo ao tratamento de dados referentes ao sistema judicial.

5. As comunicações entre tribunais ou agentes de execução e entidades públicas e outras pessoas coletivas que auxiliem os tribunais no âmbito dos processos judiciais podem ser efetuadas por via eletrónica, através do envio de informação estruturada e da interoperabilidade entre o sistema de informação de suporte à atividade dos tribunais e os sistemas de informação das referidas entidades, nos termos previstos em portaria dos membros do Governo responsáveis pela área da justiça e pela entidade pública em causa.[*]

6. O processo pode ter um suporte físico, a constituir nos termos definidos por portaria do membro do Governo responsável pela área da justiça, com o objetivo de apoiar a respetiva tramitação.

Artigo 133º – Língua a empregar nos atos[2]

1. Nos atos judiciais usa-se a língua portuguesa.

2. Quando hajam de ser ouvidos, os estrangeiros podem, no entanto, exprimir-se em língua diferente, se não conhecerem a portuguesa, devendo nomear-se um intérprete, quando seja necessário, para, sob juramento de fidelidade, estabelecer a comunicação.

3. A intervenção do intérprete prevista no número anterior é limitada ao que for estritamente indispensável.

Artigo 134º – Tradução de documentos escritos em língua estrangeira

1. Quando se ofereçam documentos escritos em língua estrangeira que careçam de tradução, o juiz, oficiosamente ou a requerimento de alguma das partes, ordena que o apresentante a junte.

2. Surgindo dúvidas fundadas sobre a idoneidade da tradução, o juiz ordena que o apresentante junte tradução feita por notário ou autenticada por funcionário diplo-

[1] Redação do DL 97/2019, de 26 de julho.

[*] Ver, no Anexo 6, a Portaria 347/2019, de 4 de outubro (Comunicações eletrónicas entre os tribunais e o Fundo de Garantia de Alimentos Devidos a Menores).

[2] Tomou-se em linha de conta a Declaração de Retificação nº 36/2013 (DR, 1ª série, nº 154, de 12/8).

mático ou consular do Estado respetivo; na impossibilidade de obter a tradução ou não sendo a determinação cumprida no prazo fixado, pode o juiz determinar que o documento seja traduzido por perito designado pelo tribunal.

Artigo 135º – Participação de surdo, mudo ou surdo-mudo

1. Sem prejuízo da intervenção de intérprete idóneo sempre que o juiz o considerar conveniente, quando um surdo, mudo ou surdo-mudo devam prestar depoimento, observam-se as seguintes regras:

a) Ao surdo, formulam-se as perguntas por escrito, respondendo ele oralmente;

b) Ao mudo, formulam-se as perguntas oralmente, respondendo ele por escrito;

c) Ao surdo-mudo, formulam-se as perguntas por escrito, respondendo ele também por escrito.

2. O juiz deve nomear intérprete idóneo ao surdo, ao mudo ou ao surdo-mudo que não souber ler ou escrever.

3. O disposto nos números anteriores é correspondentemente aplicável aos requerimentos orais e à prestação de juramento.

Artigo 136º – Lei reguladora da forma dos atos e do processo

1. A forma dos diversos atos processuais é regulada pela lei que vigore no momento em que são praticados.

2. A forma de processo aplicável determina-se pela lei vigente à data em que a ação é proposta.

Artigo 137º – Quando se praticam os atos[1]

1. Sem prejuízo de atos realizados de forma automática, não se praticam atos processuais nos dias em que os tribunais estiverem encerrados, nem durante o período de férias judiciais.

2. Excetuam-se do disposto no número anterior as citações e notificações, os registos de penhora e os atos que se destinem a evitar dano irreparável.

3. Os atos das partes podem ser praticados por via eletrónica ou através de telecópia em qualquer dia e independentemente da hora da abertura e do encerramento dos tribunais.

4. Os atos das partes praticados por forma presencial junto do tribunal, nomeadamente a entrega de quaisquer articulados, requerimentos ou documentos, devem ser praticados durante as horas de expediente dos serviços.

Artigo 138º – Regra da continuidade dos prazos

1. O prazo processual, estabelecido por lei ou fixado por despacho do juiz, é contínuo, suspendendo-se, no entanto, durante as férias judiciais, salvo se a sua duração for igual ou superior a seis meses ou se tratar de atos a praticar em processos que a lei considere urgentes.

[1] Os nºs 3 e 4 tem a redação do DL 97/2019, de 26 de julho.

2. Quando o prazo para a prática do ato processual terminar em dia em que os tribunais estiverem encerrados, transfere-se o seu termo para o 1º dia útil seguinte.

3. Para efeitos do disposto no número anterior, consideram-se encerrados os tribunais quando for concedida tolerância de ponto.

4. Os prazos para a propositura de ações previstos neste Código seguem o regime dos números anteriores.

Artigo 139º – Modalidades do prazo

1. O prazo é dilatório ou perentório.

2. O prazo dilatório difere para certo momento a possibilidade de realização de um ato ou o início da contagem de um outro prazo.

3. O decurso do prazo perentório extingue o direito de praticar o ato.

4. O ato pode, porém, ser praticado fora do prazo em caso de justo impedimento, nos termos regulados no artigo seguinte.

5. Independentemente de justo impedimento, pode o ato ser praticado dentro dos três primeiros dias úteis subsequentes ao termo do prazo, ficando a sua validade dependente do pagamento imediato de uma multa, fixada nos seguintes termos:

a) Se o ato for praticado no 1º dia, a multa é fixada em 10% da taxa de justiça correspondente ao processo ou ato, com o limite máximo de 1/2 UC;

b) Se o ato for praticado no 2º dia, a multa é fixada em 25% da taxa de justiça correspondente ao processo ou ato, com o limite máximo de 3 UC;

c) Se o ato for praticado no 3º dia, a multa é fixada em 40% da taxa de justiça correspondente ao processo ou ato, com o limite máximo de 7 UC.

6. Praticado o ato em qualquer dos três dias úteis seguintes sem ter sido paga imediatamente a multa devida, logo que a falta seja verificada, a secretaria, independentemente de despacho, notifica o interessado para pagar a multa, acrescida de uma penalização de 25% do valor da multa, desde que se trate de ato praticado por mandatário.

7. Se o ato for praticado diretamente pela parte, em ação que não importe a constituição de mandatário, o pagamento da multa só é devido após notificação efetuada pela secretaria, na qual se prevê um prazo de 10 dias para o referido pagamento.

8. O juiz pode excecionalmente determinar a redução ou dispensa da multa nos casos de manifesta carência económica ou quando o respetivo montante se revele manifestamente desproporcionado, designadamente nas ações que não importem a constituição de mandatário e o ato tenha sido praticado diretamente pela parte.

Artigo 140º – Justo impedimento

1. Considera-se «justo impedimento» o evento não imputável à parte nem aos seus representantes ou mandatários que obste à prática atempada do ato.

2. A parte que alegar o justo impedimento oferece logo a respetiva prova; o juiz, ouvida a parte contrária, admite o requerente a praticar o ato fora do prazo se julgar verificado o impedimento e reconhecer que a parte se apresentou a requerer logo que ele cessou.

3. É do conhecimento oficioso a verificação do impedimento quando o evento a que se refere o nº 1 constitua facto notório, nos termos do nº 1 do artigo 412º, e seja previsível a impossibilidade da prática do ato dentro do prazo.

Artigo 141º – Prorrogabilidade dos prazos

1. O prazo processual marcado pela lei é prorrogável nos casos nela previstos.

2. Havendo acordo das partes, o prazo é prorrogável por uma vez e por igual período.

Artigo 142º – Prazo dilatório seguido de prazo perentório

Quando um prazo perentório se seguir a um prazo dilatório, os dois prazos contam-se como um só.

Artigo 143º – Em que lugar se praticam os atos

1. Os atos judiciais realizam-se no lugar em que possam ser mais eficazes, mas podem realizar-se em lugar diferente, por motivos de deferência ou de justo impedimento.

2. Quando nenhuma razão imponha outro lugar, os atos realizam-se no tribunal.

SECÇÃO II – Atos das partes

Artigo 144º – Apresentação a juízo dos atos processuais[1]

1. Os atos processuais que devam ser praticados por escrito pelas partes são apresentados a juízo por via eletrónica, nos termos definidos na portaria prevista no nº 2 do artigo 132º, valendo como data da prática do ato processual a da respetiva expedição.

2. A apresentação de peça processual nos termos do número anterior abrange também os documentos que a devam acompanhar, ficando a parte dispensada de remeter os respetivos originais, exceto quando o seu formato ou a dimensão dos ficheiros a enviar não permitirem o seu envio eletrónico, nos termos definidos na portaria prevista no nº 2 do artigo 132º

3. *(Revogado.)*

4. Os documentos apresentados nos termos previstos no nº 2 têm a força probatória dos originais, nos termos definidos para as certidões.

5. O disposto no nº 2 não prejudica o dever de exibição das peças processuais em suporte de papel e dos originais dos documentos juntos pelas partes por via eletrónica, sempre que o juiz o determine nos termos da lei de processo, designadamente quando:

a) Duvidar da autenticidade ou genuinidade das peças ou dos documentos;

b) For necessário realizar perícia à letra ou assinatura dos documentos.

[1] Os nºs 1, 2, 3, 5, als. *a)* e *b)*, 6, 7, al. *d)*, 9, 10, 11, 12, 13, 14 têm a redação do DL 97/2019, de 26 de julho.

6. Quando seja necessário duplicado ou cópia de qualquer peça processual ou documento apresentado por via eletrónica, designadamente para efeitos de citação ou notificação das partes, compete à secretaria extrair exemplares dos mesmos.

7. Sempre que se trate de causa que não importe a constituição de mandatário, e a parte não esteja patrocinada, a apresentação a juízo dos atos processuais referidos no nº 1 é efetuada por uma das seguintes formas:

a) Entrega na secretaria judicial, valendo como data da prática do ato processual a da respetiva entrega;

b) Remessa pelo correio, sob registo, valendo como data da prática do ato processual a da efetivação do respetivo registo postal;

c) Envio através de telecópia, valendo como data da prática do ato processual a da expedição;

d) Entrega por via eletrónica, nos termos definidos na portaria prevista no nº 2 do artigo 132º, valendo como data da prática do ato a da respetiva expedição.

8. Quando a parte esteja patrocinada por mandatário, havendo justo impedimento para a prática dos atos processuais nos termos indicados no nº 1, estes podem ser praticados nos termos do disposto no número anterior.

9. Sem prejuízo do disposto no nº 4 do artigo 37º da Lei nº 34/2009, de 14 de julho, o disposto no nº 7 é igualmente aplicável à apresentação de peças processuais e outros documentos por peritos e outros intervenientes processuais não representados por mandatários.

10. Quando a peça processual seja apresentada por via eletrónica e o sistema de informação através do qual se realiza a apresentação preveja a existência de formulários com campos para preenchimento de informação específica:

a) Essa informação deve ser indicada no campo respetivo, não podendo ser apresentada unicamente em ficheiros anexos;

b) Em caso de desconformidade entre o conteúdo dos formulários e o conteúdo dos ficheiros anexos, prevalece a informação constante dos formulários, ainda que estes não se encontrem preenchidos.

11. Quando a apresentação de peças processuais e documentos for efetuada em suporte físico, nos termos dos números anteriores, a secretaria procede à sua digitalização e inserção no sistema de informação, exceto nos casos em que o formato ou o estado de conservação do documento o não permitirem, nos termos definidos na portaria prevista no nº 2 do artigo 132º

12. Aos documentos digitalizados pela secretaria nos termos do número anterior é aplicável o disposto no nº 4.

13. Quando a apresentação de peças processuais e documentos for efetuada nos termos previstos na alínea *a*) do nº 7, após a digitalização, as peças processuais e os documentos são devolvidos ao apresentante, aplicando-se, com as necessárias adaptações, o disposto nos nºs 4 e 5.

14. Nos casos previstos no número anterior, se a secretaria constatar que a digitalização não permite um adequado exame da peça processual ou documento, arquiva e conserva o seu original no suporte físico do processo.

Artigo 145º – Comprovação do pagamento de taxa de justiça[1]

1. Quando a prática de um ato processual exija o pagamento de taxa de justiça, nos termos fixados pelo Regulamento das Custas Processuais, deve ser comprovado o seu prévio pagamento ou a concessão do benefício do apoio judiciário, salvo se, neste último caso, essa concessão já se encontrar comprovada nos autos.

2. A comprovação de pagamento de taxa de justiça de valor inferior ao devido, nos termos do Regulamento das Custas Processuais, equivale à falta de comprovação.

3. Sem prejuízo das disposições relativas à petição inicial, a falta de comprovação do pagamento referido no nº 1 ou da concessão do benefício do apoio judiciário não implica a recusa da peça processual, devendo a parte proceder à sua comprovação nos 10 dias subsequentes à prática do ato processual, sob pena de aplicação das cominações previstas nos artigos 570º e 642º

4. O prévio pagamento da taxa de justiça ou a concessão do benefício do apoio judiciário são comprovados:

a) Quando o ato processual seja praticado por via eletrónica, nos termos definidos na portaria prevista no nº 2 do artigo 132º;

b) Quando o ato processual seja praticado por uma das formas previstas nas alíneas *a*) a *c*) do nº 7 do artigo anterior, através da junção do documento comprovativo do prévio pagamento ou da concessão do benefício do apoio judiciário.

5. Sempre que se trate de causa que não importe a constituição de mandatário, e o ato tenha sido praticado diretamente pela parte, é a parte notificada para que proceda à junção de comprovativo de pagamento ou da concessão de apoio judiciário, sob pena de ficar sujeita às cominações legais.

6. *(Revogado.)*

Artigo 146º – Suprimento de deficiências formais de atos das partes

1. É admissível a retificação de erros de cálculo ou de escrita, revelados no contexto da peça processual apresentada.

2. Deve ainda o juiz admitir, a requerimento da parte, o suprimento ou a correção de vícios ou omissões puramente formais de atos praticados, desde que a falta não deva imputar-se a dolo ou culpa grave e o suprimento ou a correção não implique prejuízo relevante para o regular andamento da causa.

Artigo 147º – Definição de articulados

1. Os articulados são as peças em que as partes expõem os fundamentos da ação e da defesa e formulam os pedidos correspondentes.

2. Nas ações, nos seus incidentes e nos procedimentos cautelares, havendo mandatário constituído, é obrigatória a dedução por artigos dos factos que interessem à fundamentação do pedido ou da defesa, sem prejuízo dos casos em que a lei dispensa a narração de forma articulada.

[1] Os nºs 1, 2, 3, 4 e 6 têm a redação do DL 97/2019, de 26 de julho.

Artigo 148º – Exigência de duplicados[1]

1. Os articulados apresentados por uma das formas previstas nas alíneas *a*) e *b*) do nº 7 do artigo 144º são apresentados em duplicado, devendo ser oferecidos tantos duplicados quantos os necessários para a realização, pela secretaria, de citações ou notificações por via que não seja eletrónica.

2. Os requerimentos, as alegações e os documentos apresentados por qualquer das partes por uma das formas previstas nas alíneas *a*) e *b*) do nº 7 do artigo 144º devem ser igualmente acompanhados de tantas cópias, em papel comum, quantos os duplicados previstos no número anterior.

3. Se a parte não fizer entrega de qualquer dos duplicados e cópias exigidos nos números anteriores, é notificada oficiosamente pela secretaria para os apresentar no prazo de dois dias, pagando a título de multa a quantia fixada na alínea *a*) do nº 5 do artigo 139º; não o fazendo, é extraída certidão dos elementos em falta, pagando a parte, além do respetivo custo, a multa mais elevada prevista no nº 5 do artigo 139º.

4. Quando razões especiais o justifiquem, o juiz pode dispensar a apresentação das cópias a que se refere o nº 2 ou marcar um prazo suplementar para a sua apresentação.

5. *(Revogado.)*

6. *(Revogado.)*

7. *(Revogado.)*

Artigo 149º – Regra geral sobre o prazo

1. Na falta de disposição especial, é de 10 dias o prazo para as partes requererem qualquer ato ou diligência, arguirem nulidades, deduzirem incidentes ou exercerem qualquer outro poder processual; e também é de 10 dias o prazo para a parte responder ao que for deduzido pela parte contrária.

2. O prazo para qualquer resposta conta-se sempre da notificação do ato a que se responde.

SECÇÃO III – Atos dos magistrados

Artigo 150º – Manutenção da ordem nos atos processuais

1. A manutenção da ordem nos atos processuais compete ao magistrado que a eles presida, o qual toma as providências necessárias contra quem perturbar a sua realização, podendo, nomeadamente, e consoante a gravidade da infração, advertir com urbanidade o infrator, retirar-lhe a palavra quando se afaste do respeito devido ao tribunal ou às instituições vigentes, condená-lo em multa ou fazê-lo sair do local, sem prejuízo do procedimento criminal ou disciplinar que no caso couber.

[1] Os nºs 1, 2, 5, 6 e 7 têm a redação do DL 97/2019, de 26 de julho.

2. Não é considerado ilícito o uso das expressões e imputações indispensáveis à defesa da causa.

3. O magistrado faz consignar em ata, de forma especificada, os atos que determinaram a providência.

4. Sempre que seja retirada a palavra a advogado, a advogado estagiário ou ao magistrado do Ministério Público, é, consoante os casos, dado conhecimento circunstanciado do facto à Ordem dos Advogados, para efeitos disciplinares, ou ao respetivo superior hierárquico.

5. Das decisões referidas no nº 1, salvo a de advertência, cabe recurso, com efeito suspensivo da decisão.

6. Sem prejuízo do disposto no número anterior, o recurso da decisão que retire a palavra a mandatário judicial ou lhe ordene a saída do local onde o ato se realiza tem também efeito suspensivo do processo e deve ser processado como urgente.

7. Para a manutenção da ordem nos atos processuais, pode o tribunal requisitar, sempre que necessário, o auxílio da força pública, a qual fica submetida, para o efeito, ao poder de direção do juiz que presidir ao ato.

Artigo 151º – Marcação e início pontual das diligências[1]

1. A fim de prevenir o risco de sobreposição de datas de diligências a que devam comparecer os mandatários judiciais, deve o juiz providenciar pela marcação do dia e hora da sua realização mediante prévio acordo com aqueles, podendo encarregar a secretaria de realizar, por forma expedita, os contactos prévios necessários.

2. Quando a marcação não possa ser feita nos termos do número anterior, devem os mandatários impedidos em consequência de outro serviço judicial já marcado comunicar o facto ao tribunal e identificar expressamente a diligência e o processo a que respeita, no prazo de cinco dias, propondo datas alternativas, após contacto com os restantes mandatários interessados.

3. O juiz, ponderadas as razões aduzidas, pode alterar a data inicialmente fixada, apenas se procedendo à notificação dos demais intervenientes no ato após o decurso do prazo a que alude o número anterior.

4. Logo que se verifique que a diligência, por motivo imprevisto, não pode realizar-se no dia e na hora designados, deve o tribunal dar imediato conhecimento do facto aos intervenientes processuais, providenciando por que as pessoas convocadas sejam prontamente notificadas do adiamento.

5. Os mandatários judiciais devem comunicar prontamente ao tribunal quaisquer circunstâncias impeditivas da sua presença.

6. Se ocorrerem justificados obstáculos ao início pontual das diligências, deve o juiz comunicá-los aos advogados e a secretaria às partes e demais intervenientes

[1] O DL 131/2009, de 1 de junho, alterado pelo DL 50/2018, de 25 de junho, prevê o direito dos advogados, também no âmbito do patrocínio oficioso, ao adiamento dos atos processuais em que devam intervir em caso de maternidade, paternidade ou luto.

processuais, dentro dos trinta minutos subsequentes à hora designada para o seu início.

7. A falta da comunicação referida no número anterior implica a dispensa automática dos intervenientes processuais.

Artigo 152º – Dever de administrar justiça – Conceito de sentença

1. Os juízes têm o dever de administrar justiça, proferindo despacho ou sentença sobre as matérias pendentes e cumprindo, nos termos da lei, as decisões dos tribunais superiores.

2. Diz-se «sentença» o ato pelo qual o juiz decide a causa principal ou algum incidente que apresente a estrutura de uma causa.

3. As decisões dos tribunais colegiais têm a denominação de acórdãos.

4. Os despachos de mero expediente destinam-se a prover ao andamento regular do processo, sem interferir no conflito de interesses entre as partes; consideram-se proferidos no uso legal de um poder discricionário os despachos que decidam matérias confiadas ao prudente arbítrio do julgador.

Artigo 153º – Requisitos externos da sentença e do despacho[1]

1. As decisões judiciais são elaboradas, mesmo nos casos em que a secretaria não tenha procedido à abertura de conclusão do processo, no sistema de informação de suporte à atividade dos tribunais, que garante a sua datação, e assinadas pelo juiz ou relator, nos termos definidos pela portaria prevista no nº 2 do artigo 132º; os acórdãos são também assinados pelos outros juízes que hajam intervindo.

2. *(Revogado.)*

3. Sem prejuízo do disposto no nº 1 do artigo 155º, os despachos e as sentenças proferidos oralmente no decurso de ato de que deva lavrar-se auto ou ata são aí reproduzidos; a assinatura do auto ou da ata, por parte do juiz, garante a fidelidade da reprodução.

4. O sistema de informação de suporte à atividade dos tribunais garante o registo das sentenças e dos acórdãos finais.

5. A obrigatoriedade de elaboração das decisões judiciais nos termos do disposto no nº 1 não é aplicável nas situações identificadas na portaria prevista no nº 2 do artigo 132º, devendo, nesses casos, os juízes ou relatores que intervenham na decisão proceder à sua elaboração em processador de texto, bem como à sua datação e assinatura, rubricando todas as folhas, e competindo à secretaria a digitalização da decisão e a sua inserção no sistema de informação referido no nº 1.

Artigo 154º – Dever de fundamentar a decisão

1. As decisões proferidas sobre qualquer pedido controvertido ou sobre alguma dúvida suscitada no processo são sempre fundamentadas.

[1] Os nºs 1, 2, 4 e 5 têm a redação do DL 97/2019, de 26 de julho.

2. A justificação não pode consistir na simples adesão aos fundamentos alegados no requerimento ou na oposição, salvo quando, tratando-se de despacho interlocutório, a contraparte não tenha apresentado oposição ao pedido e o caso seja de manifesta simplicidade.

Artigo 155º – Gravação da audiência final e documentação dos demais atos presididos pelo juiz[1]

1. A audiência final de ações, incidentes e procedimentos cautelares é sempre gravada, devendo apenas ser assinalados na ata o início e o termo de cada depoimento, informação, esclarecimento, requerimento e respetiva resposta, despacho, decisão e alegações orais.

2. A gravação é efetuada em sistema vídeo ou sonoro, sem prejuízo de outros meios audiovisuais ou de outros processos técnicos semelhantes de que o tribunal possa dispor, devendo todos os intervenientes no ato ser informados da sua realização.

3. A gravação deve ser disponibilizada às partes, no prazo de dois dias a contar do respetivo ato.

4. A falta ou deficiência da gravação deve ser invocada, no prazo de 10 dias a contar do momento em que a gravação é disponibilizada.

5. A secretaria procede à transcrição de requerimentos e respetivas respostas, despachos e decisões que o juiz, oficiosamente ou a requerimento, determine, por despacho irrecorrível.

6. A transcrição é feita no prazo de cinco dias a contar do respetivo ato; o prazo para arguir qualquer desconformidade da transcrição é de cinco dias a contar da notificação da sua incorporação nos autos.

7. A realização e o conteúdo dos demais atos processuais presididos pelo juiz são documentados em ata, na qual são recolhidas as declarações, requerimentos, promoções e atos decisórios orais que tiverem ocorrido.

8. A redação da ata incumbe ao funcionário judicial, sob a direção do juiz.

9. Em caso de alegada desconformidade entre o teor do que foi ditado e o ocorrido, são feitas consignar as declarações relativas à discrepância, com indicação das retificações a efetuar, após o que o juiz profere, ouvidas as partes presentes, decisão definitiva, sustentando ou modificando a redação inicial.

Artigo 156º – Prazo para os atos dos magistrados

1. Na falta de disposição especial, os despachos judiciais são proferidos no prazo de 10 dias.

2. Na falta de disposição especial, as promoções do Ministério Público são deduzidas no prazo de 10 dias.

3. Os despachos ou promoções de mero expediente, bem como os considerados urgentes, devem ser proferidos no prazo máximo de dois dias.

[1] O nº 2 tem a redação do DL 97/2019, de 26 de julho.

4. Decorridos três meses sobre o termo do prazo fixado para a prática de ato próprio do juiz sem que o mesmo tenha sido praticado, deve o juiz consignar a concreta razão da inobservância do prazo.

5. A secretaria remete, mensalmente, ao presidente do tribunal informação discriminada dos casos em que se mostrem decorridos três meses sobre o termo do prazo fixado para a prática de ato próprio do juiz, ainda que o ato tenha sido entretanto praticado, incumbindo ao presidente do tribunal, no prazo de 10 dias contado da data de receção, remeter o expediente à entidade com competência disciplinar.

SECÇÃO IV – Atos da secretaria

Artigo 157º – Função e deveres das secretarias judiciais

1. As secretarias judiciais asseguram o expediente, autuação e regular tramitação dos processos pendentes, nos termos estabelecidos na respetiva lei de organização judiciária, em conformidade com a lei de processo e na dependência funcional do magistrado competente.

2. Incumbe à secretaria a execução dos despachos judiciais e o cumprimento das orientações de serviço emitidas pelo juiz, bem como a prática dos atos que lhe sejam por este delegados, no âmbito dos processos de que é titular e nos termos da lei, cumprindo-lhe realizar oficiosamente as diligências necessárias para que o fim daqueles possa ser prontamente alcançado.

3. Nas relações com os mandatários judiciais, devem os funcionários agir com especial correção e urbanidade.

4. As pessoas que prestem serviços forenses junto das secretarias, no interesse e por conta dos mandatários judiciais, devem ser identificadas por cartão de modelo emitido pela respetiva associação pública profissional, com expressa identificação do advogado ou solicitador, número de cédula profissional, bem como, se for o caso, da respetiva sociedade, devendo a assinatura daquele ser reconhecida pela associação pública profissional correspondente.

5. Dos atos dos funcionários da secretaria judicial é sempre admissível reclamação para o juiz de que aquela depende funcionalmente.

6. Os erros e omissões dos atos praticados pela secretaria judicial não podem, em qualquer caso, prejudicar as partes.

Artigo 158º – Âmbito territorial para a prática de atos de secretaria[1]

1. Os funcionários das secretarias do Supremo Tribunal de Justiça, das Relações e de quaisquer outros tribunais podem praticar diretamente os atos que lhes incumbam em toda a área de jurisdição do respetivo tribunal ou juízo, quando a área de jurisdição deste for superior à do tribunal em que está inserido.

[1] O nº 3 foi aditado pelo DL 97/2019, de 26 de julho.

2. Nos casos previstos nas leis de organização judiciária, a competência para a prática dos atos pelos funcionários da secretaria pode abranger a área de outras circunscrições judiciais.

3. A obtenção de informações, o pedido e obtenção de certidões, a entrega de peças processuais ou de documentos em suporte físico, quando admissível, e a consulta de processos podem ser efetuados em qualquer tribunal judicial, independentemente do tribunal onde corre o processo.

Artigo 159º – Composição de autos e termos[1]

1. Os autos e termos lavrados na secretaria devem conter a menção dos elementos essenciais e da data e lugar da prática do ato a que respeitem.

2. *(Revogado.)*

3. *(Revogado.)*

Artigo 160º – Elaboração dos atos da secretaria[2]

1. Os autos, termos e demais atos elaborados pelos funcionários judiciais, mesmo que em coautoria, dispensam a sua assinatura, sendo a autoria dos mesmos certificada pelos mecanismos de autenticação do sistema de informação de suporte à atividade dos tribunais.

2. Os atos a que se refere o número anterior nos quais intervenha o juiz só são válidos desde que estejam assinados por este.

3. Quando o ato exprimir a manifestação de vontade de alguma das partes ou importar para ela qualquer responsabilidade, o mesmo deve ser assinado eletronicamente por si ou pelo seu representante.

4. Não sendo possível à parte ou ao seu representante assinar eletronicamente o ato, o mesmo é impresso e assinado autografamente, procedendo-se em seguida à sua digitalização e junção ao processo, sendo a versão em papel arquivada no suporte físico do processo.

5. Quando seja necessária a assinatura da parte e esta não possa, não queira ou não saiba assinar, o auto ou termo é assinado, nos termos previstos nos nºs 3 e 4, por duas testemunhas que a reconheçam.

6. Quando a sua natureza o permitir, os atos da competência da secretaria podem ser efetuados de forma automática, pelo sistema de informação de suporte à atividade dos tribunais, nos termos definidos na portaria prevista no nº 2 do artigo 132º

7. Nos casos em que o funcionário judicial elabore citação, notificação ou outro ato que deva ser remetido por via postal, a sua assinatura pode ser substituída por indicação do código identificador da comunicação, bem como do endereço do sítio eletrónico do Ministério da Justiça no qual, através da inserção do código, é possível confirmar a autenticidade da comunicação.

[1] Os nºs 2 e 3 foram revogados pelo DL 97/2019, de 26 de julho.

[2] Redação do DL 97/2019, de 26 de julho.

Artigo 161º – Rubrica das folhas do processo
(Revogado pelo DL 97/2019, de 26 de julho)

Artigo 162º – Prazos para o expediente da secretaria

1. No prazo de cinco dias, salvos os casos de urgência, deve a secretaria fazer os processos conclusos, continuá-los com vista ou facultá-los para exame, passar os mandados e praticar os outros atos de expediente.

2. No próprio dia, sendo possível, deve a secretaria submeter a despacho, avulsamente, os requerimentos que não respeitem ao andamento de processos pendentes, juntar a estes os requerimentos, respostas, articulados e alegações que lhes digam respeito ou, se forem apresentados fora do prazo ou houver dúvidas sobre a legalidade da junção, submetê-los a despacho do juiz, para este a ordenar ou recusar.

3. O prazo para conclusão do processo a que se junte qualquer requerimento conta-se da apresentação deste ou da ordem de junção.

4. Decorridos 10 dias sobre o termo do prazo fixado para a prática de ato próprio da secretaria sem que o mesmo tenha sido praticado, deve ser aberta conclusão com a indicação da concreta razão da inobservância do prazo.

5. A secretaria remete, mensalmente, ao presidente do tribunal informação discriminada dos casos em que se mostrem decorridos 10 dias sobre o termo do prazo fixado para a prática de ato próprio da secretaria, ainda que o ato tenha sido entretanto praticado, incumbindo ao presidente do tribunal, no prazo de 10 dias contado da data de receção, remeter o expediente à entidade com competência disciplinar.

SECÇÃO V – Publicidade e acesso ao processo

Artigo 163º – Publicidade do processo[1]

1. O processo civil é público, salvas as restrições previstas na lei.

2. A publicidade do processo implica o direito de exame e consulta do processo por via eletrónica, nos termos definidos na portaria prevista no nº 2 do artigo 132º, e na secretaria, bem como o de obtenção de cópias ou certidões de quaisquer peças nele incorporadas, pelas partes, por qualquer pessoa capaz de exercer o mandato judicial ou por quem nisso revele interesse atendível.

3. *(Revogado.)*

4. Incumbe às secretarias judiciais prestar informação precisa às partes, seus representantes ou mandatários judiciais, ou aos funcionários destes, devidamente credenciados, acerca do estado dos processos pendentes em que sejam interessados.

5. *(Revogado.)*

[1] Os nºs 2, 3 e 5 têm a redacção do DL 97/2019, de 26 de julho.

Artigo 164º – Limitações à publicidade do processo[1]

1. O acesso aos autos é limitado nos casos em que a divulgação do seu conteúdo possa causar dano à dignidade das pessoas, à intimidade da vida privada ou familiar ou à moral pública, ou pôr em causa a eficácia da decisão a proferir.

2. Preenchem, designadamente, as restrições à publicidade previstas no número anterior:

a) Os processos de anulação de casamento, divórcio, separação de pessoas e bens e os que respeitem ao estabelecimento ou impugnação de paternidade, a que apenas podem ter acesso as partes e os seus mandatários;

b) Os procedimentos cautelares pendentes, que só podem ser facultados aos requerentes e seus mandatários e aos requeridos e respetivos mandatários, quando devam ser ouvidos antes de ordenada a providência;

c) Os processos de execução só podem ser facultados aos executados e respetivos mandatários após a citação ou, nos casos previstos no artigo 626º, após a notificação; independentemente da citação ou da notificação, é vedado aos executados e respetivos mandatários o acesso à informação relativa aos bens indicados pelo exequente para penhora e aos atos instrutórios da mesma;

d) Os processos de acompanhamento de maior.

3. O acesso a informação do processo também pode ser limitado, em respeito pelo regime legal de proteção e tratamento de dados pessoais, quando, estando em causa dados pessoais constantes do processo, os mesmos não sejam pertinentes para a justa composição do litígio.

Artigo 165º – Confiança do suporte físico do processo[2]

1. Os mandatários judiciais constituídos pelas partes, os magistrados do Ministério Público e os que exerçam o patrocínio por nomeação oficiosa podem solicitar, por escrito ou verbalmente, que os suportes físicos de processos pendentes que contenham atos e documentos que não tenham representação eletrónica lhes sejam confiados para exame fora da secretaria do tribunal.

2. Tratando-se de processos findos, a confiança pode ser requerida por qualquer pessoa capaz de exercer o mandato judicial, a quem seja lícito examiná-los na secretaria.

3. Compete à secretaria facultar a confiança do suporte físico do processo, pelo prazo de cinco dias, que pode ser reduzido se causar embaraço grave ao andamento da causa.

4. A recusa da confiança deve ser fundamentada e comunicada por escrito, dela cabendo reclamação para o juiz, nos termos do artigo 168º.

[1] O nº 3 foi aditado pelo DL 97/2019, de 26 de julho.

[2] Os nºs 1 e 3 têm a redação do DL 97/2019, de 26 de julho.

Artigo 166º – Falta de restituição do suporte físico do processo dentro do prazo[1]

1. O mandatário judicial que não entregue o suporte físico do processo dentro do prazo que lhe tiver sido fixado é notificado para, em dois dias, justificar o seu procedimento.

2. Caso o mandatário judicial não apresente justificação ou esta não constitua facto do conhecimento pessoal do juiz ou justo impedimento nos termos do artigo 140º, é condenado no máximo de multa; esta é elevada ao dobro se, notificado da sua aplicação, não entregar o suporte físico do processo no prazo de cinco dias.

3. Se, decorrido o prazo previsto na última parte do número anterior, o mandatário judicial ainda não tiver feito a entrega do suporte físico do processo, o Ministério Público, ao qual é dado conhecimento do facto, promove contra ele procedimento pelo crime de desobediência e faz apreender o suporte físico do processo.

4. Do mesmo facto é dado conhecimento à respetiva associação pública profissional.

Artigo 167º – Direito ao exame em consequência de disposição legal ou despacho judicial[2]

1. Nos casos em que, por disposição da lei ou despacho do juiz, o mandatário judicial tenha prazo para exame, e estando em causa processo cujo suporte físico contenha atos ou documentos que não tenham representação eletrónica, a secretaria, a simples pedido verbal, confia-lhe o suporte físico do processo pelo prazo marcado.

2. Considera-se que o mandatário judicial tem prazo para exame do processo sempre que este aguarde o decurso do prazo para a prática de um ato que só à parte por ele patrocinada caiba praticar.

3. Se deixar de entregar o suporte físico do processo até ao último dia do prazo de exame, o mandatário incorre nas sanções cominadas no artigo anterior.

Artigo 168º – Dúvidas e reclamações

1. Em caso de dúvida sobre o direito de acesso ao processo, a secretaria submete, por escrito, a questão à apreciação do juiz.

2. No caso de recusa do acesso ao processo ou se for requerida a prorrogação do prazo de consulta, a secretaria faz o processo concluso imediatamente ao juiz com a informação que tiver por conveniente, para ser proferida decisão.

Artigo 169º – Registo da entrega do suporte físico do processo[1]

1. A entrega do suporte físico do processo e a posterior restituição são registadas no sistema de informação de suporte à atividade dos tribunais.

2. *(Revogado.)*

[1] Redação do DL 97/2019, de 26 de julho.
[2] Os nºs 1 e 3 têm a redação do DL 97/2019, de 26 de julho.

Artigo 170º – Dever de passagem de certidões[1]

1. A secretaria deve, sem precedência de despacho, passar as certidões de todos os termos e atos processuais que lhe sejam requeridas, oralmente ou por escrito, pelas partes no processo, por quem possa exercer o mandato judicial ou por quem revele interesse atendível em as obter.

2. Tratando-se, porém, dos processos a que alude o artigo 164º, nenhuma certidão é passada sem prévio despacho sobre a justificação, em requerimento escrito, da sua necessidade, devendo o despacho fixar os limites da certidão.

3. As certidões podem ser emitidas em formato eletrónico, nos termos a definir por portaria do membro do Governo responsável pela área da justiça, delas constando apenas o nome do funcionário que as emitiu, sendo a sua assinatura e rubrica e o selo do respetivo serviço substituídos por assinatura eletrónica ou por mecanismo de autenticação aposto pelo sistema informático de suporte à atividade dos tribunais.[*]

4. As certidões eletrónicas podem ainda ser emitidas de forma automatizada com base na informação constante do sistema de suporte à atividade dos tribunais, sendo-lhe aposto mecanismo de autenticação pelo sistema informático, o qual dispensa, para todos os efeitos legais, a aposição de assinatura e rubrica de funcionário e o selo do serviço.

5. As certidões eletrónicas previstas no presente artigo são documentos autênticos, nos mesmos termos e para os mesmos efeitos que as certidões em papel.

6. Sempre que a emissão de certidão seja efetuada oficiosamente pelo tribunal, deve ser feita em formato eletrónico.

Artigo 171º – Prazo para a passagem das certidões

1. As certidões são passadas dentro do prazo de cinco dias, salvo nos casos de urgência ou de manifesta impossibilidade, em que se consigna o dia em que devem ser levantadas.

2. Se a secretaria recusar a passagem da certidão, aplica-se o disposto no nº 2 do artigo 168º, sem prejuízo das providências disciplinares a que a falta dê lugar.

3. Se a secretaria retardar a passagem de qualquer certidão, a parte pode requerer ao juiz que a mande passar ou fixe prazo para ser passada, sendo o requerimento submetido a despacho com informação escrita do funcionário.

[1] O nº 6 foi aditado pelo DL 97/2019, de 26 de julho.

[*] Ver a Portaria 209/2017, de 13 de julho.

SECÇÃO VI – Comunicação dos atos

Artigo 172º – Formas de requisição e comunicação de atos[1]

1. A prática de atos processuais que exijam intervenção dos serviços judiciários pode ser solicitada a outros tribunais ou autoridades por carta precatória ou rogatória, empregando-se a carta precatória quando a realização do ato seja solicitada a um tribunal ou a um cônsul português e a carta rogatória quando o seja a autoridade estrangeira.

2. Através do mandado, o tribunal ordena a execução de ato processual a entidade que lhe está funcionalmente subordinada.

3. As citações ou notificações por via postal são enviadas diretamente para o interessado a que se destinam, seja qual for a circunscrição em que se encontre.

4. A solicitação de informações, de envio de documentos ou da realização de atos que não exijam, pela sua natureza, intervenção dos serviços judiciários é feita diretamente às entidades públicas ou privadas cuja colaboração se requer, por ofício remetido por via postal ou por outro meio de comunicação.

5. Na transmissão de quaisquer comunicações e na expedição ou devolução de cartas precatórias, os serviços judiciais devem utilizar o sistema de informação de suporte à atividade dos tribunais ou, quando tal não seja possível, a via postal, a telecópia ou o correio eletrónico, nos termos previstos em portaria do membro do governo responsável pela área da Justiça; tratando-se de atos urgentes, pode ainda ser utilizado o telegrama, a comunicação telefónica ou outro meio análogo de telecomunicações.

6. A comunicação telefónica é sempre documentada nos autos e seguida de confirmação por qualquer meio escrito; relativamente às partes, apenas é lícita como forma de transmissão de uma convocação ou desconvocação para atos processuais.

Artigo 173º – Destinatários das cartas precatórias

1. As cartas precatórias são dirigidas ao juízo em cuja área jurisdicional o ato deve ser praticado.

2. Quando a carta tiver por objeto a prática de ato respeitante a processo pendente em juízo de competência especializada e o local onde deva realizar-se coincida com a área jurisdicional de juízo com idêntica competência material, já instalado, é a carta a este dirigida.

3. A possibilidade decorrente do estatuído no artigo 158º não obsta à expedição da carta, sempre que se trate de ato a realizar fora da área de jurisdição do juízo mas ainda na área de jurisdição do tribunal onde está inserido o juízo.

4. A possibilidade decorrente do estatuído no artigo 158º não obsta igualmente à expedição da carta, sempre que se trate de ato a realizar fora da área da comarca do tribunal onde está inserido o juízo, mas ainda na área de jurisdição do juízo, sempre que o juiz o entenda necessário.

[1] Os nºs 4 e 5 têm a redação do DL 97/2019, de 26 de julho.

5. Quando se reconheça que o ato deve ser praticado em lugar diverso do indicado na carta, deve esta ser cumprida pelo juízo desse lugar.

6. Para efeitos do disposto no número anterior, deve o juízo, ao qual a carta foi dirigida, remetê-la ao que a haja de cumprir, comunicando o facto ao juízo que a expediu.

Artigo 174º – Regras sobre o conteúdo da carta[1]

1. As cartas são assinadas pelo juiz ou relator e apenas contêm o que seja estritamente necessário para a realização da diligência.

2. As cartas para afixação de editais são acompanhadas destes.

Artigo 175º – Remessa, com a carta, de autógrafos ou quaisquer gráficos[2]

Existindo nos autos algum autógrafo, ou alguma planta, desenho ou gráfico que deva ser examinado no ato da diligência pelas partes, peritos ou testemunhas, é remetida com a carta uma cópia eletrónica desse documento.

Artigo 176º – Prazo para cumprimento das cartas

1. As cartas devem ser cumpridas pelo tribunal deprecado no prazo máximo de dois meses a contar da expedição, que deve ser notificada às partes, quando tenha por objeto a produção de prova.

2. Quando a diligência deva realizar-se no estrangeiro, o prazo para o cumprimento da carta é de três meses.

3. O juiz deprecante pode, sempre que se mostre justificado, estabelecer prazo mais curto ou mais longo para o cumprimento das cartas ou, ouvidas as partes, prorrogar pelo tempo necessário o decorrente do número anterior, para o que deve colher, mesmo oficiosamente, informação sobre os motivos da demora.

4. Decorridos 15 dias sobre o termo do prazo fixado para o cumprimento da carta, sem que tal se tenha verificado, deve ser comunicada ao tribunal deprecante a concreta razão da inobservância do prazo.

5. Não sendo a carta tempestivamente cumprida, pode ainda o juiz determinar a comparência na audiência final de quem devia prestar depoimento, quando o repute essencial à descoberta da verdade e tal não represente sacrifício incomportável.

Artigo 177º – Expedição das cartas[3]

1. As cartas precatórias são expedidas pela secretaria através do sistema de informação de suporte à atividade dos tribunais.

2. As cartas rogatórias, seja qual for o ato a que se destinem, são expedidas pela secretaria e endereçadas diretamente à autoridade ou tribunal estrangeiro, salvo tratado ou convenção em contrário.

[1] O nº 2 tem a redação do DL 97/2019, de 26 de julho.
[2] Redação do DL 97/2019, de 26 de julho.
[3] O nº 1 tem a redação do DL 97/2019, de 26 de julho.

3. A expedição faz-se pela via diplomática ou consular quando a rogatória se dirija a Estado que só por essa via receba cartas; se o Estado respetivo não receber cartas por via oficial, a rogatória é entregue ao interessado.

4. Quando deva ser expedida por via diplomática ou consular, a carta é entregue ao Ministério Público, para a remeter pelas vias competentes.

Artigo 178º – A expedição da carta e a marcha do processo

A expedição da carta não obsta a que se prossiga nos mais termos que não dependam absolutamente da diligência requisitada, mas a discussão e julgamento da causa não podem ter lugar senão depois de apresentada a carta ou depois de ter findado o prazo do seu cumprimento.

Artigo 179º – Recusa legítima de cumprimento da carta precatória

1. O tribunal deprecado só pode deixar de cumprir a carta quando se verifique algum dos casos seguintes:

a) Se não tiver competência para o ato requisitado, sem prejuízo do disposto no nº 4 do artigo 173º;

b) Se a requisição for para ato que a lei proíba absolutamente.

2. Quando tenha dúvidas sobre a autenticidade da carta, o tribunal pede ao juiz deprecante as informações de que careça, suspendendo o cumprimento até as obter.

Artigo 180º – Recusa legítima de cumprimento da carta rogatória

O cumprimento das cartas rogatórias é recusado nos casos mencionados no nº 1 do artigo anterior e ainda nos seguintes:

a) Se a carta não estiver legalizada, salvo se houver sido recebida por via diplomática ou se houver tratado, convenção ou acordo que dispense a legalização;

b) Se o ato for contrário à ordem pública portuguesa;

c) Se a execução da carta for atentatória da soberania ou da segurança do Estado;

d) Se o ato importar execução de decisão de tribunal estrangeiro sujeita a revisão e que se não mostre revista e confirmada.

Artigo 181º – Recebimento e decisão sobre o cumprimento da carta rogatória

1. As cartas rogatórias emanadas de autoridades estrangeiras são recebidas por qualquer via, salvo tratado, convenção ou acordo em contrário, competindo ao Ministério Público promover os termos das que tenham sido recebidas por via diplomática.

2. Recebida a carta rogatória, dá-se vista ao Ministério Público para opor ao cumprimento da carta o que julgue de interesse público, decidindo-se, em seguida, se deve ser cumprida.

3. O Ministério Público pode interpor recurso de apelação com efeito suspensivo do despacho de cumprimento, seja qual for o valor da causa.

Artigo 182º – Cumprimento da carta

1. É ao tribunal deprecado ou rogado que compete regular, de harmonia com a lei, o cumprimento da carta.

2. Se na carta rogatória se pedir a observância de determinadas formalidades que não repugnem à lei portuguesa, dá-se satisfação ao pedido.

3. Quando, para a execução do ato deprecado, não seja necessária a intervenção do juiz do tribunal solicitado, por não se tratar de ato que deva ser por si praticado, é a deprecada cumprida sem a intervenção deste.

4. Para os efeitos previstos no número anterior, o tribunal deprecante emite os necessários mandados.

Artigo 183º – Destino da carta depois de cumprida

Devolvida a carta, é a sua junção ao processo notificada às partes, contando-se dessa notificação os prazos que dependam do respetivo cumprimento.

Artigo 184º – Assinatura dos mandados[1]

Os mandados são passados em nome do juiz ou relator e a sua autoria pelo competente funcionário da secretaria é certificada nos termos do nº 1 do artigo 160º

Artigo 185º – Conteúdo do mandado

O mandado só contém, além da ordem do juiz, as indicações que sejam indispensáveis para o seu cumprimento.

SECÇÃO VII – Nulidades dos atos

Artigo 186º – Ineptidão da petição inicial

1. É nulo todo o processo quando for inepta a petição inicial.

2. Diz-se inepta a petição:

a) Quando falte ou seja ininteligível a indicação do pedido ou da causa de pedir;

b) Quando o pedido esteja em contradição com a causa de pedir;

c) Quando se cumulem causas de pedir ou pedidos substancialmente incompatíveis.

3. Se o réu contestar, apesar de arguir a ineptidão com fundamento na alínea *a*) do número anterior, a arguição não é julgada procedente quando, ouvido o autor, se verificar que o réu interpretou convenientemente a petição inicial.

4. No caso da alínea *c*) do nº 2, a nulidade subsiste, ainda que um dos pedidos fique sem efeito por incompetência do tribunal ou por erro na forma do processo.

Artigo 187º – Anulação do processado posterior à petição

É nulo tudo o que se processe depois da petição inicial, salvando-se apenas esta:

a) Quando o réu não tenha sido citado;

[1] Redação do DL 97/2019, de 26 de julho.

b) Quando não tenha sido citado, logo no início do processo, o Ministério Público, nos casos em que deva intervir como parte principal.

Artigo 188º – Quando se verifica a falta de citação

1. Há falta de citação:

a) Quando o ato tenha sido completamente omitido;

b) Quando tenha havido erro de identidade do citado;

c) Quando se tenha empregado indevidamente a citação edital;

d) Quando se mostre que foi efetuada depois do falecimento do citando ou da extinção deste, tratando-se de pessoa coletiva ou sociedade;

e) Quando se demonstre que o destinatário da citação pessoal não chegou a ter conhecimento do ato, por facto que não lhe seja imputável.

2. Quando a carta para citação haja sido enviada para o domicílio convencionado, a prova da falta de conhecimento do ato deve ser acompanhada da prova da mudança de domicílio em data posterior àquela em que o destinatário alegue terem-se extinto as relações emergentes do contrato; a nulidade da citação decretada fica sem efeito se, no final, não se provar o facto extintivo invocado.

Artigo 189º – Suprimento da nulidade de falta de citação

Se o réu ou o Ministério Público intervier no processo sem arguir logo a falta da sua citação, considera-se sanada a nulidade.

Artigo 190º – Falta de citação no caso de pluralidade de réus

Havendo vários réus, a falta de citação de um deles tem as consequências seguintes:

a) No caso de litisconsórcio necessário, anula-se tudo o que se tenha processado depois das citações;

b) No caso de litisconsórcio voluntário, nada se anula; mas se o processo ainda não estiver na altura de ser designado dia para a audiência final, pode o autor requerer que o réu seja citado; neste caso, não se realiza a discussão sem que o citado seja admitido a exercer, no processo, a atividade de que foi privado pela falta de citação oportuna.

Artigo 191º – Nulidade da citação

1. Sem prejuízo do disposto no artigo 188º, é nula a citação quando não hajam sido, na sua realização, observadas as formalidades prescritas na lei.

2. O prazo para a arguição da nulidade é o que tiver sido indicado para a contestação; sendo, porém, a citação edital, ou não tendo sido indicado prazo para a defesa, a nulidade pode ser arguida quando da primeira intervenção do citado no processo.

3. Se a irregularidade consistir em se ter indicado para a defesa prazo superior ao que a lei concede, deve a defesa ser admitida dentro do prazo indicado, a não ser que o autor tenha feito citar novamente o réu em termos regulares.

4. A arguição só é atendida se a falta cometida puder prejudicar a defesa do citado.

Artigo 192º – Dispensa de citação

Quando a falta ou a nulidade da citação tenha sido arguida pelo citando, a notificação do despacho que a atenda dispensa a renovação da citação desde que seja acompanhada de todos os elementos referidos no artigo 227º.

Artigo 193º – Erro na forma do processo ou no meio processual

1. O erro na forma do processo importa unicamente a anulação dos atos que não possam ser aproveitados, devendo praticar-se os que forem estritamente necessários para que o processo se aproxime, quanto possível, da forma estabelecida pela lei.

2. Não devem, porém, aproveitar-se os atos já praticados, se do facto resultar uma diminuição de garantias do réu.

3. O erro na qualificação do meio processual utilizado pela parte é corrigido oficiosamente pelo juiz, determinando que se sigam os termos processuais adequados.

Artigo 194º – Falta de vista ou exame ao Ministério Público como parte acessória

1. A falta de vista ou exame ao Ministério Público, quando a lei exija a sua intervenção como parte acessória, considera-se sanada desde que a entidade a que devia prestar assistência tenha feito valer os seus direitos no processo por intermédio do seu representante.

2. Se a causa tiver corrido à revelia da parte que devia ser assistida pelo Ministério Público, o processo é anulado a partir do momento em que devia ser dada vista ou facultado o exame.

Artigo 195º – Regras gerais sobre a nulidade dos atos

1. Fora dos casos previstos nos artigos anteriores, a prática de um ato que a lei não admita, bem como a omissão de um ato ou de uma formalidade que a lei prescreva, só produzem nulidade quando a lei o declare ou quando a irregularidade cometida possa influir no exame ou na decisão da causa.

2. Quando um ato tenha de ser anulado, anulam-se também os termos subsequentes que dele dependam absolutamente; a nulidade de uma parte do ato não prejudica as outras partes que dela sejam independentes.

3. Se o vício de que o ato sofre impedir a produção de determinado efeito, não se têm como necessariamente prejudicados os efeitos para cuja produção o ato se mostre idóneo.

Artigo 196º – Nulidades de que o tribunal conhece oficiosamente

Das nulidades mencionadas nos artigos 186º e 187º, na segunda parte do nº 2 do artigo 191º e nos artigos 193º e 194º pode o tribunal conhecer oficiosamente, a não ser que devam considerar-se sanadas; das restantes só pode conhecer sobre reclamação dos interessados, salvos os casos especiais em que a lei permite o conhecimento oficioso.

Artigo 197º – Quem pode invocar e a quem é vedada a arguição da nulidade

1. Fora dos casos previstos no artigo anterior, a nulidade só pode ser invocada pelo interessado na observância da formalidade ou na repetição ou eliminação do ato.

2. Não pode arguir a nulidade a parte que lhe deu causa ou que, expressa ou tacitamente, renunciou à arguição.

Artigo 198º – Até quando podem ser arguidas as nulidades principais

1. As nulidades a que se referem o artigo 186º e o nº 1 do artigo 193º só podem ser arguidas até à contestação ou neste articulado.

2. As nulidades previstas nos artigos 187º e 194º podem ser arguidas em qualquer estado do processo, enquanto não devam considerar-se sanadas.

Artigo 199º – Regra geral sobre o prazo da arguição

1. Quanto às outras nulidades, se a parte estiver presente, por si ou por mandatário, no momento em que forem cometidas, podem ser arguidas enquanto o ato não terminar; se não estiver, o prazo para a arguição conta-se do dia em que, depois de cometida a nulidade, a parte interveio em algum ato praticado no processo ou foi notificada para qualquer termo dele, mas neste último caso só quando deva presumir-se que então tomou conhecimento da nulidade ou quando dela pudesse conhecer, agindo com a devida diligência.

2. Arguida ou notada a irregularidade durante a prática de ato a que o juiz presida, deve este tomar as providências necessárias para que a lei seja cumprida.

3. Se o processo for expedido em recurso antes de findar o prazo referido neste artigo, pode a arguição ser feita perante o tribunal superior, contando-se o prazo desde a distribuição.

Artigo 200º – Quando deve o tribunal conhecer das nulidades

1. O juiz conhece das nulidades previstas no artigo 187º, na segunda parte do nº 2 do artigo 191º e no artigo 194º logo que delas se aperceba, podendo suscitá-las em qualquer estado do processo, enquanto não devam considerar-se sanadas.

2. As nulidades a que se referem o artigo 186º e o nº 1 do artigo 193º são apreciadas no despacho saneador, se antes o juiz as não houver apreciado; se não houver despacho saneador, pode conhecer-se delas até à sentença final.

3. As outras nulidades devem ser apreciadas logo que sejam reclamadas.

Artigo 201º – Regras gerais sobre o julgamento

A arguição de qualquer nulidade pode ser indeferida, mas não pode ser deferida sem prévia audiência da parte contrária, salvo caso de manifesta desnecessidade.

Artigo 202º – Não renovação do ato nulo

O ato nulo não pode ser renovado se já expirou o prazo dentro do qual devia ser praticado; excetua-se o caso de a renovação aproveitar a quem não tenha responsabilidade na nulidade cometida.

CAPÍTULO II – Atos especiais

SECÇÃO I – Distribuição

SUBSECÇÃO I – Disposições gerais

Artigo 203º – Fim da distribuição

É pela distribuição que, a fim de repartir com igualdade o serviço judicial, se designa a secção, a instância e o tribunal em que o processo há de correr ou o juiz que há de exercer as funções de relator.

Artigo 204º – Distribuição por meios eletrónicos[1]

1. As operações de distribuição e registo previstas nos números seguintes são realizadas por meios eletrónicos, os quais devem garantir aleatoriedade no resultado e igualdade na distribuição do serviço, nos termos definidos na portaria prevista no nº 2 do artigo 132º

2. As listagens produzidas eletronicamente têm o mesmo valor que os livros, pautas e listas.

3. A distribuição é presidida por um juiz, designado pelo presidente do tribunal de comarca e secretariado por um oficial de justiça, com a assistência obrigatória do Ministério Público e, caso seja possível por parte da Ordem dos Advogados, de um advogado designado por esta ordem profissional, todos em sistema de rotatividade diária sempre que, quanto àqueles, a composição do tribunal o permita.

4. A distribuição obedece às seguintes regras:

a) Os processos são distribuídos por todos os juízes do tribunal e a listagem fica sempre anexa à ata;

b) Se for distribuído um processo a um juiz que esteja impedido de nele intervir, deve ficar consignada em ata a causa do impedimento que origina a necessidade de fazer nova distribuição por ter sido distribuído a um juiz impedido, constando expressamente o motivo do impedimento, bem como anexa à ata a nova listagem;

c) As operações de distribuição são obrigatoriamente documentadas em ata, elaborada imediatamente após a conclusão daquelas e assinada pelas pessoas referidas no nº 3, a qual contém necessariamente a descrição de todos os atos praticados.

5. Os mandatários judiciais têm acesso à ata das operações de distribuição dos processos referentes às partes que patrocinam, podendo, a todo o tempo, requerer uma fotocópia ou certidão da mesma, a qual deve ser emitida nos termos do artigo 170º

6. Sem prejuízo do disposto nos números anteriores, nos casos em que haja atribuição de um processo a um juiz, deve ficar explicitada na página informática de acesso público do Ministério da Justiça que houve essa atribuição e os fundamentos legais da mesma.

[1] Redação da L 55/2021, de 13 de agosto.

Artigo 205º – Falta ou irregularidade da distribuição

1. A falta ou irregularidade da distribuição não produz nulidade de nenhum ato do processo, mas pode ser reclamada por qualquer interessado ou suprida oficiosamente até à decisão final.

2. As divergências resultantes da distribuição que se suscitem entre juízes da mesma comarca sobre a designação do juízo em que o processo há de correr são resolvidas pelo presidente do tribunal de comarca, observando-se processo semelhante ao estabelecido nos artigos 111º e seguintes.

SUBSECÇÃO II – Disposições relativas à 1ª instância

Artigo 206º – Atos processuais sujeitos a distribuição na 1ª instância

1. Estão sujeitos a distribuição na 1ª instância:

a) Os atos processuais que importem começo de causa, salvo se esta depender de outra já distribuída;

b) Os atos processuais que venham de outro tribunal, com exceção das cartas precatórias, mandados, ofícios ou telegramas, para simples citação, notificação ou afixação de editais.

2. As causas que por lei ou por despacho devam considerar-se dependentes de outras são apensadas àquelas de que dependam.

Artigo 207º – Condições necessárias para a distribuição[1]

1. Nenhum ato processual é admitido à distribuição sem que contenha todos os requisitos externos exigidos por lei.

2. A verificação do disposto no número anterior é efetuada através de meios eletrónicos, nos termos definidos na portaria prevista no nº 2 do artigo 132º

Artigo 208º – Periodicidade da distribuição[2]

A distribuição é efetuada uma vez por dia, de forma eletrónica.

Artigo 209º – Publicação[3]

1. Distribuídos os atos processuais de uma espécie, procede-se semelhantemente à distribuição das espécies seguintes.

2. Terminada a distribuição em todas as espécies, procede-se à publicação do resultado por meio de pauta disponibilizada automaticamente e por meios eletrónicos em página informática de acesso público do Ministério da Justiça, nos termos definidos na portaria prevista no nº 2 do artigo 132º

[1] O nº 2 tem a redação do DL 97/2019, de 26 de julho.
[2] Redação da L 55/2021, de 13 de agosto.
[3] O nº 2 tem a redação do DL 97/2019, de 26 de julho.

Artigo 210º – Erro na distribuição

O erro da distribuição é corrigido pela forma seguinte:

a) Quando afete a designação do juiz, nas comarcas em que haja mais do que um, faz-se nova distribuição e dá-se baixa da anterior;

b) Nos outros casos, o processo continua a correr na mesma secção, carregando-se na espécie competente e descarregando-se da espécie em que estava.

Artigo 211º – Retificação da distribuição

O disposto no artigo anterior é igualmente aplicável ao caso de sobrevirem circunstâncias que determinem alteração da espécie do papel distribuído.

Artigo 212º – Espécies na distribuição

Na distribuição há as seguintes espécies:

1ª Ações de processo comum;

2ª Ações especiais para cumprimento de obrigações pecuniárias emergentes de contratos e ações no âmbito do procedimento especial de despejo;

3ª Ações de processo especial;

4ª Divórcio e separação sem consentimento do outro cônjuge;

5ª Execuções;

6ª Execuções por custas, multas ou outras quantias contadas;

7ª Inventários;

8ª Processos especiais de insolvência;

9ª Cartas precatórias ou rogatórias, recursos de conservadores, notários e outros funcionários, reclamações sobre a reforma de livros das conservatórias e quaisquer outros papéis não classificados;

10ª Notificações avulsas, atos preparatórios, procedimentos cautelares e quaisquer diligências urgentes.

SUBSECÇÃO III – Disposições relativas aos tribunais superiores

Artigo 213º – Periodicidade e correções de erros de distribuição[1]

1. Nas Relações e no Supremo Tribunal de Justiça, a distribuição é efetuada uma vez por dia, de forma eletrónica.

2. A distribuição é presidida por um juiz, designado pelo presidente do respetivo tribunal e secretariado por um oficial de justiça, com a assistência obrigatória do Ministério Público e, caso seja possível por parte da Ordem dos Advogados, de um advogado designado por esta ordem profissional, todos em sistema de rotatividade diária, podendo estar presentes, se assim o entenderem, os mandatários das partes.

3. É correspondentemente aplicável o disposto nos nºs 4 a 6 do artigo 204º à distribuição nas Relações e no Supremo Tribunal de Justiça, com as seguintes especificidades:

[1] Os nºs 1 a 3 têm a redação da L 55/2021, de 13 de agosto.

a) A distribuição é feita para apurar aleatoriamente o juiz relator e os juízes-adjuntos de entre todos os juízes da secção competente, sem aplicação do critério da antiguidade ou qualquer outro;

b) Deve ser assegurada a não repetição sistemática do mesmo coletivo.

4. Quando tiver havido erro na distribuição, o processo é distribuído novamente, aproveitando-se, porém, os vistos que já tiver; mas se o erro derivar da classificação do processo, é este carregado ao mesmo relator na espécie devida, descarregando-se daquela em que estava indevidamente.

Artigo 214º – Espécies nas Relações

Nas Relações há as seguintes espécies:

1ª Apelações em processo comum e especial;

2ª Recursos em processo penal;

3ª Conflitos e revisão de sentenças de tribunais estrangeiros;

4ª Causas de que a Relação conhece em 1ª instância;

5ª Reclamação.

Artigo 215º – Espécies no Supremo Tribunal de Justiça

No Supremo Tribunal de Justiça há as seguintes espécies:

1ª Revistas;

2ª Recursos em processo penal;

3ª Conflitos;

4ª Apelações;

5ª Causas de que o tribunal conhece em única instância;

6ª Recursos extraordinários para uniformização de jurisprudência.

Artigo 216º – Como se faz a distribuição[1]

1. A distribuição é efetuada por meios eletrónicos, nos termos previstos nos artigos 204º e 213º

2. Na distribuição atende-se à ordem de precedência dos juízes, como se houvesse uma só secção.

Artigo 217º – Segunda distribuição

1. Se no ato da distribuição constar que está impedido o juiz a quem o processo foi distribuído, é logo feita segunda distribuição na mesma escala; o mesmo se observa caso, mais tarde, o relator fique impedido ou deixe de pertencer ao tribunal.

2. Se o impedimento for temporário e cessar antes do julgamento, dá-se baixa da segunda distribuição, voltando a ser relator do processo o primeiro designado e ficando o segundo para ser preenchido em primeira distribuição; se o impedimento se tornar definitivo, subsiste a segunda distribuição.

[1] Redação da L 55/2021, de 13 de agosto.

Artigo 218º – Manutenção do relator, no caso de novo recurso

Se, em consequência de anulação ou revogação da decisão recorrida ou do exercício pelo Supremo Tribunal de Justiça dos poderes conferidos pelo nº 3 do artigo 682º, tiver de ser proferida nova decisão no tribunal recorrido e dela for interposta e admitida nova apelação ou revista, o recurso é, sempre que possível, distribuído ao mesmo relator.

SECÇÃO II – Citação e notificações

SUBSECÇÃO I – Disposições comuns

Artigo 219º – Funções da citação e da notificação[1]

1. A citação é o ato pelo qual se dá conhecimento ao réu de que foi proposta contra ele determinada ação e se chama ao processo para se defender; emprega-se ainda para chamar, pela primeira vez, ao processo alguma pessoa interessada na causa.

2. A notificação serve para, em quaisquer outros casos, chamar alguém a juízo ou dar conhecimento de um facto.

3. A citação e as notificações são sempre acompanhadas de todos os elementos e de cópias legíveis dos documentos e peças do processo necessários à plena compreensão do seu objeto.

4. Quando as citações e as notificações forem realizadas por via eletrónica:

a) Podem ser efetuadas através do envio de informação estruturada respeitante à identificação do processo e da interoperabilidade entre o sistema de informação de suporte à atividade dos tribunais e o sistema de informação do citando ou notificando;

b) Os elementos e cópias referidos no número anterior podem constar de outro suporte eletrónico acessível ao citando ou notificando.

5. As citações e as notificações dirigidas a pessoas coletivas podem ser efetuadas por via eletrónica nos termos do número anterior, quando:

a) Tratando-se de entidade pública da Administração direta ou indireta do Estado, tal se encontre previsto em portaria dos membros do Governo responsáveis pela área da justiça e pela entidade pública em causa;[*]

b) Tratando-se de outras pessoas coletivas, tal se encontre previsto em protocolo celebrado entre a pessoa coletiva e o Instituto de Gestão Financeira e Equipamentos da Justiça, I. P., e homologado pelo membro do Governo responsável pela área da justiça.

6. As citações e as notificações realizadas nos termos do número anterior presumem-se efetuadas no 3º dia posterior ao do seu envio para o sistema informático do citando ou notificando.

Artigo 220º – Notificações oficiosas da secretaria[2]

1. A notificação relativa a processo pendente deve considerar-se consequência

[*] Ver, no Anexo 6, a Portaria 347/2019, de 4 de outubro (Comunicações eletrónicas entre os tribunais e o Fundo de Garantia de Alimentos Devidos a Menores).

[1] O nº 4 tem a redação do DL 97/2019, de 26 de julho e os nºs 5 e 6 foram aditados pelo mesmo diploma.

[2] Os nºs 3 e 4 foram aditados pelo DL 97/2019, de 26 de julho.

necessária do despacho que designa dia para qualquer ato em que devam comparecer determinadas pessoas ou a que as partes tenham o direito de assistir; devem também ser notificados, sem necessidade de ordem expressa, as sentenças e os despachos que a lei mande notificar e todos os que possam causar prejuízo às partes.

2. Cumpre ainda à secretaria notificar oficiosamente as partes quando, por virtude da disposição legal, possam responder a requerimentos, oferecer provas ou, de um modo geral, exercer algum direito processual que não dependa de prazo a fixar pelo juiz nem de prévia citação.

3. As notificações podem ser efetuadas de forma automática, pelo sistema de informação de suporte à atividade dos tribunais, nos termos definidos na portaria prevista no nº 2 do artigo 132º

4. Nas notificações efetuadas por via postal, a assinatura do funcionário responsável pela elaboração da notificação pode ser substituída por indicação do código identificador da notificação, bem como do endereço do sítio eletrónico do Ministério da Justiça no qual, através da inserção do código, é possível confirmar a autenticidade da notificação.

Artigo 221º – Notificações entre os mandatários das partes[1]

1. Nos processos em que as partes tenham constituído mandatário judicial, os atos processuais que devam ser praticados por escrito pelas partes após a notificação da contestação do réu ao autor são notificados pelo mandatário judicial do apresentante ao mandatário judicial da contraparte através do sistema de informação de suporte à atividade dos tribunais, nos termos previstos no artigo 255º

2. Sem prejuízo da informação sobre a alteração do patrocínio constante do sistema de informação de suporte à atividade dos tribunais, o mandatário judicial que assuma o patrocínio na pendência do processo comunica o seu domicílio profissional e endereço de correio eletrónico ao mandatário judicial da contraparte.

Artigo 222º – Citação ou notificação dos agentes diplomáticos

Com os agentes diplomáticos observa-se o que estiver estipulado nos tratados e, na falta de estipulação, o princípio da reciprocidade.

Artigo 223º – Citação ou notificação de incapazes e pessoas coletivas

1. Os incapazes, os incertos, as pessoas coletivas, as sociedades, os patrimónios autónomos e o condomínio são citados ou notificados na pessoa dos seus legais representantes, sem prejuízo do disposto no artigo 19º.

2. Quando a representação pertença a mais de uma pessoa, ainda que cumulativamente, basta que seja citada ou notificada uma delas, sem prejuízo do disposto nos nºs 2 e 3 do artigo 16º.

3. As pessoas coletivas e as sociedades consideram-se ainda pessoalmente citadas ou notificadas na pessoa de qualquer empregado que se encontre na sede ou local onde funciona normalmente a administração.

[1] Redação do DL 97/2019, de 26 de julho.

Artigo 224º – Lugar da citação ou da notificação

1. A citação e as notificações podem efetuar-se em qualquer lugar onde seja encontrado o destinatário do ato, designadamente, quando se trate de pessoas singulares, na sua residência ou local de trabalho.

2. Ninguém pode ser citado ou notificado dentro dos templos ou enquanto estiver ocupado em ato de serviço público que não deva ser interrompido.

SUBSECÇÃO II – Citação de pessoas singulares

Artigo 225º – Modalidades da citação[1]

1. A citação de pessoas singulares é pessoal ou edital.

2. A citação pessoal é feita mediante:

a) Via eletrónica, nos termos definidos na portaria prevista no nº 2 do artigo 132º;

b) Entrega ao citando de carta registada com aviso de receção, seu depósito, nos termos do nº 5 do artigo 229º, ou certificação da recusa de recebimento, nos termos do nº 3 do mesmo artigo;

c) Contacto pessoal do agente de execução ou do funcionário judicial com o citando.

3. É ainda admitida a citação promovida por mandatário judicial, nos termos dos artigos 237º e 238º.

4. Nos casos expressamente previstos na lei, é equiparada à citação pessoal a efetuada em pessoa diversa do citando, encarregada de lhe transmitir o conteúdo do ato, presumindo-se, salvo prova em contrário, que o citando dela teve oportuno conhecimento.

5. Pode ainda efetuar-se a citação na pessoa do mandatário constituído pelo citando, com poderes especiais para a receber, mediante procuração passada há menos de quatro anos.

6. A citação edital tem lugar quando o citando se encontre ausente em parte incerta, nos termos dos artigos 236º e 240º ou, quando sejam incertas as pessoas a citar, ao abrigo do artigo 243º.

Artigo 226º – Regra da oficiosidade das diligências destinadas à citação

1. Incumbe à secretaria promover oficiosamente, sem necessidade de despacho prévio, as diligências que se mostrem adequadas à efetivação da regular citação pessoal do réu e à rápida remoção das dificuldades que obstem à realização do ato, sem prejuízo do disposto no nº 4 e da citação por agente de execução ou promovida por mandatário judicial.

2. Passados 30 dias sem que a citação se mostre efetuada, é o autor informado das diligências efetuadas e dos motivos da não realização do ato.

3. Decorridos 30 dias sobre o termo do prazo a que alude o número anterior sem que a citação se mostre efetuada, é o processo imediatamente concluso ao juiz, com informação das diligências efetuadas e das razões da não realização atempada do ato.

[1] A al. *a*) do nº 2 tem a redação do DL 97/2019, de 26 de julho.

4. A citação depende, porém, de prévio despacho judicial:

a) Nos casos especialmente previstos na lei;

b) Nos procedimentos cautelares e em todos os casos em que incumba ao juiz decidir da prévia audiência do requerido;

c) Nos casos em que a propositura da ação deva ser anunciada, nos termos da lei;

d) Quando se trate de citar terceiros chamados a intervir em causa pendente;

e) No processo executivo, nos termos dos nºs 6 e 7 do artigo 726º;

f) Quando se trate de citação urgente.

5. Não cabe recurso do despacho que mande citar os réus ou requeridos, não se considerando precludidas as questões que podiam ter sido motivo de indeferimento liminar.

6. Não tendo o autor designado o agente de execução que deva efetuar a citação nem feito a declaração prevista no nº 8 do artigo 231º, ou ficando a designação sem efeito, aplica-se o disposto no nº 2 do artigo 720º.

Artigo 227º – Elementos a transmitir obrigatoriamente ao citando

1. O ato de citação implica a remessa ou entrega ao citando do duplicado da petição inicial e da cópia dos documentos que a acompanhem, comunicando-se-lhe que fica citado para a ação a que o duplicado se refere, e indicando-se o tribunal, juízo e secção por onde corre o processo, se já tiver havido distribuição.

2. No ato de citação, indica-se ainda ao destinatário o prazo dentro do qual pode oferecer a defesa, a necessidade de patrocínio judiciário e as cominações em que incorre no caso de revelia.

Artigo 228º – Citação de pessoa singular por via postal[1]

1. A citação de pessoa singular por via postal faz-se por meio de carta registada com aviso de receção, de modelo oficialmente aprovado, dirigida ao citando e endereçada para a sua residência ou local de trabalho, incluindo todos os elementos a que se refere o artigo anterior e ainda a advertência, dirigida ao terceiro que a receba, de que a não entrega ao citando, logo que possível, o faz incorrer em responsabilidade, em termos equiparados aos da litigância de má fé.

2. A carta pode ser entregue, após assinatura do aviso de receção, ao citando ou a qualquer pessoa que se encontre na sua residência ou local de trabalho e que declare encontrar-se em condições de a entregar prontamente ao citando.

3. Antes da assinatura do aviso de receção, o distribuidor do serviço postal procede à identificação do citando ou do terceiro a quem a carta seja entregue, anotando os elementos constantes do cartão do cidadão, bilhete de identidade ou de outro documento oficial que permita a identificação.

4. Quando a carta seja entregue a terceiro, cabe ao distribuidor do serviço postal adverti-lo expressamente do dever de pronta entrega ao citando.

5. Não sendo possível a entrega da carta, será deixado aviso ao destinatário, identificando-se o tribunal de onde provém e o processo a que respeita, averbando-se os

[1] O nº 10 tem a redação do DL 97/2019, de 26 de julho.

motivos da impossibilidade de entrega e permanecendo a carta durante oito dias à sua disposição em estabelecimento postal devidamente identificado.

6. Se o citando ou qualquer das pessoas a que alude o nº 2 recusar a assinatura do aviso de receção ou o recebimento da carta, o distribuidor do serviço postal lavra nota do incidente, antes de a devolver.

7. Não sendo possível deixar aviso ao destinatário, o distribuidor do serviço postal lavra nota da ocorrência e devolve o expediente ao tribunal.

8. No caso previsto no número anterior, se a impossibilidade se dever a ausência do citando e se, na ocasião, for indicado ao distribuidor do serviço postal novo endereço do citando, devolvido o expediente, a secretaria repete a citação, enviando nova carta registada com aviso de receção para tal endereço.

9. No caso previsto no nº 7, se a impossibilidade se dever a ausência do citando em parte incerta, devolvido o expediente, a secretaria dá cumprimento ao disposto no nº 1 do artigo 236º e, se for apurado novo endereço, repete a citação, enviando nova carta registada com aviso de receção para tal endereço.

10. A assinatura do funcionário judicial responsável pela elaboração da citação pode ser substituída por indicação do código identificador da citação, bem como do endereço do sítio eletrónico do Ministério da Justiça no qual, através da inserção do código, é possível confirmar a autenticidade da citação.

Artigo 229º – Domicílio convencionado

1. Nas ações para cumprimento de obrigações pecuniárias emergentes de contrato reduzido a escrito em que as partes tenham convencionado o local onde se têm por domiciliadas para o efeito da citação em caso de litígio, a citação por via postal efetua-se, nos termos dos artigos anteriores, no domicílio convencionado, desde que o valor da ação não exceda a alçada do tribunal da Relação ou, excedendo, a obrigação respeite a fornecimento continuado de bens ou serviços.

2. Enquanto não se extinguirem as relações emergentes do contrato, é inoponível a quem na causa figure como autor qualquer alteração do domicílio convencionado, salvo se a contraparte o tiver notificado dessa alteração, mediante carta registada com aviso de receção, em data anterior à propositura da ação ou nos 30 dias subsequentes à respetiva ocorrência, não produzindo efeito a citação que, apesar da notificação feita, tenha sido realizada no domicílio anterior em pessoa diversa do citando ou nos termos do nº 5.

3. Quando o citando recuse a assinatura do aviso de receção ou o recebimento da carta, o distribuidor postal lavra nota do incidente antes de a devolver e a citação considera-se efetuada face à certificação da ocorrência.

4. Sendo o expediente devolvido por o destinatário não ter procedido, no prazo legal, ao levantamento da carta no estabelecimento postal ou por ter sido recusada a assinatura do aviso de receção ou o recebimento da carta por pessoa diversa do citando, nos termos do nº 2 do artigo anterior, é repetida a citação, enviando-se nova carta registada com aviso de receção ao citando e advertindo-o da cominação constante do nº 2 do artigo seguinte.

5. No caso previsto no número anterior, é deixada a própria carta, de modelo oficial, contendo cópia de todos os elementos referidos no artigo 227º, bem como a advertência referida na parte final do número anterior, devendo o distribuidor do serviço postal certificar a data e o local exato em que depositou o expediente e remeter de imediato a certidão ao tribunal; não sendo possível o depósito da carta na caixa do correio do citando, o distribuidor deixa um aviso nos termos do nº 5 do artigo 228º.

Artigo 230º – Data e valor da citação por via postal

1. A citação postal efetuada ao abrigo do artigo 228º considera-se feita no dia em que se mostre assinado o aviso de receção e tem-se por efetuada na própria pessoa do citando, mesmo quando o aviso de receção haja sido assinado por terceiro, presumindo-se, salvo demonstração em contrário, que a carta foi oportunamente entregue ao destinatário.

2. No caso previsto no nº 5 do artigo anterior, a citação considera-se efetuada na data certificada pelo distribuidor do serviço postal ou, no caso de ter sido deixado o aviso, no 8º dia posterior a essa data, presumindo-se que o destinatário teve oportuno conhecimento dos elementos que lhe foram deixados.

Artigo 231º – Citação por agente de execução ou funcionário judicial

1. Frustrando-se a via postal, a citação é efetuada mediante contacto pessoal do agente de execução com o citando.

2. Os elementos a comunicar ao citando, nos termos do artigo 227º, são especificados pelo próprio agente de execução, que elabora nota com essas indicações para ser entregue ao citando.

3. No ato da citação, o agente de execução entrega ao citando a nota referida no número anterior, bem como o duplicado da petição inicial, recebido da secretaria e por esta carimbado, e a cópia dos documentos que a acompanhem, e lavra certidão, que o citado assina.

4. Recusando-se o citando a assinar a certidão ou a receber o duplicado, o agente de execução dá-lhe conhecimento de que o mesmo fica à sua disposição na secretaria judicial, mencionando tais ocorrências na certidão do ato.

5. No caso previsto no número anterior, a secretaria notifica ainda o citando, enviando-lhe carta registada com a indicação de que o duplicado nela se encontra à sua disposição.

6. O agente de execução designado pode, sob sua responsabilidade, promover a citação por outro agente de execução, ou por um seu empregado credenciado pela entidade com competência para tal nos termos da lei.

7. Nos casos em que a citação é promovida por um empregado do agente de execução, nos termos do número anterior, a citação só é válida se o citado assinar a certidão, que o agente de execução posteriormente também deve assinar.

8. A citação por agente de execução tem também lugar, não se usando previamente o meio da citação por via postal, quando o autor assim declare pretender na petição inicial.

9. A citação é feita por funcionário judicial, nos termos dos números anteriores, devidamente adaptados, quando o autor declare, na petição inicial, que assim pretende, pagando para o efeito a taxa fixada no Regulamento das Custas Processuais, bem como quando não haja agente de execução inscrito ou registado em qualquer das comarcas pertencentes à área de competência do respetivo tribunal da Relação.

10. Quando a diligência se configure útil, pode o citando ser previamente convocado por aviso postal registado, para comparecer na secretaria judicial, a fim de aí se proceder à citação.

11. Aplica-se à citação por agente de execução o disposto no nº 2 do artigo 226º.

Artigo 232º – Citação com hora certa

1. No caso referido no artigo anterior, se o agente de execução ou o funcionário judicial apurar que o citando reside ou trabalha efetivamente no local indicado, não podendo proceder à citação por não o encontrar, deve deixar nota com indicação de hora certa para a diligência na pessoa encontrada que estiver em melhores condições de a transmitir ao citando ou, quando tal for impossível, afixar o respetivo aviso no local mais indicado.

2. No dia e hora designados:

a) O agente de execução ou o funcionário faz a citação na pessoa do citando, se o encontrar;

b) Não o encontrando, a citação é feita na pessoa capaz que esteja em melhores condições de a transmitir ao citando, incumbindo-a o agente de execução ou o funcionário de transmitir o ato ao destinatário e sendo a certidão assinada por quem recebeu a citação.

3. Nos casos referidos na alínea *b*) do número anterior, a citação pode ser feita nos termos dos nºs 6 e 7 do artigo anterior.

4. Não sendo possível obter a colaboração de terceiros, a citação é feita mediante afixação, no local mais adequado e na presença de duas testemunhas, da nota de citação, com indicação dos elementos referidos no artigo 227º, declarando-se que o duplicado e os documentos anexos ficam à disposição do citando na secretaria judicial.

5. Constitui crime de desobediência a conduta de quem, tendo recebido a citação, não entregue logo que possível ao citando os elementos deixados pelo funcionário, do que será previamente advertido; tendo a citação sido efetuada em pessoa que não viva em economia comum com o citando, cessa a responsabilidade se entregar tais elementos a pessoa da casa, que deve transmiti-los ao citando.

6. Considera-se pessoal a citação efetuada nos termos dos nºs 2 e 4.

Artigo 233º – Advertência ao citando, quando a citação não haja sido na própria pessoa deste[1]

Sempre que a citação se mostre efetuada em pessoa diversa do citando, em consequência do disposto no nº 2 do artigo 228º e na alínea *b*) do nº 2 do artigo anterior, ou haja consistido na afixação da nota de citação nos termos do nº 4 do artigo anterior, é ainda enviada pelo agente de execução ou pela secretaria, no prazo de dois dias úteis, carta registada ao citando, comunicando-lhe:

[1] Tomou-se em linha de conta a Declaração de Retificação nº 36/2013 (DR, 1ª série, nº 154, de 12/8).

a) A data e o modo por que o ato se considera realizado;
b) O prazo para o oferecimento da defesa e as cominações aplicáveis à falta desta;
c) O destino dado ao duplicado; e
d) A identidade da pessoa em quem a citação foi realizada.
(Cfr. Declaração de Retificação nº 36/2013, de 12-08)

Artigo 234º – Incapacidade de facto do citando

1. Se a citação não puder realizar-se por estar o citando impossibilitado de a receber, em consequência de notória anomalia psíquica ou de outra incapacidade de facto, o agente de execução ou o funcionário judicial dá conta da ocorrência, dela se notificando o autor.

2. De seguida, é o processo concluso ao juiz que decide da existência da incapacidade, depois de colhidas as informações e produzidas as provas necessárias.

3. Reconhecida a incapacidade, temporária ou duradoura, é nomeado curador provisório ao citando, no qual é feita a citação.

4. Quando o curador não conteste, observa-se o disposto no artigo 21º.

Artigo 235º – Ausência do citando em parte certa

Não sendo possível efetuar a citação nos termos dos artigos anteriores, em consequência de o citando estar ausente em parte certa e por tempo limitado, e não haver quem esteja em condições de lhe transmitir prontamente a citação, procede-se conforme pareça mais conveniente às circunstâncias do caso, designadamente citando-se por via postal no local onde se encontra ou aguardando-se o seu regresso.

Artigo 236º – Ausência do citando em parte incerta

1. Quando seja impossível a realização da citação por o citando estar ausente em parte incerta, a secretaria diligencia obter informação sobre o último paradeiro ou residência conhecida junto de quaisquer entidades ou serviços, designadamente, mediante prévio despacho judicial, nas bases de dados dos serviços de identificação civil, da segurança social, da Autoridade Tributária e Aduaneira e do Instituto da Mobilidade e dos Transportes Terrestres e, quando o juiz o considere absolutamente indispensável para decidir da realização da citação edital, junto das autoridades policiais.

2. Estão obrigados a fornecer prontamente ao tribunal os elementos de que dispuserem sobre a residência, o local de trabalho ou a sede dos citandos quaisquer serviços que tenham averbado tais dados.

3. O disposto nos números anteriores é aplicável aos casos em que o autor tenha indicado o réu como ausente em parte incerta.

Artigo 237º – Citação promovida pelo mandatário judicial

1. A citação efetuada nos termos do nº 3 do artigo 225º segue o regime do artigo 231º, com as necessárias adaptações.

2. O mandatário judicial deve, na petição inicial, declarar o propósito de promover a citação por si, por outro mandatário judicial, por via de solicitador ou de pessoa identificada nos termos do nº 4 do artigo 157º, podendo requerer a assunção de tal diligência em momento ulterior sempre que qualquer outra forma de citação se tenha frustrado.

3. A pessoa encarregada da diligência é identificada pelo mandatário, na petição ou no requerimento, com expressa menção de que foi advertida dos seus deveres.

Artigo 238º – Regime e formalidades da citação promovida pelo mandatário judicial

1. Os elementos a comunicar ao citando, nos termos do artigo 227º, são especificados obrigatoriamente pelo próprio mandatário judicial, sendo a documentação do ato datada e assinada pela pessoa encarregada da citação.

2. Sempre que, por qualquer motivo, a citação não se mostre efetuada no prazo de 30 dias contados da solicitação a que alude o nº 2 do artigo anterior, o mandatário judicial dá conta do facto, procedendo-se à citação nos termos gerais.

3. O mandatário judicial é civilmente responsável pelas ações ou omissões culposamente praticadas pela pessoa encarregada de proceder à citação, sem prejuízo da responsabilidade disciplinar e criminal que ao caso couber.

Artigo 239º – Citação do residente no estrangeiro

1. Quando o réu resida no estrangeiro, observa-se o que estiver estipulado nos tratados e convenções internacionais.

2. Na falta de tratado ou convenção, a citação é feita por via postal, em carta registada com aviso de receção, aplicando-se as determinações do regulamento local dos serviços postais.

3. Se não for possível ou se frustrar a citação por via postal, procede-se à citação por intermédio do consulado português mais próximo, se o réu for português; sendo estrangeiro, ou não sendo viável o recurso ao consulado, realiza-se a citação por carta rogatória, ouvido o autor.

4. Estando o citando ausente em parte incerta, procede-se à sua citação edital, averiguando-se previamente a última residência daquele em território português e procedendo-se às diligências a que se refere o artigo 236º.

Artigo 240º – Formalidades da citação edital por incerteza do lugar

1. A citação edital determinada pela incerteza do lugar em que o citando se encontra é feita por afixação de edital, seguida da publicação de anúncio em página informática de acesso público, em termos a regulamentar por portaria do membro do Governo responsável pela área da justiça.

2. O edital é afixado na porta da casa da última residência ou sede que o citando teve no País.

Artigo 241º – Conteúdo do edital e anúncio

1. O edital especifica:

a) A ação para que o ausente é citado, o autor e, em substância, o pedido deste;

b) O tribunal em que o processo corre;

c) O prazo para a defesa, a dilação e a cominação, explicando que o prazo para a defesa só começa a correr depois de finda a dilação e que esta se conta da data de publicação do anúncio;

d) A data da respetiva afixação.

2. O anúncio reproduz o teor do edital e menciona o local da respetiva afixação.

Artigo 242º – Contagem do prazo para a defesa

1. A citação considera-se feita no dia da publicação do anúncio.

2. A partir da data da citação conta-se o prazo da dilação; finda esta, começa a correr o prazo para o oferecimento da defesa.

Artigo 243º – Formalidades da citação edital por incerteza das pessoas

A citação edital determinada pela incerteza das pessoas a citar é feita nos termos dos artigos 240º a 242º.

Artigo 244º – Registo da afixação do edital e publicação do anúncio[1]

No processo deve constar informação relativa ao teor do anúncio e do edital, sendo registada no sistema de informação de suporte à atividade dos tribunais a identidade de quem efetuou a afixação do edital e os elementos relativos à sua afixação.

Artigo 245º – Dilação

1. Ao prazo de defesa do citando acresce uma dilação de cinco dias quando:

a) A citação tenha sido realizada em pessoa diversa do réu, nos termos dos nºs 2 do artigo 228º e 2 e 4 do artigo 232º;

b) O réu tenha sido citado fora da área da comarca sede do tribunal onde pende a ação, sem prejuízo do disposto no número seguinte.

2. Quando o réu haja sido citado para a causa no território das Regiões Autónomas, correndo a ação no continente ou em outra ilha, ou vice-versa, a dilação é de 15 dias.

3. Quando o réu haja sido citado para a causa no estrangeiro, a citação haja sido edital ou se verifique o caso do nº 5 do artigo 229º, a dilação é de 30 dias.

4. A dilação resultante do disposto na alínea *a*) do nº 1 acresce à que eventualmente resulte do estabelecido na alínea *b*) e nos nºs 2 e 3.

SUBSECÇÃO III - Citação de pessoas coletivas

Artigo 246º – Citação de pessoas coletivas[2]

1. Em tudo o que não estiver especialmente regulado na presente subsecção, à citação de pessoas coletivas aplica-se o disposto nas subsecções anteriores, com as necessárias adaptações.

[1] Redação do DL 97/2019, de 26 de julho.

[2] O nº 1 tem a redação do DL 97/2019, de 26 de julho e o nº 6 foi aditado pelo mesmo diploma.

2. A carta referida no nº 1 do artigo 228º é endereçada para a sede da citanda inscrita no ficheiro central de pessoas coletivas do Registo Nacional de Pessoas Coletivas.

3. Se for recusada a assinatura do aviso de receção ou o recebimento da carta por representante legal ou funcionário da citanda, o distribuidor postal lavra nota do incidente antes de a devolver e a citação considera-se efetuada face à certificação da ocorrência.

4. Nos restantes casos de devolução do expediente, é repetida a citação, enviando-se nova carta registada com aviso de receção à citanda e advertindo-a da cominação constante do nº 2 do artigo 230º, observando-se o disposto no nº 5 do artigo 229º.

5. O disposto nos nºs 3 e 4 não se aplica às citandas cuja inscrição no ficheiro central de pessoas coletivas do Registo Nacional de Pessoas Coletivas não seja obrigatória.

6. Quando a citação for efetuada por via eletrónica, nos termos do nº 5 do artigo 219º, não é aplicável a dilação a que se refere o artigo anterior.

SUBSECÇÃO IV – Notificações em processos pendentes

DIVISÃO I – Notificações da secretaria

Artigo 247º – Notificação às partes que constituíram mandatário[1]

1. As notificações às partes em processos pendentes são feitas na pessoa dos seus mandatários judiciais.

2. Quando a notificação se destine a chamar a parte para a prática de ato pessoal, além de ser notificado o mandatário, é também notificada a parte, pela via prevista no nº 5 do artigo 219º, quando aplicável, ou pela expedição pelo correio de um aviso registado à própria parte, indicando a data, o local e o fim da comparência.

3. Sempre que a parte esteja simultaneamente representada por advogado ou advogado estagiário e por solicitador, as notificações que devam ser feitas na pessoa do mandatário judicial são feitas sempre na do solicitador.

4. Considerando o número elevado de partes, a dimensão do despacho ou da decisão a notificar ou o volume dos documentos a transmitir, a notificação pode realizar-se através do envio por carta registada de um código de acesso a endereço eletrónico onde os elementos a notificar ou a transmitir se encontrem disponíveis.

5. O disposto no número anterior não prejudica a possibilidade de obtenção de cópias, pelo notificado, junto de qualquer tribunal judicial, de forma gratuita, mediante a apresentação do respetivo código de acesso.

6. A notificação efetuada nos termos do nº 4 presume-se feita no décimo dia posterior ao do registo ou no primeiro dia útil seguinte a esse, quando o não seja.

7. A notificação à parte considera-se ainda efetuada, em qualquer circunstância, quando o notificando proceda à consulta eletrónica do processo, nos termos previstos na portaria prevista no nº 2 do artigo 132º

[1] O nº 2 tem a redação do DL 97/2019, de 26 de julho e os nºs 4, 5, 6 e 7 foram aditados pelo mesmo diploma.

Artigo 248º – Formalidades[1]

1. Os mandatários são notificados por via eletrónica nos termos definidos na portaria prevista no nº 2 do artigo 132º, devendo o sistema de informação de suporte à atividade dos tribunais certificar a data da elaboração da notificação, presumindo-se esta feita no terceiro dia posterior ao do seu envio, ou no primeiro dia útil seguinte a esse, quando o não seja.

2. Sempre que por justo impedimento, determinado nos termos do artigo 140º, não for possível ao mandatário aceder à área reservada do portal eletrónico onde são disponibilizadas as notificações, a notificação considera-se apenas efetuada quando for ultrapassado o justo impedimento.

Artigo 249º – Notificações às partes que não constituam mandatário[2]

1. Se a parte não tiver constituído mandatário, as notificações são efetuadas nos termos previstos no nº 5 do artigo 219º, quando aplicável, ou por carta registada, dirigida para a sua residência ou sede ou para o domicílio escolhido para o efeito de as receber, presumindo-se, nestes casos, feita no terceiro dia posterior ao do registo da carta ou no primeiro dia útil seguinte a esse, quando o não seja.

2. A notificação efetuada por carta registada não deixa de produzir efeito pelo facto de o expediente ser devolvido, desde que a remessa tenha sido feita para a residência ou a sede da parte ou para o domicílio escolhido para o efeito de a receber; nesse caso, ou no de a carta não ter sido entregue por ausência do destinatário, juntar-se-á ao processo o sobrescrito, presumindo-se a notificação feita no dia a que se refere a parte final do número anterior.

3. Excetua-se o réu que se haja constituído em situação de revelia absoluta, que apenas passa a ser notificado após ter praticado qualquer ato de intervenção no processo, sem prejuízo do disposto no nº 5.

4. Na hipótese prevista na primeira parte do número anterior, as decisões têm-se por notificadas no dia seguinte àquele em que os autos tiverem dado entrada na secretaria ou em que ocorrer o facto determinante da notificação oficiosa.

5. As decisões finais são sempre notificadas desde que a residência ou sede da parte seja conhecida no processo.

6. Sem prejuízo do disposto nos nºs 3 e 4, a notificação considera-se ainda efetuada, em qualquer circunstância, quando o notificando proceda à consulta eletrónica do processo, nos termos previstos na portaria prevista no nº 2 do artigo 132º

Artigo 250º – Notificação pessoal às partes ou seus representantes

Para além dos casos especialmente previstos, aplicam-se as disposições relativas à realização da citação pessoal às notificações a que aludem os nºs 4 do artigo 18º, 3 do artigo 27º e 2 do artigo 28º.

[1] Redação do DL 97/2019, de 26 de julho.

[2] Os nºs 1 e 2 têm a redação do DL 97/2019, de 26 de julho e o nº 6 foi aditado pelo mesmo diploma.

Artigo 251º – Notificações a intervenientes acidentais[1]

1. As notificações que tenham por fim chamar ao tribunal testemunhas, peritos e outras pessoas com intervenção acidental na causa são efetuadas nos termos previstos no nº 5 do artigo 219º, quando aplicável, ou por meio de aviso expedido pelo correio, sob registo, indicando-se a data, o local e o fim da comparência.

2. A secretaria entrega à parte os avisos relativos às pessoas que ela se haja comprometido a apresentar, quando a entrega for solicitada, mesmo verbalmente.

3. A notificação considera-se efetuada mesmo que o destinatário se recuse a receber o expediente, devendo o distribuidor do serviço postal lavrar nota da ocorrência.

4. O agente administrativo ou funcionário público que, dependendo de superior hierárquico, tiver sido notificado para comparecer em juízo, não carece de autorização, mas deve informar imediatamente da notificação o superior e apresentar-lhe documento comprovativo da comparência.

Artigo 252º – Notificações ao Ministério Público[2]

1. Para além das decisões finais proferidas em quaisquer causas, são sempre oficiosamente notificadas ao Ministério Público quaisquer decisões, ainda que interlocutórias, que possam suscitar a interposição de recursos obrigatórios por força da lei.

2. As notificações ao Ministério Público são efetuadas por via eletrónica, através do sistema de informação de suporte à atividade dos tribunais e presumem-se efetuadas no terceiro dia posterior ao do envio da notificação, ou no primeiro dia útil seguinte a esse, quando o não seja.

Artigo 253º – Notificação de decisões judiciais

Quando se notifiquem despachos, sentenças ou acórdãos, deve enviar-se, entregar-se ou disponibilizar-se ao notificado cópia ou fotocópia legível da decisão e dos fundamentos.

Artigo 254º – Notificações feitas em ato judicial

Valem como notificações as convocatórias e comunicações feitas aos interessados presentes em ato processual, por determinação da entidade que a ele preside, desde que documentadas no respetivo auto ou ata.

DIVISÃO II – Notificações entre os mandatários das partes

Artigo 255º – Notificações entre os mandatários[2]

As notificações entre os mandatários judiciais das partes são realizadas por via eletrónica nos termos definidos na portaria prevista no nº 2 do artigo 132º, devendo o sistema de informação de suporte à atividade dos tribunais certificar a data da ela-

[1] O nº 1 tem a redação do DL 97/2019, de 26 de julho.

[2] Redação do DL 97/2019, de 26 de julho.

boração da notificação, presumindo-se esta feita no terceiro dia posterior ao do seu envio, ou no primeiro dia útil seguinte a esse, quando o não seja.

SUBSECÇÃO V – Notificações avulsas

Artigo 256º – Como se realizam[1]

1. As notificações avulsas dependem de despacho prévio que as ordene e são feitas pelo agente de execução, designado para o efeito pelo requerente ou pela secretaria, ou por funcionário de justiça, nos termos do nº 9 do artigo 231º, na própria pessoa do notificando, à vista do requerimento, entregando-se ao notificado o duplicado e cópia dos documentos que o acompanhem.

2. O agente de execução ou funcionário de justiça lavra certidão do ato, que é assinada pelo notificado.

3. O requerimento e a certidão são entregues a quem tiver requerido a diligência.

4. Quando apresentados por uma das formas previstas nas alíneas *a*) e *b*) do nº 7 do artigo 144º, os requerimentos e documentos para as notificações avulsas são apresentados em duplicado e, tendo de ser notificada mais de uma pessoa, apresentam-se tantos duplicados quantos os necessários para a realização, pela secretaria, de notificações por via que não seja eletrónica.

5. *(Revogado.)*

Artigo 257º – Inadmissibilidade de oposição às notificações avulsas

1. As notificações avulsas não admitem oposição, devendo os direitos respetivos ser exercidos nas ações próprias.

2. Do despacho de indeferimento da notificação cabe recurso até à Relação.

Artigo 258º – Notificação para revogação de mandato ou procuração

1. Se a notificação tiver por fim a revogação de mandato ou procuração, é feita ao mandatário ou procurador, e também à pessoa com quem ele devia contratar, caso o mandato tenha sido conferido para tratar com certa pessoa.

2. Não se tratando de mandato ou procuração para negociar com certa pessoa, a revogação deve ser anunciada num jornal da localidade onde reside o mandatário ou o procurador ou, se aí não houver jornal, publicando-se o anúncio num dos jornais mais lidos nessa localidade.

[1] Os nºs 4 e 5 têm a redação do DL 97/2019, de 26 de julho.

TÍTULO II - Da instância

CAPÍTULO I - Começo e desenvolvimento da instância

Artigo 259º - Momento em que a ação se considera proposta[1]

1. A instância inicia-se pela proposição da ação e esta considera-se proposta, intentada ou pendente logo que a respetiva petição se considere apresentada nos termos dos nºs 1 e 6 do artigo 144º

2. Porém, o ato da proposição não produz efeitos em relação ao réu senão a partir do momento da citação, salvo disposição legal em contrário.

Artigo 260º - Princípio da estabilidade da instância

Citado o réu, a instância deve manter-se a mesma quanto às pessoas, ao pedido e à causa de pedir, salvas as possibilidades de modificação consignadas na lei.

Artigo 261º - Modificação subjetiva pela intervenção de novas partes[2]

1. Até ao trânsito em julgado da decisão que julgue ilegítima alguma das partes por não estar em juízo determinada pessoa, pode o autor ou reconvinte chamar essa pessoa a intervir nos termos dos artigos 316º e seguintes.

2. Quando a decisão prevista no número anterior tiver posto termo ao processo, o chamamento pode ter lugar nos 30 dias subsequentes ao trânsito em julgado; admitido o chamamento, a instância extinta considera-se renovada, recaindo sobre o autor ou reconvinte o encargo do pagamento das custas em que tiver sido condenado.

Artigo 262º - Outras modificações subjetivas

A instância pode modificar-se, quanto às pessoas:

a) Em consequência da substituição de alguma das partes, quer por sucessão, quer por ato entre vivos, na relação substantiva em litígio;

b) Em virtude dos incidentes da intervenção de terceiros.

Artigo 263º - Legitimidade do transmitente - Substituição deste pelo adquirente

1. No caso de transmissão, por ato entre vivos, da coisa ou direito litigioso, o transmitente continua a ter legitimidade para a causa enquanto o adquirente não for, por meio de habilitação, admitido a substituí-lo.

2. A substituição é admitida quando a parte contrária esteja de acordo e, na falta de acordo, só deve recusar-se a substituição quando se entenda que a transmissão foi efetuada para tornar mais difícil, no processo, a posição da parte contrária.

3. A sentença produz efeitos em relação ao adquirente, ainda que este não intervenha no processo, exceto no caso de a ação estar sujeita a registo e o adquirente registar a transmissão antes de feito o registo da ação.

[1] O nº 1 tem a redação do DL 97/2019, de 26 de julho.

[2] Tomou-se em linha de conta a Declaração de Retificação nº 36/2013 (DR, 1ª série, nº 154, de 12/8).

Artigo 264º – Alteração do pedido e da causa de pedir por acordo

Havendo acordo das partes, o pedido e a causa de pedir podem ser alterados ou ampliados em qualquer altura, em 1ª ou 2ª instância, salvo se a alteração ou ampliação perturbar inconvenientemente a instrução, discussão e julgamento do pleito.

Artigo 265º – Alteração do pedido e da causa de pedir na falta de acordo

1. Na falta de acordo, a causa de pedir só pode ser alterada ou ampliada em consequência de confissão feita pelo réu e aceita pelo autor, devendo a alteração ou ampliação ser feita no prazo de 10 dias a contar da aceitação.

2. O autor pode, em qualquer altura, reduzir o pedido e pode ampliá-lo até ao encerramento da discussão em 1ª instância se a ampliação for o desenvolvimento ou a consequência do pedido primitivo.

3. Se a modificação do pedido for feita na audiência final, fica a constar da ata respetiva.

4. O pedido de aplicação de sanção pecuniária compulsória, ao abrigo do nº 1 do artigo 829º-A do Código Civil, pode ser deduzido nos termos do nº 2.

5. Nas ações de indemnização fundadas em responsabilidade civil, pode o autor requerer, até ao encerramento da audiência final em 1ª instância, a condenação do réu nos termos previstos no artigo 567º do Código Civil, mesmo que inicialmente tenha pedido a condenação daquele em quantia certa.

6. É permitida a modificação simultânea do pedido e da causa de pedir desde que tal não implique convolação para relação jurídica diversa da controvertida.

Artigo 266º – Admissibilidade da reconvenção

1. O réu pode, em reconvenção, deduzir pedidos contra o autor.

2. A reconvenção é admissível nos seguintes casos:

a) Quando o pedido do réu emerge do facto jurídico que serve de fundamento à ação ou à defesa;

b) Quando o réu se propõe tornar efetivo o direito a benfeitorias ou despesas relativas à coisa cuja entrega lhe é pedida;

c) Quando o réu pretende o reconhecimento de um crédito, seja para obter a compensação seja para obter o pagamento do valor em que o crédito invocado excede o do autor;

d) Quando o pedido do réu tende a conseguir, em seu benefício, o mesmo efeito jurídico que o autor se propõe obter.

3. Não é admissível a reconvenção, quando ao pedido do réu corresponda uma forma de processo diferente da que corresponde ao pedido do autor, salvo se o juiz a autorizar, nos termos previstos nos nºs 2 e 3 do artigo 37º, com as necessárias adaptações.

4. Se o pedido reconvencional envolver outros sujeitos que, de acordo com os critérios gerais aplicáveis à pluralidade de partes, possam associar-se ao reconvinte ou ao reconvindo, pode o réu suscitar a respetiva intervenção.

5. No caso previsto no número anterior e não se tratando de litisconsórcio necessário, se o tribunal entender que, não obstante a verificação dos requisitos da reconvenção, há inconveniente grave na instrução, discussão e julgamento conjuntos, determina em despacho fundamentado a absolvição da instância quanto ao pedido reconvencional de quem não seja parte primitiva na causa, aplicando-se o disposto no nº 5 do artigo 37º.

6. A improcedência da ação e a absolvição do réu da instância não obstam à apreciação do pedido reconvencional regularmente deduzido, salvo quando este seja dependente do formulado pelo autor.

Artigo 267º – Apensação de ações

1. Se forem propostas separadamente ações que, por se verificarem os pressupostos de admissibilidade do litisconsórcio, da coligação, da oposição ou da reconvenção, pudessem ser reunidas num único processo, é ordenada a junção delas, a requerimento de qualquer das partes com interesse atendível na junção, ainda que pendam em tribunais diferentes, a não ser que o estado do processo ou outra razão especial torne inconveniente a apensação.

2. Os processos são apensados ao que tiver sido instaurado em primeiro lugar, salvo se os pedidos forem dependentes uns dos outros, caso em que a apensação é feita na ordem da dependência, ou se alguma das causas pender em instância central, a ela se apensando as que corram em instância local.

3. A junção deve ser requerida ao tribunal perante o qual penda o processo a que os outros tenham de ser apensados.

4. Quando se trate de processos que pendam perante o mesmo juiz, pode este determinar, mesmo oficiosamente, ouvidas as partes, a apensação.

5. Tendo sido penhorados, em execuções distintas, quinhões no mesmo património autónomo ou direitos relativos ao mesmo bem indiviso, pode o juiz, oficiosamente ou a requerimento da parte, ordenar a apensação ao processo em que tenha sido feita a primeira penhora desde que não ocorra nenhuma das circunstâncias previstas no nº 1 do artigo 709º.

Artigo 268º – Apensação de processos em fase de recurso

1. É aplicável aos processos em fase de recurso o disposto nos nºs 1 e 4 do artigo anterior, com as especialidades previstas nos números seguintes.

2. Apenas pode haver lugar a apensação de processos que estejam pendentes nos tribunais da Relação ou no Supremo Tribunal de Justiça.

3. Os processos são apensados ao que tiver sido interposto em primeiro lugar.

4. A apensação pode ser oficiosamente ordenada pelos presidentes da Relação ou pelo Presidente do Supremo Tribunal de Justiça.

CAPÍTULO II – Suspensão da instância

Artigo 269º – Causas

1. A instância suspende-se nos casos seguintes:

a) Quando falecer ou se extinguir alguma das partes, sem prejuízo do disposto no artigo 162º do Código das Sociedades Comerciais;

b) Nos processos em que é obrigatória a constituição de advogado, quando este falecer ou ficar absolutamente impossibilitado de exercer o mandato. Nos outros processos, quando falecer ou se impossibilitar o representante legal do incapaz, salvo se houver mandatário judicial constituído;

c) Quando o tribunal ordenar a suspensão ou houver acordo das partes;

d) Nos outros casos em que a lei o determinar especialmente.

2. No caso de transformação ou fusão de pessoa coletiva ou sociedade, parte na causa, a instância não se suspende, apenas se efetuando, se for necessário, a substituição dos representantes.

3. A morte ou extinção de alguma das partes não dá lugar à suspensão, mas à extinção da instância, quando torne impossível ou inútil a continuação da lide.

Artigo 270º – Suspensão por falecimento ou extinção da parte[1]

1. Junto ao processo documento que prove o falecimento ou a extinção de qualquer das partes, suspende-se imediatamente a instância, salvo se já tiver começado a audiência de discussão oral ou se o processo já estiver inscrito em tabela para julgamento. Neste caso a instância só se suspende depois de proferida a sentença ou o acórdão.

2. A parte deve tornar conhecido no processo o facto da morte ou da extinção do seu comparte ou da parte contrária, providenciando pela junção do documento comprovativo.

3. São nulos os atos praticados no processo posteriormente à data em que ocorreu o falecimento ou extinção que, nos termos do nº 1, devia determinar a suspensão da instância, em relação aos quais fosse admissível o exercício do contraditório pela parte que faleceu ou se extinguiu.

4. A nulidade prevista no número anterior fica, porém, suprida se os atos praticados vierem a ser ratificados pelos sucessores da parte falecida ou extinta.

5. A informação relativa ao falecimento ou à extinção de qualquer das partes pode igualmente ser transmitida ao processo, de forma automática e eletrónica, pelas bases de dados dos registos civil e comercial.

[1] O nº 5 foi aditado pelo DL 97/2019, de 26 de julho.

Artigo 271º – Suspensão por falecimento ou impedimento do mandatário[1]

1. No caso da alínea *b*) do nº 1 do artigo 269º, uma vez feita no processo a prova do facto, suspende-se imediatamente a instância; mas se o processo estiver concluso para a sentença ou em condições de o ser, a suspensão só se verifica depois da sentença.

2. A prova do facto pode ser efetuada por transmissão de informação, de forma automática e eletrónica, pelas associações públicas profissionais, nos termos a estabelecer por protocolo entre o Ministério da Justiça e a associação pública profissional, ou pelas bases de dados do registo civil.

Artigo 272º – Suspensão por determinação do juiz ou por acordo das partes

1. O tribunal pode ordenar a suspensão quando a decisão da causa estiver dependente do julgamento de outra já proposta ou quando ocorrer outro motivo justificado.

2. Não obstante a pendência de causa prejudicial, não deve ser ordenada a suspensão se houver fundadas razões para crer que aquela foi intentada unicamente para se obter a suspensão ou se a causa dependente estiver tão adiantada que os prejuízos da suspensão superem as vantagens.

3. Quando a suspensão não tenha por fundamento a pendência de causa prejudicial, fixa-se no despacho o prazo durante o qual estará suspensa a instância.

4. As partes podem acordar na suspensão da instância por períodos que, na sua totalidade, não excedam três meses, desde que dela não resulte o adiamento da audiência final.

Artigo 273º – Mediação e suspensão da instância

1. Em qualquer estado da causa, e sempre que o entenda conveniente, o juiz pode determinar a remessa do processo para mediação, suspendendo a instância, salvo quando alguma das partes expressamente se opuser a tal remessa.

2. Sem prejuízo do disposto no número anterior, as partes podem, em conjunto, optar por resolver o litígio por mediação, acordando na suspensão da instância nos termos e pelo prazo máximo previsto no nº 4 do artigo anterior.

3. A suspensão da instância referida no número anterior verifica-se, automaticamente e sem necessidade de despacho judicial, com a comunicação por qualquer das partes do recurso a sistemas de mediação.

4. Verificando-se na mediação a impossibilidade de acordo, o mediador dá conhecimento ao tribunal desse facto, preferencialmente por via eletrónica, cessando automaticamente e sem necessidade de qualquer ato do juiz ou da secretaria a suspensão da instância.

5. Alcançando-se acordo na mediação, o mesmo é remetido a tribunal, preferencialmente por via eletrónica, seguindo os termos definidos na lei para a homologação dos acordos de mediação.

[1] O nº 2 tem a redação do DL 97/2019, de 26 de julho.

Artigo 274º - Incumprimento de obrigações tributárias

1. Não obsta ao recebimento ou prosseguimento das ações, incidentes ou procedimentos cautelares que pendam perante os tribunais judiciais a falta de demonstração pelo interessado do cumprimento de quaisquer obrigações de natureza tributária que lhe incumbam, salvo nos casos em que se trate de transmissão de direitos operada no próprio processo e dependente do pagamento do imposto de transmissão.

2. A falta de cumprimento de quaisquer obrigações tributárias não obsta a que os documentos a elas sujeitos sejam valorados como meio de prova nas ações que pendam nos tribunais judiciais, sem prejuízo da participação das infrações que o tribunal constate.

3. Quando se trate de ações fundadas em atos provenientes do exercício de atividades sujeitas a tributação e o interessado não haja demonstrado o cumprimento de qualquer dever fiscal que lhe incumba, a secretaria ou o agente de execução deve comunicar a pendência da causa e o seu objeto à administração fiscal, preferencialmente por via eletrónica, sem que o andamento regular do processo seja suspenso.

Artigo 275º - Regime da suspensão

1. Enquanto durar a suspensão só podem praticar-se validamente os atos urgentes destinados a evitar dano irreparável; a parte que esteja impedida de assistir a estes atos é representada pelo Ministério Público ou por advogado nomeado pelo juiz.

2. Os prazos judiciais não correm enquanto durar a suspensão; nos casos das alíneas *a)* e *b)* do nº 1 do artigo 269º a suspensão inutiliza a parte do prazo que tiver decorrido anteriormente.

3. A simples suspensão não obsta a que a instância se extinga por desistência, confissão ou transação, contanto que estas não contrariem a razão justificativa da suspensão.

4. No caso previsto no nº 4 do artigo 272º, a suspensão não prejudica os atos de instrução e as demais diligências preparatórios da audiência final.

Artigo 276º - Como e quando cessa a suspensão

1. A suspensão por uma das causas previstas no nº 1 do artigo 269º cessa:

a) No caso da alínea *a)*, quando for notificada a decisão que considere habilitado o sucessor da pessoa falecida ou extinta;

b) No caso da alínea *b)*, quando a parte contrária tiver conhecimento judicial de que está constituído novo advogado, ou de que a parte já tem outro representante, ou de que cessou a impossibilidade que fizera suspender a instância;

c) No caso da alínea *c)*, quando estiver definitivamente julgada a causa prejudicial ou quando tiver decorrido o prazo fixado;

d) No caso da alínea *d)*, quando findar o incidente ou cessar a circunstância a que a lei atribui o efeito suspensivo.

2. Se a decisão da causa prejudicial fizer desaparecer o fundamento ou a razão de ser da causa que estivera suspensa, é esta julgada improcedente.

3. Se a parte demorar a constituição de novo advogado, pode qualquer outra parte requerer que seja notificada para o constituir dentro do prazo que for fixado; a falta de constituição dentro deste prazo tem os mesmos efeitos que a falta de constituição inicial.

4. Pode também qualquer das partes requerer que seja notificado o Ministério Público para promover, dentro do prazo que for designado, a nomeação de novo representante ao incapaz, quando tenha falecido o primitivo ou a sua impossibilidade se prolongue por mais de 30 dias; se ainda não houver representante nomeado quando o prazo findar, cessa a suspensão, sendo o incapaz representado pelo Ministério Público.

CAPÍTULO III - Extinção da instância

Artigo 277º - Causas de extinção da instância

A instância extingue-se com:

a) O julgamento;

b) O compromisso arbitral;

c) A deserção;

d) A desistência, confissão ou transação;

e) A impossibilidade ou inutilidade superveniente da lide.

Artigo 278º - Casos de absolvição da instância

1. O juiz deve abster-se de conhecer do pedido e absolver o réu da instância:

a) Quando julgue procedente a exceção de incompetência absoluta do tribunal;

b) Quando anule todo o processo;

c) Quando entenda que alguma das partes é destituída de personalidade judiciária ou que, sendo incapaz, não está devidamente representada ou autorizada;

d) Quando considere ilegítima alguma das partes;

e) Quando julgue procedente alguma outra exceção dilatória.

2. Cessa o disposto no número anterior quando o processo haja de ser remetido para outro tribunal e quando a falta ou a irregularidade tenha sido sanada.

3. As exceções dilatórias só subsistem enquanto a respetiva falta ou irregularidade não for sanada, nos termos do nº 2 do artigo 6º; ainda que subsistam, não tem lugar a absolvição da instância quando, destinando-se a tutelar o interesse de uma das partes, nenhum outro motivo obste, no momento da apreciação da exceção, a que se conheça do mérito da causa e a decisão deva ser integralmente favorável a essa parte.

Artigo 279º - Alcance e efeitos da absolvição da instância

1. A absolvição da instância não obsta a que se proponha outra ação sobre o mesmo objeto.

2. Sem prejuízo do disposto na lei civil relativamente à prescrição e à caducidade dos direitos, os efeitos civis derivados da proposição da primeira causa e da citação do réu mantêm-se, quando seja possível, se a nova ação for intentada ou o réu for citado para ela dentro de 30 dias a contar do trânsito em julgado da sentença de absolvição da instância.

3. Se o réu tiver sido absolvido por qualquer dos fundamentos compreendidos na alínea *e*) do nº 1 do artigo anterior, na nova ação que corra entre as mesmas partes podem ser aproveitadas as provas produzidas no primeiro processo e têm valor as decisões aí proferidas.

Artigo 280º – Compromisso arbitral

1. Em qualquer estado da causa podem as partes acordar em que a decisão de toda ou parte dela seja cometida a um ou mais árbitros da sua escolha.

2. Lavrado no processo o termo de compromisso arbitral ou junto o respetivo documento, examina-se se o compromisso é válido em atenção ao seu objeto e à qualidade das pessoas; no caso afirmativo, a instância finda e as partes são remetidas para o tribunal arbitral, sendo cada uma delas condenada em metade das custas, salvo acordo expresso em contrário.

3. No tribunal arbitral não podem as partes invocar atos praticados no processo findo, a não ser aqueles de que tenham feito reserva expressa.

Artigo 281º – Deserção da instância e dos recursos

1. Sem prejuízo do disposto no nº 5, considera-se deserta a instância quando, por negligência das partes, o processo se encontre a aguardar impulso processual há mais de seis meses.

2. O recurso considera-se deserto quando, por negligência do recorrente, esteja a aguardar impulso processual há mais de seis meses.

3. Tendo surgido algum incidente com efeito suspensivo, a instância ou o recurso consideram-se desertos quando, por negligência das partes, o incidente se encontre a aguardar impulso processual há mais de seis meses.

4. A deserção é julgada no tribunal onde se verifique a falta, por simples despacho do juiz ou do relator.

5. No processo de execução, considera-se deserta a instância, independentemente de qualquer decisão judicial, quando, por negligência das partes, o processo se encontre a aguardar impulso processual há mais de seis meses.

Artigo 282º – Renovação da instância

1. Quando haja lugar a cessação ou alteração da obrigação alimentar judicialmente fixada, é o respetivo pedido deduzido como dependência da causa principal, seguindo-se, com as adaptações necessárias, os termos desta, e considerando-se renovada a instância.

2. O disposto no número anterior é aplicável aos casos análogos, em que a decisão proferida acerca de uma obrigação duradoura possa ser alterada em função de circunstâncias supervenientes ao trânsito em julgado que careçam de ser judicialmente apreciadas.

Artigo 283º – Liberdade de desistência, confissão e transação

1. O autor pode, em qualquer altura, desistir de todo o pedido ou de parte dele, como o réu pode confessar todo ou parte do pedido.

2. É lícito também às partes, em qualquer estado da instância, transigir sobre o objeto da causa.

Artigo 284º – Efeito da confissão e da transação

A confissão e a transação modificam o pedido ou fazem cessar a causa nos precisos termos em que se efetuem.

Artigo 285º – Efeito da desistência

1. A desistência do pedido extingue o direito que se pretendia fazer valer.

2. A desistência da instância apenas faz cessar o processo que se instaurara.

Artigo 286º – Tutela dos direitos do réu

1. A desistência da instância depende da aceitação do réu desde que seja requerida depois do oferecimento da contestação.

2. A desistência do pedido é livre mas não prejudica a reconvenção, a não ser que o pedido reconvencional seja dependente do formulado pelo autor.

Artigo 287º – Desistência, confissão ou transação das pessoas coletivas, sociedades, incapazes ou ausentes

Os representantes das pessoas coletivas, sociedades, incapazes ou ausentes só podem desistir, confessar ou transigir nos precisos limites das suas atribuições ou precedendo autorização especial.

Artigo 288º – Confissão, desistência e transação no caso de litisconsórcio

1. No caso de litisconsórcio voluntário, é livre a confissão, a desistência e a transação individual, limitada ao interesse de cada um na causa.

2. No caso de litisconsórcio necessário, a confissão, a desistência ou a transação de algum dos litisconsortes só produz efeitos quanto a custas, seguindo-se o disposto no nº 2 do artigo 528º.

Artigo 289º – Limites objetivos da confissão, desistência e transação

1. Não é permitida confissão, desistência ou transação que importe a afirmação da vontade das partes relativamente a direitos indisponíveis.

2. É livre, porém, a desistência nas ações de divórcio e de separação de pessoas e bens.

Artigo 290º – Como se realiza a confissão, desistência ou transação

1. A confissão, a desistência ou a transação podem fazer-se por documento autêntico ou particular, sem prejuízo das exigências de forma da lei substantiva, ou por termo no processo.

2. O termo é tomado pela secretaria a simples pedido verbal dos interessados.

3. Lavrado o termo ou junto o documento, examina-se se, pelo seu objeto e pela qualidade das pessoas que nela intervieram, a confissão, a desistência ou a transação é válida, e, no caso afirmativo, assim é declarado por sentença, condenando-se ou absolvendo-se nos seus precisos termos.

4. A transação pode também fazer-se em ata, quando resulte de conciliação obtida pelo juiz; em tal caso, limita-se este a homologá-la por sentença ditada para a ata, condenando nos respetivos termos.

Artigo 291º – Nulidade e anulabilidade da confissão, desistência ou transação

1. A confissão, a desistência e a transação podem ser declaradas nulas ou anuladas como os outros atos da mesma natureza, sendo aplicável à confissão o disposto no nº 2 do artigo 359º do Código Civil.

2. O trânsito em julgado da sentença proferida sobre a confissão, a desistência ou a transação não obsta a que se intente a ação destinada à declaração de nulidade ou à anulação de qualquer delas, ou se peça a revisão da sentença com esse fundamento, sem prejuízo da caducidade do direito à anulação.

3. Quando a nulidade provenha unicamente da falta de poderes do mandatário judicial ou da irregularidade do mandato, a sentença homologatória é notificada pessoalmente ao mandante, com a cominação de, nada dizendo, o ato ser havido por ratificado e a nulidade suprida; se declarar que não ratifica o ato do mandatário, este não produz quanto a si qualquer efeito.

TÍTULO III – Dos incidentes da instância

CAPÍTULO I – Disposições gerais

Artigo 292º – Regra geral

Em quaisquer incidentes inseridos na tramitação de uma causa observa-se, na falta de regulamentação especial, o que vai disposto neste capítulo.

Artigo 293º – Indicação das provas e oposição

1. No requerimento em que se suscite o incidente e na oposição que lhe for deduzida, devem as partes oferecer o rol de testemunhas e requerer os outros meios de prova.

2. A oposição é deduzida no prazo de 10 dias.

3. A falta de oposição no prazo legal determina, quanto à matéria do incidente, a produção do efeito cominatório que vigore na causa em que o incidente se insere.

Artigo 294º – Limite do número de testemunhas e registo dos depoimentos

1. A parte não pode produzir mais de cinco testemunhas.

2. Os depoimentos prestados antecipadamente ou por carta são gravados nos termos do artigo 422º.

Artigo 295º – Alegações orais e decisão

Finda a produção da prova, pode cada um dos advogados fazer uma breve alegação oral, sendo imediatamente proferida decisão por escrito, aplicando-se, com as necessárias adaptações, o disposto no artigo 607º.

CAPÍTULO II – Verificação do valor da causa

Artigo 296º – Atribuição de valor à causa e sua influência

1. A toda a causa deve ser atribuído um valor certo, expresso em moeda legal, o qual representa a utilidade económica imediata do pedido.

2. Atende-se a este valor para determinar a competência do tribunal, a forma do processo de execução comum e a relação da causa com a alçada do tribunal.

3. Para efeito de custas judiciais, o valor da causa é fixado segundo as regras previstas no presente diploma e no Regulamento das Custas Processuais.

Artigo 297º – Critérios gerais para a fixação do valor

1. Se pela ação se pretende obter qualquer quantia certa em dinheiro, é esse o valor da causa, não sendo atendível impugnação nem acordo em contrário; se pela ação se pretende obter um benefício diverso, o valor da causa é a quantia em dinheiro equivalente a esse benefício.

2. Cumulando-se na mesma ação vários pedidos, o valor é a quantia correspondente à soma dos valores de todos eles; mas quando, como acessório do pedido principal, se pedirem juros, rendas e rendimentos já vencidos e os que se vencerem durante a pendência da causa, na fixação do valor atende-se somente aos interesses já vencidos.

3. No caso de pedidos alternativos, atende-se unicamente ao pedido de maior valor e, no caso de pedidos subsidiários, ao pedido formulado em primeiro lugar.

Artigo 298º – Critérios especiais

1. Nas ações de despejo, o valor é o da renda de dois anos e meio, acrescido do valor das rendas em dívida ou do valor da indemnização requerida, consoante o que for superior.

2. Nos processos referentes a contratos de locação financeira, o valor é o equivalente ao da soma das prestações em dívida até ao fim do contrato acrescido dos juros moratórios vencidos.

3. Nas ações de alimentos definitivos e nas de contribuição para despesas domésticas o valor é o quíntuplo da anuidade correspondente ao pedido.

4. Nas ações de prestação de contas, o valor é o da receita bruta ou o da despesa apresentada, se lhe for superior.

Artigo 299º – Momento a que se atende para a determinação do valor

1. Na determinação do valor da causa, deve atender-se ao momento em que a ação é proposta, exceto quando haja reconvenção ou intervenção principal.

2. O valor do pedido formulado pelo réu ou pelo interveniente só é somado ao valor do pedido formulado pelo autor quando os pedidos sejam distintos, nos termos do disposto no nº 3 do artigo 530º.

3. O aumento referido no número anterior só produz efeitos quanto aos atos e termos posteriores à reconvenção ou intervenção.

4. Nos processos de liquidação ou noutros em que, analogamente, a utilidade económica do pedido só se define na sequência da ação, o valor inicialmente aceite é corrigido logo que o processo forneça os elementos necessários.

Artigo 300º – Valor da ação no caso de prestações vincendas e periódicas

1. Se na ação se pedirem, nos termos do artigo 557º, prestações vencidas e prestações vincendas, toma-se em consideração o valor de umas e outras.

2. Nos processos cuja decisão envolva uma prestação periódica, salvo nas ações de alimentos ou contribuição para despesas domésticas, tem-se em consideração o valor das prestações relativas a um ano multiplicado por 20 ou pelo número de anos que a decisão abranger, se for inferior; caso seja impossível determinar o número de anos, o valor é o da alçada da Relação e mais € 0,01.

Artigo 301º – Valor da ação determinado pelo valor do ato jurídico

1. Quando a ação tiver por objeto a apreciação da existência, validade, cumprimento, modificação ou resolução de um ato jurídico, atende-se ao valor do ato determinado pelo preço ou estipulado pelas partes.

2. Se não houver preço nem valor estipulado, o valor do ato determina-se em harmonia com as regras gerais.

3. Se a ação tiver por objeto a anulação do contrato fundada na simulação do preço, o valor da causa é o maior dos dois valores em discussão entre as partes.

Artigo 302º – Valor da ação determinado pelo valor da coisa

1. Se a ação tiver por fim fazer valer o direito de propriedade sobre uma coisa, o valor desta determina o valor da causa.

2. Se a ação tiver por fim a divisão de coisa comum, atende-se ao valor da coisa que se pretende dividir.

3. Nos processos de inventário, atende-se à soma do valor dos bens a partilhar; quando não seja determinado o valor dos bens, atende-se ao valor constante da relação apresentada no serviço de finanças.

4. Tratando-se de outro direito real, atende-se ao seu conteúdo e duração provável.

Artigo 303º – Valor das ações sobre o estado das pessoas ou sobre interesses imateriais ou difusos

1. As ações sobre o estado das pessoas ou sobre interesses imateriais consideram-se sempre de valor equivalente à alçada da Relação e mais € 0,01.

2. A mesma regra é aplicável às ações para atribuição da casa de morada de família, constituição ou transmissão do direito de arrendamento.

3. Nos processos para tutela de interesses difusos, o valor da ação corresponde ao do dano invocado, com o limite máximo do dobro da alçada do Tribunal da Relação.

Artigo 304º – Valor dos incidentes e dos procedimentos cautelares

1. O valor dos incidentes é o da causa a que respeitam, salvo se o incidente tiver realmente valor diverso do da causa, porque neste caso o valor é determinado em conformidade com os artigos anteriores.

2. O valor do processo ou incidente de caução é determinado pela importância a caucionar.

3. O valor dos procedimentos cautelares é determinado nos termos seguintes:

a) Nos alimentos provisórios e no arbitramento de reparação provisória, pela mensalidade pedida, multiplicada por 12;

b) Na restituição provisória de posse, pelo valor da coisa esbulhada;

c) Na suspensão de deliberações sociais, pela importância do dano;

d) No embargo de obra nova e nas providências cautelares não especificadas, pelo prejuízo que se quer evitar;

e) No arresto, pelo montante do crédito que se pretende garantir;

f) No arrolamento, pelo valor dos bens arrolados.

Artigo 305º – Poderes das partes quanto à indicação do valor

1. No articulado em que deduza a sua defesa, pode o réu impugnar o valor da causa indicado na petição inicial, contanto que ofereça outro em substituição; nos articulados seguintes podem as partes acordar em qualquer valor.

2. Se o processo admitir unicamente dois articulados, tem o autor a faculdade de vir declarar que aceita o valor oferecido pelo réu.

3. Quando a petição inicial não contenha a indicação do valor e, apesar disso, haja sido recebida, deve o autor ser convidado, logo que a falta seja notada e sob cominação de a instância se extinguir, a declarar o valor; neste caso, dá-se conhecimento ao réu da declaração feita pelo autor e, se já tiverem findado os articulados, pode o réu impugnar o valor declarado pelo autor.

4. A falta de impugnação por parte do réu significa que aceita o valor atribuído à causa pelo autor.

Artigo 306º – Fixação do valor

1. Compete ao juiz fixar o valor da causa, sem prejuízo do dever de indicação que impende sobre as partes.

2. O valor da causa é fixado no despacho saneador, salvo nos processos a que se refere o nº 4 do artigo 299º e naqueles em que não haja lugar a despacho saneador, sendo então fixado na sentença.

3. Se for interposto recurso antes da fixação do valor da causa pelo juiz, deve este fixá-lo no despacho referido no artigo 641º.

Artigo 307º – Valor dos incidentes

1. Se a parte que deduzir qualquer incidente não indicar o respetivo valor, entende-se que aceita o valor dado à causa; a parte contrária pode, porém, impugnar o valor com fundamento em que o incidente tem valor diverso do da causa, observando-se, com as necessárias adaptações, o disposto nos artigos 306º, 308º e 309º.

2. A impugnação é igualmente admitida quando se haja indicado para o incidente valor diverso do da causa e a parte contrária se não conforme com esse valor.

Artigo 308º – Determinação do valor quando não sejam suficientes a vontade das partes e o poder do juiz

Quando as partes não tenham chegado a acordo ou o juiz o não aceite, a determinação do valor da causa faz-se em face dos elementos do processo ou, sendo estes insuficientes, mediante as diligências indispensáveis, que as partes requererem ou o juiz ordenar.

Artigo 309º – Fixação do valor por meio de arbitramento

Se for necessário proceder a arbitramento, é este feito por um único perito nomeado pelo juiz, não havendo neste caso segundo arbitramento.

Artigo 310º – Consequências da decisão do incidente do valor

1. Quando se apure, pela decisão definitiva do incidente de verificação do valor da causa, que o tribunal é incompetente, são os autos oficiosamente remetidos ao tribunal competente, sem prejuízo do disposto no nº 3.

2. Se da fixação definitiva do valor resultar ser outra a forma de processo correspondente à ação, mantendo-se a competência do tribunal, é mandada seguir a forma apropriada, sem se anular o processado anterior e corrigindo-se, se for caso disso, a distribuição efetuada.

3. O tribunal mantém a sua competência quando seja oficiosamente fixado à causa um valor inferior ao indicado pelo autor.

CAPÍTULO III - Intervenção de terceiros

SECÇÃO I - Intervenção principal

SUBSECÇÃO I - Intervenção espontânea

Artigo 311º - Intervenção de litisconsorte

Estando pendente causa entre duas ou mais pessoas, pode nela intervir como parte principal aquele que, em relação ao seu objeto, tiver um interesse igual ao do autor ou do réu, nos termos dos artigos 32º, 33º e 34º.

Artigo 312º - Posição do interveniente

O interveniente principal faz valer um direito próprio, paralelo ao do autor ou do réu, apresentando o seu próprio articulado ou aderindo aos apresentados pela parte com quem se associa.

Artigo 313º - Intervenção por mera adesão

1. A intervenção do litisconsorte, realizada mediante adesão aos articulados da parte com quem se associa, é admissível a todo o tempo, enquanto não estiver definitivamente julgada a causa.

2. A intervenção por mera adesão é deduzida em simples requerimento, fazendo o interveniente seus os articulados do autor ou do réu.

3. O interveniente sujeita-se a aceitar a causa no estado em que se encontrar, sendo considerado revel quanto aos atos e termos anteriores, gozando, porém, do estatuto de parte principal a partir do momento da sua intervenção.

4. A intervenção não é admissível quando a parte contrária alegar fundadamente que o estado do processo já não lhe permite fazer valer defesa pessoal que tenha contra o interveniente.

Artigo 314º - Intervenção mediante articulado próprio

A intervenção mediante articulado só é admissível até ao termo da fase dos articulados, formulando o interveniente a sua própria petição, se a intervenção for ativa, ou contestando a pretensão do autor, se a intervenção for passiva.

Artigo 315º - Processamento subsequente

1. Requerida a intervenção, o juiz, se não houver motivo para a rejeitar liminarmente, ordena a notificação das partes primitivas para lhe responderem, decidindo logo da admissibilidade do incidente.

2. No caso de a intervenção mediante articulado próprio ser admitida, seguem-se os demais articulados, contando-se o prazo para a sua apresentação da notificação do despacho que a tenha aceite.

SUBSECÇÃO II – Intervenção provocada

Artigo 316º – Âmbito

1. Ocorrendo preterição de litisconsórcio necessário, qualquer das partes pode chamar a juízo o interessado com legitimidade para intervir na causa, seja como seu associado, seja como associado da parte contrária.

2. Nos casos de litisconsórcio voluntário, pode o autor provocar a intervenção de algum litisconsorte do réu que não haja demandado inicialmente ou de terceiro contra quem pretenda dirigir o pedido nos termos do artigo 39º.

3. O chamamento pode ainda ser deduzido por iniciativa do réu quando este:

a) Mostre interesse atendível em chamar a intervir outros litisconsortes voluntários, sujeitos passivos da relação material controvertida;

b) Pretenda provocar a intervenção de possíveis contitulares do direito invocado pelo autor.

Artigo 317º – Efetivação do direito de regresso

1. Sendo a prestação exigida a algum dos condevedores solidários, o chamamento pode ter por fim o reconhecimento e a condenação na satisfação do direito de regresso que lhe possa vir a assistir, se tiver de realizar a totalidade da prestação.

2. No caso previsto no número anterior, se apenas for impugnada a solidariedade da dívida e a pretensão do autor puder de imediato ser julgada procedente, é o primitivo réu logo condenado no pedido no despacho saneador, prosseguindo a causa entre o autor do chamamento e o chamado, circunscrita à questão do direito de regresso.

Artigo 318º – Oportunidade do chamamento[1]

1. O chamamento para intervenção só pode ser requerido:

a) No caso de ocorrer preterição do litisconsórcio necessário, até ao termo da fase dos articulados, sem prejuízo do disposto no artigo 261º;

b) Nas situações previstas no nº 2 do artigo 316º, até ao termo da fase dos articulados;

c) Nos casos previstos no nº 3 do artigo 316º e no artigo anterior, na contestação ou, não pretendendo o réu contestar, em requerimento apresentado no prazo de que dispõe para o efeito.

2. Ouvida a parte contrária, decide-se da admissibilidade do chamamento.

Artigo 319º – Termos em que se processa

1. Admitida a intervenção, o interessado é chamado por meio de citação.

2. No ato de citação, recebem os interessados cópias dos articulados já oferecidos, apresentados pelo requerente do chamamento.

[1] Tomou-se em linha de conta a Declaração de Retificação nº 36/2013 (DR, 1ª série, nº 154, de 12/8).

3. O citado pode oferecer o seu articulado ou declarar que faz seus os articulados do autor ou do réu, dentro de prazo igual ao facultado para a contestação, seguindo-se entre as partes os demais articulados admissíveis.

4. Se intervier no processo passado o prazo a que se refere o número anterior, tem de aceitar os articulados da parte a que se associa e todos os atos e termos já processados.

Artigo 320º – Valor da sentença quanto ao chamado

A sentença que vier a ser proferida sobre o mérito da causa aprecia a relação jurídica de que seja titular o chamado a intervir, constituindo, quanto a ele, caso julgado.

SECÇÃO II – Intervenção acessória

SUBSECÇÃO I – Intervenção provocada

Artigo 321º – Campo de aplicação

1. O réu que tenha ação de regresso contra terceiro para ser indemnizado do prejuízo que lhe cause a perda da demanda pode chamá-lo a intervir como auxiliar na defesa, sempre que o terceiro careça de legitimidade para intervir como parte principal.

2. A intervenção do chamado circunscreve-se à discussão das questões que tenham repercussão na ação de regresso invocada como fundamento do chamamento.

Artigo 322º – Dedução do chamamento

1. O chamamento é deduzido pelo réu na contestação ou, não pretendendo contestar, em requerimento apresentado no prazo de que dispõe para o efeito, justificando o interesse que legitima o incidente.

2. O juiz, ouvida a parte contrária, aprecia, em decisão irrecorrível, a relevância do interesse que está na base do chamamento, deferindo-o quando a intervenção não perturbe indevidamente o normal andamento do processo e, face às razões invocadas, se convença da viabilidade da ação de regresso e da sua efetiva dependência das questões a decidir na causa principal.

Artigo 323º – Termos subsequentes

1. O chamado é citado, correndo novamente a seu favor o prazo para contestar e passando a beneficiar do estatuto de assistente, aplicando-se, com as necessárias adaptações, o disposto nos artigos 328º e seguintes.

2. Não se procede à citação edital, devendo o juiz considerar findo o incidente quando se convença da inviabilidade da citação pessoal do chamado.

3. Sem prejuízo do disposto no artigo seguinte, os chamados podem suscitar sucessivamente o chamamento de terceiros que considerem seus devedores em via de regresso, aplicando-se, com as necessárias adaptações, o disposto nos artigos anteriores.

4. A sentença proferida constitui caso julgado quanto ao chamado, nos termos previstos no artigo 332º, relativamente às questões de que dependa o direito de regresso do autor do chamamento, por este invocável em ulterior ação de indemnização.

Artigo 324º – Tutela dos direitos do autor

Passados 60 dias sobre a data em que foi inicialmente deduzido o incidente sem que se mostrem realizadas todas as citações a que este haja dado lugar, pode o autor requerer o prosseguimento da causa principal após o termo do prazo de que os réus já efetivamente citados beneficiaram para contestar.

SUBSECÇÃO II – Intervenção acessória do Ministério Público

Artigo 325º – Como se processa

1. Sempre que, nos termos da respetiva Lei Orgânica, o Ministério Público deva intervir acessoriamente na causa, é-lhe oficiosamente notificada a pendência da ação, logo que a instância se considere iniciada.

2. Compete ao Ministério Público, como interveniente acessório, zelar pelos interesses que lhe estão confiados, exercendo os poderes que a lei processual confere à parte acessória e promovendo o que tiver por conveniente à defesa dos interesses da parte assistida.

3. O Ministério Público é notificado para todos os atos e diligências, bem como de todas as decisões proferidas no processo, nos mesmos termos em que o devam ser as partes na causa, tendo legitimidade para recorrer quando o considere necessário à defesa do interesse público ou dos interesses da parte assistida.

4. Até à decisão final e sem prejuízo das preclusões previstas na lei de processo, pode o Ministério Público, oralmente ou por escrito, alegar o que se lhe oferecer em defesa dos interesses da pessoa ou entidade assistida.

SUBSECÇÃO III – Assistência

Artigo 326º – Conceito e legitimidade da assistência

1. Estando pendente uma causa entre duas ou mais pessoas, pode intervir nela como assistente, para auxiliar qualquer das partes, quem tiver interesse jurídico em que a decisão do pleito seja favorável a essa parte.

2. Para que haja interesse jurídico, capaz de legitimar a intervenção, basta que o assistente seja titular de uma relação jurídica cuja consistência prática ou económica dependa da pretensão do assistido.

Artigo 327º – Intervenção e exclusão do assistente

1. O assistente pode intervir a todo o tempo, mas tem de aceitar o processo no estado em que se encontrar.

2. O pedido de assistência pode ser deduzido em requerimento especial ou em articulado ou alegação que o assistido estivesse a tempo de oferecer.

3. Não havendo motivo para indeferir liminarmente o pedido de intervenção, ordena-se a notificação da parte contrária à que o assistente se propõe auxiliar; haja ou não oposição do notificado, decide-se imediatamente, ou logo que seja possível, se a assistência é legítima.

Artigo 328º – Posição do assistente – Poderes e deveres gerais

1. Os assistentes têm no processo a posição de auxiliares de uma das partes principais.

2. Os assistentes gozam dos mesmos direitos e estão sujeitos aos mesmos deveres que a parte assistida, mas a sua atividade está subordinada à da parte principal, não podendo praticar atos que esta tenha perdido o direito de praticar nem assumir atitude que esteja em oposição com a do assistido; havendo divergência insanável entre a parte principal e o assistente, prevalece a vontade daquela.

3. Pode requerer-se o depoimento do assistente como parte.

Artigo 329º – Posição especial do assistente

Se o assistido for revel, o assistente é considerado como seu substituto processual, mas sem lhe ser permitida a realização de atos que aquele tenha perdido o direito de praticar.

Artigo 330º – Provas utilizáveis pelo assistente

Os assistentes podem fazer uso de quaisquer meios de prova, mas quanto à prova testemunhal somente para completar o número de testemunhas facultado à parte principal.

Artigo 331º – A assistência e a confissão, desistência ou transação

A assistência não afeta os direitos das partes principais, que podem livremente confessar, desistir ou transigir, findando em qualquer destes casos a intervenção.

Artigo 332º – Valor da sentença quanto ao assistente

A sentença proferida na causa constitui caso julgado em relação ao assistente, que é obrigado a aceitar, em qualquer causa posterior, os factos e o direito que a decisão judicial tenha estabelecido, exceto:

a) Se alegar e provar, na causa posterior, que o estado do processo no momento da sua intervenção ou a atitude da parte principal o impediram de fazer uso de alegações ou meios de prova que poderiam influir na decisão final;

b) Se mostrar que desconhecia a existência de alegações ou meios de prova suscetíveis de influir na decisão final e que o assistido não se socorreu deles intencionalmente ou por negligência grave.

SECÇÃO III – Oposição

SUBSECÇÃO I – Oposição espontânea

Artigo 333º – Conceito de oposição – Até quando pode admitir-se

1. Estando pendente uma causa entre duas ou mais pessoas, pode um terceiro intervir nela como opoente para fazer valer, no confronto de ambas as partes, um direito próprio, total ou parcialmente incompatível com a pretensão deduzida pelo autor ou pelo reconvinte.

2. A intervenção do opoente só é admitida enquanto não estiver designado dia para a audiência final em 1ª instância ou, não havendo lugar a audiência final, enquanto não estiver proferida sentença.

Artigo 334º – Dedução da oposição espontânea

O opoente deduz a sua pretensão por meio de petição, à qual são aplicáveis, com as necessárias adaptações, as disposições relativas à petição inicial, inclusivamente no que respeita às custas processuais.

Artigo 335º – Posição do opoente – Marcha do processo

1. Se a oposição não for liminarmente rejeitada, o opoente fica tendo na instância a posição de parte principal, com os direitos e as responsabilidades inerentes, e é ordenada a notificação das partes primitivas para que contestem o seu pedido, em prazo igual ao concedido ao réu na ação principal.

2. Podem seguir-se os articulados correspondentes à forma de processo aplicável à causa principal.

Artigo 336º – Marcha do processo após os articulados da oposição

Findos os articulados da oposição, procede-se ao saneamento e condensação, quanto à matéria do incidente, nos termos da forma de processo aplicável à causa principal.

Artigo 337º – Atitude das partes quanto à oposição e seu reflexo na estrutura do processo

1. Se alguma das partes da causa principal reconhecer o direito do opoente, o processo segue apenas entre a outra parte e o opoente, tomando este a posição de autor ou de réu, conforme o seu adversário for o réu ou o autor da causa principal.

2. Se ambas as partes impugnarem o direito do opoente, a instância segue entre as três partes, havendo neste caso duas causas conexas, uma entre as partes primitivas e a outra entre o opoente e aquelas.

SUBSECÇÃO II - Oposição provocada

Artigo 338º - Oposição provocada

Quando esteja disposto a satisfazer a prestação que lhe é exigida mas tenha conhecimento de que um terceiro se arroga ou pode arrogar-se de direito incompatível com o do autor, pode o réu, dentro do prazo para contestar, requerer que o terceiro seja citado para deduzir, querendo, a sua pretensão, desde que aquele demandado proceda simultaneamente à consignação em depósito da quantia ou coisa devida.

Artigo 339º - Citação do opoente

O terceiro é citado para deduzir a sua pretensão em prazo igual ao concedido ao réu para a sua defesa, com a cominação de que, se o não fizer, é logo proferida sentença a reconhecer o direito do autor e a declarar extinta a obrigação em consequência do depósito.

Artigo 340º - Consequência da inércia do citado

1. Se o terceiro não deduzir a sua pretensão, tendo sido ou devendo considerar-se citado na sua própria pessoa e não se verificando qualquer das exceções ao efeito cominatório da revelia, é logo proferida sentença a declarar extinta a obrigação em consequência do depósito.

2. A sentença proferida tem, no caso previsto no número anterior, força de caso julgado relativamente ao terceiro.

3. Se o terceiro não deduzir a sua pretensão sem que se verifiquem as condições a que se refere o nº 1, a ação prossegue os seus termos, para que se decida sobre a titularidade do direito.

4. No caso previsto no número anterior, a sentença proferida não obsta, nem a que o terceiro exija do autor o que este haja recebido indevidamente, nem a que reclame do réu a prestação devida, se mostrar que este omitiu, intencionalmente ou com culpa grave, factos essenciais à boa decisão da causa.

Artigo 341º - Dedução do pedido por parte do opoente - Marcha ulterior do processo

Quando o terceiro deduza a sua pretensão, aplica-se, com as necessárias adaptações, o disposto no nº 3 do artigo 922º.

SUBSECÇÃO III - Oposição mediante embargos de terceiro

Artigo 342º - Fundamento dos embargos de terceiro

1. Se a penhora, ou qualquer ato judicialmente ordenado de apreensão ou entrega de bens, ofender a posse ou qualquer direito incompatível com a realização ou o âmbito da diligência, de que seja titular quem não é parte na causa, pode o lesado fazê-lo valer, deduzindo embargos de terceiro.

2. Não é admitida a dedução de embargos de terceiro relativamente à apreensão de bens realizada no processo de insolvência.

Artigo 343º – Embargos de terceiro por parte dos cônjuges

O cônjuge que tenha a posição de terceiro pode, sem autorização do outro, defender por meio de embargos os direitos relativamente aos bens próprios e aos bens comuns que hajam sido indevidamente atingidos pela diligência prevista no artigo anterior.

Artigo 344º – Dedução dos embargos

1. Os embargos são processados por apenso à causa em que haja sido ordenado o ato ofensivo do direito do embargante.

2. O embargante deduz a sua pretensão, mediante petição, nos 30 dias subsequentes àquele em que a diligência foi efetuada ou em que o embargante teve conhecimento da ofensa, mas nunca depois de os respetivos bens terem sido judicialmente vendidos ou adjudicados, oferecendo logo as provas.

Artigo 345º – Fase introdutória dos embargos

Sendo apresentada em tempo e não havendo outras razões para o imediato indeferimento da petição de embargos, realizam-se as diligências probatórias necessárias, sendo os embargos recebidos ou rejeitados conforme haja ou não probabilidade séria da existência do direito invocado pelo embargante.

Artigo 346º – Efeitos da rejeição dos embargos

A rejeição dos embargos, nos termos do disposto no artigo anterior, não obsta a que o embargante proponha ação em que peça a declaração da titularidade do direito que obsta à realização ou ao âmbito da diligência, ou reivindique a coisa apreendida.

Artigo 347º – Efeitos do recebimento dos embargos

O despacho que receba os embargos determina a suspensão dos termos do processo em que se inserem, quanto aos bens a que dizem respeito, bem como a restituição provisória da posse, se o embargante a houver requerido, podendo, todavia, o juiz condicioná-la à prestação de caução pelo requerente.

Artigo 348º – Processamento subsequente ao recebimento dos embargos

1. Recebidos os embargos, as partes primitivas são notificadas para contestar, seguindo-se os termos do processo comum.

2. Quando os embargos apenas se fundem na invocação da posse, pode qualquer das partes primitivas, na contestação, pedir o reconhecimento, quer do seu direito de propriedade sobre os bens quer de que tal direito pertence à pessoa contra quem a diligência foi promovida.

Artigo 349º - Caso julgado material

A sentença de mérito proferida nos embargos constitui, nos termos gerais, caso julgado quanto à existência e titularidade do direito invocado pelo embargante ou por algum dos embargados, nos termos do nº 2 do artigo anterior.

Artigo 350º - Embargos de terceiro com função preventiva

1. Os embargos de terceiro podem ser deduzidos, a título preventivo, antes de realizada, mas depois de ordenada, a diligência a que se refere o artigo 342º, observando-se o disposto nos artigos anteriores, com as necessárias adaptações.

2. A diligência não será efetuada antes de proferida decisão na fase introdutória dos embargos e, sendo estes recebidos, continuará suspensa até à decisão final, podendo o juiz determinar que o embargante preste caução.

CAPÍTULO IV - Habilitação

Artigo 351º - Quando tem lugar a habilitação - Quem a pode promover

1. A habilitação dos sucessores da parte falecida na pendência da causa, para com eles prosseguirem os termos da demanda, pode ser promovida tanto por qualquer das partes que sobreviverem como por qualquer dos sucessores e deve ser promovida contra as partes sobrevivas e contra os sucessores do falecido que não forem requerentes.

2. Se, em consequência das diligências para citação do réu, resultar certificado o falecimento deste, pode requerer-se a habilitação dos seus sucessores, em conformidade com o que neste capítulo se dispõe, ainda que o óbito seja anterior à proposição da ação.

3. Se o autor falecer depois de ter conferido mandato para a proposição da ação e antes de esta ter sido instaurada, pode promover-se a habilitação dos seus sucessores quando se verifique algum dos casos excecionais em que o mandato é suscetível de ser exercido depois da morte do constituinte.

Artigo 352º - Regras comuns de processamento do incidente

1. Deduzido o incidente, ordena-se a citação dos requeridos que ainda não tenham sido citados para a causa e a notificação dos restantes, para contestarem a habilitação.

2. O incidente é autuado por apenso, sem prejuízo do disposto no nº 1 do artigo seguinte.

3. A improcedência da habilitação não obsta a que o requerente deduza outra, com fundamento em factos diferentes ou em provas diversas relativas ao mesmo facto; a nova habilitação, quando fundada nos mesmos factos, pode ser deduzida no processo da primeira, pelo simples oferecimento de outras provas, mantendo-se, contudo, o dever de pagamento dos encargos relativos à primeira habilitação.

Artigo 353º – Processo a seguir no caso de a legitimidade já estar reconhecida em documento ou noutro processo

1. Se a qualidade de herdeiro ou aquela que legitimar o habilitando para substituir a parte falecida já estiver declarada noutro processo, por decisão transitada em julgado, ou reconhecida em habilitação notarial, a habilitação tem por base certidão da sentença ou da escritura, sendo requerida e processada nos próprios autos da causa principal.

2. Os interessados para quem a decisão constitua caso julgado ou que intervieram na escritura não podem impugnar a qualidade que lhes é atribuída no título de habilitação, salvo se alegarem que o título não preenche as condições exigidas por este artigo ou enferma de vício que o invalida.

3. Na falta de contestação, verifica-se se o documento prova a qualidade de que depende a habilitação, decidindo-se em conformidade; se algum dos chamados contestar, segue-se a produção da prova oferecida e depois decide-se.

4. Apresentada certidão do inventário, pela qual se provem os factos indicados, observa-se o que fica disposto neste artigo.

Artigo 354º – Habilitação no caso de a legitimidade ainda não estar reconhecida

1. Não se verificando qualquer dos casos previstos no artigo anterior, o juiz decide o incidente logo que, findo o prazo da contestação, se faça a produção de prova que no caso couber.

2. Quando a qualidade de herdeiro esteja dependente da decisão de alguma causa ou de questões que devam ser resolvidas noutro processo, a habilitação é requerida contra todos os que disputam a herança e todos são citados, mas o tribunal só julga habilitadas as pessoas que, no momento em que a habilitação seja decidida, devam considerar-se como herdeiras; os outros interessados, a quem a decisão é notificada, são admitidos a intervir na causa como litisconsortes dos habilitados, observando-se o disposto nos artigos 313º e seguintes.

3. Se for parte na causa uma pessoa coletiva ou sociedade que se extinga, a habilitação dos sucessores faz-se em conformidade do disposto neste artigo, com as necessárias adaptações e sem prejuízo do disposto no artigo 162º do Código das Sociedades Comerciais.

Artigo 355º – Habilitação no caso de incerteza de pessoas

1. Se forem incertos, são citados editalmente os sucessores da parte falecida.

2. Findo o prazo dos éditos sem que os citados compareçam, a causa segue com o Ministério Público, nos termos aplicáveis do artigo 22º.

3. Os sucessores que comparecerem quer durante quer após o prazo dos éditos deduzem a sua habilitação nos termos dos artigos anteriores.

4. Nos casos em que à herança é atribuída personalidade judiciária, é lícito requerer a respetiva habilitação.

Artigo 356º – Habilitação do adquirente ou cessionário

1. A habilitação do adquirente ou cessionário da coisa ou direito em litígio, para com ele seguir a causa, faz-se nos termos seguintes:

a) Lavrado no processo o termo da cessão ou junto ao requerimento de habilitação, que é autuado por apenso, o título da aquisição ou da cessão, é notificada a parte contrária para contestar; na contestação pode o notificado impugnar a validade do ato ou alegar que a transmissão foi feita para tornar mais difícil a sua posição no processo;

b) Se houver contestação, o requerente pode responder-lhe e em seguida, produzidas as provas necessárias, é proferida decisão; na falta de contestação, verifica-se se o documento prova a aquisição ou a cessão e, no caso afirmativo, declara-se habilitado o adquirente ou cessionário.

2. A habilitação pode ser promovida pelo transmitente ou cedente, pelo adquirente ou cessionário, ou pela parte contrária; neste caso, aplica-se o disposto no número anterior, com as adaptações necessárias.

Artigo 357º – Habilitação perante os tribunais superiores

1. O disposto neste capítulo é aplicável à habilitação deduzida perante os tribunais superiores, incumbindo o julgamento do incidente ao relator.

2. Se houver lugar a prova testemunhal, pode o relator determinar que o processo baixe com o apenso à 1ª instância, para aí ser julgado o incidente.

3. Se falecer ou se extinguir alguma das partes enquanto a habilitação estiver pendente na 1ª instância, aí é deduzida a nova habilitação.

4. Se estiver parado na 1ª instância por mais de seis meses, por inércia do habilitante, o processo do incidente é devolvido ao tribunal superior para os efeitos do artigo 281º.

5. Os recursos interpostos para o tribunal onde o incidente foi suscitado são julgados pelos juízes da causa principal.

CAPÍTULO V – Liquidação

Artigo 358º – Ónus de liquidação

1. Antes de começar a discussão da causa, o autor deduz, sendo possível, o incidente de liquidação para tornar líquido o pedido genérico, quando este se refira a uma universalidade ou às consequências de um facto ilícito.

2. O incidente de liquidação pode ser deduzido depois de proferida sentença de condenação genérica, nos termos do nº 2 do artigo 609º, e, caso seja admitido, a instância extinta considera-se renovada.

Artigo 359º – Dedução da liquidação[1]

1. A liquidação é deduzida mediante requerimento no qual o autor, conforme os casos, relaciona os objetos compreendidos na universalidade, com as indicações

[1] Redação do DL 97/2019, de 26 de julho.

necessárias para se identificarem, ou especifica os danos derivados do facto ilícito e conclui pedindo quantia certa.

2. Sendo a liquidação deduzida mediante requerimento apresentado por uma das vias previstas nas alíneas *a)* e *b)* do nº 7 do artigo 144º, deve o requerimento referido no número anterior ser apresentado em duplicado.

Artigo 360º – Termos posteriores do incidente[1]

1. Nos casos em que a oposição à liquidação seja apresentada por uma das vias previstas nas alíneas *a)* e *b)* do nº 7 do artigo 144º, é a mesma formulada em duplicado.

2. Se o incidente for deduzido antes de começar a discussão da causa, a matéria da liquidação é considerada nos temas da prova enunciados ou a enunciar nos termos do nº 1 do artigo 596º, as provas são oferecidas e produzidas, sendo possível, com as da restante matéria da ação e da defesa e a liquidação é discutida e julgada com a causa principal.

3. Quando o incidente seja deduzido depois de proferida a sentença e o réu conteste, ou, não contestando, a revelia deva considerar-se inoperante, seguem-se os termos subsequentes do processo comum declarativo.

4. Quando a prova produzida pelos litigantes for insuficiente para fixar a quantia devida, incumbe ao juiz completá-la mediante indagação oficiosa, ordenando, designadamente, a produção de prova pericial.

Artigo 361º – Liquidação por árbitros

1. A liquidação a que se refere o nº 2 do artigo 358º é feita por um ou mais árbitros, nos casos em que a lei especialmente o determine ou as partes o convencionem.

2. À nomeação dos árbitros é aplicável o disposto quanto à nomeação de peritos.

3. O terceiro árbitro só intervém na falta de acordo entre os outros dois, mas não é obrigado a conformar-se com o voto de qualquer deles.

4. Não se formando maioria, prevalece o laudo do terceiro.

TÍTULO IV – Dos procedimentos cautelares

CAPÍTULO I – Procedimento cautelar comum

Artigo 362º – Âmbito das providências cautelares não especificadas

1. Sempre que alguém mostre fundado receio de que outrem cause lesão grave e dificilmente reparável ao seu direito, pode requerer a providência conservatória ou antecipatória concretamente adequada a assegurar a efetividade do direito ameaçado.

2. O interesse do requerente pode fundar-se num direito já existente ou em direito emergente de decisão a proferir em ação constitutiva, já proposta ou a propor.

[1] O nº 1 tem a redação do DL 97/2019, de 26 de julho.

3. Não são aplicáveis as providências referidas no nº 1 quando se pretenda acautelar o risco de lesão especialmente prevenido por alguma das providências tipificadas no capítulo seguinte.

4. Não é admissível, na dependência da mesma causa, a repetição de providência que haja sido julgada injustificada ou tenha caducado.

Artigo 363º – Urgência do procedimento cautelar

1. Os procedimentos cautelares revestem sempre caráter urgente, precedendo os respetivos atos qualquer outro serviço judicial não urgente.

2. Os procedimentos instaurados perante o tribunal competente devem ser decididos, em 1ª instância, no prazo máximo de dois meses ou, se o requerido não tiver sido citado, de 15 dias.

Artigo 364º – Relação entre o procedimento cautelar e a ação principal

1. Exceto se for decretada a inversão do contencioso, o procedimento cautelar é dependência de uma causa que tenha por fundamento o direito acautelado e pode ser instaurado como preliminar ou como incidente de ação declarativa ou executiva.

2. Requerido antes de proposta a ação, é o procedimento apensado aos autos desta, logo que a ação seja instaurada e se a ação vier a correr noutro tribunal, para aí é remetido o apenso, ficando o juiz da ação com exclusiva competência para os termos subsequentes à remessa.

3. Requerido no decurso da ação, deve o procedimento ser instaurado no tribunal onde esta corre e processado por apenso, a não ser que a ação esteja pendente de recurso; neste caso a apensação só se faz quando o procedimento estiver findo ou quando os autos da ação principal baixem à 1ª instância.

4. Nem o julgamento da matéria de facto, nem a decisão final proferida no procedimento cautelar, têm qualquer influência no julgamento da ação principal.

5. Nos casos em que, nos termos de convenções internacionais em que seja parte o Estado Português, o procedimento cautelar seja dependência de uma causa que já foi ou haja de ser intentada em tribunal estrangeiro, o requerente deve fazer prova nos autos do procedimento cautelar da pendência da causa principal, através de certidão passada pelo respetivo tribunal.

Artigo 365º – Processamento

1. Com a petição, o requerente oferece prova sumária do direito ameaçado e justifica o receio da lesão.

2. É sempre admissível a fixação, nos termos da lei civil, da sanção pecuniária compulsória que se mostre adequada a assegurar a efetividade da providência decretada.

3. É subsidiariamente aplicável aos procedimentos cautelares o disposto nos artigos 293º a 295º.

Artigo 366º – Contraditório do requerido

1. O tribunal ouve o requerido, exceto quando a audiência puser em risco sério o fim ou a eficácia da providência.

2. Quando seja ouvido antes do decretamento da providência, o requerido é citado para deduzir oposição, sendo a citação substituída por notificação quando já tenha sido citado para a causa principal.

3. A dilação, quando a ela haja lugar nos termos do artigo 245º, nunca pode exceder a duração de 10 dias.

4. Não tem lugar a citação edital, devendo o juiz dispensar a audiência do requerido, quando se certificar que a citação pessoal deste não é viável.

5. A revelia do requerido que haja sido citado tem os efeitos previstos no processo comum de declaração.

6. Quando o requerido não for ouvido e a providência vier a ser decretada, só após a sua realização é notificado da decisão que a ordenou, aplicando-se à notificação o preceituado quanto à citação.

7. Se a ação for proposta depois de o réu ter sido citado no procedimento cautelar, a proposição produz efeitos contra ele desde a apresentação da petição inicial.

Artigo 367º – Audiência final

1. Findo o prazo da oposição, quando o requerido haja sido ouvido, procede-se, quando necessário, à produção das provas requeridas ou oficiosamente determinadas pelo juiz.

2. A falta de alguma pessoa convocada e de cujo depoimento se não prescinda, bem como a necessidade de realizar qualquer diligência probatória no decurso da audiência, apenas determinam a suspensão desta na altura conveniente, designando-se logo data para a sua continuação.

Artigo 368º – Deferimento e substituição da providência

1. A providência é decretada desde que haja probabilidade séria da existência do direito e se mostre suficientemente fundado o receio da sua lesão.

2. A providência pode, não obstante, ser recusada pelo tribunal quando o prejuízo dela resultante para o requerido exceda consideravelmente o dano que com ela o requerente pretende evitar.

3. A providência decretada pode ser substituída por caução adequada, a pedido do requerido, sempre que a caução oferecida, ouvido o requerente, se mostre suficiente para prevenir a lesão ou repará-la integralmente.

4. A substituição por caução não prejudica o direito de recorrer do despacho que haja ordenado a providência substituída, nem a faculdade de contra esta deduzir oposição, nos termos do artigo 370º.

Artigo 369º – Inversão do contencioso

1. Mediante requerimento, o juiz, na decisão que decrete a providência, pode dispensar o requerente do ónus de propositura da ação principal se a matéria adquirida no procedimento lhe permitir formar convicção segura acerca da existência do direito acautelado e se a natureza da providência decretada for adequada a realizar a composição definitiva do litígio.

2. A dispensa prevista no número anterior pode ser requerida até ao encerramento da audiência final; tratando-se de procedimento sem contraditório prévio, pode o requerido opor-se à inversão do contencioso conjuntamente com a impugnação da providência decretada.

3. Se o direito acautelado estiver sujeito a caducidade, esta interrompe-se com o pedido de inversão do contencioso, reiniciando-se a contagem do prazo a partir do trânsito em julgado da decisão que negue o pedido.

Artigo 370º – Recursos

1. A decisão que decrete a inversão do contencioso só é recorrível em conjunto com o recurso da decisão sobre a providência requerida; a decisão que indefira a inversão é irrecorrível.

2. Das decisões proferidas nos procedimentos cautelares, incluindo a que determine a inversão do contencioso, não cabe recurso para o Supremo Tribunal de Justiça, sem prejuízo dos casos em que o recurso é sempre admissível.

Artigo 371º – Propositura da ação principal pelo requerido

1. Sem prejuízo das regras sobre a distribuição do ónus da prova, logo que transite em julgado a decisão que haja decretado a providência cautelar e invertido o contencioso, é o requerido notificado, com a advertência de que, querendo, deve intentar a ação destinada a impugnar a existência do direito acautelado nos 30 dias subsequentes à notificação, sob pena de a providência decretada se consolidar como composição definitiva do litígio.

2. O efeito previsto na parte final do número anterior verifica-se igualmente quando, proposta a ação, o processo estiver parado mais de 30 dias por negligência do autor ou o réu for absolvido da instância e o autor não propuser nova ação em tempo de aproveitar os efeitos da propositura da anterior.

3. A procedência, por decisão transitada em julgado, da ação proposta pelo requerido determina a caducidade da providência decretada.

Artigo 372º – Contraditório subsequente ao decretamento da providência[1]

1. Quando o requerido não tiver sido ouvido antes do decretamento da providência, é-lhe lícito, em alternativa, na sequência da notificação prevista no nº 6 do artigo 366º:

a) Recorrer, nos termos gerais, do despacho que a decretou, quando entenda que, face aos elementos apurados, ela não devia ter sido deferida;

b) Deduzir oposição, quando pretenda alegar factos ou produzir meios de prova não tidos em conta pelo tribunal e que possam afastar os fundamentos da providência

[1] Tomou-se em linha de conta a Declaração de Retificação nº 36/2013 (DR, 1ª série, nº 154, de 12/8).

ou determinem a sua redução, aplicando-se, com as adaptações necessárias, o disposto nos artigos 367º e 368º.

2. O requerido pode impugnar, por qualquer dos meios referidos no número anterior, a decisão que tenha invertido o contencioso.

3. No caso a que se refere a alínea *b*) do nº 1, o juiz decide da manutenção, redução ou revogação da providência anteriormente decretada, cabendo recurso desta decisão, e, se for o caso, da manutenção ou revogação da inversão do contencioso; qualquer das decisões constitui complemento e parte integrante da inicialmente proferida.

Artigo 373º – Caducidade da providência

1. Sem prejuízo do disposto no artigo 369º, o procedimento cautelar extingue-se e, quando decretada, a providência caduca:

a) Se o requerente não propuser a ação da qual a providência depende dentro de 30 dias contados da data em que lhe tiver sido notificado o trânsito em julgado da decisão que a haja ordenado;

b) Se, proposta a ação, o processo estiver parado mais de 30 dias, por negligência do requerente;

c) Se a ação vier a ser julgada improcedente, por decisão transitada em julgado;

d) Se o réu for absolvido da instância e o requerente não propuser nova ação em tempo de aproveitar os efeitos da proposição da anterior;

e) Se o direito que o requerente pretende acautelar se tiver extinguido.

2. Quando a providência cautelar tenha sido substituída por caução, fica esta sem efeito nos mesmos termos em que o ficaria a providência substituída, ordenando-se o levantamento daquela.

3. A extinção do procedimento ou o levantamento da providência são determinados pelo juiz, com prévia audiência do requerente, logo que se mostre demonstrada nos autos a ocorrência do facto extintivo.

Artigo 374º – Responsabilidade do requerente

1. Se a providência for considerada injustificada ou vier a caducar por facto imputável ao requerente, responde este pelos danos culposamente causados ao requerido, quando não tenha agido com a prudência normal.

2. Sempre que o julgue conveniente em face das circunstâncias, pode o juiz, mesmo sem audiência do requerido, tornar a concessão da providência dependente da prestação de caução adequada pelo requerente.

Artigo 375º – Garantia penal da providência

Incorre na pena do crime de desobediência qualificada todo aquele que infrinja a providência cautelar decretada, sem prejuízo das medidas adequadas à sua execução coerciva.

Artigo 376º – Aplicação subsidiária aos procedimentos nominados

1. Com exceção do preceituado no nº 2 do artigo 368º, as disposições constantes deste capítulo são aplicáveis aos procedimentos cautelares regulados no capítulo subsequente, em tudo quanto nele se não encontre especialmente prevenido.

2. O disposto no nº 2 do artigo 374º apenas é aplicável ao arresto e ao embargo de obra nova.

3. O tribunal não está adstrito à providência concretamente requerida, sendo aplicável à cumulação de providências cautelares a que caibam formas de procedimento diversas o preceituado nos nºs 2 e 3 do artigo 37º.

4. O regime de inversão do contencioso é aplicável, com as devidas adaptações, à restituição provisória da posse, à suspensão de deliberações sociais, aos alimentos provisórios, ao embargo de obra nova, bem como às demais providências previstas em legislação avulsa cuja natureza permita realizar a composição definitiva do litígio.

CAPÍTULO II – Procedimentos cautelares especificados

SECÇÃO I – Restituição provisória de posse

Artigo 377º – Em que casos tem lugar a restituição provisória de posse

No caso de esbulho violento, pode o possuidor pedir que seja restituído provisoriamente à sua posse, alegando os factos que constituem a posse, o esbulho e a violência.

Artigo 378º – Termos em que a restituição é ordenada

Se o juiz reconhecer, pelo exame das provas, que o requerente tinha a posse e foi esbulhado dela violentamente, ordena a restituição, sem citação nem audiência do esbulhador.

Artigo 379º – Defesa da posse mediante providência não especificada

Ao possuidor que seja esbulhado ou perturbado no exercício do seu direito, sem que ocorram as circunstâncias previstas no artigo 377º, é facultado, nos termos gerais, o procedimento cautelar comum.

SECÇÃO II – Suspensão de deliberações sociais

Artigo 380º – Pressupostos e formalidades

1. Se alguma associação ou sociedade, seja qual for a sua espécie, tomar deliberações contrárias à lei, aos estatutos ou ao contrato, qualquer sócio pode requerer, no prazo de 10 dias, que a execução dessas deliberações seja suspensa, justificando a qualidade de sócio e mostrando que essa execução pode causar dano apreciável.

2. O sócio instrui o requerimento com cópia da ata em que as deliberações foram tomadas e que a direção deve fornecer ao requerente dentro de vinte e quatro horas; quando a lei dispense reunião de assembleia, a cópia da ata é substituída por documento comprovativo da deliberação.

3. O prazo fixado para o requerimento da suspensão conta-se da data da assembleia em que as deliberações foram tomadas ou, se o requerente não tiver sido regularmente convocado para a assembleia, da data em que ele teve conhecimento das deliberações.

Artigo 381º – Contestação e decisão

1. Se o requerente alegar que lhe não foi fornecida cópia da ata ou o documento correspondente, dentro do prazo fixado no artigo anterior, a citação da associação ou sociedade é feita com a cominação de que a contestação não é recebida sem entrar acompanhada da cópia ou do documento em falta.

2. Ainda que a deliberação seja contrária à lei, aos estatutos ou ao contrato, o juiz pode deixar de suspendê-la, desde que o prejuízo resultante da suspensão seja superior ao que pode derivar da execução.

3. A partir da citação, e enquanto não for julgado em 1ª instância o pedido de suspensão, não é lícito à associação ou sociedade executar a deliberação impugnada.

Artigo 382º – Inversão do contencioso

1. Se tiver sido decretada a inversão do contencioso, o prazo para a propositura da ação a que alude o nº 1 do artigo 371º só se inicia:

a) Com a notificação da decisão judicial que haja suspendido a deliberação;

b) Com o registo, quando obrigatório, de decisão judicial.

2. Para propor ou intervir na ação referida no número anterior têm legitimidade, além do requerido, aqueles que teriam legitimidade para a ação de nulidade ou anulação das deliberações sociais.

Artigo 383º – Suspensão das deliberações da assembleia de condóminos

1. O disposto nesta secção é aplicável, com as necessárias adaptações, à suspensão de deliberações anuláveis da assembleia de condóminos de prédio sujeito ao regime de propriedade horizontal.

2. É citada para contestar a pessoa a quem compete a representação judiciária dos condóminos na ação de anulação.

SECÇÃO III – Alimentos provisórios

Artigo 384º – Fundamento

O titular de direito a alimentos pode requerer a fixação da quantia mensal que deva receber, a título de alimentos provisórios, enquanto não houver pagamento da primeira prestação definitiva.

Artigo 385º - Procedimento

1. Recebida em juízo a petição de alimentos provisórios, é logo designado dia para o julgamento, sendo as partes advertidas de que devem comparecer pessoalmente na audiência ou nela se fazer representar por procurador com poderes especiais para transigir.

2. A contestação é apresentada na própria audiência e nesta o juiz procura obter a fixação de alimentos por acordo, que logo homologa por sentença.

3. Na falta de alguma das partes ou se a tentativa de conciliação se frustrar, o juiz ordena a produção da prova e, de seguida, decide, por sentença oral, sucintamente fundamentada.

Artigo 386º - Alcance da decisão

1. Os alimentos são devidos a partir do 1º dia do mês subsequente à data da dedução do respetivo pedido.

2. Se houver fundamento para alterar ou fazer cessar a prestação fixada, o pedido é deduzido no mesmo processo, observando-se os termos prescritos nos artigos anteriores.

Artigo 387º - Regime especial da responsabilidade do requerente

O requerente dos alimentos provisórios só responde pelos danos causados com a improcedência ou caducidade da providência se tiver atuado de má-fé, devendo a indemnização ser fixada equitativamente e sem prejuízo do disposto no nº 2 do artigo 2007º do Código Civil.

SECÇÃO IV - Arbitramento de reparação provisória

Artigo 388º - Fundamento

1. Como dependência da ação de indemnização fundada em morte ou lesão corporal, podem os lesados, bem como os titulares do direito a que se refere o nº 3 do artigo 495º do Código Civil, requerer o arbitramento de quantia certa, sob a forma de renda mensal, como reparação provisória do dano.

2. O juiz defere a providência requerida desde que se verifique uma situação de necessidade em consequência dos danos sofridos e esteja indiciada a existência de obrigação de indemnizar a cargo do requerido.

3. A liquidação provisória, a imputar na liquidação definitiva do dano, é fixada equitativamente pelo tribunal.

4. O disposto nos números anteriores é também aplicável aos casos em que a pretensão indemnizatória se funde em dano suscetível de pôr seriamente em causa o sustento ou habitação do lesado.

Artigo 389º - Processamento

1. É aplicável ao processamento da providência referida no artigo anterior o disposto acerca dos alimentos provisórios, com as necessárias adaptações.

2. Na falta de pagamento voluntário da reparação provisoriamente arbitrada, a decisão é imediatamente exequível, seguindo-se os termos da execução especial por alimentos.

Artigo 390º – Caducidade da providência e repetição das quantias pagas

1. Se a providência decretada vier a caducar, deve o requerente restituir todas as prestações recebidas, nos termos previstos para o enriquecimento sem causa.

2. A decisão final, proferida na ação de indemnização, quando não arbitrar qualquer reparação ou atribuir reparação inferior à provisoriamente estabelecida, condena sempre o lesado a restituir o que for devido.

SECÇÃO V – Arresto

Artigo 391º – Fundamentos

1. O credor que tenha justificado receio de perder a garantia patrimonial do seu crédito pode requerer o arresto de bens do devedor.

2. O arresto consiste numa apreensão judicial de bens, à qual são aplicáveis as disposições relativas à penhora, em tudo o que não contrariar o preceituado nesta secção.

Artigo 392º – Processamento

1. O requerente do arresto deduz os factos que tornam provável a existência do crédito e justificam o receio invocado, relacionando os bens que devem ser apreendidos, com todas as indicações necessárias à realização da diligência.

2. Sendo o arresto requerido contra o adquirente de bens do devedor, o requerente, se não mostrar ter sido judicialmente impugnada a aquisição, deduz ainda os factos que tornem provável a procedência da impugnação.

Artigo 393º – Termos subsequentes

1. Examinadas as provas produzidas, o arresto é decretado, sem audiência da parte contrária, desde que se mostrem preenchidos os requisitos legais.

2. Se o arresto houver sido requerido em mais bens que os suficientes para segurança normal do crédito, reduz-se a garantia aos justos limites.

3. O arrestado não pode ser privado dos rendimentos estritamente indispensáveis aos seus alimentos e da sua família, que lhe são fixados nos termos previstos para os alimentos provisórios.

Artigo 394º – Arresto de navios e sua carga

1. Tratando-se de arresto em navio ou na sua carga, incumbe ao requerente demonstrar, para além do preenchimento dos requisitos gerais, que a penhora é admissível, atenta a natureza do crédito.

2. No caso previsto no número anterior, a apreensão não se realiza se o devedor oferecer logo caução que o credor aceite ou que o juiz, dentro de dois dias, julgue idónea, ficando sustada a saída do navio até à prestação da caução.

Artigo 395º - Caso especial de caducidade

O arresto fica sem efeito não só nas situações previstas no artigo 373º mas também no caso de, obtida na ação de cumprimento sentença com trânsito em julgado, o credor insatisfeito não promover execução dentro dos dois meses subsequentes, ou se, promovida a execução, o processo ficar sem andamento durante mais de 30 dias, por negligência do exequente.

Artigo 396º - Arresto especial com dispensa do justo receio de perda da garantia patrimonial

1. O Ministério Público pode requerer arresto contra tesoureiros ou quaisquer funcionários ou agentes do Estado ou de outras pessoas coletivas públicas quando forem encontrados em alcance, sem necessidade de provar o justo receio de perda da garantia patrimonial.

2. Não é aplicável o previsto nas alíneas *a*) e *b*) do nº 1 do artigo 373º quando a liquidação da responsabilidade financeira do agente for da competência do Tribunal de Contas.

3. O credor pode obter, sem necessidade de provar o justo receio de perda da garantia patrimonial, o arresto do bem que foi transmitido mediante negócio jurídico quando estiver em dívida, no todo ou em parte, o preço da respetiva aquisição.

SECÇÃO VI - Embargo de obra nova

Artigo 397º - Fundamento do embargo - Embargo extrajudicial

1. Aquele que se julgue ofendido no seu direito de propriedade, singular ou comum, em qualquer outro direito real ou pessoal de gozo ou na sua posse, em consequência de obra, trabalho ou serviço novo que lhe cause ou ameace causar prejuízo, pode requerer, dentro de 30 dias a contar do conhecimento do facto, que a obra, trabalho ou serviço seja mandado suspender imediatamente.

2. O interessado pode também fazer diretamente o embargo por via extrajudicial, notificando verbalmente, perante duas testemunhas, o dono da obra, ou, na sua falta, o encarregado ou quem o substituir para a não continuar.

3. O embargo previsto no número anterior fica, porém, sem efeito se, dentro de cinco dias, não for requerida a ratificação judicial.

Artigo 398º - Embargo por parte de pessoas coletivas públicas

1. Quando careçam de competência para decretar embargo administrativo, podem o Estado e as demais pessoas coletivas públicas embargar, nos termos desta secção, as obras, construções ou edificações iniciadas em contravenção da lei ou dos regulamentos.

2. O embargo previsto no número anterior não está sujeito ao prazo fixado no nº 1 do artigo anterior.

Artigo 399º – Obras que não podem ser embargadas

Não podem ser embargadas, nos termos desta secção, as obras do Estado, das demais pessoas coletivas públicas e das entidades concessionárias de obras ou serviços públicos quando, por o litígio se reportar a uma relação jurídico-administrativa, a defesa dos direitos ou interesses lesados se deva efetivar através dos meios previstos na lei de processo administrativo contencioso.

Artigo 400º – Como se faz ou ratifica o embargo

1. O embargo é feito ou ratificado por meio de auto, no qual se descreve, minuciosamente, o estado da obra e a sua medição, quando seja possível; notifica-se o dono da obra ou, na sua falta, o encarregado ou quem o substitua, para a não continuar.

2. O auto é assinado pelo funcionário que o lavre e pelo dono da obra ou por quem a dirigir, se o dono não estiver presente; quando o dono da obra não possa ou não queira assinar, intervêm duas testemunhas.

3. O embargante e o embargado podem, no ato do embargo, mandar tirar fotografias da obra, para serem juntas ao processo; neste caso, é o facto consignado no auto, com a indicação do nome do fotógrafo.

Artigo 401º – Autorização da continuação da obra

Embargada a obra, pode ser autorizada a sua continuação, a requerimento do embargado, quando se reconheça que a demolição restitui o embargante ao estado anterior à continuação ou quando se apure que o prejuízo resultante da paralisação da obra é consideravelmente superior ao que pode advir da sua continuação e em ambos os casos mediante caução prévia às despesas de demolição total.

Artigo 402º – Como se reage contra a inovação abusiva

1. Se o embargado continuar a obra, sem autorização, depois da notificação e enquanto o embargo subsistir, pode o embargante requerer que seja destruída a parte inovada.

2. Averiguada a existência de inovação, é o embargado condenado a destruí-la; se não o fizer dentro do prazo fixado, promove-se, nos próprios autos, a execução para a prestação de facto devida.

SECÇÃO VII – Arrolamento

Artigo 403º – Fundamento

1. Havendo justo receio de extravio, ocultação ou dissipação de bens, móveis ou imóveis, ou de documentos, pode requerer-se o arrolamento deles.

2. O arrolamento é dependência da ação à qual interessa a especificação dos bens ou a prova da titularidade dos direitos relativos às coisas arroladas.

Artigo 404º - Legitimidade

1. O arrolamento pode ser requerido por qualquer pessoa que tenha interesse na conservação dos bens ou dos documentos.

2. Aos credores só é permitido requerer arrolamento nos casos em que haja lugar à arrecadação da herança.

Artigo 405º - Processo para o decretamento da providência

1. O requerente faz prova sumária do direito relativo aos bens e dos factos em que fundamenta o receio do seu extravio ou dissipação; se o direito relativo aos bens depender de ação proposta ou a propor, tem o requerente de convencer o tribunal da provável procedência do pedido correspondente.

2. Produzidas as provas que forem julgadas necessárias, o juiz ordena as providências se adquirir a convicção de que, sem o arrolamento, o interesse do requerente corre risco sério.

3. No respetivo despacho, procede-se logo a nomeação de um depositário e ainda de um avaliador, que é dispensado do juramento.

Artigo 406º - Como se faz o arrolamento

1. O arrolamento consiste na descrição, avaliação e depósito dos bens.

2. É lavrado auto em que se descrevem os bens, em verbas numeradas, como em inventário, se declara o valor fixado pelo louvado e se certifica a entrega ao depositário ou o diverso destino que tiveram; o auto menciona ainda todas as ocorrências com interesse e é assinado pelo funcionário que o lavre, pelo depositário e pelo possuidor dos bens, se assistir, devendo intervir duas testemunhas quando não for assinado por este último.

3. Ao ato do arrolamento assiste o possuidor ou detentor dos bens, sempre que esteja no local ou seja possível chamá-lo e queira assistir; pode este interessado fazer-se representar por mandatário judicial.

4. O arrolamento de documentos faz-se em termos semelhantes, mas sem necessidade de avaliação.

5. São aplicáveis ao arrolamento as disposições relativas à penhora, em tudo quanto não contrarie o estabelecido nesta secção ou a diversa natureza das providências.

Artigo 407º - Casos de imposição de selos

1. Quando haja urgência no arrolamento e não seja possível efetuá-lo imediatamente ou quando se não possa concluí-lo no dia em que foi iniciado, impõem-se selos nas portas das casas ou nos móveis em que estejam os objetos sujeitos a extravio, adotando-se as providências necessárias para a sua segurança e continuando-se a diligência no dia que for designado.

2. Os objetos, papéis ou valores de que não seja necessário fazer uso e que não sofram deterioração por estarem fechados são, depois de arrolados, encerrados em caixas lacradas com selo, que devem ser depositados na Caixa Geral de Depósitos.

Artigo 408º – Quem deve ser o depositário

1. O depositário é o próprio possuidor ou detentor dos bens, salvo se houver manifesto inconveniente em que lhe sejam entregues.

2. O auto de arrolamento serve de descrição no inventário a que haja de proceder-se.

Artigo 409º – Arrolamentos especiais

1. Como preliminar ou incidente da ação de separação judicial de pessoas e bens, divórcio, declaração de nulidade ou anulação de casamento, qualquer dos cônjuges pode requerer o arrolamento de bens comuns, ou de bens próprios que estejam sob a administração do outro.

2. Se houver bens abandonados, por estar ausente o seu titular, por estar jacente a herança, ou por outro motivo, e tornando-se necessário acautelar a perda ou deterioração, são arrecadados judicialmente, mediante arrolamento.

3. Não é aplicável aos arrolamentos previstos nos números anteriores o disposto no nº 1 do artigo 403º.

TÍTULO V – Da instrução do processo

CAPÍTULO I – Disposições gerais

Artigo 410º – Objeto da instrução

A instrução tem por objeto os temas da prova enunciados ou, quando não tenha de haver lugar a esta enunciação, os factos necessitados de prova.

Artigo 411º – Princípio do inquisitório

Incumbe ao juiz realizar ou ordenar, mesmo oficiosamente, todas as diligências necessárias ao apuramento da verdade e à justa composição do litígio, quanto aos factos de que lhe é lícito conhecer.

Artigo 412º – Factos que não carecem de alegação ou de prova

1. Não carecem de prova nem de alegação os factos notórios, devendo considerar-se como tais os factos que são do conhecimento geral.

2. Também não carecem de alegação os factos de que o tribunal tem conhecimento por virtude do exercício das suas funções; quando o tribunal se socorra destes factos, deve fazer juntar ao processo documento que os comprove.

Artigo 413º – Provas atendíveis

O tribunal deve tomar em consideração todas as provas produzidas, tenham ou não emanado da parte que devia produzi-las, sem prejuízo das disposições que declarem irrelevante a alegação de um facto, quando não seja feita por certo interessado.

Artigo 414º – Princípio a observar em casos de dúvida

A dúvida sobre a realidade de um facto e sobre a repartição do ónus da prova resolve-se contra a parte a quem o facto aproveita.

Artigo 415º – Princípio da audiência contraditória

1. Salvo disposição em contrário, não são admitidas nem produzidas provas sem audiência contraditória da parte a quem hajam de ser opostas.

2. Quanto às provas constituendas, a parte é notificada, quando não for revel, para todos os atos de preparação e produção da prova, e é admitida a intervir nesses atos nos termos da lei; relativamente às provas pré-constituídas, deve facultar-se à parte a impugnação, tanto da respetiva admissão como da sua força probatória.

Artigo 416º – Apresentação de coisas móveis ou imóveis

1. Quando a parte pretenda utilizar, como meio de prova, uma coisa móvel que possa, sem inconveniente, ser posta à disposição do tribunal, entrega-a na secretaria dentro do prazo fixado para a apresentação de documentos; a parte contrária pode examinar a coisa na secretaria e colher a fotografia dela.

2. Se a parte pretender utilizar imóveis, ou móveis que não possam ser depositados na secretaria, fará notificar a parte contrária para exercer as faculdades a que se refere o número anterior, devendo a notificação ser requerida dentro do prazo em que pode ser oferecido o rol de testemunhas.

3. A prova por apresentação das coisas não afeta a possibilidade de prova pericial ou por inspeção em relação a elas.

Artigo 417º – Dever de cooperação para a descoberta da verdade

1. Todas as pessoas, sejam ou não partes na causa, têm o dever de prestar a sua colaboração para a descoberta da verdade, respondendo ao que lhes for perguntado, submetendo-se às inspeções necessárias, facultando o que for requisitado e praticando os atos que forem determinados.

2. Aqueles que recusem a colaboração devida são condenados em multa, sem prejuízo dos meios coercitivos que forem possíveis; se o recusante for parte, o tribunal aprecia livremente o valor da recusa para efeitos probatórios, sem prejuízo da inversão do ónus da prova decorrente do preceituado no nº 2 do artigo 344º do Código Civil.

3. A recusa é, porém, legítima se a obediência importar:

a) Violação da integridade física ou moral das pessoas;

b) Intromissão na vida privada ou familiar, no domicílio, na correspondência ou nas telecomunicações;

c) Violação do sigilo profissional ou de funcionários públicos, ou do segredo de Estado, sem prejuízo do disposto no nº 4.

4. Deduzida escusa com fundamento na alínea *c*) do número anterior, é aplicável, com as adaptações impostas pela natureza dos interesses em causa, o disposto no processo penal acerca da verificação da legitimidade da escusa e da dispensa do dever de sigilo invocado.

Artigo 418º – Dispensa de confidencialidade pelo juiz da causa

1. A simples confidencialidade de dados que se encontrem na disponibilidade de serviços administrativos, em suporte manual ou informático, e que se refiram à identificação, à residência, à profissão e entidade empregadora ou que permitam o apuramento da situação patrimonial de alguma das partes em causa pendente, não obsta a que o juiz da causa, oficiosamente ou a requerimento de alguma das partes, possa, em despacho fundamentado, determinar a prestação de informações ao tribunal, quando as considere essenciais ao regular andamento do processo ou à justa composição do litígio.

2. As informações obtidas nos termos do número anterior são estritamente utilizadas na medida indispensável à realização dos fins que determinaram a sua requisição, não podendo ser injustificadamente divulgadas nem constituir objeto de ficheiro de informações nominativas.

Artigo 419º – Produção antecipada de prova

Havendo justo receio de vir a tornar-se impossível ou muito difícil o depoimento de certas pessoas ou a verificação de certos factos por meio de perícia ou inspeção, pode o depoimento, a perícia ou a inspeção realizar-se antecipadamente e até antes de ser proposta a ação.

Artigo 420º – Forma da antecipação da prova

1. O requerente da prova antecipada justifica sumariamente a necessidade da antecipação, menciona com precisão os factos sobre que há de recair e identifica as pessoas que hão de ser ouvidas, quando se trate de depoimento de parte ou de testemunhas.

2. Quando se requeira a diligência antes de a ação ser proposta, indica-se sucintamente o pedido e os fundamentos da demanda e identifica-se a pessoa contra quem se pretende fazer uso da prova, a fim de ela ser notificada pessoalmente para os efeitos do artigo 415º; se esta não puder ser notificada, é notificado o Ministério Público, quando se trate de incertos ou de ausentes, ou um advogado nomeado pelo juiz, quando se trate de ausentes em parte certa.

Artigo 421º – Valor extraprocessual das provas

1. Os depoimentos e perícias produzidos num processo com audiência contraditória da parte podem ser invocados noutro processo contra a mesma parte, sem prejuízo do disposto no nº 3 do artigo 355º do Código Civil; se, porém, o regime de produção da prova do primeiro processo oferecer às partes garantias inferiores às do segundo, os depoimentos e perícias produzidos no primeiro só valem no segundo como princípio de prova.

2. O disposto no número anterior não tem aplicação quando o primeiro processo tiver sido anulado, na parte relativa à produção da prova que se pretende invocar.

Artigo 422º – Registo dos depoimentos prestados antecipadamente ou por carta

1. Os depoimentos das partes, testemunhas ou quaisquer outras pessoas que devam prestá-los no processo são sempre gravados, quando prestados antecipadamente ou por carta.

2. Revelando-se impossível a gravação, o depoimento é reduzido a escrito, com a redação ditada pelo juiz, podendo as partes ou os seus mandatários fazer as reclamações que entendam oportunas e cabendo ao depoente, depois de lido o texto do seu depoimento, confirmá-lo ou pedir as retificações necessárias.

CAPÍTULO II – Prova por documentos

Artigo 423º – Momento da apresentação

1. Os documentos destinados a fazer prova dos fundamentos da ação ou da defesa devem ser apresentados com o articulado em que se aleguem os factos correspondentes.

2. Se não forem juntos com o articulado respetivo, os documentos podem ser apresentados até 20 dias antes da data em que se realize a audiência final, mas a parte é condenada em multa, exceto se provar que os não pôde oferecer com o articulado.

3. Após o limite temporal previsto no número anterior, só são admitidos os documentos cuja apresentação não tenha sido possível até àquele momento, bem como aqueles cuja apresentação se tenha tornado necessária em virtude de ocorrência posterior.

Artigo 424º – Efeitos da apresentação posterior de documentos

A apresentação de documentos nos termos do disposto no nº 3 do artigo anterior não obsta à realização das diligências de produção de prova, salvo se, não podendo a parte contrária examiná-los no próprio ato, mesmo com suspensão dos trabalhos pelo tempo necessário, o tribunal considerar o documento relevante e declarar que existe grave inconveniente no prosseguimento da audiência.

Artigo 425º – Apresentação em momento posterior

Depois do encerramento da discussão só são admitidos, no caso de recurso, os documentos cuja apresentação não tenha sido possível até àquele momento.

Artigo 426º – Junção de pareceres

Os pareceres de advogados, professores ou técnicos podem ser juntos, nos tribunais de 1ª instância, em qualquer estado do processo.

Artigo 427º – Notificação à parte contrária

Quando o documento seja oferecido com o último articulado ou depois dele, a sua apresentação é notificada à parte contrária, salvo se esta estiver presente ou o documento for oferecido com alegações que admitam resposta.

Artigo 428º – Exibição de reproduções cinematográficas e de registos fonográficos

À parte que apresente como prova qualquer reprodução cinematográfica ou registo fonográfico incumbe facultar ao tribunal os meios técnicos de o exibir, sempre que seja necessário, sem prejuízo do disposto no artigo 411º.

Artigo 429º – Documentos em poder da parte contrária

1. Quando se pretenda fazer uso de documento em poder da parte contrária, o interessado requer que ela seja notificada para apresentar o documento dentro do prazo que for designado; no requerimento, a parte identifica quanto possível o documento e especifica os factos que com ele quer provar.

2. Se os factos que a parte pretende provar tiverem interesse para a decisão da causa, é ordenada a notificação.

Artigo 430º – Não apresentação do documento

Se o notificado não apresentar o documento, é-lhe aplicável o disposto no nº 2 do artigo 417º.

Artigo 431º – Escusa do notificado

1. Se o notificado declarar que não possui o documento, o requerente é admitido a provar, por qualquer meio, que a declaração não corresponde à verdade.

2. Incumbe ao notificado que haja possuído o documento e que pretenda eximir-se ao efeito previsto no nº 2 do artigo 344º do Código Civil demonstrar que, sem culpa sua, ele desapareceu ou foi destruído.

Artigo 432º – Documentos em poder de terceiro

Se o documento estiver em poder de terceiro, a parte requer que o possuidor seja notificado para o entregar na secretaria, dentro do prazo que for fixado, sendo aplicável a este caso o disposto no artigo 429º.

Artigo 433º – Sanções aplicáveis ao notificado

O tribunal pode ordenar a apreensão do documento e condenar o notificado em multa, quando ele não efetuar a entrega, nem fizer nenhuma declaração, ou quando declarar que não possui o documento e o requerente provar que a declaração é falsa.

Artigo 434º – Recusa de entrega justificada

Se o possuidor, apesar de não se verificar nenhum dos casos previstos no nº 3 do artigo 417º, alegar justa causa para não efetuar a entrega, é obrigado, sob pena de lhe serem aplicáveis as sanções prescritas no artigo anterior, a facultar o documento para o efeito de ser fotografado, examinado judicialmente, ou se extraírem dele as cópias ou reproduções necessárias.

Artigo 435º – Ressalva da escrituração comercial

A exibição judicial, por inteiro, dos livros de escrituração comercial e dos documentos a ela relativos rege-se pelo disposto na legislação comercial.

Artigo 436º – Requisição de documentos

1. Incumbe ao tribunal, por sua iniciativa ou a requerimento de qualquer das partes, requisitar informações, pareceres técnicos, plantas, fotografias, desenhos, objetos ou outros documentos necessários ao esclarecimento da verdade.

2. A requisição pode ser feita aos organismos oficiais, às partes ou a terceiros.

Artigo 437º – Sanções aplicáveis às partes e a terceiros

As partes e terceiros que não cumpram a requisição incorrem em multa, salvo se justificarem o seu procedimento, sem prejuízo dos meios coercitivos destinados ao cumprimento da requisição.

Artigo 438º – Despesas provocadas pela requisição

1. As despesas a que der lugar a requisição entram em regra de custas, a título de encargos, sendo logo abonadas aos organismos oficiais e a terceiros pela parte que tiver sugerido a diligência ou por aquela a quem a diligência aproveitar.

2. Quando o juiz verifique que os documentos requisitados se revelam manifestamente impertinentes ou desnecessários e caso a parte requerente não tenha atuado com a prudência devida, é a mesma condenada ao pagamento de multa nos termos do Regulamento das Custas Processuais.

Artigo 439º – Notificação às partes

A obtenção dos documentos requisitados é notificada às partes.

Artigo 440º – Legalização dos documentos passados em país estrangeiro

1. Sem prejuízo do que se encontra estabelecido em regulamentos europeus e em outros instrumentos internacionais, os documentos autênticos passados em país estrangeiro, na conformidade da lei desse país, consideram-se legalizados desde que a assinatura do funcionário público esteja reconhecida por agente diplomático ou consular português no Estado respetivo e a assinatura deste agente esteja autenticada com o selo branco consular respetivo.

2. Se os documentos particulares lavrados fora de Portugal estiverem legalizados por funcionário público estrangeiro, a legalização carece de valor enquanto se não obtiverem os reconhecimentos exigidos no número anterior.

Artigo 441º – Cópia de documentos de leitura difícil

1. Se a letra do documento for de difícil leitura, a parte é obrigada a apresentar uma cópia legível.

2. Se a parte não cumprir, incorre em multa e junta-se cópia à custa dela.

Artigo 442º – Junção e restituição de documentos e pareceres

1. Independentemente de despacho, a secretaria junta ao processo todos os documentos e pareceres apresentados para esse efeito, a não ser que eles sejam manifestamente extemporâneos; nesse caso, a secretaria faz os autos conclusos, com a sua informação, e o juiz decide sobre a junção.

2. Os documentos incorporam-se no processo, salvo se, por sua natureza, não puderem ser incorporados ou houver inconveniente na incorporação; neste caso, ficam depositados na secretaria, por forma que as partes os possam examinar.

3. Os documentos não podem ser retirados senão depois de passar em julgado a decisão que põe termo à causa, salvo se o respetivo possuidor justificar a necessidade de restituição antecipada; neste caso, fica no processo cópia integral, obrigando-se a pessoa a quem foram restituídos a exibir o original, sempre que isso lhe seja exigido.

4. Transitada a decisão, os documentos pertencentes aos organismos oficiais ou a terceiros são entregues imediatamente, enquanto os pertencentes às partes só são restituídos mediante requerimento, deixando-se no processo fotocópia do documento entregue.

Artigo 443º – Documentos indevidamente recebidos ou tardiamente apresentados

1. Juntos os documentos e cumprido pela secretaria o disposto no artigo 427º, o juiz, logo que o processo lhe seja concluso, se não tiver ordenado a junção e verificar que os documentos são impertinentes ou desnecessários, manda retirá-los do processo e restitui-os ao apresentante, condenando este ao pagamento de multa nos termos do Regulamento das Custas Processuais.

2. Caso seja aplicável o disposto no nº 2 do artigo 423º, a parte é condenada no pagamento de uma única multa.

Artigo 444º – Impugnação da genuinidade de documento

1. A impugnação da letra ou assinatura do documento particular ou da exatidão da reprodução mecânica, a negação das instruções a que se refere o nº 1 do artigo 381º do Código Civil e a declaração de que não se sabe se a letra ou a assinatura do documento particular é verdadeira devem ser feitas no prazo de 10 dias contados da apresentação do documento, se a parte a ela estiver presente, ou da notificação da junção, no caso contrário.

2. Se, porém, respeitarem a documento junto com articulado que não seja o último, devem ser feitas no articulado seguinte e, se se referirem a documento junto com a alegação do recorrente, são feitas dentro do prazo facultado para a alegação do recorrido.

3. No mesmo prazo deve ser feito o pedido de confronto da certidão ou da cópia com o original ou com a certidão de que foi extraída.

Artigo 445º – Prova

1. Com a prática de qualquer dos atos referidos no nº 1 do artigo anterior, o impugnante pode requerer a produção de prova.

2. Notificada a impugnação, a parte que produziu o documento pode requerer a produção de prova destinada a convencer da sua genuinidade, no prazo de 10 dias, limitado, porém, em 1ª instância, ao termo das alegações orais.

3. A produção de prova oferecida depois de designado dia para a audiência final não suspende as diligências para ela nem determina o seu adiamento; se não houver tempo para notificar as testemunhas oferecidas, ficam as partes obrigadas a apresentá-las.

Artigo 446º – Ilisão da autenticidade ou da força probatória de documento

1. No prazo estabelecido no artigo 444º, devem também ser arguidas a falta de autenticidade de documento presumido por lei como autêntico, a falsidade do documento, a subscrição de documento particular por pessoa que não sabia ou não podia ler sem a intervenção notarial a que se refere o artigo 373º do Código Civil, a subtração de documento particular assinado em branco e a inserção nele de declarações divergentes do ajustado com o signatário.

2. Se a parte só depois desse prazo tiver conhecimento do facto que fundamenta a arguição, pode esta ter lugar dentro de 10 dias a contar da data do conhecimento.

3. A parte que haja reconhecido o documento como isento de vícios só pode arguir vícios supervenientes, nos termos do número anterior, sem prejuízo do conhecimento oficioso nos termos da lei civil.

Artigo 447º – Arguição pelo apresentante

1. A arguição da falsidade parcial de documento, bem como da inserção, em documento particular assinado em branco, de declarações só parcialmente divergentes do ajustado com o signatário, podem ser feitas pelo próprio apresentante que se queira valer da parte não viciada do documento.

2. O apresentante do documento pode também arguir a falsidade superveniente deste, nos termos e no prazo do nº 2 do artigo anterior.

Artigo 448º – Resposta

1. A parte contrária é notificada para responder, salvo se a arguição houver sido feita em articulado que não seja o último; neste caso, pode responder no articulado seguinte.

2. Se a parte contrária não responder ou declarar que não quer fazer uso do documento, não pode este ser atendido na causa para efeito algum.

3. Apresentada a resposta, é negado seguimento à arguição se esta for manifestamente improcedente ou meramente dilatória, ou se o documento não puder ter influência na decisão da causa.

Artigo 449º – Instrução e julgamento

1. Com a arguição e com a resposta, podem as partes requerer a produção de prova.

2. A matéria do incidente é considerada nos temas da prova enunciados ou a enunciar nos termos do nº 1 do artigo 596º.

3. A produção de prova, bem como a decisão, têm lugar juntamente com a da causa, cujos termos se suspendem para o efeito, quando necessário.

4. A decisão proferida sobre a arguição é notificada ao Ministério Público.

Artigo 450º – Processamento como incidente

1. Se a arguição tiver lugar em ação executiva, em processo especial cuja tramitação inviabilize o julgamento conjunto ou em processo pendente de recurso, a instrução e o julgamento fazem-se nos termos gerais estabelecidos para os incidentes da instância.

2. Quando a arguição tenha lugar em ação executiva, nem o exequente nem outro credor pode ser pago, na pendência do incidente, sem prestar caução.

3. Se a arguição tiver lugar em processo pendente de recurso, são suspensos os termos deste e, admitida a arguição, o processo baixa à 1ª instância para instrução e julgamento, a menos que, pela sua simplicidade, a questão possa ser resolvida no tribunal em que o processo se encontra, nos termos aplicáveis dos nºs 1 e 2 do artigo 357º; os recursos interpostos no incidente para o tribunal que o mandou seguir são julgados com aquele em que a arguição foi feita.

4. O incidente é declarado sem efeito se o respetivo processo estiver parado durante mais de 30 dias, por negligência do arguente em promover os seus termos.

Artigo 451º – Falsidade de ato judicial

1. A falsidade da citação deve ser arguida dentro de 10 dias, a contar da intervenção do réu no processo.

2. A falsidade de qualquer outro ato judicial deve ser arguida no prazo de 10 dias, a contar daquele em que deva entender-se que a parte teve conhecimento do ato.

3. Ao incidente de falsidade de ato judicial é aplicável, com as necessárias adaptações, o disposto nos artigos 446º a 450º.

4. Quando a falsidade respeitar ao ato de citação e puder prejudicar a defesa do citando, a causa suspende-se logo que seja admitida a arguição, até decisão definitiva desta, observando-se o disposto no nº 1 do artigo 450º; mas o incidente não tem seguimento se o autor, notificado da arguição, requerer a repetição do ato da citação.

CAPÍTULO III – Prova por confissão e por declarações das partes

SECÇÃO I – Prova por confissão das partes

Artigo 452º – Depoimento de parte

1. O juiz pode, em qualquer estado do processo, determinar a comparência pessoal das partes para a prestação de depoimento, informações ou esclarecimentos sobre factos que interessem à decisão da causa.

2. Quando o depoimento seja requerido por alguma das partes, devem indicar-se logo, de forma discriminada, os factos sobre que há de recair.

Artigo 453º – De quem pode ser exigido[1]

1. O depoimento de parte pode ser exigido de pessoas que tenham capacidade judiciária.

2. Pode requerer-se o depoimento de maiores acompanhados, de acompanhantes e de representantes de menores, pessoas coletivas ou sociedades; porém, o depoimento só tem valor de confissão nos precisos termos em que aqueles possam obrigar-se e estes possam obrigar os seus representados.

3. Cada uma das partes pode requerer não só o depoimento da parte contrária, mas também o dos seus compartes.

Artigo 454º – Factos sobre que pode recair

1. O depoimento só pode ter por objeto factos pessoais ou de que o depoente deva ter conhecimento.

2. Não é, porém, admissível o depoimento sobre factos criminosos ou torpes, de que a parte seja arguida.

Artigo 455º – Depoimento do assistente

O depoimento do interveniente acessório é apreciado livremente pelo tribunal, que deve considerar as circunstâncias e a posição na causa de quem o presta e de quem o requereu.

Artigo 456º – Momento e lugar do depoimento

1. O depoimento deve, em regra, ser prestado na audiência final, salvo se for urgente ou o depoente estiver impossibilitado de comparecer no tribunal.

2. O regime de prestação de depoimentos através de teleconferência previsto no artigo 502º é aplicável às partes residentes fora da comarca, ou da respetiva ilha, no caso das Regiões Autónomas.

3. Pode ainda o depoimento ser prestado na audiência prévia, aplicando-se, com as adaptações necessárias, o disposto no número anterior.

Artigo 457º – Impossibilidade de comparência no tribunal

1. Atestando-se que a parte está impossibilitada de comparecer no tribunal por motivo de doença, o juiz pode fazer verificar por médico de sua confiança a veracidade da alegação e, em caso afirmativo, a possibilidade de a parte depor.

2. Havendo impossibilidade de comparência, mas não de prestação de depoimento, este realiza-se no dia, hora e local que o juiz designar, ouvido o médico assistente, se for necessário, sempre que não seja possível a sua prestação ao abrigo do disposto nos artigos 518º e 520º.

[1] O nº 2 tem a redação da L 49/2018, de 14 de agosto.

Artigo 458º – Ordem dos depoimentos

1. Se ambas as partes tiverem de depor perante o tribunal da causa, depõe em primeiro lugar o réu e depois o autor.

2. Se tiverem de depor mais de um autor ou de um réu, não podem assistir ao depoimento de qualquer deles os compartes que ainda não tenham deposto e, quando houverem de depor no mesmo dia, são recolhidos a uma sala, donde saem segundo a ordem por que devem depor.

Artigo 459º – Prestação do juramento

1. Antes de começar o depoimento, o tribunal faz sentir ao depoente a importância moral do juramento que vai prestar e o dever de ser fiel à verdade, advertindo-o ainda das sanções aplicáveis às falsas declarações.

2. Em seguida, o tribunal exige que o depoente preste o seguinte juramento: «Juro pela minha honra que hei de dizer toda a verdade e só a verdade.»

3. A recusa a prestar o juramento equivale à recusa a depor.

Artigo 460º – Interrogatório

Depois do interrogatório preliminar destinado a identificar o depoente, o juiz interroga-o sobre cada um dos factos que devem ser objeto do depoimento.

Artigo 461º – Respostas do depoente

1. O depoente responde, com precisão e clareza, às perguntas feitas, podendo a parte contrária requerer as instâncias necessárias para se esclarecerem ou completarem as respostas.

2. A parte não pode trazer o depoimento escrito, mas pode socorrer-se de documentos ou apontamentos de datas ou de factos para responder às perguntas.

Artigo 462º – Intervenção dos advogados

1. Os advogados das partes podem pedir esclarecimentos ao depoente.

2. Se algum dos advogados entender que a pergunta é inadmissível, pela forma ou pela substância, pode deduzir a sua oposição, que é logo julgada definitivamente.

Artigo 463º – Redução a escrito do depoimento de parte

1. O depoimento é sempre reduzido a escrito, na parte em que houver confissão do depoente, ou em que este narre factos ou circunstâncias que impliquem indivisibilidade da declaração confessória.

2. A redação incumbe ao juiz, podendo as partes ou seus advogados fazer as reclamações que entendam.

3. Concluída a assentada, é lida ao depoente, que a confirma ou faz as retificações necessárias.

Artigo 464º - Declaração de nulidade ou anulação da confissão

A ação de declaração de nulidade ou de anulação da confissão não impede o prosseguimento da causa em que a confissão se fez.

Artigo 465º - Irretratabilidade da confissão

1. A confissão é irretratável.

2. Porém, as confissões expressas de factos, feitas nos articulados, podem ser retiradas, enquanto a parte contrária as não tiver aceitado especificadamente.

SECÇÃO II - Prova por declarações de parte

Artigo 466º - Declarações de parte

1. As partes podem requerer, até ao início das alegações orais em 1ª instância, a prestação de declarações sobre factos em que tenham intervindo pessoalmente ou de que tenham conhecimento direto.

2. Às declarações das partes aplica-se o disposto no artigo 417º e ainda, com as necessárias adaptações, o estabelecido na secção anterior.

3. O tribunal aprecia livremente as declarações das partes, salvo se as mesmas constituírem confissão.

CAPÍTULO IV - Prova pericial

SECÇÃO I - Designação dos peritos

Artigo 467º - Quem realiza a perícia

1. A perícia, requerida por qualquer das partes ou determinada oficiosamente pelo juiz, é requisitada pelo tribunal a estabelecimento, laboratório ou serviço oficial apropriado ou, quando tal não seja possível ou conveniente, realizada por um único perito, nomeado pelo juiz de entre pessoas de reconhecida idoneidade e competência na matéria em causa, sem prejuízo do disposto no artigo seguinte.

2. As partes são ouvidas sobre a nomeação do perito, podendo sugerir quem deve realizar a diligência; havendo acordo das partes sobre a identidade do perito a designar, deve o juiz nomeá-lo, salvo se fundadamente tiver razões para pôr em causa a sua idoneidade ou competência.

3. As perícias médico-legais são realizadas pelos serviços médico-legais ou pelos peritos médicos contratados, nos termos previstos no diploma que as regulamenta.

4. As restantes perícias podem ser realizadas por entidade contratada pelo estabelecimento, laboratório ou serviço oficial, desde que não tenha qualquer interesse em relação ao objeto da causa nem ligação com as partes.

Artigo 468º – Perícia colegial e singular

1. A perícia é realizada por mais de um perito, até ao número de três, funcionando em moldes colegiais ou interdisciplinares:

a) Quando o juiz oficiosamente o determine, por entender que a perícia reveste especial complexidade ou exige conhecimento de matérias distintas;

b) Quando alguma das partes, nos requerimentos previstos no artigo 475º e no nº 1 do artigo 476º, requerer a realização de perícia colegial.

2. No caso previsto na alínea *b*) do número anterior, se as partes acordarem logo na nomeação dos peritos, é aplicável o disposto na segunda parte do nº 2 do artigo anterior; não havendo acordo, cada parte escolhe um dos peritos e o juiz nomeia o terceiro.

3. As partes que pretendam usar a faculdade prevista na alínea *b*) do nº 1 devem indicar logo os respetivos peritos, salvo se, alegando dificuldade justificada, pedirem a prorrogação do prazo para a indicação.

4. Se houver mais de um autor ou mais de um réu e ocorrer divergência entre eles na escolha do respetivo perito, prevalece a designação da maioria; não chegando a formar-se maioria, a nomeação devolve-se ao juiz.

5. Nas ações de valor não superior a metade da alçada da Relação, a perícia é realizada por um único perito, aplicando-se o disposto no artigo 467º.

Artigo 469º – Desempenho da função de perito

1. O perito é obrigado a desempenhar com diligência a função para que tiver sido nomeado, podendo o juiz condená-lo em multa quando infrinja os deveres de colaboração com o tribunal.

2. O perito pode ser destituído pelo juiz se desempenhar de forma negligente o encargo que lhe foi cometido, designadamente quando não apresente ou impossibilite, pela sua inércia, a apresentação do relatório pericial no prazo fixado.

Artigo 470º – Obstáculos à nomeação de peritos

1. É aplicável aos peritos o regime de impedimentos e suspeições que vigora para os juízes, com as necessárias adaptações.

2. Estão dispensados do exercício da função de perito os titulares dos órgãos de soberania ou dos órgãos equivalentes das Regiões Autónomas, bem como aqueles que, por lei, lhes estejam equiparados, os magistrados do Ministério Público em efetividade de funções e os agentes diplomáticos de países estrangeiros.

3. Podem pedir escusa da intervenção como peritos todos aqueles a quem seja inexigível o desempenho da tarefa, atentos os motivos pessoais invocados.

Artigo 471º – Verificação dos obstáculos à nomeação

1. As causas de impedimento, suspeição e dispensa legal do exercício da função de perito podem ser alegadas pelas partes e pelo próprio perito designado, consoante as circunstâncias, dentro do prazo de 10 dias a contar do conhecimento da nomeação ou, sendo superveniente o conhecimento da causa, nos 10 dias subsequentes; e podem ser oficiosamente conhecidas até à realização da diligência.

2. As escusas são requeridas pelo próprio perito, no prazo de cinco dias a contar do conhecimento da nomeação.

3. Das decisões proferidas sobre impedimentos, suspeições ou escusas não cabe recurso.

Artigo 472º – Nova nomeação de peritos

Quando houver lugar à nomeação de novo perito, em consequência do reconhecimento dos obstáculos previstos no artigo anterior, da remoção do perito inicialmente designado ou da impossibilidade superveniente de este realizar a diligência, imputável ao perito proposto pela parte, pertence ao juiz a respetiva nomeação.

Artigo 473º – Peritos estranhos à comarca

1. As partes têm o ónus de apresentar os peritos estranhos à comarca cuja nomeação hajam proposto.

2. Tratando-se de perito escolhido pelo juiz, são-lhe satisfeitas antecipadamente as despesas de deslocação.

3. Quando a diligência tiver de realizar-se por carta, a nomeação dos peritos pode ter lugar no juízo deprecado.

SECÇÃO II – Proposição e objeto da prova pericial

Artigo 474º – Desistência da diligência

A parte que requereu a diligência não pode desistir dela sem a anuência da parte contrária.

Artigo 475º – Indicação do objeto da perícia

1. Ao requerer a perícia, a parte indica logo, sob pena de rejeição, o respetivo objeto, enunciando as questões de facto que pretende ver esclarecidas através da diligência.

2. A perícia pode reportar-se, quer aos factos articulados pelo requerente, quer aos alegados pela parte contrária.

Artigo 476º – Fixação do objeto da perícia

1. Se entender que a diligência não é impertinente nem dilatória, o juiz ouve a parte contrária sobre o objeto proposto, facultando-lhe aderir a este ou propor a sua ampliação ou restrição.

2. Incumbe ao juiz, no despacho em que ordene a realização da diligência, determinar o respetivo objeto, indeferindo as questões suscitadas pelas partes que considere inadmissíveis ou irrelevantes ou ampliando-o a outras que considere necessárias ao apuramento da verdade.

Artigo 477º – Perícia oficiosamente determinada

Quando se trate de perícia oficiosamente ordenada, o juiz indica, no despacho em que determina a realização da diligência, o respetivo objeto, podendo as partes sugerir o alargamento a outra matéria.

SECÇÃO III – Realização da perícia

Artigo 478º – Fixação do começo da diligência

1. No próprio despacho em que ordene a realização da perícia e nomeie os peritos, o juiz designa a data e local para o começo da diligência, notificando-se as partes.

2. Quando se trate de exames a efetuar em institutos ou estabelecimentos oficiais, o juiz requisita ao diretor daqueles a realização da perícia, indicando o seu objeto e o prazo de apresentação do relatório pericial.

3. Quando por razões técnicas ou de serviço a perícia não puder ser realizada no prazo determinado pelo juiz, por si ou nos termos do nº 4 do artigo 467º, deve tal facto ser de imediato comunicado ao tribunal, para que este possa determinar a eventual designação de novo perito, nos termos do nº 1 do artigo 467º.

Artigo 479º – Prestação de compromisso pelos peritos

1. Os peritos nomeados prestam compromisso de cumprimento consciencioso da função que lhes é cometida, salvo se forem funcionários públicos e intervierem no exercício das suas funções.

2. O compromisso a que alude o número anterior é prestado no ato de início da diligência, quando o juiz a ela assista.

3. Se o juiz não assistir à realização da diligência, o compromisso a que se refere o nº 1 pode ser prestado mediante declaração escrita e assinada pelo perito, podendo constar do relatório pericial.

Artigo 480º – Atos de inspeção por parte dos peritos

1. Definido o objeto da perícia, procedem os peritos à inspeção e averiguações necessárias à elaboração do relatório pericial.

2. O juiz assiste à inspeção sempre que o considere necessário.

3. As partes podem assistir à diligência e fazer-se assistir por assessor técnico, nos termos previstos no artigo 50º, salvo se a perícia for suscetível de ofender o pudor ou implicar quebra de qualquer sigilo que o tribunal entenda merecer proteção.

4. As partes podem fazer ao perito as observações que entendam e devem prestar os esclarecimentos que o perito julgue necessários; se o juiz estiver presente, podem também requerer o que entendam conveniente em relação ao objeto da diligência.

Artigo 481º – Meios à disposição dos peritos

1. Os peritos podem socorrer-se de todos os meios necessários ao bom desempenho da sua função, podendo solicitar a realização de diligências ou a prestação de esclarecimentos, ou que lhes sejam facultados quaisquer elementos constantes do processo.

2. Se os peritos, para procederem à diligência, necessitarem de destruir, alterar ou inutilizar qualquer objeto, devem pedir previamente autorização ao juiz.

3. Concedida a autorização, fica nos autos a descrição exata do objeto e, sempre que possível, a sua fotografia, ou, tratando-se de documento, fotocópia devidamente conferida.

Artigo 482º – Exame de reconhecimento de letra

1. Quando o exame para o reconhecimento de letra não puder ter por base a comparação com letra constante de escrito já existente e que se saiba pertencer à pessoa a quem é atribuída, é esta notificada para comparecer perante o perito designado, devendo escrever, na sua presença, as palavras que ele indicar.

2. Quando o interessado residir fora da área da comarca e a deslocação representar sacrifício desproporcionado, é expedida carta precatória, acompanhada de um papel lacrado, contendo a indicação das palavras que o notificado há de escrever na presença do juiz deprecado.

Artigo 483º – Fixação de prazo para a apresentação de relatório

1. Quando a perícia não possa logo encerrar-se com a imediata apresentação do relatório pericial, o juiz fixa o prazo dentro do qual a diligência há de ficar concluída, que não pode exceder 30 dias.

2. Os peritos indicam às partes o dia e hora em que vão prosseguir com os atos de inspeção, sempre que lhes seja lícito assistir à continuação da diligência.

3. O prazo fixado pode ser prorrogado, por uma única vez, ocorrendo motivo justificado.

Artigo 484º – Relatório pericial

1. O resultado da perícia é expresso em relatório, no qual o perito ou peritos se pronunciam fundamentadamente sobre o respetivo objeto.

2. Tratando-se de perícia colegial, se não houver unanimidade, o discordante apresenta as suas razões.

3. Se o juiz assistir à inspeção e o perito puder de imediato pronunciar-se, o relatório é ditado para a ata.

Artigo 485º – Reclamações contra o relatório pericial

1. A apresentação do relatório pericial é notificada às partes.

2. Se as partes entenderem que há qualquer deficiência, obscuridade ou contradição no relatório pericial, ou que as conclusões não se mostram devidamente fundamentadas, podem formular as suas reclamações.

3. Se as reclamações forem atendidas, o juiz ordena que o perito complete, esclareça ou fundamente, por escrito, o relatório apresentado.

4. O juiz pode, mesmo na falta de reclamações, determinar oficiosamente a prestação dos esclarecimentos ou aditamentos previstos nos números anteriores.

Artigo 486º - Comparência dos peritos na audiência final

1. Quando alguma das partes o requeira ou o juiz o ordene, os peritos comparecem na audiência final, a fim de prestarem, sob juramento, os esclarecimentos que lhes sejam pedidos.

2. Os peritos de estabelecimentos, laboratórios ou serviços oficiais são ouvidos por teleconferência a partir do seu local de trabalho.

SECÇÃO IV - Segunda perícia

Artigo 487º - Realização de segunda perícia

1. Qualquer das partes pode requerer que se proceda a segunda perícia, no prazo de 10 dias a contar do conhecimento do resultado da primeira, alegando fundadamente as razões da sua discordância relativamente ao relatório pericial apresentado.

2. O tribunal pode ordenar oficiosamente e a todo o tempo a realização de segunda perícia, desde que a julgue necessária ao apuramento da verdade.

3. A segunda perícia tem por objeto a averiguação dos mesmos factos sobre que incidiu a primeira e destina-se a corrigir a eventual inexatidão dos resultados desta.

Artigo 488º - Regime da segunda perícia

A segunda perícia rege-se pelas disposições aplicáveis à primeira, com as ressalvas seguintes:

a) Não pode intervir na segunda perícia perito que tenha participado na primeira;

b) Quando a primeira o tenha sido, a segunda perícia será colegial, tendo o mesmo número de peritos daquela.

Artigo 489º - Valor da segunda perícia

A segunda perícia não invalida a primeira, sendo uma e outra livremente apreciadas pelo tribunal.

CAPÍTULO V - Inspeção judicial

Artigo 490º - Fim da inspeção

1. O tribunal, sempre que o julgue conveniente, pode, por sua iniciativa ou a requerimento das partes, e com ressalva da intimidade da vida privada e familiar e da dignidade humana, inspecionar coisas ou pessoas, a fim de se esclarecer sobre qualquer facto que interesse à decisão da causa, podendo deslocar-se ao local da questão ou mandar proceder à reconstituição dos factos, quando a entender necessária.

2. Incumbe à parte que requerer a diligência fornecer ao tribunal os meios adequados à sua realização, salvo se estiver isenta ou dispensada do pagamento de custas.

Artigo 491º – Intervenção das partes

As partes são notificadas do dia e hora da inspeção e podem, por si ou por seus advogados, prestar ao tribunal os esclarecimentos de que ele carecer, assim como chamar a sua atenção para os factos que reputem de interesse para a resolução da causa.

Artigo 492º – Intervenção de técnico

1. É permitido ao tribunal fazer-se acompanhar de pessoa que tenha competência para o elucidar sobre a averiguação e interpretação dos factos que se propõe observar.

2. O técnico é nomeado no despacho que ordenar a diligência e deve comparecer na audiência final.

Artigo 493º – Auto de inspeção

Da diligência é lavrado auto em que se registem todos os elementos úteis para o exame e decisão da causa, podendo o juiz determinar que se tirem fotografias para serem juntas ao processo.

Artigo 494º – Verificações não judiciais qualificadas

1. Sempre que seja legalmente admissível a inspeção judicial, mas o juiz entenda que se não justifica, face à natureza da matéria, a perceção direta dos factos pelo tribunal, pode ser incumbido técnico ou pessoa qualificada de proceder aos atos de inspeção de coisas ou locais ou de reconstituição de factos e de apresentar o seu relatório, aplicando-se, com as necessárias adaptações, o disposto nos artigos anteriores.

2. Sem prejuízo das atestações realizadas por autoridade ou oficial público, as verificações não judiciais qualificadas são livremente apreciadas pelo tribunal.

CAPÍTULO VI – Prova testemunhal

SECÇÃO I – Inabilidades para depor

Artigo 495º – Capacidade para depor como testemunha[1]

1. Têm capacidade para depor como testemunhas todos aqueles que tiverem aptidão mental para depor sobre os factos que constituam objeto da prova.

[1] O nº 1 tem a redação da L 49/2018, de 14 de agosto.

2. Incumbe ao juiz verificar a capacidade natural das pessoas arroladas como testemunhas, com vista a avaliar da admissibilidade e da credibilidade do respetivo depoimento.

Artigo 496º – Impedimentos

Estão impedidos de depor como testemunhas os que na causa possam depor como partes.

Artigo 497º – Recusa legítima a depor

1. Podem recusar-se a depor como testemunhas, salvo nas ações que tenham como objeto verificar o nascimento ou o óbito dos filhos:

a) Os ascendentes nas causas dos descendentes e os adotantes nas dos adotados, e vice-versa;

b) O sogro ou a sogra nas causas do genro ou da nora, e vice-versa;

c) Qualquer dos cônjuges, ou ex-cônjuges, nas causas em que seja parte o outro cônjuge ou ex-cônjuge;

d) Quem conviver, ou tiver convivido, em união de facto em condições análogas às dos cônjuges com alguma das partes na causa.

2. Incumbe ao juiz advertir as pessoas referidas no número anterior da faculdade que lhes assiste de se recusarem a depor.

3. Devem escusar-se a depor os que estejam adstritos ao segredo profissional, ao segredo de funcionários públicos e ao segredo de Estado, relativamente aos factos abrangidos pelo sigilo, aplicando-se neste caso o disposto no nº 4 do artigo 417º.

SECÇÃO II – Produção da prova testemunhal

Artigo 498º – Rol de testemunhas – Desistência de inquirição

1. As testemunhas são designadas no rol pelos seus nomes, profissões e moradas e por outras circunstâncias necessárias para as identificar.

2. A parte pode desistir a todo o tempo da inquirição de testemunhas que tenha oferecido, sem prejuízo da possibilidade de inquirição oficiosa, nos termos do artigo 526º.

Artigo 499º – Designação do juiz como testemunha

O juiz da causa que seja indicado como testemunha deve declarar sob juramento no processo, logo que este lhe seja concluso ou lhe vá com vista, se tem conhecimento de factos que possam influir na decisão: no caso afirmativo, é declarado impedido, não podendo a parte prescindir do seu depoimento; no caso negativo, a indicação fica sem efeito.

Artigo 500º – Lugar e momento da inquirição

As testemunhas depõem na audiência final, presencialmente ou através de teleconferência, exceto nos casos seguintes:

a) Inquirição antecipada, nos termos do artigo 419º;

b) Inquirição por carta rogatória, ou por carta precatória expedida para consulado português que não disponha de meios técnicos para a inquirição por teleconferência;

c) Inquirição na residência ou na sede dos serviços, nos termos do artigo 503º;

d) Impossibilidade de comparência no tribunal;

e) Inquirição reduzida a escrito, nos termos do artigo 517º;

f) Depoimento prestado por escrito, nos termos do artigo 518º;

g) Esclarecimentos prestados nos termos do artigo 520º.

Artigo 501º – Inquirição no local da questão

As testemunhas são inquiridas no local da questão, quando o tribunal, por sua iniciativa ou a requerimento de alguma das partes, o julgue conveniente.

Artigo 502º – Inquirição por meio tecnológico[1]

1. As testemunhas residentes fora do concelho onde se encontra sediado o tribunal ou juízo são apresentadas pelas partes, nos termos do nº 2 do artigo 507º, quando estas assim o tenham declarado aquando do seu oferecimento, ou ouvidas por meio de equipamento tecnológico que permita a comunicação, por meio visual e sonoro, em tempo real, a partir do tribunal, do juízo, de instalação do município ou da freguesia, quando protocolado, ou de outro edifício público da área da sua residência.

2. As instalações do município ou da freguesia onde seja possível a realização da inquirição por meio tecnológico são definidas em protocolo celebrado entre o Ministério da Justiça e a autarquia local em causa.

3. O tribunal da causa designa a data da audiência, depois de ouvido o tribunal, juízo ou entidade responsável pelo edifício público onde a testemunha deve prestar depoimento, e notifica-a para comparecer.

4. No dia da inquirição, a testemunha identifica-se perante o funcionário judicial do tribunal ou do juízo ou perante o funcionário do serviço público onde o depoimento é prestado, mas a partir desse momento a inquirição é efetuada perante o juiz da causa e os mandatários das partes, através de equipamento tecnológico que permita a comunicação, por meio visual e sonoro, em tempo real, sem necessidade de intervenção do juiz do local onde o depoimento é prestado.

5. Sem prejuízo do disposto em instrumentos internacionais ou europeus, as testemunhas residentes no estrangeiro são inquiridas através de equipamento tecnológico que permita a comunicação, por meio visual e sonoro, em tempo real, sempre que no local da sua residência existam os meios tecnológicos necessários.

[1] Os nºs 1, 2, 3 e 4 têm a redação do DL 97/2019, de 26 de julho.

6. Nas causas pendentes em tribunais ou juízos sediados nas Áreas Metropolitanas de Lisboa e do Porto não há lugar a inquirição por meio de equipamento tecnológico que permita a comunicação, por meio visual e sonoro, em tempo real, quando a testemunha a inquirir resida na respetiva área metropolitana, ressalvando-se os casos previstos no artigo 520º.

Artigo 503º – Prerrogativas de inquirição

1. Gozam da prerrogativa de ser inquiridos na sua residência ou na sede dos respetivos serviços:

a) O Presidente da República;

b) Os agentes diplomáticos estrangeiros que concedam idêntica regalia aos representantes de Portugal.

2. Gozam de prerrogativa de depor primeiro por escrito, se preferirem, além das entidades previstas no número anterior:

a) Os membros do Conselho de Estado;

b) Os membros dos órgãos de soberania, com exclusão dos tribunais, e dos órgãos equivalentes das Regiões Autónomas;

c) Os juízes dos tribunais superiores;

d) O Provedor de Justiça;

e) O Procurador-Geral da República e o Vice-Procurador-Geral da República;

f) Os membros do Conselho Superior da Magistratura, do Conselho Superior dos Tribunais Administrativos e Fiscais e do Conselho Superior do Ministério Público;

g) Os oficiais generais das Forças Armadas;

h) Os altos dignitários de confissões religiosas;

i) O bastonário da Ordem dos Advogados e o presidente da Câmara dos Solicitadores.

3. Ao indicar como testemunha uma das entidades designadas nos números anteriores, a parte deve especificar os factos sobre que pretende o depoimento.

Artigo 504º – Inquirição do Presidente da República

1. Quando se ofereça como testemunha o Presidente da República, o juiz faz a respetiva comunicação ao Ministério da Justiça, que a transmite, por intermédio da Presidência do Conselho de Ministros, à Presidência da República.

2. Se o Presidente da República declarar que não tem conhecimento dos factos sobre que foi pedido o seu depoimento, este não tem lugar.

3. Se o Presidente da República preferir, relata por escrito o que souber sobre os factos; o tribunal ou qualquer das partes, com o consentimento do tribunal, podem formular, também por escrito e por uma só vez, os pedidos de esclarecimento que entenderem.

4. Da recusa de consentimento prevista no número anterior não cabe recurso.

5. Se o Presidente da República declarar que está pronto a depor, o juiz solicita à Secretaria-Geral da Presidência da República a indicação do dia, hora e local em que deve ser prestado o depoimento.

6. O interrogatório é feito pelo juiz; as partes podem assistir à inquirição com os seus advogados, mas não podem fazer perguntas ou instâncias, devendo dirigir-se ao juiz quando julguem necessário algum esclarecimento ou aditamento.

Artigo 505º – Inquirição de outras entidades

1. Quando se ofereça como testemunha alguma pessoa das compreendidas na alínea *b*) do nº 1 do artigo 503º, são observadas as normas de direito internacional; na falta destas, se a pessoa preferir depor por escrito, aplica-se o regime dos números seguintes; se não, é fixado, de acordo com essa pessoa, o dia, hora e local para a sua inquirição, prescindindo-se da notificação e observando-se quanto ao mais as disposições comuns.

2. Quando se ofereça como testemunha alguma pessoa das compreendidas no nº 2 do artigo 503º, é-lhe dado conhecimento pelo tribunal do oferecimento, bem como dos factos sobre que deve recair o seu depoimento.

3. Se alguma dessas pessoas preferir depor por escrito, remete ao tribunal da causa, no prazo de 10 dias a contar da data do conhecimento referido no número anterior, declaração, sob compromisso de honra, relatando o que sabe quanto aos factos indicados; o tribunal e qualquer das partes podem, uma única vez, solicitar esclarecimentos igualmente por escrito, para a prestação dos quais se estabelece um prazo de 10 dias.

4. A parte que tiver indicado a testemunha pode solicitar a sua audiência em tribunal, justificando devidamente a necessidade dessa audiência para completo esclarecimento do caso; o juiz decide, sem recurso.

5. Não tendo a testemunha remetido a declaração referida no nº 3, não tendo respeitado os prazos ali estabelecidos, ou decidindo o juiz que é necessária a sua presença, é a mesma testemunha notificada para depor.

Artigo 506º – Pessoas impossibilitadas de comparecer por doença

Quando se mostre que a testemunha está impossibilitada de comparecer no tribunal por motivo de doença, observa-se o disposto no artigo 457º e o juiz faz o interrogatório, bem como as instâncias.

Artigo 507º – Designação das testemunhas para inquirição e notificação[1]

1. O juiz designa, para cada dia de inquirição, o número de testemunhas que provavelmente possam ser inquiridas.

2. As testemunhas são apresentadas pelas partes, salvo se a parte que as indicou requerer, com a apresentação do rol, a sua notificação para comparência ou se forem inquiridas por teleconferência.

[1] O nº 2 tem a redação do DL 97/2019, de 26 de julho.

Artigo 508º – Consequências do não comparecimento da testemunha[1]

1. Findo o prazo a que alude o nº 2 do artigo 598º, assiste ainda à parte a faculdade de substituir testemunhas nos casos previstos no nº 3; a substituição deve ser requerida logo que a parte tenha conhecimento do facto que a determina.

2. A falta de testemunha não constitui motivo de adiamento dos outros atos de produção de prova, sendo as testemunhas presentes ouvidas, mesmo que tal implique alteração da ordem referida na primeira parte do nº 1 do artigo 512º.

3. No caso de a parte não prescindir de alguma testemunha faltosa, observa-se o seguinte:

a) Se ocorrer impossibilidade definitiva para depor, posterior à sua indicação, a parte tem a faculdade de a substituir;

b) Se a impossibilidade for meramente temporária ou a testemunha tiver mudado de residência depois de oferecida, bem como se não tiver sido notificada, devendo tê-lo sido, ou se deixar de comparecer por outro impedimento legítimo, a parte pode substituí-la ou requerer o adiamento da inquirição pelo prazo que se afigure indispensável, nunca excedente a 30 dias;

c) Se faltar sem motivo justificado e não for encontrada para vir depor nos termos do número seguinte, pode ser substituída.

4. O juiz ordena que a testemunha que sem justificação tenha faltado compareça sob custódia, sem prejuízo da multa aplicável, que é logo fixada em ata.

5. A sanção referida no número anterior não é aplicada à testemunha faltosa quando o julgamento seja adiado por razão diversa da respetiva falta, desde que a parte se comprometa a apresentá-la no dia designado para a realização da audiência.

Artigo 509º – Adiamento da inquirição

Salvo acordo das partes, não pode haver segundo adiamento da inquirição de testemunha faltosa.

Artigo 510º – Substituição de testemunhas

1. No caso de substituição de alguma das testemunhas, não é admissível a prestação do depoimento sem que hajam decorrido cinco dias sobre a data em que a substituição à parte contrária foi notificada, salvo se esta prescindir do prazo; se não for legalmente possível o adiamento da inquirição, de modo a respeitar aquele prazo, fica a substituição sem efeito, a requerimento da parte contrária.

2. Não é admissível a inquirição por carta de testemunhas oferecidas em substituição das inicialmente indicadas.

3. O disposto no nº 1 não prejudica a possibilidade de o juiz ordenar a inquirição, nos termos do artigo 526º.

[1] Tomou-se em linha de conta a Declaração de Retificação nº 36/2013 (DR, 1ª série, nº 154, de 12/8).

Artigo 511º – Limite do número de testemunhas

1. Os autores não podem oferecer mais de 10 testemunhas, para prova dos fundamentos da ação; igual limitação se aplica aos réus que apresentem uma única contestação; nas ações de valor não superior à alçada do tribunal de 1ª instância, o limite do número de testemunhas é reduzido para metade.

2. No caso de reconvenção, cada uma das partes pode oferecer também até 10 testemunhas, para prova dela e da respetiva defesa.

3. Consideram-se não escritos os nomes das testemunhas que no rol ultrapassem o número legal.

4. Atendendo à natureza e extensão dos temas da prova, pode o juiz, por decisão irrecorrível, admitir a inquirição de testemunhas para além do limite previsto no nº 1.

Artigo 512º – Ordem dos depoimentos

1. Antes de começar a inquirição, as testemunhas são recolhidas a uma sala, donde saem para depor pela ordem em que estiverem mencionadas no rol, primeiro as do autor e depois as do réu, salvo se o juiz determinar que a ordem seja alterada ou as partes acordarem na alteração.

2. Se, porém, figurar como testemunha algum funcionário da secretaria, é ele o primeiro a depor, ainda que tenha sido oferecido pelo réu.

Artigo 513º – Juramento e interrogatório preliminar

1. O juiz, depois de observar o disposto no artigo 459º, procura identificar a testemunha e pergunta-lhe se é parente, amigo ou inimigo de qualquer das partes, se está para com elas nalguma relação de dependência e se tem interesse, direto ou indireto, na causa.

2. Quando verifique pelas respostas que o declarante é inábil para ser testemunha ou que não é a pessoa que fora oferecida, o juiz não a admite a depor.

Artigo 514º – Fundamentos da impugnação

A parte contra a qual for produzida a testemunha pode impugnar a sua admissão com os mesmos fundamentos por que o juiz deve obstar ao depoimento.

Artigo 515º – Incidente da impugnação

1. A impugnação é deduzida quando terminar o interrogatório preliminar; se for de admitir, a testemunha é perguntada à matéria de facto e, se a não confessar, pode o impugnante comprová-la por documentos ou testemunhas que apresente nesse ato, não podendo produzir mais de três testemunhas.

2. O tribunal decide imediatamente se a testemunha deve depor.

3. Quando se procede ao registo ou gravação do depoimento, são objeto de registo, por igual modo, os fundamentos de impugnação, as respostas da testemunha e os depoimentos das que tiverem sido inquiridas sobre o incidente.

Artigo 516º – Regime do depoimento

1. A testemunha depõe com precisão sobre a matéria dos temas da prova, indicando a razão da ciência e quaisquer circunstâncias que possam justificar o conhecimento; a razão da ciência invocada é, quando possível, especificada e fundamentada.

2. O interrogatório é feito pelo advogado da parte que ofereceu a testemunha, podendo o advogado da outra parte fazer-lhe, quanto aos factos sobre que tiver deposto, as instâncias indispensáveis para se completar ou esclarecer o depoimento.

3. O juiz deve obstar a que os advogados tratem desprimorosamente a testemunha e lhe façam perguntas ou considerações impertinentes, sugestivas, capciosas ou vexatórias.

4. O interrogatório e as instâncias são feitos pelos mandatários das partes, sem prejuízo dos esclarecimentos pedidos pelo juiz ou de este poder fazer as perguntas que julgue convenientes para o apuramento da verdade.

5. O juiz avoca o interrogatório quando tal se mostrar necessário para assegurar a tranquilidade da testemunha ou pôr termo a instâncias inconvenientes.

6. A testemunha, antes de responder às perguntas que lhe sejam feitas, pode consultar o processo, exigir que lhe sejam mostrados determinados documentos que nele existam, ou apresentar documentos destinados a corroborar o seu depoimento; só são recebidos e juntos ao processo os documentos que a parte respetiva não pudesse ter oferecido.

7. É aplicável ao depoimento das testemunhas o disposto no nº 2 do artigo 461º.

Artigo 517º – Inquirição por acordo das partes

1. Havendo acordo das partes, a testemunha pode ser inquirida pelos mandatários judiciais no domicílio profissional de um deles, devendo tal inquirição constar de uma ata, datada e assinada pelo depoente e pelos mandatários das partes, da qual conste a relação discriminada dos factos a que a testemunha assistiu ou que verificou pessoalmente e das razões de ciência invocadas, aplicando-se-lhe ainda o disposto nos nºs 1, 2 e 4 do artigo 519º.

2. A ata de inquirição de testemunha efetuada ao abrigo do disposto no número anterior pode ser apresentada até ao encerramento da discussão em 1ª instância.

Artigo 518º – Depoimento apresentado por escrito

1. Quando se verificar impossibilidade ou grave dificuldade de comparência no tribunal, pode o juiz autorizar, havendo acordo das partes, que o depoimento da testemunha seja prestado através de documento escrito, datado e assinado pelo seu autor, do qual conste relação discriminada dos factos a que assistiu ou que verificou pessoalmente e das razões de ciência invocadas.

2. Incorre nas penas cominadas para o crime de falsidade de testemunho quem, pela forma constante do número anterior, prestar depoimento falso.

Artigo 519º – Requisitos de forma

1. O escrito a que se refere o artigo anterior menciona todos os elementos de identificação do depoente, indica se existe alguma relação de parentesco, afinidade, amizade ou dependência com as partes, ou qualquer interesse na ação.

2. Deve ainda o depoente declarar expressamente que o escrito se destina a ser apresentado em juízo e que está consciente de que a falsidade das declarações dele constantes o faz incorrer em responsabilidade criminal.

3. A assinatura deve mostrar-se reconhecida notarialmente, quando não for possível a exibição do respetivo documento de identificação.

4. Quando o entenda necessário, pode o juiz, oficiosamente ou a requerimento das partes, determinar, sendo ainda possível, a renovação do depoimento na sua presença, caso em que a testemunha é notificada pelo tribunal, ou a prestação de quaisquer esclarecimentos que se revelem necessários, por escrito a que se aplica o disposto nos números anteriores.

Artigo 520º – Comunicação direta do tribunal com o depoente

1. Quando ocorra impossibilidade ou grave dificuldade de atempada comparência de quem deva depor na audiência, pode o juiz determinar, com o acordo das partes, que sejam prestados, através da utilização de telefone ou outro meio de comunicação direta do tribunal com o depoente, quaisquer esclarecimentos indispensáveis à boa decisão da causa, desde que a natureza dos factos a averiguar ou esclarecer se mostre compatível com a diligência.

2. O tribunal deve assegurar-se, pelos meios possíveis, da autenticidade e plena liberdade da prestação do depoimento, designadamente determinando que o depoente seja acompanhado por oficial de justiça durante a prestação daquele e devendo ficar a constar da ata o seu teor e as circunstâncias em que foi colhido.

3. É aplicável ao caso previsto neste artigo o disposto no artigo 513º e na primeira parte do nº 4 do artigo anterior.

Artigo 521º – Contradita

A parte contra a qual for produzida a testemunha pode contraditá-la, alegando qualquer circunstância capaz de abalar a credibilidade do depoimento, quer por afetar a razão da ciência invocada pela testemunha, quer por diminuir a fé que ela possa merecer.

Artigo 522º – Como se processa

1. A contradita é deduzida quando o depoimento termina.

2. Se a contradita dever ser recebida, é ouvida a testemunha sobre a matéria alegada; quando esta não seja confessada, a parte pode comprová-la por documentos ou testemunhas, não podendo produzir mais de três testemunhas.

3. As testemunhas sobre a matéria da contradita têm de ser apresentadas e inquiridas imediatamente; os documentos podem ser oferecidos até ao momento em que deva ser proferida decisão sobre os factos da causa.

4. É aplicável à contradita o disposto no nº 3 do artigo 515º.

Artigo 523º - Acareação

Se houver oposição direta, acerca de determinado facto, entre os depoimentos das testemunhas ou entre eles e o depoimento da parte, pode ter lugar, oficiosamente ou a requerimento de qualquer das partes, a acareação das pessoas em contradição.

Artigo 524º - Como se processa

1. Estando as pessoas presentes, a acareação faz-se imediatamente; não estando, é designado dia para a diligência.

2. Se as pessoas a acarear tiverem deposto por carta precatória no mesmo tribunal, é ao tribunal deprecado que incumbe realizar a diligência, salvo se o juiz da causa ordenar a comparência perante ele das pessoas que importa acarear, ponderado o sacrifício que a deslocação represente.

3. Caso os depoimentos devam ser gravados ou registados, é registado, de igual modo, o resultado da acareação.

Artigo 525º - Abono das despesas e indemnização

A testemunha que haja sido notificada para comparecer, resida ou não na sede do tribunal e tenha ou não prestado o depoimento, pode requerer, até ao encerramento da audiência, o pagamento das despesas de deslocação e a fixação de uma indemnização equitativa.

Artigo 526º - Inquirição por iniciativa do tribunal

1. Quando, no decurso da ação, haja razões para presumir que determinada pessoa, não oferecida como testemunha, tem conhecimento de factos importantes para a boa decisão da causa, deve o juiz ordenar que seja notificada para depor.

2. O depoimento só se realiza depois de decorridos cinco dias, se alguma das partes requerer a fixação de prazo para a inquirição.

TÍTULO VI - Das custas, multas e indemnização

CAPÍTULO I - Custas - Princípios gerais

Artigo 527º - Regra geral em matéria de custas

1. A decisão que julgue a ação ou algum dos seus incidentes ou recursos condena em custas a parte que a elas houver dado causa ou, não havendo vencimento da ação, quem do processo tirou proveito.

2. Entende-se que dá causa às custas do processo a parte vencida, na proporção em que o for.

3. No caso de condenação por obrigação solidária, a solidariedade estende-se às custas.

CAPÍTULO II – Regras especiais

Artigo 528º – Regras relativas ao litisconsórcio e coligação

1. Tendo ficado vencidos, na totalidade, vários autores ou vários réus litisconsortes, estes respondem pelas custas em partes iguais.

2. Nos casos de transação de algum dos litisconsortes, aqueles que transigirem beneficiam de uma redução de 50% no valor das custas.

3. Quando o vencimento de algum dos litisconsortes for somente parcial, a responsabilidade por custas toma tal circunstância em consideração, nos termos fixados no Regulamento das Custas Processuais.

4. Quando haja coligação de autores ou réus, a responsabilidade por custas é determinada individualmente nos termos gerais fixados no nº 2 do artigo anterior.

Artigo 529º – Custas processuais

1. As custas processuais abrangem a taxa de justiça, os encargos e as custas de parte.

2. A taxa de justiça corresponde ao montante devido pelo impulso processual de cada interveniente e é fixado em função do valor e complexidade da causa, nos termos do Regulamento das Custas Processuais.

3. São encargos do processo todas as despesas resultantes da condução do mesmo, requeridas pelas partes ou ordenadas pelo juiz da causa.

4. As custas de parte compreendem o que cada parte haja despendido com o processo e tenha direito a ser compensada em virtude da condenação da parte contrária, nos termos do Regulamento das Custas Processuais.

Artigo 530º – Taxa de justiça

1. A taxa de justiça é paga apenas pela parte que demande na qualidade de autor ou réu, exequente ou executado, requerente ou requerido, recorrente e recorrido, nos termos do disposto no Regulamento das Custas Processuais.

2. No caso de reconvenção ou intervenção principal, só é devida taxa de justiça suplementar quando o reconvinte deduza um pedido distinto do autor.

3. Não se considera distinto o pedido, designadamente, quando a parte pretenda conseguir, em seu benefício, o mesmo efeito jurídico que o autor se propõe obter ou quando a parte pretenda obter a mera compensação de créditos.

4. Havendo litisconsórcio, o litisconsorte que figurar como parte primeira na petição inicial, reconvenção ou requerimento deve proceder ao pagamento da totalidade da taxa de justiça, salvaguardando-se o direito de regresso sobre os litisconsortes.

5. Nos casos de coligação, cada autor, reconvinte, exequente ou requerente é responsável pelo pagamento da respetiva taxa de justiça, sendo o valor desta o fixado nos termos do Regulamento das Custas Processuais.

6. Nas ações propostas por sociedades comerciais que tenham dado entrada em qualquer tribunal, no ano anterior, 200 ou mais ações, procedimentos ou execuções, a taxa de justiça é fixada nos termos do Regulamento das Custas Processuais.

7. Para efeitos de condenação no pagamento de taxa de justiça, consideram-se de especial complexidade as ações e os procedimentos cautelares que:

a) Contenham articulados ou alegações prolixas;

b) Digam respeito a questões de elevada especialização jurídica, especificidade técnica ou importem a análise combinada de questões jurídicas de âmbito muito diverso; ou

c) Impliquem a audição de um elevado número de testemunhas, a análise de meios de prova complexos ou a realização de várias diligências de produção de prova morosas.

Artigo 531º – Taxa sancionatória excecional

Por decisão fundamentada do juiz, pode ser excecionalmente aplicada uma taxa sancionatória quando a ação, oposição, requerimento, recurso, reclamação ou incidente seja manifestamente improcedente e a parte não tenha agido com a prudência ou diligência devida.

Artigo 532º – Encargos

1. Salvo o disposto na lei que regula o acesso ao direito, cada parte paga os encargos a que tenha dado origem e que se forem produzindo no processo.

2. Os encargos são da responsabilidade da parte que requereu a diligência ou, quando tenha sido realizada oficiosamente, da parte que aproveita da mesma.

3. Quando todas as partes tenham o mesmo interesse na diligência ou realização da despesa, tirem igual proveito da diligência ou despesa ou não se consiga determinar quem é a parte interessada, são os encargos repartidos de modo igual entre as partes.

4. São exclusivamente suportados pela parte requerente, independentemente do vencimento ou da condenação em custas, os encargos com a realização de diligências manifestamente desnecessárias e de caráter dilatório.

5. A aplicação da norma referida no número anterior depende sempre de determinação do juiz.

Artigo 533º – Custas de parte

1. Sem prejuízo do disposto no nº 4, as custas da parte vencedora são suportadas pela parte vencida, na proporção do seu decaimento e nos termos previstos no Regulamento das Custas Processuais.

2. Compreendem-se nas custas de parte, designadamente, as seguintes despesas:

a) As taxas de justiça pagas;

b) Os encargos efetivamente suportados pela parte;

c) As remunerações pagas ao agente de execução e as despesas por este efetuadas;

d) Os honorários do mandatário e as despesas por este efetuadas.

3. As quantias referidas no número anterior são objeto de nota discriminativa e justificativa, na qual devem constar também todos os elementos essenciais relativos ao processo e às partes.

4. O autor que, podendo recorrer a estruturas de resolução alternativa de litígios, opte pelo recurso ao processo judicial, suporta as suas custas de parte independentemente do resultado da ação, salvo quando a parte contrária tenha inviabilizado a utilização desse meio de resolução alternativa do litígio.

5. As estruturas de resolução alternativa de litígios referidos no número anterior constam de portaria do membro do Governo responsável pela área da justiça.

Artigo 534º – Atos e diligências que não entram na regra geral das custas

1. A responsabilidade do vencido no tocante às custas não abrange os atos e incidentes supérfluos, nem as diligências e atos que houverem de repetir-se por culpa de algum funcionário judicial, nem as despesas a que der causa o adiamento de ato judicial por falta não justificada de pessoa que devia comparecer.

2. Devem reputar-se supérfluos os atos e incidentes desnecessários para a declaração ou defesa do direito; as custas destes atos ficam à conta de quem os requereu, as custas dos outros atos a que se refere o nº 1 são pagas pelo funcionário ou pela pessoa respetiva.

3. O funcionário ou agente de execução que der causa à anulação de atos do processo responde pelo prejuízo que resulte da anulação, nos termos fixados pelo regime da responsabilidade civil extracontratual do Estado.

Artigo 535º – Responsabilidade do autor pelas custas

1. Quando o réu não tenha dado causa à ação e a não conteste, são as custas pagas pelo autor.

2. Entende-se que o réu não deu causa à ação:

a) Quando o autor se proponha exercer um mero direito potestativo, que não tenha origem em qualquer facto ilícito praticado pelo réu;

b) Quando a obrigação do réu só se vencer com a citação ou depois de proposta a ação;

c) Quando o autor, munido de um título com manifesta força executiva, recorra ao processo de declaração;

d) Quando o autor, podendo logo interpor recurso de revisão, faça uso sem necessidade do processo de declaração.

3. Ainda que o autor se proponha exercer um mero direito potestativo, as custas são pagas pelo réu vencido, quando a finalidade da ação seja de proteção a este.

Artigo 536º – Repartição das custas

1. Quando a demanda do autor ou requerente ou a oposição do réu ou requerido eram fundadas no momento em que foram intentadas ou deduzidas e deixaram de o ser por circunstâncias supervenientes a estes não imputáveis, as custas são repartidas entre aqueles em partes iguais.

2. Considera-se que ocorreu uma alteração das circunstâncias não imputável às partes quando:

a) A pretensão do autor ou requerido ou oposição do réu ou requerente se houverem fundado em disposição legal entretanto alterada ou revogada;

b) Quando ocorra uma reversão de jurisprudência constante em que se haja fundado a pretensão do autor ou requerente ou oposição do réu ou requerido;

c) Quando ocorra, no decurso do processo, prescrição ou amnistia;

d) Quando, em processo de execução, o património que serviria de garantia aos credores se tiver dissipado por facto não imputável ao executado;

e) Quando se trate de ação tendente à satisfação de obrigações pecuniárias e venha a ocorrer a declaração de insolvência do réu ou executado, desde que, à data da propositura da ação, não fosse previsível para o autor a referida insolvência.

3. Nos restantes casos de extinção da instância por impossibilidade ou inutilidade superveniente da lide, a responsabilidade pelas custas fica a cargo do autor ou requerente, salvo se tal impossibilidade ou inutilidade for imputável ao réu ou requerido, caso em que é este o responsável pela totalidade das custas.

4. Considera-se, designadamente, que é imputável ao réu ou requerido a inutilidade superveniente da lide quando esta decorra da satisfação voluntária, por parte deste, da pretensão do autor ou requerente, fora dos casos previstos no nº 2 do artigo anterior e salvo se, em caso de acordo, as partes acordem a repartição das custas.

Artigo 537º – Custas no caso de confissão, desistência ou transação

1. Quando a causa termine por desistência ou confissão, as custas são pagas pela parte que desistir ou confessar; e, se a desistência ou confissão for parcial, a responsabilidade pelas custas é proporcional à parte de que se desistiu ou que se confessou.

2. No caso de transação, as custas são pagas a meio, salvo acordo em contrário, mas quando a transação se faça entre uma parte isenta ou dispensada do pagamento de custas e outra não isenta nem dispensada, o juiz, ouvido o Ministério Público, determinará a proporção em que as custas devem ser pagas.

Artigo 538º – Custas devidas pela intervenção acessória e assistência

1. Aquele cuja intervenção na causa seja aceite e assuma a qualidade de assistente é responsável, se o assistido decair, pelo pagamento de custas nos termos definidos no Regulamento das Custas Processuais.

2. Nos casos de intervenção do Ministério Público, só são devidas custas quando este não beneficiar de isenção para uma eventual intervenção como parte principal em questão controvertida idêntica.

Artigo 539º – Custas dos procedimentos cautelares, dos incidentes e das notificações

1. A taxa de justiça dos procedimentos cautelares e dos incidentes é paga pelo requerente e, havendo oposição, pelo requerido.

2. Quando se trate de procedimentos cautelares, a taxa de justiça paga é atendida, a final, na ação respetiva.

3. A taxa de justiça no processo de produção de prova antecipada é paga pelo requerente e atendida na ação que for entretanto proposta.

4. A taxa de justiça das notificações avulsas é paga pelo requerente.

Artigo 540º – Pagamento dos honorários pelas custas

Os mandatários judiciais e técnicos da parte vencedora podem requerer que o seu crédito por honorários, despesas e adiantamentos seja, total ou parcialmente, satisfeito pelas custas que o seu constituinte tem direito a receber da parte vencida, sendo sempre ouvida a parte vencedora.

Artigo 541º – Garantia de pagamento das custas

As custas da execução, incluindo os honorários e despesas devidos ao agente de execução, apensos e respetiva ação declarativa saem precípuas do produto dos bens penhorados.

CAPÍTULO III – Multas e indemnização

Artigo 542º – Responsabilidade no caso de má-fé – Noção de má-fé

1. Tendo litigado de má-fé, a parte é condenada em multa e numa indemnização à parte contrária, se esta a pedir.

2. Diz-se litigante de má-fé quem, com dolo ou negligência grave:

a) Tiver deduzido pretensão ou oposição cuja falta de fundamento não devia ignorar;

b) Tiver alterado a verdade dos factos ou omitido factos relevantes para a decisão da causa;

c) Tiver praticado omissão grave do dever de cooperação;

d) Tiver feito do processo ou dos meios processuais um uso manifestamente reprovável, com o fim de conseguir um objetivo ilegal, impedir a descoberta da verdade, entorpecer a ação da justiça ou protelar, sem fundamento sério, o trânsito em julgado da decisão.

3. Independentemente do valor da causa e da sucumbência, é sempre admitido recurso, em um grau, da decisão que condene por litigância de má-fé.

Artigo 543º – Conteúdo da indemnização

1. A indemnização pode consistir:

a) No reembolso das despesas a que a má-fé do litigante tenha obrigado a parte contrária, incluindo os honorários dos mandatários ou técnicos;

b) No reembolso dessas despesas e na satisfação dos restantes prejuízos sofridos pela parte contrária como consequência direta ou indireta da má-fé.

2. O juiz opta pela indemnização que julgue mais adequada à conduta do litigante de má-fé, fixando-a sempre em quantia certa.

3. Se não houver elementos para se fixar logo na sentença a importância da indemnização, são ouvidas as partes e fixa-se depois, com prudente arbítrio, o que parecer razoável, podendo reduzir-se aos justos limites as verbas de despesas e de honorários apresentadas pela parte.

4. Os honorários são pagos diretamente ao mandatário, salvo se a parte mostrar que o seu patrono já está embolsado.

Artigo 544º – Responsabilidade do representante de incapazes

Quando a parte for um incapaz, a responsabilidade das custas, da multa e da indemnização recai sobre o seu representante que esteja de má-fé na causa.

Artigo 545º – Responsabilidade do mandatário

Quando se reconheça que o mandatário da parte teve responsabilidade pessoal e direta nos atos pelos quais se revelou a má-fé na causa, dar-se-á conhecimento do facto à respetiva associação pública profissional, para que esta possa aplicar sanções e condenar o mandatário na quota-parte das custas, multa e indemnização que lhe parecer justa.

TÍTULO VII – Das formas de processo

CAPÍTULO I – Disposições gerais

Artigo 546º – Processo comum e processos especiais

1. O processo pode ser comum ou especial.

2. O processo especial aplica-se aos casos expressamente designados na lei; o processo comum é aplicável a todos os casos a que não corresponda processo especial.

Artigo 547º – Adequação formal

O juiz deve adotar a tramitação processual adequada às especificidades da causa e adaptar o conteúdo e a forma dos atos processuais ao fim que visam atingir, assegurando um processo equitativo.

CAPÍTULO II – Processo de declaração

Artigo 548º – Forma do processo comum

O processo comum de declaração segue forma única.

Artigo 549º – Disposições reguladoras do processo especial

1. Os processos especiais regulam-se pelas disposições que lhes são próprias e pelas disposições gerais e comuns; em tudo o quanto não estiver prevenido numas e noutras, observa-se o que se acha estabelecido para o processo comum.

2. Quando haja lugar a venda de bens, esta é feita pelas formas estabelecidas para o processo de execução e precedida das citações ordenadas no artigo 786º, observando-se quanto à reclamação e verificação dos créditos as disposições dos artigos

788º e seguintes, com as necessárias adaptações, incumbindo ao oficial de justiça a prática dos atos que, no âmbito do processo executivo, são da competência do agente de execução.

CAPÍTULO III - Processo de execução

Artigo 550º - Forma do processo comum

1. O processo comum para pagamento de quantia certa é ordinário ou sumário.

2. Emprega-se o processo sumário nas execuções baseadas:

a) Em decisão arbitral ou judicial nos casos em que esta não deva ser executada no próprio processo;

b) Em requerimento de injunção ao qual tenha sido aposta fórmula executória;

c) Em título extrajudicial de obrigação pecuniária vencida, garantida por hipoteca ou penhor;

d) Em título extrajudicial de obrigação pecuniária vencida cujo valor não exceda o dobro da alçada do tribunal de 1ª instância.

3. Não é, porém, aplicável a forma sumária:

a) Nos casos previstos nos artigos 714º e 715º;

b) Quando a obrigação exequenda careça de ser liquidada na fase executiva e a liquidação não dependa de simples cálculo aritmético;

c) Quando, havendo título executivo diverso de sentença apenas contra um dos cônjuges, o exequente alegue a comunicabilidade da dívida no requerimento executivo;

d) Nas execuções movidas apenas contra o devedor subsidiário que não haja renunciado ao benefício da excussão prévia.

4. O processo comum para entrega de coisa certa e para prestação de facto segue forma única.

Artigo 551º - Disposições reguladoras

1. São subsidiariamente aplicáveis ao processo de execução, com as necessárias adaptações, as disposições reguladoras do processo de declaração que se mostrem compatíveis com a natureza da ação executiva.

2. À execução para entrega de coisa certa e para prestação de facto são aplicáveis, na parte em que o puderem ser, as disposições relativas à execução para pagamento de quantia certa.

3. À execução sumária aplicam-se subsidiariamente as disposições do processo ordinário.

4. Às execuções especiais aplicam-se subsidiariamente as disposições do processo ordinário.

5. O processo de execução corre em tribunal quando seja requerida ou decorra da lei a prática de ato da competência da secretaria ou do juiz e até à prática do mesmo.

LIVRO III – DO PROCESSO DE DECLARAÇÃO

TÍTULO I – Dos articulados

CAPÍTULO I – Petição inicial

Artigo 552º – Requisitos da petição inicial[1]

1. Na petição, com que propõe a ação, deve o autor:

a) Designar o tribunal e respetivo juízo em que a ação é proposta e identificar as partes, indicando os seus nomes, domicílios ou sedes e, obrigatoriamente, no que respeita ao autor, e sempre que possível, relativamente às demais partes, números de identificação civil e de identificação fiscal, profissões e locais de trabalho;

b) Indicar o domicílio profissional do mandatário judicial;

c) Indicar a forma do processo;

d) Expor os factos essenciais que constituem a causa de pedir e as razões de direito que servem de fundamento à ação;

e) Formular o pedido;

f) Declarar o valor da causa;

g) Designar o agente de execução incumbido de efetuar a citação ou o mandatário judicial responsável pela sua promoção.

2. Para o efeito da identificação das partes que sejam pessoa coletiva nos termos da alínea *a*) do número anterior, o mandatário judicial constituído pelo autor que apresente a petição por via eletrónica indica o respetivo número de identificação de pessoa coletiva ou, relativamente às entidades não abrangidas pelo regime jurídico do Registo Nacional de Pessoas Coletivas, o seu número de identificação fiscal, ficando esta identificação sujeita a confirmação no sistema informático de suporte à atividade

[1] Redação do DL 97/2019, de 26 de julho.

dos tribunais, o qual devolve, para validação, os dados constantes das bases de dados do ficheiro central de pessoas coletivas do Registo Nacional de Pessoas Coletivas ou da Autoridade Tributária e Aduaneira, consoante os casos.

3. Para efeito do disposto no número anterior, e visando garantir a identificação unívoca da parte, o mandatário judicial pode efetuar, através do sistema de informação de suporte à atividade dos tribunais, pesquisas nas bases de dados do ficheiro central de pessoas coletivas do Registo Nacional de Pessoas Coletivas ou da Autoridade Tributária e Aduaneira.

4. Sendo a identificação da parte efetuada nos termos dos nºs 2 e 3, a informação prevista na alínea *a*) do nº 1 é transmitida ao sistema informático de suporte à atividade dos tribunais pelas bases de dados do ficheiro central de pessoas coletivas do Registo Nacional de Pessoas Coletivas ou da Autoridade Tributária e Aduaneira, podendo a mesma ser atualizada, de forma automática, durante o processo, sempre que ocorrer alteração nas referidas bases de dados.

5. Caso a parte a identificar seja pessoa coletiva cuja informação não conste das bases de dados do ficheiro central de pessoas coletivas do Registo Nacional de Pessoas Coletivas ou da Autoridade Tributária e Aduaneira, ou caso por motivos técnicos não seja possível a identificação nos termos dos números anteriores, a identificação é efetuada através do preenchimento do formulário disponibilizado no sistema informático de suporte à atividade dos tribunais, nos termos a definir na portaria prevista no nº 2 do artigo 132º, a qual regulamenta, igualmente, o disposto nos números anteriores.

6. No final da petição, o autor deve apresentar o rol de testemunhas e requerer outros meios de prova; caso o réu conteste, o autor é admitido a alterar o requerimento probatório inicialmente apresentado, podendo fazê-lo na réplica, caso haja lugar a esta, ou no prazo de 10 dias a contar da notificação da contestação.

7. O autor deve, com a apresentação da petição inicial, comprovar o prévio pagamento da taxa de justiça devida ou a concessão do benefício de apoio judiciário, na modalidade de dispensa do mesmo, nos termos definidos na portaria prevista no nº 2 do artigo 132º

8. Quando, ao abrigo do disposto no nº 7 do artigo 144º, a petição inicial seja apresentada por mandatário judiciário por uma das formas previstas nas alíneas *a*) a *c*) do nº 7 do mesmo artigo, o autor deve juntar à petição inicial o documento comprovativo do prévio pagamento da taxa de justiça devida ou da concessão do benefício de apoio judiciário, na modalidade de dispensa do mesmo.

9. Sendo requerida a citação nos termos do artigo 561º, e faltando, à data da apresentação da petição em juízo, menos de cinco dias para o termo do prazo de caducidade ou ocorrendo outra razão de urgência, deve o autor comprovar que requereu o pedido de apoio judiciário mas este ainda não foi concedido, nos termos definidos na portaria prevista no nº 2 do artigo 132º ou, sendo a petição inicial apresentada por uma das formas previstas nas alíneas *a*) a *c*) do nº 7 do artigo 144º, através da junção do respetivo documento comprovativo.

10. No caso previsto no número anterior, o autor deve efetuar o pagamento da taxa de justiça no prazo de 10 dias a contar da data da notificação da decisão definitiva que indefira o pedido de apoio judiciário, sob pena de desentranhamento da petição inicial apresentada, salvo se o indeferimento do pedido de apoio judiciário só for notificado depois de efetuada a citação do réu.

11. Para o efeito da alínea *g*) do nº 1, o autor designa agente de execução inscrito ou registado na comarca ou em comarca limítrofe ou, na sua falta, em outra comarca pertencente à mesma área de competência do respetivo tribunal da Relação, sem prejuízo do disposto no nº 9 do artigo 231º.

12. A designação do agente de execução fica sem efeito se ele declarar que não a aceita, nos termos a definir por portaria do membro do Governo responsável pela área da justiça.

13. O disposto nos nºs 2 a 5 é aplicável, com as necessárias adaptações, quando haja que proceder à identificação de qualquer outra parte processual que seja pessoa coletiva em qualquer peça a apresentar por mandatário judicial por via eletrónica.

14. A alteração do domicílio profissional do mandatário judicial pode ser comunicada ao processo, automaticamente, pelas bases de dados das respetivas associações públicas profissionais.

Artigo 553º – Pedidos alternativos

1. É permitido fazer pedidos alternativos, com relação a direitos que por sua natureza ou origem sejam alternativos, ou que possam resolver-se em alternativa.

2. Quando a escolha da prestação pertença ao devedor, a circunstância de não ser alternativo o pedido não obsta a que se profira uma condenação em alternativa.

Artigo 554º – Pedidos subsidiários

1. Podem formular-se pedidos subsidiários. Diz-se subsidiário o pedido que é apresentado ao tribunal para ser tomado em consideração somente no caso de não proceder um pedido anterior.

2. A oposição entre os pedidos não impede que sejam deduzidos nos termos do número anterior; mas obstam a isso as circunstâncias que impedem a coligação de autores e réus.

Artigo 555º – Cumulação de pedidos

1. Pode o autor deduzir cumulativamente contra o mesmo réu, num só processo, vários pedidos que sejam compatíveis, se não se verificarem as circunstâncias que impedem a coligação.

2. Nos processos de divórcio ou de separação sem consentimento do outro cônjuge é admissível a dedução de pedido tendente à fixação do direito a alimentos.

Artigo 556º – Pedidos genéricos

1. É permitido formular pedidos genéricos nos casos seguintes:

a) Quando o objeto mediato da ação seja uma universalidade, de facto ou de direito;

b) Quando não seja ainda possível determinar, de modo definitivo, as consequências do facto ilícito, ou o lesado pretenda usar da faculdade que lhe confere o artigo 569º do Código Civil;

c) Quando a fixação do quantitativo esteja dependente de prestação de contas ou de outro ato que deva ser praticado pelo réu.

2. Nos casos das alíneas *a*) e *b*) do número anterior, o pedido é concretizado através de liquidação, nos termos do disposto no artigo 358º, salvo, no caso da alínea *a*), quando o autor não tenha elementos que permitam a concretização, observando-se então o disposto no nº 7 do artigo 716º.

Artigo 557º – Pedido de prestações vincendas

1. Tratando-se de prestações periódicas, se o devedor deixar de pagar, podem compreender-se no pedido e na condenação tanto as prestações já vencidas como as que se vencerem enquanto subsistir a obrigação.

2. Pode ainda pedir-se a condenação em prestações futuras quando se pretenda obter o despejo de um prédio no momento em que findar o arrendamento e nos casos semelhantes em que a falta de título executivo na data do vencimento da prestação possa causar grave prejuízo ao credor.

Artigo 558º – Recusa da petição pela secretaria[1]

1. São fundamentos de rejeição da petição inicial os seguintes factos:

a) Não tenha endereço ou esteja endereçada a outro tribunal, juízo do mesmo tribunal ou autoridade;

b) Omita a identificação das partes e dos elementos a que alude a alínea *a*) do nº 1 do artigo 552º que dela devam obrigatoriamente constar;

c) Não indique o domicílio profissional do mandatário judicial;

d) Não indique a forma do processo;

e) Omita a indicação do valor da causa;

f) Não tenha sido comprovado o prévio pagamento da taxa de justiça devida ou a concessão de apoio judiciário, exceto no caso previsto no nº 9 do artigo 552º;

g) Não esteja assinada;

h) Não esteja redigida em língua portuguesa;

i) O papel utilizado não obedeça aos requisitos regulamentares.

2. A verificação dos fundamentos de rejeição elencados no número anterior é efetuada pelo sistema de informação de suporte à atividade dos tribunais, ou, quando

[1] O nº 1 e al. *f*) têm a redação do DL 97/2019, de 26 de julho e os nºs 2 e 3 foram aditados pelo mesmo diploma.

tal não seja tecnicamente possível, pela secretaria, nos termos definidos na portaria prevista no nº 2 do artigo 132º

3. Sendo a petição inicial apresentada por uma das formas previstas nas alíneas *a*) a *c*) do nº 7 do artigo 144º, compete à secretaria recusar o recebimento da petição inicial, indicando por escrito o fundamento da rejeição.

Artigo 559º – Reclamação e recurso do não recebimento

1. Do ato de recusa de recebimento cabe reclamação para o juiz.

2. Do despacho que confirme o não recebimento cabe sempre recurso até à Relação, aplicando-se, com as necessárias adaptações, o disposto na alínea *c*) do nº 3 do artigo 629º e no nº 7 do artigo 641º.

Artigo 560º – Benefício concedido ao autor[1]

Quando se trate de causa que não importe a constituição de mandatário, a parte não esteja patrocinada e a petição inicial seja apresentada por uma das formas previstas nas alíneas *a*) a *c*) do nº 7 do artigo 144º, o autor pode apresentar outra petição ou juntar o documento a que se refere a primeira parte do disposto na alínea *f*) do artigo 558º, dentro dos 10 dias subsequentes à recusa de recebimento ou de distribuição da petição, ou à notificação da decisão judicial que a haja confirmado, considerando-se a ação proposta na data em que a primeira petição foi apresentada em juízo.

Artigo 561º – Citação urgente

1. O juiz pode, a requerimento do autor, e caso o considere justificado, determinar que a citação seja urgente.

2. A citação declarada urgente tem prioridade sobre as restantes, nomeadamente no que respeita à realização de diligências realizadas pela secretaria nos termos do artigo seguinte.

Artigo 562º – Diligências destinadas à realização da citação

Incumbe à secretaria proceder às diligências necessárias à citação do réu, nos termos previstos nos nºs 1 a 3 do artigo 226º.

Artigo 563º – Citação do réu

O réu é citado para contestar, sendo advertido no ato da citação da consequência da falta de contestação.

Artigo 564º – Efeitos da citação

Além de outros, especialmente prescritos na lei, a citação produz os seguintes efeitos:

a) Faz cessar a boa-fé do possuidor;

b) Torna estáveis os elementos essenciais da causa, nos termos do artigo 260º;

[1] Redação do DL 97/2019, de 26 de julho.

c) Inibe o réu de propor contra o autor ação destinada à apreciação da mesma questão jurídica.

Artigo 565º – Regime no caso de anulação da citação

Sem prejuízo do disposto no nº 3 do artigo 323º do Código Civil, os efeitos da citação anulada só subsistem se o réu for novamente citado em termos regulares dentro de 30 dias, a contar do trânsito em julgado do despacho de anulação.

CAPÍTULO II – Revelia do réu

Artigo 566º – Revelia absoluta do réu

Se o réu, além de não deduzir qualquer oposição, não constituir mandatário nem intervier de qualquer forma no processo, o tribunal verifica se a citação foi feita com as formalidades legais e ordena a sua repetição quando encontre irregularidades.

Artigo 567º – Efeitos da revelia[1]

1. Se o réu não contestar, tendo sido ou devendo considerar-se citado regularmente na sua própria pessoa ou tendo juntado procuração a mandatário judicial no prazo da contestação, consideram-se confessados os factos articulados pelo autor.

2. É concedido o prazo de 10 dias, primeiro ao mandatário do autor e depois ao mandatário do réu, para alegarem por escrito, com exame do suporte físico do processo, se necessário, e em seguida é proferida sentença, julgando-se a causa conforme for de direito.

3. Se a resolução da causa revestir manifesta simplicidade, a sentença pode limitar-se à parte decisória, precedida da necessária identificação das partes e da fundamentação sumária do julgado.

Artigo 568º – Exceções

Não se aplica o disposto no artigo anterior:

a) Quando, havendo vários réus, algum deles contestar, relativamente aos factos que o contestante impugnar;

b) Quando o réu ou algum dos réus for incapaz, situando-se a causa no âmbito da incapacidade, ou houver sido citado editalmente e permaneça na situação de revelia absoluta;

c) Quando a vontade das partes for ineficaz para produzir o efeito jurídico que pela ação se pretende obter;

d) Quando se trate de factos para cuja prova se exija documento escrito.

[1] O nº 2 tem a redação do DL 97/2019, de 26 de julho.

CAPÍTULO III - Contestação

SECÇÃO I - Disposições gerais

Artigo 569º - Prazo para a contestação

1. O réu pode contestar no prazo de 30 dias a contar da citação, começando o prazo a correr desde o termo da dilação, quando a esta houver lugar; no caso de revogação de despacho de indeferimento liminar da petição, o prazo para a contestação inicia-se com a notificação em 1ª instância daquela decisão.

2. Quando termine em dias diferentes o prazo para a defesa por parte dos vários réus, a contestação de todos ou de cada um deles pode ser oferecida até ao termo do prazo que começou a correr em último lugar.

3. Se o autor desistir da instância ou do pedido relativamente a algum dos réus não citados, são os réus que ainda não contestaram notificados da desistência, contando-se a partir da data da notificação o prazo para a sua contestação.

4. Ao Ministério Público é concedida prorrogação do prazo quando careça de informações que não possa obter dentro dele ou quando tenha de aguardar resposta a consulta feita a instância superior; o pedido deve ser fundamentado e a prorrogação não pode, em caso algum, ir além de 30 dias.

5. Quando o juiz considere que ocorre motivo ponderoso que impeça ou dificulte anormalmente ao réu ou ao seu mandatário judicial a organização da defesa, pode, a requerimento deste e sem prévia audição da parte contrária, prorrogar o prazo da contestação, até ao limite máximo de 30 dias.

6. A apresentação do requerimento de prorrogação não suspende o prazo em curso; o juiz decide, sem possibilidade de recurso, no prazo de vinte e quatro horas e a secretaria notifica imediatamente ao requerente o despacho proferido, nos termos da segunda parte do nº 5 e do nº 6 do artigo 172º.

Artigo 570º - Documento comprovativo do pagamento da taxa de justiça[1]

1. É aplicável à contestação, com as necessárias adaptações, o disposto nos nºs 7 e 8 do artigo 552º, podendo o réu, se estiver a aguardar decisão sobre a concessão do benefício de apoio judiciário, comprovar apenas a apresentação do respetivo requerimento.

2. No caso previsto na parte final do número anterior, o réu deve comprovar o prévio pagamento da taxa de justiça ou juntar ao processo o respetivo documento comprovativo no prazo de 10 dias a contar da notificação da decisão que indefira o pedido de apoio judiciário.

3. Na falta de junção do documento comprovativo do pagamento da taxa de justiça devida ou de comprovação desse pagamento, no prazo de 10 dias a contar da apresentação da contestação, a secretaria notifica o interessado para, em 10 dias, efetuar o pagamento omitido com acréscimo de multa de igual montante, mas não inferior a 1 UC nem superior a 5 UC.

[1] Os nºs 1 e 4 têm a redação do DL 97/2019, de 26 de julho.

4. Após a verificação, por qualquer meio, do decurso do prazo referido no nº 2, sem que o réu tenha comprovado o prévio pagamento da taxa de justiça, a secretaria notifica-o para os efeitos previstos no número anterior.

5. Findos os articulados e sem prejuízo do prazo concedido no nº 3, se não tiver sido junto o documento comprovativo do pagamento da taxa de justiça devida e da multa por parte do réu, ou não tiver sido efetuada a comprovação desse pagamento, o juiz profere despacho nos termos da alínea *c*) do nº 2 do artigo 590º, convidando o réu a proceder, no prazo de 10 dias, ao pagamento da taxa de justiça e da multa em falta, acrescida de multa de valor igual ao da taxa de justiça inicial, com o limite mínimo de 5 UC e máximo de 15 UC.

6. Se, no termo do prazo concedido no número anterior, o réu persistir na omissão, o tribunal determina o desentranhamento da contestação.

7. Não sendo efetuado o pagamento omitido, não é devida qualquer multa.

Artigo 571º – Defesa por impugnação e defesa por exceção

1. Na contestação cabe tanto a defesa por impugnação como por exceção.

2. O réu defende-se por impugnação quando contradiz os factos articulados na petição ou quando afirma que esses factos não podem produzir o efeito jurídico pretendido pelo autor; defende-se por exceção quando alega factos que obstam à apreciação do mérito da ação ou que, servindo de causa impeditiva, modificativa ou extintiva do direito invocado pelo autor, determinam a improcedência total ou parcial do pedido.

Artigo 572º – Elementos da contestação

Na contestação deve o réu:

a) Individualizar a ação;

b) Expor as razões de facto e de direito por que se opõe à pretensão do autor;

c) Expor os factos essenciais em que se baseiam as exceções deduzidas, especificando-as separadamente, sob pena de os respetivos factos não se considerarem admitidos por acordo por falta de impugnação; e

d) Apresentar o rol de testemunhas e requerer outros meios de prova; tendo havido reconvenção, caso o autor replique, o réu é admitido a alterar o requerimento probatório inicialmente apresentado, no prazo de 10 dias a contar da notificação da réplica.

Artigo 573º – Oportunidade de dedução da defesa

1. Toda a defesa deve ser deduzida na contestação, excetuados os incidentes que a lei mande deduzir em separado.

2. Depois da contestação só podem ser deduzidas as exceções, incidentes e meios de defesa que sejam supervenientes, ou que a lei expressamente admita passado esse momento, ou de que se deva conhecer oficiosamente.

Artigo 574º – Ónus de impugnação

1. Ao contestar, deve o réu tomar posição definida perante os factos que constituem a causa de pedir invocada pelo autor.

2. Consideram-se admitidos por acordo os factos que não forem impugnados, salvo se estiverem em oposição com a defesa considerada no seu conjunto, se não for admissível confissão sobre eles ou se só puderem ser provados por documento escrito; a admissão de factos instrumentais pode ser afastada por prova posterior.

3. Se o réu declarar que não sabe se determinado facto é real, a declaração equivale a confissão quando se trate de facto pessoal ou de que o réu deva ter conhecimento e equivale a impugnação no caso contrário.

4. Não é aplicável aos incapazes, ausentes e incertos, quando representados pelo Ministério Público ou por advogado oficioso, o ónus de impugnação, nem o preceituado no número anterior.

Artigo 575º – Notificação do oferecimento da contestação

1. A apresentação da contestação é notificada ao autor.

2. Havendo lugar a várias contestações, a notificação só se faz depois de apresentada a última ou de haver decorrido o prazo do seu oferecimento.

SECÇÃO II – Exceções

Artigo 576º – Exceções dilatórias e perentórias – Noção

1. As exceções são dilatórias ou perentórias.

2. As exceções dilatórias obstam a que o tribunal conheça do mérito da causa e dão lugar à absolvição da instância ou à remessa do processo para outro tribunal.

3. As exceções perentórias importam a absolvição total ou parcial do pedido e consistem na invocação de factos que impedem, modificam ou extinguem o efeito jurídico dos factos articulados pelo autor.

Artigo 577º – Exceções dilatórias

São dilatórias, entre outras, as exceções seguintes:

a) A incompetência, quer absoluta, quer relativa, do tribunal;

b) A nulidade de todo o processo;

c) A falta de personalidade ou de capacidade judiciária de alguma das partes;

d) A falta de autorização ou deliberação que o autor devesse obter;

e) A ilegitimidade de alguma das partes;

f) A coligação de autores ou réus, quando entre os pedidos não exista a conexão exigida no artigo 36º;

g) A pluralidade subjetiva subsidiária, fora dos casos previstos no artigo 39º;

h) A falta de constituição de advogado por parte do autor, nos processos a que se refere o nº 1 do artigo 40º, e a falta, insuficiência ou irregularidade de mandato judicial por parte do mandatário que propôs a ação;

i) A litispendência ou o caso julgado.

Artigo 578º – Conhecimento das exceções dilatórias

O tribunal deve conhecer oficiosamente das exceções dilatórias, salvo da incompetência absoluta decorrente da violação de pacto privativo de jurisdição ou da preterição de tribunal arbitral voluntário e da incompetência relativa nos casos não abrangidos pelo disposto no artigo 104º.

Artigo 579º – Conhecimento de exceções perentórias

O tribunal conhece oficiosamente das exceções perentórias cuja invocação a lei não torne dependente da vontade do interessado.

Artigo 580º – Conceitos de litispendência e caso julgado

1. As exceções da litispendência e do caso julgado pressupõem a repetição de uma causa; se a causa se repete estando a anterior ainda em curso, há lugar à litispendência; se a repetição se verifica depois de a primeira causa ter sido decidida por sentença que já não admite recurso ordinário, há lugar à exceção do caso julgado.

2. Tanto a exceção da litispendência como a do caso julgado têm por fim evitar que o tribunal seja colocado na alternativa de contradizer ou de reproduzir uma decisão anterior.

3. É irrelevante a pendência da causa perante jurisdição estrangeira, salvo se outra for a solução estabelecida em convenções internacionais.

Artigo 581º – Requisitos da litispendência e do caso julgado

1. Repete-se a causa quando se propõe uma ação idêntica a outra quanto aos sujeitos, ao pedido e à causa de pedir.

2. Há identidade de sujeitos quando as partes são as mesmas sob o ponto de vista da sua qualidade jurídica.

3. Há identidade de pedido quando numa e noutra causa se pretende obter o mesmo efeito jurídico.

4. Há identidade de causa de pedir quando a pretensão deduzida nas duas ações procede do mesmo facto jurídico. Nas ações reais a causa de pedir é o facto jurídico de que deriva o direito real; nas ações constitutivas e de anulação é o facto concreto ou a nulidade específica que se invoca para obter o efeito pretendido.

Artigo 582º – Em que ação deve ser deduzida a litispendência

1. A litispendência deve ser deduzida na ação proposta em segundo lugar.

2. Considera-se proposta em segundo lugar a ação para a qual o réu foi citado posteriormente.

3. Se em ambas as ações a citação tiver sido feita no mesmo dia, a ordem das ações é determinada pela ordem de entrada das respetivas petições iniciais.

SECÇÃO III - Reconvenção

Artigo 583º - Dedução da reconvenção[1]

1. A reconvenção deve ser expressamente identificada e deduzida separadamente na contestação, expondo-se os fundamentos e concluindo-se pelo pedido, nos termos das alíneas *d*) e *e*) do nº 1 do artigo 552º

2. O reconvinte deve ainda declarar o valor da reconvenção; se o não fizer, a contestação não deixa de ser recebida, mas o reconvinte é convidado a indicar o valor, sob pena de a reconvenção não ser atendida.

3. Quando o prosseguimento da reconvenção esteja dependente de qualquer ato a praticar pelo reconvinte, o reconvindo é absolvido da instância se, no prazo fixado, tal ato não se mostrar realizado.

CAPÍTULO IV - Réplica

Artigo 584º - Função da réplica

1. Só é admissível réplica para o autor deduzir toda a defesa quanto à matéria da reconvenção, não podendo a esta opor nova reconvenção.

2. Nas ações de simples apreciação negativa, a réplica serve para o autor impugnar os factos constitutivos que o réu tenha alegado e para alegar os factos impeditivos ou extintivos do direito invocado pelo réu.

Artigo 585º - Prazo da réplica

A réplica é apresentada no prazo de 30 dias, a contar daquele em que for ou se considerar notificada a apresentação da contestação.

Artigo 586º - Prorrogação do prazo

É aplicável à réplica a possibilidade de prorrogação prevista nos nºs 4 a 6 do artigo 569º, não podendo a prorrogação ir além do prazo previsto para a sua apresentação.

Artigo 587º - Posição do autor quanto aos factos articulados pelo réu

1. A falta de apresentação da réplica ou a falta de impugnação dos novos factos alegados pelo réu tem o efeito previsto no artigo 574º.

2. Às exceções deduzidas na réplica aplica-se o disposto na alínea *c*) do artigo 572º.

[1] Tomou-se em linha de conta a Declaração de Retificação nº 36/2013 (DR, 1ª série, nº 154, de 12/8).

CAPÍTULO V – Articulados supervenientes

Artigo 588º – Termos em que são admitidos

1. Os factos constitutivos, modificativos ou extintivos do direito que forem supervenientes podem ser deduzidos em articulado posterior ou em novo articulado, pela parte a quem aproveitem, até ao encerramento da discussão.

2. Dizem-se supervenientes tanto os factos ocorridos posteriormente ao termo dos prazos marcados nos artigos precedentes como os factos anteriores de que a parte só tenha conhecimento depois de findarem esses prazos, devendo neste caso produzir-se prova da superveniência.

3. O novo articulado em que se aleguem factos supervenientes é oferecido:

a) Na audiência prévia, quando os factos hajam ocorrido ou sido conhecidos até ao respetivo encerramento;

b) Nos 10 dias posteriores à notificação da data designada para a realização da audiência final, quando não se tenha realizado a audiência prévia;

c) Na audiência final, se os factos ocorreram ou a parte deles teve conhecimento em data posterior às referidas nas alíneas anteriores.

4. O juiz profere despacho liminar sobre a admissão do articulado superveniente, rejeitando-o quando, por culpa da parte, for apresentado fora de tempo, ou quando for manifesto que os factos não interessam à boa decisão da causa; ou ordenando a notificação da parte contrária para responder em 10 dias, observando-se, quanto à resposta, o disposto no artigo anterior.

5. As provas são oferecidas com o articulado e com a resposta.

6. Os factos articulados que interessem à decisão da causa constituem tema da prova nos termos do disposto no artigo 596º.

Artigo 589º – Apresentação do novo articulado depois da marcação da audiência final

1. A apresentação do novo articulado depois de designado dia para a audiência final não suspende as diligências para ela nem determina o seu adiamento, ainda que o despacho respetivo tenha de ser proferido ou a notificação da parte contrária haja de ser feita ou a resposta desta tenha de ser formulada no decurso da audiência; se não houver tempo para notificar as testemunhas oferecidas, ficam as partes obrigadas a apresentá-las.

2. São orais e ficam consignados na ata a dedução de factos supervenientes, o despacho de admissão ou rejeição, a resposta da parte contrária e o despacho que enuncie o tema da prova, quando qualquer dos atos tenha lugar depois de aberta a audiência final; a audiência só se interrompe se a parte contrária não prescindir do prazo de 10 dias para a resposta e apresentação das provas e houver inconveniente na imediata produção das provas relativas à outra matéria em discussão.

TÍTULO II - Da gestão inicial do processo e da audiência prévia

Artigo 590º - Gestão inicial do processo

1. Nos casos em que, por determinação legal ou do juiz, seja apresentada a despacho liminar, a petição é indeferida quando o pedido seja manifestamente improcedente ou ocorram, de forma evidente, exceções dilatórias insupríveis e de que o juiz deva conhecer oficiosamente, aplicando-se o disposto no artigo 560º.

2. Findos os articulados, o juiz profere, sendo caso disso, despacho pré-saneador destinado a:

a) Providenciar pelo suprimento de exceções dilatórias, nos termos do nº 2 do artigo 6º;

b) Providenciar pelo aperfeiçoamento dos articulados, nos termos dos números seguintes;

c) Determinar a junção de documentos com vista a permitir a apreciação de exceções dilatórias ou o conhecimento, no todo ou em parte, do mérito da causa no despacho saneador.

3. O juiz convida as partes a suprir as irregularidades dos articulados, fixando prazo para o suprimento ou correção do vício, designadamente quando careçam de requisitos legais ou a parte não haja apresentado documento essencial ou de que a lei faça depender o prosseguimento da causa.

4. Incumbe ainda ao juiz convidar as partes ao suprimento das insuficiências ou imprecisões na exposição ou concretização da matéria de facto alegada, fixando prazo para a apresentação de articulado em que se complete ou corrija o inicialmente produzido.

5. Os factos objeto de esclarecimento, aditamento ou correção ficam sujeitos às regras gerais sobre contraditoriedade e prova.

6. As alterações à matéria de facto alegada, previstas nos nºs 4 e 5, devem conformar-se com os limites estabelecidos no artigo 265º, se forem introduzidas pelo autor, e nos artigos 573º e 574º, quando o sejam pelo réu.

7. Não cabe recurso do despacho de convite ao suprimento de irregularidades, insuficiências ou imprecisões dos articulados.

Artigo 591º - Audiência prévia[1]

1. Concluídas as diligências resultantes do preceituado no nº 2 do artigo anterior, se a elas houver lugar, é convocada audiência prévia, a realizar num dos 30 dias subsequentes, destinada a algum ou alguns dos fins seguintes:

a) Realizar tentativa de conciliação, nos termos do artigo 594º;

b) Facultar às partes a discussão de facto e de direito, nos casos em que ao juiz cumpra apreciar exceções dilatórias ou quando tencione conhecer imediatamente, no todo ou em parte, do mérito da causa;

[1] Tomou-se em linha de conta a Declaração de Retificação nº 36/2013 (DR, 1ª série, nº 154, de 12/8).

c) Discutir as posições das partes, com vista à delimitação dos termos do litígio, e suprir as insuficiências ou imprecisões na exposição da matéria de facto que ainda subsistam ou se tornem patentes na sequência do debate;

d) Proferir despacho saneador, nos termos do nº 1 do artigo 595º;

e) Determinar, após debate, a adequação formal, a simplificação ou a agilização processual, nos termos previstos no nº 1 do artigo 6º e no artigo 547º;

f) Proferir, após debate, o despacho previsto no nº 1 do artigo 596º e decidir as reclamações deduzidas pelas partes;

g) Programar, após audição dos mandatários, os atos a realizar na audiência final, estabelecer o número de sessões e a sua provável duração e designar as respetivas datas.

2. O despacho que marque a audiência prévia indica o seu objeto e finalidade, mas não constitui caso julgado sobre a possibilidade de apreciação imediata do mérito da causa.

3. Não constitui motivo de adiamento a falta das partes ou dos seus mandatários.

4. A audiência prévia é, sempre que possível, gravada, aplicando-se, com as necessárias adaptações, o disposto no artigo 155º.

Artigo 592º – Não realização da audiência prévia

1. A audiência prévia não se realiza:

a) Nas ações não contestadas que tenham prosseguido em obediência ao disposto nas alíneas *b*) a *d*) do artigo 568º;

b) Quando, havendo o processo de findar no despacho saneador pela procedência de exceção dilatória, esta já tenha sido debatida nos articulados.

2. Nos casos previstos na alínea *a*) do número anterior, aplica-se o disposto no nº 2 do artigo seguinte.

Artigo 593º – Dispensa da audiência prévia

1. Nas ações que hajam de prosseguir, o juiz pode dispensar a realização da audiência prévia quando esta se destine apenas aos fins indicados nas alíneas *d*), *e*) e *f*) no nº 1 do artigo 591º.

2. No caso previsto no número anterior, nos 20 dias subsequentes ao termo dos articulados, o juiz profere:

a) Despacho saneador, nos termos do nº 1 do artigo 595º;

b) Despacho a determinar a adequação formal, a simplificação ou a agilização processual, nos termos previstos no nº 1 do artigo 6º e no artigo 547º;

c) O despacho previsto no nº 1 do artigo 596º;

d) Despacho destinado a programar os atos a realizar na audiência final, a estabelecer o número de sessões e a sua provável duração e a designar as respetivas datas.

3. Notificadas as partes, se alguma delas pretender reclamar dos despachos previstos nas alíneas *b*) a *d*) do número anterior, pode requerer, em 10 dias, a realização de audiência prévia; neste caso, a audiência deve realizar-se num dos 20 dias seguintes e destina-se a apreciar as questões suscitadas e, acessoriamente, a fazer uso do disposto na alínea *c*) do nº 1 do artigo 591º.

Artigo 594º – Tentativa de conciliação

1. Quando a causa couber no âmbito dos poderes de disposição das partes, pode ter lugar, em qualquer estado do processo, tentativa de conciliação, desde que as partes conjuntamente o requeiram ou o juiz a considere oportuna, mas as partes não podem ser convocadas exclusivamente para esse fim mais que uma vez.

2. As partes são notificadas para comparecer pessoalmente ou se fazerem representar por mandatário judicial com poderes especiais, quando residam na área da comarca, ou na respetiva ilha, tratando-se das Regiões Autónomas, ou quando, aí não residindo, a comparência não represente sacrifício considerável, atenta a natureza e o valor da causa e a distância da deslocação.

3. A tentativa de conciliação é presidida pelo juiz, devendo este empenhar-se ativamente na obtenção da solução de equidade mais adequada aos termos do litígio.

4. Frustrando-se, total ou parcialmente, a conciliação, ficam consignadas em ata as concretas soluções sugeridas pelo juiz, bem como os fundamentos que, no entendimento das partes, justificam a persistência do litígio.

Artigo 595º – Despacho saneador

1. O despacho saneador destina-se a:

a) Conhecer das exceções dilatórias e nulidades processuais que hajam sido suscitadas pelas partes, ou que, face aos elementos constantes dos autos, deva apreciar oficiosamente;

b) Conhecer imediatamente do mérito da causa, sempre que o estado do processo permitir, sem necessidade de mais provas, a apreciação, total ou parcial, do ou dos pedidos deduzidos ou de alguma exceção perentória.

2. O despacho saneador é logo ditado para a ata; quando, porém, a complexidade das questões a resolver o exija, o juiz pode excecionalmente proferi-lo por escrito, suspendendo-se a audiência prévia e fixando-se logo data para a sua continuação, se for caso disso.

3. No caso previsto na alínea *a*) do nº 1, o despacho constitui, logo que transite, caso julgado formal quanto às questões concretamente apreciadas; na hipótese prevista na alínea *b*), fica tendo, para todos os efeitos, o valor de sentença.

4. Não cabe recurso da decisão do juiz que, por falta de elementos, relegue para final a decisão de matéria que lhe cumpra conhecer.

5. Nas ações destinadas à defesa da posse, se o réu apenas tiver invocado a titularidade do direito de propriedade, sem impugnar a posse do autor, e não puder apreciar-se logo aquela questão, o juiz ordena a imediata manutenção ou restituição da posse, sem prejuízo do que venha a decidir-se a final quanto à questão da titularidade do direito.

Artigo 596º – Identificação do objeto do litígio e enunciação dos temas da prova

1. Proferido despacho saneador, quando a ação houver de prosseguir, o juiz profere despacho destinado a identificar o objeto do litígio e a enunciar os temas da prova.

2. As partes podem reclamar do despacho previsto no número anterior.

3. O despacho proferido sobre as reclamações apenas pode ser impugnado no recurso interposto da decisão final.

4. Quando ocorram na audiência prévia e esta seja gravada, os despachos e as reclamações previstas nos números anteriores podem ter lugar oralmente.

Artigo 597º – Termos posteriores aos articulados nas ações de valor não superior a metade da alçada da Relação

Nas ações de valor não superior a metade da alçada da Relação, findos os articulados, sem prejuízo do disposto no nº 2 do artigo 590º, o juiz, consoante a necessidade e a adequação do ato ao fim do processo:

a) Assegura o exercício do contraditório quanto a exceções não debatidas nos articulados;

b) Convoca audiência prévia;

c) Profere despacho saneador, nos termos do no nº 1 do artigo 595º;

d) Determina, após audição das partes, a adequação formal, a simplificação ou a agilização processual, nos termos previstos no nº 1 do artigo 6º e no artigo 547º;

e) Profere o despacho previsto no nº 1 do artigo 596º;

f) Profere despacho destinado a programar os atos a realizar na audiência final, a estabelecer o número de sessões e a sua provável duração e a designar as respetivas datas;

g) Designa logo dia para a audiência final, observando o disposto no artigo 151º.

Artigo 598º – Alteração do requerimento probatório e aditamento ou alteração ao rol de testemunhas

1. O requerimento probatório apresentado pode ser alterado na audiência prévia quando a esta haja lugar nos termos do disposto no artigo 591º ou nos termos do disposto no nº 3 do artigo 593º.

2. O rol de testemunhas pode ser aditado ou alterado até 20 dias antes da data em que se realize a audiência final, sendo a parte contrária notificada para usar, querendo, de igual faculdade, no prazo de cinco dias.

3. Incumbe às partes a apresentação das testemunhas indicadas em consequência do aditamento ou da alteração ao rol previsto no número anterior.

TÍTULO III – Da audiência final

Artigo 599º – Juiz da audiência final

A audiência final decorre perante juiz singular, determinado de acordo com as leis de organização judiciária.

Artigo 600º – Designação da audiência nas ações de indemnização

1. Nas ações de indemnização fundadas em responsabilidade civil, se a duração do exame para a determinação dos danos se prolongar por mais de três meses, pode o juiz, a requerimento do autor, determinar a realização da audiência, sem prejuízo do disposto no nº 2 do artigo 609º.

2. A designação da audiência, nos termos do número anterior, não prejudica a realização do exame, a cujo relatório se atende na liquidação.

Artigo 601º – Requisição ou designação de técnico

1. Quando a matéria de facto suscite dificuldades de natureza técnica cuja solução dependa de conhecimentos especiais que o tribunal não possua, pode o juiz designar pessoa competente que assista à audiência final e aí preste os esclarecimentos necessários, bem como, em qualquer estado da causa, requisitar os pareceres técnicos indispensáveis ao apuramento da verdade dos factos.

2. Ao técnico podem ser opostos os impedimentos e recusas que é possível opor aos peritos; a designação é feita, em regra, no despacho que marcar o dia para a audiência.

3. Ao técnico são pagas adiantadamente as despesas de deslocação.

Artigo 602º – Poderes do juiz

1. O juiz goza de todos os poderes necessários para tornar útil e breve a discussão e para assegurar a justa decisão da causa.

2. Ao juiz compete em especial:

a) Dirigir os trabalhos e assegurar que estes decorram de acordo com a programação definida;

b) Manter a ordem e fazer respeitar as instituições vigentes, as leis e o tribunal;

c) Tomar as providências necessárias para que a causa se discuta com elevação e serenidade;

d) Exortar os advogados e o Ministério Público a abreviarem os seus requerimentos, inquirições, instâncias e alegações, quando sejam manifestamente excessivos ou impertinentes, e a cingirem-se à matéria relevante para o julgamento da causa, e retirar-lhes a palavra quando não sejam atendidas as suas exortações;

e) Significar aos advogados e ao Ministério Público a necessidade de esclarecerem pontos obscuros ou duvidosos.

Artigo 603º – Realização da audiência

1. Verificada a presença das pessoas que tenham sido convocadas, realiza-se a audiência, salvo se houver impedimento do tribunal, faltar algum dos advogados sem que o juiz tenha providenciado pela marcação mediante acordo prévio ou ocorrer motivo que constitua justo impedimento.

2. Se a audiência for adiada por impedimento do tribunal, deve ficar consignado nos autos o respetivo fundamento; quando o adiamento se dever à realização de outra diligência, deve ainda ser identificado o processo a que respeita.

3. A falta de qualquer pessoa que deva comparecer é justificada na própria audiência ou nos cinco dias imediatos, salvo tratando-se de pessoa de cuja audição prescinda a parte que a indicou.

Artigo 604º – Tentativa de conciliação e demais atos a praticar na audiência final[1]

1. Não havendo razões de adiamento, realiza-se a audiência final.

2. O juiz procura conciliar as partes, se a causa estiver no âmbito do seu poder de disposição.

3. Em seguida, realizam-se os seguintes atos, se a eles houver lugar:

a) Prestação dos depoimentos de parte;

b) Exibição de reproduções cinematográficas ou de registos fonográficos, podendo o juiz determinar que ela se faça apenas com assistência das partes, dos seus advogados e das pessoas cuja presença se mostre conveniente;

c) Esclarecimentos verbais dos peritos cuja comparência tenha sido determinada oficiosamente ou a requerimento das partes;

d) Inquirição das testemunhas;

e) Alegações orais, nas quais os advogados exponham as conclusões, de facto e de direito, que hajam extraído da prova produzida, podendo cada advogado replicar uma vez.

4. Se houver de ser prestado algum depoimento fora do tribunal, a audiência é interrompida antes das alegações orais, e o juiz e advogados deslocam-se para o tomar, imediatamente ou no dia e hora que o juiz designar; prestado o depoimento, a audiência continua no tribunal.

5. As alegações orais não podem exceder, para cada um dos advogados, uma hora e as réplicas trinta minutos; o juiz pode, porém, permitir que continue no uso da palavra o advogado que, esgotado o máximo do tempo legalmente previsto, fundadamente o requerer com base na complexidade da causa; nas ações de valor não superior à alçada do tribunal de 1ª instância, os períodos de tempo previstos para as alegações e as réplicas são reduzidos para metade.

6. O advogado pode ser interrompido pelo juiz ou pelo advogado da parte contrária, mas, neste caso, só com o seu consentimento e o do juiz, devendo a interrupção ter sempre por fim o esclarecimento ou retificação de qualquer afirmação.

7. O juiz pode, em qualquer momento, antes das alegações orais, durante as mesmas ou depois de findas, ouvir o técnico designado.

8. O juiz pode, nos casos em que tal se justifique, alterar a ordem de produção de prova referida no nº 3; pode ainda o juiz, quando o considere conveniente para a descoberta da verdade, determinar a audição em simultâneo, sobre determinados factos, de testemunhas de ambas as partes.

[1] Tomou-se em linha de conta a Declaração de Retificação nº 36/2013 (DR, 1ª série, nº 154, de 12/8).

Artigo 605º – Princípio da plenitude da assistência do juiz

1. Se durante a audiência final falecer ou se impossibilitar permanentemente o juiz, repetem-se os atos já praticados; sendo temporária a impossibilidade, interrompe-se a audiência pelo tempo indispensável, a não ser que as circunstâncias aconselhem a repetição dos atos já praticados, o que é decidido sem recurso, mas em despacho fundamentado, pelo juiz substituto.

2. O juiz substituto continua a intervir, não obstante o regresso ao serviço do juiz efetivo.

3. O juiz que for transferido, promovido ou aposentado conclui o julgamento, exceto se a aposentação tiver por fundamento a incapacidade física, moral ou profissional para o exercício do cargo ou se for preferível a repetição dos atos já praticados em julgamento.

4. Nos casos de transferência ou promoção, o juiz elabora também a sentença.

Artigo 606º – Publicidade e continuidade da audiência

1. A audiência é pública, salvo quando o juiz decidir o contrário, em despacho fundamentado, para salvaguarda da dignidade das pessoas e da moral pública, ou para garantir o seu normal funcionamento.

2. A audiência é contínua, só podendo ser interrompida por motivos de força maior ou absoluta necessidade ou nos casos previstos no nº 1 do artigo anterior.

3. Se não for possível concluir a audiência num dia, esta é suspensa e o juiz, mediante acordo das partes, marca a continuação para a data mais próxima; se a continuação não ocorrer dentro dos 30 dias imediatos, por impedimento do tribunal ou por impedimento dos mandatários em consequência de outro serviço judicial já marcado, deve o respetivo motivo ficar consignado em ata, identificando-se expressamente a diligência e o processo a que respeita.

4. Para efeitos do disposto no número anterior, não é considerado o período das férias judiciais, nem o período em que, por motivo estranho ao tribunal, os autos aguardem a realização de diligências de prova.

5. As pessoas que tenham sido ouvidas não podem ausentar-se sem autorização do juiz, que a não concede quando haja oposição de qualquer das partes.

TÍTULO IV – Da sentença

CAPÍTULO I – Elaboração da sentença

Artigo 607º – Sentença

1. Encerrada a audiência final, o processo é concluso ao juiz, para ser proferida sentença no prazo de 30 dias; se não se julgar suficientemente esclarecido, o juiz pode ordenar a reabertura da audiência, ouvindo as pessoas que entender e ordenando as demais diligências necessárias.

2. A sentença começa por identificar as partes e o objeto do litígio, enunciando, de seguida, as questões que ao tribunal cumpre solucionar.

3. Seguem-se os fundamentos, devendo o juiz discriminar os factos que considera provados e indicar, interpretar e aplicar as normas jurídicas correspondentes, concluindo pela decisão final.

4. Na fundamentação da sentença, o juiz declara quais os factos que julga provados e quais os que julga não provados, analisando criticamente as provas, indicando as ilações tiradas dos factos instrumentais e especificando os demais fundamentos que foram decisivos para a sua convicção; o juiz toma ainda em consideração os factos que estão admitidos por acordo, provados por documentos ou por confissão reduzida a escrito, compatibilizando toda a matéria de facto adquirida e extraindo dos factos apurados as presunções impostas pela lei ou por regras de experiência.

5. O juiz aprecia livremente as provas segundo a sua prudente convicção acerca de cada facto; a livre apreciação não abrange os factos para cuja prova a lei exija formalidade especial, nem aqueles que só possam ser provados por documentos ou que estejam plenamente provados, quer por documentos, quer por acordo ou confissão das partes.

6. No final da sentença, deve o juiz condenar os responsáveis pelas custas processuais, indicando a proporção da respetiva responsabilidade.

Artigo 608º – Questões a resolver – Ordem do julgamento

1. Sem prejuízo do disposto no nº 3 do artigo 278º, a sentença conhece, em primeiro lugar, das questões processuais que possam determinar a absolvição da instância, segundo a ordem imposta pela sua precedência lógica.

2. O juiz deve resolver todas as questões que as partes tenham submetido à sua apreciação, excetuadas aquelas cuja decisão esteja prejudicada pela solução dada a outras; não pode ocupar-se senão das questões suscitadas pelas partes, salvo se a lei lhe permitir ou impuser o conhecimento oficioso de outras.

Artigo 609º – Limites da condenação

1. A sentença não pode condenar em quantidade superior ou em objeto diverso do que se pedir.

2. Se não houver elementos para fixar o objeto ou a quantidade, o tribunal condena no que vier a ser liquidado, sem prejuízo de condenação imediata na parte que já seja líquida.

3. Se tiver sido requerida a manutenção em lugar da restituição da posse, ou esta em vez daquela, o juiz conhece do pedido correspondente à situação realmente verificada.

Artigo 610º – Julgamento no caso de inexigibilidade da obrigação

1. O facto de não ser exigível, no momento em que a ação foi proposta, não impede que se conheça da existência da obrigação, desde que o réu a conteste, nem que este seja condenado a satisfazer a prestação no momento próprio.

2. Se não houver litígio relativamente à existência da obrigação, observa-se o seguinte:

a) O réu é condenado a satisfazer a prestação ainda que a obrigação se vença no decurso da causa ou em data posterior à sentença, mas sem prejuízo do prazo neste último caso;

b) Quando a inexigibilidade derive da falta de interpelação ou do facto de não ter sido pedido o pagamento no domicílio do devedor, a dívida considera-se vencida desde a citação.

3. Nos casos das alíneas *a*) e *b*) do número anterior, o autor é condenado nas custas e a satisfazer os honorários do advogado do réu.

Artigo 611º – Atendibilidade dos factos jurídicos supervenientes

1. Sem prejuízo das restrições estabelecidas noutras disposições legais, nomeadamente quanto às condições em que pode ser alterada a causa de pedir, deve a sentença tomar em consideração os factos constitutivos, modificativos ou extintivos do direito que se produzam posteriormente à proposição da ação, de modo que a decisão corresponda à situação existente no momento do encerramento da discussão.

2. Só são, porém, atendíveis os factos que, segundo o direito substantivo aplicável, tenham influência sobre a existência ou conteúdo da relação controvertida.

3. A circunstância de o facto jurídico relevante ter nascido ou se haver extinguido no decurso do processo é levada em conta para o efeito da condenação em custas, de acordo com o disposto no artigo 536º.

Artigo 612º – Uso anormal do processo

Quando a conduta das partes ou quaisquer circunstâncias da causa produzam a convicção segura de que o autor e o réu se serviram do processo para praticar um ato simulado ou para conseguir um fim proibido por lei, a decisão deve obstar ao objetivo anormal prosseguido pelas partes.

CAPÍTULO II – Vícios e reforma da sentença

Artigo 613º – Extinção do poder jurisdicional e suas limitações

1. Proferida a sentença, fica imediatamente esgotado o poder jurisdicional do juiz quanto à matéria da causa.

2. É lícito, porém, ao juiz retificar erros materiais, suprir nulidades e reformar a sentença, nos termos dos artigos seguintes.

3. O disposto nos números anteriores, bem como nos artigos subsequentes, aplica-se, com as necessárias adaptações aos despachos.

Artigo 614º – Retificação de erros materiais

1. Se a sentença omitir o nome das partes, for omissa quanto a custas ou a algum dos elementos previstos no nº 6 do artigo 607º, ou contiver erros de escrita ou de cálculo ou quaisquer inexatidões devidas a outra omissão ou lapso manifesto, pode ser corrigida por simples despacho, a requerimento de qualquer das partes ou por iniciativa do juiz.

2. Em caso de recurso, a retificação só pode ter lugar antes de ele subir, podendo as partes alegar perante o tribunal superior o que entendam de seu direito no tocante à retificação.

3. Se nenhuma das partes recorrer, a retificação pode ter lugar a todo o tempo.

Artigo 615º – Causas de nulidade da sentença

1. É nula a sentença quando:

a) Não contenha a assinatura do juiz;

b) Não especifique os fundamentos de facto e de direito que justificam a decisão;

c) Os fundamentos estejam em oposição com a decisão ou ocorra alguma ambiguidade ou obscuridade que torne a decisão ininteligível;

d) O juiz deixe de pronunciar-se sobre questões que devesse apreciar ou conheça de questões de que não podia tomar conhecimento;

e) O juiz condene em quantidade superior ou em objeto diverso do pedido.

2. A omissão prevista na alínea *a*) do número anterior é suprida oficiosamente, ou a requerimento de qualquer das partes, enquanto for possível colher a assinatura do juiz que proferiu a sentença, devendo este declarar no processo a data em que apôs a assinatura.

3. Quando a assinatura seja aposta por meios eletrónicos, não há lugar à declaração prevista no número anterior.

4. As nulidades mencionadas nas alíneas *b*) a *e*) do nº 1 só podem ser arguidas perante o tribunal que proferiu a sentença se esta não admitir recurso ordinário, podendo o recurso, no caso contrário, ter como fundamento qualquer dessas nulidades.

Artigo 616º – Reforma da sentença

1. A parte pode requerer, no tribunal que proferiu a sentença, a sua reforma quanto a custas e multa, sem prejuízo do disposto no nº 3.

2. Não cabendo recurso da decisão, é ainda lícito a qualquer das partes requerer a reforma da sentença quando, por manifesto lapso do juiz:

a) Tenha ocorrido erro na determinação da norma aplicável ou na qualificação jurídica dos factos;

b) Constem do processo documentos ou outro meio de prova plena que, só por si, impliquem necessariamente decisão diversa da proferida.

3. Cabendo recurso da decisão que condene em custas ou multa, o requerimento previsto no nº 1 é feito na alegação.

Artigo 617º – Processamento subsequente

1. Se a questão da nulidade da sentença ou da sua reforma for suscitada no âmbito de recurso dela interposto, compete ao juiz apreciá-la no próprio despacho em que se pronuncia sobre a admissibilidade do recurso, não cabendo recurso da decisão de indeferimento.

2. Se o juiz suprir a nulidade ou reformar a sentença, considera-se o despacho proferido como complemento e parte integrante desta, ficando o recurso interposto a ter como objeto a nova decisão.

3. No caso previsto no número anterior, pode o recorrente, no prazo de 10 dias, desistir do recurso interposto, alargar ou restringir o respetivo âmbito, em conformidade com a alteração sofrida pela sentença, podendo o recorrido responder a tal alteração, no mesmo prazo.

4. Se o recorrente, por ter obtido o suprimento pretendido, desistir do recurso, pode o recorrido, no mesmo prazo, requerer a subida dos autos para decidir da admissibilidade da alteração introduzida na sentença, assumindo, a partir desse momento, a posição de recorrente.

5. Omitindo o juiz o despacho previsto no nº 1, pode o relator, se o entender indispensável, mandar baixar o processo para que seja proferido; se não puder ser apreciado o objeto do recurso e houver que conhecer da questão da nulidade ou da reforma, compete ao juiz, após a baixa dos autos, apreciar as nulidades invocadas ou o pedido de reforma formulado, aplicando-se, com as necessárias adaptações, o previsto no nº 6.

6. Arguida perante o juiz que proferiu a sentença alguma nulidade, nos termos da primeira parte do nº 4 do artigo 615º, ou deduzido pedido de reforma da sentença, por dela não caber recurso ordinário, o juiz profere decisão definitiva sobre a questão suscitada; porém, no caso a que se refere o nº 2 do artigo anterior, a parte prejudicada com a alteração da decisão pode recorrer, mesmo que a causa esteja compreendida na alçada do tribunal, não suspendendo o recurso a exequibilidade da sentença.

Artigo 618º – Defesa contra as demoras abusivas

Nos casos em que não seja admissível recurso da decisão, é aplicável, com as necessárias adaptações, o disposto no artigo 670º.

CAPÍTULO III – Efeitos da sentença

Artigo 619º – Valor da sentença transitada em julgado

1. Transitada em julgado a sentença ou o despacho saneador que decida do mérito da causa, a decisão sobre a relação material controvertida fica a ter força obrigatória dentro do processo e fora dele nos limites fixados pelos artigos 580º e 581º, sem prejuízo do disposto nos artigos 696º a 702º.

2. Mas se o réu tiver sido condenado a prestar alimentos ou a satisfazer outras prestações dependentes de circunstâncias especiais quanto à sua medida ou à sua duração, pode a sentença ser alterada desde que se modifiquem as circunstâncias que determinaram a condenação.

Artigo 620º – Caso julgado formal

1. As sentenças e os despachos que recaiam unicamente sobre a relação processual têm força obrigatória dentro do processo.

2. Excluem-se do disposto no número anterior os despachos previstos no artigo 630º.

Artigo 621º – Alcance do caso julgado

A sentença constitui caso julgado nos precisos limites e termos em que julga: se a parte decaiu por não estar verificada uma condição, por não ter decorrido um prazo ou por não ter sido praticado determinado facto, a sentença não obsta a que o pedido se renove quando a condição se verifique, o prazo se preencha ou o facto se pratique.

Artigo 622º – Efeitos do caso julgado nas questões de estado

Nas questões relativas ao estado das pessoas, o caso julgado produz efeitos mesmo em relação a terceiros quando, proposta a ação contra todos os interessados diretos, tenha havido oposição, sem prejuízo do disposto, quanto a certas ações, na lei civil.

Artigo 623º – Oponibilidade a terceiros da decisão penal condenatória

A condenação definitiva proferida no processo penal constitui, em relação a terceiros, presunção ilidível no que se refere à existência dos factos que integram os pressupostos da punição e os elementos do tipo legal, bem como dos que respeitam às formas do crime, em quaisquer ações civis em que se discutam relações jurídicas dependentes da prática da infração.

Artigo 624º – Eficácia da decisão penal absolutória

1. A decisão penal, transitada em julgado, que haja absolvido o arguido com fundamento em não ter praticado os factos que lhe eram imputados, constitui, em quaisquer ações de natureza civil, simples presunção legal da inexistência desses factos, ilidível mediante prova em contrário.

2. A presunção referida no número anterior prevalece sobre quaisquer presunções de culpa estabelecidas na lei civil.

Artigo 625º – Casos julgados contraditórios

1. Havendo duas decisões contraditórias sobre a mesma pretensão, cumpre-se a que passou em julgado em primeiro lugar.

2. É aplicável o mesmo princípio à contradição existente entre duas decisões que, dentro do processo, versem sobre a mesma questão concreta da relação processual.

Artigo 626º – Execução da decisão judicial condenatória[1]

1. A execução da decisão judicial condenatória inicia-se mediante requerimento, ao qual se aplica, com as necessárias adaptações, o disposto nos artigos 724º e seguin-

[1] Tomou-se em linha de conta a Declaração de Retificação nº 36/2013 (DR, 1ª série, nº 154, de 12/8).

tes, salvo nos casos de decisão judicial condenatória proferida no âmbito do procedimento especial de despejo.

2. Sem prejuízo do disposto no nº 3 do artigo 550º, a execução da decisão condenatória no pagamento de quantia certa segue a tramitação prevista para a forma sumária, havendo lugar à notificação do executado após a realização da penhora.

3. Na execução de decisão judicial que condene na entrega de coisa certa, feita a entrega, o executado é notificado para deduzir oposição, seguindo-se, com as necessárias adaptações, o disposto nos artigos 860º e seguintes.

4. Se o credor, conjuntamente com o pagamento de quantia certa ou com a entrega de uma coisa, pretender a prestação de um facto, a citação prevista no nº 2 do artigo 868º é realizada em conjunto com a notificação do executado para deduzir oposição ao pagamento ou à entrega.

5. Se a execução tiver por finalidade o pagamento de quantia certa e a entrega de coisa certa ou a prestação de facto, podem ser logo penhorados bens suficientes para cobrir a quantia decorrente da eventual conversão destas execuções, bem como a destinada à indemnização do exequente e ao montante devido a título de sanção pecuniária compulsória.

TÍTULO V - Dos recursos

CAPÍTULO I - Disposições gerais

Artigo 627º - Espécies de recursos

1. As decisões judiciais podem ser impugnadas por meio de recursos.

2. Os recursos são ordinários ou extraordinários, sendo ordinários os recursos de apelação e de revista e extraordinários o recurso para uniformização de jurisprudência e a revisão.

Artigo 628º - Noção de trânsito em julgado

A decisão considera-se transitada em julgado logo que não seja suscetível de recurso ordinário ou de reclamação.

Artigo 629º - Decisões que admitem recurso

1. O recurso ordinário só é admissível quando a causa tenha valor superior à alçada do tribunal de que se recorre e a decisão impugnada seja desfavorável ao recorrente em valor superior a metade da alçada desse tribunal, atendendo-se, em caso de fundada dúvida acerca do valor da sucumbência, somente ao valor da causa.

2. Independentemente do valor da causa e da sucumbência, é sempre admissível recurso:

a) Com fundamento na violação das regras de competência internacional, das regras de competência em razão da matéria ou da hierarquia, ou na ofensa de caso julgado;

b) Das decisões respeitantes ao valor da causa ou dos incidentes, com o fundamento de que o seu valor excede a alçada do tribunal de que se recorre;

c) Das decisões proferidas, no domínio da mesma legislação e sobre a mesma questão fundamental de direito, contra jurisprudência uniformizada do Supremo Tribunal de Justiça;

d) Do acórdão da Relação que esteja em contradição com outro, dessa ou de diferente Relação, no domínio da mesma legislação e sobre a mesma questão fundamental de direito, e do qual não caiba recurso ordinário por motivo estranho à alçada do tribunal, salvo se tiver sido proferido acórdão de uniformização de jurisprudência com ele conforme.

3. Independentemente do valor da causa e da sucumbência, é sempre admissível recurso para a Relação:

a) Nas ações em que se aprecie a validade, a subsistência ou a cessação de contratos de arrendamento, com exceção dos arrendamentos para habitação não permanente ou para fins especiais transitórios;

b) Das decisões respeitantes ao valor da causa nos procedimentos cautelares, com o fundamento de que o seu valor excede a alçada do tribunal de que se recorre;

c) Das decisões de indeferimento liminar da petição de ação ou do requerimento inicial de procedimento cautelar.

Artigo 630º – Despachos que não admitem recurso

1. Não admitem recurso os despachos de mero expediente nem os proferidos no uso legal de um poder discricionário.

2. Não é admissível recurso das decisões de simplificação ou de agilização processual, proferidas nos termos previstos no nº 1 do artigo 6º, das decisões proferidas sobre as nulidades previstas no nº 1 do artigo 195º e das decisões de adequação formal, proferidas nos termos previstos no artigo 547º, salvo se contenderem com os princípios da igualdade ou do contraditório, com a aquisição processual de factos ou com a admissibilidade de meios probatórios.

Artigo 631º – Quem pode recorrer

1. Sem prejuízo do disposto nos números seguintes, os recursos só podem ser interpostos por quem, sendo parte principal na causa, tenha ficado vencido.

2. As pessoas direta e efetivamente prejudicadas pela decisão podem recorrer dela, ainda que não sejam partes na causa ou sejam apenas partes acessórias.

3. O recurso previsto na alínea *g*) do artigo 696º pode ser interposto por qualquer terceiro que tenha sido prejudicado com a sentença, considerando-se como terceiro o incapaz que interveio no processo como parte, mas por intermédio de representante legal.

Artigo 632º – Perda do direito de recorrer e renúncia ao recurso

1. É lícito às partes renunciar aos recursos; mas a renúncia antecipada só produz efeito se provier de ambas as partes.

2. Não pode recorrer quem tiver aceitado a decisão depois de proferida.

3. A aceitação da decisão pode ser expressa ou tácita; a aceitação tácita é a que deriva da prática de qualquer facto inequivocamente incompatível com a vontade de recorrer.

4. O disposto nos números anteriores não é aplicável ao Ministério Público.

5. O recorrente pode, por simples requerimento, desistir do recurso interposto até à prolação da decisão.

Artigo 633º – Recurso independente e recurso subordinado

1. Se ambas as partes ficarem vencidas, cada uma delas pode recorrer na parte que lhe seja desfavorável, podendo o recurso, nesse caso, ser independente ou subordinado.

2. O prazo de interposição do recurso subordinado conta-se a partir da notificação da interposição do recurso da parte contrária.

3. Se o primeiro recorrente desistir do recurso ou este ficar sem efeito ou o tribunal não tomar conhecimento dele, caduca o recurso subordinado, sendo todas as custas da responsabilidade do recorrente principal.

4. Salvo declaração expressa em contrário, a renúncia ao direito de recorrer ou a aceitação, expressa ou tácita, da decisão por parte de um dos litigantes não obsta à interposição do recurso subordinado, desde que a parte contrária recorra da decisão.

5. Se o recurso independente for admissível, o recurso subordinado também o será, ainda que a decisão impugnada seja desfavorável para o respetivo recorrente em valor igual ou inferior a metade da alçada do tribunal de que se recorre.

Artigo 634º – Extensão do recurso aos compartes não recorrentes

1. O recurso interposto por uma das partes aproveita aos seus compartes no caso de litisconsórcio necessário.

2. Fora do caso de litisconsórcio necessário, o recurso interposto aproveita ainda aos outros:

a) Se estes, na parte em que o interesse seja comum, derem a sua adesão ao recurso;

b) Se tiverem um interesse que dependa essencialmente do interesse do recorrente;

c) Se tiverem sido condenados como devedores solidários, a não ser que o recurso, pelos seus fundamentos, respeite unicamente à pessoa do recorrente.

3. A adesão ao recurso pode ter lugar, por meio de requerimento ou de subscrição das alegações do recorrente, até ao início do prazo referido no nº 1 do artigo 657º.

4. Com o ato de adesão, o interessado faz sua a atividade já exercida pelo recorrente e a que este vier a exercer; mas é lícito ao aderente passar, em qualquer momento, à posição de recorrente principal, mediante o exercício de atividade própria; e se o recorrente desistir, deve ser notificado da desistência para que possa seguir com o recurso como recorrente principal.

5. O litisconsorte necessário, bem como o comparte que se encontre na situação das alíneas *b*) ou *c*) do nº 2, podem assumir em qualquer momento a posição de recorrente principal.

Artigo 635º – Delimitação subjetiva e objetiva do recurso

1. Sendo vários os vencedores, todos eles devem ser notificados do despacho que admite o recurso; mas é lícito ao recorrente, salvo no caso de litisconsórcio necessário, excluir do recurso, no requerimento de interposição, algum ou alguns dos vencedores.

2. Se a parte dispositiva da sentença contiver decisões distintas, é igualmente lícito ao recorrente restringir o recurso a qualquer delas, uma vez que especifique no requerimento a decisão de que recorre.

3. Na falta de especificação, o recurso abrange tudo o que na parte dispositiva da sentença for desfavorável ao recorrente.

4. Nas conclusões da alegação, pode o recorrente restringir, expressa ou tacitamente, o objeto inicial do recurso.

5. Os efeitos do julgado, na parte não recorrida, não podem ser prejudicados pela decisão do recurso nem pela anulação do processo.

Artigo 636º – Ampliação do âmbito do recurso a requerimento do recorrido

1. No caso de pluralidade de fundamentos da ação ou da defesa, o tribunal de recurso conhece do fundamento em que a parte vencedora decaiu, desde que esta o requeira, mesmo a título subsidiário, na respetiva alegação, prevenindo a necessidade da sua apreciação.

2. Pode ainda o recorrido, na respetiva alegação e a título subsidiário, arguir a nulidade da sentença ou impugnar a decisão proferida sobre pontos determinados da matéria de facto, não impugnados pelo recorrente, prevenindo a hipótese de procedência das questões por este suscitadas.

3. Na falta dos elementos de facto indispensáveis à apreciação da questão suscitada, pode o tribunal de recurso mandar baixar os autos, a fim de se proceder ao julgamento no tribunal onde a decisão foi proferida.

Artigo 637º – Modo de interposição do recurso

1. Os recursos interpõem-se por meio de requerimento dirigido ao tribunal que proferiu a decisão recorrida, no qual se indica a espécie, o efeito e o modo de subida do recurso interposto.

2. O requerimento de interposição do recurso contém obrigatoriamente a alegação do recorrente, em cujas conclusões deve ser indicado o fundamento específico da recorribilidade; quando este se traduza na invocação de um conflito jurisprudencial que se pretende ver resolvido, o recorrente junta obrigatoriamente, sob pena de imediata rejeição, cópia, ainda que não certificada, do acórdão fundamento.

Artigo 638º – Prazos

1. O prazo para a interposição do recurso é de 30 dias e conta-se a partir da notificação da decisão, reduzindo-se para 15 dias nos processos urgentes e nos casos previstos no nº 2 do artigo 644º e no artigo 677º.

2. Se a parte for revel e não dever ser notificada nos termos do artigo 249º, o prazo de interposição corre desde a publicação da decisão, exceto se a revelia da parte cessar antes de decorrido esse prazo, caso em que a sentença ou despacho tem de ser notificado e o prazo começa a correr da data da notificação.

3. Tratando-se de despachos ou sentenças orais, reproduzidos no processo, o prazo corre do dia em que foram proferidos, se a parte esteve presente ou foi notificada para assistir ao ato.

4. Quando, fora dos casos previstos nos números anteriores, não tenha de fazer-se a notificação, o prazo corre desde o dia em que o interessado teve conhecimento da decisão.

5. Em prazo idêntico ao da interposição, pode o recorrido responder à alegação do recorrente.

6. Na sua alegação, o recorrido pode impugnar a admissibilidade ou a tempestividade do recurso, bem como a legitimidade do recorrente.

7. Se o recurso tiver por objeto a reapreciação da prova gravada, ao prazo de interposição e de resposta acrescem 10 dias.

8. Sendo requerida pelo recorrido a ampliação do objeto do recurso, nos termos do artigo 636º, pode o recorrente responder à matéria da ampliação, nos 15 dias posteriores à notificação do requerimento.

9. Havendo vários recorrentes ou vários recorridos, ainda que representados por advogados diferentes, o prazo das respetivas alegações é único, incumbindo à secretaria providenciar para que todos possam proceder ao exame do processo durante o prazo de que beneficiam.

Artigo 639º – Ónus de alegar e formular conclusões

1. O recorrente deve apresentar a sua alegação, na qual conclui, de forma sintética, pela indicação dos fundamentos por que pede a alteração ou anulação da decisão.

2. Versando o recurso sobre matéria de direito, as conclusões devem indicar:

a) As normas jurídicas violadas;

b) O sentido com que, no entender do recorrente, as normas que constituem fundamento jurídico da decisão deviam ter sido interpretadas e aplicadas;

c) Invocando-se erro na determinação da norma aplicável, a norma jurídica que, no entendimento do recorrente, devia ter sido aplicada.

3. Quando as conclusões sejam deficientes, obscuras, complexas ou nelas se não tenha procedido às especificações a que alude o número anterior, o relator deve convidar o recorrente a completá-las, esclarecê-las ou sintetizá-las, no prazo de cinco dias, sob pena de se não conhecer do recurso, na parte afetada.

4. O recorrido pode responder ao aditamento ou esclarecimento no prazo de cinco dias.

5. O disposto nos números anteriores não é aplicável aos recursos interpostos pelo Ministério Público, quando recorra por imposição da lei.

Artigo 640º – Ónus a cargo do recorrente que impugne a decisão relativa à matéria de facto

1. Quando seja impugnada a decisão sobre a matéria de facto, deve o recorrente obrigatoriamente especificar, sob pena de rejeição:

a) Os concretos pontos de facto que considera incorretamente julgados;

b) Os concretos meios probatórios, constantes do processo ou de registo ou gravação nele realizada, que impunham decisão sobre os pontos da matéria de facto impugnados diversa da recorrida;

c) A decisão que, no seu entender, deve ser proferida sobre as questões de facto impugnadas.

2. No caso previsto na alínea *b*) do número anterior, observa-se o seguinte:

a) Quando os meios probatórios invocados como fundamento do erro na apreciação das provas tenham sido gravados, incumbe ao recorrente, sob pena de imediata rejeição do recurso na respetiva parte, indicar com exatidão as passagens da gravação em que se funda o seu recurso, sem prejuízo de poder proceder à transcrição dos excertos que considere relevantes;

b) Independentemente dos poderes de investigação oficiosa do tribunal, incumbe ao recorrido designar os meios de prova que infirmem as conclusões do recorrente e, se os depoimentos tiverem sido gravados, indicar com exatidão as passagens da gravação em que se funda e proceder, querendo, à transcrição dos excertos que considere importantes.

3. O disposto nos nºs 1 e 2 é aplicável ao caso de o recorrido pretender alargar o âmbito do recurso, nos termos do nº 2 do artigo 636º.

Artigo 641º – Despacho sobre o requerimento

1. Findos os prazos concedidos às partes, o juiz aprecia os requerimentos apresentados, pronuncia-se sobre as nulidades arguidas e os pedidos de reforma, ordenando a subida do recurso, se a tal nada obstar.

2. O requerimento é indeferido quando:

a) Se entenda que a decisão não admite recurso, que este foi interposto fora de prazo ou que o requerente não tem as condições necessárias para recorrer;

b) Não contenha ou junte a alegação do recorrente ou quando esta não tenha conclusões.

3. No despacho em que admite o recurso, deve o juiz solicitar ao conselho distrital da Ordem dos Advogados a nomeação de advogado aos ausentes, incapazes e incertos, quando estes não possam ser representados pelo Ministério Público.

4. No caso previsto no número anterior, o prazo de resposta do recorrido ou de interposição por este de recurso subordinado conta-se da notificação ao mandatário nomeado.

5. A decisão que admita o recurso, fixe a sua espécie e determine o efeito que lhe compete não vincula o tribunal superior nem pode ser impugnada pelas partes, salvo na situação prevista no nº 3 do artigo 306º.

6. A decisão que não admita o recurso ou retenha a sua subida apenas pode ser impugnada através da reclamação prevista no artigo 643º.

7. No despacho em que admite o recurso referido na alínea *c*) do nº 3 do artigo 629º, deve o juiz ordenar a citação do réu ou do requerido, tanto para os termos do recurso como para os da causa, salvo nos casos em que o requerido no procedimento cautelar não deva ser ouvido antes do seu decretamento.

Artigo 642º – Omissão do pagamento das taxas de justiça[1]

1. Quando o pagamento da taxa de justiça devida ou a concessão do benefício do apoio judiciário não tiverem sido comprovados no momento definido para esse efeito, a secretaria notifica o interessado para, em 10 dias, efetuar o pagamento omitido, acrescido de multa de igual montante, mas não inferior a 1 UC nem superior a 5 UC.

2. Quando, no termo do prazo de 10 dias referido no número anterior, não tiver sido comprovado o pagamento da taxa de justiça devida e da multa ou da concessão do benefício do apoio judiciário, o tribunal determina o desentranhamento da alegação, do requerimento ou da resposta apresentado pela parte em falta.

3. A parte que aguarde decisão sobre a concessão do apoio judiciário deve, em alternativa, comprovar a apresentação do respetivo requerimento.

Artigo 643º – Reclamação contra o indeferimento

1. Do despacho que não admita o recurso pode o recorrente reclamar para o tribunal que seria competente para dele conhecer no prazo de 10 dias contados da notificação da decisão.

2. O recorrido pode responder à reclamação apresentada pelo recorrente, em prazo idêntico ao referido no número anterior.

3. A reclamação, dirigida ao tribunal superior, é apresentada na secretaria do tribunal recorrido, autuada por apenso aos autos principais e é sempre instruída com o requerimento de interposição de recurso e as alegações, a decisão recorrida e o despacho objeto de reclamação.

4. A reclamação, logo que distribuída, é apresentada ao relator, que, em 10 dias, profere decisão que admita o recurso ou o mande subir ou mantenha o despacho reclamado, a qual é suscetível de impugnação, nos termos previstos no nº 3 do artigo 652º.

5. Se o relator não se julgar suficientemente elucidado com os documentos referidos no nº 3, pode requisitar ao tribunal recorrido os esclarecimentos ou as certidões que entenda necessários.

[1] Os nºs 1 e 2 têm a redação do DL 97/2019, de 26 de julho.

6. Se a reclamação for deferida, o relator requisita o processo principal ao tribunal recorrido, que o fará subir no prazo de 10 dias.

CAPÍTULO II – Apelação

SECÇÃO I – Interposição e efeitos do recurso

Artigo 644º – Apelações autónomas

1. Cabe recurso de apelação:

a) Da decisão, proferida em 1ª instância, que ponha termo à causa ou a procedimento cautelar ou incidente processado autonomamente;

b) Do despacho saneador que, sem pôr termo ao processo, decida do mérito da causa ou absolva da instância o réu ou algum dos réus quanto a algum ou alguns dos pedidos.

2. Cabe ainda recurso de apelação das seguintes decisões do tribunal de 1ª instância:

a) Da decisão que aprecie o impedimento do juiz;

b) Da decisão que aprecie a competência absoluta do tribunal;

c) Da decisão que decrete a suspensão da instância;

d) Do despacho de admissão ou rejeição de algum articulado ou meio de prova;

e) Da decisão que condene em multa ou comine outra sanção processual;

f) Da decisão que ordene o cancelamento de qualquer registo;

g) De decisão proferida depois da decisão final;

h) Das decisões cuja impugnação com o recurso da decisão final seria absolutamente inútil;

i) Nos demais casos especialmente previstos na lei.

3. As restantes decisões proferidas pelo tribunal de 1ª instância podem ser impugnadas no recurso que venha a ser interposto das decisões previstas no nº 1.

4. Se não houver recurso da decisão final, as decisões interlocutórias que tenham interesse para o apelante independentemente daquela decisão podem ser impugnadas num recurso único, a interpor após o trânsito da referida decisão.

Artigo 645º – Modo de subida

1. Sobem nos próprios autos as apelações interpostas:

a) Das decisões que ponham termo ao processo;

b) Das decisões que suspendam a instância;

c) Das decisões que indefiram o incidente processado por apenso;

d) Das decisões que indefiram liminarmente ou não ordenem a providência cautelar.

2. Sobem em separado as apelações não compreendidas no número anterior.

3. Formam um único processo as apelações que subam conjuntamente, em separado dos autos principais.

Artigo 646º – Instrução do recurso com subida em separado[1]

1. Na apelação com subida em separado, as partes indicam, após as conclusões das alegações, as peças do processo de que pretendem certidão para instruir o recurso.

2. No caso previsto no número anterior, a secretaria deve facultar aos mandatários, durante o prazo de cinco dias, as peças processuais, documentos e demais elementos que, por terem sido apresentados em suporte físico e não tendo sido digitalizados, apenas constem do suporte físico do processo.

3. *(Revogado.)*

Artigo 647º – Efeito da apelação

1. A apelação tem efeito meramente devolutivo, exceto nos casos previstos nos números seguintes.

2. A apelação tem efeito suspensivo do processo nos casos previstos na lei.

3. Tem efeito suspensivo da decisão a apelação:

a) Da decisão que ponha termo ao processo em ações sobre o estado das pessoas;

b) Da decisão que ponha termo ao processo nas ações referidas nas alíneas *a*) e *b*) do nº 3 do artigo 629º e nas que respeitem à posse ou à propriedade de casa de habitação;

c) Do despacho de indeferimento do incidente processado por apenso;

d) Do despacho que indefira liminarmente ou não ordene a providência cautelar;

e) Das decisões previstas nas alíneas *e*) e *f*) do nº 2 do artigo 644º;

f) Nos demais casos previstos por lei.

4. Fora dos casos previstos no número anterior, o recorrente pode requerer, ao interpor o recurso, que a apelação tenha efeito suspensivo quando a execução da decisão lhe cause prejuízo considerável e se ofereça para prestar caução, ficando a atribuição desse efeito condicionada à efetiva prestação da caução no prazo fixado pelo tribunal.

Artigo 648º – Termos a seguir no pedido de atribuição do efeito suspensivo

1. No caso previsto no nº 4 do artigo anterior, a atribuição do efeito suspensivo extingue-se se o recurso estiver parado durante mais de 30 dias por negligência do apelante.

2. Ao pedido de atribuição de efeito suspensivo pode o apelado responder na sua alegação.

Artigo 649º – Traslado e exigência de caução

1. O apelado pode requerer a todo o tempo extração de traslado, com indicação das peças que, além da sentença, ele deva abranger.

2. Não querendo, ou não podendo, obter execução provisória da sentença, o apelado que não esteja já garantido por hipoteca judicial pode requerer, na alegação, que o apelante preste caução.

[1] Os nºs 2 e 3 têm a redação do DL 97/2019, de 26 de julho.

Artigo 650º – Caução

1. Se houver dificuldade na fixação da caução a que se refere o nº 4 do artigo 647º e o nº 2 do artigo anterior, calcula-se o seu valor mediante avaliação feita por um único perito nomeado pelo juiz.

2. Se a caução não for prestada no prazo de 10 dias após o despacho previsto no artigo 641º, extrai-se traslado, com a sentença e outras peças que o juiz considere indispensáveis para se processar o incidente, seguindo a apelação os seus termos.

3. Se a caução tiver sido prestada por fiança, garantia bancária ou seguro-caução, a mesma mantém-se até ao trânsito em julgado da decisão final proferida no último recurso interposto, só podendo ser libertada em caso de absolvição do pedido ou, tendo a parte sido condenada, provando que cumpriu a obrigação no prazo de 30 dias a contar do trânsito em julgado.

4. No caso previsto na segunda parte do número anterior, se não tiver sido feita a prova do cumprimento de obrigação no prazo aí referido, será notificada a entidade que prestou a caução para entregar o montante da mesma à parte beneficiária, aplicando-se, em caso de incumprimento e com as necessárias adaptações, o disposto no artigo 777º, servindo de título executivo a notificação efetuada pelo tribunal.

Artigo 651º – Junção de documentos e de pareceres

1. As partes apenas podem juntar documentos às alegações nas situações excecionais a que se refere o artigo 425º ou no caso de a junção se ter tornado necessária em virtude do julgamento proferido na 1ª instância.

2. As partes podem juntar pareceres de jurisconsultos até ao início do prazo para a elaboração do projeto de acórdão.

SECÇÃO II – Julgamento do recurso

Artigo 652º – Função do relator[1]

1. Ao relator incumbe deferir todos os termos do recurso até final, designadamente:

a) Corrigir o efeito atribuído ao recurso e o respetivo modo de subida, ou convidar as partes a aperfeiçoar as conclusões das respetivas alegações, nos termos do nº 3 do artigo 639º;

b) Verificar se alguma circunstância obsta ao conhecimento do recurso;

c) Julgar sumariamente o objeto do recurso, nos termos previstos no artigo 656º;

d) Ordenar as diligências que considere necessárias;

e) Autorizar ou recusar a junção de documentos e pareceres;

f) Julgar os incidentes suscitados;

g) Declarar a suspensão da instância;

h) Julgar extinta a instância por causa diversa do julgamento ou julgar findo o recurso, por não haver que conhecer do seu objeto.

[1] O nº 1 tem a redação da L 55/2021, de 13 de agosto.

2. Na decisão do objeto do recurso e das questões a apreciar em conferência intervêm, pela ordem de antiguidade no tribunal, os juízes seguintes ao relator.

3. Salvo o disposto no nº 6 do artigo 641º, quando a parte se considere prejudicada por qualquer despacho do relator, que não seja de mero expediente, pode requerer que sobre a matéria do despacho recaia um acórdão; o relator deve submeter o caso à conferência, depois de ouvida a parte contrária.

4. A reclamação deduzida é decidida no acórdão que julga o recurso, salvo quando a natureza das questões suscitadas impuser decisão imediata, sendo, neste caso, aplicável, com as necessárias adaptações, o disposto nos nºs 2 a 4 do artigo 657º.

5. Do acórdão da conferência pode a parte que se considere prejudicada:

a) Reclamar, com efeito suspensivo, da decisão proferida sobre a competência relativa da Relação para o Presidente do Supremo Tribunal de Justiça, o qual decide definitivamente a questão;

b) Recorrer nos termos gerais.

Artigo 653º – Erro no modo de subida do recurso

1. Se o recurso tiver subido em separado, quando devesse subir nos próprios autos, requisitam-se estes ao tribunal recorrido.

2. Decidindo o relator, inversamente, que o recurso que subiu nos próprios autos deveria ter subido em separado, o tribunal notifica as partes para indicarem as peças necessárias à instrução do recurso, as quais são autuadas com o requerimento de interposição do recurso e com as alegações, baixando, em seguida, os autos principais à 1ª instância.

Artigo 654º – Erro quanto ao efeito do recurso

1. Se o relator entender que deve alterar-se o efeito do recurso, deve ouvir as partes, antes de decidir, no prazo de cinco dias.

2. Se a questão tiver sido suscitada por alguma das partes na sua alegação, o relator apenas ouve a parte contrária que não tenha tido oportunidade de responder.

3. Decidindo-se que à apelação, recebida no efeito meramente devolutivo, deve atribuir-se efeito suspensivo é expedido ofício, se o apelante o requerer, para ser suspensa a execução; o ofício contém unicamente a identificação da sentença cuja execução deve ser suspensa.

4. Quando, ao invés, se julgue que a apelação, recebida nos dois efeitos, devia sê-lo no efeito meramente devolutivo, o relator manda passar traslado, se o apelado o requerer: o traslado, que baixa à 1ª instância, contém somente o acórdão e a sentença recorrida, salvo se o apelado requerer que abranja outras peças do processo.

Artigo 655º – Não conhecimento do objeto do recurso

1. Se entender que não pode conhecer-se do objeto do recurso, o relator, antes de proferir decisão, ouvirá cada uma das partes, pelo prazo de 10 dias.

2. Sendo a questão suscitada pelo apelado, na sua alegação, é aplicável o disposto no nº 2 do artigo anterior.

Artigo 656º – Decisão liminar do objeto do recurso

Quando o relator entender que a questão a decidir é simples, designadamente por ter já sido jurisdicionalmente apreciada, de modo uniforme e reiterado, ou que o recurso é manifestamente infundado, profere decisão sumária, que pode consistir em simples remissão para as precedentes decisões, de que se juntará cópia.

Artigo 657º – Preparação da decisão

1. Decididas as questões que devam ser apreciadas antes do julgamento do objeto do recurso, se não se verificar o caso previsto no artigo anterior, o relator elabora o projeto de acórdão no prazo de 30 dias.

2. Na sessão anterior ao julgamento do recurso, o processo, acompanhado com o projeto de acórdão, vai com vista simultânea, por meios eletrónicos, aos dois juízes-adjuntos, pelo prazo de cinco dias, ou, quando tal não for tecnicamente possível, o relator ordena a extração de cópias do projeto de acórdão e das peças processuais relevantes para a apreciação do objeto da apelação.

3. Se o volume das peças processuais relevantes tornar excessivamente morosa a extração de cópias, o processo vai com vista aos dois juízes-adjuntos, pelo prazo de cinco dias a cada um.

4. Quando a natureza das questões a decidir ou a necessidade de celeridade no julgamento do recurso o aconselhem, pode o relator, com a concordância dos adjuntos, dispensar os vistos.

Artigo 658º – Sugestões dos adjuntos

1. Se qualquer dos atos compreendidos nas atribuições do relator for sugerido por algum dos adjuntos, cabe ao relator ordenar a sua prática, se com ela concordar, ou submetê-la à conferência, no caso contrário.

2. Realizada a diligência, podem os adjuntos ter nova vista, sempre que necessário, para examinar o seu resultado.

Artigo 659º – Julgamento do objeto do recurso

1. O processo é inscrito em tabela logo que se mostre decorrido o prazo para o relator elaborar o projeto de acórdão.

2. No dia do julgamento, o relator faz sucinta apresentação do projeto de acórdão e, de seguida, dão o seu voto os juízes-adjuntos, pela ordem da sua intervenção no processo.

3. A decisão é tomada por maioria, sendo a discussão dirigida pelo presidente, que desempata quando não possa formar-se maioria.

Artigo 660º – Efeitos da impugnação de decisões interlocutórias

O tribunal só dá provimento à impugnação das decisões interlocutórias, impugnadas conjuntamente com a decisão final nos termos do nº 3 do artigo 644º, quando a infração cometida possa modificar aquela decisão ou quando, independentemente dela, o provimento tenha interesse para o recorrente.

Artigo 661º – Falta ou impedimento dos juízes

1. O relator é substituído pelo primeiro adjunto nas faltas ou impedimentos que não justifiquem segunda distribuição e enquanto esta se não efetuar.

2. Se a falta ou impedimento respeitar a um dos juízes-adjuntos, a substituição cabe ao juiz seguinte ao último deles.

Artigo 662º – Modificabilidade da decisão de facto

1. A Relação deve alterar a decisão proferida sobre a matéria de facto, se os factos tidos como assentes, a prova produzida ou um documento superveniente impuserem decisão diversa.

2. A Relação deve ainda, mesmo oficiosamente:

a) Ordenar a renovação da produção da prova quando houver dúvidas sérias sobre a credibilidade do depoente ou sobre o sentido do seu depoimento;

b) Ordenar, em caso de dúvida fundada sobre a prova realizada, a produção de novos meios de prova;

c) Anular a decisão proferida na 1ª instância, quando, não constando do processo todos os elementos que, nos termos do número anterior, permitam a alteração da decisão proferida sobre a matéria de facto, repute deficiente, obscura ou contraditória a decisão sobre pontos determinados da matéria de facto, ou quando considere indispensável a ampliação desta;

d) Determinar que, não estando devidamente fundamentada a decisão proferida sobre algum facto essencial para o julgamento da causa, o tribunal de 1ª instância a fundamente, tendo em conta os depoimentos gravados ou registados.

3. Nas situações previstas no número anterior, procede-se da seguinte forma:

a) Se for ordenada a renovação ou a produção de nova prova, observa-se, com as necessárias adaptações, o preceituado quanto à instrução, discussão e julgamento na 1ª instância;

b) Se a decisão for anulada e for inviável obter a sua fundamentação pelo mesmo juiz, procede-se à repetição da prova na parte que esteja viciada, sem prejuízo da apreciação de outros pontos da matéria de facto, com o fim de evitar contradições;

c) Se for determinada a ampliação da matéria de facto, a repetição do julgamento não abrange a parte da decisão que não esteja viciada, sem prejuízo da apreciação de outros pontos da matéria de facto, com o fim de evitar contradições;

d) Se não for possível obter a fundamentação pelo mesmo juiz ou repetir a produção de prova, o juiz da causa limitar-se-á a justificar a razão da impossibilidade.

4. Das decisões da Relação previstas nos nºs 1 e 2 não cabe recurso para o Supremo Tribunal de Justiça.

Artigo 663º – Elaboração do acórdão

1. O acórdão definitivo é lavrado de harmonia com a orientação que tenha prevalecido, devendo o vencido, quanto à decisão ou quanto aos simples fundamentos, assinar em último lugar, com a sucinta menção das razões de discordância.

2. O acórdão principia pelo relatório, em que se enunciam sucintamente as questões a decidir no recurso, expõe de seguida os fundamentos e conclui pela decisão, observando-se, na parte aplicável, o preceituado nos artigos 607º a 612º.

3. Quando o relator fique vencido relativamente à decisão ou a todos os fundamentos desta, é o acórdão lavrado pelo primeiro adjunto vencedor, o qual defere ainda aos termos que se seguirem, para integração ou reforma do acórdão.

4. Se o relator for apenas vencido quanto a algum dos fundamentos ou relativamente a qualquer questão acessória, é o acórdão lavrado pelo juiz que o presidente designar.

5. Quando a Relação entender que a questão a decidir é simples, pode o acórdão limitar-se à parte decisória, precedida da fundamentação sumária do julgado, ou, quando a questão já tenha sido jurisdicionalmente apreciada, remeter para precedente acórdão, de que junte cópia.

6. Quando não tenha sido impugnada, nem haja lugar a qualquer alteração da matéria de facto, o acórdão limita-se a remeter para os termos da decisão da 1ª instância que decidiu aquela matéria.

7. O juiz que lavrar o acórdão deve sumariá-lo.

Artigo 664º – Publicação do resultado da votação

1. Se não for possível lavrar imediatamente o acórdão, é o resultado do que se decidir publicado, depois de registado num livro de lembranças, que os juízes assinam.

2. O juiz a quem competir a elaboração do acórdão fica com o processo e apresenta o acórdão na primeira sessão.

3. O acórdão tem a data da sessão em que for assinado.

Artigo 665º – Regra da substituição ao tribunal recorrido

1. Ainda que declare nula a decisão que põe termo ao processo, o tribunal de recurso deve conhecer do objeto da apelação.

2. Se o tribunal recorrido tiver deixado de conhecer certas questões, designadamente por as considerar prejudicadas pela solução dada ao litígio, a Relação, se entender que a apelação procede e nada obsta à apreciação daquelas, delas conhece no mesmo acórdão em que revogar a decisão recorrida, sempre que disponha dos elementos necessários.

3. O relator, antes de ser proferida decisão, ouve cada uma das partes, pelo prazo de 10 dias.

Artigo 666º – Vícios e reforma do acórdão

1. É aplicável à 2ª instância o que se acha disposto nos artigos 613º a 617º, mas o acórdão é ainda nulo quando for lavrado contra o vencido ou sem o necessário vencimento.

2. A retificação ou reforma do acórdão, bem como a arguição de nulidade, são decididas em conferência.

Artigo 667º - Acórdão lavrado contra o vencido

Considera-se lavrado contra o vencido o acórdão proferido em sentido diferente do que estiver registado no livro de lembranças.

Artigo 668º - Reforma do acórdão

1. Se o Supremo Tribunal de Justiça anular o acórdão e o mandar reformar, intervêm na reforma, sempre que possível, os mesmos juízes.

2. O acórdão é reformado nos precisos termos que o Supremo Tribunal de Justiça tiver fixado.

Artigo 669º - Baixa do processo

Se do acórdão não for interposto recurso, o processo baixa à 1ª instância, sem ficar na Relação traslado algum.

Artigo 670º - Defesa contra as demoras abusivas

1. Se ao relator parecer manifesto que a parte pretende, com determinado requerimento, obstar ao cumprimento do julgado ou à baixa do processo ou à sua remessa para o tribunal competente, leva o requerimento à conferência, podendo esta ordenar, sem prejuízo do disposto no artigo 542º, que o respetivo incidente se processe em separado.

2. O disposto no número anterior é também aplicável aos casos em que a parte procure obstar ao trânsito em julgado da decisão, através da suscitação de incidentes, a ela posteriores, manifestamente infundados.

3. A decisão da conferência que qualifique como manifestamente infundado o incidente suscitado determina a imediata extração de traslado, prosseguindo os autos os seus termos no tribunal recorrido.

4. No caso previsto no número anterior, apenas é proferida a decisão no traslado depois de, contadas as custas a final, o requerente as ter pago, bem como todas as multas e indemnizações que hajam sido fixadas pelo tribunal.

5. A decisão impugnada através de incidente manifestamente infundado considera-se, para todos os efeitos, transitada em julgado.

6. Sendo o processado anulado em consequência de provimento na decisão a proferir no traslado, não se aplica o disposto no número anterior.

CAPÍTULO III - Recurso de revista

SECÇÃO I - Interposição e expedição do recurso

Artigo 671º - Decisões que comportam revista

1. Cabe revista para o Supremo Tribunal de Justiça do acórdão da Relação, proferido sobre decisão da 1ª instância, que conheça do mérito da causa ou que ponha termo ao processo, absolvendo da instância o réu ou algum dos réus quanto a pedido ou reconvenção deduzidos.

2. Os acórdãos da Relação que apreciem decisões interlocutórias que recaiam unicamente sobre a relação processual só podem ser objeto de revista:

a) Nos casos em que o recurso é sempre admissível;

b) Quando estejam em contradição com outro, já transitado em julgado, proferido pelo Supremo Tribunal de Justiça, no domínio da mesma legislação e sobre a mesma questão fundamental de direito, salvo se tiver sido proferido acórdão de uniformização de jurisprudência com ele conforme.

3. Sem prejuízo dos casos em que o recurso é sempre admissível, não é admitida revista do acórdão da Relação que confirme, sem voto de vencido e sem fundamentação essencialmente diferente, a decisão proferida na 1ª instância, salvo nos casos previstos no artigo seguinte.

4. Se não houver ou não for admissível recurso de revista das decisões previstas no nº 1, os acórdãos proferidos na pendência do processo na Relação podem ser impugnados, caso tenham interesse para o recorrente independentemente daquela decisão, num recurso único, a interpor após o trânsito daquela decisão, no prazo de 15 dias após o referido trânsito.

Artigo 672º – Revista excecional

1. Excecionalmente, cabe recurso de revista do acórdão da Relação referido no nº 3 do artigo anterior quando:

a) Esteja em causa uma questão cuja apreciação, pela sua relevância jurídica, seja claramente necessária para uma melhor aplicação do direito;

b) Estejam em causa interesses de particular relevância social;

c) O acórdão da Relação esteja em contradição com outro, já transitado em julgado, proferido por qualquer Relação ou pelo Supremo Tribunal de Justiça, no domínio da mesma legislação e sobre a mesma questão fundamental de direito, salvo se tiver sido proferido acórdão de uniformização de jurisprudência com ele conforme.

2. O requerente deve indicar, na sua alegação, sob pena de rejeição:

a) As razões pelas quais a apreciação da questão é claramente necessária para uma melhor aplicação do direito;

b) As razões pelas quais os interesses são de particular relevância social;

c) Os aspetos de identidade que determinam a contradição alegada, juntando cópia do acórdão-fundamento com o qual o acórdão recorrido se encontra em oposição.

3. A decisão quanto à verificação dos pressupostos referidos no nº 1 compete ao Supremo Tribunal de Justiça, devendo ser objeto de apreciação preliminar sumária, a cargo de uma formação constituída por três juízes escolhidos anualmente pelo presidente de entre os mais antigos das secções cíveis.

4. A decisão referida no número anterior, sumariamente fundamentada, é definitiva, não sendo suscetível de reclamação ou recurso.

5. Se entender que, apesar de não se verificarem os pressupostos da revista excecional, nada obsta à admissibilidade da revista nos termos gerais, a formação prevista no nº 3 determina que esta seja apresentada ao relator, para que proceda ao respetivo exame preliminar.

Artigo 673º – Recursos interpostos de decisões interlocutórias

Os acórdãos proferidos na pendência do processo na Relação apenas podem ser impugnados no recurso de revista que venha a ser interposto nos termos do nº 1 do artigo 671º, com exceção:

a) Dos acórdãos cuja impugnação com o recurso de revista seria absolutamente inútil;

b) Dos demais casos expressamente previstos na lei.

Artigo 674º – Fundamentos da revista

1. A revista pode ter por fundamento:

a) A violação de lei substantiva, que pode consistir tanto no erro de interpretação ou de aplicação, como no erro de determinação da norma aplicável;

b) A violação ou errada aplicação da lei de processo;

c) As nulidades previstas nos artigos 615º e 666º.

2. Para os efeitos do disposto na alínea *a*) do número anterior, consideram-se como lei substantiva as normas e os princípios de direito internacional geral ou comum e as disposições genéricas, de caráter substantivo, emanadas dos órgãos de soberania, nacionais ou estrangeiros, ou constantes de convenções ou tratados internacionais.

3. O erro na apreciação das provas e na fixação dos factos materiais da causa não pode ser objeto de recurso de revista, salvo havendo ofensa de uma disposição expressa de lei que exija certa espécie de prova para a existência do facto ou que fixe a força de determinado meio de prova.

Artigo 675º – Modo de subida

1. Sobem nos próprios autos as revistas interpostas das decisões previstas no nº 1 do artigo 671º.

2. Sobem em separado as revistas não compreendidas no número anterior.

3. Formam um único processo as revistas que subam conjuntamente, em separado dos autos principais.

Artigo 676º – Efeito do recurso

1. O recurso de revista só tem efeito suspensivo em questões sobre o estado de pessoas.

2. Se o recurso for admitido com efeito suspensivo, pode o recorrido exigir prestação de caução, sendo aplicável o disposto no nº 2 do artigo 649º.

3. Se o efeito do recurso for meramente devolutivo, pode o recorrido requerer que se extraia traslado, o qual deve compreender unicamente o acórdão, salvo se o recorrido fizer, à sua custa, inserir outras peças.

Artigo 677º – Regime aplicável à interposição e expedição da revista

Nos casos previstos no artigo 673º e nos processos urgentes, o prazo para a interposição de recurso é de 15 dias.

Artigo 678º – Recurso per saltum para o Supremo Tribunal de Justiça

1. As partes podem requerer, nas conclusões da alegação, que o recurso interposto das decisões referidas no nº 1 do artigo 644º suba diretamente ao Supremo Tribunal de Justiça, desde que, cumulativamente:

a) O valor da causa seja superior à alçada da Relação;

b) O valor da sucumbência seja superior a metade da alçada da Relação;

c) As partes, nas suas alegações, suscitem apenas questões de direito;

d) As partes não impugnem, no recurso da decisão prevista no nº 1 do artigo 644º, quaisquer decisões interlocutórias.

2. Sempre que o requerimento referido no número anterior seja apresentado pelo recorrido, o recorrente pode pronunciar-se no prazo de 10 dias.

3. O presente recurso é processado como revista, salvo no que respeita aos efeitos, a que se aplica o disposto para a apelação.

4. A decisão do relator que entenda que as questões suscitadas ultrapassam o âmbito da revista e determine que o processo baixe à Relação, a fim de o recurso aí ser processado, é definitiva.

5. Da decisão do relator que admita o recurso *per saltum*, pode haver reclamação para a conferência.

SECÇÃO II – Julgamento do recurso

Artigo 679º – Aplicação do regime da apelação

São aplicáveis ao recurso de revista as disposições relativas ao julgamento da apelação, com exceção do que se estabelece nos artigos 662º e 665º e do disposto nos artigos seguintes.

Artigo 680º – Junção de documentos e pareceres

1. Com as alegações podem juntar-se documentos supervenientes, sem prejuízo do disposto no nº 3 do artigo 674º e no nº 2 do artigo 682º.

2. À junção de pareceres é aplicável o disposto no nº 2 do artigo 651º.

Artigo 681º – Alegações orais

1. Pode o relator, oficiosamente ou a requerimento fundamentado de alguma das partes, determinar a realização de audiência para discussão do objeto do recurso.

2. No dia marcado para a audiência ouvem-se as partes que tiverem comparecido, não havendo lugar a adiamentos.

3. O presidente declara aberta a audiência e faz uma exposição sumária sobre o objeto do recurso, enunciando as questões que o tribunal entende deverem ser discutidas.

4. O presidente dá a palavra aos mandatários do recorrente e do recorrido para se pronunciarem sobre as questões referidas no número anterior.

Artigo 682º – Termos em que julga o tribunal de revista

1. Aos factos materiais fixados pelo tribunal recorrido, o Supremo Tribunal de Justiça aplica definitivamente o regime jurídico que julgue adequado.

2. A decisão proferida pelo tribunal recorrido quanto à matéria de facto não pode ser alterada, salvo o caso excecional previsto no nº 3 do artigo 674º.

3. O processo só volta ao tribunal recorrido quando o Supremo Tribunal de Justiça entenda que a decisão de facto pode e deve ser ampliada, em ordem a constituir base suficiente para a decisão de direito, ou que ocorrem contradições na decisão sobre a matéria de facto que inviabilizam a decisão jurídica do pleito.

Artigo 683º – Novo julgamento no tribunal a quo

1. No caso excecional a que se refere o nº 3 do artigo anterior, o Supremo Tribunal de Justiça, depois de definir o direito aplicável, manda julgar novamente a causa, em harmonia com a decisão de direito, pelos mesmos juízes que intervieram no primeiro julgamento, sempre que possível.

2. Se, por falta ou contradição dos elementos de facto, o Supremo Tribunal de Justiça não puder fixar com precisão o regime jurídico a aplicar, a nova decisão admite recurso de revista, nos mesmos termos que a primeira.

Artigo 684º – Reforma do acórdão no caso de nulidades

1. Quando for julgada procedente alguma das nulidades previstas nas alíneas *c*) e *e*) e na segunda parte da alínea *d*) do nº 1 do artigo 615º ou quando o acórdão se mostre lavrado contra o vencido, o Supremo Tribunal de Justiça supre a nulidade, declara em que sentido a decisão deve considerar-se modificada e conhece dos outros fundamentos do recurso.

2. Se proceder alguma das restantes nulidades do acórdão, manda-se baixar o processo, a fim de se fazer a reforma da decisão anulada, pelos mesmos juízes quando possível.

3. A nova decisão que vier a ser proferida, de harmonia com o disposto no número anterior, admite recurso de revista nos mesmos termos que a primeira.

Artigo 685º – Nulidades dos acórdãos

É aplicável ao acórdão do Supremo Tribunal de Justiça o disposto no artigo 666º.

SECÇÃO III – Julgamento ampliado da revista

Artigo 686º – Uniformização de jurisprudência

1. O Presidente do Supremo Tribunal de Justiça determina, até à prolação do acórdão, que o julgamento do recurso se faça com intervenção do pleno das secções cíveis, quando tal se revele necessário ou conveniente para assegurar a uniformidade da jurisprudência.

2. O julgamento alargado, previsto no número anterior, pode ser requerido por qualquer das partes e deve ser proposto pelo relator, por qualquer dos adjuntos, pelos presidentes das secções cíveis ou pelo Ministério Público.

3. O relator, ou qualquer dos adjuntos, propõe obrigatoriamente o julgamento ampliado da revista quando verifique a possibilidade de vencimento de solução jurídica que esteja em oposição com jurisprudência uniformizada, no domínio da mesma legislação e sobre a mesma questão fundamental de direito.

4. A decisão referida no nº 1 é definitiva.

Artigo 687º – Especialidades no julgamento

1. Determinado o julgamento pelas secções reunidas, o processo vai com vista ao Ministério Público, por 10 dias, para emissão de parecer sobre a questão que origina a necessidade de uniformização da jurisprudência.

2. Se a decisão a proferir envolver alteração de jurisprudência anteriormente uniformizada, o relator ouve previamente as partes caso estas não tenham tido oportunidade de se pronunciar sobre o julgamento alargado, sendo aplicável o disposto no artigo 681º.

3. Após a audição das partes, o processo vai com vista simultânea a cada um dos juízes que devam intervir no julgamento, aplicando-se o disposto nos nºs 2 e 3 do artigo 657º.

4. O julgamento só se realiza com a presença de, pelo menos, três quartos dos juízes em exercício nas secções cíveis.

5. O acórdão proferido pelas secções reunidas sobre o objeto da revista é publicado na 1ª série do Diário da República.

CAPÍTULO IV – Recurso para uniformização de jurisprudência

Artigo 688º – Fundamento do recurso

1. As partes podem interpor recurso para o pleno das secções cíveis quando o Supremo Tribunal de Justiça proferir acórdão que esteja em contradição com outro anteriormente proferido pelo mesmo tribunal, no domínio da mesma legislação e sobre a mesma questão fundamental de direito.

2. Como fundamento do recurso só pode invocar-se acórdão anterior com trânsito em julgado, presumindo-se o trânsito.

3. O recurso não é admitido se a orientação perfilhada no acórdão recorrido estiver de acordo com jurisprudência uniformizada do Supremo Tribunal de Justiça.

Artigo 689º - Prazo para a interposição

1. O recurso para uniformização de jurisprudência é interposto no prazo de 30 dias, contados do trânsito em julgado do acórdão recorrido.

2. O recorrido dispõe de prazo idêntico para responder à alegação do recorrente, contado da data em que tenha sido notificado da respetiva apresentação.

Artigo 690º - Instrução do requerimento

1. O requerimento de interposição, que é autuado por apenso, deve conter a alegação do recorrente, na qual se identificam os elementos que determinam a contradição alegada e a violação imputada ao acórdão recorrido.

2. Com o requerimento previsto no número anterior, o recorrente junta cópia do acórdão anteriormente proferido pelo Supremo Tribunal de Justiça, com o qual o acórdão recorrido se encontra em oposição.

Artigo 691º - Recurso por parte do Ministério Público

O recurso de uniformização de jurisprudência deve ser interposto pelo Ministério Público, mesmo quando não seja parte na causa, mas, neste caso, não tem qualquer influência na decisão desta, destinando-se unicamente à emissão de acórdão de uniformização sobre o conflito de jurisprudência.

Artigo 692º - Apreciação liminar

1. Recebidas as contra-alegações ou expirado o prazo para a sua apresentação, é o processo concluso ao relator para exame preliminar, sendo o recurso rejeitado, além dos casos previstos no nº 2 do artigo 641º, sempre que o recorrente não haja cumprido os ónus estabelecidos no artigo 690º, não exista a oposição que lhe serve de fundamento ou ocorra a situação prevista no nº 3 do artigo 688º.

2. Da decisão do relator pode o recorrente reclamar para a conferência.

3. Findo o prazo de resposta do recorrido, a conferência decide da verificação dos pressupostos do recurso, incluindo a contradição invocada como seu fundamento.

4. O acórdão da conferência previsto no número anterior é irrecorrível, sem prejuízo de o pleno das secções cíveis, ao julgar o recurso, poder decidir em sentido contrário.

5. Admitido o recurso, o relator envia o processo à distribuição.

Artigo 693º - Efeito do recurso

O recurso para uniformização de jurisprudência tem efeito meramente devolutivo.

Artigo 694º – Prestação de caução

Se estiver pendente ou for promovida a execução da sentença, não pode o exequente ou qualquer credor ser pago em dinheiro ou em quaisquer bens sem prestar caução.

Artigo 695º – Julgamento e termos a seguir quando o recurso é procedente

1. Ao julgamento do recurso é aplicável o disposto no artigo 687º, com as necessárias adaptações.

2. Sem prejuízo do disposto no artigo 691º, a decisão que verifique a existência da contradição jurisprudencial revoga o acórdão recorrido e substitui-o por outro em que se decide a questão controvertida.

3. A decisão de provimento do recurso não afeta qualquer sentença anterior à que tenha sido impugnada nem as situações jurídicas constituídas ao seu abrigo.

CAPÍTULO V – Revisão

Artigo 696º – Fundamentos do recurso[1]

A decisão transitada em julgado só pode ser objeto de revisão quando:

a) Outra sentença transitada em julgado tenha dado como provado que a decisão resulta de crime praticado pelo juiz no exercício das suas funções;

b) Se verifique a falsidade de documento ou ato judicial, de depoimento ou das declarações de peritos ou árbitros, que possam, em qualquer dos casos, ter determinado a decisão a rever, não tendo a matéria sido objeto de discussão no processo em que foi proferida;

c) Se apresente documento de que a parte não tivesse conhecimento, ou de que não tivesse podido fazer uso, no processo em que foi proferida a decisão a rever e que, por si só, seja suficiente para modificar a decisão em sentido mais favorável à parte vencida;

d) Se verifique nulidade ou anulabilidade de confissão, desistência ou transação em que a decisão se fundou;

e) Tendo corrido o processo à revelia, por falta absoluta de intervenção do réu, se mostre que:

i) Faltou a citação ou que é nula a citação feita;

ii) O réu não teve conhecimento da citação por facto que não lhe é imputável;

iii) O réu não pode apresentar a contestação por motivo de força maior;

f) Seja inconciliável com decisão definitiva de uma instância internacional de recurso vinculativa para o Estado Português;

g) O litígio assente sobre ato simulado das partes e o tribunal não tenha feito uso do poder que lhe confere o artigo 612º, por se não ter apercebido da fraude;

h) Seja suscetível de originar a responsabilidade civil do Estado por danos emergentes do exercício da função jurisdicional, verificando-se o disposto no artigo seguinte.

[1] As als. *e*) e *h*) têm a redação da L 117/2019, de 13 de setembro.

Artigo 696º-A – Responsabilidade civil do Estado[1]

1. A revisão de decisão transitada em julgado no caso previsto na alínea h) do artigo anterior só é admissível se o recorrente:

a) Não tiver contribuído, por ação ou omissão, para o vício que imputa à decisão; e

b) Tiver esgotado todos os meios de impugnação da decisão quanto à matéria suscetível de originar a responsabilidade civil do Estado.

2. O recurso previsto no número anterior é interposto também contra o Estado.

Artigo 697º – Regime do recurso[2]

1. O recurso é interposto no tribunal que proferiu a decisão a rever.

2. O recurso não pode ser interposto se tiverem decorrido mais de cinco anos sobre o trânsito em julgado da decisão, salvo se respeitar a direitos de personalidade, e o prazo para a interposição é de 60 dias, contados:

a) No caso da alínea *a*) do artigo 696º, do trânsito em julgado da sentença em que se funda a revisão;

b) No caso das alíneas *f*) e *h*) do artigo 696º, desde que a decisão em que se funda a revisão se tornou definitiva ou transitou em julgado;

c) Nos outros casos, desde que o recorrente obteve o documento ou teve conhecimento do facto que serve de base à revisão.

3. No caso da alínea *g*) do artigo 696º, o prazo para a interposição do recurso é de dois anos, contados desde o conhecimento da sentença pelo recorrente, sem prejuízo do prazo de cinco anos previsto no número anterior.

4. Nos casos previstos na segunda parte do nº 3 do artigo 631º, o prazo previsto no nº 2 não finda antes de decorrido um ano sobre a aquisição da capacidade por parte do incapaz ou sobre a mudança do seu representante legal.

5. Se, porém, devido a demora anormal na tramitação da causa em que se funda a revisão existir risco de caducidade, pode o interessado interpor recurso mesmo antes de naquela ser proferida decisão, requerendo logo a suspensão da instância no recurso, até que essa decisão transite em julgado.

6. As decisões proferidas no processo de revisão admitem os recursos ordinários a que estariam originariamente sujeitas no decurso da ação em que foi proferida a sentença a rever.

Artigo 698º – Instrução do requerimento

1. No requerimento de interposição, que é autuado por apenso, o recorrente alega os factos constitutivos do fundamento do recurso e, no caso da alínea *g*) do artigo 696º, o prejuízo resultante da simulação processual.

2. Nos casos das alíneas *a*), *c*), *f*) e *g*) do artigo 696º, o recorrente, com o requerimento de interposição, apresenta certidão, consoante os casos, da decisão ou do documento em que se funda o pedido.

[1] Preceito aditado pela L 117/2019, de 13 de setembro.

[2] As als. *a*) e *b*) do nº 2, e o nº 3 têm a redação da L 117/2019, de 13 de setembro.

Artigo 699º – Admissão do recurso

1. Sem prejuízo do disposto no nº 1 do artigo 641º, o tribunal a que for dirigido o requerimento indefere-o quando não tenha sido instruído nos termos do artigo anterior ou quando reconheça de imediato que não há motivo para revisão.

2. Admitido o recurso, notifica-se pessoalmente o recorrido para responder no prazo de 20 dias.

3. O recebimento do recurso não suspende a execução da decisão recorrida.

Artigo 700º – Julgamento da revisão

1. Salvo nos casos das alíneas *b*), *d*) e *g*) do artigo 696º, o tribunal, logo em seguida à resposta do recorrido ou ao termo do prazo respetivo, conhece do fundamento da revisão, precedendo as diligências consideradas indispensáveis.

2. Nos casos das alíneas *b*), *d*) e *g*) do artigo 696º, segue-se, após a resposta dos recorridos ou o termo do prazo respetivo, os termos do processo comum declarativo.

3. Quando o recurso tenha sido dirigido a algum tribunal superior, pode este requisitar ao tribunal de 1ª instância, de onde o processo subiu, as diligências que se mostrem necessárias e que naquele não possam ter lugar.

Artigo 701º – Termos a seguir quando a revisão é procedente[1]

1. Nos casos previstos nas alíneas *a*) a *f*) e *h*) do artigo 696º, se o fundamento da revisão for julgado procedente, é revogada a decisão recorrida, observando-se o seguinte:

a) Nos casos das alíneas *a*), *c*) e *f*) do artigo 696º, profere-se nova decisão, procedendo-se às diligências absolutamente indispensáveis e dando-se a cada uma das partes o prazo de 20 dias para alegar por escrito;

b) Nos casos das alíneas *b*) e *d*) do artigo 696º, ordena-se que sigam os termos necessários para a causa ser novamente instruída e julgada, aproveitando-se a parte do processo que o fundamento da revisão não tenha prejudicado;

c) No caso da subalínea *i*) da alínea *e*) do artigo 696º, anulam-se os termos do processo posteriores à citação do réu ou ao momento em que devia ser feita e ordena-se que o réu seja citado para a causa;

d) Nos casos das subalíneas *ii*) e *iii*) da alínea *e*) do artigo 696º, anulam-se os termos do processo posteriores à citação do réu, seguindo os autos os seus termos;

e) No caso da alínea *h*) do artigo 696º, o recorrente é notificado para, no prazo de 30 dias, formular pedido de indemnização contra o Estado, seguindo-se o disposto no artigo seguinte.

2. No caso da alínea *g*) do artigo 696º, se o fundamento da revisão for julgado procedente, anula-se a decisão recorrida.

[1] O nº 1, als. *c*), *d*) e *e*) têm a redação da L 117/2019, de 13 de setembro.

Artigo 701º-A – Pedido de indemnização contra o Estado[1]

1. Exercido o contraditório no prazo de 30 dias a contar da notificação do pedido de indemnização previsto na alínea *e*) do nº 1 do artigo anterior, o processo continua, com a tramitação a definir pelo relator com base nos poderes de gestão processual e de adequação formal, para o apuramento da indemnização devida ao recorrente.

2. O relator exerce, até ao julgamento, todas as funções que competem, em primeira instância, ao juiz de direito, com a possibilidade de reclamação para a conferência.

Artigo 702º – Prestação de caução

Se estiver pendente ou for promovida a execução da sentença, não pode o exequente ou qualquer credor ser pago em dinheiro ou em quaisquer bens sem prestar caução.

[1] Preceito aditado pela L 117/2019, de 13 de setembro.

LIVRO IV – DO PROCESSO DE EXECUÇÃO

TÍTULO I – Do título executivo

Artigo 703º – Espécies de títulos executivos[1]

1. À execução apenas podem servir de base:

a) As sentenças condenatórias;

b) Os documentos exarados ou autenticados, por notário ou por outras entidades ou profissionais com competência para tal, que importem constituição ou reconhecimento de qualquer obrigação;

c) Os títulos de crédito, ainda que meros quirógrafos, desde que, neste caso, os factos constitutivos da relação subjacente constem do próprio documento ou sejam alegados no requerimento executivo;

d) Os documentos a que, por disposição especial, seja atribuída força executiva.

2. Consideram-se abrangidos pelo título executivo os juros de mora, à taxa legal, da obrigação dele constante.

Artigo 704º – Requisitos da exequibilidade da sentença

1. A sentença só constitui título executivo depois do trânsito em julgado, salvo se o recurso contra ela interposto tiver efeito meramente devolutivo.

2. A execução iniciada na pendência de recurso extingue-se ou modifica-se em conformidade com a decisão definitiva comprovada por certidão; as decisões intermé-

[1] O Acórdão do TC nº 408/2015, de 23/09/15, publicado no DR 1ª série, nº 201, de 14/10/15, declarou, com força obrigatória geral, a inconstitucionalidade da norma que aplica o artigo 703º do Código de Processo Civil, aprovado em anexo à L 41/2013, de 26 de junho, a documentos particulares emitidos em data anterior à sua entrada em vigor, então exequíveis por força do artigo 46º, nº 1, alínea *c*), do Código de Processo Civil de 1961, constante dos artigos 703º do Código de Processo Civil, e 6º, nº 3, da L 41/2013, de 26 de junho, por violação do princípio da protecção da confiança (artigo 2º da Constituição).

dias podem igualmente suspender ou modificar a execução, consoante o efeito atribuído ao recurso que contra elas se interpuser.

3. Enquanto a sentença estiver pendente de recurso, não pode o exequente ou qualquer credor ser pago sem prestar caução.

4. Enquanto a sentença estiver pendente de recurso, se o bem penhorado for a casa de habitação efetiva do executado, o juiz pode, a requerimento daquele, determinar que a venda aguarde a decisão definitiva, quando aquela seja suscetível de causar prejuízo grave e dificilmente reparável.

5. Quando se execute sentença da qual haja sido interposto recurso com efeito meramente devolutivo, sem que a parte vencida haja requerido a atribuição do efeito suspensivo, nos termos do nº 4 do artigo 647º, nem a parte vencedora haja requerido a prestação de caução, nos termos do nº 2 do artigo 649º, o executado pode obter a suspensão da execução, mediante prestação de caução, aplicando-se, devidamente adaptado, o nº 3 do artigo 733º e os nºs 3 e 4 do artigo 650º.

6. Tendo havido condenação genérica, nos termos do nº 2 do artigo 609º, e não dependendo a liquidação da obrigação de simples cálculo aritmético, a sentença só constitui título executivo após a liquidação no processo declarativo, sem prejuízo da imediata exequibilidade da parte que seja líquida e do disposto no nº 7 do artigo 716º.

Artigo 705º – Exequibilidade dos despachos e das decisões arbitrais

1. São equiparados às sentenças, sob o ponto de vista da força executiva, os despachos e quaisquer outras decisões ou atos da autoridade judicial que condenem no cumprimento duma obrigação.

2. As decisões proferidas pelo tribunal arbitral são exequíveis nos mesmos termos em que o são as decisões dos tribunais comuns.

Artigo 706º – Exequibilidade das sentenças e dos títulos exarados em país estrangeiro

1. Sem prejuízo do que se ache estabelecido em tratados, convenções, regulamentos comunitários e leis especiais, as sentenças proferidas por tribunais ou por árbitros em país estrangeiro só podem servir de base à execução depois de revistas e confirmadas pelo tribunal português competente.

2. Não carecem, porém, de revisão para ser exequíveis os títulos exarados em país estrangeiro.

Artigo 707º – Exequibilidade dos documentos autênticos ou autenticados

Os documentos exarados ou autenticados, por notário ou por outras entidades ou profissionais com competência para tal, em que se convencionem prestações futuras ou se preveja a constituição de obrigações futuras podem servir de base à execução, desde que se prove, por documento passado em conformidade com as cláusulas deles constantes ou, sendo aqueles omissos, revestido de força executiva própria, que alguma prestação foi realizada para conclusão do negócio ou que alguma obrigação foi constituída na sequência da previsão das partes.

Artigo 708º – Exequibilidade dos escritos com assinatura a rogo

Qualquer documento assinado a rogo só goza de força executiva se a assinatura estiver reconhecida por notário ou por outras entidades ou profissionais com competência para tal.

Artigo 709º – Cumulação de execuções fundadas em títulos diferentes

1. É permitido ao credor, ou a vários credores litisconsortes, cumular execuções, ainda que fundadas em títulos diferentes, contra o mesmo devedor, ou contra vários devedores litisconsortes, salvo quando:

a) Ocorrer incompetência absoluta do tribunal para alguma das execuções;

b) As execuções tiverem fins diferentes;

c) A alguma das execuções corresponder processo especial diferente do processo que deva ser empregado quanto às outras, sem prejuízo do disposto nos nºs 2 e 3 do artigo 37º;

d) A execução da decisão judicial corra nos próprios autos.

2. Quando as execuções se fundem em títulos de formação judicial diferentes da sentença, a ação executiva corre no tribunal do lugar onde correu o procedimento de valor mais elevado.

3. Quando se cumule execução fundada em título de formação judicial diferente da sentença com execução fundada em título extrajudicial, a ação executiva corre no tribunal do lugar onde correu o procedimento em que o título se formou.

4. Quando as execuções se baseiem todas em títulos extrajudiciais, é aplicável à determinação da competência territorial o disposto nos nºs 2 e 3 do artigo 82º, com as necessárias adaptações.

5. Quando ocorra cumulação de execuções que devam seguir forma de processo comum distinta, a execução segue a forma ordinária.

Artigo 710º – Cumulação de execuções fundadas em sentença

Se o título executivo for uma sentença, é permitido cumular a execução de todos os pedidos julgados procedentes.

Artigo 711º – Cumulação sucessiva

1. Enquanto uma execução não for extinta, pode o exequente requerer, no mesmo processo, a execução de outro título, desde que não se verifique qualquer das circunstâncias que impedem a cumulação, sem prejuízo do disposto no número seguinte.

2. Cessa o obstáculo previsto na alínea *b*) do nº 1 do artigo 709º quando a execução iniciada com vista à entrega de coisa certa ou de prestação de facto haja sido convertida em execução para pagamento de quantia certa.

TÍTULO II - Das disposições gerais

Artigo 712º – Tramitação eletrónica do processo[1]

1. A tramitação dos processos executivos é, em regra, efetuada eletronicamente, nos termos do disposto no artigo 132º e das disposições regulamentares em vigor.

2. O modelo e os termos de apresentação do requerimento executivo são definidos por portaria do membro do Governo responsável pela área da justiça.

3. Todas as consultas a realizar pelo agente de execução com vista à efetivação da penhora, bem como quaisquer comunicações entre este e os serviços judiciais ou outros profissionais do foro e entidades públicas, nomeadamente para ordenar a realização de penhoras, a sua modificação ou levantamento, são, em regra, realizadas por meios eletrónicos.*

Artigo 713º – Requisitos da obrigação exequenda

A execução principia pelas diligências, a requerer pelo exequente, destinadas a tornar a obrigação certa, exigível e líquida, se o não for em face do título executivo.

Artigo 714º – Escolha da prestação na obrigação alternativa

1. Quando a obrigação seja alternativa e pertença ao devedor a escolha da prestação, a citação do executado para se opor à execução inclui a notificação para, no mesmo prazo da oposição, se outro não tiver sido fixado pelas partes, declarar por qual das prestações opta.

2. Cabendo a escolha a terceiro, este é notificado para a efetuar, nos termos do número anterior.

3. Na falta de escolha pelo devedor ou por terceiro, bem como no caso de haver vários devedores e não ser possível formar maioria quanto à escolha, esta é efetuada pelo credor.

Artigo 715º – Obrigação condicional ou dependente de prestação

1. Quando a obrigação esteja dependente de condição suspensiva ou de uma prestação por parte do credor ou de terceiro, incumbe ao credor alegar e provar documentalmente, no próprio requerimento executivo, que se verificou a condição ou que efetuou ou ofereceu a prestação.

2. Quando a prova não possa ser feita por documentos, o credor, ao requerer a execução, oferece de imediato as respetivas provas.

3. No caso previsto no número anterior, o juiz decide depois de apreciar sumariamente a prova produzida, a menos que entenda necessário ouvir o devedor antes de proferir decisão.

[1] O nº 3 tem a redação da L 97/2019, de 26 de julho.

* Ver, no Anexo 6, a Portaria 358/2019, de 8 de Outubro.

4. No caso previsto na parte final do número anterior, o devedor é citado com a advertência de que, na falta de contestação, se considera verificada a condição ou efetuada ou oferecida a prestação, nos termos do requerimento executivo, salvo o disposto no artigo 568º.

5. A contestação do executado só pode ter lugar em oposição à execução.

6. Os nºs 7 e 8 do artigo seguinte aplicam-se, com as necessárias adaptações, quando se execute obrigação que só parcialmente seja exigível.

Artigo 716º – Liquidação

1. Sempre que for ilíquida a quantia em dívida, o exequente deve especificar os valores que considera compreendidos na prestação devida e concluir o requerimento executivo com um pedido líquido.

2. Quando a execução compreenda juros que continuem a vencer-se, a sua liquidação é feita a final, pelo agente de execução, em face do título executivo e dos documentos que o exequente ofereça em conformidade com ele ou, sendo caso disso, em função das taxas legais de juros de mora aplicáveis.

3. Além do disposto no número anterior, o agente de execução liquida, ainda, mensalmente e no momento da cessação da aplicação da sanção pecuniária compulsória, as importâncias devidas em consequência da imposição de sanção pecuniária compulsória, notificando o executado da liquidação.

4. Quando a execução se funde em título extrajudicial e a liquidação não dependa de simples cálculo aritmético, o executado é citado para a contestar, em oposição à execução, mediante embargos, com a advertência de que, na falta de contestação, a obrigação se considera fixada nos termos do requerimento executivo, salvo o disposto no artigo 568º; havendo contestação ou sendo a revelia inoperante, aplicam-se os nºs 3 e 4 do artigo 360º.

5. O disposto no número anterior é aplicável às execuções de decisões judiciais ou equiparadas, quando não vigore o ónus de proceder à liquidação no âmbito do processo de declaração, bem como às execuções de decisões arbitrais.

6. A liquidação por árbitros, quando deva ter lugar para o efeito de execução fundada em título diverso de sentença, realiza-se, nos termos do artigo 361º, antes de apresentado o requerimento executivo; a nomeação é feita nos termos aplicáveis à arbitragem voluntária, cabendo, porém, ao juiz presidente do tribunal da execução a competência supletiva aí atribuída ao presidente do tribunal da Relação.

7. Quando a iliquidez da obrigação resulte de esta ter por objeto mediato uma universalidade e o autor não possa concretizar os elementos que a compõem, a liquidação tem lugar em momento imediatamente posterior à apreensão, precedendo a entrega ao exequente.

8. Se uma parte da obrigação for ilíquida e outra líquida, pode esta executar-se imediatamente.

9. Requerendo-se a execução imediata da parte líquida, a liquidação da outra parte pode ser feita na pendência da mesma execução, nos mesmos termos em que é possível a liquidação inicial.

Artigo 717º – Registo informático de execuções

1. O registo informático de execuções contém o rol das execuções pendentes e, relativamente a cada uma delas, a seguinte informação:

a) Identificação do processo de execução;

b) Identificação do agente de execução;

c) Identificação das partes, nos termos da alínea *a*) do nº 1 do artigo 724º;

d) Pedido;

e) Bens indicados para penhora;

f) Bens penhorados;

g) Identificação dos créditos reclamados.

2. Do mesmo registo consta também o rol das execuções findas ou suspensas, mencionando-se, além dos elementos referidos no número anterior:

a) A extinção com pagamento parcial;

b) A extinção da execução por não terem sido encontrados bens penhoráveis;

c) A declaração de insolvência e a nomeação de um administrador da insolvência, bem como o encerramento do processo de insolvência;

d) O arquivamento do processo executivo laboral, por não se terem encontrado bens para penhora;

e) A extinção da execução por acordo de pagamento em prestações ou por acordo global;

f) A conversão da penhora em penhor, nos casos previstos no nº 3 do artigo 807º;

g) O cumprimento do acordo de pagamento em prestações ou do acordo global, previstos nos artigos 806º e 810º.

3. Os dados previstos no número anterior são acompanhados das informações referidas nas alíneas *a*) e *c*) do nº 1.

4. O agente de execução deve manter atualizado o registo informático de execuções.

Artigo 718º – Retificação, atualização, eliminação e consulta dos dados

1. A retificação ou atualização dos dados inscritos no registo informático de execuções pode ser requerida pelo respetivo titular, a todo o tempo.

2. A menção de a execução ter findado com pagamento parcial ou ter sido extinta, nos termos das alíneas *a*) e *b*) do nº 2 do artigo anterior, pode ser eliminada a requerimento do devedor, logo que este prove o cumprimento da obrigação.

3. Após o pagamento integral, o registo da execução finda é eliminado imediata e oficiosamente pelo agente de execução.

4. A consulta do registo informático de execuções pode ser efetuada:

a) Por magistrado judicial ou do Ministério Público;

b) Por pessoa capaz de exercer o mandato judicial ou agente de execução;

c) Pelo titular dos dados;

d) Por quem tenha relação contratual ou pré-contratual com o titular dos dados ou revele outro interesse atendível na consulta, mediante consentimento do titular ou autorização dada pela entidade indicada no diploma previsto no número seguinte.

5. O registo informático de execuções é regulado em diploma próprio.

Artigo 719º – Repartição de competências

1. Cabe ao agente de execução efetuar todas as diligências do processo executivo que não estejam atribuídas à secretaria ou sejam da competência do juiz, incluindo, nomeadamente, citações, notificações, publicações, consultas de bases de dados, penhoras e seus registos, liquidações e pagamentos.

2. Mesmo após a extinção da instância, o agente de execução deve assegurar a realização dos atos emergentes do processo que careçam da sua intervenção.

3. Incumbe à secretaria, para além das competências que lhe são especificamente atribuídas no presente título, exercer as funções que lhe são cometidas pelo artigo 157º na fase liminar e nos procedimentos ou incidentes de natureza declarativa, salvo no que respeita à citação.

4. Incumbe igualmente à secretaria notificar, oficiosamente, o agente de execução da pendência de procedimentos ou incidentes de natureza declarativa deduzidos na execução e dos atos aí praticados que possam ter influência na instância executiva.

Artigo 720º – Agente de execução

1. O agente de execução é designado pelo exequente de entre os registados em lista oficial.

2. Não tendo o exequente designado o agente de execução ou ficando a designação sem efeito, esta é feita pela secretaria, segundo a escala constante da lista oficial, através de meios eletrónicos que garantam a aleatoriedade no resultado e a igualdade na distribuição.

3. A designação referida no número anterior é realizada de entre os agentes de execução inscritos ou registados na comarca ou, na sua falta, de entre os inscritos ou registados nas comarcas limítrofes, sendo o agente de execução notificado da sua designação pela secretaria, por meios eletrónicos.

4. Sem prejuízo da sua destituição pelo órgão com competência disciplinar, o agente de execução pode ser substituído pelo exequente, devendo este expor o motivo da substituição; a destituição ou substituição produzem efeitos na data da comunicação ao agente de execução, efetuada nos termos definidos por portaria do membro do Governo responsável pela área da justiça.

5. As diligências executivas que impliquem deslocações cujos custos se revelem desproporcionados podem ser efetuadas, a solicitação do agente de execução designado e sob sua responsabilidade, por agente de execução do local onde deva ter lugar o ato ou a diligência ou, na sua falta, por oficial de justiça, nos termos da alínea *d*) do nº 1 do artigo 722º, sendo o exequente notificado dessa circunstância.

6. O agente de execução pode, sob sua responsabilidade e supervisão, promover a realização de quaisquer diligências materiais do processo executivo que não impliquem a apreensão material de bens, a venda ou o pagamento, por empregado ao seu serviço, devidamente credenciado pela entidade com competência para tal nos termos da lei.

7. Na falta de disposição especial, o agente de execução realiza as notificações da sua competência no prazo de 5 dias e pratica os demais atos no prazo de 10 dias.

8. A designação do agente de execução fica sem efeito se ele declarar que não a aceita por meios eletrónicos, nos termos a definir por portaria do membro do Governo responsável pela área da justiça.

Artigo 721º – Pagamento de quantias devidas ao agente de execução

1. Os honorários devidos ao agente de execução e o reembolso das despesas por ele efetuadas, bem como os débitos a terceiros a que a venda executiva dê origem, são suportados pelo exequente, podendo este reclamar o seu reembolso ao executado nos casos em que não seja possível aplicar o disposto no artigo 541º.

2. A execução não prossegue se o exequente não efetuar o pagamento ao agente de execução de quantias que sejam devidas a título de honorários e despesas.

3. A instância extingue-se logo que decorrido o prazo de 30 dias após a notificação do exequente para pagamento das quantias em dívida, sem que este o tenha efetuado, aplicando-se o disposto no nº 3 do artigo 849º.

4. O agente de execução informa o exequente e o executado sobre as operações contabilísticas por si realizadas com a finalidade de assegurar o cumprimento do disposto no nº 1, devendo tal informação encontrar-se espelhada na conta-corrente relativa ao processo.

5. A nota discriminativa de honorários e despesas do agente de execução da qual não se tenha reclamado, acompanhada da sua notificação pelo agente de execução ao interveniente processual perante o qual se pretende reclamar o pagamento, constitui título executivo.

Artigo 722º – Desempenho das funções por oficial de justiça

1. Para além do que se encontre previsto noutras disposições legais, incumbe ao oficial de justiça a realização das diligências próprias da competência do agente de execução:

a) Nas execuções em que o Estado seja o exequente;

b) Nas execuções em que o Ministério Público represente o exequente;

c) Quando o juiz o determine, a requerimento do exequente, fundado na inexistência de agente de execução inscrito na comarca onde pende a execução e na desproporção manifesta dos custos que decorreriam da atuação de agente de execução de outra comarca;

d) Quando o juiz o determine, a requerimento do agente de execução, se as diligências executivas implicarem deslocações cujos custos se mostrem desproporcionados e não houver agente de execução no local onde deva ter lugar a sua realização;

e) Nas execuções de valor não superior ao dobro da alçada do tribunal de 1ª instância em que sejam exequentes pessoas singulares, e que tenham como objeto créditos não resultantes de uma atividade comercial ou industrial, desde que o solicitem no requerimento executivo e paguem a taxa de justiça devida;

f) Nas execuções de valor não superior à alçada da Relação, se o crédito exequendo for de natureza laboral e se o exequente o solicitar no requerimento executivo e pagar a taxa de justiça devida.

2. Não se aplica o estatuto de agente de execução ao oficial de justiça que realize diligências de execução nos termos do presente artigo.

Artigo 723º – Competência do juiz

1. Sem prejuízo de outras intervenções que a lei especificamente lhe atribui, compete ao juiz:

a) Proferir despacho liminar, quando deva ter lugar;

b) Julgar a oposição à execução e à penhora, bem como verificar e graduar os créditos, no prazo máximo de três meses contados da oposição ou reclamação;

c) Julgar, sem possibilidade de recurso, as reclamações de atos e impugnações de decisões do agente de execução, no prazo de 10 dias;

d) Decidir outras questões suscitadas pelo agente de execução, pelas partes ou por terceiros intervenientes, no prazo de cinco dias.

2. Nos casos das alíneas *c*) e *d*) do número anterior, pode o juiz aplicar multa ao requerente, de valor a fixar entre 0,5 UC e 5 UC, quando a pretensão for manifestamente injustificada.

TÍTULO III – Da execução para pagamento de quantia certa

CAPÍTULO I – Do processo ordinário

SECÇÃO I – Fase introdutória

Artigo 724º – Requerimento executivo[1]

1. No requerimento executivo, dirigido ao tribunal de execução, o exequente:

a) Identifica as partes, indicando os seus nomes, domicílios ou sedes e números de identificação fiscal, e, sempre que possível, profissões, locais de trabalho, filiação e números de identificação civil;

b) Indica o domicílio profissional do mandatário judicial;

c) Designa o agente de execução ou requer a realização das diligências executivas por oficial de justiça, nos termos das alíneas *c*), *e*) e *f*) do nº 1 do artigo 722º;

d) Indica o fim da execução e a forma do processo;

e) Expõe sucintamente os factos que fundamentam o pedido, quando não constem do título executivo, podendo ainda alegar os factos que fundamentam a comunicabilidade da dívida constante de título assinado apenas por um dos cônjuges;

[1] O nº 7 tem a redação do DL 97/2019, de 26 de julho.

f) Formula o pedido;

g) Declara o valor da causa;

h) Liquida a obrigação e escolhe a prestação, quando tal lhe caiba, e alega a verificação da condição suspensiva, a realização ou o oferecimento da prestação de que depende a exigibilidade do crédito exequendo, indicando ou juntando os meios de prova;

i) Indica, sempre que possível, o empregador do executado, as contas bancárias de que este seja titular e os bens que lhe pertençam, bem como os ónus e encargos que sobre eles incidam;

j) Requer a dispensa da citação prévia, nos termos do artigo 727º;

k) Indica um número de identificação bancária, ou outro número equivalente, para efeito de pagamento dos valores que lhe sejam devidos.

2. Incumbe ao exequente, quando indique bens a penhorar, fornecer os elementos e documentos de que disponha e que contribuam para a sua exata identificação, especificação e localização, bem como para o acesso aos respetivos registos.

3. Quando se pretenda a penhora de créditos, deve declarar-se, tanto quanto possível, a identidade do devedor, o montante, a natureza e a origem da dívida, o título de que constam, as garantias existentes e a data do vencimento; quanto ao direito a bens indivisos, deve indicar-se o administrador e os comproprietários, bem como a quota-parte que neles pertence ao executado.

4. O requerimento executivo deve ser acompanhado:

a) De cópia ou do original do título executivo, se o requerimento executivo for entregue por via eletrónica ou em papel, respetivamente;

b) Dos documentos de que o exequente disponha relativamente aos bens penhoráveis indicados;

c) Do comprovativo do pagamento da taxa de justiça devida ou da concessão do benefício de apoio judiciário, nos termos do artigo 145º.

5. Quando a execução se funde em título de crédito e o requerimento executivo tiver sido entregue por via eletrónica, o exequente deve sempre enviar o original para o tribunal, dentro dos 10 dias subsequentes à distribuição; na falta de envio, o juiz, oficiosamente ou a requerimento do executado, determina a notificação do exequente para, em 10 dias, proceder a esse envio, sob pena de extinção da execução.

6. O requerimento executivo só se considera apresentado:

a) Na data do pagamento da quantia inicialmente devida ao agente de execução a título de honorários e despesas, a realizar nos termos definidos por portaria do membro do Governo responsável pela área da justiça ou da comprovação da concessão do benefício de apoio judiciário, na modalidade de atribuição de agente de execução;

b) Quando aplicável, na data do pagamento da retribuição prevista no nº 8 do artigo 749º, nos casos em que este ocorra após a data referida na alínea anterior.

7. Aplicam-se ao disposto no número anterior os nºs 9 e 10 do artigo 552º, com as devidas adaptações.

Artigo 725º – Recusa do requerimento

1. A secretaria recusa receber o requerimento, no prazo de 10 dias a contar da distribuição, indicando por escrito o respetivo fundamento, quando:

a) Não obedeça ao modelo aprovado;

b) Não indique o fim da execução;

c) Se verifique a omissão dos requisitos previstos nas alíneas *a*), *b*), *d*) a *h*) e *k*) do nº 1 do artigo anterior;

d) Não seja apresentada a cópia ou o original do título executivo, de acordo com o previsto na alínea *a*) do nº 4 do artigo anterior;

e) Não seja acompanhada do documento previsto na alínea *c*) do nº 4 do artigo anterior.

2. Do ato de recusa cabe reclamação para o juiz, cuja decisão é irrecorrível, salvo quando se funde na falta de exposição dos factos.

3. O exequente pode apresentar, outro requerimento executivo, bem como o documento ou elementos em falta nos 10 dias subsequentes à recusa de recebimento ou à notificação da decisão judicial que a confirme, considerando-se o novo requerimento apresentado na data da primeira apresentação.

4. Findo o prazo referido no número anterior sem que tenha sido apresentado outro requerimento ou o documento ou elementos em falta, extingue-se a execução, sendo disso notificado o exequente.

Artigo 726º – Despacho liminar e citação do executado

1. O processo é concluso ao juiz para despacho liminar.

2. O juiz indefere liminarmente o requerimento executivo quando:

a) Seja manifesta a falta ou insuficiência do título;

b) Ocorram exceções dilatórias, não supríveis, de conhecimento oficioso;

c) Fundando-se a execução em título negocial, seja manifesta, face aos elementos constantes dos autos, a inexistência de factos constitutivos ou a existência de factos impeditivos ou extintivos da obrigação exequenda de conhecimento oficioso;

d) Tratando-se de execução baseada em decisão arbitral, o litígio não pudesse ser cometido à decisão por árbitros, quer por estar submetido, por lei especial, exclusivamente, a tribunal judicial ou a arbitragem necessária, quer por o direito controvertido não ter caráter patrimonial e não poder ser objeto de transação.

3. É admitido o indeferimento parcial, designadamente quanto à parte do pedido que exceda os limites constantes do título executivo ou aos sujeitos que careçam de legitimidade para figurar como exequentes ou executados.

4. Fora dos casos previstos no nº 2, o juiz convida o exequente a suprir as irregularidades do requerimento executivo, bem como a sanar a falta de pressupostos, aplicando-se, com as necessárias adaptações, o disposto no nº 2 do artigo 6º.

5. Não sendo o vício suprido ou a falta corrigida dentro do prazo marcado, é indeferido o requerimento executivo.

6. Quando o processo deva prosseguir, o juiz profere despacho de citação do executado para, no prazo de 20 dias, pagar ou opor-se à execução.

7. Se o exequente tiver alegado no requerimento executivo a comunicabilidade da dívida constante de título diverso de sentença, o juiz profere despacho de citação do cônjuge do executado para os efeitos previstos no nº 2 do artigo 741º.

8. Quando deva ter lugar a citação do executado, a secretaria remete ao agente de execução, por via eletrónica, o requerimento executivo e os documentos que o acompanhem, notificando aquele de que deve proceder à citação.

Artigo 727º – Dispensa de citação prévia

1. O exequente pode requerer que a penhora seja efetuada sem a citação prévia do executado, desde que alegue factos que justifiquem o receio de perda da garantia patrimonial do seu crédito e ofereça de imediato os meios de prova.

2. O juiz, produzidas as provas, dispensa a citação prévia do executado quando se mostre justificado o alegado receio de perda da garantia patrimonial do crédito exequendo, sendo o incidente tramitado como urgente; o receio é justificado sempre que, no registo informático de execuções, conste a menção da frustração, total ou parcial, de anterior ação executiva movida contra o executado.

3. Ocorrendo especial dificuldade em a efetuar, designadamente por ausência do citando em parte incerta, o juiz pode dispensar a citação prévia, a requerimento do exequente, quando a demora justifique o justo receio de perda da garantia patrimonial do crédito.

4. Quando a citação prévia do executado tenha sido dispensada, é aplicável, com as necessárias adaptações, o regime estabelecido nos artigos 856º e 858º.

SECÇÃO II – Oposição à execução

Artigo 728º – Oposição mediante embargos

1. O executado pode opor-se à execução por embargos no prazo de 20 dias a contar da citação.

2. Quando a matéria da oposição seja superveniente, o prazo conta-se a partir do dia em que ocorra o respetivo facto ou dele tenha conhecimento o executado.

3. Não é aplicável à oposição o disposto no nº 2 do artigo 569º.

4. A citação do executado é substituída por notificação quando, citado o executado para a execução de determinado título, se cumule depois, no mesmo processo, a execução de outro título, aplicando-se, neste caso, o disposto no artigo 227º, devidamente adaptado, sem prejuízo de a notificação se fazer na pessoa do mandatário, quando constituído.

Artigo 729º – Fundamentos de oposição à execução baseada em sentença[1]

Fundando-se a execução em sentença, a oposição só pode ter algum dos fundamentos seguintes:

[1] A al. *d*) tem a redação da L 117/2019, de 13 de setembro.

a) Inexistência ou inexequibilidade do título;

b) Falsidade do processo ou do traslado ou infidelidade deste, quando uma ou outra influa nos termos da execução;

c) Falta de qualquer pressuposto processual de que dependa a regularidade da instância executiva, sem prejuízo do seu suprimento;

d) Falta de intervenção do réu no processo de declaração, verificando-se alguma das situações previstas na alínea *e*) do artigo 696º;

e) Incerteza, inexigibilidade ou iliquidez da obrigação exequenda, não supridas na fase introdutória da execução;

f) Caso julgado anterior à sentença que se executa;

g) Qualquer facto extintivo ou modificativo da obrigação, desde que seja posterior ao encerramento da discussão no processo de declaração e se prove por documento; a prescrição do direito ou da obrigação pode ser provada por qualquer meio;

h) Contracrédito sobre o exequente, com vista a obter a compensação de créditos;

i) Tratando-se de sentença homologatória de confissão ou transação, qualquer causa de nulidade ou anulabilidade desses atos.

Artigo 730º – Fundamentos de oposição à execução baseada em decisão arbitral

São fundamentos de oposição à execução baseada em sentença arbitral não apenas os previstos no artigo anterior mas também aqueles em que pode basear-se a anulação judicial da mesma decisão, sem prejuízo do disposto nos nºs 1 e 2 do artigo 48º da Lei da Arbitragem Voluntária.

Artigo 731º – Fundamentos de oposição à execução baseada noutro título

Não se baseando a execução em sentença ou em requerimento de injunção ao qual tenha sido aposta fórmula executória, além dos fundamentos de oposição especificados no artigo 729º, na parte em que sejam aplicáveis, podem ser alegados quaisquer outros que possam ser invocados como defesa no processo de declaração.

Artigo 732º – Termos da oposição à execução[1]

1. Os embargos, que devem ser autuados por apenso, são liminarmente indeferidos quando:

a) Tiverem sido deduzidos fora do prazo;

b) O fundamento não se ajustar ao disposto nos artigos 729º a 731º;

c) Forem manifestamente improcedentes.

2. Se forem recebidos os embargos, o exequente é notificado para contestar, dentro do prazo de 20 dias, seguindo-se, sem mais articulados, os termos do processo comum declarativo.

3. À falta de contestação é aplicável o disposto no nº 1 do artigo 567º e no artigo 568º, não se considerando, porém, confessados os factos que estiverem em oposição com os expressamente alegados pelo exequente no requerimento executivo.

[1] O nº 5 tem a redação da L 117/2019, de 13 de setembro.

4. A procedência dos embargos extingue a execução, no todo ou em parte.

5. Em caso de procedência dos embargos fundados em qualquer das situações previstas na alínea *e*) do artigo 696º, é admitida a renovação da instância deste processo a requerimento do exequente, apresentado no prazo de 30 dias a contar do trânsito em julgado da decisão dos embargos.

6. Para além dos efeitos sobre a instância executiva, a decisão de mérito proferida nos embargos à execução constitui, nos termos gerais, caso julgado quanto à existência, validade e exigibilidade da obrigação exequenda.

Artigo 733º – Efeito do recebimento dos embargos[1]

1. O recebimento dos embargos suspende o prosseguimento da execução se:

a) O embargante prestar caução;

b) Tratando-se de execução fundada em documento particular, o embargante tiver impugnado a genuinidade da respetiva assinatura, apresentando documento que constitua princípio de prova, e o juiz entender, ouvido o embargado, que se justifica a suspensão sem prestação de caução;

c) Tiver sido impugnada, no âmbito da oposição deduzida, a exigibilidade ou a liquidação da obrigação exequenda e o juiz considerar, ouvido o embargado, que se justifica a suspensão sem prestação de caução;

d) A oposição tiver por fundamento qualquer das situações previstas na alínea *e*) do artigo 696º.

2. A suspensão da execução, decretada após a citação dos credores, não abrange o apenso de verificação e graduação dos créditos.

3. A execução suspensa prossegue se os embargos estiverem parados durante mais de 30 dias, por negligência do embargante em promover os seus termos.

4. Quando a execução embargada prossiga, nem o exequente nem qualquer outro credor pode obter pagamento, na pendência dos embargos, sem prestar caução.

5. Se o bem penhorado for a casa de habitação efetiva do embargante, o juiz pode, a requerimento daquele, determinar que a venda aguarde a decisão proferida em 1ª instância sobre os embargos, quando tal venda seja suscetível de causar prejuízo grave e dificilmente reparável.

6. Quando seja prestada caução nos termos do nº 1, aplica-se, com as necessárias adaptações, o disposto nos nºs 3 e 4 do artigo 650º.

Artigo 734º – Rejeição e aperfeiçoamento

1. O juiz pode conhecer oficiosamente, até ao primeiro ato de transmissão dos bens penhorados, das questões que poderiam ter determinado, se apreciadas nos termos do artigo 726º, o indeferimento liminar ou o aperfeiçoamento do requerimento executivo.

[1] O nº 1 e a sua al. *d*) têm a redação da L 117/2019, de 13 de setembro.

2. Rejeitada a execução ou não sendo o vício suprido ou a falta corrigida, a execução extingue-se, no todo ou em parte.

SECÇÃO III – Penhora

SUBSECÇÃO I – Bens que podem ser penhorados

Artigo 735º – Objeto da execução

1. Estão sujeitos à execução todos os bens do devedor suscetíveis de penhora que, nos termos da lei substantiva, respondem pela dívida exequenda.

2. Nos casos especialmente previstos na lei, podem ser penhorados bens de terceiro, desde que a execução tenha sido movida contra ele.

3. A penhora limita-se aos bens necessários ao pagamento da dívida exequenda e das despesas previsíveis da execução, as quais se presumem, para o efeito de realização da penhora e sem prejuízo de ulterior liquidação, no valor de 20%, 10% e 5% do valor da execução, consoante, respetivamente, este caiba na alçada do tribunal da comarca, a exceda, sem exceder o valor de quatro vezes a alçada do tribunal da Relação, ou seja superior a este último valor.

Artigo 736º – Bens absoluta ou totalmente impenhoráveis[1]

São absolutamente impenhoráveis, além dos bens isentos de penhora por disposição especial:

a) As coisas ou direitos inalienáveis;

b) Os bens do domínio público do Estado e das restantes pessoas coletivas públicas;

c) Os objetos cuja apreensão seja ofensiva dos bons costumes ou careça de justificação económica, pelo seu diminuto valor venal;

d) Os objetos especialmente destinados ao exercício de culto público;

e) Os túmulos;

f) Os instrumentos e os objetos indispensáveis aos deficientes e ao tratamento de doentes;

g) Os animais de companhia.

Artigo 737º – Bens relativamente impenhoráveis

1. Estão isentos de penhora, salvo tratando-se de execução para pagamento de dívida com garantia real, os bens do Estado e das restantes pessoas coletivas públicas, de entidades concessionárias de obras ou serviços públicos ou de pessoas coletivas de

[1] A alínea *g*) foi aditada pela L 8/2017, de 3 de março (estatuto jurídico dos animais).

utilidade pública, que se encontrem especialmente afetados à realização de fins de utilidade pública.

2. Estão também isentos de penhora os instrumentos de trabalhos e os objetos indispensáveis ao exercício da atividade ou formação profissional do executado, salvo se:

a) O executado os indicar para penhora;

b) A execução se destinar ao pagamento do preço da sua aquisição ou do custo da sua reparação;

c) Forem penhorados como elementos corpóreos de um estabelecimento comercial.

3. Estão ainda isentos de penhora os bens imprescindíveis a qualquer economia doméstica que se encontrem na casa de habitação efetiva do executado, salvo quando se trate de execução destinada ao pagamento do preço da respetiva aquisição ou do custo da sua reparação.

Artigo 738º – Bens parcialmente penhoráveis[1]

1. São impenhoráveis dois terços da parte líquida dos vencimentos, salários, prestações periódicas pagas a título de aposentação ou de qualquer outra regalia social, seguro, indemnização por acidente, renda vitalícia, ou prestações de qualquer natureza que assegurem a subsistência do executado.

2. Para efeitos de apuramento da parte líquida das prestações referidas no número anterior, apenas são considerados os descontos legalmente obrigatórios.

3. A impenhorabilidade prescrita no nº 1 tem como limite máximo o montante equivalente a três salários mínimos nacionais à data de cada apreensão e como limite mínimo, quando o executado não tenha outro rendimento, o montante equivalente a um salário mínimo nacional.

4. O disposto nos números anteriores não se aplica quando o crédito exequendo for de alimentos, caso em que é impenhorável a quantia equivalente à totalidade da pensão social do regime não contributivo.

5. Na penhora de dinheiro ou de saldo bancário, é impenhorável o valor global correspondente ao salário mínimo nacional ou, tratando-se de obrigação de alimentos, o previsto no número anterior.

6. Ponderados o montante e a natureza do crédito exequendo, bem como as necessidades do executado e do seu agregado familiar, pode o juiz, excecionalmente e a requerimento do executado, reduzir, por período que considere razoável, a parte penhorável dos rendimentos e mesmo, por período não superior a um ano, isentá-los de penhora.

7. Não são cumuláveis as impenhorabilidades previstas nos nºs 1 e 5.

[1] O nº 8 tem a redação do artigo 333º da L 12/2022, de 27 de junho (Lei do Orçamento do Estado para 2022).

8. Aos rendimentos auferidos no âmbito das atividades especificamente previstas na tabela a que se refere o artigo 151º do Código do IRS, aplica-se o disposto nos nºs 1 a 4 deste artigo, com as seguintes adaptações:

a) A parte líquida dos rendimentos corresponde à aplicação do coeficiente 0,75 ao montante total pago ou colocado à disposição do executado, excluído o IVA liquidado;

b) O limite máximo e mínimo da impenhorabilidade é apurado globalmente, para cada mês, pela entidade que os deva pagar;

c) A entidade pagadora dos rendimentos deve comunicar ao agente de execução, previamente a qualquer pagamento ao executado, o montante total a pagar, o valor impenhorável apurado e o montante do valor a penhorar, determinado de acordo com o presente artigo;

d) O agente de execução com base nas informações prestadas, confirma ou apura o valor a penhorar e comunica-o à entidade pagadora, no prazo de dois dias úteis a contar da comunicação referida na alínea anterior;

e) No caso da falta da comunicação referida na alínea anterior a entidade pagadora efetua o pagamento ao executado de acordo com o valor apurado na alínea *c*);

f) A impenhorabilidade prevista neste número é aplicável apenas aos executados que não aufiram, no mês a que se refere a apreensão, vencimentos, salários, prestações periódicas pagas a título de aposentação ou qualquer outra regalia social, seguro, indemnização por acidente, renda vitalícia ou prestações de qualquer natureza que assegurem a sua subsistência;

g) (*Revogada.*)

9. O incumprimento do determinado no presente artigo pela entidade pagadora determina a sua execução nos autos, como infiel depositária dos valores que deveriam ter sido penhorados e/ou entregues e não o foram.

Artigo 739º – Impenhorabilidade de quantias pecuniárias ou depósitos bancários

São impenhoráveis a quantia em dinheiro ou o depósito bancário resultantes da satisfação de crédito impenhorável, nos mesmos termos em que o era o crédito originariamente existente.

Artigo 740º – Penhora de bens comuns em execução movida contra um dos cônjuges

1. Quando, em execução movida contra um só dos cônjuges, forem penhorados bens comuns do casal, por não se conhecerem bens suficientes próprios do executado, é o cônjuge do executado citado para, no prazo de 20 dias, requerer a separação de bens ou juntar certidão comprovativa da pendência de ação em que a separação já tenha sido requerida, sob pena de a execução prosseguir sobre os bens comuns.

2. Apensado o requerimento de separação ou junta a certidão, a execução fica suspensa até à partilha; se, por esta, os bens penhorados não couberem ao executado, podem ser penhorados outros que lhe tenham cabido, permanecendo a anterior penhora até à nova apreensão.

Artigo 741º – Incidente de comunicabilidade suscitado pelo exequente

1. Movida execução apenas contra um dos cônjuges, o exequente pode alegar fundamentadamente que a dívida, constante de título diverso de sentença, é comum; a alegação pode ter lugar no requerimento executivo ou até ao início das diligências para venda ou adjudicação, devendo, neste caso, constar de requerimento autónomo, deduzido nos termos dos artigos 293º a 295º e autuado por apenso.

2. No caso previsto no número anterior, é o cônjuge do executado citado para, no prazo de 20 dias, declarar se aceita a comunicabilidade da dívida, baseada no fundamento alegado, com a cominação de que, se nada disser, a dívida é considerada comum, sem prejuízo da oposição que contra ela deduza.

3. O cônjuge não executado pode impugnar a comunicabilidade da dívida:

a) Se a alegação prevista no nº 1 tiver sido incluída no requerimento executivo, em oposição à execução, quando a pretenda deduzir, ou em articulado próprio, quando não pretenda opor-se à execução; no primeiro caso, se o recebimento da oposição não suspender a execução, apenas podem ser penhorados bens comuns do casal, mas a sua venda aguarda a decisão a proferir sobre a questão da comunicabilidade;

b) Se a alegação prevista no nº 1 tiver sido deduzida em requerimento autónomo, na respetiva oposição.

4. A dedução do incidente previsto na segunda parte do nº 1 determina a suspensão da venda, quer dos bens próprios do cônjuge executado que já se mostrem penhorados, quer dos bens comuns do casal, a qual aguarda a decisão a proferir, mantendo-se entretanto a penhora já realizada.

5. Se a dívida for considerada comum, a execução prossegue também contra o cônjuge não executado, cujos bens próprios podem ser nela subsidiariamente penhorados; se, antes da penhora dos bens comuns, tiverem sido penhorados bens próprios do executado inicial, pode este requerer a respetiva substituição.

6. Se a dívida não for considerada comum e tiverem sido penhorados bens comuns do casal, o cônjuge do executado deve, no prazo de 20 dias após o trânsito em julgado da decisão, requerer a separação de bens ou juntar certidão comprovativa da pendência da ação em que a separação já tenha sido requerida, sob pena de a execução prosseguir sobre os bens comuns, aplicando-se, com as necessárias adaptações, o disposto no nº 2 do artigo anterior.

Artigo 742º – Incidente de comunicabilidade suscitado pelo executado

1. Movida execução apenas contra um dos cônjuges e penhorados bens próprios do executado, pode este, na oposição à penhora, alegar fundamentadamente que a dívida, constante de título diverso de sentença, é comum, especificando logo quais os bens comuns que podem ser penhorados, caso em que o cônjuge não executado é citado nos termos e para os efeitos do nº 2 do artigo anterior.

2. Opondo-se o exequente ou sendo impugnada pelo cônjuge a comunicabilidade da dívida, a questão é resolvida pelo juiz no âmbito do incidente de oposição à penhora, suspendendo-se a venda dos bens próprios do executado e aplicando-se ainda o disposto nos nºs 5 e 6 do artigo anterior, com as necessárias adaptações.

Artigo 743º – Penhora em caso de comunhão ou compropriedade

1. Sem prejuízo do disposto no nº 4 do artigo 781º, na execução movida apenas contra algum ou alguns dos contitulares de património autónomo ou bem indiviso, não podem ser penhorados os bens compreendidos no património comum ou uma fração de qualquer deles, nem uma parte especificada do bem indiviso.

2. Quando, em execuções diversas, sejam penhorados todos os quinhões no património autónomo ou todos os direitos sobre o bem indiviso, realiza-se uma única venda, no âmbito do processo em que se tenha efetuado a primeira penhora, com posterior divisão do produto obtido.

Artigo 744º – Bens a penhorar na execução contra o herdeiro

1. Na execução movida contra o herdeiro só podem penhorar-se os bens que ele tenha recebido do autor da herança.

2. Quando a penhora recaia sobre outros bens, o executado, indicando os bens da herança que tem em seu poder, pode requerer ao agente de execução o levantamento daquela, sendo o pedido atendido se, ouvido o exequente, este não se opuser.

3. Opondo-se o exequente ao levantamento da penhora, o executado só pode obtê-lo, tendo a herança sido aceite pura e simplesmente, desde que alegue e prove perante o juiz:

a) Que os bens penhorados não provieram da herança;

b) Que não recebeu da herança mais bens do que aqueles que indicou ou, se recebeu mais, que os outros foram todos aplicados em solver encargos dela.

Artigo 745º – Penhorabilidade subsidiária

1. Na execução movida contra devedor subsidiário, não podem penhorar-se os bens deste, enquanto não estiverem excutidos todos os bens do devedor principal, desde que o devedor subsidiário fundadamente invoque o benefício da excussão, no prazo a que se refere o nº 1 do artigo 728º.

2. Instaurada a execução apenas contra o devedor subsidiário e invocando este o benefício da excussão prévia, pode o exequente requerer, no próprio processo, execução contra o devedor principal, que será citado para integral pagamento.

3. Se a execução tiver sido movida apenas contra o devedor principal e os bens deste se revelarem insuficientes, pode o exequente requerer, no mesmo processo, execução contra o devedor subsidiário, que será citado para pagamento do remanescente.

4. Tendo os bens do devedor principal sido excutidos em primeiro lugar, pode o devedor subsidiário fazer sustar a execução nos seus próprios bens, indicando bens do devedor principal que hajam sido posteriormente adquiridos ou que não fossem conhecidos.

5. Quando a responsabilidade de certos bens pela dívida exequenda depender da verificação da falta ou insuficiência de outros, pode o exequente promover logo a penhora dos bens que respondem subsidiariamente pela dívida, desde que demonstre a insuficiência manifesta dos que por ela deviam responder prioritariamente.

Artigo 746º – Penhora de mercadorias carregadas em navio

1. Ainda que o navio já esteja despachado para viagem, efetuada a penhora de mercadorias carregadas, pode ser autorizada a sua descarga se o credor satisfizer por inteiro o frete em dívida, as despesas de carga, estiva, desarrumação, sobredemora e descarga ou prestar caução ao pagamento dessas despesas.

2. Considera-se despachado para viagem o navio logo que esteja em poder do respetivo capitão o desembaraço passado pela capitania do porto.

3. Oferecida a caução, sobre a sua idoneidade é ouvido o capitão, o qual sobre esta se pronuncia, no prazo de cinco dias.

4. Autorizada a descarga, faz-se o averbamento respetivo no conhecimento pertencente ao capitão e comunica-se o facto à capitania do porto.

Artigo 747º – Apreensão de bens em poder de terceiro

1. Os bens do executado são apreendidos ainda que, por qualquer título, se encontrem em poder de terceiro, sem prejuízo, porém, dos direitos que a este seja lícito opor ao exequente.

2. No ato de apreensão, verifica-se se o terceiro tem os bens em seu poder por via de penhor ou de direito de retenção e, em caso afirmativo, procede-se imediatamente à sua citação.

3. Quando a citação referida no número anterior não possa ser feita regular e imediatamente, é anotado o respetivo domicílio para efeito de posterior citação.

SUBSECÇÃO II – Disposições gerais

Artigo 748º – Consultas e diligências prévias à penhora

1. A secretaria notifica o agente de execução de que deve iniciar as diligências para penhora:

a) Depois de proferido despacho que dispense a citação prévia do executado;

b) Depois de decorrido o prazo de oposição à execução sem que esta tenha sido deduzida;

c) Depois da apresentação de oposição que não suspenda a execução;

d) Depois de ter sido julgada improcedente a oposição que tenha suspendido a execução.

2. O agente de execução começa por consultar o registo informático de execuções.

3. Quando contra o executado tiver sido movida execução, terminada nos últimos três anos, sem integral pagamento e o exequente não haja indicado bens penhoráveis no requerimento executivo, o agente de execução deve iniciar imediatamente as diligências tendentes a identificar bens penhoráveis nos termos do artigo seguinte; caso aquelas se frustrem, é o seu resultado comunicado ao exequente, extinguindo-se a execução se este não indicar, em 10 dias, quais os concretos bens que pretende ver penhorados.

4. Se não ocorrer a extinção da execução, o agente de execução prossegue com as diligências prévias à penhora.

Artigo 749º – Diligências prévias à penhora

1. A realização da penhora é precedida das diligências que o agente de execução considere úteis à identificação ou localização de bens penhoráveis, observado o disposto no nº 2 do artigo 751º, a realizar no prazo máximo de 20 dias, procedendo este, sempre que necessário, à consulta, nas bases de dados da administração tributária, da segurança social, das conservatórias do registo predial, comercial e automóvel e de outros registos ou arquivos semelhantes, de todas as informações sobre a identificação do executado junto desses serviços e sobre a identificação e a localização dos seus bens.

2. As informações sobre a identificação do executado referidas no número anterior apenas incluem:

a) O nome, o número de identificação fiscal e o domicílio fiscal relativamente às bases de dados da administração tributária;

b) O nome e os números de identificação civil ou de beneficiário da segurança social, relativamente às bases de dados das conservatórias do registo predial, comercial e automóvel e de outros registos ou arquivos semelhantes ou da segurança social, respetivamente.

3. A consulta direta pelo agente de execução às bases de dados referidas no nº 1 é efetuada em termos a definir por portaria do membro do Governo responsável pela área da justiça e, quando esteja em causa matéria relativa a bases de dados da administração tributária ou da segurança social, deve ser aprovada igualmente pelos membros do Governo responsáveis pelas áreas das finanças ou da segurança social, respetivamente, de acordo com os requisitos exigíveis pelo Sistema de Certificação Eletrónica do Estado – Infraestrutura de Chaves Públicas.*

4. A regulamentação referida no número anterior deve especificar, em relação a cada consulta, a obtenção e a conservação dos dados referentes à data da consulta e à identificação do respetivo processo executivo e do agente de execução consultante.

5. Quando não seja possível o acesso eletrónico, pelo agente de execução, aos elementos sobre a identificação e a localização dos bens do executado, os serviços referidos no nº 1 devem fornecê-los pelo meio mais célere e no prazo de 10 dias.

6. Para efeitos de penhora de depósitos bancários, o Banco de Portugal disponibiliza por via eletrónica ao agente de execução informação acerca das instituições

* Ver, no Anexo 6, a Portaria 358/2019, de 8 de Outubro.

legalmente autorizadas a receber depósitos em que o executado detém contas ou depósitos bancários.

7. A consulta de outras declarações ou de outros elementos protegidos pelo sigilo fiscal, bem como de outros dados sujeitos a regime de confidencialidade, fica sujeita a despacho judicial de autorização, aplicando-se o nº 2 do artigo 418º, com as necessárias adaptações.

8. Apenas nos casos em que o exequente seja uma sociedade comercial que tenha dado entrada num tribunal, secretaria judicial ou balcão, no ano anterior, a 200 ou mais providências cautelares, ações, procedimentos ou execuções, é devida uma remuneração pelos serviços prestados na identificação do executado e na identificação e localização dos seus bens, às instituições públicas e privadas que prestem colaboração à execução nos termos deste artigo, cujo quantitativo, formas de pagamento e de cobrança e distribuição de valores são definidos por portaria do membro do Governo responsável pela área da justiça.

Artigo 750º – Diligências subsequentes

1. Se não forem encontrados bens penhoráveis no prazo de três meses a contar da notificação prevista no nº 1 do artigo 748º, o agente de execução notifica o exequente para especificar quais os bens que pretende ver penhorados na execução; simultaneamente, é notificado o executado para indicar bens à penhora, com a cominação de que a omissão ou falsa declaração importa a sua sujeição a sanção pecuniária compulsória, no montante de 5% da dívida ao mês, com o limite mínimo global de 10 UC, se ocorrer ulterior renovação da instância executiva e aí se apurar a existência de bens penhoráveis.

2. Se nem o exequente nem o executado indicarem bens penhoráveis no prazo de 10 dias, extingue-se sem mais a execução.

3. No caso previsto no nº 1, quando a execução tenha início com dispensa de citação prévia, o executado é citado; se o exequente não indicar bens penhoráveis, tendo-se frustrado a citação pessoal do executado, não há lugar à sua citação edital deste e extingue-se a execução nos termos do número anterior.

Artigo 751º – Ordem de realização da penhora[1]

1. A penhora começa pelos bens cujo valor pecuniário seja de mais fácil realização e se mostrem adequados ao montante do crédito do exequente.

2. O agente de execução deve respeitar as indicações do exequente sobre os bens que pretende ver prioritariamente penhorados, salvo se elas violarem norma legal imperativa, ofenderem o princípio da proporcionalidade da penhora ou infringirem manifestamente a regra estabelecida no número anterior.

[1] Os nºs 3 e 4 têm a redação da L 117/2019, de 13 de setembro.

3. Ainda que não se adeque, por excesso, ao montante do crédito exequendo, é admissível a penhora de bens imóveis que não sejam a habitação própria permanente do executado, ou de estabelecimento comercial, desde que a penhora de outros bens presumivelmente não permita a satisfação integral do credor no prazo de seis meses.

4. Caso o imóvel seja a habitação própria permanente do executado, só pode ser penhorado:

a) Em execução de valor igual ou inferior ao dobro do valor da alçada do tribunal de 1ª instância, se a penhora de outros bens presumivelmente não permitir a satisfação integral do credor no prazo de 30 meses;

b) Em execução de valor superior ao dobro do valor da alçada do tribunal de 1ª instância, se a penhora de outros bens presumivelmente não permitir a satisfação integral do credor no prazo de 12 meses.

5. A penhora pode ser reforçada ou substituída pelo agente de execução nos seguintes casos:

a) Quando o executado requeira ao agente de execução, no prazo da oposição à penhora, a substituição dos bens penhorados por outros que igualmente assegurem os fins da execução, desde que a isso não se oponha o exequente;

b) Quando seja ou se torne manifesta a insuficiência dos bens penhorados;

c) Quando os bens penhorados não sejam livres e desembaraçados e o executado tenha outros que o sejam;

d) Quando sejam recebidos embargos de terceiro contra a penhora, ou seja a execução sobre os bens suspensa por oposição a esta deduzida pelo executado;

e) Quando o exequente desista da penhora, por sobre os bens penhorados incidir penhora anterior;

f) Quando o devedor subsidiário, não previamente citado, invoque o benefício da excussão prévia.

6. Nos casos previstos na alínea *a*) do número anterior em que se verifique oposição à penhora, o agente de execução remete o requerimento e a oposição ao juiz, para decisão.

7. Em caso de substituição, e sem prejuízo do disposto no nº 4 do artigo 745º, só depois da nova penhora é levantada a que incide sobre os bens substituídos.

8. O executado que se oponha à execução pode, no ato da oposição, requerer a substituição da penhora por caução idónea que igualmente garanta os fins da execução.

Artigo 752º – Bens onerados com garantia real e bens indivisos

1. Executando-se dívida com garantia real que onere bens pertencentes ao devedor, a penhora inicia-se pelos bens sobre que incida a garantia e só pode recair noutros quando se reconheça a insuficiência deles para conseguir o fim da execução.

2. Quando a penhora de quinhão em património autónomo ou de direito sobre bem indiviso permita a utilização do mecanismo do nº 2 do artigo 743º e tal for conveniente para os fins da execução, a penhora começa por esse bem.

Artigo 753º – Realização e notificação da penhora[1]

1. Da penhora lavra-se auto, constante de modelo aprovado por portaria do membro do Governo responsável pela área da justiça.

2. O agente de execução notifica o executado da realização da penhora no próprio ato, se ele estiver presente, advertindo-o da possibilidade de deduzir oposição, com os fundamentos previstos no artigo 784º, e do prazo de que, para tal, dispõe entregando--lhe cópia do auto de penhora.

3. O executado é ainda advertido de que, no prazo da oposição e sob pena de ser condenado como litigante de má-fé, deve indicar os direitos, ónus e encargos não registáveis que recaiam sobre os bens penhorados, bem como os respetivos titulares ou beneficiários; é-lhe ainda comunicado que pode requerer a substituição dos bens penhorados ou a substituição da penhora por caução, nas condições e nos termos do disposto na alínea *a*) do nº 5 e no nº 6 do artigo 751º.

4. Se o executado não estiver presente no ato da penhora, a sua notificação tem lugar nos cinco dias posteriores à realização da penhora.

Artigo 754º – Dever de informação e comunicação

1. O agente de execução tem o dever de prestar todos os esclarecimentos que lhe sejam pedidos pelas partes, incumbindo-lhe, em especial:

a) Informar o exequente de todas as diligências efetuadas, bem como dos motivos da frustração da penhora;

b) Providenciar pelo imediato averbamento no processo de todos os atos de penhora que haja realizado.

2. As informações e comunicações referidas no número anterior são efetuadas preferentemente por meios eletrónicos, após a realização de cada diligência ou do conhecimento do motivo da frustração da penhora.

SUBSECÇÃO III – Penhora de bens imóveis

Artigo 755º – Realização da penhora de coisas imóveis

1. A penhora de coisas imóveis realiza-se por comunicação eletrónica do agente de execução ao serviço de registo competente, a qual vale como pedido de registo, ou com a apresentação naquele serviço de declaração por ele subscrita.

2. Inscrita a penhora e observado o disposto no nº 5, é enviado ou disponibilizado por via eletrónica, ao agente de execução, certidão dos registos em vigor sobre os prédios penhorados.

3. Seguidamente, o agente de execução lavra o auto de penhora e procede à afixação, na porta ou noutro local visível do imóvel penhorado, de um edital, constante de modelo aprovado por portaria do membro do Governo responsável pela área da justiça.

[1] O nº 3 tem a redação da L 117/2019, de 13 de setembro.

4. O registo provisório da penhora não obsta a que a execução prossiga, não se fazendo a adjudicação dos bens penhorados, a consignação judicial dos seus rendimentos ou a respetiva venda sem que o registo se haja convertido em definitivo, podendo o juiz da execução, ponderados os motivos da provisoriedade, decidir que a execução não prossiga, se perante ele a questão for suscitada.

5. O registo da penhora tem natureza urgente e importa a imediata feitura dos registos anteriormente requeridos sobre o bem penhorado.

Artigo 756º - Depositário

1. É constituído depositário dos bens o agente de execução ou, nos casos em que as diligências de execução são realizadas por oficial de justiça, pessoa por este designada, salvo se o exequente consentir que seja depositário o próprio executado ou outra pessoa designada pelo agente de execução ou ocorrer alguma das seguintes circunstâncias:

a) O bem penhorado constituir a casa de habitação efetiva do executado, caso em que é este o depositário;

b) O bem estar arrendado, caso em que é depositário o arrendatário;

c) O bem ser objeto de direito de retenção, em consequência de incumprimento contratual judicialmente verificado, caso em que é depositário o retentor.

2. Estando o mesmo prédio arrendado a mais de uma pessoa, escolhe-se de entre elas o depositário, que procede à cobrança das rendas dos outros arrendatários.

3. Sem prejuízo do disposto nos nºs 3 e 4 do artigo 779º, as rendas em dinheiro são depositadas em instituição de crédito, à ordem do agente de execução ou, nos casos em que as diligências de execução são realizadas por oficial de justiça, da secretaria, à medida que se vençam ou se cobrem.

Artigo 757º - Entrega efetiva

1. Sem prejuízo do disposto nos nºs 1 e 2 do artigo anterior, o depositário deve tomar posse efetiva do imóvel.

2. Quando seja oposta alguma resistência, ou haja receio justificado de oposição de resistência, o agente de execução pode solicitar diretamente o auxílio das autoridades policiais.

3. O agente de execução pode, ainda, solicitar diretamente o auxílio das autoridades policiais nos casos em que seja necessário o arrombamento da porta e a substituição da fechadura para efetivar a posse do imóvel, lavrando-se auto da ocorrência.

4. Nos casos previstos nos nºs 2 e 3, quando se trate de domicílio, a solicitação de auxílio das autoridades policiais carece de prévio despacho judicial.

5. Quando a diligência deva efetuar-se em domicílio, só pode realizar-se entre as 7 e as 21 horas, devendo o agente de execução entregar cópia do auto de penhora a quem tiver a disponibilidade do lugar em que a diligência se realiza, o qual pode assistir à diligência e fazer-se acompanhar ou substituir por pessoa da sua confiança que, sem delonga, se apresente no local.

6. Às autoridades policiais que prestem auxílio nos termos do presente artigo é devida uma remuneração pelos serviços prestados, nos termos de portaria dos membros do Governo responsáveis pelas áreas da administração interna e da justiça, que fixa, igualmente, as modalidades de auxílio a adotar e os procedimentos de cooperação entre os serviços judiciais e as forças de segurança, nomeadamente quanto às comunicações a efetuar preferencialmente por via eletrónica.

7. A remuneração referida no número anterior constitui encargo para os efeitos do Regulamento das Custas Processuais.

Artigo 758º – Extensão da penhora – Penhora de frutos

1. A penhora abrange o prédio com todas as suas partes integrantes e os seus frutos, naturais ou civis, desde que não sejam expressamente excluídos e nenhum privilégio exista sobre eles.

2. Os frutos pendentes podem ser penhorados em separado, como coisas móveis, contanto que não falte mais de um mês para a época normal da colheita; se assim suceder, a penhora do prédio não os abrange, mas podem ser novamente penhorados em separado, sem prejuízo da penhora anterior.

Artigo 759º – Divisão do prédio penhorado

1. Quando o imóvel penhorado for divisível e o seu valor exceder manifestamente o da dívida exequenda e dos créditos reclamados, o executado pode requerer ao juiz autorização para proceder ao seu fracionamento, sem prejuízo do prosseguimento da execução.

2. Ouvidos os interessados, o juiz autoriza que se proceda ao fracionamento do imóvel e ao levantamento da penhora sobre algum dos imóveis resultantes da divisão, quando se verifique manifesta suficiência do valor dos restantes para a satisfação do crédito do exequente e dos credores reclamantes e das custas da execução.

Artigo 760º – Administração dos bens depositados

1. Além dos deveres gerais do depositário, incumbe ao depositário judicial o dever de administrar os bens com a diligência e zelo de um bom pai de família e com a obrigação de prestar contas.

2. Na falta de acordo entre o exequente e o executado sobre o modo de explorar os bens penhorados, o juiz decide, ouvido o depositário e feitas as diligências necessárias.

3. O agente de execução pode socorrer-se, na administração dos bens, de colaboradores, que atuam sob sua responsabilidade.

Artigo 761º – Remoção do depositário

1. A requerimento de qualquer interessado, ou por iniciativa do agente de execução, é removido o depositário que, não sendo o agente de execução, deixe de cumprir os deveres do seu cargo.

2. O depositário é notificado para responder, observando-se o disposto nos artigos 292º a 295º.

3. O depositário pode pedir escusa do cargo, ocorrendo motivo atendível.

Artigo 762º – Conversão do arresto em penhora

Quando os bens estejam arrestados, converte-se o arresto em penhora e faz-se no registo predial o respetivo averbamento, aplicando-se o disposto no artigo 755º.

Artigo 763º – Levantamento de penhora

1. O executado pode requerer ao agente de execução o levantamento da penhora se, por ato ou omissão que não seja da sua responsabilidade, não forem efetuadas quaisquer diligências para a realização do pagamento efetivo do crédito nos seis meses anteriores ao requerimento.

2. A penhora apenas é levantada findo o prazo de reclamação da decisão do agente de execução ou transitada em julgado a decisão judicial que a determinou, respetivamente.

3. Levantada a penhora nos termos dos números anteriores, são imputadas ao exequente as custas a que deu causa.

4. Qualquer credor, cujo crédito esteja vencido e tenha sido reclamado para ser pago pelo produto da venda dos bens penhorados, pode substituir-se ao exequente na prática do ato que ele tenha negligenciado desde que tenham passado três meses sobre o início da atuação negligente do exequente e enquanto não for requerido o levantamento da penhora.

5. No caso referido no número anterior, aplica-se, com as necessárias adaptações, o nº 3 do artigo 850º até que o exequente retome a prática normal dos atos executivos subsequentes.

SUBSECÇÃO IV – Penhora de bens móveis

Artigo 764º – Penhora de coisas móveis não sujeitas a registo

1. A penhora de coisas móveis não sujeitas a registo é realizada com a efetiva apreensão dos bens e a sua imediata remoção para depósito, assumindo o agente de execução que realizou a diligência a qualidade de fiel depositário.

2. Não haverá lugar à remoção se a natureza dos bens for incompatível com o depósito, se a remoção implicar uma desvalorização substancial dos bens ou a sua inutilização, ou se o custo da remoção for superior ao valor dos bens; nesse caso, deve proceder-se a uma descrição pormenorizada dos bens, à obtenção de fotografia dos mesmos e, sempre que possível, à imposição de algum sinal distintivo nos próprios bens, ficando o executado como depositário.

3. Presume-se pertencerem ao executado os bens encontrados em seu poder, mas, feita a penhora, a presunção pode ser ilidida perante o juiz, quer pelo executado ou por alguém em seu nome, quer por terceiro, mediante prova documental inequívoca do direito de terceiro sobre eles, sem prejuízo da faculdade de dedução de embargos de terceiro.

4. Quando, para a realização da penhora, seja necessário forçar a entrada no domicílio do executado ou de terceiro, bem como quando haja receio justificado de que tal se verifique, aplica-se o disposto nos nºs 4 a 7 do artigo 757º.

5. O dinheiro, os papéis de crédito, as pedras e os metais preciosos que sejam apreendidos são depositados em instituição de crédito, à ordem do agente de execução ou, nos casos em que as diligências de execução são realizadas por oficial de justiça, da secretaria.

Artigo 765º – Cooperação do exequente na realização da penhora

1. O exequente pode cooperar com o agente de execução na realização da penhora, facultando os meios necessários à apreensão de coisas móveis.

2. As despesas comprovadamente suportadas com a cooperação a que se refere o número anterior gozam da garantia prevista no artigo 541º.

Artigo 766º – Auto de penhora

1. Da penhora lavra-se auto, em que se regista a hora da diligência, se relacionam os bens por verbas numeradas e se indica, sempre que possível, o valor aproximado de cada verba.

2. O valor de cada verba é fixado pelo agente de execução a quem incumbe a realização da penhora, o qual pode recorrer à ajuda de um perito em caso de avaliação que dependa de conhecimentos especializados.

3. Se a penhora não puder ser concluída em um só dia, faz-se a imposição de selos nas portas das casas em que se encontrem os bens não relacionados e tomam-se as providências necessárias à sua guarda, em termos de a diligência prosseguir regularmente no 1º dia útil.

Artigo 767º – Obstáculos à realização da penhora

1. Se o executado, ou quem o represente, se recusar a abrir quaisquer portas ou móveis, ou se a casa estiver deserta e as portas e móveis se encontrarem fechados, observa-se o disposto no artigo 757º.

2. O executado ou a pessoa que ocultar alguma coisa com o fim de a subtrair à penhora fica sujeito às sanções correspondentes à litigância de má-fé, sem prejuízo da responsabilidade criminal em que possa incorrer.

3. O agente de execução que, no ato da penhora, suspeite da sonegação, insta pela apresentação das coisas ocultadas e adverte a pessoa da responsabilidade em que incorre com o facto da ocultação.

Artigo 768º – Penhora de coisas móveis sujeitas a registo

1. À penhora de coisas móveis sujeitas a registo aplica-se, com as devidas adaptações, o disposto no artigo 755º.

2. A penhora de veículo automóvel pode ser precedida de imobilização deste, designadamente através da imposição de selos ou de imobilizadores; se assim suceder, a comunicação eletrónica da penhora deve ser realizada até ao termo do 1º dia útil seguinte.

3. Após a penhora e a imobilização, deve proceder-se:

a) À apreensão do documento de identificação do veículo, se necessário por autoridade administrativa ou policial, segundo o regime estabelecido em legislação especial;

b) À remoção do veículo, nos termos prescritos em legislação especial, salvo se o agente de execução entender que a remoção é desnecessária para a salvaguarda do bem ou é manifestamente onerosa em relação ao crédito exequendo.

4. A penhora de navio despachado para viagem é seguida de notificação à capitania, para que esta apreenda os respetivos documentos e impeça a saída.

5. A penhora de aeronave é seguida de notificação à autoridade de controlo de operações do local onde ela se encontra estacionada, à qual cabe apreender os respetivos documentos.

Artigo 769º – Modo de fazer navegar o navio penhorado

1. O depositário de navio penhorado pode fazê-lo navegar se o executado e o exequente estiverem de acordo e preceder autorização judicial.

2. Requerida a autorização, são notificados aqueles interessados, se ainda não tiverem dado o seu assentimento, para responderem em cinco dias.

3. Se for concedida a autorização, avisa-se, por ofício, a capitania do porto.

Artigo 770º – Modo de qualquer credor fazer navegar o navio penhorado

1. Independentemente de acordo entre o exequente e o executado, pode aquele, ou qualquer dos credores com garantia sobre o navio penhorado, requerer que este continue a navegar até ser vendido, contanto que preste caução e faça o seguro usual contra riscos.

2. A caução deve assegurar os outros créditos que tenham garantia sobre o navio penhorado e as custas do processo.

3. Sobre a idoneidade da caução e a suficiência do seguro são ouvidos o capitão do navio e os titulares dos créditos que cumpre acautelar.

4. Se o requerimento for deferido, é o navio entregue ao requerente, que fica na posição de depositário, e dá-se conhecimento do facto à capitania do porto.

Artigo 771º – Dever de apresentação dos bens

1. Quando solicitado pelo agente de execução, o depositário é obrigado a apresentar os bens que tenha recebido, salvo o disposto nos artigos anteriores.

2. Se o depositário não apresentar os bens que tenha recebido dentro de cinco dias e não justificar a falta, é logo ordenado pelo juiz arresto em bens do depositário suficientes para garantir o valor do depósito e das custas e despesas acrescidas, sem prejuízo de procedimento criminal.

3. No caso referido no número anterior, o depositário é, ao mesmo tempo, executado, no próprio processo, para o pagamento do valor do depósito e das custas e despesas acrescidas.

4. O arresto é levantado logo que o pagamento esteja feito, ou os bens apresentados, acrescidos do depósito da quantia de custas e despesas, que é imediatamente calculada.

Artigo 772º – Aplicação das disposições relativas à penhora de imóveis

É aplicável, subsidiariamente, à penhora de bens móveis o disposto, na subsecção anterior, para a penhora dos imóveis.

SUBSECÇÃO V – Penhora de direitos

Artigo 773º – Penhora de créditos[1]

1. A penhora de créditos consiste na notificação ao devedor, feita com as formalidades da citação pessoal e sujeita ao regime desta, de que o crédito fica à ordem do agente de execução.

2. Cumpre ao devedor declarar se o crédito existe, quais as garantias que o acompanham, em que data se vence e quaisquer outras circunstâncias que possam interessar à execução.

3. Não podendo ser efetuadas no ato da notificação, as declarações referidas no número anterior são prestadas por escrito ao agente de execução, no prazo de 10 dias.

4. Se o devedor nada disser, entende-se que ele reconhece a existência da obrigação, nos termos da indicação do crédito à penhora.

5. Se faltar conscientemente à verdade, o devedor incorre na responsabilidade do litigante de má-fé.

6. O exequente, o executado e os credores reclamantes podem requerer ao juiz a prática, ou a autorização para a prática, dos atos que se afigurem indispensáveis à conservação do direito de crédito penhorado.

7. Se o crédito estiver garantido por penhor, faz-se apreensão do objeto deste, aplicando-se as disposições relativas à penhora de coisas móveis, ou faz-se a transferência do direito para a execução; se estiver garantido por hipoteca, faz-se no registo o averbamento da penhora.

8. Sendo o devedor uma entidade pública da Administração direta ou indireta do Estado, as comunicações entre o agente de execução e o devedor efetuadas no âmbito da penhora de créditos, incluindo a notificação referida no nº 1, a declaração prevista no nº 2 e as notificações previstas nos artigos 777º e 779º, são efetuadas, sempre que possível, por via eletrónica, preferencialmente de forma automática, e com as adaptações práticas que se revelem necessárias, nos casos e termos previstos em portaria

[1] O nº 8 foi aditado pelo DL 97/2019, de 26 de julho.

dos membros do Governo responsáveis pela área da Justiça e pela entidade pública em causa.*

Artigo 774º – Penhora de títulos de crédito

1. A penhora de direitos incorporados em títulos de crédito e valores mobiliários titulados não abrangidos pelo nº 14 do artigo 780º realiza-se mediante a apreensão do título, ordenando-se ainda, sempre que possível, o averbamento do ónus resultante da penhora.

2. Se o direito incorporado no título tiver natureza obrigacional, cumpre-se ainda o disposto acerca da penhora de direitos de crédito.

3. Os títulos de crédito apreendidos são depositados em instituição de crédito, à ordem do agente de execução ou, nos casos em que as diligências de execução são realizadas por oficial de justiça, da secretaria.

Artigo 775º – Termos a seguir quando o devedor negue a existência do crédito

1. Se o devedor contestar a existência do crédito, são notificados o exequente e o executado para se pronunciarem, no prazo de 10 dias, devendo o exequente declarar se mantém a penhora ou desiste dela.

2. Se o exequente mantiver a penhora, o crédito passa a considerar-se litigioso e como tal será adjudicado ou transmitido.

Artigo 776º – Termos a seguir quando o devedor alegue que a obrigação está dependente de prestação do executado

1. Se o devedor declarar que a exigibilidade da obrigação depende de prestação a efetuar pelo executado e este confirmar a declaração, o executado é notificado para satisfazer a prestação no prazo de 15 dias.

2. Quando o executado não cumpra, pode o exequente ou o devedor exigir o cumprimento, promovendo a respetiva execução. Pode também o exequente substituir-se ao executado na prestação, ficando neste caso sub-rogado nos direitos do devedor.

3. Se o executado impugnar a declaração do devedor e não for possível fazer cessar a divergência, observa-se, com as modificações necessárias, o disposto no artigo anterior.

4. Nos casos a que se refere o nº 2, a prestação pode ser exigida na mesma execução e sem necessidade de citação do executado, servindo de título executivo a sua declaração de reconhecimento da dívida.

Artigo 777º – Depósito ou entrega da prestação devida

1. Logo que a dívida se vença, o devedor que não a haja contestado é obrigado:

a) A depositar a respetiva importância em instituição de crédito à ordem do agente de execução ou, nos casos em que as diligências de execução sejam realizadas por oficial de justiça, da secretaria; e

b) A apresentar o documento do depósito ou a entregar a coisa devida ao agente de execução ou à secretaria, que funciona como seu depositário.

* Ver, no Anexo 6, a Portaria 358/2019, de 8 de Outubro.

2. Se o crédito já estiver vendido ou adjudicado e a aquisição tiver sido notificada ao devedor, a prestação é entregue ao respetivo adquirente.

3. Não sendo cumprida a obrigação, pode o exequente ou o adquirente exigir, nos próprios autos da execução, a prestação, servindo de título executivo a declaração de reconhecimento do devedor, a notificação efetuada e a falta de declaração ou o título de aquisição do crédito.

4. Verificando-se, em oposição à execução, no caso do nº 4 do artigo 773º, que o crédito não existia, o devedor responde pelos danos causados, nos termos gerais, liquidando-se a sua responsabilidade na própria oposição, quando o exequente faça valer na contestação o direito à indemnização.

5. É aplicável o disposto nos nºs 3 e 4 do artigo 779º, com as devidas adaptações.

Artigo 778º – Penhora de direitos ou expectativas de aquisição

1. À penhora de direitos ou expectativas de aquisição de bens determinados pelo executado aplica-se, com as adaptações necessárias, o preceituado nos artigos antecedentes acerca da penhora de créditos.

2. Quando o objeto a adquirir for uma coisa que esteja na posse ou detenção do executado, cumpre-se ainda o previsto nos artigos referentes à penhora de imóveis ou de móveis, conforme o caso.

3. Consumada a aquisição, a penhora passa a incidir sobre o próprio bem transmitido.

Artigo 779º – Penhora de rendas, abonos, vencimentos, salários ou rendimentos periódicos[1]

1. Quando a penhora recaia sobre rendas, abonos, vencimentos, salários ou outros rendimentos periódicos, incluindo prestações sociais e pensões, é notificado o locatário, o empregador ou a entidade que os deva pagar para que faça, nas quantias devidas, o desconto correspondente ao crédito penhorado e proceda ao depósito em instituição de crédito.

2. As quantias depositadas ficam à ordem do agente de execução ou, nos casos em que as diligências de execução são realizadas por oficial de justiça, da secretaria, mantendo-se indisponíveis até ao termo do prazo para a oposição do executado, caso este se não oponha, ou, caso contrário, até ao trânsito em julgado da decisão que sobre ela recaia.

3. Findo o prazo de oposição, se esta não tiver sido deduzida, ou julgada a oposição improcedente, havendo outros bens penhoráveis, o agente de execução, depois de descontado o montante relativo a despesas de execução referido no nº 3 do artigo 735º:

a) Entrega ao exequente as quantias já depositadas, que não garantam crédito reclamado;

b) Adjudica as quantias vincendas, notificando a entidade pagadora para as entregar diretamente ao exequente.

[1] O nº 1 tem a redação do DL 97/2019, de 26 de julho e o nº 6 foi aditado pelo mesmo diploma.

4. Findo o prazo de oposição, se esta não tiver sido deduzida, ou julgada a oposição improcedente, caso não sejam identificados outros bens penhoráveis, o agente de execução, depois de assegurado o pagamento das quantias que lhe sejam devidas a título de honorários e despesas:

a) Entrega ao exequente as quantias já depositadas que não garantam crédito reclamado;

b) Adjudica as quantias vincendas, notificando a entidade pagadora para as entregar diretamente ao exequente, extinguindo-se a execução.

5. Nos casos previstos no número anterior o exequente pode requerer a renovação da instância para satisfação do remanescente do seu crédito, aplicando-se o disposto nº 4 do artigo 850º.

6. Sendo a entidade pagadora uma entidade pública da Administração direta ou indireta do Estado, as comunicações entre o agente de execução e a entidade efetuadas ao abrigo do presente artigo são efetuadas, sempre que possível, por via eletrónica, preferencialmente de forma automática, e com as adaptações práticas que se revelem necessárias, nos casos e termos previstos em portaria dos membros do Governo responsáveis pela área da Justiça e pela entidade pública em causa.*

Artigo 780º – Penhora de depósitos bancários[1]

1. A penhora que incida sobre depósito existente em instituição legalmente autorizada a recebê-lo é feita por comunicação eletrónica realizada pelo agente de execução às instituições legalmente autorizadas a receber depósitos nas quais o executado disponha de conta aberta, com expressa menção do processo, aplicando-se o disposto nos números seguintes e no nº 1 do artigo 417º.

2. O agente de execução comunica, por via eletrónica, às instituições de crédito referidas no número anterior, que o saldo existente, ou a quota-parte do executado nesse saldo fica bloqueado desde a data do envio da comunicação, até ao limite estabelecido no nº 3 do artigo 735º, salvaguardado o disposto nos nºs 4 e 5 do artigo 738º.

3. Na comunicação, o agente de execução, sob pena de nulidade:

a) Identifica o executado, indicando o seu nome, domicílio ou sede e, em alternativa, o número de identificação civil ou de documento equivalente, ou o número de identificação fiscal; e

b) Determina o limite da penhora, expresso em euros, calculado de acordo com o nº 3 do artigo 735º.

4. Salvo o disposto no nº 10, as quantias bloqueadas só podem ser movimentadas pelo agente de execução.

5. Sendo vários os titulares do depósito, o bloqueio incide sobre a quota-parte do executado na conta comum, presumindo-se que as quotas são iguais.

6. Quando não seja possível identificar adequadamente a conta bancária, é bloqueada a parte do executado nos saldos de todos os depósitos existentes na instituição ou instituições notificadas.

* Ver, no Anexo 6, a Portaria 358/2019, de 8 de Outubro.

[1] Tomou-se em linha de conta a Declaração de Retificação nº 36/2013 (DR, 1ª série, nº 154, de 12/8).

7. São sucessivamente observados, pela instituição de crédito e pelo agente de execução, os seguintes critérios de preferência na escolha da conta ou contas cujos saldos são bloqueados:

a) Preferem as contas de que o executado seja único titular àquelas de que seja contitular e, entre estas, as que têm menor número de titulares àquelas de que o executado é primeiro titular;

b) As contas de depósito a prazo preferem às contas de depósito à ordem.

8. Após a comunicação referida no nº 2, as instituições de crédito, no prazo de dois dias úteis, comunicam, por via eletrónica, ao agente de execução:

a) O montante bloqueado; ou

b) O montante dos saldos existentes, sempre que, pela aplicação do disposto nos nºs 4 e 5 do artigo 738º, a instituição não possa efetuar o bloqueio a que se refere o nº 2; ou

c) A inexistência de conta ou saldo.

9. Recebida a comunicação referida no número anterior, o agente de execução, no prazo de cinco dias, respeitados os limites previstos nos nºs 4 e 5 do artigo 738º, comunica por via eletrónica às instituições de crédito a penhora dos montantes dos saldos existentes que se mostrem necessários para satisfação da quantia exequenda e o desbloqueio dos montantes não penhorados, sendo a penhora efetuada comunicada de imediato ao executado pela instituição de crédito.

10. O saldo bloqueado ou penhorado pode, porém, ser afetado, quer em benefício, quer em prejuízo do exequente, em consequência de:

a) Operações de crédito decorrentes do lançamento de valores anteriormente entregues e ainda não creditados na conta à data do bloqueio;

b) Operações de débito decorrentes da apresentação a pagamento, em data anterior ao bloqueio, de cheques ou realização de pagamentos ou levantamentos cujas importâncias hajam sido efetivamente creditadas aos respetivos beneficiários em data anterior ao bloqueio.

11. Sem prejuízo do disposto no número anterior, a instituição é responsável pelos saldos bancários nela existentes à data da comunicação a que se refere o nº 2 e fornece ao agente de execução extrato onde constem todas as operações que afetem os depósitos penhorados após a realização da penhora.

12. Apenas nos casos em que o exequente seja uma sociedade comercial que tenha dado entrada num tribunal, secretaria judicial ou balcão, no ano anterior, a 200 ou mais providências cautelares, ações, procedimentos ou execuções, é devida uma remuneração às instituições que prestem colaboração à execução nos termos deste artigo, cujo quantitativo, formas de pagamento e cobrança e distribuição de valores são definidos por portaria do membro do Governo responsável pela área da justiça, devendo, nessa fixação, atender-se à complexidade da colaboração requerida e à circunstância de a penhora se ter ou não consumado.

13. Findo o prazo de oposição, se esta não tiver sido deduzida, ou julgada a oposição improcedente, o agente de execução entrega ao exequente as quantias penhoradas que não garantam crédito reclamado, até ao valor da dívida exequenda, depois de descontado o montante relativo a despesas de execução referido no nº 3 do artigo 735º.

14. Os números anteriores aplicam-se, com as necessárias adaptações, à penhora de valores mobiliários, escriturais ou titulados, integrados em sistema centralizado, registados ou depositados em intermediário financeiro ou registados junto do respetivo emitente.

Artigo 781º – Penhora de direito a bens indivisos e de quotas em sociedades

1. Se a penhora tiver por objeto quinhão em património autónomo ou direito a bem indiviso não sujeito a registo, a diligência consiste unicamente na notificação do facto ao administrador dos bens, se o houver, e aos contitulares, com a expressa advertência de que o direito do executado fica à ordem do agente de execução, desde a data da primeira notificação efetuada.

2. É lícito aos notificados fazer as declarações que entendam quanto ao direito do executado e ao modo de o tornar efetivo, podendo ainda os contitulares dizer se pretendem que a venda tenha por objeto todo o património ou a totalidade do bem.

3. Quando o direito seja contestado, a penhora subsistirá ou cessará conforme a resolução do exequente e do executado, nos termos do artigo 775º.

4. Quando todos os contitulares façam a declaração prevista na segunda parte do nº 2, procede-se à venda do património ou do bem na sua totalidade.

5. O disposto nos números anteriores é aplicável, com as necessárias adaptações, à penhora do direito real de habitação periódica e de outros direitos reais cujo objeto não deva ser apreendido, nos termos previstos na subsecção anterior.

6. Na penhora de quota em sociedade, além da comunicação à conservatória de registo competente, nos termos do nº 1 do artigo 755º, é feita a notificação da sociedade, aplicando-se o disposto no Código das Sociedades Comerciais quanto à execução da quota.

Artigo 782º – Penhora de estabelecimento comercial

1. A penhora do estabelecimento comercial faz-se por auto, no qual se relacionam os bens que essencialmente o integram, aplicando-se ainda o disposto para a penhora de créditos, se do estabelecimento fizerem parte bens dessa natureza, incluindo o direito ao arrendamento.

2. A penhora do estabelecimento comercial não obsta a que possa prosseguir o seu funcionamento normal, sob gestão do executado, nomeando o juiz, sempre que necessário, quem a fiscalize, aplicando-se, com as necessárias adaptações, os preceitos referentes ao depositário.

3. Quando, porém, o exequente fundadamente se oponha a que o executado prossiga na gestão do estabelecimento, cabe ao juiz designar um administrador, com poderes para proceder à respetiva gestão ordinária.

4. Se estiver paralisada ou dever ser suspensa a atividade do estabelecimento penhorado, o juiz nomeia depositário para a mera administração dos bens nele compreendidos.

5. A penhora do direito ao estabelecimento comercial não afeta a penhora anteriormente realizada sobre bens que o integrem, mas impede a penhora posterior sobre bens nele compreendidos.

6. Se estiverem compreendidos no estabelecimento bens ou direitos cuja oneração a lei sujeita a registo, deve o exequente promovê-lo, nos termos gerais, quando pretenda impedir que sobre eles possa recair penhora ulterior.

Artigo 783º – Disposições aplicáveis à penhora de direitos

É subsidiariamente aplicável à penhora de direitos o disposto nas subsecções anteriores para a penhora das coisas imóveis e das coisas móveis.

SUBSECÇÃO VI – Oposição à penhora

Artigo 784º – Fundamentos da oposição

1. Sendo penhorados bens pertencentes ao executado, pode este opor-se à penhora com algum dos seguintes fundamentos:

a) Inadmissibilidade da penhora dos bens concretamente apreendidos ou da extensão com que ela foi realizada;

b) Imediata penhora de bens que só subsidiariamente respondam pela dívida exequenda;

c) Incidência da penhora sobre bens que, não respondendo, nos termos do direito substantivo, pela dívida exequenda, não deviam ter sido atingidos pela diligência.

2. Quando a oposição se funde na existência de patrimónios separados, deve o executado indicar logo os bens, integrados no património autónomo que responde pela dívida exequenda, que tenha em seu poder e estejam sujeitos à penhora.

Artigo 785º – Processamento do incidente

1. A oposição é apresentada no prazo de 10 dias a contar da notificação do ato da penhora.

2. O incidente de oposição à penhora segue os termos dos artigos 293º a 295º, aplicando-se ainda, com as necessárias adaptações, o disposto nos nºs 1 e 3 do artigo 732º.

3. A execução só é suspensa se o executado prestar caução; a suspensão circunscreve-se aos bens a que a oposição respeita, podendo a execução prosseguir sobre outros bens que sejam penhorados.

4. Se a oposição respeitar ao imóvel que constitua habitação efetiva do executado, aplica-se o disposto no nº 5 do artigo 733º.

5. Quando a execução prossiga, nem o exequente nem qualquer outro credor pode obter pagamento na pendência da oposição, sem prestar caução.

6. A procedência da oposição à penhora determina que o agente de execução proceda ao levantamento desta e ao cancelamento de eventuais registos.

SECÇÃO IV – Citações e concurso de credores

SUBSECÇÃO I – Citações

Artigo 786º – Citações

1. Concluída a fase da penhora e apurada, pelo agente de execução, a situação registral dos bens, são citados para a execução:

a) O cônjuge do executado, quando a penhora tenha recaído sobre bens imóveis ou estabelecimento comercial que o executado não possa alienar livremente, ou quando se verifique o caso previsto no nº 1 do artigo 740º;

b) Os credores que sejam titulares de direito real de garantia, registado ou conhecido, sobre os bens penhorados, incluindo penhor cuja constituição conste do registo informático de execuções, para reclamarem o pagamento dos seus créditos.

2. O agente de execução cita ainda a Fazenda Nacional e o Instituto de Gestão Financeira da Segurança Social, I. P., exclusivamente por meios eletrónicos, nos termos a regulamentar por portaria dos membros do Governo responsáveis pelas áreas das finanças, da justiça e da segurança social.

3. Os credores a favor de quem exista o registo de algum direito real de garantia sobre os bens penhorados são citados no domicílio que conste do registo, salvo se tiverem outro domicílio conhecido.

4. Os titulares de direito real de garantia sobre bem não sujeito a registo são citados no domicílio que tenha sido indicado no ato da penhora ou que seja indicado pelo executado.

5. Tem ainda lugar a citação do cônjuge do executado nos termos especialmente previstos nos artigos 741º e 742º.

6. A falta das citações prescritas tem o mesmo efeito que a falta de citação do réu, mas não importa a anulação das vendas, adjudicações, remições ou pagamentos já efetuados, dos quais o exequente não haja sido exclusivo beneficiário; quem devia ter sido citado tem direito de ser ressarcido, pelo exequente ou outro credor pago em sua vez, segundo as regras do enriquecimento sem causa, sem prejuízo da responsabilidade civil, nos termos gerais, da pessoa a quem seja imputável a falta de citação.

7. Não tem lugar a citação edital quando se trate de citar os credores, nos termos previstos nos números anteriores.

8. A citação referida na alínea *a)* do nº 1 é realizada no prazo de cinco dias a contar do apuramento da situação registral dos bens.

9. As citações referidas na alínea *b)* do nº 1 e no nº 2 são realizadas no prazo de cinco dias a contar do termo do prazo de que o executado dispõe para deduzir oposição à penhora.

Artigo 787º – Estatuto processual do cônjuge do executado

1. O cônjuge do executado, citado nos termos da primeira parte da alínea *a)* do nº 1 do artigo anterior, é admitido a deduzir, no prazo de 20 dias, oposição à penhora e a exercer, nas fases da execução posteriores à sua citação, todos os direitos que a lei processual confere ao executado, podendo cumular eventuais fundamentos de oposição à execução.

2. Nos casos especialmente regulados nos artigos 740º a 742º, é o cônjuge do executado admitido a exercer as faculdades aí previstas.

SUBSECÇÃO II - Concurso de credores

Artigo 788º - Reclamação dos créditos

1. Só o credor que goze de garantia real sobre os bens penhorados pode reclamar, pelo produto destes, o pagamento dos respetivos créditos.

2. A reclamação tem por base um título exequível e é deduzida no prazo de 15 dias, a contar da citação do reclamante.

3. Os titulares de direitos reais de garantia que não tenham sido citados podem reclamar espontaneamente o seu crédito até à transmissão dos bens penhorados.

4. Não é admitida a reclamação do credor com privilégio creditório geral, mobiliário ou imobiliário, quando:

a) A penhora tenha incidido sobre bem só parcialmente penhorável, nos termos do artigo 738º, renda, outro rendimento periódico, veículo automóvel, ou bens móveis de valor inferior a 25 UC; ou

b) Sendo o crédito do exequente inferior a 190 UC, a penhora tenha incidido sobre moeda corrente, nacional ou estrangeira, depósito bancário em dinheiro; ou

c) Sendo o crédito do exequente inferior a 190 UC, este requeira procedentemente a consignação de rendimentos, ou a adjudicação, em dação em cumprimento, do direito de crédito no qual a penhora tenha incidido, antes de convocados os credores.

5. Quando, ao abrigo do nº 3, reclame o seu crédito quem tenha obtido penhora sobre os mesmos bens em outra execução, esta é sustada quanto a esses bens, quando não tenha tido já lugar sustação nos termos do artigo 794º.

6. A ressalva constante do nº 4 não se aplica aos privilégios creditórios dos trabalhadores.

7. O credor é admitido à execução, ainda que o crédito não esteja vencido; mas se a obrigação for incerta ou ilíquida, torná-la-á certa ou líquida pelos meios de que dispõe o exequente.

8. As reclamações são autuadas num único apenso ao processo de execução.

Artigo 789º - Impugnação dos créditos reclamados

1. Findo o prazo para a reclamação de créditos, ou apresentada reclamação nos termos do nº 3 do artigo anterior, dela são notificados, pela secretaria do tribunal, o executado, o exequente, os credores reclamantes, o cônjuge do executado e o agente de execução, aplicando-se à notificação do executado o artigo 227º, devidamente adaptado, sem prejuízo de a notificação se fazer na pessoa do mandatário, quando constituído.

2. As reclamações podem ser impugnadas pelo exequente e pelo executado no prazo de 15 dias, a contar da respetiva notificação.

3. Também dentro do prazo de 15 dias, a contar da respetiva notificação, podem os restantes credores impugnar os créditos garantidos por bens sobre os quais tenham invocado também qualquer direito real de garantia, incluindo o crédito exequendo, bem como as garantias reais invocadas, quer pelo exequente, quer pelos outros credores.

4. A impugnação pode ter por fundamento qualquer das causas que extinguem ou modificam a obrigação ou que impedem a sua existência.

5. Se o crédito estiver reconhecido por sentença que tenha força de caso julgado em relação ao impugnante, a impugnação só pode basear-se em algum dos fundamentos mencionados nos artigos 729º e 730º, na parte em que forem aplicáveis.

Artigo 790º – Resposta do reclamante

O credor cujo crédito haja sido impugnado mediante defesa por exceção pode responder nos 10 dias seguintes à notificação das impugnações apresentadas.

Artigo 791º – Termos posteriores – Verificação e graduação dos créditos

1. Se a verificação de algum dos créditos impugnados estiver dependente de produção de prova, seguem-se os termos do processo comum declarativo, posteriores aos articulados; o despacho saneador declara, porém, reconhecidos os créditos que o puderem ser, embora a graduação de todos fique para a sentença final.

2. Se nenhum dos créditos for impugnado ou a verificação dos impugnados não depender de prova a produzir, profere-se logo sentença que conheça da sua existência e os gradue com o crédito do exequente, sem prejuízo do disposto no nº 4.

3. Quando algum dos créditos graduados não esteja vencido, a sentença de graduação determina que, na conta final para pagamento, se efetue o desconto correspondente ao benefício da antecipação.

4. São havidos como reconhecidos os créditos e as respetivas garantias reais que não forem impugnados, sem prejuízo das exceções ao efeito cominatório da revelia, vigentes em processo declarativo, ou do conhecimento das questões que deviam ter implicado rejeição liminar da reclamação.

5. O juiz pode suspender os termos do apenso de verificação e graduação de créditos posteriores aos articulados, até à realização da venda, quando considere provável que o produto desta não ultrapasse o valor das custas da própria execução.

6. A graduação é refeita se vier a ser verificado algum crédito que, depois dela, seja reclamado nos termos do nº 3 do artigo 788º

Artigo 792º – Direito do credor que tiver ação pendente ou a propor contra o executado

1. O credor que não esteja munido de título exequível pode requerer, dentro do prazo facultado para a reclamação de créditos, que a graduação dos créditos, relativamente aos bens abrangidos pela sua garantia, aguarde a obtenção do título em falta.

2. Recebido o requerimento referido no número anterior, a secretaria notifica o executado para, no prazo de 10 dias, se pronunciar sobre a existência do crédito invocado.

3. Se o executado reconhecer a existência do crédito, considera-se formado o título executivo e reclamado o crédito nos termos do requerimento do credor, sem prejuízo da sua impugnação pelo exequente e restantes credores; o mesmo sucede quando o executado nada diga e não esteja pendente ação declarativa para a respetiva apreciação.

4. Quando o executado negue a existência do crédito, o credor obtém na ação própria sentença exequível, reclamando seguidamente o crédito na execução.

5. O exequente e os credores interessados são réus na ação, provocando o requerente a sua intervenção principal, nos termos dos artigos 316º e seguintes, quando a ação esteja pendente à data do requerimento.

6. O requerimento não obsta à venda ou adjudicação dos bens, nem à verificação dos créditos reclamados, mas o requerente é admitido a exercer no processo os mesmos direitos que competem ao credor cuja reclamação tenha sido admitida.

7. Os efeitos do requerimento caducam se:

a) Dentro de 20 dias a contar da notificação de que o executado negou a existência do crédito, não for apresentada certidão comprovativa da pendência da ação;

b) O exequente provar que não se observou o disposto no nº 5, que a ação foi julgada improcedente ou que esteve parada durante 30 dias, por negligência do autor, depois do requerimento a que este artigo se refere;

c) Dentro de 15 dias a contar do trânsito em julgado da decisão, dela não for apresentada certidão.

Artigo 793º – Suspensão da execução nos casos de insolvência

Qualquer credor pode obter a suspensão da execução, a fim de impedir os pagamentos, mostrando que foi requerida a recuperação de empresa ou a insolvência do executado.

Artigo 794º – Pluralidade de execuções sobre os mesmos bens

1. Pendendo mais de uma execução sobre os mesmos bens, o agente de execução susta quanto a estes a execução em que a penhora tiver sido posterior, podendo o exequente reclamar o respetivo crédito no processo em que a penhora seja mais antiga.

2. Se o exequente ainda não tiver sido citado no processo em que a penhora seja mais antiga, pode reclamar o seu crédito no prazo de 15 dias a contar da notificação de sustação; a reclamação suspende os efeitos da graduação de créditos já fixada e, se for atendida, provoca nova sentença de graduação, na qual se inclui o crédito do reclamante.

3. Na execução sustada, pode o exequente desistir da penhora relativa aos bens apreendidos no outro processo e indicar outros em sua substituição.

4. A sustação integral determina a extinção da execução, sem prejuízo do disposto no nº 5 do artigo 850º.

SECÇÃO V - Pagamento

SUBSECÇÃO I - Modos de pagamento

Artigo 795º - Modos de o efetuar

1. O pagamento pode ser feito pela entrega de dinheiro, pela adjudicação dos bens penhorados, pela consignação dos seus rendimentos ou pelo produto da respetiva venda.

2. É admitido o pagamento em prestações e o acordo global, nos termos previstos nos artigos 806º a 810º, devendo em qualquer caso prever-se o pagamento dos honorários e despesas do agente de execução.

Artigo 796º - Termos em que pode ser efetuado

1. As diligências necessárias para a realização do pagamento efetuam-se obrigatoriamente no prazo de três meses a contar da penhora, independentemente do prosseguimento do apenso da verificação e graduação de créditos, mas só depois de findo o prazo para a sua reclamação; excetua-se a consignação de rendimentos, que pode ser requerida pelo exequente e deferida logo a seguir à penhora.

2. O credor reclamante só pode ser pago na execução pelos bens sobre que tiver garantia e conforme a graduação do seu crédito.

3. Sem prejuízo da exclusão do nº 4 do artigo 788º, a quantia a receber pelo credor com privilégio creditório geral, mobiliário ou imobiliário, é reduzida até 50% do remanescente do produto da venda, deduzidas as custas da execução e as quantias a pagar aos credores que devam ser graduados antes do exequente, na medida do necessário ao pagamento de 50% do crédito do exequente, até que este receba o valor correspondente a 250 UC.

4. O disposto no nº 3 não se aplica aos privilégios creditórios dos trabalhadores.

Artigo 797º - Execuções parcialmente inviáveis

Decorridos três meses sobre o pagamento parcial sem que tenham sido identificados outros bens penhoráveis, aplica-se o disposto no artigo 750º.

SUBSECÇÃO II - Entrega de dinheiro

Artigo 798º - Pagamento por entrega de dinheiro

1. Tendo a penhora recaído em moeda corrente, depósito bancário em dinheiro ou outro direito de crédito pecuniário cuja importância tenha sido depositada, o exequente ou qualquer credor que deva preteri-lo é pago do seu crédito pelo dinheiro existente.

2. Constitui entrega de dinheiro o pagamento por cheque ou transferência bancária.

SUBSECÇÃO III – Adjudicação

Artigo 799º – Requerimento para adjudicação

1. O exequente pode pretender que lhe sejam adjudicados bens penhorados, não compreendidos nos artigos 830º e 831º, para pagamento, total ou parcial, do crédito.

2. O mesmo pode fazer qualquer credor reclamante, em relação aos bens sobre os quais tenha invocado garantia; mas, se já houver sido proferida sentença de graduação de créditos, a pretensão do requerente só é atendida quando o seu crédito haja sido reconhecido e graduado.

3. O requerente deve indicar o preço que oferece, não podendo a oferta ser inferior ao valor a que alude o nº 2 do artigo 816º.

4. Cabe ao agente de execução fazer a adjudicação; mas, se à data do requerimento já estiver anunciada a venda por propostas em carta fechada, esta não se susta e a pretensão só é considerada se não houver pretendentes que ofereçam preço superior.

5. A adjudicação de direito de crédito pecuniário não litigioso é feita pelo valor da prestação devida, efetuado o desconto correspondente ao período a decorrer até ao vencimento, à taxa legal de juros de mora, salvo se, não sendo próxima a data do vencimento, o requerente pretender que se proceda nos termos do disposto no nº 3 e nos artigos 800º e 801º.

6. A adjudicação de direito de crédito é feita a título de dação *pro solvendo*, se o requerente o pretender e os restantes credores não se opuserem, extinguindo-se a execução quando não deva prosseguir sobre outros bens.

7. Sendo próxima a data do vencimento, podem os credores acordar, ou o agente de execução determinar, a suspensão da execução sobre o crédito penhorado até ao vencimento.

Artigo 800º – Publicidade do requerimento

1. Requerida a adjudicação, é esta publicitada nos termos do artigo 817º, com a menção do preço oferecido.

2. O dia, a hora e o local para a abertura das propostas são notificados ao executado, àqueles que podiam requerer a adjudicação e bem assim aos titulares de direito de preferência, legal ou convencional com eficácia real, na alienação dos bens.

3. A abertura das propostas tem lugar perante o juiz, se se tratar de bem imóvel, ou, tratando-se de estabelecimento comercial, se o juiz o determinar, nos termos do artigo 829º; nos restantes casos, o agente de execução desempenha as funções reservadas ao juiz na venda de imóvel, aplicando-se, devidamente adaptadas, as normas da venda por propostas em carta fechada.

Artigo 801º – Termos da adjudicação

1. Se não aparecer qualquer proposta e ninguém se apresentar a exercer o direito de preferência, aceita-se o preço oferecido pelo requerente.

2. Havendo proposta de maior preço, observa-se o disposto nos artigos 820º e 821º.

3. Se o requerimento de adjudicação tiver sido feito depois de anunciada a venda por propostas em carta fechada e a esta não se apresentar qualquer proponente, logo se adjudicam os bens ao requerente.

Artigo 802º – Regras aplicáveis à adjudicação

É aplicável à adjudicação de bens, com as necessárias adaptações, o disposto no artigo 815º, no nº 2 do artigo 824º, nos nºs 1 e 2 do artigo 825º e nos artigos 827º, 828º e 838º a 841º.

SUBSECÇÃO IV – Consignação de rendimentos

Artigo 803º – Termos em que pode ser requerida e efetuada

1. Enquanto os bens penhorados não forem vendidos ou adjudicados, o exequente pode requerer ao agente de execução que lhe sejam consignados os rendimentos de imóveis ou de móveis sujeitos a registo, em pagamento do seu crédito.

2. Sobre o pedido é ouvido o executado, sendo a consignação de rendimentos efetuada, se ele não requerer que se proceda à venda dos bens.

3. Não tem lugar a citação dos credores quando a consignação seja antes dela requerida e o executado não requeira a venda dos bens.

4. A consignação efetua-se por comunicação ao serviço de registo competente, aplicando-se, com as necessárias adaptações, o disposto nos nºs 1 e 2 do artigo 755º.

5. O registo da consignação é feito por averbamento ao registo da penhora.

Artigo 804º – Como se processa em caso de locação

1. A consignação de rendimentos de bens que estejam locados é notificada aos locatários.

2. Não havendo ainda locação ou havendo de celebrar-se novo contrato, os bens são locados pelo agente de execução, mediante propostas ou por meio de negociação particular, observando-se, com as modificações necessárias, as formalidades prescritas para a venda de bens penhorados.

3. Pagas as custas da execução, as rendas são recebidas pelo consignatário até que esteja embolsado da importância do seu crédito.

4. O consignatário fica na posição de locador, mas não pode resolver o contrato, nem tomar qualquer decisão relativa aos bens, sem anuência do executado; na falta de acordo, o juiz decide.

Artigo 805º – Efeitos

1. Efetuada a consignação e pagas as custas da execução, a execução extingue-se, levantando-se as penhoras que incidam em outros bens.

2. Se os bens vierem a ser vendidos ou adjudicados, livres do ónus da consignação, o consignatário é pago do saldo do seu crédito pelo produto da venda ou adjudicação, com a prioridade da penhora a cujo registo a consignação foi averbada.

3. O disposto nos números anteriores é aplicável, com as necessárias adaptações, à consignação de rendimentos de títulos de crédito nominativos, devendo a consignação ser mencionada nos títulos e averbada nos termos da respetiva legislação.

SUBSECÇÃO V – Do pagamento em prestações e do acordo global

Artigo 806º – Pagamento em prestações

1. O exequente e o executado podem acordar no pagamento em prestações da dívida exequenda, definindo um plano de pagamento e comunicando tal acordo ao agente de execução.

2. A comunicação prevista no número anterior pode ser apresentada até à transmissão do bem penhorado ou, no caso de venda mediante proposta em carta fechada, até à aceitação de proposta apresentada e determina a extinção da execução.

Artigo 807º – Garantia do crédito exequendo

1. Se o exequente declarar que não prescinde da penhora já feita na execução, aquela converte-se automaticamente em hipoteca ou penhor, beneficiando estas garantias da prioridade que a penhora tenha, sem prejuízo do disposto no artigo 809º.

2. O disposto no número anterior não obsta a que as partes convencionem outras garantias adicionais ou substituam a resultante da conversão da penhora.

3. As partes podem convencionar que a coisa objeto de penhor fique na disponibilidade material do executado.

4. O agente de execução comunica à conservatória competente a conversão da penhora em hipoteca, bem como a extinção desta após o cumprimento do acordo.

Artigo 808º – Consequência da falta de pagamento

1. A falta de pagamento de qualquer das prestações, nos termos acordados, importa o vencimento imediato das seguintes, podendo o exequente requerer a renovação da execução para satisfação do remanescente do seu crédito, aplicando-se o disposto nº 4 do artigo 850º.

2. Na execução renovada, a penhora inicia-se pelos bens sobre os quais tenha sido constituída hipoteca ou penhor, nos termos do disposto no nº 1 do artigo 807º, só podendo recair noutros quando se reconheça a insuficiência deles para conseguir o fim da execução.

3. Se os bens referidos no número anterior tiverem sido entretanto transmitidos, a execução renovada seguirá diretamente contra o adquirente, se o exequente pretender fazer valer a garantia.

Artigo 809º – Tutela dos direitos dos restantes credores

1. Renova-se a instância caso algum credor reclamante, cujo crédito esteja vencido, o requeira para satisfação do seu crédito.

2. No caso previsto no número anterior, é notificado o exequente para, no prazo de 10 dias, declarar se:

a) Desiste da garantia a que alude o nº 1 do artigo 807º;

b) Requer também a renovação da instância para pagamento do remanescente do seu crédito, ficando sem efeito o pagamento em prestações acordado.

3. A notificação a que alude o número anterior é feita com a cominação de, nada dizendo o exequente, se entender que desiste da garantia a que alude o nº 1 do artigo 807º.

4. Desistindo o exequente da garantia, o requerente assume a posição de exequente, aplicando-se, com as necessárias adaptações, o disposto nos nºs 2 a 4 do artigo 850º.

Artigo 810º – Acordo global

1. O executado, o exequente e os credores reclamantes podem acordar num plano de pagamentos, que pode consistir nomeadamente numa simples moratória, num perdão, total ou parcial, de créditos, na substituição, total ou parcial, de garantias ou na constituição de novas garantias.

2. Ao acordo global aplica-se, com as necessárias adaptações, o disposto no artigo 806º e no nº 1 do artigo 807º.

3. O incumprimento dos termos do acordo, no prazo de 10 dias após interpelação escrita do exequente ou de credor reclamante, implica, na falta de convenção expressa em contrário, a caducidade do acordo global, podendo o exequente ou o credor reclamante requerer a renovação da execução para pagamento do remanescente do crédito exequendo e dos créditos reclamados, aplicando-se, com as necessárias adaptações, o disposto nos nºs 2 e 3 do artigo 808º.

4. A caducidade do acordo global prevista no número anterior não prejudica os efeitos entretanto produzidos.

5. O exequente e os credores reclamantes conservam sempre todos os seus direitos contra os coobrigados ou garantes do executado.

SUBSECÇÃO VI – Venda

DIVISÃO I – Disposições gerais

Artigo 811º – Modalidades de venda

1. A venda pode revestir as seguintes modalidades:

a) Venda mediante propostas em carta fechada;

b) Venda em mercados regulamentados;

c) Venda direta a pessoas ou entidades que tenham direito a adquirir os bens;

d) Venda por negociação particular;

e) Venda em estabelecimento de leilões;

f) Venda em depósito público ou equiparado;

g) Venda em leilão eletrónico.

2. O disposto no artigo 818º, no nº 2 do artigo 827º e no artigo 828º para a venda mediante propostas em carta fechada aplica-se, com as necessárias adaptações, às restantes modalidades de venda e o disposto nos artigos 819º e 823º aplica-se a todas as modalidades de venda, excetuada a venda direta.

Artigo 812º – Determinação da modalidade de venda e do valor base dos bens

1. Quando a lei não disponha diversamente, a decisão sobre a venda cabe ao agente de execução, ouvidos o exequente, o executado e os credores com garantia sobre os bens a vender.

2. A decisão tem como objeto:

a) A modalidade da venda, relativamente a todos ou a cada categoria de bens penhorados;

b) O valor base dos bens a vender;

c) A eventual formação de lotes, com vista à venda em conjunto de bens penhorados.

3. O valor de base dos bens imóveis corresponde ao maior dos seguintes valores:

a) Valor patrimonial tributário, nos termos de avaliação efetuada há menos de seis anos;

b) Valor de mercado.

4. Em relação aos bens não referidos no número anterior, o agente de execução fixa o seu valor de base de acordo com o valor de mercado.

5. Nos casos da alínea *b*) do nº 3 e do número anterior, o agente de execução pode promover as diligências necessárias à fixação do valor do bem de acordo com o valor de mercado, quando o considere vantajoso ou algum dos interessados o pretenda.

6. A decisão é notificada pelo agente de execução ao exequente, ao executado e aos credores reclamantes de créditos com garantia sobre os bens a vender, preferencialmente por meios eletrónicos.

7. Se o executado, o exequente ou um credor reclamante discordar da decisão, cabe ao juiz decidir; da decisão deste não há recurso.

Artigo 813º – Instrumentalidade da venda

1. A requerimento do executado, a venda dos bens penhorados susta-se logo que o produto dos bens já vendidos seja suficiente para pagamento das despesas da execução, do crédito do exequente e dos credores com garantia real sobre os bens já vendidos.

2. Na situação prevista no nº 5 do artigo 745º, a venda inicia-se sempre pelos bens penhorados que respondam prioritariamente pela dívida.

3. No caso previsto no artigo 759º, pode executado requerer que a venda se inicie por algum dos prédios resultante da divisão, cujo valor seja suficiente para o pagamento; se, porém, não conseguir logo efetivar-se a venda por esse valor, são vendidos todos os prédios sobre que recai a penhora.

Artigo 814º - Venda antecipada de bens

1. Pode o juiz autorizar a venda antecipada de bens, quando estes não possam ou não devam conservar-se, por estarem sujeitos a deterioração ou depreciação, ou quando haja manifesta vantagem na antecipação da venda.

2. A autorização pode ser requerida, tanto pelo exequente ou executado, como pelo depositário; sobre o requerimento são ouvidas ambas as partes ou aquela que não for o requerente, exceto se a urgência da venda impuser uma decisão imediata.

3. Salvo o disposto nos artigos 830º e 831º, a venda é efetuada pelo depositário, nos termos da venda por negociação particular, ou pelo agente de execução, nos casos em que o executado tenha assumido as funções de depositário.

Artigo 815º - Dispensa de depósito aos credores

1. O exequente que adquira bens pela execução é dispensado de depositar a parte do preço que não seja necessária para pagar a credores graduados antes dele e não exceda a importância que tem direito a receber; igual dispensa é concedida ao credor com garantia sobre os bens que adquirir.

2. Não estando ainda graduados os créditos, o exequente não é obrigado a depositar mais que a parte excedente à quantia exequenda e o credor só é obrigado a depositar o excedente ao montante do crédito que tenha reclamado sobre os bens adquiridos.

3. No caso referido no número anterior, os bens imóveis adquiridos ficam hipotecados à parte do preço não depositada, consignando-se a garantia no título de transmissão e não podendo a esta ser registada sem a hipoteca, salvo se o adquirente prestar caução bancária em valor correspondente; os bens de outra natureza são entregues ao adquirente quando este preste caução correspondente ao seu valor.

4. Quando, por efeito da graduação de créditos, o adquirente não tenha direito à quantia que deixou de depositar ou a parte dela, é notificado para fazer o respetivo depósito em 10 dias, sob pena de ser executado nos termos do artigo 825º, começando a execução pelos próprios bens adquiridos ou pela caução.

DIVISÃO II - Venda mediante propostas em carta fechada

Artigo 816º - Valor base e competência

1. Quando a penhora recaia sobre bens imóveis que não hajam de ser vendidos de outra forma, são os bens penhorados vendidos mediante propostas em carta fechada.

2. O valor a anunciar para a venda é igual a 85% do valor base dos bens.

3. A venda faz-se no tribunal da execução, salvo se o juiz, oficiosamente ou a requerimento dos interessados, ordenar que tenha lugar no tribunal da situação dos bens.

Artigo 817º - Publicidade da venda

1. Determinada a venda mediante propostas em carta fechada, o juiz designa o dia e a hora para a abertura das propostas, devendo aquela ser publicitada, pelo agente de execução, com a antecipação de 10 dias:

a) Mediante anúncio em página informática de acesso público, nos termos de portaria do membro do Governo responsável pela área da justiça; e

b) Mediante edital a afixar na porta dos prédios urbanos a vender.

2. O disposto no número anterior não prejudica que, por iniciativa do agente de execução ou sugestão dos interessados na venda, sejam utilizados outros meios de divulgação.

3. Do anúncio constam o nome do executado, a identificação do agente de execução, o dia, a hora e o local da abertura das propostas, a identificação sumária dos bens e o valor a anunciar para a venda, apurado nos termos do nº 2 do artigo anterior.

4. Se a sentença que se executa estiver pendente de recurso ou estiver pendente oposição à execução ou à penhora, faz-se menção do facto no edital e no anúncio.

Artigo 818º – Obrigação de mostrar os bens

Até ao dia de abertura das propostas, o depositário é obrigado a mostrar os bens a quem pretenda examiná-los, podendo este fixar as horas em que, durante o dia, faculta a inspeção e devendo o agente de execução indicá-las no anúncio e no edital da venda.

Artigo 819º – Notificação dos preferentes

1. Os titulares do direito de preferência, legal ou convencional com eficácia real, na alienação dos bens são notificados do dia, da hora e do local aprazados para a abertura das propostas, a fim de poderem exercer o seu direito no próprio ato, se alguma proposta for aceite.

2. A falta de notificação tem a mesma consequência que a falta de notificação ou aviso prévio na venda particular.

3. À notificação prevista no nº 1 aplicam-se as regras relativas à citação, salvo no que se refere à citação edital, que não terá lugar.

4. A frustração da notificação do preferente não preclude a possibilidade de propor ação de preferência, nos termos gerais.

Artigo 820º – Abertura das propostas

1. As propostas são entregues na secretaria do tribunal e abertas na presença do juiz, devendo assistir à abertura o agente de execução e podendo a ela assistir o executado, o exequente, os reclamantes de créditos com garantia sobre os bens a vender e os proponentes.

2. Se o preço mais elevado for oferecido por mais de um proponente, abre-se logo licitação entre eles, salvo se declararem que pretendem adquirir os bens em compropriedade.

3. Estando presente só um dos proponentes do maior preço, pode esse cobrir a proposta dos outros; se nenhum deles estiver presente ou nenhum quiser cobrir a proposta dos outros, procede-se a sorteio para determinar a proposta que deve prevalecer.

4. As propostas, uma vez apresentadas, só podem ser retiradas se a sua abertura for adiada por mais de 90 dias depois do primeiro designado.

5. O exequente, se estiver presente no ato de abertura das propostas, pode manifestar vontade de adquirir os bens a vender, abrindo-se logo licitação entre si e proponente do maior preço; se o proponente do maior preço não estiver presente, o exequente pode cobrir a proposta daquele.

6. No caso previsto no número anterior, aplica-se, com as necessárias adaptações, o disposto no artigo 824º, sem prejuízo do estabelecido no artigo 815º.

Artigo 821º – Deliberação sobre as propostas

1. Imediatamente após a abertura ou depois de efetuada a licitação ou o sorteio a que houver lugar, são as propostas apreciadas pelo executado, exequente e credores que hajam comparecido; se nenhum estiver presente, considera-se aceite a proposta de maior preço, sem prejuízo do disposto no nº 3.

2. Se os interessados não estiverem de acordo, prevalece o voto dos credores que, entre os presentes, tenham maioria de créditos sobre os bens a que a proposta se refere.

3. Não são aceites as propostas de valor inferior ao previsto no nº 2 do artigo 816º, salvo se o exequente, o executado e todos os credores com garantia real sobre os bens a vender acordarem na sua aceitação.

Artigo 822º – Irregularidades ou frustração da venda por meio de propostas

1. As irregularidades relativas à abertura, licitação, sorteio, apreciação e aceitação das propostas só podem ser arguidas no próprio ato.

2. Na falta de proponentes ou de aceitação das propostas, tem lugar a venda por negociação particular.

Artigo 823º – Exercício do direito de preferência

1. Aceite alguma proposta, são interpelados os titulares do direito de preferência presentes para que declarem se querem exercer o seu direito.

2. Apresentando-se a preferir mais de uma pessoa com igual direito, abre-se licitação entre elas, sendo aceite o lance de maior valor.

3. Aplica-se ao preferente, devidamente adaptado, o disposto no nº 1 do artigo seguinte.

Artigo 824º – Caução e depósito do preço

1. Os proponentes devem juntar obrigatoriamente com a sua proposta, como caução, um cheque visado, à ordem do agente de execução ou, nos casos em que as diligências de execução são realizadas por oficial de justiça, da secretaria, no montante correspondente a 5% do valor anunciado ou garantia bancária no mesmo valor.

2. Aceite alguma proposta, o proponente ou preferente é notificado para, no prazo de 15 dias, depositar numa instituição de crédito, à ordem do agente de execução ou, nos casos em que as diligências de execução são realizadas por oficial de justiça, da secretaria, a totalidade ou a parte do preço em falta.

Artigo 825º – Falta de depósito

1. Findo o prazo referido no nº 2 do artigo anterior, se o proponente ou preferente não tiver depositado o preço, o agente de execução, ouvidos os interessados na venda, pode:

a) Determinar que a venda fique sem efeito e aceitar a proposta de valor imediatamente inferior, perdendo o proponente o valor da caução constituída nos termos do nº 1 do artigo anterior; ou

b) Determinar que a venda fique sem efeito e efetuar a venda dos bens através da modalidade mais adequada, não podendo ser admitido o proponente ou preferente remisso a adquirir novamente os mesmos bens e perdendo o valor da caução constituída nos termos do nº 1 do artigo anterior; ou

c) Liquidar a responsabilidade do proponente ou preferente remisso, devendo ser promovido perante o juiz o arresto em bens suficientes para garantir o valor em falta, acrescido das custas e despesas, sem prejuízo de procedimento criminal e sendo aquele, simultaneamente, executado no próprio processo para pagamento daquele valor e acréscimos.

2. O arresto é levantado logo que o pagamento seja efetuado, com os acréscimos calculados.

3. O preferente que não tenha exercido o seu direito no ato de abertura e aceitação das propostas pode efetuar, no prazo de cinco dias, contados do termo do prazo do proponente ou preferente faltoso, o depósito do preço por este oferecido, independentemente de nova notificação, a ele se fazendo a adjudicação.

Artigo 826º – Auto de abertura e aceitação das propostas

Da abertura e aceitação das propostas é, pelo agente de execução, lavrado auto em que, além das outras ocorrências, se mencione, para cada proposta aceite, o nome do proponente, os bens a que respeita e o seu preço; os bens identificam-se pela referência à penhora respetiva.

Artigo 827º – Adjudicação e registo

1. Mostrando-se integralmente pago o preço e satisfeitas as obrigações fiscais inerentes à transmissão, os bens são adjudicados e entregues ao proponente ou preferente, emitindo o agente de execução o título de transmissão a seu favor, no qual se identificam os bens, se certifica o pagamento do preço ou a dispensa do depósito do mesmo e se declara o cumprimento ou a isenção das obrigações fiscais, bem como a data em que os bens foram adjudicados.

2. Seguidamente, o agente de execução comunica a venda ao serviço de registo competente, juntando o respetivo título, e este procede ao registo do facto e, oficiosamente, ao cancelamento das inscrições relativas aos direitos que tenham caducado, nos termos do nº 2 do artigo 824º do Código Civil.

Artigo 828º – Entrega dos bens

O adquirente pode, com base no título de transmissão a que se refere o artigo anterior, requerer contra o detentor, na própria execução, a entrega dos bens, nos termos prescritos no artigo 861º, devidamente adaptados.

Artigo 829º – Venda de estabelecimento comercial

1. A venda de estabelecimento comercial de valor superior a 500 UC tem lugar, sob proposta do exequente, do executado ou de um credor que sobre ele tenha garantia real, mediante propostas em carta fechada.

2. O juiz determina se as propostas são abertas na sua presença, sendo-o sempre na presença do agente de execução.

3. Aplicam-se, devidamente adaptadas, as normas dos artigos anteriores.

DIVISÃO III – Outras modalidades de venda

Artigo 830º – Bens vendidos em mercados regulamentados

São vendidos em mercados regulamentados os instrumentos financeiros e as mercadorias que neles tenham cotação.

Artigo 831º – Venda direta

Se os bens houverem, por lei, de ser entregues a determinada entidade, ou tiverem sido prometidos vender, com eficácia real, a quem queira exercer o direito de execução específica, a venda é-lhe feita diretamente.

Artigo 832º – Casos em que se procede à venda por negociação particular

A venda é feita por negociação particular:

a) Quando o exequente propõe um comprador ou um preço, que é aceite pelo executado e demais credores;

b) Quando o executado propõe um comprador ou um preço, que é aceite pelo exequente e demais credores;

c) Quando haja urgência na realização da venda, reconhecida pelo juiz;

d) Quando se frustre a venda por propostas em carta fechada, por falta de proponentes, não aceitação das propostas ou falta de depósito do preço pelo proponente aceite;

e) Quando se frustre a venda em depósito público ou equiparado, por falta de proponentes ou não aceitação das propostas e, atenta a natureza dos bens, tal seja aconselhável;

f) Quando se frustre a venda em leilão eletrónico por falta de proponentes;

g) Quando o bem em causa tenha um valor inferior a 4 UC.

Artigo 833º – Realização da venda por negociação particular

1. Ao determinar-se a venda por negociação particular, designa-se a pessoa que fica incumbida, como mandatário, de a efetuar.

2. Da realização da venda pode ser encarregado o agente de execução, por acordo de todos os credores e sem oposição do executado, ou, na falta de acordo ou havendo oposição, por determinação do juiz.

3. Não se verificando os pressupostos do número anterior, para a venda de imóveis é preferencialmente designado mediador oficial.

4. O preço é depositado diretamente pelo comprador numa instituição de crédito, à ordem do agente de execução ou, nos casos em que as diligências de execução sejam realizadas por oficial de justiça, da secretaria, antes de lavrado o instrumento da venda.

5. Estando pendente recurso da sentença que se executa ou oposição do executado à execução ou à penhora, faz-se disso menção no ato de venda.

6. A venda de imóvel em que tenha sido, ou esteja sendo, feita construção urbana, ou de fração dele, pode efetuar-se no estado em que se encontre, com dispensa da licença de utilização ou de construção, cuja falta de apresentação a entidade com competência para a formalização do ato faz consignar no documento, constituindo ónus do adquirente a respetiva legalização.

Artigo 834º – Venda em estabelecimento de leilão

1. A venda é feita em estabelecimento de leilão:

a) Quando o exequente, o executado, ou credor reclamante com garantia sobre o bem em causa, proponha a venda em determinado estabelecimento e não haja oposição de qualquer dos restantes; ou

b) Quando, tratando-se de coisa móvel, o agente de execução entenda que, atentas as características do bem, se deve preterir a venda por negociação particular nos termos da alínea *e*) do artigo 832º.

2. No caso previsto na alínea *b*) do número anterior, o agente de execução, ao determinar a modalidade da venda, indica o estabelecimento de leilão incumbido de a realizar.

3. A venda é feita pelo pessoal do estabelecimento e segundo as regras que estejam em uso, aplicando-se o nº 5 do artigo anterior e, quando o objeto da venda seja uma coisa imóvel, o disposto no nº 6 do mesmo artigo.

4. O gerente do estabelecimento deposita o preço líquido em instituição de crédito, à ordem do agente de execução ou, nos casos em que as diligências de execução são realizadas por oficial de justiça, da secretaria, e apresenta no processo o respetivo conhecimento, nos cinco dias posteriores à realização da venda, sob cominação das sanções aplicáveis ao infiel depositário.

Artigo 835º – Irregularidades da venda

1. Os credores, o executado e qualquer dos licitantes podem reclamar contra as irregularidades que se cometam no ato do leilão; para decidir as reclamações, o juiz pode examinar ou mandar examinar a escrituração do estabelecimento, ouvir o respetivo pessoal, inquirir as testemunhas que se oferecerem e proceder a quaisquer outras diligências.

2. O leilão é anulado quando as irregularidades cometidas hajam viciado o resultado final da licitação, sendo o dono do estabelecimento condenado na reposição do que tiver embolsado, sem prejuízo da indemnização pelos danos que haja causado.

3. Sendo anulado, o leilão repete-se noutro estabelecimento e, se o não houver, procede-se à venda por propostas em carta fechada, se for caso disso, ou por negociação particular.

Artigo 836º – Venda em depósito público ou equiparado

1. São vendidos em depósito público ou equiparado os bens que tenham sido para aí removidos e não devam ser vendidos por outra forma.

2. As vendas referidas neste artigo têm periodicidade mensal e são publicitadas em anúncios publicados nos termos do artigo 817º e mediante a afixação de editais no armazém, contendo a relação dos bens a vender e a menção do nº 4 do mesmo artigo.

3. O modo de realização da venda em depósito público ou equiparado, que deve ter em conta a natureza dos bens a vender, é regulado em portaria do membro do Governo responsável pela área da justiça.

Artigo 837º – Venda em leilão eletrónico

1. Exceto nos casos referidos nos artigos 830º e 831º, a venda de bens imóveis e de bens móveis penhorados é feita preferencialmente em leilão eletrónico, nos termos a definir por portaria do membro do Governo responsável pela área da justiça.

2. As vendas referidas neste artigo são publicitadas, com as devidas adaptações, nos termos dos nºs 2 a 4 do artigo 817º,

3. À venda em leilão eletrónico aplicam-se as regras relativas à venda em estabelecimento de leilão em tudo o que não estiver especialmente regulado na portaria referida no nº 1.

DIVISÃO IV – Da invalidade da venda

Artigo 838º – Anulação da venda e indemnização do comprador

1. Se, depois da venda, se reconhecer a existência de algum ónus ou limitação que não fosse tomado em consideração e que exceda os limites normais inerentes aos direitos da mesma categoria, ou de erro sobre a coisa transmitida, por falta de conformidade com o que foi anunciado, o comprador pode pedir, na execução, a anulação da venda e a indemnização a que tenha direito, sem prejuízo do disposto no artigo 906º do Código Civil.

2. A questão prevista no número anterior é decidida pelo juiz, depois de ouvidos o exequente, o executado e os credores interessados e de examinadas as provas que se produzirem.

3. Feito o pedido de anulação do negócio e de indemnização do comprador antes de ser levantado o produto da venda, este não é entregue sem a prestação de caução; sendo o comprador remetido para a ação competente, a caução é levantada, se a ação não for proposta dentro de 30 dias ou estiver parada, por negligência do autor, durante três meses.

Artigo 839º – Casos em que a venda fica sem efeito[1]

1. Além do caso previsto no artigo anterior, a venda só fica sem efeito:

a) Se for anulada ou revogada a sentença que se executou ou se a oposição à execução ou à penhora for julgada procedente, salvo quando, sendo parcial a revogação ou a procedência, a subsistência da venda for compatível com a decisão tomada;

b) Se, tendo corrido à revelia, toda a execução for anulada nos termos do disposto no nº 1 do artigo 851º, salvo o disposto no nº 4 do mesmo artigo;

c) Se for anulado o ato da venda, nos termos do artigo 195º;

d) Se a coisa vendida não pertencia ao executado e foi reivindicada pelo dono.

2. Quando, posteriormente à venda, for julgada procedente qualquer ação de preferência ou for deferida a remição de bens, o preferente ou o remidor substituem-se ao comprador, pagando o preço e as despesas da compra.

3. Nos casos previstos nas alíneas *a)*, *b)* e *c)* do nº 1, a restituição dos bens tem de ser pedida no prazo de 30 dias a contar da decisão definitiva, devendo o comprador ser embolsado previamente do preço e das despesas de compra; se a restituição não for pedida no prazo indicado, o vencedor só tem direito a receber o preço.

Artigo 840º – Cautelas a observar no caso de protesto pela reivindicação

1. Se, antes de efetuada a venda, algum terceiro tiver protestado pela reivindicação da coisa, invocando direito próprio incompatível com a transmissão, lavra-se termo de protesto; nesse caso, os bens móveis não são entregues ao comprador e o produto da venda não é levantado sem se prestar caução.

2. Se, porém, o autor do protesto não propuser a ação dentro de 30 dias ou a ação estiver parada, por negligência sua, durante três meses, pode requerer-se a extinção das garantias destinadas a assegurar a restituição dos bens e o embolso do preço; em qualquer desses casos, o comprador, se a ação for julgada procedente, fica com o direito de retenção da coisa comprada, enquanto lhe não for restituído o preço, podendo o proprietário reavê-lo dos responsáveis, se houver de o satisfazer para obter a entrega da coisa reivindicada.

Artigo 841º – Cautelas a observar no caso de reivindicação sem protesto

O disposto no artigo anterior é aplicável, com as necessárias adaptações, ao caso de a ação ser proposta, sem protesto prévio, antes da entrega dos bens móveis ou do levantamento do produto da venda.

[1] A al. *b)* do nº 1 tem a redação da L 117/2019, de 13 de setembro.

SECÇÃO VI - Remição

Artigo 842º - A quem compete

Ao cônjuge que não esteja separado judicialmente de pessoas e bens e aos descendentes ou ascendentes do executado é reconhecido o direito de remir todos os bens adjudicados ou vendidos, ou parte deles, pelo preço por que tiver sido feita a adjudicação ou a venda.

Artigo 843º - Até quando pode ser exercido o direito de remição

1. O direito de remição pode ser exercido:

a) No caso de venda por propostas em carta fechada, até à emissão do título da transmissão dos bens para o proponente ou no prazo e nos termos do nº 3 do artigo 825º;

b) Nas outras modalidades de venda, até ao momento da entrega dos bens ou da assinatura do título que a documenta.

2. Aplica-se ao remidor, que exerça o seu direito no ato de abertura e aceitação das propostas em carta fechada, o disposto no artigo 824º, com as adaptações necessárias, bem como o disposto nos nºs 1 e 2 do artigo 825º, devendo o preço ser integralmente depositado quando o direito de remição seja exercido depois desse momento, com o acréscimo de 5% para indemnização do proponente se este já tiver feito o depósito referido no nº 2 do artigo 824º, e aplicando-se, em qualquer caso, o disposto no artigo 827º.

Artigo 844º - Predomínio da remição sobre o direito de preferência

1. O direito de remição prevalece sobre o direito de preferência.

2. Se houver, porém, vários preferentes e se abrir licitação entre eles, a remição tem de ser feita pelo preço correspondente ao lanço mais elevado.

Artigo 845º - Ordem por que se defere o direito de remição

1. O direito de remição pertence em primeiro lugar ao cônjuge, em segundo lugar aos descendentes e em terceiro lugar aos ascendentes do executado.

2. Concorrendo à remição vários descendentes ou vários ascendentes, preferem os de grau mais próximo aos de grau mais remoto; em igualdade de grau, abre-se licitação entre os concorrentes e prefere-se o que oferecer maior preço.

3. Se o requerente da remição não puder fazer logo a prova do casamento ou do parentesco, é concedido prazo razoável para a junção do respetivo documento.

SECÇÃO VII - Extinção e anulação da execução

Artigo 846º - Cessação da execução pelo pagamento voluntário

1. Em qualquer estado do processo pode o executado ou qualquer outra pessoa fazer cessar a execução, pagando as custas e a dívida.

2. O pagamento é feito mediante entrega direta ou depósito em instituição de crédito à ordem do agente de execução.

3. Nos casos em que as diligências de execução são realizadas por oficial de justiça, quem pretenda usar da faculdade prevista no nº 1 solicita na secretaria, ainda que verbalmente, guias para depósito da parte líquida ou já liquidada do crédito do exequente que não esteja solvida pelo produto da venda ou adjudicação de bens.

4. Efetuado o depósito referido no número anterior, susta-se a execução, a menos que ele seja manifestamente insuficiente, e tem lugar a liquidação de toda a responsabilidade do executado.

5. Quando o requerente junte documento comprovativo de quitação, perdão ou renúncia por parte do exequente ou qualquer outro título extintivo, suspende-se logo a execução e liquida-se a responsabilidade do executado.

Artigo 847º – Liquidação da responsabilidade do executado

1. Se o requerimento for feito antes da venda ou adjudicação de bens, liquidam-se unicamente as custas e o que faltar do crédito do exequente.

2. Se já tiverem sido vendidos ou adjudicados bens, a liquidação tem de abranger também os créditos reclamados para serem pagos pelo produto desses bens, conforme a graduação e até onde o produto obtido chegar, salvo se o requerente exibir título extintivo de algum deles, que então não é compreendido; se ainda não estiver feita a graduação dos créditos reclamados que tenham de ser liquidados, a execução prossegue somente para verificação e graduação desses créditos e só depois se faz a liquidação.

3. A liquidação compreende sempre as custas dos levantamentos a fazer pelos titulares dos créditos liquidados e é notificada ao exequente, aos credores interessados, ao executado e ao requerente, se for pessoa diversa.

4. O requerente deposita o saldo que for liquidado, sob pena de ser condenado nas custas a que deu causa e de a execução prosseguir, não podendo tornar a suspender-se sem prévio depósito da quantia já liquidada, depois de deduzido o produto das vendas ou adjudicações feitas posteriormente e depois de deduzidos os créditos cuja extinção se prove por documento.

5. Feito o depósito referido no número anterior, ordena-se nova liquidação do acrescido, observando-se o preceituado nas disposições anteriores.

6. Se o pagamento for efetuado por terceiro, este só fica sub-rogado nos direitos do exequente, mostrando que os adquiriu nos termos da lei substantiva.

Artigo 848º – Desistência do exequente

1. A desistência do exequente extingue a execução; mas, se já tiverem sido vendidos ou adjudicados bens sobre cujo produto hajam sido graduados outros credores, a estes é paga a parte que lhes couber nesse produto.

2. Se estiverem pendentes embargos de executado, a desistência da instância depende da aceitação do embargante.

Artigo 849º – Extinção da execução

1. A execução extingue-se nas seguintes situações:

a) Logo que se efetue o depósito da quantia liquidada, nos termos do artigo 847º;

b) Depois de efetuada a liquidação e os pagamentos, pelo agente de execução, nos termos do Regulamento das Custas Processuais, tanto no caso do artigo anterior como quando se mostre satisfeita pelo pagamento coercivo a obrigação exequenda;

c) Nos casos referidos no nº 3 do artigo 748º, no nº 2 do artigo 750º, no nº 6 do artigo 799º e no nº 4 do artigo 855º, por inutilidade superveniente da lide;

d) No caso referido na alínea *b*) do nº 4 do artigo 779º;

e) No caso referido no nº 4 do artigo 794º;

f) Quando ocorra outra causa de extinção da execução.

2. A extinção é notificada ao exequente, ao executado, apenas nos casos em que este já tenha sido pessoalmente citado, e aos credores reclamantes.

3. A extinção da execução é comunicada, por via eletrónica, ao tribunal, sendo assegurado pelo sistema informático o arquivo automático e eletrónico do processo, sem necessidade de intervenção judicial ou da secretaria.

Artigo 850º – Renovação da execução extinta

1. A extinção da execução, quando o título tenha trato sucessivo, não obsta a que a ação executiva se renove no mesmo processo para pagamento de prestações que se vençam posteriormente.

2. Também o credor reclamante, cujo crédito esteja vencido e haja reclamado para ser pago pelo produto de bens penhorados que não chegaram entretanto a ser vendidos nem adjudicados, pode requerer, no prazo de 10 dias contados da notificação da extinção da execução, a renovação desta para efetiva verificação, graduação e pagamento do seu crédito.

3. O requerimento faz prosseguir a execução, mas somente quanto aos bens sobre que incida a garantia real invocada pelo requerente, que assume a posição de exequente.

4. Não se repetem as citações e aproveita-se tudo o que tiver sido processado relativamente aos bens em que prossegue a execução, mas os outros credores e o executado são notificados do requerimento.

5. O exequente pode ainda requerer a renovação da execução extinta nos termos das alíneas *c*), *d*) e *e*) do nº 1 do artigo anterior, quando indique os concretos bens a penhorar, aplicando-se, com as necessárias adaptações, o disposto no número anterior.

Artigo 851º – Anulação da execução em caso de revelia[1]

1. Se a execução correr à revelia, pode o executado invocar, a todo o tempo, algum dos fundamentos previstos na alínea *e*) do artigo 696º.

[1] O nº 1 tem a redação da L 117/2019, de 13 de setembro.

2. Sustados todos os termos da execução, conhece-se logo da reclamação e, caso seja julgada procedente, anula-se tudo o que na execução se tenha praticado.

3. A reclamação pode ser feita mesmo depois de finda a execução.

4. Se, após a venda, tiver decorrido o tempo necessário para a usucapião, o executado fica apenas com o direito de exigir do exequente, no caso de dolo ou de má-fé deste, a indemnização do prejuízo sofrido, se esse direito não tiver prescrito entretanto.

SECÇÃO VIII – Recursos

Artigo 852º – Disposições reguladoras dos recursos

Aos recursos de apelação e de revista de decisões proferidas no processo executivo são aplicáveis as disposições reguladoras do processo de declaração e o disposto nos artigos seguintes.

Artigo 853º – Apelação[1]

1. É aplicável o regime estabelecido para os recursos no processo de declaração aos recursos de apelação interpostos de decisões proferidas em procedimentos ou incidentes de natureza declaratória, inseridos na tramitação da ação executiva.

2. Cabe ainda recurso de apelação, nos termos gerais:

a) Das decisões previstas no nº 2 do artigo 644º, quando aplicável à ação executiva;

b) Da decisão que determine a suspensão, a extinção ou a anulação da execução;

c) Da decisão que se pronuncie sobre a anulação da venda;

d) Da decisão que se pronuncie sobre o exercício do direito de preferência ou de remição.

3. Cabe sempre recurso do despacho de indeferimento liminar, ainda que parcial, do requerimento executivo, bem como do despacho de rejeição do requerimento executivo proferido ao abrigo do disposto do artigo 734º.

4. Sobem imediatamente, em separado e com efeito meramente devolutivo, os recursos interpostos nos termos dos nºs 2 e 3 de decisões que não ponham termo à execução nem suspendam a instância.

Artigo 854º – Revista

Sem prejuízo dos casos em que é sempre admissível recurso para o Supremo Tribunal de Justiça, apenas cabe revista, nos termos gerais, dos acórdãos da Relação proferidos em recurso nos procedimentos de liquidação não dependente de simples cálculo aritmético, de verificação e graduação de créditos e de oposição deduzida contra a execução.

[1] Tomou-se em linha de conta a Declaração de Retificação nº 36/2013 (DR, 1ª série, nº 154, de 12/8).

CAPÍTULO II – Do processo sumário

Artigo 855º – Tramitação inicial

1. O requerimento executivo e os documentos que o acompanhem são imediatamente enviados por via eletrónica, sem precedência de despacho judicial, ao agente de execução designado, com indicação do número único do processo.

2. Cabe ao agente de execução:

a) Recusar o requerimento, aplicando-se, com as necessárias adaptações, o preceituado no artigo 725º;

b) Suscitar a intervenção do juiz, nos termos do disposto na alínea *d*) do nº 1 do artigo 723º, quando se lhe afigure provável a ocorrência de alguma das situações previstas nos nºs 2 e 4 do artigo 726º, ou quando duvide da verificação dos pressupostos de aplicação da forma sumária.

3. Se o requerimento for recebido e o processo houver de prosseguir, o agente de execução inicia as consultas e diligências prévias à penhora, que se efetiva antes da citação do executado.

4. Decorridos três meses sobre as diligências previstas no número anterior, observa-se o disposto no nº 1 do artigo 750º, sendo o executado citado; no caso de o exequente não indicar bens penhoráveis, tendo-se frustrado a citação pessoal do executado, não há lugar à citação edital deste e extingue-se a execução nos termos previstos no nº 2 do artigo 750º.

5. Nas execuções instauradas ao abrigo do disposto na alínea *d*) do nº 2 do artigo 550º, a penhora de bens imóveis, de estabelecimento comercial, de direito real menor que sobre eles incida ou de quinhão em património que os inclua só pode realizar-se depois da citação do executado, em consequência da aplicação do disposto no artigo 726º.

Artigo 855º-A – Execução respeitante a obrigação emergente de contrato com cláusulas contratuais gerais[1]

Quando a execução respeite a obrigação emergente de contrato com cláusulas contratuais gerais, deve o requerimento executivo ser acompanhado de cópia ou original do contrato celebrado entre as partes, se for entregue por via eletrónica ou em papel, respetivamente, sob pena de recusa do requerimento.

Artigo 856º – Oposição à execução e à penhora

1. Feita a penhora, é o executado citado para a execução e, em simultâneo, notificado do ato de penhora, podendo deduzir, no prazo de 20 dias, embargos de executado e oposição à penhora.

2. A citação do executado deve ter lugar no próprio ato da penhora, sempre que ele esteja presente; se não estiver, a citação realiza-se no prazo de cinco dias, contados da efetivação da penhora.

3. Com os embargos de executado é cumulada a oposição à penhora que o executado pretenda deduzir.

[1] Preceito aditado pela L 117/2019, de 13 de setembro.

4. Quando não se cumule com os embargos de executado, é aplicável ao incidente de oposição à penhora o disposto nos nºs 2 a 6 do artigo 785º.

5. O executado que se oponha à execução pode, na oposição, requerer a substituição da penhora por caução idónea que igualmente garanta os fins da execução.

Artigo 857º – Fundamentos de oposição à execução baseada em requerimento de injunção[1-2]

1. Se a execução se fundar em requerimento de injunção ao qual tenha sido aposta fórmula executória, para além dos fundamentos previstos no artigo 729º, aplicados com as devidas adaptações, podem invocar-se nos embargos os meios de defesa que não devam considerar-se precludidos, nos termos do artigo 14º-A do regime dos procedimentos para cumprimento de obrigações pecuniárias emergentes de contratos de valor não superior à alçada do tribunal de 1ª instância, aprovado em anexo ao Decreto-Lei nº 269/98, de 1 de setembro, na sua redação atual.

2. Verificando-se justo impedimento à dedução de oposição ao requerimento de injunção, tempestivamente declarado perante a secretaria de injunção, nos termos previstos no artigo 140º, podem ainda ser alegados os fundamentos previstos no artigo 731º; nesse caso, o juiz receberá os embargos, se julgar verificado o impedimento e tempestiva a sua declaração.

3. Independentemente de justo impedimento, o executado é ainda admitido a deduzir oposição à execução com fundamento:

a) Em questão de conhecimento oficioso que determine a improcedência, total ou parcial, do requerimento de injunção;

b) Na ocorrência, de forma evidente, no procedimento de injunção de exceções dilatórias de conhecimento oficioso.

Artigo 858º – Sanções do exequente

Se a oposição à execução vier a proceder, o exequente, sem prejuízo da eventual responsabilidade criminal, responde pelos danos culposamente causados ao executado, se não tiver atuado com a prudência normal, e incorre em multa correspondente a 10% do valor da execução, ou da parte dela que tenha sido objeto de oposição, mas não inferior a 10 UC, nem superior ao dobro do máximo da taxa de justiça.

TÍTULO IV – Da execução para entrega de coisa certa

Artigo 859º – Citação do executado

Na execução para entrega de coisa certa, o executado é citado para, no prazo de 20 dias, fazer a entrega ou opor-se à execução mediante embargos.

[1] O nº 1 tem a redação da L 117/2019, de 13 de setembro.

[2] O Acórdão do TC nº 264/2015, de 12/05/15, declarou, com força obrigatória geral, a inconstitucionalidade da norma constante do artigo 857º, nº 1, quando interpretada «no sentido de limitar os fundamentos de oposição à execução instaurada com base em requerimentos de injunção à qual foi aposta a fórmula executória».

Artigo 860º – Fundamentos e efeitos da oposição mediante embargos

1. O executado pode deduzir oposição à execução pelos motivos especificados nos artigos 729º a 731º, na parte aplicável, e com fundamento em benfeitorias a que tenha direito.

2. Se o exequente caucionar a quantia pedida a título de benfeitorias, o recebimento da oposição não suspende o prosseguimento da execução.

3. A oposição com fundamento em benfeitorias não é admitida quando, baseando-se a execução em sentença condenatória, o executado não haja oportunamente feito valer o seu direito a elas.

Artigo 861º – Entrega da coisa

1. À efetivação da entrega da coisa são subsidiariamente aplicáveis, com as necessárias adaptações, as disposições referentes à realização da penhora, procedendo-se às buscas e outras diligências necessárias, se o executado não fizer voluntariamente a entrega; a entrega pode ter por objeto bem do Estado ou de outra pessoa coletiva referida no nº 1 do artigo 737º.

2. Tratando-se de coisas móveis a determinar por conta, peso ou medida, o agente de execução manda fazer, na sua presença, as operações indispensáveis e entrega ao exequente a quantidade devida.

3. Tratando-se de imóveis, o agente de execução investe o exequente na posse, entregando-lhe os documentos e as chaves, se os houver, e notifica o executado, os arrendatários e quaisquer detentores para que respeitem e reconheçam o direito do exequente.

4. Pertencendo a coisa em compropriedade a outros interessados, o exequente é investido na posse da sua quota-parte.

5. Efetuada a entrega da coisa, se a decisão que a decretou for revogada ou se, por qualquer outro motivo, o anterior possuidor recuperar o direito a ela, pode requerer que se proceda à respetiva restituição.

6. Tratando-se da casa de habitação principal do executado, é aplicável o disposto nos nºs 3 a 5 do artigo 863º e, caso se suscitem sérias dificuldades no realojamento do executado, o agente de execução comunica antecipadamente o facto à câmara municipal e às entidades assistenciais competentes.

Artigo 862º – Execução para entrega de coisa imóvel arrendada

À execução para entrega de coisa imóvel arrendada são aplicáveis as disposições anteriores do presente título, com as alterações constantes dos artigos 863º a 866º.

Artigo 863º – Suspensão da execução

1. A execução suspende-se se o executado requerer o diferimento da desocupação do local arrendado para habitação, motivada pela cessação do respetivo contrato, nos termos do artigo seguinte.

2. O agente de execução suspende as diligências executórias sempre que o detentor da coisa, que não tenha sido ouvido e convencido na ação declarativa, exibir algum dos seguintes títulos, com data anterior ao início da execução:

a) Título de arrendamento ou de outro gozo legítimo do prédio, emanado do exequente;

b) Título de subarrendamento ou de cessão da posição contratual, emanado do executado, e documento comprovativo de haver sido requerida no prazo de 15 dias a respetiva notificação ao exequente, ou de o exequente ter especialmente autorizado o subarrendamento ou a cessão, ou de o exequente ter conhecido o subarrendatário ou cessionário como tal.

3. Tratando-se de arrendamento para habitação, o agente de execução suspende as diligências executórias, quando se mostre, por atestado médico que indique fundamentadamente o prazo durante o qual se deve suspender a execução, que a diligência põe em risco de vida a pessoa que se encontra no local, por razões de doença aguda.

4. Nos casos referidos nos nºs 2 e 3, o agente de execução lavra certidão das ocorrências, junta os documentos exibidos e adverte o detentor, ou a pessoa que se encontra no local, de que a execução prossegue, salvo se, no prazo de 10 dias, solicitar ao juiz a confirmação da suspensão, juntando ao requerimento os documentos disponíveis, dando do facto imediato conhecimento ao exequente ou ao seu representante.

5. No prazo de cinco dias, o juiz de execução, ouvido o exequente, decide manter a execução suspensa ou ordena o levantamento da suspensão e a imediata prossecução dos autos.

Artigo 864º – Diferimento da desocupação de imóvel arrendado para habitação

1. No caso de imóvel arrendado para habitação, dentro do prazo de oposição à execução, o executado pode requerer o diferimento da desocupação, por razões sociais imperiosas, devendo logo oferecer as provas disponíveis e indicar as testemunhas a apresentar, até ao limite de três.

2. O diferimento de desocupação do locado para habitação é decidido de acordo com o prudente arbítrio do tribunal, devendo o juiz ter em consideração as exigências da boa-fé, a circunstância de o arrendatário não dispor imediatamente de outra habitação, o número de pessoas que habitam com o arrendatário, a sua idade, o seu estado de saúde e, em geral, a situação económica e social das pessoas envolvidas, só podendo ser concedido desde que se verifique algum dos seguintes fundamentos:

a) Que, tratando-se de resolução por não pagamento de rendas, a falta do mesmo se deve a carência de meios do arrendatário, o que se presume relativamente ao beneficiário de subsídio de desemprego, de valor igual ou inferior à retribuição mínima mensal garantida, ou de rendimento social de inserção;

b) Que o arrendatário é portador de deficiência com grau comprovado de incapacidade superior a 60%.

3. No caso de diferimento decidido com base na alínea *a*) do número anterior, cabe ao Fundo de Socorro Social do Instituto de Gestão Financeira da Segurança Social pagar ao senhorio as rendas correspondentes ao período de diferimento, ficando aquele sub-rogado nos direitos deste.

Artigo 865º – Termos do diferimento da desocupação

1. A petição de diferimento da desocupação assume caráter de urgência e é indeferida liminarmente quando:

a) Tiver sido deduzida fora do prazo;

b) O fundamento não se ajustar a algum dos referidos no artigo anterior;
c) For manifestamente improcedente.

2. Se a petição for recebida, o exequente é notificado para contestar, dentro do prazo de 10 dias, devendo logo oferecer as provas disponíveis e indicar as testemunhas a apresentar, até ao limite de três.

3. O juiz deve decidir do pedido de diferimento da desocupação por razões sociais no prazo máximo de 20 dias a contar da sua apresentação, sendo, no caso previsto na alínea *a*) do nº 2 do artigo anterior, a decisão oficiosamente comunicada, com a sua fundamentação, ao Fundo de Socorro Social do Instituto de Gestão Financeira da Segurança Social.

4. O diferimento não pode exceder o prazo de cinco meses a contar da data do trânsito em julgado da decisão que o conceder.

Artigo 866º – Responsabilidade do exequente

Procedendo a oposição à execução que se funde em título extrajudicial, o exequente responde pelos danos culposamente causados ao executado e incorre em multa correspondente a 10% do valor da execução, mas não inferior a 10 UC nem superior ao dobro do máximo da taxa de justiça, quando não tenha agido com a prudência normal, sem prejuízo da responsabilidade criminal em que possa também incorrer.

Artigo 867º – Conversão da execução

1. Quando não seja encontrada a coisa que o exequente devia receber, este pode, no mesmo processo, fazer liquidar o seu valor e o prejuízo resultante da falta da entrega, observando-se o disposto nos artigos 358º, 360º e 716º, com as necessárias adaptações.

2. Feita a liquidação, procede-se à penhora dos bens necessários para o pagamento da quantia apurada, seguindo-se os demais termos do processo de execução para pagamento de quantia certa.

TÍTULO V – Da execução para prestação de facto

Artigo 868º – Citação do executado

1. Se alguém estiver obrigado a prestar um facto em prazo certo e não cumprir, o credor pode requerer a prestação por outrem, se o facto for fungível, bem como a indemnização moratória a que tenha direito, ou a indemnização do dano sofrido com a não realização da prestação; pode também o credor requerer o pagamento da quantia devida a título de sanção pecuniária compulsória, em que o devedor tenha sido já condenado ou cuja fixação o credor pretenda obter no processo executivo.

2. O devedor é citado para, no prazo de 20 dias, deduzir oposição à execução, mediante embargos, podendo o fundamento da oposição consistir, ainda que a execução se funde em sentença, no cumprimento posterior da obrigação, provado por qualquer meio.

3. O recebimento da oposição tem os efeitos indicados no artigo 733º, devidamente adaptado.

Artigo 869º – Conversão da execução

Findo o prazo estabelecido para a oposição à execução, ou julgada esta improcedente, tendo a execução sido suspensa, se o exequente pretender a indemnização do dano sofrido, observar-se o disposto no artigo 867º.

Artigo 870º – Avaliação do custo da prestação e realização da quantia apurada

1. Se o exequente optar pela prestação do facto por outrem, requer a nomeação de perito que avalie o custo da prestação.

2. Concluída a avaliação, procede-se à penhora dos bens necessários para o pagamento da quantia apurada, seguindo-se os demais termos do processo de execução para pagamento de quantia certa.

Artigo 871º – Prestação pelo exequente

1. Mesmo antes de terminada a avaliação ou a execução regulada no artigo anterior, pode o exequente fazer, ou mandar fazer sob a sua orientação e vigilância, as obras e trabalhos necessários para a prestação do facto, com a obrigação de prestar contas ao juiz do processo.

2. A liquidação da indemnização moratória devida, quando pedida, tem lugar juntamente com a prestação de contas.

3. Na contestação das contas é lícito ao executado alegar que houve excesso na prestação do facto, bem como, no caso previsto na última parte do número anterior, impugnar a liquidação da indemnização moratória.

Artigo 872º – Pagamento do crédito apurado a favor do exequente

1. Aprovadas as contas pelo juiz, o crédito do exequente é pago pelo produto da execução a que se refere o artigo 870º.

2. Se o produto não chegar para o pagamento, seguem-se, para se obter o resto, os termos estabelecidos naquele mesmo artigo.

Artigo 873º – Direito do exequente quando não se obtenha o custo da avaliação

Tendo-se excutido todos os bens do executado sem se obter a importância da avaliação, o exequente pode desistir da prestação do facto, no caso de não estar ainda iniciada, e requerer o levantamento da quantia obtida.

Artigo 874º – Fixação do prazo para a prestação

1. Quando o prazo para a prestação não esteja determinado no título executivo, o exequente indica o prazo que reputa suficiente e requer que, citado o devedor para, em 20 dias, dizer o que se lhe oferecer, o prazo seja fixado judicialmente; o exequente requer também a aplicação da sanção pecuniária compulsória, nos termos da segunda parte do nº 1 do artigo 868º.

2. Se o executado tiver fundamento para se opor à execução, deve logo deduzi-la e dizer o que se lhe ofereça sobre o prazo.

Artigo 875º – Fixação do prazo e termos subsequentes

1. O prazo é fixado pelo juiz, que para isso procede às diligências necessárias.

2. Se o devedor não prestar o facto dentro do prazo, observa-se, sem prejuízo da segunda parte do nº 1 do artigo anterior, o disposto nos artigos 868º a 873º, mas a citação prescrita no artigo 868º é substituída por notificação e o executado só pode deduzir oposição à execução nos 20 dias posteriores, com fundamento na ilegalidade do pedido da prestação por outrem ou em qualquer facto ocorrido posteriormente à citação a que se refere o artigo anterior e que, nos termos dos artigos 729º e seguintes, seja motivo legítimo de oposição.

Artigo 876º – Violação da obrigação, quando esta tenha por objeto um facto negativo

1. Quando a obrigação do devedor consista em não praticar algum facto, o credor pode requerer, no caso de violação, que esta seja verificada por meio de perícia e que o juiz ordene:

a) A demolição da obra que eventualmente tenha sido feita;

b) A indemnização do exequente pelo prejuízo sofrido; e

c) O pagamento da quantia devida a título de sanção pecuniária compulsória, em que o devedor tenha sido já condenado ou cuja fixação o credor pretenda obter na execução.

2. O executado é citado para, no prazo de 20 dias, deduzir oposição à execução, mediante embargos, nos termos dos artigos 729º e seguintes; a oposição ao pedido de demolição pode fundar-se no facto de esta representar para o executado prejuízo consideravelmente superior ao sofrido pelo exequente.

3. Concluindo pela existência da violação, o perito deve indicar logo a importância provável das despesas que importa a demolição, se esta tiver sido requerida.

4. A oposição fundada em que a demolição causará ao executado prejuízo consideravelmente superior ao que a obra causou ao exequente suspende a execução, em seguida à perícia, mesmo que o executado não preste caução.

Artigo 877º – Termos subsequentes

1. Se o juiz reconhecer a falta de cumprimento da obrigação, ordena a demolição da obra à custa do executado e a indemnização do exequente, ou fixa apenas o montante desta última, quando não haja lugar à demolição.

2. Seguem-se depois, com as necessárias adaptações, os termos prescritos nos artigos 869º a 873º.

LIVRO V - DOS PROCESSOS ESPECIAIS

TÍTULO I - Tutela da personalidade

Artigo 878º - Pressupostos

Pode ser requerido o decretamento das providências concretamente adequadas a evitar a consumação de qualquer ameaça ilícita e direta à personalidade física ou moral de ser humano ou a atenuar, ou a fazer cessar, os efeitos de ofensa já cometida.

Artigo 879º - Termos posteriores

1. Apresentado o requerimento com o oferecimento das provas, se não houver motivo para o seu indeferimento liminar, o tribunal designa imediatamente dia e hora para a audiência, a realizar num dos 20 dias subsequentes.

2. A contestação é apresentada na própria audiência, na qual, se tal se mostrar compatível com o objeto do litígio, o tribunal procura conciliar as partes.

3. Na falta de alguma das partes ou se a tentativa de conciliação se frustrar, o tribunal ordena a produção de prova e, de seguida, decide, por sentença, sucintamente fundamentada.

4. Se o pedido for julgado procedente, o tribunal determina o comportamento concreto a que o requerido fica sujeito e, sendo caso disso, o prazo para o cumprimento, bem como a sanção pecuniária compulsória por cada dia de atraso no cumprimento ou por cada infração, conforme for mais conveniente às circunstâncias do caso.

5. Pode ser proferida uma decisão provisória, irrecorrível e sujeita a posterior alteração ou confirmação no próprio processo, quando o exame das provas oferecidas pelo requerente permitir reconhecer a possibilidade de lesão iminente e irreversível da personalidade física ou moral e se, em alternativa:

a) O tribunal não puder formar uma convicção segura sobre a existência, extensão, ou intensidade da ameaça ou da consumação da ofensa;

b) Razões justificativas de especial urgência impuserem o decretamento da providência sem prévia audição da parte contrária.

6. Quando não tiver sido ouvido antes da decisão provisória, o réu pode contestar, no prazo de 20 dias, a contar da notificação da decisão, aplicando-se, com as necessárias adaptações, o disposto nos nºs 1 a 4.

Artigo 880º – Regimes especiais

1. Os recursos interpostos pelas partes devem ser processados como urgentes.

2. A execução da decisão é efetuada oficiosamente e nos próprios autos, sempre que a medida executiva integre a realização da providência decretada, e é acompanhada da imediata liquidação da sanção pecuniária compulsória.

TÍTULO II – Da justificação da ausência

Artigo 881º – Petição – Citações

1. Quem pretender a curadoria definitiva dos bens do ausente deduz os factos que caracterizam a ausência e lhe conferem a qualidade de interessado e requer que sejam citados o detentor dos bens, o curador provisório, o administrador ou procurador, o Ministério Público, se não for o requerente, e quaisquer interessados certos e, por éditos, o ausente e os interessados incertos.

2. O ausente é citado por éditos de seis meses; o processo segue entretanto os seus termos, mas a sentença não é proferida sem findar o prazo dos éditos.

3. O processo de justificação da ausência é dependência do processo de curadoria provisória, se esta tiver sido deferida.

Artigo 882º – Articulados posteriores

1. Os citados podem contestar no prazo de 30 dias, podendo o autor replicar, se for deduzida alguma exceção, no prazo de 15 dias, a contar da data em que for ou se considerar notificada a apresentação da contestação.

2. As provas são oferecidas ou requeridas com os articulados.

Artigo 883º – Termos posteriores aos articulados

1. Após os articulados, ou findo o prazo dentro do qual podia ter sido oferecida a contestação dos citados pessoalmente e dos interessados incertos, são produzidas as provas e recolhidas as informações necessárias.

2. Decorrido o prazo da citação do ausente, é proferida decisão, que julga justificada ou não a ausência.

Artigo 884º – Publicidade da sentença

1. A sentença que julgue justificada a ausência não produz efeito sem decorrerem quatro meses sobre a sua publicação por edital afixado na porta da sede da junta de freguesia do último domicílio do ausente e por anúncio inserto num dos jornais mais lidos da comarca a que essa freguesia pertença e também num dos jornais de Lisboa ou do Porto, que aí sejam mais lidos.

2. Basta a publicação do anúncio no jornal de Lisboa ou do Porto, se na comarca não houver jornal.

Artigo 885º – Conhecimento do testamento do ausente

1. Decorrido o prazo fixado no artigo anterior, solicita-se ao serviço competente informação sobre se o ausente deixou testamento.

2. Havendo testamento, é requisitada certidão dele, se for público, ou ordena-se a sua abertura, se for cerrado, providenciando-se para que este seja apresentado à entidade competente com a certidão do despacho que tenha ordenado a abertura; aberto e registado o testamento cerrado, é junta ao processo a respetiva certidão.

3. Quando pelo testamento se mostrar que o requerente carece de legitimidade para pedir a justificação, a ação só prossegue se algum interessado o requerer.

Artigo 886º – Justificação da ausência no caso de morte presumida

O processo de justificação da ausência regulado nos artigos 881º a 885º é também aplicável ao caso de os interessados pretenderem obter a declaração da morte presumida do ausente e a sucessão nos bens ou a entrega deles, sem prévia instituição da curadoria definitiva.

Artigo 887º – Notícia da existência do ausente

Logo que haja fundada notícia da existência do ausente e do lugar onde reside, o mesmo é notificado de que os seus bens estão em curadoria e de que assim continuam enquanto ele não providenciar.

Artigo 888º – Cessação da curadoria no caso de comparecimento do ausente

1. Se o ausente comparecer ou se fizer representar por procurador e quiser fazer cessar a curadoria ou pedir a devolução dos bens, requer, no processo em que se fez a entrega, que os curadores ou os possuidores dos bens sejam notificados para, em 10 dias, lhe restituírem os bens ou negarem a sua identidade.

2. Não sendo negada a identidade, faz-se imediatamente a entrega dos bens e termina a curadoria, caso exista.

3. Se for negada a identidade do requerente, este justifica-a no prazo de 30 dias; os notificados podem contestar no prazo de 15 dias e, produzidas as provas oferecidas com esses articulados e realizadas quaisquer outras diligências que sejam julgadas necessárias, é proferida decisão.

Artigo 889º – Liquidação da responsabilidade a que se refere o Artigo 119º do Código Civil

Se o ausente tiver direito a haver o preço recebido por bens alienados depois de declarada a sua morte presumida, esse preço é liquidado no processo em que se haja feito a entrega dos bens e nos termos aplicáveis dos artigos 358º e seguintes.

Artigo 890º – Cessação da curadoria noutros casos

Junta ao processo certidão comprovativa do falecimento do ausente, ou declarada a sua morte presumida, qualquer interessado pode pedir que a curadoria seja dada como finda e por extinta a caução que os curadores definitivos hajam prestado.

TÍTULO III – Do acompanhamento de maiores

Artigo 891º – Natureza do processo e medidas cautelares[1]

1. O processo de acompanhamento de maior tem carácter urgente, aplicando-se-lhe, com as necessárias adaptações, o disposto nos processos de jurisdição voluntária no que respeita aos poderes do juiz, ao critério de julgamento e à alteração das decisões com fundamento em circunstâncias supervenientes.

2. Em qualquer altura do processo, podem ser requeridas ou decretadas oficiosamente as medidas cautelares que a situação justificar.

Artigo 892º – Requerimento inicial[1]

1. No requerimento inicial, deve o requerente, além do mais:

a) Alegar os factos que fundamentam a sua legitimidade e que justificam a proteção do maior através de acompanhamento;

b) Requerer a medida ou medidas de acompanhamento que considere adequadas;

c) Indicar quem deve ser o acompanhante e, se for caso disso, a composição do conselho de família;

d) Indicar a publicidade a dar à decisão final;

e) Juntar elementos que indiciem a situação clínica alegada.

2. Nos casos em que for cumulado pedido de suprimento da autorização do beneficiário, deve o requerente alegar os factos que o fundamentam.

Artigo 893º – Publicidade[1]

1. O juiz decide, em face do caso, que tipo de publicidade deve ser dada ao início, ao decurso e à decisão final do processo.

2. Quando necessário, pode determinar-se a publicação de anúncios em sítio oficial, a regulamentar por portaria do membro do Governo responsável pela área da justiça.

Artigo 894º – Comunicações e ordens[1]

Quando o interesse do beneficiário o justifique, o tribunal pode dirigir comunicações e ordens a instituições de crédito, a intermediários financeiros, a conservatórias do registo civil, predial ou comercial, a administrações de sociedades ou a quaisquer outras entidades.

[1] Redação da L 49/2018, de 14 de agosto.

Artigo 895º – Citação e representação do beneficiário[1]

1. O juiz determina, quando o processo deva prosseguir e o requerente da medida não seja o beneficiário, a sua imediata citação pelo meio que, em função das circunstâncias, entender mais eficaz.

2. Se a citação não produzir efeitos, nomeadamente em virtude de o beneficiário se encontrar impossibilitado de a receber, aplica-se o disposto no artigo 21º

Artigo 896º – Resposta[1]

1. Ao requerimento inicial segue-se a resposta do beneficiário, no prazo de 10 dias.

2. Na falta de resposta, aplica-se o estabelecido no artigo 21º

Artigo 897º – Poderes instrutórios[1]

1. Findos os articulados, o juiz analisa os elementos juntos pelas partes, pronuncia-se sobre a prova por elas requerida e ordena as diligências que considere convenientes, podendo, designadamente, nomear um ou vários peritos.

2. Em qualquer caso, o juiz deve proceder, sempre, à audição pessoal e direta do beneficiário, deslocando-se, se necessário, ao local onde o mesmo se encontre.

Artigo 898º – Audição pessoal[1]

1. A audição pessoal e direta do beneficiário visa averiguar a sua situação e ajuizar das medidas de acompanhamento mais adequadas.

2. As questões são colocadas pelo juiz, com a assistência do requerente, dos representantes do beneficiário e do perito ou peritos, quando nomeados, podendo qualquer dos presentes sugerir a formulação de perguntas.

3. O juiz pode determinar que parte da audição decorra apenas na presença do beneficiário.

Artigo 899º – Relatório pericial[1]

1. Quando determinado pelo juiz, o perito ou os peritos elaboram um relatório que precise, sempre que possível, a afeção de que sofre o beneficiário, as suas consequências, a data provável do seu início e os meios de apoio e de tratamento aconselháveis.

2. Permanecendo dúvidas, o juiz pode autorizar o exame numa clínica da especialidade, com internamento nunca superior a um mês e sob responsabilidade do diretor respetivo, ou ordenar quaisquer outras diligências.

Artigo 900º – Decisão[1]

1. Reunidos os elementos necessários, o juiz designa o acompanhante e define as medidas de acompanhamento, nos termos do artigo 145º do Código Civil e, quando possível, fixa a data a partir da qual as medidas decretadas se tornaram convenientes.

2. O juiz pode ainda proceder à designação de um acompanhante substituto, de vários acompanhantes e, sendo o caso, do conselho de família.

[1] Redação da L 49/2018, de 14 de agosto.

3. A sentença que decretar as medidas de acompanhamento deverá referir expressamente a existência de testamento vital e de procuração para cuidados de saúde e acautelar o respeito pela vontade antecipadamente expressa pelo acompanhado.

Artigo 901º – Recursos[1]

Da decisão relativa à medida de acompanhamento cabe recurso de apelação, tendo legitimidade o requerente, o acompanhado e, como assistente, o acompanhante.

Artigo 902º – Efeitos[1]

1. A decisão de acompanhamento transitada permite que, por apenso, a pedido do requerente, do acompanhado, do acompanhante ou do Ministério Público, sejam relacionados os bens do beneficiário.

2. Transitada a decisão de acompanhamento, têm aplicação, com as devidas adaptações, os artigos 1920º-B e 1920º-C do Código Civil.

3. A decisão que decrete o acompanhamento ou que o rejeite é publicitada e comunicada nos precisos termos decididos ao abrigo do artigo 894º

Artigo 903º – Valor dos atos do acompanhado[1]

Transitada a decisão, pode o acompanhante requerer a anulação dos atos praticados após as comunicações referidas no artigo 894º, quando estejam abrangidos pelas medidas de acompanhamento.

Artigo 904º – Termo e alteração do acompanhamento[1]

1. A morte do beneficiário extingue a instância.

2. As medidas de acompanhamento podem, a todo o tempo, ser revistas ou levantadas pelo tribunal, quando a evolução do beneficiário o justifique.

3. Ao termo e à modificação das medidas de acompanhamento aplicam-se, com as necessárias adaptações e na medida do necessário, o disposto nos artigos 892º e seguintes, correndo os incidentes respetivos por apenso ao processo principal.

Artigo 905º – Levantamento da interdição ou inabilitação

(Revogado pela Lei nº 49/2018, de 14-08)

TÍTULO IV – Da prestação de caução

Artigo 906º – Requerimento para a prestação provocada de caução

Aquele que pretenda exigir a prestação de caução indica, além dos fundamentos da pretensão, o valor que deve ser caucionado, oferecendo logo as provas.

[1] Redação da L 49/2018, de 14 de agosto.

Artigo 907º – Citação do requerido

1. O requerido é citado para, no prazo de 15 dias, deduzir oposição ou oferecer caução idónea, devendo indicar logo as provas.

2. Na contestação pode o réu limitar-se a impugnar o valor da caução exigida pelo autor; se, porém, apenas impugnar este valor, deve especificar logo o modo como pretende prestar a caução, sob cominação de não ser admitida a impugnação.

3. Oferecendo-se caução por meio de hipoteca ou consignação de rendimentos, apresenta-se logo certidão do respetivo registo provisório e dos encargos inscritos sobre os bens e ainda a certidão do seu rendimento coletável, se o houver.

Artigo 908º – Oposição do requerido

1. Se o réu contestar a obrigação de prestar caução, ou se, não deduzindo oposição, a revelia for inoperante, o juiz, após realização das diligências probatórias necessárias, decide da procedência do pedido e fixa o valor da caução devida, aplicando-se o disposto nos artigos 294º e 295º.

2. Seguidamente, é o réu notificado para, em 10 dias, oferecer caução idónea, seguindo-se, com as necessárias adaptações, o disposto acerca do oferecimento da caução ou da devolução ao autor do direito de indicar o modo da sua prestação.

3. Se o réu tiver impugnado apenas o valor da caução, o autor impugna na resposta a idoneidade da garantia oferecida, nos termos do disposto no artigo seguinte; à decisão do juiz que fixe o valor da caução é aplicável o disposto nos números anteriores.

Artigo 909º – Apreciação da idoneidade da caução

1. Oferecida a caução ou indicado o modo de a prestar, pode o autor, em 15 dias, impugnar a idoneidade da garantia, indicando logo as provas de que dispuser.

2. Na apreciação da idoneidade da garantia tem-se em conta a depreciação que os bens podem sofrer em consequência da venda forçada, bem como as despesas que esta pode acarretar.

3. Sendo impugnada a idoneidade da garantia oferecida, o juiz profere decisão, após realização das diligências necessárias, aplicando-se o disposto nos artigos 294º e 295º; sendo a caução oferecida julgada inidónea, é aplicável o disposto no artigo seguinte.

Artigo 910º – Devolução ao requerente do direito de indicar o modo de prestação da caução

Se o réu não contestar, devendo a revelia considerar-se operante, nem oferecer caução idónea ou indicar como pretende prestá-la, devolve-se ao autor o direito de indicar o modo da sua prestação, de entre as modalidades previstas em convenção das partes ou na lei.

Artigo 911º – Prestação da caução

Fixado o valor que deve ser caucionado e a espécie da caução, esta julga-se prestada depois de efetuado o depósito ou a entrega de bens, ou averbado como definitivo o registo da hipoteca ou consignação de rendimentos, ou após constituída a fiança.

Artigo 912º – Falta de prestação da caução

1. Se o réu não prestar a caução fixada no prazo que lhe for assinado, pode o autor requerer a aplicação da sanção especialmente prevista na lei ou, na falta de disposição especial, requerer o registo de hipoteca ou outra cautela idónea.

2. Quando a garantia a constituir incida sobre coisas móveis ou direitos não suscetíveis de hipoteca, pode o credor requerer que se proceda à apreensão do respetivo objeto para entrega ao titular da garantia ou a um depositário, aplicando-se o preceituado quanto à realização da penhora e sendo a garantia havida como penhor.

3. Se, porém, os bens que o autor pretende afetar excederem o necessário para suficiente garantia da obrigação, o juiz pode, a requerimento do réu, depois de ouvido o autor e realizadas as diligências indispensáveis, reduzir a garantia aos seus justos limites.

Artigo 913º – Prestação espontânea de caução

1. Sendo a caução oferecida por aquele que tem obrigação de a prestar, deve o autor indicar na petição inicial, além do motivo por que a oferece e do valor a caucionar, o modo por que a quer prestar.

2. A pessoa a favor de quem deve ser prestada a caução é citada para, no prazo de 15 dias, impugnar o valor ou a idoneidade da garantia.

3. Se o citado não deduzir oposição, devendo a revelia considerar-se operante, é logo julgada idónea a caução oferecida; no caso contrário, aplica-se, com as necessárias adaptações, o disposto nos artigos 908º e 909º.

4. Quando a caução for oferecida em substituição de hipoteca legal, o devedor, além de indicar o valor dela e o modo de a prestar, formula e justifica na petição inicial o pedido de substituição e o credor é citado para impugnar também este pedido, observando-se, quanto à impugnação dele, o disposto no número anterior relativamente à impugnação do valor e da idoneidade da caução.

Artigo 914º – Caução a favor de incapazes

O disposto nos artigos antecedentes é aplicável à caução que deva ser prestada pelos representantes de incapazes ou ausentes, quanto aos bens arrolados ou inventariados, com as seguintes modificações:

a) A caução é prestada por dependência do arrolamento ou inventário;

b) Se o representante do incapaz ou do ausente não indicar a caução que oferece, observa-se o disposto para o caso de esse representante não querer ou não poder prestar a caução;

c) As atribuições do juiz relativas à fixação do valor, à apreciação da idoneidade da caução e à designação das diligências necessárias são exercidas pelo conselho de família, quando a este pertença conhecer da caução.

Artigo 915º - Caução como incidente

1. O disposto nos artigos anteriores é também aplicável quando numa causa pendente haja fundamento para uma das partes prestar caução a favor da outra, mas a requerida é notificada, em vez de ser citada, e o incidente é processado por apenso.

2. Nos casos previstos no nº 5 do artigo 704º, no nº 4 do artigo 647º e no nº 1 do artigo 733º, o incidente é urgente.

TÍTULO V - Da consignação em depósito

Artigo 916º - Petição

1. Quem pretender a consignação em depósito requer, no tribunal do lugar do cumprimento da obrigação, que seja depositada judicialmente a quantia ou coisa devida, declarando o motivo por que pede o depósito.

2. O depósito é feito na Caixa Geral de Depósitos, salvo se a coisa não puder ser aí depositada, pois nesse caso é nomeado depositário a quem se faz a entrega; são aplicáveis a este depositário as disposições relativas aos depositários de coisas penhoradas.

3. Tratando-se de prestações periódicas, uma vez depositada a primeira, o requerente pode depositar as que se forem vencendo enquanto estiver pendente o processo, sem necessidade de oferecer o pagamento e sem outras formalidades; estes depósitos sucessivos consideram-se consequência e dependência do depósito inicial e o que for decidido quanto a este vale em relação àqueles.

4. Se o processo tiver subido em recurso, os depósitos sucessivos podem ser feitos na 1ª instância, ainda que não tenha ficado traslado.

Artigo 917º - Citação do credor

1. Feito o depósito, é citado o credor para contestar dentro do prazo de 30 dias.

2. Se o credor, quando for citado para o processo de consignação, já tiver proposto ação ou promovido execução respeitante à obrigação, observa-se o seguinte:

a) Se a quantia ou coisa depositada for a pedida na ação ou na execução, é esta apensada ao processo de consignação e só este segue para se decidir sobre os efeitos do depósito e sobre a responsabilidade pelas custas, incluindo as da ação ou execução apensa;

b) Se a quantia ou coisa depositada for diversa, em quantidade ou qualidade, da que é pedida na ação ou execução, é o processo de consignação, findos os articulados, apensado ao da ação ou execução e neste são apreciadas as questões suscitadas quanto ao depósito.

Artigo 918º – Falta de contestação

1. Se não for apresentada contestação e a revelia for operante, é logo declarada extinta a obrigação e condenado o credor nas custas.

2. Se a revelia do credor for inoperante, é notificado o requerente para apresentar as provas que tiver; produzidas estas e as que o juiz considerar necessárias, é proferida decisão, aplicando-se o disposto nos artigos 294º e 295º.

Artigo 919º – Fundamentos da impugnação

O depósito pode ser impugnado:

a) Por ser inexato o motivo invocado;

b) Por ser maior ou diversa a quantia ou coisa devida;

c) Por ter o credor qualquer outro fundamento legítimo para recusar o pagamento.

Artigo 920º – Inexistência de litígio sobre a prestação

1. Se a eficácia liberatória do depósito for impugnada somente por algum dos fundamentos indicados nas alíneas *a*) e *c*) do artigo anterior, seguem-se os termos do processo comum de declaração posteriores à contestação.

2. Procedendo a impugnação, é o depósito declarado ineficaz como meio de extinção da obrigação e o requerente condenado nas custas, compreendendo as despesas feitas com o depósito; o devedor, quando seja o depositante, é condenado a cumprir como se o depósito não existisse e, pagas as custas, efetua-se o pagamento ao credor pelas forças do depósito, logo que ele o requeira; nas custas da ação, da responsabilidade do devedor, compreendem-se também as despesas que o credor haja de fazer com o levantamento do depósito.

3. Se a impugnação improceder, é declarada extinta a obrigação com o depósito e condenado o credor nas custas.

Artigo 921º – Impugnação relativa ao objeto da prestação

1. Quando o credor impugnar o depósito por entender que é maior ou diverso o objeto da prestação devida, deduz, em reconvenção, a sua pretensão, desde que o depositante seja o devedor, seguindo-se os termos, subsequentes à contestação, do processo comum de declaração; se o depositante não for o devedor, aplica-se o disposto no artigo anterior, com as necessárias adaptações.

2. Se o pedido do credor proceder, é completado o depósito, no caso de ser maior a quantia ou coisa devida; no caso de ser diversa, fica sem efeito o depósito, condenando-se o devedor no cumprimento da obrigação.

3. O credor que possua título executivo, em vez de contestar, pode requerer, dentro do prazo facultado para a contestação, a citação do devedor, seja ou não o depositante, para em 10 dias completar ou substituir a prestação, sob pena de se seguirem, no mesmo processo, os termos da respetiva execução.

Artigo 922º – Processo no caso de ser duvidoso o direito do credor[1]

1. Quando sejam conhecidos, mas duvidoso o seu direito, são os diversos credores citados para contestar ou para fazer certo o seu direito.

2. Se, dentro do prazo de 30 dias, não for deduzida qualquer oposição ou pretensão, observa-se o disposto no artigo 918º, atribuindo-se aos credores citados direito ao depósito em partes iguais, quando o juiz não decida diversamente, nos termos do nº 2 desse artigo.

3. Se não houver contestação, mas um dos credores quiser tornar certo o seu direito contra os outros, deduz a sua pretensão dentro do prazo em que podia contestar; o devedor é logo exonerado da obrigação e o processo continua a correr unicamente entre os credores, seguindo-se os termos do processo comum de declaração; o prazo para a contestação dos credores corre do termo daquele em que a pretensão podia ser deduzida.

4. Havendo contestação, seguem-se os termos prescritos nos artigos anteriores, conforme o fundamento.

5. Com a impugnação fundada na alínea *b*) do artigo 919º pode qualquer credor cumular a pretensão a que se refere o nº 3; nesse caso, ficam existindo no mesmo processo duas causas paralelas e conexas, uma entre o impugnante e o devedor, outra entre aquele e os restantes credores citados.

6. Quando a pretensão seja deduzida por uma das formas previstas nas alíneas *a*) e *b*) do nº 7 do artigo 144º, o credor deve oferecer tantos duplicados quantos forem os outros credores citados.

Artigo 923º – Depósito como ato preparatório de ação

1. O depósito para os efeitos do artigo 474º do Código Comercial e disposições semelhantes é mandado fazer a requerimento do interessado; feito o depósito, é notificada a pessoa com quem o depositante estiver em conflito.

2. O depósito não admite qualquer oposição e as suas custas são atendidas na ação que se propuser, apensando-se a esta o processo de depósito.

3. Salvo acordo expresso entre o depositante e o notificado, o depósito não pode ser levantado senão por virtude da sentença proferida na ação a que se refere o número anterior.

4. Na sentença fixa-se o destino da coisa depositada e determinam-se as condições do seu levantamento.

Artigo 924º – Consignação como incidente

1. Estando pendente ação ou execução sobre a dívida e tendo já sido citado para ela o devedor, se este quiser depositar a quantia ou coisa que julgue dever, há de requerer, por esse processo, que o credor seja notificado para a receber, por termo, no dia e hora que forem designados, sob pena de ser depositada; feita a notificação, observa-se o seguinte:

[1] Os nºs 3 e 6 têm a redação do DL 97/2019, de 26 de julho.

a) Se o credor receber sem reserva alguma, o processo finda; o credor é advertido desse efeito no ato do pagamento, consignando-se no termo a advertência feita;

b) Se receber com a declaração de que se julga com direito a maior quantidade, a causa continua, mas o valor dela fica reduzido ao montante em litígio, devendo seguir-se, quanto possível, os termos do processo correspondente a esse valor;

c) Não se apresentando o credor a receber, a obrigação tem-se por extinta a contar da data do depósito, se a final vier a julgar-se que o credor só tinha direito à quantia ou coisa depositada; se vier a julgar-se o contrário, segue-se o disposto nº 2 do artigo 921º.

2. O disposto no número anterior é aplicável aos casos previstos no nº 2 do artigo 30º do Código das Sociedades Comerciais e ainda ao caso de cessação da impugnação pauliana fundada na oferta do pagamento da dívida.

TÍTULO VI - Da divisão de coisa comum

Artigo 925º - Petição

Todo aquele que pretenda pôr termo à indivisão de coisa comum requer, no confronto dos demais consortes, que, fixadas as respetivas quotas, se proceda à divisão em substância da coisa comum ou à adjudicação ou venda desta, com repartição do respetivo valor, quando a considere indivisível, indicando logo as provas.

Artigo 926º - Citação e oposição

1. Os requeridos são citados para contestar, no prazo de 30 dias, oferecendo logo as provas de que dispuserem.

2. Se houver contestação ou a revelia não for operante, o juiz, produzidas as provas necessárias, profere logo decisão sobre as questões suscitadas pelo pedido de divisão, aplicando-se o disposto nos artigos 294º e 295º; da decisão proferida cabe apelação, que sobe imediatamente, nos próprios autos e com efeito suspensivo.

3. Se, porém, o juiz verificar que a questão não pode ser sumariamente decidida, conforme o preceituado no número anterior, manda seguir os termos, subsequentes à contestação, do processo comum.

4. Ainda que as partes não hajam suscitado a questão da indivisibilidade, o juiz conhece dela oficiosamente, determinando a realização das diligências instrutórias que se mostrem necessárias.

5. Se tiver sido suscitada a questão da indivisibilidade e houver lugar à produção de prova pericial, os peritos pronunciam-se logo sobre a formação dos diversos quinhões, quando concluam pela divisibilidade.

Artigo 927º - Perícia, no caso de divisão em substância

1. Se não houver contestação, sendo a revelia operante, ou aquela for julgada improcedente e o juiz entender que nada obsta à divisão em substância da coisa comum, são as partes notificadas para, em 10 dias, indicarem os respetivos peritos, sob cominação de, nenhuma delas o fazendo, a perícia destinada à formação dos quinhões ser realizada por um único perito, designado pelo juiz.

2. As partes são notificadas do relatório pericial, podendo pedir esclarecimentos ou contra ele reclamar, no prazo de 10 dias.

3. Seguidamente, o juiz decide segundo o seu prudente arbítrio, podendo fazer preceder a decisão da realização de segunda perícia ou de quaisquer outras diligências que considere necessárias, aplicando-se o disposto nos artigos 294º e 295º.

Artigo 928º – Indivisibilidade suscitada pela perícia

Se não tiver sido suscitada a questão da indivisibilidade, mas a perícia concluir que a coisa não pode ser dividida em substância, seguem-se os termos previstos nos nºs 2 e 3 do artigo anterior, com as necessárias adaptações.

Artigo 929º – Conferência de interessados

1. Fixados os quinhões, realiza-se conferência de interessados para se fazer a adjudicação; na falta de acordo entre os interessados presentes, a adjudicação é feita por sorteio.

2. Sendo a coisa indivisível, a conferência tem em vista o acordo dos interessados na respetiva adjudicação a algum ou a alguns deles, preenchendo-se em dinheiro as quotas dos restantes. Na falta de acordo sobre a adjudicação, é a coisa vendida, podendo os consortes concorrer à venda.

3. Se houver interessados incapazes ou ausentes, o acordo tem de ser autorizado judicialmente, ouvido o Ministério Público.

4. O acordo dos interessados presentes obriga os que não comparecerem, salvo se não tiverem sido notificados, devendo sê-lo. Na notificação das pessoas convocadas faz-se menção do objeto da conferência

5. Reclamado o pagamento das tornas, é notificado o interessado que haja de as pagar, para as depositar.

6. Não sendo efetuado o depósito, pode o reclamante pedir que a coisa lhes seja adjudicada, contanto que deposite imediatamente a importância das tornas que, por virtude da adjudicação, tenha de pagar.

7. Sendo o requerimento feito por mais de um interessado e não havendo acordo entre eles sobre a adjudicação, aplica-se o disposto na segunda parte do nº 1.

8. Pode também o reclamante pedir que, transitada em julgado a sentença, se proceda no mesmo processo à venda da coisa.

9. Não sendo reclamado o pagamento, as tornas vencem os juros legais desde a data da sentença e os credores podem registar hipoteca legal sobre a coisa.

Artigo 930º – Divisão de águas

O disposto nos artigos anteriores é aplicável, com as necessárias adaptações, à divisão de águas.

TÍTULO VII – Do divórcio e separação sem consentimento do outro cônjuge

Artigo 931º – Tentativa de conciliação[1]

1. Apresentada a petição, se a ação estiver em condições de prosseguir, o juiz designa dia para uma tentativa de conciliação, sendo o autor notificado e o réu citado para comparecerem pessoalmente ou, no caso de estarem ausentes do continente ou da ilha onde correr o processo, se fazerem representar por mandatário com poderes especiais, sob pena de multa.

2. Nos casos em que o réu seja arguido ou tenha sido condenado pela prática de crime de violência doméstica contra o autor, este tem a faculdade de requerer a dispensa da tentativa de conciliação.

3. Aquando da notificação prevista no nº 1, o juiz adverte o autor da faculdade prevista no número anterior.

4. Estando presentes ambas as partes e não sendo possível a sua conciliação, e não tendo resultado a tentativa do juiz no sentido de obter o acordo dos cônjuges para o divórcio ou a separação por mútuo consentimento, o juiz procura obter o acordo dos cônjuges quanto aos alimentos e quanto à regulação do exercício das responsabilidades parentais dos filhos. Procura ainda obter o acordo dos cônjuges quanto à utilização da casa de morada de família durante o período de pendência do processo, se for caso disso.

5. Na tentativa de conciliação, ou em qualquer outra altura do processo, as partes podem acordar no divórcio ou separação de pessoas e bens por mútuo consentimento, quando se verifiquem os necessários pressupostos.

6. Estabelecido o acordo referido no número anterior, seguem-se no próprio processo, com as necessárias adaptações, os termos dos artigos 994º e seguintes; sendo decretado o divórcio ou a separação definitivos por mútuo consentimento, as custas em dívida são pagas, em partes iguais, por ambos os cônjuges, salvo convenção em contrário.

7. Faltando alguma ou ambas as partes, ou não sendo possível a sua conciliação nem a hipótese a que aludem os nºs 3 e 4, o juiz ordena a notificação do réu para contestar no prazo de 30 dias; no ato da notificação, a fazer imediatamente, entrega-se ao réu o duplicado da petição inicial.

8. No caso de o réu se encontrar ausente em parte incerta, uma vez cumprido o disposto no artigo 236º, a designação de dia para a tentativa de conciliação fica sem efeito, sendo ordenada a citação edital daquele para contestar.

9. Em qualquer altura do processo, o juiz, por iniciativa própria ou a requerimento de alguma das partes, e se o considerar conveniente, pode fixar um regime provisório quanto a alimentos, quanto à regulação do exercício das responsabilidades parentais dos filhos e quanto à utilização da casa de morada da família; para tanto, o juiz pode, previamente, ordenar a realização das diligências que considerar necessárias.

Artigo 932º – Julgamento

Decorrido o prazo para a apresentação da contestação, seguem-se os termos do processo comum.

[1] Os nºs 2 e 3 têm a redação da L 3/2023, de 16 de janeiro.

TÍTULO VIII - Da execução especial por alimentos

Artigo 933º - Termos que segue

1. Na execução por prestação de alimentos, o exequente pode requerer a adjudicação de parte das quantias, vencimentos ou pensões que o executado esteja percebendo, ou a consignação de rendimentos pertencentes a este, para pagamento das prestações vencidas e vincendas, fazendo-se a adjudicação ou a consignação independentemente de penhora.

2. Quando o exequente requeira a adjudicação das quantias, vencimentos ou pensões a que se refere o número anterior, é notificada a entidade encarregada de os pagar ou de processar as respetivas folhas para entregar diretamente ao exequente a parte adjudicada.

3. Quando requeira a consignação de rendimentos, o exequente indica logo os bens sobre que há de recair e o agente de execução efetua-a relativamente aos que considere bastantes para satisfazer as prestações vencidas e vincendas, podendo para o efeito ouvir o executado.

4. A consignação mencionada nos números anteriores processa-se nos termos dos artigos 803º e seguintes, com as necessárias adaptações.

5. O executado é sempre citado depois de efetuada a penhora e a sua oposição à execução ou à penhora não suspende a execução.

Artigo 934º - Insuficiência ou excesso dos rendimentos consignados

1. Quando, efetuada a consignação, se mostre que os rendimentos consignados são insuficientes, o exequente pode indicar outros bens e volta-se a proceder nos termos do nº 3 do artigo anterior.

2. Se, ao contrário, vier a mostrar-se que os rendimentos são excessivos, o exequente é obrigado a entregar o excesso ao executado, à medida que o receba, podendo também o executado requerer que a consignação seja limitada a parte dos bens ou se transfira para outros.

3. O disposto nos números anteriores é igualmente aplicável, consoante as circunstâncias, ao caso de a pensão alimentícia vir a ser alterada no processo de execução.

Artigo 935º - Cessação da execução por alimentos provisórios

A execução por alimentos provisórios cessa sempre que a fixação deles fique sem efeito, por caducidade da providência, nos termos gerais.

Artigo 936º - Processo para a cessação ou alteração dos alimentos

1. Havendo execução, o pedido de cessação ou de alteração da prestação alimentícia deve ser deduzido por apenso àquele processo.

2. Tratando-se de alimentos provisórios, observam-se termos iguais aos dos artigos 384º e seguintes.

3. Tratando-se de alimentos definitivos, são os interessados convocados para uma conferência, que se realiza dentro de 10 dias; se chegarem a acordo, é este logo homologado por sentença; no caso contrário, deve o pedido ser contestado no prazo de 10 dias, seguindo-se à contestação os termos do processo comum declarativo.

4. O processo estabelecido no número anterior é aplicável à cessação ou alteração dos alimentos definitivos judicialmente fixados, quando não haja execução; neste caso, o pedido é deduzido por dependência da ação condenatória.

Artigo 937º – Garantia das prestações vincendas

Vendidos bens para pagamento de um débito de alimentos, não deve ordenar-se a restituição das sobras da execução ao executado sem que se mostre assegurado o pagamento das prestações vincendas até ao montante que o juiz, em termos de equidade, considerar adequado, salvo se for prestada caução ou outra garantia idónea.

TÍTULO IX – Da liquidação da herança vaga em benefício do Estado

Artigo 938º – Citação dos interessados incertos no caso de herança jacente

1. No caso de herança jacente, por não serem conhecidos os sucessores, por o Ministério Público pretender contestar a legitimidade dos que se apresentarem, ou por os sucessores conhecidos haverem repudiado a herança, tomam-se as providências necessárias para assegurar a conservação dos bens e em seguida são citados, por éditos, quaisquer interessados incertos para deduzir a sua habilitação como sucessores dentro de 30 dias depois de findar o prazo dos éditos.

2. Qualquer habilitação pode ser contestada não só pelo Ministério Público, mas também pelos outros habilitandos nos 15 dias seguintes ao prazo marcado para o oferecimento dos artigos de habilitação.

3. À contestação seguem-se os termos do processo comum declarativo.

Artigo 939º – Liquidação no caso de herança vaga

1. A herança é declarada vaga para o Estado se ninguém aparecer a habilitar-se ou se decaírem todos os que se apresentem como sucessores.

2. Feita a declaração do direito do Estado, procede-se à liquidação da herança, cobrando-se as dívidas ativas, vendendo-se judicialmente os bens, satisfazendo-se o passivo e adjudicando-se ao Estado o remanescente.

3. O Ministério Público propõe, no tribunal competente, as ações necessárias à cobrança coerciva de dívidas ativas da herança.

4. Os fundos públicos e os bens imóveis só são vendidos quando o produto dos outros bens não chegue para pagamento das dívidas; pode ainda o Ministério Público, relativamente a quaisquer outros bens, cujo valor não seja necessário para pagar dívidas da herança, requerer que sejam adjudicados em espécie ao Estado.

Artigo 940º – Processo para a reclamação e verificação dos créditos

1. Os credores da herança, que sejam conhecidos, são citados pessoalmente para reclamar os seus créditos, no prazo de 15 dias, procedendo-se ainda à citação edital dos credores desconhecidos.

2. As reclamações formam um apenso, observando-se depois o disposto nos artigos 789º a 791º; podem também ser impugnadas pelo Ministério Público, que é notificado do despacho que as receber.

3. Se, porém, o tribunal for incompetente, em razão da matéria, para conhecer de algum crédito, é este exigido, pelos meios próprios, no tribunal competente.

4. Se algum credor tiver pendente ação declarativa contra a herança ou contra os herdeiros incertos da pessoa falecida, esta prossegue no tribunal competente, habilitando-se o Ministério Público para com ele seguirem os termos da causa, mas suspendendo-se a graduação global dos créditos no processo principal até haver decisão final.

5. Se estiver pendente ação executiva, suspendem-se as diligências destinadas à realização do pagamento, relativamente aos bens que o Ministério Público haja relacionado, sendo a execução apensada ao processo de liquidação, se não houver outros executados e logo que se mostrem julgados os embargos eventualmente deduzidos, aos quais se aplica o disposto no número anterior.

6. O requerimento executivo vale, no caso da apensação prevista no número anterior, como reclamação do crédito exigido.

7. É admitido a reclamar o seu crédito, mesmo depois de findo o prazo das reclamações, qualquer credor que não tenha sido notificado pessoalmente, uma vez que ainda esteja pendente a liquidação; se esta já estiver finda, o credor só tem ação contra o Estado até à importância do remanescente que lhe tenha sido adjudicado.

TÍTULO X – Da prestação de contas

CAPÍTULO I – Contas em geral

Artigo 941º – Objeto da ação

A ação de prestação de contas pode ser proposta por quem tenha o direito de exigi-las ou por quem tenha o dever de prestá-las e tem por objeto o apuramento e aprovação das receitas obtidas e das despesas realizadas por quem administra bens alheios e a eventual condenação no pagamento do saldo que venha a apurar-se.

Artigo 942º – Citação para a prestação provocada de contas

1. Aquele que pretenda exigir a prestação de contas requer a citação do réu para, no prazo de 30 dias, as apresentar ou contestar a ação, sob cominação de não poder deduzir oposição às contas que o autor apresente; as provas são oferecidas com os articulados.

2. Se o réu não quiser contestar a obrigação de prestação de contas, pode pedir a concessão de um prazo mais longo para as apresentar, justificando a necessidade da prorrogação.

3. Se o réu contestar a obrigação de prestar contas, o autor pode responder e, produzidas as provas necessárias, o juiz profere imediatamente decisão, aplicando-se o disposto nos artigos 294º e 295º; se, porém, findos os articulados, o juiz verificar que a questão não pode ser sumariamente decidida, manda seguir os termos subsequentes do processo comum adequados ao valor da causa.

4. Da decisão proferida sobre a existência ou inexistência da obrigação de prestar contas cabe apelação, que sobe imediatamente, nos próprios autos e com efeito suspensivo.

5. Decidindo-se que o réu está obrigado a prestar contas, é notificado para as apresentar dentro de 20 dias, sob pena de lhe não ser permitido contestar as que o autor apresente.

Artigo 943º – Termos a seguir quando o réu não apresente as contas

1. Quando o réu não apresente as contas dentro do prazo devido, pode o autor apresentá-las, sob a forma de conta corrente, nos 30 dias subsequentes à notificação da falta de apresentação, ou requerer prorrogação do prazo para as apresentar.

2. O réu não é admitido a contestar as contas apresentadas, que são julgadas segundo o prudente arbítrio do julgador, depois de obtidas as informações e feitas as averiguações convenientes, podendo ser incumbida pessoa idónea de dar parecer sobre todas ou parte das verbas inscritas pelo autor.

3. Se tiver sido citado editalmente e for revel, o réu pode, até à sentença, apresentar ainda as contas, seguindo-se, neste caso, o disposto nos artigos seguintes.

4. Se o autor não apresentar as contas, o réu é absolvido da instância.

Artigo 944º – Apresentação das contas pelo réu

1. As contas que o réu deva prestar são apresentadas em forma de conta-corrente e nelas se especifica a proveniência das receitas e a aplicação das despesas, bem como o respetivo saldo.

2. A inobservância do disposto no número anterior, quando não corrigida no prazo que for fixado oficiosamente ou mediante reclamação do autor, pode determinar a rejeição das contas, seguindo-se o disposto nos nºs 1 e 2 do artigo anterior.

3. As contas são apresentadas em duplicado e instruídas com os documentos justificativos.

4. A inscrição nas contas das verbas de receita faz prova contra o réu.

5. Se as contas apresentarem saldo a favor do autor, pode este requerer que o réu seja notificado para, no prazo de 10 dias, pagar a importância do saldo, sob pena de, por apenso, se proceder a penhora e se seguirem os termos posteriores da execução por quantia certa; este requerimento não obsta a que o autor deduza contra as contas a oposição que entender.

Artigo 945º – Apreciação das contas apresentadas

1. Se o réu apresentar as contas em tempo, pode o autor contestá-las no prazo de 30 dias, seguindo-se os termos, subsequentes à contestação, do processo comum declarativo.

2. Na contestação pode o autor impugnar as verbas de receita, alegando que esta foi ou devia ter sido superior à inscrita, articular que há receita não incluída nas contas ou impugnar as verbas de despesa apresentadas pelo réu; pode também limitar-se a exigir que o réu justifique as verbas de receita ou de despesa que indicar.

3. Não sendo as contas contestadas, é notificado o réu para oferecer as provas que entender e, produzidas estas, o juiz decide.

4. Sendo contestadas algumas verbas, o oferecimento e a produção das provas relativas às verbas não contestadas têm lugar juntamente com os respeitantes às das verbas contestadas.

5. O juiz ordena a realização de todas as diligências indispensáveis, decidindo segundo o seu prudente arbítrio e as regras da experiência, podendo considerar justificadas sem documentos as verbas de receita ou de despesa em que não é costume exigi-los.

Artigo 946º – Prestação espontânea de contas

1. Sendo as contas voluntariamente oferecidas por aquele que tem obrigação de as prestar, é citada a parte contrária para as contestar no prazo de 30 dias.

2. É aplicável neste caso o disposto nos dois artigos anteriores, devendo considerar-se referido ao autor o que aí se estabelece quanto ao réu, e inversamente.

Artigo 947º – Prestação de contas por dependência de outra causa

As contas a prestar por representantes legais de incapazes, pelo cabeça de casal e por administrador ou depositário judicialmente nomeados são prestadas por dependência do processo em que a nomeação haja sido feita.

CAPÍTULO II – Contas dos representantes legais de incapazes e do depositário judicial

Artigo 948º – Prestação espontânea de contas do tutor ou acompanhante[1]

Às contas apresentadas pelo tutor ou pelo acompanhante são aplicáveis as disposições do capítulo antecedente, com as seguintes modificações:

a) São notificados para contestar o Ministério Público, o acompanhado, o acompanhante ou o novo tutor ou acompanhante, quando os haja, podendo contestar no mesmo prazo qualquer parente sucessível do visado;

[1] Redação da L 49/2018, de 14 de agosto.

b) Não havendo contestação, o juiz pode ordenar, oficiosamente ou a requerimento do Ministério Público, as diligências necessárias e encarregar pessoa idónea de dar parecer sobre as contas;

c) Sendo as contas contestadas, seguem-se os termos do processo comum declarativo;

d) *(Revogada.)*

Artigo 949º – Prestação forçada de contas[1]

1. Se o tutor ou acompanhante não prestar espontaneamente as contas, é citado para as apresentar no prazo de 30 dias, a requerimento do Ministério Público, do acompanhado, do novo acompanhante, quando o haja, ou de qualquer parente sucessível do incapaz.

2. O prazo referido no número anterior pode ser prorrogado se tal se justificar de acordo com critérios de equidade.

3. Sendo as contas apresentadas em tempo, seguem-se os termos indicados no artigo anterior.

4. Se as contas não forem apresentadas, o juiz ordena as diligências que tiver por convenientes, podendo designadamente incumbir pessoa idónea de as apurar para, finalmente, decidir segundo juízos de equidade.

Artigo 950º – Prestação de contas, no caso de emancipação, maioridade, cessação do acompanhamento ou de falecimento[1]

1. As contas que devem ser prestadas ao ex-tutelado ou ex-acompanhado, nos casos de maioridade, emancipação, ou levantamento ou modificação do acompanhamento, ou aos seus herdeiros, no caso de falecimento daqueles, seguem os termos prescritos no capítulo anterior, devendo ser ouvidos, no entanto, antes do julgamento, o Ministério Público e os demais acompanhantes, quando os haja.

2. A impugnação das contas que tenham sido aprovadas durante a menoridade ou o acompanhamento faz-se no próprio processo em que foram prestadas.

3. A impugnação é sempre deduzida no tribunal comum, sendo o processo de prestação requisitado ao tribunal onde decorreu.

Artigo 951º – Outros casos

Os artigos anteriores são aplicáveis, com as necessárias adaptações:

a) Às contas a prestar no caso do nº 2 do artigo 1920º do Código Civil;

b) Às contas do administrador de bens do menor;

c) Às contas do adotante.

Artigo 952º – Prestação de contas do depositário judicial

1. As contas do depositário judicial são prestadas ou exigidas nos termos aplicáveis dos artigos 948º e 949º; são notificadas para as contestar e podem exigi-las tanto a pes-

[1] Redação da L 49/2018, de 14 de agosto.

soa que requereu o processo em que se fez a nomeação do depositário, como aquela contra quem a diligência foi promovida e qualquer outra que tenha interesse direto na administração dos bens.

2. O depositário deve prestar contas anualmente, se antes não terminar a sua administração, mas o juiz, atendendo ao estado do processo em que teve lugar a nomeação, pode autorizar que as contas sejam prestadas somente no fim da administração.

TÍTULO XI – Regulação e repartição de avarias marítimas

Artigo 953º – Termos da regulação e repartição de avarias quando haja compromisso

1. O capitão do navio que pretenda a regulação e repartição de avarias grossas apresenta no tribunal compromisso assinado por todos os interessados quanto à nomeação de repartidores em número ímpar não superior a cinco.

2. O juiz ordena a entrega ao mais velho dos repartidores o relatório de mar, o protesto, todos os livros de bordo e mais documentos concernentes ao sinistro, ao navio e à carga.

3. Dentro do prazo fixado no compromisso ou designado pelo juiz, os repartidores expõem desenvolvidamente o seu parecer sobre a regulação das avarias, num só ato assinado por todos. O prazo pode ser prorrogado, justificando-se a sua insuficiência.

4. Se as partes não tiverem expressamente renunciado a qualquer oposição, apresentado o parecer dos repartidores, dele são notificadas, podendo pedir esclarecimentos ou contra ele reclamar, no prazo de 10 dias; seguidamente, o juiz decide segundo o seu prudente arbítrio, podendo fazer preceder a decisão da realização de segunda perícia ou de quaisquer outras diligências que considere necessárias, aplicando-se o disposto nos artigos 293º, 294º e 295º. No caso de renúncia, é logo homologado o parecer dos repartidores.

5. Observam-se os mesmos termos quando, por falta de iniciativa do capitão, a regulação e repartição sejam promovidas pelo proprietário do navio ou por qualquer dos donos da carga. No caso de o requerente não apresentar os documentos mencionados no nº 2, é notificado o capitão do navio para, no prazo que for marcado, os apresentar, sob pena de serem apreendidos; o processo segue mesmo sem os documentos referidos, que são substituídos pelos elementos que puderem obter-se.

Artigo 954º – Anulação do processo por falta de intervenção no compromisso, de algum interessado

Se vier a apurar-se que no compromisso não interveio algum interessado, é, a requerimento deste, anulado tudo o que se tenha processado. O requerimento pode ser feito em qualquer tempo, mesmo depois de transitar em julgado a sentença, e é junto ao processo de regulação e repartição.

Artigo 955º – Termos a seguir na falta de compromisso

1. Na falta de compromisso, o capitão ou qualquer dos proprietários do navio ou da carga requer que se designe dia para a nomeação dos repartidores e se citem os interessados para essa nomeação

2. Se as partes não chegarem a acordo quanto à nomeação, o capitão ou, na sua falta, o representante do armador do navio, nomeia um, os interessados na respetiva carga nomeiam outro e o juiz nomeia um terceiro para desempate.

3. Feita a nomeação, seguem-se os termos prescritos no artigo 953º.

Artigo 956º – Limitação do alcance da intervenção no compromisso ou na nomeação dos repartidores

A intervenção no compromisso ou na nomeação dos repartidores não importa reconhecimento da natureza das avarias.

Artigo 957º – Hipótese de algum interessado estrangeiro ser revel

Se na regulação e repartição for interessado algum estrangeiro que seja revel, logo que esteja verificada a revelia é avisado, por meio de ofício, o agente consular da respetiva nação, a fim de representar, querendo, os seus nacionais.

Artigo 958º – Prazo para a ação de avarias grossas

A ação de avarias grossas só pode ser intentada dentro de um ano, a contar da descarga, ou, no caso de alijamento total da carga, da chegada do navio ao porto de destino.

TÍTULO XII – Reforma de autos

Artigo 959º – Petição para a reforma de autos

1. Tendo sido destruído ou tendo desaparecido algum processo, pode qualquer das partes requerer a reforma, no tribunal da causa, declarando o estado em que esta se encontrava e mencionando, segundo a sua lembrança ou os elementos que possuir, todas as indicações suscetíveis de contribuir para a reconstituição do processo.

2. O requerimento é instruído com todas as cópias ou peças do processo destruído ou desencaminhado, de que o autor disponha, e com a prova do facto que determina a reforma, feita por declaração da pessoa em poder de quem se achavam os autos no momento da destruição ou do extravio.

Artigo 960º – Conferência de interessados

1. O juiz marca dia para a conferência dos interessados, se, ouvida a secretaria, julgar justificado o facto que motiva a reforma, e ordena a citação das outras partes que intervinham no processo anterior para comparecerem nesse dia e apresentarem todos os duplicados, contrafés, certidões, documentos e outros papéis relativos aos autos que se pretenda reformar.

2. A conferência é presidida pelo juiz e nela é também apresentado pela secretaria tudo o que houver arquivado ou registado com referência ao processo destruído ou extraviado. Do que ocorrer na conferência é lavrado auto, que especifica os termos em que as partes concordaram.

3. O auto supre o processo a reformar em tudo aquilo em que haja acordo não contrariado por documentos com força probatória plena.

Artigo 961º – Termos do processo na falta de acordo

Se o processo não ficar inteiramente reconstituído por acordo das partes, qualquer dos citados pode, no prazo de 10 dias, contestar o pedido ou dizer o que se lhe oferecer sobre os termos da reforma em que haja dissidência, oferecendo logo todos os meios de prova.

Artigo 962º – Sentença

Produzidas as provas, ouvidos os funcionários da secretaria, se for conveniente, e efetuadas as diligências necessárias, segue-se a sentença, que fixa com precisão o estado em que se encontrava o processo, os termos reconstituídos em consequência do acordo ou em face das provas produzidas e os termos a reformar.

Artigo 963º – Reforma dos articulados, das decisões e das provas

1. Se for necessário reformar os articulados, na falta de duplicados ou de outros documentos que os comprovem, as partes são admitidas a articular outra vez.

2. Tendo sido proferidas decisões que não seja possível reconstituir, o juiz decide de novo como entender.

3. Se a reforma abranger a produção de provas, são estas reproduzidas, sendo possível, e, não o sendo, substituam-se por outras.

Artigo 964º – Aparecimento do processo original

Se aparecer o processo original, nele seguem os termos subsequentes, apensando-se-lhe o processo da reforma. Deste processo só pode aproveitar-se a parte que se siga ao último termo lavrado no processo original.

Artigo 965º – Responsabilidade pelas custas

Os autos são reformados à custa de quem tenha dado causa à destruição ou extravio.

Artigo 966º – Reforma de processo desencaminhado ou destruído nos tribunais superiores

1. Desencaminhado ou destruído algum processo na Relação ou no Supremo Tribunal de Justiça, a reforma é requerida ao presidente do tribunal, sendo aplicável ao caso o disposto nos artigos 959º e 960º. Serve de relator o relator do processo desencaminhado ou destruído e, na sua falta, o que for designado em segunda distribuição.

2. Se não houver acordo das partes quanto à reconstituição total do processo, observa-se o seguinte:

a) Quando seja necessário reformar termos processados na 1ª instância, os autos baixam ao tribunal em que tenha corrido o processo original, juntando-se o traslado, se o houver, e seguem nesse tribunal os trâmites prescritos nos artigos 961º a 964º, notificando-se os citados para os efeitos do disposto no artigo 961º; os termos processados em tribunal superior, que não possam ser reconstituídos, são reformados no tribunal respetivo, com intervenção, sempre que possível, dos mesmos juízes e funcionários que tenham intervindo no processo primitivo;

b) Quando a reforma for restrita a termos processados no tribunal superior, o processo segue nesse tribunal os trâmites estabelecidos nos artigos 961º a 964º, exercendo o relator as funções do juiz, sem prejuízo do disposto no nº 3 do artigo 652º; os juízes adjuntos intervêm quando seja necessário substituir algum acórdão proferido no processo original.

TÍTULO XIII - Da ação de indemnização contra magistrados

Artigo 967º - Âmbito de aplicação

O disposto no presente título é aplicável às ações de regresso contra magistrados, propostas nos tribunais judiciais, sendo subsidiariamente aplicável às ações do mesmo tipo que sejam da competência de outros tribunais.

Artigo 968º - Tribunal competente

A ação é proposta na circunscrição judicial a que pertença o tribunal em que o magistrado exercia as suas funções ao tempo em que ocorreu o facto que serve de fundamento ao pedido.

Artigo 969º - Audiência do magistrado arguido

1. Recebida a petição, se não houver motivo para ser logo indeferida, é o processo remetido pelo correio, sob registo e com aviso de receção, ao magistrado arguido, para, no prazo de 20 dias, a contar do recebimento do processo, dizer o que se lhe ofereça sobre o pedido e seus fundamentos e juntar os documentos que entender.

2. Até ao fim do prazo, o arguido devolve os autos pela mesma via, com resposta ou sem ela, ou entrega-os na secretaria judicial.

3. Se deixar de fazer a remessa ou a entrega, pode o autor apresentar nova petição nos mesmos termos da anterior e o réu é logo condenado no pedido.

Artigo 970º - Decisão sobre a admissão da causa

1. Recebido o processo, decide-se se a ação deve ser admitida.

2. Se a causa for da competência do tribunal de comarca, a decisão é proferida dentro de 15 dias e se for da competência da Relação ou do Supremo Tribunal de

Justiça, os autos vão com vista aos juízes da secção, por 5 dias, sendo aplicáveis os nºs 2 e 3 do artigo 657º, e, em seguida, a secção resolve.

3. O juiz ou o tribunal, quando não admitir a ação, condena o requerente em multa e indemnização, se entender que procedeu com má-fé.

Artigo 971º – Recurso

Da decisão do juiz de direito ou da Relação que admita ou não admita a ação cabe recurso.

Artigo 972º – Contestação e termos posteriores

1. Admitida a ação, é o réu citado para contestar, seguindo-se os mais termos do processo comum.

2. O relator exerce até ao julgamento todas as funções que competem, em 1ª instância, ao juiz de direito, sendo, porém, aplicável o disposto nos nºs 3 e 4 do artigo 652º.

Artigo 973º – Discussão e julgamento

1. Na Relação ou no Supremo Tribunal de Justiça, o processo, quando esteja preparado para o julgamento final, vai com vista por cinco dias aos juízes que compõem o tribunal, sendo aplicáveis os nºs 2 e 3 do artigo 657º, e, em seguida, faz-se a discussão e o julgamento da causa em sessão do tribunal pleno.

2. Na discussão e julgamento perante o tribunal pleno observam-se as disposições dos artigos 602º a 606º.

3. Concluída a discussão, o tribunal recolhe à sala das conferências para decidir toda a questão e lavrar o respetivo acórdão; o presidente tem voto de desempate.

Artigo 974º – Recurso de apelação

1. Do acórdão da Relação que conheça, em 1ª instância, do objeto da ação cabe recurso de apelação para o Supremo Tribunal de Justiça.

2. Este recurso é interposto, expedido e julgado como o recurso de revista. O Supremo Tribunal de Justiça só pode alterar ou anular a decisão da Relação em matéria de facto nos casos excecionais previstos no artigo 662º.

Artigo 975º – Tribunal competente para a execução

Condenado o réu no pagamento de quantia certa, é competente para a execução o tribunal da comarca do domicílio do executado ou o da comarca mais próxima, quando ele exerça funções de juiz naquela comarca.

Artigo 976º – Dispensa da decisão sobre a admissão da causa

Se uma sentença transitada em julgado tiver deixado direito salvo para a ação de indemnização a que se refere este título, não é necessária a decisão prévia regulada no artigo 970º, sendo logo citado o réu para contestar.

Artigo 977º – Indemnização em consequência de procedimento criminal

Quando a indemnização for consequência necessária de facto pelo qual tenha sido promovido procedimento criminal, observam-se, quanto à reparação civil, as disposições do Código de Processo Penal.

TÍTULO XIV – Da revisão de sentenças estrangeiras

Artigo 978º – Necessidade da revisão

1. Sem prejuízo do que se ache estabelecido em tratados, convenções, regulamentos da União Europeia e leis especiais, nenhuma decisão sobre direitos privados, proferida por tribunal estrangeiro, tem eficácia em Portugal, seja qual for a nacionalidade das partes, sem estar revista e confirmada.

2. Não é necessária a revisão quando a decisão seja invocada em processo pendente nos tribunais portugueses, como simples meio de prova sujeito à apreciação de quem haja de julgar a causa.

Artigo 979º – Tribunal competente

Para a revisão e confirmação é competente o tribunal da Relação da área em que esteja domiciliada a pessoa contra quem se pretende fazer valer a sentença, observando-se, com as necessárias adaptações, o disposto nos artigos 80º a 82º.

Artigo 980º – Requisitos necessários para a confirmação

Para que a sentença seja confirmada é necessário:

a) Que não haja dúvidas sobre a autenticidade do documento de que conste a sentença nem sobre a inteligência da decisão;

b) Que tenha transitado em julgado segundo a lei do país em que foi proferida;

c) Que provenha de tribunal estrangeiro cuja competência não tenha sido provocada em fraude à lei e não verse sobre matéria da exclusiva competência dos tribunais portugueses;

d) Que não possa invocar-se a exceção de litispendência ou de caso julgado com fundamento em causa afeta a tribunal português, exceto se foi o tribunal estrangeiro que preveniu a jurisdição;

e) Que o réu tenha sido regularmente citado para a ação, nos termos da lei do país do tribunal de origem, e que no processo hajam sido observados os princípios do contraditório e da igualdade das partes;

f) Que não contenha decisão cujo reconhecimento conduza a um resultado manifestamente incompatível com os princípios da ordem pública internacional do Estado Português.

Artigo 981º – Contestação e resposta

Apresentado com a petição o documento de que conste a decisão a rever, é a parte contrária citada para, no prazo de 15 dias, deduzir a sua oposição; o requerente pode responder nos 10 dias seguintes à notificação da apresentação da oposição.

Artigo 982º – Discussão e julgamento[1]

1. Findos os articulados e realizadas as diligências que o relator tenha por indispensáveis, é concedido o prazo de 15 dias, com exame do suporte físico do processo, se necessário, para alegações, às partes e ao Ministério Público.

2. O julgamento faz-se segundo as regras próprias da apelação.

Artigo 983º – Fundamentos da impugnação do pedido

1. O pedido só pode ser impugnado com fundamento na falta de qualquer dos requisitos mencionados no artigo 980º ou por se verificar algum dos casos de revisão especificados nas alíneas *a*), *c*) e *g*) do artigo 696º.

2. Se a sentença tiver sido proferida contra pessoa singular ou coletiva de nacionalidade portuguesa, a impugnação pode ainda fundar-se em que o resultado da ação lhe teria sido mais favorável se o tribunal estrangeiro tivesse aplicado o direito material português, quando por este devesse ser resolvida a questão segundo as normas de conflitos da lei portuguesa.

Artigo 984º – Atividade oficiosa do tribunal

O tribunal verifica oficiosamente se concorrem as condições indicadas nas alíneas *a*) e *f*) do artigo 980º; e também nega oficiosamente a confirmação quando, pelo exame do processo ou por conhecimento derivado do exercício das suas funções, apure que falta algum dos requisitos exigidos nas alíneas *b*), *c*), *d*) e *e*) do mesmo preceito.

Artigo 985º – Recurso da decisão final

1. Da decisão da Relação sobre o mérito da causa cabe recurso de revista.

2. O Ministério Público, ainda que não seja parte principal, pode recorrer com fundamento na violação das alíneas *c*), *e*) e *f*) do artigo 980º.

TÍTULO XV – Dos processos de jurisdição voluntária

CAPÍTULO I – Disposições gerais

Artigo 986º – Regras do processo

1. São aplicáveis aos processos regulados neste capítulo as disposições dos artigos 292º a 295º.

[1] O nº 1 tem a redação do DL 97/2019, de 26 de julho.

2. O tribunal pode, no entanto, investigar livremente os factos, coligir as provas, ordenar os inquéritos e recolher as informações convenientes; só são admitidas as provas que o juiz considere necessárias.

3. As sentenças são proferidas no prazo de 15 dias.

4. Nos processos de jurisdição voluntária não é obrigatória a constituição de advogado, salvo na fase de recurso.

Artigo 987º – Critério de julgamento

Nas providências a tomar, o tribunal não está sujeito a critérios de legalidade estrita, devendo antes adotar em cada caso a solução que julgue mais conveniente e oportuna.

Artigo 988º – Valor das resoluções

1. Nos processos de jurisdição voluntária, as resoluções podem ser alteradas, sem prejuízo dos efeitos já produzidos, com fundamento em circunstâncias supervenientes que justifiquem a alteração; dizem-se supervenientes tanto as circunstâncias ocorridas posteriormente à decisão como as anteriores, que não tenham sido alegadas por ignorância ou outro motivo ponderoso.

2. Das resoluções proferidas segundo critérios de conveniência ou oportunidade não é admissível recurso para o Supremo Tribunal de Justiça.

CAPÍTULO II – Providências relativas aos filhos e aos cônjuges

Artigo 989º – Alimentos a filhos maiores ou emancipados[1]

1. Quando surja a necessidade de se providenciar sobre alimentos a filhos maiores ou emancipados, nos termos dos artigos 1880º e 1905º do Código Civil, segue-se, com as necessárias adaptações, o regime previsto para os menores.

2. Tendo havido decisão sobre alimentos a menores ou estando a correr o respetivo processo, a maioridade ou a emancipação não impedem que o mesmo se conclua e que os incidentes de alteração ou de cessação dos alimentos corram por apenso.

3. O progenitor que assume a título principal o encargo de pagar as despesas dos filhos maiores que não podem sustentar-se a si mesmos pode exigir ao outro progenitor o pagamento de uma contribuição para o sustento e educação dos filhos, nos termos dos números anteriores.

4. O juiz pode decidir, ou os pais acordarem, que essa contribuição é entregue, no todo ou em parte, aos filhos maiores ou emancipados.

Artigo 990º – Atribuição da casa de morada de família[2]

1. Aquele que pretenda a atribuição da casa de morada de família, nos termos do artigo 1793º do Código Civil, ou a transmissão do direito ao arrendamento, nos ter-

[1] Redação da L 122/2015, de 1 de setembro.

[2] O nº 2 tem a redação da L 3/2023, de 16 de janeiro.

mos do artigo 1105º do mesmo Código, deduz o seu pedido, indicando os factos com base nos quais entende dever ser-lhe atribuído o direito.

2. O juiz convoca os interessados ou ex-cônjuges para uma tentativa de conciliação a que se aplica, com as necessárias adaptações, o preceituado nos nºs 1, 7 e 8 do artigo 931º, sendo, porém, o prazo de oposição o previsto no artigo 293º.

3. Haja ou não contestação, o juiz decide depois de proceder às diligências necessárias, cabendo sempre da decisão apelação, com efeito suspensivo.

4. Se estiver pendente ou tiver corrido ação de divórcio ou separação, o pedido é deduzido por apenso.

Artigo 991º – Desacordo entre os cônjuges

1. Havendo desacordo entre os cônjuges sobre a fixação ou alteração da residência da família, pode qualquer deles requerer a intervenção dos tribunais para solução do diferendo, oferecendo logo as provas.

2. O outro cônjuge é citado para se pronunciar, oferecendo igualmente as provas que entender.

3. O juiz determina as diligências que entender necessárias, devendo, salvo se lhe parecer inútil ou prejudicial, convocar as partes e quaisquer familiares para uma audiência, onde tenta a conciliação, decidindo em seguida.

4. Da decisão cabe sempre recurso, com efeito suspensivo.

Artigo 992º – Contribuição do cônjuge para as despesas domésticas

1. O cônjuge que pretenda exigir a entrega direta da parte dos rendimentos do outro cônjuge, necessária para as despesas domésticas, indica a origem dos rendimentos e a importância que pretenda receber, justificando a necessidade e razoabilidade do montante pedido.

2. Seguem-se, com as necessárias adaptações, os termos do processo para a fixação dos alimentos provisórios e a sentença, se considerar justificado o pedido, ordena a notificação da pessoa ou entidade pagadora dos rendimentos ou proventos para entregar diretamente ao requerente a respetiva importância periódica.

Artigo 993º – Conversão da separação em divórcio

1. O requerimento da conversão da separação judicial de pessoas e bens em divórcio é autuado por apenso ao processo da separação.

2. Requerida a conversão por ambos os cônjuges, é logo proferida a sentença.

3. Requerida a conversão por um dos cônjuges, é o outro notificado pessoalmente ou na pessoa do seu mandatário, quando o houver, para no prazo de 15 dias deduzir oposição.

4. A oposição só pode fundamentar-se na reconciliação dos cônjuges.

5. Não havendo oposição, é logo proferida sentença.

CAPÍTULO III – Separação ou divórcio por mútuo consentimento

Artigo 994º – Requerimento

1. O requerimento para a separação judicial de pessoas e bens ou para o divórcio por mútuo consentimento é assinado por ambos os cônjuges ou pelos seus procuradores e instruído com os seguintes documentos:

a) Certidão de narrativa completa do registo de casamento;

b) Relação especificada dos bens comuns, com indicação dos respetivos valores;

c) Acordo que hajam celebrado sobre o exercício das responsabilidades parentais relativamente aos filhos menores, se os houver;

d) Acordo sobre a prestação de alimentos ao cônjuge que careça deles;

e) Certidão da convenção antenupcial e do seu registo, se os houver;

f) Acordo sobre o destino da casa de morada da família.

2. Caso outra coisa não resulte dos documentos apresentados, entende-se que os acordos se destinam tanto ao período da pendência do processo como ao período posterior.

Artigo 995º – Convocação da conferência

1. Não havendo fundamento para indeferimento liminar, o juiz fixa o dia da conferência a que se refere o artigo 1776º do Código Civil, podendo para ela convocar parentes ou afins dos cônjuges ou quaisquer pessoas em cuja presença veja utilidade.

2. O cônjuge que esteja ausente do continente ou da ilha em que tiver lugar a conferência ou que se encontre impossibilitado de comparecer pode fazer-se representar por procurador com poderes especiais.

3. A conferência pode ser adiada por um período não superior a 30 dias quando haja fundado motivo para presumir que a impossibilidade de comparência referida no número anterior cessa dentro desse prazo.

Artigo 996º – Conferência

1. Se a conferência a que se refere o artigo 1776º do Código Civil terminar por desistência do pedido por parte de ambos os cônjuges ou um deles, o juiz faz consigná-la na ata e homologa-la.

2. No caso contrário, é exarado em ata o acordo dos cônjuges quanto à separação ou divórcio, bem como as decisões tomadas quanto aos acordos a que se refere o artigo 1775º do Código Civil.

Artigo 997º – Suspensão ou adiamento da conferência

Quando algum dos cônjuges falte à conferência, o processo aguarda que seja requerida a designação de novo dia.

Artigo 998º – Renovação da instância[1]

1. Tendo o processo de divórcio ou separação por mútuo consentimento resultado da conversão de divórcio ou separação litigiosa, nos termos do nº 5 do artigo 931º, se

[1] O nº 1 tem a redação da L 3/2023, de 16 de janeiro.

não vier a ser decretado o divórcio ou a separação por qualquer motivo, que não seja a reconciliação dos cônjuges, pode qualquer das partes da primitiva ação pedir a renovação desta instância.

2. O requerimento deve ser feito dentro dos 30 dias subsequentes à data da conferência em que se tenha verificado o motivo para não decretar o divórcio ou separação por mútuo consentimento.

Artigo 999º – Irrecorribilidade do convite à alteração dos acordos

Não cabe recurso do convite à alteração dos acordos previstos nos artigos 1776º e 1777º do Código Civil.

CAPÍTULO IV – Processos de suprimento

Artigo 1000º – Suprimento de consentimento no caso de recusa

1. Se for pedido o suprimento do consentimento, nos casos em que a lei o admite, com o fundamento de recusa, é citado o recusante para contestar.

2. Deduzindo o citado contestação, é designado dia para a audiência final, depois de concluídas as diligências que haja necessidade de realizar previamente.

3. Na audiência são ouvidos os interessados e, produzidas as provas que forem admitidas, resolve-se, sendo a resolução transcrita na ata da audiência.

4. Não havendo contestação, o juiz resolve, depois de obter as informações e esclarecimentos necessários.

Artigo 1001º – Suprimento de consentimento noutros casos[1]

1. Se a causa do pedido for a incapacidade, a ausência ou o acompanhamento da pessoa, são citados o representante do incapaz, o procurador ou o curador do ausente, o parente mais próximo, o acompanhado não representado e o Ministério Público; havendo mais do que um parente no mesmo grau, é citado o que for considerado mais idóneo.

2. Se ainda não estiver decretado o acompanhamento ou verificada judicialmente a ausência, as citações só se efetuam depois de cumprido o disposto nos artigos 234º a 236º; em tudo o mais observa-se o preceituado no artigo anterior.

3. Se a impossibilidade de prestar o consentimento tiver causa diferente, observar-se-á, com as necessárias adaptações, o disposto no nº 1.

Artigo 1002º – Suprimento da deliberação da maioria legal dos comproprietários

1. Ao suprimento da deliberação da maioria legal dos comproprietários sobre atos de administração, quando não seja possível formar essa maioria, é aplicável, com as necessárias adaptações, o disposto no artigo 1000º.

2. Os comproprietários que se hajam oposto ao ato são citados para contestar.

[1] Redação da L 49/2018, de 14 de agosto.

Artigo 1003º – Nomeação de administrador na propriedade horizontal

1. O condómino que pretenda a nomeação judicial de administrador da parte comum de edifício sujeito a propriedade horizontal indica a pessoa que reputa idónea, justificando a escolha.

2. São citados para contestar os outros condóminos, os quais podem indicar pessoas diferentes, justificando a indicação.

3. Se houver contestação, observa-se o disposto nos nºs 2 e 3 do artigo 1000º; na falta de contestação, é nomeada a pessoa indicada pelo requerente.

Artigo 1004º – Determinação judicial da prestação ou do preço

1. Nos casos a que se referem o nº 2 do artigo 400º e o artigo 883º do Código Civil, a parte que pretenda a determinação pelo tribunal indica no requerimento a prestação ou o preço que julga adequado, justificando a indicação.

2. A parte contrária é citada para responder no prazo de 10 dias, podendo indicar prestação ou preço diferente, desde que também o justifique.

3. Com resposta ou sem ela, o juiz decide, colhendo as provas necessárias.

Artigo 1005º – Determinação judicial em outros casos

O disposto no artigo anterior é aplicável, com as necessárias adaptações, à divisão judicial de ganhos e perdas nos termos do artigo 993º do Código Civil e aos casos análogos.

CAPÍTULO V – Alienação ou oneração de bens dotais e de bens sujeitos a fideicomisso

Artigo 1006º – Petição da autorização judicial

Com a petição inicial de autorização para alienar ou onerar bens dotais, formulada por um só dos cônjuges, deve juntar-se documento autêntico ou autenticado que prove o consentimento do outro cônjuge; se este recusar o consentimento ou não puder prestá-lo por incapacidade, ausência ou outra causa, deve cumular-se com o pedido de autorização judicial o de suprimento do consentimento.

Artigo 1007º – Pessoas citadas

São citadas para contestar o pedido:

a) O outro cônjuge, se tiver recusado o consentimento;

b) As pessoas indicadas no artigo 1001º, se for outra a causa da falta do consentimento;

c) O dotador;

d) Os herdeiros presumidos da mulher;

e) O Ministério Público, se os herdeiros presumidos da mulher forem incapazes ou estiverem ausentes.

Artigo 1008º – Termos posteriores

Aos termos posteriores do processo é aplicável o disposto nos nºs 2 a 4 do artigo 1000º.

Artigo 1009º – Destino do produto da alienação por necessidade urgente

A decisão que autorizar a alienação dos bens para satisfazer necessidade urgente determina o destino e as condições de utilização do respetivo produto.

Artigo 1010º – Destino do produto da alienação por utilidade manifesta

1. Quando o produto da alienação tenha de ser convertido em bens imóveis ou títulos de crédito nominativos, ajustada a compra destes e verificado o seu valor, com audiência dos interessados, é o preço diretamente entregue ao vendedor, depois de registado ou averbado o ónus dotal.

2. No caso de permuta, não se cancela o registo do ónus dotal sem estar registado ou averbado esse ónus nos bens oferecidos em sub-rogação.

Artigo 1011º – Conversão do produto em casos especiais

Se os bens forem expropriados por utilidade pública ou particular, ou reduzidos forçosamente a dinheiro por qualquer outro motivo, o produto deles é também convertido nos termos do artigo anterior.

Artigo 1012º – Aplicação da parte sobrante

Se, depois de aplicado o produto dos bens ou de efetuada a conversão, ficarem sobras de tal modo exíguas que se torne impossível ou excessivamente oneroso convertê-las, são entregues ao cônjuge que estiver na administração dos bens do casal, como se fossem rendimentos dos bens dotais.

Artigo 1013º – Autorização judicial para alienar ou onerar bens sujeitos a fideicomisso

1. A autorização judicial para alienação ou oneração de bens sujeitos a fideicomisso pode ser pedida tanto pelo fideicomissário como pelo fiduciário.

2. O requerente justifica a necessidade ou utilidade da alienação ou oneração.

3. É citado para contestar, no prazo de 10 dias, o fiduciário, se o pedido for formulado pelo fideicomissário, ou este, se o pedido for deduzido pelo fiduciário.

4. Com a contestação ou sem ela, o juiz decide, colhidas as provas e informações necessárias.

5. Se a autorização for concedida, a sentença fixa as cautelas que devem ser observadas.

CAPÍTULO VI – Autorização ou confirmação de certos atos

Artigo 1014º – Autorização judicial[1]

1. Quando for necessário praticar atos cuja eficácia ou validade dependa de autorização judicial, esta é pedida pelo representante legal do menor, pelo acompanhante do beneficiário ou, na falta deles, pelo Ministério Público.

2. São citados para contestar, além do Ministério Público, o parente sucessível mais próximo do visado ou, havendo vários parentes do mesmo grau, o que for considerado mais idóneo.

3. Haja ou não contestação, o juiz só decide depois de produzidas as provas que admitir e de concluídas outras diligências necessárias, ouvindo o conselho de família, quando o seu parecer for obrigatório.

4. O pedido é dependência do processo de inventário, quando o haja, ou do processo de acompanhamento de maior.

5. É sempre admissível a cumulação dos pedidos de autorização para aceitar a herança deferida a incapaz, quando necessária, e de autorização para outorgar na respetiva partilha extrajudicial, em representação daquele; neste caso, o pedido de nomeação de curador especial, quando o representante legal concorra à sucessão com o seu representado, é dependência do processo de autorização.

Artigo 1015º – Aceitação ou rejeição de liberalidades em favor de incapazes

1. No requerimento em que se peça a notificação do representante legal para providenciar acerca da aceitação ou rejeição de liberalidade a favor de incapaz, o requerente, se for o próprio incapaz, algum seu parente, o Ministério Público ou o doador justifica a conveniência da aceitação ou rejeição, podendo oferecer provas.

2. O despacho que ordenar a notificação marca prazo para o cumprimento.

3. Se quiser pedir autorização para aceitar a liberalidade, o notificado deve formular o pedido no próprio processo da notificação, observando-se aí o disposto no artigo anterior e, obtida a autorização, no mesmo processo declara aceitar a liberalidade.

4. Se, dentro do prazo marcado, o notificado não pedir a autorização ou não aceitar a liberalidade, o juiz, depois de produzidas as provas necessárias, declara-a aceita ou rejeitada, de harmonia com as conveniências do incapaz.

5. É aplicável a este caso o disposto no nº 4 do artigo anterior.

Artigo 1016º – Alienação ou oneração dos bens do ausente e confirmação ou ratificação dos atos praticados pelo representante do menor ou do maior acompanhado[1]

1. O disposto no artigo 1014º é também aplicável, com as necessárias adaptações:

a) À alienação ou oneração de bens do ausente, quando tenha sido deferida a curadoria provisória ou definitiva;

[1] Redação da L 49/2018, de 14 de agosto.

b) À confirmação judicial de atos praticados pelo representante legal do menor sem a necessária autorização;

c) À ratificação de atos praticados pelo acompanhante do beneficiário sem a necessária autorização.

2. No caso da alínea *a*) do número anterior, o pedido é dependência do processo de curadoria; no caso da alínea *b*), é dependência do processo em que o representante legal tenha sido nomeado; no caso da alínea *c*), é dependência do processo de instauração de acompanhamento.

CAPÍTULO VII - Conselho de família

Artigo 1017º - Constituição do conselho

Sendo necessário reunir o conselho de família e não estando este ainda constituído, o juiz designa as pessoas que o devem constituir, ouvindo previamente o Ministério Público e colhendo as informações necessárias, ou requisita a constituição dele ao tribunal competente.

Artigo 1018º - Designação do dia para a reunião

1. O dia para a reunião do conselho é fixado pelo Ministério Público.

2. São notificados para comparecer os vogais do conselho, bem como o requerente, quando o haja.

Artigo 1019º - Assistência de pessoas estranhas ao conselho

No dia designado para a reunião, se o conselho deliberar que a ela assista o incapaz, o seu representante legal, algum parente ou outra pessoa, marca-se dia para prosseguimento da reunião e procede-se à notificação das pessoas que devam assistir.

Artigo 1020º - Deliberação

1. As deliberações são tomadas por maioria de votos; não sendo possível formar maioria, prevalece o voto do Ministério Público.

2. A deliberação é inserta na ata.

CAPÍTULO VIII - Curadoria provisória dos bens do ausente

Artigo 1021º - Curadoria provisória dos bens do ausente

1. Quando se pretenda instituir a curadoria provisória dos bens do ausente, é necessário fundamentar a medida e indicar os detentores ou possuidores dos bens, o cônjuge, os herdeiros presumidos do ausente e quaisquer pessoas conhecidas que tenham interesse na conservação dos bens.

2. São citados para contestar, além das pessoas mencionadas no número anterior, o Ministério Público, se não for o requerente, e, por éditos de 30 dias, o ausente e quaisquer outros interessados.

3. Produzidas as provas que forem admitidas e obtidas as informações que se considerem necessárias, é lavrada a sentença.

Artigo 1022º – Publicação da sentença

1. A sentença que defira a curadoria é publicada por editais afixados na porta do tribunal e na porta da sede da junta de freguesia do último domicílio conhecido do ausente e por anúncio inserto no jornal que o juiz achar mais conveniente.

2. Os editais e o anúncio hão de conter, além da declaração de que foi instituída a curadoria, os elementos de identificação do ausente e do curador.

Artigo 1023º – Montante e idoneidade da caução

Sobre o montante e a idoneidade da caução que o curador deve prestar é ouvido o Ministério Público, depois de relacionados os bens do ausente.

Artigo 1024º – Substituição do curador provisório

À substituição do curador provisório, nos casos em que a lei civil a permite, é aplicável o disposto nos artigos 292º a 295º.

Artigo 1025º – Cessação da curadoria

1. Se o ausente voltar, os bens só lhe podem ser entregues pela forma regulada no artigo 888º.

2. Logo que conste no tribunal a existência do ausente e haja notícia do lugar onde reside, é oficiosamente notificado, ou informado por carta registada com aviso de receção, se residir no estrangeiro, de que os bens estão em curadoria provisória; e, enquanto não providenciar, a curadoria continua.

CAPÍTULO IX – Fixação judicial do prazo

Artigo 1026º – Requerimento

Quando incumba ao tribunal a fixação do prazo para o exercício de um direito ou o cumprimento de um dever, o requerente, depois de justificar o pedido de fixação, indica o prazo que repute adequado.

Artigo 1027º – Termos posteriores

1. A parte contrária é citada para responder.

2. Na falta de resposta, é fixado o prazo proposto pelo requerente ou aquele que o juiz considere razoável; havendo resposta, o juiz decide, depois de efetuadas as diligências probatórias necessárias.

CAPÍTULO X – Notificação para preferência

Artigo 1028º – Termos a seguir

1. Quando se pretenda que alguém seja notificado para exercer o direito de preferência, especificam-se no requerimento o preço e as restantes cláusulas do contrato projetado, indica-se o prazo dentro do qual, segundo a lei civil, o direito pode ser exercido e pede-se que a pessoa seja pessoalmente notificada para declarar, dentro desse prazo, se quer preferir.

2. Querendo o notificado preferir, deve declará-lo dentro do prazo indicado nos termos do número anterior, mediante requerimento ou por termo no processo; feita a declaração, se nos 20 dias seguintes não for celebrado o contrato, deve o preferente requerer, nos 10 dias subsequentes, que se designe dia e hora para a parte contrária receber o preço por termo no processo, sob pena de ser depositado, podendo o requerente depositá-lo no dia seguinte, se a parte contrária, devidamente notificada, não comparecer ou se recusar a receber o preço.

3. O preferente que não observe o disposto no número anterior perde o seu direito.

4. Pago ou depositado o preço, os bens são adjudicados ao preferente, retrotraindo-se os efeitos da adjudicação à data do pagamento ou depósito.

5. Não é admitida oposição à notificação com fundamento na existência de vícios do contrato em relação ao qual se vai efetivar o direito, suscetíveis de inviabilizar o exercício da preferência, os quais apenas pelos meios comuns podem ser apreciados.

6. O disposto nos números anteriores é aplicável, com as necessárias adaptações, à obrigação de preferência que tiver por objeto outros contratos, além da compra e venda.

Artigo 1029º – Preferência limitada

1. Quando o contrato projetado abranja, mediante um preço global, outra coisa além da sujeita ao direito de preferência, o notificado pode declarar que quer exercer o seu direito só em relação a esta, requerendo logo a determinação do preço que deve ser atribuído proporcionalmente à coisa e aplicando-se o disposto no artigo 1004º.

2. A parte contrária pode deduzir oposição ao requerido, invocando que a coisa preferida não pode ser separada sem prejuízo apreciável.

3. Procedendo a oposição, o preferente perde o seu direito, a menos que exerça a preferência em relação a todas as coisas; se a oposição improceder, seguem-se os termos previstos nos nºs 2 a 4 do artigo anterior, contando-se o prazo de 20 dias para a celebração do contrato do trânsito em julgado da sentença.

Artigo 1030º – Prestação acessória

1. Se o contrato projetado abranger a promessa de uma prestação acessória que o titular do direito de preferência não possa satisfazer, requer logo o preferente que declare exercer o seu direito a respetiva avaliação em dinheiro, quando possível, aplicando-se o disposto no artigo 1004º, ou a dispensa da obrigação de satisfazer a prestação acessória, mostrando que esta foi convencionada para afastar o seu direito.

2. Se a prestação não for avaliável pecuniariamente, pode o preferente requerer, nos termos do artigo 418º do Código Civil, o exercício do seu direito, mostrando que, mesmo sem a prestação estipulada, a venda não deixaria de ser efetuada ou que a prestação foi convencionada para afastar a preferência.

3. O prazo para a celebração do contrato conta-se nos termos previstos no nº 3 do artigo anterior.

Artigo 1031º – Direito de preferência a exercer simultaneamente por vários titulares

Quando o direito de preferência for atribuído simultaneamente a vários contitulares, devendo ser exercido por todos em conjunto, são notificados todos os interessados para o exercício do direito, aplicando-se o disposto nos artigos anteriores, com as necessárias adaptações, sem prejuízo do disposto nos artigos 1034º e 1035º.

Artigo 1032º – Direitos de preferência alternativos

1. Se o direito de preferência competir a várias pessoas simultaneamente, mas houver de ser exercido apenas por uma, não designada, há de o requerente pedir que sejam todas notificadas para comparecer no dia e hora que forem fixados, a fim de se proceder a licitação entre elas; o resultado da licitação é reduzido a auto, no qual se regista o maior lanço de cada licitante.

2. O direito de preferência é atribuído ao licitante que ofereça o lanço mais elevado; perde-o, porém, nos casos previstos no artigo 1029º.

3. Havendo perda do direito atribuído, este devolve-se ao interessado que tiver oferecido o lanço imediatamente inferior, e assim sucessivamente, mas o prazo de 20 dias fixado no artigo 1029º fica reduzido a metade; à medida que cada um dos licitantes for perdendo o seu direito, o requerente da notificação deve pedir que o facto seja notificado ao licitante imediato.

4. No caso de devolução do direito de preferência, os licitantes não incorrem em responsabilidade se não mantiverem o seu lanço e não quiserem exercer o direito.

Artigo 1033º – Direito de preferência sucessivo

1. Competindo o direito de preferência a mais de uma pessoa sucessivamente, pode pedir-se que sejam todas notificadas para declarar se pretendem usar do seu direito no caso de vir a pertencer-lhes, ou pedir-se a notificação de cada uma à medida que lhe for tocando a sua vez em consequência de renúncia ou perda do direito do interessado anterior.

2. No primeiro caso prossegue o processo em relação ao preferente mais graduado que tenha declarado querer preferir, mediante prévia notificação; se este perder o seu direito, procede-se da mesma forma quanto ao mais graduado dos restantes e assim sucessivamente.

Artigo 1034º – Direito de preferência pertencente a herança

1. Competindo o direito de preferência a herança, pede-se no tribunal do lugar da sua abertura a notificação do cabeça de casal, salvo se os bens a que respeita estiverem licitados ou incluídos em algum dos quinhões, porque neste caso deve pedir-se a notificação do respetivo interessado para ele exercer o direito.

2. O cabeça de casal, logo que seja notificado, requer uma conferência de interessados para se deliberar se a herança deve exercer o direito de preferência.

Artigo 1035º – Direito de preferência pertencente aos cônjuges

Se o direito de preferência pertencer em comum aos cônjuges, é pedida a notificação de ambos, podendo qualquer deles exercê-lo.

Artigo 1036º – Direitos de preferência concorrentes

1. Se o direito de preferência pertencer em comum a várias pessoas, é pedida a notificação de todas.

2. Quando se apresente a preferir mais de um titular, o bem objeto de alienação é adjudicado a todos, na proporção das suas quotas.

Artigo 1037º – Exercício da preferência quando a alienação já tenha sido efetuada e o direito caiba a várias pessoas

1. Se já tiver sido efetuada a alienação a que respeita o direito de preferência e este direito couber simultaneamente a várias pessoas, o processo para a determinação do preferente segue os termos do artigo 1032º, com as alterações seguintes:

a) O requerimento inicial é feito por qualquer das pessoas com direito de preferência;

b) O licitante a quem for atribuído o direito deve, no prazo de 20 dias, depositar a favor do comprador o preço do contrato celebrado e a importância do imposto devido paga, salvo, quanto a esta, se mostrar que beneficia de isenção ou redução e, a favor do vendedor, o excedente sobre aquele preço;

c) O licitante deve ainda, nos 30 dias seguintes ao trânsito em julgado da sentença de adjudicação, mostrar que foi proposta a competente ação de preferência, sob pena de perder o seu direito;

d) Em qualquer caso de perda de direito, a notificação do licitante imediato é feita oficiosamente.

2. A apresentação do requerimento para este processo equivale, quanto à caducidade do direito de preferência, à instauração da ação de preferência.

3. O disposto neste artigo é aplicável, com as necessárias adaptações, aos casos em que o direito de preferência cabe a mais de uma pessoa, sucessivamente.

Artigo 1038º – Regime das custas

1. As custas dos processos referidos neste capítulo são pagas pelo requerente, no caso de não haver declaração de preferência, e pela pessoa que declarou querer preferir, nos outros casos.

2. Se houver vários declarantes, as custas são pagas por aquele a favor de quem venha a ser proferida sentença de adjudicação ou por todos eles, se não chegar a haver sentença.

3. Fora dos casos de desistência total, a desistência de qualquer declarante tem como efeito que todos os atos processuais que lhe digam respeito se consideram, para efeitos de custas, como um incidente da sua responsabilidade.

4. Quando os processos tenham sido instaurados depois de celebrado o contrato que dá lugar à preferência, aquele que vier a exercer o direito tem as custas pagas da pessoa que devia oferecer a preferência.

CAPÍTULO XI - Herança jacente

Artigo 1039º – Declaração de aceitação ou repúdio

1. No requerimento em que se peça a notificação do herdeiro para aceitar ou repudiar a herança, o requerente justifica a qualidade que atribui ao requerido e, se não for o Ministério Público, fundamenta também o seu interesse.

2. A notificação efetua-se segundo o formalismo prescrito para a citação pessoal, devendo o despacho que a ordenar marcar o prazo para a declaração.

3. Decorrido o prazo marcado sem apresentação do documento de repúdio, julga-se aceita a herança, condenando-se o aceitante nas custas; no caso de repúdio, as custas são adiantadas pelo requerente, para virem a ser pagas pela herança.

Artigo 1040º – Notificação sucessiva dos herdeiros

Se o primeiro notificado repudiar a herança, a notificação sucessiva dos herdeiros imediatos, até não haver quem prefira ao Estado, é feita no mesmo processo, observando-se sempre o disposto no artigo anterior.

Artigo 1041º – Ação sub-rogatória

1. A aceitação da herança por parte dos credores do repudiante faz-se na ação em que, pelos meios próprios, os aceitantes deduzam o pedido dos seus créditos contra o repudiante e contra aqueles para quem os bens passaram por virtude do repúdio.

2. Obtida sentença favorável, os credores podem executá-la contra a herança.

CAPÍTULO XII - Exercício da testamentaria

Artigo 1042º – Escusa do testamenteiro

1. O testamenteiro que se quiser escusar da testamentaria, depois de ter aceitado o cargo, deve pedir a escusa, alegando o motivo do pedido e identificando todos os interessados, que são citados para contestar.

2. O juiz decide, depois de produzidas as provas que admitir.

Artigo 1043º – Regime das custas

Não sendo contestado o pedido de escusa, as custas são da responsabilidade de todos os interessados.

Artigo 1044º – Remoção do testamenteiro

1. O interessado que pretenda a remoção do testamenteiro expõe os factos que fundamentam o pedido e identifica todos os interessados.

2. Só o testamenteiro, porém, é citado para contestar.

CAPÍTULO XIII – Apresentação de coisas ou documentos

Artigo 1045º – Requerimento

Aquele que, nos termos e para os efeitos dos artigos 574º e 575º do Código Civil, pretenda a apresentação de coisas ou documentos que o possuidor ou detentor lhe não queira facultar justifica a necessidade da diligência e requer a citação do recusante para os apresentar no dia, hora e local que o juiz designar.

Artigo 1046º – Termos posteriores

1. O citado pode contestar no prazo de 15 dias, a contar da citação; se detiver as coisas ou documentos em nome de outra pessoa, pode esta contestar dentro do mesmo prazo, ainda que o citado o não faça.

2. Na falta de contestação, ou no caso de ela ser considerada improcedente, o juiz designa dia, hora e local para a apresentação na sua presença.

3. A apresentação faz-se no tribunal, quando se trate de coisas ou de documentos transportáveis em mão; tratando-se de outros móveis ou de coisas imóveis, a apresentação é feita no lugar onde se encontrem.

Artigo 1047º – Apreensão judicial

Se os requeridos, devidamente notificados, não cumprirem a decisão, pode o requerente solicitar a apreensão das coisas ou documentos para lhe serem facultados, aplicando-se o disposto quanto à efetivação da penhora, com as necessárias adaptações.

CAPÍTULO XIV – Exercício de direitos sociais

SECÇÃO I – Do inquérito judicial à sociedade

Artigo 1048º – Requerimento

1. O interessado que pretenda a realização de inquérito judicial à sociedade, nos casos em que a lei o permita, alega os fundamentos do pedido de inquérito, indica os pontos de facto que interesse averiguar e requer as providências que repute convenientes.

2. São citados para contestar a sociedade e os titulares de órgãos sociais a quem sejam imputadas irregularidades no exercício das suas funções.

3. Quando o inquérito tiver como fundamento a não apresentação pontual do relatório de gestão, contas do exercício e demais documentos de prestação de contas, seguem-se os termos previstos no artigo 67º do Código das Sociedades Comerciais.

Artigo 1049º – Termos posteriores

1. Haja ou não resposta dos requeridos, o juiz decide se há motivos para proceder ao inquérito, podendo determinar logo que a informação pretendida pelo requerente seja prestada, ou fixa prazo para apresentação das contas da sociedade.

2. Se for ordenada a realização do inquérito à sociedade, o juiz fixa os pontos que a diligência deve abranger, nomeando o perito ou peritos que devem realizar a investigação, aplicando-se o disposto quanto à prova pericial.

3. Compete ao investigador nomeado, além de outros que lhe sejam especialmente cometidos, realizar os seguintes atos:

a) Inspecionar os bens, livros e documentos da sociedade, ainda que estejam na posse de terceiros;

b) Recolher, por escrito, as informações prestadas por titulares de órgãos da sociedade, pessoas ao serviço desta ou quaisquer outras entidades ou pessoas;

c) Solicitar ao juiz que, em tribunal, prestem depoimento as pessoas que se recusem a fornecer os elementos pedidos, ou que sejam requisitados documentos em poder de terceiros.

4. Se, no decurso do processo, houver conhecimento de factos alegados que justifiquem ampliação do objeto do inquérito, pode o juiz determinar que a investigação em curso os abranja, salvo se da ampliação resultarem inconvenientes graves.

Artigo 1050º – Medidas cautelares

Durante a realização do inquérito, pode o tribunal ordenar as medidas cautelares que considere convenientes para garantia dos interesses da sociedade, dos sócios ou dos credores sociais, sempre que se indicie a existência de irregularidades ou a prática de quaisquer atos suscetíveis de entravar a investigação em curso, aplicando-se, com as necessárias adaptações, o preceituado quanto às providências cautelares.

Artigo 1051º – Decisão

1. Concluído o inquérito, o relatório do investigador é notificado às partes; e, realizadas as demais diligências probatórias necessárias, o juiz profere decisão, apreciando os pontos de facto que constituíram fundamento do inquérito.

2. Notificado o relatório, ou a decisão sobre a matéria de facto, podem as partes requerer, no prazo de 15 dias, que o tribunal ordene quaisquer providências que caibam no âmbito da jurisdição voluntária, designadamente a destituição dos responsáveis por irregularidades apuradas ou a nomeação judicial de um administrador ou diretor, com as funções previstas no Código das Sociedades Comerciais.

3. Se for requerida a dissolução da sociedade ou formulada pretensão, suscetível de ser cumulada com o inquérito, mas que exceda o âmbito da jurisdição voluntária, seguem-se os termos do processo comum de declaração.

4. Se a decisão proferida não confirmar a existência dos factos alegados como fundamento do inquérito, podem os requeridos exigir a respetiva publicação no jornal que, para o efeito, indicarem.

Artigo 1052º – Regime das custas

1. As custas do processo são pagas pelos requerentes, salvo se forem ordenadas as providências previstas no artigo 1050º, pois nesse caso a direção ou gerência da sociedade responde por todas as custas; a responsabilidade dos requerentes pelas custas abrange as despesas com a publicação referida no artigo anterior, quando a ela haja lugar.

2. Se, em consequência do inquérito, for proposta alguma ação, a responsabilidade dos requerentes pelas custas considera-se de caráter provisório: quem for condenado nas custas da ação paga também as do inquérito; o mesmo se observa quanto à responsabilidade da direção ou gerência, se o resultado da ação a ilibar de toda a culpa quanto às suspeitas dos requerentes.

SECÇÃO II – Nomeação e destituição de titulares de órgãos sociais

Artigo 1053º – Nomeação judicial de titulares de órgãos sociais

1. Nos casos em que a lei prevê a nomeação judicial de titulares de órgãos sociais, ou de representantes comuns dos contitulares de participação social, deve o requerente justificar o pedido de nomeação e indicar a pessoa que reputa idónea para o exercício do cargo.

2. Antes de proceder à nomeação, o tribunal pode colher as informações convenientes, e, respeitando o pedido a sociedade cujo órgão de administração esteja em funcionamento, deve este ser ouvido.

3. Se, antes da nomeação ou posteriormente, houver lugar à fixação de uma remuneração à pessoa nomeada, o tribunal decide, podendo ordenar, para o efeito, as diligências indispensáveis.

Artigo 1054º – Nomeação incidental

1. A nomeação que apenas se destine a assegurar a representação em juízo, em ação determinada, ou que se suscite em processo já pendente, é dependência dessa causa.

2. Quando a nomeação surja em consequência de anterior destituição, decidida em processo judicial, é dependência deste.

Artigo 1055º – Suspensão ou destituição de titulares de órgãos sociais

1. O interessado que pretenda a destituição judicial de titulares de órgãos sociais, ou de representantes comuns de contitulares de participação social, nos casos em que a lei o admite, indica no requerimento os factos que justificam o pedido.

2. Se for requerida a suspensão do cargo, o juiz decide imediatamente o pedido de suspensão, após realização das diligências necessárias.

3. O requerido é citado para contestar, devendo o juiz ouvir, sempre que possível, os restantes sócios ou os administradores da sociedade.

4. O preceituado nos números anteriores é aplicável à destituição que seja consequência de revogação judicial da cláusula do contrato de sociedade que atribua a algum dos sócios um direito especial à administração.

5. Quando se trate de destituir quaisquer titulares de órgãos judicialmente designados, a destituição é dependência do processo em que a nomeação teve lugar.

Artigo 1056º – Exoneração do administrador na propriedade horizontal

O processo do artigo anterior é aplicável à exoneração judicial do administrador das partes comuns de prédio sujeito a regime de propriedade horizontal, requerida por qualquer condómino com fundamento na prática de irregularidades ou em negligência.

SECÇÃO III – Convocação de assembleia de sócios

Artigo 1057º – Processo a observar

1. Se a convocação de assembleia geral puder efetuar-se judicialmente, ou quando, por qualquer forma, ilicitamente se impeça a sua realização ou o seu funcionamento, o interessado requer ao juiz a convocação.

2. Junto o título constitutivo da sociedade, o juiz, dentro de 10 dias, procede às averiguações necessárias, ouvindo a administração da sociedade, quando o julgue conveniente, e decide.

3. Se deferir o pedido, designa a pessoa que há de exercer a função de presidente e ordena as diligências indispensáveis à realização da assembleia.

4. A função de presidente só deixa de ser cometida a um sócio da sociedade quando a lei o determine ou quando razões ponderosas aconselhem a designação de um estranho; neste caso, é escolhida pessoa de reconhecida idoneidade.

SECÇÃO IV – Redução do capital social

Artigo 1058º – Oposição à distribuição de reservas ou dos lucros do exercício

1. Se algum credor social pretender obstar à distribuição das reservas disponíveis ou dos lucros do exercício, deve fazer prova da existência do seu crédito e de que solicitou à sociedade a satisfação do mesmo ou a prestação de garantia adequada há pelo menos 15 dias.

2. A sociedade é citada para contestar ou satisfazer o crédito do requerente, se já for exigível, ou garanti-lo adequadamente.

3. À prestação da garantia, quando tenha lugar, é aplicável o preceituado quanto à prestação de caução, com as adaptações necessárias.

SECÇÃO V – Oposição à fusão e cisão de sociedades e ao contrato de subordinação

Artigo 1059º – Processo a seguir

1. O credor que pretenda deduzir oposição judicial à fusão ou cisão de sociedades, nos termos previstos no Código das Sociedades Comerciais, oferece prova da sua legitimidade e especifica qual o prejuízo que do projeto de fusão ou cisão deriva para a realização do seu direito.

2. É citada para contestar a sociedade devedora.

3. Na própria decisão em que julgue procedente a oposição, o tribunal determina, sendo caso disso, o reembolso do crédito do opoente ou, não podendo este exigi-lo, a prestação de caução.

Artigo 1060º – Oposição ao contrato de subordinação

O disposto no artigo anterior é aplicável, com as necessárias adaptações, à oposição deduzida pelo sócio livre ao contrato de subordinação, com fundamento em violação do disposto no Código das Sociedades Comerciais ou na insuficiência da contrapartida oferecida.

SECÇÃO VI – Averbamento, conversão e depósito de ações e obrigações

Artigo 1061º – Direito de pedir o averbamento de ações ou obrigações

1. Se a administração de uma sociedade não averbar, sem fundamento válido, dentro de oito dias, as ações ou obrigações que lhe sejam apresentadas para esse efeito, ou não passar, no mesmo prazo, uma cautela com a declaração de que os títulos estão em condições de ser averbados, pode o acionista ou obrigacionista pedir ao tribunal que mande fazer o averbamento.

2. A sociedade é citada para contestar, sob pena de ser logo ordenado o averbamento.

3. A cautela a que se refere o nº 1 tem o mesmo valor que o averbamento.

Artigo 1062º – Execução da decisão judicial

1. Ordenado definitivamente o averbamento, o interessado requer que a sociedade seja notificada para, dentro de cinco dias, cumprir a decisão.

2. Na falta de cumprimento, é lançado nos títulos o pertence judicial, que vale para todos os efeitos como averbamento.

Artigo 1063º – Efeitos da decisão

1. Os efeitos do averbamento ordenado judicialmente retrotraem-se à data em que os títulos tenham sido apresentados à administração da sociedade.

2. Os títulos e documentos são entregues ao interessado logo que o processo esteja findo.

Artigo 1064º – Conversão de títulos

1. O disposto nos artigos anteriores é aplicável ao caso de o acionista ou obrigacionista ter o direito de exigir a conversão de um título nominativo em título ao portador, ou vice-versa, e de a administração da sociedade se recusar a fazer a conversão.

2. Ordenada a conversão, se a administração se recusar a cumprir a decisão, lança-se nos títulos a declaração de que ficam sendo ao portador ou nominativos, conforme o caso.

Artigo 1065º – Depósito de ações ou obrigações

O depósito de ações ou obrigações ao portador, necessário para se tomar parte em assembleia geral, pode ser feito em qualquer instituição de crédito quando a administração da sociedade o recusar.

Artigo 1066º – Como se faz o depósito

1. O depósito é feito em face de declaração escrita pelo interessado, ou por outrem em seu nome, em que se identifique a sociedade e se designe o fim do depósito.

2. A declaração é apresentada em duplicado, ficando um dos exemplares em poder do depositante, com o lançamento de se haver efetuado o depósito.

Artigo 1067º – Eficácia do depósito

O presidente da assembleia geral é obrigado a admitir nela os acionistas ou obrigacionistas que apresentem o documento do depósito, desde que por ele se mostre terem os títulos sido depositados no prazo legal e possuir o depositante o número de títulos necessário para tomar parte na assembleia.

SECÇÃO VII – Liquidação de participações sociais

Artigo 1068º – Requerimento e perícia

1. Quando, em consequência de morte, exoneração ou exclusão de sócio, deva proceder-se, nos termos previstos na lei, à avaliação judicial da respetiva participação social, o interessado requer que a ela se proceda.

2. O representante legal do incapaz, na hipótese prevista no nº 6 do artigo 184º do Código das Sociedades Comerciais, requer a exoneração do seu representado e a liquidação em seu benefício da parte do sócio falecido, quando não deva proceder-se à dissolução da sociedade.

3. Citada a sociedade, o juiz designa perito para proceder à avaliação, em conformidade com os critérios estabelecidos no artigo 1021º do Código Civil, aplicando-se as disposições relativas à prova pericial.

4. Ouvidas as partes sobre o resultado da perícia realizada, o juiz fixa o valor da participação social, podendo, quando necessário, fazer preceder a decisão da realização de segunda perícia, ou de quaisquer outras diligências.

Artigo 1069º – Aplicação aos demais casos de avaliação

O disposto no artigo anterior é aplicável, com as necessárias adaptações, aos demais casos em que, mediante avaliação, haja lugar à fixação judicial do valor de participações sociais.

SECÇÃO VIII – Investidura em cargos sociais

Artigo 1070º – Processo a seguir

1. Se a pessoa eleita ou nomeada para um cargo social for impedida de o exercer, pode requerer a investidura judicial, justificando por qualquer meio o seu direito ao cargo e indicando as pessoas a quem atribui a obstrução verificada.

2. As pessoas indicadas são citadas para contestar, sob pena de deferimento da investidura.

3. Havendo contestação, é designado dia para a audiência final, na qual se produzem as provas oferecidas e as que o tribunal considere necessárias.

Artigo 1071º – Execução da decisão

1. Uma vez ordenada, é a investidura feita por funcionário da secretaria judicial na sede da sociedade ou no local em que o cargo haja de ser exercido e nesse momento se faz entrega ao requerente de todas as coisas de que deva ficar empossado, para o que se efetuam as diligências necessárias, incluindo os arrombamentos que se tornem indispensáveis.

2. O ato é notificado aos requeridos com a advertência de que não podem impedir ou perturbar o exercício do cargo por parte do empossado.

CAPÍTULO XV – Providências relativas aos navios e à sua carga

Artigo 1072º – Realização da vistoria

1. A vistoria destinada a conhecer do estado de navegabilidade do navio é requerida pelo capitão ao tribunal a que pertença o porto em que se achar surto o navio.

2. Com o requerimento é apresentado o inventário de bordo.

3. O juiz nomeia os peritos que julgue necessários e idóneos para a apreciação das diversas partes do navio e fixa o prazo para a diligência, que se realiza sem intervenção do tribunal nem das autoridades marítimas do porto.

4. O resultado da diligência consta de relatório assinado pelos peritos e é notificado ao requerente.

Artigo 1073º – Outras vistorias em navio ou sua carga

1. Os mesmos termos são observados em todos os casos em que se requeira vistoria em navio ou sua carga, fora de processo contencioso.

2. Sendo urgente a vistoria, pode a autoridade marítima substituir-se ao juiz para a nomeação de peritos e determinação da diligência.

Artigo 1074º – Aviso no caso de ser estrangeiro o navio

1. Se o navio for estrangeiro e no porto houver agente consular do respetivo Estado, deve oficiar-se a este agente, dando-se-lhe conhecimento da diligência requerida.

2. O agente consular é admitido a requerer o que for de direito, a bem dos seus nacionais.

Artigo 1075º – Venda do navio por inavegabilidade

1. Quando o navio não possa ser reparado ou quando a reparação não seja justificável por ser consideradas antieconómica, pode o capitão requerer que se decrete a sua inavegabilidade, para o efeito de poder aliená-lo sem autorização do proprietário.

2. A vistoria é feita pela forma estabelecida no artigo 1072º, notificando-se os interessados para assistirem, querendo, à diligência.

3. Se os peritos concluírem pela inavegabilidade absoluta ou relativa do navio, tal é declarado e autoriza-se a venda judicial do navio e seus pertences.

4. É aplicável ao caso regulado neste artigo o preceituado no artigo anterior.

Artigo 1076º – Autorização judicial para atos a praticar pelo capitão

Quando o capitão do navio careça de autorização judicial para praticar certos atos, solicita-se ao tribunal do porto em que o navio se acha surto; a autorização é concedida ou negada, conforme as circunstâncias.

Artigo 1077º – Nomeação de consignatário

1. A nomeação de consignatário para tomar conta de fazendas que o destinatário se recuse ou não apresente a receber é requerida pelo capitão ao tribunal da comarca a que pertença o porto da descarga.

2. O juiz ouve o destinatário ou o consignatário sempre que resida na comarca e, se julgar justificado o pedido, nomeia o consignatário e autoriza a venda das mercadorias por alguma das formas indicadas no artigo 811º.

CAPÍTULO XVI – Atribuição de bens de pessoa coletiva extinta

Artigo 1078º – Processo de atribuição dos bens

Quando, nos termos do artigo 166º do Código Civil, se torne necessário solicitar ao tribunal a atribuição ao Estado ou a outra pessoa coletiva de todos ou de parte dos bens de uma pessoa coletiva extinta, o processo segue os termos descritos nos artigos seguintes.

Artigo 1079º – Formalidades do requerimento

1. O requerimento é acompanhado de todas as provas documentais necessárias e indica um projeto concreto de determinação do destino dos bens a atribuir.

2. Ao requerimento é dada publicidade por anúncio num dos jornais mais lidos da localidade onde se encontre a sede da pessoa coletiva e pela afixação de editais na mesma e na porta do tribunal.

Artigo 1080º – Citações

1. São citados para se pronunciarem, no prazo de 20 dias, a contar da última citação:

a) O Ministério Público, se não for o requerente;

b) Os representantes da pessoa coletiva a quem se propõe a atribuição dos bens, salvo o disposto no nº 2 deste artigo;

c) Os liquidatários da pessoa coletiva extinta, se os houver e não forem os requerentes;

d) O testamenteiro ou testamenteiros do autor da deixa testamentária, se existirem e forem conhecidos.

2. Sendo o Ministério Público o requerente e propondo a atribuição dos bens ao Estado, não há lugar à citação de qualquer outro representante deste.

3. Qualquer pessoa que prove interesse legítimo, mesmo moral, na causa pode nela intervir.

Artigo 1081º – Decisão

1. O juiz procede às diligências que entender necessárias e em seguida decide.

2. Na decisão, o juiz pode impor os deveres, restrições e cauções que entender necessários para assegurar a realização dos encargos ou fins a que os bens estavam afetos.

3. Da decisão cabe sempre recurso, com efeito suspensivo.

TÍTULO XVI – Do processo de inventário[1]

CAPÍTULO I – Disposições gerais

Artigo 1082º – Função do inventário

O processo de inventário cumpre, entre outras, as seguintes funções:

a) Fazer cessar a comunhão hereditária e proceder à partilha de bens;

b) Relacionar os bens que constituem objeto de sucessão e servir de base à eventual liquidação da herança, sempre que não haja que realizar a partilha da herança;

c) Partilhar bens em consequência da justificação da ausência;

d) Partilhar bens comuns do casal.

Artigo 1083º – Repartição de competências

1. O processo de inventário é da competência exclusiva dos tribunais judiciais:

a) Nos casos previstos nas alíneas *b*) e *c*) do nº 2 do artigo 2102º do Código Civil;

b) Sempre que o inventário constitua dependência de outro processo judicial;

c) Quando o inventário seja requerido pelo Ministério Público.

2. Nos demais casos, o processo pode ser requerido, à escolha do interessado que o instaura ou mediante acordo entre todos os interessados, nos tribunais judiciais ou nos cartórios notariais.

3. Se o processo for instaurado no cartório notarial sem a concordância de todos os interessados, o mesmo é remetido para o tribunal judicial se tal for requerido, até ao fim do prazo de oposição, por interessado ou interessados diretos que representem, isolada ou conjuntamente, mais de metade da herança.

Artigo 1084º – Disposições reguladoras

1. Ao inventário destinado a fazer cessar a comunhão hereditária aplica-se o disposto no capítulo II.

2. Ao inventário destinado à realização dos demais fins previstos no artigo 1082º aplica-se o disposto no capítulo III, e, em tudo o que não estiver especificamente regulado, o regime definido para o inventário destinado a fazer cessar a comunhão hereditária.

Artigo 1085º – Legitimidade

1. Têm legitimidade para requerer que se proceda a inventário e para nele intervirem, como partes principais, em todos os atos e termos do processo:

a) Os interessados diretos na partilha e o cônjuge meeiro ou, no caso da alínea *b*) do artigo 1082º, os interessados na elaboração da relação dos bens;

b) O Ministério Público, quando a herança seja deferida a menores, maiores acompanhados ou ausentes em parte incerta.

[1] Título aditado pela L 117/2019, de 13 de setembro.

2. Podem intervir num processo de inventário pendente:

a) Quando haja herdeiros legitimários, os legatários e os donatários, nos atos, termos e diligências suscetíveis de influir no cálculo ou determinação da legítima e de implicar eventual redução das respetivas liberalidades;

b) Os credores da herança e os legatários, nas questões relativas à verificação e satisfação dos seus direitos;

c) O Ministério Público, para o exercício das competências que lhe estão atribuídas na lei.

Artigo 1086º – Representação por curador especial

1. São representados por curador especial nomeado pelo tribunal:

a) Os menores, os maiores acompanhados e os ausentes, quando os seus representantes legais concorram com eles à herança ou a esta concorram vários incapazes representados pelo mesmo representante;

b) Os ausentes em parte incerta, sempre que não esteja instituída a curadoria.

2. Os bens adjudicados ao ausente que careçam de administração são entregues ao curador especial nomeado, que fica, em relação aos bens entregues, com os direitos e deveres do curador provisório até que seja deferida a curadoria.

Artigo 1087º – Intervenção principal

1. É admitida, em qualquer altura do processo, a intervenção principal espontânea ou provocada relativamente a qualquer interessado direto na partilha.

2. O cabeça de casal e os demais interessados são notificados para responder à dedução do pedido de intervenção.

Artigo 1088º – Titulares de encargos da herança

1. Mesmo que os encargos da herança não tenham sido relacionados pelo cabeça de casal, os titulares ativos podem reclamar os seus direitos até à conferência de interessados.

2. Os titulares ativos de encargos da herança são citados com a advertência de que devem reclamar os seus direitos, sob pena de, tendo sido citados pessoalmente, ficarem inibidos de exigir o seu cumprimento através dos meios judiciais comuns.

Artigo 1089º – Habilitação de interessados

1. Se falecer algum interessado direto na partilha antes de concluído o inventário, o cabeça de casal deve indicar os sucessores do falecido e juntar os documentos necessários.

2. A indicação realizada pelo cabeça de casal é notificada aos outros interessados e procede-se à citação das pessoas indicadas.

3. Qualquer interessado ou citado pode impugnar a legitimidade do sucessor indicado pelo cabeça de casal.

4. Na falta de impugnação, nos termos no número anterior, têm-se como habilitadas as pessoas indicadas.

5. Pode ainda promover a sua habilitação:

a) Qualquer sucessor de um interessado direto que não tenha sido indicado pelo cabeça de casal;

b) Qualquer herdeiro de um legatário, credor ou donatário que tenha sido citado para o inventário;

c) O cessionário de quota hereditária e os subadquirentes dos bens doados, sujeitos ao ónus de redução, nos termos gerais do incidente de habilitação.

Artigo 1090º – Patrocínio judiciário obrigatório

É obrigatória a constituição de advogado:

a) Para suscitar ou discutir qualquer questão de direito;

b) Para interpor recurso.

Artigo 1091º – Incidentes

1. Aos incidentes do processo aplica-se, salvo indicação em contrário, o disposto nos artigos 292º a 295º.

2. A dedução de um incidente implica a suspensão da instância sempre que o juiz assim o determinar, por considerá-la conveniente, e fixar o momento a partir do qual a mesma opera.

Artigo 1092º – Suspensão da instância

1. Sem prejuízo do disposto nas regras gerais sobre suspensão da instância, o juiz deve determinar a suspensão da instância:

a) Se estiver pendente uma causa em que se aprecie uma questão com relevância para a admissibilidade do processo ou a definição de direitos de interessados diretos na partilha;

b) Se, na pendência do inventário, forem suscitadas questões prejudiciais de que dependa a admissibilidade do processo ou a definição de direitos de interessados diretos na partilha que, atenta a sua natureza ou a complexidade da matéria de facto que lhes está subjacente, não devam ser incidentalmente decididas;

c) Se houver um interessado nascituro, a partir do conhecimento do facto nos autos e até ao nascimento do interessado, exceto quanto aos atos que não colidam com os interesses do nascituro.

2. No caso previsto na alínea *b*) do número anterior, o juiz remete as partes para os meios comuns, logo que se mostrem relacionados os bens.

3. O tribunal pode, a requerimento de qualquer interessado direto, autorizar o prosseguimento do inventário com vista à partilha, sujeita a posterior alteração em conformidade com o que vier a ser decidido:

a) Quando os inconvenientes no diferimento da partilha superem os que derivam da sua realização como provisória;

b) Quando se afigure reduzida a viabilidade da causa prejudicial;

c) Quando ocorra demora anormal na propositura ou julgamento da causa prejudicial.

4. À partilha, realizada nos termos do número anterior, são aplicáveis as regras previstas no artigo 1124º relativamente à entrega aos interessados dos bens que lhes couberem.

Artigo 1093º – Outras questões prejudiciais

1. Se a questão não respeitar à admissibilidade do processo ou à definição de direitos de interessados diretos na partilha, mas a complexidade da matéria de facto subjacente à questão tornar inconveniente a apreciação da mesma, por implicar redução das garantias das partes, o juiz pode abster-se de a decidir e remeter os interessados para os meios comuns.

2. A suspensão da instância no caso previsto no número anterior só ocorre se, a requerimento de qualquer interessado ou oficiosamente, o juiz entender que a questão a decidir afeta, de forma significativa, a utilidade prática da partilha.

Artigo 1094º – Cumulação de inventários

1. É admissível a cumulação de inventários para a partilha de heranças diversas quando:

a) As pessoas por quem tenham de ser repartidos os bens sejam as mesmas;

b) Se trate de heranças deixadas pelos dois cônjuges;

c) Uma das partilhas esteja dependente da outra ou das outras.

2. No caso referido na alínea *c*) do número anterior:

a) Se a dependência for total, a cumulação é sempre admissível, por não haver, numa das partilhas, outros bens a adjudicar além dos que ao inventariado tenham de ser atribuídos na outra;

b) Se a dependência for apenas parcial, o juiz pode indeferir a cumulação quando a mesma se afigure inconveniente para os interesses das partes ou para celeridade do processo, por haver outros bens a partilhar.

Artigo 1095º – Exercício do direito de preferência

1. A preferência na alienação de quinhões hereditários dos interessados na partilha é exercida incidentalmente no processo de inventário, salvo se envolver a resolução de questões de facto cuja complexidade se revele incompatível com a tramitação daquele incidente.

2. Apresentando-se a preferir mais de um interessado, o quinhão objeto de alienação é adjudicado a todos, na proporção das suas quotas.

3. O não exercício da preferência no inventário não preclude o direito de intentar ação de preferência, nos termos gerais.

Artigo 1096º – Exequibilidade das certidões

1. As certidões extraídas dos processos de inventário valem como título executivo, desde que contenham:

a) A identificação do inventário através da designação do inventariado e do inventariante;

b) A relacionação dos bens que tiverem cabido ao interessado;

c) A indicação de que o interessado tem no processo a posição de herdeiro ou legatário;

d) O teor da decisão da partilha na parte que se refira ao interessado, com a menção de que a mesma transitou em julgado ou se encontra pendente de recurso.

2. A certidão destinada a provar a existência de um crédito deve conter a identificação do inventário e o que consta do processo a respeito da aprovação ou reconhecimento do crédito e da forma do seu pagamento.

CAPÍTULO II – Inventário destinado a fazer cessar a comunhão hereditária

SECÇÃO I – Fase inicial

Artigo 1097º – Requerimento inicial apresentado por cabeça de casal

1. O processo destinado a fazer cessar a comunhão hereditária inicia-se com a entrada em juízo do requerimento inicial.

2. O requerimento inicial apresentado pelo cabeça de casal deve:

a) Identificar o autor da herança, o lugar do seu último domicílio e a data e o lugar em que haja falecido;

b) Justificar a qualidade de cabeça de casal;

c) Identificar os interessados diretos na partilha, os respetivos cônjuges e o regime de bens do casamento, os legatários e ainda, havendo herdeiros legitimários, os donatários;

3. O requerente deve juntar ao requerimento inicial:

a) A certidão de óbito do autor da sucessão e os documentos que comprovem a sua legitimidade e a legitimidade dos interessados diretos na partilha;

b) Os testamentos, as convenções antenupciais e as escrituras de doação;

c) A relação de todos os bens sujeitos a inventário, ainda que a sua administração não lhe pertença, acompanhada dos documentos comprovativos da sua situação no registo respetivo e, se for o caso, da matriz;

d) A relação dos créditos e das dívidas da herança, acompanhada das provas que possam ser juntas;

e) O compromisso de honra do fiel exercício das funções de cabeça de casal.

4. A assinatura do compromisso de honra referido na alínea *e*) do número anterior deve ser reconhecida, exceto se o compromisso for junto aos autos por mandatário.

Artigo 1098º – Relação de bens

1. Na relação de bens referida na alínea *c*) do nº 2 do artigo anterior, o cabeça de casal indica o valor que atribui a cada um dos bens, observando-se as seguintes regras:

a) O valor dos bens imóveis é o respetivo valor tributável;

b) O valor das participações sociais é o respetivo valor nominal;

c) São mencionados como bens ilíquidos os direitos de crédito ou de outra natureza cujo valor não seja possível determinar.

2. Os bens que integram a herança são especificados na relação por meio de verbas, sujeitas a uma só numeração, pela ordem seguinte: direitos de crédito, títulos de crédito, valores mobiliários e demais instrumentos financeiros, participações sociais, dinheiro, moedas estrangeiras, objetos de ouro, prata e pedras preciosas e semelhantes, outras coisas móveis e, por fim, bens imóveis.

3. Os créditos e as dívidas são relacionados em separado, sujeitos a numeração própria, e com identificação dos respetivos devedores e credores.

4. A menção dos bens é acompanhada dos elementos necessários à sua identificação e ao apuramento da sua situação jurídica.

5. Se não houver inconveniente para a partilha, podem ser agrupados, na mesma verba, bens móveis, ainda que de natureza diferente, que se destinem a um fim unitário.

6. As benfeitorias pertencentes à herança são descritas em espécie, quando possam separar-se, sem detrimento, do prédio em que foram realizadas, ou como simples crédito, no caso contrário.

7. As benfeitorias efetuadas por terceiros em prédio da herança são descritas como dívidas, quando não possam, sem detrimento, ser levantadas por quem as realizou.

Artigo 1099º – Requerimento inicial apresentado por outro interessado

Quando ao requerente não competir o exercício de funções de cabeça de casal, deve o mesmo, no requerimento inicial:

a) Identificar o autor da herança, o lugar da sua última residência habitual e a data e o lugar em que haja falecido;

b) Indicar quem deve exercer o cargo de cabeça de casal;

c) Na medida do seu conhecimento, cumprir o disposto na alínea *c*) do nº 2 do artigo 1097º.

d) Juntar os documentos comprovativos dos factos alegados.

Artigo 1100º – Despacho liminar e citação

1. O requerimento é submetido a despacho liminar para, além das demais previstas na lei, as seguintes finalidades:

a) Verificação da existência de qualquer deficiência do requerimento, devendo seguir-se o respetivo convite ao aperfeiçoamento;

b) Confirmação ou designação do cabeça de casal.

2. Se o processo prosseguir, o juiz:

a) Se verificar que o exercício de funções de cabeça de casal cabe ao requerente e que este prestou compromisso de honra válido, procede à sua designação e ordena a citação de todos os interessados diretos na partilha;

b) Se verificar que o cargo de cabeça de casal compete a outrem que não o requerente, ordena a citação daquele;

c) Sempre que se justifique a sua intervenção, ordena a citação do Ministério Público.

3. O requerente que exerça o cargo de cabeça de casal é notificado do despacho que ordene as citações referidas no número anterior.

Artigo 1101º – Bens que não se encontrem em poder do requerente

1. Se o requerente declarar que está impossibilitado de relacionar alguns bens por se encontrarem em poder de outra pessoa, esta é notificada para, no prazo designado, facultar o acesso a tais bens e fornecer os elementos necessários à respetiva inclusão na relação de bens.

2. Se o notificado alegar que os bens não existem ou não têm de ser relacionados, são notificados os restantes interessados para se pronunciarem no prazo de 20 dias, após o qual o juiz decide sobre a sua inclusão na relação de bens.

3. Se o notificado não cumprir o dever de colaboração que lhe incumbe, o juiz pode ordenar as diligências necessárias, incluindo a apreensão dos bens pelo tempo indispensável à sua inclusão na relação de bens.

Artigo 1102º – Citação do cabeça de casal

1. Se o requerimento inicial não tiver sido entregue pelo cabeça de casal, este é advertido, no ato da sua citação, de que, no prazo de 30 dias, deve:

a) Confirmar, corrigir ou completar, de acordo com o estabelecido no artigo 1097º, o que consta do requerimento inicial e juntar os documentos que se mostrem necessários;

b) Apresentar ou completar a relação de bens nos termos da alínea *c*) do nº 2 artigo 1097º e do artigo 1098º;

c) Apresentar o compromisso de honra do fiel exercício das suas funções nos termos da alínea *e*) do nº 2 e do nº 3 do artigo 1097º.

2. Se não estiver em condições de apresentar todos os elementos exigidos, o cabeça de casal justifica a falta e pede, fundamentadamente, a prorrogação do prazo para os fornecer.

Artigo 1103º – Substituição do cabeça de casal

1. O cabeça de casal pode ser substituído a todo o tempo, por acordo de todos os interessados na partilha.

2. A substituição, a escusa e a remoção do cabeça de casal constituem incidentes do processo de inventário, aos quais se aplicam as regras gerais dos incidentes da instância.

3. Se for impugnada a legitimidade do cabeça de casal ou se for requerida a escusa ou a remoção deste, o inventário prossegue com o cabeça de casal designado, até ser decidido o incidente.

SECÇÃO II – Oposições e verificação do passivo

Artigo 1104º – Oposição, impugnação e reclamação

1. Os interessados diretos na partilha e o Ministério Público, quando tenha intervenção principal, podem, no prazo de 30 dias a contar da sua citação:

a) Deduzir oposição ao inventário;

b) Impugnar a legitimidade dos interessados citados ou alegar a existência de outros;

c) Impugnar a competência do cabeça de casal ou as indicações constantes das suas declarações;

d) Apresentar reclamação à relação de bens;

e) Impugnar os créditos e as dívidas da herança.

2. As faculdades previstas no número anterior também podem ser exercidas, com as necessárias adaptações, pelo requerente do inventário ou pelo cabeça de casal, contando-se o prazo, quanto ao requerente, da notificação referida no nº 3 do artigo 1100º e, quanto ao cabeça de casal, da citação efetuada nos termos da alínea *b*) do nº 2 do mesmo artigo.

3. Quando houver herdeiros legitimários, os legatários e donatários são admitidos a deduzir impugnação relativamente às questões que possam afetar os seus direitos.

Artigo 1105º – Tramitação subsequente

1. Se for deduzida oposição, impugnação ou reclamação, nos termos do artigo anterior, são notificados os interessados, podendo responder, em 30 dias, aqueles que tenham legitimidade para se pronunciar sobre a questão suscitada.

2. As provas são indicadas com os requerimentos e respostas.

3. A questão é decidida depois de efetuadas as diligências probatórias necessárias, requeridas pelos interessados ou determinadas pelo juiz, sem prejuízo do disposto nos artigos 1092º e 1093º.

4. A alegação de sonegação de bens, nos termos da lei civil, é apreciada conjuntamente com a acusação da falta de bens relacionados, aplicando-se, quando julgada provada, a sanção estabelecida no artigo 2096º do Código Civil.

5. Se estiver em causa reclamação deduzida contra a relação de bens ou pretensão deduzida por terceiro que se arrogue titular dos bens relacionados e se os interessados tiverem sido remetidos para os meios comuns, o processo prossegue os seus termos quanto aos demais bens.

6. Se o crédito relacionado pelo cabeça de casal e negado pelo pretenso devedor for mantido na relação, reputa-se litigioso.

7. Se o crédito previsto no número anterior for eliminado, entende-se que fica ressalvado aos interessados o direito de exigir o pagamento pelos meios adequados.

Artigo 1106º – Verificação do passivo

1. As dívidas relacionadas que não hajam sido impugnadas pelos interessados diretos consideram-se reconhecidas, sem prejuízo do disposto no nº 2 do artigo 574º, devendo a sentença homologatória da partilha condenar no respetivo pagamento.

2. Se houver interessados menores, maiores acompanhados ou ausentes, o Ministério Público pode opor-se ao seu reconhecimento vinculante para os referidos interessados.

3. Se todos os interessados se opuserem ao reconhecimento da dívida, o juiz deve apreciar a sua existência e montante quando a questão puder ser resolvida com segurança pelo exame dos documentos apresentados.

4. Se houver divergências entre os interessados acerca do reconhecimento da dívida, aplica-se o disposto nos nºs 1 e 2 relativamente à quota-parte dos interessados que a não impugnem e quanto à parte restante observa-se o disposto no número anterior.

5. As dívidas vencidas, que hajam sido reconhecidas por todos os interessados ou se mostrem judicialmente reconhecidas nos termos do nº 3, devem ser pagas imediatamente, se o credor exigir o pagamento.

6. Se não houver na herança dinheiro suficiente e se os interessados não acordarem noutra forma de pagamento imediato, procede-se à venda de bens para esse efeito, designando o juiz os que hão de ser vendidos, quando não haja acordo entre os interessados.

7. Se o credor quiser receber em pagamento os bens indicados para a venda, são-lhe os mesmos adjudicados pelo preço que se ajustar.

Artigo 1107º – Deliberação dos legatários ou donatários sobre o passivo

1. Quando da aprovação das dívidas resulte a redução de legados, compete aos legatários deliberar sobre o passivo e a forma do seu pagamento.

2. Os donatários são chamados a pronunciar-se sobre a aprovação das dívidas, sempre que se verifique a probabilidade séria de delas resultar a redução das liberalidades.

3. Se a dívida que dá causa à redução não for reconhecida nem por todos os herdeiros, donatários e legatários, nem pelo tribunal, não pode ser tomada em conta para a redução.

Artigo 1108º – Insolvência da herança

Quando a herança se encontre em situação de insolvência, o juiz, a requerimento de algum interessado direto ou de algum credor, extingue a instância e remete os interessados para o processo de insolvência.

SECÇÃO III – Audiência prévia de interessados

Artigo 1109º – Audiência prévia

1. O juiz pode convocar uma audiência prévia se o considerar conveniente, nomeadamente por se lhe afigurar possível a obtenção de acordo sobre a partilha ou acerca de alguma ou algumas das questões controvertidas, ou quando entenda útil ouvir pessoalmente os interessados sobre alguma questão.

2. Na convocatória, o juiz indica o objetivo da diligência e as matérias a tratar.

3. Na falta de acordo dos interessados sobre as questões controvertidas, o juiz procede à realização das diligências instrutórias necessárias para decidir as matérias que tenham sido objeto de oposição ou de impugnação.

SECÇÃO IV – Saneamento do processo e conferência de interessados

Artigo 1110º – Saneamento do processo e marcação da conferência de interessados

1. Depois de realizadas as diligências instrutórias necessárias, o juiz profere despacho de saneamento do processo em que:

a) Resolve todas as questões suscetíveis de influir na partilha e na determinação dos bens a partilhar;

b) Ordena a notificação dos interessados e do Ministério Público que tenha intervenção principal para, no prazo de 20 dias, proporem a forma da partilha.

2. Findo o prazo estabelecido no número anterior, o juiz:

a) Profere despacho sobre o modo como deve ser organizada a partilha, definindo as quotas ideais de cada um dos interessados;

b) Designa o dia para a realização da conferência de interessados.

3. Também são notificados para a conferência de interessados os cônjuges dos interessados diretos que não sejam casados em regime de separação de bens e, se entre os bens a partilhar constar a casa de morada de família de algum dos interessados, o respetivo cônjuge, ainda que casado em regime de separação de bens.

4. Na notificação das pessoas convocadas deve fazer-se menção do objeto da conferência.

5. Os interessados diretos na partilha e respetivos cônjuges são notificados com a obrigação de comparência pessoal ou de se fazerem representar, sob cominação de multa.

6. Os interessados e seus cônjuges podem fazer-se representar por mandatário com poderes especiais ou confiar o mandato a qualquer outro interessado.

7. Se faltar algum dos convocados, a conferência de interessados pode ser adiada, por determinação do juiz, uma só vez e desde que haja razões para considerar viável o acordo sobre a composição dos quinhões com a presença de todos os interessados.

Artigo 1111º – Assuntos a submeter à conferência de interessados

1. Na conferência, o juiz deve incentivar os interessados a procurar uma solução amigável para a partilha, ainda que parcial, dos bens, sensibilizando-os para as vantagens de uma autocomposição dos seus interesses.

2. Os interessados podem acordar, por unanimidade e com a concordância do Ministério Público que tenha intervenção principal, que a composição dos quinhões se realize por algum dos modos seguintes:

a) Designação das verbas que vão compor, no todo ou em parte, o quinhão de cada um dos interessados e os valores por que são adjudicados;

b) Indicação das verbas ou lotes e respetivos valores, para que, no todo ou em parte, sejam objeto de sorteio entre os interessados;

c) Acordo na venda total ou parcial dos bens da herança e na distribuição do produto da alienação pelos diversos interessados.

3. Aos interessados compete ainda deliberar sobre o passivo e a forma do seu pagamento, bem como sobre a forma de cumprimento dos legados e demais encargos da herança.

4. A deliberação dos interessados presentes vincula os que não comparecerem, salvo se não tiverem sido notificados com esta cominação.

Artigo 1112º – Partilha parcial com exclusão de interessados

1. Quando da partilha efetuada por acordo entre todos os interessados resulte o preenchimento do quinhão hereditário de qualquer deles, o juiz homologa a partilha parcial se considerar que não existem ou que estão devidamente salvaguardados os eventuais direitos de terceiros afetados por essa partilha.

2. A sentença homologatória determina a extinção da instância relativamente aos interessados cujo quinhão foi reconhecido como preenchido, sem prejuízo da renovação da instância e da alteração da sentença com fundamento em factos supervenientes, salvaguardando-se, no entanto, os efeitos já produzidos.

3. Na sentença homologatória, o juiz fixa, provisoriamente, o valor do processo de inventário e a responsabilidade pelas custas dos interessados em relação aos quais se tenha verificado a extinção da instância, sendo também elaborada uma conta de custas provisória que deve ser paga pelos interessados na proporção do que tenham recebido.

Artigo 1113º – Licitações

1. Na falta de acordo entre os interessados nos termos dos artigos anteriores, procede-se, na própria conferência de interessados, à abertura de licitação entre eles.

2. Cada verba deve ser licitada separadamente, salvo se todos concordarem ou o juiz determinar a formação de lotes, com vista a possibilitar uma repartição tendencialmente igualitária do acervo hereditário.

3. A licitação tem a estrutura de uma arrematação, sendo apenas admitidos a licitar os interessados diretos na partilha, salvos os casos em que, nos termos da lei, também devam ser admitidos os donatários e os legatários.

4. Estão excluídos da licitação os bens que, por força de lei ou de negócio, não possam ser dela objeto, os que devam ser preferencialmente atribuídos a certos interessados e ainda os que hajam sido objeto de pedido de adjudicação.

5. Vários interessados podem, por acordo, licitar a mesma verba ou lote para lhes ser adjudicado em comum na partilha.

Artigo 1114º - Avaliação

1. Até à abertura das licitações, qualquer interessado pode requerer a avaliação de bens, devendo indicar aqueles sobre os quais pretende que recaia a avaliação e as razões da não aceitação do valor que lhes é atribuído.

2. O deferimento do requerimento de avaliação suspende as licitações até à fixação definitiva do valor dos bens.

3. A avaliação dos bens é, em regra, realizada por um único perito, nomeado pelo tribunal, salvo se:

a) O juiz entender necessário, face à complexidade da diligência, a realização de perícia colegial;

b) Os interessados requererem perícia colegial e indicarem, por unanimidade, os outros dois peritos que vão realizar a avaliação dos bens.

4. A avaliação dos bens deve ser realizada no prazo de 30 dias, salvo se o juiz considerar adequada a fixação de prazo diverso.

Artigo 1115º - Pedidos de adjudicação de bens

1. Se estiverem relacionados bens indivisíveis de que algum dos interessados seja comproprietário de, pelo menos, metade do respetivo valor e se o seu direito se fundar em título que o exclua do inventário ou, se não houver herdeiros legitimários, em doação ou legado do autor da herança, pode esse interessado requerer que a parte relacionada lhe seja adjudicada.

2. Qualquer interessado pode formular pedido de adjudicação relativamente a quaisquer bens fungíveis, títulos de crédito ou valores mobiliários e demais instrumentos financeiros, na proporção da sua quota, salvo se a divisão em espécie puder acarretar prejuízo considerável.

3. Os pedidos de adjudicação a que se referem os números anteriores são deduzidos na conferência de interessados.

4. Os restantes interessados presentes são ouvidos sobre as questões da indivisibilidade ou do eventual prejuízo causado pela divisão, podendo qualquer dos interessados requerer que se proceda à avaliação, devendo fazê-lo até à abertura das licitações.

Artigo 1116º - Oposição ao excesso de licitação

1. Se algum dos interessados licitar numa pluralidade de verbas ou lotes cujo valor, no seu conjunto, ultrapasse o necessário para o preenchimento da sua quota, pode qualquer dos outros interessados opor-se ao excesso, requerendo que as verbas em excesso ou algumas delas lhe sejam adjudicadas pelo valor resultante da licitação, até ao limite do seu quinhão.

2. Cabe ao licitante escolher, de entre todas as verbas ou lotes em que licitou, as suficientes para o preenchimento da quota que lhe cabe no património hereditário.

3. Se o requerimento for feito por mais de um interessado e se não houver acordo entre eles sobre a adjudicação, o juiz decide, por forma a conseguir o maior equilíbrio dos lotes, podendo abrir licitações entre esses interessados ou mandar proceder a sorteio.

Artigo 1117º – Composição igualitária de quinhões de não licitantes

1. Na falta de acordo sobre a composição dos quinhões dos interessados não conferentes ou não licitantes, o juiz determina a formação de lotes que assegurem, quanto possível, que a todos os interessados são atribuídos bens da mesma espécie e natureza dos doados e licitados, procedendo-se depois ao sorteio entre os co-herdeiros.

2. Se não for possível a formação de lotes nos termos do número anterior, por não haver bens da mesma espécie e natureza dos doados ou licitados, os não conferentes ou não licitantes são inteirados:

a) Mediante sorteio entre vários lotes, devendo o juiz, ao constituí-los, procurar assegurar o maior equilíbrio possível entre os mesmos;

b) Por adjudicação em comum, pelo juiz, dos bens sobrantes aos interessados, na proporção do valor que lhes falta para preenchimento dos seus quinhões.

3. Os créditos que sejam litigiosos ou que não estejam suficientemente comprovados e os bens que não tenham valor são distribuídos proporcionalmente pelos interessados.

SECÇÃO V – Incidente de inoficiosidade

Artigo 1118º – Requerimento de redução de legados ou doações inoficiosas

1. Qualquer herdeiro legitimário pode requerer, no confronto do donatário ou legatário visado, até à abertura das licitações, a redução das doações ou legados que considere viciadas por inoficiosidade.

2. No requerimento apresentado, o interessado fundamenta a sua pretensão e especifica os valores, quer dos bens da herança, quer dos doados ou legados, que justificam a redução pretendida e, de seguida, são ouvidos, quer os restantes herdeiros legitimários, quer o donatário ou legatário requerido.

3. Para apreciação do incidente, pode proceder-se, oficiosamente ou a requerimento de qualquer das partes, à avaliação dos bens da herança e dos bens doados ou legados, se a mesma já não tiver sido realizada no processo.

4. A decisão incide sobre a existência ou inexistência de inoficiosidade e sobre a restituição dos bens, no todo ou em parte, ao património hereditário.

Artigo 1119º – Consequências da inoficiosidade

1. Quando se reconheça que a doação ou o legado são inoficiosos, o requerido é condenado a repor, em substância, a parte que afetar a legítima, embora possa escolher, de entre os bens doados ou legados, os necessários para preencher o valor que tenha direito a receber.

2. Sobre os bens restituídos à herança pode haver licitação, a que não é admitido o donatário ou legatário requerido.

3. Quando se tratar de bem indivisível, o beneficiário da doação ou legado inoficioso deve restituir a totalidade do bem, quando a redução exceder metade do seu valor, abrindo-se licitação sobre ele entre os herdeiros legitimários e atribuindo-se ao requerido o valor pecuniário que tenha o direito de receber.

4. Se, porém, a redução for inferior a metade do valor do bem, o legatário ou donatário requerido pode optar pela reposição em dinheiro do excesso.

SECÇÃO VI – Mapa da partilha e sentença homologatória

Artigo 1120º – Mapa da partilha

1. Concluídas as diligências reguladas nas secções anteriores, procede-se à notificação dos interessados e do Ministério Público, quando este tenha intervenção principal, para, no prazo de 20 dias, apresentarem proposta de mapa da partilha, da qual constem os direitos de cada interessado e o preenchimento dos seus quinhões, de acordo com o despacho determinativo da partilha e os elementos resultantes da conferência de interessados.

2. Decorridos os prazos para a apresentação das propostas de mapa de partilha, o juiz profere despacho a solucionar as divergências que existam entre as várias propostas de mapa de partilha e determina a elaboração do mapa de partilha pela secretaria, em conformidade com o decidido.

3. Para a formação do mapa determina-se, em primeiro lugar, a importância total do ativo, somando-se os valores de cada espécie de bens conforme as avaliações e licitações efetuadas e deduzindo-se as dívidas, legados e encargos que devam ser abatidos, após o que se determina o montante da quota de cada interessado e a parte que lhe cabe em cada espécie de bens, e por fim faz-se o preenchimento de cada quota com referência às verbas ou lotes dos bens relacionados.

4. No preenchimento dos quinhões observam-se as seguintes regras:

a) Os bens licitados são adjudicados ao respetivo licitante e os bens doados ou legados são adjudicados ao respetivo donatário ou legatário;

b) A quota dos não conferentes ou não licitantes é integrada de acordo com o disposto no artigo 1117º.

5. Os interessados são notificados do mapa de partilha elaborado, podendo apresentar reclamações contra o mesmo.

Artigo 1121º – Tornas

1. Os interessados aos quais caibam tornas são notificados para requerer a composição dos seus quinhões por bens que não se mostrem adjudicados ou reclamar o pagamento das tornas.

2. Se for reclamado o pagamento das tornas, é notificado o interessado que tenha de as pagar, para as depositar.

3. Havendo pluralidade de requerentes, é aplicável, com as necessárias adaptações, o disposto no nº 3 do artigo 1116º.

Artigo 1122º – Sentença homologatória da partilha

1. Depois de decididas todas as questões, o juiz profere sentença homologatória da partilha constante do mapa.

2. Depois do trânsito em julgado da sentença homologatória e se houver direito a tornas, os requerentes podem pedir que se proceda, no processo, à venda dos bens adjudicados ao devedor até onde seja necessário para o seu pagamento.

3. Se não for reclamado o seu pagamento, as tornas vencem juros legais desde a data da sentença homologatória da partilha e os credores beneficiam de hipoteca legal sobre os bens adjudicados ao devedor.

4. Quando a garantia prevista no número anterior se mostre insuficiente, os credores podem requerer que sejam tomadas, quanto aos bens móveis, as cautelas estabelecidas no artigo 1124º.

Artigo 1123º – Regime dos recursos

1. Aplicam-se ao processo de inventário as disposições gerais do processo de declaração sobre a admissibilidade, os efeitos, a tramitação e o julgamento dos recursos.

2. Cabe ainda apelação autónoma:

a) Da decisão sobre a competência, a nomeação ou a remoção do cabeça de casal;

b) Das decisões de saneamento do processo e de determinação dos bens a partilhar e da forma da partilha;

c) Da sentença homologatória da partilha.

3. O juiz pode atribuir efeito suspensivo do processo ao recurso interposto nos termos da alínea *b)* do número anterior, se a questão a ser apreciada puder afetar a utilidade prática das diligências que devam ser realizadas na conferência de interessados.

4. São interpostos conjuntamente com a apelação referida na alínea *b)* do nº 2 os recursos em que se pretendam impugnar decisões proferidas até esse momento, subindo todas elas em conjunto ao tribunal superior, em separado dos autos principais.

5. São interpostos conjuntamente com a apelação referida na alínea *c)* do nº 2 os recursos em que se impugnem despachos posteriores à decisão de saneamento do processo.

Artigo 1124º – Entrega de bens antes do trânsito da sentença homologatória

1. Se algum dos interessados mostrar interesse atendível em receber os bens que lhe tenham cabido em partilha antes do trânsito em julgado da sentença homologatória, observa-se o seguinte:

a) No título que se passe para o registo e posse dos bens imóveis, declara-se que a decisão não é definitiva, não podendo o conservador registar a transmissão sem mencionar essa circunstância;

b) No caso dos valores mobiliários titulados, previstos no nº 2 do artigo 99º e 105º do Código dos Valores Mobiliários, e dos valores mobiliários escriturais, é efetuado o registo da transmissão na conta de registo individual do interessado e o subsequente bloqueio, nos termos, respetivamente, dos artigos 80º e 72º do Código dos Valores Mobiliários, sendo este último levantado com o trânsito em julgado da sentença homologatória;

c) No caso dos restantes valores mobiliários titulados, é efetuada a inscrição, nos títulos, da transmissão a favor do interessado e da impossibilidade da sua retransmissão até ao trânsito em julgado da sentença homologatória, e são realizados os correspondentes registos dessa transmissão e subsequente vicissitude junto do emitente ou do intermediário financeiro que o representa, nos termos dos artigos 102º e 103º do Código dos Valores Mobiliários;

d) Quaisquer outros bens só são entregues se o interessado prestar caução, a qual não compreende os rendimentos, os juros e os dividendos.

2. As declarações feitas no registo ou no averbamento produzem o mesmo efeito que o registo das ações e tal efeito subsiste enquanto não for declarado extinto por despacho judicial.

Artigo 1125º – Nova partilha

1. Caso se proceda a nova partilha por efeito de decisão proferida em recurso, o cabeça de casal entra imediatamente na posse dos bens que deixaram de pertencer ao interessado que os recebeu.

2. O inventário só é reformado na parte estritamente necessária para que a decisão seja cumprida, subsistindo sempre a avaliação e a descrição, ainda que se verifique a completa substituição de herdeiros.

3. Na decisão que julgue a nova partilha, ou por despacho quando não tenha de proceder-se a nova partilha, ordena-se o cancelamento dos registos ou averbamentos que devam caducar.

4. Se o interessado não restituir os bens móveis que recebeu, é executado, nos próprios autos, para a sua entrega e para o pagamento dos rendimentos que deva restituir, prestando contas como se fosse cabeça de casal.

SECÇÃO VII - Incidentes posteriores à sentença homologatória

Artigo 1126º – Emenda da partilha

1. Ainda que a decisão homologatória tenha transitado em julgado, a partilha pode ser emendada no próprio inventário por acordo de todos os interessados, se tiver havido erro de facto na descrição ou qualificação dos bens ou qualquer outro erro suscetível de viciar a vontade das partes.

2. Na falta de acordo quanto à emenda, o interessado requer fundamentadamente, no próprio processo, que a ela se proceda, no prazo máximo de um ano a contar da cognoscibilidade do erro, desde que esta seja posterior à decisão, aplicando-se à tramitação o disposto quanto aos incidentes da instância.

Artigo 1127º – Anulação da partilha

1. Sem prejuízo dos casos de recurso extraordinário de revisão, a partilha confirmada por sentença homologatória transitada em julgado só pode ser anulada quando tenha havido preterição ou falta de intervenção de algum dos co-herdeiros e se mostre que os outros interessados procederam com dolo ou má-fé, seja quanto à preterição, seja quanto ao modo como a partilha foi preparada.

2. O pedido de anulação constitui incidente do processo de inventário, ao qual se aplicam as regras gerais dos incidentes da instância.

Artigo 1128º – Composição do quinhão ao herdeiro preterido

1. Se não se verificarem os requisitos previstos no nº 1 do artigo anterior ou se o herdeiro preterido preferir que o seu quinhão seja composto em dinheiro, este deve requerer que seja convocada a conferência de interessados para se determinar o montante do seu quinhão.

2. Se os interessados não chegarem a acordo, observam-se as seguintes regras:

a) Consigna-se no auto quais os bens sobre cujo valor se verifica divergência;

b) Esses bens são avaliados novamente e sobre eles pode ser requerida segunda avaliação;

c) Em seguida, fixa-se a importância a que o herdeiro tem direito.

3. É organizado novo mapa de partilha para fixação das alterações ao primitivo mapa em consequência dos pagamentos necessários para o preenchimento do quinhão do preterido.

4. Feita a composição do quinhão, o herdeiro pode requerer que os devedores sejam notificados para realizar o pagamento, sob pena de ficarem obrigados a compor-lhe em bens a parte respetiva, sem prejuízo, porém, das alienações já efetuadas.

Artigo 1129º – Partilha adicional

1. Quando se reconheça, depois de feita a partilha, que houve omissão de alguns bens, procede-se a partilha adicional no mesmo processo.

2. No inventário a que se proceda por óbito do cônjuge supérstite, são descritos e partilhados os bens omitidos no inventário do cônjuge predefunto, quando a omissão só venha a descobrir-se por ocasião daquele inventário.

SECÇÃO VIII - Custas

Artigo 1130º - Responsabilidade pelas custas

1. A taxa de justiça e os encargos do inventário são pagos pelos interessados, na proporção do que tenham recebido, respondendo os bens legados, subsidiariamente, pelo pagamento.

2. Se a herança for toda distribuída em legados, as custas são pagas pelos legatários na mesma proporção.

3. A taxa de justiça paga pelo requerente do inventário é considerada encargo para efeitos do disposto no nº 1.

4. Às custas dos incidentes e dos recursos são aplicáveis, com as necessárias adaptações, as regras sobre o valor da causa e sobre as custas e a taxa de justiça, bem como as constantes do Regulamento das Custas Processuais.

5. No caso de remessa do inventário instaurado em cartório notarial para o tribunal, as custas pagas ao notário devem ser descontadas naquelas que sejam devidas pelo interessado.

CAPÍTULO III - Partilha de bens em casos especiais

Artigo 1131º - Justificação de ausência

1. Para deferimento da curadoria e entrega dos bens do ausente devem ser citadas e podem intervir as pessoas referidas no artigo 100º do Código Civil.

2. No prazo de 30 dias a contar da citação, qualquer dos citados pode deduzir oposição quanto à data da ausência ou das últimas notícias do ausente constante do processo, indicando a que considera exata.

3. Quem se julgue com direito à entrega de bens, independentemente da partilha, pode requerer a sua entrega imediata.

4. A decisão que ordene a entrega imediata dos bens nomeia os interessados curadores definitivos quanto a esses bens.

5. A decisão de inventário defere, a quem compete, a curadoria definitiva dos bens que não tenham sido entregues nos termos do número anterior.

6. Quando seja exigida caução a algum curador definitivo e este a não preste, é ordenada a entrega dos bens a outro curador.

Artigo 1132º - Novos interessados

1. A partilha e as entregas feitas podem ser alteradas no próprio processo, a requerimento de herdeiro ou interessado que mostre dever excluir algum dos curadores nomeados ou concorrer com eles à sucessão, relativamente à data das últimas notícias do ausente.

2. Os curadores e os interessados são notificados do requerimento referido no número anterior para responder.

3. Na falta de resposta, é ordenada a emenda, deferindo-se a curadoria de harmonia com ela.

4. Se houver oposição, a questão é decidida pelo juiz.

Artigo 1133º – Separação, divórcio, declaração de nulidade ou anulação de casamento

1. Decretada a separação judicial de pessoas e bens ou o divórcio, ou declarado nulo ou anulado o casamento, qualquer dos cônjuges pode requerer inventário para partilha dos bens comuns.

2. As funções de cabeça de casal incumbem ao cônjuge mais velho.

3. Sempre que o entenda conveniente, o juiz pode determinar a remessa do processo para mediação, aplicando-se, quanto ao mais, o disposto no artigo 273º.

Artigo 1134º – Responsabilidade pelas custas

A taxa de justiça e os encargos inerentes ao inventário a que se refere o artigo anterior são da responsabilidade de ambos os interessados, na proporção de metade por cada um.

Artigo 1135º – Separação de bens em casos especiais

1. Se for requerida a separação de bens nos casos de penhora de bens comuns do casal ou se houver que proceder-se à separação por causa da insolvência de um dos cônjuges, aplica-se o disposto no regime do processo de inventário em consequência de separação, divórcio, declaração de nulidade ou anulação do casamento, com as especificidades previstas nos números seguintes.

2. O exequente, nos casos de penhora de bens comuns do casal, ou qualquer credor, no caso de insolvência, podem promover o inventário e o seu andamento.

3. Só podem ser aprovadas dívidas que estejam devidamente documentadas.

4. O cônjuge do executado ou do insolvente pode escolher os bens com que deve ser formada a sua meação.

5. Se usar a faculdade prevista no número anterior, são os credores notificados da escolha, podendo reclamar fundamentadamente contra ela.

6. Se o juiz julgar atendível a reclamação prevista no número anterior, ordena a avaliação dos bens que lhe pareçam mal avaliados.

7. Se a avaliação modificar o valor dos bens escolhidos pelo cônjuge do executado ou do insolvente, este cônjuge pode declarar que desiste da escolha, caso em que as meações são adjudicadas por meio de sorteio.

8. As meações são igualmente adjudicadas por meio de sorteio se o cônjuge do executado ou do insolvente não tiver usado da faculdade de escolha dos bens que compõem a meação.

LIVRO VI – DO TRIBUNAL ARBITRAL NECESSÁRIO

Artigo 1136º – Regime do julgamento arbitral necessário

Se o julgamento arbitral for prescrito por lei especial, atende-se ao que nesta estiver determinado; na falta de determinação, observa-se o disposto nos artigos seguintes.

Artigo 1137º – Nomeação dos árbitros e árbitro de desempate[1]

1. Pode qualquer das partes requerer a notificação da outra para a nomeação de árbitros, aplicando-se, com as necessárias adaptações, o estabelecido na Lei da Arbitragem Voluntária.

2. O terceiro árbitro vota sempre, mas é obrigado a conformar-se com um dos outros, de modo que faça maioria sobre os pontos em que haja divergência.

Artigo 1138º – Substituição dos árbitros e responsabilidade dos remissos[1]

1. Em todos os casos em que, por qualquer razão, cessem as funções de um árbitro, procede-se à nomeação de outro, nos termos previstos na Lei da Arbitragem Voluntária, cabendo a nomeação, sempre que possível, a quem tiver nomeado o árbitro anterior.

2. Se a decisão não for proferida dentro do prazo, este é prorrogado por acordo das partes ou decisão do juiz, respondendo pelo prejuízo havido e incorrendo em multa os árbitros que injustificadamente tenham dada causa à falta; havendo nova falta, os limites da multa são elevados ao dobro.

Artigo 1139º – Aplicação das disposições relativas ao tribunal arbitral necessário[1]

Em tudo o que não vai especialmente regulado observa-se, na parte aplicável, o disposto na Lei da Arbitragem Voluntária.

[1] Epígrafe alterada pela L 117/2019, de 13 de setembro.

[1] Lei da Organização do Sistema Judiciário (LOSJ)

Lei nº 62/2013, de 26 de agosto[1],

com as alterações decorrentes das Leis nºs 40-A/2016, de 22/12; 94/2017, de 23/08; 23/2018, de 5/06; 19/2019, de 19/02; 27/2019, de 28/03; 55/2019, de 5/08; 107/2019, de 9/09 e 77/2021, de 23/11[2]

TÍTULO I – Princípios e disposições gerais

Artigo 1º – Objeto

A presente lei estabelece as normas de enquadramento e de organização do sistema judiciário.

Artigo 2º – Tribunais e função jurisdicional

1. Os tribunais são órgãos de soberania com competência para administrar a justiça em nome do povo.

2. A função jurisdicional é exercida pelos tribunais.

3. Na administração da justiça, incumbe aos tribunais assegurar a defesa dos direitos e interesses legalmente protegidos, reprimir a violação da legalidade democrática e dirimir os conflitos de interesses públicos e privados.

Artigo 3º – Ministério Público

1. O Ministério Público representa o Estado, defende os interesses que a lei determinar, participa na execução da política criminal definida pelos órgãos de soberania, exerce a ação penal orientada pelo princípio da legalidade e defende a legalidade democrática, nos termos da Constituição, do respetivo estatuto e da lei.

2. O Ministério Público goza de estatuto próprio e de autonomia em relação aos demais órgãos do poder central, regional e local, nos termos da lei.

[1] Tomou-se em linha de conta a Declaração de Retificação nº 42/2013, DR, 1ª série, nº 206, de 24/10/13.
[2] A L 40-A/2016, de 22 de dezembro entrou em vigor na data de início da produção de efeitos do DL 86/2016, de 27 de dezembro, ou seja, no dia 1 de janeiro de 2017.

3. A autonomia do Ministério Público caracteriza-se pela sua vinculação a critérios de legalidade e objetividade e pela exclusiva sujeição dos magistrados do Ministério Público às diretivas, ordens e instruções previstas na lei.

TÍTULO II – Profissões judiciárias

CAPÍTULO I – Juízes

Artigo 4º – Independência dos juízes

1. Os juízes julgam apenas segundo a Constituição e a lei e não estão sujeitos a quaisquer ordens ou instruções, salvo o dever de acatamento das decisões proferidas em via de recurso por tribunais superiores.

2. Os juízes não podem ser responsabilizados pelas suas decisões, salvas as exceções consignadas na lei.

Artigo 5º – Garantias e incompatibilidades

1. Os juízes são inamovíveis, não podendo ser transferidos, suspensos, aposentados ou demitidos senão nos casos previstos no respetivo estatuto.

2. Os juízes em exercício não podem desempenhar qualquer outra função pública ou privada, salvo as funções docentes ou de investigação científica de natureza jurídica, não remuneradas, nos termos da lei.

3. Os juízes em exercício não podem ser nomeados para comissões de serviço estranhas à atividade dos tribunais sem autorização do conselho superior competente.

4. A lei pode estabelecer outras incompatibilidades com o exercício da função de juiz.

Artigo 6º – Nomeação, colocação, transferência e promoção de juízes

1. A nomeação, a colocação, a transferência e a promoção dos juízes dos tribunais judiciais e o exercício da ação disciplinar competem ao Conselho Superior da Magistratura, nos termos da lei.

2. A nomeação, a colocação, a transferência e a promoção dos juízes dos tribunais administrativos e fiscais, bem como o exercício da ação disciplinar, competem ao Conselho Superior dos Tribunais Administrativos e Fiscais, nos termos da lei.

3. A lei define as regras e determina a competência para a nomeação, colocação e transferência, bem como para o exercício da ação disciplinar, em relação aos juízes dos restantes tribunais, com salvaguarda das garantias previstas na Constituição.

Artigo 7º – Juízes dos tribunais judiciais

1. Os juízes dos tribunais judiciais constituem a magistratura judicial, formam um corpo único e regem-se pelo respetivo estatuto, aplicável a todos os magistrados judiciais, qualquer que seja a situação em que se encontrem.

2. A lei determina os requisitos e as regras de recrutamento dos juízes dos tribunais judiciais de primeira instância.

3. O recrutamento dos juízes dos tribunais judiciais de segunda instância faz-se com prevalência do critério de mérito, por concurso curricular entre juízes da primeira instância.

4. O acesso ao Supremo Tribunal de Justiça faz-se por concurso curricular aberto aos magistrados judiciais e aos magistrados do Ministério Público e a outros juristas de mérito, nos termos que a lei determinar.

Artigo 8º – Juízes dos tribunais administrativos e fiscais

1. Os juízes da jurisdição administrativa e fiscal formam um corpo único e regem-se pelo disposto na Constituição, pelo respetivo estatuto e demais legislação aplicável e, subsidiariamente, pelo Estatuto dos Magistrados Judiciais, com as necessárias adaptações.

2. Os juízes da jurisdição administrativa e fiscal estão sujeitos às incompatibilidades estabelecidas na Constituição e na lei e regem-se pelo Estatuto dos Magistrados Judiciais nos aspetos não previstos no estatuto próprio.

CAPÍTULO II – Magistrados do Ministério Público

Artigo 9º – Magistrados do Ministério Público

1. São magistrados do Ministério Público:

a) O Procurador-Geral da República;

b) O Vice-Procurador-Geral da República;

c) Os procuradores-gerais-adjuntos;

d) Os procuradores da República;

e) Os procuradores-adjuntos.

2. Os magistrados do Ministério Público são responsáveis e hierarquicamente subordinados, sem prejuízo da sua autonomia, nos termos do respetivo estatuto.

3. A magistratura do Ministério Público é paralela à magistratura judicial e dela independente.

Artigo 10º[1] – Representação do Ministério Público

O Ministério Público é representado:

a) No Supremo Tribunal de Justiça, no Tribunal Constitucional, no Supremo Tribunal Administrativo e no Tribunal de Contas, pelo Procurador-Geral da República e por procuradores-gerais-adjuntos;

b) Nos tribunais da Relação pelo procurador-geral distrital e por procuradores-gerais-adjuntos e nos tribunais centrais administrativos por procuradores-gerais-adjuntos;

c) Nos tribunais de competência territorial alargada, nos juízos centrais e locais e nos tribunais administrativos de círculo e tribunais tributários, por procuradores-gerais-adjuntos, por procuradores da República e por procuradores-adjuntos.

[1] Redação da L 40-A/2016, de 22 de dezembro.

2. Nos juízos centrais a representação é assegurada, em regra, por procurador da República.

3. Os magistrados referidos no nº 1 fazem-se substituir nos termos do Estatuto do Ministério Público.

Artigo 11º – Nomeação, colocação, transferência e promoção e outros atos respeitantes aos magistrados do Ministério Público

1. Os magistrados do Ministério Público não podem ser transferidos, suspensos, promovidos, aposentados ou demitidos senão nos casos previstos no respetivo estatuto.

2. A nomeação, a colocação, a transferência, a promoção, a exoneração, a apreciação do mérito profissional, o exercício da ação disciplinar e, em geral, a prática de todos os atos de idêntica natureza respeitantes aos magistrados do Ministério Público, com exceção do Procurador-Geral da República, competem à Procuradoria-Geral da República, através do Conselho Superior do Ministério Público.

CAPÍTULO III – Advogados e solicitadores

Artigo 12º – Advogados

1. O patrocínio forense por advogado constitui um elemento essencial na administração da justiça e é admissível em qualquer processo, não podendo ser impedido perante qualquer jurisdição, autoridade ou entidade pública ou privada.

2. Para defesa de direitos, interesses ou garantias individuais que lhes sejam confiados, os advogados podem requerer a intervenção dos órgãos jurisdicionais competentes, cabendo-lhes, sem prejuízo do disposto nas leis do processo, praticar os atos próprios previstos na lei, nomeadamente exercer o mandato forense e a consulta jurídica.

3. No exercício da sua atividade, os advogados devem agir com total independência e autonomia técnica e de forma isenta e responsável, encontrando-se apenas vinculados a critérios de legalidade e às regras deontológicas próprias da profissão.

Artigo 13º – Imunidade do mandato conferido a advogados

1. A lei assegura aos advogados as imunidades necessárias ao exercício dos atos próprios de forma isenta, independente e responsável, regulando-os como elemento indispensável à administração da justiça.

2. Para garantir o exercício livre e independente de mandato que lhes seja confiado, a lei assegura aos advogados as imunidades necessárias a um desempenho eficaz, designadamente:

a) O direito à proteção do segredo profissional;

b) O direito ao livre exercício do patrocínio e ao não sancionamento pela prática de atos conformes ao estatuto da profissão;

c) O direito à especial proteção das comunicações com o cliente e à preservação do sigilo da documentação relativa ao exercício da defesa;

d) O direito a regimes específicos de imposição de selos, arrolamentos e buscas em escritórios de advogados, bem como de apreensão de documentos.

Artigo 14º – Ordem dos Advogados

A Ordem dos Advogados é a associação pública representativa dos advogados, que goza de independência relativamente aos órgãos do Estado e é livre e autónoma nas suas regras, nos termos da lei.

Artigo 15º – Solicitadores

1. Os solicitadores participam na administração da justiça, exercendo o mandato judicial nos casos e com as limitações previstos na lei.

2. No exercício da sua atividade, os solicitadores devem agir com total independência e autonomia técnica e de forma isenta e responsável, encontrando-se apenas vinculados a critérios de legalidade e às regras deontológicas próprias da profissão.

3. A lei assegura aos solicitadores as condições adequadas e necessárias ao exercício independente do mandato que lhes seja confiado.

Artigo 16º[1] – Ordem dos Solicitadores e dos Agentes de Execução

A Ordem dos Solicitadores e dos Agentes de Execução é a associação pública profissional representativa dos solicitadores e dos agentes de execução.

Artigo 17º[1] – Instalações para uso da Ordem dos Advogados e da Ordem dos Solicitadores e dos Agentes de Execução

1. A Ordem dos Advogados e a Ordem dos Solicitadores e dos Agentes de Execução têm direito ao uso exclusivo de instalações nos edifícios dos tribunais desde que estas lhes sejam reservadas, podendo, através de protocolo, ser definida a repartição dos encargos em matéria de equipamentos e de custos com a respetiva conservação e manutenção.

2. Os mandatários judiciais têm direito ao uso exclusivo de instalações que, em vista das suas funções, lhes sejam destinadas.

CAPÍTULO IV – Oficiais de justiça

Artigo 18º[1] – Carreira de oficial de justiça

1. Atenta a natureza e a especificidade das funções que assegura e desenvolve, o oficial de justiça integra carreira de regime especial, nos termos previstos na lei.

2. Os oficiais de justiça exercem funções específicas em conformidade com o conteúdo funcional definido no respetivo Estatuto e nos termos neste fixados, e asseguram, nas secretarias dos tribunais e nas secretarias do Ministério Público, o expediente e a regular tramitação dos processos, em conformidade com a lei e na dependência funcional do respetivo magistrado.

[1] Redação da L 40-A/2016, de 22 de dezembro.

Artigo 19º – Estatuto

Os oficiais de justiça regem-se por estatuto próprio.

Artigo 20º – Admissão, colocação, transferência e provimento

A admissão à carreira, a colocação, a transferência e o provimento dos oficiais de justiça em cargos de chefia compete à Direção-Geral da Administração da Justiça, nos termos da lei.

Artigo 21º – Direitos, deveres e incompatibilidades

1. Os oficiais de justiça gozam dos direitos gerais previstos para os trabalhadores que exercem funções públicas e estão sujeitos aos deveres e incompatibilidades para estes previstos.

2. Os oficiais de justiça gozam ainda de direitos especiais e estão sujeitos aos deveres e incompatibilidades decorrentes das funções atribuídas e constantes do respetivo estatuto profissional.

TÍTULO III – Tribunais

Artigo 22º – Independência dos tribunais

Os tribunais são independentes e apenas estão sujeitos à lei.

Artigo 23º – Coadjuvação

1. No exercício das suas funções, os tribunais têm direito à coadjuvação das outras autoridades.

2. O disposto no número anterior abrange designadamente, sempre que necessário, a guarda das instalações e a manutenção da ordem pelas forças de segurança.

Artigo 24º – Decisões dos tribunais

1. As decisões dos tribunais que não sejam de mero expediente são fundamentadas na forma prevista na lei.

2. As decisões dos tribunais são obrigatórias para todas as entidades públicas e privadas e prevalecem sobre as de quaisquer outras autoridades.

3. A lei regula os termos da execução das decisões dos tribunais relativamente a qualquer autoridade e determina as sanções a aplicar aos responsáveis pela sua inexecução.

Artigo 25º – Audiências dos tribunais

As audiências dos tribunais são públicas, salvo quando o próprio tribunal, em despacho fundamentado, decidir o contrário, para salvaguarda da dignidade das pessoas e da moral pública ou para garantir o seu normal funcionamento.

Artigo 26º – Acesso ao direito e tutela jurisdicional efetiva

1. A todos é assegurado o acesso ao direito e aos tribunais para defesa dos seus direitos e interesses legalmente protegidos, não podendo a justiça ser denegada por insuficiência de meios económicos.

2. Todos têm direito à informação e consulta jurídicas, ao patrocínio judiciário e a fazer-se acompanhar por advogado perante qualquer autoridade, nos termos da lei.

3. Todos têm direito a que uma causa em que intervenham seja objeto de decisão em prazo razoável e mediante processo equitativo.

4. Para defesa dos direitos, liberdades e garantias pessoais, a lei assegura aos cidadãos procedimentos judiciais caracterizados pela celeridade e prioridade, de modo a obter tutela efetiva e em tempo útil contra ameaças ou violações desses direitos.

Artigo 27º[1] – Ano judicial

1. O ano judicial corresponde ao ano civil.

2. A abertura do ano judicial é assinalada pela realização de uma sessão solene no Supremo Tribunal de Justiça, na qual usam da palavra, de pleno direito, o Presidente da República, o Presidente da Assembleia da República, o Presidente do Supremo Tribunal de Justiça, o Primeiro-Ministro ou o membro do Governo responsável pela área da justiça, o Procurador-Geral da República e o Bastonário da Ordem dos Advogados.

Artigo 28º – Férias judiciais

As férias judiciais decorrem de 22 de dezembro a 3 de janeiro, do domingo de Ramos à segunda-feira de Páscoa e de 16 de julho a 31 de agosto.

Artigo 29º – Categorias de tribunais

1. Além do Tribunal Constitucional, existem as seguintes categorias de tribunais:

a) O Supremo Tribunal de Justiça e os tribunais judiciais de primeira e de segunda instância;

b) O Supremo Tribunal Administrativo e os demais tribunais administrativos e fiscais;

c) O Tribunal de Contas.

2. Os tribunais judiciais de segunda instância são, em regra, os tribunais da Relação e designam-se pelo nome do município em que se encontram instalados.

3. Os tribunais judiciais de primeira instância são, em regra, os tribunais de comarca.

4. Podem existir tribunais arbitrais e julgados de paz.

[1] Redação da L 40-A/2016, de 22 de dezembro.

TÍTULO IV – Tribunal Constitucional

Artigo 30º – Competência, composição, organização e funcionamento

1. Ao Tribunal Constitucional compete especificamente administrar a justiça em matérias de natureza jurídico-constitucional.

2. A composição, a competência, a organização e o funcionamento do Tribunal Constitucional resultam do previsto na Constituição e na lei.

TÍTULO V – Tribunais judiciais

CAPÍTULO I – Estrutura e organização

Artigo 31º – Supremo Tribunal de Justiça

1. O Supremo Tribunal de Justiça é o órgão superior da hierarquia dos tribunais judiciais, sem prejuízo da competência própria do Tribunal Constitucional.

2. O Supremo Tribunal de Justiça funciona como tribunal de instância nos casos que a lei determinar.

Artigo 32º – Tribunais da Relação

1. A área de competência dos tribunais da Relação, salvo nos casos previstos na presente lei, é definida nos termos do anexo I à presente lei, da qual faz parte integrante.

2. Pode proceder-se, por decreto-lei, à criação de tribunais da Relação ou à alteração da respetiva área de competência, após audição do Conselho Superior da Magistratura, da Procuradoria-Geral da República e da Ordem dos Advogados.

3. Os tribunais da Relação podem funcionar em secções especializadas.

Artigo 33º[1] – Tribunais judiciais de primeira instância

1. Os tribunais judiciais de primeira instância incluem os tribunais de competência territorial alargada e os tribunais de comarca.

2. O território nacional divide-se em 23 comarcas, nos termos do anexo II à presente lei, da qual faz parte integrante.

3. Em cada uma das circunscrições referidas no número anterior existe um tribunal judicial de primeira instância.

4. A sede, a designação e a área de competência territorial são definidas no decreto-lei que estabelece o regime aplicável à organização e funcionamento dos tribunais judiciais.

[1] Redação da L 40-A/2016, de 22 de dezembro.

Artigo 34º - Assessores

O Supremo Tribunal de Justiça e os tribunais da Relação dispõem de assessores que coadjuvam os magistrados judiciais e os magistrados do Ministério Público, nos termos definidos na lei.

Artigo 35º - Gabinete de apoio ao presidente da comarca e aos magistrados judiciais e do Ministério Público

Cada comarca, ou conjunto de comarcas, pode ser dotada de gabinetes de apoio destinados a prestar assessoria e consultadoria técnica aos presidentes dos tribunais e aos magistrados judiciais e do Ministério Público, na dependência orgânica do Conselho Superior da Magistratura e da Procuradoria-Geral da República, respetivamente, nos termos a definir por decreto-lei.

Artigo 36º - Turnos

1. Nos tribunais organizam-se turnos para assegurar o serviço que deva ser executado durante as férias judiciais ou quando o serviço o justifique.

2. São ainda organizados turnos para assegurar o serviço urgente previsto na lei que deva ser executado aos sábados, nos feriados que recaiam em segunda-feira e no segundo dia feriado, em caso de feriados consecutivos.

3. Pelo serviço prestado nos termos do número anterior é devido suplemento remuneratório, a definir por decreto-lei.

CAPÍTULO II - Competência

Artigo 37º - Extensão e limites da competência

1. Na ordem jurídica interna, a competência reparte-se pelos tribunais judiciais segundo a matéria, o valor, a hierarquia e o território.

2. A lei de processo fixa os fatores de que depende a competência internacional dos tribunais judiciais.

Artigo 38º - Fixação da competência

1. A competência fixa-se no momento em que a ação se propõe, sendo irrelevantes as modificações de facto que ocorram posteriormente, a não ser nos casos especialmente previstos na lei.

2. São igualmente irrelevantes as modificações de direito, exceto se for suprimido o órgão a que a causa estava afeta ou lhe for atribuída competência de que inicialmente carecia para o conhecimento da causa.

Artigo 39º[1] - Proibição de desaforamento

Nenhuma causa pode ser deslocada do tribunal ou juízo competente para outro, a não ser nos casos especialmente previstos na lei.

[1] Redação da L 40-A/2016, de 22 de dezembro.

Artigo 40º[1] – Competência em razão da matéria

1. Os tribunais judiciais têm competência para as causas que não sejam atribuídas a outra ordem jurisdicional.

2. A presente lei determina a competência, em razão da matéria, entre os juízos dos tribunais de comarca, estabelecendo as causas que competem aos juízos de competência especializada e aos tribunais de competência territorial alargada.

Artigo 41º[1] – Competência em razão do valor

A presente lei determina a competência, em razão do valor, entre os juízos centrais cíveis e os juízos locais cíveis, nas ações declarativas cíveis de processo comum.

Artigo 42º – Competência em razão da hierarquia

1. Os tribunais judiciais encontram-se hierarquizados para efeito de recurso das suas decisões.

2. Em regra, o Supremo Tribunal de Justiça conhece, em recurso, das causas cujo valor exceda a alçada dos tribunais da Relação e estes das causas cujo valor exceda a alçada dos tribunais judiciais de primeira instância.

3. Em matéria criminal, a competência é definida na respetiva lei de processo.

Artigo 43º[1] – Competência em razão do território

1. O Supremo Tribunal de Justiça tem competência em todo o território.

2. Os tribunais da Relação têm, em regra, competência na área das respetivas circunscrições.

3. Os tribunais judiciais de comarca possuem, em regra, competência na área das respetivas comarcas.

4. Podem existir tribunais judiciais de primeira instância com competência para mais do que uma comarca, designados por tribunais de competência territorial alargada.

5. Os juízos de competência especializada e os juízos de competência genérica possuem a área de competência territorial a definir por decreto-lei, dentro dos limites da respetiva comarca.

Artigo 44º – Alçadas

1. Em matéria cível, a alçada dos tribunais da Relação é de € 30 000,00 e a dos tribunais de primeira instância é de € 5 000,00.

2. Em matéria criminal não há alçada, sem prejuízo das disposições processuais relativas à admissibilidade de recurso.

3. A admissibilidade dos recursos por efeito das alçadas é regulada pela lei em vigor ao tempo em que foi instaurada a ação.

[1] Redação da L 40-A/2016, de 22 de dezembro.

CAPÍTULO III - Supremo Tribunal de Justiça

SECÇÃO I - Disposições gerais

Artigo 45º - Sede

O Supremo Tribunal de Justiça tem sede em Lisboa.

Artigo 46º - Poderes de cognição

Fora dos casos previstos na lei, o Supremo Tribunal de Justiça apenas conhece de matéria de direito.

SECÇÃO II - Organização e funcionamento

Artigo 47º[1] - Organização

1. O Supremo Tribunal de Justiça compreende secções em matéria cível, em matéria penal e em matéria social.

2. No Supremo Tribunal de Justiça há ainda uma secção para julgamento dos recursos das deliberações do Conselho Superior da Magistratura.

3. A secção referida no número anterior é constituída pelo mais antigo dos vice-presidentes do Supremo Tribunal de Justiça, que tem voto de qualidade, e por um juiz de cada secção, anual e sucessivamente designados, tendo em conta a respetiva antiguidade.

4. No Supremo Tribunal de Justiça há também uma formação das secções criminais, constituída pelos presidentes das secções criminais e por um juiz designado pelo Conselho Superior da Magistratura, de entre os mais antigos destas secções, que procede ao controlo e autorização prévia da obtenção de dados de telecomunicações e Internet no quadro da atividade de produção de informações em matéria de espionagem e terrorismo do Serviço de Informações de Segurança e do Serviço de Informações Estratégicas de Defesa.

Artigo 48º - Funcionamento

1. O Supremo Tribunal de Justiça funciona, sob a direção de um presidente, em plenário do tribunal, em pleno das secções especializadas e por secções.

2. O plenário do tribunal é constituído por todos os juízes que compõem as secções e só pode funcionar com a presença de, pelo menos, três quartos dos juízes em exercício.

3. Ao pleno das secções especializadas ou das respetivas secções conjuntas é aplicável, com as necessárias adaptações, o disposto no número anterior.

4. Os juízes tomam assento alternadamente à direita e à esquerda do presidente, segundo a ordem de antiguidade.

Artigo 49º - Preenchimento das secções

1. O Conselho Superior da Magistratura fixa, sempre que o julgar conveniente, sob proposta do Presidente do Supremo Tribunal de Justiça, o número de juízes que compõem cada secção.

[1] O nº 4 foi aditado pela Lei Orgânica nº 4/2017, de 25 de agosto.

2. Cabe ao Presidente do Supremo Tribunal de Justiça distribuir os juízes pelas secções, tomando sucessivamente em conta o seu grau de especialização, a conveniência do serviço e a preferência manifestada.

3. O Presidente do Supremo Tribunal de Justiça pode autorizar a mudança de secção ou a permuta entre juízes de secções diferentes, com observância do disposto no número anterior.

4. Quando o relator mudar de secção, mantém-se a sua competência e a dos seus adjuntos que tenham tido visto para julgamento.

Artigo 50º – Juízes militares

No Supremo Tribunal de Justiça há um juiz militar por cada ramo das Forças Armadas e um pela Guarda Nacional Republicana (GNR).

Artigo 51º – Sessões

As sessões têm lugar segundo agenda, devendo a data e hora das audiências constar de tabela afixada, com antecedência, no átrio do tribunal, podendo a mesma ser ainda divulgada por meios eletrónicos.

SECÇÃO III – Competência

Artigo 52º – Competência do plenário

Compete ao Supremo Tribunal de Justiça, funcionando em plenário:

a) Julgar os recursos de decisões proferidas pelo pleno das secções criminais;

b) Exercer as demais competências conferidas por lei.

Artigo 53º – Competências do pleno das secções

Compete ao pleno das secções, segundo a sua especialização:

a) Julgar o Presidente da República, o Presidente da Assembleia da República e o Primeiro-Ministro pelos crimes praticados no exercício das suas funções;

b) Julgar os recursos de decisões proferidas em primeira instância pelas secções;

c) Uniformizar a jurisprudência, nos termos da lei de processo.

Artigo 54º – Especialização das secções[1-2]

1. As secções cíveis julgam as causas que não estejam atribuídas a outras secções, as secções criminais julgam as causas de natureza penal e as secções sociais julgam as causas referidas no artigo 126º

2. As causas referidas nos artigos 111º, 112º e 113º são sempre distribuídas à mesma secção cível.

3. As causas referidas no artigo 128º são sempre distribuídas à mesma secção cível, distinta da indicada no número anterior.

[1] O nº 3 foi aditado pela Lei Orgânica nº 4/2017, de 25 de agosto.
[2] Os nºs 2 e 3 têm a redação da L 55/2019, de 5 de agosto.

4. A formação das secções criminais do Supremo Tribunal de Justiça, constituída nos termos do nº 4 do artigo 47º, procede ao controlo e autorização prévia dos pedidos fundamentados de acesso a dados de telecomunicações e Internet nos termos do procedimento previsto na lei especial que aprova o regime especial de acesso a dados de base e a dados de tráfego de comunicações eletrónicas pelo Sistema de Informações da República Portuguesa.

Artigo 55º – Competência das secções

Compete às secções, segundo a sua especialização:

a) Julgar os recursos que não sejam da competência do pleno das secções especializadas;

b) Julgar processos por crimes cometidos por juízes do Supremo Tribunal de Justiça e dos tribunais da Relação e magistrados do Ministério Público que exerçam funções junto destes tribunais, ou equiparados, e recursos em matéria contraordenacional a eles respeitantes;

c) Julgar as ações propostas contra juízes do Supremo Tribunal de Justiça e dos tribunais da Relação e magistrados do Ministério Público que exerçam funções junto destes tribunais, ou equiparados, por causa das suas funções;

d) Conhecer dos pedidos de habeas corpus, em virtude de prisão ilegal;

e) Conhecer dos pedidos de revisão de sentenças penais, decretar a anulação de penas inconciliáveis e suspender a execução das penas quando decretada a revisão;

f) Decidir sobre o pedido de atribuição de competência a outro tribunal da mesma espécie e hierarquia, nos casos de obstrução ao exercício da jurisdição pelo tribunal competente;

g) Julgar, por intermédio do relator, os termos dos recursos a este cometidos pela lei de processo;

h) Praticar, nos termos da lei de processo, os atos jurisdicionais relativos ao inquérito, dirigir a instrução criminal, presidir ao debate instrutório e proferir despacho de pronúncia ou não pronúncia nos processos referidos na alínea *a*) do artigo 53º e na alínea *b*) do presente artigo;

i) Exercer as demais competências conferidas por lei.

Artigo 56º – Julgamento nas secções

1. Fora dos casos previstos na lei de processo e nas alíneas *g*) e *h*) do artigo anterior, o julgamento nas secções é efetuado por três juízes, cabendo a um juiz as funções de relator e aos outros juízes as funções de adjuntos.

2. A intervenção dos juízes de cada secção no julgamento faz-se, nos termos da lei de processo, segundo a ordem de precedência.

3. Quando numa secção não seja possível obter o número de juízes exigido para o exame do processo e a decisão da causa, são chamados a intervir os juízes de outra secção da mesma especialidade, começando-se pelos imediatos ao juiz que tiver aposto o último visto.

4. Não sendo possível chamar a intervir juízes da mesma especialidade, são chamados os da secção social se a falta ocorrer na secção cível ou na secção criminal e os da secção cível se a falta ocorrer na secção social.

SECÇÃO IV – Juízes do Supremo Tribunal de Justiça

Artigo 57º – Quadro de juízes

1. O quadro dos juízes do Supremo Tribunal de Justiça é fixado no decreto-lei que estabelece o regime aplicável à organização e funcionamento dos tribunais judiciais.

2. Nos casos de magistrados judiciais que ocupem os cargos de Presidente da República ou de membro do Governo ou do Conselho de Estado, que se encontrem em comissão ordinária de serviço que implique abertura de vaga, nos termos do Estatuto dos Magistrados Judiciais, ou no cargo de membro do Conselho Superior da Magistratura, exercido a tempo inteiro, o quadro a que se refere o número anterior é automaticamente aumentado em número correspondente de lugares, a extinguir quando retomarem o serviço efetivo os juízes que se encontrem nas mencionadas situações.

3. Os juízes nomeados para os lugares acrescidos a que se refere o número anterior mantêm-se como juízes além do quadro até ocuparem as vagas que lhes competirem.

Artigo 58º – Juízes além do quadro

1. Quando o serviço o justificar, designadamente pelo número ou pela complexidade dos processos, o Conselho Superior da Magistratura pode propor a criação, no Supremo Tribunal de Justiça, de lugares além do quadro.

2. Os lugares a que se refere o número anterior extinguem-se decorridos dois anos sobre a data da sua criação, mantendo-se na situação de além do quadro os juízes para estes nomeados até ocuparem as vagas que lhes competirem, nos termos do nº 3 do artigo anterior.

3. A nomeação de juízes, nos termos do presente artigo, obedece às regras gerais de provimento de vagas.

4. A criação de lugares referida no nº 1 é aprovada por portaria dos membros do Governo responsáveis pelas áreas das finanças e da justiça.

SECÇÃO V – Presidência do tribunal

Artigo 59º – Presidente do tribunal

1. Os juízes conselheiros que compõem o quadro do Supremo Tribunal de Justiça elegem, de entre si e por escrutínio secreto, o presidente do tribunal.

2. É eleito presidente o juiz que obtiver mais de metade dos votos validamente expressos.

3. No caso de nenhum dos juízes obter a quantidade de votos referido no número anterior, procede-se a segundo sufrágio, ao qual concorrem apenas os dois juízes mais votados, aplicando-se, no caso de empate, o critério da antiguidade na categoria.

4. Em caso de empate no segundo sufrágio, considera-se eleito presidente o mais antigo dos dois juízes.

Artigo 60º - Precedência

O Presidente do Supremo Tribunal de Justiça tem precedência entre todos os juízes.

Artigo 61º - Duração do mandato de presidente

1. O mandato de Presidente do Supremo Tribunal de Justiça tem a duração de cinco anos, não sendo admitida a reeleição.

2. O presidente cessante mantém-se em funções até à tomada de posse do novo presidente.

Artigo 62º - Competência do presidente

1. Compete ao Presidente do Supremo Tribunal de Justiça:

a) Presidir ao plenário do tribunal, ao pleno das secções especializadas e, quando a elas assista, às conferências;

b) Homologar as tabelas das sessões ordinárias e convocar as sessões extraordinárias;

c) Apurar o vencido nas conferências;

d) Votar sempre que a lei o determine, assinando, neste caso, o acórdão;

e) Dar posse aos vice-presidentes, aos juízes, ao secretário do tribunal e aos presidentes dos tribunais da Relação;

f) Dirigir o tribunal, superintender nos seus serviços e assegurar o seu funcionamento normal, emitindo as ordens de serviço que tenha por necessárias;

g) Exercer ação disciplinar sobre os oficiais de justiça em serviço no tribunal, relativamente a pena de gravidade inferior à de multa;

h) Exercer as demais funções conferidas por lei.

2. Das decisões proferidas nos termos da alínea *f*) do número anterior cabe recurso direto para a Secção do Contencioso do Supremo Tribunal de Justiça e, nos termos da alínea *g*), para o plenário do Conselho Superior da Magistratura.

3. Compete ainda ao Presidente do Supremo Tribunal de Justiça conhecer dos conflitos de jurisdição cuja apreciação não pertença ao tribunal de conflitos e, ainda, dos conflitos de competência que ocorram entre:

a) Os plenos das secções;

b) As secções;

c) Os tribunais da Relação;

d) Os tribunais da Relação e os tribunais de comarca ou os tribunais de competência territorial alargada;

e) Os tribunais de comarca ou tribunal de comarca e tribunal de competência territorial alargada sediados na área de diferentes tribunais da Relação.

4. A competência referida no número anterior é delegável nos vice-presidentes.

Artigo 63º - Vice-presidentes

1. O Presidente do Supremo Tribunal de Justiça é coadjuvado por dois vice-presidentes.

2. À eleição e ao exercício do mandato dos vice-presidentes aplica-se o disposto relativamente ao presidente, sem prejuízo do que, quanto à eleição, se estabelece nos números seguintes.

3. Havendo eleição simultânea dos vice-presidentes, consideram-se eleitos os juízes que obtenham o maior número de votos.

4. Em caso de obtenção de igual número de votos, procede-se a segundo sufrágio, ao qual concorrem apenas os juízes entre os quais o empate se verificou.

5. Subsistindo o empate no segundo sufrágio, consideram-se eleitos o juiz ou os juízes mais antigos na categoria.

Artigo 64º – Substituição do presidente

1. Nas suas faltas e impedimentos, o Presidente do Supremo Tribunal de Justiça é substituído pelo vice-presidente mais antigo no cargo ou, se for igual a antiguidade dos vice-presidentes, pelo mais antigo na categoria.

2. Faltando ou estando impedidos ambos os vice-presidentes, o Presidente é substituído pelo juiz mais antigo em exercício.

3. Tendo em conta as necessidades de serviço, o Conselho Superior da Magistratura, sob proposta do Presidente do Supremo Tribunal de Justiça, determina os casos em que os vice-presidentes podem ser isentos ou privilegiados na distribuição dos processos.

Artigo 65º – Presidentes de secção

1. Cada secção é presidida pelo juiz que, de entre os que a compõem, for anualmente eleito seu presidente pelo respetivo pleno.

2. A eleição referida no número anterior é realizada por voto secreto, sem discussão ou debate prévios, na primeira sessão de cada ano judicial presidida para esse efeito, pelo Presidente do Supremo Tribunal de Justiça ou, por sua delegação, por um dos vice-presidentes.

3. Compete ao presidente de secção presidir às secções e exercer, com as devidas adaptações, as funções referidas nas alíneas *b*), *c*) e *d*) do nº 1 do artigo 62º

SECÇÃO VI – Representação do Ministério Público no Supremo Tribunal de Justiça

Artigo 66º – Quadro de magistrados do Ministério Público

1. O quadro de procuradores-gerais-adjuntos do Supremo Tribunal de Justiça é fixado no decreto-lei que estabelece o regime aplicável à organização e funcionamento dos tribunais judiciais.

2. A coordenação da representação do Ministério Público no Supremo Tribunal de Justiça pode ser assegurada por um procurador-geral-adjunto designado em comissão de serviço pelo Procurador-Geral da República, nos termos da lei.

3. É aplicável, com as necessárias adaptações, o disposto nos nºs 2 e 3 do artigo 57º e no artigo 58º

CAPÍTULO IV – Tribunais da Relação

SECÇÃO I – Disposições gerais

Artigo 67º[1] – Definição, organização e funcionamento

1. Os tribunais da Relação são, em regra, os tribunais de segunda instância e designam-se pelo nome do município em que se encontram instalados.

2. Os tribunais da Relação funcionam, sob a direção de um presidente, em plenário e por secções.

3. Os tribunais da Relação compreendem secções em matéria cível, em matéria penal, em matéria social, em matéria de família e menores, em matéria de comércio e em matéria de propriedade intelectual e de concorrência, regulação e supervisão, sem prejuízo do disposto no nº 5.

4. A existência das secções social, de família e menores e de comércio depende do volume ou da complexidade do serviço e a respetiva instalação depende de deliberação do Conselho Superior da Magistratura, sob proposta do presidente do respetivo tribunal da Relação.

5. É criada no tribunal da Relação de Lisboa uma secção em matéria de propriedade intelectual e de concorrência, regulação e supervisão, à qual são distribuídas as causas previstas nos artigos 111º e 112º, e que acresce às secções instaladas nesse tribunal.

6. Até à instalação da secção de comércio, as causas referidas no artigo 128º são sempre distribuídas à mesma secção cível.

7. As causas referidas no artigo 113º são sempre distribuídas à mesma secção cível, distinta da indicada no número anterior.

8. Os tribunais da Relação podem organizar serviços comuns para efeitos administrativos.

Artigo 68º – Quadro de juízes

1. O quadro de juízes dos tribunais da Relação é fixado no decreto-lei que estabelece o regime aplicável à organização e funcionamento dos tribunais judiciais.

2. É proibida a nomeação de juízes auxiliares para os tribunais da Relação.

Artigo 69º – Juízes militares

Os quadros de juízes dos Tribunais da Relação de Lisboa e do Porto preveem um juiz militar por cada ramo das Forças Armadas e um pela GNR.

Artigo 70º[2] – Representação do Ministério Público

1. O quadro dos procuradores-gerais-adjuntos é fixado no decreto-lei que estabelece o regime aplicável à organização e funcionamento dos tribunais judiciais.

[1] Os nºs 3, 4, 5, 6 e 7 têm a redação da L 55/2019, de 5 de agosto.
[2] Redação da L 40-A/2016, de 22 de dezembro.

2. A coordenação da representação do Ministério Público nos tribunais da Relação é assegurada pelo procurador-geral distrital, designado em comissão de serviço pelo Conselho Superior do Ministério Público, nos termos da lei.

3. É aplicável, com as necessárias adaptações, o disposto no nº 2 do artigo 68º

Artigo 71º[1] – Disposições subsidiárias

É aplicável aos tribunais da Relação, com as necessárias adaptações, o disposto nos nºs 2 e 4 do artigo 48º, nos artigos 49º e 51º e no nº 2 do artigo 57º

SECÇÃO II – Competência

Artigo 72º – Competência do plenário

Compete aos tribunais da Relação, funcionando em plenário, exercer as competências conferidas por lei.

Artigo 73º – Competência das secções

Compete às secções, segundo a sua especialização:

a) Julgar recursos;

b) Julgar as ações propostas contra juízes de direito e juízes militares de primeira instância, procuradores da República e procuradores-adjuntos, por causa das suas funções;

c) Julgar processos por crimes cometidos pelos magistrados e juízes militares referidos na alínea anterior e recursos em matéria contraordenacional a eles respeitantes;

d) Julgar os processos judiciais de cooperação judiciária internacional em matéria penal;

e) Julgar os processos de revisão e confirmação de sentença estrangeira, sem prejuízo da competência legalmente atribuída a outros tribunais;

f) Julgar, por intermédio do relator, os termos dos recursos que lhe estejam cometidos pela lei de processo;

g) Praticar, nos termos da lei de processo, os atos jurisdicionais relativos ao inquérito, dirigir a instrução criminal, presidir ao debate instrutório e proferir despacho de pronúncia ou não pronúncia nos processos referidos na alínea *c*);

h) Exercer as demais competências conferidas por lei.

Artigo 74º – Disposições subsidiárias

1. É aplicável aos tribunais da Relação, com as necessárias adaptações, o disposto nos artigos 54º e 56º

2. A remissão para o artigo 54º não prejudica o preceituado no nº 4 do artigo 67º

SECÇÃO III – Presidência

Artigo 75º – Presidente

1. Os juízes que compõem o quadro do tribunal da Relação elegem, de entre si e por escrutínio secreto, o presidente do tribunal.

[1] Redação da L 40-A/2016, de 22 de dezembro.

2. É aplicável à eleição e ao exercício do mandato de presidente da Relação, com as necessárias adaptações, o disposto nos nºs 2 e 3 do artigo 59º e no artigo 61º

Artigo 76º – Competência do presidente

1. À competência do presidente do tribunal da Relação é aplicável, com as necessárias adaptações, o disposto nas alíneas *a*) a *d*), *f*), *g*) e *h*) do nº 1 do artigo 62º

2. O presidente do tribunal da Relação é competente para conhecer dos conflitos de competência entre tribunais de comarca da área de competência do respetivo tribunal ou entre algum deles e um tribunal de competência territorial alargada sediado nessa área, podendo delegar essa competência no vice-presidente.

3. Compete ainda ao presidente dar posse ao vice-presidente, aos juízes e ao secretário do tribunal.

4. É aplicável o disposto no nº 2 do artigo 62º às decisões proferidas em idênticas matérias pelo presidente do tribunal da Relação.

Artigo 77º – Vice-presidente

1. O presidente de cada tribunal de Relação é coadjuvado e substituído por um vice-presidente, no qual pode delegar o exercício das suas competências.

2. É aplicável à eleição e ao exercício do mandato de vice-presidente o disposto no artigo 63º

3. Nas suas faltas e impedimentos, o vice-presidente é substituído pelo mais antigo dos juízes em exercício.

4. É aplicável ao vice-presidente o preceituado no nº 3 do artigo 64º

Artigo 78º – Disposição subsidiária

É aplicável aos tribunais da Relação, com as necessárias adaptações, o disposto no artigo 65º

CAPÍTULO V – Tribunais judiciais de primeira instância

SECÇÃO I – Disposições gerais

Artigo 79º[1] – Tribunais de comarca

Os tribunais judiciais de primeira instância são, em regra, os tribunais de comarca.

Artigo 80º – Competência

1. Compete aos tribunais de comarca preparar e julgar os processos relativos a causas não abrangidas pela competência de outros tribunais.

2. Os tribunais de comarca são de competência genérica e de competência especializada.

Artigo 81º[1] – Desdobramento

1. Os tribunais de comarca desdobram-se em juízos, a criar por decreto-lei, que

[1] Redação da L 40-A/2016, de 22 de dezembro.

podem ser de competência especializada, de competência genérica e de proximidade, nos termos do presente artigo e do artigo 130º

2. Os juízos designam-se pela competência e pelo nome do município em que estão instalados.

3. Podem ser criados os seguintes juízos de competência especializada:

a) Central cível;
b) Local cível;
c) Central criminal;
d) Local criminal;
e) Local de pequena criminalidade;
f) Instrução criminal;
g) Família e menores;
h) Trabalho;
i) Comércio;
j) Execução.

4. Sempre que o volume processual o justifique podem ser criados, por decreto-lei, juízos de competência especializada mista.

5. Podem ser alteradas, por decreto-lei, a estrutura e a organização dos tribunais de comarca definidos na presente lei e que importem a criação ou a extinção de juízos.

6. Pode proceder-se à agregação de juízos por portaria do membro do Governo responsável pela área da justiça, ouvidos o Conselho Superior da Magistratura, o Conselho Superior do Ministério Público e a Ordem dos Advogados.[1]

Artigo 82º[2-3-4] – Realização de audiências de julgamento ou outras diligências processuais

1. Podem ser realizadas em qualquer juízo, ainda que de proximidade, audiências de julgamento ou outras diligências processuais cuja realização aí seja determinada, nos termos da lei do processo, pelo juiz titular ou pelo magistrado do Ministério Público, ouvidas as partes.

2. As audiências judiciais e diligências referidas no número anterior podem ainda, quando o interesse da justiça ou outras circunstâncias ponderosas o justifiquem, ser realizadas em local diferente, na respetiva circunscrição ou fora desta.

3. As audiências de julgamento dos processos de natureza criminal da competência do tribunal singular são realizadas no juízo territorialmente competente de acordo com as regras processuais fixadas para conhecer do crime, ainda que se trate de um juízo de proximidade.

4. Não se aplica o disposto no número anterior aos julgamentos em processo sumário.

5. As audiências de julgamento dos processos de natureza cível da competência dos juízos locais cíveis ou dos juízos de competência genérica são realizadas no juízo

[1] A Portaria 92/2019, de 28 de março, procedeu à agregação de juízos.
[2] Redação da L 40-A/2016, de 22 de dezembro.
[3] De acordo com o artigo 12º da L 40-A/2016, de 22 de dezembro, os nºs 3 e 4 do presente artigo 82º "aplicam-se apenas aos processos iniciados" após a entrada em vigor da agora citada Lei (1/01/2017).
[4] O nº 5 foi aditado pela L 19/2019, de 19 de fevereiro.

territorialmente competente de acordo com as regras processuais aplicáveis, ainda que se trate de um juízo de proximidade.

6. A fim de prevenir o risco de sobreposição de datas de diligências a que devam comparecer ou presidir os magistrados do Ministério Público, deve o juiz providenciar pela marcação do dia e hora da sua realização mediante prévio acordo com aqueles, aplicando-se, com as devidas adaptações, o disposto no artigo 151º do Código de Processo Civil.

Artigo 82º-A[1-2] – Realização de diligências em municípios onde não esteja sediado tribunal ou juízo

Em municípios onde não esteja sediado tribunal ou juízo, o Ministério da Justiça pode definir por portaria, ouvidos o Conselho Superior da Magistratura e o Conselho Superior do Ministério Público:

a) Instalações adequadas, designadamente edifícios públicos, em que se podem realizar atos judiciais, julgamentos criminais da competência de juiz singular e audiências de julgamento de processos de natureza cível da competência dos juízos locais cíveis ou dos juízos de competência genérica;

b) A instalação, em espaços afetos a serviços da justiça ou a outros serviços públicos, de equipamentos tecnológicos que permitam a comunicação, por meio visual e sonoro, em tempo real, com vista à realização de inquirições ou outras diligências processuais, sempre que o magistrado considere que a utilização daquele meio não prejudica a genuinidade da produção e da assunção da prova e que as acessibilidades dificultam o acesso dos cidadãos residentes nesse município ao tribunal ou juízo da causa.

Artigo 82º-B[1] – Inquirição de reclusos

1. Os reclusos podem prestar depoimento em qualquer inquérito ou processo judicial, independentemente do local onde se situe o tribunal ou juízo da causa, no estabelecimento prisional em que se encontram, através de equipamento tecnológico que permita a comunicação, por meio visual e sonoro, em tempo real.

2. Do disposto no número anterior excecionam-se as situações em que:

a) O recluso assuma no processo em causa a qualidade jurídico-processual de arguido; ou

b) As audições do recluso ocorram nos processos da competência do tribunal de execução das penas.

3. A notificação é requisitada ao diretor do estabelecimento prisional respetivo.

4. No dia da inquirição, o recluso identifica-se perante o responsável da área jurídica e de execução das penas do estabelecimento prisional.

5. A partir desse momento, a inquirição é efetuada apenas perante o juiz da causa ou o magistrado do Ministério Público e os advogados ou defensores.

6. O recluso, querendo, pode ser assistido presencialmente, durante a inquirição, por mandatário judicial.

[1] Aditado pela L 40-A/2016, de 22 de dezembro.
[2] A al. *a*) tem a redacção da L 19/2019, de 19 de fevereiro.

Artigo 83º – Tribunais de competência territorial alargada

1. Podem existir tribunais judiciais de primeira instância com competência para mais do que uma comarca ou sobre áreas especialmente referidas na lei, designados por tribunais de competência territorial alargada.

2. Os tribunais referidos no número anterior são de competência especializada e conhecem de matérias determinadas, independentemente da forma de processo aplicável.

3. São, nomeadamente, tribunais de competência territorial alargada:

a) O tribunal da propriedade intelectual;

b) O tribunal da concorrência, regulação e supervisão;

c) O tribunal marítimo;

d) O tribunal de execução das penas;

e) O tribunal central de instrução criminal.

4. A sede e a área de competência territorial dos tribunais referidos no número anterior são definidas no anexo III.

5. Quando as necessidades de especialização, volume, complexidade processual e natureza do serviço o justifiquem podem ser criados por lei outros tribunais com competência territorial alargada.

Artigo 84º – Quadro de juízes e de magistrados do Ministério Público

1. O quadro de juízes dos tribunais judiciais de primeira instância e o quadro dos magistrados do Ministério Público são fixados no decreto-lei que estabelece o regime aplicável à organização e funcionamento dos tribunais judiciais.

2. Os quadros a que se refere o número anterior são fixados, em regra, por um intervalo entre um mínimo e um máximo de juízes e de magistrados do Ministério Público.

3. O Conselho Superior da Magistratura e o Conselho Superior do Ministério Público coordenam-se na determinação concreta do número de juízes e de magistrados do Ministério Público para cada uma das comarcas.

SECÇÃO II – Organização e funcionamento

Artigo 85º[1] – Funcionamento

1. Os tribunais judiciais de primeira instância funcionam, consoante os casos, como tribunal singular, como tribunal coletivo ou como tribunal de júri.

2. Em cada juízo exercem funções um ou mais juízes de direito, exceto quando se trate de um juízo de proximidade.

3. Quando a lei de processo determinar o impedimento do juiz, este é substituído nos termos do artigo seguinte.

4. Nos casos previstos na lei, podem fazer parte dos tribunais e dos juízos juízes sociais, designados de entre pessoas de reconhecida idoneidade.

5. Quando não for possível a designação ou a intervenção dos juízes sociais, o tribunal é constituído pelo juiz singular ou pelo coletivo, conforme os casos.

[1] Redação da L 40-A/2016, de 22 de dezembro.

6. A lei pode prever a colaboração de técnicos qualificados quando o julgamento da matéria de facto dependa de conhecimentos especiais.

Artigo 86º[1] – Substituição dos juízes de direito e dos magistrados do Ministério Público

1. Os juízes de direito são substituídos, nas suas faltas e impedimentos, por juiz ou juízes de direito da mesma comarca, ainda que a respetiva área de competência territorial a exceda, por determinação do respetivo juiz presidente, de acordo com as orientações genéricas do Conselho Superior da Magistratura.

2. Nos tribunais ou juízos com mais de um juiz as substituições ocorrem preferencialmente entre si.

3. Os juízes de direito são substituídos por determinação do Conselho Superior da Magistratura sempre que não seja possível aplicar o regime previsto no nº 1.

4. O disposto nos números anteriores é aplicável, com as devidas adaptações, aos magistrados do Ministério Público.

Artigo 87º[1] – Exercício de funções

1. Para além dos casos previstos na lei, o Conselho Superior da Magistratura pode determinar, sob proposta do presidente do tribunal de comarca, que um juiz exerça funções em mais de um tribunal ou juízo da mesma comarca, respeitado o princípio da especialização dos magistrados, ponderadas as necessidades do serviço e o volume processual existente.

2. O exercício de funções a que alude o número anterior confere apenas direito a ajudas de custo e ao reembolso das despesas de transporte em função das necessidades de deslocação nos termos da lei geral.

3. Os magistrados do Ministério Público podem exercer funções em mais de um tribunal, juízo, secção ou departamento da mesma comarca, nas condições previstas nos números anteriores, por determinação do Conselho Superior do Ministério Público.

Artigo 88º – Quadro complementar de magistrados

1. Nas sedes dos tribunais da Relação podem ser criadas bolsas de juízes para destacamento em tribunais judiciais de primeira instância em que se verifique a falta ou o impedimento dos seus titulares, a vacatura do lugar ou o número ou a complexidade dos processos existentes o justifiquem.

2. A bolsa de juízes referida no número anterior pode ser desdobrada ao nível de cada uma das comarcas.

3. Os juízes nomeados para as bolsas de juízes auferem, quando destacados, ajudas de custo nos termos da lei geral.

4. O número de juízes é fixado por portaria dos membros do Governo responsáveis pelas áreas das finanças e da justiça, sob proposta do Conselho Superior da Magistratura.

5. Cabe ao Conselho Superior da Magistratura efetuar a gestão das bolsas referidas nos nºs 1 e 2 e regular o seu destacamento.

[1] Redação da L 40-A/2016, de 22 de dezembro.

6. O disposto nos números anteriores é aplicável, com as devidas adaptações, aos magistrados do Ministério Público, competindo ao Conselho Superior do Ministério Público, com faculdade de delegação, efetuar a gestão das respetivas bolsas e regular o destacamento dos respetivos magistrados.

Artigo 89º – Turnos de distribuição

A distribuição é presidida por juiz, a designar pelo presidente do tribunal, que decide as questões com aquela relacionadas.

SECÇÃO III – Gestão dos tribunais de primeira instância

SUBSECÇÃO I – Objetivos

Artigo 90º[1] – Objetivos e monitorização

1. O Conselho Superior da Magistratura e o Procurador-Geral da República, em articulação com o membro do Governo responsável pela área da justiça, estabelecem, no âmbito das respetivas competências, objetivos estratégicos para o desempenho dos tribunais judiciais de primeira instância para o triénio subsequente.

2. O cumprimento dos objetivos estratégicos é monitorizado anualmente pelas entidades referidas no número anterior realizando-se, para o efeito, reuniões entre representantes do Conselho Superior da Magistratura, da Procuradoria-Geral da República e do competente serviço do Ministério da Justiça, com periodicidade trimestral, para acompanhamento da evolução dos resultados registados em face dos objetivos assumidos, com base, designadamente, nos elementos disponibilizados pelo sistema de informação de suporte à tramitação processual.

3. O Conselho Superior da Magistratura, a Procuradoria-Geral da República e o membro do Governo responsável pela área da justiça articulam até 15 de julho os objetivos para o ano judicial subsequente e para o conjunto dos tribunais judiciais de primeira instância e para as Procuradorias e departamentos do Ministério Público, ponderando os meios afetos à adequação entre os valores da referência processual estabelecidos e os resultados registados em face dos objetivos assumidos, com base, designadamente, nos elementos disponibilizados pelo sistema de informação de suporte à tramitação processual.

4. Os valores de referência processual reportam-se a valores de produtividade calculados em abstrato por magistrado e são revistos com periodicidade trienal.

5. O indicador a que se refere o número anterior pode ser estabelecido de forma única para todo o território nacional ou assumir especificidades para as diferentes comarcas.

6. Pode ser definido, por decreto-lei, um sistema de incentivos para os tribunais judiciais de primeira instância que ultrapassem significativamente os valores de referência processual estabelecidos.

[1] Redação da L 40-A/2016, de 22 de dezembro.

Artigo 91º[1] – Definição de objetivos processuais

1. Tendo em conta os resultados obtidos no ano anterior e os objetivos formulados para o ano subsequente, o presidente do tribunal e o magistrado do Ministério Público coordenador, ouvido o administrador judiciário, articulam, para o ano subsequente, propostas de objetivos de natureza processual, de gestão ou administrativa, para a comarca, para os tribunais de competência territorial alargada, bem como para as Procuradorias e departamentos do Ministério Público ali sediados

2. As propostas a que se refere o número anterior são apresentadas, até 15 de outubro de cada ano, respetivamente ao Conselho Superior da Magistratura e ao Procurador-Geral da República, para homologação até 22 de dezembro.

3. Os objetivos processuais da comarca devem reportar-se, designadamente, ao número de processos findos e ao tempo da sua duração, tendo em conta, entre outros fatores, a natureza do processo ou o valor da causa, ponderados os recursos humanos e os meios afetos ao funcionamento da comarca e tendo por base, nomeadamente, os valores de referência processual estabelecidos.

4. Os objetivos processuais da comarca não podem impor, limitar ou condicionar as decisões a proferir nos processos em concreto, quer quanto ao mérito da questão, quer quanto à opção pela forma processual entendida como mais adequada.

5. Os objetivos processuais da comarca devem ser refletidos nos objetivos estabelecidos anualmente para os oficiais de justiça e ser ponderados na respetiva avaliação.

6. Os objetivos processuais da comarca devem ser ponderados nos critérios de avaliação dos magistrados nos moldes que vierem a ser definidos pelos respetivos Conselhos.

SUBSECÇÃO II – Presidente do tribunal de comarca

Artigo 92º – Juiz presidente

1. Em cada tribunal de comarca existe um presidente.

2. O presidente do tribunal é nomeado, por escolha, pelo Conselho Superior da Magistratura, em comissão de serviço, pelo período de três anos, e sem prejuízo do disposto no artigo seguinte, de entre juízes que cumpram os seguintes requisitos:

a) Exerçam funções efetivas como juízes desembargadores e possuam classificação de *Muito bom* em anterior classificação de serviço; ou

b) Exerçam funções efetivas como juízes de direito, possuam 15 anos de serviço nos tribunais e última classificação de serviço de *Muito bom*.

3. A comissão de serviço pode não dar lugar à abertura de vaga e pode ser cessada a qualquer momento, mediante deliberação fundamentada do Conselho Superior da Magistratura.

[1] Redação da L 40-A/2016, de 22 de dezembro.

Artigo 93º – Renovação e avaliação

A comissão de serviço do presidente do tribunal pode ser renovada por igual período, mediante avaliação favorável do Conselho Superior da Magistratura, ponderando o exercício dos poderes de gestão e os resultados obtidos na comarca.

Artigo 94º[1] – Competências

1. Sem prejuízo da autonomia do Ministério Público e do poder de delegação, o presidente do tribunal possui competências de representação e direção, de gestão processual, administrativas e funcionais.

2. O presidente do tribunal possui as seguintes competências de representação e direção:

a) Representar e dirigir o tribunal;

b) Acompanhar a realização dos objetivos fixados para os serviços judiciais do tribunal;

c) Promover a realização de reuniões de planeamento e de avaliação dos resultados dos serviços judiciais da comarca;

d) Adotar ou propor às entidades competentes medidas, nomeadamente, de desburocratização, simplificação de procedimentos, utilização das tecnologias de informação e transparência do sistema de justiça;

e) Pronunciar-se, sempre que seja ponderada a realização de sindicâncias à comarca pelo Conselho Superior da Magistratura;

f) Pronunciar-se, sempre que seja ponderada pelo Conselho dos Oficiais de Justiça a realização de sindicâncias relativamente aos serviços judiciais e à secretaria;

g) Elaborar um relatório semestral sobre o estado dos serviços judiciais e a qualidade da resposta.

3. O presidente do tribunal possui as seguintes competências funcionais:

a) Dar posse aos juízes e ao administrador judiciário;

b) Elaborar os mapas de turnos e de férias dos juízes e submetê-los a aprovação do Conselho Superior da Magistratura;

c) Exercer a ação disciplinar sobre os oficiais de justiça, relativamente a pena de gravidade inferior à de multa, e, nos restantes casos, ordenar a instauração de processo disciplinar, com exceção daqueles a que se reporta a alínea *k*) do nº 1 do artigo 101º;

d) Nomear um juiz substituto, em caso de impedimento do titular ou do substituto designado, de acordo com orientações genéricas do Conselho Superior da Magistratura;

e) Assegurar a frequência equilibrada de ações de formação pelos juízes da comarca, com respeito pelas necessidades do serviço e em articulação com o Conselho Superior da Magistratura;

f) Participar no processo de avaliação dos oficiais de justiça, nos termos da legislação específica aplicável, com exceção daqueles a que se reporta a alínea *l*) do nº 1 do artigo 101º, sendo-lhe dado conhecimento dos relatórios das inspeções aos serviços e das avaliações, respeitando a proteção dos dados pessoais.

[1] Redação da L 40-A/2016, de 22 de dezembro.

4. O presidente do tribunal possui as seguintes competências de gestão processual, que exerce com observância do disposto nos artigos 90º e 91º:

a) Implementar métodos de trabalho e objetivos mensuráveis para cada unidade orgânica, sem prejuízo das competências e atribuições que, nessa matéria, prossegue o Conselho Superior da Magistratura, designadamente na fixação dos indicadores do volume processual adequado;

b) Acompanhar e avaliar a atividade do tribunal, em particular a qualidade do serviço de justiça prestado aos cidadãos, tomando designadamente por referência as reclamações ou as respostas a questionários de satisfação;

c) Acompanhar o movimento processual do tribunal, identificando, designadamente, os processos que estão pendentes por tempo considerado excessivo ou que não são resolvidos em prazo considerado razoável, informando o Conselho Superior da Magistratura e promovendo as medidas que se justifiquem;

d) Promover, com a colaboração dos demais juízes, a aplicação de medidas de simplificação e agilização processuais, sem prejuízo do disposto em legislação específica quanto à adoção de mecanismos de agilização processual pelo presidente do tribunal ou pelo juiz;

e) Propor ao Conselho Superior da Magistratura a criação e extinção de outros graus de especialização nas unidades de processos, designadamente para as pequenas causas;

f) Propor ao Conselho Superior da Magistratura a reafetação de juízes, respeitado o princípio da especialização dos magistrados, a outro tribunal ou juízo da mesma comarca ou a afetação de processos para tramitação e decisão a outro juiz que não o seu titular, tendo em vista o equilíbrio da carga processual e a eficiência dos serviços;

g) Propor ao Conselho Superior da Magistratura o exercício de funções de juízes em mais do que um tribunal ou juízo da mesma comarca, respeitado o princípio da especialização dos magistrados, ponderadas as necessidades dos serviços e o volume processual existente;

h) Solicitar o suprimento de necessidades de resposta adicional, nomeadamente através do recurso aos quadros complementares de juízes.

5. As medidas a que se refere a alínea *f*) do número anterior são precedidas da concordância do juiz a reafetar ou do juiz a quem sejam afetados os processos.

6. A reafetação de juízes ou a afetação de processos têm como finalidade responder a necessidades de serviço, pontuais e transitórias, e devem ser fundadas em critérios gerais, definidos pelo Conselho Superior da Magistratura, respeitando sempre princípios de proporcionalidade, equilíbrio de serviço e aleatoriedade na distribuição, não podendo implicar prejuízo pessoal sério para a vida pessoal ou familiar do juiz.

7. O Conselho Superior da Magistratura fixa antecipadamente os critérios a considerar quanto à densificação dos conceitos previstos na alínea *f*) do nº 4 e publicita-os, previamente à sua execução, nas páginas eletrónicas das comarcas e do Conselho Superior da Magistratura.

8. O presidente do tribunal possui as seguintes competências administrativas:

a) Elaborar os planos anuais e plurianuais de atividades e relatórios de atividades;

b) Elaborar os regulamentos internos dos serviços judiciais da comarca, ouvido o magistrado do Ministério Público coordenador e o administrador judiciário;

c) Participar na conceção e execução das medidas de organização e modernização da comarca;

d) Planear, no âmbito da magistratura judicial, as necessidades de recursos humanos.

9. O presidente do tribunal exerce ainda as competências que lhe forem delegadas pelo Conselho Superior da Magistratura.

10. Para efeitos de acompanhamento da atividade dos tribunais e juízos sediados na comarca, incluindo os elementos relativos à duração dos processos e à produtividade, são disponibilizados dados informatizados do sistema judicial, no respeito pela proteção dos dados pessoais.

Artigo 95º[1] – Magistrado judicial coordenador

1. Quando no mesmo tribunal ou juízo exerçam funções mais de cinco juízes, o presidente do tribunal, ouvidos aqueles, pode propor ao Conselho Superior da Magistratura a nomeação de um magistrado judicial coordenador, para um ou mais juízos, obtida a prévia concordância deste.

2. O magistrado judicial coordenador exerce, sob orientação do presidente do tribunal, as competências que este lhe delegar, sem prejuízo do respetivo poder de avocação, devendo prestar contas do seu exercício sempre que para tal solicitado pelo presidente do tribunal.

3. O magistrado judicial coordenador pode frequentar o curso referido no artigo 97º

Artigo 96º – Estatuto remuneratório

1. O presidente do tribunal, que seja desembargador, aufere o vencimento correspondente ao cargo de origem.

2. O estatuto remuneratório do presidente do tribunal, quando seja juiz de direito, é equiparado ao dos juízes colocados nas secções das instâncias centrais.

3. O presidente do tribunal tem direito a despesas de representação, de montante a fixar por decreto-lei.

Artigo 97º[1] – Formação

O exercício de funções de presidente do tribunal implica a aprovação em curso de formação específico.

Artigo 98º[2] – Recurso

Cabe recurso necessário, sem efeito suspensivo, para o Conselho Superior da Magistratura, a interpor no prazo de 20 dias úteis, dos atos e regulamentos administrativos emitidos pelo presidente da comarca.

[1] Portaria 46/2017, de 31 de janeiro.

[2] Redação da L 40-A/2016, de 22 de dezembro.

SUBSECÇÃO III - Magistrado do Ministério Público coordenador de comarca

Artigo 99º - Magistrado do Ministério Público coordenador

1. Em cada comarca existe um magistrado do Ministério Público coordenador que dirige os serviços do Ministério Público.

2. O magistrado do Ministério Público coordenador é nomeado pelo Conselho Superior do Ministério Público, em comissão de serviço por três anos, por escolha de entre magistrados do Ministério Público que cumpram os seguintes requisitos:

a) Exerçam funções efetivas como procurador-geral-adjunto e possuam classificação de *Muito bom* em anterior classificação de serviço; ou

b) Exerçam funções efetivas como procurador da República, possuam 15 anos de serviço nos tribunais e última classificação de serviço de *Muito bom*.

3. Em todas as comarcas podem ser nomeados procuradores da República com funções de coordenação sectorial, sob a orientação do magistrado do Ministério Público coordenador, nos termos da lei.

4. Os magistrados referidos no número anterior podem frequentar o curso referido no artigo 102º

Artigo 100º - Renovação e avaliação

A comissão de serviço do magistrado do Ministério Público coordenador pode ser renovada por igual período, mediante avaliação favorável do Conselho Superior do Ministério Público, ponderando o exercício dos poderes de gestão e os resultados obtidos na comarca.

Artigo 101º[1] - Competências do magistrado do Ministério Público coordenador

1. O magistrado do Ministério Público coordenador dirige e coordena a atividade do Ministério Público na comarca, emitindo ordens e instruções, competindo-lhe:

a) Acompanhar o movimento processual das Procuradorias e departamentos do Ministério Público, identificando, designadamente, os processos que estão pendentes por tempo considerado excessivo ou que não são resolvidos em prazo considerado razoável, informando, sem prejuízo das iniciativas gestionárias de índole administrativa, processual ou funcional que adote, o respetivo superior hierárquico, nos termos da lei;

b) Acompanhar o desenvolvimento dos objetivos fixados para as Procuradorias e departamentos do Ministério Público e elaborar um relatório semestral sobre o estado dos serviços e a qualidade da resposta;

c) Promover a realização de reuniões de planeamento e de avaliação dos resultados das Procuradorias e departamentos do Ministério Público da comarca;

d) Proceder à distribuição de serviço entre os procuradores da República e entre procuradores-adjuntos, sem prejuízo do disposto na lei;

e) Adotar ou propor às entidades competentes medidas, nomeadamente, de desburocratização, simplificação de procedimentos, utilização das tecnologias de informação e transparência do sistema de justiça;

[1] Redação da L 40-A/2016, de 22 de dezembro.

f) Propor ao Conselho Superior do Ministério Público a reafetação de magistrados do Ministério Público, respeitado o princípio da especialização dos magistrados, a outro tribunal, Procuradoria, secção ou departamento da mesma comarca, tendo em vista o equilíbrio da carga processual e a eficiência dos serviços;

g) Afetar processos ou inquéritos, para tramitação, a outro magistrado que não o seu titular, tendo em vista o equilíbrio da carga processual e a eficiência dos serviços, nos termos previstos no Estatuto do Ministério Público;

h) Propor ao Conselho Superior do Ministério Público o exercício de funções de magistrados em mais do que uma Procuradoria, secção ou departamento da mesma comarca, respeitando o princípio da especialização, ponderadas as necessidades do serviço e o volume processual existente;

i) Pronunciar-se sempre que seja ponderada a realização de sindicâncias ou inspeções às Procuradorias e departamentos pelo Conselho Superior do Ministério Público;

j) Dar posse e elaborar os mapas de turnos e de férias dos magistrados do Ministério Público;

k) Exercer a ação disciplinar sobre os oficiais de justiça em funções nas secretarias, Procuradorias e departamentos do Ministério Público, relativamente a pena de gravidade inferior à de multa, e, nos restantes casos, ordenar a instauração de processo disciplinar, se a infração ocorrer nos respetivos serviços;

l) Participar no processo de avaliação dos oficiais de justiça em funções nas secretarias, Procuradorias e departamentos do Ministério Público, nos termos da legislação específica aplicável, com exceção daqueles a que se reporta a alínea *f*) do nº 3 do artigo 94º, sendo-lhe dado conhecimento dos relatórios das inspeções aos serviços e das avaliações, respeitando a proteção dos dados pessoais.

m) Pronunciar-se, sempre que seja ponderada pelo Conselho dos Oficiais de Justiça a realização de sindicâncias relativamente às Procuradorias e departamentos do Ministério Público;

n) Implementar métodos de trabalho e objetivos mensuráveis para cada unidade orgânica, sem prejuízo das competências e atribuições nessa matéria por parte do Conselho Superior do Ministério Público;

o) Acompanhar e avaliar a atividade do Ministério Público, nomeadamente a qualidade do serviço de justiça prestado aos cidadãos, tomando por referência as reclamações ou as respostas a questionários de satisfação;

p) Determinar a aplicação de medidas de simplificação e agilização processuais;

q) Assegurar a frequência equilibrada de ações de formação pelos magistrados do Ministério Público da comarca, em articulação com o Conselho Superior do Ministério Público;

r) Elaborar os regulamentos internos das Procuradorias e departamentos do Ministério Público, ouvido o presidente do tribunal e o administrador judiciário.

2. A medida a que se refere a alínea *f*) do número anterior deve ser fundamentada nas exigências de equilíbrio da carga processual e da eficiência dos serviços, e precedida da audição do magistrado a reafetar.

3. As medidas a que se referem as alíneas *g*) e *h*) do nº 1 são precedidas da audição dos magistrados visados.

4. A reafetação de magistrados do Ministério Público ou a afetação de processos têm como finalidade responder a necessidades de serviço, pontuais e transitórias, e devem ser fundadas em critérios gerais, definidos pelo Conselho Superior do Ministério Público, respeitando sempre princípios de proporcionalidade e equilíbrio de serviço, não podendo implicar prejuízo pessoal sério para a vida pessoal ou familiar do magistrado.

5. O magistrado do Ministério Público coordenador tem direito a despesas de representação, nos termos do disposto no nº 3 do artigo 96º

Artigo 102º[1] – Formação

O exercício de funções de magistrado do Ministério Público coordenador implica a aprovação em curso de formação específico.

Artigo 103º[2] – Recursos

Cabe recurso necessário, sem efeito suspensivo, para o Conselho Superior do Ministério Público, a interpor no prazo de 20 dias úteis, dos atos e regulamentos administrativos emitidos pelo magistrado do Ministério Público coordenador.

SUBSECÇÃO IV – Administrador judiciário

Artigo 104º[2] – Administrador do tribunal de comarca

1. Em cada comarca existe um administrador judiciário.

2. O administrador judiciário, ainda que no exercício de competências próprias, atua sob a orientação genérica do juiz presidente do tribunal, excecionados os assuntos que respeitem exclusivamente ao funcionamento do Ministério Público, caso em que atua sob orientação genérica do magistrado do Ministério Público coordenador.

3. O administrador judiciário é nomeado em comissão de serviço, pelo período de três anos, pelo juiz presidente do tribunal, ouvido o magistrado do Ministério Público coordenador, escolhido de entre cinco candidatos, previamente selecionados pelo Ministério da Justiça.

4. As regras de recrutamento e as condições de exercício do cargo são fixadas no decreto-lei que estabelece o regime aplicável à organização e funcionamento dos tribunais judiciais.

Artigo 105º – Renovação e avaliação

A comissão de serviço do administrador judiciário pode ser renovada por igual período, pelo juiz presidente da comarca, ponderando o exercício dos poderes cometidos e os resultados obtidos na comarca, ouvido o magistrado do Ministério Público coordenador e obtida a concordância do serviço competente do Ministério da Justiça.

Artigo 106º[2] – Competências

1. O administrador judiciário tem as seguintes competências próprias:

a) Dirigir os serviços da secretaria;

[1] Portaria 46/2017, de 31 de janeiro.
[2] Redação da L 40-A/2016, de 22 de dezembro.

b) Autorizar o gozo de férias dos oficiais de justiça e dos demais trabalhadores e aprovar os respetivos mapas anuais;

c) Recolocar transitoriamente oficiais de justiça dentro da respetiva comarca e nos limites legalmente definidos, mediante decisão devidamente fundamentada e sempre que se mostre inviabilizado o recurso a oficiais de justiça que se encontrem no regime da disponibilidade;

d) Gerir, sob orientação do juiz presidente, a utilização das salas de audiência;

e) Assegurar a existência de condições de acessibilidade aos serviços do tribunal e a manutenção da qualidade e segurança dos espaços existentes;

f) Regular a utilização de parques ou lugares privativos de estacionamento de veículos, quando deles disponha;

g) Providenciar, em colaboração com os serviços competentes do Ministério da Justiça, pela correta gestão, utilização, manutenção e conservação dos espaços e equipamentos afetos aos serviços do tribunal;

h) Providenciar, em colaboração com os serviços competentes do Ministério da Justiça, pela conservação das instalações e dos bens e equipamentos comuns, bem como tomar ou propor medidas para a sua racional utilização;

i) Assegurar a distribuição do orçamento, após a respetiva aprovação;

j) Executar, em colaboração com o Ministério da Justiça, o orçamento da comarca;

k) Divulgar anualmente os dados estatísticos da comarca.

2. No exercício das competências referidas nas alíneas *b*), *c*), *g*) e *i*) do número anterior, o administrador judiciário ouve o presidente do tribunal e o magistrado do Ministério Público coordenador.

3. O administrador judiciário exerce ainda as competências que lhe forem delegadas ou subdelegadas pelos órgãos próprios do Ministério da Justiça ou pelo juiz presidente da comarca.

4. Para efeitos do disposto no número anterior, os órgãos próprios do Ministério da Justiça podem permitir, através de um ato de delegação de poderes, que o administrador pratique qualquer ato de administração ordinária inserido na competência daquelas entidades.

5. O administrador judiciário pode delegar ou subdelegar nos secretários de justiça as competências de gestão, sem prejuízo de avocação.

6. Das decisões do administrador judiciário proferidas no âmbito das suas competências cabe recurso necessário, sem efeito suspensivo, para o Conselho Superior da Magistratura, ressalvadas as proferidas nos termos da parte final do nº 2 do artigo 104º, em que cabe recurso necessário, sem efeito suspensivo, para o Conselho Superior do Ministério Público.

Artigo 107º[1] – Formação

O exercício de funções de administrador judiciário implica a aprovação em curso de formação específico.

[1] Ver a Portaria 288/2016, de 11 de novembro, com alterações introduzidas pela Portaria 370/2017, de 12 de dezembro.

SUBSECÇÃO V - Conselho de gestão

Artigo 108º[1] - Composição e competência

1. Integram o conselho de gestão da comarca o juiz presidente do tribunal, que preside, o magistrado do Ministério Público coordenador e o administrador judiciário.

2. De forma a garantir a plena articulação entre os órgãos de gestão, bem como o cumprimento dos objetivos estabelecidos para a comarca, são sujeitas a deliberação as seguintes matérias:

a) Aprovação dos relatórios semestrais referidos na alínea *g)* do nº 2 do artigo 94º e na alínea *b)* do nº 1 do artigo 101º, relativos ao estado dos serviços e qualidade da resposta, os quais são remetidos para conhecimento ao Conselho Superior da Magistratura, ao Conselho Superior do Ministério Público e ao Ministério da Justiça;

b) Aprovação do projeto de orçamento para a comarca, a submeter a aprovação final do Ministério da Justiça, com base na dotação por este previamente estabelecida;

c) Promoção de alterações orçamentais;

d) O planeamento e a avaliação dos resultados da comarca, tendo designadamente em conta as avaliações a que se refere a alínea *b)* do nº 4 do artigo 94º e a alínea *o)* do nº 1 do artigo 101º;

e) Aprovação de proposta de alteração ao mapa de pessoal, observados os limites fixados para a secretaria da comarca, a qual deve ser comunicada ao Ministério da Justiça antes do início do prazo de apresentação de candidaturas ao movimento anual;

f) Aprovação, no final de cada ano judicial, de relatório de gestão que contenha informação respeitante ao grau de cumprimento dos objetivos estabelecidos, indicando as causas dos principais desvios, o qual é comunicado aos Conselhos Superiores e ao Ministério da Justiça.

3. O conselho de gestão tem competência para acompanhar a execução orçamental em conformidade com o previsto na alínea *j)* do nº 1 do artigo 106º

4. As alterações previstas na alínea *c)* do nº 2 são enquadradas em orientações genéricas fixadas anualmente pelo Ministério da Justiça.

5. O relatório a que se refere a alínea *f)* do nº 2 é publicitado nas páginas eletrónicas dos Conselhos Superiores e do Ministério da Justiça.

6. Podem ser convidados a reunir com o conselho de gestão os membros do conselho consultivo a que se refere o nº 2 do artigo seguinte.

SECÇÃO IV - Conselho consultivo

Artigo 109º[1] - Composição e funcionamento

1. Em cada comarca existe um conselho com funções consultivas.

2. O conselho consultivo tem a seguinte composição:

a) O presidente do tribunal, que preside;

b) O magistrado do Ministério Público coordenador;

[1] Redação da L 40-A/2016, de 22 de dezembro.

c) O administrador judiciário;

d) Um representante dos juízes da comarca, eleito pelos seus pares;

e) Um representante dos magistrados do Ministério Público da comarca, eleito pelos seus pares;

f) Um representante dos oficiais de justiça em exercício de funções na comarca, eleito pelos seus pares;

g) Um representante da Ordem dos Advogados, com escritório na comarca;

h) Um representante da Ordem dos Solicitadores e dos Agentes de Execução, com escritório na comarca;

i) Dois representantes dos municípios integrados na comarca;

j) Representantes dos utentes dos serviços de justiça, cooptados pelos demais membros do conselho, no máximo de três.

3. O conselho consultivo reúne ordinariamente uma vez por trimestre e extraordinariamente sempre que convocado pelo presidente do tribunal, por sua iniciativa ou mediante solicitação de um terço dos seus membros.

4. Podem participar ainda nas reuniões do conselho consultivo, sem direito a voto, por convocação do respetivo presidente, quaisquer pessoas ou entidades cuja presença seja considerada necessária para esclarecimento dos assuntos em apreciação.

5. O exercício dos cargos do conselho consultivo não é remunerado, havendo lugar ao pagamento de ajudas de custo, quando solicitado, aos representantes referidos nas alíneas *d*) a *h*) do nº 2, desde que as reuniões do conselho consultivo impliquem deslocações entre municípios.

Artigo 110º[1] – Competências

1. Compete ao conselho consultivo dar parecer sobre:

a) Os planos anuais e plurianuais de atividades e relatórios de atividades;

b) Os regulamentos internos do tribunal e dos juízos que o integram;

c) Questões administrativas e de organização e funcionamento da comarca da competência do juiz presidente;

d) As necessidades de recursos humanos do tribunal e do Ministério Público e sobre o orçamento, propondo, se for caso disso, as necessárias alterações, dele dando conhecimento ao Conselho Superior da Magistratura, ao Conselho Superior do Ministério Público, ao Ministério da Justiça e à Ordem dos Advogados.

2. Compete ainda ao conselho consultivo pronunciar-se sobre as seguintes matérias:

a) Evolução da resposta do tribunal às solicitações e expectativas da comunidade;

b) Existência e manutenção de condições de acessibilidade e qualidade dos espaços e serviços do tribunal;

c) Utilização, manutenção e conservação dos equipamentos afetos aos respetivos serviços;

d) Resolução de problemas de serviço suscitados pelos representantes das profissões judiciárias ou apresentados por qualquer um dos seus membros, estudando-os e apresentando propostas ao presidente do tribunal;

[1] Redação da L 40-A/2016, de 22 de dezembro.

e) Reclamações ou queixas recebidas do público sobre a organização e funcionamento em geral do tribunal de comarca ou de algum dos seus serviços, bem como sobre o funcionamento do regime de acesso ao direito, estudando-as e apresentando ao presidente do tribunal, ao magistrado coordenador do Ministério Público, ao diretor-geral da Administração da Justiça e ao representante da Ordem dos Advogados sugestões ou propostas destinadas a superar deficiências e a fomentar o seu aperfeiçoamento;

f) Outras questões que lhe sejam submetidas pelo presidente do tribunal.

SECÇÃO V – Tribunais de competência territorial alargada

SUBSECÇÃO I – Tribunal da propriedade intelectual

Artigo 111º – Competência[1]

1. Compete ao tribunal da propriedade intelectual conhecer das questões relativas a:

a) Ações em que a causa de pedir verse sobre direito de autor e direitos conexos;

b) Ações em que a causa de pedir verse sobre propriedade industrial, em qualquer das modalidades previstas na lei;

c) Ações em que a causa de pedir verse sobre o cumprimento ou incumprimento, validade, eficácia e interpretação de contratos e atos jurídicos que tenham por objeto a constituição, transmissão, oneração, disposição, licenciamento e autorização de utilização de direitos de autor, direitos conexos e direitos de propriedade industrial, em qualquer das modalidades previstas na lei;

d) Ações de nulidade e de anulação de patentes, certificados complementares de proteção, modelos de utilidade e topografias de produtos semicondutores previstas no Código da Propriedade Industrial e demais legislação aplicável, bem como os pedidos de declaração de nulidade ou de anulação de registos de desenhos ou modelos, marcas, logótipos, recompensas, denominações de origem e indicações geográficas deduzidos em reconvenção;

e) Recursos de decisões do Instituto Nacional da Propriedade Industrial, I. P. (INPI, I. P.) que concedam ou recusem qualquer direito de propriedade industrial ou sejam relativas a transmissões, licenças, declarações de caducidade ou a quaisquer outros atos que afetem, modifiquem ou extingam direitos de propriedade industrial;

f) Recurso e revisão das decisões ou de quaisquer outras medidas legalmente suscetíveis de impugnação tomadas pelo INPI, I. P., em processo de contraordenação;

g) Recursos de decisões da Inspeção-Geral das Atividades Culturais (IGAC) em matéria de registo de obras literárias e artísticas e de registo e fiscalização das entidades de gestão coletiva do direito de autor e dos direitos conexos;

h) Recurso e revisão das decisões ou de quaisquer outras medidas legalmente suscetíveis de impugnação tomadas pela IGAC em processos pela prática de contraordenações previstas no Código do Direito de Autor e dos Direitos Conexos e nos regimes jurídicos das entidades de gestão coletiva do direito de autor e dos direitos conexos, dos espetáculos de natureza artística e emissão dos bilhetes de ingresso nos

[1] Redação da L 55/2019, de 5 de agosto.

respetivos recintos, do preço fixo do livro, do comércio eletrónico e da classificação de videogramas;

i) Ações de declaração em que a causa de pedir verse sobre nomes de domínio na Internet;

j) Recursos das decisões da Fundação para a Computação Científica Nacional, enquanto entidade competente para o registo de nomes de domínio de.PT, que registem, recusem o registo ou removam um nome de domínio de.PT;

k) Ações em que a causa de pedir verse sobre o regime jurídico da cópia privada;

l) Ações em que a causa de pedir verse sobre firmas ou denominações sociais;

m) Recursos das decisões do Instituto dos Registos e do Notariado, I. P. (IRN, I. P.) relativas à admissibilidade de firmas e denominações no âmbito do regime jurídico do Registo Nacional de Pessoas Coletivas;

n) Ações em que a causa de pedir verse sobre a prática de atos de concorrência desleal ou de infração de segredos comerciais em matéria de propriedade industrial;

o) Medidas de obtenção e preservação de prova e de prestação de informações quando requeridas no âmbito da proteção de direitos de propriedade intelectual e direitos de autor.

2. A competência a que se refere o número anterior abrange os respetivos incidentes e apensos, bem como a execução das decisões.

SUBSECÇÃO II – Tribunal da concorrência, regulação e supervisão

Artigo 112º[1] – Competência

1. Compete ao tribunal da concorrência, regulação e supervisão conhecer das questões relativas a recurso, revisão e execução das decisões, despachos e demais medidas em processo de contraordenação legalmente suscetíveis de impugnação:

a) Da Autoridade da Concorrência (AdC);

b) Da Autoridade da Mobilidade e dos Transportes (AMT);

c) Da Autoridade Nacional da Aviação Civil (ANAC);

d) Da Autoridade Nacional de Comunicações (ANACOM);

e) Da Autoridade de Supervisão de Seguros e Fundos de Pensões (ASF);

f) Do Banco de Portugal (BP);

g) Da Comissão do Mercado de Valores Mobiliários (CMVM);

h) Da Entidade Reguladora para a Comunicação Social (ERC);

i) Da Entidade Reguladora da Saúde (ERS);

j) Da Entidade Reguladora dos Serviços de Águas e Resíduos (ERSAR);

k) Da Entidade Reguladora dos Serviços Energéticos (ERSE).

2. Compete ainda ao tribunal da concorrência, regulação e supervisão conhecer das questões relativas a recurso, revisão e execução:

a) Das decisões da AdC proferidas em procedimentos administrativos a que se refere o regime jurídico da concorrência, bem como da decisão ministerial prevista no artigo 34º do Decreto-Lei nº 10/2003, de 18 de janeiro;

[1] O nº 1 tem a redação da L 23/2018, de 5 de junho. Os nºs 3 e 4 foram aditados por esta lei.

b) Das demais decisões da AdC que admitam recurso, nos termos previstos no regime jurídico da concorrência.

3. Compete ao tribunal julgar ações de indemnização cuja causa de pedir se fundamente exclusivamente em infrações ao direito da concorrência, ações destinadas ao exercício do direito de regresso entre coinfratores, bem como pedidos de acesso a meios de prova relativos a tais ações, nos termos previstos na Lei nº 23/2018, de 5 de junho.

4. Compete ainda ao tribunal julgar todas as demais ações civis cuja causa de pedir se fundamente exclusivamente em infrações ao direito da concorrência previstas nos artigos 9º, 11º e 12º da Lei nº 19/2012, de 8 de maio, em normas correspondentes de outros Estados-Membros e/ou nos artigos 101º e 102º do Tratado sobre o Funcionamento da União Europeia bem como pedidos de acesso a meios de prova relativos a tais ações, nos termos previstos na Lei nº 23/2018, de 5 de junho.

5. As competências referidas nos números anteriores abrangem os respetivos incidentes e apensos, bem como a execução das decisões.

SUBSECÇÃO III – Tribunal marítimo

Artigo 113º – Competência

1. Compete ao tribunal marítimo conhecer das questões relativas a:

a) Indemnizações devidas por danos causados ou sofridos por navios, embarcações e outros engenhos flutuantes, ou resultantes da sua utilização marítima, nos termos gerais de direito;

b) Contratos de construção, reparação, compra e venda de navios, embarcações e outros engenhos flutuantes, desde que destinados ao uso marítimo;

c) Contratos de transporte por via marítima ou contrato de transporte combinado ou multimodal;

d) Contratos de transporte por via fluvial ou por canais, nos limites do quadro nº 1 anexo ao Regulamento Geral das Capitanias, aprovado pelo Decreto-Lei nº 265/72, de 31 de julho;

e) Contratos de utilização marítima de navios, embarcações e outros engenhos flutuantes, designadamente os de fretamento e os de locação financeira;

f) Contratos de seguro de navios, embarcações, outros engenhos flutuantes destinados ao uso marítimo e suas cargas;

g) Hipotecas e privilégios sobre navios e embarcações, bem como quaisquer garantias reais sobre engenhos flutuantes e suas cargas;

h) Processos especiais relativos a navios, embarcações, outros engenhos flutuantes e suas cargas;

i) Procedimentos cautelares sobre navios, embarcações e outros engenhos flutuantes, respetiva carga e bancas e outros valores pertinentes aos navios, embarcações e outros engenhos flutuantes, bem como solicitação preliminar à capitania para suster a saída das coisas que constituam objeto de tais procedimentos;

j) Avarias comuns ou avarias particulares, incluindo as que digam respeito a outros engenhos flutuantes destinados ao uso marítimo;

k) Assistência e salvação marítimas;

l) Contratos de reboque e contratos de pilotagem;

m) Remoção de destroços;

n) Responsabilidade civil emergente de poluição do mar e outras águas sob a sua jurisdição;

o) Utilização, perda, achado ou apropriação de aparelhos ou artes de pesca ou de apanhar mariscos, moluscos e plantas marinhas, ferros, aprestos, armas, provisões e mais objetos destinados à navegação ou à pesca, bem como danos produzidos ou sofridos pelo mesmo material;

p) Danos causados nos bens do domínio público marítimo;

q) Propriedade e posse de arrojos e de coisas provenientes ou resultantes das águas do mar ou restos existentes, que jazam nos respetivos solo ou subsolo ou que provenham ou existam nas águas interiores, se concorrer interesse marítimo;

r) Presas;

s) Todas as questões em geral sobre matérias de direito comercial marítimo;

t) Recursos das decisões do capitão do porto proferidas em processo de contraordenação marítima.

2. A competência a que se refere o número anterior abrange os respetivos incidentes e apensos, bem como a execução das decisões.

3. Nas circunscrições não abrangidas pela área de competência territorial do tribunal marítimo, as competências referidas nos números anteriores são atribuídas ao respetivo tribunal de comarca.

SUBSECÇÃO IV – Tribunal de execução das penas

Artigo 114º[1] – Competência

1. Após o trânsito em julgado da sentença que determinou a aplicação de pena ou medida privativa da liberdade, compete ao tribunal de execução das penas acompanhar e fiscalizar a respetiva execução e decidir da sua modificação, substituição e extinção, sem prejuízo do disposto no artigo 371º-A do Código do Processo Penal, aprovado pelo Decreto-Lei nº 78/87, de 17 de fevereiro.

2. Compete ainda ao tribunal de execução das penas acompanhar e fiscalizar a execução da prisão e do internamento preventivos, devendo as respetivas decisões ser comunicadas ao tribunal à ordem do qual o arguido cumpre a medida de coação.

3. Sem prejuízo de outras disposições legais, compete ao tribunal de execução das penas, em razão da matéria:

a) Homologar os planos individuais de readaptação, bem como os planos terapêuticos e de reabilitação de inimputável e de imputável portador de anomalia psíquica internado em estabelecimento destinado a inimputáveis, e as respetivas alterações;

b) Conceder e revogar licenças de saída jurisdicionais;

c) Conceder e revogar a liberdade condicional, a adaptação à liberdade condicional e a liberdade para prova;

d) Homologar a decisão do diretor-geral de Reinserção e Serviços Prisionais de colocação do recluso em regime aberto no exterior, antes da respetiva execução;

[1] O nº 3, al. *k*), foi alterado pela L 94/2017, de 23/08.

e) Determinar a execução da pena acessória de expulsão, declarando extinta a pena de prisão, e determinar a execução antecipada da pena acessória de expulsão;

f) Convocar o conselho técnico sempre que o entenda necessário ou quando a lei o preveja;

g) Decidir processos de impugnação de decisões dos serviços prisionais;

h) Definir o destino a dar à correspondência retida;

i) Declarar perdidos e dar destino aos objetos ou valores apreendidos aos reclusos;

j) Decidir sobre a modificação da execução da pena de prisão, bem como da substituição ou da revogação das respetivas modalidades, relativamente a reclusos portadores de doença grave, evolutiva e irreversível ou de deficiência grave e permanente ou de idade avançada;

k) Decidir sobre a homologação do plano de reinserção social e das respetivas alterações, as autorizações de ausência, a modificação das regras de conduta e a revogação do regime, quando a pena de prisão seja executada em regime de permanência na habitação;

l) Rever e prorrogar a medida de segurança de internamento de inimputáveis;

m) Decidir sobre a prestação de trabalho a favor da comunidade e sobre a sua revogação, nos casos de execução sucessiva de medida de segurança e de pena privativas da liberdade;

n) Determinar o internamento ou a suspensão da execução da pena de prisão em virtude de anomalia psíquica sobrevinda ao agente durante a execução da pena de prisão e proceder à sua revisão;

o) Determinar o cumprimento do resto da pena ou a continuação do internamento pelo mesmo tempo, no caso de revogação da prestação de trabalho a favor da comunidade ou da liberdade condicional de indivíduo sujeito a execução sucessiva de medida de segurança e de pena privativas da liberdade;

p) Declarar a caducidade das alterações ao regime normal de execução da pena, em caso de simulação de anomalia psíquica;

q) Declarar cumprida a pena de prisão efetiva que concretamente caberia ao crime cometido por condenado em pena relativamente indeterminada, tendo sido recusada ou revogada a liberdade condicional;

r) Declarar extinta a pena de prisão efetiva, a pena relativamente indeterminada e a medida de segurança de internamento;

s) Emitir mandados de detenção, de captura e de libertação;

t) Informar o ofendido da libertação ou da evasão do recluso, nos casos previstos nos artigos 23º e 97º do Código da Execução das Penas e Medidas Privativas da Liberdade, aprovado pela Lei nº 115/2009, de 12 de outubro;

u) Instruir o processo de concessão e revogação do indulto e proceder à respetiva aplicação;

v) Proferir a declaração de contumácia e decretar o arresto de bens, quanto a condenado que dolosamente se tiver eximido, total ou parcialmente, à execução de pena de prisão ou de medida de internamento;

w) Decidir sobre o cancelamento provisório de factos ou decisões inscritos no registo criminal;

x) Julgar o recurso sobre a legalidade da transcrição nos certificados do registo criminal.

Artigo 115º – Extensão da competência

Compete ainda ao tribunal de execução das penas garantir os direitos dos reclusos, pronunciando-se sobre a legalidade das decisões dos serviços prisionais nos casos e termos previstos na lei.

SUBSECÇÃO V – Tribunal central de instrução criminal

Artigo 116º[1] – Competência

O tribunal central de instrução criminal tem competência definida nos termos dos nºs 1, 2 e 5 do artigo 120º

SECÇÃO VI – Juízos centrais, juízos de instrução criminal, juízos de família e menores, juízos do trabalho, juízos de comércio e juízos de execução

SUBSECÇÃO I – Juízos centrais cíveis

Artigo 117º[2] – Competência

1. Compete aos juízos centrais cíveis:

a) A preparação e julgamento das ações declarativas cíveis de processo comum de valor superior a € 50 000,00;

b) Exercer, no âmbito das ações executivas de natureza cível de valor superior a € 50 000,00, as competências previstas no Código do Processo Civil, em circunscrições não abrangidas pela competência de juízo ou tribunal;

c) Preparar e julgar os procedimentos cautelares a que correspondam ações da sua competência;

d) Exercer as demais competências conferidas por lei.

2. Nas comarcas onde não haja juízo de comércio, o disposto no número anterior é extensivo às ações que caibam a esses juízos.

3. São remetidos aos juízos centrais cíveis os processos pendentes em que se verifique alteração do valor suscetível de determinar a sua competência.

SUBSECÇÃO II – Juízos centrais criminais

Artigo 118º[2] – Competência

1. Compete aos juízos centrais criminais proferir despachos nos termos dos artigos 311º a 313º do Código do Processo Penal, aprovado pelo Decreto-Lei nº 78/87, de 17 de fevereiro, e proceder ao julgamento e aos termos subsequentes nos processos de natureza criminal da competência do tribunal coletivo ou do júri.

2. Os juízos centrais criminais de Lisboa e do Porto têm competência para o julgamento de crimes estritamente militares, nos termos do Código de Justiça Militar.

[1] Redação da L 77/2021, de 23 de novembro.
[2] Redação da L 40-A/2016, de 22 de dezembro.

SUBSECÇÃO III - Juízos de instrução criminal

Artigo 119º[1] - Competência

1. Compete aos juízos de instrução criminal proceder à instrução criminal, decidir quanto à pronúncia e exercer as funções jurisdicionais relativas ao inquérito, salvo nas situações, previstas na lei, em que as funções jurisdicionais relativas ao inquérito podem ser exercidas pelos juízos locais criminais ou pelos juízos de competência genérica.

2. Quando o interesse ou a urgência da investigação o justifique, os juízes em exercício de funções de instrução criminal podem intervir, em processos que lhes estejam afetos, fora da sua área territorial de competência.

Artigo 120º[2] - Casos especiais de competência

1. A competência a que se refere o nº 1 do artigo anterior, quando a atividade criminosa ocorrer em comarcas pertencentes à área de competência de diferentes tribunais da Relação, cabe ao tribunal central de instrução criminal, quanto aos seguintes crimes:

a) Contra a paz e a humanidade;

b) Organização terrorista e terrorismo;

c) Contra a segurança do Estado, com exceção dos crimes eleitorais;

d) Tráfico de estupefacientes, substâncias psicotrópicas e precursores, salvo tratando-se de situações de distribuição direta ao consumidor, e associação criminosa para o tráfico;

e) Branqueamento de capitais;

f) Corrupção, peculato, recebimento indevido de vantagem, tráfico de influência, participação económica em negócio, bem como de prevaricação punível com pena superior a 2 anos;

g) Insolvência dolosa;

h) Administração danosa em unidade económica do sector público;

i) Fraude na obtenção ou desvio de subsídio, subvenção ou crédito;

j) Infrações económico-financeiras cometidas de forma organizada, nomeadamente com recurso à tecnologia informática;

k) Infrações económico-financeiras de dimensão internacional ou transnacional.

2. Cabe ainda ao tribunal central de instrução criminal:

a) A competência a que se refere o nº 1 do artigo anterior, quando a atividade criminosa ocorrer no município de Lisboa;

b) A competência relativamente aos crimes a que se refere o número anterior, quando a atividade criminosa ocorrer em comarcas diferentes dentro da área de competência do Tribunal da Relação de Lisboa.

3. Sem prejuízo do disposto na alínea *b*) do número anterior, a competência dos juízos de instrução criminal da sede dos tribunais da Relação abrange a respetiva área de competência relativamente aos crimes a que se refere o nº 1, quando a atividade criminosa ocorrer em comarcas diferentes dentro da área de competência do mesmo tribunal da Relação.

[1] Redação da L 40-A/2016, de 22 de dezembro.
[2] Redação da L 77/2021, de 23 de novembro.

4. Nas comarcas em que o movimento processual dos tribunais o justifique e sejam criados departamentos de investigação e ação penal (DIAP), são também criados juízos de instrução criminal com competência circunscrita à área abrangida.

5. A competência a que se refere o nº 1 do artigo anterior, quanto aos crimes estritamente militares, cabe ao tribunal central de instrução criminal e à unidade orgânica de instrução criminal militar dos juízos de instrução criminal do Porto, com jurisdição nas áreas indicadas no Código de Justiça Militar.

6. O disposto nos números anteriores não prejudica a competência do juiz de instrução da área onde os atos jurisdicionais, de carácter urgente, relativos ao inquérito, devam ser realizados.

Artigo 121º[1] – Juízes de instrução criminal

1. Nas comarcas em que não haja juízo de instrução criminal, o Conselho Superior da Magistratura pode, sempre que o movimento processual o justifique, determinar a afetação de juízes de direito, em regime de exclusividade, à instrução criminal.

2. (*Revogado.*)

3. Enquanto se mantiver a afetação referida no nº 1, o quadro de magistrados considera-se aumentado do número de unidades correspondente.

4. Para apoio dos juízes afetos em regime de exclusividade à instrução criminal são designados oficiais de justiça.

SUBSECÇÃO IV – Juízos de família e menores

Artigo 122º[1] – Competência relativa ao estado civil das pessoas e família

1. Compete aos juízos de família e menores preparar e julgar:

a) Processos de jurisdição voluntária relativos a cônjuges;

b) Processos de jurisdição voluntária relativos a situações de união de facto ou de economia comum;

c) Ações de separação de pessoas e bens e de divórcio;

d) Ações de declaração de inexistência ou de anulação do casamento civil;

e) Ações intentadas com base no artigo 1647º e no nº 2 do artigo 1648º do Código Civil, aprovado pelo Decreto-Lei nº 47344, de 25 de novembro de 1966;

f) Ações e execuções por alimentos entre cônjuges e entre ex-cônjuges;

g) Outras ações relativas ao estado civil das pessoas e família.

2. Os juízos de família e menores exercem ainda as competências que a lei confere aos tribunais nos processos de inventário instaurados em consequência de separação de pessoas e bens, divórcio, declaração de inexistência ou anulação de casamento civil, bem como nos casos especiais de separação de bens a que se aplica o regime desses processos.

Artigo 123º[1] – Competência relativa a menores e filhos maiores

1. Compete igualmente aos juízos de família e menores:

a) Instaurar a tutela e a administração de bens;

[1] Redação da L 40-A/2016, de 22 de dezembro.

b) Nomear pessoa que haja de celebrar negócios em nome do menor e, bem assim, nomear curador-geral que represente extrajudicialmente o menor sujeito a responsabilidades parentais;

c) Constituir o vínculo da adoção;

d) Regular o exercício das responsabilidades parentais e conhecer das questões a este respeitantes;

e) Fixar os alimentos devidos a menores e aos filhos maiores ou emancipados a que se refere o artigo 1880º do Código Civil, aprovado pelo Decreto-Lei nº 47344, de 25 de novembro de 1966, e preparar e julgar as execuções por alimentos;

f) Ordenar a confiança judicial de menores;

g) Decretar a medida de promoção e proteção de confiança a pessoa selecionada para a adoção ou a instituição com vista a futura adoção;

h) Constituir a relação de apadrinhamento civil e decretar a sua revogação;

i) Autorizar o representante legal dos menores a praticar certos atos, confirmar os que tenham sido praticados sem autorização e providenciar acerca da aceitação de liberalidades;

j) Decidir acerca da caução que os pais devam prestar a favor dos filhos menores;

k) Decretar a inibição, total ou parcial, e estabelecer limitações ao exercício de responsabilidades parentais, previstas no artigo 1920º do Código Civil, aprovado pelo Decreto-Lei nº 47344, de 25 de novembro de 1966;

l) Proceder à averiguação oficiosa da maternidade e da paternidade e preparar e julgar as ações de impugnação e de investigação da maternidade e da paternidade;

m) Decidir, em caso de desacordo dos pais, sobre o nome e apelidos do menor.

2. Compete ainda aos juízos de família e menores:

a) Havendo tutela ou administração de bens, determinar a remuneração do tutor ou do administrador, conhecer da escusa, da exoneração ou da remoção do tutor, do administrador ou do vogal do conselho de família, exigir e julgar as contas, autorizar a substituição da hipoteca legal e determinar o reforço e a substituição da caução prestada e nomear curador especial que represente o menor extrajudicialmente;

b) Nomear curador especial que represente o menor em qualquer processo tutelar;

c) Converter, revogar e rever a adoção, exigir e julgar as contas do adotante e fixar o montante dos rendimentos destinados a alimentos do adotado;

d) Decidir acerca do reforço e da substituição da caução prestada a favor dos filhos menores;

e) Exigir e julgar as contas que os pais devam prestar;

f) Conhecer de quaisquer outros incidentes nos processos referidos no número anterior.

3. Nos casos em que a lei reserve a competência referida nos números anteriores a outras entidades, a competência dos juízos de família e menores respeita à reapreciação das decisões dessas entidades.

4. A prática de atos urgentes é assegurada pelo respetivo juízo de competência

[1] Redação da L 40-A/2016, de 22 de dezembro.

genérica, ainda que a respetiva comarca seja servida por juízo de família e menores, nos casos em que este se encontre sediado em diferente município.

Artigo 124.º[1] – Competências em matéria tutelar educativa e de proteção

1. Compete ainda aos juízos de família e menores:

a) Preparar, apreciar e decidir os processos de promoção e proteção;

b) Aplicar medidas de promoção e proteção e acompanhar a respetiva execução quando requeridas, sempre que uma criança ou jovem se encontre numa situação de perigo e não for caso de intervenção da comissão de proteção.

2. Compete também aos juízos de família e menores:

a) Praticar os atos jurisdicionais relativos ao inquérito tutelar educativo;

b) Apreciar os factos qualificados pela lei como crime, praticados por menor com idade compreendida entre os 12 e os 16 anos, com vista à aplicação de medida tutelar;

c) Executar e rever as medidas tutelares;

d) Declarar a cessação ou a extinção das medidas tutelares;

e) Conhecer do recurso das decisões que apliquem medidas disciplinares a menores a quem tenha sido aplicada medida de internamento.

3. Cessa a competência dos juízos de família e menores quando:

a) For aplicada pena de prisão efetiva, em processo penal, por crime praticado pelo menor com idade compreendida entre os 16 e os 18 anos;

b) O menor completar 18 anos antes da data da decisão em primeira instância.

4. Nos casos previstos no número anterior o processo não é iniciado ou, se o tiver sido, é arquivado.

5. Fora das áreas abrangidas pela jurisdição de família e menores, cabe ao juízo local criminal ou de competência genérica conhecer dos processos tutelares educativos, e ao juízo local cível ou de competência genérica conhecer dos processos de promoção e proteção.

6. A prática de atos urgentes é assegurada pelo respetivo juízo de competência genérica, ainda que a comarca seja servida por juízo de família e menores, nos casos em que este se encontre sediado em diferente município.

Artigo 125.º[1] – Constituição

1. O juízo de família e menores funciona, em regra, com um juiz.

2. Nos processos em que se presuma a aplicação de medida de internamento, medida de promoção ou proteção sem que haja acordo, o julgamento pertence a um tribunal constituído pelo juiz, que preside, e por dois juízes sociais.

SUBSECÇÃO V – Juízos do trabalho

Artigo 126.º[1] – Competência cível

1. Compete aos juízos do trabalho conhecer, em matéria cível:

a) Das questões relativas à anulação e interpretação dos instrumentos de regulamentação coletiva do trabalho que não revistam natureza administrativa;

[1] Redação da L 40-A/2016, de 22 de dezembro.

b) Das questões emergentes de relações de trabalho subordinado e de relações estabelecidas com vista à celebração de contratos de trabalho;

c) Das questões emergentes de acidentes de trabalho e doenças profissionais;

d) Das questões de enfermagem ou hospitalares, de fornecimento de medicamentos emergentes da prestação de serviços clínicos, de aparelhos de prótese e ortopedia ou de quaisquer outros serviços ou prestações efetuados ou pagos em benefício de vítimas de acidentes de trabalho ou doenças profissionais;

e) Das ações destinadas a anular os atos e contratos celebrados por quaisquer entidades responsáveis com o fim de se eximirem ao cumprimento de obrigações resultantes da aplicação da legislação sindical ou do trabalho;

f) Das questões emergentes de contratos equiparados por lei aos de trabalho;

g) Das questões emergentes de contratos de aprendizagem e de tirocínio;

h) Das questões entre trabalhadores ao serviço da mesma entidade, a respeito de direitos e obrigações que resultem de atos praticados em comum na execução das suas relações de trabalho ou que resultem de ato ilícito praticado por um deles na execução do serviço e por motivo deste, ressalvada a competência dos tribunais criminais quanto à responsabilidade civil conexa com a criminal;

i) Das questões entre instituições de previdência ou de abono de família e seus beneficiários, quando respeitem a direitos, poderes ou obrigações legais, regulamentares ou estatutárias de umas ou outros, sem prejuízo da competência própria dos tribunais administrativos e fiscais;

j) Das questões entre associações sindicais e sócios ou pessoas por eles representados, ou afetados por decisões suas, quando respeitem a direitos, poderes ou obrigações legais, regulamentares ou estatutárias de uns ou de outros;

k) Dos processos destinados à liquidação e partilha de bens de instituições de previdência ou de associações sindicais, quando não haja disposição legal em contrário;

l) Das questões entre instituições de previdência ou entre associações sindicais, a respeito da existência, extensão ou qualidade de poderes ou deveres legais, regulamentares ou estatutários de um deles que afete o outro;

m) Das execuções fundadas nas suas decisões ou noutros títulos executivos, ressalvada a competência atribuída a outros tribunais;

n) Das questões entre sujeitos de uma relação jurídica de trabalho ou entre um desses sujeitos e terceiros, quando emergentes de relações conexas com a relação de trabalho, por acessoriedade, complementaridade ou dependência, e o pedido se cumule com outro para o qual o juízo seja diretamente competente;

o) Das questões reconvencionais que com a ação tenham as relações de conexão referidas na alínea anterior, salvo no caso de compensação, em que é dispensada a conexão;

p) Das questões cíveis relativas à greve;

q) Das questões entre comissões de trabalhadores e as respetivas comissões coordenadoras, a empresa ou trabalhadores desta;

r) De todas questões relativas ao controlo da legalidade da constituição, dos esta-

[1] Redação da L 40-A/2016, de 22 de dezembro.

tutos e respetivas alterações, do funcionamento e da extinção das associações sindicais, associações de empregadores e comissões de trabalhadores;

s) Das demais questões que por lei lhes sejam atribuídas.

2. Compete ainda aos juízos do trabalho julgar os recursos das decisões das autoridades administrativas em processos de contraordenação nos domínios laboral e da segurança social.

Artigo 127º – Constituição do tribunal coletivo

(Revogado pela L 107/2019, de 9 de setembro)

SUBSECÇÃO VI – Juízos de comércio

Artigo 128º[1] – Competência

1. Compete aos juízos de comércio preparar e julgar:

a) Os processos de insolvência e os processos especiais de revitalização;

b) As ações de declaração de inexistência, nulidade e anulação do contrato de sociedade;

c) As ações relativas ao exercício de direitos sociais;

d) As ações de suspensão e de anulação de deliberações sociais;

e) As ações de liquidação judicial de sociedades;

f) As ações de dissolução de sociedade anónima europeia;

g) As ações de dissolução de sociedades gestoras de participações sociais;

h) As ações a que se refere o Código do Registo Comercial;

i) As ações de liquidação de instituição de crédito e sociedades financeiras.

2. Compete ainda aos juízos de comércio julgar as impugnações dos despachos dos conservadores do registo comercial, bem como as impugnações das decisões proferidas pelos conservadores no âmbito dos procedimentos administrativos de dissolução e de liquidação de sociedades comerciais.

3. A competência a que se refere o nº 1 abrange os respetivos incidentes e apensos, bem como a execução das decisões.

SUBSECÇÃO VII – Juízos de execução

Artigo 129º[1] – Competência

1. Compete aos juízos de execução exercer, no âmbito dos processos de execução de natureza cível, as competências previstas no Código de Processo Civil.

2. Estão excluídos do número anterior os processos atribuídos ao tribunal da propriedade intelectual, ao tribunal da concorrência, regulação e supervisão, ao tribunal marítimo, aos juízos de família e menores, aos juízos do trabalho, aos juízos de comércio, bem como as execuções de sentenças proferidas em processos de natureza criminal que, nos termos da lei processual penal, não devam correr perante um juízo cível.

3. Para a execução das decisões proferidas pelo juízo central cível é competente o juízo de execução que seria competente se a causa não fosse da competência daquele juízo em razão do valor.

[1] Redação da L 40-A/2016, de 22 de dezembro.

SECÇÃO VII – Juízos locais cíveis, locais criminais, locais de pequena criminalidade, de competência genérica e de proximidade

Artigo 130º[1-2] – Competência

1. Os juízos locais cíveis, locais criminais e de competência genérica possuem competência na respetiva área territorial, tal como definida em decreto-lei, quando as causas não sejam atribuídas a outros juízos ou tribunal de competência territorial alargada.

2. Os juízos locais cíveis, locais criminais e de competência genérica possuem ainda competência para:

a) Proceder à instrução criminal, decidir quanto à pronúncia e exercer as funções jurisdicionais relativas ao inquérito, onde não houver juízo de instrução criminal ou juiz de instrução criminal;

b) Fora dos municípios onde estejam instalados juízos de instrução criminal, exercer as funções jurisdicionais relativas aos inquéritos penais, ainda que a respetiva área territorial se mostre abrangida por esse juízo especializado;

c) Exercer, no âmbito do processo de execução, as competências previstas no Código de Processo Civil, onde não houver juízo de execução ou outro juízo ou tribunal de competência especializada competente;

d) Julgar os recursos das decisões das autoridades administrativas em processos de contraordenação, salvo os recursos expressamente atribuídos a juízos de competência especializada ou a tribunal de competência territorial alargada;

e) Cumprir os mandados, cartas, ofícios e comunicações que lhes sejam dirigidos pelos tribunais ou autoridades competentes;

f) Exercer as demais competências conferidas por lei.

3. Nas situações a que se reporta a alínea *b*) do número anterior, o Conselho Superior da Magistratura define, detalhadamente, os atos jurisdicionais a praticar por cada um dos juízos locais e juízos de competência genérica.

4. Os juízos de pequena criminalidade possuem competência para:

a) Causas a que corresponda a forma de processo sumário, abreviado e sumaríssimo;

b) Recursos das decisões das autoridades administrativas em processo de contraordenação a que se refere a alínea *d*) do nº 2, quando o valor da coima aplicável seja igual ou inferior a € 15 000,00, independentemente da sanção acessória.

5. Compete aos juízos de proximidade:

a) Assegurar a realização das audiências de julgamento, de acordo com o regime constante dos nºs 3, 4 e 5 do artigo 82º;

b) Assegurar a realização das demais audiências de julgamento ou outras diligências processuais que sejam determinadas pelo juiz competente, nomeadamente quando daí resultem vantagens para a aquisição da prova ou as condições de acessibilidade dificultem gravemente a deslocação dos intervenientes processuais.

[1] Redação da L 40-A/2016, de 22 de dezembro.
[2] A al. *a*) do nº 5 tem a redação da L 19/2019, de 19 de fevereiro.

6. Incumbe, ainda, aos juízos de proximidade:

a) Prestar informações de caráter processual, no âmbito dos tribunais sediados na respetiva comarca, em razão do especial interesse nos atos ou processos, desde que observadas as limitações previstas na lei para a publicidade do processo e segredo de justiça;

b) Proceder à receção de papéis, documentos e articulados destinados a processos que corram ou tenham corrido termos em qualquer tribunal sediado na comarca;

c) Operacionalizar e acompanhar as diligências de audição com recurso a equipamento tecnológico que permita a comunicação, por meio visual e sonoro, em tempo real;

d) Praticar os atos que venham a ser determinados pelos órgãos de gestão.

SECÇÃO VIII – Execução de decisões relativas a multas penais e indemnizações

Artigo 131º[1] – Execução por multas penais e indemnizações

A execução das decisões relativas a multas penais e indemnizações previstas na lei processual aplicável compete ao juízo ou tribunal que as tenha proferido.

SECÇÃO IX – Tribunal singular, coletivo e do júri

SUBSECÇÃO I – Tribunal singular

Artigo 132º – Composição e competência

1. O tribunal singular é composto por um juiz.

2. Compete ao tribunal singular julgar os processos que não devam ser julgados pelo tribunal coletivo ou do júri.

SUBSECÇÃO II – Tribunal coletivo

Artigo 133º[2] – Composição

1. O tribunal coletivo é composto, em regra, por três juízes privativos.

2. Quando se justifique, o Conselho Superior da Magistratura, ouvido o presidente do tribunal de comarca, designa os juízes necessários à constituição do tribunal coletivo, devendo a designação recair em juiz privativo da mesma comarca, salvo manifesta impossibilidade.

3. Nos juízos centrais criminais de Lisboa e do Porto há um juiz militar por cada ramo das Forças Armadas e um pela GNR, os quais intervêm nos termos do Código de Justiça Militar.

Artigo 134º – Competência

Compete ao tribunal coletivo julgar:

a) Em matéria penal, os processos a que se refere o artigo 14º do Código do Processo Penal, aprovado pelo Decreto-Lei nº 78/87, de 17 de fevereiro;

b) As questões de facto e de direito nas ações e nos incidentes e execuções que sigam os termos do processo de declaração, sempre que a lei do processo o determine.

[1] Redação da L 27/2019, de 28 de março.
[2] Redação da L 40-A/2016, de 22 de dezembro.

Artigo 135º – Presidente do tribunal coletivo

1. O tribunal coletivo é presidido pelo juiz do processo.

2. Compete ao presidente do tribunal coletivo:

a) Dirigir as audiências de discussão e julgamento;

b) Elaborar os acórdãos nos julgamentos penais;

c) Proferir a sentença final nas ações cíveis;

d) Suprir as deficiências das sentenças e dos acórdãos referidos nas alíneas anteriores, esclarecê-los, reformá-los e sustentá-los nos termos das leis de processo;

e) Organizar o programa das sessões do tribunal coletivo;

f) Exercer as demais funções atribuídas por lei.

SUBSECÇÃO III – Tribunal do júri

Artigo 136º – Composição

1. O tribunal do júri é constituído pelo presidente do tribunal coletivo, que preside, pelos restantes juízes e por jurados.

2. A lei regula o número, recrutamento e seleção dos jurados.

Artigo 137º – Competência

1. Compete ao tribunal do júri julgar os processos a que se refere o artigo 13º do Código do Processo Penal, aprovado pelo Decreto-Lei nº 78/87, de 17 de fevereiro, salvo se tiverem por objeto crimes de terrorismo ou se se referirem a criminalidade altamente organizada.

2. A intervenção do júri no julgamento é definida pela lei de processo.

SECÇÃO X – Secretarias dos tribunais de primeira instância

SUBSECÇÃO I – Disposições gerais

Artigo 138º[1] – Secretarias

1. Em cada comarca existe uma única secretaria que assegura o expediente dos respetivos juízos e dos tribunais de competência territorial alargada e dispõe de acesso ao sistema informático da comarca.

2. A composição, a organização e o funcionamento das secretarias são fixados no decreto-lei que estabelece o regime aplicável à organização e funcionamento dos tribunais judiciais.

Artigo 139º[1-2] – Mapas de pessoal

1. Os mapas de pessoal das secretarias são fixados por portaria dos membros do Governo responsáveis pelas áreas das finanças e da justiça.

[1] Redação da L 40-A/2016, de 22 de dezembro.

[2] Ver as Portarias 93/2017, de 6 de março (mapas de pessoal das secretarias dos tribunais judiciais) e 118/2019, de 18 de abril.

2. As alterações aos mapas de pessoal podem ser feitas por iniciativa do diretor-geral da Administração da Justiça ou por proposta fundamentada do respetivo conselho de gestão.

Artigo 140º – Utilização da informática

1. A informática é utilizada para o tratamento de dados relativos à gestão dos tribunais judiciais, à tramitação processual e ao arquivo.

2. A tramitação dos processos é efetuada eletronicamente em termos definidos por portaria do membro do Governo responsável pela área da justiça, devendo as disposições processuais relativas a atos dos magistrados e das secretarias ser objeto das adaptações práticas que se revelem necessárias.

3. A portaria referida no número anterior regula, designadamente:

a) A apresentação de peças processuais e documentos;

b) A distribuição de processos;

c) A prática, necessariamente por meios eletrónicos, dos atos processuais dos magistrados e dos oficiais de justiça;

d) Os atos, peças, autos e termos do processo que não podem constar do processo em suporte físico.

SUBSECÇÃO II – Registo e arquivo

Artigo 141º – Registo de peças processuais e processos

1. As peças processuais e os processos apresentados nas secretarias são registados nos termos previstos na lei.

2. Depois de registados, os suportes em papel das peças processuais e dos processos só podem sair da secretaria nos casos expressamente previstos na lei e mediante as formalidades por ela estabelecidas, cobrando-se recibo e averbando-se a saída em suporte eletrónico.

3. É privilegiado o uso de meios eletrónicos para transmissão e tratamento de documentos judiciais e para a sua divulgação, nos termos da lei, junto dos cidadãos.

Artigo 142º – Arquivo

1. Consideram-se findos para efeitos de arquivo:

a) Os processos cíveis, decorridos três meses após o trânsito em julgado da decisão final;

b) Os processos penais, decorridos três meses após o trânsito em julgado da decisão absolutória ou de outra decisão final não condenatória, da extinção da pena ou da medida de segurança;

c) Os processos em que se verifique a interrupção da instância;

d) Os processos de inquérito, decorridos três meses após despacho de arquivamento;

e) Os demais processos a cargo do Ministério Público, logo que preenchido o seu fim.

2. Os processos, livros e papéis ingressam no arquivo do tribunal após a fiscalização do Ministério Público e a correição, consoante os casos, do juiz ou do magistrado do Ministério Público, sem prejuízo dos casos em que o arquivamento é assegurado automaticamente pelo sistema informático, sem necessidade de intervenção judicial ou da secretaria.

Artigo 143º - Conservação e eliminação de documentos

O regime de conservação e eliminação de documentos em arquivo é definido por portaria dos membros do Governo responsáveis pelas áreas da justiça e da cultura.

TÍTULO VI - Tribunais administrativos e fiscais

Artigo 144º - Definição

1. Aos tribunais administrativos e fiscais compete o julgamento de litígios emergentes de relações jurídicas administrativas e fiscais.

2. A estrutura, a competência, a organização e o funcionamento dos tribunais administrativos e fiscais são definidos em diploma próprio.

Artigo 145º - Categorias de tribunais administrativos e fiscais

1. Existem os seguintes tribunais administrativos e fiscais:

a) O Supremo Tribunal Administrativo;

b) Os tribunais centrais administrativos;

c) Os tribunais administrativos de círculo;

d) Os tribunais tributários.

2. Quando funcionem agregados, os tribunais administrativos de círculo e os tribunais tributários assumem a designação unitária de tribunais administrativos e fiscais.

Artigo 146º - Supremo Tribunal Administrativo

O Supremo Tribunal Administrativo é o órgão superior da hierarquia dos tribunais da jurisdição administrativa e fiscal, tem sede em Lisboa e jurisdição em todo o território nacional.

Artigo 147º - Tribunais centrais administrativos

1. São tribunais centrais administrativos o Tribunal Central Administrativo Sul, com sede em Lisboa, e o Tribunal Central Administrativo Norte, com sede no Porto.

2. As áreas de jurisdição dos tribunais centrais administrativos são determinadas por decreto-lei.

3. Os tribunais centrais administrativos conhecem de matéria de facto e de direito.

4. Os tribunais centrais administrativos são declarados instalados por portaria do membro do Governo responsável pela área da justiça, a qual fixa os respetivos quadros.

Artigo 148º - Tribunais administrativos de círculo e tribunais tributários

1. A sede dos tribunais administrativos de círculo e dos tribunais tributários e as respetivas áreas de jurisdição são determinadas por decreto-lei.

2. O número de juízes em cada tribunal administrativo de círculo e em cada tribunal tributário é fixado por portaria do membro do Governo responsável pela área da justiça.

3. Os tribunais administrativos de círculo e os tribunais tributários são declarados instalados por portaria do membro do Governo responsável pela área da justiça.

TÍTULO VII – Tribunal de Contas

Artigo 149º – Definição

1. O Tribunal de Contas é o órgão supremo de fiscalização da legalidade e regularidade das receitas e das despesas públicas e do julgamento das contas que a lei mandar submeter-lhe, aprecia a boa gestão financeira e efetiva responsabilidades por infrações financeiras, competindo-lhe, nomeadamente:

a) Dar parecer sobre a Conta Geral do Estado, incluindo a da segurança social, bem como sobre a conta da Assembleia da República;

b) Dar parecer sobre as contas das Regiões Autónomas dos Açores e da Madeira;

c) Exercer as demais competências que lhe forem atribuídas por lei.

2. O Tribunal de Contas tem jurisdição e poderes de controlo financeiro no âmbito da ordem jurídica portuguesa, tanto no território nacional como no estrangeiro.

3. Sempre que se verifique conflito de jurisdição entre o Tribunal de Contas e o Supremo Tribunal Administrativo, compete ao Tribunal de Conflitos, presidido pelo Presidente do Supremo Tribunal de Justiça e constituído por dois juízes de cada um dos tribunais, dirimir o respetivo conflito.

4. O âmbito da competência, composição, organização e funcionamento do Tribunal de Contas são determinados nos termos da Constituição e da lei.

TÍTULO VIII – Tribunais arbitrais

Artigo 150º – Tribunais arbitrais

1. Salvo nos casos expressamente previstos por lei, a submissão de qualquer litígio à apreciação de um tribunal arbitral depende da vontade expressa e inequívoca das partes.

2. A competência, a organização e o funcionamento dos tribunais arbitrais são definidos em diploma próprio.

TÍTULO IX – Julgados de paz

Artigo 151º – Julgados de paz

1. Os julgados de paz constituem uma forma alternativa de resolução de litígios, de natureza exclusivamente cível, em causas de valor reduzido e em causas que não envolvam matéria de direito da família, direito das sucessões e direito do trabalho.

2. Os julgados de paz são criados por diploma do Governo, ouvidos o Conselho Superior da Magistratura, a Ordem dos Advogados, a Associação Nacional de Municípios Portugueses e demais entidades previstas no diploma a que se refere o número seguinte.

3. A competência, a organização e o funcionamento dos julgados de paz e a tramitação dos processos da sua competência são definidos em diploma próprio.

TÍTULO X - Departamentos de investigação e ação penal

Artigo 152º - Criação e localização

Para além das comarcas onde se encontram sediados os tribunais da Relação, quando o movimento de inquéritos penais seja elevado e de acordo com o previsto sobre esta matéria no Estatuto do Ministério Público, podem ser criados departamentos de investigação e ação penal em qualquer outra das comarcas.

TÍTULO XI - Órgãos de gestão e disciplina judiciários

CAPÍTULO I - Conselho Superior da Magistratura

SECÇÃO I - Estrutura e organização

Artigo 153º - Definição

O Conselho Superior da Magistratura é o órgão superior de gestão e disciplina da magistratura judicial.

Artigo 154º - Composição

1. O Conselho Superior da Magistratura é presidido pelo Presidente do Supremo Tribunal de Justiça e composto ainda pelos seguintes vogais:

a) Dois designados pelo Presidente da República;

b) Sete eleitos pela Assembleia da República;

c) Sete eleitos de entre e por magistrados judiciais.

2. A forma de designação e de exercício de cargos, o estatuto dos seus membros e demais aspetos do funcionamento do Conselho Superior da Magistratura constam do Estatuto dos Magistrados Judiciais.

SECÇÃO II - Competência e funcionamento

Artigo 155º[1] - Competência

Compete ao Conselho Superior da Magistratura:

a) Nomear, colocar, transferir, promover, exonerar, apreciar o mérito profissional,

[1] Redação da L 40-A/2016, de 22 de dezembro.

exercer a ação disciplinar e, em geral, praticar todos os atos de idêntica natureza respeitantes a magistrados judiciais, sem prejuízo das disposições relativas ao provimento de cargos por via eletiva;

b) Emitir parecer sobre diplomas legais relativos à organização judiciária e ao Estatuto dos Magistrados Judiciais e, em geral, sobre matérias relativas à administração da justiça;

c) Estudar e propor ao membro do Governo responsável pela área da justiça providências legislativas com vista à eficiência e ao aperfeiçoamento das instituições judiciárias;

d) Elaborar o plano anual de inspeções;

e) Ordenar inspeções, sindicâncias e inquéritos aos serviços judiciais;

f) Aprovar o regulamento interno e a proposta de orçamento relativos ao Conselho;

g) Adotar as providências necessárias à organização e boa execução do processo eleitoral;

h) Alterar a distribuição de processos nos juízos onde exercem funções mais do que um juiz, a fim de assegurar a igualização e operacionalidade dos serviços, designadamente em articulação com os presidentes das comarcas;

i) Estabelecer prioridades no processamento de causas que se encontrem pendentes nos tribunais por período considerado excessivo, designadamente em articulação com os juízes presidentes das comarcas, sem prejuízo dos restantes processos de carácter urgente;

j) Propor ao membro do Governo responsável pela área da justiça as medidas adequadas, por forma a não tornar excessivo o número de processos a cargo de cada magistrado;

k) Fixar o número e a composição das secções do Supremo Tribunal de Justiça e dos tribunais da Relação;

l) Nomear o juiz presidente dos tribunais de comarca;

m) Acompanhar o desempenho processual dos tribunais de primeira instância nos termos descritos nos artigos 90º e 91º;

n) Exercer as demais funções conferidas por lei.

Artigo 156º[1] – Relatório de atividades

O Conselho Superior da Magistratura envia, no mês de março de cada ano, à Assembleia da República, relatório da sua atividade respeitante ao ano judicial anterior, o qual é publicado no *Diário da Assembleia da República*.

Artigo 157º – Funcionamento

1. O Conselho Superior da Magistratura funciona em plenário e em conselho permanente, sendo este composto pelas Secções Disciplinar, de Acompanhamento e Ligação às Comarcas e de Assuntos Gerais.

[1] Redação da L 40-A/2016, de 22 de dezembro.

2. O Estatuto dos Magistrados Judiciais define as demais condições de funcionamento do Conselho Superior da Magistratura.

Artigo 158º – Delegação de poderes

1. O Conselho Superior da Magistratura pode delegar no presidente, com faculdade de subdelegação no vice-presidente, poderes para:

a) Ordenar inspeções extraordinárias;

b) Instaurar inquéritos e sindicâncias;

c) Autorizar que magistrados se ausentem do serviço;

d) Conceder a autorização a residir em local diferente do domicílio necessário, nos termos do Estatuto dos Magistrados Judiciais;

e) Prorrogar o prazo para a posse e autorizar ou determinar que esta seja tomada em lugar ou perante entidade diferente;

f) Indicar magistrados para participarem em grupos de trabalho;

g) Resolver outros assuntos da sua competência.

2. Pode ainda o Conselho Superior da Magistratura delegar nos Presidentes do Supremo Tribunal de Justiça e das Relações, bem como nos presidentes dos tribunais de comarca, a prática de atos próprios da sua competência.

3. As competências referidas nas alíneas *c*) e *d*) do nº 1 são exercidas por delegação do Conselho Superior da Magistratura, no que respeita ao tribunal de comarca, pelos respetivos presidentes, sem prejuízo do direito ao recurso.

SECÇÃO III – Secretaria do Conselho Superior da Magistratura

Artigo 159º[1] – Pessoal

A organização dos serviços e do pessoal da secretaria do Conselho Superior da Magistratura é definida em diploma próprio.

CAPÍTULO II – Conselho Superior dos Tribunais Administrativos e Fiscais

SECÇÃO I – Estrutura e organização

Artigo 160º – Definição

O Conselho Superior dos Tribunais Administrativos e Fiscais é o órgão de gestão e disciplina dos juízes da jurisdição administrativa e fiscal.

Artigo 161º – Composição

1. O Conselho Superior dos Tribunais Administrativos e Fiscais é presidido pelo Presidente do Supremo Tribunal Administrativo e composto pelos seguintes vogais:

a) Dois designados pelo Presidente da República;

[1] Redação da L 40-A/2016, de 22 de dezembro.

b) Quatro eleitos pela Assembleia da República;

c) Quatro juízes eleitos pelos seus pares, de harmonia com o princípio da representação proporcional.

2. É reconhecido de interesse para a jurisdição administrativa e fiscal o desempenho de funções de membro do Conselho Superior dos Tribunais Administrativos e Fiscais.

3. A forma de designação e de exercício de cargos, o estatuto dos seus membros e demais aspetos do funcionamento do Conselho Superior dos Tribunais Administrativos e Fiscais constam do Estatuto dos Tribunais Administrativos e Fiscais.

SECÇÃO II – Competência e funcionamento

Artigo 162º – Competência

1. Compete ao Conselho dos Tribunais Administrativos e Fiscais:

a) Nomear, colocar, transferir, promover, exonerar e apreciar o mérito profissional dos juízes da jurisdição administrativa e fiscal e exercer a ação disciplinar relativamente a eles;

b) Apreciar, admitir, excluir e graduar os candidatos em concurso;

c) Conhecer das impugnações administrativas interpostas de decisões materialmente administrativas proferidas, em matéria disciplinar, pelos presidentes dos tribunais centrais administrativos, pelos presidentes dos tribunais administrativos de círculo e pelos presidentes dos tribunais tributários, bem como de outras que a lei preveja;

d) Ordenar averiguações, inquéritos, sindicâncias e inspeções aos serviços dos tribunais da jurisdição administrativa e fiscal;

e) Elaborar o plano anual de inspeções;

f) Elaborar as listas de antiguidade dos juízes;

g) Suspender ou reduzir a distribuição de processos aos juízes que sejam incumbidos de outros serviços de reconhecido interesse para a jurisdição administrativa e fiscal ou em outras situações que justifiquem a adoção dessas medidas;

h) Aprovar o seu regulamento interno, concursos e inspeções;

i) Emitir os cartões de identidade dos juízes, de modelo idêntico aos dos juízes dos tribunais judiciais;

j) Propor ao membro do Governo responsável pela área da justiça providências legislativas com vista ao aperfeiçoamento e à maior eficiência da jurisdição administrativa e fiscal;

k) Emitir parecer sobre as iniciativas legislativas que se relacionem com a jurisdição administrativa e fiscal;

l) Fixar anualmente, com o apoio do departamento do Ministério da Justiça com competência no domínio da auditoria e modernização, o número máximo de processos a distribuir a cada magistrado e o prazo máximo admissível para os respetivos atos processuais cujo prazo não esteja estabelecido na lei;

m) Gerir a bolsa de juízes;

n) Estabelecer os critérios que devem presidir à distribuição nos tribunais administrativos, no respeito pelo princípio do juiz natural;

o) Exercer as demais funções conferidas por lei.

2. O Conselho Superior dos Tribunais Administrativos e Fiscais pode delegar no presidente, ou em outros dos seus membros, a competência para:

a) Praticar atos de gestão corrente e aprovar inspeções;

b) Nomear os juízes para uma das secções do Supremo Tribunal Administrativo e dos tribunais centrais administrativos;

c) Ordenar inspeções extraordinárias, averiguações, inquéritos e sindicâncias.

Artigo 163º - Presidência

1. O presidente do Conselho Superior dos Tribunais Administrativos e Fiscais é substituído pela ordem seguinte:

a) Pelo mais antigo dos vice-presidentes do Supremo Tribunal Administrativo que faça parte do Conselho;

b) Pelo mais antigo dos juízes do Supremo Tribunal Administrativo que faça parte do Conselho.

2. Em caso de urgência, o presidente pode praticar atos da competência do Conselho Superior dos Tribunais Administrativos e Fiscais, sujeitando-os a ratificação deste na primeira sessão subsequente.

CAPÍTULO III - Conselho Superior do Ministério Público

SECÇÃO I - Estrutura e organização

Artigo 164º - Definição

O Conselho Superior do Ministério Público é o órgão superior de gestão e disciplina da magistratura do Ministério Público, integrado na Procuradoria-Geral da República, nos termos da Constituição e do Estatuto do Ministério Público.

Artigo 165º - Composição

1. A Procuradoria-Geral da República exerce a sua competência disciplinar e de gestão dos quadros do Ministério Público por intermédio do Conselho Superior do Ministério Público.

2. A Procuradoria-Geral da República é presidida pelo Procurador-Geral da República e compreende o Conselho Superior do Ministério Público, que inclui membros eleitos pela Assembleia da República e membros de entre si eleitos pelos magistrados do Ministério Público.

SECÇÃO II – Competência e funcionamento

Artigo 166º – Competência

Compete ao Conselho Superior do Ministério Público:

a) Nomear, colocar, transferir, promover, exonerar, apreciar o mérito profissional, exercer a ação disciplinar e, em geral, praticar todos os atos de idêntica natureza respeitantes aos magistrados do Ministério Público, com exceção do Procurador-Geral da República;

b) Aprovar o regulamento eleitoral do Conselho, o regulamento interno da Procuradoria-Geral da República, o regulamento relativo à efetivação dos concursos para provimento dos lugares de magistrados do Ministério Público previstos no respetivo Estatuto e a proposta do orçamento da Procuradoria-Geral da República;

c) Deliberar e emitir diretivas em matéria de organização interna e de gestão de quadros;

d) Propor ao Procurador-Geral da República a emissão de diretivas a que deve obedecer a atuação dos magistrados do Ministério Público;

e) Propor ao membro do Governo responsável pela área da justiça, por intermédio do Procurador-Geral da República, providências legislativas com vista à eficiência do Ministério Público e ao aperfeiçoamento das instituições judiciárias;

f) Conhecer das reclamações previstas nesta lei;

g) Aprovar o plano anual de inspeções e determinar a realização de inspeções, sindicâncias e inquéritos;

h) Emitir parecer em matéria de organização judiciária e, em geral, de administração da justiça;

i) Exercer as demais funções conferidas por lei.

Artigo 167º – Funcionamento

1. O Conselho Superior do Ministério Público funciona em plenário ou em secções.

2. A forma de designação e de exercício dos cargos, o estatuto dos seus membros e demais aspetos do funcionamento do Conselho Superior do Ministério Público constam do Estatuto do Ministério Público.

Artigo 168º – Secções

1. O Conselho Superior do Ministério Público dispõe de uma secção permanente, à qual compete deliberar sobre as matérias que lhe sejam delegadas pelo plenário e não caibam na competência das secções de avaliação do mérito profissional e disciplinar.

2. O Estatuto do Ministério Público define as demais condições de funcionamento do Conselho Superior do Ministério Público.

Artigo 169º – Delegação de poderes

O Conselho Superior do Ministério Público pode delegar no Procurador-Geral da República a prática de atos que, pela sua natureza, não devam aguardar a reunião do Conselho.

Artigo 170º – Comparência do membro do Governo responsável pela área da justiça

O membro do Governo responsável pela área da justiça comparece às reuniões do Conselho Superior do Ministério Público quando entender oportuno, para fazer comunicações e solicitar ou prestar esclarecimentos.

CAPÍTULO IV – Direito aplicável

Artigo 171º – Normas estatutárias

Em tudo o que não estiver expressamente regulado no presente título, aplica-se o Estatuto dos Magistrados Judiciais, o Estatuto dos Tribunais Administrativos e Fiscais e o Estatuto do Ministério Público, os quais se regem por lei própria.

TÍTULO XII – Disposições transitórias e finais

CAPÍTULO I – Disposições transitórias

Artigo 172º – Nomeação dos órgãos de gestão do tribunal de comarca

O presidente do tribunal, o magistrado do Ministério Público coordenador e o administrador judiciário são nomeados até seis meses antes da implementação das comarcas organizadas nos termos a definir no decreto-lei que estabelece o regime aplicável à organização e funcionamento dos tribunais judiciais, tendo em vista a sua participação ativa em todo o processo organizativo.

Artigo 173º – Constituição do conselho consultivo

O conselho consultivo deve ser constituído até três meses após a implementação da comarca.

Artigo 174º[1] – Extinção de vagas de juízes auxiliares nos tribunais da Relação

1. São extintas as vagas de auxiliar nos tribunais da Relação.

2. Os juízes de direito destacados como juízes auxiliares nos tribunais da Relação cessam o destacamento com a entrada em vigor da presente lei, considerando-se desde então, para todos os efeitos, como juízes desembargadores efetivos.

3. Os juízes referidos no número anterior são concorrentes necessários no movimento judicial imediatamente subsequente.

Artigo 175º – Provimento dos lugares de juiz

1. Os juízes dos Tribunais de Execução das Penas, do Tribunal Central de Instrução Criminal, do Tribunal Marítimo, do Tribunal da Propriedade Intelectual e do Tri-

[1] Redação da L 40-A/2016, de 22 de dezembro.

bunal da Concorrência, Regulação e Supervisão que reúnam os requisitos legalmente exigidos têm preferência absoluta no primeiro provimento de lugares nos correspondentes tribunais de competência territorial alargada.

2. Os juízes de círculo e os juízes das varas mistas que reúnam os requisitos legalmente exigidos têm preferência absoluta no primeiro provimento de lugares nas correspondentes secções cíveis e ou criminais das instâncias centrais.

3. Os juízes das varas criminais, os juízes das grandes instâncias criminais e os juízes em afetação exclusiva ao julgamento por tribunal coletivo que reúnam os requisitos legalmente exigidos têm preferência absoluta no primeiro provimento de lugares nas correspondentes secções criminais das instâncias centrais.

4. Os juízes das varas cíveis e os juízes das grandes instâncias cíveis que reúnam os requisitos legalmente exigidos têm preferência absoluta no primeiro provimento de lugares nas correspondentes secções cíveis das instâncias centrais.

5. Os juízes dos tribunais de instrução criminal e dos juízos de instrução criminal, os juízes dos tribunais de família e menores e dos juízos de família e menores, os juízes dos tribunais do trabalho e dos juízos do trabalho, os juízes do juízo misto de trabalho e de família e menores, os juízes dos tribunais de comércio e dos juízos de comércio e os juízes dos juízos de execução que reúnam os requisitos legalmente exigidos têm preferência absoluta no primeiro provimento de lugares nas correspondentes secções das instâncias centrais.

6. Os juízes de comarca têm preferência absoluta no primeiro provimento de lugares nas correspondentes secções das instâncias locais.

7. Os restantes juízes têm preferência no primeiro provimento de lugares nas correspondentes secções das instâncias locais, sem prejuízo da aplicação das preferências consignadas nos números anteriores, que têm precedência.

8. Os juízes dos tribunais de pequena instância cível têm preferência absoluta no primeiro provimento de lugares nas correspondentes secções cíveis das instâncias locais.

9. Em caso de igualdade na preferência, são respeitados os critérios gerais de classificação e antiguidade.

10. As preferências previstas no presente artigo não se aplicam aos juízes auxiliares.

11. Para os efeitos do disposto no presente artigo, consideram-se secções correspondentes as que tenham jurisdição sobre qualquer dos municípios incluídos na área de competência territorial do tribunal, vara ou juízo extinto.

Artigo 176º – Provimento dos lugares de magistrados do Ministério Público

1. Os magistrados do Ministério Público colocados nos quadros dos círculos judiciais, das comarcas ou dos departamentos extintos pela entrada em vigor da presente lei e seu regulamento que reúnam os requisitos legalmente exigidos têm preferência na colocação nos quadros correspondentes das novas comarcas, em função da sua categoria.

2. A preferência é exercida no primeiro movimento de colocação de magistrados, ordinário ou extraordinário, para o provimento dos lugares criados nas novas comarcas, em termos a regulamentar pelo Conselho Superior do Ministério Público.

3. Os magistrados auxiliares beneficiam da preferência prevista no presente artigo, em termos a regulamentar pelo Conselho Superior do Ministério Público.

Artigo 177º - Alteração aos mapas de pessoal

As alterações à definição inicial dos mapas de pessoal podem ser feitas a partir do final de um período de 12 meses após a implementação da comarca.

Artigo 178º - Relatório de gestão

No ano da implementação de cada uma das comarcas, o relatório de gestão referido na alínea *f)* do nº 2 do artigo 108º é elaborado decorridos seis meses após a respetiva instalação.

Artigo 179º - Instalação de tribunais

1. A instalação do Supremo Tribunal de Justiça e dos tribunais da Relação constitui encargo direto do Estado.

2. Enquanto o Estado não dispuser de edifícios adequados, mantém-se a instalação de tribunais judiciais em imóveis ou partes de imóveis pertencentes a autarquias locais, em regime de gratuitidade.

Artigo 180º - Norma remissiva

As referências a tribunais, varas ou juízos constantes de outros diplomas devem ser entendidas como efetuadas para os tribunais ou secções competentes nos termos da presente lei.

CAPÍTULO II - Disposições finais

Artigo 181º - Normas complementares

No prazo de 60 dias a contar da publicação da presente lei, o Governo aprova o decreto-lei que procede à sua regulamentação.

Artigo 182º - Deliberações

No âmbito das respetivas competências, o Conselho Superior da Magistratura e o Conselho Superior do Ministério Público tomam as deliberações necessárias à execução da presente lei e das suas normas complementares, nomeadamente para efeitos de redistribuição de processos.

Artigo 183º[1] - Colocação de juízes

1. Os juízes a colocar nos tribunais de competência territorial alargada e nos juízos referidos nas alíneas *a)*, *c)* e *f)* a *j)* do nº 3 do artigo 81º são nomeados de entre juízes de direito com mais de 10 anos de serviço e classificação não inferior a *Bom com distinção*.

[1] Redação da L 40-A/2016, de 22 de dezembro.

2. Os juízes a colocar nos juízos referidos nas alíneas *b*), *d*) e *e*) do nº 3 do artigo 81º são nomeados de entre juízes de direito com mais de cinco anos de serviço e classificação não inferior a *Bom*.

3. Constituem fatores atendíveis na nomeação, por ordem decrescente de preferência, a classificação de serviço e a antiguidade.

4. Na falta de juízes de direito com os requisitos constantes dos n. os 1 e 2, à nomeação é aplicável o disposto no número anterior.

5. A perda dos requisitos exigidos pelos nºs 1 e 2 determina que o lugar seja posto a concurso no movimento judicial seguinte.

Artigo 184º[1] – Índice remuneratório

1. Os juízes a que se refere o nº 1 do artigo anterior auferem pelo índice 220 da escala indiciária constante do mapa anexo ao Estatuto dos Magistrados Judiciais.

2. Os juízes a que se refere o nº 2 do artigo anterior auferem pelo índice 175 da escala indiciária constante do mapa anexo ao Estatuto dos Magistrados Judiciais, sem prejuízo de remuneração superior a que tenham direito nos termos dessa escala indiciária.

3. Os magistrados do Ministério Público em exercício de funções de representação nos juízos locais a que se refere o nº 2 do artigo anterior, no Departamento Central de Investigação e Ação Penal e nos Departamentos de Investigação e Ação Penal, com exceção dos magistrados colocados em municípios onde se encontram instalados juízos de competência genérica, auferem pelo índice 175 da escala indiciária constante do mapa anexo ao Estatuto do Ministério Público, sem prejuízo de remuneração superior a que tenham direito nos termos dessa escala indiciária.

4. Caso excecionalmente exista necessidade de colocar procurador-adjunto em funções de representação nas secções ou tribunais a que se refere o nº 1 do artigo anterior, o mesmo aufere, enquanto aí se mantiver em funções, pelo índice 220 da escala indiciária constante do mapa anexo ao Estatuto do Ministério Público.

Artigo 185º – Estatuto remuneratório

1. Não pode resultar qualquer diminuição do estatuto remuneratório dos juízes e magistrados do Ministério Público enquanto não ocorra colocação em lugares para que tenham preferência ou em lugares por si indicados, no âmbito dos dois movimentos subsequentes à publicação da presente lei.

2. O disposto no número anterior é aplicável aos juízes de direito providos interinamente nos lugares de juízes de círculo judicial e em instâncias de especialização.

Artigo 186º – Intervenção dos juízes de círculo

Até à entrada em vigor da presente lei, a intervenção dos juízes de círculo nas ações de valor superior à alçada do tribunal da Relação apenas ocorre na discussão e julgamento da causa e na elaboração das respetivas sentenças, salvo nos casos em que o

[1] Redação da L 40-A/2016, de 22 de dezembro.

Código do Processo Civil, aprovado pelo Decreto-Lei nº 44129, de 28 de dezembro de 1961, excluía a intervenção do tribunal coletivo.

Artigo 187º – Norma revogatória

São revogados:

a) Os artigos 1º a 159º da Lei nº 52/2008, de 28 de agosto, na parte em que aprova a Lei de Organização e Funcionamento dos Tribunais Judiciais;

b) A Lei nº 3/99, de 13 de janeiro;

c) O Decreto-Lei nº 28/2009, de 28 de janeiro;

d) O Decreto-Lei nº 25/2009, de 26 de janeiro;

e) O Decreto-Lei nº 186-A/99, de 31 de maio.

Artigo 188º – Entrada em vigor

1. Sem prejuízo do disposto nos números seguintes, a presente lei entra em vigor na data de início da produção de efeitos do decreto-lei que aprove o Regime de Organização e Funcionamento dos Tribunais Judiciais.

2. Os artigos 172º, 181º e 182º entram em vigor no dia seguinte ao da publicação da presente lei.

3. Os nºs 2 e 3 do artigo 184º não produzem efeitos durante a vigência do Programa de Assistência Económica e Financeira celebrado entre Portugal e a Comissão Europeia, o Banco Central Europeu e o Fundo Monetário Internacional, em 17 de maio de 2011.

4. O artigo 186º entra em vigor imediatamente após a entrada em vigor da Lei nº 41/2013, de 26 de junho, que aprova o Código de Processo Civil.

5. O Tribunal da Relação de Lisboa é competente, a partir do dia seguinte ao da publicação da presente lei, para apreciar as impugnações das decisões do Tribunal da Concorrência, Regulação e Supervisão, incluindo as que se encontrem pendentes naquela data.

ANEXO I
(a que se refere o nº 1 do artigo 32º)

Tribunal da Relação de Guimarães

Área de competência:

Comarcas: Braga, Bragança, Viana do Castelo e Vila Real.

Tribunal da Relação do Porto

Área de competência:

Comarcas: Aveiro, Porto e Porto Este.

Tribunais de competência territorial alargada: Tribunal de Execução das Penas do Porto.

Tribunal da Relação de Coimbra

Área de competência:

Comarcas: Castelo Branco, Coimbra, Guarda, Leiria e Viseu.

Tribunais de competência territorial alargada: Tribunal de Execução das Penas de Coimbra.

Tribunal da Relação de Lisboa[1]

Área de competência:

Comarcas: Açores, Lisboa, Lisboa Norte, Lisboa Oeste e Madeira.

Tribunais de competência territorial alargada: Tribunal da Propriedade Intelectual, Tribunal da Concorrência, Regulação e Supervisão, Tribunal Marítimo, Tribunal de Execução das Penas dos Açores, Tribunal da Execução das Penas de Lisboa e Tribunal Central de Instrução Criminal.

Tribunal da Relação de Évora

Área de competência:

Comarcas: Beja, Évora, Faro, Portalegre, Santarém e Setúbal.

Tribunais de competência territorial alargada: Tribunal de Execução das Penas de Évora.

ANEXO II
(a que se refere o nº 2 do artigo 33º)

Comarca dos Açores

Sede: Ponta Delgada.

Circunscrição:

Municípios: Angra do Heroísmo, Calheta (S. Jorge), Corvo, Horta, Lagoa, Lajes das Flores, Lajes do Pico, Madalena, Nordeste, Ponta Delgada, Povoação, Ribeira Grande, Santa Cruz da Graciosa, Santa Cruz das Flores, São Roque do Pico, Velas, Praia da Vitória, Vila do Porto e Vila Franca do Campo.

Comarca de Aveiro

Sede: Aveiro.

Circunscrição:

Municípios: Águeda, Albergaria-a-Velha, Anadia, Arouca, Aveiro, Castelo de Paiva, Espinho, Estarreja, Ílhavo, Mealhada, Murtosa, Oliveira de Azeméis, Oliveira do Bairro, Ovar, Santa Maria da Feira, São João da Madeira, Sever do Vouga, Vagos e Vale de Cambra.

Comarca de Beja

Sede: Beja.

Circunscrição:

Municípios: Aljustrel, Almodôvar, Alvito, Barrancos, Beja, Castro Verde, Cuba, Ferreira do Alentejo, Mértola, Moura, Odemira, Ourique, Serpa e Vidigueira.

[1] Redação da L 19/2019, de 19 de fevereiro.

Comarca de Braga

Sede: Braga.

Circunscrição:

Municípios: Amares, Barcelos, Braga, Cabeceiras de Basto, Celorico de Basto, Esposende, Fafe, Guimarães, Póvoa de Lanhoso, Terras de Bouro, Vieira do Minho, Vila Nova de Famalicão, Vila Verde e Vizela.

Comarca de Bragança

Sede: Bragança.

Circunscrição:

Municípios: Alfândega da Fé, Bragança, Carrazeda de Ansiães, Freixo de Espada à Cinta, Macedo de Cavaleiros, Miranda do Douro, Mirandela, Mogadouro, Torre de Moncorvo, Vila Flor, Vimioso e Vinhais.

Comarca de Castelo Branco

Sede: Castelo Branco.

Circunscrição:

Municípios: Belmonte, Castelo Branco, Covilhã, Fundão, Idanha-a-Nova, Oleiros, Penamacor, Proença-a-Nova, Sertã, Vila de Rei e Vila Velha de Ródão.

Comarca de Coimbra

Sede: Coimbra.

Circunscrição:

Municípios: Arganil, Cantanhede, Coimbra, Condeixa-a-Nova, Figueira da Foz, Góis, Lousã, Mira, Miranda do Corvo, Montemor-o-Velho, Oliveira do Hospital, Pampilhosa da Serra, Penacova, Penela, Soure, Tábua e Vila Nova de Poiares.

Comarca de Évora

Sede: Évora.

Circunscrição:

Municípios: Alandroal, Arraiolos, Borba, Estremoz, Évora, Montemor-o-Novo, Mora, Mourão, Portel, Redondo, Reguengos de Monsaraz, Vendas Novas, Viana do Alentejo e Vila Viçosa.

Comarca de Faro

Sede: Faro.

Circunscrição:

Municípios: Albufeira, Alcoutim, Aljezur, Castro Marim, Faro, Lagoa, Lagos, Loulé, Monchique, Olhão, Portimão, São Brás de Alportel, Silves, Tavira, Vila do Bispo e Vila Real de Santo António.

Comarca da Guarda

Sede: Guarda.

Circunscrição:

Municípios: Aguiar da Beira, Almeida, Celorico da Beira, Figueira de Castelo Rodrigo, Fornos de Algodres, Gouveia, Guarda, Manteigas, Meda, Pinhel, Sabugal, Seia, Trancoso e Vila Nova de Foz Côa.

Comarca de Leiria

Sede: Leiria.

Circunscrição:

Municípios: Alcobaça, Alvaiázere, Ansião, Batalha, Bombarral, Caldas da Rainha, Castanheira de Pera, Figueiró dos Vinhos, Leiria, Marinha Grande, Nazaré, Óbidos, Pedrógão Grande, Peniche, Pombal e Porto de Mós.

Comarca de Lisboa

Sede: Lisboa.

Circunscrição:

Municípios: Alcochete, Almada, Barreiro, Lisboa, Moita, Montijo e Seixal.

Comarca de Lisboa Norte

Sede: Loures.

Circunscrição:

Municípios: Alenquer, Arruda dos Vinhos, Azambuja, Cadaval, Loures, Lourinhã, Odivelas, Sobral de Monte Agraço, Torres Vedras e Vila Franca de Xira.

Comarca de Lisboa Oeste

Sede: Sintra.

Circunscrição:

Municípios: Amadora, Cascais, Mafra, Oeiras e Sintra.

Comarca da Madeira

Sede: Funchal.

Circunscrição:

Municípios: Calheta (Madeira), Câmara de Lobos, Funchal, Machico, Ponta do Sol, Porto Moniz, Porto Santo, Ribeira Brava, Santa Cruz, Santana e São Vicente.

Comarca de Portalegre

Sede: Portalegre.

Circunscrição:

Municípios: Alter do Chão, Arronches, Avis, Campo Maior, Castelo de Vide, Crato, Elvas, Fronteira, Gavião, Marvão, Monforte, Nisa, Ponte de Sor, Portalegre e Sousel.

Comarca do Porto

Sede: Porto.

Circunscrição:

Municípios: Gondomar, Maia, Matosinhos, Porto, Póvoa de Varzim, Santo Tirso, Trofa, Valongo, Vila do Conde e Vila Nova de Gaia.

Comarca do Porto Este

Sede: Penafiel.

Circunscrição:

Municípios: Amarante, Baião, Felgueiras, Lousada, Marco de Canaveses, Paços de Ferreira, Paredes e Penafiel.

Comarca de Santarém

Sede: Santarém.

Circunscrição:

Municípios: Abrantes, Alcanena, Almeirim, Alpiarça, Benavente, Cartaxo, Chamusca, Constância, Coruche, Entroncamento, Ferreira do Zêzere, Golegã, Mação, Ourém, Rio Maior, Salvaterra de Magos, Santarém, Sardoal, Tomar, Torres Novas e Vila Nova da Barquinha.

Comarca de Setúbal

Sede: Setúbal.

Circunscrição:

Municípios: Alcácer do Sal, Grândola, Palmela, Santiago do Cacém, Sesimbra, Setúbal e Sines.

Comarca de Viana do Castelo

Sede: Viana do Castelo.

Circunscrição:

Municípios: Arcos de Valdevez, Caminha, Melgaço, Monção, Paredes de Coura, Ponte da Barca, Ponte de Lima, Valença, Viana do Castelo e Vila Nova de Cerveira.

Comarca de Vila Real

Sede: Vila Real.

Circunscrição:

Municípios: Alijó, Boticas, Chaves, Mesão Frio, Mondim de Basto, Montalegre, Murça, Peso da Régua, Ribeira de Pena, Sabrosa, Santa Marta de Penaguião, Valpaços, Vila Pouca de Aguiar e Vila Real.

Comarca de Viseu

Sede: Viseu.

Circunscrição:

Municípios: Armamar, Carregal do Sal, Castro Daire, Cinfães, Lamego, Mangualde, Moimenta da Beira, Mortágua, Nelas, Oliveira de Frades, Penalva do Castelo, Penedono, Resende, Santa Comba Dão, São João da Pesqueira, São Pedro do Sul, Sátão, Sernancelhe, Tabuaço, Tarouca, Tondela, Vila Nova de Paiva, Viseu e Vouzela

ANEXO III[1]
(a que se refere o nº 4 do artigo 83º)

Tribunais de Execução das Penas

Sede: Coimbra.

Área de competência: comarcas de Castelo Branco, Coimbra, Guarda, Leiria (com exceção do estabelecimento prisional das Caldas da Rainha) e Viseu.

Sede: Évora.

Área de competência: comarcas de Beja, Évora (com exceção dos estabelecimentos prisionais de Alcoentre e de Vale de Judeus), Faro, Portalegre, Santarém e Setúbal.

Sede: Lisboa.

Área de competência: comarcas de Lisboa, Lisboa Norte, Lisboa Oeste, Madeira e estabelecimentos prisionais de Alcoentre, das Caldas da Rainha e de Vale de Judeus.

Sede: Porto.

Área de competência: comarcas de Aveiro, Braga, Bragança, Porto, Porto Este, Viana do Castelo e Vila Real.

Sede: Ponta Delgada.

Área de competência: comarca dos Açores, estabelecimento prisional de Angra do Heroísmo, estabelecimento prisional regional de Ponta Delgada e cadeia de apoio da Horta.

Tribunal Marítimo

Sede: Lisboa.

Área de competência: Departamento Marítimo do Norte, do Centro e do Sul.

Tribunal da Propriedade Intelectual

Sede: Lisboa.

Área de competência: território nacional.

Tribunal da Concorrência, Regulação e Supervisão

Sede: Santarém.

Área de competência: território nacional.

Tribunal Central de Instrução Criminal

Sede: Lisboa.

Área de competência: território nacional.

[1] Com as alterações da L 19/2019, de 19 de fevereiro.

[1-A] Regime da Organização e Funcionamento dos Tribunais Judiciais (ROFTJ)

Decreto-Lei nº 49/2014, de 27 de março[1]

Com a publicação da Lei nº 62/2013, de 26 agosto, que aprova a Lei da Organização do Sistema Judiciário (LOSJ), fixaram-se as disposições enquadradoras da reforma do sistema Judiciário.

A reorganização aprovada pela referida Lei dá corpo aos objetivos estratégicos fixados, nesta matéria, assente em três pilares fundamentais: (*i*) o alargamento da base territorial das circunscrições judiciais, que passa a coincidir, em regra, com as centralidades sociais, (*ii*) a instalação de jurisdições especializadas a nível nacional e (*iii*) a implementação de um novo modelo de gestão das comarcas.

Sem perder de vista a premissa essencial da reorganização judiciária, centrada no cidadão e nas empresas, a presente reforma visa melhorar o funcionamento do sistema judicial e alcançar uma prestação de justiça de qualidade, apostando-se, para isso, fortemente na especialização, dotando todo o território nacional de jurisdições especializadas, pretendendo-se, assim, proporcionar uma resposta judicial ainda mais flexível e mais próxima das populações.

A oferta de especialização para cada comarca em matéria de família e menores foi adequada não só ao volume processual expetável para os municípios integrados na comarca mas, sobretudo, à respetiva dimensão geográfica, às frequentes deslocações e, também, à inadequada oferta de transportes públicos. Tal determinou uma apropriada delimitação da competência territorial, cingindo-a, em certos casos, apenas a alguns dos municípios da comarca.

Esta reorganização introduz, ademais, uma clara agilização na distribuição e tramitação processual, uma simplificação na afetação e mobilidade dos recursos humanos e uma autonomia das estruturas de gestão dos tribunais, que permite, entre outras, a adoção de práticas gestionárias por objetivos.

As vantagens decorrentes do alargamento da jurisdição especializada, provenientes da maior concentração e especialização da oferta judiciária têm, a par da racionalização e o aproveitamento de recursos humanos, impacto no combate à morosidade processual e na extinção de processos pendentes, convivendo, estas e aquelas, com a progra-

[1] Com as alterações do DL 86/2016, de 27 de dezembro, da L 19/2019, de 19 de fevereiro, do DL 38/2019, de 18 de março, e da L 77/2021, de 23 de novembro.

mada descentralização dos serviços judiciários visando assegurar as legítimas expectativas dos cidadãos e das empresas.

Importa, agora, através do presente decreto-lei, proceder à regulamentação da LOSJ, na parte respeitante à organização e funcionamento dos tribunais judiciais, para que se conclua o complexo normativo necessário a uma eficaz concretização da reforma.

A LOSJ fixou a nova matriz territorial das circunscrições judiciais que permite agregar as atuais comarcas em áreas territoriais de âmbito mais alargado, fazendo coincidir, em regra, as centralidades sociais com as novas comarcas, por se considerar que as suas capitais constituem centralidades objeto de uma identificação clara e imediata por parte das populações e também por estas serem providas de acessibilidades rodoviárias/ferroviárias fáceis, garantidas, bem como, uma oferta adequada de transportes.

Em cada comarca passa a existir apenas um tribunal judicial de primeira instância, com competência territorial correspondente à circunscrição territorial onde se inclui, com exceção de Lisboa e do Porto, onde se adotou uma matriz ajustada às respetivas especificidades, em função da qual são divididas, respetivamente, em três e duas comarcas, e de uma matriz própria para as duas Regiões Autónomas, resultante da consagração e reconhecimento das suas especificidades autonómicas.

No que concerne aos concelhos de Lisboa e da margem sul do rio Tejo (Almada, Seixal, Barreiro, Moita, Montijo e Alcochete), sendo reconhecida a existência de formas de integração económicas, dinâmicas sociais, o sentido de mobilidade da população ativa, mecanismos de interdependência e escala demográfica próprias de uma dimensão metropolitana, impõe-se a criação de um modelo conforme com esta unidade territorial, o que motiva o alargamento da área de competência territorial da comarca de Lisboa, aumentando a especialização dos tribunais, aproximando, também assim, a justiça das pessoas e das empresas.

Quanto à circunscrição territorial dos tribunais da Relação, abandona-se a referência aos distritos judiciais e determina-se que a competência territorial daqueles tribunais tome por referência agrupamentos de comarcas.

Para efeitos de organização judiciária, o território nacional divide-se nas seguintes 23 comarcas: Açores, Aveiro, Beja, Braga, Bragança, Castelo Branco, Coimbra, Évora, Faro, Guarda, Leiria, Lisboa, Lisboa Norte, Lisboa Oeste, Madeira, Portalegre, Porto, Porto Este, Santarém, Setúbal, Viana do Castelo, Vila Real e Viseu, definindo-se no presente decreto-lei as respetivas sedes, área de competência territorial e composição.

A estrutura do tribunal judicial de comarca organiza-se em torno de instâncias centrais, preferencialmente localizadas nas capitais de circunscrições socialmente adquiridas, e de instâncias locais.

As instâncias centrais têm, na sua maioria, competência para toda a área geográfica correspondente à comarca e desdobram-se em secções cíveis, que tramitam e julgam, em regra, as questões cíveis de valor superior a € 50 000,00, em secções criminais, destinadas à preparação e julgamento das causas crime da competência do tribunal coletivo ou de júri, e em secções de competência especializada, designadamente, secções de comércio, execução, família e menores, instrução criminal, e do trabalho, que preparam e julgam as matérias cuja competência lhes seja atribuída por lei.

As instâncias locais, que tramitam e julgam as causas não atribuídas à instância central, integram secções de competência genérica e podem desdobrar-se em secções cíveis, secções criminais, secções de pequena criminalidade e secções de proximidade.

As secções de competência genérica tramitam e julgam as causas não atribuídas a outra secção da instância central ou tribunal de competência territorial alargada e passam a deter competência para julgar ações declarativas cíveis de processo comum de valor igual ou inferior a € 50 000,00.

As secções de proximidade são parte integrante da instância local, desempenhando um conjunto bastante relevante de serviços, de onde se destaca a possibilidade de serem asseguradas diligências processuais, cuja realização aí seja determinada e depoimentos prestados através de teleconferência ou ainda outros atos que venham a ser determinados pelos órgãos de gestão, incluindo o apoio à realização de audiências de julgamento.

Por outro lado, considerando a diminuta e desadequada oferta de transportes públicos que servem alguns dos municípios, a que se somam as dificuldades nas respetivas acessibilidades viárias, que distam nalguns casos mais de 50 quilómetros da instância local mais próxima, foi contemplado que algumas destas secções de proximidade, prévia e devidamente identificadas, asseguram preferencialmente as respetivas audiências de julgamento.

Os tribunais judiciais de primeira instância contemplam, ainda, tribunais com competência sobre uma ou mais comarcas ou sobre áreas especialmente referidas na lei, designados por, tribunais de competência territorial alargada, concretamente, os Tribunais de Execução das Penas, o Tribunal Marítimo, o Tribunal da Propriedade Intelectual, o Tribunal da Concorrência, Regulação e Supervisão e o Tribunal Central de Instrução Criminal. Estes são tribunais de competência especializada e conhecem de matérias determinadas, independentemente da forma de processo aplicável.

Cumpre realçar que, sem prejuízo das regras de competência territorial fixadas, todos os cidadãos e empresas passam a ter acesso a um conjunto de informações de caráter geral e processual (desde que observadas as limitações previstas na lei para a publicidade do processo e segredo de justiça), e a poder entregar papéis, documentos, articulados e requerimentos a partir de qualquer secção de instância central, local ou secção de proximidade, no âmbito da respetiva comarca, através do sistema informático, único em todos os tribunais judiciais. Desafio que assume, agora, grande relevância tendo em conta a criação de comarcas de maior dimensão territorial.

Por sua vez, organizando-se a comarca num único tribunal, com uma área de jurisdição territorial alargada, a gestão desta estrutura exige um orçamento único, um mapa de pessoal para os oficiais de justiça, integrados numa única secretaria.

De igual modo, a nova organização contempla quadros únicos para juízes e para magistrados do Ministério Público definidos, em regra, por um intervalo entre um número mínimo e um número máximo por comarca. Esta flexibilidade facilita que as funções de representação do Ministério Público, em sede de processo penal, sejam asseguradas pelo magistrado do Ministério Público que deduziu acusação, permitindo-lhe, assim, sustentá-la efetivamente em audiência de julgamento.

A gestão de cada tribunal judicial de primeira instância é garantida por uma estrutura de gestão tripartida, composta pelo presidente do tribunal, centrada na figura do juiz presidente, pelo magistrado do Ministério Público coordenador e pelo administrador judiciário, num modelo que desenvolve e aprofunda aquele que já havia merecido consenso com a aprovação do regime das comarcas piloto, pela Lei nº 52/2008, de 28 de agosto. Prevê-se a prévia nomeação das estruturas de gestão para que possam acompanhar a implementação das novas comarcas.

Mostra-se, também assim, prevista a existência de gabinetes de apoio aos magistrados judiciais e magistrados do Ministério Público, compostos por especialistas com formação académica em diversas áreas para que aqueles possam dedicar-se exclusivamente à sua tarefa essencial.

De sublinhar, ainda, que a conformação das comarcas e, em especial, a localização das secções que as constituem, resultou de um amplo processo de consultas públicas, que se prolongou por um período alargado, com base nos diversos documentos técnicos que o Ministério da Justiça promoveu e lançou a debate público, os quais mereceram o interesse e a participação não apenas dos parceiros judiciários, mas também dos representantes dos municípios.

Em resultado de tais audições e consultas públicas, bem como da análise detalhada às características das comarcas existentes, ao respetivo volume processual, ao contexto geográfico e demográfico onde estas se inserem, à dimensão territorial de algumas das instâncias locais, à qualidade do edificado existente e à dimensão de recursos humanos em causa, reequacionaram-se algumas das propostas entretanto divulgadas.

Foram ouvidos os órgãos de governo próprio das Regiões Autónomas, o Conselho Superior da Magistratura, o Conselho Superior dos Tribunais Administrativos e Fiscais, o Conselho Superior do Ministério Público, a Ordem dos Advogados, o Sindicato dos Funcionários de Justiça, o Sindicato dos Oficiais de Justiça, a Associação Sindical dos Juízes Portugueses, o Sindicato dos Magistrados do Ministério Público e a Associação Nacional de Municípios Portugueses.

Foi promovida a audição da Câmara dos Solicitadores e do Conselho dos Oficiais de Justiça.

Assim:

Nos termos da alínea *a*) do nº 1 do artigo 198º da Constituição, o Governo decreta o seguinte:

CAPÍTULO I – Disposições gerais

Artigo 1º – Objeto

O presente decreto-lei procede à regulamentação da Lei nº 62/2013, de 26 de agosto (Lei da Organização do Sistema Judiciário), e estabelece o regime aplicável à organização e funcionamento dos tribunais judiciais (ROFTJ).

Artigo 2º – Âmbito de aplicação

O disposto no presente decreto-lei é aplicável ao Supremo Tribunal de Justiça, aos tribunais da Relação e aos tribunais judiciais de primeira instância.

CAPÍTULO II – Organização judicial

SECÇÃO I – Divisão judicial e quadros de magistrados

Artigo 3º – Divisão judicial

O território nacional divide-se em 23 comarcas.

Artigo 4º – Sede, área de competência territorial e composição dos tribunais

1. O Supremo Tribunal de Justiça tem sede em Lisboa, área de competência territorial e composição constantes do mapa I anexo ao presente decreto-lei, do qual faz parte integrante.

2. Os tribunais da Relação têm a sede, área de competência territorial e composição constantes do mapa II anexo ao presente decreto-lei, do qual faz parte integrante.

3. Os tribunais judiciais de primeira instância têm a sede, área de competência territorial e composição constantes dos mapas III e IV anexos ao presente decreto-lei, do qual fazem parte integrante.

Artigo 5º – Juízes do Supremo Tribunal de Justiça

1. O quadro de juízes do Supremo Tribunal de Justiça é o que consta do mapa I anexo ao presente decreto-lei, do qual faz parte integrante.

2. Na fixação do número e composição das secções do Supremo Tribunal de Justiça o Conselho Superior da Magistratura tem em atenção o volume e a complexidade do serviço.

Artigo 6º – Juízes dos tribunais da Relação

1. O quadro de juízes dos tribunais da Relação é o que consta do mapa II anexo ao presente decreto-lei, do qual faz parte integrante.

2. Na fixação do número e composição das secções dos tribunais da Relação observa-se o disposto no nº 2 do artigo anterior.

3. O quadro a que se refere o nº 1 é fixado, em regra, por um intervalo entre um mínimo e um máximo de juízes.

Artigo 7º – Juízes dos tribunais judiciais de primeira instância

1. Por cada tribunal judicial de primeira instância existe um quadro único de juízes.

2. O quadro de juízes dos tribunais judiciais de primeira instância é o que consta dos mapas III e IV anexos ao presente decreto-lei, do qual fazem parte integrante.

3. O quadro a que se refere o nº 1 é fixado, em regra, por um intervalo entre um mínimo e um máximo de juízes.

4. O quadro de juízes pode ser alterado na sequência da revisão trianual dos valores de referência processual.

5. Por deliberação do Conselho Superior da Magistratura, prévia aos movimentos judiciais, são identificadas as secções a serem providas em primeira nomeação.

Artigo 8º – Magistrados do Ministério Público

1. O quadro de magistrados do Ministério Público junto do Supremo Tribunal de Justiça, dos tribunais da Relação e dos tribunais judiciais de primeira instância é o que consta do mapa V anexo ao presente decreto-lei, do qual faz parte integrante.

2. Por cada tribunal judicial de primeira instância existe um quadro único de magistrados do Ministério Público, sem prejuízo de poderem ser colocados pelo Conselho Superior do Ministério Público nos concretos departamentos de investigação e ação penal e nas secções ou tribunais de competência territorial alargada.

3. O quadro a que se refere o nº 1, previsto para os tribunais da Relação e para os tribunais judiciais de primeira instância, é fixado, em regra, por um intervalo entre um mínimo e um máximo de magistrados do Ministério Público.

4. O quadro de magistrados do Ministério Público pode ser alterado na sequência da revisão trianual dos valores de referência processual, com as devidas adaptações.

5. O Conselho Superior do Ministério Público pode determinar o aumento do número de magistrados do município, dentro do limite máximo de magistrados fixado para a respetiva comarca.

6. Por deliberação do Conselho Superior do Ministério Público, prévia aos movimentos, são identificadas as secções a serem providas em primeira nomeação.

SECÇÃO II – Exercício de funções dos juízes de direito

Artigo 9º – Funcionamento do tribunal coletivo

Fora dos casos de serviço urgente, o julgamento em tribunal coletivo tem preferência sobre o demais serviço.

Artigo 10º – Substituição de juízes

O juiz presidente do tribunal coletivo é substituído, nas suas faltas e impedimentos, por outro juiz da instância central.

Artigo 11º – Juízes de instrução criminal

Os juízes a que se refere o nº 1 do artigo 121º da Lei nº 62/2013, de 26 agosto, exercem funções, em regra, em todas as secções da comarca.

Artigo 12º – Identificação de lugares de juízes

Nas secções com mais de um juiz, e para efeitos, nomeadamente de distribuição, os lugares são identificados como juiz 1, juiz 2, e assim sucessivamente.

SECÇÃO III – Gestão dos tribunais de primeira instância

SUBSECÇÃO I – Presidente do tribunal e magistrado do Ministério Público coordenador

Artigo 13º – Curso de formação específico

1. O exercício de funções de presidente do tribunal e de magistrado do Ministério Público coordenador implica a aprovação em curso de formação específico, nos termos dos artigos 97º e 102º da Lei nº 62/2013, de 26 agosto, o qual inclui, designadamente, as seguintes áreas de competências:

a) Organização e atividade administrativa;
b) Organização do sistema judicial e administração do tribunal;
c) Gestão do tribunal e gestão processual;
d) Simplificação e agilização processuais;
e) Avaliação e planeamento;
f) Gestão de recursos humanos e liderança;
g) Gestão dos recursos orçamentais, materiais e tecnológicos;
h) Informação e conhecimento;
i) Qualidade, inovação e modernização.

2. O curso de formação é realizado pelo Centro de Estudos Judiciários com a colaboração de outras entidades formadoras, nos termos definidos por portaria do membro do Governo responsável pela área da justiça que aprova o regulamento do curso, após audição do Conselho Superior da Magistratura e da Procuradoria-Geral da República.

3. Os candidatos selecionados para a frequência do curso de formação podem ser parcialmente dispensados da realização do mesmo quando demonstrem possuir formação académica que o Centro de Estudos Judiciários considerar equivalerem a módulos ministrados no referido curso, sob proposta das entidades responsáveis pela nomeação.

SUBSECÇÃO II – Administrador judiciário

Artigo 14º – Recrutamento para frequência do curso de formação específico

O âmbito de recrutamento para frequência do curso de formação específico referido no artigo 107º da Lei nº 62/2013, de 26 de agosto, bem como as regras procedimentais relativas à seleção, à forma de graduação para a frequência do curso de formação e à identificação das licenciaturas adequadas são definidas por portaria do membro do Governo responsável pela área da justiça.

Artigo 15º – Curso de formação específico

1. O curso de formação inclui, nomeadamente, as seguintes áreas de competências:

a) Organização e atividade administrativa;
b) Gestão de recursos humanos e liderança;
c) Orçamento e contabilidade dos tribunais;
d) Higiene e segurança no trabalho;

e) Gestão de recursos orçamentais, materiais e tecnológicos;
f) Informação e conhecimento;
g) Qualidade, inovação e modernização.

2. É aplicável aos candidatos a administrador judiciário o disposto nos nºs 2 e 3 do artigo 13º

Artigo 16º – Isenção de horário

O administrador judiciário está isento de horário de trabalho.

Artigo 17º – Remuneração

O administrador judiciário tem o estatuto remuneratório de diretor de serviços.

Artigo 18º – Tempo de serviço

O tempo de serviço prestado no cargo de administrador judiciário conta, para todos os efeitos legais, como prestado na categoria de origem.

Artigo 19º – Avaliação do desempenho

1. A avaliação do desempenho do administrador judiciário é realizada pelo presidente do tribunal, ouvido o magistrado do Ministério Público coordenador, nos termos do sistema de avaliação do desempenho aplicável aos dirigentes da Administração Pública.

2. O magistrado do Ministério Público coordenador apresenta informação relativa ao desempenho de funções a que se refere a segunda parte do nº 2 do artigo 104º da Lei nº 62/2013, de 26 de agosto, para ser considerada na respetiva avaliação.

Artigo 20º – Substituição

1. O cargo de administrador judiciário pode ser exercido em regime de substituição nos casos de ausência ou impedimento do respetivo titular quando se preveja que estes condicionalismos persistam por mais de 60 dias ou em caso de vacatura do lugar.

2. A nomeação em regime de substituição é efetuada nos termos do disposto no nº 3 do artigo 104º e no artigo 107º da Lei nº 62/2013, de 26 de agosto.

3. A substituição cessa na data em que o titular retome funções ou decorridos 90 dias após a data da vacatura do lugar, salvo se estiver em curso procedimento tendente à nomeação de novo titular.

4. A substituição pode ainda cessar, a qualquer momento, por decisão do presidente do tribunal ou a pedido do substituto logo que deferido.

5. O período de substituição confere direito a remuneração nos termos do artigo 17º e conta, para todos os efeitos legais, como tempo de serviço prestado no cargo anteriormente ocupado, bem como no lugar de origem.

Artigo 21º – Renovação e avaliação

1. A comissão de serviço do administrador judiciário pode ser renovada por igual período, pelo presidente do tribunal, ponderando o exercício dos poderes cometidos e os resultados obtidos na comarca, ouvido o magistrado do Ministério Público coordenador e obtida a concordância do serviço competente do Ministério da Justiça, a qual deve ser comunicada ao interessado até 30 dias antes do seu termo.

2. Para efeitos da eventual renovação da comissão de serviço, o administrador judiciário elabora relatório de demonstração das atividades prosseguidas e dos resultados obtidos e remete ao presidente do tribunal, ao magistrado do Ministério Público coordenador e ao serviço competente do Ministério da Justiça, com uma antecedência mínima de 60 dias do termo da respetiva comissão.

3. Em caso de não renovação da comissão de serviço as funções são asseguradas pelo administrador judiciário cessante, em regime de gestão corrente, até à nomeação de novo titular.

4. O exercício de funções em regime de gestão corrente não pode exceder o prazo de 90 dias.

Artigo 22º - Cessação da comissão de serviço

1. A comissão de serviço pode ser dada por finda a qualquer momento, por decisão fundamentada do presidente do tribunal, após emissão de parecer do magistrado do Ministério Público coordenador, sem prejuízo do direito de audição prévia do administrador judiciário.

2. A comissão de serviço pode cessar igualmente a requerimento do administrador judiciário, apresentado com a antecedência mínima de 60 dias, o qual se considera deferido no prazo de 30 dias a contar da data de apresentação.

Artigo 23º - Direito subsidiário

Em tudo o que não esteja expressamente previsto no presente decreto-lei, aplica-se ao administrador judiciário o disposto na Lei nº 2/2004, de 15 de janeiro, que aprova o estatuto do pessoal dirigente dos serviços e organismos da administração central, local e regional do Estado, com exceção do artigo 26º da referida lei.

SUBSECÇÃO III - Cooperação e despesas de representação

Artigo 24º - Princípio da cooperação

O exercício das funções dirigentes atribuídas ao presidente do tribunal, ao magistrado do Ministério Público coordenador, aos magistrados judiciais coordenadores, aos procuradores da República com funções de coordenação setorial, ao administrador judiciário e restantes membros do conselho consultivo e aos serviços competentes do Ministério da Justiça, rege-se pelo princípio da cooperação.

Artigo 25º - Despesas de representação

O presidente do tribunal e o magistrado do Ministério Público coordenador têm direito, pelo exercício das suas funções de gestão, a um subsídio correspondente a 10% da sua remuneração base, a título de despesas de representação.

SECÇÃO IV – Conselho consultivo

Artigo 26º – Mandato e eleição

1. O mandato relativo ao exercício de funções dos representantes referidos nas alíneas *d)* a *j)* do nº 2 do artigo 109º da Lei nº 62/2013, de 26 de agosto, não pode exceder o período de três anos, a contar da eleição ou da respetiva designação, podendo ser objeto de uma única renovação por igual período.

2. A forma de eleição dos representantes referidos nas alíneas *d)*, *e)* e *f)* do nº 2 do artigo 109º da Lei nº 62/2013, de 26 de agosto, é definida no regulamento aprovado para a comarca pelo conselho de gestão.

Artigo 27º – Ajudas de custo

As ajudas de custo referidas no nº 5 do artigo 109º da Lei nº 62/2013, de 26 de agosto, são fixadas nos termos da legislação aplicável aos trabalhadores que exercem funções públicas.

SECÇÃO V – Gabinetes de apoio

Artigo 28º – Composição

1. Os gabinetes de apoio aos magistrados judiciais e magistrados do Ministério Público são compostos por especialistas com formação académica de nível não inferior a licenciatura e experiência profissional adequada nas seguintes áreas:

a) Ciências jurídicas;

b) Economia;

c) Gestão;

d) Contabilidade e finanças;

e) Outras consideradas relevantes por deliberação do Conselho Superior da Magistratura e da Procuradoria-Geral da República.

2. A composição de cada gabinete, no âmbito da comarca, é definida pelo Conselho Superior da Magistratura e pela Procuradoria-Geral da República, ouvidos o presidente do tribunal e o magistrado do Ministério Público coordenador, respetivamente.

3. Os membros dos gabinetes de apoio são recrutados por procedimento concursal nos termos da legislação aplicável aos cargos de direção intermédia da Administração Pública, com as especificidades previstas no presente artigo.

4. É da competência do Conselho Superior da Magistratura e da Procuradoria-Geral da República a abertura do procedimento concursal, a fixação do perfil exigido e dos critérios de admissão, bem como a seleção e classificação dos especialistas que integram os respetivos gabinetes de apoio.

Artigo 29º – Direção

Os gabinetes de apoio aos magistrados judiciais e aos magistrados do Ministério Público são dirigidos pelo presidente do tribunal e pelo magistrado do Ministério Público coordenador, respetivamente.

Artigo 30º – Regime jurídico

1. Os especialistas dos gabinetes de apoio aos magistrados judiciais são designados pelo Conselho Superior da Magistratura e exercem as suas funções em regime de comissão de serviço, nos termos do disposto na Lei nº 12-A/2008, de 27 de fevereiro, com as especialidades constantes do presente decreto-lei.
2. Os especialistas dos gabinetes de apoio aos magistrados do Ministério Público são designados pela Procuradoria-Geral da República e exercem as suas funções em regime de comissão de serviço, nos termos do disposto na Lei nº 12-A/2008, de 27 de fevereiro, com as especialidades constantes do presente decreto-lei.
3. Os especialistas dos gabinetes estão sujeitos ao respeito pelo segredo de justiça e pelo dever de reserva, quanto a todos os factos de que tomem conhecimento pelo exercício das suas funções, nos mesmos termos dos magistrados judiciais e dos magistrados do Ministério Público.
4. Os especialistas referidos nos números anteriores gozam férias, preferencialmente, no período das férias judiciais.
5. A cessação das comissões de serviço referidas nos nºs 1 e 2 não confere o direito a qualquer indemnização.

Artigo 31º – Estatuto remuneratório

Os especialistas dos gabinetes de apoio auferem a remuneração correspondente a um nível remuneratório da quarta posição remuneratória da carreira geral de técnico superior, sendo o seu encargo suportado pelo Conselho Superior da Magistratura e pela Procuradoria-Geral da República.

Artigo 32º – Estágios profissionais

1. Por iniciativa do presidente do tribunal ou do magistrado do Ministério Público coordenador, consoante os casos, sob parecer favorável do Conselho Superior da Magistratura e da Procuradoria-Geral da República, podem ser celebrados protocolos com as universidades ou ordens profissionais para a realização de estágios profissionais no âmbito dos gabinetes de apoio.
2. Os estágios profissionais destinam-se a licenciados nas áreas de formação científica a que se refere o nº 1 do artigo 28º
3. O número de estagiários é fixado anualmente por despacho dos membros do Governo responsáveis pelas áreas das finanças, da Administração Pública e da justiça, sob proposta do Conselho Superior da Magistratura e da Procuradoria-Geral da República.
4. Aos estágios profissionais organizados no âmbito deste artigo aplica-se, subsidiariamente, com as devidas adaptações, o disposto no Decreto-Lei nº 18/2010, de 19 de março.

SECÇÃO VI – Apoio técnico

Artigo 33º – Apoio técnico

1. Podem ser designados de entre os oficiais de justiça e trabalhadores afetos ao tribunal de comarca os recursos necessários para concretizar tarefas de apoio ao conselho de gestão.

2. Podem ainda ser designados, mediante decisão do presidente do tribunal ou do magistrado do Ministério Público coordenador, oficiais de justiça da secretaria da comarca, ouvidos os interessados, para assegurar funções de apoio aos magistrados.

3. Os oficiais de justiça e trabalhadores a desempenhar as funções previstas nos números anteriores são avaliados de acordo com os respetivos regimes, não podendo ser prejudicados pelo exercício daquelas funções.

CAPÍTULO III – Secretarias judiciais

SECÇÃO I – Composição e competência

Artigo 34º – Secretaria do Supremo Tribunal de Justiça[1]

A Secretaria do Supremo Tribunal de Justiça compreende serviços judiciais, compostos por uma unidade central e por unidades de processos e serviços do Ministério Público.

Artigo 35º – Competência

1. Compete à unidade central:

a) Receber e registar a entrada de papéis e documentos respeitantes aos processos e distribuí-los pelas unidades de processos a que pertençam;

b) Efetuar a distribuição dos processos e papéis pelas restantes unidades;

c) Contar os processos e papéis avulsos;

d) Organizar os mapas estatísticos;

e) Passar certidões relativas a documentos que nela se encontrem pendentes e de processos arquivados;

f) Executar o expediente da secretaria judicial que não seja da competência das unidades de processos;

g) Desempenhar quaisquer outras funções conferidas por lei.

2. Compete às unidades de processos:

a) Movimentar os processos, contar e efetuar o respetivo registo e expediente;

b) Organizar as tabelas de processos para julgamento;

c) Registar os acórdãos e proceder à sua notificação;

d) Elaborar as atas de julgamento;

e) Passar certidões, cópias e extratos, respeitantes a processos e documentos que nelas se encontrem pendentes ou nelas devam ser ou estejam arquivados;

f) Desempenhar quaisquer outras funções conferidas por lei.

[1] A Portaria 296/2018, de 8 de novembro, fixa o mapa de pessoal da secretaria judicial e do restante pessoal do Supremo Tribunal de Justiça.

3. Compete aos serviços do Ministério Público:

a) Movimentar os processos e efetuar o respetivo registo e expediente;

b) Coadjuvar os procuradores-gerais-adjuntos na movimentação dos processos a cargo das secções, designadamente no controlo dos prazos e elaboração de pareceres, alegações e contra-alegações;

c) Preparar, tratar e organizar os elementos necessários à elaboração do relatório anual;

d) Passar certidões, cópias e extratos;

e) Desempenhar quaisquer outras funções conferidas por lei.

Artigo 36º - Secretarias dos tribunais da Relação

As secretarias dos tribunais da Relação compreendem serviços judiciais, compostos por uma unidade central, por unidades de processos, serviços do Ministério Público e serviços administrativos.

Artigo 37º - Competência

1. Compete à unidade central dos serviços judiciais:

a) Efetuar a distribuição dos processos e papéis pelas restantes unidades;

b) Registar a entrada de papéis respeitantes aos processos e distribuí-los pelas unidades de processos a que pertençam;

c) Contar os papéis avulsos;

d) Organizar a tabela dos processos para julgamento;

e) Organizar os mapas estatísticos;

f) Passar certidões;

g) Desempenhar quaisquer outras funções conferidas por lei.

2. Compete às unidades de processos dos serviços judiciais:

a) Registar e movimentar os processos;

b) Apresentar os processos prontos para julgamento;

c) Passar certidões relativas a processos pendentes;

d) Preencher verbetes estatísticos relativos aos processos e fornecer os elementos necessários à elaboração dos respetivos mapas;

e) Efetuar liquidações;

f) Desempenhar quaisquer outras funções conferidas por lei.

3. Compete aos serviços do Ministério Público:

a) Registar e movimentar os processos;

b) Coadjuvar o procurador-geral-adjunto com funções de coordenação e os procuradores-gerais-adjuntos na movimentação dos processos a cargo das unidades, designadamente no controlo de prazos e elaboração de pareceres, alegações e contra-alegações;

c) Preparar, tratar e organizar os elementos necessários à elaboração do relatório anual;

d) Passar certidões, cópias e extratos;

e) Registar e tratar a informação criminal ou de outra natureza;

f) Desempenhar quaisquer outras funções conferidas por lei.

4. Compete aos serviços administrativos:
a) Elaborar os termos de posse e declarações de início de funções;
b) Processar as folhas de vencimento dos magistrados do respetivo tribunal;
c) Processar as folhas de vencimento do pessoal não oficial de justiça;
d) Passar certidões;
e) Executar o expediente que não seja da competência dos serviços judiciais ou dos serviços do Ministério Público;
f) Organizar a biblioteca;
g) Organizar o arquivo e os respetivos índices;
h) Desempenhar quaisquer outras funções conferidas por lei.

5. A distribuição de serviço pelas unidades dos serviços administrativos faz-se de forma que a execução do expediente relativo ao Ministério Público caiba em exclusivo a uma ou mais unidades.

Artigo 38º – Chefia dos serviços das secretarias

As secretarias do Supremo Tribunal de Justiça e das Relações são chefiadas por secretários de justiça.

Artigo 39º – Secretarias dos tribunais de primeira instância

1. Em cada comarca existe uma única secretaria que assegura o expediente das respetivas secções e dos tribunais de competência territorial alargada, ali instalados, a qual dispõe de acesso ao sistema informático da comarca.

2. Em cada um dos municípios onde se mostrem instaladas secções de instância central, secções de instância local, secções de proximidade ou tribunais de competência territorial alargada, existe um núcleo que assegura as funções da secretaria.

3. As secretarias compreendem serviços judiciais, serviços do Ministério Público e serviços administrativos, com funções de centralização.

4. As secretarias organizam-se em unidades centrais, que podem ser comuns aos serviços judiciais e do Ministério Público, e unidades de processos e podem, ainda, compreender, entre outras, unidades de serviço externo, unidades de arquivo e unidades para a tramitação do processo de execução.

5. Quando a natureza e o volume processual o aconselharem, pode existir uma única unidade central e de processos.

6. Independentemente da sua localização geográfica na comarca, os núcleos da secretaria asseguram também a receção de papéis, peças processuais, documentos e requerimentos destinados a processos de outros núcleos da mesma comarca, não situados no mesmo município, e prestam informações de carácter geral ou de carácter processual, em razão do especial interesse nos atos ou processos, desde que observados as limitações previstas na lei para a publicidade do processo e segredo de justiça.

Artigo 40º – Direção do serviço das secretarias

A secretaria é dirigida pelo administrador judiciário conforme previsto na Lei nº 62/2013, de 26 de agosto.

Artigo 41º – Competência

1. Compete à unidade central executar o expediente que não seja da competência das unidades de processos, designadamente:

a) Registar a entrada de papéis, denúncias e processos e distribuí-los pelas unidades de processos, quando tal não seja efetuado automaticamente pelo sistema informático;

b) Distribuir o serviço externo pelos oficiais de justiça;

c) Passar certidões dos processos em arquivo;

d) Guardar os objetos respeitantes a processos e, bem assim, quaisquer documentos que não possam ser apensos ou incorporados nos processos;

e) Registar e tratar a informação criminal;

f) Registar as armas e outros objetos apreendidos;

g) Passar certificados de registo de denúncia;

h) Contar os papéis avulsos e, quando superiormente determinado, os processos;

i) Escriturar a receita e despesa;

j) Processar as despesas;

k) Elaborar os termos de posse e declarações de início de funções;

l) Organizar a biblioteca;

m) Organizar o arquivo e respetivos índices;

n) Desempenhar quaisquer outras funções conferidas por lei ou superiormente determinadas.

2. Compete ainda à unidade central assegurar o apoio informático aos serviços da comarca.

3. Compete às unidades de processos proceder à contagem e tramitação dos processos pendentes e praticar os atos inerentes, na dependência funcional do respetivo magistrado.

Artigo 42º – Competência das unidades de serviço externo

1. Compete às unidades de serviço externo:

a) Receber e registar os papéis que lhes sejam remetidos para execução de serviço externo, quando tal não seja efetuado automaticamente pelo sistema informático;

b) Diligenciar pelo cumprimento do serviço externo que lhe seja cometido;

c) Devolver, registando, os papéis, após cumprimento do serviço;

d) Assegurar a prática dos atos de serviço externo atribuídos ao oficial de justiça enquanto agente de execução;

e) Assegurar os depoimentos prestados através de teleconferência;

f) Desempenhar quaisquer outras funções conferidas por lei.

2. Caso a secretaria não compreenda a unidade de serviço externo, as competências referidas no nº 1 são asseguradas pela respetiva unidade central.

Artigo 43º – Apoio aos juízes de instrução criminal

Nas comarcas em que não haja secção de instrução criminal, e caso o Conselho Superior da Magistratura tenha determinado a afetação de juízes de direito em regime de exclusividade à instrução criminal, a respetiva tramitação processual é assegurada por oficiais de justiça que exerçam funções em unidades afetas aos serviços judiciais.

Artigo 44º – Serviços de secretaria das secções de proximidade

1. As secções de proximidade funcionam na dependência da secretaria da comarca, dispõem de acesso ao sistema informático da respetiva comarca às quais incumbe:

a) Prestar informações de carácter geral;

b) Prestar informações de carácter processual, no âmbito da respetiva comarca, em razão do especial interesse nos atos ou processos, desde que observados as limitações previstas na lei para a publicidade do processo e segredo de justiça;

c) Proceder à receção de papéis, peças processuais, documentos e requerimentos destinados a processos de qualquer secção da comarca em que se inserem;

d) Assegurar os depoimentos prestados através de teleconferência;

e) Praticar os atos que venham a ser determinados pelos órgãos de gestão, incluindo o apoio à realização de audiências de julgamento;

f) Acolher as audiências de julgamento ou outras diligências processuais cuja realização aí seja determinada.

2. As secções de proximidade identificadas no mapa VI anexo ao presente decreto-lei, do qual faz parte integrante, asseguram preferencialmente a realização das sessões de julgamento, de acordo com as regras processuais fixadas, como se de uma secção de competência genérica da instância local se tratasse e detivesse competência territorial para o respetivo município.

Artigo 45º – Horário das secretarias[1]

O horário de funcionamento das secretarias é fixado por portaria dos membros do Governo responsáveis pelas áreas das finanças e da justiça, ouvido o Conselho Superior da Magistratura e o Conselho Superior do Ministério Público.

Artigo 46º – Entrada nas secretarias

1. A entrada nas secretarias é vedada a pessoas estranhas aos serviços.

2. O disposto no número anterior não é aplicável aos mandatários judiciais.

3. Mediante autorização do funcionário responsável pela secretaria, é permitida a entrada a quem, em razão do seu especial interesse nos atos ou processos, a ela deva ter acesso.

Artigo 47º – Fiéis depositários

1. Os oficiais de justiça que chefiam núcleos e respetivas unidades são fiéis depositários do arquivo, valores, processos e objetos que a elas digam respeito.

2. Os oficiais de justiça referidos no número anterior devem conferir o inventário no início de funções.

[1] Nos termos do artigo 2º da Portaria 307/2018, de 29 de novembro, "as secretarias dos tribunais funcionam, nos dias úteis, das 9 horas às 12 horas e 30 minutos e das 13 horas e 30 minutos às 17 horas" (nº 1). "O atendimento ao público encerra às 16 horas" (nº 2).

SECÇÃO II – Organização das secretarias dos tribunais de primeira instância

Artigo 48º – Distribuição do pessoal[1]

1. O diretor-geral da Administração da Justiça coloca os oficiais de justiça e restantes trabalhadores, nos termos previstos na lei.

2. O administrador judiciário procede à distribuição pelas secções, tribunais de competência territorial alargada instalados em cada um dos municípios, Balcão Nacional do Arrendamento e Balcão Nacional de Injunções, dos oficiais de justiça e restantes trabalhadores colocados em cada um dos núcleos da secretaria da respetiva comarca, após audição dos próprios.

3. A decisão de distribuição é fundamentada de acordo com os critérios objetivos definidos por portaria do membro do Governo responsável pela área da justiça, também aplicáveis aos casos de recolocação transitória, e prossegue as orientações genéricas sobre a distribuição previamente estabelecidas pelo juiz presidente e pelo magistrado do Ministério Público coordenador.

Artigo 49º – Registo de documentos

1. O registo de entrada de qualquer documento fixa a data da sua entrada nos serviços.

2. Quando os interessados o solicitarem, é passado recibo no duplicado do papel apresentado, e, no caso de denúncia, certificado do registo, nos termos da lei de processo.

Artigo 50º – Saída de processos do arquivo

1. Quando for necessário movimentar algum processo arquivado, este é requisitado ao oficial de justiça ou trabalhador responsável pelo arquivo, que satisfaz a requisição e entrega no prazo de 48 horas, mediante recibo.

2. Caso o processo arquivado se destine a ser junto a expediente relativo a arguidos presos ou a qualquer outro processo a que, nos termos da lei, seja atribuída natureza urgente, o responsável pelo arquivo deve proceder à satisfação imediata da requisição.

Artigo 51º – Registos dos serviços

Os registos inerentes ao serviço das secretarias são efetuados através do sistema informático de suporte à atividade dos tribunais.

Artigo 52º – Coadjuvação de autoridades

Os oficiais de justiça podem solicitar a colaboração de quaisquer autoridades para execução de atos de serviço, em caso de manifesta necessidade.

[1] Ver a Portaria 164/2014, de 21 de agosto.

CAPÍTULO IV – Organização do serviço urgente

SECÇÃO I – Turnos e serviço urgente

Artigo 53º – Turnos

1. O serviço urgente referido no nº 2 do artigo 36º da Lei nº 62/2013, de 26 de agosto, refere-se designadamente ao previsto no Código de Processo Penal, na lei de cooperação judiciária internacional em matéria penal, na lei de saúde mental, na lei de proteção de crianças e jovens em perigo e no regime jurídico de entrada, permanência, saída e afastamento de estrangeiros do território nacional, que deva ser executado aos sábados, nos feriados que recaiam em segunda-feira e no segundo dia feriado, em caso de feriados consecutivos.

2. Os turnos são organizados pelo presidente do tribunal e pelo magistrado do Ministério Público coordenador, nos tribunais de comarca.

3. Os tribunais de competência territorial alargada integram a organização de turnos prevista no número anterior.

4. A organização dos turnos é efetuada com prévia audição dos magistrados e, sempre que possível, com a antecedência de 60 dias.

Artigo 54º – Turnos de férias judiciais

1. Para assegurar o serviço a que se refere o disposto no nº 1 do artigo 36º da Lei nº 62/2013, de 26 agosto, organizam-se turnos em cada comarca.

2. Os turnos de férias judiciais funcionam nas secções competentes para assegurar o respetivo serviço, sendo organizados pelo presidente do tribunal ou pelo magistrado do Ministério Público coordenador, consoante os casos, sem prejuízo do disposto no número seguinte.

3. O presidente do tribunal ou o magistrado do Ministério Público coordenador, consoante os casos, aprovam os mapas de turnos de férias, com uma antecedência mínima de 60 dias face ao início do respetivo período de férias, ouvidos, respetivamente, os magistrados judiciais e os magistrados do Ministério Público.

4. Durante as férias judiciais, nos sábados e nos feriados que recaiam em segunda-feira e no segundo dia feriado, em caso de feriados consecutivos, os turnos funcionam nos termos do artigo seguinte.

Artigo 55º – Turnos aos sábados e feriados

1. Para assegurar o serviço urgente aos sábados, feriados que recaiam em segunda-feira e no segundo dia feriado, em caso de feriados consecutivos, os turnos são organizados pelo presidente do tribunal, ouvido o magistrado do Ministério Público coordenador nos termos referidos nos números seguintes.

2. Os turnos são organizados em regime de rotatividade e por ordem alfabética, em todos os municípios existentes na comarca, onde se mostre instalada secção de competência genérica.

3. A cada município referido no número anterior correspondem, de forma consecutiva, tantos turnos quantos o número de juízes aí colocados.

4. Os turnos funcionam nas secções da comarca, de acordo com a seguinte ordem de preferência:

a) Secção de instrução criminal da instância central;

b) Secção criminal da instância local;

c) Secção de pequena criminalidade da instância local;

d) Secção de competência genérica da instância local.

5. Cada turno tem uma duração correspondente ao período necessário para assegurar o serviço urgente.

6. O presidente do tribunal aprova, uma ou duas vezes por ano, mapas de turnos que dão concretização ao regime previsto nos números anteriores, e divulga-os pelos meios eletrónicos disponíveis.

7. O presidente do tribunal ou o magistrado do Ministério Público coordenador, consoante os casos, aprovam, uma ou duas vezes por ano, as listas de juízes e magistrados do Ministério Público designados para o serviço de turno referido no nº 1, nos termos do disposto no nº 2 do artigo 36º da Lei nº 62/2013, de 26 agosto.

8. Quando a extensão e o volume processual da comarca assim o justifiquem, o turno pode integrar um conjunto de municípios, nos termos a definir pelo conselho de gestão.

9. Quando um feriado municipal ocorra em segunda-feira ou em dia útil subsequente a feriado nacional, o serviço de turno é assegurado pela secção de competência genérica normalmente competente, aplicando-se o disposto nos artigos 57º a 60º

SECÇÃO II - Competência

Artigo 56º - Competência das secções em serviço de turno

1. Durante o período de turno, a secção que esteja de turno nos termos do mapa referido no nº 6 do artigo anterior, possui competência territorial para a comarca ou, na situação referida no nº 8 do artigo anterior, para os municípios abrangidos.

2. No primeiro dia útil subsequente à execução do serviço de turno, a secção onde funcionou o turno remete à secção ou ao serviço normalmente competente o expediente relativo ao serviço executado.

SECÇÃO III - Organização

Artigo 57º - Magistrados

1. Sem prejuízo do disposto no número seguinte, são abrangidos, para efeito da prestação do serviço de turno, os magistrados que exercem funções nas secções incluídas na organização dos respetivos turnos.

2. Para cada dia de serviço de turno são designados, pelo presidente do tribunal ou pelo magistrado do Ministério Público coordenador, consoante os casos, o número de juízes e de magistrados do Ministério Público necessários para assegurar o volume de serviço da respetiva comarca.

3. O disposto no nº 1 não afasta a possibilidade de a designação recair, para efeitos da realização de turno aos sábados, nos feriados que recaiam em segunda-feira e no segundo dia feriado, em caso de feriados consecutivos, apenas em magistrados que exerçam funções nas secções referidas no nº 4 do artigo 55º

4. Nas suas ausências, faltas e impedimentos, os magistrados designados são substituídos por aqueles que se lhes sigam na ordem de designação.

5. Os magistrados devem, sempre que possível, comunicar antecipadamente a ocorrência das situações referidas no número anterior, por forma a que fique assegurada a respetiva substituição.

Artigo 58º – Oficiais de justiça

1. Os mapas de férias distribuem por turnos de férias judiciais o pessoal das secretarias, tendo em conta o estado dos serviços.

2. Para efeitos de prestação de serviço urgente que deva ser executado aos sábados, feriados que recaiam em segunda-feira e no segundo dia feriado, em caso de feriados consecutivos, podem ser abrangidos todos os oficiais de justiça que exerçam funções nos núcleos da secretaria.

Artigo 59º – Designação e substituição dos oficiais de justiça

1. A designação dos oficiais de justiça para prestação do serviço de turno compete ao administrador judiciário.

2. A designação referida no número anterior é precedida de audição dos oficiais de justiça e concluída, sempre que possível, com a antecedência mínima de 60 dias.

3. Por cada dia de turno organizado nos termos do nº 2 do artigo anterior, são designados dois oficiais de justiça, salvo decisão do diretor-geral da Administração da Justiça, a pedido do administrador judiciário e atenta a dimensão e especificidades de cada uma das comarcas, pode ser fixado um número superior de oficiais de justiça.

4. Quando o volume ou complexidade do serviço o justifique, por decisão do diretor-geral da Administração da Justiça, podem ser organizados grupos de oficiais de justiça que, em regime de rotatividade, asseguram o serviço de turno previsto no nº 2 do artigo anterior, por período nunca superior a quatro meses em cada ano.

5. Nas suas ausências, faltas e impedimentos, os oficiais de justiça designados são substituídos por aqueles que se lhes sigam na ordem de designação.

6. Os oficiais de justiça devem, sempre que possível, comunicar antecipadamente a ocorrência das situações referidas no número anterior por forma a que fique assegurada a respetiva substituição.

Artigo 60º – Suplemento remuneratório pelo serviço de turno

1. Pelo serviço de turno previsto no artigo 55º é devido acréscimo de remuneração aos juízes e aos magistrados do Ministério Público, nos termos definidos nos respetivos estatutos.

2. Pelo serviço de turno referido no número anterior é igualmente devido acréscimo de remuneração aos oficiais de justiça, nos termos definidos no respetivo estatuto.

Artigo 61º – Horário aos sábados e feriados

1. O serviço de turno a realizar aos sábados, feriados que recaiam em segunda feira e no segundo dia feriado, em caso de feriados consecutivos, funciona entre as 9 horas e as 13 horas, sem prejuízo da completa execução do serviço em curso.

2. Por deliberação do conselho de gestão da comarca pode ser fixado para o serviço de turno referido no número anterior, horário igual ao do funcionamento das secretarias nos dias úteis, atenta a dimensão e especificidades de cada uma das comarcas.

3. Nos municípios de Lisboa e do Porto o serviço de turno a realizar aos sábados, feriados que recaiam em segunda-feira e no segundo dia feriado, em caso de feriados consecutivos, funciona com horário igual ao de funcionamento das secretarias nos dias úteis, sem prejuízo da completa execução do serviço em curso.

Artigo 62º – Deslocações

Quando, por força do serviço de turno, os intervenientes processuais sejam obrigados a deslocar-se para a secção de serviço, para intervenção em ato processual, e devam percorrer uma distância superior a 50 km face ao que percorreriam para se deslocarem à secção normalmente competente, têm direito ao pagamento das despesas respetivas, de acordo com o Regulamento das Custas Processuais, aprovado pelo Decreto-Lei nº 34/2008, de 26 de fevereiro.

Artigo 63º – Exercício de direito de defesa durante os turnos

Compete à Ordem dos Advogados tomar as medidas adequadas para assegurar o exercício do direito de defesa durante os turnos de férias judiciais e sábados, feriados que recaiam em segunda-feira e no segundo dia feriado, em caso de feriados consecutivos.

CAPÍTULO V – Tribunais judiciais de primeira instância

SECÇÃO I – Tribunais de comarca

Artigo 64º – Criação de tribunais de comarca

São criados os seguintes tribunais de comarca:

a) Tribunal Judicial da Comarca dos Açores;
b) Tribunal Judicial da Comarca de Aveiro;
c) Tribunal Judicial da Comarca de Beja;
d) Tribunal Judicial da Comarca de Braga;
e) Tribunal Judicial da Comarca de Bragança;
f) Tribunal Judicial da Comarca de Castelo Branco;
g) Tribunal Judicial da Comarca de Coimbra;
h) Tribunal Judicial da Comarca de Évora;
i) Tribunal Judicial da Comarca de Faro;
j) Tribunal Judicial da Comarca da Guarda;
k) Tribunal Judicial da Comarca de Leiria;

l) Tribunal Judicial da Comarca de Lisboa;
m) Tribunal Judicial da Comarca de Lisboa Norte;
n) Tribunal Judicial da Comarca de Lisboa Oeste;
o) Tribunal Judicial da Comarca da Madeira;
p) Tribunal Judicial da Comarca de Portalegre;
q) Tribunal Judicial da Comarca do Porto;
r) Tribunal Judicial da Comarca do Porto Este;
s) Tribunal Judicial da Comarca de Santarém;
t) Tribunal Judicial da Comarca de Setúbal;
u) Tribunal Judicial da Comarca de Viana do Castelo;
v) Tribunal Judicial da Comarca de Vila Real;
w) Tribunal Judicial da Comarca de Viseu.

SECÇÃO II – Tribunais de competência territorial alargada

Artigo 65º[1] – Criação de tribunais de competência territorial alargada

São criados os seguintes tribunais de competência territorial alargada:
a) Tribunal de Execução das Penas dos Açores;
b) Tribunal de Execução das Penas de Coimbra;
c) Tribunal de Execução das Penas de Évora;
d) Tribunal de Execução das Penas de Lisboa;
e) Tribunal de Execução das Penas do Porto;
f) Tribunal Marítimo;
g) Tribunal da Propriedade Intelectual;
h) Tribunal da Concorrência, Regulação e Supervisão;
i) Tribunal Central de Instrução Criminal.

CAPÍTULO VI – Organização dos tribunais de comarca

SECÇÃO I – Tribunal Judicial da Comarca dos Açores

Artigo 66º – Desdobramento

1. O Tribunal Judicial da Comarca dos Açores integra as seguintes secções de instância central:
a) 1ª Secção cível, com sede em Ponta Delgada;
b) 1ª Secção criminal, com sede em Ponta Delgada;
c) 2ª Secção cível, com sede em Angra do Heroísmo;
d) 2ª Secção criminal, com sede em Angra do Heroísmo;
e) Secção de instrução criminal, com sede em Ponta Delgada;
f) Secção de família e menores, com sede em Ponta Delgada;

[1] Redação da L 19/2019, de 19 de fevereiro.

g) Secção do trabalho, com sede em Ponta Delgada.

2. O Tribunal Judicial da Comarca dos Açores integra ainda as seguintes secções de instância local:

a) Secção de competência genérica, desdobrada em matéria cível e criminal, com sede em Angra do Heroísmo;

b) Secção de competência genérica, com sede na Horta;

c) Secção de competência genérica, desdobrada em matéria cível e criminal, com sede em Ponta Delgada;

d) Secção de competência genérica, desdobrada em matéria cível e criminal, com sede em Praia da Vitória;

e) Secção de competência genérica, desdobrada em matéria cível e criminal, com sede em Ribeira Grande;

f) Secção de competência genérica, com sede em Santa Cruz da Graciosa;

g) Secção de competência genérica, com sede em Santa Cruz das Flores;

h) Secção de competência genérica, com sede em São Roque do Pico;

i) Secção de competência genérica, com sede em Velas;

j) Secção de competência genérica, com sede em Vila do Porto;

k) Secção de competência genérica, com sede em Vila Franca do Campo;

l) Secção de proximidade, com sede em Nordeste;

m) Secção de proximidade, com sede em Povoação.

Artigo 67º - Departamento de investigação e ação penal

1. É criado o departamento de investigação e ação penal da comarca dos Açores, com sede em Ponta Delgada.

2. O departamento de investigação e ação penal tramita todos os inquéritos da comarca e organiza-se nos termos definidos pelo estatuto do Ministério Público.

SECÇÃO II - Tribunal Judicial da Comarca de Aveiro

Artigo 68º - Desdobramento

1. O Tribunal Judicial da Comarca de Aveiro integra as seguintes secções de instância central:

a) 1ª Secção cível, com sede em Aveiro;

b) 1ª Secção criminal, com sede em Aveiro;

c) 2ª Secção cível, com sede em Santa Maria da Feira;

d) 2ª Secção criminal, com sede em Santa Maria da Feira;

e) 1ª Secção de instrução criminal, com sede em Aveiro;

f) 2ª Secção de instrução criminal, com sede em Águeda;

g) 3ª Secção de instrução criminal, com sede em Santa Maria da Feira;

h) 1ª Secção de família e menores, com sede em Aveiro;

i) 2ª Secção de família e menores, com sede em Estarreja;

j) 3ª Secção de família e menores, com sede em Oliveira do Bairro;

k) 4ª Secção de família e menores, com sede em Santa Maria da Feira;

l) 5ª Secção de família e menores, com sede em São João da Madeira;
m) 1ª Secção do trabalho, com sede em Aveiro;
n) 2ª Secção do trabalho, com sede em Águeda;
o) 3ª Secção do trabalho, com sede em Oliveira de Azeméis;
p) 4ª Secção do trabalho, com sede em Santa Maria da Feira;
q) 1ª Secção de comércio, com sede em Aveiro;
r) 2ª Secção de comércio, com sede em Oliveira de Azeméis;
s) 1ª Secção de execução, com sede em Águeda;
t) 2ª Secção de execução, com sede em Ovar;
u) 3ª Secção de execução, com sede em Oliveira de Azeméis.

2. O Tribunal Judicial da Comarca de Aveiro integra ainda as seguintes secções de instância local:

a) Secção de competência genérica, desdobrada em matéria cível e criminal, com sede em Águeda;
b) Secção de competência genérica, com sede em Albergaria-a-Velha;
c) Secção de competência genérica, com sede em Anadia;
d) Secção de competência genérica, com sede em Arouca;
e) Secção de competência genérica, desdobrada em matéria cível e criminal, com sede em Aveiro;
f) Secção de competência genérica, com sede em Castelo de Paiva;
g) Secção de competência genérica, com sede em Espinho;
h) Secção de competência genérica, com sede em Estarreja;
i) Secção de competência genérica, com sede em Ílhavo;
j) Secção de competência genérica, com sede em Mealhada;
k) Secção de competência genérica, desdobrada em matéria cível e criminal, com sede em Oliveira de Azeméis;
l) Secção de competência genérica, com sede em Oliveira do Bairro;
m) Secção de competência genérica, desdobrada em matéria cível e criminal, com sede em Ovar;
n) Secção de competência genérica, desdobrada em matéria cível e criminal, com sede em Santa Maria da Feira;
o) Secção de competência genérica, com sede em São João da Madeira;
p) Secção de competência genérica, com sede em Vagos;
q) Secção de competência genérica, com sede em Vale de Cambra.

Artigo 69º – Departamento de investigação e ação penal

1. É criado o departamento de investigação e ação penal da comarca de Aveiro, com sede em Aveiro.

2. O departamento de investigação e ação penal tramita todos os inquéritos da comarca e organiza-se nos termos definidos pelo estatuto do Ministério Público.

SECÇÃO III – Tribunal Judicial da Comarca de Beja

Artigo 70º – Desdobramento

1. O Tribunal Judicial da Comarca de Beja integra as seguintes secções de instância central:

a) Secção cível, com sede em Beja;
b) Secção criminal, com sede em Beja;
c) Secção de família e menores, com sede em Beja;
d) Secção do trabalho, com sede em Beja.

2. O Tribunal Judicial da Comarca de Beja integra ainda as seguintes secções de instância local:

a) Secção de competência genérica, com sede em Almodôvar;
b) Secção de competência genérica, desdobrada em matéria cível e criminal, com sede em Beja;
c) Secção de competência genérica, com sede em Cuba;
d) Secção de competência genérica, com sede em Ferreira do Alentejo;
e) Secção de competência genérica, com sede em Moura;
f) Secção de competência genérica, com sede em Odemira;
g) Secção de competência genérica, com sede em Ourique;
h) Secção de competência genérica, com sede em Serpa;
i) Secção de proximidade, com sede em Mértola.

SECÇÃO IV – Tribunal Judicial da Comarca de Braga

Artigo 71º – Desdobramento

1. O Tribunal Judicial da Comarca de Braga integra as seguintes secções de instância central:

a) 1ª Secção cível, com sede em Braga;
b) 1ª Secção criminal, com sede em Braga;
c) 2ª Secção cível, com sede em Guimarães;
d) 2ª Secção criminal, com sede em Guimarães;
e) 1ª Secção de instrução criminal, com sede em Braga;
f) 2ª Secção de instrução criminal, com sede em Guimarães;
g) 1ª Secção de família e menores, com sede em Braga;
h) 2ª Secção de família e menores, com sede em Barcelos;
i) 3ª Secção de família e menores, com sede em Guimarães;
j) 4ª Secção de família e menores, com sede em Vila Nova de Famalicão;
k) 1ª Secção do trabalho, com sede em Braga;
l) 2ª Secção do trabalho, com sede em Barcelos;
m) 3ª Secção do trabalho, com sede em Guimarães;
n) 4ª Secção do trabalho, com sede em Vila Nova de Famalicão;
o) 1ª Secção de comércio, com sede em Guimarães;

p) 2ª Secção de comércio, com sede em Vila Nova de Famalicão;
q) 1ª Secção de execução, com sede em Guimarães;
r) 2ª Secção de execução, com sede em Vila Nova de Famalicão.

2. O Tribunal Judicial da Comarca de Braga integra ainda as seguintes secções de instância local:

a) Secção de competência genérica, com sede em Amares;
b) Secção de competência genérica, desdobrada em matéria cível e criminal, com sede em Barcelos;
c) Secção de competência genérica, desdobrada em matéria cível e criminal, com sede em Braga;
d) Secção de competência genérica, com sede em Cabeceiras de Basto;
e) Secção de competência genérica, com sede em Celorico de Basto;
f) Secção de competência genérica, com sede em Esposende;
g) Secção de competência genérica, desdobrada em matéria cível e criminal, com sede em Fafe;
h) Secção de competência genérica, desdobrada em matéria cível e criminal, com sede em Guimarães;
i) Secção de competência genérica, com sede em Póvoa de Lanhoso;
j) Secção de competência genérica, com sede em Vieira do Minho;
k) Secção de competência genérica, desdobrada em matéria cível e criminal, com sede em Vila Nova de Famalicão;
l) Secção de competência genérica, desdobrada em matéria cível e criminal, com sede em Vila Verde.

Artigo 72º – Departamento de investigação e ação penal

1. É criado o departamento de investigação e ação penal da comarca de Braga, com sede em Braga.

2. O departamento de investigação e ação penal tramita todos os inquéritos da comarca e organiza-se nos termos definidos pelo estatuto do Ministério Público.

SECÇÃO V – Tribunal Judicial da Comarca de Bragança

Artigo 73º – Desdobramento

1. O Tribunal Judicial da Comarca de Bragança integra as seguintes secções de instância central:

a) Secção cível, com sede em Bragança;
b) Secção criminal, com sede em Bragança;
c) Secção do trabalho, com sede em Bragança.

2. O Tribunal Judicial da Comarca de Bragança integra ainda as seguintes secções de instância local:

a) Secção de competência genérica, desdobrada em matéria cível e criminal, com sede em Bragança;

b) Secção de competência genérica, com sede em Macedo de Cavaleiros;
c) Secção de competência genérica, com sede em Mirandela;
d) Secção de competência genérica, com sede em Mogadouro;
e) Secção de competência genérica, com sede em Torre de Moncorvo;
f) Secção de competência genérica, com sede em Vila Flor;
g) Secção de proximidade, com sede em Alfândega da Fé;
h) Secção de proximidade, com sede em Carrazeda de Ansiães;
i) Secção de proximidade, com sede em Miranda do Douro;
j) Secção de proximidade, com sede em Vimioso;
k) Secção de proximidade, com sede em Vinhais.

SECÇÃO VI – Tribunal Judicial da Comarca de Castelo Branco

Artigo 74º – Desdobramento

1. O Tribunal Judicial da Comarca de Castelo Branco integra as seguintes secções de instância central:
a) Secção cível, com sede em Castelo Branco;
b) Secção criminal, com sede em Castelo Branco;
c) 1ª Secção de família e menores, com sede em Castelo Branco;
d) 2ª Secção de família e menores, com sede na Covilhã;
e) 1ª Secção do trabalho, com sede em Castelo Branco;
f) 2ª Secção do trabalho, com sede na Covilhã;
g) Secção de comércio, com sede no Fundão.

2. O Tribunal Judicial da Comarca de Castelo Branco integra ainda as seguintes secções de instância local:
a) Secção de competência genérica, desdobrada em matéria cível e criminal, com sede em Castelo Branco;
b) Secção de competência genérica, desdobrada em matéria cível e criminal, com sede na Covilhã;
c) Secção de competência genérica, desdobrada em matéria cível e criminal, com sede no Fundão;
d) Secção de competência genérica, com sede em Idanha-a-Nova;
e) Secção de competência genérica, com sede em Oleiros;
f) Secção de competência genérica, com sede em Sertã;
g) Secção de proximidade, com sede em Penamacor.

SECÇÃO VII – Tribunal Judicial da Comarca de Coimbra

Artigo 75º – Desdobramento

1. O Tribunal Judicial da Comarca de Coimbra integra as seguintes secções de instância central:

a) Secção cível, com sede em Coimbra;
b) Secção criminal, com sede em Coimbra;
c) Secção de instrução criminal, com sede em Coimbra;
d) 1ª Secção de família e menores, com sede em Coimbra;
e) 2ª Secção de família e menores, com sede na Figueira da Foz;
f) 1ª Secção do trabalho, com sede em Coimbra;
g) 2ª Secção do trabalho, com sede na Figueira da Foz;
h) Secção de comércio, com sede em Coimbra;
i) Secção de execução, com sede em Coimbra.

2. O Tribunal Judicial da Comarca de Coimbra integra ainda as seguintes secções de instância local:

a) Secção de competência genérica, com sede em Arganil;
b) Secção de competência genérica, desdobrada em matéria cível e criminal com sede em Cantanhede;
c) Secção de competência genérica, desdobrada em matéria cível e criminal, com sede em Coimbra;
d) Secção de competência genérica, com sede em Condeixa-a-Nova;
e) Secção de competência genérica, desdobrada em matéria cível e criminal, com sede na Figueira da Foz;
f) Secção de competência genérica, com sede em Lousã;
g) Secção de competência genérica, com sede em Montemor-o-Velho;
h) Secção de competência genérica, com sede em Oliveira do Hospital;
i) Secção de competência genérica, com sede em Penacova;
j) Secção de competência genérica, com sede em Tábua;
k) Secção de proximidade, com sede em Soure;
l) Secção de proximidade, com sede em Mira;
m) Secção de proximidade, com sede em Pampilhosa da Serra.

Artigo 76º – Departamento de investigação e ação penal

1. É criado o departamento de investigação e ação penal da comarca de Coimbra, com sede em Coimbra.

2. O departamento de investigação e ação penal tramita todos os inquéritos da comarca e organiza-se nos termos definidos pelo estatuto do Ministério Público.

SECÇÃO VIII – Tribunal Judicial da Comarca de Évora

Artigo 77º – Desdobramento

1. O Tribunal Judicial da Comarca de Évora integra as seguintes secções de instância central:

a) Secção cível, com sede em Évora;
b) Secção criminal, com sede em Évora;
c) Secção de instrução criminal, com sede em Évora;

d) Secção de família e menores, com sede em Évora;
e) Secção do trabalho, com sede em Évora;
f) Secção de execução, com sede em Montemor-o-Novo.

2. O Tribunal Judicial da Comarca de Évora integra ainda as seguintes secções de instância local:

a) Secção de competência genérica, com sede em Estremoz;
b) Secção de competência genérica, desdobrada em matéria cível e criminal, com sede em Évora;
c) Secção de competência genérica, com sede em Montemor-o-Novo;
d) Secção de competência genérica, com sede no Redondo;
e) Secção de competência genérica, com sede em Reguengos de Monsaraz;
f) Secção de competência genérica, com sede em Vila Viçosa;
g) Secção de proximidade, com sede em Arraiolos.

Artigo 78º – Departamento de investigação e ação penal

1. É criado o departamento de investigação e ação penal da Comarca de Évora, com sede em Évora.

2. O departamento de investigação e ação penal tramita todos os inquéritos da comarca e organiza-se nos termos definidos pelo estatuto do Ministério Público.

SECÇÃO IX – Tribunal Judicial da Comarca de Faro

Artigo 79º – Desdobramento

1. O Tribunal Judicial da Comarca de Faro integra as seguintes secções de instância central:

a) 1ª Secção cível, com sede em Faro;
b) 1ª Secção criminal, com sede em Faro;
c) 2ª Secção cível, com sede em Portimão;
d) 2ª Secção criminal, com sede em Portimão;
e) 1ª Secção de instrução criminal, com sede em Faro;
f) 2ª Secção de instrução criminal, com sede em Portimão;
g) 1ª Secção de família e menores, com sede em Faro;
h) 2ª Secção de família e menores, com sede em Portimão;
i) 1ª Secção do trabalho, com sede em Faro;
j) 2ª Secção do trabalho, com sede em Portimão;
k) Secção de comércio, com sede em Olhão;
l) 1ª Secção de execução, com sede em Loulé;
m) 2ª Secção de execução, com sede em Silves.

2. O Tribunal Judicial da Comarca de Faro integra ainda as seguintes secções de instância local:

a) Secção de competência genérica, desdobrada em matéria cível e criminal, com sede em Albufeira;

b) Secção de competência genérica, desdobrada em matéria cível e criminal, com sede em Faro;

c) Secção de competência genérica, com sede em Lagos;

d) Secção de competência genérica, desdobrada em matéria cível e criminal, com sede em Loulé;

e) Secção de competência genérica, com sede em Olhão;

f) Secção de competência genérica, desdobrada em matéria cível e criminal, com sede em Portimão;

g) Secção de competência genérica, com sede em Silves;

h) Secção de competência genérica, com sede em Tavira;

i) Secção de competência genérica, com sede em Vila Real de Santo António.

Artigo 80º – Departamento de investigação e ação penal

1. É criado o departamento de investigação e ação penal da comarca de Faro, com sede em Faro.

2. O departamento de investigação e ação penal tramita todos os inquéritos da comarca e organiza-se nos termos definidos pelo estatuto do Ministério Público.

SECÇÃO X – Tribunal Judicial da Comarca da Guarda

Artigo 81º – Desdobramento

1. O Tribunal Judicial da Comarca da Guarda integra as seguintes secções de instância central:

a) Secção cível, com sede na Guarda;

b) Secção criminal, com sede na Guarda;

c) Secção do trabalho, com sede na Guarda.

2. O Tribunal Judicial da Comarca da Guarda integra ainda as seguintes secções de instância local:

a) Secção de competência genérica, com sede em Almeida;

b) Secção de competência genérica, com sede em Celorico da Beira;

c) Secção de competência genérica, com sede em Figueira de Castelo Rodrigo;

d) Secção de competência genérica, com sede em Gouveia;

e) Secção de competência genérica, desdobrada em matéria cível e criminal, com sede na Guarda;

f) Secção de competência genérica, com sede em Pinhel;

g) Secção de competência genérica, com sede em Seia;

h) Secção de competência genérica, com sede em Trancoso;

i) Secção de competência genérica, com sede em Vila Nova de Foz Côa;

j) Secção de proximidade, com sede no Sabugal.

SECÇÃO XI – Tribunal Judicial da Comarca de Leiria

Artigo 82º – Desdobramento

1. O Tribunal Judicial da Comarca de Leiria integra as seguintes secções de instância central:

a) Secção cível, com sede em Leiria;

b) Secção criminal, com sede em Leiria;

c) Secção de instrução criminal, com sede em Leiria;

d) 1ª Secção de família e menores, com sede em Caldas da Rainha;

e) 2ª Secção de família e menores, com sede em Pombal;

f) 1ª Secção do trabalho, com sede em Leiria;

g) 2ª Secção do trabalho, com sede em Caldas da Rainha;

h) 1ª Secção de comércio, com sede em Leiria;

i) 2ª Secção de comércio, com sede em Alcobaça;

j) 1ª Secção de execução, com sede em Alcobaça;

k) 2ª Secção de execução, com sede em Pombal.

2. O Tribunal Judicial da Comarca de Leiria integra ainda as seguintes secções de instância local:

a) Secção de competência genérica, desdobrada em matéria cível e criminal, com sede em Alcobaça;

b) Secção de competência genérica, desdobrada em matéria cível e criminal, com sede em Caldas da Rainha;

c) Secção de competência genérica, com sede em Figueiró dos Vinhos;

d) Secção de competência genérica, desdobrada em matéria cível e criminal, com sede em Leiria;

e) Secção de competência genérica, com sede em Marinha Grande;

f) Secção de competência genérica, com sede na Nazaré;

g) Secção de competência genérica, com sede em Peniche;

h) Secção de competência genérica, desdobrada em matéria cível e criminal, com sede em Pombal;

i) Secção de competência genérica, desdobrada em matéria cível e criminal, com sede em Porto de Mós;

j) Secção de proximidade, com sede em Alvaiázere;

k) Secção de proximidade, com sede em Ansião.

Artigo 83º – Departamento de investigação e ação penal

1. É criado o departamento de investigação e ação penal da comarca de Leiria, com sede em Leiria.

2. O departamento de investigação e ação penal tramita todos os inquéritos da comarca e organiza-se nos termos definidos pelo estatuto do Ministério Público.

SECÇÃO XII – Tribunal Judicial da Comarca de Lisboa

Artigo 84º – Desdobramento

1. O Tribunal Judicial da Comarca de Lisboa integra as seguintes secções de instância central:

a) 1ª Secção cível, com sede em Lisboa;
b) 1ª Secção criminal, com sede em Lisboa;
c) 2ª Secção cível, com sede em Almada;
d) 2ª Secção criminal, com sede em Almada;
e) *(Revogada pela L 77/2021, de 23 de novembro)*
f) 2ª Secção de instrução criminal, com sede em Almada;
g) 3ª Secção de instrução criminal, com sede no Barreiro;
h) 1ª Secção de família e menores, com sede em Lisboa;
i) 2ª Secção de família e menores, com sede em Almada;
j) 3ª Secção de família e menores, com sede no Barreiro;
k) 4ª Secção de família e menores, com sede no Seixal;
l) 1ª Secção do trabalho, com sede em Lisboa;
m) 2ª Secção do trabalho, com sede no Barreiro;
n) 1ª Secção de comércio, com sede em Lisboa;
o) 2ª Secção de comércio, com sede no Barreiro;
p) 1ª Secção de execução, com sede em Lisboa;
q) 2ª Secção de execução, com sede em Almada.

2. O Tribunal Judicial da Comarca de Lisboa integra ainda as seguintes secções de instância local:

a) Secção de competência genérica, desdobrada em matéria cível e criminal, com sede em Almada;

b) Secção de competência genérica do Barreiro e da Moita, desdobrada em matéria criminal, com sede no Barreiro e em matéria cível, com sede na Moita;

c) Secção de competência genérica, desdobrada em matéria cível, em matéria criminal e em matéria de pequena criminalidade, com sede em Lisboa;

d) Secção de competência genérica, desdobrada em matéria cível e criminal, com sede no Montijo;

e) Secção de competência genérica, desdobrada em matéria cível e criminal, com sede no Seixal.

Artigo 85º – Departamento de investigação e ação penal

1. É criado o departamento de investigação e ação penal da comarca de Lisboa, com sede em Lisboa.

2. O departamento de investigação e ação penal tramita todos os inquéritos da comarca e organiza-se nos termos definidos pelo estatuto do Ministério Público.

SECÇÃO XIII – Tribunal Judicial da Comarca de Lisboa Norte

Artigo 86º – Desdobramento

1. O Tribunal Judicial da Comarca de Lisboa Norte integra as seguintes secções de instância central:

a) Secção cível, com sede em Loures;
b) Secção criminal, com sede em Loures;
c) Secção de instrução criminal, com sede em Loures;
d) 1ª Secção de família e menores, com sede em Loures;
e) 2ª Secção de família e menores, com sede em Torres Vedras;
f) 3ª Secção de família e menores, com sede em Vila Franca de Xira;
g) 1ª Secção do trabalho, com sede em Loures;
h) 2ª Secção do trabalho, com sede em Torres Vedras;
i) 3ª Secção do trabalho, com sede em Vila Franca de Xira;
j) Secção de comércio, com sede em Vila Franca de Xira;
k) Secção de execução, com sede em Loures.

2. O Tribunal Judicial da Comarca de Lisboa Norte integra ainda as seguintes secções de instância local:

a) Secção de competência genérica, desdobrada em matéria cível e criminal, com sede em Alenquer;
b) Secção de competência genérica, desdobrada em matéria cível, em matéria criminal e em matéria de pequena criminalidade, com sede em Loures;
c) Secção de competência genérica, com sede na Lourinhã;
d) Secção de competência genérica, desdobrada em matéria cível e criminal, com sede em Torres Vedras;
e) Secção de competência genérica, desdobrada em matéria cível e criminal, com sede em Vila Franca de Xira.

Artigo 87º – Departamento de investigação e ação penal

1. É criado o departamento de investigação e ação penal da comarca de Lisboa Norte, com sede em Loures.

2. O departamento de investigação e ação penal tramita todos os inquéritos da comarca e organiza-se nos termos definidos pelo estatuto do Ministério Público.

SECÇÃO XIV – Tribunal Judicial da Comarca de Lisboa Oeste

Artigo 88º – Desdobramento

1. O Tribunal Judicial da Comarca de Lisboa Oeste integra as seguintes secções de instância central:

a) 1ª Secção cível, com sede em Sintra;
b) 1ª Secção criminal, com sede em Sintra;
c) 2ª Secção cível, com sede em Cascais;

d) 2ª Secção criminal, com sede em Cascais;
e) 1ª Secção de instrução criminal, com sede em Sintra;
f) 2ª Secção de instrução criminal, com sede em Cascais;
g) 1ª Secção de família e menores, com sede em Sintra;
h) 2ª Secção de família e menores, com sede em Amadora;
i) 3ª Secção de família e menores, com sede em Cascais;
j) 1ª Secção do trabalho, com sede em Sintra;
k) 2ª Secção do trabalho, com sede em Cascais;
l) Secção de comércio, com sede em Sintra;
m) 1ª Secção de execução, com sede em Sintra;
n) 2ª Secção de execução, com sede em Oeiras.

2. O Tribunal Judicial da Comarca de Lisboa Oeste integra ainda as seguintes secções de instância local:

a) Secção de competência genérica, desdobrada em matéria cível e criminal, com sede em Amadora;
b) Secção de competência genérica, desdobrada em matéria cível e criminal, com sede em Cascais;
c) Secção de competência genérica, desdobrada em matéria cível e criminal, com sede em Mafra;
d) Secção de competência genérica, desdobrada em matéria cível e criminal, com sede em Oeiras;
e) Secção de competência genérica, desdobrada em matéria cível, em matéria criminal e em matéria de pequena criminalidade, com sede em Sintra.

Artigo 89º – Departamento de investigação e ação penal

1. É criado o departamento de investigação e ação penal da comarca de Lisboa Oeste, com sede em Sintra.

2. O departamento de investigação e ação penal tramita todos os inquéritos da comarca e organiza-se nos termos definidos pelo estatuto do Ministério Público.

SECÇÃO XV – Tribunal Judicial da Comarca da Madeira

Artigo 90º – Desdobramento

1. O Tribunal Judicial da Comarca da Madeira integra as seguintes secções de instância central:

a) Secção cível, com sede no Funchal;
b) Secção criminal, com sede no Funchal;
c) Secção de instrução criminal, com sede no Funchal;
d) Secção de família e menores, com sede no Funchal;
e) Secção do trabalho, com sede no Funchal;
f) Secção de comércio, com sede no Funchal;

g) Secção de execução, com sede no Funchal.

2. O Tribunal Judicial da Comarca da Madeira integra ainda as seguintes secções de instância local:

a) Secção de competência genérica, desdobrada em matéria cível e criminal, com sede no Funchal;

b) Secção de competência genérica, com sede em Ponta do Sol;

c) Secção de competência genérica, com sede em Porto Santo;

d) Secção de competência genérica, com sede em Santa Cruz;

e) Secção de proximidade, com sede em São Vicente.

Artigo 91º – Departamento de investigação e ação penal

1. É criado o departamento de investigação e ação penal da comarca da Madeira, com sede no Funchal.

2. O departamento de investigação e ação penal tramita todos os inquéritos da comarca e organiza-se nos termos definidos pelo estatuto do Ministério Público.

SECÇÃO XVI – Tribunal Judicial da Comarca de Portalegre

Artigo 92º – Desdobramento

1. O Tribunal Judicial da Comarca de Portalegre integra as seguintes secções de instância central:

a) Secção cível, com sede em Portalegre;

b) Secção criminal, com sede em Portalegre;

c) Secção do trabalho, com sede em Portalegre.

2. O Tribunal Judicial da Comarca de Portalegre integra ainda as seguintes secções de instância local:

a) Secção de competência genérica, desdobrada em matéria cível e criminal, com sede em Elvas;

b) Secção de competência genérica, com sede em Fronteira;

c) Secção de competência genérica, com sede em Ponte de Sor;

d) Secção de competência genérica, desdobrada em matéria cível e criminal, com sede em Portalegre;

e) Secção de proximidade, com sede em Avis;

f) Secção de proximidade, com sede em Nisa.

SECÇÃO XVII – Tribunal Judicial da Comarca do Porto

Artigo 93º – Desdobramento

1. O Tribunal Judicial da Comarca do Porto integra as seguintes secções de instância central:

a) 1ª Secção cível, com sede no Porto;

b) 1ª Secção criminal, com sede no Porto;
c) 2ª Secção cível, com sede na Póvoa de Varzim;
d) 2ª Secção criminal, com sede em Vila do Conde;
e) 3ª Secção cível, com sede em Vila Nova de Gaia;
f) 3ª Secção criminal, com sede em Vila Nova de Gaia;
g) 1ª Secção de instrução criminal, com sede no Porto;
h) 2ª Secção de instrução criminal, com sede em Matosinhos;
i) 1ª Secção de família e menores, com sede no Porto;
j) 2ª Secção de família e menores, com sede em Gondomar;
k) 3ª Secção de família e menores, com sede em Matosinhos;
l) 4ª Secção de família e menores, com sede em Santo Tirso;
m) 5ª Secção de família e menores, com sede em Vila Nova de Gaia;
n) 1ª Secção do trabalho, com sede no Porto;
o) 2ª Secção do trabalho, com sede na Maia;
p) 3ª Secção do trabalho, com sede em Matosinhos;
q) 4ª Secção do trabalho, com sede em Valongo;
r) 5ª Secção do trabalho, com sede em Vila Nova de Gaia;
s) 1ª Secção de comércio, com sede em Santo Tirso;
t) 2ª Secção de comércio, com sede em Vila Nova de Gaia;
u) 1ª Secção de execução, com sede no Porto;
v) 2ª Secção de execução, com sede na Maia.

2. O Tribunal Judicial da Comarca do Porto integra ainda as seguintes secções de instância local:

a) Secção de competência genérica, desdobrada em matéria cível e criminal, com sede em Gondomar;

b) Secção de competência genérica, desdobrada em matéria cível e criminal, com sede na Maia;

c) Secção de competência genérica, desdobrada em matéria cível e criminal, com sede em Matosinhos;

d) Secção de competência genérica, desdobrada em matéria cível, em matéria criminal e em matéria de pequena criminalidade, com sede no Porto;

e) Secção de competência genérica da Póvoa de Varzim e de Vila do Conde, desdobrada em matéria cível, com sede em Póvoa de Varzim e em matéria criminal, com sede em Vila do Conde;

f) Secção de competência genérica, desdobrada em matéria cível e criminal, com sede em Santo Tirso;

g) Secção de competência genérica, desdobrada em matéria cível e criminal, com sede em Valongo;

h) Secção de competência genérica, desdobrada em matéria cível e criminal, com sede em Vila Nova de Gaia.

3. O Balcão Nacional do Arrendamento e o Balcão Nacional de Injunções para efeitos de gestão e organização da secretaria integram-se na Comarca do Porto.

Artigo 94º – Departamento de investigação e ação penal

1. É criado o departamento de investigação e ação penal da comarca do Porto, com sede no Porto.

2. O departamento de investigação e ação penal tramita todos os inquéritos da comarca e organiza-se nos termos definidos pelo estatuto do Ministério Público.

SECÇÃO XVIII – Tribunal Judicial da Comarca do Porto Este

Artigo 95º – Desdobramento

1. O Tribunal Judicial da Comarca do Porto Este integra as seguintes secções de instância central:

a) Secção cível, com sede em Penafiel;

b) Secção criminal, com sede em Penafiel;

c) Secção de instrução criminal, com sede em Marco de Canaveses;

d) Secção de família e menores, com sede em Paredes;

e) Secção do trabalho, com sede em Penafiel;

f) Secção de comércio, com sede em Amarante;

g) Secção de execução, com sede em Lousada.

2. O Tribunal Judicial da Comarca do Porto Este integra ainda as seguintes secções de instância local:

a) Secção de competência genérica, desdobrada em matéria cível e criminal, com sede em Amarante;

b) Secção de competência genérica, com sede em Baião;

c) Secção de competência genérica, desdobrada em matéria cível e criminal, com sede em Felgueiras;

d) Secção de competência genérica, desdobrada em matéria cível e criminal, com sede em Lousada;

e) Secção de competência genérica, desdobrada em matéria cível e criminal, com sede em Marco de Canaveses;

f) Secção de competência genérica, desdobrada em matéria cível e criminal, com sede em Paços de Ferreira;

g) Secção de competência genérica, desdobrada em matéria cível e criminal, com sede em Paredes;

h) Secção de competência genérica, desdobrada em matéria cível e criminal, com sede em Penafiel.

SECÇÃO XIX – Tribunal Judicial da Comarca de Santarém

Artigo 96º – Desdobramento

1. O Tribunal Judicial da Comarca de Santarém integra as seguintes secções de instância central:

a) Secção cível, com sede em Santarém;
b) Secção criminal, com sede em Santarém;
c) Secção de instrução criminal, com sede em Santarém;
d) 1ª Secção de família e menores, com sede em Santarém;
e) 2ª Secção de família e menores, com sede em Tomar;
f) 1ª Secção do trabalho, com sede em Santarém;
g) 2ª Secção do trabalho, com sede em Tomar;
h) Secção de comércio, com sede em Santarém;
i) Secção de execução, com sede no Entroncamento.

2. O Tribunal Judicial da Comarca de Santarém integra ainda as seguintes secções de instância local:

a) Secção de competência genérica, desdobrada em matéria cível e criminal, com sede em Abrantes;
b) Secção de competência genérica, com sede em Almeirim;
c) Secção de competência genérica, desdobrada em matéria cível e criminal, com sede em Benavente;
d) Secção de competência genérica, com sede em Cartaxo;
e) Secção de competência genérica, com sede em Coruche;
f) Secção de competência genérica, com sede no Entroncamento;
g) Secção de competência genérica, desdobrada em matéria cível e criminal, com sede em Ourém;
h) Secção de competência genérica, com sede em Rio Maior;
i) Secção de competência genérica, desdobrada em matéria cível e criminal, com sede em Santarém;
j) Secção de competência genérica, desdobrada em matéria cível e criminal, com sede em Tomar;
k) Secção de competência genérica, desdobrada em matéria cível e criminal, com sede em Torres Novas;
l) Secção de proximidade, com sede em Alcanena;
m) Secção de proximidade, com sede na Golegã.

SECÇÃO XX – Tribunal Judicial da Comarca de Setúbal

Artigo 97º – Desdobramento

1. O Tribunal Judicial da Comarca de Setúbal integra as seguintes secções de instância central:

a) Secção cível, com sede em Setúbal;
b) Secção criminal, com sede em Setúbal;
c) Secção de instrução criminal, com sede em Setúbal;
d) 1ª Secção de família e menores, com sede em Setúbal;
e) 2ª Secção de família e menores, com sede em Santiago do Cacém;

f) 1ª Secção do trabalho, com sede em Setúbal;
g) 2ª Secção do trabalho, com sede em Santiago do Cacém;
h) Secção de comércio, com sede em Setúbal;
i) Secção de execução, com sede em Setúbal.

2. O Tribunal Judicial da Comarca de Setúbal integra ainda as seguintes secções de instância local:
a) Secção de competência genérica, com sede em Grândola;
b) Secção de competência genérica, com sede em Santiago do Cacém;
c) Secção de competência genérica, com sede em Sesimbra;
d) Secção de competência genérica, desdobrada em matéria cível e criminal, com sede em Setúbal;
e) Secção de proximidade, com sede em Alcácer do Sal.

Artigo 98º – Departamento de investigação e ação penal

1. É criado o departamento de investigação e ação penal da comarca de Setúbal, com sede em Setúbal.

2. O departamento de investigação e ação penal tramita todos os inquéritos da comarca e organiza-se nos termos definidos pelo estatuto do Ministério Público.

SECÇÃO XXI – Tribunal Judicial da Comarca de Viana do Castelo

Artigo 99º – Desdobramento

1. O Tribunal Judicial da Comarca de Viana do Castelo integra as seguintes secções de instância central:
a) Secção cível, com sede em Viana do Castelo;
b) Secção criminal, com sede em Viana do Castelo;
c) Secção de instrução criminal, com sede em Viana do Castelo;
d) Secção de família e menores, com sede em Viana do Castelo;
e) Secção do trabalho, com sede em Viana do Castelo.

2. O Tribunal Judicial da Comarca de Viana do Castelo integra ainda as seguintes secções de instância local:
a) Secção de competência genérica de Arcos de Valdevez e de Ponte da Barca, desdobrada em matéria cível, com sede em Arcos de Valdevez e em matéria criminal, com sede em Ponte da Barca;
b) Secção de competência genérica, com sede em Caminha;
c) Secção de competência genérica, com sede em Melgaço;
d) Secção de competência genérica, com sede em Monção;
e) Secção de competência genérica, com sede em Ponte de Lima;
f) Secção de competência genérica, com sede em Valença;
g) Secção de competência genérica, desdobrada em matéria cível e criminal, com sede em Viana do Castelo;
h) Secção de competência genérica, com sede em Vila Nova de Cerveira.

SECÇÃO XXII – Tribunal Judicial da Comarca de Vila Real

Artigo 100º – Desdobramento

1. O Tribunal Judicial da Comarca de Vila Real integra as seguintes secções de instância central:

a) Secção cível, com sede em Vila Real;

b) Secção criminal, com sede em Vila Real;

c) Secção de família e menores, com sede em Vila Real;

d) Secção do trabalho, com sede em Vila Real;

e) Secção de execução, com sede em Chaves.

2. O Tribunal Judicial da Comarca de Vila Real integra ainda as seguintes secções de instância local:

a) Secção de competência genérica, com sede em Alijó;

b) Secção de competência genérica, desdobrada em matéria cível e criminal, com sede em Chaves;

c) Secção de competência genérica, com sede em Montalegre;

d) Secção de competência genérica, com sede em Peso da Régua;

e) Secção de competência genérica, com sede em Valpaços;

f) Secção de competência genérica, com sede em Vila Pouca de Aguiar;

g) Secção de competência genérica, desdobrada em matéria cível e criminal, com sede em Vila Real;

h) Secção de proximidade, com sede em Mondim de Basto.

SECÇÃO XXIII – Tribunal Judicial da Comarca de Viseu

Artigo 101º – Desdobramento

1. O Tribunal Judicial da Comarca de Viseu integra as seguintes secções de instância central:

a) Secção cível, com sede em Viseu;

b) Secção criminal, com sede em Viseu;

c) Secção de instrução criminal, com sede em Viseu;

d) 1ª Secção de família e menores, com sede em Viseu;

e) 2ª Secção de família e menores, com sede em Lamego;

f) 1ª Secção do trabalho, com sede em Viseu;

g) 2ª Secção do trabalho, com sede em Lamego;

h) Secção de comércio, com sede em Viseu;

i) Secção de execução, com sede em Viseu.

2. O Tribunal Judicial da Comarca de Viseu integra ainda as seguintes secções de instância local:

a) Secção de competência genérica, com sede em Cinfães;

b) Secção de competência genérica, desdobrada em matéria cível e criminal, com sede em Lamego;

c) Secção de competência genérica, com sede em Mangualde;
d) Secção de competência genérica, com sede em Moimenta da Beira;
e) Secção de competência genérica, com sede em Nelas;
f) Secção de competência genérica, com sede em Santa Comba Dão;
g) Secção de competência genérica, com sede em São Pedro do Sul;
h) Secção de competência genérica, com sede em Sátão;
i) Secção de competência genérica, com sede em Tondela;
j) Secção de competência genérica, desdobrada em matéria cível e criminal, com sede em Viseu;
k) Secção de proximidade, com sede em Castro Daire;
l) Secção de proximidade, com sede em Oliveira de Frades;
m) Secção de proximidade, com sede em São João da Pesqueira;
n) Secção de proximidade, com sede em Vouzela.

Artigo 102º – Departamento de investigação e ação penal

1. É criado o departamento de investigação e ação penal da comarca de Viseu, com sede em Viseu.

2. O departamento de investigação e ação penal tramita todos os inquéritos da comarca e organiza-se nos termos definidos pelo estatuto do Ministério Público.

CAPÍTULO VII – Disposições transitórias e finais

SECÇÃO I – Disposições transitórias

Artigo 103º – Fixação de competência

A competência dos atuais tribunais da Relação mantém-se para os processos neles pendentes.

Artigo 104º – Transição de processos pendentes

1. Os processos que em cada uma das áreas se encontrem pendentes nos atuais tribunais de comarca, à data da instalação dos novos tribunais, transitam para as secções de competência especializada das instâncias centrais, de acordo com as novas regras de competência material e territorial, com exceção dos processos pendentes nos juízos de competência específica cível relativos às matérias da competência das secções de comércio, os quais transitam para as correspondentes secções da instância local.

2. Os processos pendentes nas atuais varas cíveis, varas com competência mista cível e criminal e juízos de grande instância cível das comarcas piloto, independentemente do valor, transitam igualmente para as secções de competência especializada das instâncias centrais referidas no número anterior.

3. Transitam para os tribunais de competência territorial alargada, à data da instalação dos novos tribunais, os processos pendentes nos atuais tribunais de competência especializada que lhes correspondam.

4. Os processos pendentes nos atuais tribunais e juízos de competência especializada das comarcas piloto, não incluídos no número anterior, transitam, dentro do mesmo município, à data da instalação dos novos tribunais, para as secções de competência especializada das instâncias centrais, de acordo com as regras de competência material.

5. Os processos pendentes nas atuais comarcas, não abrangidos pelas regras previstas nos números anteriores, transitam, à data da instalação dos novos tribunais, para as respetivas instâncias locais.

6. Os processos objeto de interposição de recurso jurisdicional que se encontrem pendentes nas instâncias superiores, à data da instalação dos novos tribunais, transitam, após decisão, para as secções ou tribunais competentes, de acordo com as novas regras de competência material e territorial, sem prejuízo do previsto no nº 2.

7. Os processos em que o Ministério Público é titular, pendentes nos atuais tribunais, departamentos de investigação e ação penal ou serviços do Ministério Público, transitam, à data da instalação dos novos tribunais, para os departamentos ou serviços do Ministério Público que lhes correspondam.

Artigo 105º – Outras situações na transição de processos

Na transição de processos pendentes, os aspetos não especialmente regulados no artigo anterior são objeto de deliberação, consoante o caso, do Conselho Superior da Magistratura ou do Conselho Superior do Ministério Público.

Artigo 106º – Transição dos oficiais de justiça e demais trabalhadores e conformação inicial[1]

As regras da transição dos oficiais de justiça e dos demais trabalhadores, bem como a conformação inicial para ocupação dos lugares, constam de portaria dos membros do Governo responsáveis pelas áreas das finanças e da justiça que aprova os novos mapas de pessoal.

Artigo 107º – Recuperação de pendências

1. A recuperação dos processos pendentes em atraso é assegurada pelos juízes e pelos magistrados do Ministério Público integrados nos quadros legais, fixados, em regra, por um intervalo entre um mínimo e um máximo de juízes e de magistrados do Ministério Público.

2. O Conselho Superior da Magistratura e o Conselho Superior do Ministério Público coordenam-se na determinação concreta do número de juízes e de magistrados do Ministério Público para cada uma das comarcas.

Artigo 108º – Juízes e magistrados do Ministério Público auxiliares

Os juízes e os magistrados do Ministério Público não colocados nos lugares dos quadros constantes dos anexos ao presente decreto-lei, nem nos quadros complementares, são colocados nos tribunais judiciais de primeira instância como auxiliares, pelo Conselho Superior da Magistratura e pelo Conselho Superior do Ministério Público, respetivamente.

[1] Ver a Portaria 161/2014, de 21 de agosto.

Artigo 109º – Regulamento do primeiro curso de formação

O regulamento do primeiro curso de formação específico, previsto no nº 2 do artigo 13º, é aprovado pelo Centro de Estudos Judiciários e homologado por portaria do membro do Governo responsável pela área da justiça.

Artigo 110º – Primeiro recrutamento para administrador judiciário

O primeiro procedimento de seleção para o cargo de administrador judiciário é fixado por despacho do membro do Governo responsável pela área da justiça.

Artigo 111º – Nomeação dos órgãos de gestão

1. Para efeitos do disposto no artigo 172º da Lei nº 62/2013, de 26 de agosto, o Conselho Superior da Magistratura e o Conselho Superior do Ministério Público nomeiam o presidente do tribunal e o magistrado do Ministério Público Coordenador, respetivamente.

2. O presidente do tribunal, ouvido o magistrado do Ministério Público coordenador, nomeia o administrador judiciário.

3. Por despacho do membro do Governo responsável pela área da justiça, os órgãos de gestão são investidos dos meios necessários tendo em vista a participação ativa no processo organizativo, designadamente a prática de atos inerentes à implementação das comarcas.

4. Para os fins previstos no número anterior, os órgãos de gestão articulam-se com os magistrados e funcionários em exercício de funções nas atuais comarcas.

Artigo 112º – Instalações*

Por despacho do membro do Governo responsável pela área da justiça, a sede das secções dos tribunais de comarca pode, transitoriamente, ser deslocalizada.

SECÇÃO II – Disposições finais

Artigo 113º – Execução de convenções internacionais

1. Para a execução de convenções internacionais em que a Direção-Geral de Reinserção e Serviços Prisionais é autoridade central são competentes as secções de família e menores.

2. Nos municípios não integrados na área de competência territorial das secções de família e menores, a execução de convenções internacionais referidas no número anterior é da competência das respetivas secções da instância local.

Artigo 114º – Preservação do registo informático de processos

É preservado no sistema informático de gestão processual o registo integral dos processos existentes à data da instalação das novas comarcas e garantido o respetivo acesso através da criação de perfis adequados.

* Ver Despacho nº 10780/2014, do MJ, publicado no DR, 2ª Série, nº 160, de 21/08/14.

Artigo 115º – Criação e extinção de departamentos de investigação e ação penal

Nos casos previstos no estatuto do Ministério Público, podem ser criados e extintos departamentos de investigação e ação penal, por iniciativa do Procurador-Geral da República e deliberação do Conselho Superior do Ministério Público, que é homologada por portaria do membro do Governo responsável pela área da justiça.

Artigo 116º – Movimento de magistrados

O Conselho Superior da Magistratura e o Conselho Superior do Ministério Público, asseguram a organização dos respetivos movimentos dos magistrados com a antecedência necessária para o início de funções nas novas comarcas.

Artigo 117º – Extinção de distritos judiciais, círculos judiciais e comarcas

1. São extintos os atuais distritos judiciais, sem prejuízo de se considerar que, até à alteração do disposto no estatuto dos Magistrados Judiciais e no estatuto do Ministério Público, as referências aos distritos judiciais, deles constantes, se reportam à área de competência dos tribunais da Relação correspondentes.

2. São extintos os atuais círculos judiciais.

3. São extintas as atuais comarcas.

Artigo 118º – Entrada em vigor

O presente decreto-lei entra em vigor no dia 1 de setembro de 2014, com as exceções seguintes:

a) Os artigos 109º, 110º, 111º, 112º e 116º entram em vigor no dia seguinte ao da publicação do presente decreto-lei;

b) O artigo 45º, o nº 3 do artigo 48º, o artigo 106º e o artigo 115º, quanto à emissão da regulamentação neles prevista, entram em vigor no dia seguinte ao da publicação do presente decreto-lei.

Visto e aprovado em Conselho de Ministros de 20 de fevereiro de 2014. – *Pedro Passos Coelho – Maria Luís Casanova Morgado Dias de Albuquerque – Paula Maria von Hafe Teixeira da Cruz.*

Promulgado em 24 de março de 2014.

Publique-se.

O Presidente da República, ANÍBAL CAVACO SILVA.

Referendado em 24 de março de 2014.

O Primeiro-Ministro, *Pedro Passos Coelho.*

ANEXOS

MAPA I – Supremo Tribunal de Justiça

Sede: Lisboa.
Área de competência territorial: território nacional.
Quadro de juízes: 60.
Juízes militares: 4, havendo um por cada ramo das Forças Armadas e um da GNR.

MAPA II – Tribunais da Relação

Coimbra

Sede: Coimbra.
Área de competência territorial: comarcas de Castelo Branco, Coimbra, Guarda, Leiria e Viseu.
Quadro de juízes: de 57 a 66.

Évora

Sede: Évora.
Área de competência territorial: comarcas de Beja, Évora, Faro, Portalegre, Santarém e Setúbal.
Quadro de juízes: de 53 a 61.

Guimarães

Sede: Guimarães.
Área de competência territorial: comarcas de Braga, Bragança, Viana do Castelo e Vila Real.
Quadro de juízes: de 57 a 66.

Lisboa

Sede: Lisboa.
Área de competência territorial: comarcas dos Açores, Lisboa, Lisboa Norte, Lisboa Oeste e Madeira.
Quadro de juízes: de 133 a 153.
Juízes militares: 4, um por cada ramo das Forças Armadas e um da GNR.

Porto

Sede: Porto.
Área de competência territorial: comarcas de Aveiro, Porto e Porto Este.
Quadro de juízes: de 103 a 119.
Juízes militares: 4, um por cada ramo das Forças Armadas e um da GNR.

MAPA III[1] – Tribunais judiciais de primeira instância

Tribunais de comarca

Tribunal Judicial da Comarca dos Açores

Sede: Ponta Delgada.

Tribunal da Relação competente: Lisboa.

Área de competência territorial: municípios de Angra do Heroísmo, Calheta, Corvo, Horta, Lagoa, Lajes das Flores, Lajes do Pico, Madalena, Nordeste, Ponta Delgada, Povoação, Praia da Vitória, Ribeira Grande, Santa Cruz da Graciosa, Santa Cruz das Flores, São Roque do Pico, Velas, Vila do Porto e Vila Franca do Campo.

Quadro de juízes: de 32 a 36.

Juiz Presidente: 1 (sediado em Ponta Delgada).

Magistrado do Ministério Público coordenador: 1 (sediado em Ponta Delgada).

Administrador Judiciário: 1 (sediado em Ponta Delgada).

Juízos de competência especializada

Juízo central cível de Ponta Delgada.

Juízo central criminal de Ponta Delgada.

Área de competência territorial: municípios de Lagoa, Nordeste, Ponta Delgada, Povoação, Ribeira Grande, Vila do Porto e Vila Franca do Campo.

Juízes: 3.

Juízo local cível de Ponta Delgada.

Área de competência territorial: municípios de Lagoa e Ponta Delgada.

Juízes: 4.

Juízo local criminal de Ponta Delgada.

Área de competência territorial: municípios de Lagoa e Ponta Delgada.

Juízes: 3.

Juízo de instrução criminal de Ponta Delgada.

Área de competência territorial: municípios de Lagoa, Nordeste, Ponta Delgada, Povoação, Ribeira Grande e Vila Franca do Campo.

Juízes: 1.

Juízo de família e menores de Ponta Delgada.

Área de competência territorial: municípios de Lagoa, Nordeste, Ponta Delgada, Povoação, Ribeira Grande e Vila Franca do Campo.

Juízes: 2.

Juízo do trabalho de Ponta Delgada.

Área de competência territorial: municípios de Lagoa, Nordeste, Ponta Delgada, Povoação, Ribeira Grande e Vila Franca do Campo.

Juízes: 1.

[1] Redação do DL 38/2019, de 18 de março.

Juízo central cível de Angra do Heroísmo.
Juízo central criminal de Angra do Heroísmo.
Área de competência territorial: municípios de Angra do Heroísmo, Calheta, Corvo, Horta, Lajes das Flores, Lajes do Pico, Madalena, Praia da Vitória, Santa Cruz da Graciosa, Santa Cruz das Flores, São Roque do Pico e Velas.
Juízes: 3.

Juízo local cível de Angra do Heroísmo.
Área de competência territorial: município de Angra do Heroísmo.
Juízes: 2.

Juízo local criminal de Angra do Heroísmo.
Área de competência territorial: município de Angra do Heroísmo.
Juízes: 1.

Juízo misto de família e menores e do trabalho da Praia da Vitória.
Área de competência territorial: municípios de Angra do Heroísmo e Praia da Vitória.
Juízes: 1.

Juízo local cível da Ribeira Grande.
Área de competência territorial: municípios de Nordeste e Ribeira Grande.
Juízes: 1.

Juízo local criminal da Ribeira Grande.
Área de competência territorial: municípios de Nordeste e Ribeira Grande.
Juízes: 1.

Juízos de competência genérica

Juízo de competência genérica da Horta.
Área de competência territorial: município da Horta.
Juízes: 2.

Juízo de competência genérica da Praia da Vitória.
Área de competência territorial: município da Praia da Vitória.
Juízes: 1.

Juízo de competência genérica de Santa Cruz da Graciosa.
Área de competência territorial: município de Santa Cruz da Graciosa.
Juízes: 1.

Juízo de competência genérica de Santa Cruz das Flores.
Área de competência territorial: municípios do Corvo, Lajes das Flores e Santa Cruz das Flores.
Juízes: 1.

Juízo de competência genérica de São Roque do Pico.
Área de competência territorial: municípios das Lajes do Pico, Madalena e São Roque do Pico.
Juízes: 1.

Juízo de competência genérica de Velas.
Área de competência territorial: municípios de Calheta e Velas.
Juízes: 1.

Juízo de competência genérica de Vila do Porto.
Área de competência territorial: município de Vila do Porto.
Juízes: 1.

Juízo de competência genérica de Vila Franca do Campo.
Área de competência territorial: municípios da Povoação e Vila Franca do Campo.
Juízes: 1.

Juízos de proximidade

Juízo de proximidade de Nordeste.
Área de competência territorial: município de Nordeste (para efeitos do nº 3 do artigo 82º da Lei nº 62/2013, de 26 de agosto).

Juízo de proximidade da Povoação.
Área de competência territorial: município da Povoação (para efeitos do nº 3 do artigo 82º da Lei nº 62/2013, de 26 de agosto).

Tribunal Judicial da Comarca de Aveiro

Sede: Aveiro.
Tribunal da Relação competente: Porto.
Área de competência territorial: municípios de Águeda, Albergaria-a-Velha, Anadia, Arouca, Aveiro, Castelo de Paiva, Espinho, Estarreja, Ílhavo, Mealhada, Murtosa, Oliveira de Azeméis, Oliveira do Bairro, Ovar, Santa Maria da Feira, São João da Madeira, Sever do Vouga, Vagos e Vale de Cambra.
Quadro de juízes: de 76 a 82.
Juiz Presidente: 1 (sediado em Aveiro).
Magistrado do Ministério Público coordenador: 1 (sediado em Aveiro).
Administrador Judiciário: 1 (sediado em Aveiro).

Juízos de competência especializada

Juízo central cível de Aveiro.
Área de competência territorial: municípios de Águeda, Albergaria-a-Velha, Anadia, Aveiro, Estarreja, Ílhavo, Mealhada, Murtosa, Oliveira do Bairro, Ovar, Sever do Vouga e Vagos.
Juízes: 3.

Juízo central criminal de Aveiro.
Área de competência territorial: municípios de Águeda, Albergaria-a-Velha, Anadia, Aveiro, Estarreja, Ílhavo, Mealhada, Murtosa, Oliveira do Bairro, Ovar, Sever do Vouga e Vagos.
Juízes: 6.

Juízo local cível de Aveiro.
Área de competência territorial: município de Aveiro.
Juízes: 2.

Juízo local criminal de Aveiro.
Área de competência territorial: município de Aveiro.
Juízes: 3.

Juízo de instrução criminal de Aveiro.
Área de competência territorial: municípios de Águeda, Albergaria-a-Velha, Anadia, Aveiro, Estarreja, Ílhavo, Mealhada, Murtosa, Oliveira do Bairro, Ovar, Sever do Vouga e Vagos.
Juízes: 2.

Juízo de família e menores de Aveiro.
Área de competência territorial: municípios de Albergaria-a-Velha, Aveiro, Ílhavo, Sever do Vouga e Vagos.
Juízes: 2.

Juízo do trabalho de Aveiro.
Área de competência territorial: municípios de Albergaria-a-Velha, Aveiro, Estarreja, Ílhavo, Murtosa, Ovar, Sever do Vouga e Vagos.
Juízes: 2.

Juízo de comércio de Aveiro (instalado provisoriamente em Anadia).
Área de competência territorial: municípios de Águeda, Albergaria-a-Velha, Anadia, Aveiro, Estarreja, Ílhavo, Mealhada, Murtosa, Oliveira do Bairro, Ovar, Sever do Vouga e Vagos.
Juízes: 3.

Juízo local cível de Águeda.
Área de competência territorial: município de Águeda.
Juízes: 1.

Juízo local criminal de Águeda.
Área de competência territorial: município de Águeda.
Juízes: 1.

Juízo do trabalho de Águeda.
Área de competência territorial: municípios de Águeda, Anadia, Mealhada e Oliveira do Bairro.
Juízes: 1.

Juízo de execução de Águeda.
Área de competência territorial: municípios de Águeda, Albergaria-a-Velha, Anadia, Ílhavo, Mealhada, Oliveira do Bairro, Sever do Vouga e Vagos.
Juízes: 1.

Juízo de família e menores de Estarreja.
Área de competência territorial: municípios de Estarreja, Murtosa e Ovar.
Juízes: 1.

Juízo local cível de Oliveira de Azeméis.
Área de competência territorial: município de Oliveira de Azeméis.
Juízes: 1.

Juízo local criminal de Oliveira de Azeméis.
Área de competência territorial: município de Oliveira de Azeméis.
Juízes: 1.

Juízo do trabalho de Oliveira de Azeméis.
Área de competência territorial: municípios de Arouca, Oliveira de Azeméis, São João da Madeira e Vale de Cambra.
Juízes: 1.

Juízo de comércio de Oliveira de Azeméis.
Área de competência territorial: municípios de Arouca, Castelo de Paiva, Espinho, Oliveira de Azeméis, Santa Maria da Feira, São João da Madeira e Vale de Cambra.
Juízes: 2.

Juízo de execução de Oliveira de Azeméis.
Área de competência territorial: municípios de Arouca, Castelo de Paiva, Espinho, Oliveira de Azeméis, Santa Maria da Feira, São João da Madeira e Vale de Cambra.
Juízes: 2.

Juízo de família e menores de Oliveira do Bairro.
Área de competência territorial: municípios de Águeda, Anadia, Mealhada e Oliveira do Bairro.
Juízes: 1.

Juízo local cível de Ovar.
Área de competência territorial: município de Ovar.
Juízes: 1.

Juízo local criminal de Ovar.
Área de competência territorial: município de Ovar.
Juízes: 1.

Juízo de execução de Ovar.
Área de competência territorial: municípios de Aveiro, Estarreja, Murtosa e Ovar.
Juízes: 1.

Juízo central cível de Santa Maria da Feira.
Área de competência territorial: municípios de Arouca, Castelo de Paiva, Espinho, Santa Maria da Feira, São João da Madeira, Oliveira de Azeméis e Vale de Cambra.
Juízes: 3.

Juízo central criminal de Santa Maria da Feira.
Área de competência territorial: municípios de Arouca, Castelo de Paiva, Espinho, Santa Maria da Feira, São João da Madeira, Oliveira de Azeméis e Vale de Cambra.
Juízes: 3.

Juízo local cível de Santa Maria da Feira.
Área de competência territorial: município de Santa Maria da Feira.
Juízes: 3.

Juízo local criminal de Santa Maria da Feira.
Área de competência territorial: município de Santa Maria da Feira.
Juízes: 3.

Juízo de instrução criminal de Santa Maria da Feira.
Área de competência territorial: municípios de Arouca, Castelo de Paiva, Espinho, Oliveira de Azeméis, Santa Maria da Feira, São João da Madeira e Vale de Cambra.
Juízes: 2.

Juízo de família e menores de Santa Maria da Feira.
Área de competência territorial: municípios de Espinho e Santa Maria da Feira.
Juízes: 2.

Juízo do trabalho de Santa Maria da Feira.
Área de competência territorial: municípios de Castelo de Paiva, Espinho e Santa Maria da Feira.
Juízes: 2.

Juízo de família e menores de São João da Madeira.
Área de competência territorial: municípios de Oliveira de Azeméis, São João da Madeira e Vale de Cambra.
Juízes: 1.

Juízos de competência genérica

Juízo de competência genérica de Albergaria-a-Velha.
Área de competência territorial: municípios de Albergaria-a-Velha e Sever do Vouga.
Juízes: 2.

Juízo de competência genérica de Anadia.
Área de competência territorial: município de Anadia.
Juízes: 1.

Juízo de competência genérica de Arouca.
Área de competência territorial: município de Arouca.
Juízes: 1.

Juízo de competência genérica de Castelo de Paiva.
Área de competência territorial: município de Castelo de Paiva.
Juízes: 1.

Juízo de competência genérica de Espinho.
Área de competência territorial: município de Espinho.
Juízes: 2.

Juízo de competência genérica de Estarreja.
Área de competência territorial: municípios de Estarreja e Murtosa.
Juízes: 2.

Juízo de competência genérica de Ílhavo.
Área de competência territorial: município de Ílhavo.
Juízes: 2.

Juízo de competência genérica da Mealhada.
Área de competência territorial: município da Mealhada.
Juízes: 1.

Juízo de competência genérica de Oliveira do Bairro.
Área de competência territorial: município de Oliveira do Bairro.
Juízes: 2.

Juízo de competência genérica de São João da Madeira.
Área de competência territorial: município de São João da Madeira.
Juízes: 2.

Juízo de competência genérica de Vagos.
Área de competência territorial: município de Vagos.
Juízes: 1.

Juízo de competência genérica de Vale de Cambra.
Área de competência territorial: município de Vale de Cambra.
Juízes: 1.

Juízos de proximidade

Juízo de proximidade de Sever do Vouga.
Área de competência territorial: município de Sever do Vouga (para efeitos do nº 3 do artigo 82º da Lei nº 62/2013, de 26 de agosto).

Tribunal Judicial da Comarca de Beja

Sede: Beja.
Tribunal da Relação competente: Évora.
Área de competência territorial: municípios de Aljustrel, Almodôvar, Alvito, Barrancos, Beja, Castro Verde, Cuba, Ferreira do Alentejo, Mértola, Moura, Odemira, Ourique, Serpa e Vidigueira.
Quadro de juízes: de 17 a 18.
Juiz Presidente: 1 (sediado em Beja).
Magistrado do Ministério Público coordenador: 1 (sediado em Beja).
Administrador Judiciário: 1 (sediado em Beja).

Juízos de competência especializada

Juízo central cível de Beja.
Juízo central criminal de Beja.

Área de competência territorial: comarca de Beja.
Juízes: 4.

Juízo local cível de Beja.
Área de competência territorial: municípios de Beja e Mértola.
Juízes: 2.

Juízo local criminal de Beja.
Área de competência territorial: municípios de Beja e Mértola.
Juízes: 1.

Juízo de família e menores de Beja (instalado provisoriamente em Ferreira do Alentejo).
Área de competência territorial: municípios de Aljustrel, Alvito, Beja, Cuba, Ferreira do Alentejo, Mértola, Serpa e Vidigueira.
Juízes: 1.

Juízo do trabalho de Beja.
Área de competência territorial: comarca de Beja.
Juízes: 1.

Juízos de competência genérica

Juízo de competência genérica de Almodôvar.
Área de competência territorial: municípios de Almodôvar e Castro Verde.
Juízes: 1.

Juízo de competência genérica de Cuba.
Área de competência territorial: municípios de Alvito, Cuba e Vidigueira.
Juízes: 1.

Juízo de competência genérica de Ferreira do Alentejo.
Área de competência territorial: município de Ferreira do Alentejo.
Juízes: 1.

Juízo de competência genérica de Moura.
Área de competência territorial: municípios de Barrancos e Moura.
Juízes: 1.

Juízo de competência genérica de Odemira.
Área de competência territorial: município de Odemira.
Juízes: 2.

Juízo de competência genérica de Ourique.
Área de competência territorial: municípios de Aljustrel e Ourique.
Juízes: 1.

Juízo de competência genérica de Serpa.
Área de competência territorial: município de Serpa.
Juízes: 1.

Juízos de proximidade

Juízo de proximidade de Mértola.
Área de competência territorial: município de Mértola (para efeitos do nº 3 do artigo 82º da Lei nº 62/2013, de 26 de agosto).

Tribunal Judicial da Comarca de Braga

Sede: Braga.
Tribunal da Relação competente: Guimarães.
Área de competência territorial: municípios de Amares, Barcelos, Braga, Cabeceiras de Basto, Celorico de Basto, Esposende, Fafe, Guimarães, Póvoa de Lanhoso, Terras de Bouro, Vieira do Minho, Vila Nova de Famalicão, Vila Verde e Vizela.
Quadro de juízes: de 91 a 97.
Juiz Presidente: 1 (sediado em Braga).
Magistrado do Ministério Público coordenador: 1 (sediado em Braga).
Administrador Judiciário: 1 (sediado em Braga).

Juízos de competência especializada

Juízo central cível de Braga.
Área de competência territorial: municípios de Amares, Barcelos, Braga, Esposende, Terras de Bouro, Vieira do Minho e Vila Verde.
Juízes: 5.

Juízo central criminal de Braga.
Área de competência territorial: municípios de Amares, Barcelos, Braga, Esposende, Terras de Bouro, Vieira do Minho e Vila Verde.
Juízes: 6.

Juízo local cível de Braga.
Área de competência territorial: município de Braga.
Juízes: 4.

Juízo local criminal de Braga.
Área de competência territorial: município de Braga.
Juízes: 4.

Juízo de instrução criminal de Braga.
Área de competência territorial: municípios de Amares, Barcelos, Braga, Esposende, Terras de Bouro, Vieira do Minho e Vila Verde.
Juízes: 2.

Juízo de família e menores de Braga.
Área de competência territorial: municípios de Amares, Braga, Póvoa de Lanhoso, Terras de Bouro, Vieira do Minho e Vila Verde.
Juízes: 3.

Juízo do trabalho de Braga.
Área de competência territorial: municípios de Amares, Braga, Póvoa de Lanhoso, Terras de Bouro, Vieira do Minho e Vila Verde.
Juízes: 2.

Juízo local cível de Amares.
Área de competência territorial: município de Amares.
Juízes: 1.

Juízo local criminal de Amares.
Área de competência territorial: município de Amares.
Juízes: 1.

Juízo local cível de Barcelos.
Área de competência territorial: município de Barcelos.
Juízes: 3.

Juízo local criminal de Barcelos.
Área de competência territorial: município de Barcelos.
Juízes: 2.

Juízo de família e menores de Barcelos.
Área de competência territorial: municípios de Barcelos e Esposende.
Juízes: 2.

Juízo do trabalho de Barcelos.
Área de competência territorial: municípios de Barcelos e Esposende.
Juízes: 2.

Juízo local cível de Fafe.
Área de competência territorial: município de Fafe.
Juízes: 1.

Juízo local criminal de Fafe.
Área de competência territorial: município de Fafe.
Juízes: 1.

Juízo de família e menores de Fafe.
Área de competência territorial: municípios de Cabeceiras de Basto, Celorico de Basto e Fafe.
Juízes: 1.

Juízo central cível de Guimarães.
Área de competência territorial: municípios de Cabeceiras de Basto, Celorico de Basto, Fafe, Guimarães, Póvoa de Lanhoso, Vila Nova de Famalicão e Vizela.
Juízes: 5.

Juízo central criminal de Guimarães.
Área de competência territorial: municípios de Cabeceiras de Basto, Celorico de Basto, Fafe, Guimarães, Póvoa de Lanhoso, Vila Nova de Famalicão e Vizela.
Juízes: 4.

Juízo local cível de Guimarães.
Área de competência territorial: municípios de Guimarães e Vizela.
Juízes: 4.

Juízo local criminal de Guimarães.
Área de competência territorial: municípios de Guimarães e Vizela.
Juízes: 4.

Juízo de instrução criminal de Guimarães.
Área de competência territorial: municípios de Cabeceiras de Basto, Celorico de Basto, Fafe, Guimarães, Póvoa de Lanhoso, Vila Nova de Famalicão e Vizela.
Juízes: 2.

Juízo de família e menores de Guimarães.
Área de competência territorial: municípios de Guimarães e Vizela.
Juízes: 2.

Juízo do trabalho de Guimarães.
Área de competência territorial: municípios de Cabeceiras de Basto, Celorico de Basto, Fafe, Guimarães e Vizela.
Juízes: 2.

Juízo de comércio de Guimarães.
Área de competência territorial: municípios de Cabeceiras de Basto, Celorico de Basto, Fafe, Guimarães, Póvoa de Lanhoso, Vieira do Minho e Vizela.
Juízes: 3.

Juízo de execução de Guimarães.
Área de competência territorial: municípios de Cabeceiras de Basto, Celorico de Basto, Fafe, Guimarães, Póvoa de Lanhoso, Vieira do Minho e Vizela.
Juízes: 2.

Juízo local cível de Vila Nova de Famalicão.
Área de competência territorial: município de Vila Nova de Famalicão.
Juízes: 3.

Juízo local criminal de Vila Nova de Famalicão.
Área de competência territorial: município de Vila Nova de Famalicão.
Juízes: 3.

Juízo de família e menores de Vila Nova de Famalicão.
Área de competência territorial: município de Vila Nova de Famalicão.
Juízes: 1.

Juízo do trabalho de Vila Nova de Famalicão.
Área de competência territorial: município de Vila Nova de Famalicão.
Juízes: 1.

Juízo de comércio de Vila Nova de Famalicão.
Área de competência territorial: municípios de Amares, Barcelos, Braga, Esposende, Terras de Bouro, Vila Nova de Famalicão e Vila Verde.
Juízes: 4.

Juízo de execução de Vila Nova de Famalicão.
Área de competência territorial: municípios de Amares, Barcelos, Braga, Esposende, Terras de Bouro, Vila Nova de Famalicão e Vila Verde.
Juízes: 3.

Juízo local cível de Vila Verde.
Área de competência territorial: municípios de Terras de Bouro e Vila Verde.
Juízes: 1.

Juízo local criminal de Vila Verde.
Área de competência territorial: municípios de Terras de Bouro e Vila Verde.
Juízes: 1.

Juízos de competência genérica

Juízo de competência genérica de Cabeceiras de Basto.
Área de competência territorial: município de Cabeceiras de Basto.
Juízes: 1.

Juízo de competência genérica de Celorico de Basto.
Área de competência territorial: município de Celorico de Basto.
Juízes: 1.

Juízo de competência genérica de Esposende.
Área de competência territorial: município de Esposende.
Juízes: 2.

Juízo de competência genérica da Póvoa de Lanhoso.
Área de competência territorial: município da Póvoa de Lanhoso.
Juízes: 1.

Juízo de competência genérica de Vieira do Minho.
Área de competência territorial: município de Vieira do Minho.
Juízes: 1.

Tribunal Judicial da Comarca de Bragança

Sede: Bragança.
Tribunal da Relação competente: Guimarães.
Área de competência territorial: municípios de Alfândega da Fé, Bragança, Carrazeda de

Ansiães, Freixo de Espada à Cinta, Macedo de Cavaleiros, Miranda do Douro, Mirandela, Mogadouro, Torre de Moncorvo, Vila Flor, Vimioso e Vinhais.
Quadro de juízes: de 15 a 17.
Juiz Presidente: 1 (sediado em Bragança).
Magistrado do Ministério Público coordenador: 1 (sediado em Bragança).
Administrador Judiciário: 1 (sediado em Bragança).

Juízos de competência especializada

Juízo central cível de Bragança.
Juízo central criminal de Bragança.
Área de competência territorial: comarca de Bragança.
Juízes: 4.

Juízo local cível de Bragança.
Área de competência territorial: municípios de Bragança e Vinhais.
Juízes: 2.

Juízo local criminal de Bragança.
Área de competência territorial: municípios de Bragança e Vinhais.
Juízes: 1.

Juízo do trabalho de Bragança.
Área de competência territorial: comarca de Bragança.
Juízes: 1.

Juízos de competência genérica

Juízo de competência genérica de Macedo de Cavaleiros.
Área de competência territorial: município de Macedo de Cavaleiros.
Juízes: 1.

Juízo de competência genérica de Miranda do Douro.
Área de competência territorial: municípios de Miranda do Douro e Vimioso.
Juízes: 1.

Juízo de competência genérica de Mirandela.
Área de competência territorial: município de Mirandela.
Juízes: 2.

Juízo de competência genérica de Mogadouro.
Área de competência territorial: municípios de Alfândega da Fé e Mogadouro.
Juízes: 1.

Juízo de competência genérica de Torre de Moncorvo.
Área de competência territorial: municípios de Freixo de Espada à Cinta e Torre de Moncorvo.
Juízes: 1.

Juízo de competência genérica de Vila Flor.
Área de competência territorial: municípios de Carrazeda de Ansiães e Vila Flor.
Juízes: 1.

Juízos de proximidade

Juízo de proximidade de Alfândega da Fé.
Área de competência territorial: município de Alfândega da Fé (para efeitos do nº 3 do artigo 82º da Lei nº 62/2013, de 26 de agosto).

Juízo de proximidade de Carrazeda de Ansiães.
Área de competência territorial: município de Carrazeda de Ansiães (para efeitos do nº 3 do artigo 82º da Lei nº 62/2013, de 26 de agosto).

Juízo de proximidade de Vimioso.
Área de competência territorial: município de Vimioso (para efeitos do nº 3 do artigo 82º da Lei nº 62/2013, de 26 de agosto).

Juízo de proximidade de Vinhais.
Área de competência territorial: município de Vinhais (para efeitos do nº 3 do artigo 82º da Lei nº 62/2013, de 26 de agosto).

Tribunal Judicial da Comarca de Castelo Branco

Sede: Castelo Branco.
Tribunal da Relação competente: Coimbra.
Área de competência territorial: municípios de Belmonte, Castelo Branco, Covilhã, Fundão, Idanha-a-Nova, Oleiros, Penamacor, Proença-a-Nova, Sertã, Vila de Rei e Vila Velha de Ródão.
Quadro de juízes: de 23 a 25.
Juiz Presidente: 1 (sediado em Castelo Branco).
Magistrado do Ministério Público coordenador: 1 (sediado em Castelo Branco).
Administrador Judiciário: 1 (sediado em Castelo Branco).

Juízos de competência especializada

Juízo central cível de Castelo Branco.
Área de competência territorial: comarca de Castelo Branco.
Juízes: 2.

Juízo central criminal de Castelo Branco.
Área de competência territorial: comarca de Castelo Branco.
Juízes: 3.

Juízo local cível de Castelo Branco.
Área de competência territorial: municípios de Castelo Branco e Vila Velha de Ródão.
Juízes: 3.

Juízo local criminal de Castelo Branco.
Área de competência territorial: municípios de Castelo Branco e Vila Velha de Ródão.
Juízes: 2.

Juízo de família e menores de Castelo Branco.
Área de competência territorial: municípios de Castelo Branco e Vila Velha de Ródão.
Juízes: 1.

Juízo do trabalho de Castelo Branco.
Área de competência territorial: municípios de Castelo Branco, Idanha-a-Nova, Oleiros, Proença-a-Nova, Sertã, Vila de Rei e Vila Velha de Ródão.
Juízes: 1.

Juízo local cível da Covilhã.
Área de competência territorial: municípios de Belmonte e Covilhã.
Juízes: 2.

Juízo local criminal da Covilhã.
Área de competência territorial: municípios de Belmonte e Covilhã.
Juízes: 1.

Juízo de família e menores da Covilhã.
Área de competência territorial: municípios de Belmonte, Covilhã, Fundão e Penamacor.
Juízes: 1.

Juízo do trabalho da Covilhã.
Área de competência territorial: municípios de Belmonte, Covilhã, Fundão e Penamacor.
Juízes: 1.

Juízo local cível do Fundão.
Área de competência territorial: municípios do Fundão e Penamacor.
Juízes: 1.

Juízo local criminal do Fundão.
Área de competência territorial: municípios do Fundão e Penamacor.
Juízes: 1.

Juízo de comércio do Fundão.
Área de competência territorial: comarca de Castelo Branco.
Juízes: 1.

Juízos de competência genérica

Juízo de competência genérica de Idanha-a-Nova.
Área de competência territorial: município de Idanha-a-Nova.
Juízes: 1.

Juízo de competência genérica de Oleiros.
Área de competência territorial: municípios de Oleiros e Proença-a-Nova.
Juízes: 1.

Juízo de competência genérica da Sertã.
Área de competência territorial: municípios da Sertã e Vila de Rei.
Juízes: 1.

Juízos de proximidade

Juízo de proximidade de Penamacor.
Área de competência territorial: município de Penamacor (para efeitos do nº 3 do artigo 82º da Lei nº 62/2013, de 26 de agosto).

Tribunal Judicial da Comarca de Coimbra

Sede: Coimbra.
Tribunal da Relação competente: Coimbra.
Área de competência territorial: municípios de Arganil, Cantanhede, Coimbra, Condeixa-a-Nova, Figueira da Foz, Góis, Lousã, Mira, Miranda do Corvo, Montemor-o-Velho, Oliveira do Hospital, Pampilhosa da Serra, Penacova, Penela, Soure, Tábua e Vila Nova de Poiares.
Quadro de Juízes: de 43 a 47.
Juiz Presidente: 1 (sediado em Coimbra).
Magistrado do Ministério Público Coordenador: 1 (sediado em Coimbra).
Administrador Judiciário: 1 (sediado em Coimbra).

Juízos de competência especializada

Juízo central cível de Coimbra.
Área de competência territorial: comarca de Coimbra.
Juízes: 3.

Juízo central criminal de Coimbra.
Área de competência territorial: comarca de Coimbra.
Juízes: 4.

Juízo local cível de Coimbra.
Área de competência territorial: município de Coimbra.
Juízes: 3.

Juízo local criminal de Coimbra.
Área de competência territorial: município de Coimbra.
Juízes: 3.

Juízo de instrução criminal de Coimbra.
Área de competência territorial: comarca de Coimbra.
Juízes: 3.

Juízo de família e menores de Coimbra.
Área de competência territorial: municípios de Arganil, Coimbra, Condeixa-a-Nova, Góis, Lousã, Miranda do Corvo, Pampilhosa da Serra, Penacova, Penela, Soure, Tábua e Vila Nova de Poiares.
Juízes: 3.

Juízo do trabalho de Coimbra.
Área de competência territorial: municípios de Arganil, Coimbra, Condeixa-a-Nova, Góis, Lousã, Miranda do Corvo, Oliveira do Hospital, Pampilhosa da Serra, Penacova, Penela, Soure, Tábua e Vila Nova de Poiares.
Juízes: 2.

Juízo de comércio de Coimbra (instalado provisoriamente em Montemor-o-Velho).
Área de competência territorial: comarca de Coimbra.
Juízes: 3.

Juízo local cível de Cantanhede.
Área de competência territorial: municípios de Cantanhede e Mira.
Juízes: 1.

Juízo local criminal de Cantanhede.
Área de competência territorial: municípios de Cantanhede e Mira.
Juízes: 1.

Juízo local cível da Figueira da Foz.
Área de competência territorial: município da Figueira da Foz.
Juízes: 2.

Juízo local criminal da Figueira da Foz.
Área de competência territorial: município da Figueira da Foz.
Juízes: 1.

Juízo de família e menores da Figueira da Foz.
Área de competência territorial: municípios da Figueira da Foz e Montemor-o-Velho.
Juízes: 2.

Juízo do trabalho da Figueira da Foz.
Área de competência territorial: municípios de Cantanhede, Figueira da Foz, Mira e Montemor-o-Velho.
Juízes: 1.

Juízo de execução de Soure.
Área de competência territorial: comarca de Coimbra.
Juízes: 2.

Juízos de competência genérica

Juízo de competência genérica de Arganil.
Área de competência territorial: municípios de Arganil e Góis.
Juízes: 1.

Juízo de competência genérica de Condeixa-a-Nova.
Área de competência territorial: municípios de Condeixa-a-Nova e Penela.
Juízes: 1.

Juízo de competência genérica da Lousã.
Área de competência territorial: municípios da Lousã, Miranda do Corvo e Pampilhosa da Serra.
Juízes: 2.

Juízo de competência genérica de Montemor-o-Velho.
Área de competência territorial: município de Montemor-o-Velho.
Juízes: 1.

Juízo de competência genérica de Oliveira do Hospital.
Área de competência territorial: município de Oliveira do Hospital.
Juízes: 1.

Juízo de competência genérica de Penacova.
Área de competência territorial: municípios de Penacova e Vila Nova de Poiares.
Juízes: 1.

Juízo de competência genérica de Soure.
Área de competência territorial: município de Soure.
Juízes: 1.

Juízo de competência genérica de Tábua.
Área de competência territorial: município de Tábua.
Juízes: 1.

Juízos de proximidade

Juízo de proximidade de Mira.
Área de competência territorial: município de Mira (para efeitos do nº 3 do artigo 82º da Lei nº 62/2013, de 26 de agosto).

Juízo de proximidade de Pampilhosa da Serra.
Área de competência territorial: município de Pampilhosa da Serra (para efeitos do nº 3 do artigo 82º da Lei nº 62/2013, de 26 de agosto).

Juízo de proximidade de Penela.
Área de competência territorial: município de Penela (para efeitos do nº 3 do artigo 82º da Lei nº 62/2013, de 26 de agosto).

Tribunal Judicial da Comarca de Évora

Sede: Évora.
Tribunal da Relação competente: Évora.
Área de competência territorial: municípios de Alandroal, Arraiolos, Borba, Estremoz, Évora, Montemor-o-Novo, Mora, Mourão, Portel, Redondo, Reguengos de Monsaraz, Vendas Novas, Viana do Alentejo e Vila Viçosa.

Quadro de Juízes: de 18 a 20.
Juiz Presidente: 1 (sediado em Évora).
Magistrado do Ministério Público Coordenador: 1 (sediado em Évora).
Administrador Judiciário: 1 (sediado em Évora).

Juízos de competência especializada

Juízo central cível de Évora.
Juízo central criminal de Évora.
Área de competência territorial: comarca de Évora.
Juízes: 4.

Juízo local cível de Évora.
Área de competência territorial: municípios de Arraiolos, Évora, Mora, Portel e Viana do Alentejo.
Juízes: 2.

Juízo local criminal de Évora.
Área de competência territorial: municípios de Arraiolos, Évora, Mora, Portel e Viana do Alentejo.
Juízes: 2.

Juízo de instrução criminal de Évora.
Área de competência territorial: comarca de Évora.
Juízes: 1.

Juízo de família e menores de Évora.
Área de competência territorial: municípios de Arraiolos, Évora, Mora, Portel e Viana do Alentejo.
Juízes: 1.

Juízo do trabalho de Évora.
Área de competência territorial: comarca de Évora.
Juízes: 1.

Juízo de execução de Montemor-o-Novo.
Área de competência territorial: comarca de Évora.
Juízes: 1.

Juízos de competência genérica

Juízo de competência genérica de Estremoz.
Área de competência territorial: município de Estremoz.
Juízes: 1.

Juízo de competência genérica de Montemor-o-Novo.
Área de competência territorial: municípios de Montemor-o-Novo e Vendas Novas.
Juízes: 2.

Juízo de competência genérica do Redondo.
Área de competência territorial: municípios de Alandroal e Redondo.
Juízes: 1.

Juízo de competência genérica de Reguengos de Monsaraz.
Área de competência territorial: municípios de Mourão e Reguengos de Monsaraz.
Juízes: 1.

Juízo de competência genérica de Vila Viçosa.
Área de competência territorial: municípios de Borba e Vila Viçosa.
Juízes: 1.

Juízos de proximidade

Juízo de proximidade de Arraiolos.
Área de competência territorial: municípios de Arraiolos e Mora (para efeitos do nº 3 do artigo 82º da Lei nº 62/2013, de 26 de agosto).

Juízo de proximidade de Portel.
Área de competência territorial: município de Portel (para efeitos do nº 3 do artigo 82º da Lei nº 62/2013, de 26 de agosto).

Tribunal Judicial da Comarca de Faro

Sede: Faro.
Tribunal da Relação competente: Évora.
Área de competência territorial: municípios de Albufeira, Alcoutim, Aljezur, Castro Marim, Faro, Lagoa, Lagos, Loulé, Monchique, Olhão, Portimão, São Brás de Alportel, Silves, Tavira, Vila do Bispo e Vila Real de Santo António.
Quadro de Juízes: de 66 a 72.
Juiz Presidente: 1 (sediado em Faro).
Magistrado do Ministério Público Coordenador: 1 (sediado em Faro).
Administrador Judiciário: 1 (sediado em Faro).

Juízos de competência especializada

Juízo central cível de Faro.
Área de competência territorial: municípios de Alcoutim, Castro Marim, Faro, Loulé, Olhão, São Brás de Alportel, Tavira e Vila Real de Santo António.
Juízes: 3.

Juízo central criminal de Faro.
Área de competência territorial: municípios de Alcoutim, Castro Marim, Faro, Loulé, Olhão, São Brás de Alportel, Tavira e Vila Real de Santo António.
Juízes: 6.

Juízo local cível de Faro.
Área de competência territorial: municípios de Faro e São Brás de Alportel.
Juízes: 2.

Juízo local criminal de Faro.
Área de competência territorial: municípios de Faro e São Brás de Alportel.
Juízes: 3.

Juízo de instrução criminal de Faro.
Área de competência territorial: municípios de Alcoutim, Castro Marim, Faro, Loulé, Olhão, São Brás de Alportel, Tavira e Vila Real de Santo António.
Juízes: 2.

Juízo de família e menores de Faro.
Área de competência territorial: municípios de Alcoutim, Castro Marim, Faro, Loulé, Olhão, São Brás de Alportel, Tavira e Vila Real de Santo António.
Juízes: 3.

Juízo do trabalho de Faro.
Área de competência territorial: municípios de Alcoutim, Castro Marim, Faro, Loulé, Olhão, São Brás de Alportel, Tavira e Vila Real de Santo António.
Juízes: 2.

Juízo local cível de Albufeira.
Área de competência territorial: município de Albufeira.
Juízes: 1.

Juízo local criminal de Albufeira.
Área de competência territorial: município de Albufeira.
Juízes: 3.

Juízo de comércio de Lagoa.
Área de competência territorial: municípios de Albufeira, Aljezur, Lagoa, Lagos, Monchique, Portimão, Silves e Vila do Bispo.
Juízes: 2.

Juízo local cível de Loulé.
Área de competência territorial: município de Loulé.
Juízes: 2.

Juízo local criminal de Loulé.
Área de competência territorial: município de Loulé.
Juízes: 3.

Juízo de execução de Loulé.
Área de competência territorial: municípios de Alcoutim, Castro Marim, Faro, Loulé, Olhão, São Brás de Alportel, Tavira e Vila Real de Santo António.
Juízes: 2.

Juízo de comércio de Olhão.
Área de competência territorial: municípios de Alcoutim, Castro Marim, Faro, Loulé, Olhão, São Brás de Alportel, Tavira e Vila Real de Santo António.
Juízes: 2.

Juízo central cível de Portimão.
Área de competência territorial: municípios de Albufeira, Aljezur, Lagoa, Lagos, Monchique, Portimão, Silves e Vila do Bispo.
Juízes: 3.

Juízo central criminal de Portimão.
Área de competência territorial: municípios de Albufeira, Aljezur, Lagoa, Lagos, Monchique, Portimão, Silves e Vila do Bispo.
Juízes: 4.

Juízo local cível de Portimão.
Área de competência territorial: municípios de Lagoa, Monchique e Portimão.
Juízes: 2.

Juízo local criminal de Portimão.
Área de competência territorial: municípios de Lagoa, Monchique e Portimão.
Juízes: 3.

Juízo de instrução criminal de Portimão.
Área de competência territorial: municípios de Albufeira, Aljezur, Lagoa, Lagos, Monchique, Portimão, Silves e Vila do Bispo.
Juízes: 2.

Juízo de família e menores de Portimão.
Área de competência territorial: municípios de Albufeira, Aljezur, Lagoa, Lagos, Monchique, Portimão, Silves e Vila do Bispo.
Juízes: 3.

Juízo do trabalho de Portimão.
Área de competência territorial: municípios de Albufeira, Aljezur, Lagoa, Lagos, Monchique, Portimão, Silves e Vila do Bispo.
Juízes: 2.

Juízo de execução de Silves.[1]
Área de competência territorial: municípios de Albufeira, Aljezur, Lagoa, Lagos, Monchique, Portimão, Silves e Vila do Bispo.
Juízes: 2.

Juízos de competência genérica

Juízo de competência genérica de Lagos.
Área de competência territorial: municípios de Aljezur, Lagos e Vila do Bispo.
Juízes: 2.

[1] Declaração de Retificação nº 22/2019, DR, 1ª Série, nº 95, 17/05/2019.

Juízo de competência genérica de Olhão.
Área de competência territorial: município de Olhão.
Juízes: 2.

Juízo de competência genérica de Silves.
Área de competência territorial: município de Silves.
Juízes: 2.

Juízo de competência genérica de Tavira.
Área de competência territorial: município de Tavira.
Juízes: 1.

Juízo de competência genérica de Vila Real de Santo António.
Área de competência territorial: municípios de Alcoutim, Castro Marim e Vila Real de Santo António.
Juízes: 2.

Juízos de proximidade

Juízo de proximidade de Monchique.
Área de competência territorial: município de Monchique (para efeitos do nº 3 do artigo 82º da Lei nº 62/2013, de 26 de agosto).

Tribunal Judicial da Comarca da Guarda

Sede: Guarda.
Tribunal da Relação competente: Coimbra.
Área de competência territorial: municípios de Aguiar da Beira, Almeida, Celorico da Beira, Figueira de Castelo Rodrigo, Fornos de Algodres, Gouveia, Guarda, Manteigas, Meda, Pinhel, Sabugal, Seia, Trancoso e Vila Nova de Foz Côa.
Quadro de Juízes: de 18 a 20.
Juiz Presidente: 1 (sediado na Guarda).
Magistrado do Ministério Público Coordenador: 1 (sediado na Guarda).
Administrador Judiciário: 1 (sediado na Guarda).

Juízos de competência especializada

Juízo central cível da Guarda.
Juízo central criminal da Guarda.
Área de competência territorial: comarca da Guarda.
Juízes: 4.

Juízo local cível da Guarda.
Área de competência territorial: municípios da Guarda, Manteigas e Sabugal.
Juízes: 2.

Juízo local criminal da Guarda.
Área de competência territorial: municípios da Guarda, Manteigas e Sabugal.
Juízes: 2.

Juízo do trabalho da Guarda.
Área de competência territorial: comarca da Guarda.
Juízes: 1.

Juízos de competência genérica

Juízo de competência genérica de Almeida.
Área de competência territorial: município de Almeida.
Juízes: 1.

Juízo de competência genérica de Celorico da Beira.
Área de competência territorial: municípios de Celorico da Beira e Fornos de Algodres.
Juízes: 1.

Juízo de competência genérica de Figueira de Castelo Rodrigo.
Área de competência territorial: município de Figueira de Castelo Rodrigo.
Juízes: 1.

Juízo de competência genérica de Gouveia.
Área de competência territorial: município de Gouveia.
Juízes: 1.

Juízo de competência genérica de Pinhel.
Área de competência territorial: município de Pinhel.
Juízes: 1.

Juízo de competência genérica de Seia.
Área de competência territorial: município de Seia.
Juízes: 2.

Juízo de competência genérica de Trancoso.
Área de competência territorial: municípios de Aguiar da Beira e Trancoso.
Juízes: 1.

Juízo de competência genérica de Vila Nova de Foz Côa.
Área de competência territorial: municípios de Meda e Vila Nova de Foz Côa.
Juízes: 1.

Juízos de proximidade

Juízo de proximidade de Fornos de Algodres.
Área de competência territorial: município de Fornos de Algodres (para efeitos do nº 3 do artigo 82º da Lei nº 62/2013, de 26 de agosto).

Juízo de proximidade de Meda.
Área de competência territorial: município de Meda (para efeitos do nº 3 do artigo 82º da Lei nº 62/2013, de 26 de agosto).

Juízo de proximidade do Sabugal.
Área de competência territorial: município do Sabugal (para efeitos do nº 3 do artigo 82º da Lei nº 62/2013, de 26 de agosto).

Tribunal Judicial da Comarca de Leiria

Sede: Leiria.
Tribunal da Relação competente: Coimbra.
Área de competência territorial: municípios de Alcobaça, Alvaiázere, Ansião, Batalha, Bombarral, Caldas da Rainha, Castanheira de Pêra, Figueiró dos Vinhos, Leiria, Marinha Grande, Nazaré, Óbidos, Pedrógão Grande, Peniche, Pombal e Porto de Mós.
Quadro de Juízes: de 52 a 56.
Juiz Presidente: 1 (sediado em Leiria).
Magistrado do Ministério Público Coordenador: 1 (sediado em Leiria).
Administrador Judiciário: 1 (sediado em Leiria).

Juízos de competência especializada

Juízo central cível de Leiria.
Área de competência territorial: comarca de Leiria.
Juízes: 4.

Juízo central criminal de Leiria.
Área de competência territorial: comarca de Leiria.
Juízes: 4.

Juízo local cível de Leiria.
Área de competência territorial: município de Leiria.
Juízes: 3.

Juízo local criminal de Leiria.
Área de competência territorial: município de Leiria.
Juízes: 3.

Juízo de instrução criminal de Leiria.
Área de competência territorial: comarca de Leiria.
Juízes: 3.

Juízo de família e menores de Leiria.[1]
Área de competência territorial: municípios de Batalha, Leiria, Marinha Grande e Porto de Mós.
Juízes: 2.

[1] Entrou em funcionamento em 1/09/19 (Portaria 185/2019, de 17/06).

Juízo do trabalho de Leiria.
Área de competência territorial: municípios de Alvaiázere, Ansião, Batalha, Castanheira de Pêra, Figueiró dos Vinhos, Leiria, Marinha Grande, Nazaré, Pedrógão Grande, Pombal e Porto de Mós.
Juízes: 3.

Juízo de comércio de Leiria.
Área de competência territorial: municípios de Alvaiázere, Ansião, Batalha, Castanheira de Pêra, Figueiró dos Vinhos, Leiria, Marinha Grande, Pedrógão Grande, Pombal e Porto de Mós.
Juízes: 3.

Juízo local cível de Alcobaça.
Área de competência territorial: município de Alcobaça.
Juízes: 1.

Juízo local criminal de Alcobaça.
Área de competência territorial: município de Alcobaça.
Juízes: 1.

Juízo de família e menores de Alcobaça.[1]
Área de competência territorial: municípios de Alcobaça e Nazaré.
Juízes: 1.

Juízo de comércio de Alcobaça.
Área de competência territorial: municípios de Alcobaça, Bombarral, Caldas da Rainha, Nazaré, Óbidos e Peniche.
Juízes: 2.

Juízo de execução de Alcobaça.
Área de competência territorial: municípios de Alcobaça, Batalha, Bombarral, Caldas da Rainha, Nazaré, Óbidos, Peniche e Porto de Mós.
Juízes: 2.

Juízo de execução de Ansião.
Área de competência territorial: municípios de Alvaiázere, Ansião, Castanheira de Pêra, Figueiró dos Vinhos, Leiria, Marinha Grande, Pedrógão Grande e Pombal.
Juízes: 2.

Juízo local cível das Caldas da Rainha.
Área de competência territorial: municípios do Bombarral, Caldas da Rainha e Óbidos.
Juízes: 1.

Juízo local criminal das Caldas da Rainha.
Área de competência territorial: municípios do Bombarral, Caldas da Rainha e Óbidos.
Juízes: 2.

[1] Entrou em funcionamento em 1/09/19 (Portaria 185/2019, de 17/06).

Juízo de família e menores das Caldas da Rainha.
Área de competência territorial: municípios do Bombarral, Caldas da Rainha, Óbidos e Peniche.
Juízes: 2.

Juízo do trabalho das Caldas da Rainha.
Área de competência territorial: municípios de Alcobaça, Bombarral, Caldas da Rainha, Óbidos e Peniche.
Juízes: 1.

Juízo local cível de Pombal.
Área de competência territorial: municípios de Ansião e Pombal.
Juízes: 2.

Juízo local criminal de Pombal.
Área de competência territorial: municípios de Ansião e Pombal.
Juízes: 2.

Juízo de família e menores de Pombal.
Área de competência territorial: municípios de Alvaiázere, Ansião e Pombal.
Juízes: 1.

Juízo local cível de Porto de Mós.
Área de competência territorial: municípios da Batalha e Porto de Mós.
Juízes: 1.

Juízo local criminal de Porto de Mós.
Área de competência territorial: municípios da Batalha e Porto de Mós.
Juízes: 1.

Juízos de competência genérica

Juízo de competência genérica de Figueiró dos Vinhos.
Área de competência territorial: municípios de Alvaiázere, Castanheira de Pêra, Figueiró dos Vinhos e Pedrógão Grande.
Juízes: 1.

Juízo de competência genérica da Marinha Grande.
Área de competência territorial: município da Marinha Grande.
Juízes: 2.

Juízo de competência genérica da Nazaré.
Área de competência territorial: município da Nazaré.
Juízes: 1.

Juízo de competência genérica de Peniche.
Área de competência territorial: município de Peniche.
Juízes: 1.

Juízos de proximidade

Juízo de proximidade de Alvaiázere.
Área de competência territorial: município de Alvaiázere (para efeitos do nº 3 do artigo 82º da Lei nº 62/2013, de 26 de agosto).

Juízo de proximidade de Ansião.
Área de competência territorial: município de Ansião (para efeitos do nº 3 do artigo 82º da Lei nº 62/2013, de 26 de agosto).

Juízo de proximidade do Bombarral.
Área de competência territorial: município do Bombarral (para efeitos do nº 3 do artigo 82º da Lei nº 62/2013, de 26 de agosto).

Tribunal Judicial da Comarca de Lisboa

Sede: Lisboa.
Tribunal da Relação competente: Lisboa.
Área de competência territorial: municípios de Alcochete, Almada, Barreiro, Lisboa, Moita, Montijo e Seixal.
Quadro de Juízes: de 179 a 203.
Juiz Presidente: 1 (sediado em Lisboa).
Magistrado do Ministério Público Coordenador: 1 (sediado em Lisboa).
Administrador Judiciário: 1 (sediado em Lisboa).

Juízos de competência especializada

Juízo central cível de Lisboa.
Área de competência territorial: município de Lisboa.
Juízes: 20.

Juízo central criminal de Lisboa.
Área de competência territorial: município de Lisboa.
Juízes: 24.

Juízes militares: 4, um por cada ramo das Forças Armadas e um da GNR.
Juízo local cível de Lisboa.
Área de competência territorial: município de Lisboa.
Juízes: 24.

Juízo local criminal de Lisboa.
Área de competência territorial: município de Lisboa.
Juízes: 13.

Juízo local de pequena criminalidade de Lisboa.
Área de competência territorial: município de Lisboa.
Juízes: 5.

(Juízo de instrução criminal de Lisboa.[1]
Área de competência territorial: município de Lisboa.
Juízes: 7.)

Juízo de família e menores de Lisboa.
Área de competência territorial: município de Lisboa.
Juízes: 8.

Juízo do trabalho de Lisboa.
Área de competência territorial: município de Lisboa.
Juízes: 8.

Juízo de comércio de Lisboa.
Área de competência territorial: município de Lisboa.
Juízes: 7.

Juízo de execução de Lisboa.
Área de competência territorial: município de Lisboa.
Juízes: 9.

Juízo central cível de Almada.
Área de competência territorial: municípios de Alcochete, Almada, Barreiro, Moita, Montijo e Seixal.
Juízes: 3.

Juízo central criminal de Almada.
Área de competência territorial: municípios de Alcochete, Almada, Barreiro, Moita, Montijo e Seixal.
Juízes: 6.

Juízo local cível de Almada.
Área de competência territorial: município de Almada.
Juízes: 2.

Juízo local criminal de Almada.
Área de competência territorial: município de Almada.
Juízes: 3.

Juízo de instrução criminal de Almada.
Área de competência territorial: município de Almada.
Juízes: 1.

Juízo de família e menores de Almada.
Área de competência territorial: município de Almada.
Juízes: 3.

Juízo do trabalho de Almada.
Área de competência territorial: município de Almada e Seixal.
Juízes: 2.

[1] O art. 3º da L 77/2021, de 23 de novembro, decretou a extinção do Juízo de Instrução Criminal de Lisboa.

Juízo de execução de Almada.
Área de competência territorial: municípios de Alcochete, Almada, Barreiro, Moita, Montijo e Seixal.
Juízes: 3.

Juízo local criminal do Barreiro.
Área de competência territorial: municípios do Barreiro e Moita.
Juízes: 2.

Juízo de instrução criminal do Barreiro.
Área de competência territorial: municípios de Alcochete, Barreiro, Moita e Montijo.
Juízes: 1.

Juízo de família e menores do Barreiro.
Área de competência territorial: municípios de Alcochete, Barreiro, Moita e Montijo.
Juízes: 3.

Juízo do trabalho do Barreiro.
Área de competência territorial: municípios de Alcochete, Barreiro, Moita e Montijo.
Juízes: 3. (*a*)
(*a*) Passa a dois juízes à data da entrada em funcionamento do Juízo do Trabalho de Almada.

Juízo de comércio do Barreiro.
Área de competência territorial: municípios de Alcochete, Almada, Barreiro, Moita, Montijo e Seixal.
Juízes: 4.

Juízo local cível da Moita.
Área de competência territorial: municípios do Barreiro e Moita.
Juízes: 2.

Juízo local cível do Montijo.
Área de competência territorial: municípios de Alcochete e Montijo.
Juízes: 1.

Juízo local criminal do Montijo.
Área de competência territorial: municípios de Alcochete e Montijo.
Juízes: 2.

Juízo local cível do Seixal.
Área de competência territorial: município do Seixal.
Juízes: 2.

Juízo local criminal do Seixal.
Área de competência territorial: município do Seixal.
Juízes: 3.

Juízo de instrução criminal do Seixal.
Área de competência territorial: município do Seixal.
Juízes: 1.

Juízo de família e menores do Seixal.
Área de competência territorial: município do Seixal.
Juízes: 3.

Tribunal Judicial da Comarca de Lisboa Norte

Sede: Loures.
Tribunal da Relação competente: Lisboa.
Área de competência territorial: municípios de Alenquer, Arruda dos Vinhos, Azambuja, Cadaval, Loures, Lourinhã, Odivelas, Sobral de Monte Agraço, Torres Vedras e Vila Franca de Xira.
Quadro de Juízes: de 56 a 64.
Juiz Presidente: 1 (sediado em Loures).
Magistrado do Ministério Público Coordenador: 1 (sediado em Loures).
Administrador Judiciário: 1 (sediado em Loures).

Juízos de competência especializada

Juízo central cível de Loures.
Área de competência territorial: comarca de Lisboa Norte.
Juízes: 5.

Juízo central criminal de Loures.
Área de competência territorial: comarca de Lisboa Norte.
Juízes: 6.

Juízo local cível de Loures.
Área de competência territorial: municípios de Loures e Odivelas.
Juízes: 4.

Juízo local criminal de Loures.
Área de competência territorial: municípios de Loures e Odivelas.
Juízes: 4.

Juízo local de pequena criminalidade de Loures.
Área de competência territorial: municípios de Loures e Odivelas.
Juízes: 2.

Juízo de instrução criminal de Loures.
Área de competência territorial: comarca de Lisboa Norte.
Juízes: 3.

Juízo de família e menores de Loures.
Área de competência territorial: municípios de Loures e Odivelas.
Juízes: 4.

Juízo do trabalho de Loures.
Área de competência territorial: municípios de Loures e Odivelas.
Juízes: 2.

Juízo de execução de Loures.
Área de competência territorial: comarca de Lisboa Norte.
Juízes: 3.

Juízo local cível de Alenquer.
Área de competência territorial: municípios de Alenquer e Azambuja.
Juízes: 1.

Juízo local criminal de Alenquer.
Área de competência territorial: municípios de Alenquer e Azambuja.
Juízes: 1.

Juízo local cível de Torres Vedras.
Área de competência territorial: municípios do Cadaval, Sobral de Monte Agraço e Torres Vedras.
Juízes: 2.

Juízo local criminal de Torres Vedras.
Área de competência territorial: municípios do Cadaval, Sobral de Monte Agraço e Torres Vedras.
Juízes: 2.

Juízo de família e menores de Torres Vedras.
Área de competência territorial: municípios do Cadaval, Lourinhã, Sobral de Monte Agraço e Torres Vedras.
Juízes: 1.

Juízo do trabalho de Torres Vedras (instalado provisoriamente no Cadaval).
Área de competência territorial: municípios do Cadaval, Lourinhã, Sobral de Monte Agraço e Torres Vedras.
Juízes: 1.

Juízo local cível de Vila Franca de Xira.
Área de competência territorial: municípios de Arruda dos Vinhos e Vila Franca de Xira.
Juízes: 2.

Juízo local criminal de Vila Franca de Xira.
Área de competência territorial: municípios de Arruda dos Vinhos e Vila Franca de Xira.
Juízes: 3.

Juízo de família e menores de Vila Franca de Xira.
Área de competência territorial: municípios de Alenquer, Arruda dos Vinhos, Azambuja e Vila Franca de Xira.
Juízes: 3.

Juízo do trabalho de Vila Franca de Xira.
Área de competência territorial: municípios de Alenquer, Arruda dos Vinhos, Azambuja e Vila Franca de Xira.
Juízes: 2.

Juízo de comércio de Vila Franca de Xira (instalado provisoriamente em Loures).
Área de competência territorial: comarca de Lisboa Norte.
Juízes: 4.

Juízos de competência genérica

Juízo de competência genérica da Lourinhã.
Área de competência territorial: município da Lourinhã.
Juízes: 1.

Juízos de proximidade

Juízo de proximidade do Cadaval.
Área de competência territorial: município do Cadaval (para efeitos do nº 3 do artigo 82º da Lei nº 62/2013, de 26 de agosto).

Tribunal Judicial da Comarca de Lisboa Oeste
Sede: Sintra.
Tribunal da Relação competente: Lisboa.
Área de competência territorial: municípios de Amadora, Cascais, Mafra, Oeiras e Sintra.
Quadro de Juízes: de 88 a 96.
Juiz Presidente: 1 (sediado em Sintra).
Magistrado do Ministério Público Coordenador: 1 (sediado em Sintra).
Administrador Judiciário: 1 (sediado em Sintra).

Juízos de competência especializada

Juízo central cível de Sintra.
Área de competência territorial: municípios da Amadora, Mafra e Sintra.
Juízes: 4.

Juízo central criminal de Sintra.
Área de competência territorial: municípios da Amadora, Mafra e Sintra.
Juízes: 6.

Juízo local cível de Sintra.
Área de competência territorial: município de Sintra.
Juízes: 5.

Juízo local criminal de Sintra.
Área de competência territorial: município de Sintra.
Juízes: 4.

Juízo local de pequena criminalidade de Sintra.
Área de competência territorial: município de Sintra.
Juízes: 2.

Juízo de instrução criminal de Sintra.
Área de competência territorial: municípios de Mafra e Sintra.
Juízes: 2.

Juízo de família e menores de Sintra.
Área de competência territorial: município de Sintra.
Juízes: 6.

Juízo do trabalho de Sintra.
Área de competência territorial: municípios da Amadora, Mafra e Sintra.
Juízes: 3.

Juízo de comércio de Sintra.
Área de competência territorial: comarca de Lisboa Oeste.
Juízes: 6.

Juízo de execução de Sintra.
Área de competência territorial: municípios da Amadora, Mafra e Sintra.
Juízes: 4.

Juízo local cível da Amadora.
Área de competência territorial: município da Amadora.
Juízes: 2.

Juízo local criminal da Amadora.
Área de competência territorial: município da Amadora.
Juízes: 4.

Juízo de instrução criminal da Amadora.
Área de competência territorial: município da Amadora.
Juízes: 1.

Juízo de família e menores da Amadora.
Área de competência territorial: município da Amadora.
Juízes: 3.

Juízo central cível de Cascais.
Área de competência territorial: municípios de Cascais e Oeiras.
Juízes: 4.

Juízo central criminal de Cascais.
Área de competência territorial: municípios de Cascais e Oeiras.
Juízes: 3.

Juízo local cível de Cascais.
Área de competência territorial: município de Cascais.
Juízes: 4.

Juízo local criminal de Cascais.
Área de competência territorial: município de Cascais.
Juízes: 3.

Juízo local de pequena criminalidade de Cascais.
Área de competência territorial: município de Cascais.
Juízes: 1.

Juízo de instrução criminal de Cascais.
Área de competência territorial: municípios de Cascais e Oeiras.
Juízes: 2.

Juízo de família e menores de Cascais.
Área de competência territorial: municípios de Cascais e Oeiras.
Juízes: 4.

Juízo do trabalho de Cascais.
Área de competência territorial: municípios de Cascais e Oeiras.
Juízes: 3.

Juízo local cível de Mafra.
Área de competência territorial: município de Mafra.
Juízes: 1.

Juízo local criminal de Mafra.
Área de competência territorial: município de Mafra.
Juízes: 1.

Juízo de família e menores de Mafra.
Área de competência territorial: município de Mafra.
Juízes: 1.

Juízo local cível de Oeiras.
Área de competência territorial: município de Oeiras.
Juízes: 4.

Juízo local criminal de Oeiras.
Área de competência territorial: município de Oeiras.
Juízes: 3.

Juízo de execução de Oeiras.
Área de competência territorial: municípios de Cascais e Oeiras.
Juízes: 2.

Tribunal Judicial da Comarca da Madeira

Sede: Funchal.
Tribunal da Relação competente: Lisboa.
Área de competência territorial: municípios da Calheta, Câmara de Lobos, Funchal,

Machico, Ponta do Sol, Porto Moniz, Porto Santo, Ribeira Brava, Santa Cruz, Santana e São Vicente.
Quadro de Juízes: de 26 a 30.
Juiz Presidente: 1 (sediado no Funchal).
Magistrado do Ministério Público Coordenador: 1 (sediado no Funchal).
Administrador Judiciário: 1 (sediado no Funchal).

Juízos de competência especializada

Juízo central cível do Funchal.
Área de competência territorial: comarca da Madeira.
Juízes: 3.

Juízo central criminal do Funchal.
Área de competência territorial: comarca da Madeira.
Juízes: 3.

Juízo local cível do Funchal.
Área de competência territorial: municípios de Câmara de Lobos, Funchal, Porto Moniz, Santana e São Vicente.
Juízes: 3.

Juízo local criminal do Funchal.
Área de competência territorial: municípios de Câmara de Lobos, Funchal, Porto Moniz, Santana e São Vicente.
Juízes: 3.

Juízo de instrução criminal do Funchal.
Área de competência territorial: municípios da Calheta, Câmara de Lobos, Funchal, Machico, Ponta do Sol, Porto Moniz, Ribeira Brava, Santa Cruz, Santana e São Vicente.
Juízes: 1.

Juízo de família e menores do Funchal.
Área de competência territorial: municípios da Calheta, Câmara de Lobos, Funchal, Machico, Ponta do Sol, Porto Moniz, Ribeira Brava, Santa Cruz, Santana e São Vicente.
Juízes: 3.

Juízo do trabalho do Funchal.
Área de competência territorial: comarca da Madeira.
Juízes: 1.

Juízo de comércio do Funchal.[1]
Área de competência territorial: comarca da Madeira.
Juízes: 3.

[1] Declaração de Retificação nº 22/2019, DR, 1ª Série, nº 95, 17/05/2019.

Juízo de execução do Funchal.[1]
Área de competência territorial: comarca da Madeira.
Juízes: 2.

Juízo local cível de Santa Cruz.
Área de competência territorial: municípios de Machico e Santa Cruz.
Juízes: 1.

Juízo local criminal de Santa Cruz.
Área de competência territorial: municípios de Machico e Santa Cruz.
Juízes: 1.

Juízos de competência genérica

Juízo de competência genérica de Ponta do Sol.
Área de competência territorial: municípios da Calheta, Ponta do Sol e Ribeira Brava.
Juízes: 1.

Juízo de competência genérica de Porto Santo.
Área de competência territorial: município de Porto Santo.
Juízes: 1.

Juízos de proximidade

Juízo de proximidade de São Vicente.
Área de competência territorial: municípios de Porto Moniz e São Vicente (para efeitos do nº 3 do artigo 82º da Lei nº 62/2013, de 26 de agosto).

Tribunal Judicial da Comarca de Portalegre
Sede: Portalegre.
Tribunal da Relação competente: Évora.
Área de competência territorial: municípios de Alter do Chão, Arronches, Avis, Campo Maior, Castelo de Vide, Crato, Elvas, Fronteira, Gavião, Marvão, Monforte, Nisa, Ponte de Sor, Portalegre e Sousel.
Quadro de Juízes: de 14 a 16.
Juiz Presidente: 1 (sediado em Portalegre).
Magistrado do Ministério Público Coordenador: 1 (sediado em Portalegre).
Administrador Judiciário: 1 (sediado em Portalegre).

Juízos de competência especializada

Juízo central cível de Portalegre.
Juízo central criminal de Portalegre.
Área de competência territorial: comarca de Portalegre.
Juízes: 3.

[1] Declaração de Retificação nº 22/2019, DR, 1ª Série, nº 95, 17/05/2019.

Juízo local cível de Portalegre.
Área de competência territorial: municípios de Arronches, Crato, Marvão, Monforte e Portalegre.
Juízes: 2.

Juízo local criminal de Portalegre.
Área de competência territorial: municípios de Arronches, Crato, Marvão, Monforte e Portalegre.
Juízes: 1.

Juízo do trabalho de Portalegre.
Área de competência territorial: comarca de Portalegre.
Juízes: 1.

Juízo local cível de Elvas.
Área de competência territorial: municípios de Campo Maior e Elvas.
Juízes: 2.

Juízo local criminal de Elvas.
Área de competência territorial: municípios de Campo Maior e Elvas.
Juízes: 1.

Juízos de competência genérica

Juízo de competência genérica de Fronteira.
Área de competência territorial: municípios de Alter do Chão, Avis, Fronteira e Sousel.
Juízes: 1.

Juízo de competência genérica de Nisa.
Área de competência territorial: municípios de Castelo de Vide e Nisa.
Juízes: 1.

Juízo de competência genérica de Ponte de Sor.
Área de competência territorial: municípios de Gavião e Ponte de Sor.
Juízes: 2.

Juízos de proximidade

Juízo de proximidade de Avis.
Área de competência territorial: município de Avis (para efeitos do nº 3 do artigo 82º da Lei nº 62/2013, de 26 de agosto).

Juízo de proximidade de Castelo de Vide.
Área de competência territorial: município de Castelo de Vide (para efeitos do nº 3 do artigo 82º da Lei nº 62/2013, de 26 de agosto).

Tribunal Judicial da Comarca do Porto

Sede: Porto.
Tribunal da Relação competente: Porto.

Área de competência territorial: municípios de Gondomar, Maia, Matosinhos, Porto, Póvoa de Varzim, Santo Tirso, Trofa, Valongo, Vila do Conde e Vila Nova de Gaia.
Quadro de Juízes: de 176 a 188.
Juiz Presidente: 1 (sediado no Porto).
Magistrado do Ministério Público Coordenador: 1 (sediado no Porto).
Administrador Judiciário: 1 (sediado no Porto).

Juízos de competência especializada

Juízo central cível do Porto.
Área de competência territorial: municípios de Gondomar, Valongo e Porto.
Juízes: 7.

Juízo central criminal do Porto.
Área de competência territorial: municípios de Gondomar, Valongo e Porto.
Juízes: 15.

Juízes militares: 4, um por cada ramo das Forças Armadas e um da GNR.
Juízo local cível do Porto.
Área de competência territorial: município do Porto.
Juízes: 8.

Juízo local criminal do Porto.
Área de competência territorial: município do Porto.
Juízes: 8.

Juízo local de pequena criminalidade do Porto.
Área de competência territorial: município do Porto.
Juízes: 3.

Juízo de instrução criminal do Porto.
Área de competência territorial: municípios de Gondomar, Valongo, Vila Nova de Gaia e Porto.
Juízes: 5.

Juízo de família e menores do Porto.
Área de competência territorial: município do Porto.
Juízes: 5.

Juízo do trabalho do Porto.
Área de competência territorial: município do Porto.
Juízes: 3.

Juízo de execução do Porto.
Área de competência territorial: municípios de Matosinhos, Porto, Póvoa de Varzim, Vila do Conde e Vila Nova de Gaia.
Juízes: 7.

Juízo local cível de Gondomar.
Área de competência territorial: município de Gondomar.
Juízes: 3.

Juízo local criminal de Gondomar.
Área de competência territorial: município de Gondomar.
Juízes: 2.

Juízo de família e menores de Gondomar.
Área de competência territorial: municípios de Gondomar e Valongo.
Juízes: 4.

Juízo local cível da Maia.
Área de competência territorial: município da Maia.
Juízes: 4.

Juízo local criminal da Maia.
Área de competência territorial: município da Maia.
Juízes: 2.

Juízo de família e menores da Maia.[1]
Área de competência territorial: município da Maia.
Juízes: 2.

Juízo do trabalho da Maia.
Área de competência territorial: municípios da Maia, Santo Tirso e Trofa.
Juízes: 2.

Juízo de execução da Maia.
Área de competência territorial: municípios da Maia, Santo Tirso e Trofa.
Juízes: 2.

Juízo local cível de Matosinhos.
Área de competência territorial: município de Matosinhos.
Juízes: 4.

Juízo local criminal de Matosinhos.
Área de competência territorial: município de Matosinhos.
Juízes: 4.

Juízo de instrução criminal de Matosinhos.
Área de competência territorial: municípios da Maia, Matosinhos, Póvoa de Varzim, Santo Tirso, Trofa e Vila do Conde.
Juízes: 4.

Juízo de família e menores de Matosinhos.
Área de competência territorial: município de Matosinhos.
Juízes: 2.

[1] De acordo com o art. 1º da Portaria 87/2021, de 19 de abril, «o Juízo de Família e Menores da Maia, criado pela alínea *a*) do artigo 26º do DL 38/2019, de 18 de março, entra em funcionamento no dia 1 de setembro de 2021.»

Juízo do trabalho de Matosinhos.
Área de competência territorial: municípios de Matosinhos, Póvoa de Varzim e Vila do Conde.
Juízes: 3.

Juízo central cível da Póvoa de Varzim.
Área de competência territorial: municípios da Maia, Matosinhos, Póvoa de Varzim, Santo Tirso, Trofa e Vila do Conde.
Juízes: 6.

Juízo local cível da Póvoa de Varzim.[1]
Área de competência territorial: município da Póvoa de Varzim.
Juízes: 2.

Juízo local criminal da Póvoa de Varzim.
Área de competência territorial: município da Póvoa de Varzim.
Juízes: 1.

Juízo local cível de Santo Tirso.
Área de competência territorial: municípios de Santo Tirso e Trofa.
Juízes: 2.

Juízo local criminal de Santo Tirso.
Área de competência territorial: municípios de Santo Tirso e Trofa.
Juízes: 2.

Juízo de família e menores de Santo Tirso.
Área de competência territorial: municípios de Santo Tirso e Trofa.
Juízes: 1.

Juízo de comércio de Santo Tirso.
Área de competência territorial: municípios de Gondomar, Maia, Matosinhos, Póvoa de Varzim, Santo Tirso, Trofa, Valongo e Vila do Conde.
Juízes: 7.

Juízo local cível de Valongo.
Área de competência territorial: município de Valongo.
Juízes: 2.

Juízo local criminal de Valongo.
Área de competência territorial: município de Valongo.
Juízes: 2.

Juízo do trabalho de Valongo.
Área de competência territorial: municípios de Gondomar e Valongo.
Juízes: 2.

[1] Declaração de Retificação nº 22/2019, DR, 1ª Série, nº 95, 17/05/2019.

Juízo de execução de Valongo.
Área de competência territorial: municípios de Gondomar e Valongo.
Juízes: 2.

Juízo central criminal de Vila do Conde (instalado provisoriamente em Matosinhos).
Área de competência territorial: municípios da Maia, Matosinhos, Póvoa de Varzim, Santo Tirso, Trofa e Vila do Conde.
Juízes: 9.

Juízo local cível de Vila do Conde.
Área de competência territorial: município de Vila do Conde.
Juízes: 2.

Juízo local criminal de Vila do Conde.
Área de competência territorial: município de Vila do Conde.
Juízes: 2.

Juízo de família e menores de Vila do Conde.
Área de competência territorial: municípios da Póvoa de Varzim e Vila do Conde.
Juízes: 2.

Juízo central cível de Vila Nova de Gaia.
Área de competência territorial: município de Vila Nova de Gaia.
Juízes: 3.

Juízo central criminal de Vila Nova de Gaia.
Área de competência territorial: município de Vila Nova de Gaia.
Juízes: 3.

Juízo local cível de Vila Nova de Gaia.
Área de competência territorial: município de Vila Nova de Gaia.
Juízes: 5.

Juízo local criminal de Vila Nova de Gaia.
Área de competência territorial: município de Vila Nova de Gaia.
Juízes: 4.

Juízo de família e menores de Vila Nova de Gaia.
Área de competência territorial: município de Vila Nova de Gaia.
Juízes: 4.

Juízo do trabalho de Vila Nova de Gaia.
Área de competência territorial: município de Vila Nova de Gaia.
Juízes: 3.

Juízo de comércio de Vila Nova de Gaia.
Área de competência territorial: municípios do Porto e Vila Nova de Gaia.
Juízes: 6.

Balcão Nacional do Arrendamento
Balcão Nacional de Injunções

Tribunal Judicial da Comarca do Porto Este
Sede: Penafiel.
Tribunal da Relação competente: Porto.
Área de competência territorial: municípios de Amarante, Baião, Felgueiras, Lousada, Marco de Canaveses, Paços de Ferreira, Paredes e Penafiel.
Quadro de Juízes: de 46 a 50.
Juiz Presidente: 1 (sediado em Penafiel).
Magistrado do Ministério Público Coordenador: 1 (sediado em Penafiel).
Administrador Judiciário: 1 (sediado em Penafiel).

Juízos de competência especializada

Juízo central criminal de Penafiel.
Área de competência territorial: comarca do Porto Este.
Juízes: 6.

Juízo local cível de Penafiel.
Área de competência territorial: município de Penafiel.
Juízes: 1.

Juízo local criminal de Penafiel.
Área de competência territorial: município de Penafiel.
Juízes: 2.

Juízo de instrução criminal de Penafiel.
Área de competência territorial: comarca do Porto Este.
Juízes: 2.

Juízo do trabalho de Penafiel.
Área de competência territorial: comarca do Porto Este.
Juízes: 4.

Juízo local cível de Amarante.
Área de competência territorial: município de Amarante.
Juízes: 1.

Juízo local criminal de Amarante.
Área de competência territorial: município de Amarante.
Juízes: 1.

Juízo de comércio de Amarante.
Área de competência territorial: comarca do Porto Este.
Juízes: 4.

Juízo local cível de Felgueiras.
Área de competência territorial: município de Felgueiras.
Juízes: 2.

Juízo local criminal de Felgueiras.
Área de competência territorial: município de Felgueiras.
Juízes: 1.

Juízo local cível de Lousada.
Área de competência territorial: município de Lousada.
Juízes: 1.

Juízo local criminal de Lousada.
Área de competência territorial: município de Lousada.
Juízes: 1.

Juízo de execução de Lousada.
Área de competência territorial: comarca do Porto Este.
Juízes: 2.

Juízo local cível do Marco de Canaveses.
Área de competência territorial: município do Marco de Canaveses.
Juízes: 1.

Juízo local criminal do Marco de Canaveses.
Área de competência territorial: município do Marco de Canaveses.
Juízes: 1.

Juízo de família e menores do Marco de Canaveses.
Área de competência territorial: municípios de Amarante e Marco de Canaveses.
Juízes: 1.

Juízo local cível de Paços de Ferreira.
Área de competência territorial: município de Paços de Ferreira.
Juízes: 1.

Juízo local criminal de Paços de Ferreira.
Área de competência territorial: município de Paços de Ferreira.
Juízes: 1.

Juízo central cível de Paredes.
Área de competência territorial: comarca do Porto Este.
Juízes: 4.

Juízo local cível de Paredes.
Área de competência territorial: município de Paredes.
Juízes: 2.

Juízo local criminal de Paredes.
Área de competência territorial: município de Paredes.
Juízes: 2.

Juízo de família e menores de Paredes.
Área de competência territorial: municípios de Felgueiras, Lousada, Paços de Ferreira, Paredes e Penafiel.
Juízes: 4.

Juízos de competência genérica

Juízo de competência genérica de Baião.
Área de competência territorial: município de Baião.
Juízes: 1.

Tribunal Judicial da Comarca de Santarém

Sede: Santarém.
Tribunal da Relação competente: Évora.
Área de competência territorial: municípios de Abrantes, Alcanena, Almeirim, Alpiarça, Benavente, Cartaxo, Chamusca, Constância, Coruche, Entroncamento, Ferreira do Zêzere, Golegã, Mação, Ourém, Rio Maior, Salvaterra de Magos, Santarém, Sardoal, Tomar, Torres Novas e Vila Nova da Barquinha.
Quadro de Juízes: de 47 a 51.
Juiz Presidente: 1 (sediado em Santarém).
Magistrado do Ministério Público Coordenador: 1 (sediado em Santarém).
Administrador Judiciário: 1 (sediado em Santarém).

Juízos de competência especializada

Juízo central cível de Santarém.
Área de competência territorial: comarca de Santarém.
Juízes: 4.

Juízo central criminal de Santarém.
Área de competência territorial: comarca de Santarém.
Juízes: 4.

Juízo local cível de Santarém.
Área de competência territorial: município de Santarém.
Juízes: 2.

Juízo local criminal de Santarém.
Área de competência territorial: município de Santarém.
Juízes: 2.

Juízo de instrução criminal de Santarém.
Área de competência territorial: comarca de Santarém.
Juízes: 2.

Juízo de família e menores de Santarém.
Área de competência territorial: municípios de Alcanena, Almeirim, Alpiarça, Benavente, Cartaxo, Chamusca, Coruche, Golegã, Rio Maior, Salvaterra de Magos e Santarém.
Juízes: 3.

Juízo do trabalho de Santarém.
Área de competência territorial: municípios de Alcanena, Almeirim, Alpiarça, Benavente, Cartaxo, Coruche, Rio Maior, Salvaterra de Magos e Santarém.
Juízes: 2.

Juízo de comércio de Santarém.
Área de competência territorial: comarca de Santarém.
Juízes: 3.

Juízo local cível de Abrantes.
Área de competência territorial: municípios de Abrantes, Constância, Mação e Sardoal.
Juízes: 1.

Juízo local criminal de Abrantes.
Área de competência territorial: municípios de Abrantes, Constância, Mação e Sardoal.
Juízes: 1.

Juízo de família e menores de Abrantes.
Área de competência territorial: municípios de Abrantes, Constância, Mação e Sardoal.
Juízes: 1.

Juízo local cível de Benavente.
Área de competência territorial: municípios de Benavente e Salvaterra de Magos.
Juízes: 1.

Juízo local criminal de Benavente.
Área de competência territorial: municípios de Benavente e Salvaterra de Magos.
Juízes: 2.

Juízo de execução do Entroncamento.
Área de competência territorial: comarca de Santarém.
Juízes: 3.

Juízo local cível de Ourém.
Área de competência territorial: município de Ourém.
Juízes: 1.

Juízo local criminal de Ourém.
Área de competência territorial: município de Ourém.
Juízes: 1.

Juízo local cível de Tomar.
Área de competência territorial: municípios de Ferreira do Zêzere e Tomar.
Juízes: 1.

Juízo local criminal de Tomar.
Área de competência territorial: municípios de Ferreira do Zêzere e Tomar.
Juízes: 1.

Juízo de família e menores de Tomar.
Área de competência territorial: municípios de Entroncamento, Ferreira do Zêzere, Ourém, Tomar, Torres Novas e Vila Nova da Barquinha.
Juízes: 2.

Juízo do trabalho de Tomar.
Área de competência territorial: municípios de Abrantes, Chamusca, Constância, Entroncamento, Ferreira do Zêzere, Golegã, Mação, Ourém, Sardoal, Tomar, Torres Novas e Vila Nova da Barquinha.
Juízes: 2.

Juízo local cível de Torres Novas.
Área de competência territorial: municípios de Alcanena e Torres Novas.
Juízes: 1.

Juízo local criminal de Torres Novas.
Área de competência territorial: municípios de Alcanena e Torres Novas.
Juízes: 1.

Juízos de competência genérica

Juízo de competência genérica de Almeirim.
Área de competência territorial: municípios de Almeirim e Alpiarça.
Juízes: 1.

Juízo de competência genérica do Cartaxo.
Área de competência territorial: município do Cartaxo.
Juízes: 1.

Juízo de competência genérica de Coruche.
Área de competência territorial: município de Coruche.
Juízes: 1.

Juízo de competência genérica do Entroncamento.
Área de competência territorial: municípios de Chamusca, Entroncamento, Golegã e Vila Nova da Barquinha.
Juízes: 2.

Juízo de competência genérica de Rio Maior.
Área de competência territorial: município de Rio Maior.
Juízes: 1.

Juízos de proximidade

Juízo de proximidade de Alcanena.
Área de competência territorial: município de Alcanena (para efeitos do nº 3 do artigo 82º da Lei nº 62/2013, de 26 de agosto).

Juízo de proximidade de Ferreira do Zêzere.
Área de competência territorial: município de Ferreira do Zêzere (para efeitos do nº 3 do artigo 82º da Lei nº 62/2013, de 26 de agosto).

Juízo de proximidade da Golegã.
Área de competência territorial: municípios de Chamusca e Golegã (para efeitos do nº 3 do artigo 82º da Lei nº 62/2013, de 26 de agosto).

Juízo de proximidade de Mação.
Área de competência territorial: município de Mação (para efeitos do nº 3 do artigo 82º da Lei nº 62/2013, de 26 de agosto).

Tribunal Judicial da Comarca de Setúbal

Sede: Setúbal.
Tribunal da Relação competente: Évora.
Área de competência territorial: municípios de Alcácer do Sal, Grândola, Palmela, Santiago do Cacém, Sesimbra, Setúbal e Sines.
Quadro de Juízes: de 34 a 38.
Juiz Presidente: 1 (sediado em Setúbal).
Magistrado do Ministério Público Coordenador: 1 (sediado em Setúbal).
Administrador Judiciário: 1 (sediado em Setúbal).

Juízos de competência especializada

Juízo central cível de Setúbal.
Área de competência territorial: comarca de Setúbal.
Juízes: 3.

Juízo central criminal de Setúbal.
Área de competência territorial: comarca de Setúbal.
Juízes: 4.

Juízo local cível de Setúbal.
Área de competência territorial: municípios de Palmela e Setúbal.
Juízes: 3.

Juízo local criminal de Setúbal.
Área de competência territorial: municípios de Palmela e Setúbal.
Juízes: 5.

Juízo de instrução criminal de Setúbal.
Área de competência territorial: comarca de Setúbal.
Juízes: 2.

Juízo de família e menores de Setúbal.
Área de competência territorial: municípios de Palmela, Sesimbra e Setúbal.
Juízes: 3.

Juízo do trabalho de Setúbal.
Área de competência territorial: municípios de Palmela, Sesimbra e Setúbal.
Juízes: 2.

Juízo de comércio de Setúbal.
Área de competência territorial: comarca de Setúbal.
Juízes: 2.

Juízo de execução de Setúbal.
Área de competência territorial: comarca de Setúbal.
Juízes: 2.

Juízo local cível de Grândola.
Área de competência territorial: municípios de Alcácer do Sal e Grândola.
Juízes: 1. (*a*)

Juízo local criminal de Grândola.
Área de competência territorial: municípios de Alcácer do Sal e Grândola.
Juízes: 1.

Juízo local cível de Santiago do Cacém.
Área de competência territorial: municípios de Santiago do Cacém e Sines.
Juízes: 1. (*a*)

Juízo local criminal de Santiago do Cacém.
Área de competência territorial: municípios de Santiago do Cacém e Sines.
Juízes: 2.

Juízo de família e menores de Santiago do Cacém.
Área de competência territorial: municípios de Alcácer do Sal, Grândola, Santiago do Cacém e Sines.
Juízes: 1.

Juízo do trabalho de Sines.
Área de competência territorial: municípios de Alcácer do Sal, Grândola, Santiago do Cacém e Sines.
Juízes: 1.
(*a*) Juiz comum a ambos os juízos.

Juízos de competência genérica

Juízo de competência genérica de Sesimbra.
Área de competência territorial: município de Sesimbra.
Juízes: 2.

Juízos de proximidade

Juízo de proximidade de Alcácer do Sal.
Área de competência territorial: município de Alcácer do Sal (para efeitos do nº 3 do artigo 82º da Lei nº 62/2013, de 26 de agosto).

Juízo de proximidade de Sines.
Área de competência territorial: município de Sines (para efeitos do nº 3 do artigo 82º da Lei nº 62/2013, de 26 de agosto).

Tribunal Judicial da Comarca de Viana do Castelo
Sede: Viana do Castelo.
Tribunal da Relação competente: Guimarães.
Área de competência territorial: municípios de Arcos de Valdevez, Caminha, Melgaço, Monção, Paredes de Coura, Ponte da Barca, Ponte de Lima, Valença, Viana do Castelo e Vila Nova de Cerveira.
Quadro de Juízes: de 29 a 32.
Juiz Presidente: 1 (sediado em Viana do Castelo).
Magistrado do Ministério Público Coordenador: 1 (sediado em Viana do Castelo).
Administrador Judiciário: 1 (sediado em Viana do Castelo).

Juízos de competência especializada

Juízo central cível de Viana do Castelo.
Área de competência territorial: comarca de Viana do Castelo.
Juízes: 3.

Juízo central criminal de Viana do Castelo.
Área de competência territorial: comarca de Viana do Castelo.
Juízes: 3.

Juízo local cível de Viana do Castelo.
Área de competência territorial: município de Viana do Castelo.
Juízes: 4.

Juízo local criminal de Viana do Castelo.
Área de competência territorial: município de Viana do Castelo.
Juízes: 2.

Juízo de instrução criminal de Viana do Castelo.
Área de competência territorial: comarca de Viana do Castelo.
Juízes: 1.

Juízo de família e menores de Viana do Castelo.
Área de competência territorial: municípios de Caminha, Ponte de Lima, Viana do Castelo e Vila Nova de Cerveira.
Juízes: 2.

Juízo do trabalho de Viana do Castelo.
Área de competência territorial: comarca de Viana do Castelo.
Juízes: 2.

Juízo de comércio de Viana do Castelo.
Área de competência territorial: comarca de Viana do Castelo.
Juízes: 1.

Juízo local cível de Arcos de Valdevez.
Área de competência territorial: município de Arcos de Valdevez.
Juízes: 1.

Juízo local criminal de Arcos de Valdevez.
Área de competência territorial: município de Arcos de Valdevez.
Juízes: 1.(*a*)

Juízo local cível de Ponte da Barca.
Área de competência territorial: município de Ponte da Barca.
Juízes: 1.

Juízo local criminal de Ponte da Barca.
Área de competência territorial: município de Ponte da Barca.
Juízes: 1. (*a*)

Juízo local cível de Ponte de Lima.
Área de competência territorial: município de Ponte de Lima.
Juízes: 1.

Juízo local criminal de Ponte de Lima.
Área de competência territorial: município de Ponte de Lima.
Juízes: 1.
(*a*) Juiz comum a ambos os juízos.

Juízos de competência genérica

Juízo de competência genérica de Caminha.
Área de competência territorial: município de Caminha.
Juízes: 1.

Juízo de competência genérica de Melgaço.
Área de competência territorial: município de Melgaço.
Juízes: 1.

Juízo de competência genérica de Monção.
Área de competência territorial: município de Monção.
Juízes: 1.

Juízo de competência genérica de Paredes de Coura.
Área de competência territorial: município de Paredes de Coura.
Juízes: 1.

Juízo de competência genérica de Valença.
Área de competência territorial: município de Valença.
Juízes: 1.

Juízo de competência genérica de Vila Nova de Cerveira.
Área de competência territorial: município de Vila Nova de Cerveira.
Juízes: 1.

Tribunal Judicial da Comarca de Vila Real

Sede: Vila Real.
Tribunal da Relação competente: Guimarães.
Área de competência territorial: municípios de Alijó, Boticas, Chaves, Mesão Frio, Mondim de Basto, Montalegre, Murça, Peso da Régua, Ribeira de Pena, Sabrosa, Santa Marta de Penaguião, Valpaços, Vila Pouca de Aguiar e Vila Real.
Quadro de Juízes: de 23 a 26.
Juiz Presidente: 1 (sediado em Vila Real).
Magistrado do Ministério Público Coordenador: 1 (sediado em Vila Real).
Administrador Judiciário: 1 (sediado em Vila Real).

Juízos de competência especializada

Juízo central cível de Vila Real.
Área de competência territorial: comarca de Vila Real.
Juízes: 2.

Juízo central criminal de Vila Real.
Área de competência territorial: comarca de Vila Real.
Juízes: 3.

Juízo local cível de Vila Real.
Área de competência territorial: municípios de Mondim de Basto, Murça, Sabrosa e Vila Real.
Juízes: 2.

Juízo local criminal de Vila Real.
Área de competência territorial: municípios de Mondim de Basto, Murça, Sabrosa e Vila Real.
Juízes: 2.

Juízo de família e menores de Vila Real.
Área de competência territorial: municípios de Mesão Frio, Mondim de Basto, Murça, Peso da Régua, Sabrosa, Santa Marta de Penaguião e Vila Real.
Juízes: 1.

Juízo do trabalho de Vila Real.
Área de competência territorial: comarca de Vila Real.
Juízes: 2.

Juízo de comércio de Vila Real.
Área de competência territorial: comarca de Vila Real.
Juízes: 1.

Juízo local cível de Chaves.
Área de competência territorial: municípios de Boticas e Chaves.
Juízes: 2.

Juízo local criminal de Chaves.
Área de competência territorial: municípios de Boticas e Chaves.
Juízes: 1.

Juízo de execução de Chaves.
Área de competência territorial: comarca de Vila Real.
Juízes: 1.

Juízo local cível de Peso da Régua.
Área de competência territorial: municípios de Mesão Frio, Peso da Régua e Santa Marta de Penaguião.
Juízes: 1.

Juízo local criminal de Peso da Régua.
Área de competência territorial: municípios de Mesão Frio, Peso da Régua e Santa Marta de Penaguião.
Juízes: 1.

Juízos de competência genérica

Juízo de competência genérica de Alijó.
Área de competência territorial: município de Alijó.
Juízes: 1.

Juízo de competência genérica de Montalegre.
Área de competência territorial: município de Montalegre.
Juízes: 1.

Juízo de competência genérica de Valpaços.
Área de competência territorial: município de Valpaços.
Juízes: 1.

Juízo de competência genérica de Vila Pouca de Aguiar.
Área de competência territorial: municípios de Ribeira de Pena e Vila Pouca de Aguiar.
Juízes: 1.

Juízos de proximidade

Juízo de proximidade de Boticas.
Área de competência territorial: município de Boticas (para efeitos do nº 3 do artigo 82º da Lei nº 62/2013, de 26 de agosto).

Juízo de proximidade de Mesão Frio.
Área de competência territorial: município de Mesão Frio (para efeitos do nº 3 do artigo 82º da Lei nº 62/2013, de 26 de agosto).

Juízo de proximidade de Mondim de Basto.
Área de competência territorial: município de Mondim de Basto (para efeitos do nº 3 do artigo 82º da Lei nº 62/2013, de 26 de agosto).

Juízo de proximidade de Murça.
Área de competência territorial: município de Murça (para efeitos do nº 3 do artigo 82º da Lei nº 62/2013, de 26 de agosto).

Juízo de proximidade de Sabrosa.
Área de competência territorial: município de Sabrosa (para efeitos do nº 3 do artigo 82º da Lei nº 62/2013, de 26 de agosto).

Tribunal Judicial da Comarca de Viseu

Sede: Viseu.
Tribunal da Relação competente: Coimbra.
Área de competência territorial: municípios de Armamar, Carregal do Sal, Castro Daire, Cinfães, Lamego, Mangualde, Moimenta da Beira, Mortágua, Nelas, Oliveira de Frades, Penalva do Castelo, Penedono, Resende, Santa Comba Dão, São João da Pesqueira, São Pedro do Sul, Sátão, Sernancelhe, Tabuaço, Tarouca, Tondela, Vila Nova de Paiva, Viseu e Vouzela.
Quadro de Juízes: de 36 a 39.
Juiz Presidente: 1 (sediado em Viseu).
Magistrado do Ministério Público Coordenador: 1 (sediado em Viseu).
Administrador Judiciário: 1 (sediado em Viseu).

Juízos de competência especializada

Juízo central cível de Viseu.
Área de competência territorial: comarca de Viseu.
Juízes: 3.

Juízo central criminal de Viseu.
Área de competência territorial: comarca de Viseu.
Juízes: 4.

Juízo local cível de Viseu.
Área de competência territorial: município de Viseu.
Juízes: 2.

Juízo local criminal de Viseu.
Área de competência territorial: município de Viseu.
Juízes: 2.

Juízo de instrução criminal de Viseu.
Área de competência territorial: comarca de Viseu.
Juízes: 2.

Juízo de família e menores de Viseu.
Área de competência territorial: municípios de Mangualde, Nelas, Penalva do Castelo, São Pedro do Sul, Sátão, Tondela, Vila Nova de Paiva, Viseu e Vouzela.
Juízes: 2.

Juízo do trabalho de Viseu.
Área de competência territorial: municípios de Carregal do Sal, Castro Daire, Mangualde, Mortágua, Nelas, Oliveira de Frades, Penalva do Castelo, Santa Comba Dão, São Pedro do Sul, Sátão, Tondela, Vila Nova de Paiva, Viseu e Vouzela.
Juízes: 2.

Juízo de comércio de Viseu.
Área de competência territorial: comarca de Viseu.
Juízes: 2.

Juízo de execução de Viseu.
Área de competência territorial: comarca de Viseu.
Juízes: 2.

Juízo local cível de Lamego.
Área de competência territorial: municípios de Armamar, Lamego, Resende e Tarouca.
Juízes: 1.

Juízo local criminal de Lamego.
Área de competência territorial: municípios de Armamar, Lamego, Resende e Tarouca.
Juízes: 1.

Juízo de família e menores de Lamego.
Área de competência territorial: municípios de Armamar, Lamego, Resende e Tarouca.
Juízes: 1.

Juízo do trabalho de Lamego.
Área de competência territorial: municípios de Armamar, Cinfães, Lamego, Moimenta da Beira, Penedono, Resende, São João da Pesqueira, Sernancelhe, Tabuaço e Tarouca.
Juízes: 1.

Juízos de competência genérica

Juízo de competência genérica de Castro Daire.
Área de competência territorial: município de Castro Daire.
Juízes: 1.

Juízo de competência genérica de Cinfães.
Área de competência territorial: município de Cinfães.
Juízes: 1.

Juízo de competência genérica de Mangualde.
Área de competência territorial: municípios de Mangualde e Penalva do Castelo.
Juízes: 1.

Juízo de competência genérica de Moimenta da Beira.
Área de competência territorial: municípios de Moimenta da Beira, Penedono, São João da Pesqueira, Sernancelhe e Tabuaço.
Juízes: 2.

Juízo de competência genérica de Nelas.
Área de competência territorial: município de Nelas.
Juízes: 1. (*a*)

Juízo de competência genérica de Oliveira de Frades.
Área de competência territorial: município de Oliveira de Frades.
Juízes: 1.

Juízo de competência genérica de Santa Comba Dão.
Área de competência territorial: municípios de Carregal do Sal, Mortágua e Santa Comba Dão.
Juízes: 2.

Juízo de competência genérica de São Pedro do Sul.
Área de competência territorial: municípios de São Pedro do Sul e Vouzela.
Juízes: 1.

Juízo de competência genérica de Sátão.
Área de competência territorial: municípios de Sátão e Vila Nova de Paiva.
Juízes: 1. (*a*)

Juízo de competência genérica de Tondela.
Área de competência territorial: município de Tondela.
Juízes: 1.
(*a*) Juiz comum a ambos os juízos.

Juízos de proximidade

Juízo de proximidade de Armamar.
Área de competência territorial: município de Armamar (para efeitos do nº 3 do artigo 82º da Lei nº 62/2013, de 26 de agosto).

Juízo de proximidade de Resende.
Área de competência territorial: município de Resende (para efeitos do nº 3 do artigo 82º da Lei nº 62/2013, de 26 de agosto).

Juízo proximidade de São João da Pesqueira.
Área de competência territorial: município de São João da Pesqueira (para efeitos do nº 3 do artigo 82º da Lei nº 62/2013, de 26 de agosto).

Juízo de proximidade de Tabuaço.
Área de competência territorial: município de Tabuaço (para efeitos do nº 3 do artigo 82º da Lei nº 62/2013, de 26 de agosto).

Juízo de proximidade de Vouzela.
Área de competência territorial: município de Vouzela (para efeitos do nº 3 do artigo 82º da Lei nº 62/2013, de 26 de agosto).

MAPA IV[1] – Tribunais de competência territorial alargada

Tribunais de Execução das Penas

Sede: Coimbra.
Tribunal da Relação competente: Coimbra.
Área de competência: comarcas de Castelo Branco, Coimbra, Guarda, Leiria (com exceção do Estabelecimento Prisional das Caldas da Rainha) e Viseu.
Juízes: 3.

Sede: Évora.
Tribunal da Relação competente: Évora.
Área de competência: comarcas de Beja, Évora (com exceção dos estabelecimentos prisionais de Alcoentre e de Vale de Judeus), Faro, Portalegre, Santarém e Setúbal.
Juízes: 3.

Sede: Lisboa.
Tribunal da Relação competente: Lisboa.
Área de competência: comarcas de Lisboa, Lisboa Norte, Lisboa Oeste, Madeira e estabelecimentos prisionais de Alcoentre, das Caldas da Rainha e de Vale de Judeus.
Juízes: 8.

Sede: Porto.
Tribunal da Relação competente: Porto.
Área de competência: comarcas de Aveiro, Braga, Bragança, Porto, Porto Este, Viana do Castelo e Vila Real.
Juízes: 5.

[1] Redação do DL 38/2019, de 18 de março.

Sede: Ponta Delgada.
Tribunal da Relação competente: Lisboa.
Área de competência: comarca dos Açores, estabelecimento prisional de Angra do Heroísmo, estabelecimento prisional regional de Ponta Delgada e cadeia de apoio da Horta.
Juízes: 1.

Tribunal Marítimo

Sede: Lisboa.
Tribunal da Relação competente: Lisboa.
Área de competência territorial: departamentos marítimos do norte, centro e sul.
Juízes: 2.

Tribunal da Propriedade Intelectual

Sede: Lisboa.
Tribunal da Relação competente: Lisboa.
Área de competência territorial: território nacional.
Juízes: 3.

Tribunal da Concorrência, Regulação e Supervisão

Sede: Santarém.
Tribunal da Relação competente: Lisboa.
Área de competência territorial: território nacional.
Juízes: 3.

Tribunal Central de Instrução Criminal

Sede: Lisboa.
Tribunal da Relação competente: Lisboa.
Área de competência territorial: território nacional.
Juízes: 9.

MAPA V[1] – Quadro de magistrados do Ministério Público

Supremo Tribunal de Justiça

Procuradores-gerais adjuntos: 8.

Tribunais da Relação

Coimbra

Procuradores-gerais adjuntos: de 8 a 12.

[1] Redação do DL 38/2019, de 18 de março.

Évora

Procuradores-gerais adjuntos: de 8 a 12.

Guimarães

Procuradores-gerais adjuntos: de 9 a 13.

Lisboa

Procuradores-gerais adjuntos: de 15 a 20.

Porto

Procuradores-gerais adjuntos: de 13 a 17.

Comarca dos Açores

Ministério Público

Quadro de magistrados do Ministério Público:

Procuradores da República: de 8 a 9.
Procuradores-adjuntos: de 27 a 28.

Angra do Heroísmo

Procurador da República: 1.
Procurador-adjunto: 3.

Horta

Procurador-adjunto: 2.

Ponta Delgada

Procurador da República: 6.
Procurador-adjunto: 10.

Praia da Vitória

Procurador da República: 1.
Procurador-adjunto: 2.

Ribeira Grande

Procurador-adjunto: 3.

Santa Cruz da Graciosa

Procurador-adjunto: 1.

Santa Cruz das Flores

Procurador-adjunto: 1.

São Roque do Pico

Procurador-adjunto: 1.

Velas

Procurador-adjunto: 1.

Vila do Porto

Procurador-adjunto: 1.

Vila Franca do Campo
Procurador-adjunto: 2.

Comarca de Aveiro

Ministério Público

Quadro de magistrados do Ministério Público:

Procuradores da República: de 26 a 27.
Procuradores-adjuntos: de 50 a 52.

Águeda
Procurador da República: 2.
Procurador-adjunto: 3.

Albergaria-a-Velha
Procurador-adjunto: 2.

Anadia
Procurador-adjunto: 2.

Arouca
Procurador-adjunto: 1.

Aveiro
Procurador da República: 9.
Procurador-adjunto: 9.

Castelo de Paiva
Procurador-adjunto: 1.

Espinho
Procurador-adjunto: 3.

Estarreja
Procurador da República: 1.
Procurador-adjunto: 3.

Ílhavo
Procurador-adjunto: 3.

Mealhada
Procurador-adjunto: 2.

Oliveira de Azeméis
Procurador da República: 4.
Procurador-adjunto: 3.

Oliveira do Bairro
Procurador da República: 1.
Procurador-adjunto: 2.

Ovar
Procurador da República: 1.
Procurador-adjunto: 3.

Santa Maria da Feira
Procurador da República: 7.
Procurador-adjunto: 7.

São João da Madeira
Procurador da República: 1.
Procurador-adjunto: 3.

Vagos
Procurador-adjunto: 2.

Vale de Cambra
Procurador-adjunto: 1.

Comarca de Beja

Ministério Público

Quadro de magistrados do Ministério Público:

Procuradores da República: de 3 a 4.
Procuradores-adjuntos: de 11 a 12.

Almodôvar
Procurador-adjunto: 1.

Beja
Procurador da República: 3.
Procurador-adjunto: 3.

Cuba
Procurador-adjunto: 1.

Ferreira do Alentejo
Procurador-adjunto: 1.

Moura
Procurador-adjunto: 1.

Odemira
Procurador-adjunto: 2.

Ourique
Procurador-adjunto: 1.

Serpa
Procurador-adjunto: 1.

Comarca de Braga

Ministério Público

Quadro de magistrados do Ministério Público:

Procuradores da República: de 34 a 35.
Procuradores-adjuntos: de 49 a 52.

Amares
Procurador-adjunto: 1.

Barcelos
Procurador da República: 4.
Procurador-adjunto: 5.

Braga
Procurador da República: 11.
Procurador-adjunto: 12.

Cabeceiras de Basto
Procurador-adjunto: 1.

Celorico de Basto
Procurador-adjunto: 1.

Esposende
Procurador-adjunto: 2.

Fafe
Procurador da República: 1.
Procurador-adjunto: 4.

Guimarães
Procurador da República: 12.
Procurador-adjunto: 10.

Póvoa de Lanhoso
Procurador-adjunto: 1.

Vieira do Minho
Procurador-adjunto: 1.

Vila Nova de Famalicão
Procurador da República: 6.
Procurador-adjunto: 8.

Vila Verde
Procurador-adjunto: 3.

Comarca de Bragança

Ministério Público

Quadro de magistrados do Ministério Público:

Procuradores da República: de 2 a 3.
Procuradores-adjuntos: de 11 a 12.

Bragança
Procurador da República: 2.
Procurador-adjunto: 4.

Macedo de Cavaleiros
Procurador-adjunto: 1.

Miranda do Douro
Procurador-adjunto: 1.

Mirandela
Procurador-adjunto: 2.

Mogadouro
Procurador-adjunto: 1.

Torre de Moncorvo
Procurador-adjunto: 1.

Vila Flor
Procurador-adjunto: 1.

Comarca de Castelo Branco

Ministério Público

Quadro de magistrados do Ministério Público:

Procuradores da República: de 7 a 8.
Procuradores-adjuntos: de 14 a 15.

Castelo Branco
Procurador da República: 4.
Procurador-adjunto: 5.

Covilhã
Procurador da República: 2.
Procurador-adjunto: 4.

Fundão
Procurador da República: 1.
Procurador-adjunto: 2.

Idanha-a-Nova
Procurador-adjunto: 1.

Oleiros
Procurador-adjunto: 1.

Sertã
Procurador-adjunto: 1.

Comarca de Coimbra

Ministério Público

Quadro de magistrados do Ministério Público:

Procuradores da República: de 20 a 21.
Procuradores-adjuntos: de 31 a 33.

Arganil
Procurador-adjunto: 1.

Cantanhede
Procurador-adjunto: 2.

Coimbra
Procurador da República: 16.
Procurador-adjunto: 14.

Condeixa-a-Nova
Procurador-adjunto: 1.

Figueira da Foz
Procurador da República: 3.
Procurador-adjunto: 5.

Lousã
Procurador-adjunto: 2.

Montemor-o-Velho
Procurador-adjunto: 2.

Oliveira do Hospital
Procurador-adjunto: 1.

Penacova
Procurador-adjunto: 1.

Soure
Procurador da República: 1.
Procurador-adjunto: 1.

Tábua
Procurador-adjunto: 1.

Comarca de Évora

Ministério Público

Quadro de magistrados do Ministério Público:

Procuradores da República: de 6 a 7.
Procuradores-adjuntos: de 12 a 13.

Évora
Procurador da República: 5.
Procurador-adjunto: 6.

Estremoz
Procurador-adjunto: 1.

Montemor-o-Novo
Procurador da República: 1.
Procurador-adjunto: 2.

Redondo
Procurador-adjunto: 1.

Reguengos de Monsaraz
Procurador-adjunto: 1.

Vila Viçosa
Procurador-adjunto: 1.

Comarca de Faro

Ministério Público

Quadro de magistrados do Ministério Público:

Procuradores da República: de 26 a 27.
Procuradores-adjuntos: de 49 a 51.

Albufeira
Procurador-adjunto: 7.

Faro
Procurador da República: 12.
Procurador-adjunto: 10.

Lagoa
Procurador da República: 1.

Lagos
Procurador-adjunto: 3.

Loulé

Procurador da República: 1.
Procurador-adjunto: 8.

Olhão

Procurador da República: 1.
Procurador-adjunto: 3.

Portimão

Procurador da República: 10.
Procurador-adjunto: 10.

Silves

Procurador da República: 1.
Procurador-adjunto: 3.

Tavira

Procurador-adjunto: 2.

Vila Real de Santo António

Procurador-adjunto: 3.

Comarca da Guarda

Ministério Público

Quadro de magistrados do Ministério Público:

Procuradores da República: de 2 a 3.
Procuradores-adjuntos: de 13 a 14.

Almeida

Procurador-adjunto: 1.

Celorico da Beira

Procurador-adjunto: 1.

Figueira de Castelo Rodrigo

Procurador-adjunto: 1.

Gouveia

Procurador-adjunto: 1.

Guarda

Procurador da República: 2.
Procurador-adjunto: 4.

Pinhel

Procurador-adjunto: 1.

Seia

Procurador-adjunto: 2.

Trancoso
Procurador-adjunto: 1.

Vila Nova de Foz Côa
Procurador-adjunto: 1.

Comarca de Leiria

Ministério Público

Quadro de magistrados do Ministério Público:

Procuradores da República: de 21 a 22.
Procuradores-adjuntos: de 32 a 34.

Alcobaça
Procurador da República: 3.
Procurador-adjunto: 4.

Ansião
Procurador da República: 1.

Caldas da Rainha
Procurador da República: 3.
Procurador-adjunto: 6.

Figueiró dos Vinhos
Procurador-adjunto: 1.

Leiria
Procurador da República: 13.
Procurador-adjunto: 9.

Marinha Grande
Procurador-adjunto: 3.

Nazaré
Procurador-adjunto: 1.

Peniche
Procurador-adjunto: 2.

Pombal
Procurador da República: 1.
Procurador-adjunto: 3.

Porto de Mós
Procurador-adjunto: 3.

Comarca de Lisboa

Ministério Público

Quadro de magistrados do Ministério Público:

Procuradores da República: de 82 a 86.
Procuradores-adjuntos: de 120 a 125.

Almada
Procurador da República: 11. (*a*)
Procurador-adjunto: 12.
(*a*) Dois lugares a preencher à data da entrada em funcionamento do Juízo do Trabalho de Almada.

Barreiro e Moita
Procurador da República: 10.
Procurador-adjunto: 10.

Lisboa
Procurador da República: 58.
Procurador-adjunto: 82.

Montijo
Procurador-adjunto: 5.

Seixal
Procurador da República: 3.
Procurador-adjunto: 11.

Comarca de Lisboa Norte

Ministério Público

Quadro de magistrados do Ministério Público:

Procuradores da República: de 25 a 27.
Procuradores-adjuntos: de 40 a 42.

Alenquer
Procurador-adjunto: 2.

Loures
Procurador da República: 15.
Procurador-adjunto: 23.

Lourinhã
Procurador-adjunto: 1.

Torres Vedras
Procurador da República: 2.
Procurador-adjunto: 5.

Vila Franca de Xira
Procurador da República: 8.
Procurador-adjunto: 9.

Comarca de Lisboa Oeste

Ministério Público

Quadro de magistrados do Ministério Público:

Procuradores da República: de 43 a 44.
Procuradores-adjuntos: de 71 a 75.

Amadora
Procurador da República: 5.
Procurador-adjunto: 13.

Cascais
Procurador da República: 13.
Procurador-adjunto: 15.

Mafra
Procurador da República: 1.
Procurador-adjunto: 4.

Oeiras
Procurador da República: 2.
Procurador-adjunto: 11.

Sintra
Procurador da República: 22.
Procurador-adjunto: 28.

Comarca da Madeira

Ministério Público

Quadro de magistrados do Ministério Público:

Procuradores da República: de 9 a 10.
Procuradores-adjuntos: de 17 a 19.

Funchal
Procurador da República: 9.
Procurador-adjunto: 11.

Ponta do Sol
Procurador-adjunto: 2.

Porto Santo
Procurador-adjunto: 1.

Santa Cruz
Procurador-adjunto: 3.

Comarca de Portalegre

Ministério Público

Quadro de magistrados do Ministério Público:

Procuradores da República: de 2 a 3.
Procuradores-adjuntos: de 10 a 11.

Elvas
Procurador-adjunto: 3.

Fronteira
Procurador-adjunto: 1.

Nisa
Procurador-adjunto: 1.

Ponte de Sor
Procurador-adjunto: 2.

Portalegre
Procurador da República: 2.
Procurador-adjunto: 3.

Comarca do Porto

Ministério Público

Quadro de magistrados do Ministério Público:

Procuradores da República: de 74 a 77.
Procuradores-adjuntos: de 119 a 122.

Gondomar
Procurador da República: 5.
Procurador-adjunto: 9.

Maia
Procurador da República: 5.
Procurador-adjunto: 9.

Matosinhos
Procurador da República: 8.
Procurador-adjunto: 16.

Porto
Procurador da República: 25.
Procurador-adjunto: 43.

Póvoa de Varzim
Procurador da República: 3.
Procurador-adjunto: 5.

Santo Tirso
Procurador da República: 5.
Procurador-adjunto: 6.

Valongo
Procurador da República: 3.
Procurador-adjunto: 6.

Vila do Conde
Procurador da República: 5.
Procurador-adjunto: 5.

Vila Nova de Gaia
Procurador da República: 15.
Procurador-adjunto: 20.

Comarca do Porto Este

Ministério Público

Quadro de magistrados do Ministério Público:

Procuradores da República: de 17 a 18.
Procuradores-adjuntos: de 26 a 28.

Amarante
Procurador da República: 2.
Procurador-adjunto: 3.

Baião
Procurador-adjunto: 1.

Felgueiras
Procurador-adjunto: 3.

Lousada
Procurador da República: 1.
Procurador-adjunto: 2.

Marco de Canaveses
Procurador da República: 1.
Procurador-adjunto: 3.

Paços de Ferreira
Procurador-adjunto: 3.

Paredes
Procurador da República: 4.
Procurador-adjunto: 6.

Penafiel
Procurador da República: 9.
Procurador-adjunto: 5.

Comarca de Santarém

Ministério Público

Quadro de magistrados do Ministério Público:

Procuradores da República: de 22 a 24.
Procuradores-adjuntos: de 34 a 36.

Abrantes
Procurador da República: 1.
Procurador-adjunto: 3.

Almeirim
Procurador-adjunto: 2.

Benavente
Procurador-adjunto: 4.

Cartaxo
Procurador-adjunto: 3.

Coruche
Procurador-adjunto: 1.

Entroncamento
Procurador da República: 1.
Procurador-adjunto: 3.

Ourém
Procurador-adjunto: 2.

Rio Maior
Procurador-adjunto: 2.

Santarém
Procurador da República: 15.
Procurador-adjunto: 7.

Tomar
Procurador da República: 5.
Procurador-adjunto: 4.

Torres Novas
Procurador-adjunto: 3.

Comarca de Setúbal

Ministério Público

Quadro de magistrados do Ministério Público:

Procuradores da República: de 13 a 14.
Procuradores-adjuntos: de 22 a 24.

Grândola
Procurador-adjunto: 2.

Santiago do Cacém
Procurador da República: 1.
Procurador-adjunto: 3.

Sesimbra
Procurador-adjunto: 3.

Setúbal
Procurador da República: 11.
Procurador-adjunto: 14.

Sines
Procurador da República: 1.

Comarca de Viana do Castelo

Ministério Público

Quadro de magistrados do Ministério Público:

Procuradores da República: de 7 a 8.
Procuradores-adjuntos: de 17 a 18.

Arcos de Valdevez
Procurador-adjunto: 1.

Caminha
Procurador-adjunto: 1.

Melgaço
Procurador-adjunto: 1.

Monção
Procurador-adjunto: 1.

Paredes de Coura
Procurador-adjunto: 1.

Ponte da Barca
Procurador-adjunto: 1.

Ponte de Lima
Procurador-adjunto: 3.

Valença
Procurador-adjunto: 1.

Viana do Castelo
Procurador da República: 7.
Procurador-adjunto: 6.

Vila Nova de Cerveira
Procurador-adjunto: 1.

Comarca de Vila Real

Ministério Público

Quadro de magistrados do Ministério Público:

Procuradores da República: de 7 a 8.
Procuradores-adjuntos: de 13 a 15.

Alijó
Procurador-adjunto: 1.

Chaves
Procurador da República: 1.
Procurador-adjunto: 3.

Montalegre
Procurador-adjunto: 1.

Peso da Régua
Procurador-adjunto: 2.

Valpaços
Procurador-adjunto: 1.

Vila Pouca de Aguiar
Procurador-adjunto: 1.

Vila Real
Procurador da República: 6.
Procurador-adjunto: 4.

Comarca de Viseu

Ministério Público

Quadro de magistrados do Ministério Público:

Procuradores da República: de 14 a 15.
Procuradores-adjuntos: de 26 a 28.

Castro Daire
Procurador-adjunto: 1.

Cinfães
Procurador-adjunto: 1.

Lamego
Procurador da República: 2.
Procurador-adjunto: 4.

Mangualde
Procurador-adjunto: 1.

Moimenta da Beira
Procurador-adjunto: 2.

Nelas
Procurador-adjunto: 1.

Oliveira de Frades
Procurador-adjunto: 1.

Santa Comba Dão
Procurador-adjunto: 2.

São Pedro do Sul
Procurador-adjunto: 1.

Sátão
Procurador-adjunto: 1.

Tondela
Procurador-adjunto: 2.

Viseu
Procurador da República: 12.
Procurador-adjunto: 9.

MAPA VI[1] – Secções de proximidade a que se refere o nº 2 do artigo 44º

[1] Revogado pelo DL 86/2016, de 27 de dezembro.

Decreto-Lei nº 86/2016, de 27 de dezembro

I

A Constituição da República acolhe, no artigo 20º e no nº 4 do artigo 268º, um conjunto de garantias que dão corpo ao princípio da tutela jurisdicional efetiva. Este princípio comporta, como dimensão ineliminável, a proximidade da justiça, entendida no seu sentido espacial. É dever do Estado impedir que aos tradicionais obstáculos ao acesso à justiça – económicos, sociais e culturais – se some um outro: a distância física entre o cidadão e os tribunais.

II

A reconformação da organização judiciária operada pela Lei nº 62/2013, de 26 de agosto, assentou em três vetores essenciais: uma nova matriz judiciária, um novo modelo de gestão e uma nova organização de competências, acentuando a especialização, assumida como indutora da qualidade.

Foi, porém, patente, a breve trecho e no tocante a algumas jurisdições, um excessivo afastamento entre o cidadão e as estruturas judiciárias – separação que atingiu sobretudo zonas territoriais e segmentos populacionais já vitimizados por outros fatores de vulnerabilidade, nomeadamente os que decorrem da interioridade.

Tornou-se assim premente a necessidade de satisfação da exigência de reaproximação dos cidadãos aos órgãos de jurisdição e de supressão ou, ao menos, de minimização do risco do não-acesso à justiça motivado por um distanciamento desrazoável entre quem procura justiça e quem a administra.

III

Consciente dos constrangimentos do acesso à jurisdição pela ausência de uma justiça de proximidade, o programa do XXI Governo Constitucional estabeleceu o desígnio de aproximar a justiça dos cidadãos, comprometendo-se para o efeito a proceder à «*[...] correção dos erros do mapa judiciário promovendo as alterações necessárias [...]*».

IV

O primeiro passo da supressão dos constrangimentos apontados foi dado com a aprovação da Lei nº 40-A/2016, de 22 de dezembro, que procedeu à primeira alteração à Lei nº 62/2013, de 26 de agosto (Lei da Organização do Sistema Judiciário) e que, no essencial, mantém o desenho da divisão judiciária do território, as áreas de especialização, o modelo de gestão e a respetiva estrutura orgânica. Tal como se fez notar na respetiva exposição de motivos, «*partindo deste modelo, introduzem-se os ajustamentos estritamente indispensáveis para assegurar a proximidade recíproca da justiça e dos cidadãos, em dois segmentos que se têm como fundamentais: no plano dos julgamentos criminais e no domínio da jurisdição de família e menores*».

V

O segundo passo é dado com o presente decreto-lei que tem por objetivo final a regulamentação da Lei da Organização do Sistema Judiciário (LOSJ), com a configuração que lhe foi imposta pela Lei nº 40-A/2016, de 22 de dezembro.

Em execução da orientação corporizada na lei, procede-se à reativação das vinte circunscrições extintas (Sever do Vouga; Penela; Portel; Monchique; Meda; Fornos de Algodres; Bombarral; Cadaval; Castelo de Vide; Ferreira do Zêzere; Mação; Sines; Paredes de Coura; Boticas; Murça; Mesão Frio; Sabrosa; Armamar; Resende e Tabuaço) aqui se praticando, bem como em 23 das anteriormente denominadas secções de proximidade, atos judiciais, *maxime* audiências de julgamento. Opera-se, deste modo, a imprescindível aproximação entre o tribunal que julga a causa criminal e o local da comissão dos factos submetidos a julgamento, com ganhos evidentes também para o esclarecimento desses factos.

A restrição de competências aos crimes da competência do tribunal singular é amplamente compensada pela circunstância de esses processos constituírem a grande maioria das causas criminais.

VI

Ordenado ainda pelo fundamento final de corrigir o distanciamento da jurisdição de família e menores, modifica-se o perímetro geográfico das respetivas circunscrições territoriais no interior de algumas comarcas, assegurando-se, assim, a relação de imediação entre o decisor e os sujeitos e intervenientes processuais, relação de proximidade comunicante que garante uma melhor qualidade da decisão, como decorre da circunstância de a lei do processo impor, como regra, a comparência pessoal dos intervenientes processuais.

Na concretização deste pressuposto, são criados sete novos juízos de família e menores (Fafe, Leiria, Alcobaça, Mafra, Vila do Conde, Marco de Canaveses e Abrantes) e devolve-se essa competência a cerca de 25 juízos locais, à imagem, aliás, do que já hoje acontece em algumas comarcas (Bragança, Guarda e Portalegre) cuja dimensão territorial, caraterísticas geográficas e escassa oferta de transportes públicos, desaconselharam, e continuam a desaconselhar, a especialização.

Procede-se ao alargamento da competência material dos juízos locais nas situações em que, atendendo à distância, escassez ou inexistência de transportes públicos, se considerou ser esse o modo de garantir o acesso da população à jurisdição de família e menores, alcançando-se, assim, a conciliação equilibrada entre a manutenção da especialização e a imprescindível acessibilidade da população aos equipamentos judiciários onde se administra essa justiça.

Deste modo, manteve-se a competência dos juízos de família e menores nas áreas urbanas ou suburbanas que traduzem fluxos populacionais intercorrentes e dispõem, em regra, de redes adequadas de transportes públicos, por forma a permitir a comparência em atos judiciais, com ida e regresso no mesmo dia.

Nos outros municípios, essa competência será exercida pelos juízos locais.

VII

Por outro lado, em execução da lei e tendo em conta as pendências processuais expectáveis, são criados quatro juízos de competência genérica (Miranda do Douro, Nisa, Castro Daire e Oliveira de Frades) que se considera virem a ter volume processual para integrar aquela categoria.

VIII

Numa outra perspetiva, retoma-se a anterior nomenclatura judiciária, recuperando-se os juízos como unidades autónomas e ligadas ao município onde se encontram instalados. Abandona-se as designações instâncias e secções, nos termos em que são utilizadas na LOSJ, optando-se por um sistema classificativo mais claro e com maior tradição no léxico da organização judiciária que, inextricavelmente, se liga à administração da justiça, procedendo-se à redenominação de todas as secções em juízos, recuperando-se, do mesmo passo, o valor e o significado simbólico que os associa à administração da justiça.

IX

Com o propósito de evitar ou, ao menos, de minimizar a anomalia dos conflitos de competência e obviar ao atraso no julgamento da causa à falta de tribunal competente, adota-se um conjunto de soluções iluminadas, por um lado, pela estabilização da competência do juízo já instalado e, por outro, pela maximização da aquisição de competência pelos juízos a reativar ou criados *ex novo*.

X

Optou-se, por último, pela inexistência de situações de transferência automática de processos, no intuito de prevenir a ocorrência de convulsões numa organização que sofreu recentemente abalos consideráveis.

Foram ouvidos o Conselho Superior da Magistratura, o Conselho Superior do Ministério Público, a Procuradoria-Geral da República, a Ordem dos Solicitadores e Agentes de Execução, o Sindicato dos Oficiais de Justiça, o Sindicato dos Funcionários

Judiciais, a Associação Sindical dos Juízes Portugueses e o Sindicato dos Magistrados do Ministério Público.

Foi promovida a audição da Ordem dos Advogados.

Assim:

Nos termos da alínea *a*) do nº 1 do artigo 198º da Constituição, o Governo decreta o seguinte:

Artigo 1º – Objeto

O presente decreto-lei estabelece o regime aplicável à organização e funcionamento dos tribunais judiciais de primeira instância decorrente das alterações à Lei da Organização do Sistema Judiciário introduzidas pela Lei nº 40-A/2016, de 22 de dezembro.

Artigo 2º – Redenominação de secções

1. As atuais secções das instâncias centrais são redenominadas nos seguintes termos:

a) As secções cíveis em juízos centrais cíveis;

b) As secções criminais em juízos centrais criminais;

c) As secções de instrução criminal em juízos de instrução criminal;

d) As secções de família e menores em juízos de família e menores;

e) As secções do trabalho em juízos do trabalho;

f) As secções de comércio em juízos de comércio;

g) As secções de execução em juízos de execução.

2. Exceto nos casos referidos no artigo seguinte, as secções das instâncias locais são redenominadas nos seguintes termos:

a) As secções de competência genérica em juízos de competência genérica;

b) As secções de competência genérica desdobradas em secções cíveis em juízos locais cíveis;

c) As secções de competência genérica desdobradas em secções criminais em juízos locais criminais;

d) As secções de competência genérica desdobradas em secções pequena criminalidade em juízos locais de pequena criminalidade;

e) As secções de proximidade em juízos de proximidade.

Artigo 3º – Extinção de secções

São extintas as secções de proximidade de Castro Daire, Miranda do Douro, Nisa e Oliveira de Frades.

Artigo 4º – Correspondência de designações

Todas as referências feitas à atual estrutura judiciária dos tribunais judiciais de primeira instância devem considerar-se correspondentemente feitas para as designações referidas no artigo 2º

Artigo 5º – Juízos de família e menores

1. São criados os seguintes juízos de família e menores:

a) Juízo de Família e Menores de Abrantes;
b) Juízo de Família e Menores de Alcobaça;
c) Juízo de Família e Menores de Fafe;
d) Juízo de Família e Menores de Leiria;
e) Juízo de Família e Menores de Mafra;
f) Juízo de Família e Menores do Marco de Canaveses;
g) Juízo de Família e Menores de Vila do Conde.

2. É alterada, nos termos do anexo I ao presente decreto-lei, do qual faz parte integrante, a área de competência territorial dos seguintes juízos de família e menores, resultantes da redenominação das respetivas secções de família e menores:

a) Juízo de Família e Menores de Beja;
b) Juízo de Família e Menores de Caldas da Rainha;
c) Juízo de Família e Menores de Castelo Branco;
d) Juízo de Família e Menores de Coimbra;
e) Juízo de Família e Menores de Évora;
f) Juízo de Família e Menores da Figueira da Foz;
g) Juízo de Família e Menores de Guimarães;
h) Juízo de Família e Menores de Lamego;
i) Juízo de Família e Menores de Matosinhos;
j) Juízo de Família e Menores de Paredes;
k) Juízo de Família e Menores de Pombal;
l) Juízo de Família e Menores de Santa Maria da Feira;
m) Juízo de Família e Menores de Santarém;
n) Juízo de Família e Menores de Sintra;
o) Juízo de Família e Menores de Tomar;
p) Juízo de Família e Menores de Viana do Castelo;
q) Juízo de Família e Menores de Vila Real;
r) Juízo de Família e Menores de Viseu.

Artigo 6º – Juízo de Instrução Criminal de Penafiel

O juízo de instrução criminal resultante da redenominação da Secção de Instrução Criminal do Tribunal Judicial da Comarca de Porto Este é sediado no município de Penafiel.

Artigo 7º – Juízos de competência genérica e de competência especializada

1. São criados os seguintes juízos de competência genérica:

a) Juízo de Competência Genérica de Castro Daire;
b) Juízo de Competência Genérica de Miranda do Douro;
c) Juízo de Competência Genérica de Nisa;
d) Juízo de Competência Genérica de Oliveira de Frades.

2. É alterada, nos termos do anexo I ao presente decreto-lei, a área de competência territorial dos seguintes juízos, resultantes da redenominação das respetivas secções:

a) Juízo de Competência Genérica de Alijó;
b) Juízo Local Cível de Bragança;
c) Juízo Local Criminal de Bragança;
d) Juízo de Competência Genérica de Fronteira;
e) Juízo Local Cível de Portalegre;
f) Juízo Local Criminal de Portalegre;
g) Juízo Local Cível de Vila Real;
h) Juízo Local Criminal de Vila Real;
i) Juízo Local Cível de Viseu;
j) Juízo Local Criminal de Viseu.

Artigo 8º – Juízos de proximidade

São criados os seguintes juízos de proximidade:

a) Juízo de Proximidade de Armamar;
b) Juízo de Proximidade do Bombarral;
c) Juízo de Proximidade de Boticas;
d) Juízo de Proximidade do Cadaval;
e) Juízo de Proximidade de Castelo de Vide;
f) Juízo de Proximidade de Ferreira do Zêzere;
g) Juízo de Proximidade de Fornos de Algodres;
h) Juízo de Proximidade de Mação;
i) Juízo de Proximidade da Meda;
j) Juízo de Proximidade de Mesão Frio;
k) Juízo de Proximidade de Monchique;
l) Juízo de Proximidade de Murça;
m) Juízo de Proximidade de Paredes de Coura;
n) Juízo de Proximidade de Penela;
o) Juízo de Proximidade de Portel;
p) Juízo de Proximidade de Resende;
q) Juízo de Proximidade de Sabrosa;
r) Juízo de Proximidade de Sever do Vouga;
s) Juízo de Proximidade de Sines;
t) Juízo de Proximidade de Tabuaço.

Artigo 9º – Processos pendentes

1. Sem prejuízo do disposto nos números seguintes, os processos pendentes mantêm-se nos juízos resultantes da redenominação prevista no artigo 2º

2. Transitam para os juízos referidos no nº 1 do artigo 5º e no nº 1 do artigo 7º, de acordo com as regras de competência material e territorial, os seguintes processos em que não tenha sido proferida decisão final:

a) Os processos da jurisdição cível incluindo os tutelares cíveis, a requerimento de qualquer sujeito processual, apresentado até 30 dias após a data da entrada em funcionamento do novo juízo, exceto se nessa data já se tiver iniciado a audiência de discussão e julgamento;

b) Os processos de promoção e proteção, por iniciativa do juiz ou a requerimento do Ministério Público, dos pais, do representante legal ou de quem tenha a guarda de facto, apresentado até 30 dias após a data da entrada em funcionamento do novo juízo, exceto se nessa data já se tiver iniciado o debate judicial;

c) Os processos tutelares educativos, por despacho do juiz ou do magistrado do Ministério Público, consoante os casos, exceto se na data da entrada em funcionamento do novo juízo já se tiver iniciado a audiência referida no nº 1 do artigo 116º da Lei nº 166/99, de 14 de setembro;

d) Os processos da jurisdição criminal, por despacho da autoridade judiciária, exceto se na data da entrada em funcionamento do novo juízo já se tiver iniciado o debate instrutório ou a audiência de discussão e julgamento.

3. O disposto no número anterior é aplicável às causas incidentais pendentes de decisão final, que constituam dependência de outro processo, desde que neste já tenha sido proferida decisão final transitada em julgado.

4. Após trânsito em julgado da decisão final nos processos referidos no nº 2, que não transitaram para os novos juízos, todos os incidentes e ações que devam correr nos próprios autos ou por apenso são da competência do novo juízo, para onde devem ser oficiosamente remetidos ou ao qual devem ser oficiosamente requisitados.

5. A remessa do processo principal compreende a de todos os apensos, ainda que de diferente natureza.

6. Na transição de processos pendentes, os aspetos não especialmente regulados no presente decreto-lei são objeto de deliberação, consoante o caso, do Conselho Superior da Magistratura ou do Conselho Superior do Ministério Público.

7. A publicação dos resultados da redistribuição de processos referida nos números anteriores é efetuada no endereço eletrónico http://www.citius.mj.pt.

Artigo 10º – Magistrados e oficiais de justiça

No âmbito das respetivas competências, o Conselho Superior da Magistratura, o Conselho Superior do Ministério Público e a Direção-Geral da Administração da Justiça adotam as providências necessárias à execução do presente decreto-lei.

Artigo 11º – Preferência no provimento dos lugares de juiz

1. Os juízes das secções das instâncias centrais de família e menores abrangidos pela redução de lugares decorrente da entrada em vigor do presente decreto-lei têm preferência no primeiro provimento de lugares nos juízos de família e menores que detenham competência territorial nos municípios abrangidos pela competência territorial das referidas secções das instâncias centrais de família e menores.

2. Os juízes das secções das instâncias centrais de família e menores abrangidos pela redução de lugares decorrente da entrada em vigor do presente decreto-lei têm preferência no primeiro provimento de lugares na mesma comarca na área de competência territorial do respetivo tribunal da Relação em qualquer um dos juízos a que respeitam as alíneas *a*) a *c*) e *e*) a *g*) do nº 1 do artigo 2º, quando não obtenham colocação solicitada em exercício da preferência a que alude o número anterior.

3. Os juízes das secções das instâncias locais abrangidos pela redução de lugares decorrente da entrada em vigor do presente decreto-lei têm preferência no primeiro provimento de lugares nos juízos locais que detenham competência territorial nos municípios abrangidos pela competência territorial das referidas secções das instâncias locais e idêntica competência material.

4. Os juízes das secções das instâncias locais abrangidos pela redução de lugares decorrente da entrada em vigor do presente decreto-lei têm preferência no primeiro provimento de lugares na mesma comarca na área de competência territorial do respetivo tribunal da Relação em qualquer um dos juízos locais, quando não obtenham colocação solicitada em exercício da preferência a que alude o número anterior.

5. As preferências previstas nos números anteriores só podem ser exercidas pelos juízes que reúnam os requisitos legalmente exigidos e não se aplicam aos juízes interinos ou auxiliares.

6. Em caso de igualdade na preferência, são respeitados os critérios gerais de classificação e antiguidade.

7. A data de aferição dos requisitos necessários ao exercício da preferência é fixada pelo Conselho Superior da Magistratura no aviso de abertura do movimento judicial.

8. Nos casos de redução do número de lugares de juízes, considera-se extinto o último lugar de distribuição definido nos termos do artigo 12º do Decreto-Lei nº 49/2014, de 27 de março.

Artigo 12º – Preferência no provimento dos lugares de magistrados do Ministério Público

Os magistrados do Ministério Público abrangidos pela redução de lugares decorrentes do presente decreto-lei, que reúnam os requisitos legalmente exigidos, têm preferência no primeiro movimento de colocação de magistrados para provimento de lugares existentes na mesma comarca do lugar de origem, em termos a regulamentar pelo Conselho Superior do Ministério Público.

Artigo 13º – Funcionamento

1. Sem prejuízo do disposto no número seguinte, os juízos criados pelo presente decreto-lei entram em funcionamento em 1 de janeiro de 2017.

2. Entram em funcionamento na data a fixar por portaria do membro do Governo responsável pela área da justiça os seguintes juízos:

a) Juízo de Família e Menores de Alcobaça;

b) Juízo de Família e Menores de Leiria;

c) Juízo de Família e Menores do Marco de Canaveses.

3. A instalação em Penafiel do juízo de instrução criminal referido no artigo 6º é determinada por portaria do membro do Governo responsável pela área da justiça.

Artigo 14º[1] – Alteração dos mapas III e V anexos ao Decreto-Lei nº 49/2014, de 27 de março

Os mapas III e V anexos ao Decreto-Lei nº 49/2014, de 27 de março, são alterados com a redação constante dos anexos I e II ao presente decreto-lei, do qual fazem parte integrante.

Artigo 15º – Norma revogatória

É revogado o mapa VI anexo ao Decreto-Lei nº 49/2014, de 27 de março.

Artigo 16º – Entrada em vigor

1. Sem prejuízo do disposto nos números seguintes, o presente decreto-lei entra em vigor em 1 de janeiro de 2017.

2. As alterações previstas no nº 2 do artigo 5º que decorram da criação dos juízos referidos no nº 1 do mesmo artigo entram em vigor na data da entrada em funcionamento desses juízos.

3. A faculdade prevista nas alíneas *a*) e *b*) do nº 2 do artigo 9º pode ser exercida a partir do dia seguinte ao da publicação do presente decreto-lei.

4. O artigo 10º entra em vigor no dia seguinte ao da publicação do presente decreto-lei.

5. As alterações ao quadro de juízes previstas no anexo I ao presente decreto-lei, respeitantes aos juízos de família e menores de Pombal e Caldas da Rainha, entram em vigor na data de entrada em funcionamento dos juízos de família e menores de Leiria e Alcobaça, respetivamente.

6. As alterações ao quadro de magistrados do Ministério Público de Pombal e das Caldas da Rainha, previstas no anexo II ao presente decreto-lei, entram em vigor com a entrada em funcionamento dos juízos de família e menores de Leiria e Alcobaça, respetivamente.

Visto e aprovado em Conselho de Ministros de 22 de dezembro de 2016. – *António Luís Santos da Costa – João Rodrigo Reis Carvalho Leão – Francisca Eugénia da Silva Dias Van Dunem.*

Promulgado em 22 de dezembro de 2016.

Publique-se.

O Presidente da República, MARCELO REBELO DE SOUSA.

Referendado em 23 de dezembro de 2016.

O Primeiro-Ministro, *António Luís Santos da Costa.*

[1] As alterações foram inseridas no local próprio.

Decreto-Lei nº 38/2019, de 18 de março

O direito de acesso aos tribunais é constitucionalmente consagrado como direito a uma proteção jurisdicional adequada que comporta, como dimensão inalienável, uma garantia institucional, associada ao dever de exercício da jurisdição, a cargo do Estado. Este dever é corolário do monopólio estatal de uso da força, da obrigação de manutenção da paz jurídica em determinado território e da proibição de autodefesa, ressalvados os casos excecionais definidos na Constituição e na lei. O Estado está, pois, vinculado a promover a abertura da via judiciária, garantindo, assim, a eficácia da proteção jurisdicional.

A concretização deste direito exige, pois, como condição material, uma organização judiciária que responda, em qualidade e quantidade, ao que lhe é exigido. A justiça reflete necessariamente as relações entre o Estado e o indivíduo, assim como a posição daquele perante a comunidade, e deve, por isso, ser prestada de modo célere, através de estruturas judiciárias bem distribuídas pelo território nacional. De facto, uma distribuição desequilibrada destas estruturas lesa a garantia institucional dos tribunais e constitui uma violação, pelo Estado, do dever de assegurar a efetividade da tutela jurisdicional.

A reforma implementada a 1 de setembro de 2014, com a Lei nº 62/2013, de 26 de agosto (Lei da Organização do Sistema Judiciário), regulamentada pelo Decreto-Lei nº 49/2014, de 27 de março, estabeleceu uma nova organização judiciária do território, assente no alargamento do espaço territorial das circunscrições judiciais e no reforço da especialização, associada a um novo modelo de gestão das comarcas.

Reconhecem-se virtualidades à lógica inerente ao novo desenho judiciário, nomeadamente na vertente da instalação da oferta especializada a nível nacional, que teve como propósito inequívoco a indução de ganhos de eficácia na resposta judicial prestada; mas é igualmente irrecusável que, no atual modelo, a localização dos equipamentos judiciários tem revelado entropias, ligadas, essencialmente, à excessiva

[1] Tomou-se em linha de conta a Declaração de Retificação nº 22/2019, de 17 de maio de 2019.

extensão da base territorial (variável) da jurisdição de família e menores e do desrazoável afastamento da justiça penal dos cidadãos. Tais circunstâncias instalaram nos diversos agentes do sistema e operadores judiciários um sentimento crescente de insatisfação, reflexo de um sentir, da mesma índole, das populações e dos municípios.

Tendo consciência aguda desta realidade, o programa do XXI Governo Constitucional estabeleceu o desígnio de aproximar a justiça dos cidadãos, comprometendo-se a para o efeito a proceder à «correção dos erros do mapa judiciário, promovendo as alterações necessárias».

Uma primeira fase deste movimento de correção consistiu na publicação da Lei nº 40-A/2016, de 22 de dezembro, e do Decreto-Lei nº 86/2016, de 27 de dezembro, que introduziram os ajustamentos estritamente indispensáveis para assegurar a proximidade recíproca entre a justiça e os cidadãos.

Com este decreto-lei, construído num contexto de diálogo alargado com os operadores judiciários, dá-se um outro passo corretivo, ordenado para assegurar a aproximação dos equipamentos judiciários aos utentes do sistema de justiça e a adequação da oferta judiciária à realidade das distintas circunscrições.

Faz-se, também, coincidir o processo de reavaliação com o período de três anos previsto na Lei de Organização do Sistema Judiciário para a revisão dos valores de referência processual.

As alterações introduzidas incidem sobre três vetores: o reforço da oferta especializada, o ajustamento de categorias de juízos em função do sentido de evolução das pendências processuais e a adequação dos quadros de juízes de direito e magistrados do Ministério Público.

O primeiro vetor é concretizado através da criação de novos juízos em matéria de comércio, família e menores, trabalho e instrução criminal, e do desdobramento de juízos de competência genérica em juízos especializados, bem como da criação de juízos especializados em localidades onde estes não existiam ou onde existiam apenas juízos de competência genérica.

O segundo é traduzido pela elevação de juízos de proximidade a juízos locais, consubstanciando-se o terceiro no ajustamento dos quadros de magistrados judiciais e do Ministério Público, reforçando-os em decorrência da criação de novos juízos e do desdobramento dos já existentes.

Face às alterações introduzidas, procedeu-se à cautelosa densificação das regras relativas, por um lado, às preferências no provimento dos lugares e, por outro lado, à transição de processos, estabelecendo-se como regime-regra a transição dos processos pendentes para os novos juízos ora criados. Não obstante, e atendendo às suas particularidades, foram consagradas regras específicas para o Juízo de Comércio de Lagoa e para o Juízo de Execução de Valongo.

Por último, e em resultado da aplicação da exceção prevista no nº 1 do artigo 104º do Decreto-Lei nº 49/2014, de 27 de março, foram identificados, nas comarcas de Coimbra e de Lisboa Norte, diversos constrangimentos na tramitação dos processos em matéria de comércio, pendentes nos atuais juízos locais, e que eram da competência dos extintos juízos de competência específica. Por forma a ultrapassar tais constrangimentos, considerou-se profícuo fazer transitar os processos pendentes remanescentes para os respetivos juízos de comércio.

Atendendo às significativas alterações introduzidas nos mapas anexos ao Decreto-Lei nº 49/2014, de 27 de março, na sua redação atual, opta-se pela sua republicação integral.

Foram ouvidos o Conselho Superior dos Tribunais Administrativos e Fiscais, a Procuradoria-Geral da República, a Ordem dos Solicitadores e Agentes de Execução, a Associação Sindical dos Juízes Portugueses, o Sindicato dos Oficiais de Justiça e o Sindicato dos Funcionários Judiciais.

Procedeu-se à audição do Conselho Superior da Magistratura, da Ordem dos Advogados, do Conselho dos Oficiais de Justiça e do Sindicato dos Magistrados do Ministério Público.

Assim:

Nos termos da alínea *a)* do nº 1 do artigo 198º da Constituição, o Governo decreta o seguinte:

CAPÍTULO I – Objeto

Artigo 1º – Objeto

O presente decreto-lei procede à terceira alteração ao Decreto-Lei nº 49/2014, de 27 de março, alterado pelo Decreto-Lei nº 86/2016, de 27 de dezembro, e pela Lei nº 19/2019, de 19 de fevereiro, que regulamenta a Lei nº 62/2013, de 26 de agosto (Lei da Organização do Sistema Judiciário), e estabelece o regime aplicável à organização e funcionamento dos tribunais judiciais.

CAPÍTULO II – Criação e extinção de juízos e alteração à competência material e territorial

SECÇÃO I – Comarca dos Açores

Artigo 2º – Extinção de juízos

São extintos os seguintes juízos:

a) Juízo Local Cível da Praia da Vitória;

b) Juízo Local Criminal da Praia da Vitória.

Artigo 3º – Criação de juízos

São criados os seguintes juízos:

a) Juízo Misto de Família e Menores e do Trabalho da Praia da Vitória;

b) Juízo de Competência Genérica da Praia da Vitória.

SECÇÃO II - Comarca de Aveiro

Artigo 4º - Extinção de juízo
É extinto o Juízo de Instrução Criminal de Águeda.

Artigo 5º - Alteração da competência territorial
É alterada, nos termos do anexo I ao presente decreto-lei, do qual faz parte integrante, a área de competência territorial do Juízo de Instrução Criminal de Aveiro.

SECÇÃO III - Comarca de Braga

Artigo 6º - Extinção de juízo
É extinto o Juízo de Competência Genérica de Amares.

Artigo 7º - Criação de juízos
São criados os seguintes juízos:
a) Juízo Local Cível de Amares;
b) Juízo Local Criminal de Amares.

SECÇÃO IV - Comarca de Bragança

Artigo 8º - Alteração da competência territorial
É alterada, nos termos do anexo I ao presente decreto-lei, do qual faz parte integrante, a área de competência territorial dos seguintes juízos:
a) Juízo de Competência Genérica de Macedo de Cavaleiros;
b) Juízo de Competência Genérica de Mogadouro.

SECÇÃO V - Comarca de Coimbra

Artigo 9º - Extinção de juízo
É extinto o Juízo de Proximidade de Soure.

Artigo 10º - Criação de juízo
É criado o Juízo de Competência Genérica de Soure.

Artigo 11º - Alteração da competência territorial
É alterada, nos termos do anexo I ao presente decreto-lei, do qual faz parte integrante, a área de competência territorial dos seguintes juízos:
a) Juízo Local Cível de Coimbra;
b) Juízo Local Criminal de Coimbra.

Artigo 12º – Alteração de sede

A sede do Juízo de Execução de Coimbra é alterada para Soure.

SECÇÃO VI – Comarca de Évora

Artigo 13º – Alteração da competência territorial

É alterada, nos termos do anexo I ao presente decreto-lei, do qual faz parte integrante, a área de competência territorial do Juízo de Proximidade de Arraiolos.

SECÇÃO VII – Comarca de Faro

Artigo 14º – Criação de juízo

É criado o Juízo de Comércio de Lagoa.

Artigo 15º – Alteração da competência territorial

É alterada, nos termos do anexo I ao presente decreto-lei, do qual faz parte integrante, a área de competência territorial do Juízo de Comércio de Olhão.

SECÇÃO VIII – Comarca da Guarda

Artigo 16º – Alteração da competência territorial

É alterada, nos termos do anexo I ao presente decreto-lei, do qual faz parte integrante, a área de competência territorial dos seguintes juízos:

a) Juízo de Competência Genérica de Celorico da Beira;
b) Juízo de Competência Genérica de Gouveia.

SECÇÃO IX – Comarca de Leiria

Artigo 17º – Alteração da competência territorial

É alterada, nos termos do anexo I ao presente decreto-lei, do qual faz parte integrante, a área de competência territorial dos seguintes juízos:

a) Juízo de Família e Menores de Leiria;
b) Juízo de Família e Menores de Alcobaça;
c) Juízo de Comércio de Alcobaça;
d) Juízo de Comércio de Leiria.

Artigo 18º – Alteração de sede

A sede do Juízo de Execução de Pombal é alterada para Ansião.

SECÇÃO X – Comarca de Lisboa

Artigo 19º – Criação de juízos

São criados os seguintes juízos:

a) Juízo do Trabalho de Almada;

b) Juízo de Instrução Criminal do Seixal.

Artigo 20º – Alteração da competência territorial

É alterada, nos termos do anexo I ao presente decreto-lei, do qual faz parte integrante, a área de competência territorial dos seguintes juízos:

a) Juízo do Trabalho do Barreiro;

b) Juízo de Instrução Criminal de Almada.

SECÇÃO XI – Comarca de Lisboa Oeste

Artigo 21º – Criação de juízos

São criados os seguintes juízos:

a) Juízo de Instrução Criminal da Amadora;

b) Juízo Local de Pequena Criminalidade de Cascais.

Artigo 22º – Alteração da competência territorial

É alterada, nos termos do anexo I ao presente decreto-lei, do qual faz parte integrante, a área de competência territorial do Juízo de Instrução Criminal de Sintra.

SECÇÃO XII – Comarca da Madeira

Artigo 23º – Extinção de juízo

É extinto o Juízo de Competência Genérica de Santa Cruz.

Artigo 24º – Criação de juízos

São criados os seguintes juízos:

a) Juízo Local Cível de Santa Cruz;

b) Juízo Local Criminal de Santa Cruz.

Artigo 25º – Alteração da competência territorial

É alterada, nos termos do anexo I ao presente decreto-lei, do qual faz parte integrante, a área de competência territorial dos seguintes juízos:

a) Juízo de Comércio do Funchal;

b) Juízo de Execução do Funchal;

c) Juízo de Proximidade de São Vicente.

SECÇÃO XIII – Comarca do Porto

Artigo 26º – Criação de juízos

São criados os seguintes juízos:

a) Juízo de Família e Menores da Maia;
b) Juízo Local Criminal da Póvoa de Varzim;
c) Juízo de Execução de Valongo;
d) Juízo Local Cível de Vila do Conde.

Artigo 27º – Alteração da competência territorial

É alterada, nos termos do anexo I ao presente decreto-lei, do qual faz parte integrante, a área de competência territorial dos seguintes juízos:

a) Juízo de Execução do Porto;
b) Juízo de Família e Menores de Matosinhos;
c) Juízo Local Cível da Póvoa de Varzim;
d) Juízo Local Criminal de Vila do Conde.

SECÇÃO XIV – Comarca do Porto Este

Artigo 28º – Alteração de sede

A sede do Juízo Central Cível de Penafiel é alterada para Paredes.

SECÇÃO XV – Comarca de Santarém

Artigo 29º – Alteração da competência territorial

É alterada, nos termos do anexo I ao presente decreto-lei, do qual faz parte integrante, a área de competência
territorial dos seguintes juízos:

a) Juízo de Família e Menores de Santarém;
b) Juízo do Trabalho de Santarém;
c) Juízo de Família e Menores de Tomar;
d) Juízo do Trabalho de Tomar;
e) Juízo de Proximidade da Golegã.

SECÇÃO XVI – Comarca de Setúbal

Artigo 30º – Extinção de juízos

São extintos os seguintes juízos:

a) Juízo de Competência Genérica de Grândola;
b) Juízo de Competência Genérica de Santiago do Cacém.

Artigo 31º – Criação de juízos

São criados os seguintes juízos:

a) Juízo Local Cível de Grândola;

b) Juízo Local Criminal de Grândola;

c) Juízo Local Cível de Santiago do Cacém;

d) Juízo Local Criminal de Santiago do Cacém.

Artigo 32º – Alteração de sede

A sede do Juízo do Trabalho de Santiago do Cacém é alterada para Sines.

SECÇÃO XVII – Comarca de Viana do Castelo

Artigo 33º – Extinção de juízos

São extintos os seguintes juízos:

a) Juízo de Competência Genérica de Ponte de Lima;

b) Juízo de Proximidade de Paredes de Coura.

Artigo 34º – Criação de juízos

São criados os seguintes juízos:

a) Juízo de Comércio de Viana do Castelo;

b) Juízo Local Criminal de Arcos de Valdevez;

c) Juízo Local Cível de Ponte da Barca;

d) Juízo Local Cível de Ponte de Lima;

e) Juízo Local Criminal de Ponte de Lima;

f) Juízo de Competência Genérica de Paredes de Coura.

Artigo 35º – Alteração da competência territorial

É alterada, nos termos do anexo I ao presente decreto-lei, do qual faz parte integrante, a área de competência territorial dos seguintes juízos:

a) Juízo Local Cível de Arcos de Valdevez;

b) Juízo Local Criminal de Ponte da Barca;

c) Juízo de Competência Genérica de Valença.

SECÇÃO XVIII – Comarca de Vila Real

Artigo 36º – Extinção de juízo

É extinto o Juízo de Competência Genérica de Peso da Régua.

Artigo 37º – Criação de juízos

São criados os seguintes juízos:

a) Juízo de Comércio de Vila Real;

b) Juízo Local Cível de Peso da Régua;
c) Juízo Local Criminal de Peso da Régua.

SECÇÃO XIX – Comarca de Viseu

Artigo 38º – Alteração da competência territorial

É alterada, nos termos do anexo I ao presente decreto-lei, do qual faz parte integrante, a área de competência territorial dos seguintes juízos:
a) Juízo de Família e Menores de Viseu;
b) Juízo de Competência Genérica de Mangualde;
c) Juízo de Competência Genérica de Oliveira de Frades;
d) Juízo de Competência Genérica de São Pedro do Sul;
e) Juízo de Competência Genérica de Sátão.

CAPÍTULO III – Transição e distribuição de processos

Artigo 39º – Transição de processos

1. Sem prejuízo do disposto nos números seguintes, os processos pendentes transitam para os juízos criados pelo presente decreto-lei à data da respetiva entrada em funcionamento, e de acordo com as regras de competência material e territorial.

2. Nos casos de extinção de juízos ou de redução do quadro de juízes, transitam igualmente, por via eletrónica, para os juízos criados pelo presente decreto-lei ou para os juízos existentes, de acordo com as regras de competência material e territorial, os respetivos processos arquivados.

3. Transitam para o Juízo de Comércio de Lagoa apenas os processos pendentes instaurados a partir de 1 de setembro de 2014.

4. Não transitam quaisquer processos para o Juízo de Execução de Valongo.

5. A remessa do processo principal compreende a de todos os apensos, ainda que de diferente natureza.

6. Os processos objeto de interposição de recurso jurisdicional que se encontrem pendentes nas instâncias superiores transitam, após decisão, para os juízos competentes, de acordo com as novas regras de competência material e territorial.

7. Na transição de processos, os aspetos não especialmente regulados no presente decreto-lei são objeto de deliberação, consoante o caso, do Conselho Superior da Magistratura ou do Conselho Superior do Ministério Público.

8. A publicação dos resultados da redistribuição de processos referida nos números anteriores é efetuada na área de serviços digitais dos tribunais na Plataforma Digital da Justiça em https://tribunais.org.pt.

9. O disposto nos nºs 1 e 5 a 8 é aplicável aos juízos de família e menores criados pelas alíneas *b*), *d*) e *f*) do artigo 5º do Decreto-Lei nº 86/2016, de 27 de dezembro.

Artigo 40º – Transição de processos em matéria de comércio nas comarcas de Coimbra e Lisboa Norte

Os processos da competência dos juízos de comércio pendentes nos juízos locais cíveis das comarcas de Coimbra e de Lisboa Norte transitam para os respetivos juízos de comércio daquelas comarcas.

Artigo 41º – Distribuição de processos nos juízos agregados

Nas situações de agregação com mais de um juiz, o Conselho Superior da Magistratura adapta as regras da distribuição.

CAPÍTULO IV – Preferências no provimento

Artigo 42º – Preferência no provimento dos lugares de juiz

1. Os juízes abrangidos pela redução de lugares, que agora são recriados, decorrente da entrada em vigor do Decreto-Lei nº 86/2016, de 27 de dezembro, têm preferência absoluta no provimento do concreto lugar criado por efeito deste decreto-lei, sem prejuízo do disposto nos números seguintes.

2. Os juízes dos juízos centrais cíveis, dos juízos de instrução criminal, dos juízos de família e menores, dos juízos do trabalho e dos juízos de execução abrangidos pela redução de lugares decorrente da entrada em vigor do presente decreto-lei têm preferência no provimento de lugares, respetivamente, nos juízos centrais cíveis, nos juízos de instrução criminal, nos juízos de família e menores, nos juízos do trabalho ou nos juízos de execução que detenham competência territorial nos concelhos abrangidos pela competência territorial daqueles juízos.

3. Os juízes dos juízos de família e menores abrangidos pelo nº 5 do artigo 16º do Decreto-Lei nº 86/2016, de 27 de dezembro, têm preferência no provimento de lugares, seguinte à entrada em vigor daquela redução, nos juízos de família e menores que detenham competência territorial nos concelhos abrangidos pela competência territorial daqueles juízos de família e menores.

4. Os juízes referidos nos nºs 2 e 3 têm preferência no provimento de lugares da área de competência territorial do respetivo tribunal da Relação em qualquer um dos juízos centrais cíveis, centrais criminais, de instrução criminal, de família e menores, do trabalho, de comércio e de execuções e nos tribunais de competência territorial alargada nessa área sediados, quando não obtenham colocação solicitada em exercício da preferência a que aludem aqueles números.

5. Os juízes dos juízos locais cíveis e dos juízos locais criminais abrangidos pela redução de lugares decorrente da entrada em vigor do presente decreto-lei têm preferência no provimento de lugares, respetivamente, nos juízos locais cíveis ou nos juízos locais criminais que detenham competência territorial nos concelhos abrangidos pela competência territorial daqueles juízos.

6. Os juízes dos juízos locais cíveis e dos juízos locais criminais extintos pelo presente decreto-lei têm preferência no provimento de lugares nos juízos de competência genérica que detenham competência territorial nos concelhos abrangidos pela competência territorial daqueles juízos locais.

7. Os juízes referidos nos nºs 5 e 6 têm preferência no provimento de lugares em comarca da área de competência territorial do respetivo tribunal da Relação em qualquer um dos juízos locais cíveis, locais criminais e locais de pequena criminalidade, quando não obtenham colocação solicitada em exercício da preferência a que aludem aqueles números.

8. Os juízes dos juízos de competência genérica extintos ou cujo número de lugares seja reduzido pelo presente decreto-lei têm preferência no provimento de lugares nos juízos locais cíveis e nos juízos locais criminais que detenham competência territorial em qualquer dos concelhos abrangidos pela competência territorial daqueles juízos de competência genérica.

9. As preferências previstas nos números anteriores só podem ser exercidas nos dois movimentos ordinários subsequentes à entrada em vigor deste decreto-lei ou à instalação dos juízos, e não se aplicam aos juízes interinos ou auxiliares.

10. Em caso de igualdade na preferência, são respeitados os critérios gerais de classificação e antiguidade.

11. A data de aferição dos requisitos necessários ao exercício da preferência é fixada pelo Conselho Superior da Magistratura no aviso de abertura do movimento judicial.

12. Nos casos de redução do número de lugares de juízes, consideram-se extintos os lugares de distribuição onde não esteja colocado juiz efetivo, ou, quando todos os lugares estejam providos, o último lugar de distribuição definido nos termos do artigo 12º do Decreto-Lei nº 49/2014, de 27 de março, na sua redação atual.

13. Não pode resultar qualquer diminuição do estatuto remuneratório dos juízes, enquanto não ocorra colocação em lugares para que tenham preferência ou em lugares por si indicados, no âmbito dos dois movimentos subsequentes à publicação do presente decreto-lei.

Artigo 43º – Preferência no provimento dos lugares de magistrados do Ministério Público

1. Os magistrados do Ministério Público abrangidos pela redução de lugares decorrente do presente decreto-lei, que reúnam os requisitos legalmente exigidos, têm preferência na colocação para provimento de lugares existentes na mesma comarca do lugar de origem, nos dois movimentos subsequentes à entrada em vigor deste decreto-lei, em termos a regulamentar pelo Conselho Superior do Ministério Público.

2. Não pode resultar qualquer diminuição do estatuto remuneratório dos magistrados do Ministério Público enquanto não ocorra colocação em lugares para que tenham preferência ou em lugares por si indicados, no âmbito dos dois movimentos subsequentes à publicação do presente decreto-lei.

CAPÍTULO V – Medidas de execução

Artigo 44º – Magistrados e oficiais de justiça

No âmbito das respetivas competências, o Conselho Superior da Magistratura, o Conselho Superior do Ministério Público e a Direção-Geral da Administração da Justiça adotam as providências necessárias à execução do presente decreto-lei.

CAPÍTULO VI – Funcionamento

Artigo 45º – Funcionamento

1. Sem prejuízo do disposto nos números seguintes, os juízos criados pelo presente decreto-lei entram em funcionamento no dia 23 de abril de 2019.

2. O Juízo de Família e Menores da Maia e o Juízo do Trabalho de Almada entram em funcionamento na data a fixar por portaria do membro do Governo responsável pela área da justiça.

3. A data da instalação em Paredes do juízo central cível a que se refere o artigo 28º é determinada por portaria do membro do Governo responsável pela área da justiça.

CAPÍTULO VII – Disposições finais

Artigo 46º – Alteração dos mapas anexos ao Decreto-Lei nº 49/2014, de 27 de março

Os mapas III, IV e V anexos ao Decreto-Lei nº 49/2014, de 27 de março, na sua redação atual, são alterados com a redação constante do anexo I ao presente decreto-lei, do qual faz parte integrante.

Artigo 47º – Republicação

São republicados no anexo II ao presente decreto-lei, que dele faz parte integrante, os mapas I, II, III, IV e V anexos ao Decreto-Lei nº 49/2014, de 27 de março, na redação que lhes é dada pelo presente decreto-lei.

Artigo 48º – Entrada em vigor

1. Sem prejuízo do disposto nos números seguintes, o presente decreto-lei entra em vigor no dia 23 de abril de 2019.

2. O artigo 44º entra em vigor no dia seguinte ao da publicação do presente decreto-lei.

3. A alteração prevista na alínea *a*) do artigo 20º entra em vigor na data da entrada em funcionamento do juízo referido na alínea *a*) do artigo 19º

4. A alteração prevista no artigo 28º entra em vigor na data que vier a ser fixada na portaria a que se refere o nº 3 do artigo 45º

5. A alteração ao quadro de magistrados do Ministério Público de Almada prevista no anexo I ao presente decreto-lei, do qual faz parte integrante, entra em vigor com a entrada em funcionamento do Juízo do Trabalho de Almada.

Visto e aprovado em Conselho de Ministros de 24 de janeiro de 2019. – *António Luís Santos da Costa – Maria de Fátima de Jesus Fonseca – Francisca Eugénia da Silva Dias Van Dunem.*

Promulgado em 11 de março de 2019.

Publique-se.

O Presidente da República, MARCELO REBELO DE SOUSA.

Referendado em 12 de março de 2019.

O Primeiro-Ministro, *António Luís Santos da Costa.*

[1-B] Regime da Resolução dos Conflitos de Jurisdição (Tribunais Judiciais/Tribunais Administrativos e Fiscais)

Lei nº 91/2019, de 4 de setembro

Estabelece o regime da resolução dos conflitos de jurisdição entre os tribunais judiciais e os tribunais administrativos e fiscais, regulando a composição, a competência, o funcionamento e o processo perante o tribunal dos conflitos

A Assembleia da República decreta, nos termos da alínea *c*) do artigo 161º da Constituição, o seguinte:

CAPÍTULO I – Disposições gerais

Artigo 1º – Objeto

A presente lei estabelece o regime de prevenção e resolução dos conflitos de jurisdição entre os tribunais judiciais e os tribunais administrativos e fiscais, regulando a composição, a competência, o funcionamento e o processo perante o Tribunal dos Conflitos.

Artigo 2º – Composição do Tribunal dos Conflitos

1. O Tribunal dos Conflitos é composto por um presidente e por dois juízes, determinados nos termos dos números seguintes.

2. O Tribunal dos Conflitos é presidido pelo Presidente do Supremo Tribunal de Justiça ou pelo Presidente do Supremo Tribunal Administrativo, consoante a última das decisões que originam o conflito ou a decisão recorrida tenha sido proferida, ou a consulta tenha sido submetida, respetivamente, por um tribunal judicial ou por um tribunal da jurisdição administrativa e fiscal.

3. Os restantes juízes do Tribunal dos Conflitos são:

a) O vice-presidente do Supremo Tribunal de Justiça mais antigo no cargo ou, se for igual a sua antiguidade, o mais antigo na categoria, que fica a ser o relator sempre que a presidência caiba, nos termos do número anterior, ao Presidente do Supremo Tribunal de Justiça; e

b) O vice-presidente do Supremo Tribunal Administrativo eleito de entre e pelos juízes das respetiva Secções de Contencioso Administrativo ou de Contencioso Tributário, consoante o pedido, o recurso ou a consulta diga respeito, respetivamente, a matéria administrativa ou tributária, que fica a ser o relator sempre que a presidência caiba, nos termos do número anterior, ao Presidente do Supremo Tribunal Administrativo.

4. Quando, para efeitos do disposto na alínea *b*) do número anterior, existam dúvidas sobre a qualificação da matéria como administrativa ou tributária, compete ao Presidente do Supremo Tribunal Administrativo proceder à indicação de qual dos seus vice-presidentes integrará o Tribunal dos Conflitos.

5. Na ausência, na falta ou no impedimento, consoante os casos:

a) Do Presidente do Supremo Tribunal de Justiça, este é substituído pelo vice-presidente deste tribunal referido na alínea *a*) do nº 3;

b) Do Presidente do Supremo Tribunal Administrativo, este é substituído pelo vice-presidente deste tribunal referido na alínea *b*) do nº 3.

6. No caso previsto no número anterior, o vice-presidente que substitua o presidente do Supremo Tribunal respetivo na presidência do Tribunal dos Conflitos é substituído, para os efeitos do disposto no nº 3, pelo outro vice-presidente do mesmo Supremo Tribunal ou, se este faltar ou estiver impedido, pelo juiz mais antigo nesse Supremo Tribunal.

7. Na ausência, falta ou impedimento do vice-presidente do Supremo Tribunal de Justiça ou do Supremo Tribunal Administrativo que deva integrar o Tribunal dos Conflitos nos termos do nº 3, o mesmo é substituído pelo outro vice-presidente do Supremo Tribunal respetivo ou, se este também faltar ou estiver impedido, pelo juiz mais antigo no mesmo Supremo Tribunal.

Artigo 3º – Competência do Tribunal dos Conflitos

Compete ao Tribunal dos Conflitos conhecer:

a) Dos pedidos de resolução de conflitos de jurisdição formulados nos termos dos artigos 9º e 10º da presente lei;

b) Das consultas prejudiciais sobre questões de jurisdição submetidas nos termos do artigo 15º da presente lei;

c) Dos recursos previstos no nº 2 do artigo 101º do Código de Processo Civil, os quais podem também ser interpostos nos casos em que um Tribunal Central Administrativo julgue incompetente um tribunal administrativo de círculo ou um tribunal tributário por a causa pertencer ao âmbito de jurisdição dos tribunais judiciais.

Artigo 4º – Representação do Ministério Público

1. O Ministério Público é representado junto do Tribunal dos Conflitos pelo Procurador-Geral da República, que pode fazer-se substituir por procuradores-gerais-adjuntos.

2. No caso previsto na parte final do número anterior, o Ministério Público é representado por procurador-geral-adjunto que o represente no Supremo Tribunal a cujo presidente caiba, nos termos do nº 2 do artigo 2º, a presidência do Tribunal dos Conflitos.

3. Os magistrados referidos no número anterior fazem-se substituir nos termos do Estatuto do Ministério Público.

CAPÍTULO II – Processo perante o Tribunal dos Conflitos

SECÇÃO I – Disposições comuns

Artigo 5º – Natureza

1. O processo perante o Tribunal dos Conflitos é urgente, correndo nos próprios autos quando o conflito for negativo.

2. O processo perante o Tribunal dos Conflitos é isento de custas.

Artigo 6º – Patrocínio judiciário

Nos processos perante o Tribunal dos Conflitos é obrigatória a constituição de advogado, sem prejuízo do disposto na alínea *a)* do nº 1 do artigo 54º do Estatuto dos Tribunais Administrativos e Fiscais, no nº 1 do artigo 11º do Código de Processo nos Tribunais Administrativos, e na alínea *b)* do nº 1 do artigo 15º do Código de Procedimento e de Processo Tributário.

Artigo 7º – Tramitação eletrónica

1. A tramitação dos processos perante o Tribunal dos Conflitos pode ser efetuada eletronicamente, nos termos a definir por portaria do membro do Governo responsável pela área da justiça.

2. A tramitação eletrónica dos processos deve garantir a respetiva integralidade, autenticidade e inviolabilidade.

Artigo 8º – Secretaria competente

O expediente, a autuação e a regular tramitação dos processos são assegurados pela secretaria do Supremo Tribunal a cujo presidente caiba, nos termos do nº 2 do artigo 2º, a presidência do Tribunal dos Conflitos.

SECÇÃO II – Pedido de resolução de conflito

Artigo 9º – Pressupostos

1. Para efeitos da presente lei, há conflito de jurisdição quando dois ou mais tribunais, integrados em ordens jurisdicionais diferentes, se arrogam ou declinam o poder de conhecer da mesma questão, dizendo-se o conflito positivo no primeiro caso e negativo no segundo.

2. Não há conflito de jurisdição enquanto forem suscetíveis de recurso ordinário as decisões proferidas sobre a questão da jurisdição.

Artigo 10º – Legitimidade

1. Quando o tribunal se aperceber do conflito, deve suscitar oficiosamente a sua resolução junto do presidente do Supremo Tribunal a quem caiba, nos termos do nº 2 do artigo 2º, a presidência do Tribunal dos Conflitos.

2. A resolução do conflito pode igualmente ser pedida por qualquer das partes ou pelo Ministério Público, mediante requerimento dirigido ao presidente do Supremo Tribunal referido no número anterior.

Artigo 11º – Tramitação inicial

1. Recebido o pedido, o presidente ordena à secretaria a autuação do processo como conflito de jurisdição e a convocação dos demais juízes que, nos termos do nº 3 do artigo 2º, devam integrar o Tribunal dos Conflitos.

2. Se do conflito de jurisdição puder resultar prejuízo grave e dificilmente reparável, o presidente designa o tribunal que deve exercer provisoriamente a jurisdição na prática de atos urgentes.

3. As partes, no caso em que a resolução do conflito tiver sido pedida pelo tribunal ou pelo Ministério Público, ou a parte contrária à que tiver pedido a resolução do conflito, são notificadas para, querendo, se pronunciarem no prazo de cinco dias.

4. Recebida a pronúncia prevista no número anterior, ou expirado o prazo para o efeito, o processo vai com vista ao Ministério Público junto do Tribunal dos Conflitos, pelo prazo de cinco dias.

Artigo 12º – Exame preliminar e decisão sumária

1. Colhido o visto do Ministério Público, o processo é concluso ao relator para exame preliminar.

2. Quando o relator entender que o pedido é manifestamente infundado ou que a questão a decidir é simples, designadamente por já ter sido apreciada de modo uniforme e reiterado, profere decisão sumária, que pode consistir em simples remissão para precedentes decisões do Tribunal dos Conflitos, de que se juntam cópias.

3. O Ministério Público ou qualquer das partes pode requerer que sobre a matéria apreciada na decisão sumária do relator recaia um acórdão.

4. A reclamação deduzida nos termos do número anterior é decidida no acórdão que julgar o conflito.

Artigo 13º – Preparação da decisão

1. Decididas as questões que devam ser apreciadas antes do julgamento do objeto do processo, se não se verificar o caso previsto no nº 2 do artigo anterior, o relator elabora o projeto de acórdão no prazo de 15 dias.

2. O processo, acompanhado do projeto de acórdão, vai com vista simultânea, por meios eletrónicos, aos restantes juízes do Tribunal dos Conflitos, pelo prazo de cinco dias.

3. Quando não for tecnicamente possível proceder conforme o número anterior, o relator ordena a extração de cópias do projeto de acórdão e das peças processuais relevantes para a apreciação do objeto do processo.

4. Se o volume das peças processuais relevantes tornar excessivamente morosa a extração de cópias, o processo vai com vista aos restantes juízes do Tribunal dos Conflitos, pelo prazo de cinco dias a cada um.

5. Quando a natureza das questões a decidir ou a necessidade de celeridade no julgamento do conflito o aconselhem, pode o relator, com a concordância dos restantes juízes do Tribunal dos Conflitos, dispensar os vistos.

Artigo 14º – Julgamento

1. O processo é inscrito em tabela logo que se mostre decorrido o prazo para o relator elaborar o projeto de acórdão.

2. No dia do julgamento, o relator faz sucinta apresentação do projeto de acórdão e, de seguida, os restantes juízes do Tribunal dos Conflitos dão o seu voto.

3. Para o julgamento do conflito, é necessária a presença de, pelo menos, dois juízes, entre os quais um do Supremo Tribunal de Justiça e um do Supremo Tribunal Administrativo.

4. A decisão é tomada por maioria, sendo a discussão dirigida pelo presidente, que desempata quando não possa formar-se maioria.

5. A decisão especifica o tribunal competente, sendo imediatamente comunicada aos tribunais em conflito e ao Ministério Público e notificada às partes.

SECÇÃO III – Consulta prejudicial

Artigo 15º – Pressupostos

1. Sempre que, na pendência de uma ação, incidente, providência ou recurso, se suscitem fundadas dúvidas sobre a questão da jurisdição competente, qualquer tribunal pode, oficiosamente ou a requerimento de uma das partes, submeter a sua apreciação ao Tribunal dos Conflitos.

2. A consulta prevista no número anterior não tem lugar em processos urgentes.

3. A decisão de submeter ou de não submeter a questão da jurisdição competente à apreciação do Tribunal dos Conflitos é irrecorrível.

Artigo 16º – Tramitação

1. A consulta é dirigida ao presidente do Supremo Tribunal a quem caiba, nos termos do nº 2 do artigo 2º, a presidência do Tribunal dos Conflitos, que a pode recusar liminarmente quando considere que não se encontram preenchidos os respetivos pressupostos.

2. Admitida a consulta, o presidente ordena à secretaria a autuação do processo como consulta de jurisdição e a convocação dos demais juízes que, nos termos do nº 3 do artigo 2º, devam integrar o Tribunal dos Conflitos.

3. É aplicável à resolução da consulta o disposto nos nºs 3 e 4 do artigo 11º e nos artigos 12º a 14º, podendo a pronúncia das partes ser dispensada no caso de estas já terem tido a oportunidade de, no processo, se pronunciarem sobre a questão da jurisdição competente.

Artigo 17º – Efeitos

A pronúncia do Tribunal dos Conflitos, assim como as decisões liminares e as decisões sumárias proferidas, respetivamente, ao abrigo do nº 1 do artigo anterior ou do nº 2 do artigo 12º, são vinculativas para o tribunal que lhe tenha submetido a consulta e para os demais tribunais que venham a intervir na causa, mas não vinculam o Tribunal dos Conflitos relativamente a novas decisões ou pronúncias que sobre a mesma questão venha a emitir no futuro noutros processos.

SECÇÃO IV – Recurso

Artigo 18º – Tramitação

1. Cumpridos os trâmites que houverem de ser respeitados junto do tribunal que tenha proferido a decisão recorrida, os recursos previstos na alínea *c*) do artigo 3º são remetidos para o presidente do Supremo Tribunal a quem caiba, nos termos do nº 2 do artigo 2º, a presidência do Tribunal dos Conflitos.

2. Recebidos os autos, o presidente ordena à secretaria a autuação do processo como recurso e a convocação dos demais juízes que, nos termos do nº 3 do artigo 2º, devam integrar o Tribunal dos Conflitos.

3. Cumprido o disposto no número anterior, o processo vai com vista ao Ministério Público junto do Tribunal dos Conflitos pelo prazo de cinco dias, sendo aplicável à tramitação subsequente do recurso o disposto nos artigos 12º a 14º

CAPÍTULO III – Disposições complementares

Artigo 19º – Direito subsidiário

Em tudo o que não estiver especialmente regulado na presente lei, aplicam-se, subsidiariamente e com as necessárias adaptações, as disposições do Código de Processo Civil.

Artigo 20º – Extensão de aplicação

O disposto nas secções I e II do capítulo II é subsidiariamente aplicável, com as necessárias adaptações, à resolução dos conflitos de jurisdição entre o Tribunal de Contas e o Supremo Tribunal Administrativo, nos termos do nº 3 do artigo 1º da Lei nº 98/97, de 26 de agosto, que estabelece a Lei de Organização e Processo do Tribunal de Contas, na sua redação atual.

Artigo 21º – Publicação das decisões do Tribunal dos Conflitos

1. Todos os acórdãos proferidos pelo Tribunal dos Conflitos, bem como as demais decisões por este prolatadas que não tenham natureza meramente interlocutória, são publicados na 2ª série do *Diário da República* e disponibilizados no sítio na Internet da responsabilidade do Ministério da Justiça destinado à publicação de jurisprudência.

2. A publicação e a disponibilização previstas no número anterior são promovidas pelo presidente do Supremo Tribunal que tiver presidido ao Tribunal dos Conflitos no processo respetivo, o qual pode determinar que a secretaria competente lhe preste o apoio necessário, nos termos do artigo 8º

CAPÍTULO IV – Disposições finais

Artigo 22º – Norma revogatória

1. Determina-se expressamente que não se encontram em vigor, em razão de caducidade, revogação tácita anterior ou revogação efetuada pela presente lei:

a) O Decreto-Lei nº 23 185, de 30 de outubro de 1933;
b) O Decreto-Lei nº 28 105, de 22 de outubro de 1937;
c) O Decreto-Lei nº 30 317, de 15 de março de 1940;
d) O Decreto-Lei nº 31 571, de 14 de outubro de 1941;
e) O Decreto-Lei nº 31 663, de 22 de novembro de 1941;
f) O Decreto-Lei nº 36 395, de 4 de julho de 1947;
g) O Decreto-Lei nº 38 517, de 20 de novembro de 1951;
h) O Decreto-Lei nº 39 604, de 9 de abril de 1954;
i) O Decreto-Lei nº 39 874, de 28 de outubro de 1954;
j) O Decreto nº 18 017, de 28 de fevereiro de 1930;
k) O Decreto nº 19 243, de 16 de janeiro de 1931;
l) O Decreto nº 19 438, de 11 de março de 1931.

2. Quando incida sobre normas cuja vigência já tenha cessado anteriormente, a determinação expressa de não vigência, nos termos do número anterior, não altera o momento nem os efeitos daquela cessação de vigência.

Artigo 23º – Aplicação no tempo

A presente lei aplica-se apenas:

a) Aos pedidos de resolução de conflitos de jurisdição formulados após a sua entrada em vigor; e

b) Aos recursos para o Tribunal dos Conflitos interpostos de decisões proferidas após a sua entrada em vigor.

Artigo 24º – Entrada em vigor

A presente lei entra em vigor 30 dias após a sua publicação.

Aprovada em 21 de junho de 2019.

O Presidente da Assembleia da República, *Eduardo Ferro Rodrigues.*

Promulgada em 23 de julho de 2019.

Publique-se.

O Presidente da República, MARCELO REBELO DE SOUSA.

Referendada em 29 de julho de 2019.

Pelo Primeiro-Ministro, *Augusto Ernesto Santos Silva,* Ministro dos Negócios Estrangeiros.

[2] Julgados de Paz

Lei nº 78/2001, de 13 de julho[1]

Julgados de paz – Organização, competência e funcionamento

CAPÍTULO I – Disposições gerais

Artigo 1º – Âmbito

A presente lei regula a competência, organização e funcionamento dos julgados de paz e a tramitação dos processos da sua competência.

Artigo 2º – Princípios gerais

1. A atuação dos julgados de paz é vocacionada para permitir a participação cívica dos interessados e para estimular a justa composição dos litígios por acordo das partes.

2. Os procedimentos nos julgados de paz estão concebidos e são orientados por princípios de simplicidade, adequação, informalidade, oralidade e absoluta economia processual.

Artigo 3º – Criação e instalação[2]

1. Os julgados de paz são criados por diploma do Governo, ouvidos o Conselho dos Julgados de Paz, o Conselho Superior da Magistratura, a Ordem dos Advogados e a Associação Nacional de Municípios Portugueses.

2. O diploma de criação define a circunscrição territorial do julgado de paz.*

3. A instalação dos julgados de paz é feita por portaria do membro do Governo responsável pela área da justiça.

[1] Com as alterações introduzidas pela L 54/2013, de 31 de julho.

[2] O nº 1 tem a redacção da L 54/2013, de 31 de julho.

* I – O DL 329/2001, de 20 de dezembro, definiu a circunscrição territorial dos Julgados de Paz criados nos municípios de Lisboa, Oliveira do Bairro, Seixal e Vila Nova de Gaia. O DL 140/2003, de 2 de julho (DR, I Série-A, nº 150, de 2/7) veio alargar o âmbito da competência territorial destes Julgados de Paz. Nos termos do artigo único deste diploma, o artigo 3º do DL 329/2001, passa a ter a seguinte redacção:
«Artigo 3º – Circunscrição territorial
1 – O Julgado de Paz de Lisboa abrange todas as freguesias do concelho de Lisboa, ficando sediado na freguesia do Lumiar.

2 – O alargamento da sua competência territorial a todas as freguesias do concelho realiza-se de forma faseada, nos seguintes termos:
a) Em 1 de julho de 2003, a jurisdição do Julgado de Paz passa a abranger as freguesias da Ameixoeira, Charneca, Santa Maria dos Olivais, São Domingos de Benfica, Campo Grande, São João de Brito, Marvila, Campolide, Nossa Senhora de Fátima, Alvalade, São João de Deus, Alto do Pina, Beato e São Sebastião da Pedreira;
b) Em 1 de outubro de 2003, a jurisdição do Julgado de Paz passa a abranger as restantes freguesias do concelho de Lisboa.
3 – Para os efeitos do número anterior e do artigo 15º da L 78/2001, de 13 de julho, serão criadas por portaria do Ministro da Justiça as secções necessárias ao bom funcionamento do Julgado de Paz de Lisboa.
4 – O Julgado de Paz de Oliveira do Bairro, de âmbito concelhio, é agora constituído na modalidade de julgado de paz de agrupamento de concelhos, passando a designar-se por Julgado de Paz do Agrupamento de Concelhos de Oliveira do Bairro, Águeda, Anadia e Mealhada, mantendo a sua sede no concelho de Oliveira do Bairro, podendo, se tal se revelar necessário ao seu bom funcionamento, ser instalados postos de atendimento em cada um dos respectivos concelhos (cfr. as Portarias 72/2002, de 19 de Janeiro e 143/2018, de 21 de maio).
5 – O Julgado de Paz do Seixal abrange todas as freguesias do concelho, ficando sediado na freguesia do Seixal (cfr. as Portarias 92/2002, de 30 de janeiro, 892/2003, de 26 de agosto, 620/2008, de 16 de julho).
6 – O Julgado de Paz de Vila Nova de Gaia abrange todas as freguesias do concelho, ficando sediado na freguesia de Pedroso» (instalado através da Portaria 162-A/2002, de 25 de fevereiro, cujo Regulamento Interno, anexo à Portaria, foi alterado pela Portaria 90/2011, de 28 de fevereiro).
II – O DL 9/2004, de 9 de janeiro (DR, I Série-A, nº 7, de 9/1), procedeu à *criação* dos Julgados de Paz do Agrupamento dos Concelhos de Aguiar da Beira e Trancoso; do Agrupamento dos Concelhos de Cantanhede, Mira e Montemor-o-Velho; do Concelho de Miranda do Corvo; do Concelho do Porto; do Agrupamento dos Concelhos de Santa Marta de Penaguião, Alijó, Murça, Peso da Régua, Sabrosa e Vila Real; do Agrupamento dos Concelhos de Tarouca, Armamar, Castro Daire, Lamego, Moimenta da Beira e Resende; do Concelho de Terras de Bouro e do Concelho de Vila Nova de Poiares.
Nos termos do artigo 2º do referido diploma, é a seguinte a circunscrição territorial destes Julgados de Paz:
1 – O Julgado de Paz do Agrupamento dos Concelhos de Aguiar da Beira e Trancoso abrange todas as freguesias destes concelhos (instalado através da Portaria 502/2004, de 10 de maio – DR, I Série-B, nº 109, de 10/5).
2 – O Julgado de Paz do Agrupamento dos Concelhos de Cantanhede, Mira e Montemor-o-Velho abrange todas as freguesias destes concelhos.
3 – O Julgado de Paz do Concelho de Miranda do Corvo abrange todas as freguesias deste concelho (instalado através da Portaria 195/2004, de 28 de fevereiro – DR, I Série-B, nº 50, de 28/2).
4 – O Julgado de Paz do Concelho do Porto abrange todas as freguesias deste concelho (instalado através da Portaria 375/2004, de 13 de abril – DR, I Série-B, nº 87, de 13/04), cujo Regulamento Interno foi alterado pela Portaria 299/2013, de 11 de outubro – DR I Série, nº 197, de 11/10 e pela mais recente Portaria 297/2018, de 16 de novembro.
5 – O Julgado de Paz do Agrupamento dos Concelhos de Santa Marta de Penaguião, Alijó, Murça, Peso da Régua, Sabrosa e Vila Real abrange todas as freguesias destes concelhos (instalado através da Portaria 289/2004, de 20 de março – DR, I Série-B, nº 68, de 20/03).
6 – O Julgado de Paz do Agrupamento dos Concelhos de Tarouca, Armamar, Castro Daire, Lamego, Moimenta da Beira e Resende abrange todas as freguesias destes concelhos (instalado através da Portaria 192/2004, de 28 de fevereiro – DR, I Série-B, nº 50, de 28/02, cujo Regulamento Interno foi alterado pela Portaria 78/2011, de 18 de fevereiro).
7 – O Julgado de Paz do Concelho de Terras de Bouro abrange todas as freguesias deste concelho (instalado através da Portaria 193/2004, de 28 de fevereiro – DR, I Série-B, nº 50, de 28/02; a Portaria 236/2018, de 24 de agosto, alterou o Regulamento Interno deste Julgado de Paz).
8 – O Julgado de Paz do Concelho de Vila Nova de Poiares abrange todas as freguesias deste concelho (instalado através da Portaria 194/2004, de 28 de fevereiro – DR, I Série-B, nº 50, de 28/02, cujo Regulamento Interno, anexo à Portaria, foi alterado pela Portaria 1168/2010, de 10 de novembro).

Os Julgados de Paz criados pelo DL 9/2004 entrarão em funcionamento na data em que, através de Portaria, se proceder à sua instalação (cfr. o art. 13º deste diploma).

III - O DL 225/2005, de 28 de dezembro (DR, I Série-A, nº 248, de 28/12), procedeu à criação dos Julgados de Paz dos Concelhos de Coimbra (instalado através da Portaria 304/2006, de 24 de março - DR, I Série-B, nº 60, de 24/03, cujo Regulamento Interno, anexo à Portaria, foi alterado pela Portaria 154/2011, de 12 de abril); Sintra (instalado através da Portaria 209/2006, de 3 de março - DR, I Série-B, nº 45, de 3/03; a Portaria 334/2015, de 6 de outubro, procedeu à alteração do Regulamento Interno deste Julgado de Paz); Trofa (instalado através da Portaria 210/2006, de 3 de março - DR, I Série-B, nº 45, de 3/03) e de Santa Maria da Feira (instalado através da Portaria 1301/2006, de 23 de novembro - DR, I Série, nº 226, de 23/11).

IV - O DL 22/2008, de 1 de fevereiro (DR, I Série, nº 23, de 1/02), procedeu à criação dos seguintes Julgados de Paz:

1 - Julgado de Paz do Agrupamento dos Concelhos de Aguiar da Beira, Penalva do Castelo, Sátão, Trancoso e Vila Nova de Paiva, que abrange todas as freguesias destes concelhos. Nos termos do artigo 14º do citado DL 22/2008, serão transferidos para este Julgado de Paz (instalado através da Portaria 557-A/2009, de 26 de maio - DR, 1ª Série, nº 101, de 26/05), todos os processos pendentes do Julgado de Paz do Agrupamento dos Concelhos de Aguiar da Beira e Trancoso, criado pelo DL 9/2004, de 9 de janeiro.

2 - Julgado de Paz do Agrupamento dos Concelhos de Aljustrel, Almodôvar, Castro Verde, Mértola e Ourique, que abrange todas as freguesias destes concelhos (instalado através da Portaria 1417-A/2008, de 5 de dezembro, cujo Regulamento Interno, anexo à Portaria, foi alterado pela Portaria 497/2010, de 14 de julho).

3 - Julgado de Paz do Concelho de Odivelas, que abrange igualmente todas as freguesias deste concelho (instalado através da Portaria 596-A/2008, de 8 de julho).

4 - Finalmente, o Julgado de Paz do Agrupamento dos Concelhos de Palmela e Setúbal, que também abrange todas as freguesias destes concelhos (instalado através da Portaria 710/2008, de 31 de julho).

V - O DL 60/2009, de 4 de março (DR, I Série, nº 44, de 4/03), procedeu à criação dos seguintes Julgados de Paz:

1 - Julgado de Paz do Agrupamento dos Concelhos de Alcobaça, Caldas da Rainha, Nazaré e Óbidos, que abrange todas as freguesias destes concelhos (instalado através da Portaria 421/2009, de 20 de abril - DR, 1ª Série, nº 76, de 20/04). Este Julgado de Paz foi extinto pelo DL 41/2017, de 5/04, que criou, em sua substituição, o Julgado de Paz do Oeste, instalado através da Portaria 187/2017, de 1 de Junho - DR, 1ª Série, nº 106, de 01/06. São as seguintes as circunscrições abrangidas por este J.P.: Alcobaça, Alenquer, Arruda dos Vinhos, Bombarral, Cadaval, Caldas da Rainha, Lourinhã, Nazaré, Óbidos, Peniche, Sobral de Monte Agraço e Torres Vedras.

2 - Julgado de Paz do Agrupamento dos Concelhos de Belmonte, Covilhã e Fundão, que abrange todas as freguesias destes concelhos (instalado através da Portaria 883/2010, de 10 de setembro - DR, 1ª Série, nº 177, de 10/09).

3 - Julgado de Paz do Agrupamento dos Concelhos de Carregal do Sal, Mangualde e Nelas, que abrange todas as freguesias destes concelhos (instalado através da Portaria 845/2009, de 5 de agosto - DR, 1ª Série, nº 150, de 5/08).

4 - Julgado de Paz do Concelho de Cascais, que abrange todas as freguesias deste concelho (instalado através da Portaria 1195/2010, de 23 de novembro - DR, I Série, nº 227, de 23/11).

5 - Julgado de Paz do Agrupamento dos Concelhos de Oleiros, Mação, Proença-a-Nova, Sertã e Vila de Rei, que abrange todas as freguesias destes concelhos (instalado através da Portaria 334/2009, de 2 de abril - DR, I Série, nº 65, de 2/04, alterada pela Portaria 571/2009, de 29 de maio e pela Portaria 304/2010, de 8 de Junho).

VI - O DL 289/2009, de 8 de outubro (DR, I Série, nº 195, de 8/09), procedeu à criação dos seguintes Julgados de Paz:

1 - Julgado de Paz do Agrupamento dos Concelhos de Alcochete, Barreiro, Moita e Montijo;

2 - Julgado de Paz do Agrupamento dos Concelhos de Alvaiázere, Ansião, Figueiró dos Vinhos, Pedrógão Grande e Penela;

Artigo 4º – Circunscrição territorial e sede[1]

1. Os julgados de paz podem ser concelhios ou de agrupamento de concelhos.

2. Os julgados de paz têm sede no concelho para que são exclusivamente criados ou, no caso de agrupamento de concelhos, no concelho que é, para o efeito, designado no diploma de criação.

3. Podem ainda ser constituídos julgados de paz junto de entidades públicas de reconhecido mérito, sendo o seu âmbito de jurisdição definido no respetivo ato constitutivo.

4. Dentro da respetiva área de circunscrição, os julgados de paz podem funcionar em qualquer lugar apropriado e podem estabelecer diferentes locais para a prática de atos processuais.

Artigo 5º – Custas[2]

1. Nos julgados de paz há lugar a pagamento de custas.

2. A tabela de custas é aprovada por portaria do membro do Governo responsável pela área da justiça.*

3. Quando haja lugar à remessa do processo para o tribunal de 1ª instância ou quando seja interposto recurso da sentença proferida são devidas pelas partes as custas estabelecidas no Regulamento das Custas Processuais, aprovado pelo Decreto-Lei nº 34/2008, de 26 de fevereiro, correspondentes aos atos em causa.

4. Sendo o processo remetido para o tribunal de 1ª instância, nos termos do nº 3 do artigo 59º, da presente lei é devido, a título de encargo, o pagamento dos atos praticados, aplicando-se o Regulamento das Custas Processuais, aprovado pelo Decreto-Lei nº 34/2008, de 26 de fevereiro.

5. Os montantes obtidos a título de custas nos julgados de paz são repartidos pelo Ministério da Justiça e pelos municípios, em termos a fixar em portaria do membro do Governo responsável pela área da justiça, conforme ato constitutivo.

CAPÍTULO II – Competência

SECÇÃO I – Disposições gerais

Artigo 6º – Da competência em razão do objeto

1. A competência dos julgados de paz é exclusiva a ações declarativas.

3 – Julgado de Paz do Agrupamento dos Concelhos de Câmara de Lobos e Funchal (instalado através da Portaria 1427/2009, de 21 de dezembro – DR, I Série, nº 245, de 21/12); O DL 62/2019, de 15 de maio, procedeu à criação do Julgado de Paz do Agrupamento dos Concelhos de Câmara de Lobos, Funchal e Santa Cruz, extinguindo o Julgado de Paz do Agrupamento dos Concelhos de Câmara de Lobos e Funchal (o novo Julgado de Paz foi instalado através da Portaria 234/2019, de 25 de julho).
4 – Julgado de Paz do Concelho de Loures;
5 – Julgado de Paz do Agrupamento dos Concelhos de Odemira e Sines.

[1] Os nºs 1, 2 e 3 têm a redacção da L 54/2013, de 31 de julho.

[2] Os nºs 3, 4 e 5 foram aditados pela L 54/2013, de 31 de julho.

* Portaria 342/2019, de 1 de outubro (DR, 1ª série, nº 188, de 1/10), com entrada em vigor em 1/01/2020 (revogou a Portaria 1456/2001, de 28 de dezembro).

2. Para a execução das decisões dos julgados de paz aplica-se o disposto no Código de Processo Civil e legislação conexa sobre execuções das decisões dos tribunais de 1ª instância.

Artigo 7º – Conhecimento da incompetência

A incompetência dos julgados de paz é por estes conhecida e declarada oficiosamente ou a pedido de qualquer das partes e determina a remessa do processo para o julgado de paz ou para o tribunal judicial competente.

SECÇÃO II – Da competência em razão do valor, da matéria e do território

Artigo 8º – Em razão do valor[1]

Os julgados de paz têm competência para questões cujo valor não exceda € 15 000.

Artigo 9º* – Em razão da matéria[2]

1. Os julgados de paz são competentes para apreciar e decidir:

a) Ações que se destinem a efetivar o cumprimento de obrigações, com exceção das que tenham por objeto o cumprimento de obrigação pecuniária e digam respeito a um contrato de adesão;

b) Ações de entrega de coisas móveis;

c) Ações resultantes de direitos e deveres de condóminos, sempre que a respetiva assembleia não tenha deliberado sobre a obrigatoriedade de compromisso arbitral para a resolução de litígios entre condóminos ou entre condóminos e o administrador;

d) Ações de resolução de litígios entre proprietários de prédios relativos a passagem forçada momentânea, escoamento natural de águas, obras defensivas das águas, comunhão de valas, regueiras e valados, sebes vivas; abertura de janelas, portas, varandas e obras semelhantes; estilicídio, plantação de árvores e arbustos, paredes e muros divisórios;

e) Ações de reivindicação, possessórias, usucapião, acessão e divisão de coisa comum;

f) Ações que respeitem ao direito de uso e administração da compropriedade, da superfície, do usufruto, de uso e habitação e ao direito real de habitação periódica;

g) Ações que digam respeito ao arrendamento urbano, exceto as ações de despejo;

h) Ações que respeitem à responsabilidade civil contratual e extracontratual;

[1] Redação da L 54/2013, de 31 de julho.

[2] As als. *a*) e *e*) têm a redacção da L 54/2013, de 31 de julho.

* Nos termos do Ac. uniformizador nº 11/2007 (publicado no DR, I Série, nº 142, de 25/07), "no actual quadro jurídico, a competência material dos julgados de paz para apreciar e decidir as acções previstas no artigo 9º, nº 1, da L 78/2001, de 13 de julho, é alternativa relativamente aos tribunais judiciais de competência territorial concorrente".

i) Ações que respeitem a incumprimento contratual, exceto contrato de trabalho e arrendamento rural;

j) Ações que respeitem à garantia geral das obrigações.

2. Os julgados de paz são também competentes para apreciar os pedidos de indemnização cível, quando não haja sido apresentada participação criminal ou após desistência da mesma, emergentes de:

a) Ofensas corporais simples;

b) Ofensa à integridade física por negligência;

c) Difamação;

d) Injúrias;

e) Furto simples;

f) Dano simples;

g) Alteração de marcos;

h) Burla para obtenção de alimentos, bebidas ou serviços.

3. A apreciação de um pedido de indemnização cível, nos termos do número anterior, preclude a possibilidade de instaurar o respetivo procedimento criminal.

Artigo 10º – Competência em razão do território

Os fatores que determinam a competência territorial dos julgados de paz são os fixados nos artigos 11º e seguintes.

Artigo 11º – Foro da situação dos bens

1. Devem ser propostas no julgado de paz da situação dos bens as ações referentes a direitos reais ou pessoais de gozo sobre imóveis e as ações de divisão de coisa comum.

2. Quando a ação tiver por objeto uma universalidade de facto, ou bens móveis ou imóveis situados em circunscrições diferentes, é proposta no julgado de paz correspondente à situação dos imóveis de maior valor, devendo atender-se para esse efeito ao valor patrimonial; se o prédio que é objeto da ação estiver situado em mais de uma circunscrição territorial, pode ser proposta em qualquer das circunscrições.

Artigo 12º – Local do cumprimento da obrigação

1. A ação destinada a exigir o cumprimento de obrigações, a indemnização pelo não cumprimento ou pelo cumprimento defeituoso e a resolução do contrato por falta de cumprimento é proposta, à escolha do credor, no julgado de paz do lugar em que a obrigação devia ser cumprida ou no julgado de paz do domicílio do demandado.

2. Se a ação se destinar a efetivar a responsabilidade civil baseada em facto ilícito ou fundada no risco, o julgado de paz competente é o correspondente ao lugar onde o facto ocorreu.

Artigo 13º – Regra geral

1. Em todos os casos não previstos nos artigos anteriores ou em disposições especiais é competente para a ação o julgado de paz do domicílio do demandado.

2. Se, porém, o demandado não tiver residência habitual ou for incerto ou ausente, é demandado no julgado de paz do domicílio do demandante.

3. Se o demandado tiver domicílio e residência em país estrangeiro, é demandado no do domicílio do demandante e, quando este domicílio for em país estrangeiro, é competente para a causa qualquer julgado de paz em Lisboa.

Artigo 14º - Regra geral para pessoas coletivas

No caso de o demandado ser uma pessoa coletiva, a ação é proposta no julgado de paz da sede da administração principal ou na sede da sucursal, agência, filial, delegação ou representação, conforme a ação seja dirigida contra aquela ou contra estas.

CAPÍTULO III - Organização e funcionamento dos julgados de paz

Artigo 15º - Das secções

Os julgados de paz podem dispor, caso se justifique, de uma ou mais secções, dirigidas cada uma delas por um juiz de paz.

Artigo 16º - Serviço de mediação[1]

1. Em cada julgado de paz existe um serviço de mediação que disponibiliza a qualquer interessado a mediação, como forma de resolução alternativa de litígios.

2. O serviço tem como objetivo estimular a resolução, com caráter preliminar, de litígios por acordo das partes.

3. O serviço de mediação é competente para mediar quaisquer litígios que possam ser objeto de mediação, ainda que excluídos da competência do julgado de paz.

4. O regulamento, as condições de acesso aos serviços de mediação dos julgados de paz e as custas inerentes são aprovados por portaria do membro do Governo responsável pela área da justiça.

Artigo 17º - Atendimento e apoio administrativo

1. Cada julgado de paz tem um serviço de atendimento e um serviço de apoio administrativo.

2. Os serviços previstos no número anterior podem ser comuns às secções existentes.

3. O diploma de criação dos julgados de paz define a organização dos serviços de atendimento e apoio administrativo, que podem ser partilhados com a estrutura existente na autarquia em que estiverem sediados.

Artigo 18º - Uso de meios informáticos

É adotado o uso de meios informáticos no tratamento e execução de quaisquer atos ou peças processuais, salvo disposição legal em contrário, desde que se mostrem respeitadas as regras referentes à proteção de dados pessoais e se faça menção desse uso.

[1] O nº 3 tem a redação da L 54/2013, de 31 de julho.

Artigo 19º – Pessoal

Os julgados de paz não têm quadro de pessoal.

Artigo 20º – Modalidade e horário de funcionamento

Os julgados de paz funcionam em horário a definir no respetivo diploma de criação.

CAPÍTULO IV – Dos juízes de paz e dos mediadores

SECÇÃO I – Disposições gerais

Artigo 21º – Impedimentos e suspeições[1]

1. Aos juízes de paz é aplicável o regime de impedimentos e suspeições estabelecido na lei do processo civil para os juízes.

2. As suspeições e os pedidos de escusa relativos aos juízes de paz são apreciados e decididos pelo Conselho dos Julgados de Paz.

3. Aos mediadores é aplicável o regime de impedimentos e escusa estabelecido na Lei da Mediação, aprovada pela Lei nº 29/2013, de 19 de abril.

Artigo 22º – Dever de sigilo

1. Os juízes de paz e os mediadores não podem fazer declarações ou comentários sobre os processos que lhes estão distribuídos.

2. Não são abrangidas pelo dever de sigilo as informações que, em matéria não coberta pelo segredo de justiça ou pelo sigilo profissional, visem a realização de direitos ou interesses legítimos, nomeadamente o do acesso à informação.

SECÇÃO II – Juízes de paz

Artigo 23º – Requisitos

Só pode ser juiz de paz quem reunir, cumulativamente, os seguintes requisitos:

a) Ter nacionalidade portuguesa;

b) Possuir licenciatura em Direito;

c) Ter idade superior a 30 anos;

d) Estar no pleno gozo dos direitos civis e políticos;

e) Não ter sofrido condenação, nem estar pronunciado por crime doloso;

f) Ter cessado, ou fazer cessar imediatamente antes da assunção das funções como juiz de paz, a prática de qualquer outra atividade pública ou privada.

[1] Redação da L 54/2013, de 31 de julho.

Artigo 24º – Recrutamento e seleção[1]

1. O recrutamento e a seleção dos juízes de paz é da responsabilidade do Ministério da Justiça, em colaboração com o Conselho dos Julgados de Paz, e é feito por concurso aberto para o efeito, mediante avaliação curricular e provas públicas.

2. Não estão sujeitos à realização de provas públicas:

a) Os magistrados judiciais ou do Ministério Público;

b) Quem tenha exercido funções de juiz de direito nos termos da lei;

c) Quem exerça ou tenha exercido funções como representante do Ministério Público;

d) Os docentes universitários que possuam os graus de mestrado ou doutoramento em Direito;

e) Os antigos bastonários, presidentes dos conselhos distritais e membros do conselho geral da Ordem dos Advogados;

f) Os antigos membros do Conselho Superior da Magistratura, do Conselho Superior dos Tribunais Administrativos e Fiscais e do Conselho Superior do Ministério Público.

3. O regulamento do concurso é aprovado por portaria do membro do Governo responsável pela área da justiça.[*]

Artigo 25º – Provimento e nomeação[2]

1. Os juízes de paz são providos por período de cinco anos.

2. Os juízes de paz são nomeados pelo Conselho dos Julgados de Paz, que sobre eles exerce poder disciplinar.

3. No termo do período a que se refere o nº 1, o Conselho dos Julgados de Paz pode deliberar, de forma fundamentada, a sua renovação, devendo ter em conta a vontade manifestada pelo juiz de paz, a conveniência de serviço, a avaliação do mérito do juiz de paz, o número de processos entrados e findos no julgado de paz em que o juiz exerce as suas funções, bem como a apreciação global do serviço por este prestado no exercício das mesmas, devendo tal procedimento ser adotado caso se justifiquem ulteriores renovações.

Artigo 26º – Funções[3]

1. Compete ao juiz de paz proferir, de acordo com a lei ou equidade, as decisões relativas a questões que sejam submetidas aos julgados de paz, devendo, previamente, procurar conciliar as partes.

2. O juiz de paz não está sujeito a critérios de legalidade estrita, podendo, se as partes assim o acordarem, decidir segundo juízos de equidade quando o valor da ação não exceda metade do valor da alçada do julgado de paz.

3. O juiz de paz deve explicar às partes o significado e alcance do juízo de equidade e a diferença entre esse critério e o da legalidade estrita, e indagar se é nesta base que pretendem a resolução da causa.

[1] Os nºs 1 e 2 (com excepção das alíneas) têm a redação da L 54/2013, de 31 de julho.
[2] Redação da L 54/2013, de 31 de julho.
[3] O nº 2, tem a redação da L 54/2013, de 31 de julho. O nº 3 foi aditado por esta lei.
[*] Ver Portaria 575/2007, de 2 de maio (DR, I Série, nº 84, de 2/5).

Artigo 27º – Incompatibilidades[1]

1. Os juízes de paz em exercício não podem desempenhar qualquer outra função pública ou privada de natureza profissional.

2. Podem, no entanto, exercer funções docentes ou de investigação científica, desde que autorizados pelo Conselho dos Julgados de Paz e que não envolvam prejuízo para o serviço.

Artigo 28º – Remuneração

A remuneração dos juízes de paz é a correspondente ao escalão mais elevado da categoria de assessor principal da carreira técnica superior do regime geral da Administração Pública.

Artigo 29º – Disposições subsidiárias[2]

É aplicável subsidiariamente aos juízes de paz, quanto a deveres, incompatibilidades e direitos, o regime dos trabalhadores que exercem funções públicas, em tudo quanto não seja incompatível com a presente lei.

SECÇÃO III – Dos mediadores

Artigo 30º – Mediadores[3]

1. Os mediadores que colaboram com os julgados de paz são profissionais independentes, habilitados a prestar serviços, nos termos da presente secção.

2. No desempenho da sua função, o mediador deve atuar de acordo com o disposto no estatuto do mediador de conflitos, previsto na Lei da Mediação, aprovada pela Lei nº 29/2013, de 19 de abril.

3. Os mediadores estão impedidos de exercer a advocacia no julgado de paz onde prestam serviço.

Artigo 31º – Requisitos[4]

Sem prejuízo do disposto no artigo seguinte, o mediador, a fim de colaborar com os julgados de paz, tem de reunir os seguintes requisitos:

a) Ter mais de 25 anos de idade;

b) Estar no pleno gozo dos seus direitos civis e políticos;

c) Possuir licenciatura;

d) Ter frequentado e obtido aproveitamento em curso ministrado por entidade formadora certificada pelo Ministério da Justiça, nos termos da Lei da Mediação, aprovada pela Lei nº 29/2013, de 19 de abril;

[1] O nº 2, tem a redação da L 54/2013, de 31 de julho.
[2] Redação da L 54/2013, de 31 de julho.
[3] Os nºs 1 e 2 têm a redação da L 54/2013, de 31 de julho.
[4] As als. *c)* e *d)* têm a redação da L 54/2013, de 31 de julho.

e) Não ter sofrido condenação nem estar pronunciado por crime doloso;
f) Ter o domínio da língua portuguesa;
g) *(Revogada).*

Artigo 32º – Seleção e reconhecimento de qualificações de mediadores[1]

1. A seleção dos mediadores habilitados a prestar os serviços da sua especialidade em colaboração com os julgados de paz é feita por concurso curricular aberto para o efeito.

2. O regulamento do concurso é aprovado por portaria do membro do Governo responsável pela área da justiça*.

3. Caso o mediador concorrente seja cidadão da União Europeia ou do espaço económico europeu cujas qualificações tenham sido obtidas fora de Portugal e pretenda colaborar com os julgados de paz, deve obter prévio reconhecimento das mesmas, nos termos da Lei nº 9/2009, de 4 de março, alterada pela Lei nº 41/2012, de 28 de agosto, junto do serviço do Ministério da Justiça definido por portaria do membro do governo responsável pela área da justiça, estando ainda sujeito aos requisitos de acesso referidos no artigo anterior.

4. As medidas de compensação admissíveis nos termos do artigo 11º da Lei nº 9/ /2009, de 4 de março, alterada pela Lei nº 41/2012, de 28 de agosto, são reguladas pela portaria referida no número anterior.

5. Caso o mediador concorrente pretenda colaborar com os julgados de paz em regime de livre prestação deve apresentar, conjuntamente com a apresentação de candidatura ao concurso, a declaração prévia referida no artigo 5º da Lei nº 9/2009, de 4 de março, alterada pela Lei nº 41/2012, de 28 de agosto, estando ainda sujeito aos requisitos de acesso referidos no artigo anterior.

Artigo 33º – Listas de mediadores[2]

1. Em cada julgado de paz há uma lista contendo, por ordem alfabética, os nomes das pessoas habilitadas a exercer as funções de mediador nesse julgado de paz e, bem assim, o respetivo endereço profissional.

2. As listas são anualmente atualizadas, por despacho do Ministro da Justiça, e publicadas no *Diário da República*.

3. A inscrição nas listas é efetuada automaticamente no seguimento de seleção no procedimento referido no artigo anterior.

4. A referida inscrição não investe os inscritos na qualidade de trabalhador que exerce funções públicas nem garante o pagamento de qualquer remuneração fixa por parte do Estado.

5. É excluído da lista o mediador que haja sido condenado ou pronunciado por crime doloso.

[1] Os nºs 3, 4 e 5 foram aditados pela L 54/2013, de 31 de julho.
[2] Os nºs 1, 3 e 6 têm a redação da L 54/2013, de 31 de julho.
* Ver Portaria 282/2010, de 25 de maio (DR, 1ª Série, nº 101, de 25/5), que contém o "Regulamento do procedimento de selecção de mediadores para prestar serviços nos Julgados de Paz". Esta Portaria foi alterada pela Portaria 283/2018, de 19 de outubro.

6. A fiscalização da atividade dos mediadores que exerçam funções em julgados de paz é da competência do serviço do Ministério da Justiça definido por portaria do membro do Governo responsável pela área da justiça.*

Artigo 34º – Regime[1]

Os mediadores habilitados para colaborar com os julgados de paz são contratados em regime de prestação de serviços, por períodos de dois anos, suscetíveis de renovação.

Artigo 35º – Da mediação e funções do mediador

(Revogado pela L 54/2013, de 31 de julho.)

Artigo 36º – Remuneração do mediador[1]

1. A remuneração do mediador é atribuída por cada processo de mediação, independentemente do número de sessões realizadas, sendo o respetivo montante fixado pelo membro do Governo responsável pela área da justiça.

2. O mediador não tem direito ao pagamento de ajudas de custo ou ao reembolso de despesas de deslocação.

CAPÍTULO V – Das partes e sua representação

Artigo 37º – Das partes[1]

Nos processos instaurados nos julgados de paz podem ser partes pessoas singulares ou coletivas, bem como outras entidades com personalidade judiciária.

Artigo 38º – Representação[2]

1. Nos julgados de paz, as partes têm de comparecer pessoalmente, podendo fazer-se acompanhar por advogado, advogado estagiário ou solicitador.

2. A assistência é obrigatória quando a parte seja analfabeta, desconhecedora da língua portuguesa ou, por qualquer outro motivo, se encontrar numa posição de manifesta inferioridade, devendo neste caso o juiz de paz apreciar a necessidade de assistência segundo o seu prudente juízo.

3. É também obrigatória a constituição de advogado na fase de recurso, se a ela houver lugar.

Artigo 39º – Litisconsórcio e coligação[1]

É admitido o litisconsórcio e a coligação de partes apenas no momento da propositura da ação, salvo para regularizar uma situação de litisconsórcio necessário, caso

* Nos termos do artigo 2º da Portaria 283/2018, de 19 de outubro, "a Direção-Geral da Política de Justiça é o serviço do Ministério da Justiça competente para a fiscalização da atividade dos mediadores que exerçam funções em julgados de paz".

[1] Redação da L 54/2013, de 31 de julho.

[2] O nº 2 tem a redação da L 54/2013, de 31 de julho.

em que essa regularização tem de ocorrer no prazo de 10 dias após a decisão que julgue ilegítima alguma das partes por não estar em juízo determinada pessoa.

Artigo 40º – Apoio judiciário[1]

O regime jurídico do apoio judiciário é aplicável aos processos que corram os seus termos nos julgados de paz e ao pagamento da retribuição do mediador.

CAPÍTULO VI – Do processo

SECÇÃO I – Disposições gerais

Artigo 41º – Incidentes[1]

São apreciados e decididos pelo juiz de paz os incidentes processuais suscitados pelas partes que não sejam expressamente excluídos pelo disposto na presente lei.

Artigo 41º-A – Procedimentos cautelares[2]

Nos limites do disposto no artigo 9º, sempre que alguém mostre fundado receio de que outrem cause lesão grave ou dificilmente reparável ao seu direito pode requerer junto do julgado de paz competente a providência conservatória ou antecipatória concretamente adequada a assegurar a efetividade do direito ameaçado.

Artigo 42º – Distribuição dos processos

A distribuição dos processos é feita no julgado de paz de acordo com regulamento internamente aprovado.

SECÇÃO II – Do requerimento inicial e da contestação

Artigo 43º – Apresentação do requerimento

1. O processo inicia-se pela apresentação do requerimento na secretaria do julgado de paz.

2. O requerimento pode ser apresentado verbalmente ou por escrito, em formulário próprio, com indicação do nome e do domicílio do demandante e do demandado, contendo a exposição sucinta dos factos, o pedido e o valor da causa.

3. Se o requerimento for efetuado verbalmente, deve o funcionário reduzi-lo a escrito.

4. Se estiver presente o demandado, pode este, de imediato, apresentar a contestação, observando-se, com as devidas adaptações, o disposto no nº 2 do presente artigo.

[1] Redação da L 54/2013, de 31 de julho.

[2] Esta norma foi aditada pela L 54/2013, de 31 de julho.

5. Em caso de irregularidade formal ou material das peças processuais, são as partes convidadas a aperfeiçoá-las oralmente no início da audiência de julgamento.

6. Não há lugar a entrega de duplicados legais, cabendo à secretaria facultar às partes cópia das peças processuais.

7. Caso o requerimento a que se refere o nº 1 do presente artigo seja apresentado pessoalmente, é logo o demandante notificado da data em que tem lugar a sessão de pré-mediação.

8. A apresentação do requerimento determina a interrupção da prescrição, nos termos gerais.

Artigo 44º – Limitações à apresentação do pedido

É admitida a cumulação de pedidos apenas no momento da propositura da ação.

Artigo 45º – Citação do demandado

1. Caso o demandado não esteja presente aquando da apresentação do requerimento, a secretaria deve citá-lo para que este tome conhecimento de que contra si foi instaurado um processo, enviando-lhe cópia do requerimento do demandante.

2. Da citação devem constar a data da sessão de pré-mediação, o prazo para apresentação da contestação e as cominações em que incorre no caso de revelia.

Artigo 46º – Formas de citação e notificação

1. As citações e notificações podem ser efetuadas por via postal, podendo, em alternativa, ser feitas pessoalmente, pelo funcionário.

2. Não se admite a citação edital.

3. As notificações podem ser efetuadas pessoalmente, por telefone, telecópia ou via postal e podem ser dirigidas para o domicílio ou, se for do conhecimento da secretaria, para o local de trabalho do demandado.

4. Não há lugar à expedição de cartas rogatórias e precatórias.

Artigo 47º – Contestação

1. A contestação pode ser apresentada por escrito ou verbalmente, caso em que será reduzida a escrito pelo funcionário, no prazo de 10 dias a contar da citação.

2. Não há lugar à prorrogação do prazo para apresentar a contestação.

3. O demandante é imediatamente notificado da contestação e, se não o houver sido anteriormente, da data da sessão de pré-mediação.

Artigo 48º – Reconvenção[1]

1. Não se admite a reconvenção, exceto quando o demandado se propõe obter a compensação ou tornar efetivo o direito a benfeitorias ou despesas relativas à coisa cuja entrega lhe é pedida.

[1] O nº 2 tem a redação da L 54/2013, de 31 de julho.

2. Caso a cumulação do valor do pedido do demandante e do valor do pedido do reconvinte seja superior ao limite da alçada do julgado de paz, a reconvenção é ainda admissível, desde que o valor desta não ultrapasse aquela alçada.

3. O demandante pode, caso haja reconvenção, responder à mesma no prazo de 10 dias contados da notificação da contestação.

SECÇÃO III – Da pré-mediação e da mediação

Artigo 49º – Pré-mediação

1. Recebido o pedido e iniciado o processo no julgado de paz, é realizada uma pré-mediação, desde que qualquer uma ou ambas as partes não tenham previamente afastado esta possibilidade.

2. A realização da pré-mediação pode ocorrer de imediato se as partes estiverem presentes e, se houver concordância destas e disponibilidade de mediador, ser logo seguida de sessão de mediação.

Artigo 50º – Objetivos da pré-mediação

1. A pré-mediação tem como objetivo explicar às partes em que consiste a mediação e verificar a predisposição destas para um possível acordo em fase de mediação.

2. Afirmada positivamente a vontade das partes, é de imediato marcada a primeira sessão de mediação.

3. Verificada negativamente a vontade das partes, o mediador dá desse facto conhecimento ao juiz de paz, que designa data para a audiência de julgamento.

4. *(Revogado).*

Artigo 51º – Marcação da mediação[1]

1. Se as partes estiverem de acordo em passar à fase da mediação, é celebrado um protocolo de mediação e é marcada data para a primeira sessão num dos dias imediatamente seguintes à sessão de pré-mediação, sem prejuízo de poder ser logo realizada caso o mediador designado esteja disponível.

2. Cabe às partes escolher um mediador de entre os constantes da lista a que se refere o nº 2 do artigo 33º da presente lei, sendo que, caso não cheguem a acordo, cabe à secretaria designá-lo.

3. A mediação tem lugar na sede do julgado de paz.

Artigo 52º – Confidencialidade

(Revogado pela L 54/2013, de 31 de julho.)

[1] O nº 1 tem a redação da L 54/2013, de 31 de julho.

Artigo 53º – Mediação[1]

1. Ao processo de mediação é aplicável o disposto na Lei da Mediação, aprovada pela Lei nº 29/2013, de 19 de abril, com as especificidades previstas na presente lei.

2. *(Revogado).*

3. *(Revogado).*

4. *(Revogado).*

5. *(Revogado).*

6. *(Revogado).*

Artigo 54º – Falta de comparência à pré-mediação ou à mediação[2]

1. Se uma das partes não comparecer à sessão de pré-mediação ou a uma sessão de mediação, não apresentando justificação no prazo de três dias, o processo é remetido à secretaria para marcação da data de audiência de julgamento.

2. Compete à secretaria marcar nova data, sem possibilidade de adiamento, para a pré-mediação ou para a sessão de mediação, dentro dos três dias seguintes à apresentação da justificação.

3. Reiterada a falta, o processo é remetido para a fase de julgamento, devendo a secretaria notificar as partes da data da respetiva audiência, a qual deve ter lugar num dos 10 dias seguintes.

Artigo 55º – Desistência

1. As partes podem, a qualquer momento, desistir da mediação.

2. Sendo a desistência anterior à mediação, é esta comunicada à secretaria.

3. Caso a desistência ocorra durante a mediação, a comunicação é feita ao mediador.

Artigo 56º – Acordo

1. Se as partes chegarem a acordo, é este reduzido a escrito e assinado por todos os intervenientes, para imediata homologação pelo juiz de paz, tendo valor de sentença.

2. Se as partes não chegarem a acordo ou apenas o atingirem parcialmente, o mediador comunica tal facto ao juiz de paz.

3. Recebida a comunicação, é marcado dia para a audiência de julgamento, do qual são as partes notificadas.

4. A audiência de julgamento realiza-se no prazo máximo de 10 dias contados da data da respetiva notificação das partes.

[1] Redação da L 54/2013, de 31 de julho.

[2] Os nºs 1 e 2 têm a redação da L 54/2013, de 31 de julho.

SECÇÃO IV – Do julgamento

Artigo 57º – Audiência de julgamento[1]

1. Na audiência de julgamento são ouvidas as partes, produzida a prova e proferida sentença.

2. Não é admissível mais do que um adiamento de audiência ou de sessão de audiência de julgamento, mesmo que por acordo das partes.

3. Não é admissível o adiamento da audiência de julgamento por acordo das partes por período superior a 10 dias.

Artigo 58º – Efeitos das faltas[2]

1. Quando o demandante, tendo sido regularmente notificado, não comparecer no dia da audiência de julgamento nem apresentar justificação no prazo de três dias, considera-se tal falta como desistência do pedido.

2. Quando o demandado, tendo sido pessoal e regularmente citado, não comparecer, não apresentar contestação escrita, nem justificar a falta no prazo de três dias, consideram-se confessados os factos articulados pelo autor.

3. Compete à secretaria marcar, sem possibilidade de adiamento, nova data para a audiência de julgamento, dentro dos cinco dias seguintes à apresentação de justificação.

4. Reiterada a falta, operam as cominações previstas nos números anteriores.

Artigo 59º – Meios probatórios[3]

1. Até ao dia da audiência de julgamento devem as partes apresentar as provas que reputem necessárias ou úteis, não podendo cada parte oferecer mais de cinco testemunhas.

2. As testemunhas não são notificadas, incumbindo às partes apresentá-las na audiência de julgamento.

3. Requerida a prova pericial e ouvida a parte contrária, se o juiz de paz entender que a diligência é pertinente ou não dilatória, manda remeter os autos ao tribunal de 1ª instância competente, para a produção da prova necessária.

4. Produzida a prova pericial, são os autos devolvidos ao julgado de paz onde a ação corria termos para aí prosseguir o julgamento da causa.

Artigo 60º – Sentença[4]

1. A sentença é proferida na audiência de julgamento e reduzida a escrito, dela constando:

a) A identificação das partes;

[1] Os nºs 2 e 3 têm a redação da L 54/2013, de 31 de julho.
[2] O nº 2 tem a redação da L 54/2013, de 31 de julho.
[3] Os nºs 3 e 4 têm a redação da L 54/2013, de 31 de julho.
[4] O nº 3 tem a redação da L 54/2013, de 31 de julho.

b) O objeto do litígio;

c) Uma sucinta fundamentação;

d) A decisão propriamente dita;

e) O local e a data em que foi proferida;

f) A identificação e a assinatura do juiz de paz que a proferiu.

2. A sentença é pessoalmente notificada às partes, imediatamente antes do encerramento da audiência de julgamento.

3. Nos processos em que sejam partes incapazes, incertos e ausentes, a sentença é notificada ao Ministério Público junto do tribunal judicial territorialmente competente.

Artigo 61º – Valor da sentença

As decisões proferidas pelos julgados de paz têm o valor de sentença proferida por tribunal de 1ª instância.

SECÇÃO V – Disposições finais

Artigo 62º – Recursos[1]

1. As decisões proferidas nos processos cujo valor exceda metade do valor da alçada do tribunal de 1ª instância podem ser impugnadas por meio de recurso a interpor para a secção competente do tribunal de comarca em que esteja sediado o julgado de paz.

2. O recurso tem efeito meramente devolutivo.

Artigo 63º – Direito subsidiário[1]

É subsidiariamente aplicável, no que não seja incompatível com a presente lei e no respeito pelos princípios gerais do processo nos julgados de paz, o disposto no Código de Processo Civil, com exceção das normas respeitantes ao compromisso arbitral, bem como à reconvenção, à réplica e aos articulados supervenientes.

CAPÍTULO VII – Disposições finais e transitórias

Artigo 64º – Rede dos julgados de paz[1]

1. *(Caducado).*

2. Fica o Governo habilitado a estabelecer com os municípios ou com entidades públicas de reconhecido mérito a área de competência territorial dos julgados de paz.

3. O Governo celebra com as autarquias ou com as entidades públicas de reconhecido mérito protocolos relativos às instalações, equipamentos e pessoal de apoio necessários à instalação e ao funcionamento dos julgados de paz.

[1] Redação da L 54/2013, de 31 de julho.

Artigo 65º – Conselho dos Julgados de Paz[1-2]

1. O Conselho dos Julgados de Paz é o órgão responsável pelo acompanhamento da criação e instalação dos julgados de paz, que funciona na dependência da Assembleia da República, com mandato de legislatura.

2. O conselho é constituído por:

a) Uma personalidade designada pelo Presidente da Assembleia da República, que preside;

b) Um representante de cada Grupo Parlamentar representado na Comissão de Assuntos Constitucionais, Direitos, Liberdades e Garantias da Assembleia da República, e por tal Comissão indicado;

c) Um representante do Ministério da Justiça;

d) Um representante do Conselho Superior da Magistratura;

e) Um representante da Associação Nacional de Municípios Portugueses;

f) Um representante dos juízes de paz, eleito de entre estes.[*]

3. Ao Conselho dos Julgados de Paz compete:

a) Nomear, colocar, transferir, exonerar, apreciar o mérito profissional, exercer a ação disciplinar e, em geral, praticar todos os atos de idêntica natureza respeitantes a juízes de paz;

b) Apreciar e decidir as suspeições e os pedidos de escusa relativos aos juízes de paz;

c) Autorizar férias, admitir a justificação de faltas e atos de natureza análoga referentes a juízes de paz;

d) Emitir recomendações genéricas e não vinculativas aos juízes de paz;

e) Propor à Assembleia da República e ao Governo as providências legislativas ou regulamentares relativas aos julgados de paz;

f) Emitir parecer sobre diplomas legislativos ou regulamentares relativos aos julgados de paz;

g) Colaborar nos concursos de recrutamento e nos cursos e ações de formação dos juízes de paz;

h) Aprovar os regulamentos indispensáveis ao cumprimento das suas funções;

i) Exercer as demais funções conferidas por lei.

4. O Conselho dos Julgados de Paz pode nomear pessoa de reconhecido mérito e experiência, que realize inquéritos, processos disciplinares, avaliações de juízes de paz e outros atos inspetivos.

5. Cabe à Assembleia da República assegurar ao Conselho dos Julgados de Paz os meios indispensáveis ao cumprimento das suas atribuições e competências, designadamente instalações adequadas, pessoal de secretariado e apoio logístico, através de dotação especial inscrita no seu orçamento.

6. O Conselho dos Julgados de Paz acompanha a criação, a instalação e o funcionamento dos julgados de paz e apresenta à Assembleia da República um relatório anual de avaliação até ao dia 30 de abril do ano seguinte àquele a que respeita.

[1] Redação da L 54/2013, de 31 de julho.
[2] *Vide* a Declaração nº 11/2022, de 12 de julho, DR, I Série, nº 133/2022 (com a Declaração de Retificação nº 18/2022, no DR, I Série, nº 142/2022, de 25 de julho).
[*] Ver a Declaração nº 4/2019, publicada no DR 1ª série, nº 81, de 26 de abril de 2019.

Artigo 66º – Desenvolvimento do projeto

(Revogado pela L 54/2013, de 31 de julho)

Artigo 67º – Processos pendentes

As ações pendentes à data da criação e instalação dos julgados de paz seguem os seus termos nos tribunais onde foram propostas.

Artigo 68º – Entrada em vigor

(Revogado pela L 54/2013, de 31 de julho)

[3] Mediação

Lei nº 29/2013, de 19 de abril

Estabelece os princípios gerais aplicáveis à mediação realizada em Portugal, bem como os regimes jurídicos da mediação civil e comercial, dos mediadores e da mediação pública

CAPÍTULO I – Disposições gerais

Artigo 1º – Objeto

A presente lei estabelece:

a) Os princípios gerais aplicáveis à mediação realizada em Portugal;

b) O regime jurídico da mediação civil e comercial;

c) O regime jurídico dos mediadores;

d) O regime jurídico dos sistemas públicos de mediação.

Artigo 2º – Definições

Para efeitos do disposto na presente lei, entende-se por:

a) «Mediação» a forma de resolução alternativa de litígios, realizada por entidades públicas ou privadas, através do qual duas ou mais partes em litígio procuram voluntariamente alcançar um acordo com assistência de um mediador de conflitos;

b) «Mediador de conflitos» um terceiro, imparcial e independente, desprovido de poderes de imposição aos mediados, que os auxilia na tentativa de construção de um acordo final sobre o objeto do litígio.

CAPÍTULO II – Princípios

Artigo 3º – Princípios da mediação

Os princípios consagrados no presente capítulo são aplicáveis a todas as mediações realizadas em Portugal, independentemente da natureza do litígio que seja objeto de mediação.

Artigo 4º – Princípio da voluntariedade

1. O procedimento de mediação é voluntário, sendo necessário obter o consentimento esclarecido e informado das partes para a realização da mediação, cabendo-lhes a responsabilidade pelas decisões tomadas no decurso do procedimento.

2. Durante o procedimento de mediação, as partes podem, em qualquer momento, conjunta ou unilateralmente, revogar o seu consentimento para a participação no referido procedimento.

3. A recusa das partes em iniciar ou prosseguir o procedimento de mediação não consubstancia violação do dever de cooperação nos termos previstos no Código de Processo Civil.

Artigo 5º – Princípio da confidencialidade

1. O procedimento de mediação tem natureza confidencial, devendo o mediador de conflitos manter sob sigilo todas as informações de que tenha conhecimento no âmbito do procedimento de mediação, delas não podendo fazer uso em proveito próprio ou de outrem.

2. As informações prestadas a título confidencial ao mediador de conflitos por uma das partes não podem ser comunicadas, sem o seu consentimento, às restantes partes envolvidas no procedimento.

3. O dever de confidencialidade sobre a informação respeitante ao conteúdo da mediação só pode cessar por razões de ordem pública, nomeadamente para assegurar a proteção do superior interesse da criança, quando esteja em causa a proteção da integridade física ou psíquica de qualquer pessoa, ou quando tal seja necessário para efeitos de aplicação ou execução do acordo obtido por via da mediação, na estrita medida do que, em concreto, se revelar necessário para a proteção dos referidos interesses.

4. Exceto nas situações previstas no número anterior ou no que diz respeito ao acordo obtido, o conteúdo das sessões de mediação não pode ser valorado em tribunal ou em sede de arbitragem.

Artigo 6º – Princípio da igualdade e da imparcialidade

1. As partes devem ser tratadas de forma equitativa durante todo o procedimento de mediação, cabendo ao mediador de conflitos gerir o procedimento de forma a garantir o equilíbrio de poderes e a possibilidade de ambas as partes participarem no mesmo.

2. O mediador de conflitos não é parte interessada no litígio, devendo agir com as partes de forma imparcial durante toda a mediação.

Artigo 7º – Princípio da independência

1. O mediador de conflitos tem o dever de salvaguardar a independência inerente à sua função.

2. O mediador de conflitos deve pautar a sua conduta pela independência, livre de qualquer pressão, seja esta resultante dos seus próprios interesses, valores pessoais ou de influências externas.

3. O mediador de conflitos é responsável pelos seus atos e não está sujeito a subordinação, técnica ou deontológica, de profissionais de outras áreas, sem prejuízo, no âmbito dos sistemas públicos de mediação, das competências das entidades gestoras desses mesmos sistemas.

Artigo 8º – Princípio da competência e da responsabilidade

1. Sem prejuízo do disposto na alínea *e*) do nº 1 e no nº 3 do artigo seguinte, o mediador de conflitos, a fim de adquirir as competências adequadas ao exercício da sua atividade, pode frequentar ações de formação que lhe confiram aptidões específicas, teóricas e práticas, nomeadamente curso de formação de mediadores de conflitos realizado por entidade formadora certificada pelo Ministério da Justiça, nos termos do artigo 24º

2. O mediador de conflitos que viole os deveres de exercício da respetiva atividade, nomeadamente os constantes da presente lei e, no caso da mediação em sistema público, dos atos constitutivos ou regulatórios dos sistemas públicos de mediação, é civilmente responsável pelos danos causados, nos termos gerais de direito.

Artigo 9º – Princípio da executoriedade

1. Tem força executiva, sem necessidade de homologação judicial, o acordo de mediação:

a) Que diga respeito a litígio que possa ser objeto de mediação e para o qual a lei não exija homologação judicial;

b) Em que as partes tenham capacidade para a sua celebração;

c) Obtido por via de mediação realizada nos termos legalmente previstos;

d) Cujo conteúdo não viole a ordem pública; e

e) Em que tenha participado mediador de conflitos inscrito na lista de mediadores de conflitos organizada pelo Ministério da Justiça.*

2. O disposto na alínea *e*) do número anterior não é aplicável às mediações realizadas no âmbito de um sistema público de mediação.

3. As qualificações e demais requisitos de inscrição na lista referida na alínea *e*) do nº 1, incluindo dos mediadores nacionais de Estados membros da União Europeia ou do espaço económico europeu provenientes de outros Estados membros, bem como o serviço do Ministério da Justiça competente para a organização da lista e a forma de acesso e divulgação da mesma, são definidos por portaria do membro do Governo responsável pela área da justiça.

4. Tem igualmente força executiva o acordo de mediação obtido por via de mediação realizada noutro Estado membro da União Europeia que respeite o disposto nas

* Ver a Portaria 344/2013, de 27 de novembro.

alíneas *a*) e *d*) do nº 1, se o ordenamento jurídico desse Estado também lhe atribuir força executiva.

CAPÍTULO III – Mediação civil e comercial

SECÇÃO I – Disposições gerais

Artigo 10º – Âmbito de aplicação

1. O disposto no presente capítulo é aplicável à mediação de litígios em matéria civil e comercial realizada em Portugal.

2. O presente capítulo não é aplicável:

a) Aos litígios passíveis de serem objeto de mediação familiar;

b) Aos litígios passíveis de serem objeto de mediação laboral;

c) Aos litígios passíveis de serem objeto de mediação penal.

Artigo 11º – Litígios objeto de mediação civil e comercial

1. Podem ser objeto de mediação de litígios em matéria civil e comercial os litígios que, enquadrando-se nessas matérias, respeitem a interesses de natureza patrimonial.

2. Podem ainda ser objeto de mediação os litígios em matéria civil e comercial que não envolvam interesses de natureza patrimonial, desde que as partes possam celebrar transação sobre o direito controvertido.

Artigo 12º – Convenção de mediação

1. As partes podem prever, no âmbito de um contrato, que os litígios eventuais emergentes dessa relação jurídica contratual sejam submetidos a mediação.

2. A convenção referida no número anterior deve adotar a forma escrita, considerando-se esta exigência satisfeita quando a convenção conste de documento escrito assinado pelas partes, troca de cartas, telegramas, telefaxes ou outros meios de telecomunicação de que fique prova escrita, incluindo meios eletrónicos de comunicação.

3. É nula a convenção de mediação celebrada em violação do disposto nos números anteriores ou no artigo anterior.

4. O tribunal no qual seja proposta ação relativa a uma questão abrangida por uma convenção de mediação deve, a requerimento do réu deduzido até ao momento em que este apresentar o seu primeiro articulado sobre o fundo da causa, suspender a instância e remeter o processo para mediação.

SECÇÃO II – Mediação pré-judicial

Artigo 13º – Mediação pré-judicial e suspensão de prazos

1. As partes podem, previamente à apresentação de qualquer litígio em tribunal, recorrer à mediação para a resolução desses litígios.

2. O recurso à mediação suspende os prazos de caducidade e prescrição a partir da data em que for assinado o protocolo de mediação ou, no caso de mediação realizada nos sistemas públicos de mediação, em que todas as partes tenham concordado com a realização da mediação.

3. Os prazos de caducidade e prescrição retomam-se com a conclusão do procedimento de mediação motivada por recusa de uma das partes em continuar com o procedimento, pelo esgotamento do prazo máximo de duração deste ou ainda quando o mediador determinar o fim do procedimento.

4. Para os efeitos previstos nos números anteriores, é considerado o momento da prática do ato que inicia ou conclui o procedimento de mediação, respetivamente.

5. Os atos que determinam a retoma do prazo de caducidade e prescrição previstos no nº 3 são comprovados pelo mediador ou, no caso de mediação realizada nos sistemas públicos de mediação, pela entidade gestora do sistema público onde tenha decorrido a mediação.

6. Para os efeitos previstos no presente artigo, o mediador ou, no caso de mediação realizada nos sistemas públicos de mediação, as respetivas entidades gestoras devem emitir, sempre que solicitado, comprovativo da suspensão dos prazos, do qual constam obrigatoriamente os seguintes elementos:

a) Identificação da parte que efetuou o pedido de mediação e da contraparte;

b) Identificação do objeto da mediação;

c) Data de assinatura do protocolo de mediação ou, no caso de mediação realizada nos sistemas públicos de mediação, data em que as partes tenham concordado com a realização da mediação;

d) Modo de conclusão do procedimento, quando já tenha ocorrido;

e) Data de conclusão do procedimento, quando já tenha ocorrido.

Artigo 14º – Homologação de acordo obtido em mediação

1. Nos casos em que a lei não determina a sua obrigação, as partes têm a faculdade de requerer a homologação judicial do acordo obtido em mediação pré-judicial.

2. O pedido referido no número anterior é apresentado conjuntamente pelas partes em qualquer tribunal competente em razão da matéria, preferencialmente por via eletrónica, nos termos a definir em portaria do membro do Governo responsável pela área da justiça.

3. A homologação judicial do acordo obtido em mediação pré-judicial tem por finalidade verificar se o mesmo respeita a litígio que possa ser objeto de mediação, a capacidade das partes para a sua celebração, se respeita os princípios gerais de direito, se respeita a boa-fé, se não constitui um abuso do direito e o seu conteúdo não viola a ordem pública.

4. O pedido referido no número anterior tem natureza urgente, sendo decidido sem necessidade de prévia distribuição.

5. No caso de recusa de homologação, o acordo não produz efeitos e é devolvido às partes, podendo estas, no prazo de 10 dias, submeter um novo acordo a homologação.

Artigo 15º – Mediação realizada noutro Estado membro da União Europeia

O disposto na presente secção é aplicável, com as necessárias adaptações, aos procedimentos de mediação ocorridos noutro Estado membro da União Europeia, desde que os mesmos respeitem os princípios e as normas do ordenamento jurídico desse Estado.

SECÇÃO III – Procedimento de mediação

Artigo 16º – Início do procedimento

1. O procedimento de mediação compreende um primeiro contacto para agendamento da sessão de pré-mediação, com carácter informativo, na qual o mediador de conflitos explicita o funcionamento da mediação e as regras do procedimento.

2. O acordo das partes para prosseguir o procedimento de mediação manifesta-se na assinatura de um protocolo de mediação.

3. O protocolo de mediação é assinado pelas partes e pelo mediador e dele devem constar:

a) A identificação das partes;

b) A identificação e domicílio profissional do mediador e, se for o caso, da entidade gestora do sistema de mediação;

c) A declaração de consentimento das partes;

d) A declaração das partes e do mediador de respeito pelo princípio da confidencialidade;

e) A descrição sumária do litígio ou objeto;

f) As regras do procedimento da mediação acordadas entre as partes e o mediador;

g) A calendarização do procedimento de mediação e definição do prazo máximo de duração da mediação, ainda que passíveis de alterações futuras;

h) A definição dos honorários do mediador, nos termos do artigo 29º, exceto nas mediações realizadas nos sistemas públicos de mediação;

i) A data.

Artigo 17º – Escolha do mediador de conflitos

1. Compete às partes acordarem na escolha de um ou mais mediadores de conflitos.

2. Antes de aceitar a sua escolha ou nomeação, o mediador de conflitos deve proceder à revelação de todas as circunstâncias que possam suscitar fundadas dúvidas sobre a sua imparcialidade e independência, nos termos previstos no artigo 27º

Artigo 18º – Presença das partes, de advogado e de outros técnicos nas sessões de mediação

1. As partes podem comparecer pessoalmente ou fazer-se representar nas sessões de mediação, podendo ser acompanhadas por advogados, advogados estagiários ou solicitadores.

2. As partes podem ainda fazer-se acompanhar por outros técnicos cuja presença considerem necessária ao bom desenvolvimento do procedimento de mediação, desde que a tal não se oponha a outra parte.

3. Todos os intervenientes no procedimento de mediação ficam sujeitos ao princípio da confidencialidade.

Artigo 19º – Fim do procedimento de mediação

O procedimento de mediação termina quando:

a) Se obtenha acordo entre as partes;

b) Se verifique desistência de qualquer das partes;

c) O mediador de conflitos, fundamentadamente, assim o decida;

d) Se verifique a impossibilidade de obtenção de acordo;

e) Se atinja o prazo máximo de duração do procedimento, incluindo eventuais prorrogações do mesmo.

Artigo 20º – Acordo

O conteúdo do acordo é livremente fixado pelas partes e deve ser reduzido a escrito, sendo assinado pelas partes e pelo mediador.

Artigo 21º – Duração do procedimento de mediação

1. O procedimento de mediação deve ser o mais célere possível e concentrar-se no menor número de sessões possível.

2. A duração do procedimento de mediação é fixada no protocolo de mediação, podendo no entanto a mesma ser alterada durante o procedimento por acordo das partes.

Artigo 22º – Suspensão do procedimento de mediação

1. O procedimento de mediação pode ser suspenso, em situações excecionais e devidamente fundamentadas, designadamente para efeitos de experimentação de acordos provisórios.

2. A suspensão do procedimento de mediação, acordada por escrito pelas partes, não prejudica a suspensão dos prazos de caducidade ou de prescrição, nos termos do nº 2 do artigo 13º

CAPÍTULO IV – Mediador de conflitos

Artigo 23º – Estatuto dos mediadores de conflitos

1. O presente capítulo estabelece o estatuto dos mediadores de conflitos que exercem a atividade em Portugal.

2. Os mediadores de conflitos que exerçam atividade em território nacional em regime de livre prestação de serviços gozam dos direitos e estão sujeitos às obrigações, proibições, condições ou limites inerentes ao exercício das funções que lhes sejam aplicáveis atenta a natureza ocasional e esporádica daquela atividade, nomeadamente os constantes dos artigos 5º a 8º, 16º a 22º e 25º a 29º

Artigo 24º – Formação e entidades formadoras

1. Constitui formação especificamente orientada para o exercício da profissão de mediador de conflitos a frequência e aproveitamento em cursos ministrados por entidades formadoras certificadas pelo serviço do Ministério da Justiça definido em portaria do membro do Governo responsável pela área da justiça.

2. O membro do Governo responsável pela área da justiça aprova por portaria o regime de certificação das entidades referidas no número anterior.*

3. A certificação de entidades formadoras pelo serviço referido no nº 1, seja expressa ou tácita, é comunicada ao serviço central competente do ministério responsável pela área da formação profissional no prazo de 10 dias.

4. Devem ser comunicadas pelas entidades certificadas ao serviço do Ministério da Justiça previsto no nº 1:

a) A realização de ações de formação para mediadores de conflitos, previamente à sua realização;

b) A lista de formandos que obtenham aproveitamento nessas ações de formação, no prazo máximo de 20 dias após a conclusão da ação de formação.

5. As ações de formação ministradas a mediadores de conflitos por entidades formadoras não certificadas nos termos do presente artigo não proporcionam formação regulamentada para o exercício da profissão de mediação.

6. É definida por portaria do membro do Governo responsável pela área da justiça a autoridade competente para a aplicação da Lei nº 9/2009, de 4 de março, alterada pela Lei nº 41/2012, de 28 de agosto, no que respeita aos pedidos de reconhecimento de qualificações apresentados noutros Estados membros da União Europeia ou do espaço económico europeu por nacionais de Estados membros formados segundo a legislação nacional.

Artigo 25º – Direitos do mediador de conflitos

O mediador de conflitos tem o direito a:

a) Exercer com autonomia a mediação, nomeadamente no que respeita à metodologia e aos procedimentos a adotar nas sessões de mediação, no respeito pela lei e pelas normas éticas e deontológicas;

b) Ser remunerado pelo serviço prestado;

c) Invocar a sua qualidade de mediador de conflitos e promover a mediação, divulgando obras ou estudos, com respeito pelo dever de confidencialidade;

d) Requisitar à entidade gestora, no âmbito dos sistemas públicos de mediação, os meios e as condições de trabalho que promovam o respeito pela ética e deontologia;

e) Recusar tarefa ou função que considere incompatível com o seu título e com os seus direitos ou deveres.

*Ver a Portaria 345/2013, de 27 de novembro.

Artigo 26º – Deveres do mediador de conflitos

O mediador de conflitos tem o dever de:

a) Esclarecer as partes sobre a natureza, finalidade, princípios fundamentais e fases do procedimento de mediação, bem como sobre as regras a observar;

b) Abster-se de impor qualquer acordo aos mediados, bem como fazer promessas ou dar garantias acerca dos resultados do procedimento, devendo adotar um comportamento responsável e de franca colaboração com as partes;

c) Assegurar-se de que os mediados têm legitimidade e possibilidade de intervir no procedimento de mediação, obter o consentimento esclarecido dos mediados para intervir neste procedimento e, caso seja necessário, falar separadamente com cada um;

d) Garantir o carácter confidencial das informações que vier a receber no decurso da mediação;

e) Sugerir aos mediados a intervenção ou a consulta de técnicos especializados em determinada matéria, quando tal se revele necessário ou útil ao esclarecimento e bem-estar dos mesmos;

f) Revelar aos intervenientes no procedimento qualquer impedimento ou relacionamento que possa pôr em causa a sua imparcialidade ou independência e não conduzir o procedimento nessas circunstâncias;

g) Aceitar conduzir apenas procedimentos para os quais se sinta capacitado pessoal e tecnicamente, atuando de acordo com os princípios que norteiam a mediação e outras normas a que esteja sujeito;

h) Zelar pela qualidade dos serviços prestados e pelo seu nível de formação e de qualificação;

i) Agir com urbanidade, designadamente para com as partes, a entidade gestora dos sistemas públicos de mediação e os demais mediadores de conflitos;

j) Não intervir em procedimentos de mediação que estejam a ser acompanhados por outro mediador de conflitos a não ser a seu pedido, nos casos de co-mediação, ou em casos devidamente fundamentados;

k) Atuar no respeito pelas normas éticas e deontológicas previstas na presente lei e no Código Europeu de Conduta para Mediadores da Comissão Europeia.

Artigo 27º – Impedimentos e escusa do mediador de conflitos

1. O mediador de conflitos deve, antes de aceitar a sua escolha ou nomeação num procedimento de mediação, revelar todas as circunstâncias que possam suscitar fundadas dúvidas sobre a sua independência, imparcialidade e isenção.

2. O mediador de conflitos deve ainda, durante todo o procedimento de mediação, revelar às partes, de imediato, as circunstâncias referidas no número anterior que sejam supervenientes ou de que só tenha conhecimento depois de aceitar a escolha ou nomeação.

3. O mediador de conflitos que, por razões legais, éticas ou deontológicas, considere ter a sua independência, imparcialidade ou isenção comprometidas não deve aceitar a sua designação como mediador de conflitos e, se já tiver iniciado o procedimento, deve interromper o procedimento e pedir a sua escusa.

4. São circunstâncias relevantes para efeito dos números anteriores, devendo, pelo menos, ser reveladas às partes, designadamente:

a) Uma atual ou prévia relação familiar ou pessoal com uma das partes;

b) Um interesse financeiro, direto ou indireto, no resultado da mediação;

c) Uma atual ou prévia relação profissional com uma das partes.

5. O mediador de conflitos deve ainda recusar a sua escolha ou nomeação num procedimento de mediação quando considere que, em virtude do número de procedimentos de mediação à sua responsabilidade, ou devido a outras atividades profissionais, não é possível concluir o procedimento em tempo útil.

6. Não constitui impedimento a intervenção do mesmo mediador na sessão de pré-mediação e de mediação.

7. As recusas nos termos dos números anteriores não determinam a perda ou prejuízo de quaisquer direitos do mediador de conflitos, nomeadamente no âmbito dos sistemas públicos de mediação.

Artigo 28º – Impedimentos resultantes do princípio da confidencialidade

Sem prejuízo do disposto no nº 3 do artigo 5º, o mediador de conflitos não pode ser testemunha, perito ou mandatário em qualquer causa relacionada, ainda que indiretamente, com o objeto do procedimento de mediação.

Artigo 29º – Remuneração do mediador de conflitos

A remuneração do mediador de conflitos é acordada entre este e as partes, responsáveis pelo seu pagamento, e fixada no protocolo de mediação celebrado no início de cada procedimento.

CAPÍTULO V – Sistemas públicos de mediação

SECÇÃO I – Regime dos sistemas públicos de mediação

Artigo 30º – Sistemas de mediação pública

Os sistemas públicos de mediação visam fornecer aos cidadãos formas céleres de resolução alternativa de litígios, através de serviços de mediação criados e geridos por entidades públicas.

Artigo 31º – Entidade gestora

1. Cada sistema público de mediação é gerido por uma entidade pública, identificada no respetivo ato constitutivo ou regulatório.

2. Cabe à entidade gestora manter em funcionamento e monitorizar o respetivo sistema público de mediação, preferencialmente através de plataforma informática.

3. Os dados recolhidos dos procedimentos de mediação podem ser utilizados para fins de tratamento estatístico, de gestão dos sistemas de mediação e de investigação científica, nos termos da lei de Proteção de Dados Pessoais.

4. Quaisquer reclamações decorrentes da utilização de um sistema público de mediação devem ser dirigidas à respetiva entidade gestora.

Artigo 32º - Competência dos sistemas públicos de mediação

Os sistemas públicos de mediação são competentes para mediar quaisquer litígios que se enquadrem no âmbito das suas competências em razão da matéria, tal como definidas nos respetivos atos constitutivos ou regulatórios, independentemente do local de domicílio ou residência das partes.

Artigo 33º - Taxas

As taxas devidas pelo recurso aos sistemas públicos de mediação são fixadas nos termos previstos nos respetivos atos constitutivos ou regulatórios, os quais preveem igualmente as eventuais isenções ou reduções dessas taxas.

Artigo 34º - Início do procedimento nos sistemas públicos de mediação

O início do procedimento de mediação nos sistemas públicos de mediação pode ser solicitado pelas partes, pelo tribunal, pelo Ministério Público ou por Conservatória do Registo Civil, sem prejuízo do encaminhamento de pedidos de mediação para as entidades gestoras dos sistemas públicos de mediação por outras entidades públicas ou privadas.

Artigo 35º - Duração do procedimento de mediação nos sistemas públicos de mediação

A duração máxima de um procedimento de mediação nos sistemas públicos de mediação é fixada nos respetivos atos constitutivos ou regulatórios, aplicando-se, na falta de fixação, o disposto no artigo 21º

Artigo 36º - Presença das partes

Os atos constitutivos ou regulatórios dos sistemas públicos de mediação podem determinar a obrigação de as partes comparecerem pessoalmente nas sessões de mediação, não sendo possível a sua representação.

Artigo 37º - Princípio da publicidade

1. A informação prestada ao público em geral, respeitante à mediação pública, é disponibilizada através dos sítios eletrónicos das entidades gestoras dos sistemas públicos de mediação.

2. A informação respeitante ao funcionamento dos sistemas públicos de mediação e aos procedimentos de mediação é prestada presencialmente, através de contacto telefónico, de correio eletrónico ou do sítio eletrónico da respetiva entidade gestora do sistema.

SECÇÃO II - Mediadores

Artigo 38º - Designação de mediador de conflitos nos sistemas públicos de mediação

1. As partes podem indicar o mediador de conflitos que pretendam, de entre os mediadores inscritos nas listas de cada sistema público de mediação.

2. Quando não seja indicado mediador de conflitos pelas partes, a designação é realizada de modo sequencial, de acordo com a ordem resultante da lista em que se encontra inscrito, preferencialmente por meio de sistema informático.

Artigo 39º - Pessoas habilitadas ao exercício das funções de mediador de conflitos

Os requisitos necessários para o exercício das funções de mediador de conflitos em cada um dos sistemas públicos de mediação são definidos nos respetivos atos constitutivos ou regulatórios.

Artigo 40º - Inscrição

1. A inscrição dos mediadores de conflitos nas listas de cada um dos sistemas públicos de mediação é efetuada através de procedimento de seleção nos termos definidos nos atos constitutivos ou regulatórios de cada sistema.

2. Os atos constitutivos ou regulatórios de cada sistema público de mediação estabelecem ainda o regime de inscrição de mediadores nacionais de Estados membros da União Europeia ou do espaço económico europeu provenientes de outros Estados membros.

3. A inscrição do mediador de conflitos em listas dos sistemas públicos de mediação não configura uma relação jurídica de emprego público, nem garante o pagamento de qualquer remuneração fixa por parte do Estado.

Artigo 41º - Impedimentos e escusa do mediador de conflitos nos sistemas públicos de mediação

Sempre que se encontre numa das situações previstas no artigo 27º, o mediador de conflitos deve comunicar imediatamente esse facto também à entidade gestora do sistema público de mediação, a qual, nos casos em que seja necessário, procede, ouvidas as partes, à nomeação de novo mediador de conflitos.

Artigo 42º - Remuneração do mediador de conflitos nos sistemas públicos de mediação

A remuneração do mediador de conflitos no âmbito dos sistemas públicos de mediação é estabelecida nos termos previstos nos atos constitutivos ou regulatórios de cada sistema.

SECÇÃO III – Fiscalização

Artigo 43º – Fiscalização do exercício da atividade de mediação

1. Compete às entidades gestoras dos sistemas públicos de mediação, na sequência de queixa ou reclamação apresentada contra os mediadores de conflitos no âmbito do exercício da atividade de mediação, ou por iniciativa própria, no exercício de supervisão contínua sobre os respetivos sistemas públicos de mediação, fiscalizar a sua atividade.

2. Realizada a fiscalização, e ouvido o mediador de conflitos, o dirigente máximo da entidade gestora emite a sua decisão, fundamentando as razões de facto e de direito, bem como indicando a medida a aplicar ao mediador de conflitos, se for o caso, conforme a gravidade do ato em causa.

Artigo 44º – Efeitos das irregularidades

1. O dirigente máximo da entidade gestora do sistema público de mediação pode aplicar as seguintes medidas, em função da gravidade da atuação do mediador de conflitos:

a) Repreensão;
b) Suspensão das listas; ou
c) Exclusão das listas.

2. Nos casos em que o mediador viole o dever de confidencialidade em termos que se subsumam ao disposto no artigo 195º do Código Penal, a entidade gestora do sistema público de mediação participa a infração às entidades competentes.

CAPÍTULO VI – Disposições complementares e finais

Artigo 45º – Homologação de acordo de mediação celebrado na pendência de processo judicial

O acordo de mediação celebrado em processo remetido para mediação nos termos do artigo 279º-A do Código de Processo Civil é homologado nos termos previstos no artigo 14º

Artigo 46º – Mediação de conflitos coletivos de trabalho

O disposto na presente lei aplica-se à mediação de conflitos coletivos de trabalho apenas na medida em que não seja incompatível com o disposto nos artigos 526º a 528º do Código do Trabalho, aprovado pela Lei nº 7/2009, de 12 de fevereiro.

Artigo 47º – Direito subsidiário

Em tudo aquilo que não for regulado pela presente lei, aplica-se aos sistemas públicos de mediação o disposto nos respetivos atos constitutivos ou regulatórios.

Artigo 48º – Regime jurídico complementar

No prazo de três meses, o Governo regulamenta um mecanismo legal de fiscalização do exercício da atividade da mediação privada.

Artigo 49º – Norma revogatória

São revogados:

a) Os artigos 249º-A a 249º-C do Código de Processo Civil;

b) O nº 6 do artigo 10º da Lei nº 21/2007, de 12 de junho;

c) O artigo 85º da Lei nº 29/2009, de 29 de junho, alterada pelas Leis nºs 1/2010, de 15 de janeiro, e 44/2010, de 3 de setembro;

d) A alínea *c*) do nº 3 do artigo 4º da Portaria nº 68-C/2008, de 22 de janeiro, alterada pela Portaria nº 732/2009, de 8 de julho;

e) A Portaria nº 203/2011, de 20 de maio.

Artigo 50º – Entrada em vigor

A presente lei entra em vigor 30 dias após a sua publicação.

Aprovada em 8 de março de 2013.

A Presidente da Assembleia da República, *Maria da Assunção A. Esteves.*

Promulgada em 9 de abril de 2013.

Publique-se.

O Presidente da República, ANÍBAL CAVACO SILVA.

Referendada em 10 de abril de 2013.

O Primeiro-Ministro, *Pedro Passos Coelho.*

[4] Arbitragem Voluntária

Lei nº 63/2011, de 14 de dezembro

Artigo 1º – Objecto

1. É aprovada a Lei da Arbitragem Voluntária, que se publica em anexo à presente lei e que dela faz parte integrante.

2. É alterado o Código de Processo Civil, em conformidade com a nova Lei da Arbitragem Voluntária.

Artigo 2º – Alteração ao Código de Processo Civil

Os artigos 812º-D, 815º, 1094º e 1527º do Código de Processo Civil passam a ter a seguinte redacção:

(As alterações foram introduzidas no local próprio)

Artigo 3º – Remissões

Todas as remissões feitas em diplomas legais ou regulamentares para as disposições da Lei nº 31/86, de 29 de Agosto, com a redacção que lhe foi dada pelo Decreto-Lei nº 38/2003, de 8 de Março, devem considerar-se como feitas para as disposições correspondentes na nova Lei da Arbitragem Voluntária.

Artigo 4º – Disposição transitória

1. Salvo o disposto nos números seguintes, ficam sujeitos ao novo regime da Lei da Arbitragem Voluntária os processos arbitrais que, nos termos do nº 1 do artigo 33º da referida lei, se iniciem após a sua entrada em vigor.

2. O novo regime é aplicável aos processos arbitrais iniciados antes da sua entrada em vigor, desde que ambas as partes nisso acordem ou se uma delas formular proposta nesse sentido e a outra a tal não se opuser no prazo de 15 dias a contar da respectiva recepção.

3. As partes que tenham celebrado convenções de arbitragem antes da entrada em vigor do novo regime mantêm o direito aos recursos que caberiam da sentença arbitral, nos termos do artigo 29º da Lei nº 31/86, de 29 de Agosto, com a redacção que lhe foi dada pelo Decreto-Lei nº 38/2003, de 8 de Março, caso o processo arbitral houvesse decorrido ao abrigo deste diploma.

4. A submissão a arbitragem de litígios emergentes de ou relativos a contratos de trabalho é regulada por lei especial, sendo aplicável, até à entrada em vigor desta o novo regime aprovado pela presente lei, e, com as devidas adaptações, o nº 1 do artigo 1º da Lei nº 31/86, de 29 de Agosto, com a redacção que lhe foi dada pelo Decreto-Lei nº 38/2003, de 8 de Março.

Artigo 5º – Norma revogatória

1. É revogada a Lei nº 31/86, de 29 de Agosto, com a redacção que lhe foi dada pelo Decreto-Lei nº 38/2003, de 8 de Março, com excepção do disposto no nº 1 do artigo 1º, que se mantém em vigor para a arbitragem de litígios emergentes de ou relativos a contratos de trabalho.

2. São revogados o nº 2 do artigo 181º e o artigo 186º do Código de Processo nos Tribunais Administrativos.

3. É revogado o artigo 1097º do Código de Processo Civil.

Artigo 6º – Entrada em vigor

A presente lei entra em vigor três meses após a data da sua publicação.

Aprovada em 4 de Novembro de 2011.

A Presidente da Assembleia da República, *Maria da Assunção A. Esteves.*

Promulgada em 29 de Novembro de 2011.

Publique-se.

O Presidente da República, ANÍBAL CAVACO SILVA.

Referendada em 30 de Novembro de 2011.

O Primeiro-Ministro, *Pedro Passos Coelho.*

ANEXO
Lei da Arbitragem Voluntária

CAPÍTULO I - Da convenção de arbitragem

Artigo 1º - Convenção de arbitragem

1. Desde que por lei especial não esteja submetido exclusivamente aos tribunais do Estado ou a arbitragem necessária, qualquer litígio respeitante a interesses de natureza patrimonial pode ser cometido pelas partes, mediante convenção de arbitragem, à decisão de árbitros.

2. É também válida uma convenção de arbitragem relativa a litígios que não envolvam interesses de natureza patrimonial, desde que as partes possam celebrar transacção sobre o direito controvertido.

3. A convenção de arbitragem pode ter por objecto um litígio actual, ainda que afecto a um tribunal do Estado (compromisso arbitral), ou litígios eventuais emergentes de determinada relação jurídica contratual ou extracontratual (cláusula compromissória).

4. As partes podem acordar em submeter a arbitragem, para além das questões de natureza contenciosa em sentido estrito, quaisquer outras que requeiram a intervenção de um decisor imparcial, designadamente as relacionadas com a necessidade de precisar, completar e adaptar contratos de prestações duradouras a novas circunstâncias.

5. O Estado e outras pessoas colectivas de direito público podem celebrar convenções de arbitragem, na medida em que para tanto estejam autorizados por lei ou se tais convenções tiverem por objecto litígios de direito privado.

Artigo 2º - Requisitos da convenção de arbitragem; sua revogação

1. A convenção de arbitragem deve adoptar forma escrita.

2. A exigência de forma escrita tem-se por satisfeita quando a convenção conste de documento escrito assinado pelas partes, troca de cartas, telegramas, telefaxes ou outros meios de telecomunicação de que fique prova escrita, incluindo meios electrónicos de comunicação.

3. Considera-se que a exigência de forma escrita da convenção de arbitragem está satisfeita quando esta conste de suporte electrónico, magnético, óptico, ou de outro tipo, que ofereça as mesmas garantias de fidedignidade, inteligibilidade e conservação.

4. Sem prejuízo do regime jurídico das cláusulas contratuais gerais, vale como convenção de arbitragem a remissão feita num contrato para documento que contenha uma cláusula compromissória, desde que tal contrato revista a forma escrita e a remissão seja feita de modo a fazer dessa cláusula parte integrante do mesmo.

5. Considera-se também cumprido o requisito da forma escrita da convenção de arbitragem quando exista troca de uma petição e uma contestação em processo arbitral, em que a existência de tal convenção seja alegada por uma parte e não seja negada pela outra.

6. O compromisso arbitral deve determinar o objecto do litígio; a cláusula compromissória deve especificar a relação jurídica a que os litígios respeitem.

Artigo 3º – Nulidade da convenção de arbitragem

É nula a convenção de arbitragem celebrada em violação do disposto nos artigos 1º e 2º

Artigo 4º – Modificação, revogação e caducidade da convenção

1. A convenção de arbitragem pode ser modificada pelas partes até à aceitação do primeiro árbitro ou, com o acordo de todos os árbitros, até à prolação da sentença arbitral.

2. A convenção de arbitragem pode ser revogada pelas partes, até à prolação da sentença arbitral.

3. O acordo das partes previsto nos números anteriores deve revestir a forma escrita, observando-se o disposto no artigo 2º

4. Salvo convenção em contrário, a morte ou extinção das partes não faz caducar a convenção de arbitragem nem extingue a instância arbitral.

Artigo 5º – Efeito negativo da convenção de arbitragem

1. O tribunal estadual no qual seja proposta acção relativa a uma questão abrangida por uma convenção de arbitragem deve, a requerimento do réu deduzido até ao momento em que este apresentar o seu primeiro articulado sobre o fundo da causa, absolvê-lo da instância, a menos que verifique que, manifestamente, a convenção de arbitragem é nula, é ou se tornou ineficaz ou é inexequível.

2. No caso previsto no número anterior, o processo arbitral pode ser iniciado ou prosseguir, e pode ser nele proferida uma sentença, enquanto a questão estiver pendente no tribunal estadual.

3. O processo arbitral cessa e a sentença nele proferida deixa de produzir efeitos, logo que um tribunal estadual considere, mediante decisão transitada em julgado, que o tribunal arbitral é incompetente para julgar o litígio que lhe foi submetido, quer tal decisão seja proferida na acção referida no nº 1 do presente artigo, quer seja proferida ao abrigo do disposto no nº 9 do artigo 18º, e nas subalíneas *i)* e *iii)* da alínea *a)* do nº 3 do artigo 46º

4. As questões da nulidade, ineficácia e inexequibilidade de uma convenção de arbitragem não podem ser discutidas autonomamente em acção de simples apreciação proposta em tribunal estadual nem em procedimento cautelar instaurado perante o mesmo tribunal, que tenha como finalidade impedir a constituição ou o funcionamento de um tribunal arbitral.

Artigo 6º – Remissão para regulamentos de arbitragem

Todas as referências feitas na presente lei ao estipulado na convenção de arbitragem ou ao acordo entre as partes abrangem não apenas o que as partes aí regulem directamente, mas também o disposto em regulamentos de arbitragem para os quais as partes hajam remetido.

Artigo 7º – Convenção de arbitragem e providências cautelares decretadas por tribunal estadual

Não é incompatível com uma convenção de arbitragem o requerimento de providências cautelares apresentado a um tribunal estadual, antes ou durante o processo arbitral, nem o decretamento de tais providências por aquele tribunal.

CAPÍTULO II – Dos árbitros e do tribunal arbitral

Artigo 8º – Número de árbitros

1. O tribunal arbitral pode ser constituído por um único árbitro ou por vários, em número ímpar.

2. Se as partes não tiverem acordado no número de membros do tribunal arbitral, é este composto por três árbitros.

Artigo 9º – Requisitos dos árbitros

1. Os árbitros devem ser pessoas singulares e plenamente capazes.

2. Ninguém pode ser preterido, na sua designação como árbitro, em razão da nacionalidade, sem prejuízo do disposto no nº 6 do artigo 10º e da liberdade de escolha das partes.

3. Os árbitros devem ser independentes e imparciais.

4. Os árbitros não podem ser responsabilizados por danos decorrentes das decisões por eles proferidas, salvo nos casos em que os magistrados judiciais o possam ser.

5. A responsabilidade dos árbitros prevista no número anterior só tem lugar perante as partes.

Artigo 10º – Designação dos árbitros

1. As partes podem, na convenção de arbitragem ou em escrito posterior por elas assinado, designar o árbitro ou os árbitros que constituem o tribunal arbitral ou fixar o modo pelo qual estes são escolhidos, nomeadamente, cometendo a designação de todos ou de alguns dos árbitros a um terceiro.

2. Caso o tribunal arbitral deva ser constituído por um único árbitro e não haja acordo entre as partes quanto a essa designação, tal árbitro é escolhido, a pedido de qualquer das partes, pelo tribunal estadual.

3. No caso de o tribunal arbitral ser composto por três ou mais árbitros, cada parte deve designar igual número de árbitros e os árbitros assim designados devem escolher outro árbitro, que actua como presidente do tribunal arbitral.

4. Salvo estipulação em contrário, se, no prazo de 30 dias a contar da recepção do pedido que a outra parte lhe faça nesse sentido, uma parte não designar o árbitro ou árbitros que lhe cabe escolher ou se os árbitros designados pelas partes não acordarem na escolha do árbitro presidente no prazo de 30 dias a contar da designação do último deles, a designação do árbitro ou árbitros em falta é feita, a pedido de qualquer das partes, pelo tribunal estadual competente.

5. Salvo estipulação em contrário, aplica-se o disposto no número anterior se as partes tiverem cometido a designação de todos ou de alguns dos árbitros a um terceiro e este não a tiver efectuado no prazo de 30 dias a contar da solicitação que lhe tenha sido dirigida nesse sentido.

6. Quando nomear um árbitro, o tribunal estadual competente tem em conta as qualificações exigidas pelo acordo das partes para o árbitro ou os árbitros a designar e tudo o que for relevante para garantir a nomeação de um árbitro independente e imparcial; tratando-se de arbitragem internacional, ao nomear um árbitro único ou um terceiro árbitro, o tribunal tem também em consideração a possível conveniência da nomeação de um árbitro de nacionalidade diferente da das partes.

7. Não cabe recurso das decisões proferidas pelo tribunal estadual competente ao abrigo dos números anteriores do presente artigo.

Artigo 11º – Pluralidade de demandantes ou de demandados

1. Em caso de pluralidade de demandantes ou de demandados, e devendo o tribunal arbitral ser composto por três árbitros, os primeiros designam conjuntamente um árbitro e os segundos designam conjuntamente outro.

2. Se os demandantes ou os demandados não chegarem a acordo sobre o árbitro que lhes cabe designar, cabe ao tribunal estadual competente, a pedido de qualquer das partes, fazer a designação do árbitro em falta.

3. No caso previsto no número anterior, pode o tribunal estadual, se se demonstrar que as partes que não conseguiram nomear conjuntamente um árbitro têm interesses conflituantes relativamente ao fundo da causa, nomear a totalidade dos árbitros e designar de entre eles quem é o presidente, ficando nesse caso sem efeito a designação do árbitro que uma das partes tiver entretanto efectuado.

4. O disposto no presente artigo entende-se sem prejuízo do que haja sido estipulado na convenção de arbitragem para o caso de arbitragem com pluralidade de partes.

Artigo 12º – Aceitação do encargo

1. Ninguém pode ser obrigado a actuar como árbitro; mas se o encargo tiver sido aceite, só é legítima a escusa fundada em causa superveniente que impossibilite o designado de exercer tal função ou na não conclusão do acordo a que se refere o nº 1 do artigo 17º

2. A menos que as partes tenham acordado de outro modo, cada árbitro designado deve, no prazo de 15 dias a contar da comunicação da sua designação, declarar por escrito a aceitação do encargo a quem o designou; se em tal prazo não declarar a sua aceitação nem por outra forma revelar a intenção de agir como árbitro, entende-se que não aceita a designação.

3. O árbitro que, tendo aceitado o encargo, se escusar injustificadamente ao exercício da sua função responde pelos danos a que der causa.

Artigo 13º – Fundamentos de recusa

1. Quem for convidado para exercer funções de árbitro deve revelar todas as circunstâncias que possam suscitar fundadas dúvidas sobre a sua imparcialidade e independência.

2. O árbitro deve, durante todo o processo arbitral, revelar, sem demora, às partes e aos demais árbitros as circunstâncias referidas no número anterior que sejam supervenientes ou de que só tenha tomado conhecimento depois de aceitar o encargo.

3. Um árbitro só pode ser recusado se existirem circunstâncias que possam suscitar fundadas dúvidas sobre a sua imparcialidade ou independência ou se não possuir as qualificações que as partes convencionaram. Uma parte só pode recusar um árbitro que haja designado ou em cuja designação haja participado com fundamento numa causa de que só tenha tido conhecimento após essa designação.

Artigo 14º – Processo de recusa

1. Sem prejuízo do disposto no nº 3 do presente artigo, as partes podem livremente acordar sobre o processo de recusa de árbitro.

2. Na falta de acordo, a parte que pretenda recusar um árbitro deve expor por escrito os motivos da recusa ao tribunal arbitral, no prazo de 15 dias a contar da data em que teve conhecimento da constituição daquele ou da data em que teve conhecimento das circunstâncias referidas no artigo 13º Se o árbitro recusado não renunciar à função que lhe foi confiada e a parte que o designou insistir em mantê-lo, o tribunal arbitral, com participação do árbitro visado, decide sobre a recusa.

3. Se a destituição do árbitro recusado não puder ser obtida segundo o processo convencionado pelas partes ou nos termos do disposto no nº 2 do presente artigo, a parte que recusa o árbitro pode, no prazo de 15 dias após lhe ter sido comunicada a decisão que rejeita a recusa, pedir ao tribunal estadual competente que tome uma decisão sobre a recusa, sendo aquela insusceptível de recurso. Na pendência desse pedido, o tribunal arbitral, incluindo o árbitro recusado, pode prosseguir o processo arbitral e proferir sentença.

Artigo 15º – Incapacitação ou inacção de um árbitro

1. Cessam as funções do árbitro que fique incapacitado, de direito ou de facto, para exercê-las, se o mesmo a elas renunciar ou as partes de comum acordo lhes puserem termo com esse fundamento.

2. Se um árbitro, por qualquer outra razão, não se desincumbir, em tempo razoável, das funções que lhe foram cometidas, as partes podem, de comum acordo, fazê-las cessar, sem prejuízo da eventual responsabilidade do árbitro em causa.

3. No caso de as partes não chegarem a acordo quanto ao afastamento do árbitro afectado por uma das situações referidas nos números anteriores do presente artigo, qualquer das partes pode requerer ao tribunal estadual competente que, com fundamento na situação em causa, o destitua, sendo esta decisão insusceptível de recurso.

4. Se, nos termos dos números anteriores do presente artigo ou do nº 2 do artigo 14º, um árbitro renunciar à sua função ou as partes aceitarem que cesse a função de um árbitro que alegadamente se encontre numa das situações aí previstas, tal não implica o reconhecimento da procedência dos motivos de destituição mencionados nas disposições acima referidas.

Artigo 16º – Nomeação de um árbitro substituto

1. Em todos os casos em que, por qualquer razão, cessem as funções de um árbitro, é nomeado um árbitro substituto, de acordo com as regras aplicadas à designação do árbitro substituído, sem prejuízo de as partes poderem acordar em que a substituição do árbitro se faça de outro modo ou prescindirem da sua substituição.

2. O tribunal arbitral decide, tendo em conta o estado do processo, se algum acto processual deve ser repetido face à nova composição do tribunal.

Artigo 17º – Honorários e despesas dos árbitros

1. Se as partes não tiverem regulado tal matéria na convenção de arbitragem, os honorários dos árbitros, o modo de reembolso das suas despesas e a forma de pagamento pelas partes de preparos por conta desses honorários e despesas devem ser objecto de acordo escrito entre as partes e os árbitros, concluído antes da aceitação do último dos árbitros a ser designado.

2. Caso a matéria não haja sido regulada na convenção de arbitragem, nem sobre ela haja sido concluído um acordo entre as partes e os árbitros, cabe aos árbitros, tendo em conta a complexidade das questões decididas, o valor da causa e o tempo despendido ou a despender com o processo arbitral até à conclusão deste, fixar o montante dos seus honorários e despesas, bem como determinar o pagamento pelas partes de preparos por conta daqueles, mediante uma ou várias decisões separadas das que se pronunciem sobre questões processuais ou sobre o fundo da causa.

3. No caso previsto no número anterior do presente artigo, qualquer das partes pode requerer ao tribunal estadual competente a redução dos montantes dos honorários ou das despesas e respectivos preparos fixados pelos árbitros, podendo esse tribunal, depois de ouvir sobre a matéria os membros do tribunal arbitral, fixar os montantes que considere adequados.

4. No caso de falta de pagamento de preparos para honorários e despesas que hajam sido previamente acordados ou fixados pelo tribunal arbitral ou estadual, os árbitros podem suspender ou dar por concluído o processo arbitral, após ter decorrido um prazo adicional razoável que concedam para o efeito à parte ou partes faltosas, sem prejuízo do disposto no número seguinte do presente artigo.

5. Se, dentro do prazo fixado de acordo com o número anterior, alguma das partes não tiver pago o seu preparo, os árbitros, antes de decidirem suspender ou pôr termo ao processo arbitral, comunicam-no às demais partes para que estas possam, se o desejarem, suprir a falta de pagamento daquele preparo no prazo que lhes for fixado para o efeito.

CAPÍTULO III - Da competência do tribunal arbitral

Artigo 18º - Competência do tribunal arbitral para se pronunciar sobre a sua competência

1. O tribunal arbitral pode decidir sobre a sua própria competência, mesmo que para esse fim seja necessário apreciar a existência, a validade ou a eficácia da convenção de arbitragem ou do contrato em que ela se insira, ou a aplicabilidade da referida convenção.

2. Para os efeitos do disposto no número anterior, uma cláusula compromissória que faça parte de um contrato é considerada como um acordo independente das demais cláusulas do mesmo.

3. A decisão do tribunal arbitral que considere nulo o contrato não implica, só por si, a nulidade da cláusula compromissória.

4. A incompetência do tribunal arbitral para conhecer da totalidade ou de parte do litígio que lhe foi submetido só pode ser arguida até à apresentação da defesa quanto ao fundo da causa, ou juntamente com esta.

5. O facto de uma parte ter designado um árbitro ou ter participado na sua designação não a priva do direito de arguir a incompetência do tribunal arbitral para conhecer do litígio que lhe haja sido submetido.

6. A arguição de que, no decurso do processo arbitral, o tribunal arbitral excedeu ou pode exceder a sua competência deve ser deduzida imediatamente após se suscitar a questão que alegadamente exceda essa competência.

7. O tribunal arbitral pode, nos casos previstos nos nºs 4 e 6 do presente artigo, admitir as excepções que, com os fundamentos neles referidos, sejam arguidas após os limites temporais aí estabelecidos, se considerar justificado o não cumprimento destes.

8. O tribunal arbitral pode decidir sobre a sua competência quer mediante uma decisão interlocutória quer na sentença sobre o fundo da causa.

9. A decisão interlocutória pela qual o tribunal arbitral declare que tem competência pode, no prazo de 30 dias após a sua notificação às partes, ser impugnada por qualquer destas perante o tribunal estadual competente, ao abrigo das subalíneas *i*) e *iii*) da alínea *a*) do nº 3 do artigo 46º, e da alínea *f*) do nº 1 do artigo 59º

10. Enquanto a impugnação referida no número anterior do presente artigo estiver pendente no tribunal estadual competente, o tribunal arbitral pode prosseguir o processo arbitral e proferir sentença sobre o fundo da causa, sem prejuízo do disposto no nº 3 do artigo 5º

Artigo 19º – Extensão da intervenção dos tribunais estaduais

Nas matérias reguladas pela presente lei, os tribunais estaduais só podem intervir nos casos em que esta o prevê.

CAPÍTULO IV – Das providências cautelares e ordens preliminares

SECÇÃO I – Providências cautelares

Artigo 20º – Providências cautelares decretadas pelo tribunal arbitral

1. Salvo estipulação em contrário, o tribunal arbitral pode, a pedido de uma parte e ouvida a parte contrária, decretar as providências cautelares que considere necessárias em relação ao objecto do litígio.

2. Para os efeitos da presente lei, uma providência cautelar é uma medida de carácter temporário, decretada por sentença ou decisão com outra forma, pela qual, em qualquer altura antes de proferir a sentença que venha a dirimir o litígio, o tribunal arbitral ordena a uma parte que:

a) Mantenha ou restaure a situação anteriormente existente enquanto o litígio não for dirimido;

b) Pratique actos que previnam ou se abstenha de praticar actos que provavelmente causem dano ou prejuízo relativamente ao processo arbitral;

c) Assegure a preservação de bens sobre os quais uma sentença subsequente possa ser executada;

d) Preserve meios de prova que possam ser relevantes e importantes para a resolução do litígio.

Artigo 21º – Requisitos para o decretamento de providências cautelares

1. Uma providência cautelar requerida ao abrigo das alíneas *a*), *b*) e *c*) do nº 2 do artigo 20º é decretada pelo tribunal arbitral, desde que:

a) Haja probabilidade séria da existência do direito invocado pelo requerente e se mostre suficientemente fundado o receio da sua lesão; e

b) O prejuízo resultante para o requerido do decretamento da providência não exceda consideravelmente o dano que com ela o requerente pretende evitar.

2. O juízo do tribunal arbitral relativo à probabilidade referida na alínea *a*) do nº 1 do presente artigo não afecta a liberdade de decisão do tribunal arbitral quando, posteriormente, tiver de se pronunciar sobre qualquer matéria.

3. Relativamente ao pedido de uma providência cautelar feito ao abrigo da alínea *d*) do nº 2 do artigo 20º, os requisitos estabelecidos nas alíneas *a*) e *b*) do nº 1 do presente artigo aplicam-se apenas na medida que o tribunal arbitral considerar adequada.

SECÇÃO II – Ordens preliminares

Artigo 22º – Requerimento de ordens preliminares; requisitos

1. Salvo havendo acordo em sentido diferente, qualquer das partes pode pedir que seja decretada uma providência cautelar e, simultaneamente, requerer que seja dirigida à outra parte uma ordem preliminar, sem prévia audiência dela, para que não seja frustrada a finalidade da providência cautelar solicitada.

2. O tribunal arbitral pode emitir a ordem preliminar requerida, desde que considere que a prévia revelação do pedido de providência cautelar à parte contra a qual ela se dirige cria o risco de a finalidade daquela providência ser frustrada.

3. Os requisitos estabelecidos no artigo 21º são aplicáveis a qualquer ordem preliminar, considerando-se que o dano a equacionar ao abrigo da alínea *b*) do nº 1 do artigo 21º é, neste caso, o que pode resultar de a ordem preliminar ser ou não emitida.

Artigo 23º – Regime específico das ordens preliminares

1. Imediatamente depois de o tribunal arbitral se ter pronunciado sobre um requerimento de ordem preliminar, deve informar todas as partes sobre o pedido de providência cautelar, o requerimento de ordem preliminar, a ordem preliminar, se esta tiver sido emitida, e todas as outras comunicações, incluindo comunicações orais, havidas entre qualquer parte e o tribunal arbitral a tal respeito.

2. Simultaneamente, o tribunal arbitral deve dar oportunidade à parte contra a qual a ordem preliminar haja sido decretada para apresentar a sua posição sobre aquela, no mais curto prazo que for praticável e que o tribunal fixa.

3. O tribunal arbitral deve decidir prontamente sobre qualquer objecção deduzida contra a ordem preliminar.

4. A ordem preliminar caduca 20 dias após a data em que tenha sido emitida pelo tribunal arbitral. O tribunal pode, contudo, após a parte contra a qual se dirija a ordem preliminar ter sido dela notificada e ter tido oportunidade para sobre ela apresentar a sua posição, decretar uma providência cautelar, adoptando ou modificando o conteúdo da ordem preliminar.

5. A ordem preliminar é obrigatória para as partes, mas não é passível de execução coerciva por um tribunal estadual.

SECÇÃO III – Regras comuns às providências cautelares e às ordens preliminares

Artigo 24º – Modificação, suspensão e revogação; prestação de caução

1. O tribunal arbitral pode modificar, suspender ou revogar uma providência cautelar ou uma ordem preliminar que haja sido decretada ou emitida, a pedido de qualquer das partes ou, em circunstâncias excepcionais e após ouvi-las, por iniciativa do próprio tribunal.

2. O tribunal arbitral pode exigir à parte que solicita o decretamento de uma providência cautelar a prestação de caução adequada.

3. O tribunal arbitral deve exigir à parte que requeira a emissão de uma ordem preliminar a prestação de caução adequada, a menos que considere inadequado ou desnecessário fazê-lo.

Artigo 25º – Dever de revelação

1. As partes devem revelar prontamente qualquer alteração significativa das circunstâncias com fundamento nas quais a providência cautelar foi solicitada ou decretada.

2. A parte que requeira uma ordem preliminar deve revelar ao tribunal arbitral todas as circunstâncias que possam ser relevantes para a decisão sobre a sua emissão ou manutenção e tal dever continua em vigor até que a parte contra a qual haja sido dirigida tenha tido oportunidade de apresentar a sua posição, após o que se aplica o disposto no nº 1 do presente artigo.

Artigo 26º – Responsabilidade do requerente

A parte que solicite o decretamento de uma providência cautelar ou requeira a emissão de uma ordem preliminar é responsável por quaisquer custos ou prejuízos causados à outra parte por tal providência ou ordem, caso o tribunal arbitral venha mais tarde a decidir que, nas circunstâncias anteriormente existentes, a providência ou a ordem preliminar não deveria ter sido decretada ou ordenada. O tribunal arbitral pode, neste último caso, condenar a parte requerente no pagamento da correspondente indemnização em qualquer estado do processo.

SECÇÃO IV – Reconhecimento ou execução coerciva de providências cautelares

Artigo 27º – Reconhecimento ou execução coerciva

1. Uma providência cautelar decretada por um tribunal arbitral é obrigatória para as partes e, a menos que o tribunal arbitral tenha decidido de outro modo, pode ser coercivamente executada mediante pedido dirigido ao tribunal estadual competente, independentemente de a arbitragem em que aquela foi decretada ter lugar no estrangeiro, sem prejuízo do disposto no artigo 28º

2. A parte que peça ou já tenha obtido o reconhecimento ou a execução coerciva de uma providência cautelar deve informar prontamente o tribunal estadual da eventual revogação, suspensão ou modificação dessa providência pelo tribunal arbitral que a haja decretado.

3. O tribunal estadual ao qual for pedido o reconhecimento ou a execução coerciva da providência pode, se o considerar conveniente, ordenar à parte requerente que preste caução adequada, se o tribunal arbitral não tiver já tomado uma decisão sobre essa matéria ou se tal decisão for necessária para proteger os interesses de terceiros.

4. A sentença do tribunal arbitral que decidir sobre uma ordem preliminar ou providência cautelar e a sentença do tribunal estadual que decidir sobre o reconhecimento ou execução coerciva de uma providência cautelar de um tribunal arbitral não são susceptíveis de recurso.

Artigo 28º – Fundamentos de recusa do reconhecimento ou da execução coerciva

1. O reconhecimento ou a execução coerciva de uma providência cautelar só podem ser recusados por um tribunal estadual:

a) A pedido da parte contra a qual a providência seja invocada, se este tribunal considerar que:

i) Tal recusa é justificada com fundamento nos motivos previstos nas subalíneas *i*), *ii*), *iii*) ou *iv*) da alínea *a*) do nº 1 do artigo 56º; ou

ii) A decisão do tribunal arbitral respeitante à prestação de caução relacionada com a providência cautelar decretada não foi cumprida; ou

iii) A providência cautelar foi revogada ou suspensa pelo tribunal arbitral ou, se para isso for competente, por um tribunal estadual do país estrangeiro em que arbitragem tem lugar ou ao abrigo de cuja lei a providência tiver sido decretada; ou

b) Se o tribunal estadual considerar que:

i) A providência cautelar é incompatível com os poderes conferidos ao tribunal estadual pela lei que o rege, salvo se este decidir reformular a providência cautelar na medida necessária para a adaptar à sua própria competência e regime processual, em ordem a fazer executar coercivamente a providência cautelar, sem alterar a sua essência; ou

ii) Alguns dos fundamentos de recusa de reconhecimento previstos nas subalíneas *i*) ou *ii*) da alínea *b*) do nº 1 do artigo 56º se verificam relativamente ao reconhecimento ou à execução coerciva da providência cautelar.

2. Qualquer decisão tomada pelo tribunal estadual ao abrigo do nº 1 do presente artigo tem eficácia restrita ao pedido de reconhecimento ou de execução coerciva de providência cautelar decretada pelo tribunal arbitral. O tribunal estadual ao qual seja pedido o reconhecimento ou a execução de providência cautelar, ao pronunciar-se sobre esse pedido, não deve fazer uma revisão do mérito da providência cautelar.

Artigo 29º – Providências cautelares decretadas por um tribunal estadual

1. Os tribunais estaduais têm poder para decretar providências cautelares na dependência de processos arbitrais, independentemente do lugar em que estes decorram, nos mesmos termos em que o podem fazer relativamente aos processos que corram perante os tribunais estaduais.

2. Os tribunais estaduais devem exercer esse poder de acordo com o regime processual que lhes é aplicável, tendo em consideração, se for o caso, as características específicas da arbitragem internacional.

CAPÍTULO V – Da condução do processo arbitral

Artigo 30º – Princípios e regras do processo arbitral

1. O processo arbitral deve sempre respeitar os seguintes princípios fundamentais:

a) O demandado é citado para se defender;

b) As partes são tratadas com igualdade e deve ser-lhes dada uma oportunidade razoável de fazerem valer os seus direitos, por escrito ou oralmente, antes de ser proferida a sentença final;

c) Em todas as fases do processo é garantida a observância do princípio do contraditório, salvas as excepções previstas na presente lei.

2. As partes podem, até à aceitação do primeiro árbitro, acordar sobre as regras do processo a observar na arbitragem, com respeito pelos princípios fundamentais consignados no número anterior do presente artigo e pelas demais normas imperativas constantes desta lei.

3. Não existindo tal acordo das partes e na falta de disposições aplicáveis na presente lei, o tribunal arbitral pode conduzir a arbitragem do modo que considerar apropriado, definindo as regras processuais que entender adequadas, devendo, se for esse o caso, explicitar que considera subsidiariamente aplicável o disposto na lei que rege o processo perante o tribunal estadual competente.

4. Os poderes conferidos ao tribunal arbitral compreendem o de determinar a admissibilidade, pertinência e valor de qualquer prova produzida ou a produzir.

5. Os árbitros, as partes e, se for o caso, as entidades que promovam, com carácter institucionalizado, a realização de arbitragens voluntárias, têm o dever de guardar sigilo sobre todas as informações que obtenham e documentos de que tomem conhecimento através do processo arbitral, sem prejuízo do direito de as partes tornarem públicos os actos processuais necessários à defesa dos seus direitos e do dever de comunicação ou revelação de actos do processo às autoridades competentes, que seja imposto por lei.

6. O disposto no número anterior não impede a publicação de sentenças e outras decisões do tribunal arbitral, expurgadas de elementos de identificação das partes, salvo se qualquer destas a isso se opuser.

Artigo 31º – Lugar da arbitragem

1. As partes podem livremente fixar o lugar da arbitragem. Na falta de acordo das partes, este lugar é fixado pelo tribunal arbitral, tendo em conta as circunstâncias do caso, incluindo a conveniência das partes.

2. Não obstante o disposto no nº 1 do presente artigo, o tribunal arbitral pode, salvo convenção das partes em contrário, reunir em qualquer local que julgue apropriado para se realizar uma ou mais audiências, permitir a realização de qualquer diligência probatória ou tomar quaisquer deliberações.

Artigo 32º – Língua do processo

1. As partes podem, por acordo, escolher livremente a língua ou línguas a utilizar no processo arbitral. Na falta desse acordo, o tribunal arbitral determina a língua ou línguas a utilizar no processo.

2. O tribunal arbitral pode ordenar que qualquer documento seja acompanhado de uma tradução na língua ou línguas convencionadas pelas partes ou escolhidas pelo tribunal arbitral.

Artigo 33º – Início do processo; petição e contestação

1. Salvo convenção das partes em contrário, o processo arbitral relativo a determinado litígio tem início na data em que o pedido de submissão desse litígio a arbitragem é recebido pelo demandado.

2. Nos prazos convencionados pelas partes ou fixados pelo tribunal arbitral, o demandante apresenta a sua petição, em que enuncia o seu pedido e os factos em que este se baseia, e o demandado apresenta a sua contestação, em que explana a sua defesa relativamente àqueles, salvo se tiver sido outra a convenção das partes quanto aos elementos a figurar naquelas peças escritas. As partes podem fazer acompanhar as referidas peças escritas de quaisquer documentos que julguem pertinentes e mencionar nelas documentos ou outros meios de prova que venham a apresentar.

3. Salvo convenção das partes em contrário, qualquer delas pode, no decurso do processo arbitral, modificar ou completar a sua petição ou a sua contestação, a menos que o tribunal arbitral entenda não dever admitir tal alteração em razão do atraso com que é formulada, sem que para este haja justificação bastante.

4. O demandado pode deduzir reconvenção, desde que o seu objecto seja abrangido pela convenção de arbitragem.

Artigo 34º – Audiências e processo escrito

1. Salvo convenção das partes em contrário, o tribunal decide se serão realizadas audiências para a produção de prova ou se o processo é apenas conduzido com base em documentos e outros elementos de prova. O tribunal deve, porém, realizar uma ou mais audiências para a produção de prova sempre que uma das partes o requeira, a menos que as partes hajam previamente prescindido delas.

2. As partes devem ser notificadas, com antecedência suficiente, de quaisquer audiências e de outras reuniões convocadas pelo tribunal arbitral para fins de produção de prova.

3. Todas as peças escritas, documentos ou informações que uma das partes forneça ao tribunal arbitral devem ser comunicadas à outra parte. Deve igualmente ser comunicado às partes qualquer relatório pericial ou elemento de prova documental que possa servir de base à decisão do tribunal.

Artigo 35º – Omissões e faltas de qualquer das partes

1. Se o demandante não apresentar a sua petição em conformidade com o nº 2 do artigo 33º, o tribunal arbitral põe termo ao processo arbitral.

2. Se o demandado não apresentar a sua contestação, em conformidade com o nº 2 do artigo 33º, o tribunal arbitral prossegue o processo arbitral, sem considerar esta omissão, em si mesma, como uma aceitação das alegações do demandante.

3. Se uma das partes deixar de comparecer a uma audiência ou de produzir prova documental no prazo fixado, o tribunal arbitral pode prosseguir o processo e proferir sentença com base na prova apresentada.

4. O tribunal arbitral pode, porém, caso considere a omissão justificada, permitir a uma parte a prática do acto omitido.

5. O disposto nos números anteriores deste artigo entende-se sem prejuízo do que as partes possam ter acordado sobre as consequências das suas omissões.

Artigo 36º – Intervenção de terceiros

1. Só podem ser admitidos a intervir num processo arbitral em curso terceiros vinculados pela convenção de arbitragem em que aquele se baseia, quer o estejam desde a respectiva conclusão, quer tenham aderido a ela subsequentemente. Esta adesão carece do consentimento de todas as partes na convenção de arbitragem e pode ser feita só para os efeitos da arbitragem em causa.

2. Encontrando-se o tribunal arbitral constituído, só pode ser admitida ou provocada a intervenção de terceiro que declare aceitar a composição actual do tribunal; em caso de intervenção espontânea, presume-se essa aceitação.

3. A admissão da intervenção depende sempre de decisão do tribunal arbitral, após ouvir as partes iniciais na arbitragem e o terceiro em causa. O tribunal arbitral só deve admitir a intervenção se esta não perturbar indevidamente o normal andamento do processo arbitral e se houver razões de relevo que a justifiquem, considerando-se como tais, em particular, aquelas situações em que, não havendo manifesta inviabilidade do pedido:

a) O terceiro tenha em relação ao objecto da causa um interesse igual ao do demandante ou do demandado, que inicialmente permitisse o litisconsórcio voluntário ou impusesse o litisconsórcio necessário entre uma das partes na arbitragem e o terceiro; ou

b) O terceiro queira formular, contra o demandado, um pedido com o mesmo objecto que o do demandante, mas incompatível com o deste; ou

c) O demandado, contra quem seja invocado crédito que possa, *prima facie*, ser caracterizado como solidário, pretenda que os demais possíveis credores solidários fiquem vinculados pela decisão final proferida na arbitragem; ou

d) O demandado pretenda que sejam chamados terceiros, contra os quais o demandado possa ter direito de regresso em consequência da procedência, total ou parcial, de pedido do demandante.

4. O que ficou estabelecido nos números anteriores para demandante e demandado vale, com as necessárias adaptações, respectivamente para demandado e demandante, se estiver em causa reconvenção.

5. Admitida a intervenção, aplica-se, com as necessárias adaptações, o disposto no artigo 33º

6. Sem prejuízo do disposto no número seguinte, a intervenção de terceiros anteriormente à constituição do tribunal arbitral só pode ter lugar em arbitragem institucionalizada e desde que o regulamento de arbitragem aplicável assegure a observância do princípio da igualdade de participação de todas as partes, incluindo os membros de partes plurais, na escolha dos árbitros.

7. A convenção de arbitragem pode regular a intervenção de terceiros em arbitragens em curso de modo diferente do estabelecido nos números anteriores, quer directamente, com observância do princípio da igualdade de participação de todas as partes na escolha dos árbitros, quer mediante remissão para um regulamento de arbitragem institucionalizada que admita essa intervenção.

Artigo 37º – Perito nomeado pelo tribunal arbitral

1. Salvo convenção das partes em contrário, o tribunal arbitral, por sua iniciativa ou a pedido das partes, pode nomear um ou mais peritos para elaborarem um relatório, escrito ou oral, sobre pontos específicos a determinar pelo tribunal arbitral.

2. No caso previsto no número anterior, o tribunal arbitral pode pedir a qualquer das partes que forneça ao perito qualquer informação relevante ou que apresente ou faculte acesso a quaisquer documentos ou outros objectos relevantes para serem inspeccionados.

3. Salvo convenção das partes em contrário, se uma destas o solicitar ou se o tribunal arbitral o julgar necessário, o perito, após a apresentação do seu relatório, participa numa audiência em que o tribunal arbitral e as partes têm a oportunidade de o interrogar.

4. O preceituado no artigo 13º e nos nºs 2 e 3 do artigo 14º, aplica-se, com as necessárias adaptações, aos peritos designados pelo tribunal arbitral.

Artigo 38º – Solicitação aos tribunais estaduais na obtenção de provas

1. Quando a prova a produzir dependa da vontade de uma das partes ou de terceiros e estes recusem a sua colaboração, uma parte, com a prévia autorização do tribunal arbitral, pode solicitar ao tribunal estadual competente que a prova seja produzida perante ele, sendo os seus resultados remetidos ao tribunal arbitral.

2. O disposto no número anterior é aplicável às solicitações de produção de prova que sejam dirigidas a um tribunal estadual português, no âmbito de arbitragens localizadas no estrangeiro.

CAPÍTULO VI – Da sentença arbitral e encerramento do processo

Artigo 39º – Direito aplicável, recurso à equidade; irrecorribilidade da decisão

1. Os árbitros julgam segundo o direito constituído, a menos que as partes determinem, por acordo, que julguem segundo a equidade.

2. Se o acordo das partes quanto ao julgamento segundo a equidade for posterior à aceitação do primeiro árbitro, a sua eficácia depende de aceitação por parte do tribunal arbitral.

3. No caso de as partes lhe terem confiado essa missão, o tribunal pode decidir o litígio por apelo à composição das partes na base do equilíbrio dos interesses em jogo.

4. A sentença que se pronuncie sobre o fundo da causa ou que, sem conhecer deste, ponha termo ao processo arbitral, só é susceptível de recurso para o tribunal estadual competente no caso de as partes terem expressamente previsto tal possibilidade na convenção de arbitragem e desde que a causa não haja sido decidida segundo a equidade ou mediante composição amigável.

Artigo 40º – Decisão tomada por vários árbitros

1. Num processo arbitral com mais de um árbitro, qualquer decisão do tribunal arbitral é tomada pela maioria dos seus membros. Se não puder formar-se maioria, a sentença é proferida pelo presidente do tribunal.

2. Se um árbitro se recusar a tomar parte na votação da decisão, os outros árbitros podem proferir sentença sem ele, a menos que as partes tenham convencionado de modo diferente. As partes são subsequentemente informadas da recusa de participação desse árbitro na votação.

3. As questões respeitantes à ordenação, à tramitação ou ao impulso processual poderão ser decididas apenas pelo árbitro presidente, se as partes ou os outros membros do tribunal arbitral lhe tiverem dado autorização para o efeito.

Artigo 41º – Transacção

1. Se, no decurso do processo arbitral, as partes terminarem o litígio mediante transacção, o tribunal arbitral deve pôr fim ao processo e, se as partes lho solicitarem, dá a tal transacção a forma de sentença proferida nos termos acordados pelas partes, a menos que o conteúdo de tal transacção infrinja algum princípio de ordem pública.

2. Uma sentença proferida nos termos acordados pelas partes deve ser elaborada em conformidade com o disposto no artigo 42º e mencionar o facto de ter a natureza de sentença, tendo os mesmos efeitos que qualquer outra sentença proferida sobre o fundo da causa.

Artigo 42º – Forma, conteúdo e eficácia da sentença

1. A sentença deve ser reduzida a escrito e assinada pelo árbitro ou árbitros. Em processo arbitral com mais de um árbitro, são suficientes as assinaturas da maioria dos membros do tribunal arbitral ou só a do presidente, caso por este deva ser proferida a sentença, desde que seja mencionada na sentença a razão da omissão das restantes assinaturas.

2. Salvo convenção das partes em contrário, os árbitros podem decidir o fundo da causa através de uma única sentença ou de tantas sentenças parciais quantas entendam necessárias.

3. A sentença deve ser fundamentada, salvo se as partes tiverem dispensado tal exigência ou se trate de sentença proferida com base em acordo das partes, nos termos do artigo 41º

4. A sentença deve mencionar a data em que foi proferida, bem como o lugar da arbitragem, determinado em conformidade com o nº 1 do artigo 31º, considerando-se, para todos os efeitos, que a sentença foi proferida nesse lugar.

5. A menos que as partes hajam convencionado de outro modo, da sentença deve constar a repartição pelas partes dos encargos directamente resultantes do processo arbitral. Os árbitros podem ainda decidir na sentença, se o entenderem justo e adequado, que uma ou algumas das partes compense a outra ou outras pela totalidade ou parte dos custos e despesas razoáveis que demonstrem ter suportado por causa da sua intervenção na arbitragem.

6. Proferida a sentença, a mesma é imediatamente notificada através do envio a cada uma das partes de um exemplar assinado pelo árbitro ou árbitros, nos termos do disposto nº 1 do presente artigo, produzindo efeitos na data dessa notificação, sem prejuízo do disposto no nº 7.

7. A sentença arbitral de que não caiba recurso e que já não seja susceptível de alteração no termos do artigo 45º tem o mesmo carácter obrigatório entre as partes que a sentença de um tribunal estadual transitada em julgado e a mesma força executiva que a sentença de um tribunal estadual.

Artigo 43º – Prazo para proferir sentença

1. Salvo se as partes, até à aceitação do primeiro árbitro, tiverem acordado prazo diferente, os árbitros devem notificar às partes a sentença final proferida sobre o litígio que por elas lhes foi submetido dentro do prazo de 12 meses a contar da data de aceitação do último árbitro.

2. Os prazos definidos de acordo com o nº 1 podem ser livremente prorrogados por acordo das partes ou, em alternativa, por decisão do tribunal arbitral, por uma ou mais vezes, por sucessivos períodos de 12 meses, devendo tais prorrogações ser devidamente fundamentadas. Fica, porém, ressalvada a possibilidade de as partes, de comum acordo, se oporem à prorrogação.

3. A falta de notificação da sentença final dentro do prazo máximo determinado de acordo com os números anteriores do presente artigo, põe automaticamente termo ao processo arbitral, fazendo também extinguir a competência dos árbitros para julgarem o litígio que lhes fora submetido, sem prejuízo de a convenção de arbitragem manter a sua eficácia, nomeadamente para efeito de com base nela ser constituído novo tribunal arbitral e ter início nova arbitragem.

4. Os árbitros que injustificadamente obstarem a que a decisão seja proferida dentro do prazo fixado respondem pelos danos causados.

Artigo 44º – Encerramento do processo

1. O processo arbitral termina quando for proferida a sentença final ou quando for ordenado o encerramento do processo pelo tribunal arbitral, nos termos do nº 2 do presente artigo.

2. O tribunal arbitral ordena o encerramento do processo arbitral quando:

a) O demandante desista do seu pedido, a menos que o demandado a tal se oponha e o tribunal arbitral reconheça que este tem um interesse legítimo em que o litígio seja definitivamente resolvido;

b) As partes concordem em encerrar o processo;

c) O tribunal arbitral verifique que a prossecução do processo se tornou, por qualquer outra razão, inútil ou impossível.

3. As funções do tribunal arbitral cessam com o encerramento do processo arbitral, sem prejuízo do disposto no artigo 45º e no nº 8 do artigo 46º

4. Salvo se as partes tiverem acordado de modo diferente, o presidente do tribunal arbitral deve conservar o original do processo arbitral durante um prazo mínimo de dois anos e o original da sentença arbitral durante um prazo mínimo de cinco anos.

Artigo 45º – Rectificação e esclarecimento da sentença; sentença adicional

1. A menos que as partes tenham convencionado outro prazo para este efeito, nos 30 dias seguintes à recepção da notificação da sentença arbitral, qualquer das partes pode, notificando disso a outra, requerer ao tribunal arbitral, que rectifique, no texto daquela, qualquer erro de cálculo, erro material ou tipográfico ou qualquer erro de natureza idêntica.

2. No prazo referido no número anterior, qualquer das partes pode, notificando disso a outra, requerer ao tribunal arbitral que esclareça alguma obscuridade ou ambiguidade da sentença ou dos seus fundamentos.

3. Se o tribunal arbitral considerar o requerimento justificado, faz a rectificação ou o esclarecimento nos 30 dias seguintes à recepção daquele. O esclarecimento faz parte integrante da sentença.

4. O tribunal arbitral pode também, por sua iniciativa, nos 30 dias seguintes à data da notificação da sentença, rectificar qualquer erro do tipo referido no nº 1 do presente artigo.

5. Salvo convenção das partes em contrário, qualquer das partes pode, notificando disso a outra, requerer ao tribunal arbitral, nos 30 dias seguintes à data em que recebeu a notificação da sentença, que profira uma sentença adicional sobre partes do pedido ou dos pedidos apresentados no decurso do processo arbitral, que não hajam sido decididas na sentença. Se julgar justificado tal requerimento, o tribunal profere a sentença adicional nos 60 dias seguintes à sua apresentação.

6. O tribunal arbitral pode prolongar, se necessário, o prazo de que dispõe para rectificar, esclarecer ou completar a sentença, nos termos dos nºs 1, 2 ou 5 do presente artigo, sem prejuízo da observância do prazo máximo fixado de acordo com o artigo 43º

7. O disposto no artigo 42º aplica-se à rectificação e ao esclarecimento da sentença bem como à sentença adicional.

CAPÍTULO VII – Da impugnação da sentença arbitral

Artigo 46º – Pedido de anulação

1. Salvo se as partes tiverem acordado em sentido diferente, ao abrigo do nº 4 do artigo 39º, a impugnação de uma sentença arbitral perante um tribunal estadual só pode revestir a forma de pedido de anulação, nos termos do disposto no presente artigo.

2. O pedido de anulação da sentença arbitral, que deve ser acompanhado de uma cópia certificada da mesma e, se estiver redigida em língua estrangeira, de uma tradução para português, é apresentado no tribunal estadual competente, observando-se as seguintes regras, sem prejuízo do disposto nos demais números do presente artigo:

a) A prova é oferecida com o requerimento;
b) É citada a parte requerida para se opor ao pedido e oferecer prova;
c) É admitido um articulado de resposta do requerente às eventuais excepções;
d) É em seguida produzida a prova a que houver lugar;
e) Segue-se a tramitação do recurso de apelação, com as necessárias adaptações;
f) A acção de anulação entra, para efeitos de distribuição, na 5ª espécie.

3. A sentença arbitral só pode ser anulada pelo tribunal estadual competente se:

a) A parte que faz o pedido demonstrar que:
   i) Uma das partes da convenção de arbitragem estava afectada por uma incapacidade; ou que essa convenção não é válida nos termos da lei a que as partes a sujeitaram ou, na falta de qualquer indicação a este respeito, nos termos da presente lei; ou
   ii) Houve no processo violação de alguns dos princípios fundamentais referidos no nº 1 do artigo 30º com influência decisiva na resolução do litígio; ou
   iii) A sentença se pronunciou sobre um litígio não abrangido pela convenção de arbitragem ou contém decisões que ultrapassam o âmbito desta; ou
   iv) A composição do tribunal arbitral ou o processo arbitral não foram conformes com a convenção das partes, a menos que esta convenção contrarie uma disposição da presente lei que as partes não possam derrogar ou, na falta de uma tal convenção, que não foram conformes com a presente lei e, em qualquer dos casos, que essa desconformidade teve influência decisiva na resolução do litígio; ou
   v) O tribunal arbitral condenou em quantidade superior ou em objecto diverso do pedido, conheceu de questões de que não podia tomar conhecimento ou deixou de pronunciar-se sobre questões que devia apreciar; ou
   vi) A sentença foi proferida com violação dos requisitos estabelecidos nos nºs 1 e 3 do artigo 42º; ou
   vii) A sentença foi notificada às partes depois de decorrido o prazo máximo para o efeito fixado de acordo com ao artigo 43º ; ou

b) O tribunal verificar que:
   i) O objecto do litígio não é susceptível de ser decidido por arbitragem nos termos do direito português;
   ii) O conteúdo da sentença ofende os princípios da ordem pública internacional do Estado português.

4. Se uma parte, sabendo que não foi respeitada uma das disposições da presente lei que as partes podem derrogar ou uma qualquer condição enunciada na convenção de arbitragem, prosseguir apesar disso a arbitragem sem deduzir oposição de imediato ou, se houver prazo para este efeito, nesse prazo, considera-se que renunciou ao direito de impugnar, com tal fundamento, a sentença arbitral.

5. Sem prejuízo do disposto no número anterior, o direito de requerer a anulação da sentença arbitral é irrenunciável.

6. O pedido de anulação só pode ser apresentado no prazo de 60 dias a contar da data em que a parte que pretenda essa anulação recebeu a notificação da sentença ou, se tiver sido feito um requerimento no termos do artigo 45º, a partir da data em que o tribunal arbitral tomou uma decisão sobre esse requerimento.

7. Se a parte da sentença relativamente à qual se verifique existir qualquer dos fundamentos de anulação referidos no nº 3 do presente artigo puder ser dissociada do resto da mesma, é unicamente anulada a parte da sentença atingida por esse fundamento de anulação.

8. Quando lhe for pedido que anule uma sentença arbitral, o tribunal estadual competente pode, se o considerar adequado e a pedido de uma das partes, suspender o processo de anulação durante o período de tempo que determinar, em ordem a dar ao tribunal arbitral a possibilidade de retomar o processo arbitral ou de tomar qualquer outra medida que o tribunal arbitral julgue susceptível de eliminar os fundamentos da anulação.

9. O tribunal estadual que anule a sentença arbitral não pode conhecer do mérito da questão ou questões por aquela decididas, devendo tais questões, se alguma das partes o pretender, ser submetidas a outro tribunal arbitral para serem por este decididas.

10. Salvo se as partes tiverem acordado de modo diferente, com a anulação da sentença a convenção de arbitragem volta a produzir efeitos relativamente ao objecto do litígio.

CAPÍTULO VIII – Da execução da sentença arbitral

Artigo 47º – Execução da sentença arbitral

1. A parte que pedir a execução da sentença ao tribunal estadual competente deve fornecer o original daquela ou uma cópia certificada conforme e, se a mesma não estiver redigida em língua portuguesa, uma tradução certificada nesta língua.

2. No caso de o tribunal arbitral ter proferido sentença de condenação genérica, a sua liquidação faz-se nos termos do nº 4 do artigo 805º do Código de Processo Civil, podendo no entanto ser requerida a liquidação ao tribunal arbitral nos termos do nº 5 do artigo 45º, caso em que o tribunal arbitral, ouvida a outra parte, e produzida prova, profere decisão complementar, julgando equitativamente dentro dos limites que tiver por provados.

3. A sentença arbitral pode servir de base à execução ainda que haja sido impugnada mediante pedido de anulação apresentado de acordo com o artigo 46º, mas o impugnante pode requerer que tal impugnação tenha efeito suspensivo da execução desde que se ofereça para prestar caução, ficando a atribuição desse efeito condicionada à efectiva prestação de caução no prazo fixado pelo tribunal. Aplica-se neste caso o disposto no nº 3 do artigo 818º do Código de Processo Civil.

4. Para efeito do disposto no número anterior, aplica-se com as necessárias adaptações o disposto nos artigos 692º-A e 693º-A do Código de Processo Civil.

Artigo 48º – Fundamentos de oposição à execução

1. À execução de sentença arbitral pode o executado opor-se com qualquer dos fundamentos de anulação da sentença previstos no nº 3 do artigo 46º, desde que, na data em que a oposição for deduzida, um pedido de anulação da sentença arbitral apresentado com esse mesmo fundamento não tenha já sido rejeitado por sentença transitada em julgado.

2. Não pode ser invocado pelo executado na oposição à execução de sentença arbitral nenhum dos fundamentos previstos na alínea *a*) do nº 3 do artigo 46º, se já tiver decorrido o prazo fixado no nº 6 do mesmo artigo para a apresentação do pedido de anulação da sentença, sem que nenhuma das partes haja pedido tal anulação.

3. Não obstante ter decorrido o prazo previsto no nº 6 do artigo 46º, o juiz pode conhecer oficiosamente, nos termos do disposto do artigo 820º do Código de Processo Civil, da causa de anulação prevista na alínea *b*) do nº 3 do artigo 46º da presente lei, devendo, se verificar que a sentença exequenda é inválida por essa causa, rejeitar a execução com tal fundamento.

4. O disposto no nº 2 do presente artigo não prejudica a possibilidade de serem deduzidos, na oposição à execução de sentença arbitral, quaisquer dos demais fundamentos previstos para esse efeito na lei de processo aplicável, nos termos e prazos aí previstos.

CAPÍTULO IX – Da arbitragem internacional

Artigo 49º – Conceito e regime da arbitragem internacional

1. Entende-se por arbitragem internacional a que põe em jogo interesses do comércio internacional.

2. Salvo o disposto no presente capítulo, são aplicáveis à arbitragem internacional, com as devidas adaptações, as disposições da presente lei relativas à arbitragem interna.

Artigo 50º – Inoponibilidade de excepções baseadas no direito interno de uma parte

Quando a arbitragem seja internacional e uma das partes na convenção de arbitragem seja um Estado, uma organização controlada por um Estado ou uma sociedade por este dominada, essa parte não pode invocar o seu direito interno para contestar a arbitrabilidade do litígio ou a sua capacidade para ser parte na arbitragem, nem para de qualquer outro modo se subtrair às suas obrigações decorrentes daquela convenção.

Artigo 51º – Validade substancial da convenção de arbitragem

1. Tratando-se de arbitragem internacional, entende-se que a convenção de arbitragem é válida quanto à substância e que o litígio a que ele respeita é susceptível de ser submetido a arbitragem se se cumprirem os requisitos estabelecidos a tal respeito ou pelo direito escolhido pelas partes para reger a convenção de arbitragem ou pelo direito aplicável ao fundo da causa ou pelo direito português.

2. O tribunal estadual ao qual haja sido pedida a anulação de uma sentença proferida em arbitragem internacional localizada em Portugal, com o fundamento previsto na alínea *b)* do nº 3 do artigo 46º, da presente lei, deve ter em consideração o disposto no número anterior do presente artigo.

Artigo 52º – Regras de direito aplicáveis ao fundo da causa

1. As partes podem designar as regras de direito a aplicar pelos árbitros, se os não tiverem autorizado a julgar segundo a equidade. Qualquer designação da lei ou do sistema jurídico de determinado Estado é considerada, salvo estipulação expressa em contrário, como designando directamente o direito material deste Estado e não as suas normas de conflitos de leis.

2. Na falta de designação pelas partes, o tribunal arbitral aplica o direito do Estado com o qual o objecto do litígio apresente uma conexão mais estreita.

3. Em ambos os casos referidos nos números anteriores, o tribunal arbitral deve tomar em consideração as estipulações contratuais das partes e os usos comerciais relevantes.

Artigo 53º – Irrecorribilidade da sentença

Tratando-se de arbitragem internacional, a sentença do tribunal arbitral é irrecorrível, a menos que as partes tenham expressamente acordado a possibilidade de recurso para outro tribunal arbitral e regulado os seus termos.

Artigo 54º – Ordem pública internacional

A sentença proferida em Portugal, numa arbitragem internacional em que haja sido aplicado direito não português ao fundo da causa pode ser anulada com os fundamentos previstos no artigo 46º e ainda, caso deva ser executada ou produzir outros efeitos em território nacional, se tal conduzir a um resultado manifestamente incompatível com os princípios da ordem pública internacional.

CAPÍTULO X – Do reconhecimento e execução de sentenças arbitrais estrangeiras

Artigo 55º – Necessidade do reconhecimento

Sem prejuízo do que é imperativamente preceituado pela Convenção de Nova Iorque de 1958, sobre o reconhecimento e a execução de sentenças arbitrais estrangeiras, bem como por outros tratados ou convenções que vinculem o Estado português, as sentenças proferidas em arbitragens localizadas no estrangeiro só têm eficácia em Portugal, seja qual for a nacionalidade das partes, se forem reconhecidas pelo tribunal estadual português competente, nos termos do disposto no presente capítulo desta lei.

Artigo 56º – Fundamentos de recusa do reconhecimento e execução

1. O reconhecimento e a execução de uma sentença arbitral proferida numa arbitragem localizada no estrangeiro só podem ser recusados:

a) A pedido da parte contra a qual a sentença for invocada, se essa parte fornecer ao tribunal competente ao qual é pedido o reconhecimento ou a execução a prova de que:

i) Uma das partes da convenção de arbitragem estava afectada por uma incapacidade, ou essa convenção não é válida nos termos da lei a que as partes a sujeitaram ou, na falta de indicação a este respeito, nos termos da lei do país em que a sentença foi proferida; ou

ii) A parte contra a qual a sentença é invocada não foi devidamente informada da designação de um árbitro ou do processo arbitral, ou que, por outro motivo, não lhe foi dada oportunidade de fazer valer os seus direitos; ou

iii) A sentença se pronuncia sobre um litígio não abrangido pela convenção de arbitragem ou contém decisões que ultrapassam os termos desta; contudo, se as disposições da sentença relativas a questões submetidas à arbitragem puderem ser dissociadas das que não tinham sido submetidas à arbitragem, podem reconhecer-se e executar-se unicamente as primeiras; ou

iv) A constituição do tribunal ou o processo arbitral não foram conformes à convenção das partes ou, na falta de tal convenção, à lei do país onde a arbitragem teve lugar; ou

v) A sentença ainda não se tornou obrigatória para as partes ou foi anulada ou suspensa por um tribunal do país no qual, ou ao abrigo da lei do qual, a sentença foi proferida; ou

b) Se o tribunal verificar que:

i) O objecto do litígio não é susceptível de ser decidido mediante arbitragem, de acordo com o direito português; ou

ii) O reconhecimento ou a execução da sentença conduz a um resultado manifestamente incompatível com a ordem pública internacional do Estado português.

2. Se um pedido de anulação ou de suspensão de uma sentença tiver sido apresentado num tribunal do país referido na subalínea *v*) da alínea *a*) do nº 1 do presente artigo, o tribunal estadual português ao qual foi pedido o seu reconhecimento e execução pode, se o julgar apropriado, suspender a instância, podendo ainda, a requerimento da parte que pediu esse reconhecimento e execução, ordenar à outra parte que preste caução adequada.

Artigo 57º – Trâmites do processo de reconhecimento

1. A parte que pretenda o reconhecimento de sentença arbitral estrangeira, nomeadamente para que esta venha a ser executada em Portugal, deve fornecer o original da sentença devidamente autenticado ou uma cópia devidamente certificada da mesma, bem como o original da convenção de arbitragem ou uma cópia devidamente autenticada da mesma. Se a sentença ou a convenção não estiverem redigidas em português, a parte requerente fornece uma tradução devidamente certificada nesta língua.

2. Apresentada a petição de reconhecimento, acompanhada dos documentos referidos no número anterior, é a parte contrária citada para, dentro de 15 dias, deduzir a sua oposição.

3. Findos os articulados e realizadas as diligências que o relator tenha por indispensáveis, é facultado o exame do processo, para alegações, às partes e ao Ministério Público, pelo prazo de 15 dias.

4. O julgamento faz-se segundo as regras próprias da apelação.

Artigo 58º – Sentenças estrangeiras sobre litígios de direito administrativo

No reconhecimento da sentença arbitral proferida em arbitragem localizada no estrangeiro e relativa a litígio que, segundo o direito português, esteja compreendido na esfera de jurisdição dos tribunais administrativos, deve observar-se, com as necessárias adaptações ao regime processual específico destes tribunais, o disposto nos artigos 56º, 57º e no nº 2 do artigo 59º da presente lei.

CAPÍTULO XI – Dos tribunais estaduais competentes

Artigo 59º – Dos tribunais estaduais competentes

1. Relativamente a litígios compreendidos na esfera de jurisdição dos tribunais judiciais, o Tribunal da Relação em cujo distrito se situe o lugar da arbitragem ou, no caso da decisão referida na alínea *h*) do nº 1 do presente artigo, o domicílio da pessoa contra quem se pretenda fazer valer a sentença, é competente para decidir sobre:

a) A nomeação de árbitros que não tenham sido nomeados pelas partes ou por terceiros a que aquelas hajam cometido esse encargo, de acordo com o previsto nos nºs 3, 4 e 5 do artigo 10º e no nº 1 do artigo 11º;

b) A recusa que haja sido deduzida, ao abrigo do nº 2 do artigo 14º, contra um árbitro que a não tenha aceitado, no caso de considerar justificada a recusa;

c) A destituição de um árbitro, requerida ao abrigo do nº 1 do artigo 15º;

d) A redução do montante dos honorários ou despesas fixadas pelos árbitros, ao abrigo do nº 3 do artigo 17º;

e) O recurso da sentença arbitral, quando este tenha sido convencionado ao abrigo do nº 4 do artigo 39º;

f) A impugnação da decisão interlocutória proferida pelo tribunal arbitral sobre a sua própria competência, de acordo com o nº 9 do artigo 18º;

g) A impugnação da sentença final proferida pelo tribunal arbitral, de acordo com o artigo 46º;

h) O reconhecimento de sentença arbitral proferida em arbitragem localizada no estrangeiro.

2. Relativamente a litígios que, segundo o direito português, estejam compreendidos na esfera da jurisdição dos tribunais administrativos, a competência para decidir sobre matérias referidas nalguma das alíneas do nº 1 do presente artigo, pertence ao Tribunal Central Administrativo em cuja circunscrição se situe o local da arbitragem ou, no caso da decisão referida na alínea *h*) do nº 1, o domicílio da pessoa contra quem se pretende fazer valer a sentença.

3. A nomeação de árbitros referida na alínea *a*) do nº 1 do presente artigo cabe, consoante a natureza do litígio, ao presidente do Tribunal da Relação ou ao presidente do tribunal central administrativo que for territorialmente competente.

4. Para quaisquer questões ou matérias não abrangidas pelos nºs 1, 2 e 3 do presente artigo e relativamente às quais a presente lei confira competência a um tribunal estadual, são competentes o tribunal judicial de 1ª instância ou o tribunal administrativo de círculo em cuja circunscrição se situe o local da arbitragem, consoante se trate, respectivamente, de litígios compreendidos na esfera de jurisdição dos tribunais judiciais ou na dos tribunais administrativos.

5. Relativamente a litígios compreendidos na esfera da jurisdição dos tribunais judiciais, é competente para prestar assistência a arbitragens localizadas no estrangeiro, ao abrigo do artigo 29º e do nº 2 do artigo 38º da presente lei, o tribunal judicial de 1ª instância em cuja circunscrição deva ser decretada a providência cautelar, segundo as regras de competência territorial contidas no artigo 83º do Código de Processo Civil, ou em que deva ter lugar a produção de prova solicitada ao abrigo do nº 2 do artigo 38º da presente lei.

6. Tratando-se de litígios compreendidos na esfera da jurisdição dos tribunais administrativos, a assistência a arbitragens localizadas no estrangeiro é prestada pelo tribunal administrativo de círculo territorialmente competente de acordo com o disposto no nº 5 do presente artigo, aplicado com as adaptações necessárias ao regime dos tribunais administrativos.

7. Nos processos conducentes às decisões referidas no nº 1 do presente artigo, o tribunal competente deve observar o disposto nos artigos 46º, 56º, 57º, 58º e 60º da presente lei.

8. Salvo quando na presente lei se preceitue que a decisão do tribunal estadual competente é insusceptível de recurso, das decisões proferidas pelos tribunais referidos nos números anteriores deste artigo, de acordo com o que neles se dispõe, cabe recurso para o tribunal ou tribunais hierarquicamente superiores, sempre que tal recurso seja admissível segundo as normas aplicáveis à recorribilidade das decisões em causa.

9. A execução da sentença arbitral proferida em Portugal corre no tribunal estadual de 1ª instância competente, nos termos da lei de processo aplicável.

10. Para a acção tendente a efectivar a responsabilidade civil de um árbitro, são competentes os tribunais judiciais de 1ª instância em cuja circunscrição se situe o domicílio do réu ou do lugar da arbitragem, à escolha do autor.

11. Se num processo arbitral o litígio for reconhecido por um tribunal judicial ou administrativo, ou pelo respectivo presidente, como da respectiva competência material, para efeitos de aplicação do presente artigo, tal decisão não é, nessa parte, recorrível e deve ser acatada pelos demais tribunais que vierem a ser chamados a exercer no mesmo processo qualquer das competências aqui previstas.

Artigo 60º – Processo aplicável

1. Nos casos em que se pretenda que o tribunal estadual competente profira uma decisão ao abrigo de qualquer das alíneas *a*) a *d*) do nº 1 do artigo 59º, deve o interessado indicar no seu requerimento os factos que justificam o seu pedido, nele incluindo a informação que considere relevante para o efeito.

2. Recebido o requerimento previsto no número anterior, são notificadas as demais partes na arbitragem e, se for caso disso, o tribunal arbitral para, no prazo de 10 dias, dizerem o que se lhes ofereça sobre o conteúdo do mesmo.

3. Antes de proferir decisão, o tribunal pode, se entender necessário, colher ou solicitar as informações convenientes para a prolação da sua decisão.

4. Os processos previstos nos números anteriores do presente artigo revestem sempre carácter urgente, precedendo os respectivos actos qualquer outro serviço judicial não urgente.

CAPÍTULO XII – Disposições finais

Artigo 61º – Âmbito de aplicação no espaço

A presente lei é aplicável a todas as arbitragens que tenham lugar em território português, bem como ao reconhecimento e à execução em Portugal de sentenças proferidas em arbitragens localizadas no estrangeiro.

Artigo 62º – Centros de arbitragem institucionalizada

1. A criação em Portugal de centros de arbitragem institucionalizada está sujeita a autorização do Ministro da Justiça, nos termos do disposto em legislação especial.

2. Considera-se feita para o presente artigo a remissão constante do Decreto-Lei nº 425/86, de 27 de Dezembro, para o artigo 38º da Lei nº 31/86, de 29 de Agosto.

[4-A] Arbitragem Necessária (Conflitos de Consumo)

Lei nº 63/2019, de 16 de agosto

Sujeita os conflitos de consumo de reduzido valor económico, por opção do consumidor, à arbitragem necessária ou mediação, e obriga à notificação da possibilidade de representação por advogado ou solicitador nesses conflitos, procedendo à quinta alteração à Lei nº 24/96, de 31 de julho

A Assembleia da República decreta, nos termos da alínea *c)* do artigo 161º da Constituição, o seguinte:

Artigo 1º - Objeto

A presente lei procede à quinta alteração à Lei nº 24/96, de 31 de julho, alterada pela Lei nº 85/98, de 16 de dezembro, pelo Decreto-Lei nº 67/2003, de 8 de abril, pela Lei nº 10/2013, de 28 de janeiro, e pela Lei nº 47/2014, de 28 de julho, que estabelece o regime legal aplicável à defesa dos consumidores, determinando a sujeição dos conflitos de consumo de reduzido valor económico à arbitragem necessária ou mediação, quando seja essa a opção do consumidor, e introduz o dever de informação do direito a constituir advogado ou solicitador.

Artigo 2º - Alteração à Lei nº 24/96, de 31 de julho

O artigo 14º da Lei nº 24/96, de 31 de julho, alterada pela Lei nº 85/98, de 16 de dezembro, pelo Decreto-Lei nº 67/2003, de 8 de abril, pela Lei nº 10/2013, de 28 de janeiro, e pela Lei nº 47/2014, de 28 de julho, passa a ter a seguinte redação:

«Artigo 14º - [...]

1. Incumbe aos órgãos e departamentos da Administração Pública promover a criação e apoiar centros de arbitragem com o objetivo de dirimir os conflitos de consumo.

2. Os conflitos de consumo de reduzido valor económico estão sujeitos a arbitragem necessária ou mediação quando, por opção expressa dos consumidores, sejam submetidos à apreciação de tribunal arbitral adstrito aos centros de arbitragem de conflitos de consumo legalmente autorizados.

3. Consideram-se conflitos de consumo de reduzido valor económico aqueles cujo valor não exceda a alçada dos tribunais de 1ª instância.

4. Nos conflitos de consumo a que se referem os nºs 2 e 3 deve o consumidor ser notificado, no início do processo, de que pode fazer-se representar por advogado ou solicitador, sendo que, caso não tenha meios económicos para tal, pode solicitar apoio judiciário, nos termos da lei que regula o acesso ao direito e aos tribunais.

5. Nos conflitos de consumo a que se referem os nºs 2 e 3 o consumidor fica dispensado do pagamento prévio de taxa de justiça, que será apurada a final.»

Artigo 3º – Entrada em vigor

A presente lei entra em vigor 30 dias após a sua publicação.

Aprovada em 28 de junho de 2019.

O Presidente da Assembleia da República, *Eduardo Ferro Rodrigues.*

Promulgada em 23 de julho de 2019.

Publique-se.

O Presidente da República, MARCELO REBELO DE SOUSA.

Referendada em 29 de julho de 2019.

Pelo Primeiro-Ministro, *Augusto Ernesto Santos Silva,* Ministro dos Negócios Estrangeiros.

[5] Competência Internacional

Regulamento (UE) nº 1215/2012 do Parlamento Europeu e do Conselho de 12 de dezembro de 2012

Relativo à competência judiciária, ao reconhecimento e à execução de decisões em matéria civil e comercial (reformulação)*

O PARLAMENTO EUROPEU E O CONSELHO DA UNIÃO EUROPEIA,

Tendo em conta o Tratado sobre o Funcionamento da União Europeia, nomeadamente o artigo 67º, nº 4, e o artigo 81º, nº 2, alíneas *a*), *c*) e *e*),

Tendo em conta a proposta da Comissão Europeia,

Após transmissão do projeto de ato legislativo aos parlamentos nacionais,

Tendo em conta o parecer do Comité Económico e Social Europeu([1]),

Deliberando de acordo com o processo legislativo ordinário ([2]),

Considerando o seguinte:

(1) Em 21 de abril de 2009, a Comissão adotou um relatório sobre a aplicação do Regulamento (CE) nº 44/2001 do Conselho, de 22 de dezembro de 2000, relativo à competência judiciária, ao reconhecimento e à execução de decisões em matéria civil e comercial ([3]). O relatório concluía que, em geral, a aplicação daquele regulamento é satisfatória, mas que seria desejável aplicar melhor algumas das suas disposições, facilitar mais a livre circulação de decisões e continuar a reforçar o acesso à justiça. Dada a necessidade de efetuar uma série de alterações ao referido regulamento, deverá o mesmo, por razões de clareza, ser reformulado.

(2) O Conselho Europeu, reunido em Bruxelas em 10 e 11 de dezembro de 2009, adotou um novo programa plurianual, intitulado «Programa de Estocolmo – Uma

* Publicado no JO L 351 de 20/12/2012, p. 1. Não se publicam os Anexos I e II que foram substituídos pelo Regulamento Delegado (UE) 2015/281 da Comissão, de 26 de novembro de 2014 (publicado no JO L 54 de 25/2/2015, p. 1).

([1]) JO C 218 de 23.7.2011, p. 78.

([2]) Posição do Parlamento Europeu de 20 de novembro de 2012 (ainda não publicada no Jornal Oficial) e decisão do Conselho de 6 de dezembro de 2012.

([3]) JO L 12 de 16.1.2001, p. 1.

Europa aberta e segura que sirva e proteja os cidadãos» ([1]). No Programa de Estocolmo, o Conselho Europeu considerou que o processo de abolição de todas as medidas intermédias (o exequatur) deverá continuar durante o período abrangido por aquele Programa. Ao mesmo tempo, a abolição do exequatur deve também ser acompanhada de uma série de salvaguardas.

(3) A União atribuiu-se como objetivo manter e desenvolver um espaço de liberdade, de segurança e de justiça, nomeadamente facilitando o acesso à justiça, em especial através do princípio do reconhecimento mútuo de decisões judiciais e extrajudiciais em matéria civil. A fim de criar gradualmente esse espaço, a União deve adotar medidas no domínio da cooperação judiciária em matéria civil que tenham incidência transfronteiriça, nomeadamente quando tal seja necessário para o bom funcionamento do mercado interno.

(4) Certas disparidades das regras nacionais em matéria de competência judiciária e de reconhecimento de decisões judiciais dificultam o bom funcionamento do mercado interno. São indispensáveis disposições destinadas a unificar as regras de conflito de jurisdição em matéria civil e comercial e a fim de garantir o reconhecimento e a execução rápidos e simples das decisões proferidas num dado Estado-Membro.

(5) Tais disposições inserem-se no domínio da cooperação judiciária em matéria civil, na aceção do artigo 81º do Tratado sobre o Funcionamento da União Europeia (TFUE).

(6) Para alcançar o objetivo da livre circulação das decisões em matéria civil e comercial, é necessário e adequado que as regras relativas à competência judiciária, ao reconhecimento e à execução das decisões sejam determinadas por um instrumento legal da União vinculativo e diretamente aplicável.

(7) Os então Estados-Membros das Comunidades Europeias celebraram, em 27 de setembro de 1968, no âmbito do artigo 220º, quarto travessão, do Tratado que institui a Comunidade Económica Europeia, a Convenção de Bruxelas relativa à competência judiciária e à execução de decisões em matéria civil e comercial, que foi subsequentemente alterada pelas convenções de adesão a essa convenção de novos Estados-Membros ([2]) (a «Convenção de Bruxelas de 1968»). Em 16 de setembro de 1988, os então Estados-Membros das Comunidades Europeias e alguns Estados da EFTA celebraram a Convenção de Lugano relativa à competência judiciária e à execução de decisões em matéria civil e comercial ([3]) (a «Convenção de Lugano de 1988»), que é paralela à Convenção de Bruxelas de 1968. A Convenção de Lugano de 1988 tornou-se aplicável à Polónia em 1 de fevereiro de 2000.

(8) Em 22 de dezembro de 2000, o Conselho adotou o Regulamento (CE) nº 44/ /2001, que substitui a Convenção de Bruxelas de 1968, no que se refere aos territórios dos Estados-Membros abrangidos pelo TFUE, nas relações entre os Estados-Membros,

([1]) JO C 115 de 4.5.2010, p. 1.
([2]) JO L 299 de 31.12.1972, p. 32, JO L 304 de 30.10.1978, p. 1, JO L 388 de 31.12.1982, p. 1, JO L 285 de 3.10.1989, p. 1, JO C 15 de 15.1.1997, p. 1. Para a versão consolidada, ver JO C 27 de 26.1.1998, p. 1.
([3]) JO L 319 de 25.11.1988, p. 9.

com exceção da Dinamarca. Pela Decisão 2006/325/CE do Conselho ([1]), a Comunidade celebrou um acordo com a Dinamarca que assegura a aplicação do disposto no Regulamento (CE) nº 44/2001 neste país. A Convenção de Lugano de 1988 foi revista pela Convenção sobre a competência judiciária, o reconhecimento e a execução de decisões em matéria civil e comercial ([2]), assinada em Lugano em 30 de outubro de 2007 entre a Comunidade, a Dinamarca, a Islândia, a Noruega e a Suíça (a «Convenção de Lugano de 2007»).

(9) A Convenção de Bruxelas de 1968 deverá continuar a aplicar-se aos territórios dos Estados-Membros que são abrangidos pelo âmbito de aplicação territorial dessa convenção e que estão excluídos do presente regulamento por força do artigo 355º do TFUE.

(10) O âmbito de aplicação material do presente regulamento deverá incluir o essencial da matéria civil e comercial, com exceção de certas matérias bem definidas, em particular as obrigações de alimentos, que deverão ser excluídas do âmbito de aplicação do presente regulamento na sequência da adoção do Regulamento (CE) nº 4/2009 do Conselho, de 18 de dezembro de 2008, relativo à competência, à lei aplicável, ao reconhecimento e à execução das decisões e à cooperação em matéria de obrigações alimentares ([3]).

(11) Para efeitos do presente regulamento, os tribunais dos Estados-Membros incluem os tribunais comuns a vários Estados-Membros, como o Tribunal de Justiça do Benelux quando exerce a sua competência sobre matérias abrangidas pelo presente regulamento. Por conseguinte, as decisões proferidas por esses tribunais devem ser reconhecidas e executadas nos termos do presente regulamento.

(12) O presente regulamento não deverá aplicar-se à arbitragem. Nada no presente regulamento deverá impedir que os tribunais de um Estado-Membro, caso lhes seja submetida uma ação numa matéria para a qual as partes celebraram um acordo de arbitragem, remetam as partes para a arbitragem, suspendam ou encerrem o processo ou examinem se a convenção de arbitragem é nula, ineficaz ou insuscetível de aplicação nos termos da lei nacional.

As decisões proferidas pelos tribunais dos Estados-Membros que determinam se uma convenção de arbitragem é nula, ineficaz ou insuscetível de aplicação não deverão estar sujeitas às regras de reconhecimento e execução estabelecidas no presente regulamento, independentemente de o tribunal ter decidido destes aspetos a título principal ou incidental.

Por outro lado, se um tribunal de um Estado-Membro, exercendo a sua competência por força do presente regulamento ou da lei nacional, determinar que uma convenção de arbitragem é nula, ineficaz ou insuscetível de aplicação, tal não deverá impedir que a decisão do tribunal quanto ao mérito da questão seja reconhecida ou, consoante o caso, executada nos termos do presente regulamento. Tal não deverá prejudicar a competência dos tribunais dos Estados-Membros para decidirem do reconhecimento e execução de sentenças arbitrais de acordo com a Convenção sobre o

([1]) JO L 120 de 5.5.2006, p. 22.
([2]) JO L 147 de 10.6.2009, p. 5.
([3]) JO L 7 de 10.1.2009, p. 1.

Reconhecimento e a Execução de Decisões Arbitrais Estrangeiras, celebrada em Nova Iorque em 10 de junho de 1958 (a «Convenção de Nova Iorque de 1958»), que prevalece sobre o presente regulamento.

O presente regulamento não deverá aplicar-se a ações ou processos conexos relativos, nomeadamente, à criação de um tribunal arbitral, aos poderes dos árbitros, à condução do processo arbitral ou a quaisquer outros aspetos desse processo, nem a ações ou decisões em matéria de anulação, revisão, recurso, reconhecimento ou execução de sentenças arbitrais.

(13) Deverá haver uma ligação entre os processos a que o presente regulamento se aplica e o território dos Estados-Membros. Devem, portanto, aplicar-se, em princípio, as regras comuns em matéria de competência sempre que o requerido esteja domiciliado num Estado-Membro.

(14) Um requerido não domiciliado num Estado-Membro deve, em geral, ficar sujeito às regras de competência judiciária aplicáveis no território do Estado-Membro do tribunal a que a questão foi submetida.

Todavia, a fim de assegurar a proteção de consumidores e trabalhadores, salvaguardar a competência dos tribunais dos Estados-Membros em situações em relação às quais têm competência exclusiva e respeitar a autonomia das partes, algumas normas de competência constantes do presente regulamento aplicam-se independentemente do domicílio do requerido.

(15) As regras de competência devem apresentar um elevado grau de certeza jurídica e fundar-se no princípio de que em geral a competência tem por base o domicílio do requerido. Os tribunais deverão estar sempre disponíveis nesta base, exceto nalgumas situações bem definidas em que a matéria em litígio ou a autonomia das partes justificam um critério de conexão diferente. No respeitante às pessoas coletivas, o domicílio deve ser definido de forma autónoma, de modo a aumentar a transparência das regras comuns e evitar os conflitos de jurisdição.

(16) O foro do domicílio do requerido deve ser completado pelos foros alternativos permitidos em razão do vínculo estreito entre a jurisdição e o litígio ou com vista a facilitar uma boa administração da justiça. A existência de vínculo estreito deverá assegurar a certeza jurídica e evitar a possibilidade de o requerido ser demandado no tribunal de um Estado-Membro que não seria razoavelmente previsível para ele. Este elemento é especialmente importante nos litígios relativos a obrigações extracontratuais decorrentes de violações da privacidade e de direitos de personalidade, incluindo a difamação.

(17) O proprietário de objetos culturais na aceção do artigo 1º, nº 1, da Diretiva 93/7/CEE do Conselho, de 15 de março de 1993, relativa à restituição de bens culturais que tenham saído ilicitamente do território de um Estado-Membro ([1]) deverá estar habilitado, nos termos do presente regulamento, a intentar uma ação cível visando a recuperação, fundada no direito de propriedade, de um objeto cultural no tribunal do local onde esteja situado o objeto na data em que o tribunal for demandado. Tais processos não prejudicam os processos intentados ao abrigo da Diretiva 93/7/CEE.

([1]) JO L 74 de 27.3.1993, p. 74.

(18) No respeitante aos contratos de seguro, de consumo e de trabalho, é conveniente proteger a parte mais fraca por meio de regras de competência mais favoráveis aos seus interesses do que a regra geral.

(19) A autonomia das partes num contrato que não seja de seguro, de consumo ou de trabalho quanto à escolha do tribunal competente, no caso de apenas ser permitida uma autonomia limitada de escolha do tribunal, deverá ser respeitada sem prejuízo das competências exclusivas definidas pelo presente regulamento.

(20) A questão de saber se o pacto atributivo de jurisdição a favor de um tribunal ou dos tribunais de um Estado-Membro é nulo quanto à sua validade substantiva deverá ser decidida segundo a lei do Estado-Membro do tribunal ou tribunais designados no pacto, incluindo as regras de conflitos de leis desse Estado-Membro.

(21) O funcionamento harmonioso da justiça obriga a minimizar a possibilidade de intentar processos concorrentes e a evitar que sejam proferidas decisões inconciliáveis em Estados-Membros diferentes. Importa prever um mecanismo claro e eficaz para resolver os casos de litispendência e de conexão e para obviar aos problemas resultantes das divergências nacionais quanto à determinação do momento a partir do qual os processos são considerados pendentes. Para efeitos do presente regulamento, é conveniente fixar esta data de forma autónoma.

(22) Todavia, a fim de reforçar a eficácia dos acordos exclusivos de eleição do foro competente e de evitar táticas de litigação abusivas, é necessário prever uma exceção à regra geral de litispendência, a fim de lidar de forma satisfatória com uma situação particular no âmbito da qual poderão ocorrer processos concorrentes. Trata-se da situação em que é demandado um tribunal não designado num acordo exclusivo de eleição do foro competente, e o tribunal designado é demandado subsequentemente num processo com a mesma causa de pedir e com as mesmas partes. Nesse caso, o tribunal demandado em primeiro lugar deverá ser chamado a suspender a instância logo que o tribunal designado seja demandado e até que este declare que não é competente por força do acordo exclusivo de eleição do foro competente. Isto destina-se a, numa tal situação, dar prioridade ao tribunal designado para decidir da validade do acordo e em que medida o acordo se aplica ao litígio pendente. O tribunal designado deverá poder prosseguir a ação independentemente de o tribunal não designado já ter decidido da suspensão da instância.

Esta exceção não deverá aplicar-se a situações em que as partes tenham celebrado acordos exclusivos de eleição do foro competente incompatíveis ou aos casos em que o tribunal designado num tal acordo tenha sido demandado em primeiro lugar. Nesses casos, deverá aplicar-se a regra geral de litispendência constante do presente regulamento.

(23) O presente regulamento deverá prever um mecanismo flexível que permita aos tribunais dos Estados-Membros ter em conta as ações pendentes em tribunais de países terceiros, atento sobretudo o facto de as decisões judiciais de países terceiros serem suscetíveis de ser reconhecidas e executadas num dado Estado-Membro por força da legislação desse Estado-Membro, e a correta administração da justiça.

(24) Ao ter em conta a correta administração da justiça, o tribunal do Estado-Membro em causa deverá avaliar todas as circunstâncias do caso concreto. Estas circunstân-

cias podem incluir os vínculos entre os factos do processo e as partes e o país terceiro em questão, a fase em que se encontra o processo no país terceiro no momento é que é intentado o processo no tribunal do Estado-Membro, e se é previsível que o tribunal do país terceiro profira a sua decisão em prazo razoável.

Essa avaliação poderá ainda incluir a ponderação da questão de saber se o tribunal do país terceiro tem competência exclusiva no caso concreto nas mesmas circunstâncias em que o tribunal de um Estado-Membro teria competência exclusiva.

(25) O conceito de medidas provisórias, incluindo medidas cautelares, deverá abranger, por exemplo, as providências cautelares para obtenção de informações ou preservação de provas a que se referem os artigos 6º e 7º da Diretiva 2004/48/CE do Parlamento Europeu e do Conselho, de 29 de abril de 2004, relativa ao respeito dos direitos de propriedade intelectual [1]. Aquele conceito não deverá abranger medidas cuja natureza não seja cautelar, como as medidas que ordenem a audição de testemunhas. Tal não deverá prejudicar a aplicação do Regulamento (CE) nº 1206/2001 do Conselho, de 28 de maio de 2001, relativo à cooperação entre os tribunais dos Estados-Membros no domínio da obtenção de provas em matéria civil ou comercial [2],

(26) A confiança mútua na administração da justiça na União justifica o princípio de que as decisões proferidas num Estado-Membro sejam reconhecidas em todos os outros Estados-Membros sem necessidade de qualquer procedimento específico. Além disso, o objetivo de tornar a litigância transfronteiriça menos morosa e dispendiosa justifica a supressão da declaração de executoriedade antes da execução no Estado-Membro requerida. Assim, as decisões proferidas pelos tribunais dos Estados-Membros devem ser tratadas como se se tratasse de decisões proferidas no Estado-Membro requerido.

(27) Para efeitos da livre circulação de decisões, uma decisão proferida num Estado-Membro deverá ser reconhecida e executada em qualquer outro Estado-Membro mesmo que seja tomada em relação a uma pessoa não domiciliada num Estado-Membro.

(28) Se a decisão contiver uma medida ou injunção que não seja conhecida na lei do Estado-Membro requerido, essa medida ou injunção, incluindo qualquer direito que nela figure, deverá, na medida do possível, ser adaptada a uma medida ou injunção prevista na lei desse Estado-Membro que tenha efeitos equivalentes e vise objetivos semelhantes. Deverá caber a cada Estado-Membro determinar como e por quem tal adaptação deverá ser efetuada.

(29) A execução direta, no Estado-Membro requerido, de uma decisão proferida noutro Estado-Membro sem declaração de executoriedade não deverá comprometer o respeito pelos direitos da defesa. Assim sendo, a pessoa relativamente à qual a execução é requerida deverá poder requerer a recusa de reconhecimento ou de execução de uma decisão se considerar que se verifica um dos fundamentos de recusa do reconhecimento. Entre estes fundamentos deverá figurar o facto de a pessoa não ter podido

[1] JO L 157 de 30.4.2004, p. 45.
[2] JO L 174 de 27.6.2001, p. 1.

assegurar a sua defesa caso a decisão tenha sido proferida à revelia numa ação cível ligada a um procedimento penal. Deverão igualmente incluir-se os fundamentos que poderiam ser invocados com base num acordo entre o Estado-Membro requerido e um Estado terceiro celebrado ao abrigo do artigo 59º da Convenção de Bruxelas de 1968.

(30) A parte que conteste a execução de uma decisão proferida noutro Estado-Membro deverá, na medida do possível, e de acordo com o sistema jurídico do Estado-Membro requerido, poder invocar no mesmo processo, além dos fundamentos de recusa previstos no presente regulamento, também os fundamentos de recusa previstos na lei nacional e dentro dos prazos estabelecidos nessa lei.

No entanto, o reconhecimento de uma decisão só deverá ser recusado se se verificarem um ou mais dos fundamentos de recusa previstos no presente regulamento.

(31) Em caso de contestação à execução de uma decisão, os tribunais do Estado-Membro requerido deverão poder, durante todo o processo relativo à contestação, incluindo um eventual recurso, permitir a execução, embora restringindo-a ou impondo a constituição de uma garantia.

(32) A fim de informar da execução de uma decisão proferida noutro Estado-Membro a pessoa contra a qual tal execução é requerida, a certidão passada ao abrigo do presente regulamento, se necessário acompanhada da decisão, deverá ser notificada a essa pessoa em tempo razoável antes da primeira medida de execução. Neste contexto, deverá entender-se por primeira medida de execução a primeira medida de execução após aquela notificação.

(33) Se medidas provisórias, incluindo medidas cautelares, forem decididas por um tribunal competente para conhecer do mérito da causa, a sua livre circulação deverá ser garantida nos termos do presente regulamento. Todavia, as medidas provisórias, incluindo as medidas cautelares, impostas por esse tribunal sem que o requerido seja notificado para comparecer não deverão ser reconhecidas ou executadas nos termos do presente regulamento, a menos que a decisão que contém a medida seja notificada ao requerido antes da execução. Tal não deverá obstar ao reconhecimento e execução dessas medidas ao abrigo da lei nacional. Se medidas provisórias, incluindo medidas cautelares, forem decididas por um tribunal de um Estado-Membro que não seja competente para conhecer do mérito da causa, os seus efeitos deverão confinar-se, nos termos do presente regulamento, ao território desse Estado-Membro.

(34) Para assegurar a continuidade entre a Convenção de Bruxelas de 1968, o Regulamento (CE) nº 44/2001 e o presente regulamento, há que prever disposições transitórias. A mesma continuidade deverá ser assegurada no que diz respeito à interpretação, pelo Tribunal de Justiça da União Europeia, da Convenção de Bruxelas de 1968 e dos regulamentos que a substituem.

(35) O respeito pelos compromissos internacionais subscritos pelos Estados-Membros implica que o presente regulamento não prejudique as convenções em que são parte os Estados-Membros e que incidam sobre matérias específicas.

(36) Sem prejuízo das obrigações dos Estados-Membros decorrentes dos Tratados, o presente regulamento não deverá prejudicar a aplicação de convenções e acordos

bilaterais entre Estados-Membros e países terceiros celebrados antes da data de entrada em vigor do Regulamento (CE) nº 44/2001 que abrangem matérias regidas pelo presente regulamento.

(37) A fim de garantir que as certidões a usar no quadro do reconhecimento ou da execução de decisões, os instrumentos autênticos e as transações judiciais concluídas ao abrigo do presente regulamento sejam atualizados, o poder de adotar atos nos termos do artigo 290º do TFUE deverá ser delegado na Comissão no que diz respeito às alterações aos Anexos I e II do presente regulamento. É particularmente importante que a Comissão proceda às consultas adequadas durante os trabalhos preparatórios, inclusive a nível de peritos. A Comissão, quando preparar e redigir atos delegados, deverá assegurar a transmissão simultânea, atempada e adequada dos documentos relevantes ao Parlamento Europeu e ao Conselho.

(38) O presente regulamento respeita os direitos fundamentais e observa os princípios consagrados na Carta dos Direitos Fundamentais da União Europeia, sobretudo o direito à ação e a um tribunal imparcial, previsto no artigo 47º da Carta.

(39) Atendendo a que o objetivo do presente regulamento não pode ser suficientemente alcançado pelos Estados-Membros e pode ser mais bem alcançado a nível da União, a União pode adotar medidas em conformidade com o princípio da subsidiariedade, consagrado no artigo 5º do Tratado da União Europeia (TUE). Em conformidade com o princípio da proporcionalidade, consagrado no mesmo artigo, o presente regulamento não excede o necessário para alcançar aquele objetivo.

(40) O Reino Unido e a Irlanda, nos termos do artigo 3º do Protocolo nº 21 relativo à posição do Reino Unido e da Irlanda, anexo ao TUE e ao então Tratado que Institui a Comunidade Europeia, participaram na adoção e aplicação do Regulamento (CE) nº 44/2001. Nos termos do artigo 3º do Protocolo nº 21 relativo à posição do Reino Unido e da Irlanda em relação ao espaço de liberdade, segurança e justiça, anexo ao TUE e ao TFUE, o Reino Unido e a Irlanda notificaram a sua intenção de participar na aprovação e na aplicação do presente regulamento.

(41) Nos termos dos artigos 1º e 2º do Protocolo nº 22 sobre a posição da Dinamarca, anexo ao TUE e ao TFUE, a Dinamarca não participa na aprovação do presente regulamento, não fica por ele vinculada nem sujeita à sua aplicação, sem prejuízo da possibilidade de a Dinamarca aplicar as alterações ao Regulamento (CE) nº 44/2001, de acordo com o disposto no artigo 3º do Acordo de 19 de outubro de 2005 entre a Comunidade Europeia e o Reino da Dinamarca relativo à competência judiciária, ao reconhecimento e à execução de decisões em matéria civil e comercial ([1]),

ADOTARAM O PRESENTE REGULAMENTO:

([1]) JO L 299 de 16.11.2005, p. 62.

CAPÍTULO I - Âmbito de Aplicação e Definições

Artigo 1º

1. O presente regulamento aplica-se em matéria civil e comercial, independentemente da natureza da jurisdição. Não abrange, nomeadamente, as matérias fiscais, aduaneiras ou administrativas, nem a responsabilidade do Estado por atos ou omissões no exercício da autoridade do Estado («*acta jure imperii*»).

2. O presente regulamento não se aplica:

a) Ao estado e à capacidade jurídica das pessoas singulares ou aos regimes de bens do casamento ou de relações que, de acordo com a lei que lhes é aplicável, produzem efeitos comparáveis ao casamento;

b) Às falências, concordatas e processos análogos;

c) À segurança social;

d) À arbitragem;

e) Às obrigações de alimentos decorrentes de uma relação familiar, parentesco, casamento ou afinidade;

f) Aos testamentos e sucessões, incluindo as obrigações de alimentos resultantes do óbito.

Artigo 2º

Para efeitos do presente regulamento entende-se por:

a) «Decisão», qualquer decisão proferida por um tribunal de um Estado-Membro, independentemente da designação que lhe for dada, tal como acórdão, sentença, despacho judicial ou mandado de execução, bem como as decisões de fixação do montante das custas do processo pela secretaria do tribunal.

Para efeitos do capítulo III, o termo «decisão» abrange as medidas provisórias, incluindo as medidas cautelares, decididas por um tribunal que, por força do presente regulamento, é competente para conhecer do mérito da causa. Não abrange as medidas provisórias, incluindo as medidas cautelares, impostas por esse tribunal sem que o requerido seja notificado para comparecer a menos que a decisão que contém a medida seja notificada ao requerido antes da execução;

b) «Transação judicial», uma transação aprovada por um tribunal de um Estado-Membro ou celebrada perante o tribunal de um Estado-Membro no decurso do processo;

c) «Instrumento autêntico», um documento exarado ou registado como instrumento autêntico no Estado-Membro de origem e cuja autenticidade:

i) se relacione com a assinatura e o conteúdo do instrumento, e

ii) tenha sido confirmada por uma autoridade pública ou outra autoridade habilitada para esse efeito;

d) «Estado-Membro de origem», o Estado-Membro em que, consoante o caso, a decisão tenha sido proferida, a transação judicial aprovada ou celebrada ou o instrumento autêntico formalmente exarado ou registado;

e) «Estado-Membro requerido», o Estado-Membro em que é invocado o reconhecimento da decisão ou em que é requerida a execução da decisão, da transação judicial ou do instrumento autêntico;

f) «Tribunal de origem», o tribunal que tiver proferido a decisão cujo reconhecimento é invocado ou, se for o caso, cuja execução é requerida.

Artigo 3º

Para efeitos do presente regulamento, «tribunal» compreende as seguintes autoridades na medida em que tenham competência em matérias abrangidas pelo presente regulamento:

a) Na Hungria, em processos sumários de «injunção de pagamento» (*fizetési meghagyásos eljárás*), o notário (*közjegyző*);

b) Na Suécia, em processos sumários de «injunção de pagamento» (*betalningsföreläggande*) e «pedidos de assistência» (*handräckning*), a Autoridade de Execução (*Kronofogdemyndigheten*).

CAPÍTULO II – Competência

SECÇÃO 1 – Disposições gerais

Artigo 4º

1. Sem prejuízo do disposto no presente regulamento, as pessoas domiciliadas num Estado-Membro devem ser demandadas, independentemente da sua nacionalidade, nos tribunais desse Estado-Membro.

2. As pessoas que não possuam a nacionalidade do Estado-Membro em que estão domiciliadas ficam sujeitas, nesse Estado-Membro, às regras de competência aplicáveis aos nacionais.

Artigo 5º

1. As pessoas domiciliadas num Estado-Membro só podem ser demandadas nos tribunais de outro Estado-Membro nos termos das regras enunciadas nas secções 2 a 7 do presente capítulo.

2. Em especial, as regras de competência nacionais notificadas pelos Estados-Membros à Comissão nos termos do artigo 76º, nº 1, alínea *a)*, não se aplicam às pessoas a que se refere o nº 1.

Artigo 6º

1. Se o requerido não tiver domicílio num Estado-Membro, a competência dos tribunais de cada Estado-Membro é, sem prejuízo do artigo 18º, nº 1, do artigo 21º, nº 2, e dos artigos 24º e 25º, regida pela lei desse Estado-Membro.

2. Qualquer pessoa com domicílio num Estado-Membro pode, independentemente da sua nacionalidade, invocar contra um requerido que não tenha domicílio nesse

Estado-Membro as regras de competência que nele estejam em vigor, nomeadamente as notificadas pelos Estados-Membros à Comissão nos termos do artigo 76º, nº 1, alínea *a*), do mesmo modo que os nacionais desse Estado-Membro.

SECÇÃO 2 - Competências especiais

Artigo 7º

As pessoas domiciliadas num Estado-Membro podem ser demandadas noutro Estado-Membro:

1) *a*) Em matéria contratual, perante o tribunal do lugar onde foi ou deva ser cumprida a obrigação em questão;

b) Para efeitos da presente disposição e salvo convenção em contrário, o lugar de cumprimento da obrigação em questão será:

- no caso da venda de bens, o lugar num Estado-Membro onde, nos termos do contrato, os bens foram ou devam ser entregues,
- no caso da prestação de serviços, o lugar num Estado-Membro onde, nos termos do contrato, os serviços foram ou devam ser prestados;

c) Se não se aplicar a alínea *b*), será aplicável a alínea *a*);

2) Em matéria extracontratual, perante o tribunal do lugar onde ocorreu ou poderá ocorrer o facto danoso;

3) Se se tratar de ação de indemnização ou de ação de restituição fundadas em infração penal, perante o tribunal em que foi intentada a ação pública, na medida em que, de acordo com a sua lei, esse tribunal possa conhecer da ação cível;

4) Se se tratar de ação cível, fundada no direito de propriedade, destinada à recuperação de um objeto cultural na aceção do artigo 1º, nº 1, da Diretiva 93/7/CEE, intentada pela pessoa que reclama o direito de recuperar um tal objeto, no tribunal do lugar em que esteja situado o objeto no momento em que o tribunal for demandado;

5) Se se tratar de um litígio relativo à exploração de uma sucursal, de uma agência ou de qualquer outro estabelecimento, perante o tribunal do lugar em que tal sucursal, agência ou estabelecimento se encontram;

6) Se se tratar de um litígio contra um fundador, trustee ou beneficiário de um trust constituído, quer nos termos da lei, quer por escrito ou por acordo verbal confirmado por escrito, nos tribunais do Estado-Membro onde o trust tem o seu domicílio;

7) Se se tratar de um litígio relativo a reclamação sobre remuneração devida por assistência ou salvamento de que tenha beneficiado uma carga ou um frete, perante o tribunal em cuja jurisdição essa carga ou frete:

a) Tenha sido arrestado para garantir esse pagamento; ou

b) Poderia ter sido arrestado, para esse efeito, se não tivesse sido prestada caução ou outra garantia,

desde que a presente disposição só se aplique caso se alegue que o requerido tem direito sobre a carga ou frete ou que tinha tal direito no momento daquela assistência ou salvamento.

Artigo 8º

Uma pessoa com domicílio no território de um Estado-Membro pode também ser demandada:

1) Se houver vários requeridos, perante o tribunal do domicílio de qualquer um deles, desde que os pedidos estejam ligados entre si por um nexo tão estreito que haja interesse em que sejam instruídos e julgados simultaneamente para evitar decisões que poderiam ser inconciliáveis se as causas fossem julgadas separadamente;

2) Se se tratar de chamamento de um garante à ação ou de qualquer incidente de intervenção de terceiros, no tribunal onde foi intentada a ação principal, salvo se esta tiver sido proposta apenas com o intuito de subtrair o terceiro à jurisdição do tribunal que seria competente nesse caso;

3) Se se tratar de um pedido reconvencional que derive do contrato ou do facto em que se fundamenta a ação principal, no tribunal onde esta última estiver pendente;

4) Em matéria contratual, se a ação puder ser apensada a uma ação em matéria de direitos reais sobre imóveis dirigida contra o mesmo requerido, no tribunal do Estado--Membro em cujo território está situado o imóvel.

Artigo 9º

Se, por força do presente regulamento, um tribunal de um Estado-Membro for competente para conhecer das ações relativas a responsabilidade decorrente da utilização ou da exploração de um navio, esse tribunal, ou qualquer outro que, segundo a lei interna do mesmo Estado-Membro, se lhe substitua, será também competente para conhecer dos pedidos relativos à limitação daquela responsabilidade.

SECÇÃO 3 – Competência em matéria de seguros

Artigo 10º

Em matéria de seguros, a competência é determinada pela presente secção, sem prejuízo do disposto no artigo 6º e no artigo 7º, ponto 5.

Artigo 11º

1. O segurador domiciliado no território de um Estado-Membro pode ser demandado:

a) Nos tribunais do Estado-Membro em que tiver domicílio;

b) Noutro Estado-Membro, em caso de ações intentadas pelo tomador de seguro, o segurado ou um beneficiário, no tribunal do lugar em que o requerente tiver o seu domicílio; ou

c) Tratando-se de um cossegurador, no tribunal de um Estado-Membro onde tiver sido intentada ação contra o segurador principal.

2. O segurador que, não tendo domicílio num Estado-Membro, possua sucursal, agência ou qualquer outro estabelecimento num Estado-Membro será considerado,

quanto aos litígios relativos à exploração de tal sucursal, agência ou estabelecimento, como tendo domicílio nesse Estado-Membro.

Artigo 12º

O segurador pode também ser demandado no tribunal do lugar onde o facto danoso ocorreu quando se trate de um seguro de responsabilidade civil ou de um seguro que tenha por objeto bens imóveis. Aplica-se a mesma regra caso se trate de um seguro que incida simultaneamente sobre bens móveis e imóveis cobertos pela mesma apólice e atingidos pelo mesmo sinistro.

Artigo 13º

1. Em matéria de seguros de responsabilidade civil, o segurador pode também ser chamado à ação no processo intentado pelo lesado contra o segurado, desde que a lei desse tribunal o permita.

2. O disposto nos artigos 10º, 11º e 12º aplica-se no caso de ação intentada pelo lesado diretamente contra o segurador, desde que tal ação direta seja possível.

3. Se o direito aplicável a essa ação direta previr o incidente do chamamento do tomador do seguro ou do segurado, o mesmo tribunal será igualmente competente quanto a eles.

Artigo 14º

1. Sem prejuízo do disposto no artigo 13º, nº 3, o segurador só pode intentar uma ação nos tribunais do Estado-Membro em que estiver domiciliado o requerido, quer este seja tomador do seguro, segurado ou beneficiário.

2. O disposto na presente secção não prejudica o direito de formular um pedido reconvencional no tribunal em que, nos termos da presente secção, tiver sido intentada a ação principal.

Artigo 15º

As partes só podem derrogar ao disposto na presente secção por acordos que:

1) Sejam posteriores ao surgimento do litígio;

2) Permitam ao tomador do seguro, ao segurado ou ao beneficiário recorrer a tribunais que não sejam os indicados na presente secção;

3) Sejam celebrados entre um tomador do seguro e um segurador, ambos com domicílio ou residência habitual num mesmo Estado-Membro no momento da celebração do contrato, e tenham por efeito atribuir competência aos tribunais desse Estado-Membro, mesmo que o facto danoso ocorra no estrangeiro, salvo se a lei desse Estado-Membro não permitir tais acordos; ou

4) Sejam celebrados por um tomador do seguro que não tenha domicílio num Estado-Membro, salvo se se tratar de um seguro obrigatório ou relativo a imóvel sito num Estado-Membro; ou

5) Digam respeito a um contrato de seguro que cubra um ou mais dos riscos enumerados no artigo 16º.

Artigo 16º

Os riscos a que se refere o artigo 15º, ponto 5, são os seguintes:

1) Qualquer dano:

a) Em navios de mar, em instalações ao largo da costa ou no alto mar ou em aeronaves, causado por eventos relacionados com a sua utilização para fins comerciais;

b) Em mercadorias que não sejam bagagens dos passageiros, durante um transporte total ou parcialmente realizado por aqueles navios ou aeronaves.

2) Qualquer responsabilidade, com exceção da relativa aos danos corporais dos passageiros ou à perda ou aos danos nas suas bagagens:

a) Resultante da utilização ou da exploração dos navios, instalações ou aeronaves a que se refere o ponto 1, alínea *a*), desde que, no que respeita a estas últimas, a lei do Estado-Membro de matrícula da aeronave não proíba as cláusulas atributivas de jurisdição no seguro de tais riscos;

b) Pela perda ou pelos danos causados em mercadorias durante um transporte nos termos do ponto 1, alínea *b*).

3) Qualquer perda pecuniária relacionada com a utilização ou a exploração dos navios, instalações ou aeronaves a que se refere o ponto 1, alínea *a*), nomeadamente a perda do frete ou do benefício do afretamento.

4) Qualquer risco ou interesse relacionado com um dos indicados nos pontos 1 a 3.

5) Não obstante o disposto nos pontos 1 a 4, todos os «grandes riscos» definidos na Diretiva 2009/138/CE do Parlamento Europeu e do Conselho, de 25 de novembro de 2009, relativa ao acesso à atividade de seguros e resseguros e ao seu exercício (Solvência II) (1).

SECÇÃO 4 – Competência em matéria de contratos de consumo

Artigo 17º

1. Em matéria de contrato celebrado por uma pessoa, o consumidor, para finalidade que possa ser considerada estranha à sua atividade comercial ou profissional, a competência é determinada pela presente secção, sem prejuízo do disposto no artigo 6º e no artigo 7º, ponto 5, se se tratar de:

a) Contrato de compra e venda, a prestações, de bens móveis corpóreos;

b) Contrato de empréstimo reembolsável em prestações, ou outra forma de crédito concedido para financiamento da venda de tais bens; ou

c) Em todos os outros casos, contrato celebrado com uma pessoa com atividade comercial ou profissional no Estado-Membro do domicílio do consumidor ou que dirija essa atividade, por quaisquer meios, a esse Estado-Membro ou a vários Estados incluindo esse Estado-Membro, desde que o contrato seja abrangido por essa atividade.

(1) JO L 335 de 17.12.2009, p. 1.

2. Caso o consumidor celebre um contrato com uma contraparte que, não tendo domicílio no território de um Estado-Membro, possua uma sucursal, agência ou outro estabelecimento num Estado-Membro, essa contraparte é considerada, quanto aos litígios relativos à exploração de tal sucursal, agência ou estabelecimento, como tendo domicílio no território desse Estado-Membro.

3. A presente secção não se aplica ao contrato de transporte, com exceção dos contratos de fornecimento de uma combinação de viagem e alojamento por um preço global.

Artigo 18º

1. O consumidor pode intentar uma ação contra a outra parte no contrato, quer nos tribunais do Estado-Membro onde estiver domiciliada essa parte, quer no tribunal do lugar onde o consumidor tiver domicílio, independentemente do domicílio da outra parte.

2. A outra parte no contrato só pode intentar uma ação contra o consumidor nos tribunais do Estado-Membro em cujo território estiver domiciliado o consumidor.

3. O presente artigo não prejudica o direito de formular um pedido reconvencional no tribunal em que, nos termos da presente secção, tiver sido intentada a ação principal.

Artigo 19º

As partes só podem derrogar ao disposto na presente secção por acordos que:

1. Sejam posteriores ao surgimento do litígio;

2. Permitam ao consumidor recorrer a tribunais que não sejam os indicados na presente secção; ou

3. Sejam celebrados entre o consumidor e o seu cocontratante, ambos com domicílio ou residência habitual, no momento da celebração do contrato, num mesmo Estado-Membro, e atribuam competência aos tribunais desse Estado-Membro, salvo se a lei desse Estado-Membro não permitir tais acordos.

SECÇÃO 5 - Competência em matéria de contratos individuais de trabalho

Artigo 20º

1. Em matéria de contrato individual de trabalho, a competência é determinada pela presente secção, sem prejuízo do disposto no artigo 6º, no artigo 7º, ponto 5, e, no caso de ação intentada contra a entidade patronal, no artigo 8º, ponto 1.

2. Se um trabalhador celebrar um contrato individual de trabalho com uma entidade patronal que não tenha domicílio num Estado-Membro mas tenha uma filial, agência ou outro estabelecimento num Estado-Membro, considera-se, quanto aos litígios resultantes do funcionamento dessa filial, agência ou estabelecimento, que a entidade patronal tem o seu domicílio nesse Estado-Membro.

Artigo 21º

1. Uma entidade patronal domiciliada num Estado-Membro pode ser demandada:

a) Nos tribunais do Estado-Membro em que tiver domicílio; ou

b) Noutro Estado-Membro:

i) no tribunal do lugar onde ou a partir do qual o trabalhador efetua habitualmente o seu trabalho, ou no tribunal do lugar onde efetuou mais recentemente o seu trabalho, ou

ii) se o trabalhador não efetua ou não efetuava habitualmente o seu trabalho num único país, no tribunal do lugar onde se situa ou se situava o estabelecimento que contratou o trabalhador.

2. Uma entidade patronal não domiciliada num Estado-Membro pode ser demandada nos tribunais de um Estado-Membro nos termos do nº 1, alínea *b*).

Artigo 22º

1. A entidade patronal só pode intentar uma ação nos tribunais do Estado-Membro em que o trabalhador tiver domicílio.

2. O disposto na presente secção não prejudica o direito de formular um pedido reconvencional no tribunal em que, nos termos da presente secção, tiver sido intentada a ação principal.

Artigo 23º

As partes só podem derrogar ao disposto na presente secção por acordos que:

1) Sejam posteriores ao surgimento do litígio; ou

2) Permitam ao trabalhador recorrer a tribunais que não sejam os indicados na presente secção.

SECÇÃO 6 – Competências exclusivas

Artigo 24º

Têm competência exclusiva os seguintes tribunais de um Estado-Membro, independentemente do domicílio das partes:

1) Em matéria de direitos reais sobre imóveis e de arrendamento de imóveis, os tribunais do Estado-Membro onde se situa o imóvel.

Todavia, em matéria de contratos de arrendamento de imóveis celebrados para uso pessoal temporário por um período máximo de seis meses consecutivos, são igualmente competentes os tribunais do Estado-Membro onde o requerido tiver domicílio, desde que o arrendatário seja uma pessoa singular e o proprietário e o arrendatário tenham domicílio no mesmo Estado-Membro.

2) Em matéria de validade da constituição, de nulidade ou de dissolução de sociedades ou de outras pessoas coletivas ou associações de pessoas singulares ou coletivas, ou de validade das decisões dos seus órgãos, os tribunais do Estado-Membro em que a

sociedade, pessoa coletiva ou associação tiverem a sua sede. Para determinar essa sede, o tribunal aplica as suas regras de direito internacional privado.

3) Em matéria de validade de inscrições em registos públicos, os tribunais do Estado-Membro em que esses registos sejam conservados.

4) Em matéria de registo ou validade de patentes, marcas, desenhos e modelos e outros direitos análogos sujeitos a depósito ou a registo, independentemente de a questão ser suscitada por via de ação ou por via de exceção, os tribunais do Estado-Membro onde o depósito ou o registo tiver sido requerido, efetuado ou considerado efetuado nos termos de um instrumento da União ou de uma convenção internacional.

Sem prejuízo da competência do Instituto Europeu de Patentes ao abrigo da Convenção relativa à Emissão de Patentes Europeias, assinada em Munique em 5 de outubro de 1973, os tribunais de cada Estado-Membro são os únicos competentes em matéria de registo ou de validade das patentes europeias emitidas para esse Estado-Membro.

5) Em matéria de execução de decisões, os tribunais do Estado-Membro do lugar da execução.

SECÇÃO 7 - Extensão de competência

Artigo 25º

1. Se as partes, independentemente do seu domicílio, tiverem convencionado que um tribunal ou os tribunais de um Estado-Membro têm competência para decidir quaisquer litígios que tenham surgido ou que possam surgir de uma determinada relação jurídica, esse tribunal ou esses tribunais terão competência, a menos que o pacto seja, nos termos da lei desse Estado-Membro, substantivamente nulo. Essa competência é exclusiva, salvo acordo das partes em contrário. O pacto atributivo de jurisdição deve ser celebrado:

a) Por escrito ou verbalmente com confirmação escrita;

b) De acordo com os usos que as partes tenham estabelecido entre si; ou

c) No comércio internacional, de acordo com os usos que as partes conheçam ou devam conhecer e que, em tal comércio, sejam amplamente conhecidos e regularmente observados pelas partes em contratos do mesmo tipo, no ramo comercial concreto em questão.

2. Qualquer comunicação por via eletrónica que permita um registo duradouro do pacto equivale à «forma escrita».

3. O tribunal ou os tribunais de um Estado-Membro a que o ato constitutivo de um trust atribuir competência têm competência exclusiva para conhecer da ação contra um fundador, um trustee ou um beneficiário do trust, se se tratar de relações entre essas pessoas ou dos seus direitos ou obrigações no âmbito do trust.

4. Os pactos atributivos de jurisdição bem como as estipulações similares de atos constitutivos de trusts não produzem efeitos se forem contrários ao disposto nos artigos 15º, 19º ou 23º, ou se os tribunais cuja competência pretendam afastar tiverem competência exclusiva por força do artigo 24º.

5. Os pactos atributivos de jurisdição que façam parte de um contrato são tratados como acordo independente dos outros termos do contrato.

A validade dos pactos atributivos de jurisdição não pode ser contestada apenas com o fundamento de que o contrato não é válido.

Artigo 26º

1. Para além dos casos em que a competência resulte de outras disposições do presente regulamento, é competente o tribunal de um Estado-Membro no qual o requerido compareça. Esta regra não é aplicável se a comparência tiver como único objetivo arguir a incompetência ou se existir outro tribunal com competência exclusiva por força do artigo 24º.

2. Nas matérias abrangidas pelas secções 3, 4 e 5, caso o requerido seja o tomador do seguro, o segurado, o beneficiário do contrato de seguro, o lesado, um consumidor ou um trabalhador, o tribunal, antes de se declarar competente ao abrigo do nº 1, deve assegurar que o requerido seja informado do seu direito de contestar a competência do tribunal e das consequências de comparecer ou não em juízo.

SECÇÃO 8 - Verificação da competência e da admissibilidade

Artigo 27º

O tribunal de um Estado-Membro no qual seja instaurada, a título principal, uma ação relativamente à qual tenha competência exclusiva o tribunal de outro Estado-Membro por força do artigo 24º, deve declarar-se oficiosamente incompetente

Artigo 28º

1. Caso o requerido domiciliado num Estado-Membro seja demandado no tribunal de outro Estado-Membro e não compareça em juízo, o juiz deve declarar-se oficiosamente incompetente, salvo se a sua competência resultar do disposto no presente regulamento.

2. O tribunal suspende a instância enquanto não se verificar que foi dada ao requerido a oportunidade de receber o documento que iniciou a instância, ou documento equivalente, em tempo útil para providenciar pela sua defesa, ou enquanto não se verificar que foram efetuadas todas as diligências necessárias para o efeito.

3. É aplicável o artigo 19º do Regulamento (CE) nº 1393/2007 do Parlamento Europeu e do Conselho, de 13 de novembro de 2007, relativo à citação e à notificação dos atos judiciais e extrajudiciais em matérias civil e comercial nos Estados-Membros (citação e notificação de atos) [1], em vez do nº 2 do presente artigo, se o documento que iniciou a instância, ou documento equivalente, tiver sido transmitido por um Estado-Membro a outro por força daquele regulamento.

[1] JO L 324 de 10.12.2007, p. 79.

4. Caso não seja aplicável o Regulamento (CE) nº 1393/2007, aplica-se o artigo 15º da Convenção da Haia, de 15 de novembro de 1965, relativa à citação e à notificação no estrangeiro dos atos judiciais e extrajudiciais em matérias civil e comercial, se o documento que iniciou a instância, ou documento equivalente, tiver sido transmitido ao estrangeiro por força daquela convenção.

SECÇÃO 9 - Litispendência e conexão

Artigo 29º

1. Sem prejuízo do disposto no artigo 31º, nº 2, quando ações com a mesma causa de pedir e entre as mesmas partes forem submetidas à apreciação de tribunais de diferentes Estados-Membros, qualquer tribunal que não seja o tribunal demandado em primeiro lugar deve suspender oficiosamente a instância até que seja estabelecida a competência do tribunal demandado em primeiro lugar.

2. Nos casos referidos no nº 1, a pedido de um tribunal a que ação tenha sido submetida, qualquer outro tribunal demandado deve informar o primeiro tribunal, sem demora, da data em que ação lhe foi submetida nos termos do artigo 32º.

3. Caso seja estabelecida a competência do tribunal demandado em primeiro lugar, o segundo tribunal deve declarar-se incompetente em favor daquele tribunal.

Artigo 30º

1. Se estiverem pendentes ações conexas em tribunais de diferentes Estados-Membros, todos eles podem suspender a instância, com exceção do tribunal demandado em primeiro lugar.

2. Se a ação intentada no tribunal demandado em primeiro lugar estiver pendente em primeira instância, qualquer outro tribunal pode igualmente declarar-se incompetente, a pedido de uma das partes, se o tribunal demandado em primeiro lugar for competente para as ações em questão e a sua lei permitir a respetiva apensação.

3. Para efeitos do presente artigo, consideram-se conexas as ações ligadas entre si por um nexo tão estreito que haja interesse em que sejam instruídas e julgadas em conjunto para evitar decisões eventualmente inconciliáveis se as causas fossem julgadas separadamente.

Artigo 31º

1. Se as ações forem da competência exclusiva de vários tribunais, todos eles devem declarar-se incompetentes em favor do tribunal demandado em primeiro lugar.

2. Sem prejuízo do artigo 26º, se for demandado um tribunal de um Estado-Membro ao qual é atribuída competência exclusiva por um pacto referido no artigo 25º, os tribunais dos outros Estados-Membros devem suspender a instância até ao momento em que o tribunal demandado com base nesse pacto declare que não é competente for força do mesmo.

3. Se o tribunal designado no pacto se atribuir competência por força desse pacto, os tribunais dos outros Estados-Membros devem declarar-se incompetentes a favor desse tribunal.

4. Os nºs 2 e 3 não se aplicam às matérias regidas pelas secções 3, 4 e 5 caso o requerente seja o tomador do seguro, o segurado, um beneficiário do contrato de seguro, o lesado, um consumidor ou um trabalhador e o pacto não seja válido nos termos de disposição constante daquelas secções.

Artigo 32º

1. Para efeitos da presente secção, considera-se que a ação foi submetida à apreciação do tribunal:

a) No momento em que for apresentado ao tribunal o documento que dá início à instância, ou documento equivalente, desde que o requerente tenha tomado posteriormente as medidas que lhe incumbem para que o requerido seja citado; ou

b) Se o documento tiver de ser notificado antes de ser apresentado a tribunal, no momento em que for recebido pela autoridade responsável pela notificação, desde que o requerente tenha tomado posteriormente as medidas que lhe incumbem para que o documento seja junto ao processo.

A autoridade responsável pela notificação prevista na alínea *b*) é a primeira autoridade a receber o documento a notificar.

2. Os tribunais ou as autoridades responsáveis pela notificação prevista no nº 1 registam, respetivamente, a data de apresentação do documento que dá início à instância ou documento equivalente ou a data da receção dos documentos a notificar.

Artigo 33º

1. Se a competência se basear nos artigos 4º, 7º, 8º ou 9º e estiver pendente uma ação num tribunal de um país terceiro no momento em que é demandado o tribunal de um Estado-Membro numa ação com a mesma causa de pedir e entre as mesmas partes que a ação no tribunal do país terceiro, o tribunal do Estado-Membro pode suspender a instância se:

a) For previsível que o tribunal do país terceiro profira uma decisão passível de ser reconhecida e, consoante os casos, executada no Estado-Membro em causa; e

b) O tribunal do Estado-Membro estiver convencido de que a suspensão da instância é necessária para a correta administração da justiça.

2. O tribunal do Estado-Membro pode dar continuação ao processo a qualquer momento se:

a) A instância no tribunal do país terceiro tiver sido suspensa ou encerrada;

b) O tribunal do Estado-Membro considerar improvável que a ação no tribunal do país terceiro se conclua num prazo razoável; ou

c) For necessário dar continuação ao processo para garantir a correta administração da justiça.

3. O tribunal do Estado-Membro encerra a instância se a ação no tribunal do país terceiro tiver sido concluída e resultar numa decisão passível de reconhecimento e, se for caso disso, de execução nesse Estado-Membro.

4. O tribunal do Estado-Membro aplica o presente artigo a pedido de qualquer das partes ou, caso a lei nacional o permita, oficiosamente.

Artigo 34º

1. Se a competência se basear nos artigos 4º, 7º, 8º ou 9º e estiver pendente uma ação no tribunal de um país terceiro no momento em que é demandado o tribunal de um Estado-Membro numa ação conexa com a ação intentada no tribunal do país terceiro, o tribunal do Estado Membro pode suspender a instância se:

a) Houver interesse em que as ações conexas sejam instruídas e julgadas em conjunto para evitar decisões que poderiam ser inconciliáveis se as causas fossem julgadas separadamente;

b) For previsível que o tribunal do país terceiro tome uma decisão passível de reconhecimento e, se for caso disso, de execução nesse Estado Membro; e

c) O tribunal do Estado-Membro estiver convencido de que a suspensão da instância é necessária para uma correta administração da justiça.

2. O tribunal do Estado-Membro pode dar continuação ao processo a qualquer momento se:

a) Considerar que deixou de haver risco de decisões inconciliáveis;

b) A instância no tribunal do país terceiro tiver sido suspensa ou encerrada;

c) Considerar improvável que a ação intentada no tribunal do país terceiro se conclua num prazo razoável; ou

d) For necessário dar continuação ao processo para garantir a correta administração da justiça.

3. O tribunal do Estado-Membro pode encerrar a instância se a ação intentada no tribunal do país terceiro tiver sido concluída e resultar numa decisão passível de reconhecimento e, se for caso disso, de execução nesse Estado-Membro.

4. O tribunal do Estado-Membro aplica o presente artigo a pedido de qualquer das partes ou, caso a lei nacional o permita, oficiosamente.

SECÇÃO 10 – Medidas provisórias e cautelares

Artigo 35º

As medidas provisórias, incluindo as medidas cautelares, previstas na lei de um Estado-Membro podem ser requeridas às autoridades judiciais desse Estado-Membro, mesmo que os tribunais de outro Estado-Membro sejam competentes para conhecer do mérito da causa.

CAPÍTULO III – Reconhecimento e Execução

SECÇÃO 1 – Reconhecimento

Artigo 36º

1. As decisões proferidas num Estado-Membro são reconhecidas nos outros Estados-Membros sem quaisquer formalidades.

2. Quaisquer partes interessadas podem, nos termos da Subsecção 2 da Secção 3, requerer uma decisão que declare não haver motivos para recusar o reconhecimento, nos termos do artigo 45º.

3. Se o resultado de uma ação intentada no tribunal de um Estado-Membro depender da decisão de um incidente de recusa de reconhecimento, será o mesmo tribunal competente para conhecer do incidente.

Artigo 37º

1. As partes que pretendam invocar num Estado-Membro uma decisão proferida noutro Estado-Membro devem apresentar:

a) Uma cópia da decisão que satisfaça as condições necessárias para atestar a sua autenticidade; e

b) Uma certidão emitida nos termos do artigo 53º.

2. O tribunal ou autoridade perante a qual seja invocada uma decisão proferida noutro Estado-Membro pode, se necessário, requerer que a parte que a invoca lhe forneça, nos termos do artigo 57º, uma tradução ou transliteração do conteúdo da certidão referida no nº 1, alínea *b*). Se o tribunal ou autoridade em causa não puder dar seguimento ao processo sem que a própria decisão seja traduzida, poderá exigir da parte essa tradução, em vez da tradução do conteúdo da certidão.

Artigo 38º

O tribunal ou autoridade perante a qual seja invocada uma decisão proferida noutro Estado-Membro pode suspender total ou parcialmente a instância se:

a) A decisão for impugnada no Estado-Membro de origem; ou

b) For apresentado um pedido de decisão que determine não haver fundamentos para recusar o reconhecimento nos termos do artigo 45º, ou de decisão que determine a recusa do reconhecimento com base num desses fundamentos.

SECÇÃO 2 – Execução

Artigo 39º

Uma decisão proferida num Estado-Membro que aí tenha força executória pode ser executada noutro Estado-Membro sem que seja necessária qualquer declaração de executoriedade.

Artigo 40º

As decisões executórias implicam, de pleno direito, o poder de tomar quaisquer medidas cautelares que existam nos termos da lei do Estado-Membro requerido.

Artigo 41º

1. Sem prejuízo do disposto na presente secção, o processo de execução de decisões proferidas noutro Estado-Membro rege-se pela lei do Estado-Membro requerido. Uma decisão proferida num Estado-Membro que seja executória no Estado-Membro requerido deve nele ser executada em condições iguais às de uma decisão proferida nesse Estado-Membro.

2. Não obstante o disposto no nº 1, os fundamentos de recusa ou suspensão da execução previstos na lei do Estado-Membro requerido são aplicáveis desde que não sejam incompatíveis com os fundamentos referidos no artigo 45º.

3. A parte que requer a execução de uma decisão proferida noutro Estado-Membro não é obrigada a ter um endereço postal no Estado-Membro requerido. Essa parte também não é obrigada a ter um representante autorizado no Estado-Membro requerido, salvo se a existência de um tal representante for obrigatória independentemente da nacionalidade ou do domicílio das partes.

Artigo 42º

1. Para efeitos da execução num Estado-Membro de uma decisão proferida noutro Estado-Membro, o requerente deve facultar às autoridades de execução competentes:

a) Uma cópia da decisão que satisfaça as condições necessárias para atestar a sua autenticidade; e

b) Uma certidão emitida nos termos do artigo 53º que comprove que a decisão é executória e inclua um extrato da decisão, bem como, se for caso disso, informações relevantes sobre os custos processuais reembolsáveis e o cálculo dos juros.

2. Para efeitos da execução num Estado-Membro de uma decisão proferida noutro Estado-Membro que decrete medidas provisórias, incluindo medidas cautelares, o requerente deve facultar às autoridades de execução competentes:

a) Uma cópia da decisão que satisfaça as condições necessárias para atestar a sua autenticidade;

b) Uma certidão emitida nos termos do artigo 53º que contenha uma descrição da medida e ateste que:

i) o tribunal é competente para conhecer do mérito da causa,

ii) a decisão é executória no Estado-Membro de origem; e

c) Se a medida tiver sido decretada sem que o requerido tenha sido notificado para comparecer, o comprovativo da notificação da decisão.

3. A autoridade de execução competente pode, se necessário, exigir que o requerente apresente, nos termos do artigo 57º, uma tradução ou transliteração do conteúdo da certidão.

4. A autoridade de execução competente só pode exigir ao requerente uma tradução da própria decisão se sem ela não puder dar seguimento ao processo.

Artigo 43º

1. Se for requerida a execução de uma decisão proferida noutro Estado-Membro, a certidão emitida nos termos do artigo 53º é notificada à pessoa contra a qual a execução é requerida antes da primeira medida de execução. A certidão deve ser acompanhada da decisão se esta ainda não tiver sido notificada a essa pessoa.

2. Se a pessoa contra a qual é requerida a execução tiver domicílio num Estado-Membro que não seja o Estado-Membro de origem, pode requerer a tradução da decisão, a fim de contestar a execução, se esta não estiver escrita ou acompanhada de uma tradução numa das seguintes línguas:

a) Uma língua que a pessoa contra a qual é requerida a execução entenda; ou

b) A língua oficial do Estado-Membro em que essa pessoa está domiciliada ou, caso existam várias línguas oficiais nesse Estado-Membro, a língua oficial ou as línguas oficiais do lugar onde a pessoa tem domicílio.

Se a tradução da decisão for requerida nos termos do primeiro parágrafo, não poderão ser tomadas medidas de execução que não sejam medidas cautelares enquanto essa tradução não tiver sido facultada à pessoa contra a qual é requerida a execução.

O presente número não se aplica caso a decisão já tenha sido notificada à pessoa contra a qual é requerida a execução numa das línguas a que se refere o primeiro parágrafo ou acompanhada de uma tradução para uma dessas línguas.

3. O presente artigo não se aplica à execução de medidas cautelares no âmbito de uma decisão ou quando a pessoa que requer a execução requer igualmente medidas cautelares ao abrigo do artigo 40º.

Artigo 44º

1. Caso seja apresentado um pedido de recusa da execução de uma decisão nos termos da Subsecção 2 da Secção 3, o tribunal do Estado-Membro requerido pode, a pedido da pessoa contra a qual é requerida a execução:

a) Limitar o processo de execução a medidas cautelares;

b) Subordinar a execução à constituição de uma garantia que determinará; ou

c) Suspender total ou parcialmente o processo de execução.

2. A pedido da pessoa contra a qual é requerida a execução, a autoridade competente do Estado-Membro requerido suspende o processo de execução se a executoriedade da decisão for suspensa no Estado-Membro de origem.

SECÇÃO 3 – Recusa de reconhecimento e execução

SUBSECÇÃO 1 – Recusa de reconhecimento

Artigo 45º

1. A pedido de qualquer interessado, o reconhecimento de uma decisão é recusado se:

a) Esse reconhecimento for manifestamente contrário à ordem pública do Estado-Membro requerido;

b) Caso a decisão tenha sido proferida à revelia, o documento que iniciou a instância – ou documento equivalente – não tiver sido citado ou notificado ao requerido revele, em tempo útil e de modo a permitir-lhe deduzir a sua defesa, a menos que o requerido não tenha interposto recurso contra a decisão tendo embora a possibilidade de o fazer;

c) A decisão for inconciliável com uma decisão proferida no Estado-Membro requerido entre as mesmas partes;

d) A decisão for inconciliável com uma decisão anteriormente proferida noutro Estado-Membro ou num Estado terceiro entre as mesmas partes, em ação com a mesma causa de pedir, desde que a decisão proferida anteriormente reúna as condições necessárias para ser reconhecida no Estado-Membro requerido;

e) A decisão desrespeitar:

i) o disposto no Capítulo II, Secções 3, 4 ou 5, caso o requerido seja o tomador do seguro, o segurado, um beneficiário do contrato de seguro, o lesado, um consumidor ou um trabalhador, ou

ii) o disposto no Capítulo II, Secção 6.

2. Na sua apreciação dos critérios de competência referidos no nº 1, alínea *e*), o tribunal a quem foi apresentado o pedido fica vinculado à matéria de facto em que o tribunal de origem fundamentou a sua competência.

3. Sem prejuízo do disposto no nº 1, alínea *e*), não pode proceder-se à revisão da competência do tribunal de origem. O critério da ordem pública referido no nº 1, alínea *a*), não pode ser aplicado às regras de competência.

4. O pedido de recusa de reconhecimento deve ser apresentado nos termos da Subsecção 2, e, se for caso disso, da Secção 4.

SUBSECÇÃO 2 - Recusa de execução

Artigo 46º

A pedido da pessoa contra a qual é requerida a execução, a execução de uma decisão é recusada por qualquer dos fundamentos referidos no artigo 45º.

Artigo 47º

1. O pedido de recusa de execução deve ser apresentado ao tribunal do Estado-Membro que por este tenha sido comunicado à Comissão, nos termos do artigo 75º, alínea *a*), como sendo o tribunal em que o pedido deve ser apresentado.

2. Na medida em que não seja abrangido pelo presente regulamento, o processo de recusa de execução é regido pela lei do Estado-Membro requerido.

3. O requerente deve apresentar ao tribunal uma cópia da decisão e, se necessário, uma tradução ou transliteração da mesma.

O tribunal pode dispensar a apresentação dos documentos referidos no primeiro parágrafo se já os tiver na sua posse ou se considerar que não é razoável exigir que o requerente os apresente. Neste último caso, o tribunal pode exigir que a outra parte apresente os referidos documentos.

4. A parte que requer a recusa de execução de uma decisão proferida noutro Estado-Membro não é obrigada a ter um endereço postal no Estado-Membro requerido. Essa parte também não é obrigada a ter um representante autorizado no Estado-Membro requerido, salvo se tal representante for obrigatório independentemente da nacionalidade ou do domicílio das partes.

Artigo 48º

O tribunal decide sem demora do pedido de recusa de execução.

Artigo 49º

1. Qualquer das partes pode interpor recurso da decisão sobre o pedido de recusa de execução.

2. O recurso deve ser interposto no tribunal do Estado-Membro que por este tenha sido comunicado à Comissão, nos termos do artigo 75º, alínea *b*), como sendo o tribunal no qual o recurso deve ser interposto.

Artigo 50º

A decisão proferida no recurso só pode ser contestada por novo recurso se o tribunal para o qual deva ser interposto o recurso subsequente tiver sido comunicado à Comissão pelo Estado-Membro em causa nos termos do artigo 75º, alínea *c*).

Artigo 51º

1. O tribunal a que é apresentado um pedido de recusa de execução ou que conhece de um recurso interposto nos termos dos artigos 49º ou 50º pode suspender a instância, se tiver sido interposto recurso ordinário contra a decisão no Estado-Membro de origem ou se o prazo para o interpor não tiver expirado. Neste último caso, o tribunal pode fixar um prazo para a interposição do recurso.

2. Caso a decisão tenha sido proferida na Irlanda, em Chipre ou no Reino Unido, qualquer tipo de recurso existente no Estado-Membro de origem será tratado como recurso ordinário para efeitos do nº 1.

SECÇÃO 4 – Disposições comuns

Artigo 52º

As decisões proferidas num Estado-Membro não podem em caso algum ser revistas quanto ao mérito da causa no Estado-Membro requerido.

Artigo 53º

A pedido de qualquer interessado, o tribunal de origem emite uma certidão utilizando o formulário que se reproduz no Anexo I.

Artigo 54º

1. Se a decisão contiver uma medida ou injunção que não seja conhecida na lei do Estado-Membro requerido, essa medida ou injunção deve ser adaptada, na medida do possível, a uma medida ou injunção conhecida na lei desse Estado-Membro que tenha efeitos equivalentes e vise objetivos e interesses semelhantes.

Tal adaptação não pode ter efeitos que vão além dos previstos na lei do Estado-Membro de origem.

2. Qualquer das partes pode contestar em tribunal a adaptação da medida ou injunção.

3. Se necessário, pode exigir-se que a parte que invoca a decisão ou requer a respetiva execução forneça uma tradução ou transliteração da decisão.

Artigo 55º

Uma decisão proferida num Estado-Membro que condene em sanção pecuniária compulsória só é executória no Estado-Membro requerido se o montante do pagamento tiver sido definitivamente fixado pelo tribunal de origem.

Artigo 56º

Não pode ser exigida qualquer caução ou depósito, seja qual for a sua designação, à parte que num Estado-Membro requeira a execução de uma decisão proferida noutro Estado-Membro com fundamento na sua qualidade de estrangeiro ou na falta de domicílio ou de residência no Estado-Membro requerido.

Artigo 57º

1. Se for exigida uma tradução ou transliteração nos termos do presente regulamento, essa tradução ou transliteração deve ser feita na língua oficial do Estado-Membro em questão ou, se este tiver várias línguas oficiais, na língua oficial ou numa das línguas oficiais dos processos judiciais do lugar em que se invoca uma decisão proferida noutro Estado-Membro ou se apresenta um requerimento nos termos da lei desse Estado-Membro.

2. Para efeitos dos formulários referidos nos artigos 53º e 60º, as traduções ou transliterações podem também ser feitas em qualquer outra das línguas oficiais das instituições da União que o Estado-Membro em causa tenha declarado poder aceitar.

3. As traduções feitas por força do presente regulamento devem ser feitas por pessoas qualificadas para traduzir num dos Estados-Membros.

CAPÍTULO IV - Instrumentos Autênticos e Transações Judiciais

Artigo 58º

1. Os instrumentos autênticos que sejam executórios no Estado-Membro de origem são executórios nos outros Estados-Membros. A execução de um instrumento autên-

tico só pode ser recusada se for manifestamente contrária à ordem pública do Estado-Membro requerido.

Aplicam-se aos instrumentos autênticos, consoante os casos, a Secção 2, a Subsecção 2 da Secção 3 ou a Secção 4 do Capítulo III.

2. O instrumento autêntico apresentado deve satisfazer as condições necessárias para comprovar a sua autenticidade no Estado-Membro de origem.

Artigo 59º

As transações judiciais que tenham força executiva no Estado-Membro de origem devem ser executadas nos outros Estados-Membros nas mesmas condições que os instrumentos autênticos.

Artigo 60º

A pedido de qualquer interessado, o tribunal ou a autoridade competente do Estado-Membro de origem emite a certidão cujo formulário consta do Anexo II, que deverá incluir um resumo da obrigação executória consignada no instrumento autêntico ou do acordo entre as partes consignado na transação judicial.

CAPÍTULO V – Disposições Gerais

Artigo 61º

Não é exigida legalização ou outras formalidades análogas para os documentos emitidos nos Estados-Membros no contexto do presente regulamento.

Artigo 62º

1. Para determinar se uma parte tem domicílio no Estado-Membro a cujos tribunais é submetida a questão, o juiz aplica a sua lei interna.

2. Caso a parte não tenha domicílio no Estado-Membro a cujos tribunais foi submetida a questão, o juiz, para determinar se a parte tem domicílio noutro Estado-Membro, aplica a lei desse Estado-Membro.

Artigo 63º

1. Para efeitos do presente regulamento, uma sociedade ou outra pessoa coletiva ou associação de pessoas singulares ou coletivas tem domicílio no lugar em que tiver:

a) A sua sede social;

b) A sua administração central; ou

c) O seu estabelecimento principal.

2. No que respeita à Irlanda, a Chipre e ao Reino Unido, «sede social» significa *registered office* ou, se este não existir, *place of incorporation* (lugar de constituição) ou, se este não existir, o lugar sob cuja lei ocorreu a *formation* (formação).

3. Para determinar se um trust tem domicílio no Estado-Membro a cujos tribunais tenha sido submetida a questão, o juiz aplica as normas do seu direito internacional privado.

Artigo 64º

Sem prejuízo de disposições nacionais mais favoráveis, as pessoas domiciliadas num Estado-Membro e contra quem decorre processo por infração involuntária nos tribunais com competência penal de outro Estado-Membro de que não sejam nacionais podem entregar a sua defesa a pessoas para tanto habilitadas, mesmo que não compareçam pessoalmente. Todavia, o tribunal a que foi submetida a questão pode ordenar a comparência pessoal; se tal não ocorrer, a decisão proferida na ação cível sem que a pessoa em causa tenha tido a possibilidade de assegurar a sua defesa pode não ser reconhecida nem executada nos outros Estados-Membros.

Artigo 65º

1. A competência a que se referem o artigo 8º, ponto 2, e o artigo 13º em ações com chamamento de um garante à ação ou em qualquer incidente de intervenção de terceiros só pode ser invocada nos Estados-Membros constantes da lista estabelecida pela Comissão nos termos do artigo 76º, nº 1, alínea *b*), e nº 2, nas condições previstas na lei nacional. As pessoas domiciliadas noutro Estado-Membro podem ser chamadas à ação perante os tribunais desses Estados-Membros, nos termos das regras de intervenção de terceiros indicadas nessa lista.

2. As decisões proferidas nos Estados-Membros por força do artigo 8º, ponto 2, e do artigo 13º são reconhecidas e executadas nos termos do capítulo III em qualquer outro Estado-Membro. Quaisquer efeitos que as decisões proferidas nos Estados-Membros constantes da lista referida no nº 1 possam produzir, nos termos da lei desses Estados-Membros, em relação a terceiros por força do nº 1 são reconhecidos em todos os Estados-Membros.

3. Os Estados-Membros constantes da lista referida no nº 1 prestam, no âmbito da Rede Judiciária Europeia em matéria civil e comercial criada pela Decisão 2001/470/CE do Conselho ([1]) («Rede Judiciária Europeia»), informações sobre a forma de determinar, nos termos da respetiva lei nacional, os efeitos das decisões referidas no segundo período do nº 2.

CAPÍTULO VI - Disposições Transitórias

Artigo 66º

1. O presente regulamento aplica-se apenas às ações judiciais intentadas, aos instrumentos autênticos formalmente redigidos ou registados e às transações judiciais aprovadas ou celebradas em 10 de janeiro de 2015 ou em data posterior.

([1]) JO L 174 de 27.6.2001, p. 25.

2. Não obstante o artigo 80º, o Regulamento (CE) nº 44/2001 continua a aplicar-se às decisões proferidas em ações judiciais intentadas, aos instrumentos autênticos formalmente redigidos ou registados e às transações judiciais aprovadas ou celebradas antes de 10 de janeiro de 2015 e abrangidas pelo âmbito de aplicação daquele regulamento.

CAPÍTULO VII – Relação com Outros Instrumentos

Artigo 67º

O presente regulamento não prejudica a aplicação das disposições que, em matérias específicas, regulam a competência judiciária, o reconhecimento e a execução de decisões, contidas nos atos da União ou nas leis nacionais harmonizadas nos termos desses atos.

Artigo 68º

1. O presente regulamento substitui, entre os Estados-Membros, a Convenção de Bruxelas de 1968, exceto no que se refere aos territórios dos Estados-Membros que são abrangidos pelo âmbito de aplicação territorial daquela Convenção e que estão excluídos do âmbito de aplicação do presente regulamento por força do artigo 355º do TFUE.

2. Na medida em que o presente regulamento substitui entre os Estados-Membros as disposições da Convenção de Bruxelas de 1968, as remissões feitas para esta convenção entendem-se como remissões para o presente regulamento.

Artigo 69º

Sem prejuízo do disposto nos artigos 70º e 71º, o presente regulamento substitui, entre os Estados-Membros, as convenções que abrangem as mesmas matérias a que o presente regulamento se aplica. São substituídas, em especial, as convenções constantes da lista estabelecida pela Comissão nos termos do artigo 76º, nº 1, alínea *c*), e nº 2.

Artigo 70º

1. As convenções referidas no artigo 69º continuam a produzir efeitos quanto às matérias a que o presente regulamento não se aplica.

2. Essas convenções continuam a produzir efeitos relativamente às decisões proferidas, aos instrumentos autênticos formalmente redigidos ou registados e às transações judiciais aprovadas ou celebradas antes da data de entrada em vigor do Regulamento (CE) nº 44/2001.

Artigo 71º

1. O presente regulamento não prejudica as convenções em que os Estados-Membros são partes e que, em matérias especiais, regulem a competência judiciária, o reconhecimento ou a execução de decisões.

2. Para assegurar a sua interpretação uniforme, o nº 1 deve ser aplicado do seguinte modo:

a) O presente regulamento não impede que um tribunal de um Estado-Membro que seja parte numa convenção relativa a uma matéria especial se declare competente, nos termos de tal convenção, mesmo que o requerido tenha domicílio no território de um Estado-Membro que não seja parte nessa convenção. Em qualquer caso, o tribunal chamado a pronunciar-se deve aplicar o artigo 28º do presente regulamento;

b) As decisões proferidas num Estado-Membro por um tribunal cuja competência se funde numa convenção relativa a uma matéria especial são reconhecidas e executadas nos outros Estados-Membros nos termos do presente regulamento.

Se uma convenção relativa a uma matéria especial, de que sejam partes o Estado--Membro de origem e o Estado-Membro requerido, estabelecer as condições para o reconhecimento e execução de decisões, tais condições devem ser respeitadas. Em qualquer caso, pode aplicar-se o disposto no presente regulamento sobre reconhecimento e execução de decisões.

Artigo 71º-A[1]

1. Para efeitos do presente regulamento, um tribunal comum a vários Estados-Membros, conforme especificado no nº 2, («tribunal comum») é considerado um tribunal de um Estado-Membro quando, nos termos do seu ato constitutivo, esse tribunal comum exerce a sua competência em matérias abrangidas pelo âmbito do presente regulamento.

2. Para efeitos do presente regulamento, cada um dos seguintes tribunais é um tribunal comum:

a) O Tribunal Unificado de Patentes, estabelecido pelo Acordo relativo ao Tribunal Unificado de Patentes assinado em 19 de fevereiro de 2013 (a seguir designado «Acordo relativo ao TUP»); e

b) O Tribunal de Justiça do Benelux, estabelecido pelo Tratado relativo à instituição e ao estatuto do Tribunal de Justiça do Benelux, de 31 de março de 1965 («Tratado do Tribunal de Justiça do Benelux»).

Artigo 71º-B[1]

A competência judiciária dos tribunais comuns é determinada da seguinte forma:

1) Um tribunal comum é competente quando, nos termos do presente regulamento, os tribunais de um Estado-Membro que seja parte no ato que estabelece o tribunal comum sejam competentes nas matérias reguladas por esse ato;

2) Nos casos em que o requerido não tenha domicílio num Estado-Membro e o presente regulamento não tenha de outra forma atribuído competência a seu respeito, o Capítulo II aplica-se, sempre que adequado, independentemente do domicílio do requerido.

[1] Esta norma foi aditada pelo Regulamento (UE) nº 542/2014 do Parlamento Europeu e do Conselho de 15 de maio de 2014.

Podem ser pedidas a um tribunal comum medidas provisórias, incluindo medidas de proteção, mesmo que os tribunais de um Estado terceiro tenham competência relativamente ao fundo da questão;

3) Nos casos em que um tribunal comum tenha competência relativamente a um requerido nos termos do ponto 2 num litígio relativo à violação de uma patente europeia que dê origem a danos no interior da União, esse tribunal pode igualmente exercer a competência relativamente a danos verificados fora da União resultantes de uma violação desse tipo.

Essa competência judiciária só pode ser estabelecida nos casos em que os bens pertencentes ao requerido estejam localizados em qualquer Estado-Membro que seja parte no ato que estabelece o tribunal comum e em que o litígio tenha uma conexão suficiente com qualquer desses Estados-Membros.

Artigo 71º-C[1]

1. Os artigos 29º a 32º aplicam-se quando forem intentados processos num tribunal comum e num tribunal de um Estado-Membro que não seja parte no ato que estabelece o tribunal comum.

2. Os artigos 29º a 32º aplicam-se quando, durante o período transitório referido no artigo 83º do Acordo relativo ao TUP, os processos são intentados no Tribunal Unificado de Patentes e num tribunal de um Estado-Membro que seja parte no Acordo relativo ao TUP.

Artigo 71º-D[1]

O presente regulamento aplica-se ao reconhecimento e execução de:

a) Decisões proferidas por um tribunal comum que devam ser reconhecidas e executadas num Estado-Membro que não seja parte no ato que estabelece o tribunal comum; e

b) Decisões proferidas pelos tribunais de um Estado-Membro que não seja parte no ato que estabelece o tribunal comum e que necessitam de ser reconhecidas e executadas num Estado-Membro que seja parte nesse ato.

Contudo, sempre que for solicitado o reconhecimento ou a execução de uma decisão proferida por um tribunal comum num Estado-Membro que seja parte no ato que estabelece o tribunal comum, aplicam-se as regras do referido ato relativas ao reconhecimento e execução, em vez das regras do presente regulamento.

Artigo 72º

O presente regulamento não prejudica os acordos por meio dos quais os Estados-Membros se comprometeram, antes da entrada em vigor do Regulamento (CE) nº 44/ /2001, nos termos do artigo 59º da Convenção de Bruxelas de 1968, a não reconhecer decisões proferidas, nomeadamente noutro Estado contratante da referida convenção,

[1] Esta norma foi aditada pelo Regulamento (UE) nº 542/2014 do Parlamento Europeu e do Conselho de 15 de maio de 2014.

contra requeridos com domicílio ou residência habitual num Estado terceiro se, nos casos previstos no artigo 4º da referida convenção, a decisão só possa fundar-se numa competência referida no artigo 3º, segundo parágrafo, da mesma convenção.

Artigo 73º

1. O presente regulamento não prejudica a aplicação da Convenção de Lugano de 2007.

2. O presente regulamento não prejudica a aplicação da Convenção de Nova Iorque de 1958.

3. O presente regulamento não prejudica a aplicação das convenções e acordos bilaterais entre países terceiros e Estados-Membros celebrados antes da data de entrada em vigor do Regulamento (CE) nº 44/2001 que dizem respeito a matérias regidas pelo presente regulamento.

CAPÍTULO VIII – Disposições Finais

Artigo 74º

Os Estados-Membros fornecem, no âmbito da Rede Judiciária Europeia, para efeitos da sua divulgação ao público, uma descrição dos processos e normas de execução nacionais, incluindo as autoridades competentes para a execução, e informações sobre eventuais restrições neste domínio, em especial normas de proteção dos devedores e prazos de limitação ou prescrição.

Os Estados-Membros devem manter estas informações permanentemente atualizadas.

Artigo 75º

Até 10 de janeiro de 2014, os Estados-Membros comunicam à Comissão:

a) Os tribunais aos quais deve ser submetido o pedido de recusa de execução, nos termos do artigo 47º, nº 1;

b) Os tribunais nos quais deve ser interposto recurso da decisão sobre o pedido de recusa de execução, nos termos do artigo 49º, nº 2;

c) Os tribunais nos quais devem ser interpostos quaisquer recursos subsequentes, nos termos do artigo 50º;

d) As línguas aceites para a tradução dos formulários, nos termos do artigo 57º, nº 2.

A Comissão divulga estas informações ao público através de todos os meios adequados, sobretudo através da Rede Judiciária Europeia.

Artigo 76º

1. Os Estados-Membros notificam à Comissão:

a) As regras de competência referidas no artigo 5º, nº 2, e no artigo 6º, nº 2;

b) As regras sobre intervenção de terceiros referidas no artigo 65º; e

c) As convenções referidas no artigo 69º.

2. Com base nas informações notificadas pelos Estados-Membros a que se refere o nº 1, a Comissão estabelece as respetivas listas.

3. Os Estados-Membros notificam à Comissão qualquer alteração dessas listas que venha a ser requerida. A Comissão altera as listas em conformidade.

4. A Comissão publica as listas e as eventuais alterações posteriores às mesmas no *Jornal Oficial da União Europeia*.

5. A Comissão divulga ao público todas as informações notificadas por força dos nºs 1 e 3 através de todos os meios adequados, em especial através da Rede Judiciária Europeia.

Artigo 77º

A Comissão fica habilitada a adotar atos delegados, nos termos do artigo 78º, no que diz respeito às alterações aos anexos I e II.

Artigo 78º

1. O poder de adotar atos delegados é conferido à Comissão nas condições estabelecidas no presente artigo.

2. O poder de adotar atos delegados referido no artigo 77º é conferido à Comissão por prazo indeterminado a partir de 9 de janeiro de 2013.

3. A delegação de poderes referida no artigo 77º pode ser revogada em qualquer momento pelo Parlamento Europeu ou pelo Conselho. A decisão de revogação põe termo à delegação dos poderes nela especificados. A decisão de revogação produz efeitos a partir do dia seguinte ao da sua publicação no *Jornal Oficial da União Europeia* ou de uma data posterior nela especificada. A decisão de revogação não afeta os atos delegados já em vigor.

4. Assim que adotar um ato delegado, a Comissão notifica-o simultaneamente ao Parlamento Europeu e ao Conselho.

5. Os atos delegados adotados nos termos do artigo 77º só entram em vigor se não tiverem sido formuladas objeções pelo Parlamento Europeu ou pelo Conselho no prazo de dois meses a contar da notificação desse ato ao Parlamento Europeu e ao Conselho, ou se, antes do termo desse prazo, o Parlamento Europeu e o Conselho tiverem informado a Comissão de que não têm objeções a formular. O referido prazo é prorrogado por dois meses por iniciativa do Parlamento Europeu ou do Conselho.

Artigo 79º

Até 11 de janeiro de 2022, a Comissão apresenta ao Parlamento Europeu, ao Conselho e ao Comité Económico e Social Europeu um relatório sobre a aplicação do presente regulamento. Esse relatório deve incluir uma avaliação da eventual necessidade de um novo alargamento das regras sobre competência judiciária a requeridos que não estejam domiciliados num Estado-Membro, tendo em conta o funcionamento do presente regulamento e a possível evolução da situação a nível internacional. O relatório deve ser acompanhado, se for caso disso, de uma proposta de alteração do presente regulamento.

Artigo 80º

O presente regulamento revoga o Regulamento (CE) nº 44/2001. As referências ao regulamento revogado devem entender-se como sendo feitas para o presente regulamento, e devem ser lidas de acordo com o quadro de correspondência constante do Anexo III.

Artigo 81º

O presente regulamento entra em vigor no vigésimo dia seguinte ao da sua publicação no *Jornal Oficial da União Europeia.*

Aplica-se a partir de 10 de janeiro de 2015, com exceção dos artigos 75º e 76º, que se aplicam a partir de 10 de janeiro de 2014.

O presente regulamento é obrigatório em todos os seus elementos e diretamente aplicável nos Estados-Membros nos termos dos Tratados.

Feito em Estrasburgo, em 12 de dezembro de 2012.

Pelo Parlamento Europeu	*Pelo Conselho*
O Presidente	*O Presidente*
M. Schulz	A. D. Mavroyiannis

ANEXO III
Quadro de Correspondências

Regulamento (CE) nº 44/2001	Presente Regulamento
Artigo 1º, nº 1	Artigo 1º, nº 1
Artigo 1º, nº 2, proémio	Artigo 1º, nº 2, proémio
Artigo 1º, nº 2, alínea *a*)	Artigo 1º, nº 2, alíneas *a*) e *f*)
Artigo 1º, nº 2, alíneas *b*) a *d*)	Artigo 1º, nº 2, alíneas *b*) a *d*)
-	Artigo 1º, nº 2, alínea *e*)
Artigo 1º, nº 3	-
-	Artigo 2º
Artigo 2º	Artigo 4º
Artigo 3º	Artigo 5º
Artigo 4º	Artigo 6º
Artigo 5º, proémio	Artigo 7º, proémio
Artigo 5º, ponto 1	Artigo 7º, ponto 1

Regulamento (CE) nº 44/2001	Presente Regulamento
Artigo 5º, ponto 2	–
Artigo 5º, pontos 3 e 4	Artigo 7º, pontos 2 e 3
–	Artigo 7, ponto 4
Artigo 5º, pontos 5 a 7	Artigo 7º, pontos 5 a 7
Artigo 6º	Artigo 8º
Artigo 7º	Artigo 9º
Artigo 8º	Artigo 10º
Artigo 9º	Artigo 11º
Artigo 10º	Artigo 12º
Artigo 11º	Artigo 13º
Artigo 12º	Artigo 14º
Artigo 13º	Artigo 15º
Artigo 14º	Artigo 16º
Artigo 15º	Artigo 17º
Artigo 16º	Artigo 18º
Artigo 17º	Artigo 19º
Artigo 18º	Artigo 20º
Artigo 19º, pontos 1 e 2	Artigo 21º, nº 1
–	Artigo 21º, nº 2
Artigo 20º	Artigo 22º
Artigo 21º	Artigo 23º
Artigo 22º	Artigo 24º
Artigo 23º, nºs 1 e 2	Artigo 25º, nºs 1 e 2
Artigo 23º, nº 3	–
Artigo 23º, nºs 4 e 5	Artigo 25º, nºs 3 e 4
–	Artigo 25º, nº 5
Artigo 24º	Artigo 26º, nº 1
–	Artigo 26º, nº 2
Artigo 25º	Artigo 27º
Artigo 26º	Artigo 28º
Artigo 27º, nº 1	Artigo 29º, nº 1
–	Artigo 29º, nº 2
Artigo 27º, nº 2	Artigo 29º, nº 3
Artigo 28º	Artigo 30º
Artigo 29º	Artigo 31º, nº 1
–	Artigo 31º, nº 2
–	Artigo 31º, nº 3
–	Artigo 31º, nº 4
Artigo 30º	Artigo 32º, nº 1, alíneas *a*) e *b*)
–	Artigo 32º, nº 1, segundo parágrafo
–	Artigo 32º, nº 2

Regulamento (CE) nº 44/2001	Presente Regulamento
–	Artigo 33º
–	Artigo 34º
Artigo 31º	Artigo 35º
Artigo 32º	Artigo 2º, alínea *a*)
Artigo 33º	Artigo 36º
–	Artigo 37º
–	Artigo 39º
–	Artigo 40º
–	Artigo 41º
–	Artigo 42º
–	Artigo 43º
–	Artigo 44º
Artigo 34º	Artigo 45º, nº 1, alíneas *a*) a *d*)
Artigo 35º, nº 1	Artigo 45º, nº 1, alínea *e*)
Artigo 35º, nº 2	Artigo 45º, nº 2
Artigo 35º, nº 3	Artigo 45º, nº 3
–	Artigo 45º, nº 4
Artigo 36º	Artigo 52º
Artigo 37º, nº 1	Artigo 38º, alínea *a*)
Artigo 38º	–
Artigo 39º	–
Artigo 40º	–
Artigo 41º	–
Artigo 42º	–
Artigo 43º	–
Artigo 44º	–
Artigo 45º	–
Artigo 46º	–
Artigo 47º	–
Artigo 48º	–
–	Artigo 46º
–	Artigo 47º
–	Artigo 48º
–	Artigo 49º
–	Artigo 50º
–	Artigo 51º
–	Artigo 54º
Artigo 49º	Artigo 55º
Artigo 50º	–
Artigo 51º	Artigo 56º
Artigo 52º	–

Regulamento (CE) nº 44/2001	Presente Regulamento
Artigo 53º	–
Artigo 54º	Artigo 53º
Artigo 55º, nº 1	–
Artigo 55º, nº 2	Artigo 37º, nº 2, artigo 47º, nº 3, e artigo 57º
Artigo 56º	Artigo 61º
Artigo 57º, nº 1	Artigo 58º, nº 1
Artigo 57º, nº 2	–
Artigo 57º, nº 3	Artigo 58º, nº 2
Artigo 57º, nº 4	Artigo 60º
Artigo 58º	Artigos 59º e 60º
Artigo 59º	Artigo 62º
Artigo 60º	Artigo 63º
Artigo 61º	Artigo 64º
Artigo 62º	Artigo 3º
Artigo 63º	–
Artigo 64º	–
Artigo 65º	Artigo 65º, nºs 1 e 2
–	Artigo 65º, nº 3
Artigo 66º	Artigo 66º
Artigo 67º	Artigo 67º
Artigo 68º	Artigo 68º
Artigo 69º	Artigo 69º
Artigo 70º	Artigo 70º
Artigo 71º	Artigo 71º
Artigo 72º	Artigo 72º
–	Artigo 73º
Artigo 73º	Artigo 79º
Artigo 74º, nº 1	Artigo 75º, primeiro parágrafo, alíneas *a*), *b*) e *c*), e artigo 76º, nº 1, alínea *a*)
Artigo 74º, nº 2	Artigo 77º
–	Artigo 78º
–	Artigo 80º
Artigo 75º	–
Artigo 76º	Artigo 81º
Anexo I	Artigo 76º, nº 1, alínea *a*)
Anexo II	Artigo 75º, alínea *a*)
Anexo III	Artigo 75º, alínea *b*)
Anexo IV	Artigo 75º, alínea *c*)
Anexo V	Anexos I e II
Anexo VI	Anexo II
–	Anexo III

[6] Tramitação Electrónica dos Processos Judiciais

Portaria nº 280/2013, de 26 de agosto[1],

com as alterações introduzidas pelas Portarias nºs 170/2017, de 25 de maio, e 267/2018, de 20 de setembro

A entrada em vigor do novo Código de Processo Civil, aprovado pela Lei nº 41//2013, de 26 de junho, implica necessariamente a revisão de um conjunto de matérias que procedem à sua regulamentação.

É o caso da tramitação eletrónica de processos, até aqui regulamentada pela Portaria nº 114/2008, de 6 de fevereiro.

As alterações ora introduzidas a esse regime não são muito significativas, até porque a utilização de sistemas informáticos para a tramitação eletrónica de processos tem-se revelado, em Portugal, uma experiência bem sucedida, com larga aceitação entre os profissionais forenses que diariamente utilizam o sistema informático de suporte à atividade dos tribunais.

No entanto, as inúmeras alterações sofridas pela Portaria nº 114/2008, de 6 de fevereiro, que incluíram inclusivamente alterações de sistematização, não facilitam a sua leitura e interpretação. Motivo pelo qual se aproveita a oportunidade para proceder à sua revogação, sendo substituída por uma nova portaria que, para além de proceder às alterações ao regime decorrentes do novo Código de Processo Civil, não sofre das vicissitudes sistemáticas que a Portaria nº 114/2008 atualmente revela.

Quanto às alterações agora introduzidas ao regime da tramitação eletrónica de processos judiciais, e para além de alteração das remissões efetuadas para o Código de Processo Civil em função da alteração da numeração dos artigos deste, importa desde logo referir a introdução de uma norma que identifica claramente qual o sistema informático onde se realiza a tramitação eletrónica dos processos. Não se tratando de uma inovação relativamente ao que sucede na prática, passa a estar expressamente previsto na regulamentação da tramitação eletrónica de processos.

Em segundo lugar, importa referir uma alteração ao regime da apresentação de peças processuais, nomeadamente quando a dimensão do conjunto formado pela peça

[1] Tomou-se em linha de conta a Declaração de Rectificação nº 44/2013 (DR, 1ª Série, nº 207, de 25/10).

e os documentos que a acompanham excede o limite de 3 Mb. Nestas situações, e caso o limite seja excedido não pela dimensão da peça mas dos documentos que a acompanham, a peça deve ser apresentada por via eletrónica, tal como já hoje sucede, mas devendo os documentos ser igualmente enviados por via eletrónica, em requerimentos sucessivos. Estes requerimentos, que não podem exceder o referido limite de 3 Mb, devem ser apresentados no mesmo dia da peça processual a que respeitam, ou, caso esta seja uma petição inicial ou outra peça que deva ser distribuída, até ao final do dia seguinte ao da distribuição.

Outra inovação, decorrente diretamente do novo regime de citação edital previsto no Código de Processo Civil, prende-se com a definição do sítio da Internet onde é publicado o anúncio relativo à citação edital, adotando-se a solução até agora em vigor para as citações editais no regime processual civil experimental, prevista na Portaria nº 1097/2006, de 13 de outubro.

Por fim, procede-se à regulamentação do regime de comunicações eletrónicas entre os tribunais e os agentes de execução, matéria até 1 de setembro de 2013 regulada pelo Decreto-Lei nº 202/2003, de 10 de setembro, mas que, à luz da lógica subjacente ao novo Código de Processo Civil, deve naturalmente ser tratada no diploma que regula a tramitação eletrónica de processos. Também aqui as alterações introduzidas visam sobretudo refletir os inúmeros desenvolvimentos que esta matéria sofreu nos últimos anos, não representando por isso uma solução inovadora face à prática nos tribunais.

Uma última nota para referir que esta portaria regulamenta igualmente o disposto no nº 2 do artigo 14º da Lei nº 29/2013, de 19 de abril, devendo a apresentação de um acordo de homologação obtido em mediação ser efetuada, quando realizada por via eletrónica, nos mesmos termos que qualquer outra peça processual.

Assim:

Ao abrigo do disposto no nº 1 do artigo 132º, no nº 5 do artigo 172º, no nº 1 do artigo 240º e no nº 8 do artigo 552º do Código de Processo Civil, aprovado pela Lei nº 41/2013, de 26 de junho, e no nº 2 do artigo 14º da Lei nº 29/2013, de 19 de abril, manda o Governo, pela Ministra da Justiça, o seguinte:

CAPÍTULO I – Disposições gerais

Artigo 1º[1-2] – Objeto e âmbito

1. A presente portaria regulamenta a tramitação eletrónica dos processos nos tribunais judiciais.

2. No que respeita à tramitação eletrónica dos processos penais nos tribunais judiciais de 1ª instância, o regime previsto na presente portaria é aplicável apenas a partir da receção dos autos em tribunal a que se referem o nº 1 do artigo 311º e os artigos 386º, 391º-C e 396º do Código de Processo Penal.

[1] Redação da Portaria 170/2017, de 25 de maio.

[2] Redação da Portaria 267/2018, de 20 de setembro.

3. No que respeita à tramitação eletrónica nos tribunais judiciais de 1ª instância das impugnações judiciais das decisões e das demais medidas das autoridades administrativas tomadas em processo de contraordenação, o regime previsto na presente portaria é aplicável apenas a partir do momento em que os autos são presentes ao juiz.

4. No que respeita à tramitação eletrónica dos processos tutelares educativos nos tribunais judiciais de 1ª instância, o regime previsto na presente portaria é aplicável apenas a partir da receção do requerimento para abertura da fase jurisdicional nos termos do artigo 92º-A da Lei Tutelar Educativa, aprovada pela Lei nº 166/99, de 14 de setembro.

5. O disposto nos números anteriores abrange as ações principais, os procedimentos cautelares, os incidentes, as notificações judiciais avulsas e quaisquer outros procedimentos que corram por apenso ou de forma autónoma.

6. Para os efeitos do disposto nos números anteriores, a presente portaria regulamenta os seguintes aspetos:

a) Definição do sistema informático no qual é efetuada a tramitação eletrónica de processos nos termos previstos no Código de Processo Civil;

b) Apresentação de peças processuais e documentos por transmissão eletrónica de dados, nos termos dos nºs 1 a 3 do artigo 144º do Código de Processo Civil, incluindo a apresentação do requerimento de interposição de recurso, das alegações e contra-alegações de recurso e da reclamação contra o indeferimento do recurso e a subida dos recursos, nos termos dos artigos 643º, 644º, 646º, 671º, 688º e 696º do Código de Processo Civil, e a apresentação do requerimento de interposição de recurso, das motivações, da reclamação contra a não admissão ou retenção do recurso, e da resposta ao recurso, nos termos dos artigos 405º, 411º e 413º do Código de Processo Penal;

c) Apresentação de peças processuais e documentos pelos magistrados do Ministério Público nos processos em que intervenham no exercício das suas competências;

d) Comprovação do prévio pagamento da taxa de justiça e demais quantias devidas a título de custas, de multa ou outra penalidade, ou da concessão do benefício do apoio judiciário, de acordo com o nº 4 do artigo 145º, o nº 4 do artigo 552º e o nº 1 do artigo 570º do Código de Processo Civil e com a alínea *a*) do nº 1 e o nº 2 do artigo 14º e com os nºs 2 e 8 do artigo 32º do Regulamento das Custas Processuais;

e) Designação de agente de execução que efetua a citação, de acordo com a alínea *g*) do nº 1 e os nºs 7 e 8 do artigo 552º do Código de Processo Civil;

f) Distribuição por meios eletrónicos, prevista no artigo 204º, no nº 2 do artigo 207º, do artigo 208º e do nº 2 do artigo 209º do Código de Processo Civil;

g) Prática de atos processuais por meios eletrónicos por magistrados e funcionários judiciais;

h) Publicação do anúncio de citação edital em página informática de acesso público, nos termos do nº 1 do artigo 240º do Código de Processo Civil;

i) Notificações por transmissão eletrónica de dados, nos termos do artigo 248º, do artigo 252º e do artigo 255º do Código de Processo Civil e do nº 11 do artigo 113º do Código de Processo Penal;

j) Consulta dos processos, nos termos do nº 3 do artigo 163º do Código de Processo Civil;

k) Organização no processo físico das peças eletrónicas;

l) Comunicações entre tribunais e entre estes e os agentes de execução;

m) Prática de atos processuais pelos mandatários perante administradores judiciais por via eletrónica, nos termos do nº 2 do artigo 17º e do nº 2 do artigo 128º do Código da Insolvência e da Recuperação de Empresas.

7. A presente portaria regula ainda a apresentação de peças processuais e documentos por transmissão eletrónica de dados, distribuição de processos por meios eletrónicos, prática de atos processuais por meios eletrónicos por magistrados e funcionários judiciais e notificações e comunicações por transmissão eletrónica de dados, de acordo com o previsto no Livro II do Código da Execução das Penas e Medidas Privativas da Liberdade.

Artigo 2º – Âmbito de aplicação

(Revogado pela Portaria nº 170/2017, de 25 de maio.)

Artigo 3º – Sistema informático de suporte à atividade dos tribunais

1. A tramitação eletrónica dos processos judiciais prevista na presente portaria é efetuada no sistema informático de suporte à atividade dos tribunais.

2. O sistema informático previsto no número anterior disponibiliza módulos específicos para a tramitação do processo e prática de atos por magistrados judiciais, magistrados do Ministério Público e funcionários judiciais, e para a prática de atos e consulta de processos por mandatários judiciais.

CAPÍTULO II – Apresentação de peças processuais e documentos

Artigo 4º[1] – Apresentação de peças processuais e documentos por via eletrónica

1. A apresentação de peças processuais e documentos por transmissão eletrónica de dados dispensa a remessa dos respetivos originais, duplicados e cópias, nos termos da lei.

2. O disposto no nº 1 não prejudica:

a) O dever de exibição das peças processuais em suporte de papel e dos originais dos documentos juntos pelas partes por transmissão eletrónica de dados, sempre que o juiz o determine, designadamente, quando:

i) Duvidar da autenticidade ou genuinidade das peças ou dos documentos;

ii) For necessário realizar perícia à letra ou assinatura dos documentos.

b) Que, nos processos penais e tutelares educativos, sejam integrados no suporte físico do processo os originais das peças e documentos apresentados nessa forma pelo Ministério Público.

3. A apresentação de peças processuais e documentos pelos magistrados do Ministério Público é efetuada por transmissão eletrónica de dados, através de módulo específico do sistema informático de suporte à atividade dos tribunais.

[1] Redação da Portaria 170/2017, de 25 de maio.

Artigo 5º[1] – Sistema informático de suporte à atividade dos tribunais e registo de utilizadores

1. A apresentação de peças processuais e documentos por transmissão eletrónica de dados por mandatários judiciais é efetuada através do sistema informático de suporte à atividade dos tribunais, no endereço eletrónico https://citius.tribunaisnet.mj.pt, de acordo com os procedimentos e instruções aí constantes.

2. O registo e a gestão de acessos ao sistema informático referido no número anterior por advogados, advogados estagiários e solicitadores são efetuados pela entidade responsável pela gestão de acessos ao sistema informático, com base na informação transmitida, respetivamente, pela Ordem dos Advogados e pela Ordem dos Solicitadores e dos Agentes de Execução, respeitante à validade e às vicissitudes da inscrição junto dessas associações públicas profissionais.

3. Após o registo previsto no número anterior, são entregues os elementos secretos, pessoais e intransmissíveis que permitem o acesso à área reservada do sistema informático de suporte à atividade dos tribunais.

Artigo 6º[2] – Formulários e ficheiros anexos

1. A apresentação de peças processuais é efetuada através do preenchimento de formulários disponibilizados no endereço eletrónico referido no artigo anterior, aos quais se anexam:

a) Ficheiros com a restante informação legalmente exigida, conteúdo material da peça processual e demais informação que o mandatário considere relevante e que não se enquadre em nenhum campo dos formulários; e

b) De forma individualizada, os documentos que devem acompanhar a peça processual.

2. A informação inserida nos formulários é refletida num documento que, juntamente com os ficheiros anexos referidos na alínea *a*) do número anterior, faz parte, para todos os efeitos, da peça processual.

3. O documento contendo a informação inserida nos formulários deve ser assinado digitalmente através de certificado de assinatura eletrónica que garanta de forma permanente a qualidade profissional do signatário, podendo ser utilizado para o efeito o Sistema de Certificação de Atributos Profissionais associado ao Cartão de Cidadão e à Chave Móvel Digital.

4. A assinatura referida no número anterior é efetuada no sistema informático de suporte à atividade dos tribunais no momento da apresentação da peça processual, assegurando o sistema informático que essa assinatura garante a integridade, integralidade e não repúdio da peça processual.

5. Podem ser entregues em suporte físico os documentos:

a) Cujo suporte físico não seja em papel ou cujo papel tenha uma espessura superior a 127 g/m2 ou inferior a 50 g/m2;

[1] Redação da Portaria 170/2017, de 25 de maio.
[2] Redação da Portaria 267/2018, de 20 de setembro.

b) Em formatos superiores a A4.

6. A entrega dos documentos referidos no número anterior deve ser efetuada no prazo de cinco dias após o envio dos formulários e ficheiros através do sistema informático de suporte à atividade dos tribunais.

Artigo 7º[1] – Preenchimento dos formulários

1. Quando existam campos no formulário para a inserção de informação específica, essa informação deve ser indicada no campo respetivo, não podendo ser apresentada unicamente nos ficheiros anexos.

2. Em caso de desconformidade entre o conteúdo dos formulários e o conteúdo dos ficheiros anexos, prevalece a informação constante dos formulários, ainda que estes não se encontrem preenchidos.

3. O disposto no número anterior não prejudica a possibilidade de a mesma ser corrigida, a requerimento da parte, sem prejuízo de a questão poder ser suscitada oficiosamente.

4. Nos casos em que o formulário não se encontre preenchido na parte relativa à identificação das testemunhas e demais informação referente a estas, constando tais elementos dos ficheiros anexos referidos na alínea *a*) do nº 1 do artigo anterior, a secretaria procede à notificação da parte para preencher, no prazo de 10 dias, o respetivo formulário, sob pena de se considerar apenas o conteúdo do formulário inicial.

5. Existindo um formulário específico para a finalidade ou peça processual que se pretende apresentar, deve o mesmo ser usado obrigatoriamente pelo mandatário.

Artigo 8º[1] – Formato dos ficheiros e documentos anexos

Os ficheiros e documentos referidos no nº 1 do artigo 6º devem ter os seguintes formatos:

a) Portable document format (.pdf), preferencialmente na versão PDF/A e com conteúdo pesquisável, quando se trate de documento escrito;

b) Moving Pictures Expert Group 4 Part 14 (MP4) com codificação vídeo H.264 AVC e codificação áudio MPEG-2 Audio Layer III (MP3) ou Advanced Audio Coding (AAC), quando se trate de documento vídeo;

c) Portable Network Graphics (PNG) ou Joint Photographic Experts Group (JPEG), quando o documento seja exclusivamente uma imagem;

d) MPEG-2 Audio Layer III (MP3) ou Ogg Encapsulation Format Version 0 (OGG) com codificação áudio Vorbis I, quando se trate de documento áudio.

Artigo 9º[2] – Pagamento de taxa de justiça e benefício do apoio judiciário

1. O responsável pelo prévio pagamento da taxa de justiça ou de outra quantia devida a título de custas, de multa ou outra penalidade deve indicar, em campo próprio dos formulários de apresentação de peça processual constantes do sistema informático

[1] Redação da Portaria 267/2018, de 20 de setembro.
[2] Redação da Portaria 170/2017, de 25 de maio.

de suporte à atividade dos tribunais, a referência que consta do documento único de cobrança (DUC), encontrando-se dispensado de juntar ao processo o respetivo documento comprovativo do pagamento.

2. Nos casos referidos no número anterior, a comprovação do prévio pagamento é efetuada automaticamente por comunicação entre o Sistema de Cobranças do Estado, o sistema informático de registo das custas processuais e o sistema informático de suporte à atividade dos tribunais.

3. Nos casos em que cabe à secretaria notificar o responsável para o pagamento da taxa de justiça ou de outra quantia devida a título de custas, de multa ou outra penalidade, e seja emitida guia acompanhada de DUC para esse efeito, a comprovação do pagamento efetua-se automaticamente por simples comunicação eletrónica entre os sistemas referidos no número anterior, estando o responsável pelo pagamento dispensado de indicar, nos termos do nº 1, a referência que consta do DUC.

4. Nos casos em que a lei exija a junção de documento comprovativo do pagamento das quantias a que se refere o nº 1, o mesmo é apresentado por transmissão eletrónica de dados, nos termos da alínea *b*) do nº 1 do artigo 6º

5. O pedido ou a concessão do benefício do apoio judiciário são comprovados através da apresentação, por transmissão eletrónica de dados, dos correspondentes documentos comprovativos, nos termos definidos para os restantes documentos na alínea *b*) do nº 1 do artigo 6º.

Artigo 10º[1-2] – Dimensão da peça processual

1. A peça processual, ou o conjunto da peça processual e dos documentos, não pode exceder a dimensão de 10 MB.

2. Nos casos em que o limite previsto no número anterior seja excedido em virtude da dimensão da peça processual, a sua apresentação, bem como dos documentos que a acompanhem, deve ser efetuada através dos meios previstos no nº 7 do artigo 144º do Código de Processo Civil.

3. Nos casos em que o limite previsto no nº 1 seja excedido em virtude da dimensão dos documentos, a peça processual deve ser apresentada através do sistema informático de suporte à atividade dos tribunais, devendo os documentos, no mesmo dia, ser apresentados pela mesma via, através de um único requerimento ou, quando tal não seja possível por desrespeitar o limite previsto no nº 1, através do menor número possível de requerimentos.

4. Quando a peça em causa seja uma petição inicial ou outro ato processual sujeito a distribuição, a apresentação dos documentos prevista no número anterior deve ser efetuada até ao final do dia seguinte ao da distribuição.

5. Os documentos previstos nos nºs 3 e 4 que, por si só, desrespeitem o limite previsto no nº 1 devem ser apresentados pelos meios previstos no nº 7 do artigo 144º do Código de Processo Civil, no prazo de cinco dias após a entrega da peça processual,

[1] Redação da Portaria 170/2017, de 25 de maio.

[2] Os nºs 7, 8 e 9 foram aditados pela Portaria 267/2018, de 20 de setembro.

juntamente com o respetivo comprovativo de entrega disponibilizado pelo sistema informático de suporte à atividade dos tribunais.

6. Nas situações previstas nos nºs 2 e 5, não devem ser apresentados os duplicados ou cópias da peça processual ou dos documentos.

7. Os documentos nos formatos previstos nas alíneas *b*) e *d*) do artigo 8º não são tidos em consideração para efeitos do disposto no nº 1, podendo o conjunto desses documentos ter, por peça processual, uma dimensão que não exceda os 100 MB.

8. Nos casos em que o limite previsto no número anterior seja ultrapassado devem os documentos ser divididos no menor número possível de requerimentos que respeitem esse limite.

9. Nos casos em que um único documento por si só exceda o limite previsto no nº 7, deve o mesmo:

a) Caso a sua dimensão não exceda 1 GB, ser entregue ao tribunal através de suporte eletrónico de dados com interface de acesso USB 2.0 ou 3.0 do tipo A e com sistema de ficheiros formatado em FAT32;

b) Caso a sua dimensão exceda 1 GB, ser dividido no menor número de ficheiros que respeitem esse limite, que devem ser entregues ao tribunal através de suporte eletrónico de dados com interface de acesso USB 2.0 ou 3.0 do tipo A e com sistema de ficheiros formatado em FAT32.

Artigo 11º – Designação de agente de execução

1. Quando, nos formulários, o autor designe agente de execução para efetuar a citação, este é notificado da designação, por via eletrónica, através do sistema informático de suporte à atividade dos agentes de execução.

2. O agente de execução tem cinco dias após a notificação para declarar que não aceita a designação, nos termos do nº 8 do artigo 552º do Código de Processo Civil.

3. A não aceitação da designação pelo agente de execução é efetuada no sistema informático de suporte à atividade dos agentes de execução e imediatamente notificada ao autor, que é igualmente notificado para, em 10 dias, indicar outro agente de execução, sob pena de a citação ser efetuada nos termos gerais.

Artigo 12º – Apresentação de peças processuais por mais de um mandatário

1. Nos casos em que a peça processual deva ser assinada por mais do que um mandatário, deve seguir-se o seguinte procedimento:

a) Um dos mandatários procede à entrega da peça processual, assinando-a digitalmente através do sistema informático de suporte à atividade dos tribunais (http://citius.tribunaisnet.mj.pt) e indicando, no formulário, os mandatários que igualmente a devem assinar;

b) No prazo máximo de dois dias após a distribuição do processo, no caso de requerimento, petição inicial ou petição inicial conjunta, ou após a receção da peça processual enviada, nos demais casos, os mandatários indicados no formulário enviam, através do sistema informático de suporte à atividade dos tribunais, uma declaração eletrónica de adesão à peça, assinada digitalmente.

2. A apresentação de peça processual por mais de um mandatário através do sistema informático de suporte à atividade dos tribunais está dependente do registo prévio de todos os mandatários que apresentam a peça, nos termos do nº 2 do artigo 5º.

3. Nos casos de não adesão por parte dos mandatários indicados no formulário no prazo fixado na alínea *b*) do nº 1, considera-se que a peça processual não foi apresentada e anula-se a respetiva distribuição nos casos de requerimento, petição inicial ou petição inicial conjunta.

Artigo 12º-A[1] – Digitalização pela secretaria e consulta de documentos em suporte físico

1. Sem prejuízo do disposto nos números seguintes, a apresentação de peças processuais e documentos em suporte físico implica a sua digitalização pela secretaria do tribunal.

2. Podem não ser digitalizados pela secretaria, sendo arquivados e conservados nos termos da lei, os documentos:

a) Cujo suporte físico não seja em papel ou cujo papel tenha uma espessura superior a 127 g/m2 ou inferior a 50 g/m2;

b) Em formatos superiores a A4;

c) Que possam ser danificados pelo processo de digitalização, atendendo, designadamente, ao seu estado de conservação.

3. Os documentos que não se encontrem em suporte informático são consultados na secretaria do tribunal onde é tramitado o respetivo processo, nos termos da lei.

Artigo 13º – Requisitos da transmissão eletrónica de dados

O sistema informático de suporte à atividade dos tribunais assegura:

a) A certificação da data e hora de expedição;

b) A disponibilização ao utilizador de cópia da peça processual e dos documentos enviados com a aposição da data e hora de entrega certificada;

c) A disponibilização ao utilizador de mensagem nos casos em que não seja possível a receção, informando da impossibilidade de entrega da peça processual e dos documentos através do sistema informático.

Artigo 14º – Ficheiro informático a solicitação do juiz

Quando, nos casos previstos no nº 8 do artigo 144º do Código de Processo Civil, o juiz solicite, ao abrigo do disposto no nº 5 do artigo 148º do Código de Processo Civil, ficheiro informático contendo as peças apresentadas em suporte de papel, este deve ser enviado através do sistema informático de suporte à atividade dos tribunais.

Artigo 15º[2] – Recursos

1. Sem prejuízo do disposto no número seguinte, em caso de recurso o processo é remetido eletronicamente através do sistema informático de suporte à atividade dos

[1] Aditado pela Portaria 267/2018, de 20 de setembro.
[2] Redação da Portaria 267/2018, de 20 de setembro.

tribunais ao tribunal superior, sendo apenas remetido em suporte de papel o suporte físico do processo constituído nos termos do artigo 28º

2. Nos recursos com subida em separado:

a) As partes devem indicar, em complemento do disposto no nº 1 do artigo 646º do Código de Processo Civil, as peças ou documentos dos quais, por não constarem em formato eletrónico no processo e constarem apenas do suporte físico do mesmo, pretendam certidão para instruir o recurso;

b) O recurso é remetido eletronicamente, através do sistema informático de suporte à atividade dos tribunais, ao tribunal superior, podendo este consultar por via eletrónica o processo e respetivos apensos que correm no tribunal recorrido.

3. Quando haja lugar a reclamação contra o indeferimento do recurso, esta é remetida eletronicamente, através do sistema informático de suporte à atividade dos tribunais, ao tribunal superior.

4. *[Revogado.]*

Artigo 15º-A[1] – Prática de atos perante administradores judiciais

Quando a lei não imponha forma diversa, os atos processuais escritos dos mandatários praticados perante os administradores judiciais no âmbito dos processos regulados pelo Código da Insolvência e da Recuperação de Empresas, aprovado em anexo ao Decreto-Lei nº 53/2004, de 18 de março, são praticados por transmissão eletrónica de dados através do sistema informático de suporte à atividade dos tribunais, aplicando-se com as necessárias adaptações o disposto na presente portaria quanto à prática de atos perante o tribunal.

Artigo 15º-B[1] – Requisitos técnicos para acesso e prática de atos

1. Os requisitos técnicos para acesso, consulta e prática eletrónica de atos processuais através do sistema informático de suporte à atividade dos tribunais ou da Área de Serviços Digitais dos Tribunais, por mandatários, pelas partes ou por quem revele interesse atendível na consulta, são fixados por despacho do membro do Governo responsável pela área de sistemas de informação da Justiça, o qual determina, nomeadamente:

a) Os sistemas operativos suportados e respetivas versões;

b) Os navegadores de acesso suportados e respetivas versões;

c) O sistema de assinatura eletrónica de peças processuais.

2. O suporte técnico a incidentes relacionados com a utilização do sistema de suporte à atividade dos tribunais por mandatários e administradores judiciais apenas pode ser dado às incidências ocorridas com recurso à utilização das versões dos sistemas operativos e navegadores estabelecidos nos termos do número anterior e que sejam também contemporaneamente suportados pelo respetivo fabricante.

[1] Aditado pela Portaria 267/2018, de 20 de setembro.

CAPÍTULO III - Distribuição

Artigo 16º - Distribuição por meios eletrónicos

1. A distribuição de todos os atos processuais é efetuada diariamente e de forma automática através do sistema informático.

2. O sistema informático assegura a distribuição automática duas vezes por dia, às 9 e às 16 horas.

3. A distribuição automática através do sistema informático não obsta a que se proceda a uma classificação manual prévia dos processos quando tal classificação não seja efetuada de forma automática.

Artigo 17º[1] - Tramitação da recusa de atos processuais eletrónicos

1. Tendo sido efetuada a distribuição automática e eletrónica ou tendo sido os atos processuais praticados e apresentados eletronicamente, deve a secção de processos verificar a ocorrência dos fundamentos de recusa previstos nas alíneas *f*) e *h*) do artigo 558º do Código de Processo Civil.

2. Havendo fundamento para a recusa deve a secção de processos efetuar a notificação da mesma por via eletrónica.

3. Sem prejuízo do benefício concedido ao autor nos termos do artigo 560º do Código do Processo Civil, decorrido que seja o prazo para reclamação da recusa, ou, havendo reclamação, após o trânsito em julgado da decisão que confirme o não recebimento, considera-se a peça recusada, dando-se a respetiva baixa na distribuição.

4. (*Revogado.*)

Artigo 18º[2] - Publicação

A publicação dos resultados da distribuição diária por meio de pauta é efetuada às 17 horas na Área de Serviços Digitais dos Tribunais, acessível no endereço eletrónico https://tribunais.org.pt.

CAPÍTULO IV - Atos processuais de magistrados e funcionários judiciais

Artigo 19º[2] - Atos processuais de magistrados

1. Os atos processuais de magistrados judiciais e de magistrados do Ministério Público são praticados no sistema informático de suporte à atividade dos tribunais, com aposição de assinatura eletrónica qualificada ou avançada.

2. A assinatura eletrónica efetuada nos termos do número anterior substitui e dispensa para todos os efeitos a assinatura autógrafa em suporte de papel dos atos processuais.

[1] Redação da Portaria 170/2017, de 25 de maio.
[2] Redação da Portaria 267/2018, de 20 de setembro.

3. O disposto no nº 1 não é obrigatório para os atos praticados por juízes conselheiros nos processos no Supremo Tribunal de Justiça.

4. Quando, nos termos do número anterior, o ato não seja praticado no sistema informático de suporte à atividade dos tribunais, compete à secretaria proceder à sua digitalização e inserção no referido sistema.

Artigo 20º – Requisito adicional de segurança

Para os efeitos previstos no artigo anterior, apenas podem ser utilizados os seguintes meios de assinatura eletrónica:

a) Certificados de assinatura eletrónica qualificada emitidos no âmbito do Sistema de Certificação Eletrónica do Estado;

b) Certificados de assinatura eletrónica avançada especialmente emitidos para o efeito pelo Instituto de Gestão Financeira e Equipamentos da Justiça, I. P..

Artigo 21º – Atos dos funcionários

1. As notificações ou comunicações eletrónicas, as comunicações internas ou as remessas do processo para o juiz, Ministério Público ou outra secretaria ou secção do mesmo tribunal realizadas pelos funcionários de justiça são praticadas através do sistema informático de suporte à atividade dos tribunais.

2. Os atos referidos no número anterior não carecem de qualquer tipo de assinatura para serem válidos nem devem ser impressos, valendo apenas, para todos os efeitos legais, a sua versão eletrónica.

Artigo 22º – Consulta de informação por via eletrónica

1. Quando, no âmbito do processo, seja necessário consultar informação disponível eletronicamente da titularidade de serviços da Administração Pública, essa consulta deve ser efetuada diretamente pelo tribunal por meios eletrónicos sempre que as condições técnicas o permitam.

2. A informação consultada nos termos do número anterior tem valor idêntico a uma certidão emitida pelo serviço competente, nos termos da lei.

Artigo 23º – Assinatura dos autos e termos pelas partes, seus representantes ou testemunhas

Quando não for possível apor a assinatura eletrónica aos autos e termos que, de acordo com os nºs 1 e 2 do artigo 160º do Código de Processo Civil, devem ser assinados pelas partes, seus representantes ou testemunhas, estes são impressos e é-lhes aposta assinatura autógrafa, devendo a secretaria arquivar e conservar os originais no processo correspondente.

CAPÍTULO V - Citação edital e notificações

Artigo 24º[1] - Citação edital

O anúncio relativo à citação edital previsto no artigo 240º do Código de Processo Civil é publicado na Área de Serviços Digitais dos Tribunais, acessível no endereço eletrónico https://tribunais.org.pt.

Artigo 25º[1] - Notificações eletrónicas

1. As notificações por transmissão eletrónica de dados são realizadas através do sistema informático de suporte à atividade dos tribunais, que assegura automaticamente a sua disponibilização e consulta no endereço eletrónico http://citius.tribunaisnet.mj.pt.

2. Quando o ato processual a notificar contenha documentos que apenas existam no processo em suporte físico, deve ser enviada cópia dos mesmos ao mandatário, por carta registada dirigida ao seu escritório ou domicílio escolhido, podendo igualmente ser notificado pessoalmente pelo funcionário quando se encontre no edifício do tribunal.

3. O disposto no presente artigo e no artigo seguinte aplica-se às notificações enviadas pelo ou para o Ministério Público.

Artigo 26º - Notificações eletrónicas entre mandatários

1. O sistema informático de suporte à atividade dos tribunais assegura, mediante indicação do mandatário notificante, a notificação por transmissão eletrónica de dados automaticamente após a apresentação de qualquer peça processual ou documentos através do sistema informático de suporte à atividade dos tribunais.

2. Sem prejuízo do disposto nos números seguintes, o mandatário notificante fica dispensado do envio de qualquer cópia ou duplicado à contraparte da peça processual ou documento entregue através do sistema informático de suporte à atividade dos tribunais e de juntar aos autos documento comprovativo da data de notificação à contraparte.

3. Quando o ato processual a notificar contenha documentos entregues em suporte físico, nos termos do disposto no nº 5 do artigo 6º ou do nº 4 do artigo 10º, deve ser disponibilizada cópia dos mesmos à contraparte, no prazo máximo de cinco dias, por um dos meios previstos no nº 7 do artigo 144º do Código de Processo Civil, aplicável com as necessárias adaptações.

4. A declaração feita pelo mandatário, nos formulários, da data em que procedeu ou vai proceder ao envio dos documentos referidos no número anterior dispensa o envio de documento comprovativo desse envio, sem prejuízo de o juiz poder determinar a sua apresentação, caso a data declarada seja contestada ou exista outro motivo que o justifique.

5. Nos casos em que o mandatário declare, nos formulários, que vai proceder ao envio da notificação à contraparte, esse envio deve ser feito no prazo máximo de um dia útil.

[1] Redação da Portaria 267/2018, de 20 de setembro.

CAPÍTULO VI – Consulta eletrónica de processos

Artigo 27º[1-2] – Consulta de processos por advogados e solicitadores

1. A consulta de processos por parte de advogados e solicitadores é efetuada:

a) Relativamente à informação processual, incluindo as peças e os documentos, existentes em suporte eletrónico, através do sistema informático de suporte à atividade dos tribunais, com base no número identificador do processo; ou

b) Junto da secretaria.

2. O acesso ao sistema informático de suporte à atividade dos tribunais para efeitos de consulta de processos requer o prévio registo dos advogados e solicitadores, nos termos do nº 2 do artigo 5º

3. À consulta eletrónica de processos aplicam-se as restrições de acesso e consulta legalmente previstas.

4. A consulta por advogados e solicitadores de processos nos quais não exerçam o mandato judicial é solicitada à secretaria, que disponibiliza o processo por um período de 10 dias para consulta na área reservada do mandatário no sistema informático de suporte à atividade dos tribunais.

Artigo 27º-A – Consulta de processos pelas partes e por quem revele interesse atendível

1. A consulta pelas partes dos processos nos tribunais judiciais efetua-se na Área de Serviços Digitais dos Tribunais, acessível no endereço eletrónico https://tribunais.org.pt, mediante autenticação prévia com recurso ao certificado digital de autenticação integrado no cartão do cidadão ou à chave móvel digital, podendo ser utilizado para o efeito o Sistema de Certificação de Atributos Profissionais associado a estes, e processa-se de acordo com os procedimentos e instruções constantes daquele endereço eletrónico.

2. O acesso à área reservada do endereço eletrónico referido no número anterior pode ser efetuado também, em computadores existentes para o efeito nos tribunais, através de código de acesso, válido por 4 horas, emitido por qualquer secretaria de um tribunal judicial ou administrativo e fiscal, após confirmação presencial da identidade do requerente e, quando aplicável, dos seus poderes de representação.

3. Não se encontram disponíveis para consulta por via eletrónica os processos executivos que, devendo ter agente de execução designado que não seja oficial de justiça, não tenham agente de execução distribuído ou este se encontre impedido, temporária ou definitivamente, de os tramitar.

4. No âmbito da consulta de processos executivos com agente de execução designado que não seja oficial de justiça, o agente de execução pode disponibilizar informações complementares sobre o estado do processo.

[1] Redação da Portaria 170/2017, de 25 de maio.
[1] Redação da Portaria 267/2018, de 20 de setembro.

5. A consulta de processo por quem nisso revele interesse atendível efetua-se nos termos previstos nos nºs 1 e 2, sendo o processo disponibilizado na área reservada do referido endereço eletrónico apenas após apreciação do tribunal ou da secretaria, consoante os casos, e pelo período de 10 dias.

6. Aplica-se à consulta eletrónica de processos nos termos do presente artigo o disposto no nº 3 do artigo anterior.

CAPÍTULO VII - Organização do processo

Artigo 28º[1] - Peças processuais e documentos em suporte físico

1. Do suporte físico do processo apenas devem constar as peças, os autos e os termos processuais que, sendo relevantes para a decisão material da causa, sejam indicados pelo juiz, em despacho fundamentado em cada processo, considerando-se como não sendo relevantes, designadamente:

a) Requerimentos para alteração da marcação de audiência de julgamento;

b) Despachos de expediente e respetivos atos de cumprimento, que visem atos de mera gestão processual e respostas obtidas, tais como:

i) Despachos que ordenem a citação ou notificação das partes;

ii) Despachos de marcação de audiência de julgamento;

iii) Despachos de remessa de um processo ao Ministério Público;

iv) Despachos de realização de diligências entre serviços, nomeadamente órgãos de polícia criminal, conservatórias de registos, Instituto Nacional de Medicina Legal e Ciências Forenses, I. P., Direção-Geral de Reinserção e Serviços Prisionais e Direção-Geral da Segurança Social;

v) Vistos em fiscalização e em correição;

c) Aceitação da designação do agente de execução para efetuar a citação;

d) Comunicações internas;

e) Certidões negativas resultantes da consulta às bases de dados de serviços da Administração Pública através de meios eletrónicos;

f) Atos próprios, comunicações ou notificações do agente de execução.

2. (*Revogado.*)

CAPÍTULO VIII - Comunicações entre tribunais e entre tribunais e agentes de execução

Artigo 29º - Certidões

1. A passagem de certidões de termos e atos prevista no nº 1 do artigo 170º do Código de Processo Civil, quando tenha por fim a junção das mesmas a processo judi-

[1] Redação da Portaria 170/2017, de 25 de maio. Tomou-se em linha de conta a Declaração de Rectificação nº 16/2017, DR, 1ª Série, nº 109, de 6/06.

cial pendente, é efetuada eletronicamente, devendo a secretaria enviar a certidão para o tribunal onde o referido processo foi distribuído.

2. O envio da certidão é efetuado, sempre que possível, através do sistema informático, com a indicação do processo a que se destina e de quem requereu a certidão.

Artigo 30º – Comunicação de atos entre serviços judiciais

1. A transmissão de quaisquer mensagens entre serviços judiciais e a expedição ou devolução de cartas precatórias deve ser efetuada, sempre que possível, através do sistema informático, sem prejuízo do disposto no nº 5 do artigo 172º do Código de Processo Civil quanto aos atos urgentes.

2. Nos casos previstos no artigo 175º do Código de Processo Civil, não sendo possível o exame do autógrafo, planta, desenho ou gráfico em virtude do seu envio digital ou através de reprodução fotográfica digital, este é remetido com a carta por via postal registada.

Artigo 31º – Comunicação entre os tribunais e os agentes de execução

1. As comunicações entre os tribunais e os agentes de execução, incluindo notificações, envio de documentos ou qualquer outra mensagem do tribunal dirigida ao agente de execução ou do agente de execução dirigida ao processo, à secretaria ou destinada ao juiz ou ao magistrado do Ministério Público, são efetuadas através do sistema informático de suporte à atividade dos tribunais e do sistema informático de suporte à atividade dos agentes de execução, respetivamente.

2. A utilização dos sistemas informáticos referidos no número anterior deve garantir o registo das comunicações efetuadas, com identificação do respetivo emissor e destinatário, data de transmissão e número de processo a que a transmissão se refere.

3. Os documentos apresentados pelo agente de execução nos termos do nº 1 têm a força probatória dos originais, nos termos definidos para as certidões, sem prejuízo de o juiz poder determinar a apresentação dos originais, nos termos da lei.

CAPÍTULO IX – Disposições específicas aplicáveis aos processos da competência dos tribunais e juízos de execução de penas

Artigo 32º – Disposições aplicáveis

Aos processos da competência dos tribunais ou juízos de execução das penas são aplicáveis as disposições da presente portaria, com as especificidades previstas no presente capítulo.

Artigo 33º – Processo único de recluso

1. Quando for recebida no tribunal de execução das penas comunicação de aplicação de pena ou medida privativa da liberdade, nos termos do artigo 35º, é distribuído e autuado o processo único de recluso, se ainda não existir.

2. Os demais processos e incidentes relativos ao mesmo recluso são apensados aos autos referidos no número anterior.

3. Os autos referidos no nº 1 são reabertos sempre que o tribunal o entender conveniente ou quando dê entrada expediente a que não deva corresponder forma de processo ou incidente autónomo.

Artigo 34º – Publicação dos resultados da distribuição

O disposto no artigo 18º não é aplicável aos processos da competência dos tribunais ou juízos de execução das penas.

Artigo 35º – Comunicação da sentença e da aplicação de medida de coação

1. As comunicações previstas no artigo 477º do Código de Processo Penal são realizadas pela secretaria judicial, a requerimento do Ministério Público, por transmissão eletrónica de dados, nos termos dos números seguintes.

2. São transmitidos os seguintes dados:

a) Número do processo;

b) Identificação do condenado;

c) Crime ou crimes pelos quais houve condenação, identificados pelas designações dos tipos legais e pelas disposições legais onde estão previstos;

d) Pena ou penas aplicadas na sentença;

e) Datas calculadas e homologadas nos termos dos nºs 2, 3 e 4 do artigo 477º do Código de Processo Penal.

3. Quando for aplicada ao arguido prisão preventiva ou internamento preventivo são transmitidos ao tribunal de execução das penas e aos serviços prisionais os seguintes dados:

a) Número do processo;

b) Identificação do arguido;

c) Crime ou crimes imputados, identificados pelas designações dos tipos legais e pelas disposições legais onde estão previstos;

d) Medida de coação aplicada.

4. Sempre que necessário, os dados referidos nos nºs 2 e 3 são preenchidos previamente pelo oficial de justiça.

5. À comunicação são anexados os ficheiros contendo a sentença e o cômputo da pena homologado ou o despacho de aplicação da medida de coação, respetivamente.

6. Quando não seja possível o envio dos documentos referidos no número anterior por via eletrónica ou quando estes estejam sujeitos a segredo de justiça, o envio é feito em suporte físico, sem prejuízo do disposto nos nºs 1 a 4.

CAPÍTULO X – Disposições finais e transitórias

Artigo 36º – Envio do processo ao juiz de círculo

Quando haja lugar à prática de atos pelo juiz de círculo, o processo é remetido eletronicamente através do sistema informático de suporte à atividade dos tribunais, só podendo ser enviados em suporte de papel os documentos relevantes para a decisão material da causa constantes do processo em suporte físico, nos termos do artigo 28º, desde que o juiz o determine.

Artigo 37º – Norma revogatória

São revogadas as Portarias nºs 114/2008, de 6 de fevereiro, e 1097/2006, de 13 de outubro.

Artigo 38º – Entrada de vigor

A presente portaria entra em vigor a 1 de setembro de 2013.

Portaria nº 170/2017, de 25 de maio

O XXI Governo Constitucional tem vindo a implementar um alargado conjunto de medidas que permitem tornar a Justiça mais ágil e transparente.

Optando-se por limitar as intervenções legislativas para a resolução de problemas concretos do sistema judiciário, o Ministério da Justiça tem focado a sua atuação na efetiva concretização de um plano de ação que através do recurso a novas soluções de organização e gestão processual associadas a um vasto conjunto de novas soluções tecnológicas permitam melhorar, de forma estruturada e substancial, a resposta judiciária.

Resultado desta linha de ação, os dados estatísticos referentes ao ano de 2016 registaram uma redução de 13,3% dos processos pendentes nos tribunais judiciais de 1ª instância e um saldo processual favorável com menos 174.658 processos.

Importa agora não só consolidar as opções que têm vindo a ser implementadas como também desenvolver e implementar novas medidas que permitam exponenciar os resultados já alcançados. Conforme resulta do recente relatório da Comissão Europeia "EU Justice Scoreboard 2017", de 10 de abril de 2017, "no que respeita à acessibilidade da Justiça para os cidadãos e as empresas, Portugal é um dos países com menor acessibilidade de informação destinada a cidadãos e empresas". Tendo em consideração esse défice e com o propósito de aproximar a Justiça dos cidadãos, prevê-se com a presente portaria uma medida que pela sua importância o Governo inscreveu no seu Programa do Governo, no Plano de Ação Justiça + Próxima e no Programa Simplex: a possibilidade, de forma inovadora no âmbito do sistema judiciário, de as partes procederem ao exame e consulta de processos executivos por via eletrónica.

Com esta nova funcionalidade, e à semelhança do que já sucede com os advogados e com os solicitadores, as partes passam a poder ter acesso, dentro dos limites legalmente estabelecidos em matéria de publicidade do processo, aos seus processos executivos através de página informática de acesso público do Ministério da Justiça.

A opção por disponibilizar para consulta eletrónica, nesta fase, apenas os processos executivos tem em consideração não só o grau de informatização e desmaterialização atingido no âmbito da ação executiva, mas também o concreto figurino desta ação, o seu impacto ao nível do número de processos pendentes nos tribunais e a relevância da matéria em causa, quer para o cidadão abrangido quer para o funcionamento da economia.

Deste modo, passa a ser possível aos exequentes e aos executados, por via eletrónica e sem necessidade de se deslocarem às secretarias dos tribunais ou aos escritórios dos agentes de execução, consultar os seus processos executivos que sejam tramitados por agente de execução (que não seja oficial de justiça).

Assegura-se deste modo uma maior acessibilidade a cerca de 700 mil processos executivos e confere-se a estes uma maior transparência. A disponibilização da consulta desses processos será efetuada de modo gradual, entre maio de 2017 e março de 2018, de modo a garantir o respeito pelas normas de publicidade do processo e permitir que os agentes de execução confirmem, processo a processo, a sua conformidade com essas normas.

A possibilidade de o cidadão poder consultar um processo judicial (neste caso executivo) a partir de sua casa, por exemplo, é, sem dúvida, um momento de relevo para o sistema judicial português e, em particular para o projeto de desmaterialização dos processos judiciais em curso no Ministério da Justiça há vários anos. Trata-se de mais um passo num projeto que não se concretiza num único momento, que resulta de várias ações concertadas, que envolve o esforço de disponibilização de novos e sucessivos desenvolvimentos das aplicações informáticas que o suportam e que depende, para o seu sucesso, de formação inicial e permanente dos seus utilizadores.

A presente portaria prevê, no entanto, outro passo importante para o projeto de desmaterialização dos processos judiciais, ao determinar a aplicação do regime de tramitação eletrónica previsto na Portaria nº 280/2013, de 26 de agosto, aos processos judiciais que até agora não se encontravam abrangidos pelo mesmo, designadamente aos processos penais (a partir da fase de julgamento), aos processos de contraordenação (apenas a partir do momento em que os autos são presentes ao juiz) e aos processos de promoção e proteção de crianças e jovens em perigo (a partir da receção do requerimento para abertura da fase jurisdicional).

Após praticamente uma década de utilização do sistema informático de suporte à atividade dos tribunais (Citius), em resultado das medidas de reforço do sistema implementadas pelo Ministério da Justiça e mostrando-se totalmente ultrapassados os problemas que afetaram esse sistema anteriormente, encontram-se reunidas as condições para a sua utilização em todas as áreas da responsabilidade dos tribunais judiciais, mesmo àquelas que se revestem de maior sensibilidade. Assim, e a partir de 1 de julho, será possível aos mandatários, por exemplo, remeterem as suas peças processuais através do sistema informático Citius, permitindo-se também por essa via efetuar as notificações entre mandatários, com as respetivas vantagens associadas.

Estando em causa a aplicação subsidiária do que, nessa matéria, estabelece o Código de Processo Civil, a tramitação eletrónica dos referidos processos abrange apenas a prática dos atos em relação aos quais as correspondentes leis de processo não estabelecem disciplina própria e em que, além disso, a aplicação subsidiária da lei processual civil se harmonize com a natureza desses processos.

Deste modo, por exemplo, e enquanto não for alterado o Código de Processo Penal nesse sentido, não será ainda possível aos tribunais notificarem eletronicamente os advogados ou defensores nomeados em processo penal.

A aplicação, em toda a sua plenitude, do regime de tramitação eletrónica às áreas processuais até agora não abrangidas pelo mesmo contribuirá de modo significativo não só para simplificar a atuação de todos os intervenientes processuais, mas também para libertar os funcionários judiciais de atos processuais que são eliminados (como os relacionados com o envio de notificações a mandatários ou o tratamento de peças processuais entradas em suporte físico) ou passam a ser assegurados pelo sistema, permitindo que se concentrem em atos mais relevantes para o processo. Reduzem-se custos e burocracias, aumenta-se a capacidade de gestão processual e introduz-se maior celeridade e transparência na tramitação dos processos.

A presente portaria procura igualmente agilizar e simplificar um conjunto de procedimentos efetuados através do sistema informático Citius.

Desde logo, determina-se que, exceto nos casos expressamente previstos na lei, as partes deixam de ter que remeter por via eletrónica o comprovativo de pagamento de taxas de justiças e de outras custas judiciais. A partir de 15 de setembro de 2017, bastará aos mandatários indicarem o número do Documento Único de Cobrança (DUC) através do qual efetuaram o prévio pagamento da taxa de justiça, sendo a comprovação do pagamento desse DUC efetuada através de comunicação automática entre o sistema informático da entidade responsável pela receção dos pagamentos, o sistema informático de registo das custas processuais e o sistema informático de suporte à atividade dos tribunais. Nos casos em que o DUC seja emitido pela secretaria judicial e remetido ao interessado para pagamento, nem sequer a necessidade de comunicar o respetivo número existe, naturalmente, bastando ao interessado efetuar o pagamento para que o tribunal tenha disso conhecimento. Simplifica-se assim a interação das partes e, sobretudo, dos mandatários, com os tribunais, dispensando-os de apresentar anualmente mais de 800 mil documentos comprovativos do pagamento das custas judiciais.

Os desenvolvimentos efetuados no sistema Citius associados a esta medida permitirão ainda libertar os funcionários judiciais do registo e associação desses DUC aos respetivos processos, atividade que representa cerca de 30 mil horas de trabalho anualmente.

Outras vias de simplificação de procedimento dirigidas, em particular, aos mandatários, consistem no registo automático dos mandatários para acesso ao sistema Citius, com base na informação transmitida quer pela Ordem dos Advogados quer pela Ordem dos Solicitadores e dos Agentes de Execução, dispensando-se assim os mandatários de terem que efetuar esse registo junto do Ministério da Justiça, bem como no aumento do limite da dimensão da peça processual (passando para 10 MB), medidas há muito tempo solicitadas pelos mandatários.

Por fim, e considerando não só as alterações ora introduzidas mas, sobretudo, os progressos efetuados ao longo da última década no âmbito da tramitação eletrónica de processos judiciais, que determinaram que os processos judiciais sejam hoje, na sua essência, processos eletrónicos, altera-se a filosofia subjacente ao suporte físico do processo: se até agora competia ao juiz determinar que peças, autos e termos não deviam constar do processo físico, agora prevê-se que o juiz deve determinar expressamente, em função da sua relevância para a decisão material da causa, quais os atos, peças, autos e termos do processo que devem ser materializados tendo em vista a sua inserção no suporte físico do processo.

Foram ouvidos o Conselho Superior da Magistratura, o Conselho Superior do Ministério Público, a Ordem dos Advogados e a Ordem dos Solicitadores e dos Agentes de Execução.

Foi promovida a audição da Comissão Nacional de Proteção de Dados.

Assim:

Ao abrigo do disposto no nº 2 do artigo 140º da Lei nº 62/2013, de 26 de agosto, no nº 1 do artigo 132º, no nº 4 do artigo 145º, no nº 3 do artigo 163º, no nº 4 do artigo 552º e no nº 1 do artigo 570º do Código de Processo Civil, aprovado pela Lei nº 41/2013, de 26 de junho, na alínea *a*) do nº 1 e no nº 2 do artigo 14º e nos nºs 2 e 8 do artigo 32º do Regulamento das Custas Processuais, aprovado pelo Decreto-Lei nº 34/2008, de 26 de fevereiro, e nº 2 do artigo 17º da Lei nº 46/2011, de 24 de junho, manda o Governo, pela Secretária de Estado da Justiça, o seguinte:

Artigo 1º – Objeto

A presente portaria procede à primeira alteração à Portaria nº 280/2013, de 26 de agosto, que regula vários aspetos da tramitação eletrónica dos processos judiciais.

Artigo 2º[1] – Alteração à Portaria nº 280/2013, de 26 de agosto[1]

Os artigos 1º, 4º, 5º, 8º, 9º, 10º, 17º, 27º e 28º da Portaria nº 280/2013, de 26 de agosto, passam a ter a seguinte redação:

Artigo 3º[1] – Aditamento à Portaria nº 280/2013, de 26 de agosto[2]

É aditado à Portaria nº 280/2013, de 26 de agosto, passando a fazer parte do seu capítulo VI, o artigo 27º-A, com a seguinte redação:

Artigo 4º – Aplicação no tempo

1. O disposto no artigo 1º da Portaria nº 280/2013, de 29 de agosto, na redação dada pela presente portaria, e a revogação do artigo 2º da mesma portaria previsto no artigo seguinte aplicam-se a partir do dia 1 de julho de 2017.

2. O disposto no artigo 5º da Portaria nº 280/2013, de 29 de agosto, na redação dada pela presente portaria, aplica-se a partir de 1 de setembro de 2017.

3. O disposto no artigo 9º da Portaria nº 280/2013, de 29 de agosto, na redação dada pela presente portaria, aplica-se a partir de 18 de setembro de 2017.

4. A consulta de processos a que se refere o artigo 27º-A da Portaria nº 280/2013, de 29 de agosto, aditado pela presente portaria, é efetuada:

[1] Alterações introduzidas no local próprio.

a) A partir do dia 29 de maio de 2017 relativamente aos processos executivos instaurados desde o dia 1 de setembro de 2013 que se encontrem pendentes ou que estejam findos há menos de seis meses e não se encontrem ainda arquivados;

b) A partir de 1 de setembro de 2017, relativamente aos processos executivos instaurados desde o dia 13 de maio de 2012 até ao dia 31 de agosto de 2013 que se encontrem pendentes ou que estejam findos há menos de seis meses e não se encontrem ainda arquivados;

c) A partir de 1 de dezembro de 2017, relativamente aos processos executivos instaurados desde o dia 31 de março de 2009 até ao dia 12 de maio de 2012 que se encontrem pendentes ou que estejam findos há menos de seis meses e não se encontrem ainda arquivados;

d) A partir do dia 1 de março de 2018, relativamente aos processos executivos instaurados em data anterior ao dia 31 de março de 2009 que se encontrem pendentes ou que estejam findos há menos de seis meses e não se encontrem ainda arquivados.

5. O disposto no número anterior não prejudica a possibilidade de os processos serem disponibilizados no respetivo portal, para consulta, em data anterior à ali fixada, quando o agente de execução responsável pelo processo considere que estejam reunidas as condições para essa disponibilização.

Artigo 5º – Norma revogatória

São revogados o artigo 2º, o nº 4 do artigo 17º e o nº 2 do artigo 28º da Portaria nº 280/2013, de 26 de agosto.

Artigo 6º – Entrada em vigor

A presente portaria entra em vigor no dia 29 de maio de 2017.

A Secretária de Estado da Justiça, *Anabela Damásio Caetano Pedroso*, em 22 de maio de 2017.

Portaria nº 267/2018, de 20 de setembro[1]

A presente portaria corporiza várias medidas emblemáticas do Programa do XXI Governo para a área da Justiça, através do Programa Justiça Mais Próxima, orientando a sua atuação no que respeita à modernização da Justiça, com os objetivos programáticos de promover uma Justiça mais ágil, transparente, humana e mais próxima do Cidadão.

Esta portaria representa igualmente e é o culminar do trabalho efetuado em estreita colaboração com todos os operadores da Justiça, nos últimos dois anos e meio, tendo em vista o robustecimento e desenvolvimento dos sistemas de informação dos tribunais judiciais e administrativos e fiscais, o aumento da fiabilidade e da segurança dos mesmos e a disponibilização de novas funcionalidades, correspondendo às expetativas e necessidades dos seus utilizadores, Magistrados, Judiciais ou do Ministério Público, funcionários judiciais, mandatários, agentes de execução, administradores de insolvência ou o cidadão.

A primeira das medidas agora concretizadas, paradigmática no que respeita à transparência e proximidade do sistema de Justiça, é a consulta de processos, por via eletrónica, pelo cidadão (disponível em https://tribunais.org.pt).

Sendo já possível, desde maio de 2017, aos cidadãos consultarem os seus processos executivos, estão agora reunidas as condições para alargar essa consulta a todos os processos pendentes nos tribunais portugueses, seja nos tribunais judiciais seja nos tribunais administrativos e fiscais.

Essa consulta, a ser efetuada na nova Área de Serviços Digitais dos Tribunais da Plataforma Digital da Justiça (disponível em https://justica.gov.pt) a partir de 20 de novembro de 2018, permitirá a qualquer cidadão aceder a todos os seus processos, dentro dos limites legalmente estabelecidos em matéria de publicidade do processo, a partir de sua casa ou de qualquer outro local onde tenha acesso à internet, mediante autenticação através do Cartão do Cidadão ou de Chave Móvel Digital.

O recurso ao Sistema de Certificação de Atributos Profissionais associado a estas vias de autenticação permitirá também que o cidadão que exerça as funções de administrador, gerente, diretor ou procurador de pessoas coletivas, nomeadamente socie-

[1] Alterada pela Portaria 93/2019, de 28 de março.

dades anónimas, sociedades por quotas ou cooperativas, e que por isso tenha poderes para proceder à consulta dos processos, possa efetuar também essa consulta.

É prevista ainda uma modalidade de acesso que permite ao cidadão identificar-se junto de qualquer secretaria judicial e aceder, durante um período de tempo limitado e através de um computador do tribunal, à Área de Serviços Digitais dos Tribunais da Plataforma Digital da Justiça, mediante um código que lhe é emitido para o efeito pela secretaria judicial. Esta modalidade pode igualmente ser utilizada pelos representantes de pessoas coletivas para aceder à área reservada da mesma.

Com este novo serviço, passam a estar acessíveis para consulta *online* pelos cidadãos e empresas mais de um milhão e quinhentos mil processos, aos quais se assegura maior acessibilidade e transparência.

Simultaneamente, criam-se condições para permitir a consulta de processos por via eletrónica em duas outras situações legalmente previstas mas que até agora não eram possíveis por via eletrónica: a consulta de processos por advogados e solicitadores nos processos em que não exerçam mandato e a consulta de processos por quem, não sendo parte, tenha motivo atendível para essa consulta.

A segunda medida emblemática concretizada pela presente portaria respeita à aplicação do regime de tramitação eletrónica de processos às instâncias superiores dos tribunais judiciais, os tribunais da Relação e o Supremo Tribunal de Justiça.

Essa aplicação será efetuada de forma gradual, em termos de implementação, ocorrendo nos Tribunais da Relação no dia 9 de outubro e no Supremo Tribunal de Justiça no dia 11 de dezembro, ambos do corrente ano. Em termos de utilização do sistema informático de suporte à atividade dos tribunais pelos magistrados, prevê-se um período de utilização voluntária, transitório, no caso dos juízes Desembargadores, e permanente no caso dos juízes Conselheiros.

Com esta alteração, e depois de, em julho de 2017, o regime de tramitação eletrónica dos tribunais judiciais ter sido alargado às áreas processuais que ainda não eram abrangidas, e estando igualmente em curso o alargamento do regime de tramitação eletrónica às instâncias superiores dos tribunais administrativos e fiscais, fica assim praticamente concluído o processo de universalização da tramitação eletrónica nos tribunais portugueses.

A terceira medida com especial relevo prevista na presente portaria é a criação da Área de Serviços Digitais dos Tribunais, a disponibilizar na Plataforma de Serviços Digitais da Justiça (https://justica.gov.pt), uma nova área digital onde serão concentrados os serviços e publicações relativos à atividade dos tribunais, dirigidos a cidadãos e empresas.

Numa fase inicial, e para além da já referida consulta de processos, será possível nesta nova área de serviços digitais solicitar e consultar certidões judiciais eletrónicas, serviço hoje disponibilizado em endereço eletrónico próprio. Progressivamente, serão disponibilizados os demais serviços e publicações atualmente dispersos pelos portais Citius, SITAF e Balcão Nacional do Arrendamento.

Para além destas três grandes medidas inovadoras, a presente portaria concretiza ainda um conjunto de outras alterações que, não tendo a mesma dimensão ou impacto, não deixam de ser relevantes para o aperfeiçoamento do regime de tramitação eletrónica nos tribunais portugueses.

Assim, prevê-se que a partir de 2 de abril de 2019, os mandatários possam apresentar, juntamente com as suas peças processuais eletrónicas, documentos vídeo, áudio ou exclusivamente imagem. Hoje em dia, com a generalização dos mecanismos multimédia, faz sentido que a prova documental a apresentar por via eletrónica não se limite a documentos escritos, mas possa revestir outros formatos que aliás, já hoje são apresentados, mas têm que ser entregues diretamente nos tribunais, não havendo possibilidade de os apresentar por via eletrónica.

Define-se também que é através do módulo dos mandatários do sistema informático de suporte à atividade dos tribunais (Citius) que os mandatários passam a proceder à prática dos atos que, nos processos de insolvência e demais processos previstos no Código da Insolvência e da Recuperação de Empresas, devem ser praticados perante os administradores judiciais (a exemplo das reclamações de créditos apresentadas pelos credores ao abrigo do artigo 128º do referido Código), sendo também por esta via que serão realizadas as comunicações com origem nos administradores judiciais destinados aos mandatários judiciais.

Efetuam-se também pequenas correções ou atualizações aos regimes de tramitação eletrónica vigentes. Por exemplo, e no que respeita ao regime de tramitação eletrónica dos processos nos tribunais judiciais, e em particular o regime aplicável aos magistrados do Ministério Público, atualiza-se a redação da alínea *c*) do nº 6 do artigo 1º e do artigo 25º da Portaria nº 280/2013, de 26 de agosto, de modo a clarificar que o regime previsto na portaria é aplicável a todos os atos praticados pelos magistrados do Ministério Público no âmbito dos processos definidos no artigo 1º

Atualiza-se igualmente a redação da alínea *i*) do nº 6 do artigo 1º da mesma portaria, de modo a refletir o que já resulta de uma interpretação atualista que necessariamente tinha que ser efetuada no que respeita às notificações a mandatário em processo penal.

Por fim, aperfeiçoa-se o regime da certidão judicial eletrónica, com duas alterações.

Em primeiro lugar, e decorrente da aplicação nesses tribunais dos regimes de tramitação eletrónica, passa a ser possível requerer certidões eletrónicas de processos que estejam a correr nos tribunais superiores – tribunais da Relação, tribunais centrais administrativos, Supremo Tribunal de Justiça e Supremo Tribunal Administrativo.

Em segundo lugar, prevê-se que o código único de acesso, até agora utilizado unicamente para acesso à certidão após a sua emissão, passará a permitir também o acesso, antes da emissão da certidão, à informação sobre o estado do pedido, às referências multibanco necessárias para a emissão ou à indicação de o pedido ter sido recusado. Esta solução permite a quem efetue o pedido de certidão presencialmente num tribunal, sem utilização do mecanismo de autenticação associado ao Cartão do Cidadão ou à Chave Móvel Digital, obter informação sobre a mesma sem ter de se deslocar ao tribunal. Para permitir esta utilização, o código único de acesso passará a ser disponibilizado ao requerente logo no pedido.

Foram ouvidos o Conselho Superior da Magistratura, o Conselho Superior dos Tribunais Administrativos e Fiscais, a Procuradoria-Geral da República, a Ordem dos Solicitadores e dos Agentes de Execução, a Comissão Nacional de Proteção de Dados, a Associação Sindical dos Juízes Portugueses e o Sindicato dos Funcionários Judiciais.

Foi promovida a audição da Ordem dos Advogados, do Sindicato dos Magistrados do Ministério Público e do Sindicato dos Oficiais de Justiça.

Assim:

Ao abrigo do disposto no nº 2 do artigo 140º da Lei nº 62/2013, de 26 de agosto, no nº 1 do artigo 132º, no nº 1 do artigo 144º, no nº 3 do artigo 163º, no nº 3 do artigo 170º, no nº 2 do artigo 209º, no nº 1 do artigo 240º e nos artigos 712º, 719º, 817º, 836º e 837º do Código de Processo Civil, aprovado pela Lei nº 41/2013, de 26 de junho, no nº 2 do artigo 17º da Lei nº 46/2011, de 24 de junho, no nº 1 do artigo 24º e nº 1 do artigo 25º do Código de Processo nos Tribunais Administrativos, aprovado pela Lei nº 15/2002, de 22 de fevereiro, no artigo 4º do Decreto-Lei nº 325/2003, de 29 de dezembro, alterado pelos Decretos-Leis nºs 182/2007, de 9 de maio, e 190/2009, de 17 de agosto, no nº 11 do artigo 113º do Código de Processo Penal, aprovado pelo Decreto-Lei nº 78/87, de 17 de fevereiro, no nº 2 do artigo 17º, nos nºs 2 e 4 do artigo 128º e nº 1 do artigo 152º do Código da Insolvência e da Recuperação de Empresas, aprovado em anexo ao Decreto-Lei nº 53/2004, de 18 de março, no artigo 5º do Decreto-Lei nº 79/2017, de 30 de junho, no artigo 100º da Lei nº 154/2015, de 14 de setembro, no artigo 16º-A do Decreto-Lei nº 201/2003, de 10 de setembro, no artigo 14º do regime anexo ao Decreto-Lei nº 269/98, de 1 de setembro, no artigo 13º e no nº 8 do artigo 32º do Regulamento das Custas Processuais, aprovado pelo Decreto-Lei nº 34/2008, de 26 de fevereiro, no nº 3 do artigo 15º-E e no nº 9 do artigo 15º-S da Lei nº 6/2006, de 27 de fevereiro, e no nº 1 do artigo 5º, no nº 1 do artigo 10º, e nos artigos 17º, 18º e 23º do Decreto-Lei nº 1/2013, de 7 de janeiro, manda o Governo, pela Secretária de Estado da Justiça, o seguinte:

CAPÍTULO I – Disposição geral

Artigo 1º – Objeto

1. A presente portaria procede à alteração dos regimes de tramitação eletrónica dos processos nos tribunais judiciais e nos tribunais administrativos e fiscais, permitindo, nomeadamente:

a) A consulta de processos por via eletrónica pelas partes, por quem possa exercer o mandato judicial e por quem revele motivo atendível;

b) A aplicação do regime de tramitação eletrónica dos processos nos tribunais da Relação e no Supremo Tribunal de Justiça;

c) A possibilidade de apresentação, pelos mandatários, de documentos em formato vídeo, áudio e imagem;

d) No âmbito dos processos regulados pelo Código da Insolvência e da Recuperação de Empresas, aprovado em anexo ao Decreto-Lei nº 53/2004, de 18 de março, a prática de atos, por via eletrónica, perante administradores judiciais pelos mandatários bem como a realização, por via eletrónica, de comunicações destinadas aos mandatários pelos administradores judiciais.

2. A presente portaria procede também à primeira alteração da Portaria nº 209/2017, de 13 de julho, que regulamenta o regime do requerimento, da emissão, da disponibilização e da consulta da certidão eletrónica no âmbito dos processos dos tribunais judiciais, dos tribunais administrativos e fiscais e da competência do Ministério Público.

3. A presente portaria procede ainda à identificação dos serviços e publicações que passam a ser efetuados na Área de Serviços Digitais dos Tribunais, acessível no endereço eletrónico https://tribunais.org.pt.

CAPÍTULO II – Alteração ao regime de tramitação eletrónica dos processos nos tribunais judiciais

Artigo 2º[1] – Alteração à Portaria nº 280/2013, de 26 de agosto

Os artigos 1º, 6º, 7º, 8º, 10º, 15º, 18º, 19º, 24º, 25º, 27º e 27º-A da Portaria nº 280/2013, de 26 de agosto, alterada pela Portaria nº 170/2017, de 25 de maio, passam a ter a seguinte redação:

Artigo 3º[1] – Aditamento à Portaria nº 280/2013, de 26 de agosto

São aditados à Portaria nº 280/2013, de 26 de agosto, os artigos 12º-A, 15º-A, e 15º-B, inseridos no Capítulo II, com a seguinte redação:

CAPÍTULO III – Alteração ao regime de tramitação eletrónica dos processos nos tribunais administrativos e fiscais

Artigo 4º – Alteração à Portaria nº 380/2017, de 19 de dezembro

Os artigos 7º, 10º e 24º da Portaria nº 380/2017, de 19 de dezembro, passam a ter a seguinte redação:

Artigo 5º – Aditamento à Portaria nº 380/2017, de 19 de dezembro

São aditados à Portaria nº 380/2017, de 19 de dezembro os artigos 11º-A e 24º-A, passando este último a fazer parte do Capítulo VI, com a seguinte redação:

CAPÍTULO IV – Alteração ao regime do requerimento, da emissão, da disponibilização e da consulta da certidão eletrónica

Artigo 6º[1] – Alteração à Portaria nº 209/2017, de 13 de julho

Os artigos 3º, 5º, 7º e 10º da Portaria nº 209/2017, de 13 de julho, passam a ter a seguinte redação:

[1] Alterações introduzidas no local próprio.

CAPÍTULO V – Alteração ao regime do Balcão Único dos Tribunais Administrativos e Fiscais

Artigo 7º – Alteração à Portaria nº 178/2017, de 30 de maio

O artigo 2º da Portaria nº 178/2017, de 30 de maio, passa a ter a seguinte redação:

CAPÍTULO VI – Alteração ao regime de prática de atos por via eletrónica pelos administradores judiciais

Artigo 8º – Alteração à Portaria nº 246/2016, de 7 de setembro

Os artigos 1º e 3º da Portaria nº 246/2016, de 7 de setembro, passa a ter a seguinte redação:

CAPÍTULO VII – Publicações na Área de Serviços Digitais dos Tribunais

Artigo 9º – Alteração à Portaria nº 282/2013, de 29 de agosto

Os artigos 11º, 12º, 16º, 19º, 27º e 41º da Portaria nº 282/2013, de 29 de agosto, passam a ter a seguinte redação:

Artigo 10º – Alteração à Portaria nº 313/2009, de 30 de março

1. O artigo 5º da Portaria nº 313/2009, de 30 de março, passa a ter a seguinte redação:

2. As referências a «no sítio de Internet www.citius.mj.pt» e a «em www.dgpj.mj.pt» constantes dos anexos I e II da Portaria nº 313/2009, de 30 de março, são substituídas por «na Área de Serviços Digitais dos Tribunais, acessível no endereço eletrónico https://tribunais.org.pt».

Artigo 11º[1] – Alteração à Portaria nº 220-A/2008, de 4 de março

Os artigos 6º, 13º e 14º da Portaria nº 220-A/2008, de 4 de março, passam a ter a seguinte redação:

Artigo 12º – Alteração à Portaria nº 419-A/2009, de 17 de abril

Os artigos 17º, 19º e 23º-A da Portaria nº 419-A/2009, de 17 de abril, passam a ter a seguinte redação:

Artigo 13º – Publicações previstas no Código da Insolvência e da Recuperação de Empresas

São efetuadas na Área de Serviços Digitais dos Tribunais, acessível no endereço eletrónico https://tribunais.org.pt, as publicações previstas nos artigos 17º-D, 17º-E, 17º-F, 17º-G, 17º-I, 27º, 37º, 64º, 75º, 146º, 152º, 158º, 188º, 222º-D, 222º-E, 222º-F, 222º-

[1] Alterações introduzidas no local próprio.

G e 222º-I do Código da Insolvência e da Recuperação de Empresas, aprovado pelo Decreto-Lei nº 53/2004, de 18 de março.

Artigo 14º – Alteração à Portaria nº 200/2011, de 20 de maio

O artigo 1º da Portaria nº 200/2011, de 20 de maio, passa a ter a seguinte redação:

Artigo 15º – Alteração à Portaria nº 9/2013, de 10 de janeiro

Os artigos 2º, 3º, 5,º, 8º, 11º, 12º, 15º, 18º, 19º, 20º e 25º da Portaria nº 9/2013, de 10 de janeiro, passam a ter a seguinte redação:

CAPÍTULO VIII – Disposições transitórias e finais

Artigo 16º – Publicações

Sem prejuízo do disposto na presente portaria, todas as publicações de informação pública previstas para os endereços eletrónicos https://www.citius.mj.pt, https://www.taf.mj.pt e https://www.bna.mj.pt, passam a ser efetuadas na Área de Serviços Digitais dos Tribunais, acessível no endereço eletrónico https://tribunais.org.pt.

Artigo 17º – Âmbito de aplicação da Portaria nº 642/2004, de 16 de junho

O regime previsto na Portaria nº 642/2004, de 16 de junho, é apenas aplicável aos atos praticados em processo penal antes da receção dos autos em tribunal a que se referem o nº 1 do artigo 311º e os artigos 386º, 391º-C e 396º do Código de Processo Penal.

Artigo 18º – Aplicação no tempo[1]

1. A aplicação do regime de tramitação eletrónica previsto na Portaria nº 280/2013, de 29 de agosto, na redação dada pela presente portaria, aos processos no Supremo Tribunal de Justiça ocorre a partir do dia 11 de dezembro de 2018.

2. A aplicação do regime de tramitação eletrónica previsto na Portaria nº 280/2013, de 29 de agosto, na redação dada pela presente portaria, aos processos nos tribunais da Relação ocorre a partir do dia 9 de outubro de 2018.

3. O disposto no artigo 19º da Portaria nº 280/2013, de 29 de agosto, na redação dada pela presente portaria, é voluntário para os atos praticados nos processos nos tribunais da Relação por juízes desembargadores até à cessação, determinada por portaria, do período de implementação do sistema informático de suporte à atividade dos tribunais nos tribunais da Relação, competindo à secretaria, nos casos em que os atos sejam praticados em suporte de papel, proceder à digitalização e inserção do ato no sistema informático de suporte à atividade dos tribunais.

4. Aplica-se a partir de 27 de novembro de 2018:

a) O disposto nos artigos 18º e 24º e nos nºs 1, 3, 4 e 6 do artigo 27º-A da Portaria nº 280/2013, de 29 de agosto, na redação dada pela presente portaria;

[1] O nº 5 tem a redação da Portaria 93/2019, de 28 de março.

b) O disposto nos nºs 1 e 4 do artigo 24º-A da Portaria nº 380/2017, de 19 de dezembro, ambos na redação dada pela presente portaria;

c) O disposto na subalínea *i*) da alínea *b*) do nº 1 do artigo 3º da Portaria nº 209/ /2017, de 13 de julho, da redação dada pela presente portaria;

d) O disposto nos artigos 11º, 12º, 16º, 19º, 27º e 41º da Portaria nº 282/2013, de 29 de agosto, na redação dada pela presente portaria;

e) O disposto no artigo 5º e nos anexos I e II da Portaria nº 313/2009, de 30 de março, na redação dada pela presente portaria;

f) O disposto nos artigos 6º, 13º e 14º da Portaria nº 220-A/2008, de 4 de março, na redação dada pela presente portaria;

g) O disposto nos artigos 17º, 19º e 23º-A da Portaria nº 419-A/2009, de 17 de abril, na redação dada pela presente portaria;

h) O disposto no nº 5 do artigo 1º da Portaria nº 200/2011, de 20 de maio, na redação dada pela presente portaria;

i) O disposto nos artigos 2º, 3º, 5,º, 8º, 11º, 12º, 15º, 18º, 19º, 20º e 25º da Portaria nº 9/2013, de 10 de janeiro, na redação dada pela presente portaria;

j) O disposto no artigo 13º da presente portaria;

k) O disposto no artigo 16º da presente portaria;

5. Aplicam-se a partir do dia 11 de setembro de 2019:

a) O disposto na alínea *m*) do nº 6 do artigo 1º, nos artigos 6º, 8º, 10º e 15º-A, no nº 4 do artigo 27º e nos nºs 2 e 5 do artigo 27º-A da Portaria nº 280/2013, de 29 de agosto, na redação dada pela presente portaria;

b) O disposto nos artigos 7º e 10º, no nº 4 do artigo 24º e nos nºs 2 e 3 do artigo 24º-A da Portaria 380/2017, de 19 de dezembro, na redação dada pela presente portaria;

c) O disposto no nº 2 do artigo 3º e nos artigos 5º, 7º e 10º da Portaria nº 209/2017, de 13 de julho, na redação dada pela presente portaria;

d) O disposto nos artigos 1º e 3º da Portaria nº 246/2016, de 7 de setembro, na redação dada pela presente portaria.

6. O disposto na Portaria nº 209/2017, de 13 de julho, aplica-se ao Supremo Tribunal de Justiça, ao Supremo Tribunal Administrativo, aos tribunais da Relação e aos tribunais centrais administrativos a partir de 11 de dezembro.

7. O disposto na Portaria nº 178/2017, de 30 de maio, na redação dada pela presente portaria, aplica-se ao Supremo Tribunal Administrativo e aos tribunais centrais administrativos a partir de 11 de dezembro de 2018.

Artigo 19º – Norma revogatória

São revogados:

a) O nº 4 do artigo 15º da Portaria nº 280/2013, de 29 de agosto;

b) Os nºs 2 e 3 do artigo 1º da Portaria nº 209/2017, de 13 de julho;

c) A Portaria nº 593/2007, de 14 de maio.

Artigo 20º – Entrada em vigor

A presente portaria entra em vigor 10 dias após a sua publicação.

Regime da Certidão Eletrónica

Portaria nº 209/2017, de 13 de julho,

com as alterações introduzidas pela Portaria nº 267/2018, de 20 de setembro

A atuação do XXI Governo Constitucional na área da Justiça tem como um dos seus eixos fundamentais a adoção de um conjunto de medidas que visam tornar a Justiça mais ágil, transparente e acessível.

A certidão judicial eletrónica, ao permitir ao cidadão o acesso a informação processual de forma mais fácil, célere e sem deslocações, encontra-se entre essas medidas, motivo pelo qual também é uma das medidas em destaque quer no Plano Justiça Mais Próxima quer no Programa Simplex +.

A presente portaria vem, assim, regulamentar o pedido, emissão e consulta de certidões eletrónicas no âmbito dos processos dos tribunais judiciais, dos tribunais administrativos e fiscais e dos processos da competência do Ministério Público.

Com a certidão eletrónica passa a ser possível a cidadãos com cartão de cidadão ou chave móvel digital efetuar o pedido de emissão de uma certidão eletrónica através de um portal especificamente criado para o efeito, sendo a certidão disponibilizada também por via eletrónica. O pedido de emissão da certidão pode também ser solicitado presencialmente nas secretarias dos tribunais judiciais de primeira instância, incluindo junto dos serviços do Ministério Público, e das secretarias dos tribunais administrativos de círculo e dos tribunais tributários.

Com a certidão é igualmente disponibilizado um código único de acesso que permite a qualquer entidade pública ou privada a quem esse código seja entregue aceder à certidão em formato eletrónico, sendo que a apresentação desse código substitui, para todos os efeitos, a entrega de uma certidão em papel. Deste modo, a certidão eletrónica admite múltiplas utilizações, sem custos acrescidos.

Também os mandatários poderão solicitar a emissão de uma certidão eletrónica através dos portais Citius e SITAF, que utilizam regularmente para apresentar as suas peças processuais e consultar os seus processos.

Outra inovação associada à certidão eletrónica é a possibilidade de, em determinadas situações, a certidão poder ser emitida automaticamente pelos sistemas informáticos de suporte à atividade dos tribunais, sem necessidade de intervenção de funcionários de justiça.

Tal poderá suceder quando a lei não determine que a emissão da certidão esteja dependente de uma decisão do juiz e a informação de que se pretende certidão (seja ela uma peça processual ou informação sobre o estado do processo, como a sua pendência ou o trânsito em julgado do processo, por exemplo) exista nos sistemas de suporte à atividade dos tribunais.

A certidão eletrónica contribui assim para tornar a Justiça mais ágil, pois permite libertar os funcionários de justiça para a execução de outras tarefas, aumentando a capacidade de resposta das secretarias. Tal sucede, desde logo, nos casos em que as certidões possam ser emitidas automaticamente pelos próprios sistemas de suporte à atividade dos tribunais, sem qualquer intervenção de um funcionário de justiça, mas também nos demais casos, em que, mantendo-se a necessidade de intervenção de um funcionário de justiça, foram implementados mecanismos que permitirão reduzir a respetiva atividade burocrática.

Também a possibilidade de uma única certidão poder ser utilizada para vários fins, com recurso à consulta através de um código único, contribui para a agilização do sistema judicial.

Por outro lado, a certidão eletrónica, ao poder ser requerida através de um portal eletrónico, a qualquer hora e sem necessidade de deslocação a um tribunal seja para requerer seja para ter acesso à certidão emitida, e ao poder ser disponibilizada múltiplas vezes, sem custos acrescidos, a várias entidades, que poderão também elas consultar a certidão no respetivo portal, contribui também para uma Justiça mais transparente e acessível aos cidadãos e empresas.

Foram ouvidos o Conselho Superior da Magistratura e o Conselho Superior dos Tribunais Administrativos e Fiscais.

Foi promovida a audição da Procuradoria-Geral da República, da Ordem dos Advogados e da Ordem dos Solicitadores e dos Agentes de Execução.

Assim:

Ao abrigo do disposto no nº 1 do artigo 132º e no nº 3 do artigo 170º do Código de Processo Civil, aprovado pela Lei nº 41/2013, de 26 de junho, no artigo 24º do Código de Processo nos Tribunais Administrativos, aprovado pela Lei nº 15/2002, de 22 de fevereiro, no artigo 4º do Decreto-Lei nº 325/2003, de 29 de dezembro, e no nº 8 do artigo 32º do Regulamento das Custas Processuais, aprovado pelo Decreto-Lei nº 34/2008, de 26 de fevereiro, manda o Governo, pela Secretária de Estado da Justiça, o seguinte:

Artigo 1º – Objeto e âmbito

1. A presente portaria regulamenta o regime do requerimento, da emissão, da disponibilização e da consulta da certidão eletrónica no âmbito dos processos dos tribunais judiciais, dos tribunais administrativos e fiscais e da competência do Ministério Público.

2. (*Revogado pela Portaria nº 267/2018, de 20 de setembro.*)

3. (*Revogado pela Portaria nº 267/2018, de 20 de setembro.*)

Artigo 2º – Certidão eletrónica

A certidão eletrónica é um documento eletrónico autenticado com recurso a assinatura eletrónica do oficial de justiça responsável pela sua emissão ou do sistema informático de suporte à atividade do tribunal onde a certidão é gerada, disponibilizado eletronicamente ao requerente e suscetível de consulta em portal eletrónico público mediante um código único de acesso.

Artigo 3º[1] – Formas de requerimento

1. A certidão eletrónica pode ser requerida:

a) Por mandatários e administradores judiciais:

i) Nas respetivas áreas reservadas dos sistemas informáticos de suporte à atividade dos tribunais judiciais e dos administrativos e fiscais, nos termos do artigo seguinte;

ii) Nas secretarias dos tribunais, nos termos previstos no artigo 6º;

b) Pelos demais interessados com legitimidade, nos termos da lei de processo:

i) Na Área de Serviços Digitais dos Tribunais, acessível no endereço eletrónico https://tribunais.org.pt, nos termos previstos no artigo 5º;

ii) Nas secretarias dos tribunais, nos termos previstos no artigo 6º

2. Efetuada a apresentação do requerimento de emissão de certidão eletrónica, é transmitido ao requerente o respetivo código único de acesso.

Artigo 4º – Requerimento efetuado eletronicamente por mandatário e administrador judicial

1. Os mandatários e os administradores judiciais podem requerer a emissão de certidão eletrónica na área reservada dos sistemas informáticos de suporte à atividade dos tribunais judiciais e dos tribunais administrativos e fiscais, de acordo com os procedimentos e instruções aí constantes.

2. Na área reservada é disponibilizada ainda a listagem de todos os requerimentos de emissão de certidões eletrónicas apresentados, bem como informação referente ao estado desses pedidos e, nos casos em que a certidão já tiver sido emitida, a própria certidão eletrónica e a indicação do código único de acesso à mesma e respetivo prazo de validade.

Artigo 5º[1] – Requerimento efetuado através do portal eletrónico

1 – O requerimento de emissão de certidão eletrónica pode ser efetuado na Área de Serviços Digitais dos Tribunais, acessível no endereço eletrónico https://tribunais.org.pt, de acordo com os procedimentos e instruções aí constantes, sendo a comprovação dos dados de identificação do requerente efetuada por autenticação com o cartão de cidadão ou chave móvel digital, podendo ser utilizado para o efeito o Sistema de Certificação de Atributos Profissionais associado a estes.

[1] Redação da Portaria 267/2018, de 20 de setembro.

2. O acesso à área reservada do endereço eletrónico referido no número anterior pode ser efetuado também em computadores existentes para o efeito nos tribunais, através de código de acesso, válido por 4 horas, emitido por qualquer secretaria de um tribunal judicial ou administrativo e fiscal, após confirmação presencial da identidade do requerente e, quando aplicável, dos seus poderes de representação.

3. O requerente tem acesso, na respetiva área reservada do endereço eletrónico referido no nº 1, à listagem de todos os requerimentos de emissão de certidões eletrónicas apresentados, ao estado desses pedidos, à indicação dos respetivos códigos únicos de acesso, e, nos casos em que a certidão já tiver sido emitida, à própria certidão eletrónica e respetivo prazo de validade.

Artigo 6º – Requerimento efetuado na secretaria

A certidão eletrónica pode igualmente ser requerida:

a) Quando se refira a um processo de um tribunal judicial ou da competência do Ministério Público, junto de qualquer núcleo da secretaria da comarca do tribunal de primeira instância onde corre termos ou se encontra arquivado o processo de que constam ou resultam os elementos cuja certificação se pretende, competindo ao oficial de justiça registar o pedido no sistema informático;

b) Quando se refira a um processo de um tribunal administrativo e fiscal, junto da secretaria do tribunal onde corre termos ou se encontra arquivado o processo de que constam ou resultam os elementos cuja certificação se pretende, competindo ao oficial de justiça registar o pedido no sistema informático.

Artigo 7º[1] – Emissão e recusa

1. O requerimento de emissão de certidão é eletronicamente encaminhado para a secretaria competente, tendo em vista a sua apreciação nos termos legalmente previstos.

2. A certidão eletrónica pode ser emitida de forma automatizada pelo sistema informático de suporte à atividade do tribunal sempre que, nos termos do nº 1 do artigo 170º do Código de Processo Civil, a certidão possa ser emitida sem precedência de despacho e a informação de que se pretende certidão conste do sistema informático.

3. Determinada a possibilidade de emissão da certidão eletrónica, nos termos dos números anteriores, é remetida ao requerente, através da área reservada referida nos artigos 4º e 5º, a referência necessária para o pagamento da taxa de justiça devida pela emissão da certidão, devendo o pagamento ser realizado no prazo de 10 dias.

4. Efetuado o pagamento da taxa de justiça, a certidão eletrónica é emitida e disponibilizada na área reservada do requerente a que se referem os artigos 4º e 5º

[1] Redação da Portaria 267/2018, de 20 de setembro.

5. A certidão eletrónica é assinada eletronicamente pelo oficial de justiça responsável pela sua elaboração ou pelo sistema informático de tramitação processual onde a mesma é gerada.

6. Nos casos em que, após a apreciação prevista no nº 1, seja recusada a emissão da certidão eletrónica, é essa decisão transmitida ao requerente através da área reservada a que se referem os artigos 4º e 5º, podendo o requerente reagir através dos meios e pelas formas previstas na lei processual.

7. Quando o requerimento de emissão de certidão seja apresentado nos termos do artigo anterior, a informação referida nos nºs 3 e 6 pode ser transmitida presencialmente ao requerente por qualquer das secretarias identificadas nesse artigo.

8. O estado do processo de análise do requerimento de emissão de certidão, a informação referida no nº 3 e a indicação de que foi recusada a emissão da certidão são igualmente disponibilizados no portal eletrónico referido no nº 1 do artigo 5º, sendo acessíveis, até à emissão da certidão ou, nos casos em que a emissão é recusada, durante o período previsto na alínea *b*) do nº 3 do artigo 10º, mediante a introdução do código único de acesso.

Artigo 8º – Meios de pagamento

1. O pagamento da taxa de justiça devida pela emissão da certidão eletrónica é efetuado através de sistema eletrónico de pagamentos.

2. Quando a certidão eletrónica seja requerida nos termos do artigo 6º, o pagamento da taxa de justiça devida pela sua emissão pode também ser efetuado através de numerário ou DUC nos termos do artigo 17º da Portaria nº 419-A/2009, de 17 de abril.

Artigo 9º – Dimensão

1. Sem prejuízo do disposto no número seguinte, a certidão eletrónica não pode ter uma dimensão superior a 10 MB.

2. A certidão eletrónica pode ter uma dimensão superior ao limite previsto no número anterior quando integre uma única peça ou documento processual que por si só tenha uma dimensão superior a esse limite.

Artigo 10º[1] – Disponibilização e consulta

1. A certidão eletrónica é disponibilizada na área reservada a que se referem os artigos 4º e 5º, durante o período de um ano.

2. A certidão eletrónica pode ainda ser consultada, pelo requerente ou por terceiro a quem tenha sido disponibilizado o respetivo código único de acesso, no portal eletrónico referido no nº 1 do artigo 5º, mediante a introdução do referido código único de acesso.

3. O código único de acesso é válido:

a) Quando seja emitida a certidão, durante o período de seis meses após a emissão da certidão;

[1] Redação da Portaria 267/2018, de 20 de setembro.

b) Quando seja recusada a emissão da certidão, durante o período de seis meses após essa decisão.

4. A disponibilização pelo requerente, a qualquer entidade, pública ou privada, do código único de acesso referente a certidão emitida substitui, para todos os efeitos, a entrega da certidão.

Artigo 11º – Entrada em vigor

A presente portaria entra em vigor no dia 14 de julho de 2017.

A Secretária de Estado da Justiça, *Anabela Damásio Caetano Pedroso,* em 11 de julho de 2017.

Comunicações eletrónicas entre os tribunais e o Fundo de Garantia de Alimentos Devidos a Menores

Portaria nº 347/2019, de 4 de outubro

O XXI Governo Constitucional tem vindo a implementar um alargado conjunto de medidas que permitem tornar a Justiça mais ágil e transparente, dotando-a de maior eficácia e aproximando-a dos cidadãos.

Neste âmbito, com a publicação do Decreto-Lei nº 97/2019, de 26 de julho, que alterou o regime de tramitação eletrónica dos processos judiciais previsto no Código de Processo Civil, foram criadas condições para a implementação de diversas medidas do Programa Simplex+, nomeadamente as que respeitam à simplificação e desmaterialização das comunicações entre os tribunais e entidades públicas.

É o que sucede com a medida «Fundo de Garantia de Alimentos a Menores + Ágil», concretizada através da presente portaria, que visa simplificar e tornar mais ágeis as comunicações dos tribunais judiciais dirigidas ao Fundo de Garantia de Alimentos Devidos a Menores, designadamente as notificações de decisão de fixação, manutenção ou cessação do pagamento das prestações a cargo do Fundo.

Foram ouvidos o Conselho Superior da Magistratura, a Procuradoria-Geral da República, a Ordem dos Solicitadores e dos Agentes de Execução e a Comissão Nacional de Proteção de Dados.

Foi promovida a audição da Ordem dos Advogados e da Ordem dos Solicitadores e dos Agentes de Execução.

Assim:

Ao abrigo do disposto nos nºs 2 e 5 do artigo 132º e na alínea *a*) do nº 5 do artigo 219º do Código de Processo Civil, aprovado pela Lei nº 41/2013, de 26 de junho, e do nº 7 do artigo 9º do Decreto-Lei nº 164/99, de 13 de maio, manda o Governo, pelas Secretárias de Estado da Justiça e da Segurança Social, o seguinte:

Artigo 1º – Objeto e âmbito

A presente portaria regulamenta as comunicações realizadas por via eletrónicas pelos tribunais judiciais dirigidas ao Instituto de Gestão Financeira da Segurança

Social, I. P., enquanto entidade gestora do Fundo de Garantia de Alimentos Devidos a Menores, adiante designado por Fundo, ao abrigo da Lei nº 75/98, de 19 de novembro, e do Decreto-Lei nº 164/99, de 13 de maio.

Artigo 2º – Comunicações eletrónicas

1. As comunicações dos tribunais judiciais dirigidas ao Instituto de Gestão Financeira da Segurança Social, I. P., enquanto entidade gestora do Fundo, que respeitem à notificação da decisão de fixação manutenção ou cessação do pagamento das prestações a pagar pelo Fundo são efetuadas por via eletrónica, através do envio de informação estruturada e de documentos eletrónicos entre o sistema de informação de suporte à atividade dos tribunais e o sistema de informação utilizado pelo Fundo de Garantia de Alimentos Devidos a Menores.

2. As comunicações eletrónicas previstas no número anterior são efetuadas nos termos de protocolo a celebrar entre o Instituto de Gestão Financeira e Equipamento da Justiça, I. P., o Instituto de Informática, I. P., e o Instituto de Gestão Financeira da Segurança Social, I. P.

Artigo 3º – Segurança

1. O sistema de informação de suporte à atividade dos tribunais e o sistema de informação utilizado pelo Fundo de Garantia de Alimentos Devidos a Menores garantem o respeito pelas normas de segurança e de acesso à informação e de disponibilidade técnica legalmente estabelecidas, por forma a assegurar a confidencialidade dos dados.

2. O sistema de informação de suporte à atividade dos tribunais e sistema de informação utilizado pelo Fundo de Garantia de Alimentos Devidos a Menores procedem aos registos eletrónicos necessários ao conhecimento das comunicações efetuadas ao abrigo da presente portaria, seus autores, respetiva data e hora e no âmbito de que processo judicial ocorreram.

3. Os utilizadores que acedam ao conteúdo da informação transmitida ao abrigo da presente portaria ficam obrigados ao dever de sigilo nos termos legais.

Artigo 4º – Entrada em vigor

A presente portaria entra em vigor no dia 20 de novembro de 2019.

Em 2 de outubro de 2019.

A Secretária de Estado da Justiça, *Anabela Damásio Caetano Pedroso*. – A Secretária de Estado da Segurança Social, *Cláudia Sofia de Almeida Gaspar Joaquim*.

Portaria nº 357/2019, de 8 de outubro

Regulamenta as comunicações eletrónicas entre os tribunais judiciais e as escolas da rede pública tutelada pelo Ministério da Educação.

O XXI Governo Constitucional tem vindo a implementar um alargado conjunto de medidas que permitem tornar a Justiça mais ágil e transparente, dotando-a de maior eficácia e aproximando-a dos cidadãos.

Neste âmbito, com a publicação do Decreto-Lei nº 97/2019, de 26 de julho, que alterou o regime de tramitação eletrónica dos processos judiciais previsto no Código de Processo Civil, foram criadas condições para a implementação de diversas medidas do Programa Simplex+, nomeadamente as que respeitam à simplificação e desmaterialização das comunicações entre os tribunais e entidades públicas.

É o que sucede com a medida «Simplificação da comunicação entre tribunais e escolas», concretizada através da presente portaria, e que vem dar resposta a uma necessidade decorrente de uma intervenção que se pretende mais célere, mais direcionada, menos procedimental e mais eficaz. A desmaterialização de informação entre os tribunais e os estabelecimentos escolares, através de um sistema integrado de gestão de alunos (Escola 360), permitirá tornar mais simples e célere o acesso dos estabelecimentos escolares às decisões judiciais respeitantes a alunos que o tribunal entenda que devam ser comunicadas à escola (como decisões relativas ao exercício do poder parental ou a medidas de proteção aplicadas a menores), ao mesmo tempo que agiliza e acelera a obtenção, pelo tribunal, da informação sobre o percurso escolar do aluno, a começar pela indicação do estabelecimento de ensino onde está matriculado.

Considerando que o sistema integrado de gestão de alunos inclui, neste momento, apenas a informação de caráter administrativo respeitante a alunos integrados no sistema nacional de educação de Portugal continental, esta troca de informação desmaterializada com o sistema informático de suporte à atividade dos tribunais judiciais tem lugar apenas quando esteja em causa informação relativa a criança ou jovem matriculado em escolas do ensino pré-escolar, básico e secundário da rede pública tutelada pelo Ministério da Educação.

Foram ouvidos o Conselho Superior da Magistratura e a Comissão Nacional de Proteção de Dados.

Foi promovida a audição da Procuradoria-Geral da República, da Ordem dos Advogados, da Ordem dos Solicitadores e dos Agentes de Execução e do Conselho de Escolas.

Assim:

Ao abrigo do disposto nos nºs 2 e 5 do artigo 132º, no nº 9 do artigo 144º e na alínea *a*) do nº 5 do artigo 219º do Código de Processo Civil, aprovado pela Lei nº 41/2013, de 26 de junho, manda o Governo, pelas Secretárias de Estado da Justiça e Adjunta e da Educação, o seguinte:

Artigo 1º – Objeto

A presente portaria regulamenta:

a) A obtenção pelos tribunais, por via eletrónica, da informação sobre o estabelecimento de ensino frequentado por aluno matriculado em escola da rede pública tutelada pelo Ministério da Educação;

b) As comunicações eletrónicas entre tribunais judiciais e as escolas da rede pública tutelada pelo Ministério da Educação, adiante designados por estabelecimentos de ensino, no âmbito de processos respeitantes a alunos desses estabelecimentos.

Artigo 2º – Obtenção de informação sobre estabelecimento de ensino frequentado

1. Quando, no âmbito de um processo judicial, seja necessário consultar informação relativa à identificação do estabelecimento do ensino pré-escolar, básico ou secundário em que a criança ou jovem está matriculado, essa consulta é efetuada diretamente pelo tribunal, através do sistema de informação de suporte à atividade dos tribunais, no sistema integrado de gestão de alunos do Ministério da Educação que centraliza a informação de carácter administrativo relativo aos alunos integrados nesses estabelecimentos de ensino.

2. A consulta prevista no número anterior é efetuada pelo nome completo, número de identificação civil ou número de identificação fiscal do aluno, sendo devolvidos, em caso de resposta positiva, os dados necessários à identificação do estabelecimento de ensino em que a criança ou jovem está matriculado.

Artigo 3º – Comunicações eletrónicas

1. Nos casos em que a consulta prevista no artigo anterior identifique que o estabelecimento de ensino onde se encontra matriculado o aluno utiliza a plataforma Escola 360, as notificações e outras comunicações entre o tribunal judicial e o estabelecimento de ensino são efetuadas através do envio de informação estruturada e de documentos, sempre que possível de forma automatizada, entre o sistema informático de suporte à atividade dos tribunais e a plataforma Escola 360, nos termos a definir em protocolo a celebrar entre o Instituto de Gestão Financeira e Equipamentos da Justiça, I. P., e a Direção-Geral de Estatísticas de Educação e Ciência.

2. O disposto no número anterior aplica-se igualmente aos atos processuais praticados pelas escolas em resposta a notificação ou comunicação do tribunal realizadas nos termos do mesmo número, sendo esses atos praticados na plataforma Escola 360, de acordo com os procedimentos e instruções aí constantes.

3. A plataforma Escola 360 garante a certificação da data e hora da prática, a autenticidade e autoria dos atos praticados nos termos do número anterior.

4. Quando especificamente solicitado pelo tribunal, podem ser transmitidas pelo estabelecimento de ensino, de forma automatizada e sempre que possível estruturada, as seguintes informações sobre o aluno a que respeite o processo judicial:

a) Nome e morada dos encarregados de educação;
b) Área curricular frequentada;
c) Identificação do diretor de turma;
d) Ficha de aluno e registo de avaliação;
e) Assiduidade;
f) Informação sobre avaliação;
g) Informação relativa a ocorrências disciplinares no meio escolar.

5. Caso o estabelecimento de ensino onde se encontra matriculado o aluno não utilize a plataforma Escola 360 as notificações e outras comunicações dos tribunais judiciais que lhe sejam dirigidas são efetuadas pelas demais vias legalmente admissíveis.

Artigo 4º - Segurança

1. O sistema de informação de suporte à atividade dos tribunais e a plataforma Escola 360 garantem o respeito pelas normas de segurança e de acesso à informação e de disponibilidade técnica legalmente estabelecidas, por forma a assegurar a confidencialidade dos dados.

2. O sistema de informação de suporte à atividade dos tribunais e a plataforma Escola 360 procedem aos registos eletrónicos necessários ao conhecimento das consultas e comunicações efetuadas ao abrigo da presente portaria, seus autores, respetiva data e hora e no âmbito de que processo judicial ocorreram.

3. Os utilizadores que acedam ao conteúdo da informação transmitida ao abrigo da presente portaria ficam obrigados ao dever de sigilo nos termos legais.

Artigo 5º - Entrada em vigor[1]

1. Sem prejuízo do disposto no número seguinte, a presente portaria, incluindo a obtenção de informação sobre o estabelecimento de ensino frequentando ao abrigo do artigo 2º e a realização da notificação das decisões respeitantes à regulação do exercício das responsabilidades parentais e questões conexas ao abrigo do disposto no nº 1 do artigo 3º, entra em vigor no dia 4 de dezembro de 2019.

2. Aplica -se a partir de 7 de outubro de 2020:

[1] O nº 2 tem a redação da Portaria nº 101/2020, de 23 de abril.

a) O disposto no nº 1 do artigo 3º quanto às notificações e demais comunicações realizadas pelos tribunais judiciais ao abrigo dessa norma não abrangidas pelo disposto no número anterior;

b) O disposto nos nºs 2, 3 e 4 do artigo 3º

A Secretária de Estado da Justiça, *Anabela Damásio Caetano Pedroso*, em 3 de outubro de 2019. – A Secretária de Estado Adjunta e da Educação, *Alexandra Ludomila Ribeiro Fernandes Leitão*, em 4 de outubro de 2019.

Portaria nº 358/2019, de 8 de outubro*

Regulamenta as comunicações eletrónicas entre o sistema de informação de suporte à atividade dos tribunais, o sistema informático de suporte à atividade dos agentes de execução e os sistemas de informação da Segurança Social, do Fundo de Garantia Salarial e da Caixa Geral de Aposentações no âmbito da realização de penhoras de prestações sociais e pensões.

Com a publicação do Decreto-Lei nº 97/2019, de 26 de julho, que alterou o regime de tramitação eletrónica dos processos judiciais previsto no Código de Processo Civil, foram criadas condições para a implementação de diversas medidas do Programa Simplex+, nomeadamente as que respeitam à simplificação e desmaterialização das comunicações entre os tribunais e entidades públicas.

É o que sucede com as medidas «Penhoras integradas» e «Penhoras + Eficientes na Caixa Geral de Aposentações», que agora se concretizam, e que visam agilizar as comunicações entre agentes de execução e a Segurança Social, o Fundo de Garantia Salarial e a Caixa Geral de Aposentações no âmbito de penhoras de prestações sociais e pensões, permitindo, à imagem do que já sucede nas penhoras de saldos bancários, um acesso mais completo, pelo agente de execução, à informação constante das bases de dados dessas entidades, bem como a simplificação do processo de penhora. Dá-se corpo, assim, ao disposto no nº 3 do artigo 712º do Código de Processo Civil, que prevê que as consultas a realizar pelo agente de execução com vista à efetivação da penhora, bem como as comunicações entre este e as entidades públicas para ordenar a realização de penhoras, a sua modificação ou levantamento, são, em regra, realizadas por meios eletrónicos, bem como ao disposto no nº 8 do artigo 773º e no nº 6 do artigo 779º do mesmo Código, que preveem as comunicações por via eletrónica entre o agente de execução e a entidade pagadora no âmbito da penhora de créditos, nos quais se incluem prestações sociais e pensões.

A medida «Penhoras + Eficientes na Caixa Geral de Aposentações» vem ainda criar novas funcionalidades que permitem aos agentes de execução submeterem, por via

[1] Com as alterações introduzidas pela Portaria nº 137/2021, de 30 de julho.

eletrónica e de forma mais célere, a informação necessária para a criação das penhoras sobre as pensões pagas pela Caixa Geral de Aposentações.

Em função da concretização destas medidas, torna-se necessário igualmente introduzir algumas alterações ao regime de consulta, pelo agente de execução, de bases de dados públicas para identificação de bens penhoráveis, pelo que se procede à alteração da Portaria nº 331-A/2009, de 30 de março.

Promove-se, deste modo, sem diminuição das garantias dos executados, a celeridade e eficiência da ação executiva, ao mesmo tempo que se agiliza e simplifica a atuação da Segurança Social, do Fundo de Garantia Salarial e da Caixa Geral de Aposentações.

Foram ouvidos a Procuradoria-Geral da República, a Ordem dos Solicitadores e dos Agentes de Execução e a Comissão Nacional de Proteção de Dados.

Foi promovida a audição do Conselho Superior da Magistratura e da Ordem dos Advogados. Foi igualmente promovida a audição dos órgãos de governo próprio das Regiões Autónomas da Madeira e dos Açores.

Assim:

Ao abrigo do disposto nos nºs 2 e 5 do artigo 132º, no nº 9 do artigo 144º, na alínea *a*) do nº 5 do artigo 219º, no nº 3 do artigo 749º, no nº 8 do artigo 773º e no nº 6 do artigo 779º do Código de Processo Civil, aprovado pela Lei nº 41/2013, de 26 de junho, manda o Governo, pelas Secretárias de Estado da Justiça e da Segurança Social, o seguinte:

Artigo 1º – Objeto e âmbito[1]

1. A presente portaria regulamenta as comunicações por via eletrónica entre:

a) O agente de execução e a Segurança Social, o Fundo de Garantia Salarial e a Caixa Geral de Aposentações no âmbito da realização de penhoras e de adjudicações de prestações sociais e de pensões em processos executivos cíveis;

b) Os tribunais judiciais e a Segurança Social, o Fundo de Garantia Salarial e a Caixa Geral de Aposentações no âmbito da realização de deduções de quantias em prestações sociais e em pensões em processos judiciais;

c) Os tribunais judiciais e a Segurança Social, o Fundo de Garantia Salarial e a Caixa Geral de Aposentações no âmbito da obtenção de informação constante das bases de dados da Segurança Social, do Fundo de Garantia Salarial e da Caixa Geral de Aposentações em processos judiciais.

2. A presente portaria procede ainda à terceira alteração da Portaria nº 331-A/2009, de 30 de março.

Artigo 2º – Comunicações eletrónicas[1]

1. As comunicações entre o agente de execução ou os tribunais judiciais e a Segurança Social, o Fundo de Garantia Salarial e a Caixa Geral de Aposentações, no âmbito definido no artigo anterior, realizam-se por via eletrónica, através do envio, sempre que possível de forma automática, de informação estruturada e de documentos eletrónicos entre o sistema de informação de suporte à atividade dos tribunais ou o sistema

[1] Redação da Portaria nº 137/2021, de 30 de junho.

de informação de suporte à atividade dos agentes de execução e os sistemas de informação das referidas entidades.

2. As comunicações previstas no número anterior incluem:

a) As notificações de penhora de prestações sociais e de pensões, de alteração e de levantamento da penhora, as consultas das penhoras realizadas e o envio de informação periódica;

b) As notificações de adjudicação de prestações sociais e de pensões ou de dedução de quantias em prestações sociais e em pensões, de alteração e de cessação da adjudicação ou da dedução, as consultas das adjudicações e deduções realizadas e o envio de informação periódica;

c) As notificações para obtenção, pelos tribunais judiciais, de informação constante das bases de dados destas entidades e respetivas respostas.

3. Às notificações a que se refere a alínea *c*) do número anterior aplica-se, com as necessárias adaptações, o disposto no artigo 4º da Portaria nº 331-A/2009, de 30 de março, devendo os tribunais judiciais indicar a informação que concretamente pretendem obter da Segurança Social, do Fundo de Garantia Salarial e da Caixa Geral de Aposentações.

4. Quando, por indisponibilidade dos sistemas de informação, não seja possível efetuar as comunicações nos termos do número anterior, as comunicações em causa podem ser efetuadas por qualquer meio legalmente admissível.

5. A concretização da interoperabilidade entre os sistemas de informação referidos no nº 1 é efetuada mediante protocolo a celebrar entre o Instituto de Gestão Financeira e Equipamentos da Justiça, I. P., o Instituto da Segurança Social, I. P., o Instituto de Gestão Financeira da Segurança Social, I. P., o Instituto de Segurança Social da Madeira, IP-RAM, o Instituto da Segurança Social dos Açores, IPRA, a Caixa Geral de Aposentações, I. P., o Instituto de Informática, I. P., e a Ordem dos Solicitadores e Agentes de Execução.

Artigo 3º – Alteração à Portaria nº 331-A/2009, de 30 de março

Os artigos 1º, 2º e 4º da Portaria nº 331-A/2009, de 30 de março, alterada pela Portaria n.o 350/2013, de 3 de dezembro, e pela Portaria nº 288/2015, de 17 de setembro, passam a ter a seguinte redação:

> **«Artigo 1º – [...]**
>
> **1.** [...]
>
> *a*) A obtenção de informações referentes à identificação do executado e à identificação e a localização dos seus bens penhoráveis, através da consulta direta, pelo agente de execução, às bases de dados da administração tributária, da Segurança Social, do Fundo de Garantia Salarial, da Caixa Geral de Aposentações, do registo predial, registo comercial, registo automóvel e registo civil e de outros registos ou arquivos semelhantes;
>
> *b*) [...]
>
> **2.** [...]

Artigo 2º – [...]

1. O agente de execução procede, nos termos dos nºs 1 a 4 do artigo 749º do Código de Processo Civil e dos artigos 3º a 5º da presente portaria, à consulta direta, nas bases de dados da administração tributária, da Segurança Social, do Fundo de Garantia Salarial, da Caixa Geral de Aposentações, das conservatórias do registo predial, registo comercial, registo automóvel e registo civil e de outros registos ou arquivos semelhantes, de todas as informações sobre a identificação do executado junto desses serviços e sobre a identificação e a localização dos seus bens penhoráveis, através do sistema informático de suporte à atividade dos agentes de execução e do sistema informático de suporte à atividade dos tribunais.

2. [...]

3. [...]

4. [...]

Artigo 4º – Consulta direta às bases de dados da Segurança Social, da Caixa Geral de Aposentações e do Fundo de Garantia Salarial

1. A consulta direta, pelo agente de execução, através do sistema de informação de suporte à atividade dos tribunais e do sistema informático de suporte à atividade dos agentes de execução, à informação constante das bases de dados da Segurança Social e da Caixa Geral de Aposentações, é efetuada pelo nome e pelos números de identificação da segurança social ou de subscritor da Caixa Geral de Aposentações, número de identificação civil ou número de identificação fiscal do executado.

2. A consulta, pelo agente de execução, à informação constante das bases de dados da Segurança Social e da Caixa Geral de Aposentações por qualquer outro meio legalmente admissível, é efetuada pelo nome, número de identificação civil, pelos números de identificação da Segurança Social ou de subscritor da Caixa Geral de Aposentações ou pelo número de identificação fiscal do executado.

3. A Segurança Social disponibiliza ao agente de execução o nome e o número de identificação da Segurança Social do executado, e a seguinte informação necessária à identificação e localização dos seus bens penhoráveis:

a) [...]

b) [...]

c) [...]

d) Indicação das qualificações ativas e das últimas qualificações encerradas do executado perante o sistema de segurança social;

e) Último montante declarado à Segurança Social para cada uma das qualificações nos termos da alínea anterior;

f) [...]

g) Indicação sobre se o executado aufere pensão de velhice, pensão de invalidez ou qualquer outra prestação social, e, caso aufira, indicação dos respetivos montantes, bem como das penhoras que recaiam sobre as prestações, respetivos montantes, globais e mensais, e quantias já penhoradas;

4. *(Revogado.)*

5. A Caixa Geral de Aposentações disponibiliza ao agente de execução o nome e o número de subscritor, e a seguinte informação necessária à identificação e localização dos seus bens penhoráveis:

a) A identificação da entidade pública empregadora responsável pelas contribuições associadas ao executado, ou respetivas entidades, quando exista mais do que uma;

b) O montante auferido pelo executado, à data da última contribuição, a título de vencimento, salário ou outros rendimentos que constituam base de incidência contributiva para a Caixa Geral de Aposentações;

c) A indicação sobre se o executado aufere alguma pensão de aposentação, reforma, sobrevivência e outras de natureza especial, e, caso aufira, indicação do seu montante, bem como das penhoras que sobre elas recaiam, respetivos montantes globais e mensais e quantias já penhoradas.

6. O Fundo de Garantia Salarial disponibiliza ao agente de execução o nome e o número de identificação da Segurança Social do devedor, bem como a identificação da natureza e do montante dos créditos em dívida.»

Artigo 4º – Norma revogatória

É revogado o nº 4 do artigo 4º da Portaria nº 331-A/2009, de 30 de março.

Artigo 5º – Aplicação no tempo

A presente portaria aplica-se às ações executivas cíveis pendentes à data da sua entrada em vigor, incluindo às penhoras de prestações sociais e pensões em execução.

Artigo 6º – Entrada em vigor

1. Sem prejuízo do disposto nos números seguintes, a presente portaria entra em vigor a 6 de novembro de 2019.

2. O disposto na presente portaria relativamente às comunicações no âmbito das penhoras de pensões em que a entidade pagadora seja a Caixa Geral de Aposentações aplica-se a partir de 26 de fevereiro de 2020.

3. O disposto na presente portaria relativamente às comunicações no âmbito das penhoras de prestações sociais em que a entidade pagadora seja a Segurança Social, ou o Fundo de Garantia Salarial entra em vigor a 1 de abril de 2020.

4. O disposto na presente portaria relativamente às comunicações no âmbito da penhora de pensões em que a entidade pagadora seja a Segurança Social aplica-se a partir da data de entrada em exploração da funcionalidade de Gestão de Pensão no âmbito do novo Sistema de Informação de Pensões.

Em 4 de outubro de 2019.

A Secretária de Estado da Justiça, *Anabela Damásio Caetano Pedroso.* – A Secretária de Estado da Segurança Social, *Cláudia Sofia de Almeida Gaspar Joaquim.*

[7] Acção Declarativa Especial para Cumprimento de Obrigações Pecuniárias Emergentes de Contratos e Injunção

Decreto-Lei nº 269/98, de 1 de setembro*

A instauração de acções de baixa densidade que tem crescentemente ocupado os tribunais, erigidos em órgãos para reconhecimento e cobrança de dívidas por parte dos grandes utilizadores, está a causar efeitos perversos, que é inadiável contrariar.

Na verdade, colocados, na prática, ao serviço de empresas que negoceiam com milhares de consumidores, os tribunais correm o risco de se converter, sobretudo nos grandes meios urbanos, em órgãos que são meras extensões dessas empresas, com o que se postergam decisões, em tempo útil, que interessam aos cidadãos, fonte legitimadora do seu poder soberano. Acresce, como já alguém observou, que, a par de um aumento explosivo da litigiosidade, esta se torna repetitiva, rotineira, indutora da «funcionalização» dos magistrados, que gastam o seu tempo e as suas aptidões técnicas na prolação mecânica de despachos e de sentenças.

É impossível uma melhoria do sistema sem se atacarem a montante as causas que o asfixiam, de que se destaca a concessão indiscriminada de crédito, sem averiguação da solvabilidade daqueles a quem é concedido.

Não podendo limitar-se o direito de acção, importa que se encarem vias de desjudicialização consensual de certo tipo de litígios, máxime do que acima se apon-

* Com as alterações do DL 107/2005, de 1 de julho, diploma que entrou em vigor no dia 15 de setembro de 2005 (tomou-se em linha de conta a Declaração de Rectificação nº 63/2005, publicada no DR, I Série-A, nº 159, 19 de agosto). Nos termos do nº 1 do artigo 7º, este diploma «não se aplica às acções pendentes na data da sua entrada em vigor», não se aplicando também, de acordo com o nº 2 deste preceito, «aos procedimentos de injunção que se encontrem pendentes na data da sua entrada em vigor», apesar de «a apresentação dos autos à distribuição e os termos posteriores» serem regulados pelo DL 107/2005. Tomaram-se em consideração as alterações decorrentes da L 117/2019, de 13 de setembro.

tou. Com efeito, a solução não é a de um quotidiano aumento de tribunais, de magistrados, de oficiais de justiça, na certeza de que sempre ficariam aquém das necessidades.

É elevadíssimo o número de acções propostas para cumprimento de obrigações pecuniárias, sobretudo nos tribunais dos grandes centros urbanos.

Como ilustração, atente-se em que, apenas nos tribunais de pequena instância cível de Lisboa, deram entrada nos anos de 1995, 1996 e 1997 respectivamente 46 760, 56 667 e 88 523 acções, quase todas com o referido objecto.

O artigo 7º do Decreto-Lei nº 329-A/95, de 12 de Dezembro, previu a possibilidade da criação de processos com tramitação própria no âmbito da competência daqueles tribunais.

É oportuno concretizar esse propósito, mas generalizando-o ao conjunto dos tribunais judiciais, pelo que se avança, no domínio do cumprimento de obrigações pecuniárias emergentes de contratos que não excedam o valor da alçada dos tribunais de 1ª instância, com medida legislativa que, baseada no modelo da acção sumaríssima, o simplifica, aliás em consonância com a normal simplicidade desse tipo de acções, em que é frequente a não oposição do demandado.

Paralelamente, a injunção, instituída pelo Decreto-Lei nº 404/93, de 10 de Dezembro, no intuito de permitir ao credor de obrigação pecuniária a obtenção, «de forma célere e simplificada», de um título executivo, no mesmo triénio mereceu uma aceitação inexpressiva, que se cifra, em todo o País, em cerca de 2500 providências por ano.

À margem da sensibilização dos grandes utilizadores para o preocupante fenómeno que se verifica, e que está a contar com a sua adesão, deu-se um passo relevante com o Decreto-Lei nº 114/98, de 4 de Maio, que alterou o artigo 71º do Código do Imposto sobre o Valor Acrescentado, permitindo retirar dos tribunais a tarefa de meras entidades certificadoras de incobrabilidade de dívidas de montante já significativo, apenas para que os credores pudessem conseguir a dedução do IVA.

Procura-se agora incentivar o recurso à injunção, em especial pelas possibilidades abertas pelas modernas tecnologias ao seu tratamento informatizado e pela remoção de obstáculos de natureza processual que a doutrina opôs ao Decreto-Lei nº 404/93, nomeadamente no difícil, senão impraticável, enlace entre a providência e certas questões incidentais nela suscitadas, a exigirem decisão judicial, caso em que a injunção passará a seguir como acção.

Ao mesmo tempo que se eleva até à alçada dos tribunais de 1ª instância o valor do procedimento de injunção, diminuem-se sensivelmente os montantes da taxa de justiça a pagar pelo requerente, não obstante o período já decorrido sobre a sua fixação, em Janeiro de 1994.

Assim, nos termos da alínea *a*) do nº 1 do artigo 198º e do nº 5 do artigo 112º da Constituição, o Governo decreta o seguinte:

Artigo 1º[1] – Procedimentos especiais

É aprovado o regime dos procedimentos destinados a exigir o cumprimento de obrigações pecuniárias emergentes de contratos de valor não superior a € 15 000, publicado em anexo, que faz parte integrante do presente diploma.

Artigo 2º[2] – Fixação de domicílio das partes

1. Nos contratos reduzidos a escrito que sejam susceptíveis de desencadear os procedimentos a que se refere o artigo anterior podem as partes convencionar o local onde se consideram domiciliadas, para efeito de realização da citação ou da notificação, em caso de litígio.

2. A alteração do domicílio convencionado nos termos do número anterior está sujeita, com as necessárias adaptações, ao regime de oponibilidade do nº 2 do artigo 237º-A do Código de Processo Civil.

Artigo 3º[2] – Recusa de assinatura do aviso ou de recebimento da carta

Se o citando ou o notificando recusarem a assinatura do aviso de recepção ou o recebimento da carta, o distribuidor postal lavra nota do incidente antes de a devolver, considerando-se efectuada a citação ou a notificação pessoal face à certificação da ocorrência.

Artigo 4º – Contagem de prazos

À contagem dos prazos constantes das disposições do regime aprovado pelo presente diploma são aplicáveis as regras do Código de Processo Civil, sem qualquer dilação.

Artigo 5º – Alteração ao Código de Processo Civil

O artigo 222º do Código de Processo Civil passa a ter a seguinte redacção:

(As alterações foram colocadas nos locais próprios.)

Artigo 6º

(Revogado pelo DL 34/2008, de 26 de fevereiro.)

Artigo 7º – Revogação

São revogados o Decreto-Lei nº 404/93, de 10 de Dezembro, e a Portaria nº 4/94, de 3 de Janeiro.

Artigo 8º – Entrada em vigor

O presente diploma entra em vigor no dia 1 do 2º mês posterior ao da sua publicação.

[1] Redação do DL 303/2007, de 24 de agosto.

[2] Preceito aditado pelo DL 383/99, de 23 de setembro. O nº 2 tem a redação do DL 38/2003, de 8 de março.

Anexo

Regime dos Procedimentos a que se refere o Artigo 1º do Diploma Preambular

CAPÍTULO I - Acção declarativa

Artigo 1º[1] – Petição e contestação

1. Na petição, o autor exporá sucintamente a sua pretensão e os respectivos fundamentos, devendo mencionar se o local indicado para citação do réu é o de domicílio convencionado, nos termos do nº 1 do artigo 2º do diploma preambular.

2. O réu é citado para contestar no prazo de 15 dias, se o valor da acção não exceder a alçada do tribunal de 1ª instância, ou no prazo de 20 dias, nos restantes casos.

3. A petição e a contestação não carecem de forma articulada, devendo ser apresentadas em duplicado, nos termos do nº 1 do artigo 152º do Código de Processo Civil.

4. O duplicado da contestação será remetido ao autor simultaneamente com a notificação da data da audiência de julgamento.

Artigo 1º-A[2] – Convenção de domicílio

Nos casos de domicílio convencionado, nos termos do nº 1 do artigo 2º do diploma preambular, a citação efectua-se nos termos dos nºs 3 a 5 do artigo 237º-A do Código de Processo Civil, com o efeito disposto no nº 2 do artigo 238º do mesmo Código.

[1] O nº 1 tem a redação do DL 383/99, de 23 de setembro. O nº 2 tem a redação do DL 107/2005, de 1 de julho.

[2] Preceito aditado pelo DL 383/99, de 23 de setembro, e cuja redação foi alterada, sucessivamente, pelo DL 183/2000, de 10 de agosto e pelo DL 38/2003, de 8 de março.

Artigo 2º – Falta de contestação

Se o réu, citado pessoalmente, não contestar, o juiz, com valor de decisão condenatória, limitar-se-á a conferir força executiva à petição, a não ser que ocorram, de forma evidente, excepções dilatórias ou que o pedido seja manifestamente improcedente.

Artigo 3º[1] – Termos posteriores aos articulados

1. Se a acção tiver de prosseguir, pode o juiz julgar logo procedente alguma excepção dilatória ou nulidade que lhe cumpra conhecer ou decidir do mérito da causa.

2. A audiência de julgamento realiza-se dentro de 30 dias, não sendo aplicável o disposto nos nºs 1 a 3 do artigo 155º do Código de Processo Civil às acções de valor não superior à alçada do tribunal de 1ª instância.

3. Quando a decisão final admita recurso ordinário, pode qualquer das partes requerer a gravação da audiência.

4. As provas são oferecidas na audiência, podendo cada parte apresentar até três testemunhas, se o valor da acção não exceder a alçada do tribunal de 1ª instância, ou até cinco testemunhas, nos restantes casos.

5. Em qualquer dos casos previstos no número anterior, não pode a parte produzir mais de três testemunhas sobre cada um dos factos que se propõe provar, não se contando as que tenham declarado nada saber.

Artigo 4º[1] – Audiência de julgamento

1. Se as partes estiverem presentes ou representadas, o juiz procurará conciliá-las; frustrando-se a conciliação, produzem-se as provas que ao caso couber.

2. Não é motivo de adiamento a falta, ainda que justificada, de qualquer das partes e, nas acções de valor não superior à alçada do tribunal de 1ª instância, também a dos seus mandatários.

3. Nas acções de valor superior à alçada do tribunal de 1ª instância, em caso de adiamento, a audiência de julgamento deve efectuar-se num dos 30 dias imediatos, não podendo haver segundo adiamento.

4. Nas acções de valor não superior à alçada do tribunal de 1ª instância, quando as partes não tenham constituído mandatário judicial ou este não comparecer, a inquirição das testemunhas é efectuada pelo juiz.

5. Se ao juiz parecer indispensável, para boa decisão da causa, que se proceda a alguma diligência, suspenderá a audiência na altura que reputar mais conveniente e marcará logo dia para a sua realização, devendo o julgamento concluir-se dentro de 30 dias; a prova pericial é sempre realizada por um único perito.

6. Finda a produção de prova, pode cada um dos mandatários fazer uma breve alegação oral.

7. A sentença, sucintamente fundamentada, é logo ditada para a acta.

[1] Redação do DL 107/2005, de 1 de julho.

Artigo 5º – Depoimento apresentado por escrito

1. Se a testemunha tiver conhecimento de factos por virtude do exercício das suas funções, pode o depoimento ser prestado através de documento escrito, datado e assinado pelo seu autor, com indicação da acção a que respeita e do qual conste relação discriminada dos factos e das razões de ciência invocadas.

2. O escrito a que se refere o número anterior será acompanhado de cópia de documento de identificação do depoente e indicará se existe alguma relação de parentesco, afinidade, amizade ou dependência com as partes ou qualquer interesse na acção.

3. Quando o entenda necessário, poderá o juiz, oficiosamente ou a requerimento das partes, determinar, sendo ainda possível, a renovação do depoimento na sua presença.

Artigo 6º

(Revogado pelo DL 38/2003, de 8 de março.)

CAPÍTULO II – Injunção

Artigo 7º[1] – Noção

Considera-se injunção a providência que tem por fim conferir força executiva a requerimento destinado a exigir o cumprimento das obrigações a que se refere o artigo 1º do diploma preambular, ou das obrigações emergentes de transacções comerciais abrangidas pelo Decreto-Lei nº 32/2003, de 17 de Fevereiro.

Artigo 8º – Secretaria judicial competente

1. O requerimento de injunção é apresentado, à escolha do credor, na secretaria do tribunal do lugar do cumprimento da obrigação ou na secretaria do tribunal do domicílio do devedor.

2. No caso de existirem tribunais de competência especializada ou de competência específica, a apresentação do requerimento na secretaria deve respeitar as respectivas regras de competência.

3. Havendo mais de um secretário judicial, o requerimento é averbado segundo escala iniciada pelo secretário do 1º juízo.

4. Podem ser criadas secretarias judiciais ou secretarias-gerais destinadas aassegurar a tramitação do procedimento de injunção.

Artigo 9º[2] – Apresentação do requerimento de injunção

1. O requerimento de injunção é apresentado, num único exemplar, na secretaria judicial.

2. As formas de apresentação do requerimento são aprovadas por portaria do Ministro da Justiça.

[1] Redação do DL 32/2003, de 17 de fevereiro.

[2] Redação do DL 107/2005, de 1 de julho.

Artigo 10º[1-2-3] – Forma e conteúdo do requerimento

1. O modelo de requerimento de injunção é aprovado por portaria do Ministro da Justiça.*

2. No requerimento, deve o requerente:

a) Identificar a secretaria do tribunal a que se dirige;

b) Identificar as partes;

c) Indicar o lugar onde deve ser feita a notificação, devendo mencionar se se trata de domicílio convencionado, nos termos do nº 1 do artigo 2º do diploma preambular;

d) Expor sucintamente os factos que fundamentam a pretensão;

e) Formular o pedido, com discriminação do valor do capital, juros vencidos e outras quantias devidas;

f) Indicar a taxa de justiça paga;

g) Indicar, quando for caso disso, que se trata de transação comercial abrangida pelo Decreto-Lei nº 32/2003, de 17 de fevereiro, na sua redação atual, ou pelo Decreto-Lei nº 62/2013, de 10 de maio;

h) Indicar o seu domicílio;

i) Indicar o endereço de correio electrónico, se o requerente pretender receber comunicações ou ser notificado por este meio;

j) Indicar se pretende que o processo seja apresentado à distribuição, no caso de se frustrar a notificação;

l) Indicar o tribunal competente para apreciação dos autos se forem apresentados à distribuição;

m) Indicar se pretende a notificação por solicitador de execução ou mandatário judicial e, em caso afirmativo, indicar o seu nome e o respectivo domicílio profissional;

n) Indicar, tratando-se de contrato celebrado com consumidor, se o mesmo comporta cláusulas contratuais gerais, sob pena de ser considerado litigante de má-fé;

o) Assinar o requerimento.

3. Durante o procedimento de injunção não é permitida a alteração dos elementos constantes do requerimento, designadamente o pedido formulado.

4. Se o requerente indicar endereço de correio electrónico, nos termos e para os efeitos da alínea *i*) do nº 2, as comunicações e notificações pela secretaria ao requerente são efectuadas por meios electrónicos, em termos a definir por portaria do Ministro da Justiça.

5. O requerimento pode ser subscrito por mandatário judicial, bastando para o efeito a menção da existência do mandato e do domicílio profissional do mandatário.

[1] Redação do DL 107/2005, de 1 de julho.

[2] Redação da L 14/2006, de 26 de abril. O nº 7 foi aditado pelo DL 226/2008, de 20 de novembro (a alteração proveniente deste diploma aplica-se a todos os procedimentos de injunção, incluindo aqueles em que o requerimento de injunção foi apresentado antes da entrada em vigor do DL 226/2008 (21/11/08) – cfr. art. 22º, nº 2, deste diploma).

[3] As als. *g*) e *n*) têm a redação da L 117/2019, de 13 de setembro.

* Modelo aprovado pela Portaria nº 21/2020, de 28 de janeiro (DR, I Série, nº 19, de 28/01/2020).

6. A subscrição do requerimento por mandatário judicial não o exime da necessidade de preenchimento de todos os elementos relativos ao representado, nomeadamente a indicação do respectivo domicílio.

7. O disposto na alínea *n*) do nº 2 não é aplicável quando o requerimento de injunção for apresentado por meios electrónicos, assegurando o sistema informático a identificação do requerente ou mandatário que procede à apresentação do requerimento.

Artigo 11º[1-2] – Recusa do requerimento

1. O requerimento só pode ser recusado se:

a) Não estiver endereçado à secretaria judicial competente ou não respeitar o disposto na alínea *l*) do nº 2 do artigo anterior;

b) Omitir a identificação das partes, o domicílio do requerente ou o lugar da notificação do devedor;

c) Não estiver assinado, excepto nos casos previstos no nº 7 do artigo anterior;

d) Não estiver redigido em língua portuguesa;

e) Não constar do modelo a que se refere o nº 1 do artigo anterior;

f) Não se mostrar paga a taxa devida;

g) O valor ultrapassar o referido no artigo 1º do diploma preambular, sem que dele conste a indicação prevista na alínea *g*) do nº 2 do artigo anterior;

h) O pedido não se ajustar ao montante ou finalidade do procedimento.

2. Do acto de recusa cabe reclamação para o juiz ou, no caso de tribunais com mais de um juiz, para o que estiver de turno à distribuição.

Artigo 12º[3] – Notificação do requerimento

1. No prazo de 5 dias, o secretário judicial notifica o requerido, por carta registada com aviso de recepção, para, em 15 dias, pagar ao requerente a quantia pedida, acrescida da taxa de justiça por ele paga, ou para deduzir oposição à pretensão.

2. À notificação é aplicável, com as devidas adaptações, o disposto nos artigos 231º e 232º, nos nºs 2 a 5 do artigo 236º e no artigo 237º do Código de Processo Civil.

[**3.** *No caso de se frustrar a notificação por via postal, nos termos do número anterior, a secretaria obtém, oficiosamente, informação sobre residência, local de trabalho ou, tratando-se de pessoa colectiva ou sociedade, sobre sede ou local onde funciona normalmente a administração do notificando, nas bases de dados dos serviços de identificação civil, da segurança social, da Direcção-Geral dos Impostos e da Direcção-Geral de Viação.*]*

4. Se a residência, local de trabalho, sede ou local onde funciona normalmente a administração do notificando, para o qual se endereçou a carta registada com aviso

[1] Redação do DL 107/2005, de 1 de julho.

[2] O nº 1, als. *c*) e *g*) têm a redação do DL 226/2008, de 20 de novembro (a alteração proveniente deste diploma aplica-se a todos os procedimentos de injunção, incluindo aqueles em que o requerimento de injunção foi apresentado antes da entrada em vigor do DL 226/2008 (21/11/08) – cfr. art. 22º, nº 2, deste diploma).

[3] Os nºs 2, 3, 4, 5 e 6 têm a redação do DL 32/2003, de 17 de fevereiro. Os nºs 9 e 10 foram aditados pelo DL 107/2005, de 1 de julho.

de recepção, coincidir com o local obtido junto de todos os serviços enumerados no número anterior, procede-se à notificação por via postal simples, dirigida ao notificando e endereçada para esse local, aplicando-se o disposto nos nºs 2 a 4 do artigo seguinte.

[**5.** *Se a residência, local de trabalho, sede ou local onde funciona normalmente a administração do notificando, para o qual se endereçou a notificação, não coincidir com o local obtido nas bases de dados de todos os serviços enumerados no nº 3, ou se nestas constarem várias residências, locais de trabalho ou sedes, procede-se à notificação por via postal simples para cada um desses locais.*]*

6. Se qualquer das pessoas referidas no nº 2 do artigo 236º do Código de Processo Civil, diversa do notificando, recusar a assinatura do aviso de recepção ou o recebimento da carta, o distribuidor postal lavra nota do incidente antes de a devolver.

7. Não sendo possível a notificação nos termos dos números anteriores, a secretaria procederá conforme considere mais conveniente, tentando, designadamente, a notificação noutro local conhecido ou aguardando o regresso do requerido.

8. Não se aplica o disposto nos nºs 1 e 2 se o requerente indicar que pretende a notificação por solicitador de execução ou mandatário judicial, caso em que se aplica, com as necessárias adaptações, o disposto no Código de Processo Civil para a citação por solicitador de execução ou mandatário judicial.

9. No caso de se frustrar a notificação por solicitador de execução ou mandatário judicial, procede-se à notificação nos termos dos nºs 3 a 7.

10. Por despacho conjunto do ministro com a tutela do serviço público de correios e do Ministro da Justiça, pode ser aprovado modelo próprio de carta registada com aviso de recepção para o efeito do nº 1, nos casos em que o volume de serviço o justifique.

Artigo 12º-A[1] – Convenção de domicílio

1. Nos casos de domicílio convencionado, nos termos do nº 1 do artigo 2º do diploma preambular, a notificação do requerimento é efectuada mediante o envio de carta simples, dirigida ao notificando e endereçada para o domicílio ou sede convencionado.

2. O funcionário judicial junta ao processo duplicado da notificação enviada.

3. O distribuidor do serviço postal procede ao depósito da referida carta na caixa do correio do notificando e certifica a data e o local exacto em que a depositou, remetendo de imediato a certidão à secretaria.

4. Não sendo possível o depósito da carta na caixa do correio do notificando, o distribuidor do serviço postal lavra nota do incidente, datando-a e remetendo-a de imediato à secretaria, excepto no caso de o depósito ser inviável em virtude das dimensões da carta, caso em que deixa um aviso nos termos do nº 5 do artigo 236º do Código de Processo Civil.

[1] Redação do DL 32/2003, de 17 de fevereiro.

* O Ac. do TC 99/2019, de 12/02/19, DR 1ª série, nº 52, 14/03/19, declarou a inconstitucionalidade, com força obrigatória geral, dos nºs 3 e 5 deste artigo 12º.

Artigo 13º[1-2] – Conteúdo e efeito das notificações

1. A notificação deve conter:

a) Os elementos referidos nas alíneas *a*) a *i*) do nº 2 do artigo 10º;

b) A indicação do prazo para a oposição e a respetiva forma de contagem, bem como da preclusão resultante da falta de tempestiva dedução de oposição, nos termos previstos no artigo 14º-A;

c) A indicação de que, na falta de pagamento ou de oposição dentro do prazo legal, será aposta fórmula executória ao requerimento, facultando-se ao requerente a possibilidade de intentar acção executiva;

d) A indicação de que, na falta de pagamento da quantia pedida e da taxa de justiça paga pelo requerente, são ainda devidos juros de mora desde a data da apresentação do requerimento e juros à taxa de 5% ao ano a contar da data da aposição da fórmula executória;

e) A indicação de que a dedução de oposição cuja falta de fundamento o requerido não deva ignorar determina a condenação em multa de valor igual a duas vezes a taxa de justiça devida na acção declarativa.

2. As notificações efectuadas nos termos do número e dos artigos anteriores interrompem a prescrição nos termos do disposto no artigo 323º do Código Civil.

Artigo 13º-A[3] – Frustração da notificação

No caso de se frustrar a notificação do requerido e o requerente não tiver indicado que pretende que os autos sejam apresentados à distribuição, nos termos da alínea *j*) do nº 2 do artigo 10º, a secretaria devolve ao requerente o expediente respeitante ao procedimento de injunção.

Artigo 14º[4] – Aposição da fórmula executória

1. Se, depois de notificado, o requerido não deduzir oposição, o secretário aporá no requerimento de injunção a seguinte fórmula: «Este documento tem força executiva.»

2. O despacho de aposição da fórmula executória é datado, rubricado e selado ou, em alternativa, autenticado com recurso a assinatura electrónica avançada.

3. O secretário só pode recusar a aposição da fórmula executória quando o pedido não se ajuste ao montante ou finalidade do procedimento.

4. Do acto de recusa cabe reclamação nos termos previstos no nº 2 do artigo 11º

5. Aposta a fórmula executória, a secretaria disponibiliza ao requerente, preferencialmente por meios electrónicos, em termos a definir por portaria do Ministro da Justiça, o requerimento de injunção no qual tenha sido aposta a fórmula executória.

[1] Redação do DL 107/2005, de 1 de julho. O nº 2 foi aditado pelo DL 226/2008, de 20 de novembro.

[2] A al. *b*) tem a redação da L 117/2019, de 13 de setembro.

[3] Preceito aditado pelo DL 107/2005, de 1 de julho.

[4] Redação do DL 107/2005, de 1 de julho. O nº 5 tem a redação do DL 226/2008, de 20 de novembro (a alteração proveniente deste diploma aplica-se a todos os procedimentos de injunção, incluindo aqueles em que o requerimento de injunção foi apresentado antes da entrada em vigor do DL 226/2008 (21/11/08) – cfr. artigo 22º, nº 2, deste diploma.

Artigo 14º-A[1] – Efeito cominatório da falta de dedução da oposição

1. Se o requerido, pessoalmente notificado por alguma das formas previstas nos nºs 2 a 5 do artigo 225º do Código de Processo Civil e devidamente advertido do efeito cominatório estabelecido no presente artigo, não deduzir oposição, ficam precludidos os meios de defesa que nela poderiam ter sido invocados, sem prejuízo do disposto no número seguinte.

2. A preclusão prevista no número anterior não abrange:

a) A alegação do uso indevido do procedimento de injunção ou da ocorrência de outras exceções dilatórias de conhecimento oficioso;

b) A alegação dos fundamentos de embargos de executado enumerados no artigo 729º do Código de Processo Civil, que sejam compatíveis com o procedimento de injunção;

c) A invocação da existência de cláusulas contratuais gerais ilegais ou abusivas;

d) Qualquer exceção perentória que teria sido possível invocar na oposição e de que o tribunal possa conhecer oficiosamente.

Artigo 15º – Oposição

À oposição é aplicável o disposto no nº 3 do artigo 1º

Artigo 15º-A[2] – Desistência do pedido

1. Até à dedução de oposição ou, na sua falta, até ao termo do prazo de oposição, o requerente pode desistir do procedimento.

2. No caso de desistência do pedido, a secretaria devolve ao requerente o expediente respeitante ao procedimento de injunção e notifica o requerido daquele facto, se este já tiver sido notificado do requerimento de injunção.

Artigo 16º[3] – Distribuição

1. Deduzida oposição ou frustrada a notificação do requerido, no caso em que o requerente tenha indicado que pretende que o processo seja apresentado à distribuição, nos termos da alínea *j)* do nº 2 do artigo 10º, o secretário apresenta os autos à distribuição que imediatamente se seguir.

2. Salvo o disposto no nº 2 do artigo 11º e no nº 4 do artigo 14º, os autos são também imediatamente apresentados à distribuição sempre que se suscite questão sujeita a decisão judicial.

Artigo 17º[4] – Termos posteriores à distribuição

1. Após a distribuição a que se refere o nº 1 do artigo anterior, segue-se, com as necessárias adaptações, o disposto no nº 4 do artigo 1º e nos artigos 3º e 4º

2. Tratando-se de caso em que se tenha frustrado a notificação do requerido, os autos só são conclusos ao juiz depois de efectuada a citação do réu para contestar, nos termos do nº 2 do artigo 1º

[1] Preceito aditado pela L 117/2019, de 13 de setembro.
[2] Preceito aditado pelo DL 107/2005, de 1 de julho.
[3] Redação do DL 107/2005, de 1 de julho.
[4] Redação do DL 107/2005, de 1 de julho. O nº 3 tem a redação do DL 303/2007, de 24 de agosto.

3. Recebidos os autos, o juiz pode convidar as partes a aperfeiçoar as peças processuais.

4. Se os autos forem apresentados à distribuição em virtude de dedução de oposição cuja falta de fundamento o réu não devesse ignorar, é este condenado, na sentença referida no nº 7 do artigo 4º, em multa de montante igual a duas vezes o valor da taxa de justiça devida na acção declarativa.

Artigo 18º - Valor processual

O valor processual da injunção e da acção declarativa que se lhe seguir é o do pedido, atendendo-se, quanto aos juros, apenas aos vencidos até à data da apresentação do requerimento.

Artigo 19º[1] - Entrega do requerimento de injunção

1. A entrega do requerimento de injunção por advogado ou solicitador é efectuada apenas por via electrónica.

2. O requerente que, sendo representado por advogado ou solicitador, não cumprir o disposto no número anterior fica sujeito ao pagamento imediato de uma multa no valor de metade de unidade de conta, salvo alegação e prova de justo impedimento, nos termos previstos no artigo 146º do Código de Processo Civil.

Artigo 20º[1-*] - Documento comprovativo do pagamento da taxa de justiça

Na falta de junção do documento comprovativo do pagamento da taxa de justiça, é desentranhada a respectiva peça processual.

Artigo 21º[1] - Execução fundada em injunção

1. A execução fundada em requerimento de injunção segue, com as necessárias adaptações, a forma de processo comum.

2. A execução tem como limites as importâncias a que se refere a alínea *d*) do artigo 13º

3. Revertem, em partes iguais, para o exequente e para o Instituto de Gestão Financeira e das Infra-Estruturas da Justiça, I. P., os juros que acrescem aos juros de mora.

Artigo 22º

(Revogado pelo DL 107/2005, de 1 de julho)

[1] Redação do DL 34/2008, de 26 de fevereiro.

[*] O Acórdão do Tribunal Constitucional nº 760/2013, publicado no DR, 1ª série, nº 227, de 22/11/13, declarou, com força obrigatória geral, a inconstitucionalidade do artigo 20º do Regime anexo ao DL 269/98, de 1 de setembro, na redação que lhe foi conferida pelo artigo 10º do DL 34/2008, de 26 de fevereiro, quando interpretado no sentido de que o "não pagamento da taxa de justiça devida pelo réu, na sequência da notificação da distribuição do procedimento de injunção em tribunal judicial para continuar a ser tramitado como ação declarativa especial, constitui causa de desentranhamento liminar da oposição à injunção sem se conceder ao réu as opções previstas no artigo 486º-A [hoje, artigo 570º] do Código de Processo Civil", por violação do artigo 20º, nº 4, da Constituição.

Decreto-Lei nº 62/2013, de 10 de maio

A maioria dos bens e serviços é fornecida por operadores económicos a outros operadores económicos e a entidades públicas em regime de pagamentos diferidos, em que o fornecedor dá ao cliente um determinado período de tempo para pagamento da respetiva fatura, conforme acordado entre as partes, de acordo com as condições expressas na fatura do fornecedor ou nos termos previstos na lei.

Nas transações comerciais entre empresas, ou entre empresas e entidades públicas, verifica-se com frequência que os pagamentos são feitos mais tarde do que o acordado no contrato ou do que consta das condições comerciais gerais. Os atrasos de pagamento desta natureza afetam a liquidez e dificultam a gestão financeira das empresas, em especial das pequenas e médias empresas (PME), particularmente em períodos de recessão, quando o acesso ao crédito é mais difícil.

O Decreto-Lei nº 32/2003, de 17 de fevereiro, alterado pelo Decreto-Lei nº 107/2005, de 1 de julho, e pela Lei nº 3/2010, de 27 de abril, transpôs para o ordenamento interno a Diretiva nº 2000/35/CE, do Parlamento Europeu e do Conselho, de 29 de julho de 2000, a qual estabelecia medidas contra os atrasos de pagamento nas transações comerciais.

A Diretiva nº 2011/7/UE, do Parlamento Europeu e do Conselho, de 16 de fevereiro de 2011, revogou a Diretiva nº 2000/35/CE, do Parlamento Europeu e do Conselho, de 29 de julho de 2000, e introduziu medidas adicionais para dissuadir os atrasos de pagamentos nas transações comerciais. Esta diretiva regula todas as transações comerciais, independentemente de terem sido estabelecidas entre empresas(a estas se equiparando os profissionais liberais) ou entre empresas e entidades públicas, tendo em conta que estas são responsáveis por um considerável volume de pagamentos às empresas. Por conseguinte, regula todas as transações comerciais entre os principais adjudicantes e os seus fornecedores e subcontratantes. Todavia, não se aplica às transações com os consumidores, aos juros relativos a outros pagamentos, como por exemplo os pagamentos efetuados nos termos da legislação em matéria de cheques ou de letras de câmbio, ou aos pagamentos efetuados a título de indemnização por perdas e danos, incluindo os efetuados por companhias de seguro. Assim, e conforme já resulta do enquadramento legal vigente, o regime previsto neste diploma não é aplicável às operações de concessão de crédito bancário, que são reguladas por lei especial.

O presente diploma visa transpor para a ordem jurídica interna a Diretiva nº 2011/ /7/UE, do Parlamento Europeu e do Conselho, de 16 de fevereiro de 2011, procedendo à revisão do anterior regime e à sua substituição à luz do novo diploma comunitário.

Nestes termos, estabelece-se um valor mínimo para a taxa de juros legais de mora comerciais em linha com o previsto na diretiva, prevendo-se o referido limite mínimo no Código Comercial.

É igualmente previsto que, no caso de contratos entre empresas, o prazo de pagamento não deve exceder em regra 60 dias, sem prejuízo de as partes poderem acordar expressamente um prazo superior, se tal não constituir um abuso manifesto face ao credor.

No caso de contratos entre empresas e entidades públicas, na aceção do artigo 2º do Código dos Contratos Públicos, são previstos prazos de pagamento que em regra não excedem 30 dias, salvo disposição expressa em contrário no contrato e desde que tal seja objetivamente justificado pela natureza particular ou pelas características do contrato ou no caso de entidades públicas prestadoras de cuidados de saúde, não podendo exceder em caso algum 60 dias.

O presente diploma não prejudica a possibilidade de as partes acordarem calendários de pagamento em prestações. Nesse caso, sempre que uma das prestações não seja paga na data acordada, os juros e indemnização previstos no presente diploma são calculados com base nos montantes vencidos de acordo com o regime legal aplicável.

Os credores devem ser ressarcidos de forma justa dos custos suportados com a cobrança de pagamentos em atraso, incluindo os custos administrativos e internos associados com essa cobrança. Conforme previsto na diretiva, é estabelecido um valor fixo de 40,00EUR a título de indemnização pelos custos administrativo e internos associados à cobrança dos pagamentos em atraso, que acresce aos juros de mora devidos, sem prejuízo de o credor poder exigir indemnização superior por danos adicionais resultantes do atraso de pagamento do devedor ou pelos custos incorridos pelo credor com o recurso a serviços de advogado, solicitador ou agente de execução.

A desigualdade entre as partes no âmbito das transações comerciais pode levar a que alguns contratos contenham normas que põem injustificadamente em causa o equilíbrio contratual. Assim, o presente diploma proíbe as cláusulas ou práticas comerciais sobre a data de vencimento ou o prazo de pagamento, a taxa de juro de mora ou a indemnização pelos custos suportados com a cobrança da dívida que sejam manifestamente abusivas para o credor, designadamente quando não exista uma razão objetiva para não respeitar a taxa legal de juros de mora ou os prazos de pagamento previstos no presente diploma. Importa, em particular, prever a nulidade de cláusulas que determinem a exclusão completa do direito a cobrar juros ou do direito a indemnização pelos custos suportados com a cobrança da dívida.

Sempre que tais cláusulas revistam a natureza de cláusulas contratuais gerais, prevê-se a possibilidade de recurso à ação inibitória prevista no regime das cláusulas contratuais gerais, mesmo nos casos em que este não fosse aplicável. Esta remissão para o referido regime em nada afeta a normal aplicação do mesmo quanto a outras questões, sempre que o caso o justifique. É ainda mantido o regime em vigor que facilita ao credor a obtenção de um título executivo, permitindo-lhe o recurso à injunção independentemente do valor da dívida.

O presente diploma é aplicável aos contratos celebrados a partir da entrada em vigor do mesmo, não sendo por isso aplicável aos contratos anteriores, incluindo contratos públicos decorrentes de procedimentos de formação iniciados antes daquela data.

Foram ouvidos os órgãos de governo próprio das Regiões Autónomas, a Associação Nacional de Municípios Portugueses, a Associação Nacional de Freguesias, o Banco de Portugal, o Tribunal de Contas e o Conselho de Finanças Públicas.

Foi promovida a audição do Conselho Nacional do Consumo.

Assim:

Nos termos da alínea *a*) do nº 1 do artigo 198º da Constituição, o Governo decreta o seguinte:

Artigo 1º – Objeto

O presente diploma transpõe para a ordem jurídica nacional a Diretiva nº 2011/ /7/UE, do Parlamento Europeu e do Conselho, de 16 de fevereiro de 2011, que estabelece medidas contra os atrasos de pagamento nas transações comerciais.

Artigo 2º – Âmbito de aplicação

1. O presente diploma aplica-se a todos os pagamentos efetuados como remuneração de transações comerciais.

2. São excluídos do âmbito de aplicação do presente diploma:

a) Os contratos celebrados com consumidores;

b) Os juros relativos a outros pagamentos que não os efetuados para remunerar transações comerciais;

c) Os pagamentos de indemnizações por responsabilidade civil, incluindo os efetuados por companhias de seguros.

3. O presente diploma não prejudica:

a) A aplicação do Decreto-Lei nº 118/2010, de 25 de outubro, alterado pelo Decreto-Lei nº 2/2013, de 9 de janeiro, aplicando-se supletivamente;

b) As regras relativas à assunção de compromissos e aos pagamentos em atraso das entidades públicas, nos termos da Lei nº 8/2012, de 21 de fevereiro, alterada pelas Leis nºs 20/2012, de 14 de maio, 64/2012, de 20 de dezembro e 66-B/2012, de 31 de dezembro, e demais legislação complementar.

Artigo 3º – Definições

Para efeitos do presente diploma, entende-se por:

a) «Atraso de pagamento», qualquer falta de pagamento do montante devido no prazo contratual ou legal, tendo o credor cumprido as respetivas obrigações, salvo se o atraso não for imputável ao devedor;

b) «Transação comercial», uma transação entre empresas ou entre empresas e entidades públicas destinada ao fornecimento de bens ou à prestação de serviços contra remuneração;

c) «Entidade pública», uma entidade adjudicante definida no artigo 2º do Código dos Contratos Públicos, independentemente do objeto ou do valor do contrato;

d) «Empresa», uma entidade que, não sendo uma entidade pública, desenvolva uma atividade económica ou profissional autónoma, incluindo pessoas singulares;

e) «Juro de mora», o juro de mora legal por atraso de pagamento ou o juro a uma taxa acordada entre as empresas, sem prejuízo do artigo 8º;

f) «Juro de mora legal», o juro legal por atraso de pagamento cuja taxa é fixada nos termos previstos no Código Comercial, sujeita ao limite mínimo previsto no parágrafo 5 do artigo 102º;

g) «Taxa de referência», a taxa de juro aplicada pelo Banco Central Europeu à sua principal operação de refinanciamento mais recente;

h) «Montante devido», o montante em dívida que deveria ter sido pago no prazo indicado no contrato ou na lei, incluindo taxas, direitos ou encargos aplicáveis que constam da fatura.

Artigo 4º – Transações entre empresas

1. Os juros aplicáveis aos atrasos de pagamentos das transações comerciais entre empresas são os estabelecidos no Código Comercial ou os convencionados entre as partes nos termos legalmente admitidos.

2. Em caso de atraso de pagamento, o credor tem direito a juros de mora, sem necessidade de interpelação, a contar do dia subsequente à data de vencimento, ou do termo do prazo de pagamento, estipulados no contrato.

3. Sempre que do contrato não conste a data ou o prazo de vencimento, são devidos juros de mora após o termo de cada um dos seguintes prazos, os quais se vencem automaticamente sem necessidade de interpelação:

a) 30 dias a contar da data em que o devedor tiver recebido a fatura;

b) 30 dias após a data de receção efetiva dos bens ou da prestação dos serviços quando a data de receção da fatura seja incerta;

c) 30 dias após a data de receção efetiva dos bens ou da prestação dos serviços, quando o devedor receba a fatura antes do fornecimento dos bens ou da prestação dos serviços;

d) 30 dias após a data de aceitação ou verificação, quando esteja previsto, na lei ou no contrato, um processo mediante o qual deva ser determinada a conformidade dos bens ou serviços e o devedor receba a fatura em data anterior ou na data de aceitação ou verificação.

4. Caso esteja previsto um processo de aceitação ou de verificação para determinar a conformidade dos bens ou do serviço, a duração desse processo não pode exceder 30 dias a contar da data de receção dos bens ou da prestação dos serviços, salvo disposição expressa em contrário no contrato e desde que tal não constitua um abuso manifesto face ao credor na aceção do nº 2 do artigo 8º, sem prejuízo do disposto em legislação própria sobre transações de bens alimentares.

5. O prazo de pagamento não pode exceder 60 dias, salvo disposição expressa em contrário no contrato, desde que tal disposição não seja nula nos termos do artigo 8º.

Artigo 5º – Transações entre empresas e entidades públicas

1. Nas transações comerciais entre empresas e uma entidade pública, sendo esta devedora da obrigação de pagamento:

a) O prazo de pagamento não pode exceder os prazos previstos no nº 3 do artigo anterior, exceto nos termos dos nºs 2 e 3;

b) A determinação da data em que é recebida a fatura não pode ficar sujeita a acordo entre devedor e credor;

c) O prazo máximo de duração do processo de aceitação ou verificação para determinar a conformidade dos bens ou dos serviços não pode exceder 30 dias a contar da data de receção dos bens ou dos serviços, salvo disposição expressa em contrário no contrato e no respetivo caderno de encargos, e desde que tal não constitua um abuso manifesto face ao credor na aceção do artigo 8º.

2. Os prazos definidos na alínea *a*) do número anterior não podem exceder 60 dias para as entidades públicas que prestem cuidados de saúde e estejam devidamente reconhecidas como tal.

3. Sem prejuízo do disposto no número anterior, o prazo de pagamento pode exceder os prazos previstos na alínea *a*) do nº 1, quando tal for previsto expressamente no contrato e desde que seja objetivamente justificado pela natureza particular ou pelas características do contrato, não podendo exceder, em caso algum, 60 dias.

4. Em caso de atraso de pagamento da entidade pública, o credor tem direito aos juros de mora legais pelo período correspondente à mora, após o termo do prazo fixado nos nºs 1 a 3, sem necessidade de interpelação.

5. Os juros de mora legais aplicáveis aos atrasos de pagamentos das transações comerciais entre empresas e entidades públicas são os estabelecidos no Código Comercial.

Artigo 6º – Pagamentos em prestações

Quando o pagamento seja devido em prestações e o devedor não efetue uma das prestações na data acordada, os juros de mora e a indemnização são calculados com base nos montantes vencidos.

Artigo 7º – Indemnização pelos custos suportados com a cobrança da dívida

Quando se vençam juros de mora em transações comerciais, nos termos dos artigos 4º e 5º, o credor tem direito a receber do devedor um montante mínimo de 40,00 EUR (quarenta euros), sem necessidade de interpelação, a título de indemnização pelos custos de cobrança da dívida, sem prejuízo de poder provar que suportou custos razoáveis que excedam aquele montante, nomeadamente com o recurso aos serviços de advogado, solicitador ou agente de execução, e exigir indemnização superior correspondente.

Artigo 8º – Cláusulas e práticas abusivas

1. São proibidas, sob pena de nulidade, as cláusulas ou práticas comerciais que:

a) Excluam o pagamento de juros de mora ou a indemnização por custos com a cobrança da dívida, tal como referido no artigo anterior;

b) Sem motivo atendível em face das circunstâncias concretas, estabeleçam prazos excessivos para o pagamento ou excluam ou limitem, de modo direto ou indireto, a responsabilidade pela mora;

c) Digam respeito à data de vencimento, ao prazo de pagamento, à taxa de juro de mora ou à indemnização pelos custos de cobrança, e sejam manifestamente abusivas em prejuízo do credor.

2. Para efeitos de determinar se uma cláusula ou prática comercial é manifestamente abusiva, devem ser ponderados, designadamente, os seguintes fatores:

a) A existência de desvios manifestos da boa prática comercial, contrários à boa-fé;

b) A natureza dos produtos ou dos serviços;

c) A eventualidade de o devedor ter uma razão objetiva para não respeitar a taxa de juro de mora legal, o prazo de pagamento referido no nº 5 do artigo 4º, na alínea *a*) do nº 1 e nos nºs 2 e 3 do artigo 5º, ou o montante fixo a que se refere o artigo anterior.

3. Nos casos dos números anteriores, os contratos mantêm-se, vigorando na parte afetada as normas supletivas aplicáveis, com recurso, se necessário, às regras de integração dos negócios jurídicos.

4. Quando a nulidade afete a cláusula que prevê o prazo de pagamento, aplicam-se os prazos previstos no nº 3 do artigo 4º.

5. As cláusulas nulas referidas neste artigo, quando forem cláusulas contratuais gerais, podem ser objeto da ação inibitória prevista no Decreto-Lei nº 446/85, de 25 de outubro, que estabelece o regime das cláusulas contratuais gerais, aplicando-se os respetivos artigos 25º a 34º, com as necessárias adaptações.

Artigo 9º – Divulgação da taxa de juros moratórios

A taxa de juros moratórios é divulgada por aviso da Direção-Geral do Tesouro e Finanças, publicado na 2ª série do *Diário da República* até 15 de janeiro e 15 de julho de cada ano.

Artigo 10º – Procedimentos especiais

1. O atraso de pagamento em transações comerciais, nos termos previstos no presente diploma, confere ao credor o direito a recorrer à injunção, independentemente do valor da dívida.

2. Para valores superiores a metade da alçada da Relação, a dedução de oposição e a frustração da notificação no procedimento de injunção determinam a remessa dos autos para o tribunal competente, aplicando-se a forma de processo comum.

3. Recebidos os autos, o juiz pode convidar as partes a aperfeiçoar as peças processuais.

4. As ações para cumprimento das obrigações pecuniárias emergentes de transações comerciais, nos termos previstos no presente diploma, seguem os termos da ação declarativa especial para cumprimento de obrigações pecuniárias emergentes de contratos quando o valor do pedido não seja superior a metade da alçada da Relação.

Artigo 11º – Alteração ao Código Comercial

O artigo 102º do Código Comercial passa a ter a seguinte redação:

«Artigo 102º – [...]

[...].

§1º [...].

§2º [...].

§3º [...].

§4º A taxa de juro referida no parágrafo anterior não poderá ser inferior ao valor da taxa de juro aplicada pelo Banco Central Europeu à sua mais recente operação principal de refinanciamento efetuada antes do 1º dia de janeiro ou julho, consoante se esteja, respetivamente, no 1º ou no 2º semestre do ano civil, acrescida de sete pontos percentuais, sem prejuízo do disposto no parágrafo seguinte.

§5º No caso de transações comerciais sujeitas ao Decreto-Lei nº 62/2013, de 10 de maio, a taxa de juro referida no parágrafo terceiro não poderá ser inferior ao valor da taxa de juro aplicada pelo Banco Central Europeu à sua mais recente operação principal de refinanciamento efetuada antes do 1º dia de janeiro ou julho, consoante se esteja, respetivamente, no 1º ou no 2º semestre do ano civil, acrescida de oito pontos percentuais.»

Artigo 12º – Disposição transitória

Até 31 de dezembro de 2015 o disposto no presente diploma não é aplicável às entidades públicas que façam parte do Serviço Nacional de Saúde, salvo quando o credor seja uma micro ou pequena empresa cujo estatuto esteja certificado pelo IAPMEI – Agência para a Competitividade e Inovação, I.P., nos termos do Decreto-Lei nº 372/2007, de 6 de novembro, alterado pelo Decreto-Lei nº 143/2009, de 16 de junho.

Artigo 13º – Norma revogatória

1. É revogado o Decreto-Lei nº 32/2003, de 17 de fevereiro, alterado pelo Decreto-Lei nº 107/2005, de 1 de julho e pela Lei nº 3/2010, de 27 de abril, com exceção dos artigos 6º e 8º, mantendo-se em vigor no que respeita aos contratos celebrados antes da entrada em vigor do presente diploma.

2. As remissões legais ou contratuais para preceitos do Decreto-Lei nº 32/2003, de 17 de fevereiro, consideram-se efetuadas para as correspondentes disposições do presente diploma, relativamente aos contratos a que o mesmo é aplicável nos termos do artigo seguinte.

Artigo 14º – Aplicação no tempo

O presente diploma é aplicável aos contratos celebrados a partir da data de entrada em vigor do mesmo, salvo quando esteja em causa:

a) A celebração ou renovação de contratos públicos decorrentes de procedimentos de formação iniciados antes da sua entrada em vigor e à execução dos contratos que revistam natureza de contrato administrativo celebrados na sequência de procedimentos de formação iniciados antes dessa data;

b) Prorrogações, expressas ou tácitas, do prazo de execução das prestações que constituem o objeto de contratos públicos cujo procedimento tenha sido iniciado previamente à data de entrada em vigor do presente diploma.

Artigo 15º – Entrada em vigor

O presente diploma entra em vigor no primeiro dia do segundo mês seguinte ao da sua publicação.

Portaria nº 220-A/2008, de 4 de março,

com as alterações introduzidas pela Portaria nº 267/2018, de 20 de setembro

A economia necessita de uma forma célere e eficaz para assegurar a cobrança de dívidas.

Vários relatórios internacionais têm salientado que o atraso nos pagamentos é prejudicial à economia pois obriga a financiamentos desnecessários, origina problemas de liquidez e é uma barreira ao comércio (*European Payment Index 2007*). A criação de procedimentos de cobrança rápidos e eficazes para o credor diminui os atrasos nos pagamentos e contribui para a dinamização da economia.

No âmbito dos mecanismos judiciais para cobrança de dívidas, o procedimento de injunção é o procedimento destinado à obtenção de um título executivo mais procurado, verificando-se que anualmente são iniciados mais de 200 000 procedimentos deste tipo.

Um dos factores que explica o sucesso deste procedimento é a sua celeridade. Em 2006, a duração média de cerca de metade dos procedimentos de injunção foi inferior a dois meses.

A desmaterialização do procedimento de injunção que esta portaria executa contribui para facilitar o acesso e o trabalho de todos os profissionais envolvidos neste procedimento, através da utilização das novas tecnologias e de aplicações informáticas que permitam a circulação electrónica dos procedimentos, bem como a prática de actos por via electrónica, sem deslocações e com redução de custos directos e indirectos.

Assim, em primeiro lugar, a entrega do requerimento de injunção por via electrónica a partir de qualquer ponto do País passa a ser possível, sem necessidade de deslocação a qualquer secretaria ou tribunal para a sua entrega, sucedendo o mesmo com qualquer outra peça do procedimento.

Em segundo lugar, a desmaterialização do procedimento permite o acompanhamento da evolução do procedimento através de meios electrónicos pelos utilizadores, dispensando deslocações.

Em terceiro lugar, permite-se a formação e utilização electrónica do título executivo criado a partir do requerimento de injunção, podendo o requerente a ele aceder através de endereço do Ministério da Justiça quando, onde e como quiser. Assim, é atribuída uma referência única a cada título executivo, que não só permitirá a sua consulta pelo requerente como também por qualquer outra entidade a quem o requerente disponibilize as finanças e da Administração Pública e da justiça essa referência. A disponibilização da referência pelo requerente a qualquer entidade dispensa a entrega do título executivo em suporte físico, o que permitirá, por exemplo, a dispensa de entrega da injunção à qual foi aposta a fórmula executória em formato de papel quando se intente uma acção executiva ou se faça prova de que determinado crédito é incobrável para efeitos fiscais.

Mas a desmaterialização do procedimento de injunção não significa apenas a simplificação e a agilização da vida de quem pretende apresentar uma injunção. Permite também a concentração da tramitação das injunções numa única secretaria que agora se cria: o Balcão Nacional de Injunções. A existência de uma secretaria judicial destinada unicamente a tramitar os procedimentos de injunção permite aumentar os níveis de eficiência e eficácia no trabalho, consequência natural da especialização dessa secretaria, contribuindo assim para uma maior celeridade do procedimento. Além disso, a criação do Balcão Nacional de Injunções permitirá retirar estes procedimentos das 231 secretarias judiciais que hoje tramitam injunções, libertando-as para os restantes processos e procedimentos judiciais.

A implementação da desmaterialização do procedimento de injunção implica alterações à regulamentação do Decreto-Lei nº 269/98, nomeadamente no que diz respeito às formas de apresentação do requerimento de injunção e de pagamento da taxa de justiça.

Relativamente às formas de apresentação do requerimento, passa a ser dada prevalência à apresentação em formato electrónico através da Internet.

A apresentação do requerimento em suporte de papel (que deixará de poder ser efectuada por remessa de correio a partir de 1 de Maio de 2008) continua a ser efectuada nas secretarias judiciais competentes de acordo com o disposto no artigo 8º do regime anexo ao Decreto-Lei nº 269/98, não podendo ser efectuada directamente no Balcão Nacional de Injunções. É da competência das secretarias judiciais que recebem o requerimento em ficheiro electrónico ou suporte de papel introduzir os dados constantes do requerimento no sistema informático das injunções de modo que a tramitação do procedimento ocorra no Balcão Nacional de Injunções de forma totalmente desmaterializada.

Quanto às formas de pagamento da taxa de justiça, mantêm-se as existentes anteriormente, excepto o pagamento através de estampilha, que terminará em 30 de Abril de 2008.

Assinale-se, por fim, que a utilização dos meios electrónicos na entrega do requerimento de injunção permite uma redução significativa dos custos para o utilizador, tendo em conta que o Decreto-Lei nº 303/2007, de 24 de Agosto, consagra uma redução de 50% nas taxas a pagar.

Assim:

Manda o Governo, pelos Ministros de Estado e das Finanças e da Justiça, ao abrigo do disposto no artigo 6º do Decreto-Lei nº 269/98, de 1 de Setembro, com a redacção dada pela Declaração de Rectificação nº 16-A/98, de 30 de Setembro, e alterado pelos Decretos-Leis nºs 383/99, de 23 de Setembro, 183/2000, de 10 de Agosto, 323/2001, de 17 de Dezembro, 32/2003, de 17 de Fevereiro, 38/2003, de 8 de Março, 324/2003, de 27 de Dezembro, com a redacção dada pela Declaração de Rectificação nº 26/2004, de 24 de Fevereiro, 107/2005, de 1 de Julho, com a redacção dada pela Declaração de Rectificação nº 63/2005, de 19 de Agosto, e 303/2007, de 24 de Agosto, do disposto nos nºs 4 do artigo 8º, 2 do artigo 9º e 5 do artigo 14º do regime anexo ao Decreto-Lei nº 269/98, de 1 de Setembro, com as alterações mencionadas, e do disposto no nº 1 do artigo 138º-A do Código de Processo Civil, o seguinte:

CAPÍTULO I – Balcão Nacional de Injunções

Artigo 1º – Criação

1. É criada uma secretaria-geral designada por Balcão Nacional de Injunções (BNI).

2. O BNI destina-se a assegurar a tramitação do procedimento de injunção.

Artigo 2º – Quadro de pessoal

O quadro de pessoal do BNI tem a composição constante do mapa anexo, que faz parte integrante da presente portaria.

Artigo 3º – Competência

O BNI tem competência exclusiva em todo o território nacional para a tramitação dos procedimentos de injunção.

Artigo 4º[1] – Secretarias de Lisboa e Porto

1. As actuais secretarias destinadas a assegurar a tramitação do procedimento de injunção de Lisboa e do Porto, criadas pela Portaria nº 433/99, de 16 de Junho, são extintas, mantendo-se em funcionamento como liquidatárias dos processos pendentes à data da entrada em vigor da presente portaria.

2. As secretarias referidas no número anterior mantêm-se como as secretarias competentes para a recepção dos requerimentos de injunção das comarcas de Lisboa e do Porto, respectivamente, até ao dia 31 de Maio de 2008.

[1] Nos termos do artigo 1º da Portaria 1314/2008, de 13 de novembro, cessou, a partir de 29 de novembro de 2008, "a situação de liquidatária da Secretaria-Geral de Injunção de Lisboa", transitando, de acordo com o disposto no artigo 2º da mesma Portaria, para o Balcão Nacional de Injunções, os processos pendentes na Secretaria-Geral de Injunção de Lisboa.

CAPÍTULO II – Apresentação do requerimento de injunção e oposição

Artigo 5º – Apresentação do requerimento de injunção

1. O requerimento de injunção em formato electrónico é apresentado por uma das seguintes formas:

a) Preenchimento e envio de formulário electrónico disponível no sistema informático CITIUS, acessível através do endereço electrónico http://citius.tribunaisnet.mj.pt, valendo como data da prática do acto processual a da confirmação do pagamento da taxa de justiça devida;

b) Envio do ficheiro informático através do sistema informático CITIUS, acessível através do endereço electrónico http://citius.tribunaisnet.mj.pt, valendo como data da prática do acto processual a da confirmação do pagamento da taxa de justiça devida.

2. O requerimento de injunção pode ainda ser apresentado em suporte de papel, por entrega na secretaria judicial, valendo como data da prática do acto processual a da respectiva entrega ou a da confirmação do pagamento da taxa de justiça se este não estiver efectuado no momento da entrega.

3. A apresentação do requerimento de injunção em suporte de papel só pode ser efectuada nas secretarias judiciais competentes, de acordo com o disposto no artigo 8º do regime anexo ao Decreto-Lei nº 269/98, de 1 de Setembro, não podendo ser efectuada no BNI.

4. Quando o requerimento seja entregue em suporte de papel, compete à secretaria em que o requerimento for recebido introduzir no sistema informático das injunções os dados dele constantes.

5. O arquivo do requerimento em suporte de papel compete à secretaria judicial em que o requerimento foi entregue.

Artigo 6º[1] – Formato do ficheiro informático

O formato do ficheiro informático a que se refere a alínea *b*) do nº 1 do artigo anterior é divulgado na Área de Serviços Digitais dos Tribunais, acessível no endereço eletrónico https://tribunais.org.pt.

Artigo 7º – Apresentação da oposição

1. A oposição é apresentada no BNI por uma das seguintes formas:

a) Envio através do sistema informático CITIUS, acessível através do endereço electrónico http://citius.tribunaisnet.mj.pt, valendo como data da prática do acto processual a da respectiva expedição;

b) Entrega, em suporte de papel, valendo como data da prática do acto processual a da respectiva entrega;

c) Remessa pelo correio, sob registo, valendo como data da prática do acto processual a da efectivação do respectivo registo postal;

[1] Redação da Portaria 267/2018, de 20 de setembro.

d) Envio através de telecópia, valendo como data da prática do acto processual a da expedição.

2. A apresentação da oposição através do envio pelo sistema informático CITIUS, prevista na alínea *a*) do número anterior, é efectuada nos termos definidos pela portaria referida nos artigos 138º-A e 150º do Código de Processo Civil.

3. Quando a oposição seja entregue por uma das formas previstas nas alíneas *b*) a *d*) do número anterior, compete ao funcionário do BNI proceder à sua digitalização e introdução no sistema informático das injunções.

Artigo 8º – Apresentação de outros actos processuais

O disposto no artigo anterior aplica-se à apresentação:

a) Da reclamação do acto de recusa do requerimento de injunção;

b) Da reclamação do acto de recusa da aposição da fórmula executória;

c) Da desistência do pedido;

d) De outro requerimento ou acto processual.

CAPÍTULO III – Formas de pagamento da taxa de justiça

Artigo 9º – Pagamento da taxa de justiça

1. O pagamento da taxa de justiça devida pela apresentação do requerimento de injunção é prévio à apresentação do respectivo requerimento, podendo ser efectuado através de sistema electrónico, numerário ou cheque visado.

2. Quando o requerimento de injunção for apresentado por entrega na secretaria judicial, o pagamento da taxa de justiça pode ser também efectuado através de depósito em conta.

3. Quando o requerimento for apresentado pelas formas previstas no nº 1 do artigo 5º, o pagamento da taxa de justiça devida pela apresentação do requerimento de injunção só pode ser efectuado através de sistema electrónico.

4. Se o pagamento for efectuado por sistema electrónico de pagamento, o requerimento de injunção apenas se considera apresentado após a confirmação do pagamento da taxa de justiça.

Artigo 10º – Prazo para pagamento

Sem prejuízo do disposto no nº 3 do artigo anterior, o prazo para realização do pagamento por sistema electrónico de pagamento é de um ano.

CAPÍTULO IV – Notificações pela secretaria

Artigo 11º – Notificações

1. As notificações a realizar pelo BNI são elaboradas através de sistema informático, com aposição de assinatura electrónica.

2. Para os efeitos previstos no número anterior, apenas podem ser utilizados os seguintes meios de assinatura electrónica:

a) Certificados de assinatura electrónica qualificada emitidos no âmbito do Sistema de Certificação Electrónica do Estado;

b) Certificados de assinatura electrónica avançada especialmente emitidos para o efeito pelo Instituto das Tecnologias de Informação na Justiça, I. P.

3. Quando a notificação seja elaborada e assinada nos termos definidos nos números anteriores, a versão em suporte de papel leva aposta a reprodução mecânica da assinatura autógrafa, bem como a indicação de ter sido assinada naqueles termos.

CAPÍTULO V - Disponibilização do título executivo

Artigo 12º - Aposição da fórmula executória

A aposição da fórmula executória é efectuada por meios electrónicos, com recurso a assinatura electrónica do secretário de justiça que respeite o disposto no nº 2 do artigo anterior.

Artigo 13º[1] - Disponibilização por meios informáticos do título executivo

1. Aposta a fórmula executória, o BNI disponibiliza ao requerente os dados do requerimento de injunção no qual foi aposta a fórmula executória, na Área de Serviços Digitais dos Tribunais, acessível no endereço eletrónico https://tribunais.org.pt.

2. De modo a aceder à informação referida no número anterior, o requerente é informado, com a notificação de que foi aposta a fórmula executória ao requerimento de injunção, dos dados necessários para aceder ao título executivo electrónico, nomeadamente a secção do endereço referido no número anterior onde é efectuada a disponibilização e a referência única necessária para aceder ao título executivo.

3. Sem prejuízo do disposto nos números anteriores, no caso de o requerente ter indicado endereço de correio electrónico, nos termos da alínea *i*) do nº 2 do artigo 10º do regime anexo ao Decreto-Lei nº 269/98, de 1 de Setembro, recebe por esse meio o título executivo em formato electrónico.

Artigo 14º[1] - Consulta do título executivo por terceiros

1. A disponibilização pelo requerente da referência única prevista no nº 2 do artigo anterior, juntamente com o número do procedimento em que foi aposta a fórmula executória, a qualquer entidade, pública ou privada, substitui para todos os efeitos, designadamente para intentar acção executiva, a entrega do requerimento de injunção ao qual foi aposta a fórmula executória.

2. As entidades referidas no número anterior podem consultar o título executivo na Área de Serviços Digitais dos Tribunais, acessível no endereço eletrónico https://tribunais.org.pt, utilizando para tal os dados referidos no número anterior.

[1] Redação da Portaria 267/2018, de 20 de setembro.

Artigo 15º – Disponibilização do título executivo em suporte de papel

A disponibilização, pelo BNI, do título executivo em suporte de papel está sujeita ao pagamento, pelo requerente, da quantia adicional de 1/3 de UC.

CAPÍTULO VI – Disposições finais e transitórias

Artigo 16º – Entrega do requerimento de injunção

1. O requerimento de injunção pode ser apresentado, em suporte de papel, por remessa pelo correio, sob registo, na secretaria judicial competente até ao dia 30 de Abril de 2008, valendo como data da prática do acto processual a da efectivação do respectivo registo postal.

2. O requerimento de injunção pode ser apresentado por entrega do ficheiro informático, na secretaria judicial competente, até ao dia 30 de Abril de 2008, valendo como data da prática do acto processual a da respectiva entrega ou a da confirmação do pagamento da taxa de justiça se este não estiver efectuado no momento da entrega.

3. As pessoas ou entidades que não tiverem a possibilidade de aceder ao sistema CITIUS podem proceder à entrega do ficheiro informático, referido no artigo 6º, na secretaria judicial competente, valendo como data da prática do acto processual a da respectiva entrega.

4. A apresentação do requerimento de injunção, no termos dos nºs 2 e 3, considera-se, para todos os efeitos, efectuada por via electrónica, designadamente no que respeita à redução do valor da taxa de justiça.

5. Para efeitos do disposto nos números anteriores e sem prejuízo do disposto no número seguinte, consideram-se secretarias judiciais competentes as que resultem da aplicação do disposto no artigo 8º do regime anexo ao Decreto-Lei nº 269/98, de 1 de Setembro.

6. Para efeitos do disposto nos nºs 2 e 3, o BNI é a secretaria competente da comarca do Porto para apresentação dos requerimentos de injunção em formato electrónico.

7. Quando o requerimento seja apresentado nos termos dos nºs 1 a 3, compete à secretaria em que o requerimento for recebido introduzir no sistema informático das injunções os dados dele constantes.

Artigo 17º – Devolução de estampilhas

Até ao dia 31 de Julho de 2008, as estampilhas adquiridas para efeito de pagamentos da taxa de justiça devida pela apresentação do requerimento de injunção, ao abrigo da Portaria nº 810/2005, de 9 de Setembro, podem ser devolvidas em qualquer secretaria judicial, tendo em vista o seu reembolso.

Artigo 18º – Norma revogatória

São revogadas as Portarias nºs 809/2005, de 9 de Setembro, 810/2005, de 9 de Setembro, e 728-A/2006, de 24 de Julho.

Artigo 19º - Aplicação no tempo

As disposições da presente portaria não se aplicam aos procedimentos de injunção pendentes à data da sua entrada em vigor.

Artigo 20º - Produção de efeitos

1. A presente portaria produz efeitos desde 5 de Março de 2008.

2. O disposto no artigo 18º, na parte em que revoga a forma de pagamento por estampilha, prevista nos artigos 1º e 2º da Portaria nº 810/2005, de 9 de Setembro, apenas produz efeitos a partir de 1 de Maio de 2008.

Artigo 21º - Entrada em vigor

A presente portaria entra em vigor no dia seguinte ao da sua publicação.

MAPA ANEXO

Balcão Nacional de Injunção

Pessoal:
Categorias:
Secretário de justiça - 1;
Escrivão de direito - 1;
Escrivão auxiliar - 25;
Assistente administrativo - 5.

[8] Procedimentos Especiais em Matéria de Arrendamento

Decreto-Lei nº 34/2021, de 14 de maio

Procede à aprovação do Regime do Procedimento de Injunção em Matéria de Arrendamento.

A Lei nº 12/2019, de 12 de fevereiro, veio proibir e punir o assédio no arrendamento, procedendo à quinta alteração ao Novo Regime do Arrendamento Urbano, aprovado pela Lei nº 6/2006, de 27 de fevereiro, entendendo-se como tal «[...] qualquer comportamento ilegítimo do senhorio, de quem o represente ou de terceiro interessado na aquisição ou na comercialização do locado, que, com o objetivo de provocar a desocupação do mesmo, perturbe, constranja ou afete a dignidade do arrendatário, subarrendatário ou das pessoas que com estes residam legitimamente no locado, os sujeite a um ambiente intimidativo, hostil, degradante, perigoso, humilhante, desestabilizador ou ofensivo, ou impeça ou prejudique gravemente o acesso e a fruição do locado».

A par da proibição geral desta prática, a Lei nº 12/2019, de 12 de fevereiro, consagrou também a possibilidade de o inquilino intimar o senhorio para tomar as providências ao seu alcance no sentido de cessar a produção de ruído fora dos limites legalmente estabelecidos, corrigir deficiências do locado, ou das partes comuns do respetivo edifício, que constituam risco grave para a saúde ou segurança de pessoas e bens e ainda corrigir outras situações que impeçam a fruição do locado, o acesso ao mesmo ou a serviços essenciais.

Concomitantemente, a Lei nº 13/2019, de 12 de fevereiro, que estabelece medidas destinadas a corrigir situações de desequilíbrio entre arrendatários e senhorios, a reforçar a segurança e a estabilidade do arrendamento urbano e a proteger arrendatários em situação de especial fragilidade, veio criar a injunção em matéria de arrendamento (IMA) enquanto meio processual destinado a efetivar os direitos do arrendatário ao pagamento de quantia certa do valor da compensação em dívida por execução de obras em substituição do senhorio.

A referida lei criou ainda o Serviço de Injunção em Matéria de Arrendamento, destinado a assegurar a tramitação da IMA.

Face ao exposto, o processo de IMA é objeto de diploma próprio, aprovado por decreto-lei pelo Governo, conforme decorre do artigo 15º da Lei nº 13/2019, de 12 de fevereiro.

Foram ouvidos o Conselho Superior da Magistratura, o Conselho Superior do Ministério Público, a Ordem dos Advogados e a Ordem dos Solicitadores e Agentes de Execução.

Assim:

Nos termos do nº 5 do artigo 15º-T do Novo Regime do Arrendamento Urbano, aprovado pela Lei nº 6/2006, de 27 de fevereiro, na sua redação atual, do artigo 15º da Lei nº 13/2019, de 12 de fevereiro, e da alínea *a*) do nº 1 do artigo 198º da Constituição, o Governo decreta o seguinte:

Artigo 1º – Objeto

O presente decreto-lei procede:

a) À definição do regime do procedimento de injunção em matéria de arrendamento (IMA) previsto no artigo 15º-T da Lei nº 6/2006, de 27 de fevereiro, na sua redação atual, que aprova o Novo Regime do Arredamento Urbano (NRAU);

b) À regulamentação do Serviço de Injunção em Matéria de Arrendamento (SIMA).

Artigo 2º – Procedimentos especiais em matéria de arrendamento

É aprovado o Regime dos Procedimentos Especiais em Matéria de Arrendamento destinados a efetivar os direitos do arrendatário previstos nas alíneas *a*) a *e*) do nº 1 do artigo 15º-T do NRAU, em anexo ao presente decreto-lei e do qual faz parte integrante.

Artigo 3º – Serviço de Injunção em Matéria de Arrendamento

O SIMA, previsto no artigo 15º-U do NRAU, é a secretaria judicial com competência exclusiva para a tramitação, em todo o território nacional, dos procedimentos especiais referidos no artigo 1º.

Artigo 4º – Mapa de pessoal

O mapa de pessoal do SIMA é definido por portaria dos membros do Governo responsáveis pelas áreas das finanças e da justiça.

Artigo 5º – Receita

Cabe ao Instituto de Gestão Financeira e Equipamentos da Justiça, I. P., arrecadar e administrar a receita relativa ao SIMA, designadamente a proveniente de taxas de justiça e multas.

Artigo 6º – Regulamentação

No prazo de 60 dias a contar da publicação do presente decreto-lei, o membro do Governo responsável pela área da justiça regulamenta, por portaria, as normas relativas ao procedimento de IMA, nomeadamente no que respeita às seguintes matérias:

a) Modelo e forma de apresentação do requerimento de IMA e da oposição;
b) Forma de apresentação de demais requerimentos;
c) Modo de designação, substituição e destituição do agente de execução;
d) Forma de realização de comunicações e notificações;
e) Regime de honorários e despesas do agente de execução;
f) Formas de pagamento da taxa de justiça devida pela apresentação do requerimento de IMA;
g) Formas de consulta do processo.

Artigo 7º – Entrada em vigor
O presente decreto-lei entra em vigor no dia seguinte ao da sua publicação.

Visto e aprovado em Conselho de Ministros de 18 de março de 2021. – *António Luís Santos da Costa – João Rodrigo Reis Carvalho Leão – Francisca Eugénia da Silva Dias Van Dunem – Alexandra Ludomila Ribeiro Fernandes Leitão – Jorge Moreno Delgado.*

Promulgado em 6 de maio de 2021.

Publique-se.

O Presidente da República, MARCELO REBELO DE SOUSA.

Referendado em 10 de maio de 2021.

O Primeiro-Ministro, *António Luís Santos da Costa.*

ANEXO
(a que se refere o artigo 2º)

Regime dos Procedimentos Especiais em Matéria de Arrendamento

CAPÍTULO I – Injunção em matéria de arrendamento

Artigo 1º – Objeto

1. É aprovado o Regime dos Procedimentos Especiais em Matéria de Arrendamento destinados a efetivar os direitos do arrendatário.

2. A injunção em matéria de arrendamento (IMA) é a providência que tem por fim conferir força executiva ao requerimento destinado a efetivar os direitos do arrendatário previstos nas alíneas *a*) a *e*) do nº 1 do artigo 15º-T do Novo Regime do Arrendamento Urbano, aprovado pela Lei nº 6/2006, de 27 de fevereiro, na sua redação atual.

Artigo 2º – Objeto

Cada procedimento de IMA diz respeito a apenas um prédio urbano, ou a uma fração autónoma de que o requerente seja arrendatário.

Artigo 3º – Secretaria judicial competente[1]

O requerimento de injunção é apresentado no Serviço de Injunção em Matéria de Arrendamento (SIMA).

Artigo 4º – Requerimento de injunção em matéria de arrendamento

1. O modelo eletrónico do requerimento de IMA, bem como a forma da sua apresentação em papel, são aprovados por portaria do membro do Governo responsável pela área da justiça.

2. No requerimento de IMA, deve o requerente:

a) Identificar as partes, indicando, consoante os casos, os seus nomes ou denominações e domicílios ou sedes e, obrigatoriamente no que respeita ao requerente e sem-

[1] A Portaria nº 236/2021, de 5 de novembro, define o mapa de pessoal do Balcão Nacional do Arrendamento e do Serviço de Injunção em Matéria de Arrendamento (o BNA e o SIMA funcionam de forma agregada e sob a mesma coordenação).

pre que possível relativamente às demais partes, os respetivos números de identificação civil, fiscal e de pessoa coletiva, profissões e locais de trabalho;

b) Indicar o seu endereço de correio eletrónico, se pretender receber notificações ou comunicações por meios eletrónicos;

c) Indicar o local onde deve ser efetuada a notificação, devendo mencionar se se trata de domicílio convencionado, sendo que, na falta deste, deve ser indicado o domicílio ou sede do senhorio;

d) Expor sucintamente os factos que fundamentam a sua pretensão;

e) Formular um, ou vários, dos pedidos previstos no nº 1 do artigo 15º-T do NRAU, se for o caso com discriminação do valor do capital, juros vencidos e outras quantias devidas;

f) Juntar os documentos previstos nas alíneas *a*) a *e*) do nº 1 do artigo 15º-T do NRAU, consoante o pedido ou os pedidos formulados;

g) Juntar o documento comprovativo do pagamento da taxa de justiça devida ou da concessão de apoio judiciário, sem prejuízo do disposto no nº 10;

h) Indicar se pretende que o processo seja apresentado à distribuição, no caso de se frustrar a notificação;

i) Indicar o tribunal competente para a apreciação do processo, se este for apresentado à distribuição;

j) Indicar se pretende a notificação, consoante os casos, por agente de execução, oficial de justiça ou mandatário judicial e, no primeiro e último casos, indicar o seu nome e respetivo domicílio profissional;

k) Designar, consoante os casos, agente de execução ou oficial de justiça, nos termos do disposto no nº 1 do artigo 720º do Código de Processo Civil, aprovado pela Lei nº 41/2013, de 26 de junho, na sua redação atual (Código de Processo Civil);

l) Assinar o requerimento.

3. Na pendência do procedimento de IMA não é permitida a alteração dos elementos constantes do requerimento, designadamente o pedido.

4. No mesmo requerimento, nos casos previstos nas alíneas *d*) ou *e*) do nº 1 do artigo 15º-T do NRAU, sempre que seja necessária a realização de obras nas partes comuns de edifício constituído em regime de propriedade horizontal, o requerente deva ainda indicar, consoante os casos, o nome ou denominação e o domicílio ou sede do administrador do condomínio.

5. Se o requerente indicar endereço de correio eletrónico, nos termos e para os efeitos acima referidos, as comunicações e notificações que lhe forem endereçadas pelo SIMA são efetuadas por meios eletrónicos, em termos a definir por portaria do membro do Governo responsável pela área da justiça.

6. O requerimento pode ser subscrito por mandatário judicial, bastando para o efeito a menção da existência do mandato e do domicílio profissional do mandatário.

7. A subscrição do requerimento por mandatário judicial não o exime da necessidade de preenchimento de todos os elementos relativos ao representado, nomeadamente a indicação do respetivo domicílio.

8. A submissão do requerimento por mandatário judicial é obrigatoriamente efetuada por via eletrónica.

9. Quando o requerente não esteja patrocinado por mandatário judicial, ou, estando, exista justo impedimento, o requerimento de IMA pode ser deduzido por uma das seguintes formas:

a) Entrega na secretaria judicial, valendo como data da sua prática a da respetiva entrega;

b) Remessa pelo correio, sob registo, valendo como data da sua prática a da efetivação do respetivo registo postal;

c) Envio através de telecópia, valendo como data da sua prática a da expedição;

d) Submissão por via eletrónica.

10. Faltando, à data da apresentação do requerimento, menos de 30 dias para a extinção do direito do arrendatário, ou ocorrendo outro motivo fundado de urgência, pode o requerente apresentar documento comprovativo do pedido de apoio judiciário requerido, mas ainda não concedido.

11. Sem prejuízo do disposto no número anterior, o procedimento considera-se iniciado na data do pagamento da taxa de justiça devida ou da junção do documento comprovativo da concessão de apoio judiciário nas modalidades de dispensa ou pagamento faseado da taxa de justiça e demais encargos com o processo.

12. Na submissão eletrónica dos requerimentos devem ser utilizados mecanismos de autenticação segura, incluindo os do cartão de cidadão e chave móvel digital, com recurso ao Sistema de Certificação de Atributos Profissionais (SCAP), bem como os meios de identificação eletrónica emitidos noutros Estados-Membros reconhecidos para o efeito nos termos do artigo 6º do Regulamento (UE) nº 910/2014 do Parlamento Europeu e do Conselho.

13. Os requerimentos submetidos por via eletrónica devem ser assinados com recurso a assinaturas eletrónicas qualificadas, incluindo as do cartão de cidadão e chave móvel digital, com possibilidade de recurso ao SCAP, ou outras que constem da Lista Europeia de Serviços de Confiança, sem prejuízo do disposto no artigo 4º da Lei nº 37/2014, de 26 de junho, na sua redação atual.

Artigo 5º – Recusa do requerimento

1. O requerimento de IMA só pode ser recusado se:

a) Não for apresentado no modelo referido no nº 1 do artigo anterior;

b) Não for apresentado no SIMA;

c) Não indicar o tribunal competente para apreciação do processo, se for apresentado à distribuição;

d) Omitir a identificação das partes e dos elementos a que alude a alínea *a*) do nº 2 do artigo anterior, que dela devam obrigatoriamente constar ou o local da notificação dos requeridos;

e) Não estiver assinado;

f) Não estiver redigido em língua portuguesa;

g) Não tiver sido junto, consoante os casos, o documento comprovativo do pagamento da taxa de justiça devida ou da concessão de apoio judiciário, ou de este ter sido requerido ou concedido e das respetivas modalidades;

h) O pedido não se ajustar à finalidade do procedimento.

2. Do ato de recusa cabe reclamação para o juiz.

3. Nos casos em que haja recusa, o requerente pode apresentar outro requerimento ou juntar o documento, consoante os casos, a que se refere a alínea *g*) do nº 1, no prazo de 10 dias subsequentes à notificação daquela, considerando-se o procedimento iniciado na data em que o primeiro requerimento foi apresentado.

Artigo 6º – Notificação do requerimento

1. Recebido o requerimento, o SIMA expede imediatamente notificação para o requerido, por carta registada com aviso de receção, para, em 15 dias, este:

a) Demonstrar a execução da intimação que constitui objeto do requerimento, acrescida da taxa de justiça paga pela respetiva dedução; ou

b) Deduzir oposição à pretensão.

2. Havendo vários requeridos, a notificação é expedida para todos eles, nos termos e para os efeitos previstos no número anterior.

3. A notificação é expedida para o local indicado no requerimento, aplicando-se, com as necessárias adaptações, o disposto no artigo 228º, nos nºs 3 a 5 do artigo 229º e no nº 2 do artigo 230º, não havendo lugar à advertência prevista no artigo 233º, bem como o disposto no artigo 246º, todos do Código de Processo Civil.

4. O ato de notificação deve conter:

a) Os elementos referidos nas alíneas *a*) a *g*) do nº 2 do artigo 4º e, se for caso disso, no nº 9 do mesmo artigo;

b) A indicação do prazo para a oposição e a respetiva forma de contagem;

c) A indicação de que, na falta de execução da intimação que constitui objeto do requerimento de IMA, ou de oposição dentro do prazo legal, será constituído título para execução da injunção com a faculdade de o requerente a efetivar imediatamente;

d) A indicação de que, na falta de pagamento da quantia pedida e da taxa de justiça paga pelo requerente do valor da compensação em dívida, nos casos em que o pedido formulado seja de pagamento de quantia certa, são ainda devidos juros de mora desde a data da apresentação do requerimento e juros à taxa legal fixada para os juros civis a contar da data da aposição da fórmula executória.

5. As notificações efetuadas nos termos do presente artigo interrompem a prescrição, nos termos do disposto no artigo 323º do Código Civil, aprovado pelo Decreto-Lei nº 47 344, de 25 de novembro de 1966, na sua redação atual.

6. Nos casos previstos no nº 4 do artigo 4º, o requerimento deve ser igualmente notificado ao administrador do condomínio, o qual pode apresentar oposição na parte respeitante à intervenção nas partes comuns do edifício.

Artigo 7º – Frustração da notificação

No caso de se frustrar a notificação do requerido, e o requerente não tiver indicado pretender que os autos sejam admitidos à distribuição, o SIMA devolve a este último o expediente respeitante ao procedimento de injunção.

Artigo 8º – Constituição de título executivo

1. O SIMA atribui ao requerimento de IMA a força de título executivo se:

a) Depois de notificado, o requerido não deduzir oposição no respetivo prazo;

b) A oposição se tiver por não deduzida nos termos do disposto nos nºs 4 e 5 do artigo seguinte.

2. Para o efeito, é aposta no requerimento de IMA a seguinte fórmula: «Este documento tem força executiva».

3. O despacho de aposição da fórmula executória é assinado eletronicamente.

4. Só pode ser recusada a aposição da fórmula executória quando o pedido não se ajuste ao montante ou finalidade do procedimento.

5. Do ato de recusa cabe reclamação nos termos previstos no nº 2 do artigo 5º

6. Aposta a fórmula executória, o SIMA disponibiliza ao requerente, e, consoante os casos, ao agente de execução ou oficial de justiça, o requerimento de IMA, nos termos definidos por portaria do membro do Governo responsável pela área da justiça.

7. A execução do requerimento de IMA ao qual tiver sido aposta a fórmula executória segue os termos previstos no Código de Processo Civil para a execução de sentença ou injunção.

8. Nos casos previstos no número anterior não há lugar a oposição à execução.

CAPÍTULO II – Ação declarativa

Artigo 9º – Apresentação de oposição

1. O requerido pode opor-se à injunção no prazo de 15 dias a contar da sua notificação.

2. A oposição não carece de forma articulada, devendo ser apresentada no SIMA por via eletrónica, com menção da existência do mandato e do domicílio profissional do mandatário.

3. Com a oposição, deve o requerido comprovar o prévio pagamento da taxa de justiça devida ou a concessão do benefício de apoio judiciário.

4. Não se mostrando paga a taxa de justiça prevista no número anterior, a oposição tem-se por não deduzida.

5. A oposição tem-se igualmente por não deduzida quando o requerido não efetue o pagamento da taxa de justiça devida no prazo de cinco dias a contar da data da notificação da decisão definitiva de indeferimento do pedido de apoio judiciário na modalidade de dispensa ou pagamento faseado da taxa de justiça e demais encargos com o processo.

6. O modelo eletrónico da oposição bem como, nos casos do nº 9 do artigo 4º, a sua forma de apresentação em papel são aprovados por portaria do membro do Governo responsável pela área da justiça.

7. É aplicável à oposição, com as necessárias adaptações, o disposto nos nºs 5 a 9, 12 e 13 do artigo 4º

Artigo 10º – Distribuição e termos posteriores

1. A oposição é decidida pelo tribunal competente.

2. Tratando-se de caso em que se tenha frustrado a notificação do requerido, os autos só são conclusos ao juiz depois de efetuada a citação do réu para contestar, nos termos das alíneas *a*) e *b*) do nº 1 do artigo 6º

3. À distribuição dos autos e sua tramitação posterior é aplicável, com as necessárias adaptações, o disposto nos artigos 15º-H e 15º-I do NRAU.

CAPÍTULO III – Execução

Artigo 11º – Designação oficiosa de agente de execução

1. O SIMA procede, oficiosamente, à designação eletrónica e automática de agente de execução quando:

a) O requerente não tenha designado, no requerimento de IMA, agente de execução para o efeito;

b) A designação efetuada pelo requerente não seja válida.

2. A análise da validade da designação prevista na alínea *b*) do número anterior é efetuada em momento prévio à remessa dos autos à distribuição no tribunal competente.

3. A designação prevista no nº 1 é efetuada nos termos do artigo 720º do Código de Processo Civil.

Artigo 12º – Realização de obras

1. Nos casos previstos nas alíneas *c*) a *e*) do nº 1 do artigo 15º-T do NRAU, sempre que a execução envolva a realização de obras, a mesma deve ter por base o auto da câmara municipal previsto no nº 3 do artigo 13º-B do NRAU.

2. O título executivo formado nos termos dos presentes procedimentos habilita o requerente a proceder a obras no locado ou nas partes comuns do edifício em que aquele se integre.

Artigo 13º – Pagamento do valor da compensação em dívida por execução de obras em substituição do senhorio

1. Nos casos previstos nas alíneas *a*) e *b*) do nº 1 artigo 15º-T do NRAU, na sequência da aposição de fórmula executória ou da sentença, o SIMA deve:

a) Disponibilizar o título ou a decisão judicial;

b) Notificar o requerente para, em 10 dias:

i) Juntar ao processo os documentos referidos na alínea *g*) do nº 2 do artigo 4º, sem prejuízo do disposto no seu nº 10;

ii) Indicar, caso ainda não o tenha feito e pretenda fazer, ou caso o mesmo ainda não se tenha associado ao processo através do sistema de informação de suporte à atividade dos tribunais, mandatário judicial que o represente na execução para pagamento de quantia certa, juntando a respetiva procuração.

2. A não apresentação, no prazo de 10 dias, dos documentos previstos na subalínea *i*) da alínea *b*) do número anterior é havida como desistência da instância.

3. Recebidos os elementos previstos na alínea *b*) do nº 1, o SIMA remete, por via eletrónica, para o tribunal competente para a execução, o título executivo, os documentos referidos na subalínea *i*) da alínea *b*) do nº 1, consoante os casos, e, se for caso disso, a procuração referida na subalínea *ii*) da alínea *b*) do nº 1, valendo o conjunto destes documentos como requerimento executivo.

4. Efetuado o envio do requerimento executivo para o tribunal, o SIMA remete ao requerente o comprovativo desse envio, juntamente com as referências necessárias para efetuar o pagamento dos honorários devidos ao agente de execução designado, nos termos da regulamentação relativa à remuneração do agente de execução nas execuções cíveis.

5. Caso a designação do agente de execução tenha sido efetuada pelo SIMA, são remetidos ao requerente, juntamente com elementos referidos no número anterior, os elementos de identificação e de contacto do agente de execução.

6. Nos casos em que o requerente tenha constituído mandatário judicial no âmbito do procedimento especial de IMA, presume-se que o mesmo se mantém válido para a execução para pagamento de quantia certa.

CAPÍTULO IV – Extinção e uso indevido do procedimento

Artigo 14º – Extinção do procedimento

1. O procedimento de injunção extingue-se com o reconhecimento pelo requerente do cumprimento da injunção, por desistência do procedimento por parte do requerente ou por morte do requerente ou do requerido.

2. O requerente pode desistir do procedimento de injunção até à dedução da oposição ou, na sua falta, até ao termo do prazo de oposição.

3. Nos casos previstos nos números anteriores, o SIMA devolve, a pedido do requerente, o expediente respeitante ao procedimento de injunção e, se este já tiver sido notificado do requerimento de IMA, notifica o requerido daqueles factos.

Artigo 15º – Uso indevido do procedimento

Aquele que fizer uso indevido do procedimento de injunção incorre em responsabilidade nos termos da lei de processo civil.

CAPÍTULO V – Outras disposições processuais

Artigo 16º – Tramitação, comunicações e notificações

1. A tramitação do procedimento especial de injunção é efetuada eletronicamente, nos termos definidos por portaria do membro do Governo responsável pela área da justiça.

2. São ainda efetuadas por via eletrónica, nos termos definidos por portaria do membro do Governo responsável pela área da justiça, as notificações realizadas pelo SIMA e as comunicações entre o SIMA, os tribunais, os mandatários judiciais e, consoante os casos, os agentes de execução ou os oficiais de justiça.

Artigo 17º – Consulta do processo

A forma de consulta do processo é definida por portaria do membro do Governo responsável pela área da justiça.

Artigo 18º – Patrocínio judiciário

1. No procedimento de injunção é obrigatória a constituição de mandatário judicial para a dedução de oposição deduzida pelo senhorio.

2. As partes têm de se fazer representar por mandatário judicial nos atos processuais subsequentes à distribuição do procedimento de injunção.

Artigo 19º – Apoio judiciário

1. Ao procedimento de injunção aplica-se o regime de acesso ao direito e aos tribunais, com as necessárias adaptações e as seguintes especificidades:

a) O prazo previsto para a propositura da ação é reduzido para 10 dias;

b) O prazo identificado na alínea anterior não pode ser prorrogado;

c) Sendo requerido apoio judiciário na modalidade de dispensa de pagamento ou pagamento faseado da taxa de justiça e demais encargos, equivale ao pagamento da taxa de justiça aplicável a junção do documento comprovativo da apresentação do respetivo pedido.

2. Em caso de indeferimento do pedido de apoio judiciário na modalidade de dispensa ou pagamento faseado de taxa de justiça e demais encargos com o processo, o requerente deve efetuar o pagamento da taxa de justiça devida no prazo de cinco dias a contar da data da notificação da decisão definitiva de indeferimento, sob pena de extinção do procedimento.

Artigo 20º – Atos judiciais

1. Estão sujeitos a distribuição os atos que careçam de despacho judicial.

2. Os atos a praticar pelo juiz no âmbito do procedimento de injunção revestem caráter urgente.

Artigo 21º – Prazos

Aos prazos do procedimento de injunção aplicam-se as regras previstas no Código de Processo Civil.

CAPÍTULO VI – Custas processuais

Artigo 22º – Regime das custas processuais

Ao procedimento de injunção, quer quando esteja a correr no SIMA, quer quando esteja a correr no tribunal, aplica-se o Regulamento das Custas Processuais, aprovado pelo Decreto-Lei nº 34/2008, de 26 de fevereiro, na sua redação atual, com as especificidades previstas dos artigos seguintes.

Artigo 23º – Taxas de justiça

1. A taxa de justiça devida pela apresentação do requerimento de IMA corresponde àquela prevista, na tabela II do Regulamento das Custas Processuais, para as execuções em que as diligências de execução não sejam realizadas por oficial de justiça.

2. A taxa de justiça devida pela apresentação da oposição ao requerimento de IMA, bem como pela resposta a este, corresponde àquela prevista, na tabela II do Regulamento das Custas Processuais, para a oposição à execução ou à penhora.

Artigo 24º – Formas de pagamento da taxa de justiça devida pela apresentação do requerimento de injunção em matéria de arrendamento

As formas de pagamento da taxa de justiça devida pela apresentação do requerimento de IMA são definidas por portaria do membro do Governo responsável pela área da justiça.

Artigo 25º – Pagamento da taxa de justiça noutras situações

1. Nos casos não previstos no artigo anterior, o pagamento da taxa de justiça devida é efetuado através da emissão de documento único de cobrança e do respetivo pagamento, nos termos do Regulamento das Custas Processuais e da respetiva regulamentação.

2. O pagamento efetuado nos termos do número anterior é comprovado pela junção do respetivo documento comprovativo à peça processual a que respeita.

Portaria nº 257/2021, de 19 de novembro[1]

Regulamenta o regime do procedimento de injunção em matéria de arrendamento.

A Lei nº 12/2019, de 12 de fevereiro, que proíbe e pune o assédio no arrendamento, procedendo à quinta alteração ao Novo Regime do Arrendamento Urbano, aprovado pela Lei nº 6/2006, de 27 de fevereiro, consagrou a possibilidade de o inquilino intimar o senhorio para tomar as providências ao seu alcance no sentido de cessar a produção de ruído fora dos limites legalmente estabelecidos, corrigir deficiências do locado, ou das partes comuns do respetivo edifício, que constituam risco grave para a saúde ou a segurança de pessoas e bens e ainda corrigir outras situações que impeçam a fruição do locado, o acesso ao mesmo ou a serviços essenciais.

Concomitantemente, a Lei nº 13/2019, de 12 de fevereiro, que estabelece medidas destinadas a corrigir situações de desequilíbrio entre arrendatários e senhorios, a reforçar a segurança e a estabilidade do arrendamento urbano e a proteger arrendatários em situação de especial fragilidade, veio criar a injunção em matéria de arrendamento (IMA) enquanto meio processual destinado a efetivar os direitos do arrendatário ao pagamento de quantia certa do valor da compensação em dívida por execução de obras em substituição do senhorio, à cessação de atividades causadoras de risco para a saúde do arrendatário, à correção de deficiências do locado causadoras de risco grave para a saúde ou para a segurança de pessoas ou bens e à correção de impedimento da fruição do locado.

Esta lei criou ainda, junto da Direção-Geral da Administração da Justiça, o Serviço de Injunção em Matéria de Arrendamento, enquanto secretaria judicial com competência exclusiva para assegurar a tramitação da IMA.

O Decreto-Lei nº 34/2021, de 14 de maio, que procede à aprovação do Regime do Procedimento de Injunção em Matéria de Arrendamento, consagra o regime dos procedimentos especiais destinados a efetivar os direitos do arrendatário.

Através da presente portaria, regulamentam-se as matérias relativas à forma de apresentação e ao modelo do requerimento da IMA e da oposição à injunção, à forma

[1] Declaração de Retificação nº 42/2021, de 16 de dezembro, publicada no DR nº 242/2021, I Série.

de apresentação de outros requerimentos, ao modo de designação, substituição e destituição do agente de execução, à forma de realização de comunicações e notificações, aos honorários e despesas do agente de execução, às formas de pagamento da taxa de justiça devida pela apresentação do requerimento da IMA, às formas de consulta do processo, bem como à forma de disponibilização e consulta do título executivo.

Atentos os desenvolvimentos tecnológicos necessários para a integral implementação deste novo regime legal, e até que estes estejam consolidados, estabelece-se um regime transitório de tramitação da IMA que permite aos interessados o exercício pleno dos seus direitos.

Assim:

Manda o Governo, pelo Secretário de Estado Adjunto e da Justiça, ao abrigo do artigo 6º do Decreto-Lei nº 34/2021, de 14 de maio, e ao abrigo do disposto nos nºs 1 e 5 do artigo 4º, no nº 6 do artigo 8º, no nº 6 do artigo 9º, nos nºs 1 e 2 do artigo 16º, no artigo 17º e no artigo 24º do Regime dos Procedimentos Especiais em Matéria de Arrendamento, aprovado em anexo ao Decreto-Lei nº 34/2021, de 14 de maio, que procede à aprovação do Regime do Procedimento de Injunção em Matéria de Arrendamento, o seguinte:

CAPÍTULO I – Disposições gerais

Artigo 1º – Objeto

1. A presente portaria regulamenta os seguintes aspetos do procedimento de injunção em matéria de arrendamento, previsto no artigo 15º-T do Novo Regime de Arrendamento urbano (NRAU), aprovado pela Lei nº 6/2006, de 27 de fevereiro, e regulado no Decreto-Lei nº 34/2021, de 14 de maio:

a) Forma de apresentação do requerimento de injunção em matéria de arrendamento (IMA), do requerimento de oposição à injunção e dos demais requerimentos;

b) Tramitação eletrónica do procedimento;

c) Forma de realização de comunicações e notificações;

d) Disponibilização do título executivo ao requerente;

e) Modo de designação, substituição e destituição do agente de execução;

f) Regime de honorários e despesas do agente de execução;

g) Formas de pagamento da taxa de justiça devida pela apresentação do requerimento de IMA;

h) Formas de consulta do procedimento.

2. São aprovados em anexo à presente portaria os modelos do requerimento de IMA e do requerimento de oposição à injunção, que se encontram disponíveis na Área de Serviços Digitais dos Tribunais, acessível no endereço eletrónico https://tribunais.org.pt.

Artigo 2º – Tramitação eletrónica

1. O procedimento de IMA tem natureza eletrónica, sendo constituído por informação estruturada constante do sistema de informação de suporte à atividade dos tribunais e por documentos eletrónicos.

2. A tramitação eletrónica do procedimento é efetuada no sistema de informação referido no número anterior.

3. O acesso à área reservada da Área de Serviços Digitais dos Tribunais, no endereço eletrónico https://tribunais.org.pt, previsto no nº 2 do artigo 4º e no nº 3 do artigo 6º, efetua-se mediante autenticação prévia com recurso ao certificado digital de autenticação integrado no cartão do cidadão ou à Chave Móvel Digital, podendo ser utilizado para o efeito o Sistema de Certificação de Atributos Profissionais associado a estes, e processa-se de acordo com os procedimentos e instruções constantes daquele endereço eletrónico.

4. Quando as partes apresentem requerimentos e documentos em suporte físico, o Serviço de Injunção em Matéria de Arrendamento (SIMA) procede à sua digitalização e inserção no sistema de informação e ao registo da informação necessária nesse sistema.

5. Aos aspetos relacionados com a tramitação eletrónica que não estejam expressamente previstos na presente portaria aplica-se, com as necessárias adaptações, e desde que não contrarie o disposto no Decreto-Lei nº 34/2021, de 14 de maio, a Portaria nº 280/2013, de 26 de agosto.

CAPÍTULO II – Formas de apresentação dos requerimentos

Artigo 3º – Partes representadas por mandatário judicial

1. A apresentação, por mandatário judicial, do requerimento de IMA, do requerimento de oposição à injunção e dos demais requerimentos junto do SIMA efetua-se por transmissão eletrónica de dados, através do sistema de informação de suporte à atividade dos tribunais, aplicando-se, com as necessárias adaptações, o disposto no capítulo II da Portaria nº 280/2013, de 26 de agosto.

2. Em caso de justo impedimento, o mandatário judicial pode apresentar requerimentos por uma das formas previstas nas alíneas *a*) a *c*) do nº 9 do artigo 4º do Decreto-Lei nº 34/2021, de 14 de maio, nos termos do nº 1 do artigo seguinte.

Artigo 4º – Partes não representadas por mandatário judicial

1. A apresentação, por parte não representada por mandatário judicial, do requerimento de IMA, do requerimento de oposição à injunção e dos demais requerimentos junto do SIMA efetua-se por uma das formas previstas no nº 9 do artigo 4º do Decreto-Lei nº 34/2021, de 14 de maio, devendo ser utilizados os modelos do requerimento de IMA e do requerimento de oposição à injunção aprovados em anexo à presente portaria nos casos de entrega destes requerimentos por via não eletrónica.

2. A apresentação, por via eletrónica, do requerimento de IMA, do requerimento de oposição à injunção e dos demais requerimentos efetua-se através do preenchimento dos respetivos formulários, na área reservada da Área de Serviços Digitais dos Tribunais, aos quais se anexam, de forma individualizada, os documentos que devam acompanhá-los.

3. Os requerimentos a que se refere o número anterior são assinados com recurso a assinatura eletrónica qualificada.

4. Nos casos de entrega presencial dos requerimentos, o SIMA procede nos termos previstos no nº 13 do artigo 144º do Código de Processo Civil, aprovado pela Lei nº 41/2013, de 26 de junho.

CAPÍTULO III – Atos praticados pelo SIMA

Artigo 5º – Formalidades de atos praticados pelo SIMA

1. Às notificações realizadas pelo SIMA é aposto selo eletrónico qualificado.

2. As notificações realizadas pelo SIMA contêm a indicação de terem sido elaboradas por via eletrónica, através do sistema de informação de suporte à atividade dos tribunais, com aposição de selo eletrónico qualificado e a indicação do modo como podem ser consultadas na Área de Serviços Digitais dos Tribunais, acessível no endereço eletrónico https://tribunais.org.pt.

3. Ao despacho de aposição da fórmula executória é aposta assinatura eletrónica qualificada, devendo o requerimento de IMA ao qual foi aposta a fórmula executória conter a indicação de que o despacho foi assinado com recurso a assinatura eletrónica qualificada.

Artigo 6º – Notificações às partes

1. As notificações às partes representadas por mandatário judicial efetuam-se por via eletrónica, nos termos do disposto nos artigos 247º e 248º do Código de Processo Civil e do artigo 25º da Portaria nº 280/2013, de 26 de agosto.

2. As notificações às partes não representadas por mandatário judicial, bem como aquelas que sejam feitas na própria pessoa do requerente quando se encontre representado por mandatário judicial, efetuam-se nos termos do artigo 249º do Código de Processo Civil, com as necessárias adaptações, sem prejuízo dos casos previstos no número seguinte.

3. Quando o requerente tenha indicado o seu endereço eletrónico no requerimento de IMA para efeitos de receção das notificações ou comunicações por meios eletrónicos, as notificações referidas no número anterior são disponibilizadas na área reservada da Área de Serviços Digitais dos Tribunais, acessível no endereço eletrónico https://tribunais.org.pt, sendo a data da consulta da notificação certificada pelo sistema de informação de suporte à atividade dos tribunais.

4. Quando, nos termos previstos no número anterior, seja disponibilizada uma notificação na área reservada da Área de Serviços Digitais dos Tribunais é enviada ao requerente uma mensagem de aviso para o endereço de correio eletrónico indicado no requerimento de IMA.

5. Nos casos previstos no nº 3, se o requerente não consultar a notificação no prazo de três dias contados da data de disponibilização da notificação na área reservada, a notificação é igualmente efetuada nos termos do nº 2.

Artigo 7º – Comunicações

1. As comunicações entre o SIMA e os tribunais, mandatários judiciais, agentes de execução ou oficiais de justiça realizam-se por via eletrónica, através do envio, sempre que possível de forma automática, de informação estruturada e de documentos eletrónicos no sistema de informação de suporte à atividade dos tribunais e, quando aplicável, entre aquele e o sistema de informação de suporte à atividade dos agentes de execução.

2. A utilização dos sistemas referidos no número anterior deve garantir o registo das comunicações efetuadas, com identificação do respetivo emissor e destinatário, data da comunicação e número de processo ou procedimento a que a comunicação se refere.

Artigo 8º – Disponibilização do título executivo

1. O requerimento de IMA ao qual foi aposta fórmula executória é disponibilizado pelo SIMA ao requerente na Área de Serviços Digitais dos Tribunais, acessível no endereço eletrónico https://tribunais.org.pt.

2. Com a notificação, na sua própria pessoa, do despacho de aposição de fórmula executória o requerente é informado dos dados necessários para aceder ao título, nomeadamente quanto à referência única.

CAPÍTULO IV – Informação sobre decisões judiciais

Artigo 9º – Comunicação de decisões judiciais ao SIMA

1. Nos casos previstos nas alíneas *a*) e *b*) do nº 1 do artigo 15º-T do NRAU, se for deduzida oposição à injunção e sendo os autos apresentados à distribuição, o tribunal judicial comunica ao SIMA, nos termos previstos no artigo 7º e sempre que possível de forma automática:

a) As decisões que conheçam dos pedidos formulados;
b) As decisões suscetíveis de pôr termo à ação declarativa;
c) O trânsito em julgado das decisões referidas nas alíneas *a*) e *b*);
d) A interposição de recurso das decisões referidas nas alíneas *a*) e *b*);
e) Os despachos sobre os requerimentos de interposição de recurso referidos na alínea anterior;
f) As reclamações do despacho que não admita o recurso referido na alínea *d*);
g) As decisões sobre as reclamações referidas na alínea anterior;
h) A decisão que altere o efeito do recurso, nos termos do artigo 654º do Código de Processo Civil.

2. Nos casos em que os autos são apresentados à distribuição para a prática de ato judicial, o tribunal comunica ao SIMA, nos termos do artigo 7º, sempre que possível de forma automática, o despacho proferido.

CAPÍTULO V – Agente de execução

Artigo 10º – Designação, substituição, destituição e honorários do agente de execução

Sem prejuízo do disposto no presente capítulo, à designação, substituição, destituição e honorários do agente de execução aplicam-se, com as necessárias adaptações, as regras relativas às ações executivas previstas nos artigos 720º a 722º do Código de Processo Civil, no artigo 11º da Portaria nº 280/2013, de 26 de agosto, e na Portaria nº 282/2013, de 29 de agosto.

Artigo 11º – Designação oficiosa de agente de execução

Nos casos em que o agente de execução é oficiosamente designado pelo SIMA, a designação é notificada ao requerente, em simultâneo com a notificação referida no nº 1 do artigo seguinte, com as seguintes indicações relativas ao designado:

a) Nome profissional;
b) Número de cédula profissional;
c) Endereço de correio eletrónico;
d) Número de telefone;
e) Número de fax, caso exista;
f) Morada profissional.

Artigo 12º – Honorários

1. Aquando da remessa ao requerente do comprovativo de envio do requerimento executivo para o tribunal, o SIMA, caso o requerente não beneficie de apoio judiciário na modalidade de atribuição de agente de execução, remete igualmente a referência para pagamento dos honorários devidos ao agente de execução a que se refere o nº 5 do artigo 3º da Portaria nº 282/2013, de 29 de agosto, aplicando-se ainda o disposto nos seus nºs 6, 7 e 8.

2. À remuneração do agente de execução pela notificação do requerimento de IMA mediante contacto pessoal aplica-se o previsto na Portaria nº 282/2013, de 29 de agosto, quanto à notificação por contacto pessoal em processos declarativos.

CAPÍTULO VI – Taxa de justiça

Artigo 13º – Formas de pagamento da taxa de justiça

1. Quando o requerimento de IMA seja apresentado por mandatário judicial ou por requerente não representado por mandatário judicial que submeta o requerimento de IMA por via eletrónica, é disponibilizada, no momento do preenchimento do respetivo formulário, a referência para pagamento da taxa de justiça devida.

2. Quando o requerimento de IMA seja apresentado em suporte físico por requerente não representado por mandatário judicial, aplica-se ao pagamento da taxa de justiça devida pela apresentação do requerimento de IMA o nº 6 do artigo 14º do Regulamento das Custas Processuais, aprovado pelo Decreto-Lei nº 34/2008, de 26 de fevereiro.

3 – Ao pagamento da taxa devida pela notificação do requerimento de IMA mediante contacto pessoal através de oficial de justiça aplica-se o previsto nos nºs 1, 2 e 6 do artigo 9º do Regulamento das Custas Processuais, aprovado pelo Decreto-Lei nº 34/2008, de 26 de fevereiro.

CAPÍTULO VII – Consulta do procedimento

Artigo 14º – Consulta eletrónica do procedimento

À consulta do procedimento é aplicável, com as necessárias adaptações, o disposto no capítulo VI da Portaria nº 280/2013, de 26 de agosto.

Artigo 15º – Consulta do título executivo por terceiros

1. A disponibilização pelo requerente da referência única prevista no artigo 8º a qualquer entidade, pública ou privada, substitui, para todos os efeitos, a entrega do título executivo.

2. As entidades referidas no número anterior podem consultar o título executivo na Área de Serviços Digitais dos Tribunais, acessível no endereço eletrónico https://tribunais.org.pt, utilizando para tal a referência única a que se refere o número anterior.

CAPÍTULO VIII – Disposições finais

Artigo 16º – Norma transitória

1. Até à produção de efeitos das normas a que se refere o artigo seguinte, aplica-se à tramitação do procedimento de IMA o disposto nos números seguintes.

2. A apresentação de requerimentos junto do SIMA efetua-se por uma das seguintes formas:

a) Entrega no SIMA;

b) Remessa pelo correio, sob registo;

c) Envio através de telecópia.

3. O SIMA procede à digitalização de todos os elementos do processo e arquiva-os em suporte eletrónico.

4. Aos atos realizados pelo SIMA é aposta assinatura eletrónica qualificada.

5. As notificações efetuadas pelo SIMA às partes, estejam ou não representadas por mandatário judicial, são remetidas por via postal, contendo a indicação de terem sido assinadas com recurso a assinatura eletrónica qualificada, aplicando-se o disposto no artigo 249º do Código de Processo Civil, com as necessárias adaptações.

6. As demais comunicações entre o SIMA e os tribunais, mandatários judiciais, agentes de execução ou oficiais de justiça realizam-se por via postal, contendo igualmente a indicação de terem sido assinadas com recurso a assinatura eletrónica qualificada.

7. As comunicações de decisões judiciais ao SIMA efetuam-se por via postal, telecópia ou correio eletrónico.

8. Nos casos previstos nas alíneas *a*) e *b*) do nº 1 do artigo 15º-T do NRAU, o título executivo ao qual foi aposta fórmula executória é disponibilizado pelo SIMA, em suporte eletrónico, ao requerente e ao tribunal competente para a execução.

9. O SIMA notifica o requerente ou o seu mandatário judicial para pagamento da taxa de justiça devida pela apresentação do requerimento de IMA.

Artigo 17º – Produção de efeitos

As normas que se referem à tramitação eletrónica, ao selo eletrónico, ao sistema de informação de suporte à atividade dos tribunais, à área reservada da Área de Serviços Digitais dos Tribunais e à referência única para acesso ao título executivo produzem efeitos a 1 de abril de 2022 ou, caso as condições técnicas o permitam, em data anterior a definir por despacho do membro do Governo responsável pela área da justiça, a divulgar com uma antecedência mínima de 10 dias úteis na Área de Serviços Digitais dos Tribunais, acessível no endereço eletrónico https://tribunais.org.pt.

Artigo 18º – Entrada em vigor

A presente portaria entra em vigor a 30 de novembro de 2021.

O Secretário de Estado Adjunto e da Justiça, *Mário Belo Morgado*, em 16 de novembro de 2021.

ANEXO[1]

[Não se publica o anexo da presente Portaria]

[1] Declaração de Retificação nº 42/2021, de 16 de dezembro, publicada no DR nº 242/2021, I Série.

Portaria nº 236/2021, de 5 de novembro

Define o mapa de pessoal do Balcão Nacional do Arrendamento e do Serviço de Injunção em Matéria de Arrendamento.

O Decreto-Lei nº 1/2013, de 7 de janeiro, procedeu à instalação do Balcão Nacional do Arrendamento (BNA), junto da Direção-Geral da Administração da Justiça (DGAJ), como secretaria judicial com competência exclusiva para a tramitação do procedimento especial de despejo em todo o território nacional.

O mapa de pessoal desta secretaria judicial foi fixado pela Portaria nº 7/2013, de 10 de janeiro.

A Lei nº 13/2019, de 12 de fevereiro, que estabelece medidas destinadas a corrigir situações de desequilíbrio entre arrendatários e senhorios, a reforçar a segurança e a estabilidade do arrendamento urbano e a proteger arrendatários em situação de especial fragilidade, criou, também junto da DGAJ, o Serviço de Injunção em Matéria de Arrendamento (SIMA).

Nos termos do disposto nos artigos 3º e 4º do Decreto-Lei nº 34/2021, de 14 de maio, que aprova o regime do procedimento de injunção em matéria de arrendamento, o SIMA é uma secretaria judicial com competência exclusiva, em todo o território nacional, cujo mapa de pessoal é definido por portaria dos membros do Governo responsáveis pelas áreas das finanças e da justiça.

Tendo presente a similitude de procedimentos assegurados pelo BNA e pelo SIMA, considera-se adequado, por razões de eficácia e de eficiência, que as referidas secretarias judiciais funcionem de forma agregada.

Em linha com este modelo de funcionamento, a presente portaria define o mapa de pessoal do BNA e do SIMA, atribuindo-lhes também uma coordenação única, que é assegurada por um escrivão de direito.

Assim:

Manda o Governo, pelo Ministro de Estado e das Finanças e pela Ministra da Justiça, ao abrigo do disposto no artigo 3º do Decreto-Lei nº 1/2013, de 7 de janeiro, e do artigo 4º do Decreto-Lei nº 34/2021, de 14 de maio, o seguinte:

Artigo 1º – Coordenação das secretarias judiciais

O Balcão Nacional do Arrendamento (BNA) e o Serviço de Injunção em Matéria de Arrendamento (SIMA) funcionam de forma agregada e sob a mesma coordenação, que é assegurada por um escrivão de direito.

Artigo 2º – Mapa de pessoal

O mapa de pessoal do BNA e do SIMA tem a composição constante do anexo à presente portaria, da qual faz parte integrante.

Artigo 3º – Norma revogatória

É revogada a Portaria nº 7/2013, de 10 de janeiro.

Artigo 4º – Entrada em vigor e produção de efeitos

A presente portaria entra em vigor no dia seguinte ao da sua publicação e, no que respeita ao SIMA, produz efeitos à data da entrada em funcionamento deste.

Em 3 de novembro de 2021.

O Ministro de Estado e das Finanças, *João Rodrigo Reis Carvalho Leão*. – A Ministra da Justiça, *Francisca Eugénia da Silva Dias Van Dunem*.

ANEXO
Mapa de pessoal do BNA e do SIMA

Pessoal:
Categorias:
Escrivão de direito – 1;
Escrivão auxiliar – 10;
Assistente técnico – 4.

[9] Procedimento extrajudicial Pré-executivo

Lei nº 32/2014, de 30 de maio

Aprova o procedimento extrajudicial pré-executivo

A Assembleia da República decreta, nos termos da alínea *c*) do artigo 161º da Constituição, o seguinte:

Artigo 1º - Objeto

A presente lei aprova o procedimento extrajudicial pré-executivo.

Artigo 2º - Natureza e fins

O procedimento extrajudicial pré-executivo é um procedimento de natureza facultativa que se destina, entre outras finalidades expressamente previstas na presente lei, à identificação de bens penhoráveis através da disponibilização de informação e consulta às bases de dados de acesso direto eletrónico previstas no Código de Processo Civil, aprovado pela Lei nº 41/2013, de 26 de junho, para os processos de execução cuja disponibilização ou consulta não dependa de prévio despacho judicial.

Artigo 3º - Requisitos

O recurso ao procedimento extrajudicial pré-executivo é admissível desde que verificados os seguintes requisitos:

a) O requerente esteja munido de título executivo que reúna as condições para aplicação da forma sumária do processo comum de execução para pagamento de quantia certa, nos termos do artigo 550º do Código de Processo Civil;

b) A dívida seja certa, exigível e líquida;

c) O requerente indique o seu número de identificação fiscal em Portugal, bem como o do requerido.

Artigo 4º – Apresentação do requerimento inicial

A apresentação do requerimento inicial é efetuada em plataforma informática do Ministério da Justiça ou por este aprovada, criada especificamente para o efeito, nos termos a definir por portaria do membro do Governo responsável pela área da justiça.

Artigo 5º – Requerimento inicial

1. O procedimento inicia-se com a entrega do requerimento, por via eletrónica, através da plataforma informática referida no artigo anterior, no qual o requerente:

a) Se identifica, indicando o nome, o número de identificação fiscal, a morada e um número de identificação bancária (NIB) referente a conta aberta junto de instituição de crédito na qual devam ser depositados quaisquer montantes;

b) Identifica o requerido, indicando o nome, o número de identificação fiscal e a morada;

c) Indica o valor em dívida, discriminando:

i) Capital em dívida;

ii) Juros vencidos e respetiva taxa de juro aplicável;

iii) Juros compulsórios, quando devidos;

iv) Quaisquer impostos que possam incidir sobre os juros;

v) Datas de início de contagem dos juros;

vi) Taxas de justiça pagas no âmbito de procedimento ou processo que deu origem ao título executivo;

vii) Valores pagos no âmbito do procedimento em causa antecipadamente à entrega do requerimento inicial;

d) Expõe sucintamente os factos que fundamentam o pedido, quando não constem do título executivo;

e) Pede os juros vincendos, indicando a taxa de juro aplicável;

f) Pede os valores a pagar ao agente de execução a título de honorários no âmbito do procedimento em causa;

g) Identifica o mandatário, sempre que se encontre representado por advogado ou solicitador.

2. Havendo pluralidade de credores ou devedores:

a) Indicam-se os elementos constantes das alíneas *a*) e *b*) do número anterior relativamente a todos os intervenientes;

b) Discriminam-se as responsabilidades de cada requerido perante os requerentes, bem como a natureza solidária, conjunta ou subsidiária das mesmas.

3. Pretendendo-se a identificação de bens comuns, o requerente indica ainda o nome e o número de identificação fiscal do cônjuge do requerido e o respetivo regime de bens do casamento.

4. Apenas podem ser cumulados pedidos fundados em vários títulos se todos se destinarem ao pagamento de quantia certa e as partes forem as mesmas.

5. O requerente deve anexar ao requerimento:

a) Cópia digitalizada do título executivo, em formato «pdf.», podendo esta ser substituída pela indicação da referência de acesso ao documento eletrónico;

b) Pretendendo-se a identificação de bens comuns, fotocópia não certificada do registo atualizado de casamento do requerido, que ateste que o mesmo é casado sob o regime de bens da comunhão de adquiridos ou da comunhão geral, salvo se do título executivo constar o nome do cônjuge e o regime de bens do casamento.

6. O requerente deve conservar o original do título executivo até à prescrição do direito de crédito que o mesmo titula, o qual pode ser solicitado, a todo o tempo, pelo agente de execução no âmbito do procedimento em causa.

7. Aquando da identificação dos intervenientes, o requerente deve acautelar que os elementos constantes do requerimento respeitam aos mesmos, assegurando que os respetivos nomes e números de identificação fiscal correspondem aos dados inscritos no título executivo.

8. A plataforma informática referida no artigo anterior impede a submissão com sucesso do requerimento quando esteja em falta qualquer dos elementos referidos nos números anteriores ou não se encontre efetuado o pagamento das quantias referidas nas alíneas *a*) e *b*) do nº 1 do artigo 20º

9. Depois de entregue o requerimento, não é possível aditar ou alterar os elementos dele constantes e dos respetivos anexos.

10. O formulário do requerimento inicial pode ser preenchido em suporte de papel pelo próprio credor, ou em formato eletrónico por advogado ou solicitador que, não sendo constituído mandatário daquele, digitaliza o mesmo, bem como os demais documentos que o devem acompanhar, e procede à aposição da respetiva assinatura eletrónica, através da qual certifica a conformidade dos documentos com os originais.

11. Nos casos previstos no número anterior, as notificações ao requerente são efetuadas em suporte de papel para o domicílio indicado no requerimento, salvo se for indicado endereço de correio eletrónico, caso em que as notificações são remetidas para este.

Artigo 6º – Distribuição do requerimento inicial

1. Submetido o requerimento através da plataforma informática referida no artigo 4º, é atribuído um número provisório ao mesmo pelo sistema informático de suporte à atividade dos agentes de execução (SISAAE) e devolvido ao requerente um identificador único de pagamento, referente aos valores devidos pelo início do procedimento.

2. O pagamento deve ser efetuado até ao 5º dia útil seguinte ao da disponibilização do identificador único de pagamento, sob pena de o requerimento ficar automaticamente sem efeito.

3. Efetuado o pagamento, o requerimento considera-se entregue e é automaticamente distribuído a um dos agentes de execução que conste da lista dos agentes de execução que participam no procedimento extrajudicial pré-executivo, através do SISAAE, sendo disponibilizados ao requerente os elementos de identificação e o contacto do agente de execução designado.

4. O requerente pode substituir o agente de execução originalmente designado decorridos que sejam 15 dias após o termo do prazo de que este dispõe para a prática dos atos.

5. Sendo requerida a substituição, é designado automaticamente novo agente de execução.

Artigo 7º – Regras de distribuição

1. A distribuição do requerimento ao agente de execução é realizada de forma automática pelo SISAAE, de acordo com critérios estabelecidos em portaria do membro do Governo responsável pela área da justiça que garantam equidade na distribuição dos requerimentos e proximidade geográfica entre agente de execução e requerido.

2. Em caso de incumprimento pelo agente de execução do prazo de realização das diligências previstas na presente lei, para além de responsabilidade disciplinar, pode ser aplicada, a título cautelar, a medida de suspensão de distribuição de novos procedimentos até que se mostrem realizadas as diligências em falta.

Artigo 8º – Recusa do requerimento

1. Remetido o requerimento ao agente de execução, este tem cinco dias úteis para o recusar ou para realizar as consultas previstas no artigo seguinte e elaborar relatório com base no resultado das mesmas.

2. O agente de execução deve recusar o requerimento quando:

a) Não estejam reunidos os requisitos previstos no artigo 3º;

b) Esteja em falta algum dos elementos referidos nos nºs 1 e 2 do artigo 5º;

c) Não tenha sido apresentado qualquer título executivo ou o documento como tal apresentado não constitua título executivo idóneo, na aceção da alínea *a)* do artigo 3º;

d) As partes indicadas não constem do título executivo, salvo o disposto no nº 3 e na alínea *b)* do nº 5 do artigo 5º;

e) Não tenham sido indicados os elementos previstos no nº 3 do artigo 5º ou não tenha sido apresentada fotocópia não certificada do registo atualizado de casamento, que ateste que o requerido é casado sob o regime de bens da comunhão de adquiridos ou da comunhão geral.

3. Nos casos previstos nas alíneas *b)*, *c)* e *d)* do nº 2, sendo a falta suscetível de sanação, o agente de execução notifica o requerente para a suprir no prazo de cinco dias, sob pena de recusa.

4. A recusa do requerimento é notificada ao requerente, podendo este, no prazo de 30 dias, requerer a convolação do procedimento extrajudicial pré-executivo em processo de execução, sob pena de o procedimento ser automaticamente extinto.

Artigo 9º – Consultas

1. O agente de execução realiza as consultas às bases de dados da administração tributária, da segurança social, *Diário da República*, do registo civil, do registo nacional de pessoas coletivas, do registo predial, do registo comercial e do registo de veículos e de outros registos ou arquivos semelhantes, para obtenção de informação referente à identificação e localização do requerido, bem como dos bens penhoráveis de que seja titular, nos termos a definir por portaria do membro do Governo responsável pela área da justiça, sob parecer da Comissão Nacional de Proteção de Dados, nos termos do artigo 22º da Lei nº 67/98, de 26 de outubro, e, quando esteja em causa matéria relativa a bases de dados da administração tributária ou da segurança social, deve ser aprovada igualmente pelos membros do Governo responsáveis pelas áreas das finanças ou da segurança social.

2. Para os fins previstos no número anterior, o agente de execução consulta ainda o registo informático de execuções, bem como o SISAAE, este último apenas para obtenção de informação referente aos processos de execução em curso em que o requerido conste como exequente.

3. As consultas são realizadas pelo agente de execução através do SISAAE, ficando a constar do referido sistema, das bases de dados consultadas e da plataforma informática a que se refere o artigo 4º, um registo de cada uma delas, para efeitos de consulta pelas partes e de auditoria.

4. Os sistemas referidos no número anterior asseguram, em relação a cada consulta, o registo da seguinte informação:

a) Identificação do agente de execução que efetua a consulta;

b) Identificação do procedimento no âmbito do qual a consulta é efetuada;

c) Data e hora da consulta;

d) Identificação das bases de dados consultadas.

5. Para identificação e localização dos bens penhoráveis de que o requerido seja titular, o Banco de Portugal disponibiliza por via eletrónica ao agente de execução informação acerca das instituições legalmente autorizadas a receber depósitos em que o requerido detém contas ou depósitos bancários, em termos análogos aos previstos no nº 6 do artigo 749º do Código de Processo Civil, e de acordo com protocolo celebrado entre o Ministério da Justiça, a associação pública profissional representativa dos agentes de execução e o Banco de Portugal.

6. Os resultados das consultas e a informação disponibilizada não podem ser divulgados ou utilizados para qualquer outro fim que não o previsto na presente lei.

Artigo 10º – Relatório

1. Após a concretização das consultas, o agente de execução elabora um relatório que resume o resultado das mesmas, indicando quais os bens identificados ou a circunstância de não terem sido identificados bens penhoráveis.

2. O relatório referido no número anterior obedece a um modelo específico, disponível no SISAAE, devendo constar do mesmo, de forma expressa, uma das seguintes indicações:

a) Sem quaisquer bens identificados;

b) Com bens aparentemente onerados ou com encargos;

c) Com bens aparentemente livres de ónus ou encargos.

3. No relatório deve também ser destacada a seguinte informação:

a) A circunstância de o requerido constar da lista pública de devedores;

b) A circunstância de o requerido ter sido declarado insolvente;

c) A circunstância de o requerido ter falecido ou, sendo pessoa coletiva, ter sido já dissolvido e liquidado;

d) A circunstância de o requerido ser executado ou exequente em processos de execução pendentes.

4. O relatório é notificado ao requerente, com indicação das opções previstas no nº 1 do artigo seguinte.

Artigo 11º – Manifestação de vontade do credor

1. Notificado do relatório, o requerente tem o prazo de 30 dias para requerer:

a) A convolação do procedimento extrajudicial pré-executivo em processo de execução; ou

b) No caso de não terem sido identificados bens suscetíveis de penhora, a notificação do requerido para os termos previstos no artigo seguinte.

2. A vontade do requerente manifesta-se mediante o pagamento, através de um dos identificadores únicos de pagamento que lhe são disponibilizados para cada uma das opções, de montante correspondente aos honorários devidos ao agente de execução pelas diligências subsequentes.

3. Decorrido o prazo de 30 dias sem que o requerente proceda ao pagamento previsto no número anterior, o procedimento é automaticamente extinto.

Artigo 12º – Notificação do requerido

1. Nos casos previstos na alínea *b)* do nº 1 do artigo anterior, o requerido é notificado para, no prazo de 30 dias:

a) Pagar o valor em dívida, acrescido dos juros vencidos até à data limite de pagamento e dos impostos a que possa haver lugar, bem como dos honorários devidos ao agente de execução previstos no artigo 20º;

b) Celebrar acordo de pagamento com o requerente;

c) Indicar bens penhoráveis;

d) Opor-se ao procedimento.

2. O agente de execução, na notificação a que se refere o número anterior, discrimina os vários montantes correspondentes a cada uma das componentes que integram o valor em dívida, os juros vencidos até à data limite de pagamento e os impostos a que possa haver lugar, e ainda os honorários devidos ao agente de execução previstos no artigo 20º

3. A notificação é acompanhada de cópia do título executivo e dos demais elementos e documentos que instruem o procedimento, devendo da mesma constar advertência de que, nada fazendo, o requerido passa a constar de lista pública de devedores.

4. A notificação é realizada por contacto pessoal do agente de execução, o qual pode delegar a prática do ato noutro agente de execução, sendo, neste caso, daquele a responsabilidade pelo pagamento da remuneração deste.

Artigo 13º – Notificação de pessoas singulares

1. A notificação do requerido que seja pessoa singular é realizada por contacto pessoal do agente de execução, sem prejuízo do disposto nos nºs 9 e 10, na morada da sua residência ou do local de trabalho presumivelmente mais atualizada.

2. Na impossibilidade de apurar a morada mais atualizada, a notificação é realizada por contacto pessoal do agente de execução na morada fiscal do requerido.

3. Havendo terceira pessoa que declare estar em condições de receber a notificação, o agente de execução identifica a pessoa que a recebe, expedindo, no prazo de cinco dias, notificação por carta registada simples, na qual:

a) Informa o requerido da data em que este se considera notificado;

b) Junta cópia da notificação realizada em pessoa diversa do notificando, sem necessidade de juntar os documentos que a instruem;

c) Informa o requerido que quaisquer documentos podem ser consultados junto do escritório do agente de execução ou através da plataforma informática prevista no artigo 4º

4. Havendo informação de que o requerido reside no local, o agente de execução deposita a nota de notificação na caixa de correio àquele pertencente, ou em depósito de similar função, faz constar da certidão de notificação as informações recolhidas que lhe permitem concluir que o notificando reside na morada e o nome das pessoas que prestaram informações e expede, no prazo de cinco dias, notificação por carta registada simples, nos termos previstos nas alíneas *a*) a *c*) do número anterior.

5. Havendo recusa do próprio notificando em receber a notificação ou em assinar a certidão de notificação, o agente de execução faz constar tal informação da mesma, dando, de seguida, cumprimento à notificação a que alude o nº 3.

6. Se o agente de execução constatar que o requerido se encontra ausente, não há lugar a notificação por edital, sendo o requerente notificado de tal facto e de que, querendo, no prazo de 30 dias, pode requerer a convolação do procedimento em processo de execução, com a advertência de que não há lugar a citação edital quando se verifique a situação prevista no nº 3 do artigo 750º do Código de Processo Civil.

7. Da notificação referida no número anterior consta um identificador único de pagamento, referente à totalidade dos custos iniciais do processo de execução, os quais devem ser expressamente discriminados na notificação.

8. Não sendo requerida a convolação do procedimento extrajudicial pré-executivo em processo de execução, o procedimento é automaticamente extinto.

9. Nas ilhas das regiões autónomas em que não exista agente de execução, a notificação do requerido pode ser realizada por via postal, mediante entrega de carta registada com aviso de receção.

10. As diligências realizadas pelo agente de execução são registadas no SISAAE, assegurando-se a integridade dos elementos recolhidos na deslocação ao local, designadamente a data, a hora e as coordenadas geográficas, utilizando o agente de execução para o efeito dispositivo eletrónico aprovado pela associação pública profissional representativa dos agentes de execução para integração da informação com o SISAAE.

Artigo 14º – Notificação de pessoas coletivas ou equiparadas

1. A notificação do requerido que seja pessoa coletiva ou equiparada é realizada por contacto pessoal do agente de execução na respetiva sede, presumindo-se que a mesma é a que se encontra inscrita no ficheiro central de pessoas coletivas do Registo Nacional de Pessoas Coletivas.

2. Encontrando-se a sede encerrada, não havendo quem aceite receber a notificação ou caso haja recusa em assinar a certidão de notificação, o agente de execução afixa a notificação no local, fazendo constar, na certidão de notificação, os motivos da afixação, e aplicando-se, com as necessárias adaptações, o disposto no nº 3 do artigo anterior.

3. Quando não seja possível determinar a localização da morada que consta como sede no ficheiro central de pessoas coletivas do Registo Nacional de Pessoas Coletivas, é aplicável o disposto nos nºs 6 a 8 do artigo anterior, com as necessárias adaptações.

4. À notificação de pessoas coletivas é igualmente aplicável o disposto nos nºs 9 e 10 do artigo anterior, com as necessárias adaptações.

Artigo 15º – Inclusão do devedor na lista pública de devedores

1. Decorrido o prazo de 30 dias sobre a data da notificação do requerido sem que haja lugar a alguma das situações previstas nas alíneas *a)* a *d)* do nº 1 do artigo 12º, o agente de execução procede à inclusão do devedor na lista pública de devedores no prazo de 30 dias.

2. Nos casos em que o requerido proceda à indicação de bens passíveis de penhora, nos termos previstos na alínea *c)* do nº 1 do artigo 12º, o requerente é notificado para, no prazo de 30 dias, requerer a convolação do procedimento extrajudicial pré-executivo em processo de execução, sob pena de o procedimento ser automaticamente extinto.

3. A lista pública de devedores encontra-se regulada em diploma próprio.

Artigo 16º – Oposição do requerido

1. O requerido pode apresentar oposição ao procedimento extrajudicial pré-executivo, com base nos fundamentos previstos no Código de Processo Civil para a oposição à execução, de acordo com o título executivo em causa.

2. À oposição apresentada pelo requerido aplica-se, com as necessárias adaptações, o regime da oposição à execução previsto no Código de Processo Civil, bem como no Regulamento das Custas Processuais, com as especificidades constantes dos números seguintes.

3. A oposição é apresentada, preferencialmente por via eletrónica, através do sistema informático de suporte à atividade dos tribunais, sendo tramitada de forma autónoma, como processo especial de oposição ao procedimento extrajudicial pré-executivo.

4. Pela apresentação da oposição é devido o pagamento de taxa de justiça no montante de 1,5 ou 3 unidades de conta processuais (UC) consoante o valor do procedimento seja inferior ou igual à alçada do tribunal da Relação ou seja superior a esse valor, respetivamente.

5. O não pagamento da taxa de justiça devida ou a não apresentação do comprovativo do pedido de apoio judiciário constituem motivo de recusa da oposição.

6. À apresentação de contestação pelo requerente aplica-se o disposto no nº 4.

7. Enquanto o processo de oposição não for julgado, o requerente não pode instaurar processo de execução com base no mesmo título.

8. O processo de execução instaurado em violação do disposto no número anterior é imediatamente extinto pelo agente de execução logo que verificado o facto.

9. Nos casos em que a oposição seja julgada procedente, o requerente do procedimento extrajudicial pré-executivo não pode instaurar ação executiva com base no mesmo título.

10. É obrigatória a constituição de advogado nas oposições de valor superior à alçada do tribunal de 1.ª instância.

Artigo 17º – Celebração de acordo de pagamento

1. Requerente e requerido podem acordar, por escrito, o pagamento do valor em dívida, acrescido dos juros vencidos até à data limite de pagamento e dos impostos a que possa haver lugar, bem como dos honorários devidos ao agente de execução previstos no artigo 20º, em prestações mensais e sucessivas, devendo o acordo e o plano de pagamento ser comunicados ao agente de execução, para efeitos de registo no procedimento.

2. Para efeitos da celebração do acordo e da elaboração do plano de pagamento da dívida a que se refere o número anterior, o requerido pode recorrer ao auxílio das entidades reconhecidas, nos termos da Portaria nº 312/2009, de 30 de março, alterada pela Portaria nº 279/2013, de 26 de agosto, pelo Ministério da Justiça, que prestam apoio a situações de sobre-endividamento.

3. Com a junção do acordo o processo é extinto, com expressa indicação do fundamento, sem prejuízo do disposto no número seguinte.

4. O não pagamento atempado de qualquer das prestações devidas determina o vencimento das demais, devendo o requerente, no prazo de 30 dias contados da data do incumprimento, requerer ao agente de execução a convolação do procedimento em processo de execução, sob pena de o procedimento ser automaticamente extinto.

Artigo 18º – Convolação do procedimento em processo de execução

1. A convolação do procedimento extrajudicial pré-executivo em processo de execução fica condicionada à verificação cumulativa dos seguintes requisitos:

a) Apresentação de requerimento executivo ou de requerimento de execução de decisão judicial condenatória, consoante o caso, nos termos previstos nos nºs 1 a 5 do artigo 724º do Código de Processo Civil e respetivos diplomas regulamentares;

b) Junção do relatório previsto no artigo 10º

2. O requerimento executivo considera-se apresentado nos termos previstos no artigo 144º do Código de Processo Civil.

3. Em caso de convolação do procedimento em processo de execução, não há lugar ao pagamento:

a) Do valor devido a título de honorários e despesas do agente de execução pela fase inicial do processo executivo, previsto na portaria do membro do Governo responsável pela área da justiça que regula a matéria da remuneração dos agentes de execução; e

b) Do valor devido a título de consultas das bases de dados, quando exigido no âmbito do processo de execução.

4. Em caso de convolação do procedimento em processo de execução não se repetem as diligências para localização de bens penhoráveis, através das consultas às bases de dados, e a apresentação de relatório elaborado na sequência das mesmas.

Artigo 19º – Consultas após a extinção do procedimento

1. Nos procedimentos que tenham terminado sem a identificação de quaisquer bens penhoráveis e que não tenham sido convolados em processos de execução, o requerente pode, no prazo de três anos após o termo do procedimento, solicitar a realização de novas consultas.

2. A realização de novas consultas pelo agente de execução fica condicionada ao pagamento pelo requerente do valor previsto na alínea *e*) do nº 1 do artigo seguinte, através de identificador único de pagamento.

3. Às consultas efetuadas nos termos do presente artigo aplica-se o disposto nos artigos 9º e 10º

4. Não há lugar à notificação do requerido quando o mesmo já se encontre inserido na lista pública de devedores.

5. Quando se verifique que o agente de execução que originalmente realizou os atos não se encontra em pleno exercício de funções no momento em que são requeridas novas consultas, é automaticamente designado novo agente de execução.

Artigo 20º – Valores devidos no âmbito do procedimento extrajudicial pré-executivo

1. No âmbito do procedimento extrajudicial pré-executivo, é devido ao agente de execução o pagamento dos seguintes valores, a que acresce imposto sobre o valor acrescentado (IVA) à taxa legal em vigor, quando aplicável:

a) 0,25 UC para remuneração das entidades envolvidas na gestão e manutenção da plataforma informática e serviços diretos eletrónicos de consultas sobre os bens ou localização dos requeridos, quando essa remuneração for devida no âmbito do processo de execução;

b) 0,50 UC para pagamento dos honorários do agente de execução pela análise do título executivo, pela realização das consultas e elaboração do relatório;

c) 0,25 UC para pagamento dos honorários do agente de execução pela notificação de cada requerido, a que se refere o artigo 12º;

d) 0,25 UC para pagamento dos honorários do agente de execução pela emissão de certidão de incobrabilidade da dívida, após inclusão na lista pública de devedores, e remessa eletrónica da mesma à administração fiscal;

e) 0,15 UC para pagamento dos honorários do agente de execução pela renovação de consultas;

f) 0,25 UC para pagamento dos honorários do agente de execução pela exclusão do requerido da lista pública de devedores.

2. Os valores previstos nas alíneas *a*) e *b*) do número anterior são pagos, pelo requerente, em simultâneo e antecipadamente face à entrega do requerimento.

3. Os valores previstos nas alíneas *c*), *d*) e *e*) do nº 1 são pagos, pelo requerente, antecipadamente, dispensando-se o envio ao agente de execução de requerimento autónomo para prática dos respetivos atos.

4. O valor previsto na alínea *f*) do nº 1 é pago antecipadamente pelo requerido que deu origem ao procedimento.

5. Havendo pagamento voluntário ao agente de execução, este tem direito a uma remuneração adicional calculada nos termos previstos para situações de pagamento em prestações no âmbito do processo de execução, constante da portaria do membro do Governo responsável pela área da justiça que regula a matéria dos honorários e despesas do agente de execução.

6. Não sendo requerida a convolação do procedimento em processo de execução, nos casos em que tal seja admissível, não há lugar à restituição pelo agente de execução dos valores pagos pelo requerente.

Artigo 21º – Cobrança e distribuição de valores

1. A associação pública profissional representativa dos agentes de execução centraliza a cobrança e a distribuição de todos os valores devidos nos termos do procedimento previsto na presente lei.

2. As remunerações previstas na alínea *a*) do nº 1 do artigo anterior são arrecadadas pela associação pública profissional representativa dos agentes de execução, que faz constar do processo eletrónico o respetivo comprovativo fiscal.

3. Os comprovativos fiscais são emitidos em nome do requerente ou, quando estes forem vários, em nome daquele que primeiro for indicado, salvo tratando-se do pagamento previsto na alínea *f*) do nº 1 do artigo anterior, caso em que o comprovativo fiscal é emitido em nome do requerido.

4. Do valor arrecadado nos termos da alínea *a*) do nº 1 do artigo anterior, 50% destina-se aos cofres do Instituto de Gestão Financeira e Equipamentos da Justiça, I. P., 25% à associação pública profissional representativa dos agentes de execução e os restantes 25% são repartidos pelas entidades que disponibilizam acesso direto integrado aos dados do requerido, em função da proporção das informações obtidas.

5. O valor devido às entidades que disponibilizam acesso a dados é determinado semestralmente tendo em consideração a média ponderada das consultas efetuadas, considerando-se para a contagem cada um dos documentos, em formato «pdf.», gerados pela aplicação SISAAE.

6. Do valor arrecadado nos termos da alínea *b*) do nº 1 do artigo anterior, 10% constitui receita da caixa de compensações prevista no estatuto dos agentes de execução, sendo a respetiva cobrança efetuada aquando do pagamento daquele valor.

7. O agente de execução fica obrigado a aderir a uma plataforma informática de faturação aprovada pela associação pública profissional representativa dos agentes de execução que assegure a emissão automática de fatura/recibo sempre que sejam creditados valores relativos a honorários na sua conta-cliente.

Artigo 22º – Registo dos atos

1. Sem prejuízo do disposto no número seguinte, os atos do agente de execução são praticados exclusivamente através do SISAAE, nos termos e de acordo com os requisitos técnicos definidos na respetiva plataforma, ficando a constar do sistema um registo dos mesmos.

2. Os atos externos realizados pelo agente de execução, designadamente a notificação do requerido por contacto pessoal, devem ser documentados e constar do respetivo processo, no prazo máximo de dois dias úteis contados a partir da data da sua realização, sob pena de o agente de execução ter de restituir os honorários pagos relativos ao ato realizado.

3. É admitida a assinatura autógrafa de documentos com recurso a equipamentos eletrónicos.

4. A realização dos atos referidos no nº 2 pode ficar sujeita à utilização de plataforma eletrónica móvel integrada no SISAAE que registe data, hora e local da realização dos atos.

Artigo 23º – Acesso ao processo

1. Qualquer das partes intervenientes no procedimento pode aceder ao processo por via eletrónica, mediante autenticação na plataforma informática a que se refere o artigo 4º com base em:

a) Certificado de assinatura digital qualificada, integrado no cartão do cidadão;

b) Certificado digital de assinatura e autenticação emitido pela Ordem dos Advogados;

c) Certificado digital de assinatura e autenticação emitido pela associação pública profissional representativa dos agentes de execução.

2. Qualquer das partes intervenientes no procedimento pode ainda aceder ao processo através da plataforma de autenticação da administração fiscal.

3. O processo fica disponível para consulta pelo requerido nas seguintes situações:

a) Após a primeira notificação do requerido efetuada no âmbito do procedimento regulado na presente lei;

b) Após a citação do requerido no âmbito de processo de execução em que este figure como executado e que se tenha iniciado em decorrência de procedimento contra si instaurado; ou

c) Não se verificando nenhuma das hipóteses previstas nas alíneas anteriores, 30 dias após a extinção do procedimento regulado na presente lei.

4. O requerido dispõe do prazo de 30 dias, após a primeira consulta a procedimento contra si instaurado, para reclamar da atuação do agente de execução que repute como violadora dos seus direitos junto dos órgãos de fiscalização e disciplina da atividade dos agentes de execução.

Artigo 24º - Notificação do requerente e notificações subsequentes do requerido

1. Sem prejuízo do disposto nos nºs 10 e 11 do artigo 5º, o requerente é exclusivamente notificado por via eletrónica.

2. Após a primeira notificação, o requerido é notificado por via postal, mediante entrega de carta registada simples, ou por via eletrónica caso indique endereço de correio eletrónico para o efeito ou declare pretender ser notificado através da plataforma informática de notificações eletrónicas protocolada entre o membro do Governo responsável pela área da justiça e a associação pública profissional representativa dos agentes de execução.

3. As notificações eletrónicas presumem-se efetuadas no dia útil seguinte ao da sua expedição.

Artigo 25º - Certidão de incobrabilidade

1. Após a inclusão do requerido na lista pública de devedores, o requerente pode obter certidão eletrónica de incobrabilidade da dívida a emitir pelo agente de execução.

2. A dívida referente à certidão é considerada incobrável para fins fiscais e comunicada à administração fiscal por via eletrónica, para efeitos do disposto no nº 7 do artigo 78º e no nº 4 do artigo 78º-A do Código do IVA, aprovado pelo Decreto-Lei nº 394-B/84, de 26 de dezembro, na redação atual, e no artigo 41º do Código do Imposto sobre o Rendimento das Pessoas Coletivas (IRC), aprovado pelo Decreto-Lei nº 442-B/88, de 30 de novembro, na redação atual.

3. Se, após a emissão da certidão de incobrabilidade da dívida, o requerido vier a ser excluído da lista pública de devedores por pagamento integral da dívida ao requerente, o agente de execução notifica, por via eletrónica, a administração fiscal de tal facto.

Artigo 26º - Fiscalização e disciplina

1. A ação fiscalizadora e disciplinar sobre os agentes de execução no âmbito do procedimento extrajudicial pré-executivo cabe aos órgãos de fiscalização e disciplina da atividade dos agentes de execução.

2. O órgão disciplinar dos agentes de execução pode determinar, a título cautelar ou como sanção acessória, a exclusão temporária do agente de execução da lista de agentes de execução que participam no procedimento extrajudicial pré-executivo quando não observe as regras previstas na presente lei ou seja defeituoso o cumprimento das suas funções.

Artigo 27º - Reclamações e impugnação jurisdicional

1. Dos atos praticados pelo agente de execução no âmbito do procedimento extrajudicial pré-executivo cabe reclamação, a apresentar por qualquer interessado no prazo de 30 dias a contar da data em que teve conhecimento da prática dos mesmos, para os órgãos de fiscalização e disciplina da atividade dos agentes de execução e, quanto à legalidade dos atos, para os tribunais judiciais com competência para exercer, no âmbito dos processos de execução de natureza cível, as competências previstas no Código de Processo Civil.

2. Os atos dos órgãos de fiscalização e disciplina da atividade dos agentes de execução podem ser impugnados, no prazo de 30 dias contados da data da sua notificação aos interessados, junto dos tribunais administrativos.

Artigo 28º – Tratamento e conservação de dados pessoais

1. A manutenção e o tratamento dos dados pessoais constantes da plataforma informática a que se refere o artigo 4º são da responsabilidade do Ministério da Justiça.

2. A associação pública profissional representativa dos agentes de execução é responsável pela manutenção do SISAAE e pelo tratamento dos dados pessoais nele contidos ao abrigo do procedimento extrajudicial pré-executivo.

3. As entidades responsáveis pelo tratamento dos dados garantem aos titulares dos dados o exercício dos direitos de acesso, retificação e eliminação que lhes assistem, nos termos da Lei nº 67/98, de 26 de outubro, e de portaria do membro do Governo responsável pela área da justiça, e asseguram a colocação em prática das medidas de segurança adequadas à proteção dos dados pessoais.

4. Os dados pessoais constantes da plataforma informática a que se refere o artigo 4º e dos registos de consulta e de disponibilização de informação constantes do SISAAE são conservados apenas durante o período necessário para a prossecução dos fins a que se destinam, sendo obrigatoriamente destruídos de forma automática decorrido o prazo de 10 anos após a sua recolha.

Artigo 29º – Sigilo

As entidades responsáveis pelo tratamento dos dados, bem como todas as pessoas que, no exercício das suas funções, tenham conhecimento dos dados pessoais tratados ao abrigo da presente lei, ficam obrigadas aos deveres de sigilo e confidencialidade, mesmo após a cessação daquelas funções.

Artigo 30º – Proteção de dados pessoais

Os agentes de execução devem observar o regime da Lei nº 67/98, de 26 de outubro, nomeadamente:

a) Respeitar a finalidade da consulta, limitando o acesso ao estritamente necessário e não utilizando a informação para fim diferente do permitido;

b) Não transmitir a informação a terceiros.

Artigo 31º – Direito subsidiário

Aplica-se subsidiariamente o Código de Processo Civil em tudo o que não esteja expressamente previsto na presente lei.

Artigo 32º – Apoio judiciário

1. Ao procedimento extrajudicial pré-executivo é aplicável, com as necessárias adaptações, o regime jurídico do apoio judiciário.

2. A dispensa de taxa de justiça e demais encargos com o processo abrange o pagamento dos honorários que sejam devidos ao agente de execução, bem como, sendo o caso, a designação de agente de execução, a qual é efetuada nos termos do nº 3 do artigo 6º, sendo regulados por portaria do membro do Governo responsável pela área da justiça o regime de pagamento dos honorários devidos, bem como a responsabilidade pelos mesmos.

Artigo 33º – Disposições finais e transitórias

1. Aplicam-se ao procedimento extrajudicial pré-executivo, com as necessárias adaptações, as regras aplicáveis aos agentes de execução na tramitação dos processos de execução.

2. Aos prazos do procedimento extrajudicial pré-executivo aplicam-se as regras previstas no Código de Processo Civil, não havendo lugar à suspensão durante as férias judiciais.

3. Com exceção das notificações dirigidas ao requerido, ou ao requerente nos termos previstos nos nºs 10 e 11 do artigo 5º, todo o procedimento é tramitado exclusivamente por via eletrónica, através do SISAAE.

4. Os valores suportados pelo requerente no âmbito do procedimento extrajudicial pré-executivo, com exceção dos referentes à remuneração devida pelas consultas, podem ser reclamados pelo requerente no processo de execução.

5. Os modelos genéricos de notificações e requerimentos são aprovados por portaria do membro do Governo responsável pela área da justiça, sob proposta da associação pública profissional representativa dos agentes de execução.

6. Enquanto não for aprovada a portaria a que se refere o nº 1 do artigo 9º, aplica-se, quanto às consultas a realizar pelo agente de execução ao abrigo da presente lei, o regime constante da Portaria nº 331-A/2009, de 30 de março, alterada pela Portaria nº 350/2013, de 3 de dezembro, com as necessárias adaptações.

7. Enquanto o diploma que regula a lista pública de devedores não entrar em vigor, aplicam-se os artigos 16º-A a 16º-C do Decreto-Lei nº 201/2003, de 10 de setembro, alterado pelo Decreto-Lei nº 53/2004, de 18 de março, pela Lei nº 60-A/2005, de 30 de dezembro, e pelo Decreto-Lei nº 226/2008, de 20 de novembro, referentes à lista pública de execuções, com as necessárias adaptações.

8. O agente de execução que pretenda ser incluído na lista de agentes de execução que participam no procedimento extrajudicial pré-executivo deve declará-lo, através do SISAAE, bem como aderir à plataforma de faturação disponibilizada ou protocolada com a associação pública profissional representativa dos agentes de execução.

9. Quando o agente de execução esteja integrado em sociedade:

a) Os honorários presumem-se pertencentes à sociedade;

b) As medidas cautelares previstas no nº 2 do artigo 7º estendem-se aos sócios.

Artigo 34º – Entrada em vigor

A presente lei entra em vigor no dia 1 de setembro de 2014.

Aprovada em 17 de abril de 2014.

A Presidente da Assembleia da República, *Maria da Assunção A. Esteves.*

Promulgada em 22 de maio de 2014.

Publique-se.

O Presidente da República, ANÍBAL CAVACO SILVA.

Referendada em 23 de maio de 2014.

O Primeiro-Ministro, *Pedro Passos Coelho.*

Portaria nº 349/2015, de 13 de outubro*

A Lei nº 32/2014, de 30 de maio, aprovou o procedimento extrajudicial pré-executivo. O procedimento extrajudicial pré-executivo tem natureza facultativa e permite que o credor, munido de um título executivo idóneo para o efeito, proceda, por via do agente de execução, à consulta às várias bases de dados em termos absolutamente idênticos àqueles que se verificam no âmbito da ação executiva a fim de averiguar se o devedor tem bens penhoráveis antes de ser instaurada a correspondente ação executiva. O conhecimento prévio, pelo credor, da existência ou inexistência de bens do devedor é um fator essencial para que aquele se decida pela instauração de uma ação executiva.

A Portaria nº 233/2014, de 14 de novembro, procedeu à regulamentação da referida lei, nos termos por esta previstos. Em primeiro lugar, definiu a plataforma informática de suporte ao procedimento extrajudicial pré-executivo, atribuindo à Câmara dos Solicitadores a responsabilidade pela sua criação, desenvolvimento, manutenção e gestão. Esta plataforma encontra-se acessível, no que às partes e seus mandatários diz respeito, no sítio da Internet com o endereço www.pepex.mj.pt.

Por outro lado, estabeleceu os critérios de distribuição dos procedimentos aos agentes de execução, tendo como suporte regras de proximidade geográfica relativamente à morada do requerido. Determinou ainda o regime de pagamento dos valores devidos aos agentes de execução nos procedimentos em que alguma das partes beneficia de apoio judiciário na modalidade de dispensa de taxa de justiça e demais encargos com o processo, na modalidade de pagamento faseado de taxa de justiça e demais encargos com o processo ou na modalidade de atribuição de agente de execução. Por fim, aprovou os modelos genéricos de notificações e requerimentos a utilizar no procedimento extrajudicial pré-executivo.

Volvidos, aproximadamente, doze meses desde a operacionalização do procedimento extrajudicial pré-executivo, e tendo em consideração a experiência dos profissionais que o aplicam diariamente, cumpre rever a respetiva regulamentação, optando-se, para facilidade de interpretação e aplicação, pela revogação da Portaria

* Não se procede à publicação dos XXII Anexos da presente Portaria.

nº 233/2014, de 14 de novembro, e consequente aprovação de um novo diploma regulamentar, que mantém a generalidade das soluções anteriormente vigentes, com as alterações ditadas pela prática profissional.

Assim, a par da densificação da forma de exercício dos direitos dos titulares dos dados objeto de consulta, permite-se a disponibilização, aos requerentes e requeridos, de alertas genéricos para controlo de prazos e atividades, esclarece-se a atuação em caso de indisponibilidade de determinados serviços de consulta e evidencia-se a extinção do procedimento, bem como se prevê expressamente a possibilidade de renovação das consultas. Aproveita-se ainda o ensejo para aperfeiçoar alguns dos aspetos relativos ao relatório final.

A revogação da Portaria nº 233/2014, de 14 de novembro, que ora se aprova, dita, por fim, a alteração da Portaria nº 282/2013, de 29 de agosto, que regulamentou diversos aspetos das ações executivas, mantendo-se a possibilidade de convolação do procedimento extrajudicial pré-executivo em processo de execução.

Foram ouvidos a Câmara dos Solicitadores, o Conselho dos Oficiais de Justiça, o Conselho Superior da Magistratura, a Procuradoria-Geral da República e a Comissão Nacional de Proteção de Dados.

Foi promovida a audição do Conselho Superior dos Tribunais Administrativos e Fiscais, da Ordem dos Advogados, da Associação Sindical dos Juízes Portugueses, do Sindicato dos Magistrados do Ministério Público, do Sindicato dos Funcionários Judiciais e do Sindicato dos Oficiais de Justiça.

Assim:

Manda o Governo, pela Ministra da Justiça, ao abrigo do disposto no artigo 4º, no nº 1 do artigo 7º, no nº 3 do artigo 28º, no nº 2 do artigo 32º e no nº 5 do artigo 33º da Lei nº 32/2014, de 30 de maio, e no nº 2 do artigo 712º do Código de Processo Civil, aprovado pela Lei nº 41/2013, de 26 de junho, o seguinte:

Artigo 1º – Objeto

1. A presente portaria:

a) Regula a plataforma informática de suporte ao procedimento extrajudicial pré-executivo;

b) Estabelece os critérios de distribuição aos agentes de execução dos requerimentos apresentados no âmbito do mesmo procedimento;

c) Determina a forma de exercício dos direitos dos titulares dos dados objeto de consulta;

d) Estabelece o regime de pagamento dos valores devidos, bem como a responsabilidade pelos mesmos, nos procedimentos em que tenha sido atribuído a alguma das partes apoio judiciário na modalidade de dispensa de taxa de justiça e demais encargos com o processo, na modalidade de pagamento faseado de taxa de justiça e demais encargos com o processo ou na modalidade de atribuição de agente de execução; e

e) Aprova os modelos genéricos de notificações e requerimentos a utilizar no procedimento extrajudicial pré-executivo.

2. A presente portaria procede ainda à alteração da Portaria nº 282/2013, de 29 de agosto.

Artigo 2º – Plataforma informática

1. Compete à Câmara dos Solicitadores, por conta do Ministério da Justiça, o desenvolvimento, manutenção e gestão da plataforma informática a que se refere o artigo 4º da Lei nº 32/2014, de 30 de maio.

2. Compete ainda à Câmara dos Solicitadores garantir, através de linha telefónica ou formulário eletrónico, o apoio técnico aos diferentes utilizadores da plataforma, nomeadamente requerentes, requeridos, mandatários e agentes de execução.

3. A plataforma informática a que se refere o nº 1 deve garantir a integralidade, autenticidade e inviolabilidade dos procedimentos, bem como a integração das funcionalidades constantes da mesma plataforma com os sistemas informáticos de apoio à atividade dos agentes de execução e com os sistemas informáticos geridos pelo Ministério da Justiça, através do recurso a *web-services*.

4. O acesso à plataforma informática referida no nº 1 pelas partes e respetivos mandatários é efetuado através do sítio da Internet com o endereço www.pepex.mj.pt.

5. A plataforma informática referida no nº 1 deve disponibilizar aos diferentes utilizadores informação global sobre os prazos e as atividades processuais, contendo o número do procedimento e do ato processual, bem como a data de termo para a prática do ato.

Artigo 3º – Princípios gerais da distribuição

1. Efetuada a entrega do requerimento inicial ao abrigo do nº 3 do artigo 6º da Lei nº 32/2014, de 30 de maio, é o mesmo distribuído a um dos agentes de execução inscritos para o efeito, nos termos e de acordo com as regras de proximidade previstas no artigo seguinte.

2. Nas regiões autónomas, na ilha onde não exista agente de execução, o requerimento é distribuído entre os agentes de execução que exerçam atividade na ilha que se encontre mais próxima.

Artigo 4º – Regras de distribuição do requerimento inicial

1. Após a submissão do requerimento inicial, a plataforma informática determina a coordenada geográfica aproximada correspondente à morada do requerido.

2. Havendo mais do que um requerido, é tida em consideração, para efeitos do disposto no número anterior, a morada do primeiro requerido indicado no requerimento inicial.

3. Tendo por centro a coordenada geográfica referida no nº 1, são calculados, pela aplicação informática de suporte à atividade dos agentes de execução, de forma automática, cinco círculos, com centro na morada do requerido e com raios de 15, 30, 45, 60 e 100 quilómetros.

4. A distribuição do requerimento é realizada entre os agentes de execução que, no momento da distribuição, possam receber requerimentos iniciais, e que tenham escritório no círculo com raio mais reduzido em que existam agentes de execução domiciliados, definido de acordo com o disposto no número anterior.

5. Havendo mais do que um agente de execução com escritório no círculo referido no número anterior, prefere aquele a quem tenha sido distribuído há mais tempo um requerimento no âmbito do procedimento extrajudicial pré-executivo.

6. Não existindo agente de execução na área circunscrita por qualquer dos círculos previstos no nº 3 é o requerimento distribuído ao agente de execução que se encontra à menor distância da morada do requerido.

7. Caso, no momento da distribuição, não tenha sido anteriormente distribuído qualquer requerimento ao agente de execução, é tida em consideração, para efeitos do disposto no nº 5, a data da sua inscrição ou reinscrição na lista prevista no nº 3 do artigo 6º da Lei nº 32/2014, de 30 de maio.

8. O disposto no número anterior é também aplicável à data em que é levantada a suspensão prevista no nº 2 do artigo 7º da Lei nº 32/2014, de 30 de maio.

9. Por decisão fundamentada do presidente do conselho de especialidade dos agentes de execução, podem ser criados limites aos círculos previstos no presente artigo, com vista a colmatar a existência de acidentes geográficos relevantes que possam implicar uma diferença significativa entre a distância linear e a distância real.

Artigo 5º – Direitos dos titulares dos dados consultados

A Câmara dos Solicitadores garante o exercício dos direitos de retificação, atualização e eliminação aos titulares dos dados, mediante formulário submetido eletronicamente ou remetido em papel.

Artigo 6º – Compensação ao agente de execução por diligências externas

1. A notificação do requerido deve ser realizada pelo agente de execução designado, salvo quando o domicílio daquele diste do escritório do agente de execução mais de 30 quilómetros lineares, caso em que este pode delegar a realização da notificação em agente de execução que esteja mais próximo do domicílio do requerido.

2. Não existindo agente de execução que tenha escritório que diste menos de 30 quilómetros lineares do domicílio do requerido, o agente de execução que realiza a diligência tem direito a ser compensado, pela caixa de compensações da Câmara dos Solicitadores, pela deslocação nos seguintes termos:

$$Cp = (Dli - 30) \times 0{,}003\ UC$$

em que:

Cp – Valor da compensação a que o agente de execução tem direito;

Dli – Distância linear entre o escritório do agente de execução mais próximo e o domicílio do requerido (só um sentido);

UC – Unidade de conta.

Artigo 7º – Reembolso de compensação

As regras de reembolso da compensação pela deslocação do agente de execução para efetuar as diligências previstas no artigo anterior, a pagar pela caixa de compensações da Câmara dos Solicitadores, são regulamentadas pela Câmara dos Solicitadores.

Artigo 8º – Modelos

1. A presente portaria aprova os seguintes modelos para a prática dos atos inerentes à tramitação do procedimento extrajudicial pré-executivo, os quais constam dos anexos I a XXIII do presente diploma e dele fazem parte integrante:

a) Requerimento inicial em papel (anexo I);

b) Notificação do requerente de recusa sanável (anexo II);

c) Notificação do requerente de recusa insanável (anexo III);

d) Notificação do requerente de 2ª recusa (anexo IV);

e) Minuta do relatório previsto no artigo 10º da Lei nº 32/2014, de 30 de maio (anexo V);

f) Notificação do requerido prevista no artigo 12º da Lei nº 32/2014, de 30 de maio (anexo VI);

g) Auto de diligência (anexo VII);

h) Notificação do requerente da impossibilidade de notificação do requerido (anexo VIII);

i) Notificação de requerido a que se refere o nº 5 do artigo 13º da Lei nº 32/2014, de 30 de maio (anexo IX);

j) Notificação de requerido a que se refere nº 2 do artigo 14º da Lei nº 32/2014, de 30 de maio (anexo X);

k) Notificação de requerido a que se refere o nº 3 do artigo 13º da Lei nº 32/2014, de 30 de maio (anexo XI);

l) Notificação de requerido a que se refere o nº 4 do artigo 13º da Lei nº 32/2014, de 30 de maio (anexo XII);

m) Notificação de requerido a que se refere o nº 2 do artigo 14º da Lei nº 32/2014, de 30 de maio (anexo XIII);

n) Certidão de incobrabilidade (anexo XIV);

o) Requerimento de acordo de pagamento (anexo XV);

p) Requerimento para exclusão da lista pública (anexo XVI);

q) Requerimento para inclusão na lista pública por incumprimento de acordo de pagamento (anexo XVII);

r) Requerimento de indicação de bens suscetíveis de penhora (anexo XVIII);

s) Notificação ao requerente dos bens indicados para penhora (anexo XIX);

t) Requerimento para realização de consultas após extinção do procedimento (anexo XX);

u) Relatório de consultas subsequentes à extinção (anexo XXI);

v) Requerimento para retificação, atualização ou eliminação de dados pessoais (anexo XXII);

w) Informação de extinção do procedimento (anexo XXIII).

2. Salvo no que diz respeito ao modelo de requerimento inicial em papel, todos os demais modelos previstos no número anterior podem ser adaptados pela Câmara dos Solicitadores, em função das limitações resultantes da implementação da plataforma informática referida no artigo 2º e desde que se salvaguarde, em qualquer caso, o conteúdo essencial dos referidos modelos.

3. O agente de execução pode adaptar os modelos genéricos previstos no nº 1 às circunstâncias de cada procedimento, devendo no entanto as notificações conter sempre os seguintes dados:

a) Número do procedimento;

b) Identificação de, pelo menos, um requerente e um requerido;

c) O valor atribuído ao procedimento;

d) A identificação do agente de execução, escritório, contactos e horário de atendimento.

4. Ao relatório previsto no artigo 10º da Lei nº 32/2014, de 30 de maio, não são anexados os documentos extraídos das consultas, devendo o agente de execução apenas transcrever sumariamente os resultados daquelas.

5. Sempre que, no decurso do prazo previsto no nº 1 do artigo 11º da Lei nº 32/ /2014, de 30 de maio, o agente de execução verificar que não realizou determinada consulta, por lapso ou indisponibilidade do sistema, pode o profissional emitir relatório complementar, mantendo-se no entanto o prazo para a convolação resultante do primeiro relatório.

Artigo 9º – Indisponibilidade de acesso às consultas

Nas situações de indisponibilidade de acesso às consultas eletrónicas, no decurso do prazo previsto no nº 1 do artigo 8º da Lei nº 32/2014, de 30 de maio, o agente de execução elabora o relatório a que alude o artigo 10º da mesma lei, referindo expressamente os serviços de consulta que não se encontravam disponíveis.

Artigo 10º – Impedimentos

1. O agente de execução deve acionar os mecanismos de impedimento previstos na lei, sempre que se suscitem dúvidas sobre a sua imparcialidade.

2. Cabe à Comissão de Acompanhamento para os Auxiliares de Justiça verificar a existência de impedimentos.

Artigo 11º – Verificação da concessão de apoio judiciário

1. Quando o requerente indique, no âmbito do procedimento extrajudicial pré-executivo por si instaurado, que beneficia de apoio judiciário na modalidade de dispensa de taxa de justiça e demais encargos com o processo, na modalidade de pagamento faseado de taxa de justiça e demais encargos com o processo ou na modalidade de atribuição de agente de execução, cabe ao agente de execução a quem foi distribuído o requerimento nos termos dos artigos 6º e 7º da Lei nº 32/2014, de 30 de maio, verificar que se encontra junto ao procedimento o comprovativo da concessão de apoio judiciário, recusando o requerimento no caso de se encontrar em falta documento que o comprove.

2. O disposto no número anterior é igualmente aplicável, com as necessárias adaptações, aos casos em que o requerido solicite a sua exclusão da lista pública de devedores e apresente documento comprovativo da concessão de apoio judiciário numa das modalidades referidas no número anterior.

Artigo 12º – Pagamento dos valores devidos ao agente de execução nos casos de apoio judiciário

1. Nos procedimentos extrajudiciais pré-executivos referidos no artigo anterior, os valores devidos ao agente de execução da responsabilidade da parte que beneficia de apoio judiciário são suportados pelo Instituto de Gestão Financeira e Equipamentos da Justiça, I. P. (IGFEJ).

2. Nos casos referidos no número anterior, compete ao agente de execução, uma vez recebido e não recusado o requerimento inicial apresentado por beneficiário de apoio judiciário, comunicar esse facto à Câmara dos Solicitadores, remetendo igualmente:

a) Cópia do requerimento inicial do procedimento extrajudicial pré-executivo;
b) Cópia do documento comprovativo da concessão do apoio judiciário;
c) Fatura emitida em nome do IGFEJ, da qual consta a seguinte informação:
i) O número do procedimento extrajudicial pré-executivo;
ii) Nome completo do agente de execução;
iii) Escritório do agente de execução;
iv) Número de identificação fiscal do agente de execução;
v) Número de identificação da conta bancária do agente de execução para a qual deve ser efetuado o pagamento;
vi) O montante do valor devido, com discriminação das obrigações fiscais, quando aplicáveis, designadamente IRS, IRC e IVA (continente ou ilhas).

3. Recebida a informação e os documentos previstos no número anterior, a Câmara dos Solicitadores procede à análise e validação dos mesmos, confirmando que respeitam os pressupostos legalmente previstos, podendo ainda solicitar a documentação que considere relevante para o efeito.

4. Caso valide a informação e os documentos remetidos pelo agente de execução, a Câmara dos Solicitadores remete-os ao IGFEJ que, após a validação dos mesmos, procede ao pagamento do montante do valor devido ao abrigo da alínea *b*) do nº 1 do artigo 20º da Lei nº 32/2014, de 30 de maio, através de transferência bancária.

5. O disposto nos números anteriores aplica-se, com as necessárias adaptações, aos pagamentos dos valores devidos ao abrigo das alíneas *c*) a *f*) do nº 1 e do nº 5 do artigo 20º da Lei nº 32/2014, de 30 de maio, devendo o agente de execução remeter sempre documento comprovativo da realização do ato ou atos que justificam o pagamento dos valores.

6. Nos procedimentos extrajudiciais pré-executivos em que o pagamento dos valores ao agente de execução se efetue nos termos previstos no presente artigo, o prosseguimento do procedimento não fica dependente do pagamento dos valores pelo IGFEJ.

7. Nos casos em que o requerente beneficiou de apoio judiciário na modalidade de dispensa de taxa de justiça e demais encargos com o processo ou na modalidade de atribuição de agente de execução, e em que o requerido tenha procedido ao pagamento voluntário da dívida, nos termos da alínea *a*) do nº 1 do artigo 12º da Lei nº 32/2014, de 30 de maio, o montante pago a título de honorários devidos ao agente de execução que acresce ao valor em dívida reverte para o IGFEJ, ao abrigo do disposto no nº 5 do artigo 13º da Lei nº 34/2004, de 29 de julho.

8. As comunicações entre os agentes de execução e a Câmara dos Solicitadores previstos no presente artigo são efetuadas nos termos definidos pela Câmara dos Solicitadores.

9. As comunicações entre a Câmara dos Solicitadores e o IGFEJ previstas no presente artigo são realizadas preferencialmente por via eletrónica ou em suporte de papel, nos termos a estabelecer em protocolo celebrado entre as duas entidades.

Artigo 13º – Pagamento faseado do apoio judiciário

1. Nos procedimentos extrajudiciais pré-executivos em que tenha sido concedido apoio judiciário na modalidade de pagamento faseado de taxa de justiça e demais encargos com o processo, o pagamento, pelo beneficiário do apoio judiciário, das prestações é efetuado após a obtenção de documento único de cobrança, nos termos previstos na Portaria nº 419-A/2009, de 17 de abril, sendo o montante das prestações calculado nos termos do disposto no nº 2 do artigo 16º da Lei nº 34/2004, de 29 de julho, e o documento comprovativo do pagamento junto ao procedimento extrajudicial pré-executivo.

2. Compete ao agente de execução acompanhar o pagamento das prestações, devendo nomeadamente:

a) Solicitar ao beneficiário o seu pagamento enquanto este for devido;

b) Informar o beneficiário do momento em que não são devidas mais prestações, nomeadamente por o montante pago corresponder ao montante devido;

c) Informar o beneficiário da necessidade de retomar o pagamento de prestações quando tal se torne necessário, designadamente nos casos em que o agente de execução solicite o pagamento de novos valores e este seja validado pelo IGFEJ.

3. No final do procedimento extrajudicial pré-executivo, o agente de execução deve remeter ao IGFEJ as referências dos documentos comprovativos dos pagamentos das prestações apresentados pelo beneficiário.

4. Nos casos em que ainda seja devido o pagamento de prestações após a extinção do procedimento extrajudicial pré-executivo, os documentos comprovativos desses pagamentos devem ser apresentados pelo beneficiário junto do IGFEJ.

Artigo 14º – Auditoria

1. O IGFEJ pode realizar, a todo o momento, auditoria à plataforma informática, para efeitos do disposto no artigo 28º da Lei nº 32/2014, de 30 de maio, bem como a todas as fases do processo de pagamento dos valores previsto na presente portaria.

2. Para efeitos do disposto no número anterior, a Câmara dos Solicitadores e os agentes de execução devem prestar toda a colaboração necessária à realização da auditoria.

Artigo 15º – Informação estatística

1. O Ministério da Justiça, através da Direção-Geral da Política de Justiça, e com base nos dados fornecidos para o efeito pela Câmara dos Solicitadores, publica estatística sobre o procedimento extrajudicial pré-executivo, a qual inclui, designadamente, informação relativa a procedimentos pendentes, iniciados, concluídos e respetiva duração média.

2. Sem prejuízo do disposto no número anterior, a Câmara dos Solicitadores procede à publicação de dados estatísticos referentes à distribuição dos requerimentos pelos agentes de execução e ao prazo médio de execução de cada uma das fases do procedimento.

Artigo 16º – Alteração aos artigos 2º e 3º da Portaria nº 282/2013, de 29 de agosto

São alterados os artigos 2º e 3º da Portaria nº 282/2013, de 29 de agosto, que passam a ter a seguinte redação:

«**Artigo 2º – [...]**

1. ....
2. ....
3. ....
4. ....
5. ....
6. ....
7. ....
8. ....

9. Sempre que a execução resulte de pedido de convolação de procedimento extrajudicial pré-executivo, o exequente deve indicar o número do procedimento e juntar o relatório previsto no artigo 10º da Lei nº 32/2014, de 30 de maio, não havendo lugar à emissão da referência de pagamento prevista no nº 4, sempre que o procedimento tenha sido extinto há menos de 30 dias.

10. Até que se encontre disponível a funcionalidade prevista no número anterior, o exequente, depois de submeter o requerimento executivo, deve aceder à plataforma informática de suporte ao procedimento extrajudicial pré-executivo, e aí indicar a referência de pagamento emitida após submissão do requerimento executivo, para que seja confirmada a remessa à distribuição sem que haja lugar ao pagamento do valor ali indicado.

Artigo 3º – [...]

1. ....
2. ....
3. ....

4. ....
5. ....
6. ....
7. ....
8. ....
9. Aplica-se ao requerimento em papel, com as necessárias adaptações, o disposto no nº 9 do artigo anterior.»

Artigo 17º – Norma revogatória

É revogada a Portaria nº 233/2014, de 14 de novembro.

Artigo 18º – Entrada em vigor

A presente portaria entra em vigor no primeiro dia do mês seguinte ao da sua publicação.

A Ministra da Justiça, *Paula Maria von Hafe Teixeira da Cruz,* em 28 de setembro de 2015.

ANEXO I

...

[10] Novo Processo de Inventário

Lei nº 117/2019, de 13 de setembro

Altera o Código de Processo Civil, em matéria de processo executivo, recurso de revisão e processo de inventário, revogando o regime jurídico do processo de inventário, aprovado pela Lei nº 23/2013, de 5 de março, e aprovando o regime do inventário notarial, e altera o regime dos procedimentos para cumprimento de obrigações pecuniárias emergentes de contratos de valor não superior à alçada do tribunal de 1ª instância, aprovado pelo Decreto-Lei nº 269/98, de 1 de setembro.

A Assembleia da República decreta, nos termos da alínea *c*) do artigo 161º da Constituição, o seguinte:

CAPÍTULO I – Disposições gerais

Artigo 1º – Objeto

1. A presente lei procede à oitava alteração do Código de Processo Civil, aprovado pela Lei nº 41/2013, de 26 de junho, e alterado pelas Leis nºs 122/2015, de 1 de setembro, 40-A/2016, de 22 de dezembro, e 8/2017, de 3 de março, pelo Decreto-Lei nº 68/2017, de 16 de junho, e pelas Leis nºs 114/2017, de 29 de dezembro, 49/2018, de 14 de agosto, e 27/2019, de 28 de março, e aprova o regime do inventário notarial.

2. A presente lei procede ainda à décima terceira alteração ao Decreto-Lei nº 269/98, de 1 de setembro, alterado pelos Decretos-Leis nºs 383/99, de 23 de setembro, 183/2000, de 10 de agosto, 323/2001, de 17 de dezembro, 32/2003, de 17 de fevereiro, 38/2003, de 8 de março, 324/2003, de 27 de dezembro, e 107/2005, de 1 de julho, pela Lei nº 14/2006, de 26 de abril, pelo Decreto-Lei nº 303/2007, de 24 de agosto, pela Lei nº 67-A/2007, de 31 de dezembro, e pelos Decretos-Leis nºs 34/2008, de 26 de fevereiro, e 226/2008, de 20 de novembro, que aprova o regime dos procedimentos para cumprimento de obrigações pecuniárias emergentes de contratos de valor não superior à alçada do tribunal de 1ª Instância.

Artigo 2º – Aprovação do regime do inventário notarial

O regime do inventário notarial é aprovado em anexo à presente lei, que dela faz parte integrante.

CAPÍTULO II – Alterações legislativas

Artigo 3º – Alteração ao Código de Processo Civil

Os artigos 696º, 697º, 701º, 729º, 732º, 733º, 751º, 753º, 839º, 851º, 857º e 1082º a 1085º do Código de Processo Civil, aprovado pela Lei nº 41/2013, de 26 de junho, na sua redação atual, passam a ter a seguinte redação:

(As alterações foram inseridas no local próprio)

Artigo 4º – Aditamento ao Código de Processo Civil

São aditados ao Código de Processo Civil, aprovado pela Lei nº 41/2013, de 26 de junho, na sua redação atual, os artigos 72º-A, 696º-A, 701º-A, 855º-A e 1086º a 1139º, com a seguinte redação:

(As alterações foram inseridas no local próprio)

Artigo 5º – Alterações sistemáticas ao Código de Processo Civil

São introduzidas as seguintes alterações sistemáticas ao Código de Processo Civil, aprovado pela Lei nº 41/2013, de 26 de junho, na sua redação atual:

a) É aditado ao livro V o título XVI, denominado «Do processo de inventário», composto pelos capítulos I a III, os quais se organizam do seguinte modo:

i) O capítulo I, denominado «Disposições gerais», integra os artigos 1082º a 1096º;

ii) O capítulo II, denominado «Inventário destinado a fazer cessar a comunhão hereditária», é composto pela secção I, denominada «Fase inicial», a qual integra os artigos 1097º a 1103º, pela secção II, denominada «Oposições e verificação do passivo», a qual integra os artigos 1104º a 1108º, pela secção III, denominada «Audiência prévia de interessados», a qual integra o artigo 1109º, pela secção IV, denominada «Saneamento do processo e conferência de interessados», a qual integra os artigos 1110º a 1117º, pela secção V, denominada «Incidente de inoficiosidade», a qual integra os artigos 1118º e 1119º, pela secção VI, denominada «Mapa da partilha e sentença homologatória», a qual integra os artigos 1120º a 1125º, pela secção VII, denominada «Incidentes posteriores à sentença homologatória», a qual integra os artigos 1126º a 1129º, e pela secção VIII, denominada «Custas», a qual integra o artigo 1130º;

iii) O capítulo III, denominado «Partilha de bens em casos especiais», integra os artigos 1131º a 1135º

b) O livro VI passa a ser composto pelos artigos 1136º a 1139º

Artigo 6º – Alteração ao regime anexo ao Decreto-Lei nº 269/98, de 1 de setembro

Os artigos 10º e 13º do regime dos procedimentos para cumprimento de obrigações pecuniárias emergentes de contratos de valor não superior à alçada do tribunal de 1ª Instância, aprovado em anexo ao Decreto-Lei nº 269/98, de 1 de setembro, na sua redação atual, passam a ter a seguinte redação:

(As alterações foram inseridas no local próprio)

Artigo 7º – Aditamento ao regime anexo ao Decreto-Lei nº 269/98, de 1 de setembro

É aditado ao regime dos procedimentos para cumprimento de obrigações pecuniárias emergentes de contratos de valor não superior à alçada do tribunal de 1ª Instância, aprovado em anexo ao Decreto-Lei nº 269/98, de 1 de setembro, o artigo 14º-A, com a seguinte redação:

(A alteração foi inserida no local próprio)

Artigo 8º – Alteração ao regime anexo à Lei nº 23/2013, de 5 de março

Os artigos 3º, 27º, 35º e 48º do regime jurídico do processo de inventário, aprovado em anexo à Lei nº 23/2013, de 5 de março, passam a ter a seguinte redação:

«Artigo 3º – [...]

1. ....

2. ....

3. ....

4. ....

5. ....

6. ....

7. São aplicáveis ao notário, com as necessárias adaptações, as garantias de imparcialidade dispostas no Código de Processo Civil.

Artigo 27º – Relação de bens que não se encontrem em poder do requerente do inventário

1. ....

2. ....

3. Se o notificado não cumprir o dever de colaboração que lhe cabe, o notário efetua as diligências necessárias, designadamente requerendo ao tribunal da área da situação dos bens a apreensão pelo tempo indispensável à sua inclusão na relação de bens.

4. ....

5. ....

Artigo 35º – Sonegação de bens

1. ....

2. ....

3. ....

4. A existência de sonegação de bens, nos termos da lei civil, é apreciada conjuntamente com a alegação da falta de bens relacionados, aplicando-se, pelo juiz, a sanção civil que se mostre adequada, sem prejuízo do disposto no nº 1 do artigo 17º

5. ....

6. ....

Artigo 48º – [...]

1. Na conferência, os interessados podem deliberar, por unanimidade, que a composição dos quinhões se realize por algum dos modos seguintes:

a) ....

b) ....

c) ....

2. ....

3. ....

4. ....

5. ....

6. ....

7. ....»

Artigo 9º – Aditamento ao regime jurídico do processo de inventário

É aditado o artigo 26º-A ao regime jurídico do processo de inventário constante do anexo à Lei nº 23/2013, de 5 de março, com a seguinte redação:

«Artigo 26º-A – Intervenção do juiz

1. A apreensão e venda de bens no âmbito do processo de inventário são realizadas pelo tribunal da área da situação dos bens, a requerimento do notário.

2. Compete ainda ao juiz, a requerimento do notário, a aplicação de multas processuais, a adoção de meios coercitivos e a verificação da legitimidade da escusa e da dispensa do dever de sigilo.»

CAPÍTULO III – Disposições finais e transitórias

Artigo 10º – Norma revogatória

É revogado o regime jurídico do processo de inventário, aprovado em anexo à Lei nº 23/2013, de 5 de março, sem prejuízo do disposto no artigo seguinte.

Artigo 11º – Aplicação no tempo

1. O disposto na presente lei aplica-se apenas aos processos iniciados a partir da data da sua entrada em vigor, bem como aos processos que, nessa data, estejam pendentes nos cartórios notariais mas sejam remetidos ao tribunal nos termos do disposto nos artigos 11º a 13º

2. O regime jurídico do processo de inventário, aprovado em anexo à Lei nº 23/ /2013, de 5 de março, continua a aplicar-se aos processos de inventário que, na data da entrada em vigor da presente lei, estejam pendentes nos cartórios notariais e aí prossigam a respetiva tramitação.

3. Para efeitos do disposto no número anterior, os artigos 3º, 26º-A, 27º, 35 e 48º do regime jurídico do processo de inventário, anexo à Lei nº 23/2013, de 5 de março, passam a ter a redação prevista nos artigos 8º e 9º da presente lei.

Artigo 12º – Remessa dos inventários notariais

1. O notário remete oficiosamente ao tribunal competente os inventários em que sejam interessados diretos menores, maiores acompanhados ou ausentes.

2. Nos restantes inventários, qualquer dos interessados diretos na partilha pode requerer a remessa ao tribunal competente, sempre que:

a) Se encontrem suspensos ao abrigo do disposto 16º do regime jurídico do processo de inventário há mais de um ano;

b) Estejam parados, sem realização de diligências úteis, há mais de seis meses.

3. A remessa do processo para o tribunal competente também pode ser requerida, em qualquer circunstância, por interessado ou interessados diretos que representem, isolada ou conjuntamente, mais de metade da herança.

4. A remessa pode ser requerida não só para o tribunal territorialmente competente, nos termos do artigo 72º-A do Código de Processo Civil, na redação introduzida pela presente lei, mas também para qualquer tribunal que, atendendo à conveniência dos interessados, estes venham a escolher.

Artigo 13º – Procedimento da remessa

1. O notário, ouvidos os demais interessados, defere o requerimento apresentado por interessado com legitimidade e determina a remessa do processo ao tribunal, no estado em que se encontrar, sempre que se verifiquem os pressupostos previstos nos nºs 2 e 3 do artigo anterior.

2. No prazo de 15 dias, contados do despacho a que se refere o número anterior, podem os interessados deduzir as impugnações contra decisões proferidas pelo notário, que pretendessem impugnar nos termos do nº 2 do artigo 76º do regime jurídico do processo de inventário.

3. É aplicável à tramitação subsequente do processo remetido a juízo nos termos dos números anteriores o regime estabelecido para o inventário judicial no Código de Processo Civil

4. O juiz, ouvidas as partes e apreciadas as impugnações deduzidas ao abrigo do nº 2, determina, com base nos poderes de gestão processual e de adequação formal, a tramitação subsequente do processo que se mostre idónea para conciliar o respeito pelos efeitos dos atos processuais já regularmente praticados no inventário notarial com o ulterior processamento do inventário judicial.

Artigo 14º – Conta de custas

1. Antes da remessa dos autos para o tribunal, o notário elabora a conta de custas do processo, de modo a fixar a responsabilidade de cada interessado.

2. Se da conta elaborada resultar um crédito a favor de algum interessado, o notário devolve a respetiva quantia.

3. As custas pagas ao notário devem ser descontadas naquelas que sejam devidas pelo interessado no inventário judicial.

Artigo 15º – Entrada em vigor

A presente lei entra em vigor em 1 de janeiro de 2020.

Aprovada em 19 de julho de 2019.

O Presidente da Assembleia da República, *Eduardo Ferro Rodrigues.*

Promulgada em 13 de agosto de 2019.

Publique-se.

O Presidente da República, MARCELO REBELO DE SOUSA.

Referendada em 19 de agosto de 2019.

O Primeiro-Ministro, *António Luís Santos da Costa.*

ANEXO
(a que se refere o artigo 2º)
Regime do inventário notarial

Artigo 1º - Competência do cartório notarial

1. A Ordem dos Notários elabora uma lista dos notários que pretendam processar, nos respetivos cartórios, os processos de inventário, procedendo à publicitação da lista atualizada no seu sítio eletrónico na Internet.

2. Os interessados podem escolher, segundo o disposto no nº 2 do artigo 1083º do Código de Processo Civil, o cartório notarial em que pretendem instaurar o inventário, desde que exista uma conexão relevante com a partilha, estabelecida em função, nomeadamente, do local de abertura da sucessão, da situação da maior parte dos imóveis ou do estabelecimento comercial que integram a herança ou da residência da maioria dos interessados diretos na partilha.

3. É aplicável ao notário o regime de impedimentos e suspeições do juiz previsto no Código de Processo Civil.

4. No caso de impedimento ou de indisponibilidade do cartório notarial, os interessados podem optar pela instauração do processo em cartório sediado em circunscrições confinantes ou próximas.

Artigo 2º - Tramitação do processo

1. É aplicável ao processo de inventário que possa decorrer perante o cartório notarial o regime estabelecido no título XVI do livro V do Código de Processo Civil, com as necessárias adaptações.

2. A apresentação do requerimento inicial do inventário, da eventual oposição, bem como de todos os atos subsequentes deve realizar-se, sempre que possível, através de meios eletrónicos, nos termos da Portaria nº 278/2013, de 26 de agosto, na sua redação atual.

3. Ao notário compete realizar todas as diligências do processo, sem prejuízo dos casos em que os interessados devam ser remetidos para os meios judiciais.

4. Compete ao tribunal de comarca da circunscrição judicial da área do cartório notarial praticar os atos que caibam ao juiz, bem como apreciar os recursos interpostos de decisões do notário.

Artigo 3º – Remessa dos interessados para os meios judiciais

1. O notário deve determinar, mesmo oficiosamente, mediante despacho fundamentado, a suspensão do processo:

a) Se estiver pendente causa em que se aprecie questão com relevância para a admissibilidade do processo ou para a definição de direitos de interessados diretos na partilha;

b) Se, na pendência do inventário, se suscitarem questões prejudiciais de que dependa a admissibilidade do processo ou a definição de direitos dos interessados diretos na partilha, remetendo os interessados para os meios judiciais, logo que se mostrem relacionados os bens.

2. Se, na pendência do inventário, se suscitar questão que, não respeitando à admissibilidade do processo ou à definição de quotas hereditárias dos interessados, envolva a resolução de um litígio entre os interessados relativo, nomeadamente, à definição dos bens ou dívidas que integram o património a partilhar, deve o notário, ouvidas as partes e em despacho fundamentado:

a) Abster-se de decidir, remetendo os interessados para os meios judiciais, quando a natureza da matéria litigiosa ou a sua complexidade, quer de facto, quer de direito, tornar inconveniente a sua apreciação por órgão não jurisdicional;

b) Decidir, nos demais casos, a matéria em litígio, sendo a decisão imediatamente impugnável perante o tribunal competente.

3. Nos casos previstos na alínea *a)* do número anterior, o notário ordena a suspensão do processo quando a questão afete, de forma significativa, a utilidade prática da partilha.

4. Se houver interessado nascituro, o notário deve suspender o processo desde o momento em que se mostrem relacionados os bens até ao nascimento desse interessado.

5. Ocorrido o nascimento, o notário remete oficiosamente o processo para o tribunal competente.

Artigo 4º – Recursos

1. A decisão do notário que, nos termos do artigo anterior, não decretar a suspensão do processo e não remeter os interessados para os meios judiciais pode ser impugnada por qualquer dos interessados diretos na partilha, mediante recurso interposto para o tribunal competente.

2. O regime dos recursos é o seguinte:

a) O recurso previsto no número anterior sobe imediatamente e tem efeito suspensivo da marcha do processo;

b) O recurso previsto na alínea *b)* do nº 2 do artigo anterior sobe imediatamente e em separado dos autos de inventário, sem efeito suspensivo da marcha do processo;

c) Aos recursos interpostos das restantes decisões proferidas pelo notário no decurso do processo é aplicável, com as necessárias adaptações, o regime previsto no artigo 1123º do Código de Processo Civil.

3. Os recursos das decisões proferidas pelo notário são interpostos no prazo de 15 dias a contar da notificação da decisão, devendo o requerimento de interposição do recurso incluir a alegação do recorrente.

4. A decisão do notário de remessa dos interessados para os meios judiciais não pode ser posta em causa pelo juiz.

Artigo 5º – Decisão homologatória da partilha

A partilha constante do mapa e das operações de sorteio é submetida ao juiz para efeitos de homologação.

Artigo 6º – Arquivamento do processo

1. Se o processo estiver parado durante mais de um mês por negligência dos interessados em promover os seus termos, o notário notifica-os imediatamente para que pratiquem os atos em falta no prazo de 10 dias.

2. Se os interessados não praticarem os atos em falta ou não justificarem fundadamente a sua omissão, o notário determina o arquivamento do processo, salvo se puder praticar os atos oficiosamente.

3. Da decisão do notário que determine o arquivamento do processo cabe apelação para o tribunal competente.

Artigo 7º – Taxa de justiça devida pela remessa do processo ao tribunal

Pela remessa do processo ao tribunal é devida taxa de justiça correspondente à prevista na tabela II do Regulamento das Custas Processuais, aprovado em anexo ao Decreto-Lei nº 34/2008, de 26 de fevereiro, na sua redação atual, para os incidentes e procedimentos anómalos, podendo a final o juiz determinar, sempre que as questões revistam especial complexidade, o pagamento de um valor superior dentro dos limites estabelecidos naquela tabela.

Artigo 8º – Apoio judiciário

Ao processo de inventário é aplicável, com as necessárias adaptações, o regime jurídico do apoio judiciário.

ÍNDICE REMISSIVO

(os números correspondem aos artigos do Código de Processo Civil)

ÍNDICE-SUMÁRIO

SUMÁRIO